LA PREMIÈRE GUERRE MONDIALE

CAMBRIDGE HISTORY

LISTE DES CONTRIBUTEURS

Holger Afflerbach enseigne l'histoire de l'Europe centrale à l'université de Leeds.
Mustafa Aksakal est professeur associé d'histoire et d'études turques modernes à l'université de Georgetown (Washington D.C.).
Stéphane Audoin-Rouzeau est directeur d'études à l'École des hautes études en sciences sociales (EHESS, Paris) et président du Centre international de recherches de l'Historial de la Grande Guerre.
Stephen Badsey est professeur en « Conflict Studies » à la Faculté de droit, de sciences sociales et de communications de l'université de Wolverhampton (Afrique du Sud).
Annette Becker est professeur d'histoire contemporaine à Paris Ouest-Nanterre, membre senior de l'Institut universitaire de France et vice-présidente du Centre international de recherche de l'Historial de la Grande Guerre.
Jean-Jacques Becker est professeur émérite de Paris-Nanterre, président fondateur du Centre international de recherche de l'Historial de la Grande Guerre.
Volker R. Berghahn est Seth Low Professor of History à l'université Columbia (New York).
Donald Bloxham est Richard Pares Professor of European History à l'université d'Édimbourg.
Bruno Cabanes est professeur associé en « History of War and Society » à l'université de Yale.
Olivier Compagnon est professeur d'histoire latino-américaine contemporaine à l'université de Paris-III, Sorbonne nouvelle.
Annie Deperchin est chercheuse au Centre d'histoire judiciaire de l'université de Lille et membre du Comité directeur du Centre international de recherche de l'Historial de la Grande Guerre.
John Horne est professeur d'histoire européenne moderne à Trinity College (Dublin) et membre du Comité directeur du Centre international de recherche de l'Historial de la Grande Guerre.
Jennifer D. Keene est professeur d'histoire à l'université Chapman (Californie).
Paul Kennedy est J. Richardson Dilworth Professor of History et directeur de l'International Security Studies de Yale.
Hans-Lukas Kieser est professeur adjoint d'histoire moderne à l'université de Zurich.
Gerd Krumeich est professeur émérite d'histoire contemporaine à la Heinrich Heine Universität de Düsseldorf et vice-président du Centre international de recherche de l'Historial de la Grande Guerre.
Nicola Labanca est professeur d'histoire contemporaine au département des Sciences historiques de l'université de Sienne.
Christoph Mick est professeur associé d'histoire à l'université de Warwick.
John H. Morrow, Jr., est Franklin Professor et directeur du département d'histoire de l'université de Géorgie (États-Unis).
Bill Nasson est professeur d'histoire contemporaine à l'université de Stellenbosch (Afrique du Sud).
Michael S. Neiberg est professeur d'histoire contemporaine au département de la Sécurité nationale et de la stratégie à l'US Army War College de Carlisle (Pennsylvanie).
Robin Prior est Visiting Professorial Fellow à la Faculté d'histoire et de science politique de l'université d'Adélaïde (Australie).
Gary Sheffield est professeur de « War Studies » à l'université de Wolverhampton (Royaume-Uni).
Jay Winter est Charles J. Stille Professor of History à l'université de Yale et Distinguished Visiting Professor à l'université de Monash (Melbourne).
Xu Guoqi est professeur d'histoire contemporaine à l'université de Hong-Kong.

Sous la direction de Jay Winter

Professor of History, Yale University

et du
Comité directeur du Centre international de recherche
de l'Historial de la Grande Guerre, Péronne (Somme)

La Première Guerre mondiale

COMBATS

Volume I

Coordonné par Annette Becker

Fayard

Ouvrage édité sous la direction de Fabrice d'Almeida

L'Historial de la Grande Guerre,
Péronne, Somme.
L'Histoire autrement. Le musée autrement

De réputation internationale, l'Historial est un musée de la Grande Guerre implanté sur les champs de bataille mêmes de la Somme. Il présente et compare les trois principales nations belligérantes du front occidental : Allemagne, France et Grande-Bretagne et fait revivre les mentalités des combattants et des civils pour montrer en quoi la guerre les a bouleversées.

Historial de la Grande Guerre
Château de Péronne
BP 20063
80201 Péronne Cedex
Tél. +33 (0)3 22 83 14 18
E-mail : info@historial.org
http://www.historial.org

En couverture : pilote britannique lâchant une bombe
comportant des messages adressés à l'ennemi
© TopFoto/Roger-Viollet.
Création graphique : Un chat au plafond.

Titre original : *The Cambridge History of the First World War*, vol. 1
Publié par Cambridge University Press
© Jay Winter, 2013.

© Librairie Arthème Fayard, 2013, pour la traduction française.
ISBN : 978-2-213-66878-9

Ce premier volume de la *Cambridge History of the First World War* présente un tableau complet de l'histoire militaire de la guerre. Une équipe internationale d'éminents historiens retrace comment la guerre, rendue possible par la mondialisation et l'expansion mondiale, a tourné à la catastrophe, d'une ampleur et d'une puissance destructrice croissant d'année en année, au-delà de tout ce qu'on avait pu imaginer en 1914.

Adoptant une perspective mondiale, le volume analyse l'impact spatial de la guerre et les ondes de choc qui se produisirent régionalement et à travers le monde. Il explore comment les puissances impériales consacrèrent d'immenses réserves d'hommes et de matériel à leurs efforts de guerre et comment, ce faisant, elles changèrent le paysage politique de l'ordre mondial. Il retrace également les implications morales, politiques et juridiques du caractère changeant de la guerre et, notamment, de l'effondrement de la distinction entre cibles civiles et militaires.

Jay Winter est Charles J. Stille Professor of History à l'université de Yale et Distinguished Visiting Professor à l'université de Monash. Il est un des fondateurs de l'Historial de la Grande Guerre de Péronne, dans la Somme. En 1997, il a reçu un Emmy Award pour la meilleure série documentaire de l'année comme producteur et coauteur de *The Great War and the Shaping of the Twentieth Century*, série de huit heures diffusée sur PBS et la BBC, puis dans vingt-huit pays. Parmi ses précédentes publications, citons *Entre deuil et mémoire. La Grande Guerre dans l'histoire culturelle de l'Europe* (1995, trad. fr. 2008) ; *Remembering War* (2006) et *Dreams of Peace and Freedom* (2006).

Avant-propos des volumes 1, 2 et 3

L'histoire de la Première Guerre mondiale : le moment transnational

Jay Winter

Écrire l'histoire est toujours un dialogue. Quand les historiens prennent la plume, ils sont porteurs des interprétations accumulées par leurs collègues au fil du temps. Souvent ils décident d'écrire à contre-fil, en opposition à elles, exaspérés par elles. Certes, il est maintes occasions où les historiens donnent raison à leurs pairs ou attirent leur attention sur des sources encore inexploitées ayant trait à des sujets d'intérêt commun. Le plus souvent, cependant, les historiens discutent, objectent et présentent dans leurs écrits un tableau du passé différent de ceux qui existent.

Cela est vrai au sein d'une même génération d'historiens, de même que d'une génération à l'autre. L'essentiel, toutefois, est que ce dialogue se poursuit aussi avec les historiens du passé dont les œuvres inspirent encore la réflexion – que ce soit pour les confirmer, les compliquer ou, à l'occasion, les réfuter. Les historiens que nous sommes participent d'un intérêt très ancien pour la Grande Guerre qui perdurera longtemps après que nous aurons cessé d'exercer notre métier.

La nature dialogique de la pratique historique impose donc de situer la réflexion de sa propre génération sur la Grande Guerre en regard de celle des générations précédentes. Nous sommes à présent la quatrième génération d'historiens à aborder l'histoire de la guerre de 1914-1918. Il y a donc trois générations d'écrits auxquels les chercheurs actuels se réfèrent, parfois explicitement, le plus souvent implicitement[1]. La première est celle que j'appellerai la « génération de la Grande Guerre » : des chercheurs ayant une connaissance directe de la guerre pour avoir porté les armes ou participé à un autre titre à l'effort de guerre. Ils écrivirent une histoire d'en haut, largement fondée sur leur expérience directe des événements évoqués. L'acteur central de leurs livres est l'État, sous ses formes dirigistes sur les fronts domestiques ou militaires. La plus imposante de ces entreprises est la série de cent vingt-trois volumes consacrés à l'histoire économique et sociale de la guerre, parrainée par la Fondation Carnegie pour la Paix internationale. La plupart de ces tomes sont l'œuvre d'hommes qui contribuèrent à l'effort de guerre ou durent faire face à ses répliques.

Cette première génération se composait aussi de personnalités dont les Mémoires revenaient sur les faits pour d'évidentes raisons autojustificatrices. Ils prirent des formes très diverses, depuis les livres de généraux ou de ministres sur leur propre contribution à la victoire ou, à l'inverse, pour tenter de se dérober à leur responsabilité dans la défaite. Il y eut également des histoires dites officielles, dont beaucoup furent écrites par d'anciens soldats au bénéfice de diverses écoles d'état-major nationales, tout en essayant de tirer des « leçons » pour l'avenir. Ces ouvrages étaient souvent très techniques et si détaillés que leur publication prit des décennies. Un tel retard diminua leur portée en termes de préparation plus efficace de la guerre suivante.

La deuxième génération peut être qualifiée de celle des « cinquante ans ». Ce groupe d'historiens écrivit à la fin des années 1950 et au cours des années 1960, en s'intéressant non seulement à l'histoire politique et à la prise des décisions au sommet, mais aussi à l'histoire de la société, définie comme l'histoire des structures sociales et des mouvements sociaux. Bien entendu, les deux types d'histoire, politique et sociale, allaient de pair, mais ils furent parfois tressés autrement que pendant l'entre-deux-guerres. Nombre de ces chercheurs avaient l'avantage de disposer de sources inconnues ou indisponibles avant la Seconde Guerre mondiale. La « règle des cinquante ans » qui s'appliquait aux archives permettant aux chercheurs de consulter les sources officielles, ceux qui écrivirent dans les années 1960 purent exploiter toutes sortes de documents, éclairant ainsi l'histoire de la guerre d'une lumière nouvelle.

Au cours des années 1960, on utilisa beaucoup plus les films et les documents visuels que dans la première génération, même si pendant l'entre-deux-guerres devaient paraître pléthore de guides du champ de bataille et de recueils de photographies des dévastations et des armements. Au lendemain de la Seconde Guerre mondiale commença l'âge de l'histoire à la télévision, attirant vers les récits historiques un auditoire sans précédent. Cela sauta aux yeux avec le nombre de téléspectateurs qui suivirent la diffusion de documentaires neufs et forts sur la Grande Guerre. En 1964, la BBC lança sa deuxième chaîne par une monumentale histoire de la guerre en vingt-six épisodes, fondée sur des recherches exhaustives dans les archives cinématographiques sous le contrôle d'une équipe impressionnante de spécialistes d'histoire militaire. Beaucoup de téléspectateurs d'alors avaient vécu la guerre. En 1964, la plupart des jeunes hommes qui y avaient combattu et survécu avaient plus de soixante-dix ans, mais ce qui fit de cette série un grand événement culturel, c'est que les familles des survivants, ou de ceux qui n'étaient pas revenus, intégrèrent ces histoires de la guerre à leurs propres récits familiaux. Ainsi la Grande Guerre échappa-t-elle en partie à l'Université pour entrer dans le champ bien plus lucratif et élargi de l'histoire publique représentée par les musées, les expositions, les films et, dorénavant, la télévision. Au cours des années 1960, l'Imperial War Museum recevait désormais plus de visiteurs que bien d'autres sites touristiques de Londres. Il reste encore aujourd'hui un grand centre d'attraction de la capitale, au même titre que l'Australian War Memorial de Canberra, musée et lieu de mémoire non moins impressionnant au sein de la capitale australienne.

Dans la célébration des survivants des « cinquante ans » affleurait plus qu'un soupçon de nostalgie. En 1964, le monde européen tel qu'il était entré en guerre en 1914 n'existait plus. Toutes les grandes puissances impériales plongées dans la mêlée avaient été transformées de fond en comble. L'Empire britannique appartenait au passé, tout comme l'« Algérie française » et la « mission civilisatrice » de la France en Afrique et en Asie du Sud-Est. L'Empire allemand avait disparu, de même que la plupart de ses territoires orientaux, cédés à la Pologne et à la Russie après 1945. L'Autriche, la Hongrie et la Yougoslavie étaient de petits États indépendants. Et si, par certains côtés, l'Union soviétique ressemblait à la Russie tsariste, la transformation massive de la société soviétique depuis 1917 éclipsait de telles continuités.

La nostalgie de 1964 s'attachait donc à un monde qui avait sombré dans la Grande Guerre. Une sorte de révérence « sépia » pour l'avant-guerre masquait aux yeux de beaucoup les taches et la laideur d'une bonne partie de ce monde-là. « Jamais pareille innocence, / Ni avant ni depuis », écrivit Philip Larkin dans un poème dont le titre renvoie non pas à 1914, mais au plus archaïque « MCMXIV ». Un poème publié en 1964.

Dans l'historiographie autant que dans les documentaires historiques, la tension dramatique provenait largement de la juxtaposition de cette série d'images d'avant la Chute avec la dévastation et l'horreur du front occidental, mais aussi du sentiment de déclin, de perte de grandeur qui marqua les décennies d'après 1945 en Grande-Bretagne et au-delà. Tout ce qui n'allait pas dans le monde paraissait lié à 1914, à ce temps où une multitude d'hommes partirent avec dignité livrer une certaine guerre avant de se retrouver engagés dans un conflit bien plus terrible.

Ils avaient été trahis, selon certains, par une élite aveugle prête à sacrifier les vies du plus grand nombre pour de creuses généralités comme la « gloire » et l'« honneur ». On perçoit ce courant populiste dans une bonne partie des écrits sur la guerre des années 1960, ainsi que dans l'étude des mouvements sociaux qui en fut le fruit. Le cinquantième anniversaire du débarquement de Gallipoli suscita une vague d'intérêt pour la Grande Guerre en Australie et en Nouvelle-Zélande, la naissance de ces deux nations éclipsant la bataille perdue. Non moins héroïques furent les récits de la révolution bolchevique, dont on célébra le cinquantième anniversaire en 1967. Dès lors, il n'est guère surprenant que beaucoup de chercheurs nous aient entretenu de l'histoire des travailleurs, des femmes ou des gens ordinaires durant le conflit bien plus longuement que ne l'avaient fait les spécialistes pendant l'entre-deux-guerres.

La troisième génération pourrait s'appeler « génération du Vietnam ». Ses praticiens commencèrent à écrire au cours des années 1970 et 1980, alors qu'en Grande-Bretagne et en Europe, aussi bien qu'aux États-Unis, on assistait à une levée de boucliers générale contre les aventures militaires telles que la guerre au Vietnam. C'est aussi à cette époque, en Europe, que l'opinion publique se retourna contre la dissuasion nucléaire et que la guerre du Moyen-Orient (1973) eut de dangereux effets sur les économies du monde développé. Le lustre de la « guerre juste » de 1939-1945 s'était estompé, et une nouvelle génération inclinait à penser que la guerre était une catastrophe pour les vainqueurs aussi bien que pour les vaincus.

C'est dans ce cadre que des histoires plus sombres de la Grande Guerre virent le jour. Il y avait encore des spécialistes pour souligner que la Grande Guerre avait été une noble cause, et que ses vainqueurs avaient le droit pour eux. Mais d'autres en vinrent à la présenter sous l'angle de l'absurdité, comme une tragédie, un gâchis de vies aussi stupide qu'horrible, n'ayant rien produit de quelque valeur à la place des dignités foulées aux pieds par des dirigeants aussi aveugles qu'arrogants.

Les travaux les plus marquants de cette époque furent l'œuvre de trois chercheurs très différents. Paul Fussell, vétéran de la Seconde Guerre mondiale blessé au combat, publia en 1975 une étude littéraire classique : *The Great War and Modern Memory*[2]. Professeur de littérature, il s'attacha à comprendre comment les soldats en vinrent à voir dans la guerre de 1914-1918 un événement paradoxal, aux résultats diamétralement opposés aux anticipations. Le vieux langage romantique de la bataille paraissait y avoir perdu son sens : les auteurs infléchissaient les formes d'écriture anciennes pour les adapter au nouveau monde de la guerre des tranchées – un monde dominé par la mort de masse et où, sous les tirs d'artillerie et les gaz, les soldats avaient perdu tout sentiment que la guerre fût glorieuse. Fussell qualifia ce style d'« ironique » et nous mit au défi de considérer les écrits de guerre du XXe siècle comme autant d'édifices posés sur les bases établies par les soldats écrivains britanniques de la Grande Guerre.

Un an plus tard, sir John Keegan publia un livre parallèle à celui de Fussell. Instructeur au Royal Military College de Sandhurst, atteint par une infirmité remontant à l'enfance qui lui avait donné l'assurance de ne jamais aller à la guerre, Keegan posait une question d'une désarmante simplicité : « La bataille est-elle possible ? » La réponse, publiée en 1976 dans *The Face of Battle*[3], était peut-être positive pour le passé ; mais désormais, au XXe siècle, la bataille confrontait les hommes à de terrifiants défis. Les hommes qui avaient combattu à la bataille d'Azincourt en 1415 pouvaient avoir la vie sauve en courant jusqu'à la colline voisine. Quatre siècles après, les fantassins convergeant sur Waterloo pouvaient arriver un jour trop tard. Mais en 1916, à la bataille de la Somme, il n'y avait plus d'échappatoire. Compte tenu de l'industrialisation de la guerre, l'espace au-dessus des tranchées était empli de projectiles meurtriers auxquels on ne pouvait se soustraire. La mort de masse sur la Somme, tout comme dans l'autre grande bataille de 1916 à Verdun, poussa les soldats au-delà des limites de l'endurance humaine. Les batailles de position de la Première Guerre mondiale restèrent ensuite étrangères à la guerre de 1939-1945, même si Stalingrad ne fut pas loin de reproduire les horreurs de la Somme et de Verdun. C'était donc le livre d'un historien de la chose militaire, mais dont le point de départ était humain et, dans une certaine mesure, psychologique. Le sujet de Keegan était le point de rupture des soldats et, avec force, subtilité, autorité technique, il a ouvert un nouveau chapitre de l'étude de l'histoire militaire en tant que science humaine.

En 1979, Eric Leed, historien frotté d'anthropologie, publia un livre tout aussi novateur : *No Man's Land : Combat and Identity in World War I*[4], au prix de subtils emprunts à l'œuvre de l'anthropologue Victor Turner. Il y examinait des hommes dans un état liminal, n'appartenant plus au monde ancien dont ils étaient issus, mais incapables de s'arracher du point médian, ce *no man's land* dans lequel ils se trouvaient. Tel était le paysage émotionnel des soldats des tranchées de la Grande Guerre : des hommes qui ne pourraient plus jamais rentrer chez eux, dont la guerre était devenue le foyer et qui la recréèrent dans les années qui suivirent l'armistice. Tel était le monde des hommes victimes de chocs traumatiques, mais aussi celui des *Freikorps*, ces flibustiers militarisés de l'immédiat après-guerre qui préparèrent le terrain aux nazis.

Dans les trois cas, et en se référant à des sources très différentes, le sujet était la tragédie des millions d'hommes qui allèrent dans les tranchées et qui, quand ils en ressortirent, restèrent définitivement marqués par l'expérience. Ils portaient ce que certains observateurs des survivants de Hiroshima ont appelé l'« empreinte de la mort » ; ils savaient que leur survie relevait d'un accident arbitraire. Nous pouvons discerner ici quelques traces du mouvement antinucléaire dans cette façon de placer côte à côte civils japonais et soldats de la Grande Guerre. Les différences morales et politiques entre les deux cas sont pourtant évidentes, mais les ravages de la guerre, semblaient dire ces auteurs, sont au cœur de la civilisation dans laquelle nous vivons. Probablement n'est-il pas excessif de dire que ces trois livres, et d'autres de la même époque, contribuèrent à créer une interprétation tragique de la Grande Guerre où victimisation et violence s'entremêlent de manière à raconter une histoire pleinement européenne de la guerre. Une histoire face à laquelle les fondateurs de l'Union européenne ont clairement réagi. À compter des années 1970, l'intégration européenne a été un effort pour s'éloigner de l'État-nation en tant qu'institution disposant du droit de faire la guerre, comme le nota Raymond Aron. Le résultat en a été une diminution progressive du rôle de l'armée dans la vie politique et sociale de la majorité des pays européens. Dans un livre récent, James Sheehan pose la question : *Where Have All the Soldiers Gone*[5] ? « Où sont passés tous les soldats ? » Réponse : eux-mêmes et la plupart de leurs chefs (mais pas tous) ont déserté le paysage de la guerre dont les ouvrages de Fussell, Keegan, Leed et d'autres brossaient un tableau tellement dévastateur.

Nous voici à la quatrième génération d'écrits sur la Grande Guerre. J'aimerais l'appeler « génération transnationale ». Elle se distingue en effet par sa perspective globale – « globale » renvoyant à la tendance à ne pas parler seulement de la guerre en termes européens, mais aussi aux efforts consentis par de nombreux historiens pour s'intéresser, par-delà l'histoire de la guerre en Grande-Bretagne, en Allemagne, en France ou ailleurs, à celle de la guerre comme fait transeuropéen, transatlantique et même au-delà. Voilà la première guerre entre pays industrialisés qui atteignit le Moyen-Orient et l'Afrique, les Malouines et la Chine, aspirant les soldats vers l'épicentre européen depuis Vancouver et Le Cap, Bombay et Adélaïde. Voilà une guerre qui donna naissance à la Turquie d'Atatürk et à l'Union soviétique de Lénine et de Staline. Les exigences de décolonisation procédèrent d'une guerre qui avait promis l'autodétermination sans qu'il y eût beaucoup de suites. Les troubles économiques, directement issus de la guerre, furent assez graves pour miner la capacité des vieilles puissances impériales à financer leurs implantations impériales et quasi impériales dans le monde.

Il est utile de distinguer l'approche internationale, commune à maintes histoires plus anciennes des collections de Cambridge, de ce que j'ai appelé l'approche transnationale de l'histoire de la Grande Guerre. Pendant près d'un siècle, on a abordé la Grande Guerre dans le cadre d'un système de relations internationales où les niveaux nationaux et impériaux de conflit et de coopération passaient pour allant de soi. L'histoire transnationale ne part pas d'un État avant d'aller vers un autre, mais saisit les multiples niveaux de l'expérience historique comme autant de données – niveaux qui sont à la fois au-dessous et au-dessus du niveau national[6]. Ainsi l'histoire des mutineries, exposée dans le volume 2, est-elle transnationale en ce que ces mutineries se produisirent dans différentes armées pour différentes raisons – pour certaines étonnamment proches des sources de protestation et de refus présentes dans d'autres armées. De même en va-t-il de l'histoire de la finance, de la technologie, des économies de guerre, de la logistique et du commandement. L'histoire des commémorations, abordée dans l'étude de la mémoire au sein du volume 3, s'est aussi déployée sur maints niveaux, le national n'étant pas nécessairement le plus significatif ni le plus durable. Les traités de paix qui suivirent la Grande Guerre, examinés dans le volume 2, montrent la signification du transnational d'une autre manière. On voit bien aujourd'hui que la guerre fut à la fois l'apogée et le commencement de la fin de la puissance impériale, enjambant et érodant les frontières des nations et celles des empires. Le travail d'Erez Manela sur le « moment wilsonien » en est un bon exemple. Il reconfigure le sens même du traité de Versailles en explorant ses conséquences involontaires, par la stimulation des mouvements de libération nationale en Égypte, en Inde, en Corée et en Chine. Au lieu de nous parler de l'interaction entre les politiques des grandes puissances, il montre comment les non-Européens inventèrent « leur » Wilson dans la recherche d'une forme d'autodétermination que lui-même, tout comme Lloyd George, Clemenceau et Orlando, était peu disposé à leur offrir. Qui aurait pu imaginer que leur décision d'accorder des droits sur le Shandong, autrefois possession de l'Allemagne, au Japon plutôt qu'à la Chine, conduirait à de grandes émeutes et à la formation du Parti communiste chinois[7] ?

Les historiens du moment révolutionnaire en Europe entre 1917 et 1921 – on le verra dans le volume 2 – ont de plus en plus abordé leur sujet comme un phénomène transnational. Somme toute, les révolutionnaires tout comme les forces de l'ordre qui s'appliquaient à les détruire étaient bien conscients de ce qu'on peut appeler le transfert culturel de la stratégie, de la tactique et de la violence révolutionnaires (et contre-révolutionnaires). Au cours des dernières années, ces échanges ont été analysés aux niveaux urbains et régionaux, nous aidant à percevoir la complexité d'une histoire un peu obscurcie par son traitement en termes exclusivement nationaux. L'histoire urbaine comparée a établi des parallèles frappants entre les défis auxquels les populations se trouvèrent confrontées dans les États belligérants. À la question de savoir s'il existe une histoire métropolitaine de la guerre, on peut désormais répondre par l'affirmative. À bien des égards, les Parisiens, les Londoniens et les Berlinois partageaient davantage de choses entre eux qu'avec leurs compatriotes des campagnes. Ces communautés d'expérience avaient une réalité viscérale qui manquait même dans les communautés imaginées des nations.

Nous devons être sensibles à la façon dont les contemporains employaient le langage de la nation et de l'empire pour décrire les loyautés et les affiliations d'un niveau de cohésion bien moindre. Ainsi, un journaliste demandant aux troupes britanniques déployées sur le front occidental si elles se battaient pour l'Empire reçut un « oui » d'un soldat. Ses camarades lui demandèrent ce qu'il voulait dire. La réponse fut qu'il combattait pour l'Empire Music Hall de Hackney, un quartier ouvrier de

Londres. Ce type d'attachement au local et au familier était absolument transnational[8].

L'histoire des femmes en temps de guerre, abordée dans le volume 3, est un sujet aujourd'hui mieux compris dans une optique transnationale. Le patriarcat, la formation de la famille et la persistance des inégalités de genre étaient des réalités transnationales au temps de la Grande Guerre. De surcroît, les effets massifs de la guerre sur la vie civile précipitèrent un mouvement de population de proportions saisissantes, étudié dans le volume 3. En France, aux Pays-Bas et en Grande-Bretagne, les réfugiés des zones traversées par le front occidental se comptèrent par millions. De même pour ceux qui fuirent les combats des régions frontalières séparant les vieux Empires allemand, austro-hongrois et russe. Un spécialiste a estimé que peut-être 20 % de la population russe s'était déplacée pour se mettre en sécurité là où c'était possible, pendant la Grande Guerre. Et ce flux de population se transforma en torrent à travers l'Europe orientale au cours de la période de chaos entourant l'armistice. La situation empira encore du fait que les États-Unis fermèrent leurs portes à ces immigrés, mettant fin à l'une des phases de migration transcontinentale les plus extraordinaires de l'histoire. Ainsi, les transferts de population, forcés ou précipités par la guerre, modifièrent le caractère ethnique de maintes parties de la Grèce, de la Turquie, des Balkans et de la vaste étendue de terre allant des États baltes au Caucase. Si ces mouvements avaient commencé avant la guerre, ils suivirent une trajectoire exponentielle après 1914. Ainsi est-il justifié de soutenir que la Grande Guerre vit l'émergence de cet emblème de l'histoire transnationale du XXe siècle qu'est le *réfugié*, avec ses pitoyables affaires jetées sur l'épaule ou sur des carrioles. Les preuves photographiques d'un tel phénomène sont très nombreuses, comme le montrent les essais iconographiques qui accompagnent les trois volumes.

Ce projet est aussi transnational à un autre titre. Nous vivons dans un monde où les historiens nés dans un pays ont pu se déplacer afin de poursuivre leurs études ou pour trouver un poste. Nombre des auteurs de ces volumes sont des chercheurs transnationaux qui pratiquent l'histoire loin de leur pays natal et, ce faisant, enrichissent le monde de la recherche. Porter un regard tangentiel sur le monde dans lequel nous vivons, pour parler comme le poète grec Constantin Cavafy, offre des regards plus difficilement accessibles depuis un univers plus stable. Au monde de la recherche actuelle, on peut donner maints qualificatifs, mais certainement pas celui d'« installé ». Cette instabilité est un grand avantage, qui permettra à terme l'émergence d'autres histoires transnationales à côté des histoires nationales, et leur enrichissement réciproque.

Il importe de le répéter : ces nouvelles initiatives dans le domaine de l'histoire transnationale se fondent sur le travail des trois générations qui les ont précédées. L'histoire de la Grande Guerre apparue au cours des dernières années est additive, cumulative et à multiples facettes. Les histoires nationales sont en symbiose avec les histoires transnationales ; plus les unes s'enrichissent, plus les autres s'approfondissent. Aucun spécialiste d'histoire culturelle sérieux ne méconnaît l'histoire des nations, ni celle des mouvements sociaux qui les ont parfois renversées. Ce serait absurde. Aucun historien de la chose militaire n'ignore la langue dans laquelle les ordres se transforment en mouvements sur le champ de bataille. La guerre est un événement protéiforme qui touche chaque facette de la vie humaine. Les chercheurs précédents ont montré le chemin. Nous qui avons collectivement conçu cette histoire en trois volumes reconnaissons leur présence parmi nous, dans notre effort pour évaluer l'état actuel de nos connaissances.

Le potentiel que recèle cette approche transnationale se reflète aussi dans une institution dont la mission explicite est de sortir des confins strictement nationaux de l'histoire de la guerre : l'Historial de la Grande Guerre de Péronne, en France. L'Historial est un musée de la guerre conçu largement par des historiens, présenté en trois langues (allemand, anglais, et français) et installé sur le site du QG allemand pendant la bataille de la Somme – cet immense bain de sang de 1916 que l'écrivain allemand Ernst Jünger a appelé le berceau du XXe siècle. Avec quatre historiens de la Grande Guerre (trois Français et un Allemand : Jean-Jacques Becker, Gerd Krumeich, Stéphane Audoin-Rouzeau et Annette Becker), j'ai rejoint un collectif qui s'est émancipé des frontières nationales pour créer un musée d'un nouveau genre, traitant de la Grande Guerre comme d'une catastrophe transnationale[9]. Ce mélange de points de vue et d'accents nationaux différents convenait à la nouvelle Europe des années 1990, quand il apparut que, pour comprendre l'intégration de l'Europe à la fin du XXe siècle, il fallait appréhender sa désintégration initiale. Telle est l'optique qui inspire ces trois volumes, tout comme elle a inspiré l'Historial de la première génération.

Les membres du Comité directeur du Centre international de recherche de l'Historial de la Grande Guerre ont fait office de comité éditorial tout au long de la gestation de cet ouvrage. Les auteurs et maîtres d'œuvre ont tous renoncé à être rémunérés : les droits d'auteur de ces volumes seront versés à un fonds de financement des études doctorales sur la Première Guerre mondiale à travers le monde. C'est aux jeunes chercheurs dont nous avons soutenu les travaux et à ceux qui viendront, ceux dont les perspectives sont encore en cours d'élaboration, que ce projet transnational est dédié.

Introduction du volume 1

Jay Winter

Une guerre globale appelle une histoire globale pour mettre en relief sa conduite, sa nature et ses répercussions multiples. Le premier volume de cette histoire globale du conflit de 1914-1918 se focalise sur la guerre dans le temps et l'espace. Nous commençons par présenter un récit de la guerre, pour suivre la catastrophe en cours, son ampleur et sa puissance destructrice croissantes d'année en année, bien au-delà de ce qu'on avait pu prévoir en 1914. Dans un deuxième temps, ce volume aborde la guerre en termes spatiaux et montre les ondes de choc du conflit à travers le monde. Nous examinons comment les puissances impériales consacrèrent à leurs efforts de guerre d'immenses réserves d'hommes et de matériel, et, ce faisant, transformèrent sans le vouloir l'ordre mondial global : quatre ans plus tard, il n'avait plus rien à voir avec ce qu'il était en 1914. Insister sur les dimensions est-européennes et extra-européennes du conflit nous permet d'échapper à une définition étroite de la guerre, qui a trop souvent été limitée à celle qui se déroula sur le front occidental.

Par guerre globale, nous entendons l'engagement des grands empires et économies industrialisées ou en voie d'industrialisation du monde dans un conflit de cinquante mois. Les historiens placent en 1914 le moment de rupture de la première phase de la mondialisation, donnant à la circulation des marchandises, des capitaux et des hommes une ampleur jusque-là inédite. C'est seulement après 1945 que s'ouvrit une seconde phase, encore en cours aujourd'hui. Aussi notre approche de la guerre globale a-t-elle un caractère dialectique : elle étudie comment la guerre a mis fin à l'une des plus remarquables périodes d'expansion du capitalisme, et comment elle a canalisé toutes les énergies des économies du monde dans une immense campagne de destruction. L'innovation et les changements structurels compensèrent jusqu'à un certain point la destruction des capitaux, des terres et des vies tout en créant les nouvelles formes de capitalisme d'État et de communisme qui devaient gouverner la vie économique et politique pour le restant du siècle. L'histoire de la guerre dans le temps et l'espace du premier volume prépare ainsi le terrain au volume 2, qui porte essentiellement sur la transformation des institutions étatiques en temps de guerre.

La guerre que nous présentons a une histoire qu'on ne saurait arrêter aux confins du continent européen. Notre intention est d'introduire les lecteurs à une guerre rendue possible par la mondialisation et l'expansion impériale – une guerre qui a marqué d'une empreinte indélébile le cours des affaires mondiales depuis lors. Le volume se termine par une étude des implications morales, politiques et juridiques du caractère changeant de la guerre, et en particulier de l'effondrement de la distinction entre cibles civiles et militaires – le processus atteignant son nadir avec le génocide.

Première partie

RÉCITS
1914-1919

S'il demeure peu de doute sur le moment où la guerre commença, il en est davantage sur le moment où elle s'acheva. La raison de cette différence réside dans le caractère révolutionnaire d'une guerre qui commença par une série de déclarations officielles d'hostilités mettant en branle des forces qui ne devaient pas s'arrêter à la date conventionnelle de fin du conflit : le 11 novembre 1918 à 11 heures. Le conflit ne cessa pas à cet instant en Europe orientale, ni en Russie, ni en Turquie, non plus que dans les espaces coloniaux ou semi-coloniaux – de l'Égypte à la Chine en passant par l'Inde ou la Corée.

Si nous célébrons encore le 11 novembre l'armistice, c'est surtout parce qu'à cette date les grandes puissances européennes acceptèrent la capitulation officielle de l'Allemagne dans un wagon installé au cœur d'une forêt des environs de Compiègne. Malgré tout, pour fixer les termes du traité de paix avec l'Allemagne, il fallut six mois de plus au cours desquels le blocus allié de l'Allemagne et de l'Europe centrale fut poursuivi. Et il fallut plus de temps encore pour trouver un accord avec les alliés de l'Allemagne, les États successeurs de l'Empire austro-hongrois, la Bulgarie, la Turquie. Un traité fut imposé à cette dernière en 1920 à Sèvres, puis renégocié après d'âpres combats en 1923 à Lausanne, à l'avantage de la Turquie cette fois.

Une histoire globale de la Grande Guerre nécessite donc un récit chronologique qui situe le début des hostilités et la fin du conflit dans un cadre qui commence avant 1914 pour se terminer après 1918. C'est ce que nous proposons en sept chapitres. Les deux premiers portent sur les origines lointaines et immédiates du conflit. Les chapitres sur 1915 et 1916 déroulent *l'histoire de l'impasse et du carnage qui, comme nous le voyons dans les chapitres consacrés aux deux années suivantes, se prolongea et revêtit des formes nouvelles à la suite de l'entrée des États-Unis dans la guerre et du retrait de la Russie en 1917-1918. Dans l'ensemble, les Puissances centrales furent en meilleure position que les Alliés dans les deux premières années de la guerre ; après 1916, cependant, le rapport de forces modifia l'équilibre stratégique au profit des seconds. Des efforts pour construire une paix durable émergea, en 1919, davantage de chaos que d'ordre. Le reste de ces trois volumes raconte de multiples manières le comment, le pourquoi ainsi que les lieux de ce récit d'ensemble.*

Jay Winter

CHAPITRE PREMIER

Origines

Volker R. Berghahn

Les origines immédiates de la Première Guerre mondiale étant analysées dans le chapitre suivant, nous nous pencherons ici sur les causes plus profondes et à plus long terme de ce que George F. Kennan et d'autres ont appelé à juste titre la « grande catastrophe originelle » du XXe siècle.

Les historiens qui se sont efforcés d'identifier ces causes ont traditionnellement adopté une approche chronologique et livré des récits détaillés dont certains sont encore parfaitement lisibles aujourd'hui ; d'autres sont un peu moins captivants. Le revers de cette démarche est que, en raison des complexités de la politique et de l'économie internationale dans les décennies qui ont précédé ce conflit, le lecteur risque fort de s'égarer dans le maquis d'événements et dans la foule d'acteurs du drame historique qui a abouti au déclenchement d'une guerre mondiale en 1914.

Une autre méthode consiste à aborder le sujet de façon thématique, en consacrant un chapitre particulier à chacune des grandes questions du temps, tels le colonialisme et l'impérialisme européens, la politique intérieure, les événements culturels et les armements. Cette solution a le mérite d'être relativement plus claire et plus accessible. En revanche, elle complique inévitablement la compréhension de l'interaction constante entre les différents événements. *The Origins of the First World War*, de James Joll, représente le meilleur exemple de cette approche[1]. Certes, Joll était un chercheur bien trop subtil pour respecter un équilibre absolument rigoureux entre ses différents thèmes et il a préféré se demander lequel était, selon lui et en dernière analyse, le plus important. Sans que sa hiérarchisation soit très explicite, il met en avant un élément qui constitue à ses yeux la clé de l'appréhension des origines et des causes profondes de la guerre – élément qu'il analyse, et ce n'est pas sans signification, tout à la fin de son livre. Il l'appelle l'« humeur de 1914 » et en donne la définition suivante : « Cette humeur ne peut être évaluée que par approximation et par touches impressionnistes. Plus nous l'étudions dans le détail, puis nous constatons à quel point elle a été différente en fonction des pays et des classes sociales. Et pourtant, à chaque niveau, on relève une disposition à risquer ou à accepter la guerre comme solution à toute une série de problèmes, politiques, sociaux ou internationaux, sans compter qu'on y voyait la seule façon de résister à une menace physique directe. Ce sont ces attitudes qui ont rendu la guerre possible ; et c'est toujours dans l'étude des mentalités des dirigeants européens et de leurs sujets que résidera en définitive l'explication des causes de la guerre[2]. »

Ce chapitre s'intéresse beaucoup, lui aussi, aux « humeurs » et aux mentalités, ainsi qu'à l'influence qu'elles exercèrent sur le déclenchement de la guerre en 1914. Il est cependant sociologiquement très spécifique, car il se concentre sur le rôle de l'armée dans les processus décisionnels qui ont conduit à la guerre et il le rattache à la dynamique d'un facteur essentiel, la course aux armements qui a précédé 1914. Autrement dit, nous étudierons un certain nombre d'éléments concernant les origines de la Première Guerre mondiale avant d'en arriver à celui qui, à mon sens, doit se voir attribuer la première place dans une classification des causes. Organisé en forme d'entonnoir, ce chapitre accède finalement à ce qui est la clé des événements européens des mois de juillet et d'août 1914.

Industrialisation, mutation démographique et urbanisation

Pour saisir les évolutions remarquablement dynamiques qui ont marqué les sociétés européennes au cours des décennies antérieures à 1914, il faut considérer les effets de l'industrialisation, de la démographie et de l'urbanisation au titre de facteurs contextuels majeurs. Durant cette période, en effet, deux révolutions industrielles se sont succédé rapidement dans une grande partie de l'Europe continentale. La première, amorcée en Grande-Bretagne au XVIIIe siècle, a eu pour moteurs la fabrication de textiles et de matériaux souples destinés au tissage, ainsi que l'extraction de la houille et la sidérurgie. Elle a été suivie dans la seconde moitié du XIXe siècle par ce qu'on appelle couramment la deuxième révolution industrielle, caractérisée quant à elle par le développement de la construction électrique et des industries chimiques et non électriques. S'agissant de ces deux révolutions, il ne faut pas oublier qu'à l'origine les activités de production avaient pour cadre des centres de dimensions modestes, dont certains étaient initialement des ateliers d'artisans. Mais, avant la fin du XIXe siècle, un mouvement de fusion et de concentration a entraîné l'apparition de grandes entreprises regroupant des centaines, voire des milliers d'ouvriers. L'accroissement de leurs effectifs s'accompagna de celui des cols blancs (employés), des blouses blanches (chercheurs) et des chemisiers blancs (secrétaires et autres professions féminines).

Sur le plan démographique, l'Europe avait également connu une croissance très rapide depuis le XVIIIe siècle. À un moment ou à un autre, un grand nombre d'hommes et de femmes ne trouvèrent plus d'emploi dans l'agriculture, pilier des économies préindustrielles, et allèrent s'installer dans des bourgades proches ou lointaines, dont beaucoup se développèrent pour donner naissance à de véritables villes. De fait, à la fin du XIXe siècle, les agglomérations urbaines qui avaient vu tripler ou quadrupler leur population en l'espace de dix ans n'étaient pas rares. La plupart de ceux qui ne s'étaient pas embarqués pour l'Amérique du Nord, l'Amérique du Sud ou l'Australie au cours de ces années trouvèrent du travail dans les industries manufacturières ; malgré des conditions de travail et des salaires meilleurs que n'en offrait l'agriculture à laquelle ils avaient dû renoncer, leur misère atteignait des niveaux scandaleux, même aux yeux de leurs contemporains. Avec une moyenne de trois ou quatre enfants, les familles de la classe ouvrière vivaient généralement très à l'étroit dans des immeubles qu'on surnommait en Allemagne les « grands ensembles locatifs » (*Mietskasernen*). Les soins médicaux et dentaires étaient rudimentaires et bien souvent inaccessibles aux ouvriers et à leurs familles. Les associations de bienfaisance étaient débordées et insuffisamment financées. Les allocations chômage et les programmes d'aide sociale se mirent lentement en place dans certains États européens, sans jamais cependant se hisser à la hauteur des besoins.

En même temps, l'industrie et le commerce produisirent de la richesse, favorisant l'ascension d'une classe moyenne de commerçants et de membres des professions libérales, comprenant également des employés de bureau. Le développement d'administrations locales, régionales et nationales ainsi que de systèmes d'enseignement primaire, secondaire et supérieur assura par ailleurs des emplois mieux rémunérés et moins précaires. La ségrégation résidentielle ainsi que les particularités vestimentaires et les habitudes de consommation témoignaient de façon particulièrement flagrante de l'écart entre riches et pauvres. D'où une stratification plus rigide des sociétés industrielles de l'Europe d'avant 1914, en termes de situations socio-économiques et d'habitus culturels.

Mobilisation politique et politique intérieure

Dans la mesure où, exception faite de l'Europe orientale, les systèmes politiques avaient commencé à s'ouvrir et cherchaient à intégrer dans leur corps de citoyens des individus originaires de différents États-nations, les conditions et les divisions socio-économiques contribuèrent à l'éveil d'une conscience politique qui, cette fois, ne toucha pas seulement la bourgeoisie libérale ou les classes supérieures cramponnées aux positions de pouvoir qu'elles avaient acquises au sein de l'État, mais concerna également de façon croissante les ouvriers de l'industrie. Grâce à la progression du droit de vote et au développement de la presse, les classes inférieures commencèrent à pouvoir, elles aussi, exprimer leurs espoirs et leurs attentes à l'égard de leurs gouvernements locaux et nationaux. À l'image des classes moyennes et supérieures, elles fondèrent des partis et des associations politiques chargés de les représenter dans la sphère publique.

Bien que le droit de suffrage eût été, dans bien des cas, limité et injustement manipulé au détriment de la classe ouvrière, les assemblées locales, régionales et nationales de la fin du XIXe siècle comptaient dans leurs rangs de plus en plus de députés élus par des membres des couches inférieures de la société. Les autres partis et classes sociales ne tardèrent pas à y voir une menace. Peu importait que ces partis ou classes fussent à la tête d'une république, comme c'était le cas en France, ou d'une monarchie constitutionnelle : ils devaient tous faire face à des effectifs croissants de citadins dont les conditions de vie avaient grand besoin d'être améliorées. Persuadés que l'ordre établi était en péril, les hommes politiques et hauts fonctionnaires employèrent et perfectionnèrent un certain nombre de moyens destinés à stabiliser la situation politique. Le premier d'entre eux était l'apaisement social, qui s'efforçait de satisfaire les espoirs et les attentes de la classe ouvrière par des concessions tangibles ou par la promesse d'un avenir plus brillant. Mais ils s'appuyèrent également sur le pouvoir répressif de la police et, en dernier recours, sur l'armée.

Une troisième méthode consistait à faire appel au sentiment national et à obtenir le soutien des citoyens en exploitant la capacité d'intégration du patriotisme. On connaît deux exemples de son application remontant aux années 1880 : l'un dans la République française dirigée par Jules Ferry, l'autre dans la monarchie prusso-allemande du temps où Otto von Bismarck était chancelier du Reich. Ces deux dirigeants affrontèrent l'un comme l'autre une violente hostilité parlementaire et cherchèrent à renforcer le soutien que leur accordaient certains partis politiques. Aux élections nationales, le chancelier allemand se trouva dans une position très comparable à celle de Ferry, qui avait réussi à repousser l'opposition monarchiste, tandis que Bismarck avait jugulé la menace des sociaux-démocrates allemands sur le maintien de sa majorité conservatrice au parlement national en interdisant leur parti, leurs syndicats et toutes les organisations qui leur étaient liées.

Impérialisme et colonialisme

Il existait – selon les hommes politiques – un autre moyen de stimuler l'orgueil patriotique et le soutien populaire en faveur de l'État national : l'attrait qu'exerçaient l'expansion hors des frontières du pays et la conquête d'un empire colonial. Les élites britanniques avaient déjà appliqué cette politique en mobilisant les « tories de la classe ouvrière », lesquels applaudirent des deux mains à la création d'un empire qui devait assurer, leur avait-on dit, des bénéfices matériels et immatériels à tous les Britanniques. C'est en revanche sans grand enthousiasme que Bismarck, le junker prussien conservateur, envisageait que l'Allemagne prît part à la course aux colonies qui battait son plein dans les dernières décennies du XIXe siècle. En 1884, à la conférence de Berlin où les grandes puissances négocièrent le partage des territoires africains, Léopold II, roi des Belges, s'était vu remettre l'immense bassin du Congo avec ses abondantes richesses minérales à des fins d'exploitation privée[3].

Bismarck le sceptique changea bientôt son fusil d'épaule, juste avant les élections au Reichstag, évidemment. Ce n'était pas une poignée de « tories de la classe ouvrière » allemande qui le préoccupait, en admettant qu'il en existât, mais de puissants groupes d'intérêt au sein de la bourgeoisie marchande qui réclamaient à cor et à cri l'acquisition de colonies. Comme le remarqua un jour non sans un soupçon de cynisme le chancelier du Reich, il n'ignorait pas que la course aux colonies n'était qu'une farce, mais il en avait besoin pour assurer une majorité à son gouvernement[4].

L'idée que l'impérialisme n'était pas seulement un instrument précieux pour répondre aux pressions commerciales, mais pouvait également être utile pour détourner, apaiser les tensions intérieures et promettre des gains matériels à un groupe plus large que celui d'hommes d'affaires engagés dans le négoce international, s'était imposée dans les années 1890 parmi les hommes politiques et les intellectuels de l'ensemble de l'Europe. En Angleterre, le célèbre homme d'affaires Cecil Rhodes déclarait ainsi : « L'idée qui m'est chère apporte une solution au problème social : pour épargner aux 40 millions d'habitants du Royaume-Uni une guerre civile sanglante, nous devons, nous, hommes d'État coloniaux, acquérir de nouvelles terres pour y établir la population excédentaire et ouvrir de nouveaux débouchés aux marchandises qu'elle produit dans les usines et les mines. L'empire […] est une question alimentaire. Pour éviter la guerre civile, il faut devenir impérialiste[5]. »

Alfred von Tirpitz, officier de marine allemand, bientôt ministre de la Marine de l'empereur Guillaume II, écrivait en 1895 : « Je crois que l'Allemagne perdra rapidement, au cours du siècle prochain, son rang de grande puissance si nous ne commençons pas à développer énergiquement, systématiquement et sans délai nos intérêts maritimes généraux. » Cette expansion, ajoutait-il, était également nécessaire parce que « cette nouvelle grande tâche patriotique, avec les gains économiques qu'elle comportera, est de nature à constituer un puissant bouclier contre les sociaux-démocrates, intellectuels ou autres[6] ». On peut aussi évaluer l'importance de ce facteur dans la politique internationale et, en définitive, dans les origines de la Première Guerre mondiale grâce à la déclaration d'un intellectuel italien, Enrico Corradini, qui affirmait : « L'impérialisme social a été conçu pour rassembler toutes les classes dans la défense de la nation et de l'empire, et était destiné à prouver à la classe la moins aisée que ses intérêts étaient indissociables de ceux de la nation. Il visait à affaiblir les arguments des socialistes et à démontrer que, contrairement aux allégations marxistes, les ouvriers avaient davantage à perdre que leurs chaînes[7]. »

La foire d'empoigne entre les grandes puissances en quête de colonies s'est ainsi poursuivie jusqu'en 1914. Les chercheurs se sont également interrogés sur les effets du colonialisme européen sur le monde non européen. Si Jules Ferry n'avait aucun scrupule à prétendre que la France se livrait à une mission civilisatrice, les spécialistes actuels admettent généralement que le colonialisme européen a bien peu profité aux peuples colonisés et a été, dans l'ensemble, terriblement destructeur pour les économies, les structures sociales et les traditions culturelles locales. On estime que, dans le Congo de Léopold II, quelque 11 millions d'hommes, de femmes et d'enfants indigènes moururent de maladie, de malnutrition ou des tueries perpétrées par les troupes coloniales. Les Européens ne se montrèrent pas plus cléments en Asie, où les révoltes contre les maîtres coloniaux, si dérisoires fussent-elles, firent l'objet d'une répression tout aussi brutale. Aussi les spécialistes de l'impérialisme se sont-ils posé des questions quant aux effets de cette violence de masse sur la psyché européenne. Certains sont allés jusqu'à y voir les prodromes de la Shoah, d'autres n'hésitant pas à qualifier de génocide des opérations telles que la guerre menée par l'Allemagne contre les Herero et les Nama dans sa colonie du Sud-Ouest africain. Dans *Absolute Destruction*, Isabell Hull a ainsi affirmé que la brutalité de ces opérations avait été intégrée dans la culture militaire allemande[8]. Autrement dit, elle s'était si bien enracinée dans la philosophie du corps des officiers que ces derniers finirent par envisager une future guerre européenne dans les mêmes termes d'extermination totale – un concept que nous analyserons plus en détail ci-dessous.

L'ÉCONOMIE DU COLONIALISME EUROPÉEN AVANT 1914

Le colonialisme était dangereux et même contre-productif, dans la mesure où il exacerbait des tensions et des rivalités inhérentes aux systèmes économiques d'une Europe de plus en plus industrialisée. Les systèmes économiques en place étaient capitalistes par essence, c'est-à-dire fondés sur le principe de concurrence sur le marché national et international. Toutefois, comme nous l'avons vu plus haut, le colonialisme de la fin du XIXe siècle n'était pas une entreprise exclusivement privée. Les gouvernements nationaux avaient fait de la conquête et de la possession de colonies un projet personnel. Ils installèrent des garnisons à l'étranger et envoyèrent des administrateurs pour diriger et contrôler ces territoires. Cependant, la décennie précédant 1914 connut plusieurs crises internationales qui mirent en cause à la fois des gouvernements européens et des intérêts commerciaux, ce qui posa certains problèmes.

Ces crises ne furent du reste pas sans conséquence sur le commerce entre grandes puissances à l'intérieur même de l'Europe où, à cette date, les États-Unis avaient également fait leur apparition. À la fin du XIXe siècle, on avait assisté en Amérique à un processus d'industrialisation et d'urbanisation aussi spectaculaire, voire plus, qu'en Angleterre et en Allemagne. En 1900, les échanges commerciaux au sein du triangle anglo-américano-germanique étaient devenus extrêmement lucratifs. On avait bien observé quelques crispations diplomatiques autour de 1900, lorsque la Grande-Bretagne et l'Allemagne avaient pointé leur nez en Amérique latine, au grand dam du gouvernement américain – lequel, en vertu de la doctrine Monroe, considérait ces incursions européennes comme autant d'intrusions dans le *backyard* des États-Unis, autrement dit dans leur territoire réservé. Cependant, au milieu de la décennie, les échanges pacifiques entre ces trois pays ainsi qu'avec le reste de l'Europe s'étaient intensifiés. Ils réalisaient des investissements directs en établissant agences et filiales, et certaines sociétés allèrent jusqu'à construire des usines à l'étranger. D'autres conclurent des accords sur les brevets et nouèrent d'autres formes de coopération. Toutefois, pour des raisons que nous examinerons ci-après, à partir de 1910 environ, la situation diplomatique et militaire internationale inspira une inquiétude croissante aux communautés économiques de part et d'autre de l'Atlantique. Avant que nous abordions ce sujet, une analyse de l'évolution culturelle de l'Europe avant 1914 nous offrira une nouvelle clé pour comprendre comment les grandes puissances ont pu se laisser entraîner dans la Première Guerre mondiale.

La culture européenne entre optimisme et pessimisme

Un tour d'horizon de la presse autour du 1er janvier 1900 nous montrera que, dans la majeure partie de l'Europe, l'humeur était largement festive – avec de superbes feux d'artifice et des sonneries de cloches fêtant l'avènement du XXe siècle[9]. Les nations venaient de vivre un siècle qui ne leur avait pas seulement apporté l'industrialisation et l'urbanisation, mais aussi une paix et une prospérité relatives. Après la guerre franco-prussienne de 1870 qui avait conduit à la fondation de l'Empire allemand, les progrès s'étaient poursuivis, notamment dans les domaines de la science et de la technologie. Les réalisations n'avaient pas été moins impressionnantes dans les sphères des arts, des lettres et des sciences sociales. Il est vrai que les journaux agrariens conservateurs d'Allemagne accueillaient le siècle nouveau avec moins d'enthousiasme que la presse bourgeoise libérale. Ils mettaient en garde contre la menace croissante d'une classe ouvrière industrielle qui prêtait l'oreille, prétendaient-ils, aux sirènes du socialisme marxiste. Au même moment, la presse conservatrice britannique s'interrogeait sur la viabilité future de l'Empire après les difficultés que l'armée avait rencontrées lors de la guerre des Boers en Afrique du Sud.

Dans l'ensemble, cependant, les représentants de la culture européenne, considérée dans une acception suffisamment large pour inclure les sciences, l'enseignement et la culture populaire, se divisaient, face à l'avenir, entre optimistes et pessimistes. Les optimistes se rencontraient principalement parmi les membres des professions libérales appartenant à la classe moyenne, et plus spécialement chez les ingénieurs et les employés de laboratoire. Ils étaient convaincus que d'autres percées et de nouvelles réussites sortiraient des centres de recherches et d'études des universités, des académies et des départements « recherche et développement » dont les grandes entreprises s'étaient pourvues, notamment dans les branches du génie chimique et électrique. Les villes qui s'étaient enrichies grâce à la hausse de leurs recettes fiscales s'attelèrent à la tâche majeure consistant à se doter d'une infrastructure moderne comprenant l'installation du gaz, de l'électricité et de l'eau courante ainsi que de systèmes d'évacuation des eaux usées. Elles financèrent aussi avec orgueil des salles de concerts, des théâtres et des opéras, ainsi que des parcs de loisirs, des aires de jeux et des piscines publiques. Le mouvement des *Arts and Crafts* en Angleterre et celui du *Werkbund* en Allemagne sont des manifestations exemplaires de cet optimisme. Certains architectes conçurent également des habitations modernes, des cités-jardins et des ateliers d'usine spacieux et lumineux. À la recherche d'un « style international » qui transcenderait les frontières nationales, ils expérimentèrent de nouveaux matériaux de construction, tels le verre et le béton. Les liens qui unissaient ces mouvements de part et d'autre de l'Atlantique s'incarnèrent en la personne d'architectes américains comme Frank Lloyd Wright, dont les visions de l'habitat moderne impressionnèrent vivement ses collègues européens. Il convient enfin de mentionner les Expositions universelles, dont la première se tint à Londres en 1851 et qui atteignirent leur apogée avec l'Exposition de Paris en 1900, où les différentes nations du monde firent découvrir au public leurs caractéristiques architecturales et présentèrent leurs équipements industriels ainsi que leurs créations artistiques.

Pourtant, les pessimistes culturels ne désarmaient pas. Ils ne s'inquiétaient pas seulement du risque de radicalisation politique des « masses » en ce temps de suffrage masculin universel. Les marxistes radicaux n'étaient en effet pas les seuls à penser que le capitalisme industriel et l'ère bourgeoise étaient condamnés à s'effondrer sous le poids de leurs contradictions internes. Certains intellectuels non marxistes, rejoints par des critiques de la société, prédisaient eux aussi une période de conflits et d'instabilité. On peut citer ainsi le sociologue allemand Max Weber qui, tout en reconnaissant les capacités rationnelles du capitalisme et ses aptitudes à créer de la richesse, n'en mettait pas moins en garde contre le développement d'organisations publiques et privées importantes et de plus en plus envahissantes, qui encourageaient la bureaucratisation du monde[10]. Pour Weber, cette tendance était si puissante qu'il craignait que l'humanité ne se retrouve dans ce qu'il appelait la « cage d'acier » de la servitude bureaucratique. Dans ce monde-là, le *Fachmensch* (l'expert) dirigeait depuis son piédestal, régentant tous les aspects de la vie des individus. Pendant ce temps, à Vienne, Sigmund Freud sondait les recoins obscurs et irrationnels de l'âme humaine.

C'est sans doute dans les arts que la culture européenne connut l'évolution la plus fascinante. Par le passé, la musique classique, le théâtre ou la peinture avaient mis l'accent sur les aspects édifiants de l'expérience humaine. Le bien triomphait invariablement du mal. La scène devait illustrer des vertus telles que la beauté, l'héroïsme et la générosité. Désormais, en revanche, une nouvelle génération d'artistes proclama haut et clair que la mission de l'art moderne était tout autre et qu'il devait également présenter au public les aspects laids et sordides de la triste condition humaine. Le réalisme ne tarda pas à laisser place à l'expressionnisme, dont les œuvres ne reflétaient pas ce que l'œil percevait du monde réel, mais la manière dont le regard intérieur le transformait. Aux yeux de ces artistes, la vie était fragmentée, décentrée, subjective, débordante de contradictions et de dissonances. Pour certains créateurs, il n'y avait qu'un pas entre ces positions et leur critique implicite ou explicite du monde et l'idée que la civilisation européenne dans son intégralité était corrompue et courait à sa perte.

Chose significative, c'est en Europe centrale que ces prédictions apocalyptiques se faisaient entendre le plus fréquemment. Quelques intellectuels et artistes commencèrent même à envisager que l'humanité disparaîtrait dans un immense cataclysme d'où surgirait une société fondamentalement rajeunie, affranchie de ses traditions et de ses valeurs dépassées ainsi que de son conformisme bourgeois étouffant. Pour les marxistes orthodoxes, ce cataclysme prendrait la forme d'une révolution sociale violente. Dans l'esprit d'artistes qui n'appartenaient pas au socialisme radical, ce renouveau passerait par une grande guerre. En Allemagne, ces pessimistes obtinrent le soutien indirect d'auteurs populaires plus politisés, comme Friedrich von Bernhardi qui publia en 1912 son ouvrage à succès intitulé *L'Allemagne et la prochaine guerre*[11].

Mais, à l'approche de 1914, d'autres voix encore se firent entendre. Alors que les tensions grandissaient tant au sein des États européens que dans la politique internationale – en partie du fait des rivalités coloniales –, certains tirèrent la sonnette d'alarme face au risque de guerre. Parmi eux, le banquier polonais Jan Bloch, qui publia dès 1898 une étude en six volumes intitulée *La Guerre future aux points de vue technique, économique et politique*[12]. Cet ouvrage contenait des descriptions du conflit à venir d'une troublante exactitude, puisqu'il prévoyait le massacre auquel on assista réellement dans les tranchées de la Première Guerre mondiale. Pour Bloch, la guerre entre nations industrialisées était synonyme de destruction de la société civile et civilisée. En 1909, ses sinistres prédictions furent complétées par celles d'un best-seller écrit par un autre homme d'affaires, britannique celui-ci, sous le titre *La Grande Illusion*[13]. Son auteur, Norman Angell, partait de l'idée que le développement de l'industrie et d'un commerce mondial pacifique aurait dû assurer aux êtres humains un avenir radieux. Or celui-ci se voyait menacé, pour le moment en tout cas, par les éléments militaristes et chauvins de la société moderne. Angell fit partie des écrivains qui annoncèrent le danger d'autodestruction qui planait sur l'Europe. Pour lui, des guerres majeures entre grandes puissances ne pouvaient qu'être préjudiciables à tous les participants, même aux vainqueurs théoriques, et la ponction opérée sur leurs ressources serait d'une telle ampleur que la région risquait de ne jamais s'en remettre.

Si l'on observe l'évolution culturelle de l'Europe antérieure à 1914, force est de relever une curieuse schizophrénie. D'un côté, une grande partie de la population et un certain nombre de ses chefs de file intellectuels et politiques envisageaient un avenir merveilleux. Si le XIXe siècle avait été à leurs yeux une ère de progrès socio-économiques, technologiques, politiques et humains, le XXe siècle verrait inévitablement la poursuite des améliorations et des réformes graduelles. De l'autre côté, on rencontrait les pessimistes culturels, dont les effectifs allaient croissant à l'approche de 1914. La viabilité des sociétés libérales capitalistes d'Europe ne leur inspirait que scepticisme. Non contents de prédire un vaste mouvement d'agitation, certains le préparaient activement. Malgré leur apolitisme fréquent, les artistes de ce courant relevaient eux aussi dans les tendances du jour les signes annonciateurs d'une immense crise. Alors que la culture du peuple restait fidèle à ses traditions de fêtes, de musique et d'art populaires ainsi que de folklore, les analystes de la culture savante et les artistes d'avant-garde se considéraient comme des sismographes enregistrant les frémissements précoces d'une éruption imminente qui ensevelirait la société européenne. Certes, aucun des écrivains, peintres et compositeurs qui célébraient la dissonance, la mélancolie et la décadence n'avait le pouvoir et l'influence nécessaires pour déclencher la catastrophe qu'ils prédisaient. Ce pouvoir et cette influence étaient l'apanage des officiers de l'armée de terre et de mer qui consacraient leurs carrières à préparer une guerre de grande envergure et la déclencheraient effectivement en août 1914 avec une brutalité féroce.

L'HÉGÉMONIE BRITANNIQUE DÉFIÉE PAR LA MARINE ALLEMANDE

Dans les dernières années du XIXe siècle, les grandes puissances européennes observèrent avec une vive méfiance la politique d'armement de leurs rivales. Et si l'une d'elles, se demanda-t-on, acquérait la supériorité numérique et profitait de cet avantage pour lancer une guerre préventive ? Se posait également la question des armements navals depuis que la course aux colonies avait modifié l'équilibre des forces : on s'accordait en effet généralement à penser que ce serait la puissance maritime qui déciderait du visage que prendrait la lutte pour l'hégémonie au XXe siècle. Jusqu'en 1900, la Grande-Bretagne avait été en tête grâce à sa stratégie du *Two-Power Standard*, dont le principe était que, pour assurer sa protection et celle de ses possessions d'outre-mer, le pays devait à tout moment disposer d'un tonnage égal ou supérieur à la capacité cumulée des deux plus grandes puissances maritimes situées après elle[14]. Dans les années 1890, l'évolution technologique alimenta un débat parmi les stratèges de la marine. Les thèses orthodoxes de la guerre navale contemporaine envisageaient une multiplication de raids de croiseurs rapides contre les ports et les établissements étrangers de l'ennemi. Une nouvelle stratégie commençait néanmoins à s'imposer : la construction de cuirassés, des bâtiments lents et immenses destinés à leurs adversaires dans les eaux européennes au cours de combats acharnés.

En 1897, Tirpitz, devenu ministre de la Marine de l'empereur, s'était déclaré favorable à cette seconde option. Il était convaincu que, dans le contexte de la politique de force, la seule façon d'obtenir un moyen de pression suffisant sur la Grande-Bretagne, première puissance navale du monde, était de développer une marine impériale allemande, encore modeste. Il s'agissait d'en faire un instrument redoutable permettant d'arracher des concessions territoriales aux Britanniques lors de la conférence qui serait chargée de négocier un nouveau « partage du monde ». D'autre part, au cas où, non contente de refuser ces concessions, l'Angleterre traversait la mer du Nord dans l'intention de détruire la flotte de guerre allemande qui mouillait à Wilhelmshaven, cette dernière serait suffisamment forte et entraînée pour écraser la Royal Navy dans une bataille d'anéantissement. Il est intéressant de constater que l'idée d'anéantissement et de victoire totale qui s'était répandue dans l'armée de terre prusso-allemande fut à l'origine de la notion chère à Tirpitz de *Vernichtungsschlacht* en mer du Nord. Une victoire aurait modifié l'équilibre international des forces en un après-midi, ou peu s'en faut. Les archives navales allemandes contiennent la preuve de cette prétention grotesque qui, selon l'historien allemand Klaus Hildebrand, aurait révolutionné le système international[15].

Comme Tirpitz l'expliqua à Guillaume II en septembre 1899 : « Même en face de l'Angleterre, nous avons, par suite de notre situation géographique, de notre système militaire, de notre mobilisation, de nos torpilleurs, de l'éducation tactique, de la construction organique de notre flotte et de l'unité de direction, des perspectives favorables[16]. » Dans un autre document secret, il précisait que l'Allemagne devait faire porter tous ses efforts sur la création d'une flotte de guerre qui seule lui garantirait une influence maritime face à l'Angleterre. Bien sûr, « avant de pouvoir songer à l'exploiter, il faut que la bataille ait été livrée et remportée ». « Faute de bataille victorieuse », l'Allemagne ne pouvait en effet s'assurer l'ouverture des voies maritimes de l'Atlantique. « "Victorieuse" est le mot décisif. Concentrons donc nos ressources sur cette victoire. » Après tout, il ne fallait pas vendre « la peau de l'ours avant de l'avoir tué[17] ».

Ayant obtenu l'approbation de Guillaume II, lui-même farouche partisan de l'expansion outre-mer et du développement de la puissance maritime allemande, Tirpitz et les autres officiers du ministère de la Marine du Reich lancèrent un programme de construction à long terme. Ils envisageaient un accroissement de la flotte de guerre allemande en plusieurs étapes, au terme desquelles l'Allemagne serait à la tête de soixante grands cuirassés, capables d'écraser la Royal Navy. Une note de février 1900 présentait l'hypothèse suivante : « Le développement de la flotte britannique ne peut se faire au même rythme que le nôtre parce que ses dimensions l'obligent à effectuer un nombre de remplacements nettement supérieur. Le tableau démontre que l'Angleterre [...] devra construire et remplacer une flotte presque trois fois plus importante que celle de l'Allemagne, telle que l'envisage la loi sur la marine [de 1900], si elle espère disposer d'une flotte efficace [...] en 1920. L'infériorité de tonnage durable de notre marine de guerre par rapport à celle de la Grande-Bretagne sera compensée par une formation particulièrement efficace de notre personnel et par une manœuvrabilité tactique supérieure de grandes formations de combat [...]. Les chiffres sur le tonnage que les deux flottes de guerre maintiennent en service se traduisent par une supériorité de l'Allemagne. Considérant les difficultés notoires de l'Angleterre pour recruter suffisamment de personnel, il est peu probable que cette situation favorable se modifie. »

Ces citations devraient suffire à révéler ce qui se préparait à Berlin. En respectant un rythme de construction de trois grands navires par an jusqu'en 1920, Tirpitz n'aurait pas seulement obtenu ses soixante cuirassés ; il aurait en même temps fourni à l'industrie sidérurgique et aux chantiers navals des commandes régulières les mettant à l'abri des vicissitudes du marché. Autre avantage, la modestie apparente du rythme de construction au cours de ses premières étapes ne risquait guère d'alarmer la Royal Navy. Autrement dit, à l'aube du nouveau siècle, l'Allemagne s'engagea dans une politique unilatérale de renforcement de ses armements dirigée contre la Grande-Bretagne et dont l'objectif à long terme – écraser la Royal Navy – devait rester confidentiel. Tirpitz était donc parfaitement conscient de la nécessité de garder le secret sur cette entreprise et de l'existence d'une « zone de danger », comme il disait, qu'aurait à traverser la marine impériale. En effet, si Londres découvrait ses ambitions ultimes, il y avait gros à parier que l'Angleterre s'efforcerait de détruire la marine impériale en déclenchant une opération comparable à la frappe préventive qu'elle avait lancée contre la flotte danoise en 1805 devant Copenhague. Pour éviter pareille catastrophe, il fallait que la diplomatie allemande s'aligne sur le plan Tirpitz, et c'est précisément ce à quoi s'employa le chancelier du Reich, Bernhard von Bülow, après 1900[18].

Mais l'avenir est toujours imprévisible et la diplomatie allemande fut incapable d'apporter le soutien indispensable à ce programme en maintenant le pays à l'abri des turbulences internationales. Tout d'abord, alertée par le rythme soutenu de construction outre-Manche, la Grande-Bretagne conclut en 1904 une Entente cordiale avec la France, ennemie jurée de l'Allemagne sur le continent européen. Sans être tout à fait aussi solide que le traité d'alliance franco-russe de 1893 qui allait entraîner l'Allemagne dans le cauchemar d'une guerre sur deux fronts, ce rapprochement inquiéta le ministère allemand des Affaires étrangères et l'incita à mettre sa fermeté à l'épreuve en défiant la France au Maroc un an plus tard. C'était une grossière erreur de calcul et, à l'issue de la conférence internationale qui suivit, l'Allemagne dut renoncer aux gains qu'elle avait espérés. Au même moment exactement, le grand projet de Tirpitz fut plus gravement compromis encore par la décision britannique de se lancer dans la construction d'un modèle de cuirassé bien plus puissant, le *dreadnought*. Ayant observé de très près l'activité des chantiers navals allemands, sir John Fisher, premier lord de l'Amirauté, soupçonnait depuis quelque temps les Allemands de nourrir des desseins malveillants et d'espérer parvenir, dans le domaine de l'armement naval, à une supériorité quantitative dissimulée. Fisher fit monter les enchères en y ajoutant une dimension *qualitative*, grâce à la construction de navires à déplacement plus important et équipés de canons plus performants auxquels le blindage des bâtiments allemands ne pourrait pas résister[19].

Quand Tirpitz, réticent à reconnaître l'échec de son plan ambitieux, se lança lui aussi dans la construction de *dreadnoughts*, Fisher passa à la vitesse supérieure. Puisque Tirpitz avait prévu trois navires par an, il décida d'en construire quatre dans le même délai. Refusant toujours de céder, Tirpitz lui emboîta le pas une nouvelle fois. Mais, en 1908-1909, il fut obligé d'admettre qu'il ne pourrait pas poursuivre cette course à la construction de super-cuirassés. Les coûts supplémentaires indispensables désorganisaient complètement les calculs budgétaires méticuleux sur lesquels reposait son projet initial.

Nous disposons de deux déclarations éloquentes qui illustrent bien les événements de 1908-1909. La première est de lord Richard Haldane, membre du gouvernement libéral de Londres. Celui-ci avait remporté les élections de 1906 en s'engageant à réduire le poids financier de l'armement grâce à des négociations internationales qui se tiendraient à La Haye. Les économies ainsi réalisées devaient financer de nouveaux programmes d'aide sociale et d'assurance, afin d'attirer les voix des électeurs de la classe ouvrière britannique. Face à l'échec des négociations de désarmement (largement dû au refus de l'Allemagne de participer à la moindre réduction) et à la nécessité de tenir ses promesses électorales, le cabinet libéral décida de financer tout à la fois les programmes sociaux prévus et un accroissement de l'armement naval. « Nous devons prendre audacieusement position sur les faits, déclara Haldane le 8 août 1908, et annoncer une politique qui opérera, essentiellement au moyen de la fiscalité directe, un prélèvement suffisant sur l'augmentation et l'accroissement de la richesse pour nous permettre d'assurer 1° les coûts croissants de la réforme sociale, 2° la défense nationale [et] 3° une marge au profit des fonds d'amortissement. » Sachant que les riches Britanniques n'accueilleraient pas à bras ouverts une augmentation des impôts directs, Haldane joua sur les craintes que le mouvement ouvrier inspirait à la bourgeoisie, en ajoutant que cette politique « se recommandera[it] à de nombreuses personnes timorées comme un rempart contre la nationalisation de la richesse[20] ».

Pendant ce temps, en Allemagne, le chancelier Bülow se trouvait exactement devant le même dilemme. D'un côté, il devait faire face à la charge financière accrue imposée par les *dreadnoughts*. De l'autre, il continuait d'espérer que, en augmentant le montant des aides sociales que Bismarck avait mises en place dans les années 1880, on parviendrait à détourner la classe ouvrière des sociaux-démocrates et des syndicats qui leur étaient inféodés. Le SPD avait vu le nombre de ses suffrages s'accroître spectaculairement aux élections législatives de 1903, mais avait perdu des sièges en 1907, en partie à la suite d'une intensification de l'agitation nationaliste. Celle-ci avait permis par le passé d'obtenir assez facilement au Reichstag un nombre suffisant de voix en faveur du développement des armements navals. Cependant, lorsqu'une loi de finances complémentaire avait cherché à faire endosser aux contribuables les coûts de l'expansion de la flotte, les classes aisées, et les agrariens en particulier, avaient repoussé une augmentation des impôts sur le revenu et des droits de succession. Ils avaient voté en contrepartie une hausse des taxes indirectes sur l'alimentation et d'autres produits de consommation courante, laquelle avait frappé les faibles revenus de façon disproportionnée. Le remède que Haldane prescrivait aux Anglais n'était donc pas à la portée de Bülow, soumis à la pression des conservateurs. Finalement, le parlement n'approuva aucune augmentation de la fiscalité directe. Le SPD n'étant pas au gouvernement et ne disposant pas d'un nombre de voix suffisant pour inverser la tendance, il ne pouvait compter que sur ses organes de presse et sur ses orateurs pour protester contre cette répartition inégale des charges fiscales destinées à faire face à des dépenses militaires auxquelles il avait, au demeurant, toujours été hostile. Au vu de leur budget hebdomadaire, ses partisans estimaient ces protestations parfaitement justifiées.

C'est dans ce contexte qu'Albert Ballin, directeur d'une grande société de transports maritimes hambourgeoise et ami de Guillaume II, fit la seconde déclaration évoquée plus haut. En juillet 1908, il mit en garde le Kaiser et son chancelier, leur faisant savoir qu'il était « impossible de se livrer à une course aux *dreadnoughts* avec les Britanniques, bien plus riches[21] ». Il aurait pu ajouter que ceux-ci n'étaient pas dotés d'un système fiscal aussi injuste ni aussi conflictuel que celui de l'Allemagne impériale. Bien entendu, Ballin était également hostile à la poursuite de cette course anglo-germanique aux armements navals, car il redoutait une recrudescence des tensions que la construction des cuirassés avait déjà provoquées. Une guerre majeure, selon lui, serait un désastre pour son empire de transports maritimes – une crainte qui se concrétisa en 1914.

Un autre groupe, très puissant en l'occurrence, commença à s'inquiéter de cette coûteuse course aux armements navals que l'Allemagne paraissait de plus en plus condamnée à perdre : il s'agissait de l'armée de terre germano-prussienne. Afin d'accorder à Tirpitz la priorité sur les ressources financières du Reich, mais aussi parce que ses élites craignaient qu'une expansion de l'armée de terre au-delà du niveau atteint dans les années 1890 ne compromît son caractère élitiste et son sérieux, le corps des officiers avait décidé au tournant du siècle de ne pas réclamer de nouvelles augmentations d'effectifs des forces terrestres. Il redoutait que, en intégrant davantage d'individus d'origine bourgeoise pour pallier la pénurie bien réelle d'officiers de noble extraction, on ne portât préjudice à l'esprit de corps. S'ajoutait le problème du nombre croissant de recrues ordinaires issues de la classe ouvrière urbaine, soupçonnées d'avoir été contaminées par des idées socialistes. À la fin des années 1890, l'armée avait mis en place un programme d'endoctrinement patriotique pour lutter contre cette menace. De plus, les soldats n'étaient pas autorisés à fréquenter certains débits de boissons situés à proximité de leurs casernes, et leurs casiers étaient régulièrement fouillés pour vérifier qu'ils ne contenaient pas de littérature socialiste.

Le passage à la course aux armements terrestres dans l'Europe d'avant 1914

En 1907, l'Angleterre et la Russie avaient réglé les différends qui les opposaient de longue date en Afghanistan, facilitant ainsi la création de la Triple Entente entre la France, la Grande-Bretagne et la Russie. Le spectre de l'« encerclement » s'implanta alors profondément dans la pensée de l'état-major allemand et du Kaiser, tandis que la balance se mettait à pencher définitivement en faveur d'un réarmement terrestre et contre la poursuite des dépenses navales. Cette évolution apparut très clairement à la suite de la seconde crise marocaine de l'été 1911. Cet affrontement à propos de territoires d'Afrique du Nord renforça encore la détermination de la France et de l'Angleterre à faire cause commune, tandis que Berlin se voyait contraint d'opérer une retraite humiliante. Comme l'écrivit, fort en colère, Helmuth von Moltke, le chef d'état-major, à sa femme le 19 août 1911 : « Je commence à en avoir plein le dos de cette désastreuse affaire marocaine [...]. Si nous nous débinons une fois de plus la queue entre les jambes et sommes incapables de nous ressaisir et de présenter énergiquement des exigences que nous serons prêts à arracher à la pointe de l'épée, je désespérerai de l'avenir de l'Empire allemand. Et alors je démissionnerai. Mais, auparavant, je présenterai une proposition pour que l'on supprime l'armée et pour que nous nous placions sous protectorat japonais ; comme cela, nous pourrons gagner tranquillement de l'argent et nous abrutir complètement[22]. »

Si ces quelques lignes reflétaient clairement l'humeur de cet illustre officier, on put déceler dès 1909 les premiers signes d'une révolte contre la marine impériale. En mars de cette année-là, le *Militärwochenblatt*, hebdomadaire influent et semi-officiel, publia un article intitulé « L'armée enchaînée ». À l'été 1910, le mécontentement était tel que le colonel Erich Ludendorff plaida la cause de l'armée de terre avec encore plus d'insistance : « Un État qui lutte pour sa survie doit employer, avec une énergie extrême, toutes ses forces et toutes ses ressources s'il veut être à la hauteur de ses devoirs les plus nobles. » Les ennemis de l'Allemagne, ajoutait-il, étaient désormais « si nombreux que la situation pourrait nous imposer le devoir inéluctable » d'employer, « dans certains cas », et dès le premier instant, tous les soldats disponibles. Il était impératif de « remporter les premières batailles », car tout le reste en dépendait[23].

Ce jugement est important à deux égards. D'abord, Ludendorff, lui-même issu d'une famille qui n'appartenait pas à la noblesse, conseillait d'abandonner toutes les restrictions au recrutement qui avaient guidé la politique antérieure de gel des effectifs de l'armée. Ensuite, il laissait entendre que, tôt ou tard, l'état-major réclamerait le vote d'une loi permettant de développer les forces militaires terrestres du pays. C'est ainsi qu'en novembre 1911 le ministre de la Guerre, Josias von Heeringen, annonça que la « situation politico-stratégique » avait « évolué au désavantage de l'Allemagne[24] ». Il fallait augmenter sans délai les crédits budgétaires de l'armée de terre. Tirpitz comprit immédiatement l'enjeu : l'armée de terre servirait de « bélier » pour lutter contre ses projets navals[25]. La situation était d'autant plus tendue que le Trésor du Reich s'était livré entre-temps à des calculs révélant que l'Allemagne ne pouvait pas se permettre de posséder tout à la fois une puissante marine et une armée suffisamment importante pour affronter l'alliance franco-russe. Le Trésor mettant également tout son poids politique dans la balance en faveur d'une réorientation de la politique d'armement de la nation, Tirpitz dut se rendre à l'évidence : il avait déjà perdu la lutte interministérielle qui faisait rage à Berlin à la fin de 1911, tout comme, évidemment, la compétition navale avec l'Angleterre puisque, malgré ses efforts, il n'avait pu éclipser la Royal Navy. Pendant ce temps, déchirée par des mouvements d'indépendance nationale slaves et plus particulièrement serbes à l'intérieur de ses frontières, Vienne était, elle aussi, en proie à une agitation croissante.

Sur la toile de fond de ces péripéties qui touchèrent aussi bien les structures des cours impériales que les gouvernements de Berlin et de Vienne, il n'est pas étonnant qu'en 1912, lorsque l'armée de terre réclama 29 000 soldats supplémentaires et de « nombreuses améliorations techniques », une loi ait rapidement été votée. Les voix furent également assez nombreuses au Reichstag pour assurer l'adoption des lois de finances nécessaires, mais il fallut tout de même pour y parvenir une bonne dose de manipulations, ainsi que l'ajout de la « Lex Bassermann-Erzberger » exigeant que le gouvernement du Reich introduise avant le 30 avril 1913 « un impôt foncier général prenant en compte les différentes formes de propriété[26] ». Dans le courant de l'hiver 1912-1913, le débat fiscal autour des mêmes questions que celles que Haldane avait posées en Angleterre en 1908 battait son plein. À l'automne 1912, une guerre régionale avait éclaté, la Ligue balkanique, qui regroupait la Bulgarie et la Serbie (rejointes par la Grèce quelques mois plus tard), contestant les droits territoriaux de l'Empire ottoman en Europe. Les Turcs essuyèrent une défaite cuisante et la Serbie s'empara de l'essentiel des dépouilles territoriales obtenues par la Ligue victorieuse. Le gouvernement de Vienne n'en fut que plus inquiet de son propre avenir dans les Balkans. En 1908, les Habsbourg avaient cherché à renforcer leur position territoriale en annexant la Bosnie-Herzégovine. Mais cette intervention se retourna contre eux parce qu'elle irrita les Russes, qui se considérèrent désormais plus que jamais comme les protecteurs des Slaves dans la région.

L'alarme se répandit jusqu'à Berlin, où l'armée projetait alors un nouvel accroissement de ses forces terrestres. Comme l'année précédente, ce projet de loi fut voté par la majorité du Reichstag, emportée par un élan de patriotisme. Et, une fois de plus, on remit à plus tard la question de son financement. De toute évidence, il faudrait trouver davantage d'argent et mettre en vigueur la Lex Bassermann-Erzberger de l'année précédente. Il n'entre pas dans notre propos d'analyser ici la loi fiscale extrêmement complexe qui, outre l'augmentation habituelle des impôts indirects, prévoyait cette fois – et malgré l'opposition farouche des conservateurs – un impôt sur le revenu, le *Wehrbeitrag* (contribution à la défense), limité cependant à un an.

Pour en revenir aux origines de la Première Guerre mondiale, l'événement essentiel fut la réaction de la France et de la Russie[27]. Celles-ci s'empressèrent en effet de présenter, à leur tour, des projets de lois visant à renforcer leurs armées, si bien que la course anglo-allemande aux armements navals céda rapidement la place à une compétition terrestre plus dangereuse encore. S'ajoutant à la campagne en faveur du projet de loi sur l'armée de 1913, la première guerre des Balkans donna aux généraux allemands le sentiment de plus en plus vif qu'une guerre ne pouvait qu'éclater à brève échéance. Il semblerait que Guillaume II, influencé par sa « maison militaire », soit parvenu à la même conclusion.

Alors que Guillaume avait appris de Londres que la position britannique à l'égard de sa politique se durcissait également, il fut soumis à des pressions croissantes, notamment de la part de Vienne, en faveur d'une guerre rapide contre la Serbie afin de consolider la situation de l'Autriche-Hongrie face au nationalisme slave. Aux yeux du Kaiser, la question fatidique pour son royaume avait été posée : « La lutte finale pour l'existence que les Germains (Autriche, Allemagne) devront mener en Europe contre les Slaves (Russie) soutenus par les Romains (Gaulois) verra les Anglo-Saxons se ranger du côté des Slaves[28]. » Dans le cadre de cette évaluation stratégique, Guillaume II convoqua ses principaux conseillers navals et militaires à une conférence le 8 décembre 1912[29]. Le monarque ouvrit les débats en affirmant avec force que l'Autriche devait prendre sans délai position contre la Serbie de crainte qu'« elle ne perde le contrôle des Serbes à l'intérieur de la monarchie austro-hongroise ». Moltke jugeait, lui aussi, la guerre inévitable et estimait que le plus tôt serait le mieux. Tirpitz plaida pour qu'on la retarde de dix-huit mois, car l'élargissement du canal de Kiel permettant le passage des *dreadnoughts* allemands entre la Baltique et la mer du Nord ne serait pas achevé avant l'été 1914. Cette demande exaspéra Moltke, qui rétorqua que « la marine ne serait pas prête à cette date non plus, alors que la position de l'armée de terre deviendrait de moins en moins favorable ». Les ennemis « s'arm[ent] plus rapidement que nous, précisa-t-il, car nous manquons d'argent ». On décida finalement de ne pas déclencher la guerre, non seulement à cause de l'opposition de Tirpitz et des hésitations du Kaiser, mais aussi parce que la « nation » allemande n'avait pas encore été suffisamment éclairée sur les « grands intérêts nationaux » en jeu dans l'éventualité d'une guerre entre l'Autriche-Hongrie et la Serbie.

La préparation d'une guerre préventive en 1914

Nous avons commencé par les facteurs non militaires essentiels à la compréhension des origines profondes de la Première Guerre mondiale. Nous avons ainsi évoqué l'industrialisation, la mutation démographique, la politique électorale, l'optimisme et le pessimisme culturels. Néanmoins, l'évolution la plus dangereuse qui pouvait faire croire à l'imminence d'une grande guerre fut, après l'effondrement des ambitions navales de Tirpitz contre la puissance britannique, la course aux armements terrestres qui opposa la Russie et la France d'une part, l'Allemagne et l'Autriche-Hongrie de l'autre. De plus, les responsables de l'armée de terre qui, à la suite de ces développements, avaient rejoint les centres de décision de Berlin et de Vienne, non seulement partageaient la vision pessimiste de l'inéluctabilité d'un affrontement majeur, mais étaient de plus en plus tentés par la solution d'une guerre préventive. Ignorant ce que l'avenir leur réservait, les généraux étaient enclins à frapper avant qu'il ne soit trop tard et tant que la victoire leur paraissait encore à portée de main. Aussi importe-t-il, quand on évoque l'« humeur de 1914 », de rappeler que l'idée de porter à l'ennemi un coup préventif était très répandue dans les milieux militaires, à Berlin comme à Vienne.

Nous disposons de deux documents clés datant du printemps 1914, postérieurs donc à la poursuite de la détérioration de la situation intérieure en Allemagne et en Autriche-Hongrie en 1913. Le premier est un échange entre le chef d'état-major autrichien, Franz Conrad von Hötzendorf, et le colonel Josef Metzger, chef du département Opérations. S'interrogeant tout haut, le premier s'était demandé « s'il fallait attendre que la France et la Russie soient prêtes à nous envahir de concert ou s'il était préférable de régler ce conflit inévitable à une date antérieure ». Il ajoutait que « la question slave devenait de plus en plus épineuse et dangereuse pour nous[30] ».

Ayant exprimé les inquiétudes que lui inspirait notamment l'envergure du programme d'armement russe dans un mémorandum adressé au ministère allemand des Affaires étrangères le 24 février 1914, Moltke décida de rencontrer Conrad à Karlsbad à la mi-mai. Cette réunion ne fit que leur confirmer, à l'un comme à l'autre, que le temps pressait. Moltke était désormais fermement convaincu qu'« attendre plus longtemps entraîn[er]ait une diminution de nos chances ; s'agissant d'effectifs humains, il [était] impossible de rivaliser avec la Russie ». De retour à Berlin, Moltke alla rendre visite au ministre des Affaires étrangères, Gottlieb von Jagow, qui consigna la teneur de cette entrevue : « Les perspectives d'avenir lui [Moltke] inspiraient de sérieuses inquiétudes. La Russie aura achevé son programme d'armement dans deux ou trois ans. À cette date, la supériorité militaire de nos ennemis serait si grande qu'il ne savait pas comment nous pourrions leur tenir tête. Aujourd'hui, nous serions peut-être encore plus ou moins de taille à les affronter. Il n'y avait pas d'autre solution à ses yeux que de mener une guerre préventive pour écraser l'ennemi tant que nous avions encore une chance de remporter l'épreuve. Le chef d'état-major a laissé à ma discrétion le soin d'adapter notre politique au déclenchement précoce d'une guerre[31]. »

Les élites industrielles et commerciales d'Europe ne jouèrent aucun rôle actif dans ces débats dont elles restèrent, pour la plupart, des spectatrices angoissées. Elles savaient qu'un conflit majeur n'aurait pas seulement de terribles conséquences pour leurs entreprises, mais aussi pour l'ensemble de la région et de sa population. Aussi certains de leurs représentants, qui entretenaient des liens avec les milieux politiques proches du pouvoir, cherchèrent-ils à dissuader les deux empereurs de faire usage de leur droit constitutionnel exclusif de déclarer la guerre. Mais ils furent en définitive mis sur la touche, comme le furent également les milieux économiques de France et d'Angleterre dès le début de l'invasion allemande de la Belgique et de la France[32].

Les « masses » d'Européens ordinaires, nombreux à être membres de grands partis et syndicats socialistes, se trouvèrent dans une situation comparable. Sans être dans le secret des réflexions gouvernementales, leurs chefs de file avaient une petite idée de ce qui se passerait en cas d'affrontement entre des puissances industrielles alors fort occupées à s'armer jusqu'aux dents, quels que fussent les coûts financiers. Ils prévoyaient un bain de sang dont les leurs seraient les premières victimes. Alors que les lois d'armement rendaient les menaces de guerre encore plus présentes, les dirigeants de la gauche européenne se livrèrent à des efforts désespérés pour enrayer la marche à l'abîme. Jean Jaurès, la plus éminente personnalité du mouvement socialiste français, poussa à la convocation d'une réunion de la Deuxième Internationale à Bruxelles. Le 31 juillet 1914, il fut assassiné d'une balle de revolver par un nationaliste de droite fanatique. Pendant ce temps, alors qu'un ultimatum avait été adressé par l'Autriche-Hongrie à la Serbie le 23 juillet, les sociaux-démocrates allemands, craignant le déclenchement de la guerre, manifestèrent dans les grandes villes pour chercher à dissuader Vienne d'envahir la Serbie[33].

Ces manifestations firent comprendre au chancelier du Reich, Theobald von Bethmann Hollweg, que si l'Allemagne voulait faire cause commune avec une Autriche-Hongrie en guerre, il faudrait au préalable convaincre la population de se mobiliser pour défendre la patrie contre le mastodonte tsariste autocratique. Il engagea promptement des négociations avec des responsables modérés du SPD afin d'obtenir leur soutien dans l'éventualité où le pays serait entraîné dans une guerre défensive contre la Russie. Cela explique que le Kaiser ait attendu que cette dernière prenne l'initiative de décréter la mobilisation générale. Quand l'ultimatum allemand, réclamant l'abrogation de ce décret, expira sans réaction russe, Guillaume II mit l'Allemagne sur le pied de guerre. Mais, au lieu de s'attaquer à l'Empire tsariste, Moltke envahit la France et la Belgique, selon les dispositions du plan Schlieffen révisé. Il n'existait pas d'alternative. Tous les plans d'opérations à l'Est avaient été abandonnés au cours des années précédentes. Pourtant, dès que les trains eurent reçu l'ordre de rouler vers l'Ouest, le soulagement fut palpable. Comme le nota dans son journal intime Georg Alexander von Müller, chef du cabinet naval, à la date du 1er août 1914 : « Humeur radieuse. Le gouvernement a fort bien réussi à nous faire apparaître comme les agressés[34]. »

Puisque ces événements ont braqué les projecteurs sur les deux monarques et sur leur entourage militaire, penchons-nous une dernière fois sur leur « humeur » ; cela nous permettra également d'établir une transition avec le prochain chapitre, consacré aux dernières semaines et aux derniers jours de paix, où l'on se demandera notamment si Berlin et Vienne envisagèrent temporairement une limitation du conflit dans les Balkans ou si, comme l'a affirmé Fritz Fischer, le gouvernement et l'armée du Reich s'étaient ralliés à l'option d'une guerre totale dès le début du mois de juillet[35]. Nous terminerons donc sur ce que Lancelot Farrar a appelé *The Short War Illusion*, l'illusion d'une guerre brève[36]. Les mises en garde de Helmuth von Moltke l'Ancien, dont le neveu et homonyme obtint de l'empereur le 1er août 1914 l'ordre d'attaquer à l'Ouest, sont extrêmement pertinentes pour expliquer ce phénomène. Cherchant, au cours de ses années de retraite, à tirer les leçons de la guerre franco-prussienne au cours de laquelle il avait conduit la Prusse à la victoire contre Napoléon III, il en conclut qu'un futur conflit armé ne se livrerait plus entre les grandes puissances européennes. Une telle guerre, il en était convaincu, serait une *Volkskrieg*, une guerre du peuple, qu'aucun belligérant ne pouvait espérer remporter. Aussi fallait-il tout faire pour éviter un vaste conflit européen[37].

Le problème était que, si les successeurs de ce vieux briscard avaient partagé sa perspicacité, il aurait été superflu de constituer de puissantes armées et de se préparer à un conflit de grande envergure. Bien que son neveu et ses camarades n'aient jamais contesté ouvertement la sagacité de Moltke l'Ancien, il semblerait que, soucieux de défendre leur profession, ils aient préféré tout faire pour préserver la possibilité de mener et de gagner de grandes guerres. Ils adoptèrent donc l'idée d'anéantissement présentée par Schlieffen, en y ajoutant la notion de guerre courte. Une attaque brutale, une progression rapide en territoire ennemi et une victoire intégrale en l'espace de quelques semaines : telle était la solution envisagée pour sortir du dilemme que l'armée de métier affronta au siècle des guerres du peuple. D'où la conviction illusoire, répandue parmi les soldats du front occidental, que la victoire serait acquise en l'espace de quelques mois et qu'ils seraient tous rentrés chez eux avant la Noël 1914. L'état d'esprit qui poussait à croire que les Puissances centrales pouvaient remporter une guerre préventive explique la funeste décision que prirent quelques hommes, à Berlin et à Vienne, et qui fit basculer l'Europe dans le précipice. Autrement dit, il est inutile que les chercheurs fassent la tournée des capitales européennes en espérant découvrir d'autres décisionnaires dont la responsabilité dans le déclenchement de la Première Guerre mondiale serait supérieure à celle des deux empereurs et de leurs conseillers. Berlin et Vienne restent les lieux les plus féconds pour les historiens en quête d'indices sur les raisons pour lesquelles la guerre éclata en 1914[38].

Sans doute poursuivra-t-on également l'étude de ce qu'on appelle les « postulats tacites » – notion que T. G. Otte a remise au goût du jour à propos des attitudes et des mentalités qui régnaient au Foreign Office britannique avant 1914, aux échelons inférieurs à ceux du ministre et du cabinet[39]. Ce chapitre, il est vrai, s'est concentré sur les « postulats tacites » découlant des mentalités, des dispositions et des processus décisionnels à Berlin et à Vienne. Il est certainement utile d'explorer les perceptions et les postulats de la politique internationale fréquemment quoique vaguement énoncés, mais les démarches entreprises à Londres par sir Edward Grey et qui retardèrent la décision d'entrer en guerre jusqu'au 4 août furent largement imposées par les divisions qui régnaient au sein du cabinet britannique sur l'opportunité de s'engager dans ce conflit. Il ne réussit à emporter la décision des autres membres du cabinet que lorsqu'il fallut bien constater que l'invasion allemande allait frapper la Belgique de plein fouet, au lieu de passer plus au sud en direction de la France. À l'image de Londres, Paris adopta une position plus « attentiste », bien différente de celle des décisionnaires de Berlin et de Vienne, enclins à prendre les devants.

Il ne fait guère de doute que le débat sur la part de responsabilité de la Russie, mais aussi des autres puissances, dans le déclenchement de la Première Guerre mondiale se poursuivra. Néanmoins, ce rôle est resté secondaire par rapport à celui de la diplomatie et de la politique d'armement agressives que la monarchie allemande, entraînant Vienne dans son sillage, mena dès l'aube du siècle et qui, pour les raisons examinées ici, culminèrent dans l'idée d'une guerre préventive lancée par les Puissances centrales en 1914.

Chapitre II

1914 : déclenchement

Jean-Jacques Becker et Gerd Krumeich

Le 28 juillet 1914, l'Autriche-Hongrie déclarait la guerre à la Serbie. Le 30 juillet, la Russie décrétait la mobilisation générale. Dans la nuit du 30 au 31, l'Autriche-Hongrie prenait la même décision, suivie le 1er août par l'Allemagne et la France à peu près à la même heure. Ce même jour, l'Allemagne déclarait la guerre à la Russie et, le 3 août, à la France. Le 4 août, le Royaume-Uni déclarait la guerre à l'Allemagne et, le 6 août, l'Autriche-Hongrie à la Russie. En quelques jours, presque toutes les grandes puissances européennes (mis à part l'Italie, qui ne devait déclarer la guerre à l'Autriche-Hongrie que le 23 mai 1915) étaient en guerre. Une guerre européenne comme il n'y en avait pas eu depuis un siècle avait éclaté. Du fait des mobilisations générales (et de l'appel à l'engagement volontaire de masse au Royaume-Uni), elle n'était comparable à aucune autre ; c'étaient des millions d'hommes qui allaient s'affronter. Comment en était-on arrivé là ?

Aucun autre événement historique particulier n'a suscité autant de questions, de polémiques, de recherches, et cela depuis bientôt un siècle. Ce fut d'abord l'âpre polémique sur les « responsabilités », qui débuta dès le mois d'août 1914 et dont les premiers effets officiels furent les livres blanc, bleu, jaune, orange, édités par les ministères des Affaires étrangères des différents belligérants. Documentation en partie utile encore aujourd'hui, mais en partie viciée par des falsifications, des contre-vérités et des omissions. Ce fut ensuite, après 1918, le débat tant politique qu'historiographique sur les clauses du traité de Versailles, en particulier celle stipulant la responsabilité unilatérale de l'Allemagne et de ses alliés dans le déclenchement de la guerre. Discussion d'autant plus forte qu'il s'agissait de justifier devant les opinions publiques les 10 millions de soldats tombés pendant cette guerre, ainsi que les dizaines de millions d'autres qui souffraient des séquelles de leurs blessures ou de leur exposition aux gaz, et parmi eux les innombrables mutilés. Cette discussion, dont les grands noms restent Sydney Fay, Bernadotte Schmitt, Pierre Renouvin, prit fin au début des années 1930, quand les historiens des différentes nationalités convinrent qu'aucune des grandes puissances ne pouvait être affranchie d'une part plus ou moins importante de responsabilité. « Bon gré, mal gré, avec la grande majorité des historiens (bien que le nombre ne fasse rien à l'affaire), il faut consentir au partage (inégal) des responsabilités[1]. »

La monumentale somme du journaliste italien Luigi Albertini, parue en 1940, mais discutée et acceptée comme livre de référence dès sa parution en langue anglaise[2] (1953), est l'expression de cette tendance de l'entre-deux-guerres à approfondir de façon comparée la connaissance des comportements de tous les dirigeants dans la crise de juillet 1914. Il en subsista l'impression générale, déjà exprimée par Lloyd George dans ses Mémoires[3], que toutes les puissances ont « glissé » pour ainsi dire dans la guerre. Néanmoins, est-ce l'intransigeance particulière du gouvernement allemand qui créa l'explosion finale, ou bien faut-il en tenir pour responsable surtout la Russie, dont la mobilisation générale, le 31 juillet, a rendu – selon le jugement de Jules Isaac – la guerre inévitable[4] ?

Cet équilibre – tout relatif – dans l'historiographie de la Grande Guerre fut rompu par l'historien allemand Fritz Fischer qui, en 1961, publia *Griff nach der Weltmacht*[5], où il accusait le gouvernement allemand, en utilisant tous les documents connus jusqu'alors, d'avoir voulu et préparé cette guerre depuis 1912 – une guerre qui devait faire de l'Allemagne une puissance mondiale, c'est-à-dire une puissance à suprématie mondiale. Ce fut le tollé, en Allemagne surtout ; une opposition profonde s'établit entre les « fischeriens » et leurs adversaires. À plus longue échéance, toutefois, cette polémique eut l'avantage de faire se renouveler de fond en comble l'historiographie de la Grande Guerre, qu'on avait pourtant crue, dans les années 1950, largement arrivée à saturation. Bien davantage qu'avant, on se concentra sur les comportements concrets en juillet 1914. C'est alors que la notion de « mentalités » fut introduite dans l'historiographie des origines de la guerre et des décisions fatales. Dans cette perspective, le livre – plutôt un essai – de James Joll, *1914, the Unspoken Assumptions*[6], est devenu une référence pour la recherche sur juillet 1914. Pour la France, on citera le livre de Jean-Jacques Becker[7] sur l'opinion publique française et les mentalités des décideurs et des Français en général – on sait depuis que l'« enthousiasme » d'août 1914 doit être analysé sous l'angle de la résolution. Pour l'Allemagne, mentionnons l'article fondamental de Wolfgang Mommsen, « The Topos of Inevitable War in Germany before 1914[8] », qui créa un lien solide entre les « mentalités » en général et l'esprit des décideurs à l'approche de la guerre, surtout en juillet 1914.

Cette énumération historiographique pourrait encore être complétée, mais, pour en rester à la crise de juillet *stricto sensu*, contentons-nous de plusieurs études assez récentes : Samuel Williamson, Anika Mombauer[9], Antoine Prost et Jay Winter[10].

Pour Samuel Williamson[11], qui a lui-même renouvelé la recherche sur les accords militaires avant la guerre de 1914-1918[12], l'Autriche-Hongrie a joué un rôle primordial dans la genèse de la crise internationale de juillet 1914. Étude d'autant plus utile que, pendant longtemps, le rôle de l'Autriche-Hongrie avait plutôt été laissé de côté dans l'historiographie. Pour Fritz Fischer et ses élèves, elle n'était qu'à la remorque des desseins agressifs de l'Allemagne. Or, depuis maintenant vingt ans, la recherche se concentre sur le rôle primordial de l'Autriche-Hongrie[13]. Le moins qu'on puisse dire, c'est que l'empereur et son entourage, ainsi que l'énigmatique chef d'état-major, Conrad von Hötzendorf, ont joué un rôle actif et belliqueux, avant et après l'attentat de Sarajevo. Ce fut en particulier le cas du chancelier Berchtold, tandis que le général Conrad n'arrêtait pas d'exiger qu'on fasse une « bonne » guerre contre la Serbie, petite puissance, mais qui, à la suite des guerres balkaniques, avait beaucoup grandi et adopté une attitude de plus en plus agressive envers l'Autriche-Hongrie, avec l'idée de la faire éclater. Conrad n'avait-il pas demandé, au moins trois fois depuis décembre 1912, de se débarrasser de cet inquiétant voisin par une guerre préventive ?

L'attentat de Sarajevo : le prétexte rêvé

L'attentat de Sarajevo devait fournir aux dirigeants politiques et militaires de l'Autriche-Hongrie le prétexte propice pour en finir, une fois pour toutes, avec le danger serbe (et panslave).

Quelles que soient les origines plus ou moins lointaines du conflit (voir le chapitre précédent), le signal en fut en effet donné par l'attentat de Sarajevo le 28 juin 1914, lorsque l'archiduc héritier de l'Empire austro-hongrois, François-Ferdinand, y fut assassiné en même temps que sa femme. Cet assassinat était une affaire « serbe ». Depuis le congrès de Berlin en 1878, les provinces de Bosnie et d'Herzégovine, qui, en droit, étaient toujours ottomanes, avaient été placées sous l'administration de l'Autriche-Hongrie, qui, en 1908, les avait annexées. La Russie, protectrice des Slaves, n'avait pu réagir parce que, d'un côté, elle était affaiblie par sa défaite contre le Japon en 1904 et les mouvements révolutionnaires de 1905, et que, de l'autre, son alliée la France lui avait fait savoir qu'il ne fallait pas compter sur elle dans une affaire qui ne mettait pas en cause ses intérêts vitaux.

La Bosnie-Herzégovine n'était pas uniquement peuplée de Serbes, mais aussi de Croates catholiques et de musulmans. En réalité, ces musulmans étaient dans leur grande majorité des Serbes convertis à l'islam. Les Serbes orthodoxes composaient l'ethnie la plus nombreuse et, malgré les progrès apportés par l'administration austro-hongroise, la jeunesse serbe supportait mal la domination étrangère. Maints complots visant à assassiner telle ou telle personnalité avaient été fomentés sans jamais aboutir. La visite annoncée de François-Ferdinand provoqua un nouveau complot dont la principale figure fut un jeune Bosniaque de dix-neuf ans, Gavrilo Princip. De façon surprenante, cette conjuration, par une série de hasards, réussit au-delà même des vœux de ses promoteurs, car Princip, devant qui s'était arrêtée la voiture de François-Ferdinand, abattit à coups de revolver l'archiduc et sa femme, la duchesse de Hohenberg, ce qui n'était pas prévu. L'attentat posa immédiatement une question : qui en était l'instigateur ? En Autriche-Hongrie, les yeux se tournèrent sans attendre vers la Serbie.

L'attentat avait-il vraiment été fomenté en Serbie et connu par le gouvernement serbe ? Princip était étudiant à Belgrade, dans la Serbie indépendante, lorsqu'il avait appris la venue de François-Ferdinand à Sarajevo. Il eut presque aussitôt l'idée d'un attentat contre lui, mais il avait trois problèmes à résoudre : rassembler un certain nombre de conjurés parmi les étudiants ou lycéens bosniaques de Belgrade et de Sarajevo – ce qui ne sembla guère difficile –, trouver des armes et les transporter jusqu'à Sarajevo. Les armes furent procurées par une association nationaliste serbe, Uje dunjenje ili Smrt (« L'Union ou la Mort »), plus connue sous le nom donné par ses adversaires, Crna Ruka (« La Main noire »), et ce furent également des filières de la Main noire qui permirent à Princip et à deux de ses camarades de gagner Sarajevo avec les armes. Or, la Main noire avait des ramifications dans l'armée serbe. Son chef, le colonel Dragutin Dimitrievic, était en même temps celui du service de renseignements de l'état-major de l'armée serbe ! Il ne faut pas en déduire que le gouvernement serbe était impliqué dans la préparation de l'attentat, au contraire. Pour les dirigeants de la Main noire (qui pensaient que cet attentat échouerait comme les autres), c'était surtout un moyen de faire pression sur le chef du gouvernement, Nikola Pasic, qui, après avoir personnifié le courant nationaliste serbe, était maintenant accusé de passivité et de complaisance envers l'Autriche-Hongrie.

Pasic comprit tout de suite que cet attentat allait être exploité contre la Serbie par son puissant voisin. Dès le lendemain, il fixa sa stratégie politique : le gouvernement serbe déclara qu'il n'était pas concerné par une affaire « intérieure » à l'Autriche-Hongrie, puisque les auteurs de l'attentat étaient tous des Bosniaques, donc des sujets de l'Autriche-Hongrie... Mais, comme Pasic savait également que des militaires et douaniers serbes avaient aidé Princip et ses compagnons en leur fournissant des armes et en les laissant passer la frontière, il n'était pas difficile d'imaginer que l'Autriche-Hongrie en rendrait responsable la Serbie. Or, si Pasic et son entourage exprimaient leurs condoléances et affichaient leur consternation plus ou moins sincère, d'autres membres du gouvernement adoptèrent une attitude tout à fait différente, ainsi que la grande presse d'opposition nationaliste et panserbe. Elle exultait littéralement et félicitait Princip et ses compagnons, qui furent érigés en héros, voire en martyrs, de la cause « yougoslave ».

Pasic avait toutes les raisons de maintenir sa position, car il s'avérait que la Russie n'était aucunement prête dans l'immédiat à verser de l'huile sur le feu. Quand, le 3 juillet, Pasic demanda conseil à Serguei Sazonov, le ministre russe des Affaires étrangères, la réponse fut identique à celle qui lui avait déjà été donnée par le président du Conseil français, René Viviani, le 1er juillet : il fallait tout faire pour calmer les esprits. Ce qu'essaya de faire Pasic, sans grande conviction d'ailleurs. Dire aux Austro-Hongrois que la Serbie n'était pas concernée par un attentat qu'on regrettait, et qu'il était impossible de museler la presse serbe puisqu'elle était libre, eut comme conséquence une balance entre réserve et coopération que personne ne prit au sérieux[14].

Sans entrer dans le détail, l'opinion austro-hongroise manifesta immédiatement une grande indignation contre la Serbie, et le gouvernement austro-hongrois considéra qu'il fallait profiter de l'événement pour *mater* la Serbie, dont le comportement agressif était un danger pour la stabilité de l'Empire « multinational ». La cour impériale de Vienne fut tout de suite décidée à saisir l'occasion pour en finir avec la Serbie. Le 7 juillet, le Conseil des ministres de l'Empire s'en prit à ce manque de coopération réelle de la Serbie, reprochant aux milieux officiels et à la grande presse d'applaudir à l'attentat – un reproche qui fut encore formulé dans l'ultimatum du 23 juillet. L'historiographie « nationaliste » allemande présente cet ultimatum comme sévère, certes, mais non exagéré, vu la gravité des faits survenus. En réalité, au cours de ce Conseil du 7 juillet, les participants avaient été partisans d'adresser un ultimatum inacceptable à la Serbie pour pouvoir faire une guerre punitive, même si le ministre des Affaires étrangères, Berchtold, avait fait remarquer que cela risquait de provoquer une guerre avec la Russie si le président du Conseil hongrois, Istvan Tisza, s'y opposait franchement : « En revanche, tous les participants, à l'exception du président du Conseil du royaume de Hongrie, sont de l'avis qu'un succès à caractère purement diplomatique serait sans valeur, même s'il avait pour résultat une humiliation éclatante de la Serbie. Il serait donc nécessaire de mettre la Serbie en face de revendications si considérables qu'un refus serait prévisible et qu'une intervention militaire radicale pourrait être entreprise[15]. »

Néanmoins, l'Autriche-Hongrie ne pouvait agir sans l'assentiment de l'Allemagne, d'autant que, l'année précédente, l'Autriche-Hongrie et l'Italie s'étaient opposées catégoriquement à ce que la Serbie devienne une puissance maritime en s'étendant jusqu'à la mer Adriatique, et étaient parvenues à leur fin par la création de l'Albanie. L'Autriche-Hongrie aurait voulu davantage : profiter des circonstances pour éliminer le danger serbe. Or, l'Allemagne l'avait retenue de le faire. La suite des événements dépendait donc de l'Allemagne.

L'attentat y avait été davantage ressenti que dans la plupart des autres pays européens, même si partout il avait provoqué émotion ou au moins intérêt, quelquefois (mais rarement) préoccupation. Ainsi, en France, il n'y avait guère que Clemenceau, dans son journal *L'Homme libre*, qui ait mis en garde contre les conséquences qui pouvaient être considérables de l'attentat. En Bavière, longtemps liée à l'Autriche, l'émotion avait été particulièrement forte. Également chez l'empereur Guillaume II, dont François-Ferdinand était proche.

L'émotion du Kaiser s'était traduite entre autres par ses remarques – devenues célèbres depuis – en marge d'un rapport de l'ambassadeur allemand à Vienne, le comte de Tschirschky. Celui-ci rendit compte de sa première conversation avec le chef du gouvernement austro-hongrois, Berchtold, le 30 juin, dans un rapport adressé au chancelier Bethmann Hollweg, mais lu et commenté également par Guillaume II. Tschirschky expliquait qu'à Vienne, même parmi les « gens sérieux », il y avait maintes voix pour exprimer le souhait d'en découdre une fois pour toutes avec les Serbes, et il assurait au chancelier qu'il n'arrêtait pas de prêcher la prudence aux gens concernés. Et le Kaiser d'écrire en marge : « Qui l'a autorisé à parler de cette façon ? C'est très bête ! Et cela ne le regarde en rien, puisque c'est la seule Autriche qui décidera de ce qu'il lui semble opportun de faire. Sinon, on dira plus tard, si l'affaire déraille, que c'est l'Allemagne qui n'a pas voulu. Tschirschky doit absolument cesser de dire de telles absurdités. Il faut en finir avec la Serbie, en finir bientôt. »

On ne cessera jamais de discuter du poids réel des remarques du Kaiser sur la politique extérieure allemande lors de la crise de juillet. Ses ministres étaient habitués à ses manifestations d'humeur et il ne semble pas que Tschirschky ait été frappé de sanctions... Mais il faut observer en revanche que, dans ce cas, la politique allemande suivit d'assez près les consignes du Kaiser. On peut même affirmer que la genèse de la doctrine de « localisation » du conflit se trouve dans ces notes marginales. Ce n'était pas un calcul sophistiqué, mais simplement le désir de l'Allemagne que l'Autriche-Hongrie ne lui reproche pas de l'avoir empêchée d'agir contre les Serbes (comme cela avait été le cas en 1909, en 1912 et en 1913).

L'idée du Kaiser était simple et sans doute assez largement partagée : il fallait saisir l'occasion offerte par l'attentat pour brider la Serbie ; veiller à ce que cette affaire reste le fait de la seule double monarchie ; et, si l'action austro-hongroise échouait, éviter que l'Allemagne ne soit rendue responsable de ce nouvel échec par ses alliés autrichiens. Cette hantise était commune à la totalité du gouvernement allemand et pesa lourd sur la suite des événements. L'Allemagne n'avait qu'un allié sûr en Europe, qu'il fallait donc ménager, l'allié austro-hongrois (elle était également liée à l'Italie dans le cadre de la Triple Alliance, mais l'avenir proche allait confirmer ce qu'on sentait déjà vivement, à savoir que ce n'était pas un allié très sûr).

Aussi, lorsqu'un diplomate autrichien, le comte Hoyos, vint à Berlin le 5 juillet pour s'entretenir du projet de représailles envers la Serbie, il reçut le plein appui allemand. C'est ce qu'on a appelé le « chèque en blanc[16] » : « Ce qui est frappant à propos de ce chèque en blanc, ce n'est pas tant qu'il ait été signé, mais qu'il ait été blanc. » Ce qui s'est passé à ce moment-là est une étonnante « fuite de responsabilité[17] » de la part du gouvernement allemand. Loin de presser les Autrichiens d'agir contre la Serbie, au risque même d'un conflit avec la Russie (c'est en somme la thèse de Fritz Fischer et de ses élèves[18]), le gouvernement allemand les laissa tout simplement faire. Hoyos avait apporté à Berlin une lettre de l'empereur François-Joseph (accompagné d'un très long aide-mémoire) expliquant la situation de l'Autriche-Hongrie face aux États balkaniques et à la Russie ; elle esquissait surtout une politique générale en vue d'affaiblir la Ligue balkanique, d'attirer la Bulgarie et de rendre caduc le mouvement panslaviste tout entier, ainsi que les tendances manifestes de la Russie à « encercler » l'Autriche-Hongrie, grâce à l'alliance avec la France. Mais cette stratégie de longue haleine ne serait possible que si la Serbie, alors la cheville ouvrière de la politique panslave, était anéantie en tant que puissance politique dans les Balkans. Et l'empereur François-Joseph de demander à son allié Guillaume II de l'aider par une « contre-attaque commune des membres de la Triple Alliance, surtout de l'Autriche-Hongrie et de l'Empire allemand ». Il serait de l'intérêt des deux puissances d'enrayer des agissements « conçus et nourris systématiquement par la Russie ». L'attentat de Sarajevo – et c'était la conclusion de cet aide-mémoire – exigeait une réponse de la double monarchie : rompre d'une façon décidée et définitive les fils que ses adversaires étaient en train de « tisser en toile autour d'elle[19] ».

Ce mémento austro-hongrois ne parlait que de manière assez secondaire d'une action de l'Allemagne, insistant surtout sur la nécessité pour l'Autriche-Hongrie d'utiliser la crise pour décapiter le panslavisme et de se défendre contre son initiateur, la Russie.

Après avoir reçu cette lettre, que Hoyos avait transmise par l'intermédiaire de l'ambassadeur austro-hongrois Szögiény, le Kaiser réunit, le 5 juillet, son entourage de responsables politiques et militaires. À cette réunion furent présents le chancelier Bethmann Hollweg, le sous-secrétaire d'État Arthur Zimmermann (au lieu du ministre des Affaires étrangères, Jagow, en vacances !), le ministre prussien de la Guerre, Erich von Falkenhayn, le chef du cabinet militaire de l'empereur, Moriz von Lyncker, et le général Hans von Plessen, un proche du Kaiser. Ni Moltke, ni Tirpitz (en vacances eux aussi) n'assistèrent à cette réunion. Il y fut décidé, sans grande discussion semble-t-il (il n'existe pas de compte rendu de la réunion), d'appuyer ce que voudrait faire l'Autriche-Hongrie, même dans le cas d'une intervention russe. En 1919, le général von Falkenhayn, devant la commission d'enquête du parlement allemand, a affirmé que rien n'avait été discuté et que le Kaiser lui avait juste demandé si, le cas échéant, l'armée serait prête, ce qu'il aurait confirmé. Le chancelier Bethmann Hollweg avait, le 6 juillet, résumé pour l'ambassadeur autrichien l'opinion de ce groupe réuni chez le Kaiser. L'Allemagne accepterait complètement ce que l'Autriche-Hongrie jugerait utile de faire contre la Serbie, étant donné que la politique allemande, qui consistait jusqu'alors à chercher un compromis avec elle, avait été rendue caduque par l'attentat de Sarajevo. Le chancelier avait derechef assuré que, quoi que ferait l'Autriche-Hongrie, l'Allemagne l'appuierait, donnant cependant à nouveau le conseil d'agir rapidement contre la Serbie[20].

On a beaucoup reproché au gouvernement allemand d'avoir pris le risque d'un conflit de plus grande envergure. Fritz Fischer et ses élèves ont dramatisé cette concession en soutenant que la double monarchie seule n'aurait pas été capable de prendre une décision sérieuse. Que c'est donc ce consentement allemand qui seul a permis les actions qui suivirent. Mais il y avait en réalité peu de risques ; le seul était celui de l'intervention de la Russie, qui était peu probable, en particulier en raison de l'origine des faits – il existait une certaine solidarité monarchique –, surtout si ces représailles étaient rapides et brèves.

Néanmoins, il y a de bonnes raisons à avoir appelé le chancelier allemand, Theodor von Bethmann Hollweg, le « chancelier énigmatique[21] ». Dire ce que fut sa politique pendant la crise de juillet est difficile ; il prit très rarement position avant l'ultimatum du 23 juillet. Au tout début de la crise, Bethmann essayait encore de calmer la situation, pensant pouvoir maintenir la paix européenne, conserver au conflit un caractère local, l'empêcher de déborder du seul litige entre l'Autriche-Hongrie et la Serbie – ce qui impliquait que l'Allemagne devait rester sur sa réserve. Mais – et c'est un grand « mais » – Bethmann était foncièrement convaincu du « danger russe », et cela depuis au moins la crise des armements de 1913, où il avait parlé au Reichstag d'une conflagration inévitable, à longue échéance, entre « les Slaves et les Germains ». Or, la polémique de presse entre la Russie et l'Allemagne au printemps 1914 à la suite de l'arrivée d'un général allemand, Otto Liman von Sanders, à la tête de l'armée turque[22], avait aggravé sensiblement son fatalisme. Les informations transmises par un espion allemand au sein de l'ambassade de Russie à Londres à propos de pourparlers anglo-russes, en vue d'une convention maritime entre ces deux pays, l'avaient beaucoup affecté. D'autant plus que le gouvernement britannique nia à plusieurs reprises l'existence de telles conversations, dont l'espion Siebert avait cependant rapporté le détail...

Bethmann était de plus en plus persuadé, avant juillet 1914, que l'encerclement tant redouté par les Allemands depuis l'accord franco-britannique de 1904, les crises marocaines de 1905 et 1911, l'échange de lettres de soutien entre Grey (ministre britannique des Affaires étrangères) et Paul Cambon (ambassadeur de France au Royaume-Uni) fin 1912, était maintenant devenu une réalité[23]. De ces soupçons résulta chez lui également la certitude que quelque chose de très grave se tramait aux dépens de l'Allemagne. Le 24 juin, quatre jours avant l'attentat de Sarajevo, il se montrait encore une fois très inquiet sur le comportement de la Russie[24].

Que cela ait été fondé ou non importe moins que ce que croyaient les responsables allemands. Le pessimisme de Bethmann fut encore aggravé par la mort de sa femme, en juin 1914. Le journal de Kurt Riezler, son secrétaire et confident, qui est devenu, malgré ses manques et les coupes qu'il a subies, une des sources clés de la crise de juillet, le dit bien. Le 7 juillet, par exemple, Bethmann Hollweg fait remarquer à Riezler que, pour lui, les entretiens russo-anglais à propos d'une convention maritime sont très préoccupants et forment « le dernier maillon de la chaîne ». La puissance militaire de la Russie s'accroît rapidement ; l'Autriche est de plus en plus affaiblie par les pressions venant du nord et du sud, et serait incapable de suivre l'Allemagne dans une guerre.

Le 8 juillet, Riezler note l'avis du chancelier : « Si la guerre vient de l'est, nous allons entrer en guerre pour aider l'Autriche-Hongrie, et non pas l'Autriche-Hongrie pour nous. Il est toujours possible que nous la gagnions. Si la guerre ne vient pas, si le tsar ne la veut pas ou que la France en pleine confusion conseille la paix, nous aurons pourtant la perspective de faire éclater l'Entente par le biais de cette action [la guerre de l'Autriche contre la Serbie]. »

Une semaine plus tard, le 14 juillet, Riezler précise que, pour Bethmann, l'intervention de l'Autriche-Hongrie et son appui par l'Allemagne sont « comme un saut dans l'inconnu, et cela est le devoir suprême ». Le chancelier estime toutefois qu'il serait opportun que l'ultimatum austro-hongrois soit adressé avant le voyage de Poincaré en Russie, pour que la « France angoissée » par une guerre éventuelle demande à la Russie de maintenir la paix.

Le 20 juillet, informé que l'ultimatum serait envoyé seulement le 23 juillet, Bethmann se montra « résolu et silencieux ». Il parla cependant à Riezler des prétentions croissantes de la Russie et de son formidable essor, qu'on ne pourrait plus arrêter dans quelques années. Le 23, Riezler note : « L'opinion du chancelier est que, si la guerre vient, elle sera la conséquence d'une mobilisation russe *ab irato*, c'est-à-dire avant qu'aient été entamées des négociations préalables. Dans ce cas, il n'y aurait guère de négociations possibles, puisque nous devrions tout de suite attaquer. Le peuple entier sentira le danger et se lèvera. »

Dans l'ensemble, la conviction des gouvernants allemands était qu'une action rapide empêcherait les autres puissances d'intervenir dans le conflit entre la Serbie et l'Autriche-Hongrie. Selon Bethmann Hollweg, on pouvait « frapper rapidement et puis être aimable avec les puissances, c'est ainsi qu'on peut amortir le choc[25] ».

Ce fut cette attitude que Jagow, le ministre des Affaires étrangères, appela la « localisation » du conflit. Il expliqua son plan dans un long aide-mémoire daté du 15 juillet : « localisation » signifiait que l'Allemagne exigerait que les autres puissances ne se mêlent d'aucune manière à ce conflit. En raison de la rigidité du système des alliances et par leur seul jeu, on risquerait, dans le cas contraire, d'être conduit à une guerre européenne. En conséquence, il fut demandé aux Anglais de s'abstenir, quand ils proposèrent de réunir, selon les habitudes du « concert européen », les « puissances non intéressées » pour trouver une solution à l'amiable. Jagow et ses collaborateurs s'efforcèrent ensuite d'éviter une telle réunion des ambassadeurs, affirmant que, si la question serbe n'était pas « localisée » de cette façon, on risquerait la guerre générale. Car, ajoutaient-ils, si la Russie ne se conformait pas à cette volonté de « localisation » et se portait militairement au secours de la Serbie, elle apporterait la preuve de ses desseins belliqueux et panslavistes. Dans ce cas – c'était un argument ancien, mais actualisé pendant la crise de juillet –, il serait opportun de faire la guerre immédiatement, avant que, vers 1916, l'armée russe dispose de la supériorité numérique et que soient achevées les voies ferroviaires « stratégiques » qui lui permettraient une offensive rapide et rendraient caduc le plan Schlieffen.

En fin de compte, la « localisation » du conflit ainsi formulée était une tactique politique aventureuse. C'était, comme l'a dit Wolfgang Mommsen, un jeu ultra-risqué que l'on pensait devoir mener, mais en risquant vraiment la grande catastrophe[26]. Ce calcul politique reflétait-il, comme il a été souvent dit, un esprit de modération ? Certes, quand on affirme, comme Fischer et ses élèves, que l'Allemagne voulait absolument que la guerre ait lieu dans un but impérialiste, ce désir de « localisation » du conflit entre la seule Autriche-Hongrie et la Serbie a pu conduire à penser que c'était véritablement un esprit de modération qui régnait à Berlin. Gerhard Ritter et beaucoup d'autres l'ont déclaré – ce fut même un des points saillants de la « controverse Fritz Fischer » dans les années 1960[27]. En réalité, la « localisation » fut avant tout, dans l'esprit de Bethmann comme dans ceux de Jagow et du Kaiser, un test de ce que voulaient la Russie et ses alliés. La conviction que la Russie était agressive et qu'elle atteindrait la supériorité militaire dans quelques années était telle que cette crainte a exclu un raisonnement politique plus serein et plus équilibré. Personne à Berlin, semble-t-il, ne s'est demandé si cette conception stricte de la « localisation » du conflit – qui ne fut comprise par aucune des autres grandes puissances – n'allait pas faire évoluer la situation vers la guerre. Car exiger que le conflit reste limité à l'Autriche-Hongrie et la Serbie signifiait qu'on se refusait à toute médiation. Exiger que la Russie laisse agir l'Autriche contre la Serbie n'était pas un test, mais un véritable chantage, un chantage majeur, et une prophétie autoréalisatrice quant au comportement de la Russie. C'est cette attitude que le chancelier Bethmann Hollweg a considérée, selon les notes de Riezler, comme « notre devoir suprême ». On ne peut mieux dire ce que fut la politique allemande en juillet 1914 : elle traduit un comportement tout à fait hasardeux, voire irresponsable.

En 1918, Bethmann, dans un entretien avec un ami politique, le député libéral Conrad Haussman, alors qu'il connaissait les hécatombes que la guerre avait provoquées depuis août 1914, a résumé sa façon de penser et ses responsabilités lors de la crise de juillet : « Oui, mon Dieu, en un sens, ce fut une guerre préventive. Mais si, en tout état de cause, la guerre rôdait autour de nous, si elle avait dû éclater dans les deux ans, mais de manière encore plus dangereuse et encore plus inéluctable, et les chefs de l'armée qui déclaraient qu'elle était encore possible sans risquer la défaite, dans les deux ans, pas davantage ! Ah, les militaires[28] ! »

Les Autrichiens : lenteurs et ultimatum

Le grain de sable qui allait tout changer fut la lenteur des réactions autrichiennes qui, en faisant traîner l'affaire pendant près d'un mois, modifia les comportements, en particulier de la Russie. D'une façon générale, le gouvernement autrichien était lent, mais là sa lenteur avait une raison particulière. Les protagonistes les plus actifs d'une intervention autrichienne contre la Serbie furent le ministre des Affaires étrangères, le comte Leopold Berchtold, dépourvu à la fois d'expérience et de caractère, d'une « légèreté inquiétante[29] », selon Pierre Renouvin, et le général Franz Conrad von Hötzendorf, chef d'état-major général de l'armée, qui était un protégé et un ami de François-Ferdinand, et qui avait réussi à convaincre l'empereur François-Joseph – lequel avait quatre-vingt-quatre ans –, qui pourtant s'en méfiait. Mais il y eut un obstacle de taille : celui du président du Conseil hongrois, le comte Istvan Tisza, esprit ferme et vigoureux, qui ne voulait pas d'une guerre dont les conséquences pouvaient être entre autres d'augmenter encore le nombre de Slaves, qu'il trouvait déjà excessif dans l'Empire. Il n'accepta le projet d'intervention contre les Serbes que le 14 juillet et les conditions de son retournement sont restées longtemps assez mystérieuses, mais des recherches récentes ont montré l'influence qu'a exercée sur lui Istvan Burian, qui avait été ministre en charge de la Bosnie-Herzégovine entre 1903 et 1912. Il semble l'avoir convaincu que seule l'intervention militaire contre les Serbes pouvait empêcher que la puissance de l'Autriche-Hongrie ne soit perpétuellement sapée dans ces régions. Quoi qu'il en ait été, à partir du 14 juillet, Tisza est devenu un « implacable partisan de la solution militaire[30] ».

Les décisions d'attaquer la Serbie ne furent mises au point que le 19 juillet, et le 23 juillet un ultimatum lui fut adressé ; il avait été conçu pour être inacceptable. La Serbie avait quarante-huit heures pour accepter des conditions qui faisaient d'elle une sorte de protectorat austro-hongrois. La propagande antiautrichienne serait interdite, les associations nationalistes dissoutes et, condition supplémentaire, des fonctionnaires austro-hongrois participeraient à la répression du mouvement « subversif ». Le gouvernement serbe fit preuve d'une grande prudence : il acceptait toutes les conditions, sauf la dernière. Le gouvernement austro-hongrois considéra dès lors que son ultimatum était rejeté et, le 28 juillet, l'Autriche-Hongrie déclarait la guerre à la Serbie. Depuis l'autre rive du Danube, son artillerie ouvrait le feu sur Belgrade.

Le gouvernement allemand n'avait cessé de fustiger la lenteur de l'Autriche-Hongrie à réagir, mais Guillaume II estima que la réponse conciliante de la Serbie était un grand succès, et qu'il n'y avait plus de raison de guerre. À la limite, l'Autriche-Hongrie pouvait demander un gage pour l'exécution des engagements pris. Mais, alliée docile jusque-là, l'Autriche-Hongrie ne suivit pas les avis de modération de l'empereur allemand. D'autant moins que le chancelier Bethmann ne transmit les appréciations du Kaiser que très tardivement (on ne sait pas précisément pourquoi !), et qu'en même temps Moltke fit savoir à son homologue autrichien, Conrad, que l'Allemagne continuerait à appuyer l'action de l'Autriche-Hongrie. Intrusion militaire dans le politique, sans doute, qui a donné lieu à la fameuse exclamation du ministre des Affaires étrangères austro-hongrois, Berchtold : « Qui donc gouverne à Berlin, Bethmann ou Moltke[31] ? »

La Russie et la France

La grande question était désormais de savoir ce qu'allait faire la Russie. Comme en 1908, lors de l'annexion de la Bosnie-Herzégovine, accepterait-elle le fait accompli ou prétendrait-elle jouer son rôle de protectrice des Slaves des Balkans ? Les conditions n'étaient plus les mêmes. Les effets de la défaite contre le Japon et ceux des événements de 1905 s'éloignaient, et l'attitude de Raymond Poincaré, président du Conseil français au moment des guerres balkaniques, qui n'avait pas freiné l'action de la Russie de peur d'en perdre l'alliance et qui était depuis devenu président de la République, pouvait faire penser au gouvernement russe que la France suivrait et que la Russie n'avait pas à craindre la sèche mise en garde de Clemenceau en 1908.

D'autant que, dans les jours qui précédèrent l'ultimatum autrichien, le président du Conseil, René Viviani, et le président de la République étaient en Russie. En théorie, c'était un voyage de routine entre les deux grands alliés ; mais, au vu des circonstances, il eut d'importantes conséquences.

Partis de Dunkerque le 15 juillet, les présidents français séjournèrent à Saint-Pétersbourg entre le 21 et le 23 juillet. L'ultimatum n'était pas encore connu, mais les diplomates français à Vienne avaient eu vent que quelque chose se tramait. Dans ce contexte, les propos de Poincaré sur l'« indissoluble alliance » n'apparurent pas comme de simple routine, ni son avertissement à l'ambassadeur d'Autriche, presque une algarade, particulièrement entendu… en Russie : « La Serbie a des amis très chaleureux parmi les Russes ; la Russie a une alliée, la France. Que de complications à craindre ! »

DÉCLENCHEMENT

Quand les présidents furent repartis, l'ambassadeur de France, Maurice Paléologue, devait très mal tenir au courant son gouvernement de ce qui se passait en Russie. Ainsi, la décision russe de mobilisation générale fut connue par le gouvernement français avec un retard sensible. Mais tout cela n'a eu, semble-t-il, aucun effet sur le cours des événements.

La deuxième conséquence du voyage des présidents français en Russie est que, non sans raison, l'ultimatum fut lancé le 23 juillet, alors que les présidents français étaient en mer, et ce jusqu'au 29, à la merci de moyens de communication aléatoires. Le rôle de la France s'en trouva évidemment affecté.

Le ministre des Affaires étrangères russe, Serguei Sazonov, et le tsar Nicolas II étaient pacifiques. L'attentat de Sarajevo et la disparition de François-Ferdinand, plutôt considéré comme un adversaire de la Russie, n'avaient pas suscité une émotion excessive. Une mise en garde ou des sanctions contre la Serbie auraient pu être tolérées, mais l'ultimatum si tardif allait changer la donne, dans la mesure où l'attentat n'avait pas donné lieu immédiatement à des représailles limitées dans l'espace et dans le temps. La Russie ne pouvait pas laisser accabler la Serbie sans réagir : ce qui aurait été ressenti comme une nouvelle humiliation nationale ne pouvait être accepté ni par les chefs de l'armée, ni par l'opinion publique – du moins celle des villes, l'immense paysannerie étant indifférente à tout cela –, ni par un gouvernement dominé par son ministre de l'Intérieur, Nicolas Maklakov, un nationaliste assez agressif. Seulement, comment réagir sans provoquer l'intervention allemande ? La première idée fut de lancer une mobilisation seulement partielle clairement dirigée contre la seule Autriche, mais elle se révéla techniquement impossible. Soulignons néanmoins que c'est finalement la Russie qui, la première de toutes les puissances, fit appel à l'armée, en décidant le 24 juillet de mobiliser quatre districts militaires (en évitant de mobiliser le district de Varsovie, ce qui aurait directement menacé l'Allemagne).

Hew Strachan a insisté sur le fait que, pour Sazonov, cette mobilisation n'excluait pas la poursuite de négociations politiques. Mais il a également jugé que ce fut une naïveté de penser qu'elle ne changeait rien de substantiel. Celle-ci pouvait-elle être considérée comme une sorte de « chèque en blanc[32] » pour la Serbie ?

En outre, il était évidemment connu qu'en cas de conflit les plans allemands étaient fondés sur une mobilisation lente de l'armée russe et que l'Allemagne ne pouvait accepter d'être prise de vitesse. D'autant plus que, le 30 juillet, la Russie décidait la mobilisation générale, négligeant l'avertissement de Bethmann Hollweg, qui faisait savoir à la Russie qu'une mobilisation générale russe amènerait la mobilisation générale allemande et rendrait la guerre certaine.

De la mobilisation générale de la Russie à la guerre

On ne sait pas exactement à quel moment précis le gouvernement allemand a connu la décision de mobilisation générale en Russie, mais avec elle les dés étaient jetés.

Comme l'a écrit Jules Isaac : « Aurait-on évité la guerre si l'ordre de mobilisation générale [russe] n'avait pas été lancé le 30 juillet ? Très probablement non. La mobilisation générale russe rendait-elle la guerre inévitable ? Certainement oui[33]. »

Un échange de messages entre les deux cousins qu'étaient les empereurs d'Allemagne et de Russie eut lieu le 29 juillet, mais sans résultats.

À la suite de la déclaration de guerre de l'Autriche-Hongrie à la Serbie, le ministre russe des Affaires étrangères, Sazonov, avait abandonné sa position pacifique. Le tsar Nicolas II fut soumis à une telle pression qu'après plusieurs refus, le 30 juillet, il se laissait arracher l'ordre de mobilisation générale.

La décision russe, prise sans consulter la France, mais en étant persuadé de son appui à la suite des déclarations de Poincaré et de l'ambassadeur Paléologue, était d'une extrême gravité. L'Autriche-Hongrie, qui jusque-là avait espéré que le conflit resterait local, décrétait sa propre mobilisation générale le 31 juillet, environ dix-huit heures après la décision russe. La mobilisation russe a bien précédé la mobilisation autrichienne.

La question était désormais de savoir ce qu'allait faire l'Allemagne.

L'action de la Russie fut déterminante. Vu son extrême supériorité technique, l'Allemagne n'aurait pas dû s'inquiéter exagérément d'une mobilisation qui de toute façon serait lente, mais ce ne fut pas l'avis des généraux et, dans une certaine mesure, de l'opinion publique. L'empereur Guillaume II et le pouvoir civil, encore hésitants, furent littéralement bousculés par les généraux, qui jusque-là étaient restés sur la réserve. Ces derniers estimaient (à juste titre) que, pour réaliser le plan Schlieffen – lequel, fort audacieux, prévoyait d'en finir avec la France avant de se retourner contre la Russie –, chaque jour comptait.

Ce fut surtout le cas du chef de l'armée allemande, Moltke, qui depuis quelques années avait, tout comme Conrad von Hötzendorf, demandé, voire exigé, qu'on en vienne à une guerre préventive pour sauver la situation de l'Autriche-Hongrie face aux nationalismes slaves. Il l'avait fait en 1909, 1911 et 1912. Sa biographe, Annika Mombauer, a bien montré cette conviction quasi obsessionnelle du neveu du Grand Moltke. Il ne cessait de dire aux dirigeants politiques que la guerre était nécessaire, et que l'Allemagne et son alliée avaient encore toutes les chances de la gagner – mais pas pour longtemps. Moltke avait-il outrepassé les limites de ses fonctions en essayant d'imposer ses vues ? Annika Mombauer le pense, mais elle est contredite, entre autres, par Samuel Williamson, selon qui Moltke a fait ce qu'il devait faire en faisant connaître aux dirigeants politiques ses observations et ses souhaits. En 1918, Bethmann Hollweg a affirmé qu'on n'avait pu que suivre l'avis des généraux, mais l'a-t-on suivi pendant toute la crise de juillet ? Qui décidait à Berlin ? Le 28 juillet, quand, devant la réponse serbe à l'ultimatum austro-hongrois, l'empereur Guillaume II donna des signes d'hésitation et fut partisan d'arrêter l'action entreprise, ce fut : « Halte à Belgrade ! »

Moltke a voulu imposer le point de vue militaire. Le 30 juillet, il demanda de procéder d'urgence à la mobilisation, alors que Bethmann Hollweg souhaitait à tout prix attendre la mobilisation générale russe, pour, comme il l'avait dit et répété depuis le 28 juillet, y être obligé par les nécessités de la défense nationale et obtenir ainsi le soutien des sociaux-démocrates. Mais Moltke était tellement décidé qu'il prit l'initiative, le 30 juillet vers 14 heures, de demander au représentant militaire autrichien à Berlin que la mobilisation générale en Autriche-Hongrie ait lieu immédiatement, pour forcer le gouvernement allemand à en faire autant[34] !

Autre question : la mobilisation allemande aurait-elle été décidée le 31 juillet si la Russie n'avait pas été la première à mobiliser ? Cela reste très douteux, ne serait-ce que parce que Bethmann était convaincu de l'importance du consensus national pour la « défense nationale ».

La Russie fut alors sommée d'arrêter sa mobilisation et, après sa réponse négative le 1er août vers 19 heures, l'Allemagne lui déclara la guerre.

Mais une autre question se posait à l'Allemagne : la Russie avait, comme l'avait rappelé Poincaré, une alliée – la France. Les généraux allemands considéraient qu'ils ne pouvaient prendre le risque d'une guerre sur deux fronts. Il fallait donc appliquer sans attendre le plan Schlieffen, qui prévoyait d'utiliser le maximum de forces contre la France pour l'éliminer en quelques semaines avant de se retourner contre la Russie, lente à mobiliser. Dans ces conditions, il était nécessaire d'agir le plus rapidement possible. Le 2 août, les troupes allemandes pénétraient au Luxembourg, tandis que la Belgique était sommée de leur laisser libre passage. Le 3 août, l'Allemagne déclarait la guerre à la France.

Qu'avait fait la France en ces jours ? Pas grand-chose. Comme l'a écrit l'historien britannique John Keiger, elle suivit une « politique au fil de l'eau » et fut l'une des plus « passives » des grandes puissances, pour plusieurs raisons. Les présidents n'ont débarqué à Dunkerque que le 29 juillet, même si Poincaré, très à cheval sur la courtoisie, s'était difficilement résigné à brûler certaines étapes scandinaves. L'opinion publique, y compris celle des hommes politiques, avait été largement détournée des affaires internationales par les péripéties du procès de Mme Caillaux, l'épouse de Joseph Caillaux – chef du parti radical, un des hommes les plus puissants de France –, qui avait assassiné, quelques semaines plus tôt, le directeur du *Figaro*, Joseph Calmette. Au surplus, le déroulement de la crise et le fait que la mobilisation générale de la Russie ait été la première n'obligeaient pas la France à entrer automatiquement en guerre à ses côtés. Dans la pratique, la mobilisation générale en France débuta à peu près au même moment qu'en Allemagne et l'« agression » allemande ne lui en donna le choix.

Et le Royaume-Uni ? Le pays était dirigé par le libéral Herbert Asquith, très pacifiste, comme les milieux d'affaires de la City. Malgré l'Entente avec la France et la Russie, il n'était pas question de s'engager automatiquement, surtout dans ce qui était au départ une affaire balkanique, une affaire serbe. Car on avait en Angleterre un grand mépris pour la Serbie. Ce fut d'ailleurs la principale erreur de calcul des dirigeants allemands qui espéraient que le Royaume-Uni n'interviendrait pas. D'ailleurs, l'armée dont il disposait immédiatement n'était-elle pas « misérable », suivant la formule utilisée par Guillaume II ? On a l'habitude de dire que c'est l'invasion de la Belgique qui bouleversa brutalement l'attitude britannique. En réalité, ce n'est pas à proprement parler pour la Belgique que l'Angleterre allait entrer en guerre, mais parce qu'une victoire de l'Allemagne dans l'ouest de l'Europe aurait impliqué un bouleversement de l'équilibre européen inacceptable pour elle. Le 4 août, le Royaume-Uni déclarait la guerre à l'Allemagne.

Pourquoi l'Allemagne s'est-elle trompée sur l'attitude de l'Angleterre ? L'empereur Guillaume II était convaincu que, en raison de relations familiales entre les deux cours, l'Angleterre resterait éloignée de toute guerre. Mais les dirigeants allemands n'étaient pas tous du même avis. Ainsi, Bethmann Hollweg semble avoir été foncièrement persuadé que l'Angleterre « marcherait[35] » en accord avec la France, et cela depuis bien avant la crise de juillet. Grey, le ministre britannique des Affaires étrangères, n'avait-il pas répondu à une missive de Bethmann, en date du 24 juin (à propos des inquiétudes allemandes quant à une éventuelle alliance maritime avec la Russie), quatre jours avant Sarajevo, que l'Angleterre avait en effet des liens très forts avec la France et la Russie ? En revanche, le ministre des Affaires étrangères, Jagow, eut une opinion flottante pendant la crise. Zimmermann, le sous-secrétaire d'État, était de l'avis de Bethmann, tandis que Wilhelm von Stumm, directeur politique du ministère, considéré comme expert des questions britanniques, était plutôt de l'avis du Kaiser : l'Angleterre ne bougerait pas.

Il est vrai que le comportement de Grey, qui dirigeait les Affaires étrangères britanniques depuis 1905, changea beaucoup au cours de la crise, ce qu'on lui a reproché amèrement après la guerre. On a alors estimé qu'une attitude plus ferme de l'Angleterre aurait pu conduire l'Allemagne dans le sens de la négociation. En vérité, Grey a évité toute prise de position, jusqu'à l'ultimatum de l'Autriche-Hongrie[36]. Dans les documents diplomatiques, il n'y a que quelques maigres remarques, assez insignifiantes, du chef de la diplomatie britannique[37]. En fait, le gouvernement britannique pensait, au début de la crise, laisser l'Autriche punir la Serbie, espérant que l'affaire resterait localisée – ce qui a conforté la stratégie allemande. Le 27 juillet encore, Grey faisait savoir qu'il trouvait approprié que l'Autriche s'en prenne à la Serbie et que la Russie ne se mêle pas de l'affaire[38]. L'attitude de Grey et de ses conseillers changea fondamentalement avec l'ultimatum autrichien contre la Serbie du 23 juillet. Selon le diplomate Eyre Crowe, le 25 juillet, dans la mesure où la France et la Russie étaient très proches l'une de l'autre et où la France n'arrêterait pas la Russie, il était nécessaire que le Royaume-Uni prouve qu'il était solidaire de ses alliés. Grey estimait que cela pouvait conduire à la guerre et c'est pourquoi il proposa, le 27 juillet, d'appeler à une réunion des puissances « non intéressées » dans le conflit – proposition qui laissa ses partenaires étonnés. L'Allemagne persistait dans son souhait de « localisation ». Bethmann répondit à cette proposition – habituelle dans la diplomatie européenne – qu'il lui semblait inconvenant d'exposer l'Autriche à être « jugée » par les puissances. Grey espéra donc très longtemps que l'affaire pourrait être réglée selon les modalités traditionnelles de la diplomatie (après avoir trop longtemps accepté l'exigence allemande de la « localisation »). Mais, à partir du 28 juillet, le comportement du gouvernement britannique fut moins équivoque : le 29, il rejetait la demande de Bethmann, à savoir que l'Angleterre reste neutre dans le cas d'une guerre si l'Allemagne promettait de ne pas toucher aux possessions françaises... Aussi, le 30 juillet, Bethmann déclarait aux responsables du ministère d'État de la Prusse que l'espoir de maintenir neutre l'Angleterre était « nul ». L'entrée en guerre de l'Angleterre était-elle déjà assurée ? Poincaré en doutait fort en écrivant une lettre au roi d'Angleterre. L'opinion anglaise était encore fondamentalement partagée le 31 juillet entre neutralité et participation à la guerre, tout comme les membres du cabinet et du parlement. De sorte que Herbert Butterfield a conclu – en 1965 – qu'on ne sait toujours pas de nos jours ce que l'Angleterre aurait fait si l'Allemagne n'avait pas violé la neutralité de la Belgique[39].

En moins de sept jours, l'Europe s'était lancée dans ce qui allait être la plus grande guerre de tous les temps (jusqu'alors). Seule l'Italie rompait son alliance avec l'Autriche-Hongrie et l'Allemagne, et choisissait la neutralité. La « droite » italienne, dont les catholiques, était pour le respect des engagements ; la « gauche », dont les socialistes, optait plutôt pour la neutralité. L'opinion publique était plutôt pour la neutralité.

Pourquoi la guerre ?

Comment peut-on expliquer cette « descente » brutale dans la guerre, alors que, dans les années précédentes, des crises graves avaient été résolues par la négociation ? Parmi tous les dirigeants européens, monarques ou gouvernements civils, personne ou presque ne souhaitait la guerre. Pour autant, aucun homme d'État n'a eu l'envergure ou la capacité de bloquer ou de ralentir le mécanisme qui menait à la guerre, alors même que l'origine de la crise paraissait marginale. Seules l'Autriche-Hongrie et la Russie étaient directement intéressées par cette affaire balkanique. Malgré tout, le fait que les grands peuples européens aient été partagés en deux camps, la Triple Alliance et la Triple Entente, était un signe inquiétant, même si l'adhésion à ces deux groupes n'impliquait aucunement une participation automatique au conflit. La meilleure preuve en fut donnée par l'Italie qui se retrouva dans l'autre camp. Le 1er août encore, le gouvernement britannique se refusait à assurer la France de son soutien en cas de conflit. La situation de la France était la plus ambiguë dans la mesure où Poincaré, qui à titre personnel n'était pas belliciste, était très nettement obsédé par la nécessité de ne pas risquer de perdre l'alliance russe.

À défaut des dirigeants, les peuples étaient-ils bellicistes ?

Du côté des Français, si l'idée de revanche était en grande partie effacée, le regret d'avoir perdu les deux provinces d'Alsace et de Lorraine (du Nord) était toujours vivant. Mais la crainte de la guerre existait, et expliquait le retour aux trois ans de service militaire en 1913, dans un pays d'ailleurs extrêmement divisé sur la question. La loi des trois ans fut encore un des thèmes majeurs des élections de 1914, plutôt gagnées par les adversaires de cette loi, donc les moins belliqueux. Du reste, les socialistes et leur principal dirigeant, Jean Jaurès, menaient une campagne inlassable pour la sauvegarde de la paix.

La situation du peuple allemand était différente, ne serait-ce que pour des raisons géographiques. Pour une Allemagne placée entre les deux alliés, la France à l'ouest et la Russie à l'est, la crainte de l'encerclement était sensible. En outre, il arrive souvent que les opinions ne se forment pas seulement en fonction des réalités. Or, l'opinion allemande était assez largement convaincue (ce qui était totalement erroné) que la France se préparait à attaquer l'Allemagne à la première occasion. Les discours autour de la loi des trois ans de service militaire, la propagande militariste en France, la pression française pour que la Russie développe rapidement en direction de l'Allemagne des lignes stratégiques – qui n'avaient pas d'intérêt économique, et donc seulement un rôle militaire –, avaient persuadé beaucoup d'Allemands que la France n'avait pas abandonné l'idée de revanche. Bien plus, la France se serait même préparée à la revanche, avec l'aide de la Russie dont la masse effrayait l'opinion allemande. Crainte d'autant plus forte que l'armée russe, après ses défaites, se reconstituait, et qu'elle allait atteindre son meilleur niveau peu de temps après.

Selon l'historien Wolfgang Mommsen, « l'idée de la guerre inévitable s'était développée en Allemagne[40] ». Or, pour Mommsen, qui s'inspirait des travaux de Max Weber, des systèmes semi-constitutionnels, comme le système politique allemand, étaient plus sensibles aux pressions de l'opinion publique que les systèmes parlementaires. De larges secteurs de l'opinion étaient convaincus que l'Allemagne était menacée, voire « encerclée », par de malveillants voisins. Alors que, pour la plupart des pays européens, l'Allemagne fut considérée comme l'agresseur, l'opinion allemande pensait le contraire ; en prenant l'initiative, elle ne faisait en réalité que se défendre. Il est vrai que les jeunes soldats allemands partirent à la guerre avec l'enthousiasme de ceux qui défendent leur pays. Wolfgang Mommsen pensait que ce syndrome de la « guerre inévitable » n'était pas seulement allemand, mais qu'il existait dans de nombreux pays, y compris la France, du moins chez des dirigeants qui furent incapables de trouver la parade à cette marche précipitée vers la guerre.

Le chancelier Bethmann Hollweg, qui avait essayé de faire barrage à l'idée de guerre et qui avait dû renoncer, déclara le 27 juillet 1914 : « Une fatalité plus forte que la puissance de l'homme plane sur l'Europe et le peuple allemand[41] » ; ce que l'historien britannique James Joll traduisit de la façon suivante : « Encore et encore, dans la crise de juillet 1914, on est confronté à des hommes qui se sentirent soudain pris au piège et en appelèrent à un destin qu'ils étaient incapables de contrôler[42]. »

Dans le déclenchement de la guerre, tout n'a cependant pas été du domaine de la fatalité ou de l'impuissance. Les milieux militaires ont, à partir d'un certain moment, joué un rôle décisif. Toutes les armées européennes étaient persuadées qu'une guerre éventuelle serait certes terrible, mais fondée sur l'offensive, et que tout serait réglé en quelques semaines à la suite d'une ou de plusieurs grandes batailles. La condition essentielle était de ne pas être en retard par rapport à l'adversaire éventuel.

Si on laisse à part l'armée austro-hongroise, dont le chef d'état-major Conrad von Hötzendorf avait mis largement le feu aux poudres en étant partisan d'une guerre préventive contre la Serbie et en faisant le siège de François-Joseph jusqu'à ce que le vieil homme cède, il y avait trois grandes forces militaires en Europe : l'allemande, la française et la russe. Or, leurs chefs étaient *par métier* bellicistes – nous sommes encore à une époque où faire la guerre est dans l'ordre des choses – et, à partir du moment où ils estimèrent avoir la parole, ils pesèrent autant qu'ils le purent sur les gouvernements civils. En France, le général Joffre, chef d'état-major depuis 1911, n'était pas un pacifiste comme pouvait le faire croire une apparence bonhomme. À un interlocuteur qui, en 1912, lui disait : « La guerre, vous n'y pensez pas », il rétorquait vivement : « Si, j'y pense. J'y pense même toujours [...]. Nous l'aurons. Je la ferai. Je la gagnerai[43]. » Pendant la crise, il multiplia les mises en garde auprès du gouvernement contre le risque d'un éventuel retard. Il fut tout à fait opposé à la décision du gouvernement, le 30 juillet, de maintenir les troupes à 10 kilomètres de la frontière pour manifester la bonne volonté française et éviter les incidents fortuits. Finalement, il arracha littéralement l'ordre de mobilisation générale le 31 juillet à 15 h 30.

Du côté russe, ce fut également l'état-major (avec l'aide de Sazonov, lequel avait changé de camp) qui arracha au tsar très hésitant l'ordre de mobilisation générale. Il l'obtint une première fois le 29 juillet, puis le tsar annula l'ordre ; il l'obtint à nouveau le 30 juillet, et l'état-major fit alors en sorte de couper les communications pour éviter un éventuel revirement.

Mais le rôle décisif fut joué par le chef d'état-major allemand, le général Helmuth von Moltke, le neveu du vainqueur de 1870, chef de l'armée allemande depuis 1906. Il était un partisan convaincu de la guerre, au moins depuis 1912, après la crise d'Agadir. « La guerre était inévitable » et « le plus tôt serait le mieux ». Depuis le début de la crise, l'état-major allemand agissait auprès de son homologue austro-hongrois pour qu'il refuse tout compromis, faisant pression sur les autorités civiles, c'est-à-dire sur le chancelier Bethman Hollweg, afin de prendre des mesures contre la Russie, et déclarant qu'il fallait commencer par se débarrasser de l'armée française.

Certes, Moltke a essayé, *in extremis*, d'imposer le point de vue militaire. Le 28 juillet, dans le long aide-mémoire qu'il adresse au chancelier Bethmann Hollweg[44], il explique la situation politique générale. La Serbie est depuis cinq ans « la cause des troubles européens » ; l'Autriche l'a trop longtemps tolérée ; c'est depuis Sarajevo seulement qu'elle a décidé de « crever cet abcès », acte dont l'Europe, normalement, devrait lui être reconnaissante. Mais la Russie a choisi « de prendre le parti de ce pays criminel », ce qui a gâté la situation de l'Europe. Après cette partie politique, Moltke procède à des explications strictement militaires. La mobilisation de l'Autriche contre la Serbie ne comprend que huit corps d'armée, elle est donc négligeable, tandis que la Russie prépare une mobilisation à courte échéance de quatre districts militaires. C'est pourquoi l'Autriche sera obligée de mobiliser complètement si elle doit affronter la Russie. Quand l'Autriche aura décidé sa mobilisation générale, la conflagration avec la Russie sera inévitable, et ce sera un *casus foederis* pour l'Allemagne. Si cependant l'Allemagne mobilise, la Russie mobilisera entièrement en alléguant qu'elle se défend, ce qui lui apportera le secours de la France. La Russie nie avoir mobilisé ses troupes, reconnaissant seulement avoir tout préparé au cas où, afin d'être prête le moment voulu.

L'aide-mémoire concluait : « Pour réaliser les mesures militaires envisagées par nous, il est extrêmement important de savoir aussi tôt que possible si la Russie et la France sont prêtes à en venir à une guerre avec l'Allemagne. Dans la mesure où les préparatifs de nos voisins continuent, leur mobilisation sera vite accomplie. De ce fait, notre situation militaire se présente de jour en jour de façon moins avantageuse, ce qui peut avoir des conséquences néfastes si nos éventuels adversaires ont la possibilité de se préparer tranquillement. »

Ce texte a donné lieu à beaucoup d'interprétations, en particulier à l'idée qu'il traduisait une prise de pouvoir des militaires lorsque la crise de juillet arrivait à son climax. En réalité, n'est-il pas possible de considérer, avec Hew Strachan et Samuel Williamson, que Moltke ne faisait, dans ce cas, que ce qu'il devait faire, c'est-à-dire exposer au gouvernement les éventuelles conséquences militaires de la situation ? En effet, la réalisation du plan Schlieffen, comme on le sait, dépendait de la lenteur russe à mobiliser, ce qui explique très bien l'anxiété des généraux allemands. En définitive, les « nécessités militaires » ont entravé les discussions politiques possibles. L'anxiété de Moltke était telle qu'il osa même demander au représentant militaire autrichien à Berlin, le 30 juin vers 14 heures, de faire procéder immédiatement à la mobilisation générale de l'Autriche-Hongrie pour forcer le gouvernement allemand à décréter lui aussi la mobilisation. Mais il n'y a pas de preuve que cet appel de Moltke ait eu des effets sur la décision du gouvernement autrichien, qui n'eut connaissance de cette intervention que dans la matinée du 31 juillet[45]. Le 30 juillet, Moltke demanda d'urgence d'effectuer enfin une mobilisation inévitable, mais Bethmann Hollweg voulait à tout prix, on l'a vu, attendre la mobilisation générale russe.

Mais peut-on dire que la mobilisation allemande aurait été décidée le 31 juillet, même si la Russie n'avait pas mobilisé la première ? C'est ce qu'affirment Fritz Fischer et ses élèves, mais on peut en douter, à l'instar de Jules Isaac, Luigi Albertini et Marc Trachtenberg[46]. Il n'est absolument pas assuré que l'Allemagne aurait en effet mobilisé si la Russie ne l'avait pas devancée. C'est même le contraire qui semble vrai. Moltke n'a pas réussi à faire « capituler » Bethmann Hollweg devant les exigences militaires[47]. Il est cependant vrai que Bethmann, après avoir été informé de la décision russe de procéder à la mobilisation générale, n'avait plus de carte politique à jouer. « Il n'y a pas eu "perte de contrôle", juste une abdication du contrôle[48]. » Depuis la mobilisation russe, le chancelier restait figé dans son pessimisme de toujours et n'avait soudainement qu'une seule idée : faire tout pour convaincre les sociaux-démocrates et le peuple que l'Allemagne se trouvait dans une situation défensive. Bethmann savait que le prix du « consensus national » était là.

DÉCLENCHEMENT

Si les militaires allemands n'ont pas été maîtres des décisions politiques au moment le plus aigu de la crise, les décideurs politiques ont été très influencés par les avertissements des militaires. Un climat de risque de guerre s'était développé, et ce sont bien les chefs des armées qui ont provoqué l'éclatement de la guerre, en bousculant des pouvoirs civils hésitants ou tétanisés.

Une étude attentive de la crise de juillet montre que l'issue qu'elle a connue n'était pas inévitable. Il est clair que la plupart des dirigeants européens ne souhaitaient pas ce conflit et que des acteurs aussi importants que les empereurs Nicolas II et Guillaume II ont très fortement hésité à certains moments. La crise de juillet aurait pu s'achever comme bien d'autres crises antérieures et le sort du monde en aurait été changé. Pourquoi n'en fut-il pas ainsi ? Parce que des éléments qui n'étaient cependant pas nouveaux se sont combinés et ont primé. Il en fut ainsi des sentiments nationaux qui, tant en Russie qu'en Allemagne, n'ont pas été négligeables. Parce que, si de larges parts de l'opinion publique et des forces politiques – en particulier les socialistes, qui représentaient une force grandissante dans différents pays – avaient à leur programme la lutte pour la paix, dans la mentalité générale des peuples la guerre n'était pas encore devenue le mal absolu. Même si le procédé était de plus en plus rejeté, recourir à la guerre était une loi de l'histoire, une habitude. Quand on avait épuisé ou qu'on croyait avoir épuisé toutes les solutions, la guerre restait la solution.

Un dernier élément est à prendre en compte : on disait qu'une guerre européenne serait terrible, mais pas plus les militaires que les civils n'avaient idée de ce qu'elle serait. Il fallut plus de quatre ans de guerre pour qu'on le devine.

Chapitre III

1915 : enlisement

Stéphane Audoin-Rouzeau

C'est au cours de l'année 1915 que les Français ont baptisé « Grande Guerre », et les Allemands *Weltkrieg*, le conflit européen ouvert en 1914. C'est bien là une preuve que les contemporains eurent effectivement conscience d'être confrontés à un type de guerre nouveau, exigeant d'être nommé de manière également nouvelle. D'où le très grand intérêt de cette deuxième année du conflit, qui signe le basculement d'une forme de guerre dans une autre. Pourtant, elle paraît peu présente dans le souvenir historique collectif et plutôt négligée par l'historiographie : « enclavée » entre les immenses événements de la guerre de mouvement de l'été-automne 1914 et les grandes batailles de matériel de l'année 1916, la deuxième année de la guerre semble ne pas avoir d'identité propre.

Retrouver l'année 1915, c'est revenir aux sources du blocage stratégique dont a procédé la guerre de position ; c'est revenir aussi à la mobilisation en profondeur des sociétés belligérantes, sans laquelle la prolongation de ce type de guerre nouveau n'eût pas été possible. C'est donc retourner enfin à la manière dont l'activité guerrière a plongé ses racines dans tous les secteurs de la vie sociale. La mobilisation de toutes les ressources – démographiques certes, mais aussi économiques et également morales et culturelles – tend à s'organiser dès la fin de l'année 1914, mais elle ne commence à faire sentir ses effets qu'au cours de l'année 1915. Alors seulement les sociétés européennes en guerre depuis l'été 1914 tendent à devenir des « sociétés-pour-la-guerre ». Au cours de l'année 1915 s'invente peu à peu une forme nouvelle d'activité guerrière qui, en retour, a transformé durablement l'image même du fait guerrier.

L'apprentissage de la guerre de position

La « carte de guerre » surdéterminant l'évolution générale du conflit, c'est par elle qu'il convient de commencer. Or, l'année 1915 apparaît ici très contrastée. Sur le « front décisif » – c'est-à-dire le front Ouest, « décisif » en ce sens qu'une victoire comme une défaite sur ce front-là eût entraîné la victoire ou la défaite d'une des deux coalitions en présence –, 1915 confirme et même durcit le blocage stratégique apparu dès l'automne 1914. Pour autant, la guerre de mouvement n'est pas morte en 1915. Elle continue d'être recherchée par les belligérants, et avec succès dès lors que la compacité des fronts est moindre que sur le front occidental : sur les théâtres du front Est, dans les Balkans, et plus encore au Proche-Orient, la guerre de mouvement alterne avec la guerre de position, qui n'impose ses règles que de manière partielle et provisoire.

La fixation des lignes sur le front Ouest et le basculement dans la guerre de position sont la conséquence d'une situation stratégique et tactique caractéristique des opérations militaires de la Première Guerre mondiale, et qui conditionne tout son déroulement : la supériorité de la défensive sur l'offensive. S'y ajoute l'extrême difficulté du commandement à intérioriser cette donnée nouvelle, apparue pour la première fois dix ans exactement avant l'année 1915, mais à une échelle bien plus réduite et pour une période bien plus courte : très précisément à la bataille de Moukden (février-mars 1905), lors de la guerre russo-japonaise.

Au début de l'année 1915, l'enterrement des troupes dans les tranchées conserve toutefois un aspect relativement sommaire. Initialement, le réseau des défenses ainsi enterrées dans le sol, sur le modèle de murailles inversées qui transforment le combat à découvert en une immense guerre de siège à ciel ouvert sur un front de 700 kilomètres, n'est pas organisé en profondeur. Derrière la première ligne au tracé volontairement sinueux afin d'éviter les tirs d'enfilade, protégée par ses réseaux de barbelé, son parapet, ses sacs de sable, ses créneaux, et dans la paroi de laquelle s'ouvrent les abris destinés à protéger les soldats du bombardement, on ne songe pas encore à établir, en arrière, de solides positions de réserve. Derrière la première ligne, on ne trouve le plus souvent, quelques centaines de mètres plus loin, qu'une simple tranchée de soutien, reliée par un boyau de communication. Ce tropisme de la première ligne est caractéristique d'une tactique de combat amenée à survivre longtemps : dans une lecture rigide du principe défensif, il s'agit de tenir les premières positions de telle sorte que, en cas d'attaque ennemie, on ne soit pas placé dans la situation d'avoir à les reconquérir. En outre, il n'est pas question d'abandonner telle ou telle portion du front trop exposée, ou de raccourcir les lignes afin de se défendre plus aisément : les positions restent là où les ont fixées les aléas du combat.

Pour autant, même rigide et relativement sommaire, ce système défensif montre dès le début de l'année 1915 sa supériorité sur l'offensive. Plusieurs éléments y contribuent : le barbelé qui interdit toute traversée aisée du *no man's land* ; le feu des fusils d'infanterie et surtout des mitrailleuses, qui dressent un mur de balles à peu près infranchissable ; le barrage d'artillerie qui écrase les attaquants dès lors qu'ils sortent de leur tranchée. Cette association du barbelé, du feu des canons et des mitrailleuses a constitué en 1915 une équation impossible à résoudre sur le front Ouest pour tout attaquant. D'autant que les techniques d'attaque restent au début de l'année assez sommaires, la tentation étant forte de lancer les troupes à l'assaut sans préparation d'artillerie suffisante, et donc sans chercher à atteindre le seuil de destruction des défenses adverses permettant d'espérer prendre pied dans les positions ennemies. Quant aux tactiques de traversée du *no man's land* par l'infanterie, elles étaient elles-mêmes peu sophistiquées lors des premiers mois de l'année 1915.

C'est le rôle des grandes offensives de 1915 – alliées et tout particulièrement françaises, car, à l'exception de l'offensive d'Ypres en avril, les Allemands concentrent leur effort offensif sur le front oriental – d'avoir contribué à densifier davantage encore les organisations défensives. Certes, les techniques offensives progressent de leur côté, notamment grâce au développement par les Français de l'avancée de l'infanterie par bonds, derrière le barrage roulant de l'artillerie, au prix d'une coordination minutieuse entre les deux armes. Mais le développement de l'artillerie de tranchée et la généralisation de l'emploi des grenades ont renforcé les capacités tout autant défensives qu'offensives des combattants. Quant aux techniques d'organisation défensive des lignes, ce sont celles qui progressent le plus vite. Constatant à plusieurs reprises l'effondrement de leur première position sous les coups des grandes attaques alliées (comme en Artois ou en Champagne), les Allemands en tirent les leçons : les tranchées de soutien sont renforcées, des lignes de défense supplémentaires sont échelonnées loin en arrière. En octobre 1915, le commandement français codifie à son tour les principes de la défense en profondeur, qui repose sur l'échelonnement de plusieurs lignes de tranchées successives.

Ainsi, fin 1915, même en cas de percée de la première position adverse, il est impossible d'espérer exploiter le succès initial. La puissance d'arrêt des lignes arrière, combinée avec l'acheminement des réserves, permet de bloquer la progression ennemie et de combler les brèches.

Cela ne signifie pas que l'on se soit résigné, d'un côté ou de l'autre, à mener un combat purement défensif. Les états-majors, craignant l'effondrement de l'esprit offensif dans la troupe, cherchent au contraire à le maintenir en entretenant une activité de combat permanente, notamment grâce à l'organisation de coups de main répétés sur les lignes adverses. De même, dans une instruction de septembre 1915, Falkenhayn interdit que les tranchées arrière soient désignées sous les noms de « tranchées de repli », « tranchées de contre-attaque », « tranchées défensives », « tranchées de protection[1] ». Les très lourdes pertes sur le front Ouest au cours de l'année 1915 s'expliquent largement par ce décalage entre un culte de l'offensive maintenu envers et contre tout, un espoir de percée décisive que n'a pas éteint l'enterrement des lignes, et une incapacité flagrante à réaliser un tel programme offensif. L'année 1915 ne fut donc pas celle d'un changement de paradigme, et ce furent les soldats qui acquittèrent le prix de cette rigidité conceptuelle du commandement.

Dans le contexte stratégique et tactique qui vient d'être évoqué, toutes les grandes offensives de l'année 1915 sur le front Ouest se soldent par de sanglants échecs. Alors que l'armée allemande reste essentiellement en position défensive afin de concentrer son effort offensif sur le front oriental, les offensives alliées reposent principalement sur les épaules de l'armée française, car, malgré l'entrée en ligne progressive de l'armée Kitchener, le corps expéditionnaire britannique est encore loin, en 1915, de faire jeu égal avec les forces françaises et allemandes.

L'armée française poursuit d'abord une série d'attaques de taille moyenne : de la mi-février à la mi-mars, elle reprend l'offensive en Champagne (commencée en décembre 1914 et interrompue mi-janvier), tandis que l'armée britannique lance parallèlement la brève attaque de Neuve-Chapelle (10-12 mars). Puis, du 9 mai au 18 juin, Français et Britanniques attaquent massivement le saillant allemand en Artois : ils parviennent à pénétrer parfois sur 4 kilomètres de profondeur, sur un front d'une quinzaine de kilomètres, mais sans réussir à percer de manière décisive : dans la guerre de position, une brèche de cette largeur est bien trop étroite pour être exploitable durablement. À partir du 25 septembre, l'offensive reprend en Artois, sur un front cette fois plus large (35 kilomètres) – les Britanniques jouant en outre un rôle important autour de Loos –, et surtout en Champagne, où se déroule sur un front de 40 kilomètres la plus grande offensive de l'année à l'Ouest. Malgré la densification de l'artillerie de campagne et la mobilisation d'une artillerie lourde auparavant absente du côté français, la percée espérée n'a pas lieu : certes, la première ligne allemande est prise, la seconde atteinte localement, mais la courbe des tirs de l'artillerie de campagne n'a pas entamé suffisamment les dispositifs défensifs adverses ; les mitrailleuses, intactes, déciment les vagues d'assaut ; les batteries adverses, intactes également, font la preuve de l'efficacité de leur tir de barrage ou de soutien aux contre-attaques. Les deux offensives sont néanmoins prolongées jusqu'à la mi-octobre, selon un schéma caractéristique d'une guerre où les leçons d'un échec initial ne sont jamais tirées immédiatement. Les pertes sont massives des deux côtés, celles des troupes alliées étant toutefois deux fois plus lourdes que celles des défenseurs, selon la logique de la guerre de position.

L'écart entre un effort offensif maintenu de part et d'autre et la supériorité du défenseur sur l'attaquant ; les grandes tentatives de percée d'une part, mais la multiplication des attaques de détail d'autre part (le « grignotage » meurtrier de l'hiver 1914-1915 prôné par le chef d'état-major français Joffre) ; un corps de doctrine poussant à reprendre coûte que coûte les positions perdues ; enfin, les conditions sanitaires particulièrement dures de la première année passée dans les tranchées : autant d'éléments qui, cumulés, expliquent l'ampleur des pertes humaines de l'année 1915. Certes, ces dernières sont inférieures à celles des six derniers mois de l'année 1914 et, de ce point de vue, les tranchées ont joué efficacement leur rôle de protection des effets du feu moderne : du côté français comme du côté allemand, l'année 1915 abaisse de manière spectaculaire la mortalité mensuelle enregistrée lors de l'année précédente. Pour autant, l'armée française, de loin la plus atteinte, perd 392 000 hommes au cours d'une année 1915 qui se révèle pour elle plus meurtrière que les trois années suivantes[2].

Les chiffres des pertes ne disent pas tout. Ils expriment mal, en particulier, la progression des seuils de brutalité atteints par le combat en 1915. L'installation de longue durée dans la guerre de position, qui caractérise la deuxième année du conflit, voit s'institutionnaliser toute une gamme de pratiques qui radicalise la violence inhérente au champ de bataille. La guerre des mines développe ainsi ses effets, à travers une augmentation progressive des charges explosives. Les pratiques de violence rapprochées s'institutionnalisent elles aussi : la grenade, en tant qu'arme offensive aussi bien que défensive, d'une portée de 70 mètres environ, commence une ascension qui fera d'elle un des outils essentiels du combat d'infanterie. La distance à l'ennemi se réduit davantage encore dès lors que se répandent les armes de combat au corps à corps[3] : des poignards, des matraques sont distribués aux soldats, tandis qu'eux-mêmes prennent souvent l'initiative de fabriquer de telles armes pour leurs propres besoins. Pour l'offensive de Champagne de septembre 1915, des couteaux ont été distribués en grand nombre aux troupes d'assaut françaises. En octobre, des textes prescriptifs allemands recommandent à leur tour l'utilisation de poignards et de pelles affûtées des deux côtés. Et il ne fait guère de doute que, lors des grandes offensives de 1915, des pratiques extrêmes de mise à mort des prisonniers ont été mises en œuvre de part et d'autre.

Avec les gaz et les lance-flammes apparaît au cours de la même année une violence d'un autre ordre, qui inflige la blessure ou la mort sans ouverture de la barrière anatomique, et donc sans écoulement de sang. Le lance-flammes, invention allemande à l'origine, utilisé ponctuellement dès l'automne 1914, devient une arme d'accompagnement des vagues d'assaut dès la mi-1915, avant d'entrer également en vigueur au sein de l'armée française. L'apparition des gaz de combat est toutefois de bien plus grande portée. Un premier seuil est franchi début 1915, lorsque les gaz asphyxiants – du chlore, à cette date – remplacent les produits lacrymogènes et suffocants en usage dès l'automne 1914. Leur première utilisation dès fin janvier 1915 sur la Vistule est un échec dû au vent et au froid. En revanche, leur deuxième expérimentation à Ypres, le 22 avril, dans le cadre de l'unique offensive allemande sur le front Ouest, constitue un choc : l'attaque, qui prend la forme d'une vague dérivante de chlore lâchée dans l'atmosphère depuis des bonbonnes acheminées sur place et dissimulées aux premières lignes, provoque une panique massive au sein des troupes alliées : la percée est réalisée sur un front de 3 kilomètres, la rive droite de l'Yser doit être abandonnée, et la liaison entre les forces françaises et britanniques est rompue dans une zone du front stratégiquement très sensible. Mais les Allemands, surpris par leur propre succès, n'exploitent pas la percée, et dès le 26 avril le front est à nouveau stabilisé.

L'escalade commence ensuite. Début juin, lors de l'offensive d'Artois, l'artillerie française est déjà en mesure de répondre grâce à l'emploi d'obus à gaz. Le 25 septembre, à Loos, c'est au tour des Britanniques de mettre en œuvre les gaz pour la première fois. En octobre, en Champagne, la « course à la toxicité[4] » franchit un premier seuil avec l'utilisation de chlore additionné de phosgène par les Allemands.

ENLISEMENT

À Ypres, malgré la panique jetée dans les troupes française par l'attaque du 22 avril, les contre-attaques britanniques et canadiennes sont parvenues à fermer la brèche, et le terrain perdu à la fin du mois de mai resta finalement limité : le saillant, quoique entamé, était intact. Par ailleurs, les mesures défensives (masques) progressent ensuite plus rapidement que les moyens offensifs, réduisant l'efficacité attendue de l'emploi des gaz. Si ce dernier fut perçu dans l'instant comme une rupture majeure, dont la responsabilité fut du reste immédiatement rejetée sur l'Allemagne par les Alliés, il n'empêche qu'en ce domaine aussi la défensive l'emporta sur l'offensive : en décembre 1915, une nouvelle attaque au gaz à Ypres est un échec complet.

Cette supériorité de la défensive sur l'offensive fut répliquée d'autant plus aisément ailleurs que l'expérience de la guerre de position était facilement transposable sur les autres fronts. Elle le fut par les Allemands sur le front Est, au Proche-Orient, et à Gallipoli.

Le principe de l'opération des Dardanelles – porté par le pouvoir politique en la personne de Winston Churchill, ministre de la Marine, et imposé au pouvoir militaire – avait été accepté par les gouvernements britannique et français respectivement en janvier et février. Destiné à prendre le contrôle des Détroits et de Constantinople tout en établissant une liaison solide avec l'allié russe, le plan de l'opération représente une intéressante tentative de contournement du blocage stratégique à l'Ouest, appuyé sur la force navale britannique. Mais c'est précisément le mouvement offensif qui échoua à travers l'incapacité des flottes britannique et française à forcer le passage des Détroits, le 18 mars. Le laborieux débarquement des troupes britanniques, néo-zélandaises, australiennes et françaises sur la presqu'île de Gallipoli, à partir du 25 avril, échoua également, les combattants se trouvant bloqués sur les plages et dominés par les positions défensives des Turcs. En août, de nouveaux débarquements de nuit, plus au nord, ne parvinrent pas à débloquer la situation. À la fin de l'été, toutes les troupes présentes sur la péninsule étaient immobilisées dans un dense réseau de tranchées, comparable à celui du front Ouest, mais concentré sur un espace très restreint. En novembre, l'évacuation était décidée ; elle est exécutée avec maîtrise à partir de la fin décembre. La fin de l'année 1915 voit ainsi l'échec d'une entreprise stratégiquement imaginative, mais qui s'était brisée sur des obstacles tactiques insurmontables et une série d'erreurs de préparation et de mise en œuvre.

À l'issue de l'entrée en guerre de l'Italie du côté allié, en mai 1915, le front austro-italien présenta une situation de blocage plus nette encore.

En raison du relief, le front de l'Isonzo constituait le seul terrain possible permettant la mise en œuvre d'une stratégie offensive. Mais, de juin à novembre, les quatre offensives italiennes sur l'Isonzo, appuyées trop faiblement par l'artillerie, échouent l'une après l'autre en ne rapportant que de maigres gains territoriaux, au prix de pertes de plus en plus lourdes : à la fin de l'année, l'armée italienne comptait 200 000 hommes tués et blessés, contre 165 000 pour les Autrichiens. Le déroulement des opérations sur le front austro-italien apportait à nouveau la preuve de l'impossibilité de toute rupture d'un front défensif solidement organisé, surtout lorsque le relief venait aggraver les difficultés inhérentes à toute offensive.

Le mouvement maintenu

Mais la guerre de mouvement n'est pas morte en 1915. Elle continue d'être recherchée par les belligérants, d'autant que le commandement allemand fait porter son effort principal à l'Est, dans l'espoir d'avoir ensuite les mains libres sur le front occidental. À l'Est, en effet, en alternance avec de longues phases d'immobilisation, le mouvement peut encore s'imposer : la compacité des fronts y est moindre, faute d'un nombre d'hommes, d'un réseau défensif, d'une artillerie et d'une logistique équivalant à ceux du front Ouest.

À la mi-janvier, malgré des conditions climatiques extrêmement dures, les commandants austro-allemands lancent une double offensive en tenaille contre les ailes russes, en partant des Carpates et de Prusse-Orientale. La première échoue à reprendre la Galicie aux Russes, qui progressent dans les Carpates tout en obtenant la capitulation de Przemysl le 22 mars. La seconde, en revanche, est un succès : le front russe cède début février. La bataille d'hiver des lacs Mazures laisse plus de 90 000 prisonniers aux mains des Allemands et un immense matériel. Le recul atteint près de 130 kilomètres.

En avril, le commandement allemand décide de reprendre l'offensive en Galicie. L'offensive austro-allemande perce une première fois début mai à Gorlice, forçant les Russes à un premier repli sur un front de 160 kilomètres : Przemysl tout d'abord, puis Lemberg, tombent en juin. C'est ensuite au nord, vers le saillant de Varsovie, que les Allemands déplacent leur poussée : les lignes russes sont percées le 13 juillet au nord de la ville, qui tombe le 4 août, tandis que les armées allemandes poursuivent frontalement leur offensive. Brest-Litovsk est prise le 26 août, Grodno et Vilna en septembre, tandis que la progression sur un très large front continue vers Minsk.

À la fin du mois, les forces allemandes et austro-hongroises, épuisées par cinq mois de combats ininterrompus et meurtriers, ne peuvent aller plus loin. Pour autant, la « grande avance » allemande constitue la principale victoire militaire de l'année 1915 : la Galicie, la Pologne, la Lituanie et la Courlande sont perdues pour la Russie, dont la « Grande Retraite » se traduit par un recul de 350 kilomètres entre janvier et septembre, provoquant la décision du tsar d'assumer en personne le haut commandement militaire. Depuis mai, l'armée russe a perdu 2 millions d'hommes, dont un million de prisonniers[5]. Elle ne s'écroule cependant pas, et la Russie se refuse à toute paix séparée avec l'Allemagne.

Le succès austro-allemand sur le front oriental se double d'un succès parallèle sur celui des Balkans, tout en permettant d'établir la liaison entre les Puissances centrales, la Turquie et la Bulgarie. Alors que cette dernière s'est rangée aux côtés des Empires centraux en septembre, deux armées allemande et austro-hongroise attaquent sur la Save et le Danube le 6 octobre, au moment où les forces anglo-françaises débarquent à Salonique, trop tard pour pouvoir venir en aide à la Serbie. Belgrade tombe le 9, tandis que la Bulgarie entre en scène à son tour le 14 octobre, débordant par le sud l'armée serbe. Au début du mois de décembre, la Serbie étant occupée en totalité, les débris de l'armée n'ont d'autre issue que de se diriger vers l'Adriatique au prix d'une meurtrière marche d'hiver à travers les montagnes albanaises, tandis que les troupes alliées n'ont d'autre choix que de se replier sur la frontière grecque.

Au Proche-Orient, le mouvement domine plus encore les opérations militaires. Le début de l'année est tout d'abord marqué par d'infructueuses tentatives turques sur les défenses du canal de Suez. D'avril à novembre 1915, les forces britanniques remontent le long du Tigre jusqu'à une trentaine de kilomètres de Bagdad, avant de se heurter à Ctésiphon à la résistance turque qui les force à effectuer une difficile retraite de 160 kilomètres jusqu'à Kut, encerclée dès décembre.

Ainsi, à la fin de l'année 1915, non seulement le mouvement avait continué d'être à l'ordre du jour partout ailleurs que sur le front Ouest, mais même sur ce dernier la fin de l'année 1915 montre que l'espoir de percée suivie d'un retour à la manœuvre n'était pas abandonné. C'est fin 1915 en effet que sont préparées, de part et d'autre, les immenses batailles de matériel de l'année suivante : si, fin décembre, la décision définitive du côté allemand concernant le projet d'offensive sur Verdun n'est pas prise encore, à la conférence interalliée de Chantilly des 6-8 décembre 1915, le principe d'une offensive générale simultanée sur tous les fronts est effectivement arrêté. Des percées profondes sont attendues en Galicie d'un côté, sur la Somme de l'autre. C'est là la première véritable tentative de coordination stratégique entre les Alliés.

La violence contre les populations désarmées

L'année 1914 avait mis à l'ordre du jour des atteintes de masse aux populations désarmées. Les « invasions 1914 » ont en effet provoqué des atrocités en série, plus nombreuses toutefois à l'Ouest du fait des Allemands qu'à l'Est du fait des Russes : massacres de civils, mais aussi de soldats blessés ou ayant rendu leurs armes, incendies de villages ou d'agglomérations entières, viols des femmes, etc.[6]. Autant de pratiques qui ont contribué à susciter parallèlement des exodes de masse : le phénomène des réfugiés, qui constitue une donnée centrale des débuts de la guerre, continue de faire sentir ses effets durant toute l'année 1915 en perturbant les fragiles équilibres des fronts intérieurs.

Si, à l'Ouest, les atteintes aux populations désarmées se limitent à l'année 1914, c'est en 1915 que leur *connaissance* se répand au sein des sociétés en guerre : les commissions mises en place par tous les belligérants afin d'enquêter sur les manquements adverses au « droit des gens » rendent leurs rapports dès le début de la deuxième année de la guerre. Leur contenu se voit ensuite largement repris par la presse, la littérature populaire, la caricature, l'affiche, le film... Ce moment de « révélation » de la violence de l'Autre, qu'accompagne une mise en écrit et en image elle-même très violente, constitue une phase essentielle de fixation des haines mutuelles. Ainsi est-ce au cours de l'année 1915 que les « cultures de guerre » se sont durablement cristallisées autour d'un corpus de thèmes, de mots, d'images mobilisatrices qui confirment le sens initialement attribué à la guerre elle-même tout en justifiant sa *prolongation* et les nouveaux sacrifices qu'elle implique. D'autant que du côté allié, le torpillage du *Lusitania*, qui entraîne la mort de 1 100 civils le 7 mai 1915, ou encore l'exécution d'Edith Cavell en Belgique en octobre[7], réactivent puissamment la mémoire des atrocités d'invasion. Les bombardements de populations civiles – dans le sud-est de l'Angleterre, à Londres, mais aussi à Paris –, s'ils ne font que fort peu de victimes et ne provoquent que des dégats matériels insignifiants, n'en indiquent pas moins, là encore, une rupture d'importance : sans objectif stratégique véritable, ils signalent que la totalité de la population adverse est désormais considérée comme ennemie et que, à ce titre, elle devient donc une cible légitime. L'extension du phénomène concentrationnaire – avec l'internement prolongé, de part et d'autre, des ressortissants étrangers présents sur le territoire national lors de l'éclatement de la guerre – ne relève pas d'une logique fondamentalement différente.

Pour autant, à l'Ouest, l'année 1915 permet une certaine forme de stabilisation du fait de l'installation d'un régime d'occupation qui induit certes une logique d'oppression à l'égard des occupés, mais qui met fin aux brutalités directes de l'été et de l'automne 1914. Dans les Balkans, en revanche, les violences d'invasion restent à l'ordre du jour lors de la deuxième année de guerre. La troisième invasion de la Serbie par les troupes allemandes, austro-hongroises et bulgares, lors de la seconde moitié de l'année 1915, débouche ainsi sur une répression féroce contre les civils. Les violences frappent également les populations serbes et grecques du Kosovo et de Macédoine, envahis en octobre par les troupes bulgares. Sur le front oriental, la situation est encore différente : les populations civiles y souffrent d'une guerre de mouvement tout au long de l'année 1915. La guerre provoque des exodes massifs (4 millions de personnes au total, qui fuient les armées allemandes, mais aussi la politique de la « terre brûlée » des autorités russes à partir de mai), tandis que les violences prennent surtout la forme de déportations menées par les autorités militaires et civiles russes en fonction des nationalités et des origines ethniques. Elles visent les ressortissants austro-hongrois et allemands, des sujets russes d'origine allemande, ainsi qu'une large fraction des Juifs de l'Empire russe, considérés comme « éléments peu sûrs » et donc susceptibles d'aider l'envahisseur. Le grand recul russe, entre mai et septembre, accentue le processus : durant la seule année 1915, 134 000 civils de nationalités allemande et autrichienne sont déportés et assignés à résidence à l'intérieur de la Russie. À partir de l'été s'ouvre le processus d'expropriation et de déportation de la majeure partie des 700 000 colons allemands d'Ukraine occidentale. Si la violence physique directe n'est pas absente dans une telle dynamique, elle reste néanmoins ponctuelle, comme lors du grand pogrom antiallemand de Moscou des 26-29 mai 1915. Dans le cas des Juifs de l'Empire, en revanche, on assiste à un processus de déportation d'une extrême brutalité qu'accompagnent pogroms systématiques et éliminations physiques (voir *infra*)[8].

Les régimes d'occupation qui se mettent en place, dès fin 1914 à l'Ouest, au cours de l'année suivante à l'Est et dans les Balkans, témoignent de l'importance des gages territoriaux conquis par les Puissances centrales au fil de l'année 1915, gages qui s'étendent en outre mois après mois. Au début de l'année, les forces allemandes occupaient la quasi-totalité de la Belgique (7 millions d'habitants) et neuf départements des régions du nord et de l'est de la France (3 millions d'habitants). Mais, en octobre, c'est toute la Pologne russe (6 millions d'habitants) qui se trouve occupée par les forces allemandes et austro-hongroises. Belgrade tombe également en octobre et, avant la fin de l'année 1915, c'est au tour de la Serbie de basculer dans un régime d'occupation. Au total, à la fin de l'année, 19 millions de personnes vivent sous un régime d'occupation allemand, austro-hongrois ou bulgare[9].

On ne détaillera pas ici les différents dispositifs de contrôle – très variés – mis en place dans les territoires occupés, eux-mêmes en situations très contrastées à l'issue du processus d'invasion et des violences qui l'ont accompagné. Pour les occupants, l'exploitation matérielle des ressources et de la population occupée prime, et donc leur mise au service de l'effort de guerre de l'envahisseur. La violence est ainsi présente, moindre du fait de l'occupant allemand en Belgique et dans le nord et l'est de la France que du fait des Austro-Hongrois en Serbie et surtout des Bulgares en Macédoine, où l'occupation ne met pas réellement fin aux violences d'invasion, mais crée une situation nouvelle leur permettant de se perpétuer.

En revanche, si dures soient-elles, les occupations allemandes et austro-hongroises de la deuxième année de la guerre constituent un palier visant au rétablissement de l'ordre. Les territoires occupés ont terriblement souffert des combats, de la politique russe de terre brûlée, du dépeuplement par exode massif. Le typhus, la malaria, le choléra y sévissent de manière endémique. Dans cet espace caractérisé par une mosaïque ethnique complexe, perçu par les Allemands comme « non civilisé », se mettent en place plusieurs régimes d'occupation : la Pologne russe est divisée entre une administration austro-hongroise d'une part (autour de Lublin), allemande d'autre part (dont Varsovie est le centre). Regroupant la Pologne septentrionale, la Lituanie, une partie de la Biélorussie et la Courlande, l'*Ober Ost* (*Oberbefehlshaber der gesamten deutschen Streitkräfte im Osten*) constitue en revanche une véritable colonie militaire allemande[10].

Si la réorganisation de l'Europe centrale et orientale n'est pas arrêtée encore fin 1915, l'occupation se traduit par la mise en place d'une certaine forme d'apaisement et de légitimation de la puissance occupante. C'est en ce sens que l'on peut parler d'un « long » 1915[11], caractérisé par des régimes d'occupation relativement modérés, avant que n'intervienne leur radicalisation au cours de l'année 1916.

Avec le massacre d'une partie de leur propre population par certains États belligérants – Juifs russes, chrétiens assyriens et surtout Arméniens de l'Empire ottoman –, l'année 1915 se caractérise également par une radicalisation inouïe de la violence à l'encontre de populations jugées trop peu sûres pour être laissées en vie. C'est en ce sens que la deuxième année du conflit joue un rôle central dans le processus de totalisation et de « brutalisation » de la guerre.

Les premières expulsions massives de communautés juives par l'armée russe se sont produites dès l'automne 1914 en Pologne, et elles se sont accompagnées d'emblée de violences commises par la troupe : à l'antijudaïsme traditionnel s'ajoute ici un antisémitisme nouveau qui cible une population considérée comme politiquement et militairement « dangereuse ». Le phénomène se reproduit début 1915 en Galicie autrichienne, dans une région temporairement occupée cette fois. À partir de la fin d'avril, les expulsions se transforment en déportations massives. Alors que les violences se développent parallèlement aux revers subis par l'armée russe à partir de mai, les déportations s'amplifient avec la « Grande Retraite », touchant désormais des communautés situées bien en deçà de la ligne de front et forçant à abolir les restrictions de résidence jusqu'ici imposées aux Juifs en Russie. Au total, un million de Juifs sont ainsi déplacés de force au cours de l'année 1915.

Outre la mortalité massive qu'entraînèrent ces mesures, du fait de la faim et de l'épuisement, ces déportations de masse s'accompagnent de pogroms dans lesquels l'armée joue un rôle prépondérant, en rupture avec les violences antijuives d'avant 1914, condamnées par les autorités. Pour autant, à l'automne, les programmes de déportation sont interrompus et les mesures antijuives de l'année 1915 cessent de suivre une courbe ascendante. On ne déboucha pas, du même coup, sur une politique de massacre généralisée[12].

Un processus exactement inverse se produisit avec les Arméniens de l'Empire ottoman, dont le génocide constitue l'un des événements majeurs de l'année 1915[13]. Sans verser dans un quelconque déterminisme, il apparaît que, dès avant l'éclatement de la guerre, les Arméniens de l'Empire représentaient une cible en quelque sorte désignée à l'avance, au vu des spoliations massives et des massacres à grande échelle de 1894-1896 et de 1909. D'autre part, sans faire de la guerre le principe explicatif du génocide, il est certain que la lecture du conflit par le pouvoir jeune-turc a joué un rôle important dans la désignation des communautés arméniennes au titre d'« ennemi intérieur ». C'est ainsi que le *jihad* proclamé en novembre 1914 plaça les chrétiens d'Orient (ainsi que les chrétiens d'Assyrie, également massacrés) en position de victimes légitimes des musulmans dans le cadre d'un panturquisme qui désigne les Arméniens comme autant d'ennemis potentiels d'une « race turque » destinée à régénérer l'Empire. Enfin, les péripéties du conflit ont aussi contribué à enclencher une spirale génocidaire cumulative. Ainsi la politique anti-arménienne s'intensifie-t-elle lors de chaque menace militaire nouvelle : en janvier lors de la victoire russe de Sarıkamış dans le Caucase ; en mars avec les victoires russes en Perse et l'assaut naval franco-britannique contre les forts des Dardanelles ; en avril lors du débarquement allié sur la presqu'île de Gallipoli et des nouveaux revers ottomans en Perse ; en mai-juin lors du soulèvement de Van (soulèvement défensif, destiné à échapper au massacre) et de l'avancée russe en Anatolie. Contre l'échec de ses projets militaires extérieurs, le pouvoir jeune-turc échange en quelque sorte la destruction d'un ennemi intérieur signalé comme tel.

Les premiers massacres commencent donc à partir de janvier 1915. Puis, le 24 avril, a lieu l'arrestation suivie de la mise à mort de plus de 2 300 intellectuels et notables arméniens de Constantinople. Les ordres de déportation de masse visant les provinces orientales de l'Empire ne sont lancés, pour leur part, que fin mai : ce sont eux qui signent la volonté d'éradication de la communauté arménienne. Le déplacement forcé s'accompagne à partir du mois de juin de massacres systématiques perpétrés par les tribus kurdes, les agents unionistes, les gendarmes, les populations turques elles-mêmes ; les déploiements de cruauté sont systématiques ; dans les camps installés en Mésopotamie et en Syrie, les survivants qui ne sont pas morts sur le trajet (soit un cinquième seulement des déportés) mourront de faim, de soif, de maladie, ou bien seront massacrés ultérieurement au sein des camps eux-mêmes. Ce processus d'anéantissement « improvisé tout du long[14] » et selon une « logique cumulative[15] » d'éradication a abouti à la mort de plus d'un million de personnes sur un total de 1,8 à 2 millions d'Arméniens vivant dans l'Empire avant 1914.

Ces déploiements de violence extrême – qui, dans le cas des Arméniens, vont jusqu'au génocide – et multiformes – sur les champs de bataille à l'encontre des blessés et prisonniers, ou bien visant les populations civiles, ou encore sous la forme indirecte et invisible du blocus (voir *infra*) – ont joué un rôle central dans la mise en place, de part et d'autre, de logiques vindicatoires aux puissants effets mobilisateurs dans les sociétés belligérantes. À ce titre, l'année 1915 apparaît comme le moment de plein épanouissement des différentes « cultures de guerre » nationales, qui véhiculent les modalités diverses selon lesquelles les contemporains représentent et se représentent un conflit dont ils sont tout à la fois les victimes et les acteurs directs ou indirects. Toutes portent une hostilité extrême à l'égard de l'ennemi. Dans un tel contexte, pour n'être pas inexistantes, les remises en cause du bien-fondé du conflit sont extrêmement minoritaires. L'autocensure des médias est largement complice du contrôle de l'information universellement mis en place ; peu d'intellectuels, peu d'écrivains, peu de savants, peu d'artistes échappent à l'automobilisation au service de leur propre patrie ; les formes de regroupement politiques autour des pouvoirs en place – « union sacrée » en France, *Burgfrieden* en Allemagne, cabinet de coalition Asquith en Grande-Bretagne en mai 1915, alliance Douma-gouvernement sur la gestion économique de la guerre en Russie en août – s'imposent à tous, et même s'approfondissent, laissant une place infime aux forces de contestation du conflit.

C'est le cas des revendications « nationales » au sein des Empires austro-hongrois et russe : si la mutinerie de certains régiments tchèques sonne comme un avertissement inquiétant en avril 1915, la création à Londres du Comité national tchèque, en novembre, dans la perspective d'un futur État tchécoslovaque, ne prendra tout son relief qu'*a posteriori*. Il en est de même avec les premières failles au sein du monde ouvrier. Certes, en Russie, les premières grèves ont éclaté dès l'hiver 1914. En Europe occidentale, les premiers mouvements revendicatifs apparaissent en février 1915 à Glasgow et dans la vallée de la Clyde, suivis par une grève des mineurs gallois en juillet : pour autant, le *Munitions of War Act* du même mois, qui instaure des tribunaux spéciaux pour régler les conflits du travail et fixer les niveaux de salaires dans les industries de guerre, révèle que la participation ouvrière à l'effort industriel britannique peut être négociée avec les trade-unions. En fait, les différentes contestations syndicalistes et socialistes ne peuvent s'adosser encore à une crise économique et sociale majeure. L'inflation est très sensible dès 1915 du fait de l'émission de papier-monnaie et des divers goulets d'étranglement de la production (notamment agricole), mais, dans les puissances de l'Entente, le ravitaillement reste acceptable et les niveaux de vie sont stabilisés. En outre, le chômage, important au début de la guerre, disparaît avec la mobilisation industrielle. Si la situation est d'emblée plus difficile dans les Puissances centrales, où les problèmes d'approvisionnement liés au blocus font très vite sentir leurs effets (le pain est rationné en Allemagne dès janvier), les vraies difficultés sociales et les ruptures du consensus n'apparaîtront qu'après l'année 1915.

Dans l'instant, les contestations et les refus de la guerre ne pèsent donc que de peu de poids dans chacun des deux camps. La minorité socialiste en Allemagne, qui manifeste son opposition à la poursuite du conflit dès le début de 1915 et ose voter contre les crédits militaires en décembre, reste contenue. En septembre, la dénonciation de la guerre par les socialistes et syndicalistes minoritaires réunis à Zimmerwald ne bénéficie d'aucun retentissement. Pas plus que n'en avait bénéficié fin juillet l'« adresse aux peuples en guerre et à leurs gouvernements » publiée par le pape Benoît XV. Lors de la deuxième année de guerre, ce type d'appel tombait encore dans le vide.

APPROFONDISSEMENT DE LA LOGIQUE DE GUERRE
ET PROCESSUS DE TOTALISATION

Le 24 janvier 1915, une brève rencontre navale en mer du Nord (à Dogger Bank) ayant apporté la preuve que toute offensive d'ampleur de la flotte allemande contre la marine anglaise était vouée à l'échec, la guerre navale en surface resta par la suite très limitée. Pour autant, la question du contrôle des mers n'en acquiert pas moins une importance centrale au cours de l'année 1915. Le blocus imposé aux Puissances centrales, et en réponse la guerre sous-marine destinée à desserrer l'étau, constituent ainsi des éléments déterminants du processus de totalisation du conflit. Ses conséquences alimentaires et économiques d'une part, militaires et diplomatiques d'autre part, morales enfin, sont en effet considérables. Elles pèseront sur toute la durée de la guerre.

Le blocus avait commencé dès l'automne 1914, lorsque l'Angleterre avait décrété la mer du Nord « zone de guerre ». Face à cette décision, contestable en droit international, qui établissait le blocus des ports et navires neutres par lesquels passaient une grande part des importations allemandes, l'Allemagne protesta début février 1915 en mettant en cause une manière barbare de mener un type de guerre visant à réduire l'adversaire par la famine. Là se trouve l'origine du déclenchement de la guerre sous-marine, en tant que réplique légitimée par l'affirmation d'une violation du droit des gens. Le classement des eaux entourant la Grande-Bretagne en « zone de guerre » et la proclamation de la guerre sous-marine provoquent en retour le *reprisals order* britannique du début de mars 1915, qui radicalise la guerre économique en permettant la saisie de *toute* marchandise d'origine allemande ou à destination de l'Allemagne, *via* le contrôle de la totalité des navires neutres.

La guerre sous-marine allemande ne reposait début 1915 que sur une flotte très limitée de sous-marins. Ces derniers, qui menaient jusqu'ici une guerre régulière contre les navires de guerre ennemis, changent donc leurs pratiques à partir du début du mois de février, une fois les côtes britanniques déclarées « zone de guerre » par l'Allemagne : les sous-marins allemands sont alors autorisés à couler sans avertissement les bateaux civils des marines marchandes française et anglaise, et, de février à septembre, près de 580 navires subissent ce sort. C'est dans ce contexte que se produit début mai le torpillage du navire civil britannique *Lusitania*, provoquant la mort de 1 100 passagers, dont 128 Américains. L'exploitation par la propagande alliée du choc suscité par cette atteinte directe à la vie de civils fut intense. Devant la vivacité de la réaction américaine, le gouvernement allemand cessa un type de guerre sous-marine aux risques diplomatiques trop marqués en se limitant désormais à la lutte contre les navires anglais transporteurs de troupes pour le continent. Le pouvoir politique repousse alors les demandes de l'état-major qui souhaitait utiliser l'arme sous-marine de manière illimitée, c'est-à-dire à l'encontre de tous les navires sans restriction, quelle que soit leur nationalité.

Ainsi peut-on constater que le processus de totalisation de la guerre ne suit pas en 1915 une logique toujours cumulative et que, malgré la gravité de la situation des approvisionnements en Allemagne, certains retours en arrière restent possibles au cours de cette deuxième année de guerre. Pour autant, les effets du blocus se sont fait très vite sentir sur le traitement des populations occupées et sur celui des prisonniers militaires dans les camps. Le blocus, et les premières difficultés alimentaires de l'Allemagne, légitiment ainsi les prélèvements opérés dans les territoires occupés et le rationnement alimentaire de leurs populations : une exploitation totale (compensée, il est vrai, par la *Commission of Relief for Belgium*) se met ainsi en place. Mais le blocus légitime également le dur régime alimentaire imposé aux prisonniers de guerre français et britanniques, dont la situation se dégrade nettement au sein des camps, qualitativement et quantitativement, en rupture avec l'article 7 des conventions de La Haye prescrivant une nourriture des prisonniers militaires égale à celle des soldats du pays capteur[16]. À la mi-1915, la situation dans les camps se dégrade davantage encore avec l'interruption de l'aide alimentaire envoyée, *via* la Suisse, par les pays belligérants et les neutres.

Alors que les pays de l'Entente mettent en place en 1915 un système de drainage des ressources internationales – principalement américaines, grâce à la banque Morgan – au service de leur effort de guerre[17], les mesures d'encerclement naval de l'Allemagne et leur durcissement d'une part, la réaction allemande de l'autre, maritime mais aussi terrestre dans les territoires occupés et dans les camps de prisonniers, montrent à quel point le blocus a contribué, à partir de l'année 1915, à une extension et à une intensification de la violence de guerre[18]. À travers les restrictions, surtout alimentaires – encore relativement limitées en 1915, il est vrai, contrairement aux années suivantes –, subies par les populations allemandes et austro-hongroises, les sociétés des Puissances centrales se voient intégrées plus nettement à la logique d'une guerre en cours de radicalisation. Les conséquences en termes de représentations du conflit y sont importantes : le blocus, en renforçant puissamment une mentalité de forteresse assiégée déjà sensible en 1914, a effectivement concouru au mûrissement du processus de totalisation du conflit[19].

Avec l'entrée en lice de deux nouveaux belligérants (l'Italie en mai du côté de l'Entente, la Bulgarie en octobre du côté des Puissances centrales), l'année 1915 ne voit qu'une extension limitée de l'emprise *spatiale* de la guerre en Europe. En revanche, le conflit ne cesse de plonger des racines de plus en plus profondes au sein même des sociétés belligérantes.

La prolongation d'une guerre aussi meurtrière et coûteuse en hommes a constitué dès l'année 1915 un défi démographique. Si les pays de conscription universelle comme l'Allemagne, la France ou la Russie restent en mesure de combler les vides creusés par les combats sans avoir à transformer leur système de recrutement[20], la situation du Royaume-Uni est différente : malgré le volontariat massif de l'année 1914, et le recrutement d'un million d'hommes supplémentaires pour l'armée Kitchener en 1915, de tels effectifs n'offrent pas une base de recrutement suffisante à l'effort de guerre britannique : dès juillet, un recensement obligatoire de tous les hommes adultes (*National Registration Bill*) est institué et, à la fin de l'année 1915, est décidé le passage à la conscription obligatoire pour le 1er janvier de l'année suivante.

L'effort démographique touche aussi directement les empires, alors que l'année 1915 voit le quasi-achèvement de la conquête des colonies allemandes avec, en juillet, la capitulation du Sud-Ouest africain[21]. Les colonies britanniques sont mises à contribution, et l'Inde au premier chef (surtout à travers un envoi de troupes au Moyen-Orient), et aussi les dominions, dont les volontaires sont massivement envoyés à Gallipoli (Australiens, Néo-Zélandais) ainsi que sur le front Ouest (Canadiens). Du côté français, c'est l'Afrique du Nord et l'Afrique subsaharienne (Afrique occidentale française) qui constituent le bassin de recrutement principal de troupes destinées à être effectivement employées contre les Allemands. Cette pression du colonisateur provoque à partir de novembre 1915, dans tout l'ouest du Burkina et le sud-est du Mali actuels, durant neuf mois, la plus importante révolte africaine induite par le recrutement forcé.

Le défi de l'année 1915 est aussi économique. L'organisation d'économies *de guerre* a pour arrière-plan un net recul de la production industrielle et agricole chez tous les belligérants, à l'exception peut-être du Royaume-Uni[22]. À l'origine, cette mobilisation industrielle est liée, fondamentalement, à la consommation de munitions sur tous les fronts pendant les premiers mois de la guerre, et à la grave crise d'approvisionnement qui en découle chez tous les belligérants. À ce titre, si les premières mesures de mobilisation industrielle ont été prises dès 1914, c'est au cours de l'année 1915 que leurs principales conséquences apparaissent.

Encore émergent-elles parfois progressivement. Ainsi le tournant de la Grande-Bretagne vers une économie de guerre véritable, à peine entamé fin 1914, n'a-t-il été négocié qu'assez lentement. Sans menace directe sur son territoire, sans mobilisation générale susceptible de désorganiser la production agricole et industrielle, les mesures de mise sur pied d'une économie de guerre sont tout d'abord d'ampleur limitée. En revanche, un tournant se produit au cours de l'année 1915, dans un contexte de scandale lié à la crise des munitions révélée par les batailles auxquelles a participé le corps expéditionnaire britannique. Un nouveau ministère élargissant le contrôle de l'État sur un secteur vital de l'industrie est créé en mai 1915 : le ministère des Munitions, confié à Lloyd George, est ainsi amené à jouer un rôle décisif dans le contrôle de la fabrication des armements, des machines, des matières premières et des prix. En outre, grâce à la loi de juillet 1915 donnant les pleins pouvoirs de mobilisation économique à l'exécutif, plusieurs secteurs vitaux passent sous contrôle étatique par le biais de la réquisition, sans toutefois aller jusqu'à l'administration directe. Dans un face-à-face gouvernement/industrie, l'État établit ainsi un contrôle marqué sur la répartition des matières premières et des denrées alimentaires, tout en maintenant un cadre libéral global incluant le moteur du profit pour les entrepreneurs.

Dans le cas français[23], le point de départ de la mobilisation industrielle peut être situé en 1914 – le 20 septembre plus exactement, lors de la conférence de Bordeaux réunissant les principaux industriels français autour du ministre de la Guerre – afin, là encore, de pallier le manque d'obus et de canons. Contrairement à l'Angleterre, le lancement d'une industrie de guerre en France se heurtait au double goulot d'étranglement du manque de main-d'œuvre et de la perte des régions industrielles du Nord et de l'Est, à l'origine d'une chute brutale (50 % ou plus) de la production de charbon, de fer, d'acier. En 1915, l'État accorde sciemment la priorité à l'industrie en permettant à 500 000 ouvriers mobilisés dans l'armée de revenir à l'usine, tandis que l'on fait massivement appel à une main-d'œuvre étrangère et coloniale, et aussi féminine. Face au profond déficit de matières premières, une planification des importations commence en novembre 1915, dans laquelle le Comité des forges joue un rôle décisif en se voyant attribuer un monopole de l'importation et de la répartition. En gérant ainsi l'approvisionnement de la métallurgie, l'industrie française édifie donc sa propre organisation, indépendamment de l'État, à travers sa composition en groupes de fabrication subordonnés à une grande entreprise « chef de groupe ». Le système – sorte de cartel de grandes firmes d'armement permettant coordination et centralisation –, lancé dès septembre 1914, se développe efficacement en 1915. Dès la deuxième année de guerre, alors que Paris et sa région deviennent un centre industriel majeur, la production d'armement fait un bond en avant : même si la demande reste supérieure à l'offre, dès l'été 1915 la production de fusils est multipliée par cinq, celle des obus par dix, celle des poudres et explosifs par six.

La direction de l'artillerie au ministère de la Guerre fut le noyau de l'organisation publique de l'armement. En mai 1915, celle-ci s'autonomise en devenant un sous-secrétariat d'État, confié au socialiste Albert Thomas, qui prend en juillet le nom de sous-secrétariat d'État de l'Artillerie et des Munitions. Ce dernier joue un rôle décisif dans la coordination entre l'état-major, l'État et l'industrie, ainsi que dans la planification de la production d'armement, tout en maintenant un cadre libéral respectueux de l'initiative privée et autorisant la recherche du profit.

En Allemagne également, les effets du blocus et la mobilisation de la main-d'œuvre dans le cadre d'une grande armée de conscription ont obligé à une mobilisation économique dont le plan a été proposé dès 1914 au ministère de la Guerre par l'industriel Walter Rathenau. À cette date a été créé un « Office des matières premières de guerre » (*Kriegsrohstoffabteilung* – *KRA*), apte à prendre les premières mesures de planification économique et regroupant de grandes entreprises travaillant pour la défense nationale en cartels obligatoires (*Kriegsgesellschaften*), dominés par les *Konzern* les plus importants, mais dirigés conjointement par des entrepreneurs et des fonctionnaires. Les stocks de matières premières sont réquisitionnés et attribués en priorité aux entreprises liées à la production de guerre, et la recherche d'*ersatz* est encouragée. Dès le début de 1915, le système ainsi mis en place offre une solution au moins temporaire à l'économie de guerre allemande. Il se caractérise par un face-à-face armée-industrie, comme l'indique l'Office des matières premières de guerre, dirigé par des militaires. En fait, les prémisses sont en place d'une économie de guerre segmentée, dans laquelle l'armée a tout loisir de faire valoir ses priorités d'approvisionnement, contrairement aux économies de guerre intégrées sur le modèle de la France et du Royaume-Uni, où l'État reste en mesure d'effectuer les arbitrages nécessaires entre les besoins du front et ceux du front intérieur, et donc entre industries de guerre et industries de biens domestiques. Toutefois, c'est après 1915 que la supériorité du second modèle apparaîtra pleinement.

Parmi les grandes puissances, c'est en Russie que la crise des approvisionnements en obus, très sensible dès septembre 1914, est la plus aiguë début 1915. C'est en Russie également qu'elle dure le plus longtemps : elle apparaît même comme dramatique lors de la rupture du front de mai 1915, qui marque le début de la « Grande Retraite ». D'avril à juin, l'armée russe n'avait reçu que moins de 2 millions d'obus, là où le même chiffre *par mois* eût été encore insuffisant.

Pas plus que les autres puissances, la Russie n'avait prévu l'organisation d'une production « en profondeur » en cas de guerre : comme ailleurs, l'accent avait été mis sur l'accumulation des stocks. Mais c'est dans le retard pris par la Russie pour bâtir une économie de guerre en 1915 que réside sa spécificité parmi les principaux belligérants. Du fait de la défiance injustifiée du ministère de la Guerre pour la capacité de la Russie à développer sa propre production, et du fait d'une confiance tout aussi injustifiée dans les capacités d'aide des Alliés, un retard considérable a été accumulé dans l'organisation d'une production industrielle autochtone. Ainsi les commandes massives passées à l'extérieur au début de l'année 1915 se traduisent-elles par des livraisons très décevantes, aggravées par les difficultés matérielles de ravitaillement de la Russie, les problèmes de transport, et une chaîne de défiance entre les principaux acteurs (état-major, ministère de la Guerre, entrepreneurs, gouvernement). Ce développement trop tardif d'une économie de guerre a eu pour conséquence de maintenir une production d'armement insuffisante bien plus tardivement que chez les autres belligérants.

Pourtant, en mai, les plus grands industriels de Russie se rassemblent dans un « Conseil spécial pour l'examen et l'harmonisation des mesures requises pour la défense du pays », afin de prendre le contrôle de l'effort de guerre. En juin, cette structure inclut les Comités d'industries de guerre locaux alliés à l'union des Zemstvos. Désormais, le cadre d'une économie de guerre est établi. Le Conseil spécial, dominé par les grands entrepreneurs et les monopoles, contrôle 2 millions d'ouvriers. Il divise le pays en onze régions, chacune ayant à sa tête un plénipotentiaire pour fixer les prix, les salaires, ordonner éventuellement les réquisitions.

L'année 1915 se traduit ainsi par un premier décollage de la production[24], qui reste toutefois entravée par de multiples goulots d'étranglement caractéristiques d'une crise de croissance accélérée. Il n'empêche : au prix de ce gigantesque effort industriel entamé en 1915 et confirmé l'année suivante, la supériorité en matériel (et plus seulement en hommes) basculera du côté de l'armée russe lors de l'année 1916.

En revanche, le financement de la guerre – en 1915, celle-ci absorbe un quart environ des dépenses des différents États belligérants[25] – ne produisit pas un basculement du même type. À cet égard, l'Angleterre est le pays qui s'avança d'emblée le plus loin dans la voie de l'innovation. Disposant d'un système fiscal efficace avant 1914, le Royaume-Uni choisit d'avoir recours à une pression fiscale accrue : dès le premier budget de guerre, le nombre d'assujettis à l'*income tax* a été augmenté, et son taux a été relevé dès le 1er décembre 1914, avant de se voir alourdi de manière croissante. En septembre 1915, le gouvernement britannique est aussi le premier à frapper les bénéfices de guerre d'un impôt spécial de 50 %.

Les autres puissances conservent des politiques plus classiques. La France se trouvait en pleine réorganisation fiscale à la veille du conflit et, en outre, ses ressources étaient amputées du fait de l'occupation d'une partie de son territoire le plus productif. Dans un premier temps, elle se refuse donc à augmenter les impôts existants et à en créer de nouveaux. L'impôt sur le revenu (créé le 15 juillet 1914) n'entrera en application que le 1er janvier 1916. C'est ainsi que les ressources de l'État français continuent de reculer en 1915 (comme c'est le cas également en Russie).

L'Allemagne, qui disposait aussi d'un budget inadapté à la guerre moderne, annonça en mars 1915 qu'elle renonçait à lever de nouveaux impôts, afin de ne pas accroître les charges pesant sur la population. Les dépenses militaires sont donc regroupées dans un budget spécial provisoirement alimenté par l'emprunt, avant un paiement dont on escompte qu'il sera effectué par les futurs vaincus. Le recours à la fiscalité indirecte ne permet au Reich que de maintenir la stabilité de ses recettes fiscales au cours de l'année 1915, non de les augmenter.

Aucun des belligérants ne disposant d'un système fiscal suffisant pour alimenter les dépenses de guerre, tous ont recours au crédit, et ce dès le début de l'année 1915 en France, sous la forme de bons du Trésor et d'emprunts de guerre à long terme. Dès mars et de nouveau en juin 1915, le gouvernement britannique lance deux grands emprunts, de même que l'Allemagne au cours de la même année. La France, après avoir recouru avec succès aux « bons de la Défense nationale » dès septembre 1914, lance son premier grand emprunt en novembre 1915. Dans le même temps, des crédits extérieurs sont souscrits par les Alliés auprès des banques américaines : mi-octobre, un consortium bancaire sous l'égide de Morgan prête 500 millions de dollars aux gouvernements britannique et français. En définitive, en dehors de l'impôt sur les bénéfices de guerre mis en place précocement par l'Angleterre, l'année 1915 ne voit pas émerger de véritables innovations destinées à financer les dépenses de guerre. De même le changement d'échelle de la pression fiscale et des emprunts publics interviendra-t-il plus tard. À ce titre, l'année 1915 s'inscrit comme une transition relativement douce entre les normes financières du temps de paix et les exigences nouvelles de la guerre moderne.

C'est en 1915 que « la guerre [est devenue] un univers en lui-même[26] », écrit avec justesse l'historien John Horne. Pour autant, la deuxième année de la guerre apparaît sous un jour complexe et ambigu. Plutôt qu'un brusque tournant dans l'histoire du conflit, celle-ci ne marque-t-elle pas une inflexion ? Sur certains points, certes, la rupture est nette. C'est en 1915 que sont lancées les premières grandes tentatives pour enfoncer un front défensif organisé, et c'est en 1915 qu'elles échouent au prix de sacrifices sanglants qui annoncent les immenses batailles de matériel de l'année suivante ; c'est en 1915 que des moyens de combat absolument nouveaux sont mis en œuvre – tels les gaz –, suscitant chez les contemporains une forte impression de rupture historique ; c'est en 1915 que se resserre un blocus allié destiné à entraîner ultérieurement une surmortalité tragique au sein des Puissances centrales, tout en provoquant d'emblée un type de contre-mesures – la guerre sous-marine – d'une extrême brutalité ; c'est en 1915 encore qu'ont lieu les premiers bombardements de populations sans objectif militaire et les déportations de populations suspectes, ces actes de guerre d'un genre nouveau qui, après les atrocités des « invasions 1914 » – lesquelles tendent à se prolonger en 1915 sur les fronts restés mobiles –, signalent la profondeur d'une hostilité à l'Autre qui n'épargne plus aucune catégorie d'adversaires ; c'est en 1915 enfin que se produit le premier génocide du XXe siècle[27]. Dans un contexte de « mobilisation négative[28] » extrême, l'année 1915 confirme que la *totalité* de la population de l'adversaire – et parfois une partie de la sienne propre – est désormais *ennemie*, et non plus seulement la fraction armée et combattante de celle-ci.

Mais l'année 1915 ne se résume pas à ces ruptures indiscutables, si clairement ressenties comme telles par les contemporains. Au cours de ces douze mois se survit aussi la guerre d'autrefois, tout au moins certains de ses aspects. Les grands mouvements stratégiques, dans lesquels la cavalerie continue d'occuper sa part, jouent un rôle clé dans le déroulement de la guerre sur tous les autres fronts que le front Ouest. Une mobilisation des ressources humaines complète ne s'impose pas partout, comme le montre la place du volontariat au Royaume-Uni et dans les dominions de l'Empire britannique ; les occupations de 1915, si dures soient-elles, s'inscrivent comme une phase de normalisation faisant suite à l'anomie de l'invasion, plutôt qu'au titre d'une forme d'exploitation d'un type nouveau. Quant aux mobilisations industrielle, sociale et financière, elles font indiscutablement sentir leurs effets, sans toutefois que les sociétés belligérantes soient d'ores et déjà tout entières tendues vers la guerre.

Ainsi, en 1915, le processus de totalisation du conflit était-il bien entamé. Mais il était assez loin encore de toucher à son terme.

CHAPITRE IV

1916 : batailles totales et guerre d'usure

Robin Prior

L'année 1915 s'était révélée stérile pour la cause de l'Entente. Les Français, avec quelque assistance britannique, essayèrent d'enfoncer le front occidental par d'immenses offensives au printemps et à l'automne. Ils échouèrent avec d'énormes pertes et aucun véritable gain de terrain utile. Les Britanniques, avec une certaine assistance française, essayèrent de contourner le front occidental par leur expédition contre les Turcs à Gallipoli. Ils ne parvinrent pas même à s'emparer des crêtes dominant leurs positions. L'Italie rejoignit l'Entente en juin sans effet aucun. La plus petite des grandes puissances ne pourrait pas, on s'en rendit bientôt compte, modifier l'équilibre.

Les Allemands ne furent pas plus heureux sur le front occidental. Ils essayèrent une nouvelle mesure d'effroi – les gaz toxiques – à Ypres, mais elle n'eut qu'un faible impact, excepté celui de renforcer la propagande alliée. Ils eurent plus de succès à l'Est. Leurs armées obtinrent des gains importants avec la victoire de Gorlice-Tarnow, qui leur permit de s'emparer de toute la Pologne russe. Dans les Balkans, ils soutinrent leur alliée, l'Autriche-Hongrie, en éliminant la Serbie. Mais ils savaient aussi que ces gains signifiaient peu de chose tant que les armées françaises et britanniques n'avaient pas été vaincues à l'Ouest.

En 1916, les principales puissances cherchèrent à accroître leur production d'armement avant de faire de nouvelles tentatives pour sortir de l'impasse. C'est l'Allemagne qui y réussit le mieux. Entrée en guerre avec une industrie d'armement considérable, en 1915 elle ne produisait toujours que 38 pièces d'artillerie lourde par mois. À l'automne 1916, ce chiffre avait presque décuplé avec 330 canons mensuels. La production d'obus augmenta dans les mêmes proportions.

La France n'était pas aussi bien lotie. L'armée avait mobilisé un nombre excessif d'ouvriers des usines de munitions et tarda à les libérer. De plus, le cœur industriel français du Nord-Est était maintenant en partie sous occupation allemande. En dépit de ces difficultés, les Français firent des progrès. Au milieu de l'année, la production de canons lourds avait été multipliée par cinq par rapport à l'année précédente.

Même la Russie, contrairement à la croyance populaire, avait progressé. Ses industries de munitions n'étaient pas au niveau de celles de l'Europe occidentale, mais en 1916 elles commencèrent à produire des canons et des obus en quantités à la mesure de l'immense armée russe.

La Grande-Bretagne entra en guerre avec une industrie de munitions presque exclusivement destinée à la marine. En 1915, Lloyd George avait été nommé ministre des Munitions afin de créer une industrie similaire pour l'armée de terre. Sa réussite fut spectaculaire. En 1914, la Grande-Bretagne ne produisait que 90 canons de tout type. À la mi-1916, ce nombre était monté à 3 200. Et les modèles produits étaient de plus en plus des armes lourdes permettant de détruire les systèmes de tranchées toujours plus complexes du front occidental.

À Berlin, les décideurs suivirent avec consternation la transformation de la Grande-Bretagne en grande puissance militaire, et pas seulement navale. Plus la guerre durerait, pensèrent-ils, moins l'Allemagne aurait de chances de l'emporter. Cette donnée troubla particulièrement le commandant en chef allemand, Falkenhayn. Ce dernier avait toujours été un « occidentaliste ». Durant l'année 1915, il avait observé avec impatience les grandes victoires remportées à l'Est par ses rivaux, Hindenburg et Ludendorff. À la fin de l'année, il écrivit un rapport sur la stratégie d'ensemble, sujet toujours dangereux à confier aux militaires. De manière peu surprenante, il désignait le front occidental comme le lieu de l'action décisive en 1916. Il identifiait aussi les Britanniques comme les ennemis ultimes, le ciment qui faisait tenir l'Entente ensemble. À première vue, la logique du rapport Falkenhayn semblait annoncer une attaque sur le front occidental contre les armées britanniques, pas encore tout à fait prêtes ni vraiment formées. Mais, comme pour beaucoup d'auteurs s'essayant à la stratégie générale, la logique n'était pas son fort. Non sans une certaine ingénuité, Falkenhayn concluait que la France était le « meilleur glaive de la Grande-Bretagne » à l'Ouest : c'était donc elle qui devait supporter le plus fort de l'offensive allemande. Pour vaincre les

Britanniques, il fallait donc vaincre les Français. Il semble futile de faire remarquer que, pour battre les Britanniques, la méthode la plus directe et évidente était d'attaquer les Britanniques. Mais le fait est que la nouvelle conception de la guerre sortie du chapeau de Falkenhayn excluait une telle opération. Son idée était d'attaquer à un endroit qui devait être absolument défendu, et ensuite d'utiliser sa supériorité dans le domaine de l'artillerie pour forcer les défenseurs à se soumettre. Les Britanniques n'étaient obligés de tenir aucune position en particulier en France ou dans les Flandres. Les Français feraient mieux l'affaire si l'on pouvait trouver sur le sol français une localité qui devrait être défendue jusqu'au dernier combattant. Falkenhayn pensa l'avoir identifiée avec Verdun : les événements lui donnèrent raison.

Il est vrai que la forteresse de Verdun avait joué un rôle dans l'histoire militaire de la France au moins depuis Charlemagne. Il est vrai aussi que, chaque fois que Verdun avait été assiégé par une armée ennemie, il était tombé. Ce fut le cas durant les guerres napoléoniennes et pendant la guerre de 1870. Pourquoi Falkenhayn avait-il alors raison de supposer que les Français considéreraient en 1916 sa chute comme une catastrophe, qui pourrait mettre fin à la Troisième République ? Le fait est que, étant donné la doctrine militaire des Français en 1916, à peu près n'importe quelle parcelle du territoire attaquée serait défendue jusqu'au bout. Ils défendraient Verdun, mais auraient très certainement défendu Belfort ou Reims avec la même ténacité. Falkenhayn poursuivrait son dessein, non pas tant parce qu'il attaquait Verdun, mais parce qu'il attaquait la France.

Il va sans dire que les Français n'étaient pas obligés de défendre Verdun jusqu'au dernier homme. Sa chute n'aurait pas signifié grand-chose. À l'arrière de Verdun ne se trouvait aucun grand objectif stratégique comme des usines de munitions ou d'importantes jonctions ferroviaires. Si les Allemands s'étaient emparés de Verdun, rien ne se serait ensuivi. Ils n'avaient aucun moyen d'exploiter une telle victoire et les hauteurs à l'est de la ville pouvaient aisément se révéler imprenables par une armée de plus en plus épuisée. De même n'y avait-il aucune raison de supposer que la Troisième République ne survivrait pas à la chute de Verdun. Elle survécut à des désastres bien pires en 1917 et 1918. En vérité, le caractère sacré de Verdun est largement une construction d'après-guerre, un symbole du sacrifice consenti pour la victoire. À l'époque des poilus, Verdun était le « moulin sur la Meuse », une machine à broyer dans des proportions terrifiantes. Un retrait du saillant autour de Verdun aurait certes pu atteindre le moral français, mais pas entraîner la chute de la République.

Falkenhayn attaquerait donc à Verdun. Mais son objectif ultime reste toujours enveloppé de mystère. Avait-il l'intention de s'emparer de la ville ? Ou son projet était-il de « saigner à blanc l'armée française » ? Dans son rapport, il avait évoqué les deux objectifs. Si les Français résistaient et se battaient, il les broierait. S'ils s'effondraient, il remporterait une grande victoire. Bref, quelle qu'en fût l'issue, il en sortirait vainqueur. Tout cela est très opportun, comme le fait que la seule copie existante du rapport Falkenhayn soit celle publiée dans ses Mémoires. Il est possible que Falkenhayn ait toujours eu l'intention de s'emparer de Verdun, mais aussi qu'il ait écrit après guerre une version de son rapport justifiant la nature de la bataille.

Quels que soient les objectifs qu'il assignait à la victoire, par quels moyens Falkenhayn chercha-t-il à l'obtenir ? Il proposa de rassembler la plus grande quantité d'artillerie jamais vue dans une guerre – 1 200 canons, dont 500 de gros calibre – dans un laps de temps relativement bref permettant de détruire les défenses françaises par des bombardements dévastateurs, jusqu'à ce que de modestes effectifs d'infanterie puissent occuper le terrain. À cette fin, 2 millions d'obus furent stockés en vue de la bataille. L'opération serait confiée à la 5e armée allemande commandée par le Kronprinz Guillaume de Prusse, mais dirigée en réalité par son chef d'état-major, le général Knobelsdorf.

Les Alliés échafaudaient eux aussi des plans. Joffre organisa une réunion à Chantilly en décembre 1915. Un constat fut fait à cette occasion : en 1915, l'Entente n'avait pas coordonné ses actions, ce qui avait permis aux Puissances centrales de transférer leurs troupes d'un front à l'autre. Pour corriger cela en 1916, il fut décidé que toutes les puissances – Russie, Italie, France et Grande-Bretagne – déclencheraient des attaques simultanées. Mais, étant donné la pénurie de munitions, ces opérations ne pourraient être menées avant le milieu de l'année. Le cœur des opérations envisagées était une attaque des Russes contre les Allemands dans la partie nord du front oriental autour du lac Narotch et une opération franco-anglaise sur la Somme. Ces opérations semblaient très différentes de celles projetées par Falkenhayn. Elles n'étaient pas conçues comme des batailles d'usure. De grandes forces de cavalerie s'engouffreraient dans les brèches ouvertes dans les défenses ennemies et renverseraient les positions allemandes. Toutefois, les brèches seraient provoquées par les mêmes moyens que ceux mis en avant par Falkenhayn : un déluge de tirs d'artillerie destinés à venir à bout de la domination des positions des tranchées défensives.

La vitesse des préparatifs allemands devait perturber ces plans. En décembre 1915, il ne s'agissait encore que d'un projet, mais, dès la mi-février, Falkenhayn avait rassemblé ses canons et ses obus, et concentré 500 000 soldats en face de Verdun. Seul le mauvais temps retarda le déclenchement de l'attaque jusqu'au 21 février.

Les défenses que Falkenhayn envisageait d'attaquer semblaient redoutables. La ville était défendue par douze forts principaux. Sur l'anneau extérieur se trouvaient les impressionnants Douaumont, Thiaumont et Vaux ; l'anneau intérieur comprenait Vacherauville, Belleville, Souville, etc. Il y avait aussi huit forts plus petits et plusieurs redoutes et lignes de tranchées à franchir. Juste avant la guerre, plusieurs de ces forts avaient été renforcés : celui de Douaumont par une chape de béton de 3,5 mètres d'épaisseur complétée par 4 mètres de terre – ce qui lui permit de résister, effectivement, aux plus gros obus allemands. Mais les forts n'étaient pas aussi redoutables qu'ils le semblaient sur le papier. La destruction des forts d'Anvers par les mortiers et les obusiers lourds allemands en 1914 avait convaincu plusieurs responsables militaires français que les jours de cette forme de défense étaient comptés. En conséquence, une grande partie des plus gros canons avaient été retirés des forts de Verdun et déployés sur des secteurs du front plus actifs. Et, comme la crise des effectifs s'aggravait en France, une partie importante de leurs garnisons avait aussi été déplacée. Ainsi, en 1916, Douaumont n'avait plus qu'un canon de 155 millimètres, quatre de 75 millimètres et une garnison de 60 hommes. Vaux avait une garnison étique et plus un seul canon lourd. Les appels des commandants locaux au renforcement de leurs positions ne furent pas entendus. Mais la pression constante qu'ils exercèrent amena finalement Joffre à se rendre à Verdun le 24 janvier. Il dut reconnaître que les défenses demandaient à être étoffées et offrit deux divisions d'infanterie supplémentaires. Il n'était cependant pas prévu de nouveaux canons, ni pour les forts ni pour l'artillerie de campagne.

Contrairement à ce qu'on a pu dire, les Français n'ignoraient pas l'imminence de l'attaque allemande. En dépit de la supériorité aérienne adverse, des avions de reconnaissance français avaient réussi à photographier les concentrations de canons et de troupes ennemis. Des déserteurs de l'armée allemande confirmèrent qu'une attaque importante était imminente. Ils parlaient même d'armes nouvelles épouvantables : le lance-flammes et un nouveau gaz toxique plus létal. Ce renseignement décida Joffre à envoyer un autre corps de troupe à Verdun, mais pas de canons supplémentaires.

Parmi les points controversés, Falkenhayn avait décidé de concentrer son attaque sur un secteur de 10 kilomètres sur la rive droite de la Meuse. Le Kronprinz (ou Knobelsdorf) fit remarquer que cela laisserait les attaquants à la merci de l'artillerie française depuis la rive gauche non attaquée. Falkenhayn ne se laissa pas troubler. Il estima, non sans raison, que pour affaiblir suffisamment les défenseurs français, le feu de son artillerie devait être le plus concentré possible. Éparpiller ses tirs sur les deux rives de la Meuse pouvait leur faire perdre de l'efficacité partout. Dans les faits, cependant, le succès ou l'échec de son entreprise dépendrait de la question de savoir s'il aurait même assez d'artillerie pour réussir sur la rive droite. On ne sait s'il fit le moindre calcul à ce sujet. Durant la Grande Guerre, les généraux des deux camps rechignèrent curieusement à calculer si les canons et les obus dont ils disposaient suffiraient à leurs projets. La plupart d'entre eux se contentaient de rassembler une quantité de canons jusque-là inédite en supposant que cela serait suffisant. Dans le cas de Falkenhayn, cette absence de précision est particulièrement surprenante si l'on considère que son plan dépendait entièrement de la concentration d'artillerie. Et, à Verdun, Falkenhayn n'allait pas seulement s'attaquer à des lignes de tranchées défensives. Il lui fallait aussi vaincre de nombreux forts et villages fortifiés. En fait, il lui fallait bombarder toute la portion de terrain située entre la ligne de front et la ville : une tâche en vérité considérable.

Le temps s'améliora vers la mi-février ; le 21, le bombardement commença, avec une intensité sans précédent. Neuf heures durant, 2 400 obus s'abattirent chaque heure sur les défenses françaises. Ils détruisirent les voies ferrées, déracinèrent les arbres et annihilèrent les soldats des tranchées ou surpris à découvert. Certains défenseurs français étaient trop commotionnés (*shell-shocked*) par les explosions pour répliquer, d'autres reculèrent ; les Allemands envoyèrent alors des patrouilles d'éclaireurs qui découvrirent avec consternation que beaucoup de défenseurs avaient survécu au bombardement et se servaient de leurs armes. Les maigres troupes d'assaut furent bientôt arrêtées dans leur progression et même à certains endroits repoussées par de fougueuses contre-attaques françaises. Au total, les gains de la première journée étaient minimes.

Le scénario des quatre jours suivants serait cependant très différent. Chaque attaque allemande fut de nouveau précédée d'un intense bombardement et les assaillants engagèrent cette fois plus de soldats. Ils employèrent aussi une nouvelle arme : les lance-flammes. Ces engins arrosaient les adversaires de flammes grâce à des bidons remplis d'essence.

La bataille de Verdun et ses suites

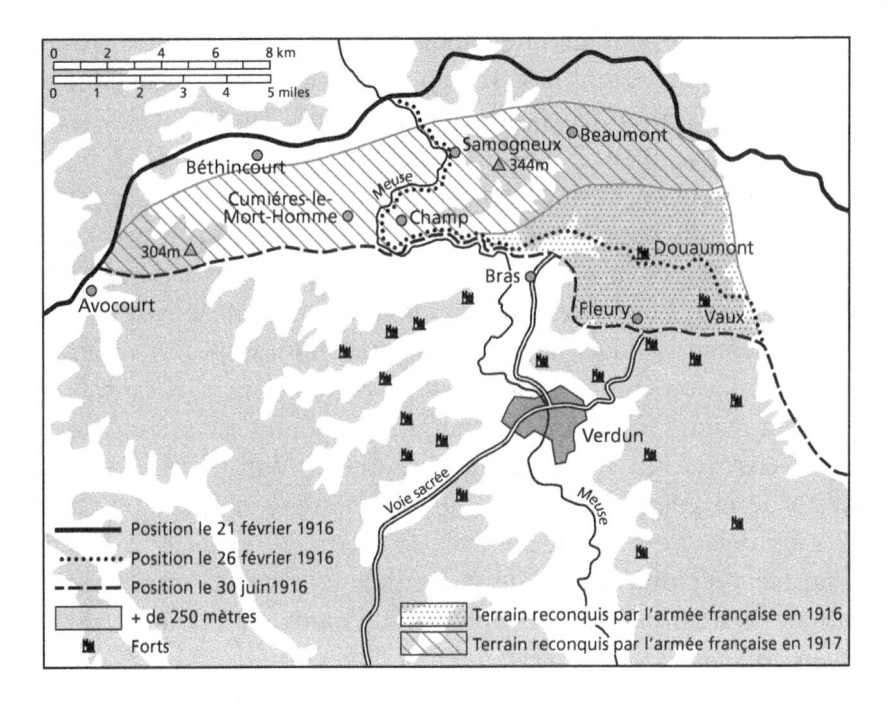

Être mortellement brûlé aussi bien que gazé ou déchiqueté devint une horreur de plus dans les combats du front occidental. L'introduction des lance-flammes fut sans nul doute l'un des éléments qui firent graduellement fléchir la défense française. Une division fut entièrement anéantie, d'autres furent décimées par les bombardements. Le 24 au soir, le 30ᵉ corps d'armée, récemment envoyé à Verdun par Joffre, avait cessé d'exister comme unité combattante. Les points clés de la défense, qui avaient résisté le premier jour, tombèrent l'un après l'autre. Le 24 février, le Bois des Caures, défendu jusqu'à la mort par le colonel Driant et ses hommes, tomba, tout comme les villages de Beaumont, Samogneux et Haumont. Puis, le 25, ce fut le désastre : le fort de Douaumont fut pris par une poignée de soldats allemands qui s'infiltrèrent dans les galeries souterraines et maîtrisèrent la garnison. Pour ceux qui connaissaient l'état véritable de Douaumont, défendu par quelques canons et une vingtaine de soldats usés, sa prise n'avait rien d'étonnant ; mais, pour beaucoup, le fort représentait le dernier cri en fait de fortification française et sa chute produisit un choc dans tout le pays. Plus choquantes, en réalité, étaient la faiblesse et la réponse non coordonnée de l'artillerie française sur la rive gauche. Les batteries individuelles faisaient de leur mieux pour gêner les Allemands, mais leurs tirs étaient sporadiques et aléatoires.

Cependant, avant même la chute de Douaumont, les Français avaient commencé à réagir. Au quartier général, le général de Castelnau demanda à Joffre d'envoyer un nouveau responsable à Verdun. C'est Pétain, le spécialiste de la guerre défensive, qui fut désigné et que l'on pria de se diriger sans délai vers la Meuse avec la 2ᵉ armée. Dans le même temps, Castelnau se précipita lui-même à Verdun et conclut qu'il était encore possible de défendre la rive droite. Sitôt Pétain arrivé, il lui donna des ordres en ce sens.

Aussitôt terrassé par une double pneumonie, Pétain fut obligé de diriger la première semaine de combat depuis son lit de malade. Il obtint quelques résultats, aidé en cela par l'arrivée du 20ᵉ corps d'armée de Balfourier, l'un des meilleurs généraux de l'armée française. Pétain s'assura tout d'abord que les postes d'artillerie de la rive gauche coordonnaient leurs répliques. Il n'y aurait plus de tirs sporadiques. Les batteries furent regroupées et se virent assigner des cibles spécifiques. Pétain en réclama beaucoup plus et, cette fois-ci, il n'y eut pas d'hésitation : des 155 millimètres et des 75 millimètres commencèrent à arriver en nombre.

De même, Pétain devait veiller à ce que les canons et les hommes requis soient convenablement acheminés. Ce n'était pas un mince exploit. Des deux voies de chemin de fer qui alimentaient Verdun avant le début du conflit, l'une était aux mains des Allemands, l'autre sous le feu régulier de leur artillerie. Ne restait que la route de Verdun à Bar-le-Duc. La question était simple : le transport automobile, alors balbutiant, pourrait-il approvisionner une armée entière ? Pétain avait la chance d'avoir dans son équipe un ingénieur de génie, le commandant Richard. Celui-ci calcula combien de camions seraient nécessaires pour subvenir aux besoins de l'armée de Verdun. En très peu de temps, il rassembla une flotte étonnante : pas moins de 3 500 véhicules divers. Le 28 février, 25 000 tonnes de matériel et 190 000 hommes furent transportés par la route. En juin, un véhicule y passait toutes les quatorze secondes. Ceux qui tombaient en panne étaient poussés sur le bas-côté et abandonnés pour être réparés plus tard. Les soldats marchaient dans les champs parallèles à la route. Une division fut affectée à la seule réfection de la chaussée. En 1916, deux tiers de l'armée française arrivèrent à Verdun par cette route. Après la guerre, on l'appela la « Voie sacrée ». Durant la guerre, on disait la « Route ». Nous pouvons supposer que les soldats qui la parcoururent pendant la bataille auraient accueilli sa béatification de l'après-guerre avec étonnement, voire dérision.

Pétain réorganisa aussi les positions défensives sur le saillant de Verdun. Le secteur fut divisé en quatre parties, chacune étant placée sous la responsabilité d'un chef de corps. Les divisions passaient quinze jours sur la ligne, puis étaient mises au repos. Cette manière de faire explique qu'une si grande proportion de l'armée française ait combattu à Verdun. Les Allemands, eux, laissaient les divisions en place sur le front et remplaçaient les pertes par des conscrits.

Après le 25 février, l'intensité de l'offensive allemande diminua. Les réformes de Pétain, particulièrement en ce qui concernait l'artillerie, y furent assurément pour beaucoup. Les Allemands, toutefois, connaissaient des problèmes avec leur artillerie. Avant la grande offensive du 21, ils avaient prévu de faire avancer leurs canons afin d'appuyer la phase suivante de l'attaque. Ce plan avait échoué. Les premiers bombardements avaient labouré le sol sur lequel ils devaient amener leurs canons. Avec les conditions météorologiques de février – pluie et neige fondue –, le sol se transforma en bourbier. Alors même que des positions précises avaient été prévues pour chaque canon, le commandement allemand ne put les faire avancer sur ce terrain. Les obusiers et les mortiers les plus lourds, notamment, posaient des difficultés particulières. Certains furent déplacés, mais on ne put trouver de plates-formes stables. D'autres s'enfoncèrent dans la boue et, du fait de leur poids, ne purent être rapidement désembourbés. Pour ces raisons, les tirs censés appuyer les troupes allemandes diminuèrent fortement, au point que la première phase de l'opération Verdun s'essouffla.

Cet échec conduisit le camp allemand à une réévaluation douloureuse de la situation. Le Kronprinz avait toujours voulu attaquer la rive gauche. La réponse dévastatrice de l'artillerie française dans le secteur l'amena à penser que c'était le moment ou jamais. Non sans appréhensions, Falkenhayn accepta. La rive gauche de la Meuse était d'une certaine manière plus facile à attaquer que la droite. L'attaque initiale s'était heurtée à des ravins et à des ravines qu'il avait fallu combler, et à des crêtes abruptes couvertes de bois. La rive gauche consistait en un terrain plus ouvert avec des pentes douces et des prairies. Il y avait toutefois des hauteurs qui dominaient tout le secteur. À une extrémité se trouvait l'inquiétant Mort-Homme et de l'autre la cote 304, un nom qui annonçait aussi son altitude.

Le bombardement préparatoire allemand débuta le 6 mars. Il fut dévastateur. Une division française s'effondra, les autres concédèrent du terrain. Le Mort-Homme était en danger. Une contre-attaque fut ordonnée, avec les conséquences les plus terribles en cas d'échec. Lancée le 8, elle ne fut pas un échec. La plus grande partie du terrain perdu fut reconquise. Les Allemands avaient aussi attaqué sur la rive droite, mais n'avaient pas progressé. On s'intéressa de nouveau à la rive gauche.

En fait, pendant les deux mois suivants, les positions bougèrent à peine sur la rive gauche. Certains des combats les plus intenses de toute la campagne de Verdun eurent lieu autour des pentes dévastées du Mort-Homme et de la cote 304. La ligne de front avançait et reculait de quelques mètres pour revenir ensuite à sa position initiale. Les Français visaient désormais avant tout les terribles lance-flammes utilisés par les Allemands le premier jour. Pour les Allemands qui les maniaient, les lance-flammes étaient devenus des armes suicidaires. Ils furent de moins en moins utilisés. L'effet de terreur était passé. Les combats continuèrent en avril et mai. L'enjeu en était les concentrations d'excellentes pièces d'artillerie françaises derrière la crête. Le 3 mai, les Allemands engagèrent des divisions fraîches et firent un dernier effort ; leur attaque était appuyée par 500 canons lourds. Cette fois, ce fut un succès partiel : la cote 304 fut prise. Cela montrait en fait que la clé de la crête était passée de gauche à droite. Le Mort-Homme tomba de la même manière à la fin du mois. Le Kronprinz disposait maintenant des positions d'observation d'artillerie qu'il avait souhaitées. Mais son succès avait coûté très cher. Les pertes allemandes ont sans doute dépassé, dans cette bataille, celles des Français. Fin mai, on était en droit de se demander laquelle des armées était saignée à blanc.

La bataille vit aussi la fin de l'implication étroite de Pétain. Peut-être à cause des pertes sur la rive gauche, peut-être au contraire parce qu'il avait réussi à stabiliser le front, Joffre le promut au commandement du Groupe d'armées central. Les responsables sur le terrain seraient maintenant le général Robert Nivelle et son général de division préféré, le général Mangin, parfois surnommé le Boucher. Leurs efforts pour reprendre Douaumont fin mai se soldèrent par un fiasco sanglant. Les contre-attaques suicidaires lancées contre le fort se succédèrent. Les Allemands y étaient préparés. À une seule occasion, les soldats français tinrent brièvement le sommet du fort, mais furent repoussés. Mangin fut limogé ; Nivelle était le maître absolu.

La bataille de Verdun avait dès lors perdu tout objectif sensé. Il aurait dû paraître évident aux Allemands que le prix à payer pour gagner les 7 kilomètres de terrain supplémentaires dont ils avaient besoin afin de prendre la ville était trop élevé. Il n'y avait à l'évidence aucune victoire facile possible sur la Meuse. Nivelle et Mangin avaient au moins démontré que l'armée française était loin d'être brisée. Toutefois, l'échec des efforts français et les signes annonciateurs d'une grande offensive britannique sur la Somme conduisirent Falkenhayn à faire une nouvelle tentative sur la rive droite.

L'offensive fut lancée le 1er juin. Les Allemands gagnèrent beaucoup de terrain. Ils avaient inondé l'artillerie française d'un nouveau gaz, le phosgène, contre lequel les masques existants étaient inopérants. Les Allemands étaient maintenant capables de s'approcher du fort de Vaux. En fait, le fort était une coquille vide. Il ne disposait d'aucun canon lourd et il était défendu par les restes de quelques compagnies sous les ordres du commandant Raynal. Néanmoins, il résista. La garnison en loques du commandant Raynal infligea à peu de frais des milliers de victimes aux Allemands. Le manque de ravitaillement en eau, criminellement négligé avant la bataille, finit par forcer les derniers hommes du fort à se rendre. Les Allemands approchaient petit à petit du fort de Souville, l'un de ceux qui défendaient Verdun même.

Le 11 juillet, Souville subit un assaut. Mais les canonniers français étaient désormais équipés de masques à gaz plus efficaces. Quand les Allemands atteignirent le fort, ils furent décimés par les tirs de l'artillerie française. Il n'y eut pas de suite. L'offensive sur la Somme avait alors commencé et Falkenhayn avait transféré une partie de ses munitions dans ce secteur. Les événements à l'Est, comme nous allons le voir, allaient aussi détourner plusieurs divisions du front Ouest. Falkenhayn semblait, en tout cas, de plus en plus las de ses propres plans. Les pertes de chaque camp avoisinaient les 250 000 hommes. Il n'y aurait plus d'offensive allemande à Verdun.

Il en alla autrement pour les Français. Nivelle était toujours là et Mangin était revenu. Mais, cette fois, Pétain fut lui aussi impliqué dans les plans. L'ancien commandant insista pour que toute contre-attaque fût soutenue par des tirs d'artillerie très nourris. On fit venir les canons français les plus lourds. Le bombardement ne débuta que lorsque 300 000 obus eurent été stockés. Ils furent employés sur une section étroite de 5 kilomètres pour accroître la concentration d'obus pleuvant sur les forces allemandes. Les troupes progresseraient aussi derrière un rideau d'obus tirés par les canons légers et avançant lentement. C'était le barrage roulant, introduit à Verdun depuis les expériences menées sur la Somme. Le bombardement préparatoire commença le 19 octobre. Le 24, l'infanterie suivit. Les Français avaient reconquis la supériorité aérienne, aveuglant ainsi l'artillerie allemande. L'attaque fut un succès. Le fort de Douaumont fut repris. Le 2 novembre, ce fut au tour du fort de Vaux. Les Allemands étaient maintenant revenus à quelques kilomètres du point de départ de leur offensive de février.

Même si les tirs sporadiques continuèrent plusieurs mois sur le front de Verdun, la bataille était en fait terminée. Les pertes, autant qu'elles puissent être évaluées, étaient ahurissantes. Les Français avaient connu 351 000 pertes, dont probablement environ 150 000 morts. Si ce n'était pas un « saignement à blanc », Falkenhayn avait au moins fait des progrès en ce sens. Le problème est qu'il avait aussi saigné à blanc sa propre armée. Les Allemands avaient presque autant souffert que les Français : leurs pertes étaient de 330 000 hommes, dont 143 000 morts ou disparus. Les Allemands étant désormais face à deux grandes puissances militaires sur le front occidental, il n'était pas du tout certain que Falkenhayn ait vraiment modifié l'équilibre dans la bonne direction.

L'autre grande armée à affronter les Allemands était celle des Britanniques. Mais ce fut le plus faible allié des Français – la Russie tsariste – qui le premier répondit à l'appel au secours lancé par le président Poincaré en mai, au plus fort de la bataille de Verdun. La Russie n'était pas encore prête à une offensive contre les Allemands au nord, autour du lac Narotch. Mais elle avait envisagé une attaque opportune contre les Austro-Hongrois dans le secteur sud du front oriental. En fait, les Russes avaient planifié cette attaque dès avant Verdun, mais ils gagnèrent en prestige en semblant répondre à l'appel de Poincaré. Le commandant en chef de ce secteur du front, le général Broussilov, remarqua que certaines divisions autrichiennes expérimentées avaient été prélevées pour une nouvelle offensive contre les Italiens. Cette attaque, qui fut lancée le 15 mai 1916, connut au début un succès considérable. Deux lignes de défense italiennes tombèrent aux mains du commandant autrichien (Conrad) et 400 000 Italiens furent faits prisonniers. Pendant un temps, on crut que Conrad pourrait envahir la plaine vénitienne. Ce fut alors au tour des Italiens d'appeler Broussilov à lancer son attaque, alors même que l'offensive de Conrad commençait à s'essouffler parce que, comme souvent durant la Grande Guerre, ses troupes avaient distancé leur soutien d'artillerie.

La manière d'attaquer de Broussilov défiait les méthodes conventionnelles. Il ne concentra pas ses forces sur un point particulier, mais attaqua le 6 juin sur tout le front sud. De façon surprenante, ses troupes firent une percée. Affaiblies par les opérations de Conrad en Italie, les forces austro-hongroises s'effondrèrent. En un mois, Broussilov avança d'une centaine de kilomètres en faisant 300 000 prisonniers sur son chemin. Il est hors de doute que, si Broussilov avait attaqué les Allemands, le résultat eût été très différent. Mais il obligea les Allemands à envoyer des réserves depuis le front occidental pour soutenir leurs alliés. Toutefois, comme dans nombre d'autres offensives, Broussilov commença à perdre de la vitesse. Une fois encore, c'est le défaut de soutien d'artillerie – et, dans ce cas, le manque de réserves de toutes sortes – qui ralentit son avance. De plus, les Autrichiens s'étaient remis de leur surprise et étaient de plus en plus épaulés par les troupes allemandes.

Pendant ce temps, le haut commandement russe ne savait pas très bien comment gérer le succès initial de Broussilov. Devait-il transférer une partie des troupes pour maintenir le rythme de l'offensive ou bien les transporter au nord pour participer à l'offensive promise aux Alliés ? Fin juillet, la décision fut prise d'agir au nord – ce qui se révéla une grave erreur. En peu de temps, les Allemands bloquèrent l'attaque. Il n'y aurait plus d'offensive russe en 1916.

Grâce à la Roumanie, cependant, il y aurait une nouvelle attaque allemande. Au moment même où l'offensive de Broussilov ralentissait, les dirigeants roumains – leur pays se situant juste au sud de l'avancée russe –

considérèrent que leur heure était venue. Selon le mot de Churchill, elle n'était pas seulement venue, elle était passée. La Roumanie entra en guerre aux côtés des Alliés juste à temps pour se heurter aux armées allemandes, dirigées par Falkenhayn, remplacé par le Kaiser au poste de commandant en chef au profit du duo Hindenburg/Ludendorff. Les Roumains furent défaits avec une étonnante rapidité et Falkenhayn regagna le terrain conquis par Broussilov. De grandes réserves de pétrole et de blé tombèrent entre les mains des Allemands. Avec ces matières premières vitales, l'Allemagne était capable de continuer la guerre indéfiniment. Telle fut la contribution roumaine à la cause des Alliés.

Pendant ce temps, sur le front occidental, où la guerre serait perdue ou gagnée, l'armée britannique atteignait lentement la taille lui permettant de lancer une offensive de grande envergure. Il faut noter que cela constituait un changement radical par rapport aux guerres britanniques du passé. La Grande-Bretagne avait rarement consacré autant de ressources pour déployer ses forces en Europe. Maintenant, avec les Français et les Russes sous pression, elles étaient nécessaires. Durant l'été, les forces britanniques sur le front Ouest se montaient à environ un million d'hommes. Où se déroulerait leur grande offensive ? La réponse était : de part et d'autre de la Somme, avec les Français au sud (et juste au nord) et les Britanniques étendant le front au nord sur plus de 20 kilomètres. En raison des puissantes défenses allemandes dans ce secteur, le choix du site de la nouvelle bataille avait suscité la dérision. Pourquoi lancer une attaque dans un secteur juste parce que c'était le point de jonction des armées françaises et britanniques ? Cependant, il n'était pas facile de trouver un autre terrain favorable à une offensive. Les Flandres étaient trop plates et au sud se trouvait la zone minière de Lens, où une attaque avait échoué en 1915. Au nord de la Somme, il y avait les fortifications de la crête de Vimy et, plus au sud, des pentes accidentées et boisées. Bref, si la Somme semblait présenter de nombreux inconvénients, c'était la même chose ailleurs. Au moins une attaque conjointe des Alliés forcerait-elle les Allemands à défendre un front d'attaque très large.

Mais, en pleine tuerie de Verdun, il devint clair que le front d'offensive des Alliés serait plus étroit qu'on ne l'avait pensé tout d'abord. Les combats continuels de Verdun avaient peu à peu ponctionné les divisions françaises prévues sur la Somme. En mars, les Français y avaient 39 divisions alors que les Britanniques n'en avaient que 14. Le nombre de divisions françaises n'était plus que de 30 fin avril, de 26 le 20 mai, et de 20 seulement à la fin du mois. Après quoi, Joffre s'abstint d'estimer combien de divisions françaises assisteraient les Britanniques. Ces derniers en déduisirent à juste titre que, au moment où l'offensive serait lancée, il n'y aurait pas plus de 12 divisions françaises au sud. C'est ainsi que la campagne de la Somme devint principalement britannique.

Aucun de ces aléas ne démonta le commandant en chef des troupes britanniques, sir Douglas Haig. Ce devait être sa première bataille à son nouveau poste. Il avait remplacé sir John French après l'échec de Loos. Depuis décembre 1915, il avait progressivement accumulé hommes et canons pour la « grande poussée ».

L'idée de Haig – lancer son attaque sur un front large – était bien fondée. De cette manière, les troupes du centre seraient au moins protégées du feu ennemi sur leurs flancs. Mais, pour attaquer sur un front large (dans ce cas, près de 13 kilomètres), il était nécessaire d'accumuler des quantités énormes de canons et de munitions de façon à détruire les lignes de tranchées allemandes et les villages fortifiés faisant face aux Britanniques. Une fois ces munitions accumulées, il était essentiel de s'assurer aussi que les artilleurs anglais seraient assez habiles pour envoyer les obus avec une certaine précision sur les défenses allemandes. Il serait satisfaisant de souligner que Haig et ses assistants calculèrent le plus exactement possible le nombre d'obus et se livrèrent à l'examen le plus complet possible des méthodes d'artillerie pour s'assurer que celle-ci serait en mesure de faire son travail, et le ferait. Ce serait satisfaisant, mais faux. Haig, comme Falkenhayn à Verdun, se contenta d'accumuler un nombre de canons et d'obus sans précédent dans l'armée britannique et supposa que cela suffirait.

Et ce n'est pas seulement en nombre que l'artillerie se révélerait insuffisante. La qualité des munitions et les manières de s'en servir laissaient gravement à désirer. En Grande-Bretagne, de façon à répondre aux exigences de Haig, le ministre des Munitions avait pris un certain nombre de décisions discutables. Pour améliorer le rendement, on abandonna le contrôle de la qualité, avec pour conséquence que beaucoup d'obus n'explosaient pas ou explosaient prématurément, et donc détruisaient les canons censés les envoyer. De plus, la majorité des obus livrés à Haig étaient des shrapnels, c'est-à-dire d'excellents obus pour couper des enchevêtrements de barbelés ou traiter les troupes à découvert, mais inefficaces contre les tranchées défensives profondes et les abris, dans lesquels étaient tapis la plupart des défenseurs allemands sur la Somme. Les Britanniques étaient bien informés de ces tranchées-abris par des patrouilles offensives, mais ne parvenaient pas à en saisir les conséquences pour un bombardement constitué en grande partie de shrapnels.

Au cours de la préparation de l'opération, le chef de l'armée qui devait la mettre à exécution, le général Rawlinson, sembla comprendre que les efforts de destruction britanniques seraient inadéquats. Il implora Haig de limiter d'abord son objectif à la première position de défense allemande. Haig n'envisageait rien de tel. Il avait prévu de s'emparer des trois lignes allemandes. Comment les quatre divisions de cavalerie qu'il avait massées juste derrière le front pourraient-elles autrement percer et foncer vers la côte, puis bousculer les défenses allemandes dans le secteur nord du front occidental ?

Rawlinson aurait pu suggérer qu'une telle opération sur le front occidental en 1916 était chimérique. Il aurait aussi pu faire remarquer que la cavalerie massée à découvert constituait une cible idéale pour les mitrailleuses et les artilleurs allemands, et que, jusque-là, aucun bombardement – y compris ceux de Falkenhayn à Verdun – n'avait réussi à éliminer les défenses ennemies dans leur intégralité. Il aurait pu continuer en notant que dans tous les cas il y aurait, loin derrière le front et hors d'atteinte du plus furieux des bombardements, du matériel de guerre allemand capable de dévaster la cavalerie. Rawlinson aurait pu faire tout cela, mais ne le fit pas. Quand Haig le mit au défi, il se réfugia derrière des arguments alambiqués sur les difficultés qu'auraient des troupes fraîches à avancer sur les distances prévues par le plan Haig. C'était la mauvaise approche. Des troupes anéanties, qu'elles fussent fraîches ou expérimentées, n'avanceraient nulle part. C'était la vraie question, et personne du côté anglais ne la posa.

En conséquence, lorsque la grande offensive fut lancée, le 1er juillet, ce fut un désastre d'une échelle encore inédite au premier jour d'une opération sur le front occidental. (Elle garderait cet honneur douteux durant le reste de la guerre.) À la fin de la journée, 57 000 soldats britanniques (environ 40 % des hommes engagés ce jour-là) avaient été éliminés. Il fut un temps où ces effrayantes pertes humaines furent attribuées à une tactique sans imagination – les troupes avançaient d'un pas lent, épaule contre épaule –, imposée aux hommes par un commandement inepte. En fait, les chefs de bataillon semblent avoir oublié toute instruction tactique venue d'en haut pour adopter leurs propres mesures, pour la plupart pleines d'imagination. Cependant, la tactique employée était absurde face aux mitrailleuses et à l'artillerie allemande qui n'avait pas été neutralisée. Face à ce déluge de feu, il importait peu que les hommes marchent, courent ou dansent à travers le *no man's land*. Ce qui importait, c'était que les bombardements inappropriés et imprécis aient manqué la plupart des systèmes de défense allemands et des batteries pilonnant le *no man's land*. Les mitrailleurs (qui firent le plus de victimes ce jour-là) purent ainsi émerger de leurs profondes tranchées-abris et faucher à volonté les assaillants. Environ 10 000 Britanniques furent tragiquement abattus avant même d'atteindre leur *propre* ligne de front. Au centre, une division entière du 3e corps d'armée parvint à peine au contact avec l'ennemi avant d'être massacrée. Le résultat final fut que, à la nuit tombée, les Britanniques avaient gagné un peu de terrain au sud de leur front – où ils combattaient aux côtés des Français, lesquels étaient plus généreusement appuyés par leur artillerie, et où le barrage roulant était employé par certaines divisions depuis le début –, mais rien au centre ni au nord. Au sud du fleuve, les Français avaient légèrement progressé, mais leurs efforts restaient secondaires par rapport à ceux de Haig.

Il ne fit jamais aucun doute que, en dépit de ces pertes, la bataille continuerait. Les Français étaient toujours sous pression à Verdun et les longs préparatifs de Haig pouvaient difficilement être arrêtés au bout de vingt-quatre heures. Joffre rencontra le commandement britannique et ordonna à Haig de faire une seconde tentative pour gagner du terrain dans le nord, c'est-à-dire de persister dans un secteur qui lui avait déjà coûté 13 000 hommes le 1er juillet. Haig s'y opposa et dit clairement à Joffre qu'il n'avait pas à recevoir d'ordre de lui. Haig proposa plutôt de continuer à progresser dans le sud jusqu'à ce qu'il parvienne à proximité de la seconde position défensive allemande. Joffre ne put faire autrement que d'accepter.

La décision de Haig de renforcer un succès était judicieuse. La manière dont il avança dans ces opérations fut cependant tout sauf intelligente. Durant les deux semaines suivantes, la 4e armée de Rawlinson mena une série d'attaques à petite échelle, sur des portions étroites du front, qui les virent peu à peu aller de l'avant. Mais ils avancèrent à grands coûts parce que les tactiques employées permettaient aux Allemands de concentrer le maximum de leurs tirs d'artillerie sur les portions étroites du front menacées. Ainsi, plusieurs divisions – dont la plus notable était la 38e division galloise, formée grâce à l'ardeur de Lloyd George – cessèrent d'exister en tant que forces combattantes.

Le 14 juillet, pourtant, Rawlinson remporta un succès. Il était en fin de compte assez proche de la seconde ligne allemande pour lancer une attaque. Pour cette opération, il employa toutefois l'expédient d'une avancée nocturne. Il prit les Allemands par surprise et une section entière de la seconde ligne de défense allemande tomba aux mains des Britanniques. Cela était de bon augure, mais l'envoi de la cavalerie pour exploiter la victoire échoua. Les quelques éléments d'une division indienne de cavalerie, malheureusement en position de charger les Allemands, furent balayés par les tirs de mitrailleuses et d'artillerie. L'idée que la cavalerie n'avait plus sa place sur un champ de bataille comme la Somme mit du temps à s'imposer.

Interpréter ce qui se passa dans les deux mois suivants sur la Somme est une des tâches les plus difficiles de l'histoire militaire moderne. Sur la gauche ou au nord du front, après s'être emparée de la seconde position allemande autour de Pozières, l'armée de réserve placée sous les ordres du général Gough, et épaulée par le Corps australien, fit des tentatives répétées pour avancer au nord contre un bastion allemand : la ferme Mouquet. Ce point fort était sans signification tactique réelle et ne fut en fin de compte pris qu'en septembre. Sa chute, comme il était prévisible, ne signifia rien. La campagne coûta cependant 23 000 hommes au Corps australien, qu'il fallut finalement retirer de la Somme. Un bon exemple de la manière de gaspiller en vain une puissante unité combattante.

Les opérations de la ferme Mouquet avaient un autre trait particulier. L'avancée vers la ferme détourna les troupes de l'armée de réserve de la direction dans laquelle la 4ᵉ armée tentait de progresser. Si l'une de ces armées gagnait significativement du terrain, elle serait séparée de l'autre. Dans les faits, les tactiques de Haig et de Rawlinson ne permirent pas de gains territoriaux importants, ou visibles sur une carte à grande échelle. Les attaques malheureuses, à petite échelle, de portions étroites du front qui avaient caractérisé la période du 2 au 13 juillet furent à nouveau utilisées entre le 15 juillet et le 14 septembre. Mais l'histoire connut un autre tournant dans cette ultime période. La 4ᵉ armée essaya d'avancer dans deux directions différentes à la fois ; l'aile gauche attendait de poursuivre presque plein nord, alors que l'aile droite tentait d'avancer vers l'est. Une fois encore, tout grand mouvement en avant d'une partie de l'armée se faisait indépendamment de l'autre. Une fois encore, les méthodes d'attaque en petites unités (*penny packet*) assuraient que ni l'une ni l'autre section ne bougerait plus. Haig finit par s'en rendre compte et s'efforça de persuader Rawlinson de cesser d'attaquer dans un secteur avant que l'autre n'entre en action. Il échoua. Rawlinson semblait avoir entendu, mais il continua comme si de rien n'était. Haig retomba alors dans le silence. Pendant ce temps, la bataille échappa à tout contrôle. Les Britanniques eurent environ 100 000 pertes juste pour s'emparer d'un bois (le bois des Fourcaux, dit *High Wood*) en l'attaquant à répétition avec un nombre insuffisant de soldats appuyés par une artillerie dérisoire. C'est seulement vers la fin de la période que les gains de terrain furent suffisants à droite pour espérer qu'une ligne de départ adéquate serait atteinte à temps pour la grande attaque de Haig, le 15 septembre.

Mais ce n'est qu'un des aspects de l'histoire. La Somme n'opposa pas des ânes britanniques à une défense allemande intelligente. Il y avait des ânes des deux côtés. Falkenhayn avait décrété que tout terrain perdu devrait être reconquis immédiatement par une contre-attaque. Ainsi, de petites avancées d'un petit nombre de soldats britanniques étaient contrées par des attaques similaires d'un petit nombre de soldats allemands. De cette manière, Falkenhayn s'arrangeait pour rétablir un certain équilibre dans le bilan des victimes.

De plus, les troupes allemandes subissaient leur propre enfer. Lorsqu'elles ne prélevaient pas leur tribut de victimes sur des attaques britanniques mal conçues, elles étaient sous le bombardement continuel de l'artillerie britannique. La Somme, en dépit des tactiques grossières de Haig, reflétait l'accession de la Grande-Bretagne au rang de grande puissance militaire. Ce fait stupéfia les Allemands, comme les stupéfièrent les 7 millions d'obus tirés sur eux par les Britanniques entre le 2 juillet et la mi-septembre. En 1916, la Grande-Bretagne avait rassemblé une armée de masse à une échelle continentale, bientôt épaulée par le plus grand effort du monde en matière de munitions. De surcroît, les relations financières de la Grande-Bretagne et le fait qu'elle pouvait isoler l'Allemagne des marchés financiers mondiaux lui donnèrent un libre accès à la richesse des États-Unis. Il est vrai qu'il fallut liquider certains avoirs britanniques pour payer les matières premières et les soutiens financiers américains, mais les Britanniques avaient des poches très profondes (en 1914, ils disposaient de 4 000 millions de livres en investissements étrangers). Les Allemands en furent réduits à observer la production de guerre britannique, qui atteignit de nouveaux sommets avec l'aide américaine.

Pendant ce temps, sur le front, Haig gardait une surprise en réserve aux Allemands. Les Britanniques avaient préparé en secret une nouvelle arme de guerre. C'était le char, et Haig souhaitait l'employer dès que possible. Il en fut puni. On a dit que, s'il avait attendu que la nouvelle arme fût disponible à des centaines d'exemplaires au lieu de partir avec les 50 dont il disposait en septembre, il aurait pu obtenir une victoire étourdissante. Mais, en utilisant le char en petit nombre, Haig a certainement eu raison. L'arme n'avait pas été expérimentée, et fonder une campagne victorieuse sur une arme non testée aurait fait courir un risque considérable. De fait, 50 % des chars tombèrent en panne avant d'atteindre le front. À grande échelle, un fiasco aurait pu s'ensuivre.

En l'occurrence, ce ne sont pas les quelques chars qui assurèrent le succès très limité de la bataille du 15 septembre, mais la manière dont Haig les utilisa. Il concentra raisonnablement ses chars en face de la section la plus forte du front allemand. De façon moins sensée, il décida de ne pas tirer un barrage roulant, ce qui à l'époque était devenu la règle de protection pour l'infanterie lors d'une attaque, par peur d'atteindre les chars. Mais même le Mark I, employé ici, pouvait résister à des shrapnels et il aurait donc été possible de tirer le barrage sur tout le front. Durant la bataille, certains chars tombèrent en panne pour des raisons mécaniques et les positions adverses les plus fortes ne furent l'objet d'aucun tir d'artillerie. Comme ces positions abritaient le plus souvent des nids de mitrailleuses allemandes, les défenseurs purent causer des pertes terribles parmi les assaillants britanniques. C'est seulement au centre, où tous les chars convergèrent, qu'ils purent avancer en toute impunité contre les Allemands. Cette partie du front vit les troupes allemandes reculer dans la panique, permettant aux Britanniques de prendre quelques petits villages comme Flers. Ainsi, un peu de terrain fut gagné avec l'aide des chars, mais à un prix élevé.

Une bataille ultérieure, le 25 septembre, montra que davantage de terrain pouvait être gagné sans chars si les méthodes traditionnelles d'infanterie de protection étaient rétablies. Le 25, la plupart des chars étaient hors service. Ainsi, accompagnée d'un tir de barrage sur tout le front, la 4e armée domina la défense allemande et fit une avancée raisonnable (dans le contexte de la Grande Guerre) à un coût modeste.

Haig avait désormais atteint le sommet d'une crête. En dessous se tenaient les défenses allemandes. Mais la saison était déjà avancée. La pluie allait arriver, si les saisons étaient respectées, et la perspective de s'engager dans la vallée avant qu'elle ne se transforme en mer de boue n'était guère alléchante. Haig n'hésitait jamais à tenir compte de ce genre de considérations. Comme il l'avait souvent fait remarquer (en se trompant), le moral allemand était chancelant, et sur le point de s'effondrer. Pourquoi s'arrêter maintenant, alors que la victoire s'annonçait ?

La victoire, bien entendu, n'eut pas cette obligation. Mais Haig fut conforté dans sa résolution de poursuivre l'offensive par le soutien qu'il reçut des hommes politiques en Grande-Bretagne. Ce qui est surprenant car le petit nombre de politiciens du War Committee, qui conduisait la guerre, n'étaient pas des imbéciles. Asquith, Lloyd George, Arthur Balfour et les autres comptaient parmi les politiques les plus éminents de leur temps. Ils détenaient assurément en Kitchener, le ministre de la Guerre, une relique de l'époque des guerres coloniales, ignorant tout de la guerre industrielle qui s'était développée sur le front occidental ; et en Robertson, le chef d'état-major, ils avaient un conseiller qui estimait de son devoir de soutenir Haig quelles que fussent les circonstances. Néanmoins, les civils n'étaient pas des nullités ; ils étaient capables de se faire une idée par eux-mêmes. Avant même la bataille de la Somme, ils ne demandèrent pas – et on ne leur dit pas – le genre d'offensive que Haig avait en tête ou la manière précise dont il allait utiliser les munitions que lui avait fournies le ministère de Lloyd George. Une fois la bataille engagée, on aurait pu s'attendre de la part de tous ces hommes civilisés à un tollé face à la grande tuerie du premier jour. Lors de leur première réunion d'après le 1ᵉʳ juillet, ce fut le silence, en partie parce que l'horreur des pertes n'avait pas encore été révélée dans son intégralité. Mais aux réunions qui suivirent, lorsque la vérité fut évidente, le silence fut encore assourdissant. D'après le journal du secrétaire du War Committee (Maurice Hankey), il est clair que de nombreux membres étaient mal à l'aise face au bilan très élevé des pertes et à l'absence de progression substantielle. Cependant, au sein du War Committee, les membres civils restèrent passifs tandis que Robertson assurait que, si Haig avait subi des pertes, il en avait infligé davantage encore aux Allemands. Lorsque Winston Churchill, qui était alors en dehors du comité, réfuta les chiffres de Robertson et démontra que pour deux victimes allemandes il y en avait eu trois britanniques, la réponse du War Committee fut d'adresser ses félicitations à Haig sur le magnifique travail qu'il était en train d'accomplir.

Alors que Haig faisait une pause, fin septembre, il commit ce qui aurait pu se révéler une grave erreur. Début octobre, il écrivit au comité et lui demanda la permission de poursuivre l'offensive. C'était là l'occasion pour les civils de réaffirmer leur autorité. Il n'était pas nécessaire pour eux de limoger Haig. On aurait pu le remercier pour les splendides résultats obtenus jusque-là et exiger qu'il interrompe la bataille, la saison de campagne touchant à sa fin. À cette époque, la plupart des membres du War Committee s'alarmaient du total des pertes et craignaient que la Roumanie ne soit balayée alors qu'on leur avait assuré que l'offensive sur la Somme avait au moins retenu les troupes allemandes sur le front Ouest. En l'occurrence, non seulement ils laissèrent passer l'occasion, mais ils ne discutèrent même pas de la requête de Haig en comité. Ils avaient perdu toute velléité d'interroger leur conseiller militaire en chef ou leur commandant en chef à l'Ouest. L'offensive continuerait. Haig avait les mains libres.

Haig fit exactement ce qu'il voulait. En dépit de la pluie qui avait commencé à tomber en octobre, il prépara une nouvelle offensive gigantesque. Cette fois-ci, les objectifs étaient situés près d'Arras, à plus d'une centaine de kilomètres. Bien que Haig ait seulement réussi à faire avancer son front d'un peu plus de 15 kilomètres en trois mois, personne ne chercha à s'interroger sur cet objectif. Cinq divisions de cavalerie furent massées comme prévu afin d'exploiter la victoire, même si les cavaliers avaient éprouvé des difficultés à progresser à travers le bourbier avant même de se mettre en position. Les tirs d'artillerie qui accompagnèrent cette offensive furent un tragique échec. Dans l'obscurité et la pluie, les canons ne pouvaient être renseignés avec quelque certitude sur les cibles lointaines. Le barrage roulant ne put être suivi par les soldats pour la simple raison que nombre d'entre eux se trouvèrent coincés dans leurs tranchées boueuses. Ils pouvaient seulement, avec l'aide de leurs camarades, avancer en titubant. Pendant ce temps, le barrage roulant s'était décalé. Non seulement Arras n'était pas en vue, mais les tranchées du front allemand étaient toujours là. Sur certaines sections du front, le terrain gagné commença à se mesurer en enjambées, et encore.

En novembre, Haig fut convoqué à une conférence alliée à Chantilly. Il avait besoin d'apparaître devant cette assemblée avec une victoire – n'importe quelle victoire – à son actif. Il réactiva donc l'armée de réserve depuis longtemps oubliée, maintenant rebaptisée 5ᵉ armée. Son objectif était Beaumont-Hamel. Personne ne fit remarquer que cet objectif remontait à juillet, au premier jour de la bataille. Gough sauta sur l'occasion. Malgré le temps, auquel le brouillard venait ajouter un handicap supplémentaire, les préparatifs nécessaires furent effectués. Le soutien de l'artillerie devait être considérable, en dépit des difficultés que les canonniers auraient à repérer les cibles lointaines ou même à distinguer les amis des ennemis parmi les fantassins. La bataille fut considérée comme un succès parce que, après de nombreuses vicissitudes, Beaumont-Hamel fut pris. Il y a deux choses à dire à ce sujet. D'abord, à ce stade de la campagne, que, un village insignifiant près de la ligne de front britannique restât aux mains des Allemands n'avait pas grande importance. Ensuite, le coût de la prise de cette bourgade fut considérable. Environ 100 000 hommes furent tués ou blessés afin que Haig pût arriver la tête haute à Chantilly. Ce n'était pas la rançon de la gloire, mais le prix de l'ignominie !

La Somme vit s'intensifier le calvaire des armées de volontaires levées en Grande-Bretagne entre 1914 et 1916. La campagne causa parmi eux quelque 432 000 pertes, dont probablement 150 000 morts et 100 000 si grièvement blessés qu'ils ne se battirent plus jamais. En tout, 25 divisions britanniques – environ la moitié de celles engagées sur le front occidental – furent anéanties. Avec ce terrible bilan, Haig ne réussit à infliger que 230 000 pertes aux Allemands. De plus, du côté des Alliés, les Français eurent 200 000 pertes alors qu'ils assuraient la sécurité du flanc de Haig pendant ses absurdes tentatives. Sur le seul plan numérique, le vainqueur de la bataille de la Somme ne fait aucun doute. Ce furent les Allemands. Cependant, on peut raisonnablement penser que les armées allemandes ne le ressentirent pas ainsi. Elles avaient souffert pendant presque cinq mois d'attaques d'artillerie meurtrières dont l'origine était totalement inattendue : les Britanniques. Et, en plus des victimes de Verdun, 500 000 hommes avaient été retirés de la grande machine de guerre des Puissances centrales. En août, cette accumulation de pertes sans gain apparent coûta son poste à Falkenhayn. Ses successeurs, Hindenburg et Ludendorff, ne furent pas non plus en situation de passer à l'offensive avant quinze mois. En dépit des pertes qu'elle avait subies, c'était toujours l'Entente qui avait l'initiative à la fin de 1916.

Le titre « Batailles totales et guerre d'usure » donné à ce chapitre est à plusieurs égards approprié. Les batailles de 1916 figurent parmi les plus importantes jamais connues dans la triste histoire des hommes en guerre. Le nombre total de pertes de la bataille de Verdun est sans doute proche de 700 000 ; pour la Somme, elles dépassèrent le million. À l'Est et en Italie, l'addition globale n'est probablement pas loin du million. L'effort en munitions fut également considérable. Dans la Somme, les Britanniques envoyèrent à eux seuls 15 millions d'obus sur les Allemands. Si l'on compte la contribution française, le nombre d'obus tirés dans la Somme avoisine les 20 millions. Si l'on ajoute le total inconnu des obus allemands et tous ceux tirés par les différents belligérants à l'Est, on peut se faire une idée de l'énorme effort en munitions réalisé par les puissances européennes durant cette période.

Cependant, présenter les batailles de 1916 comme des épisodes d'une guerre totale est trompeur. Le nombre maximal de divisions à l'action en une seule journée fut probablement atteint le premier jour de la

Somme avec les 14 divisions britanniques au combat. Les Allemands engagèrent environ 10 divisions, et les Français 6. Le jour le plus intense du combat à l'Ouest en 1916 mobilisa donc seulement 30 des 200 divisions déployées sur le front occidental qui participèrent à la bataille. Toutefois, ce chiffre lui-même exagère la configuration globale du combat. Le premier jour de la Somme et le premier jour de Verdun (lorsque pas moins de 30 divisions combattaient) ne sont pas représentatifs des autres batailles. Au cours d'une journée moyenne dans la Somme ou à Verdun, une poignée de divisions seulement étaient engagées. Les grandes batailles étaient suivies d'une rapide baisse d'intensité. La plupart du temps, sur la plus grande partie du front occidental, la majorité des divisions ne participaient pas aux combats. Les conditions de vie des hommes n'étaient guère confortables, car ils pouvaient à tout moment être l'objet de tirs d'artillerie ou de raids, d'ampleur et d'intensité variées, provenant des tranchées d'en face. Cependant, la situation ne relevait pas vraiment de la guerre totale, mais plutôt de la guerre d'usure, car les armées de toutes les puissances combattantes étaient exténuées. Bien sûr, ce n'était pas ce à quoi les hauts commandements essayaient d'aboutir. À Verdun, on a supposé que l'objectif de Falkenhayn était vraiment la citadelle elle-même et que sa stratégie du « saignement à blanc » ne fut qu'une position de repli commode. Toutes les offensives majeures de Haig sur la Somme visèrent à rompre la ligne allemande et à lancer la cavalerie. C'était son but les 1er et 14 juillet, le 15 septembre et lors des différentes batailles d'octobre. L'usure suivait l'échec de ces plans trop ambitieux. Mais l'usure n'a jamais été un objectif prioritaire de Haig, bien qu'il soit connu comme le général de l'usure par excellence. Loin d'être une réincarnation moderne d'Ulysses S. Grant, il était bien davantage un romantique napoléonien rêvant de fronts en mouvement qui permettraient d'immenses charges de cavalerie. Ses hommes payèrent le prix de ce romantisme en 1916. Ils le paieraient à nouveau l'année suivante.

Chapitre v

1917 : mondialisation

Michael S. Neiberg

Un véritable purgatoire

Assis le 30 décembre 1916 dans une tranchée du front occidental, luttant contre le froid, le soldat français Marc Boasson confiait dans une lettre aux siens : « La vie est une chose terrible. Jamais la bassesse de la pensée humaine ne m'a aussi irrévocablement frappé. La vie est un devoir immense, terriblement lourd, d'un sérieux sacré… » Même s'il ignorait ce que réservait 1917, Boasson savait fort bien que cette année allait continuer à donner lieu à des tueries absurdes et à engendrer une souffrance accrue dans « l'enfer de la chair et le purgatoire des âmes » que la guerre avait fait de l'Europe[1]. Pour les soldats, cette souffrance était extrême et paraissait sans fin, mais ceux qui se trouvaient à l'arrière n'étaient pas épargnés. Les privations de cet hiver-là furent si intenses que les populations, en particulier en Allemagne, s'en souvinrent par la suite comme de l'« hiver des navets » et comme de l'un des pires dans l'histoire européenne.

À l'aube de 1917, la logique de la guerre totale obligeait les sociétés à poursuivre les combats. Il faudrait consentir à d'immenses sacrifices encore pour gagner, car perdre signifiait accepter les conditions inadmissibles qu'exigeait l'ennemi. Il ne s'agissait désormais plus d'idéaux, mais de survie. En jugeant 1917 à l'aune de la guerre elle-même, le schéma dominant est celui d'une absurdité stratégique et d'une incapacité de la part des deux camps à convertir leur puissance nationale en victoire. L'année fut marquée par un gaspillage de sang et de ressources financières sans qu'aucun but stratégique valable soit atteint, à moins d'accepter la logique froide de l'usure, qui exigeait qu'un camp use l'autre au moyen de batailles à grande échelle afin de finir par remporter la victoire. Si certains historiens ont cherché à voir dans l'usure une stratégie pour gagner la guerre, aucune des batailles de 1917 ne l'eut pourtant comme objectif principal[2].

Ainsi, à quelques notables exceptions près, les campagnes de 1917 furent des échecs stratégiques. Même ceux qui remportèrent un succès opérationnel, tels les Canadiens et les Britanniques qui prirent le contrôle de la crête de Vimy en avril, ou les armées allemandes et austro-hongroises qui enfoncèrent les lignes italiennes à Caporetto en octobre, ne réussirent pas à s'assurer un succès stratégique durable. Bien que ces batailles fissent entrevoir ce qui serait possible avec une planification adéquate et un peu plus de chance, l'essentiel des événements de l'année se résuma à une incapacité continue à rompre les défenses de l'ennemi, puis à soutenir cette percée. Aussi bien les Français sur le Chemin des Dames que les Britanniques en Belgique livrèrent des batailles qui affaiblirent considérablement leurs armées sans changer pour autant la situation à l'Ouest. Ils parvinrent aussi, certes, à user l'armée allemande, mais il demeure qu'à la fin de l'année les Alliés ne se jugeaient pas plus proches de la victoire qu'au début. De fait, certains généraux alliés haut placés estimaient même être en bien plus mauvaise posture en décembre qu'ils ne l'avaient été en janvier. Aucun d'entre eux n'osait rêver que la victoire pourrait être à leur portée durant l'année suivante. Ils étaient nombreux, en revanche, à craindre la défaite.

En adoptant une perspective plus large, on peut voir en 1917 un tournant décisif dans l'histoire militaire. L'année vit s'opérer une transition importante sur le champ de manœuvre : les batailles de Cambrai, du golfe de Riga et de Caporetto représentent le début du passage des attaques en masse au moyen de l'infanterie vers une approche mécanique recourant à plusieurs armes et où l'infanterie prenait place aux côtés de l'aviation, de l'artillerie et des forces blindées dans diverses combinaisons. Cette transition était le résultat de l'industrialisation de la guerre et montrait l'impact de celle-ci sur la guerre. Une seconde transition marquait la transformation des États-Unis et de la Russie en superpuissances. Même si peu de gens auraient pu s'en apercevoir à l'époque, 1917 correspondait au début de la fin du système impérial européen et à l'apparition d'un nouveau système qui, une génération plus tard, placerait les États-Unis et l'Union soviétique dans une position de force par rapport à l'Europe.

En janvier 1917 (ou peut-être même en décembre 1916), la possibilité de voir les États-Unis ou la Russie grandir autant semblait absurde. La Russie commença l'année comme un colosse gravement affaibli et chancelant, incapable d'utiliser ses énormes ressources humaines et naturelles pour parvenir à la victoire. Elle eut beau enregistrer quelques succès remarquables sur le champ de bataille en 1916, elle était tout sauf en mesure de forcer l'Allemagne ou l'Empire ottoman à capituler, ou près d'atteindre un seul de ses objectifs militaires majeurs. Bien au contraire, elle était en train de se disloquer tandis que le régime tsariste perdait sa légitimité et la loyauté de son peuple. En février 1917, trois siècles de règne Romanov prirent fin de façon honteuse, et celui-ci fut remplacé par un gouvernement provisoire fragile qui, en dépit de l'aide massive de la France et de la Grande-Bretagne, ne dura pas l'année. Secouée par la révolution et au bord de la guerre civile, la Russie de 1917 était loin d'être la grande puissance qu'elle deviendrait bientôt.

Les États-Unis non plus ne laissaient pas entrevoir la superpuissance qu'ils allaient devenir. Lorsque Woodrow Wilson conduisit sa nation à la guerre en avril, son armée était si pitoyable qu'elle était classée derrière celle du Portugal. Elle ne possédait ni chars d'assaut, ni aucune division entièrement équipée, ni commandants expérimentés, ni système de formation moderne, et tout juste 55 avions. L'armée avait été quelque peu humiliée par son échec face au bandit mexicain Pancho Villa, malgré l'expédition de 12 000 soldats afin de mettre la main sur lui. Les Américains n'avaient aucune expérience du combat et, en raison de la définition stricte de la neutralité donnée par Wilson, ils n'avaient envoyé aucun observateur sur le front occidental pour obtenir des informations de première main. Ils étaient par ailleurs assaillis par des problèmes d'organisation, une corruption endémique dans leur industrie de l'armement et de fortes divisions au sein de la population[3]. Les militaires étaient si peu préparés à la guerre que le président de la Commission des finances du Sénat, Thomas S. Martin de Virginie, réagissant à une demande de financement formulée par un commandant, s'exclama, horrifié : « Mon Dieu ! Ne me dites pas que vous allez envoyer des hommes là-bas[4] ? » Martin et d'autres s'attendaient à ce que la contribution américaine à la victoire des Alliés fût essentiellement financière et navale. Ils ne pensaient pas que l'armée américaine fût capable, en une quelconque mesure, d'infléchir l'issue de la guerre.

Néanmoins, 1917 marqua des changements si considérables pour les deux nations qu'il est impossible d'en exagérer l'importance. La Russie connut deux révolutions, la seconde étant sans conteste la plus importante de l'histoire européenne depuis la chute de la Bastille en 1789. La Russie bolchevique n'était peut-être pas moins autoritaire ou cruelle que le régime autocratique qu'elle avait renversé avec violence, mais elle finit par trouver le moyen d'exploiter l'énergie des hommes et les ressources des terres qui se trouvaient sous son contrôle. Ce faisant, elle inspira et terrifia tout à la fois des millions de personnes à travers le monde et suscita une rivalité avec l'autre grand bénéficiaire de 1917, les États-Unis.

Les Américains, quant à eux, se virent devenir au fil de l'année une puissance mondiale, quoique de façon erratique et, parfois, comme malgré eux. Même s'ils démobilisèrent leur armée après la guerre, les États-Unis apparurent alors comme la puissance financière incontestée et le géant industriel du monde. Durant l'entre-deux-guerres, la nation se rapprocha cahin-caha, presque à regret, du statut de grande puissance. Bien qu'une partie importante de la population demeurât isolationniste et que l'influence du pays dans le monde se trouvât entamée par la crise de 1929, après 1941 ses dirigeants embrassèrent avec enthousiasme la position que Woodrow Wilson avait exposée en 1917 : recourir à la puissance américaine pour promouvoir une vision de la démocratie et de la liberté. Que cette vision comporte des contradictions et ait au fond un but intéressé n'a pas empêché les générations suivantes de l'adopter avec une vigueur qui aurait stupéfié ceux qui en furent à l'origine en cette année décisive[5].

Une terre de désolation

La guerre fut, bien entendu, le principal catalyseur de ces changements. Au début de 1917, les deux camps demeuraient embourbés dans une paralysie stratégique. Contrairement aux hypothèses de nombreux stratèges de 1914, ni l'un ni l'autre ne s'était effondré financièrement ou moralement sous les pressions et les tensions de trois ans de guerre moderne. L'opinion d'hommes comme Norman Angell et Jan Bloch, pour qui les sociétés ne pouvaient supporter un état de guerre prolongé, s'était révélée tragiquement fausse[6]. En dépit d'un coût humain et financier exorbitant, chacune des alliances était restée déterminée et apte à maintenir des armées puissantes sur le terrain et des économies opérationnelles pour les soutenir. De nouvelles armes avaient augmenté la mortalité sur le champ de bataille, mais ni les chars ni les nouvelles générations d'avions n'avaient induit de différences stratégiques majeures. Au début de l'année, aucun des deux camps ne paraissait sur le point d'abandonner, et l'on ne semblait pas envisager de terme à la guerre.

Les stratèges allemands n'avaient pas encore trouvé de solution au dilemme essentiel que posait un double front et qui hantait leur état-major depuis des décennies. En 1916, ils avaient concentré leurs efforts à l'Ouest, à Verdun, tout en maintenant une position défensive à l'Est. Le succès inattendu des Russes lors de l'offensive lancée par Broussilov cet été-là exerça une pression importante sur les Allemands et, plus encore peut-être, sur leurs alliés austro-hongrois chancelants. Cette stratégie, à l'évidence, ne fonctionnait pas, et les stratèges allemands avaient conscience qu'une longue guerre entraînait de fortes contraintes sur le front intérieur qui ne seraient sans doute pas supportables très longtemps. C'était en Allemagne, après tout, que l'expression « hiver des navets » s'était propagée.

Les Allemands optèrent donc pour une nouvelle équipe de commandement et une nouvelle stratégie. En 1916, ils avaient remplacé le général Erich von Falkenhayn, l'artisan principal de la catastrophe de Verdun, par les généraux Paul von Hindenburg et Erich Ludendorff, les duumvirs couronnés de succès sur le front oriental. Avec eux apparut ce que Holger Herwig a appelé « un nouvel esprit et un nouveau concept de la guerre ». Cet état-major prévoyait non seulement de résister, mais aussi de modifier la dynamique du conflit et de remporter une victoire complète susceptible d'offrir à l'Allemagne « des indemnités monétaires et de vastes annexions de territoires » qui justifieraient le nombre élevé de victimes allemandes de 1914 à 1916[7].

Leur stratégie consistait à trouver un moyen de gagner du temps pour permettre à l'Allemagne de se remettre de ses pertes et de recentrer son attention sur l'Est. Hindenburg et Ludendorff abandonnèrent l'idée antérieure qui s'attachait à retenir à tout prix le moindre mètre carré de territoire que l'armée allemande avait pris depuis 1914. Au lieu de quoi, très judicieusement, ils évacuèrent les zones exposées et les terrains difficiles à conserver. Cette mesure rendit les lignes plus faciles à défendre et requit moins de soldats – une considération importante après la saignée de 1916. L'armée allemande se replia donc derrière une ligne plus nette, protégée par de solides fortifications connues collectivement sous le nom de ligne Hindenburg ou Siegfried – une prouesse en soi sur le plan militaire.

Les nouvelles défenses étaient redoutables. Construite en grande partie grâce au travail forcé des prisonniers de guerre, la ligne consistait en réalité en cinq positions distinctes soigneusement organisées qui couvraient près de 500 kilomètres du front occidental. Chaque série de défenses commençait par un fossé antichar de trois mètres de profondeur sur quatre de largeur, suivi par pas moins de cinq sections de barbelés, chacune de quatre mètres de profondeur, derrière lesquelles s'élevait la zone de tuerie principale de la ligne. Celle-ci comportait des blockhaus en béton renforcé d'acier qui abritaient les mitrailleuses. Si les troupes ennemies parvenaient malgré tout à franchir ces lignes, elles devaient alors faire face à des tranchées modernes creusées en zigzag et presque inattaquables par les obusiers et les grenades. Elles étaient reliées entre elles par des tranchées de communication, des téléphones et des lignes électriques, et comprenaient des hôpitaux de campagne, des postes de commandement ainsi que des réserves de munitions. Derrière se trouvaient les unités d'artillerie dont la fonction était de disperser à distance les formations ennemies montées à l'assaut.

Le nouveau plan d'action obligeait les Allemands à céder plus de 1 600 kilomètres carrés de territoires durement gagnés en France, mais cela se justifiait d'un point de vue stratégique. Ils dévastèrent alors les terres qu'ils abandonnèrent, emportant tout ce qu'ils pouvaient prendre avec eux et détruisant le reste : « Chaque village n'était plus qu'un monceau de ruines, observa Ernst Jünger, chaque arbre abattu, chaque route minée, chaque puits empoisonné, chaque cours d'eau arrêté par des digues, chaque cave crevée à coups d'explosifs ou rendue dangereuse par des bombes cachées, chaque rail déboulonné, chaque fil téléphonique roulé et emporté [...] : bref, nous changeâmes le pays en désert en prévision de l'avance ennemie[8]. » Les Français n'oublièrent pas cette dévastation intentionnelle lorsqu'ils formulèrent les conditions de la paix l'année suivante.

La ligne Hindenburg vint de nouveau prouver que la défense était beaucoup plus puissante que l'attaque en 1917. Pourtant, les Alliés savaient que, pour remporter la guerre et recouvrer les territoires français et belges perdus, ils allaient devoir attaquer. Et même si les principales offensives des Alliés en 1917 se soldèrent par des échecs, il est important de garder à l'esprit que leurs généraux ne pouvaient s'offrir le luxe de rester sur la défensive, car cela aurait laissé à l'Allemagne le temps dont elle avait besoin pour en finir avec les Russes et renforcer encore davantage les défenses érigées à l'Ouest. Ce dilemme essentiel n'excuse pas la mauvaise planification des Alliés en 1917, mais peut contribuer à expliquer les défaites du Chemin des Dames (offensive Nivelle) et de la troisième bataille d'Ypres (également appelée bataille de Passchendaele).

Les Allemands espéraient que leur nouveau plan d'action leur permettrait de gagner du temps et d'amortir toute offensive majeure des Alliés à l'Ouest. Ils augmentèrent aussi la pression sur les Britanniques en reprenant dès janvier la guerre sous-marine à outrance. Ils savaient que cette décision risquait de leur attirer l'hostilité de la nation neutre la plus puissante au monde, les États-Unis, mais ils jugèrent que le risque en valait la peine. Les sous-marins pouvaient couper les îles Britanniques de biens d'importation dont leurs habitants avaient cruellement besoin et, selon les calculs des Allemands, sans la Grande-Bretagne les Français ne pourraient poursuivre la guerre. Au début, ce pari sembla payer, car les Américains ne réagirent pas en déclarant la guerre, mais en rompant leurs relations diplomatiques. Les tensions continuèrent à s'accumuler, cependant, et la publication du télégramme Zimmermann en mars parut démontrer aux Américains que les Allemands constituaient un danger manifeste pour les États-Unis. En effet, il promettait au Mexique une aide financière généreuse et le retour du Texas, de l'Arizona et du Nouveau-Mexique si le pays s'associait à l'Allemagne dans toute guerre future entre l'Allemagne et les États-Unis. Il posait également en principe une future alliance antiaméricaine entre l'Allemagne, le Mexique et le Japon qui terrifia de nombreux Américains. Le gouvernement mexicain nia toute ambition de ce type, mais le mal était fait. Le président Woodrow Wilson demanda au Congrès de se prononcer en faveur d'une déclaration de guerre en avril, qui eut des conséquences désastreuses pour les Allemands[9].

Le nombre limité de leurs submersibles restreignait sévèrement l'efficacité allemande, bien que leur potentiel destructeur continuât à semer la peur parmi les autorités navales alliées. Les Allemands avaient trop peu de sous-marins pour gagner la guerre, lit-on dans l'histoire française officielle du conflit, mais ils en avaient juste assez pour leur « permettre de discuter de conditions de paix fondées sur une "carte de guerre" encore favorable[10] ». Réussir à vaincre les sous-marins posait donc un sérieux problème. Les marines de guerre alliées répondirent en cessant d'envoyer des navires marchands isolés à travers l'Atlantique, sans grande protection hormis les droits commerciaux dont les Allemands faisaient peu de cas. Ils organisèrent alors des convois, protégés par des destroyers suffisamment rapides et légers pour pourchasser les sous-marins ennemis.

Après que les États-Unis furent entrés en guerre, les flottes américaine et britannique travaillèrent de concert pour assurer la sécurité du transport transatlantique. Finalement, les produits d'Amérique du Nord et les soldats américains traversèrent l'océan en parfaite sécurité au cours des années 1917 et 1918. Les Allemands perdirent leur pari en matière de guerre sous-marine.

En revanche, ils en remportèrent un autre, déjouant toutes les prévisions à ce sujet. En mars, le tsar Nicolas II abdiqua, son régime réactionnaire étant bien trop fragile pour survivre aux exigences de la guerre moderne[11]. Quelques semaines plus tard, les Allemands firent monter trente-deux révolutionnaires russes, dont Vladimir Ilitch Lénine, à bord d'un train spécial à destination de Petrograd afin de fomenter une révolution de grande envergure. Bien qu'il n'eût pas vécu dans son pays natal depuis plus de dix ans, la rhétorique de Lénine séduisit une fraction du peuple russe qui désirait le changement et la fin de la guerre à n'importe quelle condition ou presque.

Le dirigeant du gouvernement provisoire russe, Alexandre Kerenski, souhaitait prouver à Lénine qu'il avait tort. Soutenu par les Alliés et convaincu lui-même que les soldats russes devaient continuer à se battre, Kerenski implora l'armée de rester loyale. Il se tourna vers le général Alexeï Broussilov, dont les offensives de 1916 avaient été couronnées de succès, dans l'espoir qu'il pourrait renouveler ses exploits. En juillet, il lança deux armées russes dans une énorme offensive qui sembla d'abord donner de bons résultats avant de finir par un fiasco complet, les hommes désertant par milliers. L'échec de l'offensive Kerenski fit fortement chuter le moral des Russes et signifia la fin du soutien de la population à la poursuite de la guerre. La classe moyenne et les modérés se trouvèrent bientôt assaillis par des révolutionnaires comme les bolcheviks de Lénine, qui promettaient de sortir de la guerre et de réformer la société russe, et brandissaient les slogans « la paix, la terre et le pain ».

Les Allemands tirèrent parti du chaos en Russie pour poursuivre leur avancée à l'Est aussi loin que le leur permettaient leurs lignes de ravitaillement. Toutefois, l'armée austro-hongroise commençait à montrer des signes de faiblesse ; le commandement allemand refusait d'envoyer des hommes ou du matériel depuis l'Ouest, et la possibilité cauchemardesque de répéter l'erreur commise par Napoléon tourmentait l'esprit des stratèges allemands. Avant la fin de l'année, les bolcheviks allaient prendre le contrôle du gouvernement russe, et les Allemands décidèrent qu'ils avaient plus à gagner à négocier qu'à endurer un nouvel hiver russe sur le champ de bataille. En décembre, ils ouvrirent des négociations en position de force et, dans le traité de Brest-Litovsk qui s'ensuivit, ils réussirent à s'emparer de plus de 1,5 million de kilomètres carrés de territoire russe, ainsi que de matières premières suffisantes pour compenser une partie des pertes causées par le blocus britannique.

Le commandement allemand espérait obtenir un avantage déterminant en éliminant son front le plus vaste, mais la situation se révéla plus compliquée qu'il ne l'avait anticipé. Les soulèvements politiques en Russie et en Ukraine rendirent le front oriental instable, et la résistance qu'opposa la population locale à la saisie de céréales par les Allemands menaçait de les empêcher d'emporter tout ce qu'ils souhaitaient. En conséquence, ils déployèrent plus d'hommes à l'Est que prévu, même si les principaux combats avaient cessé. Plus étonnant peut-être, le virus bolchevique qu'ils avaient contribué à injecter dans la vie politique russe infecta les soldats allemands à leur tour, contribuant à radicaliser la gauche allemande autrefois loyale, mais qui avait « trouvé un nouveau modèle dans la révolution bolchevique[12] ».

Sur le front occidental, la stratégie alliée prit elle aussi une nouvelle tournure avec un changement de commandant. Le général français Joseph Joffre, fatigué, depuis longtemps à court d'idées et ayant coupé les ponts avec ses maîtres politiques, fut expédié aux États-Unis afin d'encourager et de conseiller les Américains. Son ancien protégé, Ferdinand Foch, plus énergique et intellectuel, fut également éclipsé et se vit confier la mission assez futile d'élaborer des plans de guerre dans l'éventualité, fort réduite, où l'Allemagne envahirait la France par la Suisse[13]. Les deux hommes se trouvaient associés aux stratégies infructueuses de 1915 et 1916. Joffre, qui avait limogé des dizaines de commandants français en 1914, se voyait logé à la même enseigne. Foch passa une partie de 1917 à s'occuper du problème suisse plus ou moins fictif avant de devenir le chef d'état-major français et de se rendre en Italie à la suite du désastre de Caporetto.

Le remplaçant de Joffre à la tête de l'armée française fut le général Robert Nivelle, homme sûr de lui et beau parleur. Protestant, il parlait couramment l'anglais (deux faits rares au sein du haut commandement français), et ses méthodes novatrices en matière d'artillerie avaient été jugées déterminantes dans les succès français à la fin de la campagne de Verdun l'année précédente. Sa manière de procéder, scientifique et agressive, semblait contraster vivement avec l'approche lente, laborieuse, que Joffre, Foch et Philippe Pétain privilégiaient. Nivelle se targuait de la supériorité supposée de ses méthodes, déclarant lui-même : « L'expérience est concluante ; notre méthode a fait ses preuves[14]. »

L'optimisme de Nivelle se répandit parmi les hommes politiques qui voulaient désespérément croire qu'il avait en effet découvert le secret de la guerre moderne. Parmi ceux qu'il charma figurait le Premier ministre britannique, David Lloyd George, alors que le maréchal britannique sir Douglas Haig avait de moins en moins sa confiance. Lloyd George approuva donc l'orientation stratégique générale de Nivelle pour 1917 et força Haig à s'y conformer, alors que ce dernier avait une préférence pour une opération dans les Flandres. À la mi-janvier, Nivelle présenta un plan qui avait pour cible l'immense secteur compris entre Arras au nord et Reims au sud, et qui formait un saillant en direction de Paris. Il cherchait à retenir l'ennemi en un point pour attaquer sur un autre où les Alliés pénétreraient et avanceraient vers ses réserves afin de les détruire[15]. Les Britanniques et les Français mèneraient l'assaut conjointement au nord dès que le redoux du printemps le permettrait, attirant l'attention des Allemands sur Arras et les hauteurs stratégiques à proximité. Les Français utiliseraient alors les méthodes que Nivelle avait prétendument mises au point à Verdun afin d'ouvrir une brèche sur le terrain difficile qui bordait l'Aisne. La déclivité le long de la rivière poserait des difficultés, mais Nivelle supposait que les Allemands ne seraient pas préparés à affronter une véritable attaque à cet endroit.

La bravade de Nivelle en imposa beaucoup aux hommes politiques, mais pas à la plupart des autres généraux. Haig refusait d'être traité en subordonné alors qu'en réalité son grade était supérieur. Qui plus est, les généraux français s'opposaient à son plan opérationnel, à son manque de discrétion et à la localisation de son attaque. La crête que Nivelle prévoyait d'assaillir était une véritable falaise surmontée d'une route, le Chemin des Dames, qui offrait aux Allemands une excellente visibilité sur la vallée en dessous. Il n'y avait donc aucune chance de les prendre par surprise. La crête, en outre, présentait deux puissantes formations défensives, le fort de la Malmaison à l'extrémité occidentale et une carrière de pierre, la Caverne du Dragon, que les Allemands avaient convertie en forteresse souterraine[16]. Les professionnels savaient que la crête risquait de résister à toute attaque parce que les Allemands avaient l'avantage d'occuper un terrain exceptionnellement élevé et des positions invulnérables aux bombardements tactiques qui avaient fonctionné à Verdun.

Par ailleurs, d'un point de vue stratégique, le repli des Allemands sur la ligne Hindenburg ne justifiait plus d'attaquer le Chemin des Dames.

Pourquoi assaillir une zone que l'ennemi prévoyait d'abandonner volontairement ? Nivelle protesta que les repérages aériens signalant la construction de nouvelles lignes allemandes ne prouvaient rien et que les Allemands n'évacueraient en aucun cas des positions situées à 122 kilomètres seulement de Paris. Le gouvernement français était trop préoccupé par le désaccord affiché par les officiers supérieurs relevant de Nivelle pour commencer à poser des questions. Le nouveau ministre de la Guerre, Paul Painlevé, qui prit ses fonctions en mars, devait sa position au fait que son prédécesseur, le général Hubert Lyautey, légendaire soldat impérial, avait préféré démissionner plutôt que d'assumer la responsabilité d'un plan qui lui semblait l'œuvre d'un amateur, et voué à la catastrophe. Painlevé, déconcerté face aux réactions contradictoires qui lui parvenaient, prit l'initiative inhabituelle de s'adresser à Haig pour entendre son point de vue sur Nivelle[17]. Haig avait également des doutes sur Nivelle, mais il ne les confia pas à Painlevé, peut-être parce qu'il ne voulait pas dire du mal d'un de ses pairs à un homme politique. Foch lui avait rendu le même service lorsque Lloyd George lui avait demandé son opinion concernant l'action de Haig sur la Somme. Haig écrivit alors : « Si je n'avais pas été informé personnellement de cette conversation par Foch, je n'aurais pas cru qu'un ministre britannique pouvait se montrer si discourtois au point d'aller voir un étranger et lui poser de telles questions à propos de ses subordonnés. »

Painlevé affronta Nivelle, qui défendit son plan, même si certains détails essentiels étaient déjà connus de cercles qui n'auraient pas dû être au courant. Nivelle s'engagea à remporter le succès en quarante-huit heures et, dans le cas contraire, promit d'arrêter l'offensive. Il menaça également de démissionner si le gouvernement français ne l'appuyait pas, doublant ainsi la crise diplomatique d'une crise militaire, car il avait le soutien de Lloyd George. Painlevé céda à contrecœur, et l'offensive fut lancée.

La première phase de l'offensive, la plus à l'ouest, consistait à assaillir une série de collines connues sous le nom de crête de Vimy. Ces hauteurs, qui surplombaient la ville d'Arras, étaient déterminantes pour détenir le secteur tout entier. Les Allemands ne s'étaient épargné aucune peine pour améliorer la position naturelle que le terrain offrait. Ils avaient creusé de profondes positions défensives que leurs généraux jugeaient imprenables. Les collines étaient également devenues importantes d'un point de vue symbolique, à la suite de plusieurs tentatives infructueuses et sanglantes de l'armée française pour les reprendre en 1915. Bien que Nivelle y vît essentiellement une diversion par rapport à sa propre offensive du Chemin des Dames, l'attaque de la crête de Vimy fut la seule lueur dans une campagne par ailleurs lamentable.

La tâche en incomba à l'armée britannique et, par son biais, au Corps canadien. Son commandant était en quelque sorte un amateur, un officier de milice dénommé Arthur Currie, précédemment suspecté de détournement de fonds. De forte constitution, le visage glabre, il détonnait un peu parmi ses collègues britanniques, aristocrates et moustachus. Currie ne cherchait à imiter ni leur apparence ni leurs manières. Il avait passé plus de temps à étudier les méthodes françaises couronnées de succès à la fin de la campagne de Verdun qu'à étudier les échecs britanniques sur la Somme. Curieux, méticuleux et indépendant jusqu'à l'insubordination, Currie devait être un des meilleurs commandants de corps de la guerre[18].

Nivelle voyait peut-être une diversion dans l'attaque de la crête de Vimy, mais ce n'était pas le cas de Currie. Partant des systèmes d'artillerie de Nivelle et les améliorant, il sut offrir à ses troupes un abri adéquat pour l'assaut. Il s'appuya sur un plan d'artillerie principalement conçu par le futur chef d'état-major impérial britannique durant la Seconde Guerre mondiale, lord Alanbrooke. Currie avait formé ses hommes aux tâches spécifiques qu'ils devaient accomplir et, en partie parce que ses objectifs étaient limités, il put faire coïncider ce qu'il exigeait d'eux et les ressources disponibles. De ce fait, l'attaque canadienne sur la crête de Vimy entre le 9 et le 12 avril 1917 fut un incroyable succès. Comme Currie l'écrivit lui-même au Premier ministre de la Colombie-Britannique : « Nous avons pénétré sur plus de neuf kilomètres dans les défenses de l'ennemi, en prenant tous nos objectifs et, ce qui paraît plus remarquable encore, en les prenant tous dans les temps. » Currie tirait une grande fierté des propos d'un prisonnier de guerre allemand selon lesquels les Allemands avaient jugé Vimy « imprenable », ou encore de ceux d'un général britannique qui qualifia son corps d'armée de « prodige de l'armée britannique[19] ». L'exploit canadien fut en effet, à tous les niveaux, l'un des plus impressionnants de toute la guerre.

Le succès de Vimy, joint à l'annonce officielle de la déclaration de guerre des États-Unis à l'Allemagne, remonta le moral des troupes alliées tout en augmentant leurs attentes durant l'essentiel de l'opération Nivelle, l'attaque sur le Chemin des Dames. Lancée le 17 avril malgré le mauvais temps et la forte présomption que les Allemands étaient parfaitement au courant de ce qui se préparait, elle permit de gagner du terrain, mais échoua de toute évidence à remplir les engagements que Nivelle avait pris si hautainement. Celui-ci avait compté sur les chars et les avions pour rendre son artillerie plus efficace, mais le temps nuageux et pluvieux cloua les avions au sol et la plupart des chars tombèrent en panne en raison du terrain difficile. En conséquence, les mitrailleuses allemandes restèrent presque toutes intactes et infligèrent de lourdes pertes aux unités françaises. Nivelle continuait d'envoyer des renforts dans l'espoir de percer les lignes, ce qui ne fit qu'accroître le carnage. Au lieu de gagner 9 kilomètres comme Nivelle l'avait assuré, son attaque permit de gagner moins de 600 mètres. Même des unités aguerries, comme les régiments de tirailleurs sénégalais, s'enfuirent en ordre dispersé.

Plutôt que d'arrêter l'offensive au bout de quarante-huit heures comme il l'avait promis à Painlevé, Nivelle persista. Peut-être ajouta-t-il foi aux rapports trop optimistes qui parvenaient à son quartier général et selon lesquels les Allemands étaient prêts à abandonner, à moins qu'il n'ait été intellectuellement incapable de faire marche arrière après avoir investi tant d'énergie dans le succès de l'offensive. Quelle que soit sa motivation, le nombre des victimes augmenta inutilement. Alors qu'ils avaient envisagé 15 000 morts et blessés, les services médicaux français durent en réalité faire face à plus de 100 000 pertes. À la catastrophe militaire s'ajouta la catastrophe sanitaire. Nivelle refusant toujours de stopper l'opération, le gouvernement français dut intervenir pour ordonner qu'elle cessât.

L'échec de l'offensive Nivelle eut des conséquences considérables. Il porta gravement atteinte aux relations entre les Français et les Britanniques, en partie parce que ces derniers se virent obligés de renouveler les attaques autour d'Arras afin d'alléger les pressions sur les Français, mais en partie aussi parce que Nivelle, qui avait été auparavant si prodigue d'informations, refusa de communiquer les détails cruciaux de la défaite au quartier général de Haig. Par ailleurs, à la suite de ce désastre, les Britanniques cessèrent de soutenir la proposition française de créer un commandement unifié pour le front occidental. Les généraux britanniques, qui rechignaient déjà avant la catastrophe du Chemin des Dames – et on pouvait le comprendre – à placer leurs troupes sous les ordres d'un commandant étranger, se butèrent plus encore après, ce qui ne fut pas sans conséquences pour 1918.

Mais les implications les plus importantes de l'échec du grand plan de Nivelle s'inscrivirent du côté des troupes françaises. Furieux de l'incompétence grossière de l'état-major, des milliers de soldats refusèrent de remonter en ligne. Une minorité bruyante prôna la révolution ou la mutinerie, mais la majorité chercha une troisième option, entre la rébellion totale et le massacre insensé[20]. Les chiffres exacts sont difficiles à évaluer,

L'offensive de Nivelle, avril 1917

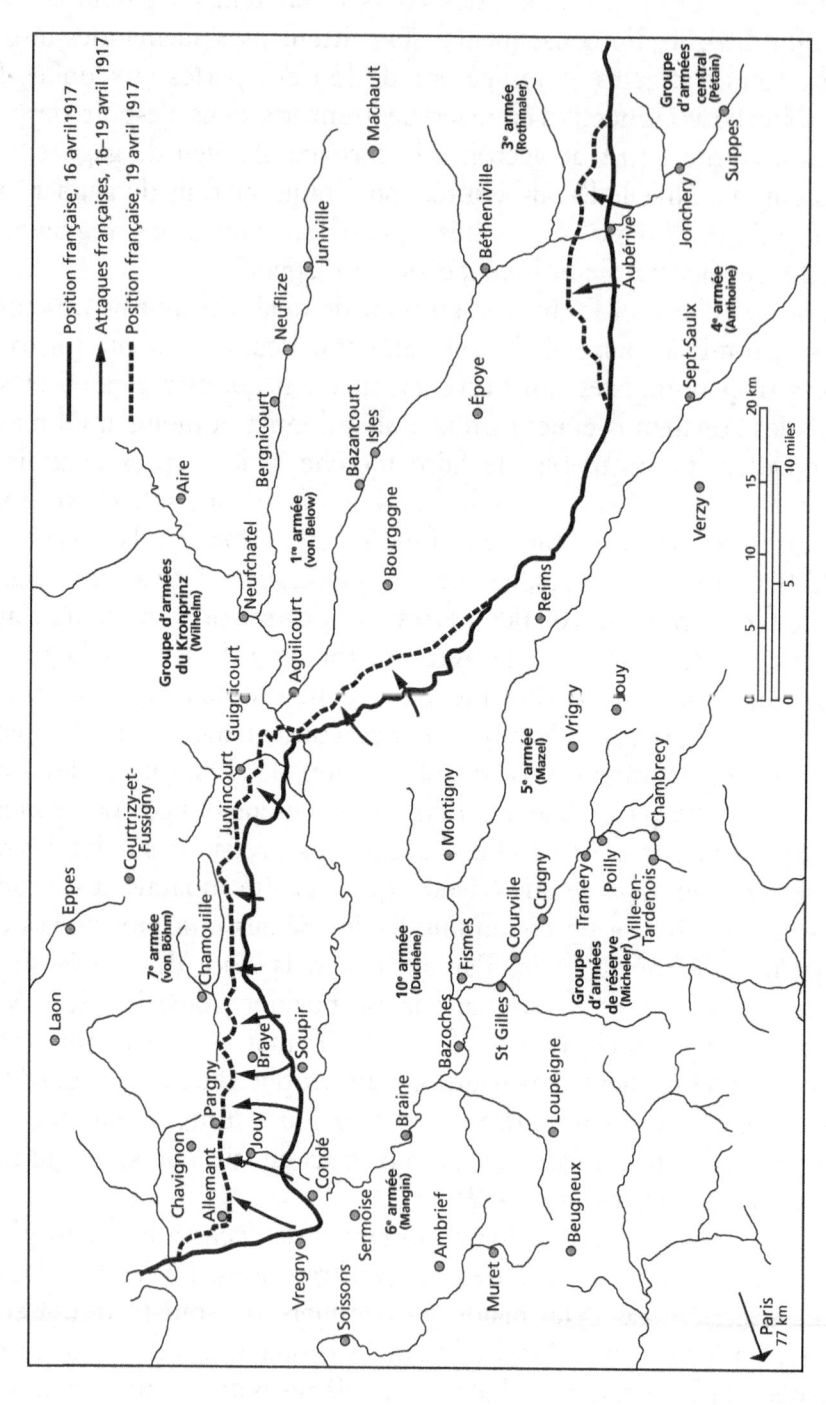

mais il est clair que des dizaines de milliers d'hommes refusèrent d'obéir aux ordres de leurs officiers. La plupart d'entre eux restèrent cependant dans les tranchées, assurant qu'ils continueraient à défendre le sol français, mais qu'ils ne voulaient plus attaquer dans des conditions aussi meurtrières. Ils furent suffisamment prudents, du reste, pour que les Allemands ne pussent savoir précisément ce qui se passait à quelques centaines de mètres à peine.

En même temps, une série de grèves toucha les villes françaises, les travailleurs français protestant contre l'inflation et, plus généralement, le fait de ne pas avoir voix au chapitre dans le système industriel de la guerre[21]. Bien qu'il n'y eût pas de lien de causalité direct entre les deux mouvements, les grèves augmentèrent la crainte des chefs de l'armée française que le pacifisme, le défaitisme ou, pis encore, la révolution ne se propagent dans le pays. Si les dirigeants français crurent au début que les mutineries étaient l'œuvre d'une poignée de mécontents et de soldats poussés par l'extrême gauche, tout cela se révéla infondé. Même des unités et des soldats excellents y participèrent. L'un d'entre eux, qui se verrait décerner plus tard la croix de guerre, restait dévoué à la France, mais il était profondément désillusionné par ses chefs : « C'est honteux de la façon [sic] dont on est mené, écrivit-il à sa famille ; je crois qu'ils ont l'idée de ne finir la guerre que lorsqu'il ne restera plus de bonshommes[22]. »

Il fallait réagir promptement à cette crise. Nivelle fut remplacé par un autre héros de Verdun, le taciturne général Philippe Pétain. Connu pour sa tendance à favoriser la défense, il constituait un bon choix ; il était, en outre, relativement populaire parmi les hommes. Il réprima sévèrement les soldats qui avaient menacé des officiers ou encouragé la rébellion, mais il savait aussi que les hommes avaient des sujets de plainte légitimes. Il appliqua d'importantes mesures, qui allaient d'une amélioration de la nourriture à une augmentation des jours de permission. Il entama également une réforme de l'armée française visant à en faire une force moderne recourant tout à la fois à l'artillerie, aux véhicules blindés et à l'aviation, et ce de manière concertée pour réduire le nombre de victimes. Comme l'armée française elle-même le déclara : « Autre chef – autre plan – autre méthode[23]. »

La vision stratégique de Pétain consistait à concentrer les efforts, au moyen de l'artillerie et des chars essentiellement, sur des objectifs plus modestes. Il voulait que ses offensives fussent limitées à la fois dans le temps et dans l'espace ; si l'une d'elles semblait devoir mener à l'échec, il prévoyait de l'arrêter et de regarder ailleurs. Surtout, il souhaitait éviter de longues campagnes d'usure, sur le modèle de celles de 1915 et 1916. Il donna l'ordre de stopper toutes les offensives de grande envergure jusqu'à ce que son nouveau système tactique fût en place, mais organisa des attaques plus réduites dans des zones stratégiques, notamment à Verdun et contre le fort de la Malmaison sur le Chemin des Dames. La plupart d'entre elles furent couronnées de succès et causèrent un nombre de victimes qui, selon les critères de 1917, restait proportionnel aux objectifs atteints. Pétain ramena ainsi le calme au sein de l'armée française et institua certains des changements essentiels qui firent à nouveau de celle-ci une force décisive en 1918[24]. Il savait bien, en effet, que les effectifs français s'amenuisaient et que l'arrivée des Américains serait déterminante pour le succès des Alliés.

Les mutineries en France et en Russie prouvèrent que toutes les armées, même celles qui se contentaient de défendre leur patrie, étaient à bout. Les Allemands apprendraient la leçon un an plus tard. Elles prouvèrent également, du moins pour la France, que même dans des circonstances aussi désespérées que celles d'avril-mai 1917, les soldats et les sociétés qui les soutenaient n'étaient pas disposés à admettre la défaite. Dans les années 1930, de nombreux observateurs affirmèrent que la Première Guerre mondiale avait brisé l'esprit militaire français ; pourtant, aucun signe irréfutable n'indiquait que le moral des Français avait été sapé. Il était évident, cependant, que l'armée française ne semblait pas prête à lancer une nouvelle offensive de grande ampleur. Elle avait besoin de temps pour récupérer, retrouver la discipline militaire et apprendre le nouveau système de Pétain.

Défaite dans les Flandres

Douglas Haig, le commandant britannique, avait reçu des rapports décourageants sur les troupes françaises, dont certains suggérant que les soldats réclamaient la paix et refusaient de saluer leurs officiers. Ces informations le convainquirent que l'armée française ne survivrait peut-être pas à une attaque allemande. Or, sans cette force, qui occupait la majeure partie de la ligne alliée, les Britanniques ne pouvaient espérer l'emporter. Haig en conclut que l'offensive qu'il souhaitait lancer depuis longtemps en Flandres offrait le meilleur moyen de détourner les Allemands des Français et de donner à son allié le temps dont il avait désespérément besoin[25]. En réalité, l'armée française n'était pas dans une position aussi critique que le croyait Haig, mais, étant donné la gravité de la situation et le peu d'informations que laissait filtrer le quartier général français, ses craintes étaient légitimes. Haig avait également davantage confiance en son armée, désormais bien entraînée et rompue aux combats après ses longues semaines de bataille sur la Somme en 1916. Cette armée, constituée au départ de civils sans aucune expérience militaire, était à présent une force plus conséquente, mieux dirigée, que Haig avait l'espoir de mener à la victoire avant la fin de l'année.

Les hommes politiques britanniques ne partageaient pas tous son optimisme. David Lloyd George, en particulier, avait des doutes sur l'issue de cette offensive, et plus encore sur la capacité de Haig à la commander. Il exprima sa désapprobation et menaça de détourner certaines ressources nécessaires à cette campagne vers d'autres théâtres d'opérations, notamment l'Italie et la Palestine. Finalement, le Premier ministre et le cabinet de guerre se bornèrent à noter leur réprobation concernant les plans de Haig et à exiger qu'il ne s'engageât pas dans une bataille aussi longue que celle de la Somme.

Plus tard connue sous le nom de bataille de Passchendaele ou troisième bataille d'Ypres, la campagne commença le 7 juin sous d'assez bons auspices lorsque les Britanniques firent sauter un vaste réseau de tunnels laborieusement creusés sous la crête de Messines, au sud du saillant d'Ypres. Une terrible explosion, qui se fit entendre et ressentir jusqu'à Londres, effaça littéralement la crête du paysage belge. Des milliers d'Allemands furent ensevelis sous les débris ou tués par la déflagration. Le début de l'offensive créa donc la surprise et sembla augurer de sa réussite.

Par la suite, cependant, peu de choses se déroulèrent comme Haig l'avait prévu. Les Britanniques n'exploitèrent pas assez vite le choc qu'avait causé Messines, laissant les Allemands introduire des renforts dans la zone. Haig avait placé à la tête de l'une des armées un de ses protégés, sir Hubert Gough. Issu d'une grande famille de militaires, ce dernier n'était pourtant absolument pas préparé aux tâches qui lui furent confiées. De plus, les officiers de renseignement de Haig ne cessaient de mal interpréter la situation, en particulier lorsqu'ils répétaient que le moral allemand était sur le point de flancher.

La confusion régnant au sein du commandement, les défenses allemandes très solides, qui protégeaient mieux les soldats des effets de l'artillerie, et les pluies sans précédent ralentirent encore l'avancée des Britanniques. Un nombre colossal de victimes tombèrent chez les Britanniques comme chez les Français venus en soutien – démentant ainsi l'idée que l'armée française était incapable de prendre part à des opérations de combat. La faible progression dans les plaines belges recouvertes de boue ne permettait en rien de compenser ces pertes, pas plus qu'elle ne répondait aux objectifs ambitieux de percée chers à Haig. Les défenses allemandes, ménagées autour de casemates disposées en échiquier, se révélèrent très efficaces.

Les Britanniques s'adaptèrent et remportèrent quelques succès ponctuels, comme sur la route de Menin, au bois du Polygone ou à Broodseinde, mais dans l'ensemble la campagne ne permit pas d'atteindre les objectifs de Haig. L'automne arrivant, le temps empira et les jours raccourcirent ; les gains des Britanniques se réduisirent encore. Lors d'une seule attaque, à la fin du mois d'octobre, ils perdirent 2 000 hommes pour faire avancer la ligne d'à peine 500 mètres. En novembre, Haig mit un terme à une offensive qui avait très peu contribué à améliorer la situation stratégique des Alliés et n'avait pas non plus affaibli et usé les Allemands en proportion des pertes britanniques. Des estimations récentes évaluent celles-ci à 275 000 hommes, contre 200 000 dans le camp allemand. Non seulement les Britanniques n'avaient pas réussi leur percée, mais ils se trouvaient dans une plus mauvaise position géographique qu'en juillet. Ils disposaient aussi de moins de réserves pour contrer de futures offensives allemandes, comme celle du printemps suivant[26].

Un aperçu du futur

Résolument tournées vers le futur, trois petites batailles de 1917 donnèrent un aperçu de ce que serait la guerre à l'avenir. Les deux premières furent conçues et mises à exécution par les Allemands, même si les Français et les Italiens avaient eux aussi commencé à avancer dans une direction similaire. Des changements dans l'utilisation de l'artillerie étaient au centre des nouvelles méthodes. Élaboré en grande partie par le colonel allemand Georg Bruchmüller, ce nouveau système d'artillerie induisait de plus grandes concentrations de gaz toxique et recourait à des tirs de barrage plus courts et plus nets. Ceux-ci devaient être effectués si possible sans avertissement préalable afin de ménager la surprise et d'empêcher

Passchendaele (Ypres), zones inondées

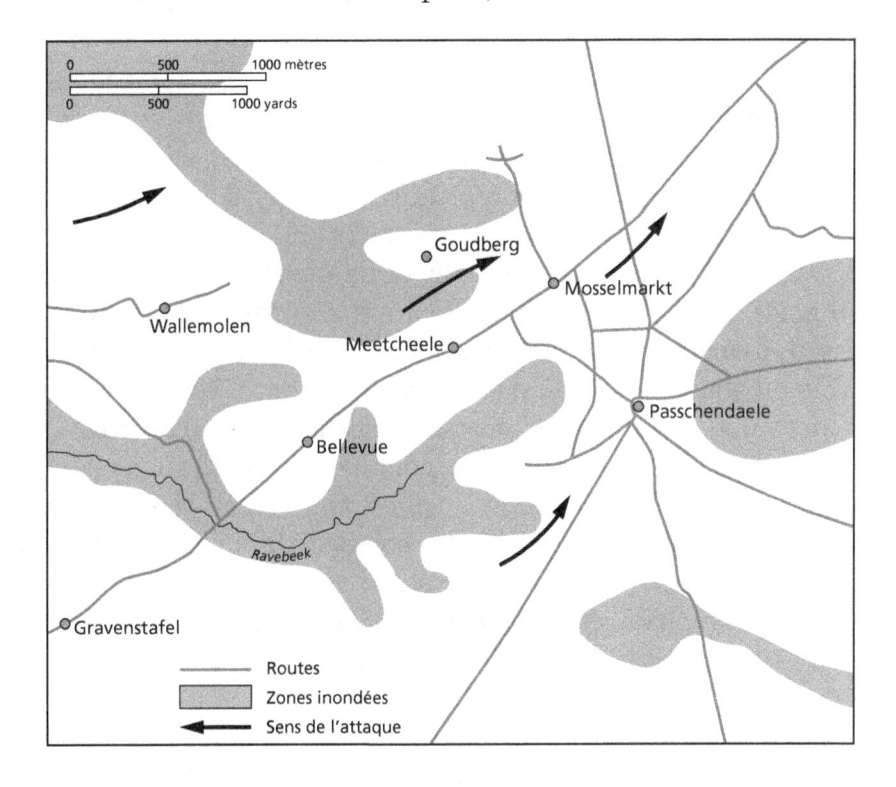

l'ennemi d'expédier d'urgence des réserves dans la zone concernée. Ces nouvelles méthodes cherchaient davantage à désorienter qu'à écraser le camp adverse[27]. Dans les brèches ainsi créées, les Allemands envoyaient des soldats spécialement formés pour contourner les tranchées avancées de l'ennemi, puis prendre pour cibles les centres de commandement et de contrôle. Le système de commandement mis hors jeu, l'artillerie pouvait cibler les renforts de l'ennemi au fur et à mesure qu'ils arrivaient, et l'infanterie allemande ordinaire attaquer les lignes de front adverses en ayant pris quelque peu l'avantage.

Cette nouvelle tactique d'infiltration requérait une infanterie extrêmement bien entraînée et une nouvelle approche de l'artillerie. Elle cherchait à gagner non pas en assenant des coups comme dans un combat de poids lourds, mais en exploitant les faiblesses de l'ennemi dans ce qui ressemblait davantage à un combat de judo. En septembre, dans la première des trois batailles, les Allemands recoururent à ce système pour s'emparer de Riga. L'opération fut un succès spectaculaire, qui provoqua six fois plus de victimes dans le camp adverse, et fit souffler un vent de panique dans les rangs russes. La victoire de Riga suffit à convaincre les Allemands d'essayer cette méthode sur une plus grande échelle, et ils conçurent donc la deuxième bataille novatrice de l'année : Caporetto, sur le front italien.

Ce front était devenu une impasse sanglante, avec d'énormes pertes humaines dans les deux camps, sans pour autant que les lignes bougent réellement. Même si les défenseurs austro-hongrois parvenaient à repousser les offensives italiennes répétées, les combats difficiles en terrain montagneux coûtaient très cher en hommes. Les Allemands décidèrent de tester sur le front italien les méthodes utilisées à Riga dans l'espoir d'aider leur allié austro-hongrois et de lui laisser le temps de se ressaisir et de récupérer.

Lancée le 24 octobre, l'offensive de Caporetto remporta un succès qui dépassa les espoirs les plus fous des Allemands. L'artillerie détruisit les positions italiennes, et l'effondrement très rapide de leurs lignes causa la panique et la déroute parmi les soldats, en en faisant fuir un million et demi vers la sécurité présumée du fleuve Piave. L'Italie perdit autour de 280 000 prisonniers de guerre, en sus des milliers de pièces d'équipement lourd que les soldats ne furent pas en mesure d'emporter. Si grave que fût la défaite italienne, elle aurait été pire encore si les Allemands n'avaient pas été eux-mêmes surpris par leur propre succès : ils n'avaient conçu aucun plan pour pénétrer très loin en territoire italien. Ayant vu le nouveau système fonctionner deux fois de suite, ils l'exportèrent sur le front occidental, où il prouverait de nouveau son efficacité tactique en 1918[28].

Lors de la troisième bataille, à Cambrai, sur le front occidental, les Britanniques s'efforcèrent d'exploiter l'unique avantage technologique qu'ils possédaient sur les Allemands, à savoir les chars. Comme les Français, ils avaient investi lourdement dans ces véhicules, mais ceux-ci s'étaient montrés jusqu'alors décevants en raison de problèmes mécaniques et d'une réticence à s'en servir de la part des chefs militaires. Un groupe de jeunes officiers novateurs estimait que la difficulté venait surtout de l'usage peu imaginatif que le haut commandement britannique en avait fait. Ils soutenaient que les chars pouvaient compléter les tirs de barrage grâce à leur pouvoir de surprise et leur mobilité ; en outre, ils ne laissaient pas à l'infanterie un sol totalement inutilisable comme le faisaient les obus de l'artillerie. En même temps, l'artillerie britannique avait amélioré son efficacité par des progrès scientifiques dans la précision des tirs.

Le 20 novembre, à Cambrai, les Britanniques eurent recours à 476 chars assemblés par groupes de trois. Ils causèrent la surprise et la panique dans le camp adverse, en grande partie parce que les Allemands ne possédaient aucune arme antichar valable. Les véhicules connurent des problèmes mécaniques, mais épaulèrent l'infanterie par des tirs de soutien directs fort utiles. Une brèche de huit kilomètres s'ouvrit bientôt dans les lignes allemandes, offrant à Haig et au commandement britannique le type même de scénario qu'ils s'étaient donné tant de mal à créer depuis trois ans. Malheureusement, ils disposaient de trop peu de réserves pour pénétrer plus avant, et les stratèges avaient commis l'erreur de ne laisser aucun char en réserve pour maintenir la brèche ouverte. Et même s'ils l'avaient fait, les chars n'avaient pas la capacité de soutenir une telle percée. Les Britanniques eurent ainsi une opportunité des plus prometteuses, sans les moyens techniques de l'exploiter.

Cambrai fut donc un énorme succès opérationnel, mais il ne put être transformé en succès stratégique. Haig donna l'ordre de poursuivre l'offensive malgré des gains de plus en plus réduits et l'indication claire que les Allemands préparaient une contre-offensive afin d'assaillir les flancs très exposés des lignes britanniques. Une violente attaque fut lancée le 30 novembre, prenant les Britanniques au dépourvu et leur faisant perdre presque tout le terrain gagné durant les dix jours précédents. Les Allemands s'emparèrent même de zones qui étaient britanniques avant l'offensive. Ce brusque renversement de situation provoqua la création d'une commission d'enquête sur la défaite. Mais en dépit des échecs, Cambrai montrait la voie d'une tactique future fondée sur les forces blindées. Les deux camps assimilèrent la leçon et s'en servirent dans l'entre-deux-guerres pour réécrire les doctrines de la guerre sur terre.

La fin de cette année de conflit si frustrante provoqua une sorte de course. La clé de 1918, selon la plupart des stratèges, résidait dans l'éventuelle capacité des Allemands à déplacer leurs hommes du front oriental au front occidental avant que ne débarquent les soldats américains, tout frais quoique formés à la hâte. Si les Allemands remportaient cette course et réussissaient à mettre en œuvre leur nouvelle tactique d'artillerie et d'infiltration sur une grande échelle, ils gardaient une chance de gagner la guerre avant que les Américains ne puissent réellement compter. Si en revanche ils échouaient, l'arrivée de centaines de milliers d'hommes nouveaux offrirait aux Alliés tout le temps dont ils avaient besoin pour écraser les Allemands par l'usure, la puissance de feu et le blocus naval, qui continuait à diminuer gravement leurs réserves de nourriture et de combustible.

L'aspect économique et les pressions exercées sur le peuple allemand jouèrent un rôle déterminant dans la fin de la guerre. Des grèves, des pénuries ainsi que des accusations contre les profiteurs de guerre se développaient aussi en France et (dans une moindre mesure) en Grande-Bretagne, mais les démocraties parvinrent à maintenir le problème dans des proportions acceptables. Leur aptitude à faire tourner l'économie s'explique par l'action de civils déterminés et compétents tels que le ministre français de l'Armement Albert Thomas et le chancelier de l'Échiquier (et plus tard Premier ministre) David Lloyd George[29]. Les alliés occidentaux bénéficièrent aussi beaucoup de l'accès au crédit américain et d'autres formes d'assistance financière, ainsi que des matières premières en provenance d'Asie, d'Afrique et des Amériques.

Dès 1917, avec l'entrée officielle des États-Unis dans la guerre et l'accalmie dans la crise provoquée par les sous-marins allemands, les Français et les Britanniques purent tirer le plus grand parti d'un tel accès. Les Allemands, à l'opposé, n'avaient d'autre choix que d'extraire leurs ressources d'un front oriental déjà très appauvri[30]. De plus, au lieu de pouvoir mettre en commun leurs ressources avec celles de leurs alliés comme le faisaient les Britanniques, les Français et les Américains, ils avaient la responsabilité supplémentaire d'essayer de soutenir leurs alliés austro-hongrois et ottomans affaiblis. L'économie allemande était tout simplement incapable de relever un défi aussi monumental.

En Allemagne, en outre, les militaires prenaient de plus en plus le contrôle de la planification économique, avec des résultats désastreux. Pour les planificateurs à Berlin, bien plus que pour leurs homologues à Paris ou à Londres, l'économie civile devint à peine plus qu'un moteur destiné à fournir des ressources à l'armée. Comme l'écrit Jay Winter, une fois que Hindenburg et Ludendorff eurent pris les rênes du gouvernement allemand, « un ordre de priorités différent exista [...]. Les militaires venaient en premier, et l'économie créée pour servir leurs intérêts altéra complètement le délicat système économique du pays[31] ». L'inflation devint galopante, privant les habitants de leur pouvoir d'achat et de leurs économies. Un titre d'emprunt de guerre acheté 1 000 marks en 1914 n'en valait plus que 300 en 1917. Les biens de consommation et les denrées alimentaires disparaissaient des rayons tandis que la mauvaise gestion de l'économie allemande s'aggravait[32].

De fait, l'étendue de la crise économique en Allemagne suscite *a posteriori* de sérieux doutes sur la capacité du pays à remporter la guerre, indépendamment de ce que faisaient ses armées sur le terrain. De même que les émeutes de la faim furent la cause la plus immédiate du déclenchement de la révolution en Russie, la multiplication des grèves et la montée de l'agitation urbaine en Allemagne agitèrent le spectre de la révolution qui terrifiait les dirigeants allemands tout autant, si ce n'est davantage encore, que la défaite sur le champ de bataille[33]. Les événements de 1917 prouvèrent, selon la formule de Jay Winter, que « le prix que les civils pensaient pouvoir et devoir payer pour la victoire ou la paix n'était pas illimité[34] ». Ainsi, la meilleure aptitude des Français et des Britanniques à gérer leur front intérieur joua-t-il un rôle capital dans la victoire alliée.

1917 DANS UNE PERSPECTIVE MONDIALE

En envisageant l'année 1917 à près d'un siècle de distance, on voit poindre des configurations générales, les événements du front occidental de cette année-là devenant moins importants. Dans une perspective plus large, en effet, 1917 semble être moins le début de la phase finale de la Première Guerre mondiale que le point de départ des guerres qui modèleront le reste du XXe siècle et au delà. Bien que pour les Allemands 1917 marquât la fin des opérations de combat à grande échelle à l'Est, pour les Russes ce fut seulement la fin d'une guerre et le début d'une autre. La guerre civile russe, qui dura jusqu'en 1921, causa plus de morts par suite des combats et des maladies que ne l'avaient fait les affrontements de 1914-1918. Elle s'acheva sur le triomphe des bolcheviks, une guerre entre la Russie et la Pologne qui amena l'Armée rouge aux portes de Varsovie et la création d'un nouveau colosse en Europe et en Asie : l'Union soviétique. Forgée au creuset de deux guerres décisives du XXe siècle, l'URSS modifia radicalement la nature de la politique mondiale pour le restant du siècle ou presque. La guerre froide ne commença peut-être pas en 1917, mais on peut aisément en deviner les germes cette année-là.

Les événements qui se produisirent au Moyen-Orient en 1917 reçurent bien moins d'attention à l'époque, mais, rétrospectivement, nous pouvons mesurer l'importance de cette année dans l'histoire de cette région troublée. Cherchant une solution de remplacement au front occidental et soucieux de déloger la France et la Russie en tant que rivales impériales, David Lloyd George engagea de précieux atouts britanniques dans la conquête du Moyen-Orient. Les forces britanniques avancèrent à travers la Mésopotamie, prenant leur revanche de l'horrible défaite de 1915 et s'emparant de Bagdad en mars 1917. Elles entreprirent également de progresser à travers le Sinaï et Gaza, avec des forces dont Douglas Haig avait grand besoin en Europe. Une rapide campagne qui fit un excellent usage de l'artillerie et de la cavalerie mena à la prise de Beer-Sheva en octobre et de Jaffa en novembre. Puis, deux semaines avant Noël, les forces britanniques entrèrent dans Jérusalem. Plus de quatre cents ans de règne ottoman prenaient ainsi fin dans le monde arabe, même si, près d'un siècle d'effusion de sang plus tard, personne n'est parvenu encore à établir un consensus sur ce qui devait suivre.

1917 vit en revanche la fin de la plupart des combats dans une autre partie du monde, bien qu'on puisse à peine qualifier de paix la situation qui prévalut dans l'Afrique subsaharienne. En novembre, les dernières troupes africaines et allemandes sous les ordres du général Paul von Lettow-Vorbeck quittèrent le territoire contrôlé par l'Allemagne ; elles continuèrent à résister aux efforts britanniques jusqu'à la fin de la guerre. À l'époque, tant en Grande-Bretagne qu'en Allemagne, les actions de ce commandant furent jugées héroïques, vu la façon dont il menait un petit groupe d'hommes dévoués qui tenaient tête à des forces bien plus vastes au cœur d'un terrain extrêmement difficile. Or, il ne fit en vérité que prolonger une campagne qui avait perdu depuis longtemps déjà sa finalité stratégique. Les hommes (mais les femmes et les enfants aussi, car les unités africaines se déplaçaient souvent en famille) continuaient à mourir de maladie et d'épuisement sans raison véritable. Il est difficile d'obtenir des estimations quant au nombre total de victimes en Afrique, mais elles se comptent très certainement par centaines de milliers. Au bout du compte, les Africains échangèrent leurs maîtres allemands contre de nouveaux maîtres, souvent britanniques, mais aussi français, qui inaugurèrent ce que certains chercheurs appellent le second partage du continent et qui poursuivirent la transition vers la phase finale de l'impérialisme européen[35].

Ainsi, pour comprendre 1917, il nous faut envisager à l'échelle mondiale les effets d'une guerre qui portait en elle les germes des futurs conflits de la planète. D'un point de vue militaire, la guerre fut tournée à la fois vers l'avenir, comme on l'a vu avec l'usage des forces blindées et le recours à de nouvelles tactiques d'infanterie, et tout autant vers le passé, comme l'ont démontré les batailles du Chemin des Dames et de Passchendaele. Si l'on se souvient aujourd'hui davantage de ces dernières, c'est en grande partie parce que les modernes associent la Première Guerre mondiale à l'échec et à l'absurdité, largement liés (à tort ou à raison) aux événements de 1917.

CHAPITRE VI

1918 : fin de partie

Christoph Mick

Introduction

Ach, ich bin des Treibens müde,
Was soll all der Schmerz und Lust ?
Süßer Friede,
Komm, ach komm in meine Brust !

Ah ! je suis fatigué de cette agitation !
Pourquoi toutes ces souffrances et ces plaisirs ?
Douce paix,
Viens, ah viens dans mon cœur !

Le 1er janvier 1918, la *Neue Freie Presse*, journal libéral viennois, entama son éditorial en citant la deuxième partie du *Wandrers Nachtlied* (« Chant de nuit du voyageur ») de Johann Wolfgang von Goethe (1776). L'article était intitulé « Dem Frieden entgegen » (« Vers la paix »). Un traité avec la Russie soviétique était imminent, et l'auteur espérait que la Grande-Bretagne et la France se verraient obligées de faire la paix avec les Puissances centrales. Le journal n'envisageait pas une victoire triomphale ; il préparait la population autrichienne à un traité de paix sans réparations et annonçait des temps difficiles. Une fois la guerre finie, la population de l'Autriche-Hongrie devait s'attendre à une longue période d'austérité. L'article reflétait bien la lassitude de la guerre en Autriche tout en entretenant l'espoir que la victoire, sous une forme ou une autre, était encore envisageable[1].

La presse allemande était plus optimiste, ainsi que le fit remarquer *The Times*. À la une de sa première édition de 1918, le quotidien citait la *Frankfurter Zeitung* : « Dans les six prochains mois – période décisive pendant laquelle les Puissances centrales auront, incontestablement, la supériorité stratégique, et période des plus importantes durant laquelle les espoirs que les puissances de l'Ouest fondent sur les masses américaines ne sauraient en aucun cas se réaliser –, dans ces mois à venir les Puissances centrales seront en mesure de concentrer la totalité de leurs forces ou presque sur le front de l'Ouest [...]. Les puissances occidentales devront abandonner tout espoir de succès dans une nouvelle offensive qu'ils lanceraient à l'Ouest [...]. C'est ainsi que les conditions stratégiques sur le front de l'Ouest ont été complètement inversées. La guerre se retourne contre la France[2]. » La *Frankfurter Zeitung* n'était pas seule à envisager la victoire en 1918. La presse régionale, par exemple la *Freiburger Zeitung*, espérait également que les vents tourneraient en faveur des Puissances centrales, et elle baptisa la nouvelle année *Friedensjahr* (« année de la paix »). L'espoir de paix, et non de victoire, dominait dans les premières pages des journaux allemands, mais la paix envisagée découlait d'une victoire allemande, et non d'une défaite[3].

Les deux journaux cités partageaient l'optimisme de l'empereur Guillaume II et du Commandement suprême de l'armée (*Oberste Heeresleitung*, OHL), à la tête duquel se trouvait le chef du grand état-major, le maréchal Paul von Hindenburg, mais dont la direction était en réalité assurée par le général en chef Erich Ludendorff. Les événements récents à l'Est avaient remonté le moral des soldats et de la population. Après trois ans de combats intenses, la Russie était battue et se trouvait à présent confrontée à des bouleversements révolutionnaires.

Un traité de paix avec la Russie soviétique fut signé dans la ville biélorusse de Brest-Litovsk le 3 mars 1918, traité qui ne faisait que confirmer ce que tout le monde savait depuis l'automne 1917, à savoir que les Puissances centrales avaient gagné la guerre sur le front de l'Est. Depuis l'armistice du 16 décembre 1917 avec la Russie soviétique, l'envoi d'un certain nombre de divisions allemandes de l'Est vers le front de l'Ouest n'était qu'une question de temps. Mais les ambitions, à ce moment crucial, compliquaient un peu les choses. Ludendorff partageait les visées impérialistes de certains militaires, hommes politiques et membres de l'élite économique, et il voulait exploiter au maximum l'effondrement de l'Empire russe et le vide politique créé pour étendre les frontières, développer la colonisation et assurer la domination allemande sur l'Europe orientale dans un avenir prévisible. Ces plans engageaient environ un million de soldats allemands aux confins occidentaux de l'Empire russe. Ils avaient pour but de contrôler et exploiter le territoire occupé, mais aussi – ce qui n'était pas le moindre des objectifs – envisager des incursions ultérieures en Crimée et dans le Caucase[4]. Les ambitions germaniques et la situation instable qui prévalait dans l'ancien Empire russe empêchaient ainsi que toute la puissance militaire allemande fût dirigée sur le front de l'Ouest.

La gestion du temps était également essentielle. Les États-Unis avaient déclaré la guerre à l'Allemagne en avril 1917, mais l'armée américaine était restreinte et loin d'être prête au combat. L'entrée en guerre de la première économie mondiale avait stimulé la confiance des Alliés. Dans sa première édition de 1918, le quotidien parisien *Le Matin* publia un collage de la statue de la Liberté et d'un navire rempli de soldats débarquant en France. Et l'on pouvait lire : « 1918 – L'année décisive – 1918 ». *Le Matin* espérait que l'arrivée de ces nouveaux « frères d'armes » sonnerait le glas de la « tyrannie allemande[5] ». Les dirigeants politiques et militaires ne partageaient toutefois pas cet optimisme. Tandis que l'OHL comptait sur la victoire en 1918, les Alliés n'espéraient pas vaincre l'Allemagne avant 1919 grâce à ce soutien des troupes américaines encore fraîches. La fin de partie avait commencé[6].

Si Ludendorff avait raison de penser que la guerre ne pouvait être gagnée que sur le front de l'Ouest, elle pouvait être perdue sur d'autres fronts. Il fallait que l'armée autrichienne tînt en Italie pour ne pas mettre l'Allemagne en péril. En 1917, l'Autriche-Hongrie était au bord de la faillite sur le plan économique et politique, mais sa victoire décisive lors de la bataille de Caporetto (12e bataille de l'Isonzo) en octobre-novembre 1917 – remportée grâce au soutien de plusieurs divisions allemandes – apporta quelque répit à son armée. Quant aux autres théâtres d'opérations, tout effondrement du front balkanique à Salonique éliminerait la Bulgarie de la guerre et couperait les communications entre l'Allemagne et son alliée turque ; et la perte de la péninsule Arabique et de la Palestine exercerait une pression supplémentaire sur l'Empire ottoman. Mais Ludendorff prit le risque : il releva les troupes allemandes de ces deux fronts, les rendant ainsi vulnérables aux offensives alliées. Il fit confiance au hasard, pariant sur le succès de l'offensive du printemps.

À première vue, celle-ci fut couronnée de succès. Jamais depuis 1914 une offensive ou une série d'offensives n'avait fait gagner autant de terrain. Pendant un temps, la victoire militaire de l'Allemagne sembla proche. Les contemporains et les historiens militaires se sont demandé pourquoi la supériorité allemande en matériel et en effectifs au printemps 1918 n'avait pas été suffisante pour vaincre les Alliés. Les troupes allemandes avaient été spécialement entraînées pour cette offensive, concentrant les soldats les meilleurs et les plus vigoureux au sein de divisions d'attaque menées par les officiers et sous-officiers les plus compétents, dont les aptitudes figuraient parmi les principaux atouts de l'armée allemande. Les tactiques d'infiltration, qui faisaient appel à des troupes de choc (*Sturmtruppen*) formées à cet effet et à un déploiement d'artillerie amélioré, semblaient donner à l'Allemagne la supériorité. En outre, le plan avait été conçu et l'offensive supervisée par Erich Ludendorff lui-même, l'homme dont la réputation s'était forgée au cours des grandes victoires à l'Est. Pourquoi l'Allemagne ne gagna-t-elle donc pas la guerre au printemps 1918 ? Nous reviendrons sur cette question à la fin du chapitre.

Objectifs de guerre et traités de paix

Lorsque l'Allemagne et l'Autriche-Hongrie eurent perdu la guerre, ces pays fondèrent leurs espoirs sur le programme esquissé par le président américain Woodrow Wilson au début de l'année. Lors de son discours au Congrès, le 8 janvier 1918, il avait énuméré quatorze points susceptibles de constituer la base d'une paix future. Wilson souhaitait contrecarrer les efforts des Puissances centrales et gagner le soutien des nations sans État de l'Europe de l'Est. L'un des principes sous-tendant son discours était le droit à l'autodétermination de toutes les nations. Il y avait une légère contradiction entre ce principe et certains des quatorze points. Wilson n'appliquait pas le droit à l'autodétermination à la Russie, dans la mesure où il la voyait encore comme une éventuelle alliée, et il ne l'appliquait que partiellement à l'Empire ottoman et à l'Autriche-Hongrie. Tout comme Lloyd George dans son discours de Caxton Hall du 5 janvier 1918, Wilson n'exigeait pas la dissolution des deux empires, mais proposait l'autonomie pour leurs diverses nationalités. Le discours déçut le gouvernement italien, car Wilson restait plutôt vague quant aux objectifs de guerre de l'Italie[7]. Il mentionna l'évacuation de la Belgique et revendiqua la réparation des « torts causés à la France par la Prusse en 1871, concernant l'Alsace-Lorraine », sans aller jusqu'à apporter son soutien inconditionnel à cet objectif primordial pour la France. Le point 13 faisait allusion à la création d'un État polonais indépendant avec un accès à la mer. Cette proposition fut en fait une mesure efficace pour contrer la politique polonaise (*Polenpolitik*) des Puissances centrales. En 1916, celles-ci avaient promis l'indépendance à la Pologne, mais sans préciser les frontières du futur État. Un Conseil de régence provisoire fut installé à Varsovie, une sorte de proto-gouvernement polonais, mais on ne lui attribua que des pouvoirs administratifs très limités. L'Allemagne n'avait jamais eu l'intention de renoncer au territoire acquis au cours des partitions de la Pologne ; il y avait même des plans pour l'étendre par l'annexion d'une bande le long de la frontière de la Pologne (russe) du Congrès. Ce que le mouvement national polonais pouvait espérer de mieux d'une victoire des Puissances centrales, c'était l'unification de la Galicie et de la Lodomérie, territoires de la couronne autrichienne, avec la Pologne russe, sous l'égide d'un prince autrichien. Toutefois, si cette option était attrayante pour les patriotes polonais en 1915, ce n'était plus le cas en 1918. Après les deux révolutions russes et le discours de Wilson, une victoire des Alliés garantissait l'indépendance de la Pologne – un État qui comprenait la Pologne du Congrès, la Galicie et les provinces polonaises de l'Empire germanique[8].

En 1918, les Tchèques et les Slovaques aspiraient eux aussi à un État indépendant. La vague promesse d'une autonomie accrue si les Puissances centrales gagnaient la guerre se trouvait éclipsée par l'éventualité très réelle d'une indépendance en cas de victoire des Alliés. Le nombre de désertions s'accrut, et les prisonniers de guerre tchèques et slovaques en Italie et en Russie rejoignirent les légions tchéco-slovaques constituées pour combattre les Puissances centrales. Dans les Balkans, le changement de bord était moins évident. Il y avait bien quelques partisans de l'idée yougoslave en Croatie, Slovénie, Bosnie et Herzégovine, mais les Slovènes et les Croates, en particulier, s'inquiétaient des visées italiennes. Le gouvernement italien souhaitait annexer la région nord-est de la côte adriatique en échange de l'engagement de l'Italie aux côtés des Alliés. Par conséquent, les soldats slovènes et croates ne se battaient pas seulement pour l'Empire des Habsbourg ; ils étaient aussi amenés à tenir à distance l'armée italienne pour des motifs nationalistes.

La révolution d'Octobre, en Russie, avait effectivement mis fin à la guerre à l'Est. Les priorités du gouvernement révolutionnaire étaient de rester au pouvoir et de propager la révolution dans le monde. Le 8 novembre 1917, le nouveau gouvernement publia son *Décret sur la paix* qui appelait « tous les peuples en guerre et leurs gouvernements à entamer immédiatement des pourparlers en vue d'une paix démocratique ». Les négociations devaient s'engager sans conditions, et être fondées sur le principe du « ni annexions ni réparations ». L'offre de paix comprenait également le droit à l'autodétermination des nations – un point qui ouvrait la porte aux manipulations, comme on le verrait plus tard. Tandis que les Alliés rejetaient la proposition, les Puissances centrales acceptèrent cette note comme point de départ des tractations. Le 15 décembre 1917, un armistice fut conclu, et une semaine plus tard les négociations pour la paix commencèrent à Brest-Litovsk. La délégation allemande n'était disposée à rendre aucun des territoires occupés, et elle justifia son offre de paix par le droit à l'autodétermination. Le 9 février, le chef de la délégation de la Russie soviétique, Léon Trotski, quitta la table des négociations sans avoir signé le traité. Les bolcheviks, qui faisaient encore partie à ce moment-là d'une coalition gouvernementale avec les socialistes révolutionnaires de gauche, étaient confrontés à un dilemme. Le président du Conseil des commissaires du peuple, Vladimir I. Lénine, était disposé à signer le traité, tandis que l'opposition, conduite par Nikolaï I. Boukharine, voulait qu'on engage une guerre révolutionnaire et pariait sur un soulèvement révolutionnaire en Allemagne. Trotski l'emporta grâce à sa formule « ni guerre ni paix ». Il cherchait à gagner du temps et espérait que les commandants allemands n'oseraient progresser de crainte de déclencher une révolte des ouvriers pro-bolcheviks en Allemagne, ou même une rébellion des soldats du rang[9].

La dissension régnait au sein de la délégation allemande, essentiellement entre le secrétaire d'État aux Affaires étrangères, Richard von Kühlmann, et le chef d'état-major des armées allemandes sur le front de l'Est (*Oberbefehlshaber der gesamten deutschen Streitkräfte im Osten, Ober Ost* en abrégé), le général Max Hoffmann. Kühlmann proposait des conditions plus souples, qui auraient laissé la porte ouverte à une future alliance avec la Russie, mais il perdit contre Hoffmann, qui profita du soutien de celui qui – à ce moment-là – était l'homme le plus puissant d'Allemagne, Erich Ludendorff. Le 13 février 1918, Kühlmann plaida devant le Conseil de régence à Bad Homburg contre la reprise des hostilités, mais l'armée allemande avait traversé, la veille, la ligne d'armistice.

Progressions des puissances centrales sur le front Est, 1917-1918

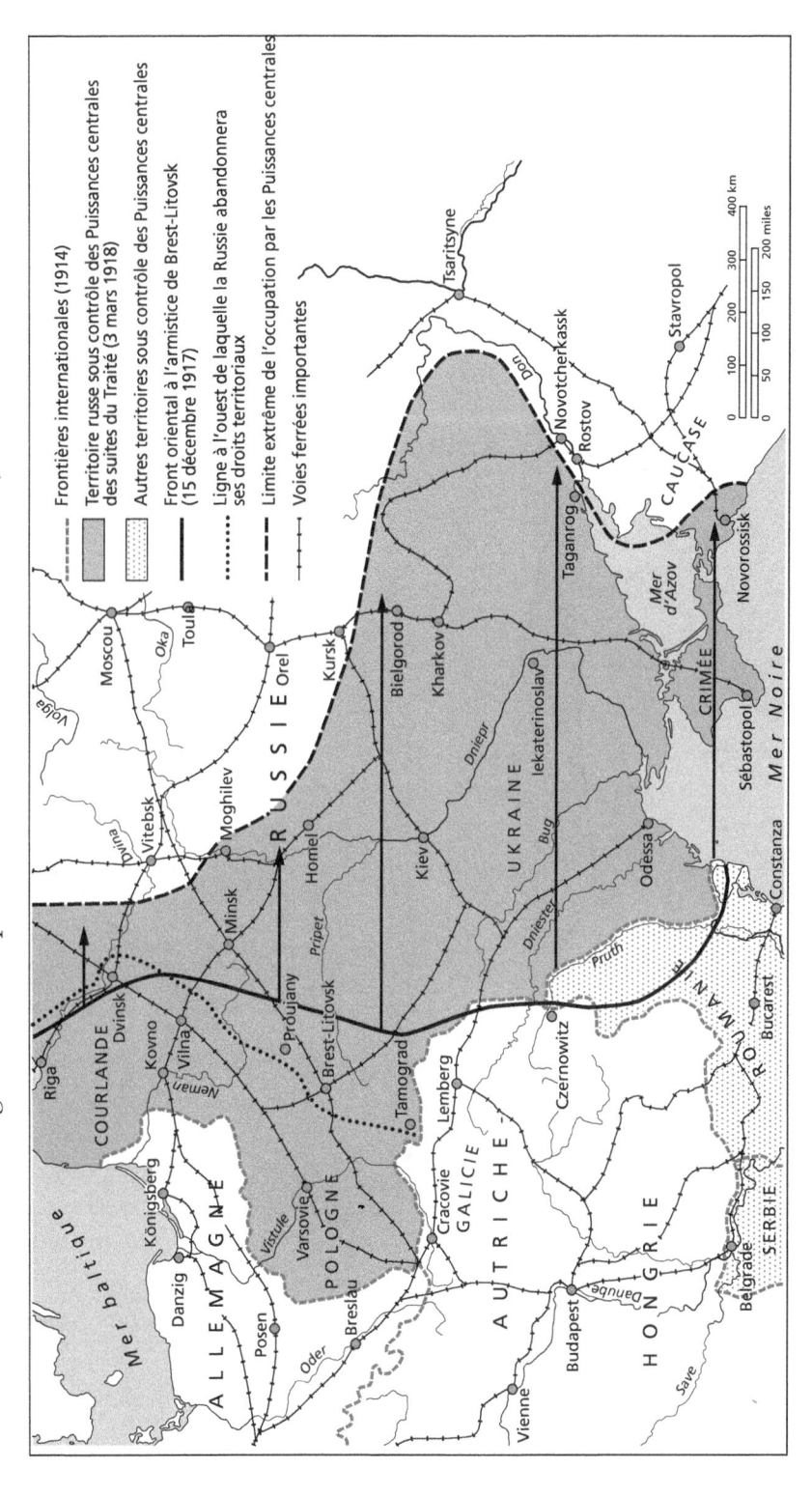

Légende :
- Frontières internationales (1914)
- Territoire russe sous contrôle des Puissances centrales des suites du Traité (3 mars 1918)
- Autres territoires sous contrôle des Puissances centrales
- Front oriental à l'armistice de Brest-Litovsk (15 décembre 1917)
- Ligne à l'ouest de laquelle la Russie abandonnera ses droits territoriaux
- Limite extrême de l'occupation par les Puissances centrales
- Voies ferrées importantes

Divisions territoriales sous le traité de Brest-Litovsk, mars 1918

— Front oriental en décembre 1917 au début des discussions de Brest-Litovsk
--- Limite de l'avancée des Puissances centrales, mars 1918
······ La Russie abandonne ses droits sur la zone à l'ouest de cette ligne après Brest-Litovsk
//// Ukraine indépendante 1917–20
···· Biélorussie (1918-21)

FINLANDE
Saint Pétersbourg (Petrograd)
ESTONIE
mer Baltique
Riga LETTONIE
LITUANIE
ALLEMAGNE
BIÉLORUSSIE
Moscou
RUSSIE
Varsovie
Brest-Litovsk
POLOGNE
UKRAINE
AUTRICHE - HONGRIE
SERBIE
ROUMANIE
mer Noire

0   200   400 km
0   100   200 miles

Hoffmann écrivit dans son journal que cette offensive fut « la guerre la plus comique » qu'il avait jamais vue[10]. Ses troupes avancèrent le long des lignes de chemin de fer en rencontrant très peu de résistance. La Russie révolutionnaire était en grand danger, et Lénine finit par réunir une majorité au Comité central du Parti pour soutenir sa position. Une nouvelle délégation soviétique se rendit à Brest-Litovsk et accepta les conditions qui, entre-temps, avaient été quelque peu durcies. Le 3 mars 1918, un traité fut signé par la Russie soviétique d'un côté et les Puissances centrales de l'autre. La Russie perdait la plus grande partie de ses régions occidentales non russes, dont la Pologne du Congrès et la Finlande – environ 1 300 000 kilomètres carrés –, de même qu'un quart de la population et un quart de l'industrie de l'ancien Empire russe. Le gouvernement soviétique dut renoncer à toute revendication territoriale sur la Finlande, la Pologne, la Lituanie, la Courlande et l'Ukraine, tandis que la Livonie et l'Estonie – qui faisaient théoriquement encore partie de la Russie – seraient désormais occupées par les troupes allemandes. L'Empire ottoman recevait les territoires qui avaient été perdus lors de la guerre russo-turque de 1878, et la Russie soviétique dut accepter l'indépendance de la Transcaucasie. Les Puissances centrales avaient déjà reconnu l'indépendance de la Finlande et de l'Ukraine, et avaient conclu un traité séparé avec la *Rada* ukrainienne, avant même d'avoir signé le traité avec la Russie soviétique[11].

Les populations allemandes et autrichiennes exultèrent à l'annonce du traité de paix, et les élites politiques, militaires et économiques discutèrent de plans pour la colonisation et l'exploitation économique de l'Europe orientale. La plupart des Allemands et des Autrichiens comptaient beaucoup sur les céréales ukrainiennes pour combattre la faim et finir par gagner la paix. Le Parti social-démocrate allemand (SPD) émit des critiques sur la nature impérialiste du traité, mais ne put se résoudre à voter contre la paix ; ses délégués s'abstinrent. Seul le Parti social-démocrate indépendant (USPD), qui s'était séparé du SPD en avril 1917, resta fidèle à ses principes et vota contre. En violation du traité, ou du moins de son esprit, les troupes allemandes reprirent bientôt leur progression vers le Caucase et la Crimée.

L'historiographie relative à Brest-Litovsk souligne habituellement trois aspects du traité : la signification qu'il revêt pour le statut de la Russie comme grande puissance ; la tension entre les intérêts des États et l'idéologie révolutionnaire de la Russie soviétique ; et, pour finir, l'indication qu'il donne du caractère excessif des objectifs militaires allemands et la preuve de la continuité entre l'*Ober Ost* et le *Generalplan Ost* national-socialiste. Cependant, les historiens de la Grande Guerre, de l'impérialisme allemand et de la Révolution russe ont tendance à ne pas tenir compte des implications de Brest-Litovsk pour les nations de l'Est. La défaite de l'Empire russe était une condition préalable de l'indépendance d'une demi-douzaine de nations. La Russie soviétique perdit des territoires où la majorité des habitants n'étaient pas disposés à faire partie d'un État russe, et ce quel que soit le type de gouvernement. Une Russie non bolchevique aurait pu séduire la minorité russe de cette région, peut-être même certains Biélorusses et Ukrainiens, mais elle n'avait aucun attrait pour les Polonais, les Lituaniens, les Finlandais, les Estoniens et les Lettons. En 1918, les élites politiques de ces nations sans État ne se satisfaisaient plus d'une autonomie au sein d'une Russie réformée ; elles aspiraient à l'indépendance. La Finlande et l'Ukraine avaient proclamé leur indépendance aussitôt après la révolution bolchevique, tandis que les Puissances centrales permettaient à des organisations nationales de se développer dans les régions occupées, telles la Courlande, la Livonie, la Lituanie et l'Estonie, bien qu'elles fussent sous strict contrôle allemand[12]. Il était entendu qu'après la guerre, ces régions seraient gouvernées par l'Empire allemand ou bien étroitement liées à celui-ci. Elles étaient supposées servir de contrepoids à la Pologne, dont l'indépendance avait été promise par les Puissances centrales. Après la défaite allemande, les organisations nationales elles-mêmes prirent le pouvoir ou, de façon plus ou moins légale, le déléguèrent à de nouvelles autorités nationales. Du point de vue de ces nations, la victoire des Puissances centrales avait donc son avantage[13].

L'Ukraine est un excellent exemple de la nature improvisée des politiques allemandes et autrichiennes en Europe orientale. L'occupation de l'Ukraine ne relevait pas d'un plan prémédité, mais d'une suite d'événements dans lesquels les Puissances centrales s'étaient retrouvées impliquées un peu malgré elles[14]. En janvier et février 1918, les gardes rouges russes et ukrainiens essayèrent de renverser le gouvernement ukrainien, tandis qu'une délégation de la *Rada* négociait un traité de paix séparé avec les Puissances centrales. Celui-ci fut signé le 9 février 1918, au lendemain de la prise de Kiev par les gardes rouges. En échange de nourriture, de céréales en particulier, les Puissances centrales promirent une aide militaire. Elles divisèrent l'Ukraine en deux zones d'influence et occupèrent le pays avec environ 450 000 hommes. Les gardes rouges durent battre en retraite. Le 28 avril 1918, l'*Ober Ost* s'ingéra dans la politique intérieure de l'Ukraine et remplaça la *Rada* impuissante par le *Hetman* Pavlo Skoropadsky, dont le pouvoir dictatorial dépendait entièrement du soutien militaire des Allemands et des Autrichiens. Le gouvernement autrichien voulait obtenir la couronne ukrainienne pour l'archiduc Guillaume, espérant que l'Ukraine ferait contrepoids aux prétentions allemandes[15], mais le véritable pouvoir en Ukraine reposait sur l'*Ober Ost*. Pour la population multiethnique du pays (Ukrainiens, Russes, Juifs, Polonais, etc.), l'occupation avait un caractère ambivalent. Dans une certaine mesure, elle restaurait l'ordre et protégeait le pays d'une invasion de la Russie soviétique ou d'un coup d'État bolchevique, mais la population, qui, dans un premier temps, avait bien accueilli les soldats allemands et autrichiens, se montra vite mécontente de l'occupation. Les occupants ne pouvant prendre appui sur les structures administratives existantes, le transfert des ressources devait être organisé par les soldats. Les troupes assuraient leur subsistance aux dépens du pays et essayaient d'extraire le plus de ressources possible (de la nourriture en particulier) de l'Ukraine. Cela entraîna des soulèvements locaux, qui furent réprimés par les troupes allemandes et autrichiennes, aggravant encore le mécontentement[16].

Les minorités juives avaient eu à souffrir de multiples privations de la part des autorités civiles et militaires russes. Toutefois, alors qu'avant la révolution bolchevique le sort des Juifs n'était pas si mauvais dans les territoires occupés par les Puissances centrales, les rapports envoyés des régions de l'*Ober Ost* qui assimilaient la population juive au bolchevisme devinrent de plus en plus nombreux. Ce stéréotype antisémite du « judéo-bolchevisme » empoisonna les relations entre les occupants et les minorités juives sans que cela engendre encore une discrimination systématique[17]. Dans l'entre-deux-guerres, l'imagination de la droite allemande transformerait les régions de l'*Ober Ost*, où, pendant un an ou deux, les Allemands avaient exercé un pouvoir quasi absolu, en un *Traumland Ost* (un « Est de rêve »), en attente d'être colonisé et gouverné par les Allemands. Il y a un lien entre l'*Ober Ost* et le *Generalplan Ost* national-socialiste, mais ce lien ne doit pas non plus être surestimé ou interprété comme une simple continuité. La politique de l'*Ober Ost* était une politique impérialiste de répression et d'exploitation, elle n'était pas génocidaire[18].

Une fois réglé le sort de la Russie, les Puissances centrales vainquirent également la Roumanie, et le 7 mai 1918 un traité de paix fut signé à Bucarest. La Bulgarie recevait la Dobroudja du Sud et une partie de la Dobroudja du Nord, tandis que le reste de la province était placé sous l'administration conjointe de la Roumanie et de la Bulgarie. La Bulgarie exigea le contrôle total de la province ; il lui fut accordé dans un protocole en date du 25 septembre 1918, mais cela ne lui fut d'aucune utilité, car quatre jours plus tard elle capitula face aux Alliés. L'Autriche-Hongrie se voyait attribuer le contrôle des cols des Carpates. La Roumanie devait louer ses puits de pétrole à l'Allemagne pour quatre-vingt-dix ans et accepter l'occupation pour une période indéfinie. Les Puissances centrales attribuèrent à la Roumanie un lot de consolation en reconnaissant son union avec la Bessarabie, qui avait jusque-là appartenu à l'Empire russe[19]. Le 27 août, le traité de Brest-Litovsk fut amendé par celui de Berlin. Ce dernier reflétait l'idéologie du Parti de la patrie allemande et ne tenait aucun compte des opinions plus modérées qui s'exprimaient en Allemagne. La Russie soviétique devait renoncer à toute prétention sur la région de la Baltique, reconnaître l'indépendance de la Géorgie, livrer toutes ses réserves d'or à l'Allemagne et verser 5 milliards de marks en dédommagement. L'Allemagne obtint également le droit d'exploiter les mines de charbon du bassin de Donetsk. Le gouvernement soviétique n'eut jamais l'intention d'honorer ses engagements, prévoyant à juste titre que l'Allemagne perdrait la guerre. À Brest-Litovsk, l'OHL avait utilisé le droit à l'autodétermination comme paravent pour cacher ses visées impérialistes ; mais les traités de Berlin et de Bucarest montraient à quoi aurait ressemblé le monde selon les élites allemandes au pouvoir. En définitive, même le parlement allemand en eut assez de cet impérialisme hasardeux, désormais flagrant, et il vota contre le traité de Berlin[20].

L'offensive du printemps

Avant même le traité de Brest-Litovsk, les divisions allemandes postées sur le front de l'Est étaient passées au peigne fin pour recruter des soldats de moins de trente-cinq ans en excellente forme. Entre novembre 1917 et l'offensive du 21 mars 1918, 44 divisions arrivèrent en Belgique et en France. Ludendorff fut critiqué pour avoir laissé à l'Est près d'un million et demi de soldats, dont un grand nombre dans la cavalerie (Europe orientale, Balkans, Turquie et Russie). Ces divisions étaient moins aguerries que celles qui avaient été transférées, mais elles auraient pu en soulager d'autres au moment de l'attaque[21]. On ne pouvait pas exclure, cependant, que les bolcheviks, afin de promouvoir la révolution en Allemagne, ou

Offensive allemande, printemps 1918

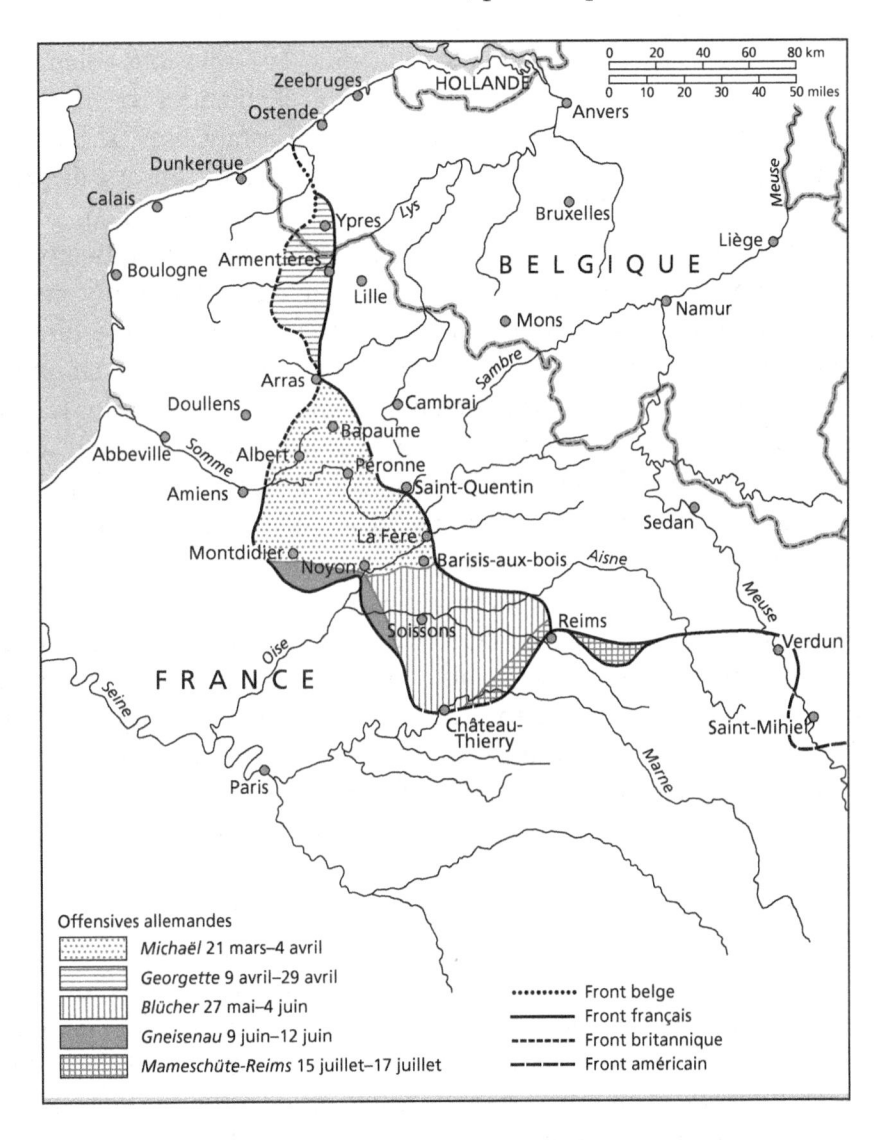

Offensives allemandes
- Michaël 21 mars–4 avril
- Georgette 9 avril–29 avril
- Blücher 27 mai–4 juin
- Gneisenau 9 juin–12 juin
- Marneschüte-Reims 15 juillet–17 juillet

- .... Front belge
- ———— Front français
- -------- Front britannique
- — — — Front américain

les forces blanches soutenues par les légions tchécoslovaques, ne reprennent le combat contre les Puissances centrales. Winston Churchill, le ministre britannique de l'Armement, envisageait même la possibilité d'un nouveau front contre l'Allemagne en Russie, étayé par les troupes japonaises qui venaient de débarquer dans l'Extrême-Orient russe[22].

Mais, même sans ces divisions supplémentaires, les Puissances centrales avaient en mars 1918 un avantage significatif : 191 divisions allemandes affrontaient 175 divisions alliées. Les forces allemandes comportaient toutefois moins d'hommes que les britanniques et françaises, si bien que, selon un rapport de forces absolu, les deux côtés étaient presque à égalité : environ 4 millions de soldats[23]. Les Allemands avaient également plus de matériel d'artillerie, bien que cette donnée soit moins significative : la supériorité n'était pas le résultat d'un net avantage numérique, mais de l'efficacité au combat. Ce n'était pas suffisant pour lancer une offensive à grande échelle, mais permettait à l'OHL de concentrer les troupes et la puissance de feu sur certains secteurs du front sans affaiblir le reste. L'élément de surprise était donc crucial. Le problème principal auquel était confrontée l'armée allemande était son absence de mobilité. Les Alliés avaient dix fois plus de camions, et les divisions allemandes manquaient désespérément de chevaux[24].

L'armée allemande avait recours à des tactiques interarmes et à des techniques d'infiltration qui avaient fait leurs preuves avec le général Oskar von Hutier lors de la bataille du golfe de Riga, et qui furent employées plus tard à Caporetto, puis lors de la contre-attaque de Cambrai. Il y avait, précédant l'attaque, une période de préparation d'artillerie assez brève, faite d'un déluge d'obus, afin d'empêcher les Alliés de deviner où l'attaque principale allait avoir lieu. Le lieutenant-colonel Georg Bruchmüller, commandant d'artillerie de la 18ᵉ armée, inventa une nouvelle méthode pour diriger le feu sans régler les tirs préalablement. L'artillerie pointait les armes vers les batteries de l'ennemi, le quartier général et les lignes de communication. Peu de temps avant l'assaut de l'infanterie, on tirait des obus de gaz lacrymogènes et toxiques (moutarde, phosgène et diphosgène), et commençait alors un barrage roulant dont le but n'était pas de détruire les positions ennemies, mais de les prendre par surprise. Ludendorff concentrait les meilleurs soldats dans des sections d'assaut (*Sturmtruppen*). Constituées de petites unités de six à neuf hommes, celles-ci avançaient le plus vite possible derrière les barrages roulants, sans se soucier d'anéantir chaque position fortifiée de l'ennemi. Leur objectif était d'atteindre les positions d'artillerie et le quartier général, puis de couper les lignes de communication, ce qui avait pour effet de provoquer désordre et confusion au sein des défenseurs. Des troupes mobiles, des bataillons d'infanterie équipés de mitrailleuses légères, de mortiers et de lance-flammes suivaient et détruisaient alors les bastions de l'ennemi. Pour finir, on avait recours à l'infanterie ordinaire qui nettoyait toute poche de résistance. À l'arrière, les troupes moins aguerries tenaient les tranchées et repoussaient les contre-attaques, tandis que progressaient les troupes d'assaut et les sections mobiles[25].

La question qui restait à résoudre était de décider où attaquer[26]. Le haut commandement allemand avait expérimenté les qualités d'adaptation des soldats français, et il redoutait d'affronter l'armée française à Verdun, l'endroit logique pour une offensive. Ludendorff supposait que le moral des soldats britanniques était au plus bas à la suite des offensives coûteuses de 1917. Il décida donc de commencer par attaquer le corps expéditionnaire britannique (la *British Expeditionary Force*, BEF). C'était un choix de bon sens dans la mesure où l'armée britannique connaissait un grave problème d'effectifs. Le Premier ministre Lloyd George, craignant peut-être de ne pouvoir empêcher son chef d'état-major, le général Douglas Haig, de lancer une nouvelle offensive, retenait en Grande-Bretagne les réserves dont on avait un cruel besoin en France et en Belgique. Les divisions de la BEF n'étaient ainsi pas au complet, le nombre de bataillons ayant été réduit de douze à neuf[27].

Le prince héritier de Bavière Rupprecht et son chef d'état-major Hermann von Kuhl préconisaient une attaque sur le secteur du front tenu par son armée. Cela supposait une attaque sur le saillant d'Ypres, mais tous les ans, au début du printemps, des pluies intenses transformaient le paysage balafré par la guerre en un immense champ de trous boueux, interdisant une avancée rapide. Ludendorff décida finalement d'attaquer en Picardie, entre Arras et Saint-Quentin, où le sol séchait plus vite après les pluies d'hiver et de printemps. À cet endroit, les troupes allemandes allaient devoir traverser l'ancien champ de bataille de la Somme. Ce terrain était également difficile, mais pas aussi boueux que les champs des Flandres. D'un point de vue tactique et opérationnel, le plan était bien conçu, mais pour gagner la guerre une vision stratégique était nécessaire. Il devint évident que cette vision stratégique restait « floue » lorsque Rupprecht contesta le projet de Ludendorff d'attaquer sur la Somme. Interrogé par le prince héritier sur son objectif stratégique, Ludendorff fit référence à l'expérience qu'il avait du front de l'Est : attaquer, trouver les points vulnérables, profiter de l'impulsion et enfoncer les lignes. Cela donnait à l'offensive un haut degré de flexibilité, mais le défaut inhérent à ce plan était que l'attaque pouvait se scinder en de multiples percées sans parvenir à une victoire décisive[28].

La première et principale offensive fut appelée opération *Michaël*, d'après l'archange et saint patron de l'Allemagne. Elle fut également surnommée la *Kaiserschlacht* (« bataille de l'Empereur »). Ludendorff lui donna comme objectif stratégique d'enfoncer la section sud du front britannique, de virer vers le nord, puis de rendre les positions britanniques impossibles à tenir en attaquant simultanément le centre et le flanc sud très exposés. Cela aurait pu marcher, mais Ludendorff prit alors des dispositions incompatibles avec cette stratégie. Trois armées allemandes formées de 67 divisions se trouvaient dans le secteur de l'assaut. Réunies, elles disposaient de 6 608 canons et obusiers (près de la moitié de tous les canons allemands sur le front de l'Ouest), 3 354 mortiers et 1 070 avions. Sur le même front, long d'une centaine de kilomètres, la BEF ne disposait que de 2 500 canons, 1 400 mortiers et 579 avions[29]. La préparation d'artillerie commença le 21 mars à 4 h 40 du matin et ne dura que cinq heures. Des obus de gaz moutarde, de phosgène et de gaz lacrymogène furent tirés avant l'attaque, et un brouillard épais désorienta les défenseurs. Dans le plan original, la 18ᵉ armée allemande aurait dû assurer la défense du flanc gauche des 2ᵉ et 17ᵉ armées, qui devaient se diriger vers le nord-ouest après avoir détruit le saillant de Cambrai. Les positions de la 3ᵉ armée britannique, cependant, étaient bien pourvues en hommes ; 14 divisions au total défendaient à peine 45 kilomètres de front. Les soldats de la BEF se cramponnèrent à la crête de Vimy, d'une importance stratégique cruciale, empêchant les troupes allemandes d'atteindre leurs objectifs. Celles-ci progressèrent, mais au prix de pertes très élevées. Haig avait concentré ses réserves stratégiques derrière cette section du front, ne pouvant pas se permettre de lâcher prise à cet endroit.

Contre toute attente, la percée se produisit contre la 5ᵉ armée britannique dans le secteur sud du front britannique : 12 divisions seulement disposant de 976 gros canons défendaient 65 kilomètres face à 43 divisions allemandes qui étaient, quant à elles, appuyées par 2 508 pièces d'artillerie lourde. Comme les Britanniques venaient de relever l'armée française sur une partie du front, les principes de la défense en profondeur n'avaient pas encore été totalement appliqués ; les positions à l'arrière n'étaient pas prêtes, et environ un tiers des troupes était concentré sur la ligne de front. Une partie considérable de la 5ᵉ armée fut anéantie sous l'effet des tirs d'artillerie et du premier assaut allemand. Le premier jour de l'offensive, les Allemands capturèrent 21 000 soldats, le total des pertes s'élevant à 38 512 du côté britannique. Mais les pertes allemandes furent encore plus lourdes : 40 000 hommes – un chiffre qui aurait pu servir d'avertissement pour l'OHL[30].

L'opération *Michaël* avait réussi sur un secteur du front, mais une victoire stratégique n'était pas à la portée de l'armée allemande. Ludendorff, néanmoins, fit avancer la 18e armée non pas en direction du nord-ouest, comme il avait été prévu, mais vers le sud et le sud-ouest. Cela pouvait s'expliquer par la résistance opiniâtre de la 3e armée britannique, mais Ludendorff semblait également croire que la BEF était battue et qu'il était temps à présent de se tourner contre l'armée française pour l'empêcher d'envoyer des renforts aux troupes britanniques. Il vit là l'occasion de s'immiscer entre les troupes britanniques et l'armée française, puis d'infliger aux Alliés le coup fatal dont il rêvait.

Face à cet état d'urgence, la résistance qu'opposaient Haig et Pétain à la mise en place d'un haut commandement unifié fut finalement vaincue. Le 26 mars, Foch reçut pour mission de coordonner l'action des armées britannique et française, son mandat se voyant élargi le 3 avril au corps expéditionnaire américain (l'*American Expeditionary Force*, AEF). Foch devint le commandant en chef (généralissime), d'abord pour le front occidental et plus tard pour l'ensemble des armées alliées. Comme ils ne disposaient d'aucune réserve stratégique, Haig et Pétain s'étaient préalablement mis d'accord pour s'assister mutuellement dans le cas d'une offensive allemande de grande envergure sur l'une ou l'autre section du front. Dans quelle mesure Pétain respecta sa promesse, voilà qui reste un sujet de controverse jusqu'à ce jour. Certains historiens se sont alignés sur l'opinion de Haig, qui se plaignit d'un soutien lent et insuffisant. D'autres ont souligné que, le 23 mars au soir, Pétain avait envoyé 14 divisions pour repousser l'offensive allemande. Le 28, la moitié de l'armée française était en marche et, le 31 mars, 21 divisions françaises étaient en appui de la BEF. Elles aidèrent à stabiliser les 60 kilomètres de front entre la Somme et l'Oise. Pétain avait refusé d'envoyer plus d'effectifs, car il prévoyait un assaut allemand simultané en Champagne[31].

L'opération *Michaël* avait causé 177 739 pertes chez les Britanniques, 77 000 chez les Français et 239 800 dans le camp allemand. Le plus inquiétant pour les Alliés était la disparition de 1 300 canons et le fait que 75 000 soldats britanniques et 15 000 soldats français avaient été faits prisonniers. L'armée allemande avait dépassé les défenses britanniques sur un secteur de 80 kilomètres et gagné 30 000 kilomètres carrés de territoire, et cependant, pour l'Allemagne, son impossibilité à remporter une victoire stratégique ne fut pas loin d'être interprétée comme un désastre[32]. Le front avait été repoussé de 60 kilomètres dans certaines zones, mais la BEF et l'armée française n'avaient pas été séparées de façon permanente et Amiens, avec son important nœud ferroviaire, n'avait pas été prise[33]. Les troupes allemandes pouvaient constater *de visu* que les soldats britanniques étaient bien mieux pourvus qu'elles. Les soldats allemands s'arrêtaient souvent pour manger ce qu'ils trouvaient dans les tranchées et les dépôts britanniques. Nombre d'entre eux étaient ivres et la discipline laissait à désirer. L'historien militaire britannique Basil Liddell Hart a même affirmé que l'abondance de nourriture et d'alcool trouvée chez l'ennemi contribua à saper le moral des Allemands et leur volonté de résister aux offensives des Alliés durant l'été puis l'automne[34] suivants.

Il est cependant peu probable que, même face à une moindre résistance et avec moins de temps passé à piller et à boire, les troupes allemandes eussent été capables de maintenir l'attaque assez longtemps pour porter un coup décisif soit à l'armée française, soit à la BEF. Elles étaient épuisées et trop éloignées des centres ferroviaires. Les lignes de communication étaient mises à rude épreuve, il n'y avait pas suffisamment de chevaux ou de transport motorisé, et il était impossible d'amener des troupes fraîches et de l'approvisionnement dans des délais raisonnables. Cela laissa le temps aux Alliés pour mieux répartir leurs ressources, mettre en place des troupes de réserve et stabiliser le front.

L'opération *Michaël* fut la première de plusieurs offensives. Le 9 avril fut lancée l'opération *Georgette*, connue en Grande-Bretagne sous le nom de bataille de la Lys. La zone d'attaque couvrait un secteur qui s'étendait de 10 kilomètres à l'est d'Ypres jusqu'à 10 kilomètres à l'est de Béthune. Sur la portion la plus vulnérable du front, défendue par la 1re armée britannique, étaient postées deux divisions portugaises aux effectifs réduits et fatigués. Le plan allemand envisageait d'effectuer une percée dans ce secteur du front, d'occuper le nœud ferroviaire de Hazebrouck, de repousser la 2e armée britannique vers les ports de la Manche au nord et de couper les lignes d'approvisionnement ennemies. Le premier jour, la 6e armée allemande enfonça les lignes britanniques sur une largeur de 15 kilomètres et avança de 8 kilomètres. Elle fut finalement stoppée par les divisions de réserve. Plus au nord, le 10 avril, quatre divisions de la 4e armée allemande repoussèrent la 2e armée britannique, qui avait envoyé ses réserves pour soutenir la 1re armée. Les Allemands progressèrent de 3 kilomètres sur une largeur de 6,5 kilomètres et prirent Messines. Le

11 avril, la situation des Britanniques était devenue si précaire que Haig donna son fameux ordre « Dos au mur ». Dans un appel dramatique à ses troupes, il leur ordonna de tenir chaque position, tout recul conduisant très certainement à la défaite. Les jours qui suivirent, les Allemands tentèrent à plusieurs reprises d'enfoncer les lignes britanniques et parvinrent à gagner un peu de terrain, mais, grâce à l'intervention des réserves françaises, le front fut stabilisé. Les pertes furent élevées, car à cet endroit, où la BEF ne pouvait se permettre de trop reculer, les défenses étaient profondes et extrêmement bien fortifiées. Ludendorff arrêta l'offensive le 29 avril. Depuis le 21 mars, les pertes de l'armée allemande se montaient à 326 000 hommes, celles des forces britanniques à 260 000 et celles de l'armée française à 107 000[35].

Ludendorff se retourna alors contre l'armée française. Les opérations *Blücher* et *Yorck*, qui commencèrent le 27 mai, avaient pour but d'éloigner les troupes des Flandres et d'empêcher les renforts français de parvenir jusqu'aux positions de leurs alliés britanniques, où – comme précédemment – il était prévu d'assener le coup fatal. Si Pétain s'attendait à une offensive, il ne l'attendait plus au Chemin des Dames. Quatre divisions britanniques épuisées avaient été transférées pour récupérer dans ce secteur considéré comme calme ; 41 divisions allemandes disposant de 3 719 canons enfoncèrent le front tenu par la 7e armée française et par trois divisions britanniques. L'avancée atteignit la Marne, et les troupes allemandes n'étaient plus alors qu'à 90 kilomètres de Paris. Une fois encore, Ludendorff ne put résister à la tentation, et les divisions allemandes du secteur britannique furent envoyées en renfort. Le soir du 28 mai, les lignes britannique et française furent séparées durant une courte période par une brèche de 65 kilomètres de largeur et 25 de profondeur. Le lendemain, les troupes allemandes prenaient Soissons. Au total, les troupes allemandes firent 50 000 prisonniers français et saisirent 630 canons et 2 000 mitrailleuses. L'armée allemande comptait 105 370 pertes, les Alliés 127 337[36]. Paris était désormais à portée d'artillerie, ce qui provoqua la panique. Le gouvernement français envisagea même de quitter la capitale. Le président du Conseil français, Georges Clemenceau, s'adressa à la Chambre des députés pour déclarer qu'il continuerait la lutte même si Paris était perdu : « Je me battrai devant Paris, je me battrai dans Paris, je me battrai derrière Paris ! »

Une fois de plus, les problèmes logistiques, de transport en particulier, empêchèrent l'armée allemande d'exploiter stratégiquement l'occasion qui s'offrait à elle. Ses divisions d'assaut étaient épuisées, et l'approvisionnement, l'artillerie et des troupes fraîches ne purent être acheminés dans des délais rapides. Pétain sut stabiliser le front sur la Marne. Huit divisions américaines participèrent à cette bataille sous commandement français. Le succès relatif de l'opération *Blücher* fut toutefois suffisant pour que Ludendorff soit tenté de lancer une nouvelle attaque : ce fut l'opération *Gneisenau*, entre Noyon et Montdidier, le 9 juin. Le succès fut limité et suivi d'une contre-attaque réussie, à laquelle les troupes américaines prirent également leur part. Environ 1 000 soldats allemands furent faits prisonniers[37].

La période du 15 au 18 juillet constitua le tournant militaire des campagnes de 1918 et, d'une certaine façon, de la guerre. Le 15, l'armée allemande attaqua en Champagne. Cette fois, l'armée française avait été avertie de l'attaque, et l'artillerie française pilonna sans répit la première ligne des tranchées allemandes où les soldats s'entassaient, prêts à l'assaut. Du côté français, la première ligne n'était tenue que par quelques soldats. Les tirs allemands s'abattirent en pure perte sur des tranchées et des positions vides. Lorsque les Allemands attaquèrent, ils se trouvèrent piégés au cœur de la zone de combat française, subissant de lourdes pertes. Les troupes françaises et quelques divisions américaines lancèrent une contre-attaque victorieuse – à l'aide de chars – contre les 5e et 7e armées le 18 juillet, ce qui obligea les Allemands à battre en retraite vers Soissons, sur l'Aisne. En quatre jours de combats, 30 000 soldats allemands au total avaient été tués[38].

Finalement, les offensives allemandes s'étaient soldées par des avancées territoriales considérables, mais aucun des objectifs stratégiques n'avait été atteint. La BEF et l'armée française n'avaient pas été durablement séparées, les troupes britanniques n'avaient pas été refoulées vers les ports de la Manche, et Paris n'avait pas été pris. D'autres objectifs importants comme la prise du saillant d'Ypres et la capture du centre ferroviaire crucial d'Amiens n'avaient pas été atteints. L'armée allemande avait repris d'anciens champs de bataille ou des portions de territoire qui avaient été détruites par ses propres troupes lors de leur retraite tactique vers la ligne Hindenburg (connue chez les Allemands sous le nom de ligne Siegfried) en mars-avril 1917. Le front était passé de 625 à 820 kilomètres (au 25 juillet), et les Allemands tenaient des positions qu'il leur restait à consolider. Les soldats étaient bien plus vulnérables aux attaques alliées que dans les positions fortifiées qu'ils avaient tenues avant l'offensive du printemps. L'armée allemande avait perdu 800 000 hommes, dont un grand nombre de leurs meilleurs soldats. Elle fut également frappée par la première vague de grippe espagnole en juin, trois semaines plus tôt que les Alliés, ce qui affaiblit d'autant les troupes. Prenant tous ces faits en considération, Churchill avait raison d'affirmer que l'armée allemande avait été battue dans une bataille défensive. Les offensives suivantes des Alliés (à commencer par la contre-attaque en Champagne à la mi-juillet) exploitèrent cette victoire défensive et achevèrent un ennemi éprouvé et démoralisé[39].

Les journées noires de l'armée allemande

La position stratégique de l'Allemagne, qui avait semblé si favorable en janvier 1918, se détériora rapidement. Ludendorff était totalement dépassé. Le 2 août, il ordonna à l'armée allemande de se préparer à des attaques alliées. Il espérait qu'au moins les coups portés sans répit et les pertes importantes infligées aux défenseurs avaient rendu impossible toute offensive de grande ampleur de la part des Alliés. Il n'avait pas complètement tort. Foch, Pétain et Haig ne croyaient pas que la guerre pouvait être gagnée en 1918 ; ils prévoyaient seulement que des contre-attaques et des offensives ciblées sur des objectifs limités pouvaient être efficaces et briser le moral de l'armée allemande[40]. Les Alliés pouvaient désormais profiter de l'expérience de leurs offensives précédentes et des leçons tirées des succès et des échecs allemands du début de l'année. Leur supériorité en termes de puissance de feu fut rétablie au cours de l'été 1918. Rupprecht prit conscience bien avant Ludendorff que le moral des troupes allemandes déclinait. Il entendit parler du nombre croissant de lettres provenant des postes de campagne qui réclamaient la paix. Les hommes se plaignaient de la supériorité aérienne des Alliés et de la présence de plus en plus marquée des soldats américains[41]. Même si les désertions sur le front étaient faibles, il était fort préoccupant de voir que jusqu'à 20 % des troupes « se perdirent » sur la route menant du front de l'Est vers celui de l'Ouest[42].

Foch conçut un plan qui consistait en une série d'attaques visant à atteindre les nœuds ferroviaires et à améliorer les communications. Plusieurs offensives successives furent lancées pour empêcher l'OHL de renforcer les points vulnérables. Contrastant avec la stratégie allemande du printemps où des sections d'assaut progressaient sans même le soutien de l'artillerie afin d'exploiter l'effet de surprise d'une percée, les attaques alliées ne s'aventuraient pas au-delà de la portée de leur artillerie. C'est seulement quand l'artillerie parvenait au plus près et était prête à entrer en action que l'offensive reprenait. Si la tactique des Allemands s'était traduite par des avancées territoriales rapides, elle était également responsable des pertes considérables et de l'épuisement des troupes. La stratégie des Alliés était mieux adaptée aux conditions du front occidental en 1918. Le 4 août, l'armée française reprit Soissons, capturant 35 000 Allemands et 700 canons[43]. Les forces britanniques commencèrent par une offensive à Amiens, où les troupes allemandes n'avaient pas eu le temps de construire des défenses profondes. La supériorité de l'artillerie et de l'aviation était écrasante, et les troupes d'assaut étaient bien équipées en fusils mitrailleurs Lewis et en mortiers. Chaque bataillon était assisté de six chars. L'issue de l'attaque fut une victoire impressionnante. Le 8 août, premier jour de l'offensive, il y eut 27 000 victimes du côté allemand. Quelque 15 000 soldats, un pourcentage énorme, se rendirent. Ludendorff qualifia plus tard ce moment de « jour de deuil de l'armée allemande[44] ». Une nouvelle série d'attaques victorieuses suivit. L'effondrement du front n'était pas loin : en témoigne le nombre inouï de soldats allemands faits prisonniers[45]. En août 1918, les pertes totales de l'armée allemande s'élevaient à 228 000 hommes, 21 000 morts et 110 000 disparus (la plupart capturés). La facilité avec laquelle les soldats allemands étaient faits prisonniers était le signe évident d'un moral déclinant[46]. L'armée américaine fit le même constat. Pendant son attaque victorieuse sur le saillant de Saint-Mihiel, le 13 septembre, elle captura 13 000 soldats allemands. C'est seulement à ce moment-là que les Alliés perçurent l'affaiblissement réel de l'armée allemande ; la fin de la guerre s'annonçait plus proche que prévu.

Les Alliés attaquèrent avec des effectifs, une puissance de feu et des chars supérieurs ainsi qu'avec un bien meilleur état d'esprit. L'échec de l'offensive du printemps et le succès des attaques alliées furent désastreux pour le moral des soldats allemands et accablant pour le haut commandement. Ludendorff prit enfin conscience que la guerre ne pouvait être gagnée ; il caressait cependant encore l'espoir que la paix à des conditions favorables était possible, les troupes allemandes occupant la France et la Belgique et contrôlant la plus grande partie de l'Europe orientale[47]. À ce moment-là, ni l'OHL ni le gouvernement allemand n'étaient disposés à abandonner l'Alsace-Lorraine[48]. Tous les espoirs de l'OHL reposaient désormais sur la ligne Hindenburg (Siegfried), avec ses tranchées solidement fortifiées et ses barrières naturelles.

Le front intérieur

Tandis que les armées sur le front de l'Ouest se préparaient pour l'offensive allemande du printemps, le front intérieur tenait toujours. Entre février et décembre 1917, les sous-marins allemands avaient infligé aux navires britanniques la perte de plus de 4 millions de tonneaux (pertes totales mondiales : 6 238 000). Mais c'est seulement pendant une période très courte, à la fin du printemps 1917, que cette situation parut de nature à mettre la Grande-Bretagne hors de combat. La construction navale britannique n'avait pas complètement remplacé le tonnage perdu, mais une meilleure organisation et le recours à des navires américains ou issus de puissances neutres permirent d'augmenter les importations de 8 % par rapport à 1916, et la production alimentaire s'accrut considérablement grâce à la remise en culture de zones de pâturage, réduisant ainsi le volume des importations de nourriture[49]. La marine britannique avait mis en place des contre-mesures efficaces face à la menace des sous-marins allemands. Des destroyers alliés accompagnaient les convois de navires marchands et les rendaient moins vulnérables. En 1918, seulement 134 navires marchands escortés furent coulés. Les pertes totales des Alliés se montaient encore à 3,9 millions de tonneaux, mais la construction de bateaux atteignit un total de 5,4 millions[50]. On mit au point de nouveaux appareils pour détecter plus facilement les sous-marins, et on utilisa de nouveaux moyens pour les détruire. Sur les 320 sous-marins engagés dans le combat, 200 furent aussi coulés. La guerre sous-marine ne parvint pas à faire plier l'échine à la Grande-Bretagne en l'affamant ; elle n'empêcha pas non plus le transport de troupes américaines vers la France. En 1918 seulement, la Grande-Bretagne dut se résoudre à un véritable rationnement, sauf pour le pain. En France, et plus encore en Italie, la situation alimentaire n'était pas aussi bonne qu'en Grande-Bretagne, mais elle était toutefois bien meilleure qu'en Allemagne, sans parler de l'Autriche, de la Bulgarie ou de l'Empire ottoman, où les populations mouraient de faim[51].

Le blocus naval des Alliés était bien plus efficace que ne l'avait été la guerre sous-marine à outrance. En 1918, les navires des pays neutres étaient interceptés, et les marchandises d'origine allemande ou à destination de l'Allemagne réquisitionnées. L'hiver 1916-1917, qui a été surnommé l'« hiver des navets », avait affamé les Allemands ; l'hiver 1917-1918 fut légèrement meilleur, mais nombreux furent les Allemands sous-alimentés. Il est difficile d'estimer le nombre des victimes du blocus naval. Alvin Jackson a calculé que 750 000 civils étaient morts de faim ou de maladies contre lesquelles leur constitution affaiblie ne pouvait lutter. Selon Richard Bessel et Gary Sheffield, pour la seule année 1918, 293 000 civils allemands moururent du fait du blocus, directement ou indirectement[52]. Niall Ferguson conteste ces calculs sans toutefois avancer d'autres chiffres[53].

Basil Liddell Hart considère que le blocus naval permit aux Alliés de gagner la guerre. Selon lui, le blocus aurait immanquablement amené l'Allemagne à se rendre, même sans les coûteuses offensives de 1916 et 1917. Comme l'ont souligné des historiens britanniques, il semble un peu exagéré, cependant, d'affirmer que la puissance navale a déterminé l'issue de la guerre[54]. Sans la défaite sur le front occidental, l'Allemagne aurait été en mesure de poursuivre le combat longtemps encore, car les transferts de vivres, de matières premières et de main-d'œuvre depuis les territoires occupés en Europe orientale auraient été organisés de façon plus efficace. Il ne faut pas oublier que les ressources françaises et britanniques atteignaient elles aussi leurs limites et qu'il y eut des moments où les gouvernements des deux pays craignirent de ne plus pouvoir faire face aux besoins de l'armée et de la population, au point de devoir chercher à faire la paix – dans des conditions sans doute peu favorables. Les grèves en Grande-Bretagne furent plus nombreuses pendant la guerre qu'en Allemagne, mais aux moments critiques les ouvriers reprenaient en général le travail. En France, entre le 13 et le 18 mai 1918, pour ne citer que Paris, 100 000 ouvriers firent grève, manifestant pour la paix et exigeant plus de clarté quant aux objectifs de guerre. Les grèves cessèrent lorsque les Allemands reprirent leurs offensives[55].

En raison de l'aggravation des conditions de vie, 100 000 ouvriers se mirent en grève à Berlin le 28 janvier. La faim, le froid, la lassitude de la guerre et la solidarité avec la Russie soviétique – qui était confrontée à une situation difficile après l'échec temporaire des négociations de paix – les avaient mobilisés. Deux jours plus tard, 400 000 ouvriers descendirent dans la rue, réclamant une paix sans annexions ni réparations ainsi que la représentation des délégués des ouvriers à la conférence pour la paix. La consommation alimentaire était passée de 3 000 calories par jour en 1914 à 1 400 en 1918. Les rations officielles couvraient seulement 50 % des besoins quotidiens. Les ouvriers de Berlin étaient soutenus par des grèves de solidarité et diverses manifestations dans les autres villes. Les responsables politiques du Parti social-démocrate d'Allemagne (*Sozialdemokratische Partei Deutschlands*, SPD), de tendance modérée, rejoignirent les comités de grève et s'efforcèrent de calmer les ouvriers. Finalement, sous la pression de Ludendorff, le chancelier allemand Georg von Hertling décida d'en finir avec la grève par la force : 150 meneurs furent arrêtés à Berlin, et entre 3 500 et 6 000 grévistes envoyés au front. Ces mesures de répression énergiques mirent un terme au mouvement[56].

Dans les mois qui suivirent, le front intérieur en Allemagne resta calme. Tandis qu'en 1917 plus de 667 000 ouvriers avaient participé à 561 grèves, en 1918, de janvier à novembre, il n'y eut que 531 grèves suivies par près de 391 000 ouvriers[57]. Chacun semblait attendre l'issue de l'offensive du printemps, mais des rapports en provenance de différentes régions du Reich laissent deviner que la lassitude de la guerre s'était amplifiée et transformée en une haine généralisée du militarisme prussien, des junkers et des profiteurs de guerre. Les injustices du système d'approvisionnement et les profits que réalisaient certains avaient rendu beaucoup de gens amers. Le marché noir prospérait, mais seuls les nantis pouvaient en profiter. La distribution inégalitaire de la nourriture accroissait les tensions sociales. Les classes moyennes, en particulier, souffraient beaucoup. Contrairement à une partie de la main-d'œuvre industrielle, elles n'étaient pas indispensables à l'effort de guerre et ne recevaient donc pas de rations plus importantes. La population sentait que le fardeau de la guerre n'était pas partagé équitablement[58]. Le *Burgfrieden* (l'équivalent allemand de l'Union sacrée) tenait encore, mais tout dépendait du succès de l'offensive du printemps. Le paysage politique était polarisé. Le Parti de la patrie allemande, réactionnaire, fondé par le grand-amiral Alfred von Tirpitz en 1917, était devenu un parti de masse ; il regroupait les forces qui résistaient aux réformes démocratiques en Prusse et en Allemagne. Ce parti propageait des objectifs de guerre qui rendaient impossible une paix de compromis avec les Alliés. À l'autre bout du spectre politique, on trouvait le Parti social-démocrate indépendant (USPD), qui s'était séparé du Parti social-démocrate (SPD) en 1917 et qui préconisait une paix sans annexions ni réparations. L'alliance entre le SPD, le Parti populaire progressiste de tendance libérale (*Fortschrittliche Volkspartei*) et le Parti du centre catholique (*Zentrum*), qui avaient tous soutenu la résolution pour la paix du 19 juillet 1917 au Reichstag, avait été affaiblie par leur désaccord sur le traité de Brest-Litovsk. Le *Zentrum* et le *Fortschrittliche Volkspartei* avaient voté pour le traité tandis que le SPD s'était abstenu. Le secrétaire d'État aux Affaires étrangères, Richard von Kühlmann, dut démissionner après avoir déclaré au Reichstag le 24 juin qu'il ne fallait pas espérer que la guerre se termine par une décision purement militaire. Il fut accusé de défaitisme et remplacé par l'amiral Paul von Hintze.

L'Autriche-Hongrie et le front italien

Si le front intérieur allemand semblait plutôt stable durant le printemps et l'été 1918, la situation en Autriche-Hongrie était différente. 1917 avait déjà été une année très difficile pour la double monarchie. Les peuples de l'Empire souffraient de la faim. La lassitude de la guerre avait également contaminé l'armée. Le nombre de mutineries et de désertions s'était accru considérablement. Le point positif, cependant, c'était que les objectifs de guerre de l'Autriche avaient majoritairement été atteints : la Russie était vaincue, la Serbie occupée, de même que la Roumanie. En 1917 et au début de 1918, le ministre des Affaires étrangères, le comte Czernin, et l'empereur Charles Ier prirent contact avec les Alliés grâce à des médiateurs. Quelques rencontres secrètes eurent lieu, la plupart en Suisse. Charles Ier alla même jusqu'à laisser entendre qu'il soutiendrait les revendications françaises sur l'Alsace-Lorraine, mais finalement il renonça par crainte de mettre en péril son alliance avec l'Allemagne. L'empereur allemand et l'OHL n'avaient pas l'intention de restaurer l'indépendance de la Belgique ou de restituer l'Alsace-Lorraine à la France. Et ni la France ni la Grande-Bretagne n'étaient disposées à faire la paix sans l'acceptation de ces deux conditions[59].

La victoire de Caporetto avait fait gagner du temps à l'Autriche-Hongrie, mais en 1918 la population urbaine, en particulier dans la partie autrichienne de l'Empire, souffrait de la faim ; la production industrielle diminuait, et l'armée d'Italie était mal pourvue en vêtements, équipement, vivres et munitions. L'année 1918 connut même davantage de troubles internes, avec une radicalisation des nations au sein de l'Empire et un affaiblissement de leur allégeance envers la dynastie des Habsbourg. La situation économique était devenue désespérée. Les civils en Autriche consommaient tout juste 23 grammes de viande et 70 grammes de pommes de terre par personne et par jour. Lorsque le gouvernement annonça qu'il allait réduire la ration de farine pour passer de 200 à 165 grammes par jour, les ouvriers de Vienne se mirent en grève. Le 17 janvier, 200 000 ouvriers étaient en grève ; deux jours plus tard, c'était la paralysie générale en Bohême et dans d'autres régions de l'Autriche. Les ouvriers formèrent même des conseils (soviets) sur le modèle de la Russie. Le gouvernement acquiesça aux principales revendications des ouvriers (du moins sur le papier) et promit plus de nourriture. Cela eut pour effet de stopper les grèves. Mais tous les espoirs reposaient sur les approvisionnements en provenance d'Ukraine et de Pologne pour résoudre le problème de l'alimentation, et ces espoirs furent déçus. Les réquisitions dans la Pologne du Congrès s'intensifièrent, mais ces provisions restaient trop peu abondantes pour faire face aux besoins de l'armée et de la population urbaine. En raison d'une défaillance dans l'acheminement en 1918, seuls 11 890 wagons de céréales en provenance d'Ukraine sur le million prévu parvinrent en Autriche-Hongrie[60].

Les réserves de caoutchouc, d'aluminium, de cuivre et de zinc étaient pratiquement épuisées, et l'approvisionnement mensuel de charbon avait diminué de 40 %. Il se révéla impossible de produire suffisamment d'armes et de munitions pour remplacer celles consommées par le front. La production de balles de mitrailleuse, par exemple, chuta de 6 à 1,5 million d'unités par jour entre l'automne 1916 et le début de 1918. Malgré le retour des prisonniers de guerre autrichiens de Russie, une crise d'effectifs affaiblit l'armée. Le haut commandement de l'armée austro-hongroise estima être en manque de 600 000 hommes : il lui fallait réduire de presque de moitié les effectifs de nombreuses divisions[61]. La pénurie de nourriture dans les villes des provinces slaves de l'Empire était pire qu'au cœur de l'Autriche et avait pour effet de miner un peu plus la loyauté envers l'État. Tout au long de l'année, l'Autriche-Hongrie fut au bord de la rupture. Tant que les Allemands remportaient des victoires, l'effondrement intérieur pouvait être évité ; mais, ne comptant que sur ses seules ressources, l'Autriche-Hongrie serait incapable de rester en guerre beaucoup plus longtemps[62].

Après le désastre de Caporetto, la Grande-Bretagne et la France avaient envoyé des troupes pour stabiliser le front italien. Le général Armando Diaz, qui avait succédé au général Luigi Cadorna comme chef d'état-major de l'armée italienne, était moins téméraire que son prédécesseur. Il s'assura que ses soldats étaient bien nourris et bien équipés, et il limita les exécutions et les punitions sévères. Il parvint à restaurer le moral de l'armée italienne[63].

L'offensive autrichienne en juin 1918 fut entreprise pour empêcher que les troupes alliées ne soient transférées vers le front de l'Ouest, mais l'attaque fut mal préparée et sa conduite dépourvue de sens. Il n'y avait pas assez d'obus à disposition pour un bombardement prolongé des positions italiennes ; les soldats autrichiens étaient sous-alimentés, et nombre d'entre eux étaient affaiblis par la maladie. Les divisions étaient en sous-effectif. En outre, contre l'avis du commandant autrichien le plus compétent en Italie, le maréchal Svetozar Boroević von Bojna, la puissance de feu de l'armée, au lieu d'être concentrée sur un seul secteur du front, fut divisée entre deux offensives pour lesquelles l'armée austro-hongroise n'était pas assez forte. L'ancien chef d'état-major, Franz Conrad von Hötzendorf, attaqua à partir du plateau d'Asiago tandis qu'on ordonna à Boroević d'attaquer sur le Piave. Diaz avait prudemment organisé la défense ; l'armée italienne se battit bien et céda peu de terrain. L'offensive coûta à l'armée autrichienne 118 000 pertes et redonna le moral aux soldats italiens[64].

En avril 1918, conséquence secondaire des tentatives secrètes de Charles Ier pour négocier une paix séparée, son ministre des Affaires étrangères, le comte Czernin, dut démissionner. Durant deux mois, les contacts en direction des Alliés furent au point mort. Le sort de l'Autriche-Hongrie reposait désormais sur une victoire allemande.

Défaite sur tous les fronts

La Bulgarie fut le premier pays des Puissances centrales à accepter la défaite. La concentration sur le front de l'Ouest et la volonté de l'Allemagne d'imposer sa domination jusqu'aux territoires de l'ancien Empire russe avaient conduit à l'affaiblissement des autres fronts. La population était lasse de la guerre, l'inflation était très élevée et la nourriture rare. En 1918, l'Allemagne réduisit son soutien financier et matériel à la Bulgarie. Le moral des soldats déclina. Privée d'une aide substantielle de l'Allemagne, son alliée bulgare fut incapable de défendre le front de Salonique contre les troupes serbes et grecques qu'appuyaient des divisions françaises et britanniques. Les Alliés, conduits par le général français Louis Franchet d'Espèrey, attaquèrent le 15 septembre, et deux semaines plus tard la Bulgarie dut demander l'armistice.

L'Empire ottoman subissait la pression des offensives victorieuses du commandant de la force expéditionnaire égyptienne (britannique – l'EEF), le général Edmund Allenby, et de ses alliés arabes. Les meilleures troupes turques opéraient en Transcaucasie et tentaient de profiter autant que possible de la chute de l'Empire russe. À la fin de 1917, l'Empire ottoman était acculé en Palestine. Allenby prit Jérusalem le 9 décembre tandis que des partisans arabes remontaient depuis le sud[65]. L'offensive ne cessa que lorsque l'EEF fut privée de plusieurs divisions envoyées sur le front occidental. Grâce au renfort des troupes indiennes, canadiennes et australiennes, Allenby reprit l'offensive en septembre 1918. Lors de la bataille de Megiddo (19-21 septembre), l'armée turque fut battue à plate couture. Dans les jours qui suivirent, 75 000 soldats turcs furent faits prisonniers. L'EEF rencontra peu de résistance au cours de sa progression. Le mauvais moral des soldats turcs qui combattaient loin de leur patrie faisait pendant à la situation économique qui empirait dans le pays. L'inflation y était aussi très élevée, et la population de Constantinople était affamée. Damas tomba le 1er octobre, et Alep le 25 octobre. L'Empire ottoman capitula cinq jours plus tard[66].

Le chef d'état-major italien, le général Diaz, n'attaqua pas avant octobre. La propagande italienne et les nouvelles des victoires alliées sur le front occidental avaient sapé le moral de l'armée autrichienne. Diaz lança l'offensive sachant que les futures frontières de l'Italie dépendraient aussi de l'avancée de ses troupes. L'armée autrichienne continuait d'être confrontée à des problèmes d'approvisionnement et à un moral qui déclinait rapidement. Les soldats polonais, slovènes, croates, tchèques, slovaques et ukrainiens savaient que de nouvelles options politiques étaient disponibles. Les soldats hongrois prenaient conscience que le temps de la double monarchie était révolu, et certaines unités refusèrent d'aller au front. L'armée italienne attaqua le 24 octobre. La bataille de Vittorio Veneto s'acheva par une victoire décisive après cinq jours d'intenses combats. L'armée autrichienne était en pleine dissolution. De nombreux hommes furent tués alors qu'ils cherchaient à fuir. Les soldats de l'Empire multiethnique ne songeaient qu'à regagner leur pays. En raison d'une erreur tragique du haut commandement autrichien, qui avait négligé de communiquer aux troupes la date exacte de l'armistice, les soldats autrichiens cessèrent le combat vingt-quatre heures avant son entrée en vigueur. Au cours de ces vingt-quatre heures, 350 000 furent faits prisonniers. Sur les 430 000 prisonniers de l'Empire des Habsbourg détenus par l'Italie au 11 novembre, 30 000 au minimum moururent dans les camps. Leur nombre pourrait même être bien plus élevé. Alan Kramer affirme que l'armée italienne captura 468 000 soldats austro-hongrois, dont au moins 92 000 ou 93 000 moururent dans les camps[67].

En septembre 1918, Charles Ier et son nouveau ministre des Affaires étrangères, le comte Stephan Burian, prirent conscience que l'Allemagne avait perdu la guerre sur le front de l'Ouest. Ils contactèrent les Alliés, mais leur offre de paix fut rejetée. Les Alliés avaient abandonné tout espoir de séparer l'Autriche-Hongrie de l'Allemagne et n'envisageaient plus de voir l'Empire survivre à la guerre. Le 3 juin, la Grande-Bretagne, la France et l'Italie avaient apporté leur complet soutien à la formation d'États polonais, tchèque et yougoslave. Charles Ier chercha désespérément à sauver son trône, proposant la fédéralisation et la démocratisation de la partie autrichienne de son empire, mais il était trop tard pour soumettre des réformes. Les sujets tchèques, slovaques, serbes, croates et slovènes de l'Empire des Habsbourg déclarèrent leur indépendance le 29 octobre. L'armée serbe aida les autres Slaves du Sud à sécuriser les frontières de la future Yougoslavie[68].

Tandis que l'Autriche-Hongrie se morcelait en entités indépendantes, l'armée allemande continuait à se battre. Entre le 27 septembre et le 4 octobre, les Alliés lancèrent trois offensives victorieuses le long du front de l'Ouest. Ils ne pouvaient prendre par surprise la ligne Hindenburg puissamment fortifiée, mais leur supériorité matérielle fit la différence. Sur un front d'environ 10 kilomètres, 1 637 canons tirèrent sur les défenses allemandes pendant cinquante-six heures. Sur le canal de Saint-Quentin, une pluie de près de 50 000 obus s'abattit tous les 50 mètres pendant les huit heures que dura l'attaque. Très peu de soldats allemands survécurent à ce bombardement. Le 29 septembre, la 46e division britannique enfonça la ligne Hindenburg, et les positions allemandes plus au nord furent contournées. Les troupes allemandes durent battre en retraite[69]. Quelques jours avant cette percée, l'OHL avait déjà compris que la guerre était perdue. Le front tenait encore, mais la prochaine attaque pourrait bien être la percée définitive. La nouvelle de la capitulation de la Bulgarie porta le coup fatal. Le 29 septembre, Ludendorff et Hindenburg informèrent l'empereur allemand de la situation au front. Ludendorff considérait désormais que seul un cessez-le-feu immédiat pouvait empêcher un désastre, et il exhorta le Kaiser à nommer un chancelier susceptible d'avoir le soutien du Reichstag. Ludendorff n'était pas soudain devenu démocrate. Il espérait qu'une Allemagne démocratique obtiendrait de meilleures conditions, mais il voulait également que les démocrates, les sociaux-démocrates en particulier, portent la responsabilité de la défaite. Il cherchait des boucs émissaires et condamnait l'absence de soutien apporté à l'armée par le front intérieur. C'est ainsi que naquit le mythe d'une armée allemande « invaincue sur le champ de bataille » – le mythe d'une armée « poignardée dans le dos » par ses ennemis au sein même du pays[70].

Ludendorff et le secrétaire d'État aux Affaires étrangères, Paul von Hintze, proposèrent de prendre contact avec le président américain Woodrow Wilson, dont le plan en quatorze points semblait désormais – maintenant que la défaite était en vue – bien plus attrayant qu'en janvier. Le nouveau chancelier nommé par le Kaiser, Max de Bade, était plus libéral : il fit entrer des représentants du SPD, du *Zentrum* et du *Fortschrittliche Volkspartei* dans son gouvernement de coalition. Quelques jours plus tard, l'Allemagne devenait une monarchie parlementaire. Ludendorff continuait de croire que le front allait s'effondrer à n'importe quel moment, et il pressa le chancelier de demander un armistice immédiat. L'armée allemande subissait une pression implacable de la part des Alliés, mais résistait encore. Elle battait en retraite quand la nécessité s'en faisait sentir, mais poursuivait le combat. Ce que Ludendorff ignorait, c'est que les troupes alliées allaient bientôt devoir interrompre les combats pour se regrouper, car leurs lignes de communication étaient tendues à l'extrême. Le nouveau gouvernement allemand n'était pas en bonne position pour entamer des négociations, et l'insistance de Ludendorff à réclamer un cessez-le-feu immédiat l'affaiblissait encore plus. Dans la nuit du 3 au 4 octobre, le gouvernement allemand envoya un message au président Wilson, lui demandant son aide pour l'instauration d'un armistice sur la base des quatorze points. Les Alliés comprirent que le gouvernement allemand considérait la guerre comme perdue. Se poursuivit alors un échange de notes publiques entre Wilson et le gouvernement allemand. Dans les deux premières, Wilson exigeait seulement l'évacuation immédiate de la Belgique et de la France et la fin de la guerre sous-marine, mais – après l'intervention de Lloyd George, de Clemenceau et d'Orlando – il transmit à Max de Bade des conditions supplémentaires dans sa troisième note datée du 23 octobre. Il fit savoir en termes fermes que les Alliés n'étaient disposés à négocier ni avec l'OHL ni avec le Kaiser. Sans l'abdication de celui-ci et la fin de la dictature de l'OHL, les Alliés exigeraient la capitulation.

Les intentions des Alliés étaient claires : les conditions devaient rendre impossible la reprise des hostilités par l'armée allemande. Prenant connaissance de ces exigences, Ludendorff devint soudain plus optimiste quant à la capacité des Allemands à continuer le combat. Conjointement avec Hindenburg – et sans en informer le chancelier ou l'empereur –, il adressa un message aux commandants de troupes, les appelant à se préparer pour une dernière bataille. L'idée d'une levée en masse fut envisagée, mais il était trop tard. Le nouveau gouvernement n'était plus disposé à laisser le destin de l'Allemagne et la vie de tant de jeunes hommes entre les mains de chefs militaires irresponsables. Le 26 octobre, Ludendorff fut amené à démissionner, et se vit remplacer au poste de quartier-maître général par Wilhelm Groener. La primauté de la politique était restaurée, et la dictature du troisième OHL s'achevait enfin[71].

Comme pour prouver que les chefs militaires allemands avaient agi de façon irresponsable et perdu tout contact avec la réalité, le 30 octobre, les commandants de la marine allemande suggérèrent d'envoyer la flotte attaquer la marine britannique en guise d'exploit héroïque final. Les hommes d'équipage refusèrent et éteignirent les chaudières des bateaux. Ils créèrent des conseils de marins et se joignirent aux ouvriers de Kiel. Bientôt, des conseils d'ouvriers, de marins et de soldats (*Arbeiter-, Matrosen- und Soldatenräte*) se formaient dans toute l'Allemagne. Le 7 novembre, le roi de Bavière abdiqua à Munich, et une République des Conseils (*Räte*) fut proclamée. La révolution allemande débutait. Après la mutinerie des marins de Kiel, dont la nouvelle s'était répandue comme une traînée de poudre dans tout le pays, la création de conseils d'ouvriers et de soldats, le déclenchement de grèves et de manifestations, il aurait été irresponsable de retarder encore davantage l'armistice[72].

Le 8 novembre, une délégation allemande conduite par Matthias Erzberger, du *Zentrum*, traversa la ligne de front et fut amenée au train de Foch dans la forêt de Compiègne. Le maréchal avait rédigé les termes de l'armistice et les remit à la délégation allemande. Elle avait soixante-douze heures pour les accepter ou les rejeter. L'armée allemande serait partiellement désarmée, et tous les territoires occupés à l'Ouest devraient être restitués dans un délai de deux semaines. La Rhénanie serait démilitarisée. La rive gauche du Rhin serait occupée par les Alliés, et ceux-ci établiraient également des têtes de pont sur la rive droite. La flotte serait retenue dans les ports de pays neutres ou transférée en Grande-Bretagne[73].

Les combats se poursuivirent pendant l'échange de notes entre Max von Baden et Woodrow Wilson, puis durant les négociations de Compiègne. Les troupes allemandes continuaient de répondre au feu de l'ennemi, et des soldats moururent des deux côtés du front jusqu'au dernier moment. Max de Bade avait autorisé la délégation allemande à accepter n'importe quelles conditions et, dans l'impossibilité de recevoir des directives nouvelles de la part du gouvernement, Erzberger signa la convention d'armistice le 11 novembre à 5 heures du matin. L'armistice prit effet six heures plus tard.

Pendant ce temps, les événements en Allemagne s'enchaînèrent à un rythme soutenu. L'empereur Guillaume II s'était enfui de Berlin en pleine révolution pour rejoindre le quartier général de l'armée allemande à Spa, et il rêvait de revenir à la tête de ses troupes pour réprimer la révolution. Il y avait désormais deux centres de pouvoir en Allemagne : d'un côté, l'OHL et l'empereur à Spa ; de l'autre, le gouvernement civil à Berlin, soutenu par la vieille bureaucratie impériale et prussienne. Pendant un bref moment, un coup d'État militaire fut envisageable[74]. Mais, après consultation des commandants de divisions, le successeur de Ludendorff, Wilhelm Groener, dut informer l'empereur Guillaume que l'armée ne le soutenait plus. On lui annonça que les soldats obéiraient à leurs officiers, mais non à Sa Majesté. En l'absence du soutien des militaires, l'empereur abdiqua le 9 novembre en son nom et en celui de ses fils avant de trouver refuge en Hollande, pays neutre. Le même jour, Max de Bade, sans cérémonie et sans justification constitutionnelle, transmit ses pouvoirs de chancelier à Friedrich Ebert, le chef de file des sociaux-démocrates, tandis qu'un autre social-démocrate en vue, Philipp Scheidemann, proclamait une république allemande, peu de temps avant que Karl Liebknecht, l'un des dirigeants du *Spartakusbund* communiste, proclame une *Räterepublik*. Le pouvoir était aux mains du nouveau gouvernement de coalition du SPD et de l'USPD, qui pouvait compter sur le soutien des militaires. Les groupes d'extrême droite ne s'opposèrent pas à la révolution allemande : les militaires, les hommes politiques, les junkers et les responsables de l'industrie lourde rassemblés autour du Parti de la patrie allemande nourrissaient l'espoir qu'il serait plus facile d'obtenir des conditions d'armistice et de paix acceptables si des dirigeants politiques nommés démocratiquement négociaient avec les Alliés. La vieille élite, paralysée par la défaite, répugnait à agir, espérant que les sociaux-démocrates modérés empêcheraient à tout le moins une révolution de type bolchevique[75].

Le nouveau gouvernement (qui prit le nom de *Rat der Volksbeauftragten*) fut reconnu par le Conseil des ouvriers et des soldats de Berlin, ce qui renforça sa légitimité et ses références révolutionnaires. Il avait pour missions principales de négocier le traité de paix avec les Alliés, maintenir

Position des forces adverses en France et en Belgique au moment de l'armistice de 1918

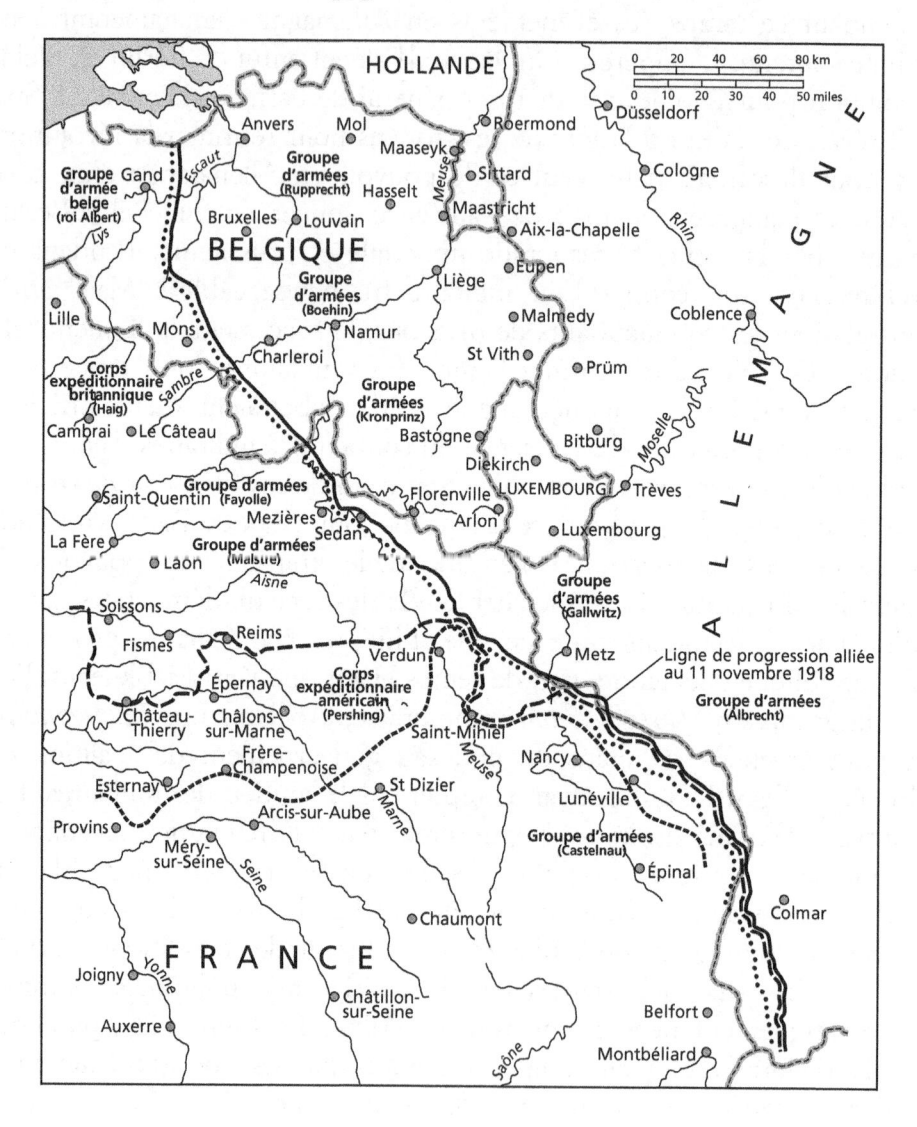

la vie publique et économique, mais aussi contrecarrer une révolution communiste. Le gouvernement avait besoin à cette fin de l'aide des militaires. Les deux instances craignaient une révolution communiste, et le gouvernement fit appel aux troupes loyales pour combattre la menace de la gauche radicale. Alors qu'il n'y avait pas d'autre solution que de coopérer avec les militaires et la vieille bureaucratie, le chancelier social-démocrate commit l'erreur d'accueillir les troupes de retour du front comme « invaincues sur le champ de bataille » (*unbesiegt im Schlachtfelde*). Cela entretint la conviction de la *Dolchstoßlegende* (légende du « coup de poignard dans le dos »). Ce mythe permit aux vieilles élites d'attribuer la responsabilité de la défaite à la jeune démocratie allemande. Selon cette théorie, ce n'était pas le front des combats qui s'était effondré, mais le front intérieur ; une pléthore de « Juifs, communistes et sociaux-démocrates » avaient poignardé les soldats dans le dos. C'était un mensonge, mais de nombreux Allemands y donnèrent foi. À la fin de la guerre, les Juifs et les démocrates étaient déjà devenus les boucs émissaires de la défaite[76].

Pourquoi les Puissances centrales perdirent-elles la guerre ou pourquoi les Alliés la gagnèrent-ils ?

Moins de six mois après le début de l'offensive du printemps qui avait nourri tant d'espoir, les empereurs allemand et autrichien avaient abdiqué, l'Autriche-Hongrie était dissoute et l'Empire ottoman, à l'exception d'une étroite bande de terre à l'ouest de Constantinople, était réduit à ses territoires d'Asie Mineure. Mais la victoire des Alliés ne fut ni la conséquence d'une supériorité immuable des démocraties sur les régimes autocratiques, ni une victoire du principe du libéralisme sur l'autoritarisme. Sans le secours de l'Empire russe extrêmement autoritaire, les Alliés auraient perdu la guerre. À plusieurs reprises, vingt ou trente divisions de plus auraient fait la différence et rendu probable une victoire allemande décisive. L'armée russe attaqua au moment où la pression sur le front occidental était la plus forte. Tel fut le cas à la fin de l'été 1914, puis de nouveau en 1915 et au cours de l'offensive de Broussilov, en 1916. Après la défaite de la Russie, c'est l'entrée en guerre des États-Unis qui sauva les Alliés.

L'Allemagne et l'Autriche-Hongrie étaient désavantagées par leur structure de type fédéral. Il était difficile de lever des impôts en Allemagne, où les États empêchaient l'introduction de taxes directes au niveau national, et, dans l'Empire des Habsbourg, la Hongrie était gérée presque comme un pays indépendant. Les hommes politiques hongrois préservaient jalousement leurs prérogatives et n'étaient pas disposés à faire des sacrifices au bénéfice de l'Empire[77].

Entre 1916 et 1918, cependant, le malheur pour l'Allemagne fut que le troisième OHL concentrait les pouvoirs politique et militaire. Ludendorff avait beau être, parfois, un bon chef militaire, en politique, il faisait preuve de bêtise et manquait de perspicacité. Il n'avait pas pris conscience des limites de la puissance de l'Allemagne, et il se cramponna – tout comme ses semblables du Parti de la patrie allemande – à des objectifs de guerre disproportionnés alors même que celle-ci était perdue. Étant donné la supériorité des Alliés en effectifs et en ressources matérielles en 1918, une paix de compromis était ce que les Puissances centrales auraient pu espérer de mieux. La défaite était inévitable après l'échec de l'offensive du printemps, mais ni les militaires ni les élites politiques et économiques n'étaient disposés à accepter l'inéluctable, qui signifiait la restitution de tous les territoires occupés, l'évacuation de la Belgique et la perte de l'Alsace-Lorraine. Ils étaient pétris d'illusions et accrochés à l'espoir irréaliste que l'une des offensives suivantes apporterait la victoire[78]. Sur le front de l'Est, le choix d'une paix modérée avec la Russie soviétique ou l'application absolue du principe du droit à l'autodétermination auraient fait davantage pour renforcer la position des Puissances centrales que leur exploitation imprudente de la région et leurs projets de colonisation et de pénétration économique et politique.

Les dirigeants politiques, économiques et militaires allemands étaient persuadés que l'avenir de l'Allemagne passait par l'accession du pays au rang de puissance mondiale, et que seul un *Siegfrieden* (une paix victorieuse) permettrait d'atteindre cet objectif. Pour eux, l'enjeu était la sécurité de l'Allemagne et son existence même en tant que puissance européenne. Pas question de tempérer leurs objectifs de guerre ni même de concéder du territoire tant qu'ils pourraient se convaincre que les Alliés seraient les premiers à craquer. Les responsables politiques des deux camps étaient confrontés au même problème. La perte de centaines de milliers, voire de millions de vies serait plus facile à justifier si son propre camp gagnait la guerre et si le traité de paix reflétait cette victoire. En rabattre un tant soit peu sur les objectifs de guerre cruciaux eût déstabilisé le système politique[79]. C'est seulement après l'échec de l'offensive du printemps que certains dirigeants politiques et chefs militaires allemands en arrivèrent à la conclusion que l'Allemagne devait demander la paix avant que les Alliés ne réalisent à quel point l'armée allemande était affaiblie[80].

La dictature militaire bancale qu'était devenue l'Allemagne était incapable d'établir un équilibre entre le front des combats et le front intérieur[81]. L'ambitieux programme de Hindenburg parvint à produire suffisamment d'armes et de munitions, mais pas assez de véhicules motorisés, d'avions et de chars, et négligea les besoins essentiels de la population civile. L'opération *Michaël* avait aussi échoué en raison d'un manque de chevaux et de transports motorisés. Alors qu'à ce stade les seuls Français avaient 100 000 camions sur le front occidental, l'armée allemande n'en avait que 20 000. De nouveaux systèmes d'armes jouèrent aussi leur rôle. Les chars n'ont pas gagné la guerre, mais ont aidé à remporter certaines batailles. En 1918, l'armée française alignait 3 000 chars ; la BEF, 5 000. L'Allemagne n'avait produit que 20 chars lourds ; et la plupart avaient été pris aux Britanniques[82]. De plus, l'économie de l'Allemagne ne se contentait pas de produire pour l'armée allemande. Si l'Allemagne n'avait pas fourni une aide financière et matérielle substantielle et n'avait pas envoyé des armes, des munitions et des soldats à ses alliés, les divers fronts n'auraient pas tenu. Ce choix eut pour effet d'épuiser les ressources jusqu'au point de rupture. Mais, lorsque l'aide allemande fut réduite en 1918, il ne fallut pas longtemps avant que les alliés de l'Allemagne ne s'effondrent. Une fois ses alliés défaits, il lui fut impossible de résister très longtemps[83].

La contribution majeure des États-Unis à la victoire avait commencé avant que le pays entre en guerre. En prêtant de l'argent à la Grande-Bretagne, ils permirent à celle-ci d'apporter un soutien financier à ses alliés sur le continent. L'importation de vivres, de céréales en particulier, depuis les États-Unis et – c'était aussi très important – le Canada stimula l'économie et permit de nourrir la population. Les Alliés, en outre, pouvaient exploiter leurs ressources en hommes, en matières premières et en nourriture en provenance des empires britannique et français. Des soldats venus d'Australie, du Canada, de Nouvelle-Zélande, de Terre-Neuve, d'Inde et d'autres parties de l'Empire britannique contribuèrent à la victoire. De même, 475 000 soldats issus des colonies combattirent dans l'armée française. Les Puissances centrales devaient compter essentiellement sur leurs propres effectifs et leurs propres ressources matérielles ; les importations depuis les États neutres d'Europe étaient importantes, mais insuffisantes pour satisfaire la demande. Alors que les Puissances centrales dépendaient presque exclusivement des moyens de transport terrestres, les flottes marchandes américaine et britannique et la plupart des navires neutres étaient à la disposition des Alliés. Si en 1918, en France, en Grande-Bretagne et en Italie, il y eut des moments critiques tandis que la nourriture, le charbon et autres provisions diminuaient dangereusement, tous ces problèmes purent être surmontés ou au moins maîtrisés jusqu'au moment où la victoire fut assurée[84].

Mais pourquoi les Alliés gagnèrent-ils la guerre en 1918, et non une année plus tard ? Ludendorff a été dénigré pour la façon dont il conduisit l'offensive du printemps en 1918. Les historiens militaires lui ont reproché de modifier ses plans dès qu'une occasion se présentait au lieu de poursuivre une stratégie cohérente[85]. Les offensives étaient souvent réussies sur le plan tactique, mais elles ne parvenaient pas à atteindre leurs objectifs stratégiques, et le taux élevé des pertes affaiblit indéniablement l'armée allemande. Ni la BEF ni les Français ne cédèrent ; le coup porté au moral en 1916 et 1917 avait été surmonté, et la défense finale, couronnée de succès à Amiens, Ypres et Arras, ainsi que la victoire de la seconde bataille de la Marne, avaient insufflé un regain de confiance aux soldats alliés.

La contribution de l'armée américaine à la victoire fut importante, même si sa portée fut plus psychologique que militaire. L'arrivée des soldats américains fit, en effet, merveille pour remonter le moral de leurs camarades britanniques et français. Le général John Pershing insista pour créer une armée américaine autonome, mais il répondit favorablement aux requêtes urgentes des Français et des Britanniques en permettant à 180 000 soldats d'infanterie (constitués en unités autonomes) en mai et à 150 000 en juin de se joindre aux forces britanniques et françaises. Tandis que les ressources en effectifs des Puissances centrales étaient presque épuisées et que les pertes ne pouvaient plus être compensées, l'entrée en guerre des États-Unis garantissait aux Alliés un approvisionnement apparemment illimité en nouveaux soldats. Au moment de l'armistice, environ un million et demi de soldats américains étaient stationnés en France au sein de 42 divisions (celles-ci comportant deux fois plus d'hommes que les divisions britanniques ou françaises) ; 29 d'entre elles avaient déjà participé aux combats[86].

La victoire des Alliés en 1918 peut également s'expliquer par la façon dont les offensives furent menées. Pétain et Haig fixaient des objectifs limités et profitaient à fond de leur supériorité sur le plan de l'aviation et de l'artillerie ainsi que de la disponibilité offerte par les chars. Une armée allemande intacte aurait pu être plus difficile à battre, mais les troupes allemandes étaient brisées, épuisées, et n'escomptaient plus la victoire. Les troupes alliées ne cessèrent plus d'attaquer jusqu'au jour même de l'armistice, exerçant sur le front allemand une pression permanente et implacable. En l'espace de cent jours, les Alliés firent prisonniers 363 000 soldats allemands (le quart des effectifs au combat) et saisirent 6 400 canons (la moitié du stock sur le front de l'Ouest). Ces chiffres donnent une indication de l'efficacité de la stratégie des Alliés et laissent deviner le découragement des soldats allemands[87].

La déception dans le camp allemand était d'autant plus grande que les soldats et les civils avaient entamé l'année 1918 dans une réelle exaltation, espérant que les offensives du printemps apporteraient la victoire. Entre mars et mai, les journaux allemands abondèrent en reportages sur les succès de leur armée. Les reportages qui suivirent furent plus sombres, mais ni la population ni les soldats n'avaient été préparés à une éventuelle défaite. À l'automne 1918, le moral était au plus bas dans toutes les couches de la population, depuis les quartiers généraux de l'armée jusqu'aux soldats sur la ligne de front, des hommes politiques aux ouvriers. L'état d'esprit est crucial en temps de guerre, y compris pour le haut commandement. Le moral de Ludendorff se brisa – ce ne fut pas la cause de l'effondrement, mais cela reflétait bien la disposition d'esprit de l'armée allemande. Niall Ferguson affirme que ce ne sont pas de meilleures tactiques qui amenèrent la victoire alliée, mais le moral déclinant des soldats allemands[88]. En octobre et novembre 1918, les troupes allemandes continuaient à se battre sur le front, même si la discipline et le moral étaient défaillants et si les désertions s'étaient accrues considérablement. La révolution avait affecté surtout les troupes à l'arrière, là où l'autorité des officiers était contestée et où se constituaient des conseils d'ouvriers[89]. Même si les soldats allemands avaient poursuivi le combat, cela n'aurait pas eu de sens d'un point de vue militaire. L'Allemagne était déjà vaincue avant que les mutineries des marins de la flotte de haute mer déclenchent la révolution. Le front intérieur s'effondra quand tout espoir de victoire eut disparu.

L'armistice du 11 novembre mit fin au massacre sur le front de l'Ouest, mais, en Europe orientale, la Grande Guerre se transforma en une série de luttes révolutionnaires et de guerres civiles pour l'édification de nouveaux États. Le retrait soudain des troupes allemandes et austro-hongroises rendit le pouvoir vacant. L'Ukraine et la Biélorussie devinrent les champs de bataille de la guerre civile russe ; dans la région de la Baltique, les Estoniens, les Lettons et les Lituaniens – soutenus par les *Freikorps* allemands – défendirent leur pays contre l'Armée rouge ; en Galicie orientale, la guerre fit rage entre les Polonais et les Ukrainiens de l'Ouest. La Première Guerre mondiale ne fut pas, ne serait-ce que pour une courte période, la « der des ders ».

Chapitre VII

1919 : l'après

Bruno Cabanes

La Première Guerre mondiale ne se laisse pas facilement circonscrire dans des bornes chronologiques. Il n'existe, de fait, aucune ligne de partage nette entre la guerre et l'après-guerre, tant les effets du conflit sont dévastateurs sur le long terme : près de 10 millions de morts (soit un mobilisé sur sept), 21 millions de blessés, des millions de veuves et d'orphelins, et autant de drames humains qui affectent, pour longtemps, la quasi-totalité des familles[1]. Étudier spécifiquement l'année 1919, envisager cette année comme un objet historique à part entière, c'est donc subvertir à notre tour la chronologie traditionnelle, qui faisait jadis de l'armistice du 11 novembre 1918, puis des traités de paix, les deux bornes décisives de l'entrée en temps de paix. En réalité, 1919 constitue tout au plus une *étape*, mais *une étape seulement*, dans ce que les historiens appellent désormais « *the transition from war to peace* » (la « sortie de guerre », en français) : une période de plusieurs années, ponctuée par le retour des soldats et des prisonniers de guerre, la pacification, ou non, des pays belligérants, et la démobilisation, beaucoup plus lente, des esprits – ce qu'on nomme aussi « démobilisation culturelle[2] ». Cette évolution, d'ailleurs, est loin d'être linéaire. Elle se fait par saccades, par à-coups successifs, où coexistent périodes de démobilisation et de remobilisation, gestes de paix et manifestations de l'impossibilité ou du refus de se démobiliser.

À la complexité de la « sortie de guerre » s'ajoute une autre difficulté : la diversité des situations nationales. En France, en Grande-Bretagne, l'année 1919 est celle de la démobilisation militaire et de la reconstruction.

Les vétérans retrouvent la vie civile, avec plus ou moins de facilité. L'État ou les associations caritatives mettent en place des programmes d'assistance aux victimes de la guerre. Les survivants tentent de relever de leurs ruines les régions dévastées. Mais, dans d'autres pays, l'année 1919 est encore caractérisée par des violences entre groupes armés ou contre des civils : occupation de la Rhénanie par les troupes alliées ; affrontements entre révolutionnaires et contre-révolutionnaires en Allemagne ; guerre civile en Russie ou en Irlande ; conflits frontaliers gréco-turc (1919-1922) et russo-polonais (1919-1921), pour ne citer que quelques cas. Tous ces troubles, plus ou moins meurtriers, prolongent et amplifient les effets de la Première Guerre mondiale, à tel point que les histoires nationales associent parfois la Grande Guerre et les affrontements ultérieurs dans une même séquence chronologique : les Grecs, par exemple, considèrent qu'un même épisode guerrier commence avec les guerres balkaniques en 1912 et s'achève, dix ans plus tard, avec la guerre gréco-turque. En 1919, les armées changent parfois tout simplement d'ennemis. Dans le roman de Roger Vercel, *Capitaine Conan* (1934), des vétérans de l'armée d'Orient s'engagent dans la lutte contre les bolcheviks. En somme, à l'échelle de la « sortie de guerre », l'année 1919 semble presque se diluer dans un ample mouvement, une lente et chaotique démobilisation dont elle ne serait que l'impulsion initiale.

Mais 1919 n'est pas seulement une étape ; c'est aussi un *moment* – au sens où Erez Manela a parlé d'un « moment Wilson », c'est-à-dire une période courte où se cristallisent des attentes collectives très importantes, non pas seulement dans le monde occidental d'ailleurs, comme on l'a cru longtemps, mais à l'échelle mondiale[3]. Anticipés comme l'aube d'un monde nouveau, les traités de paix incarnent l'espoir d'une révolution profonde des relations internationales. De nouveaux États voient le jour ou renaissent sur les ruines des Empires russe, austro-hongrois, allemand et ottoman. Pendant les six premiers mois de l'année, des délégations venues du monde entier affluent vers Paris. Un peu partout, les négociations de paix, événement majeur d'un monde globalisé, sont suivies avec fièvre. La signature du traité de Versailles, le 28 juin 1919, dans la galerie des Glaces, fait figure d'apothéose. Il est suivi par le traité de Saint-Germain-en-Laye avec l'Autriche (10 septembre 1919), le traité de Neuilly-sur-Seine avec la Bulgarie (27 novembre 1919), puis le traité de Trianon avec la Hongrie (4 juin 1920) et le traité de Sèvres avec la Turquie (10 août 1920), lui-même révisé lors du traité de Lausanne de 1923. C'est aussi à l'automne 1919 qu'a lieu la campagne de ratification du traité de

Versailles aux États-Unis, repoussée lors d'un dernier vote du Sénat américain en mars 1920[4].

L'année 1919 symbolise donc, d'une certaine manière, toutes les aspirations de l'après-guerre : une diplomatie nouvelle, fondée sur la paix mondiale et la sécurité collective ; de grandes organisations transnationales comme l'Organisation internationale du travail, créée à Genève début 1919 ; la reconnaissance du droit des peuples à disposer d'eux-mêmes. Cependant, elle est aussi porteuse de menaces et de désillusions qui fragilisent les dynamiques démobilisatrices.

Le traité de Versailles ou les rêves déçus du wilsonisme

Le 28 juin 1919, sur les coups de 15 heures, deux émissaires allemands en tenue de cérémonie sont introduits dans la galerie des Glaces du château de Versailles et s'avancent, escortés par une garde de soldats alliés. Hermann Müller, le nouveau ministre allemand des Affaires étrangères, et Johannes Bell, le ministre des Transports, sont venus signer le traité de paix qui mettra un terme à la Première Guerre mondiale. « C'était une mise en scène très élaborée et calculée pour humilier l'ennemi au maximum », note le colonel House, conseiller diplomatique du président Wilson. « À mon avis, cela ne correspond pas avec la nouvelle ère que nous prétendons éprouver l'ardent désir de promouvoir. » Le président du Conseil français, Georges Clemenceau, a conçu la cérémonie[5]. Les deux délégués allemands sont obligés de défiler devant une délégation de « gueules cassées », reproche vivant contre les exactions commises par les Puissances centrales[6]. Pour la première fois dans l'histoire, la signature d'un traité est filmée par des caméras. « [Les deux Allemands] sont passés à côté de moi. On aurait cru des prisonniers conduits là pour la lecture de la sentence », rapporte un diplomate anglais. Le soir même, Müller et Bell repartent pour Berlin. Dans les rues de la capitale française, on voit passer des voitures traînant des canons pris à l'ennemi.

Les négociations de paix avaient commencé cinq mois plus tôt, dans le décor rouge et or du salon de l'Horloge au Quai d'Orsay. Clemenceau avait choisi la date du 18 janvier 1919, jour anniversaire du couronnement de Guillaume Ier en 1871. C'est lui aussi qui insiste pour que le traité de paix soit signé dans la galerie des Glaces, là même où avait été proclamé le Reich allemand. John Maynard Keynes, qui participe à la délégation britannique, nous en a laissé un portrait féroce : « Silencieux, ganté de gris sur son fauteuil tendu de brocart, l'âme sèche et vide d'espérances, très vieux et très fatigué, mais contemplant le spectacle d'un air cynique et presque malicieux[7]. » En réalité, l'historiographie récente a largement rendu justice à Clemenceau et remis en cause cette « légende noire » qui tendait à faire du président du Conseil français le principal responsable de tous les vices du traité de paix.

Les empires vaincus et leurs successeurs – l'Allemagne, l'Autriche, la Hongrie, la Bulgarie, la Turquie – ne sont pas conviés, pas plus d'ailleurs que la Russie. C'est une différence importante avec les négociations de paix de 1815, pour faire la comparaison avec l'autre grand congrès de paix européen du siècle précédent. Autre changement, le nombre de pays participants : ils étaient cinq lors du congrès de Vienne, ils sont vingt-sept lors de la conférence de Paris. Les délégations elles-mêmes sont beaucoup plus nombreuses, plusieurs centaines de personnes en moyenne, accompagnées par des armées de chauffeurs et de secrétaires, et plus de cinq cents correspondants de presse. « Entre janvier et juin, Paris fut tout à la fois le gouvernement du monde, sa cour d'appel et son parlement : ce fut le lieu sur lequel convergeaient toutes les craintes et tous les espoirs. Officiellement, la conférence de la paix dura jusqu'en 1920, mais ces six premiers mois sont ceux qui comptent, le moment où furent prises les décisions cruciales et où la succession des événements se mit en marche. Le monde n'a jamais rien vu et ne verra jamais rien d'entièrement comparable », résume Margaret Macmillan[8].

La conférence de la paix est un édifice soigneusement hiérarchisé, dans lequel les représentants de quelques grandes puissances mènent le jeu. Dans les deux premiers mois de 1919, deux délégués français, britanniques, italiens, américains et japonais sont réunis sous la présidence de Clemenceau dans les salons du Quai d'Orsay. Puis le Conseil des Dix, où interviennent aussi ponctuellement les représentants de plus petits pays, fait place à un Conseil des Quatre, avec Clemenceau, les Premiers ministres anglais et italien Lloyd George et Orlando ainsi que le président Wilson, le premier chef d'État américain à se rendre à l'étranger en cours de mandat. À la fin d'avril 1919, ce sont en fait surtout Clemenceau, Wilson et Lloyd George qui décident de l'essentiel, souvent au terme de discussions très vives où les tensions entre les trois hommes apparaissent au grand jour[9]. Les diplomates professionnels y perdent en influence au profit des politiques. Leur pouvoir se concentre au sein de cinquante-deux commissions, qui travaillent sur les sujets techniques les plus divers, comme le tracé des frontières des nouveaux États, le sort des minorités ou la question des réparations.

Cela dit, le déroulement de la conférence reste assez chaotique. Nul n'avait prévu exactement comment les négociations devaient avancer ni à quel rythme. Parfois, des interlocuteurs importants sont contraints de s'absenter, comme le président Wilson qui rentre aux États-Unis pendant près d'un mois à partir de la mi-février. Il faut aussi attendre la mi-avril pour qu'un ordre du jour soit fixé et un compte rendu établi pour chaque réunion. La rédaction du traité de paix et de ses quatre cent quarante articles se fait finalement dans la plus grande hâte. Le texte n'est relu par les délégations des pays vainqueurs que quelques heures avant d'être transmis aux vaincus.

Chaque chef de délégation était arrivé à Paris avec ses propres objectifs, porté par les attentes de son opinion publique. Mais tous ont en commun une préoccupation prioritaire : le sort fait à l'Allemagne dans l'Europe d'après-guerre. Pour la France, c'est à la fois une question de sécurité et une question de droit : dix départements ont fait l'expérience directe des combats ou de l'occupation, et le pays a perdu un quart de ses hommes âgés de dix-huit à vingt-sept ans. Face à l'ampleur des sacrifices consentis pendant quatre ans, Clemenceau se montre cependant réaliste. Il confie au président Poincaré : « Nous n'aurons peut-être pas la paix que vous et moi souhaiterions. La France devra faire des concessions, pas à l'Allemagne, mais à ses alliés. » Pour les Britanniques, qui soupçonnent les Français d'ambitions annexionnistes en Rhénanie, le renforcement de la puissance française sur le continent européen est au moins aussi préoccupant que la question de la puissance allemande. Le Premier ministre Lloyd George cherche à concilier ce qu'il considère comme un juste châtiment pour les crimes de guerre commis par les Puissances centrales et le maintien des équilibres économiques en Europe. L'Italie veut voir reconnus les engagements pris par les Alliés en sa faveur lors de la conférence de Londres en 1915, notamment la cession des terres irrédentes (le Trentin et Trieste, l'Istrie et la Dalmatie). Quant au président américain Wilson, il a toujours estimé que la paix devait être une « paix juste » (fondée sur une sorte de pacte moral qu'il appelle *covenant*), qu'elle ne pouvait se faire au prix d'un affaiblissement excessif de l'Allemagne, et qu'il fallait distinguer le peuple allemand de ses dirigeants, seuls responsables de la guerre[10].

Ce sont surtout les articles 231 et 232 du traité qui ont été beaucoup discutés par la suite : le premier énonce la responsabilité de l'Allemagne et des Puissances centrales dans les dommages subis par les Alliés ; le second en tire la conclusion que l'Allemagne coupable doit réparer pour les dommages qu'elle a causés. Peu importe finalement que le grand historien Pierre Renouvin, lui-même ancien combattant de la Première Guerre mondiale, ait montré très tôt que les termes « responsabilité » et « réparations » devaient être entendus au sens du droit civil[11]. Pour les Allemands et pour la plupart des Alliés, il s'agissait bien d'une forme de condamnation morale – la plus insupportable qui soit sans doute pour un pays comme l'Allemagne qui avait perdu plus de 2 millions d'hommes. À cette condamnation morale s'ajoute en outre l'humiliation, partagée par les Autrichiens, du rétrécissement du territoire national et de la fin de la grandeur impériale.

Pour comprendre cette apparente dureté à l'égard de l'Allemagne, il faut se replacer dans le climat moral de la « sortie de guerre », et plus précisément dans l'état d'esprit qui prévaut dans les pays alliés à l'hiver 1918-1919[12]. La découverte des destructions commises par les troupes allemandes lors de leur repli à l'automne 1918[13], celle du traitement des civils dans les régions occupées et des prisonniers de guerre dans les camps[14], autrement dit le retour en force du thème des « atrocités allemandes » en 1918-1919, pèse lourdement sur les chefs d'État et les diplomates réunis lors de la conférence de Paris. Il faut faire d'ailleurs un cas particulier de l'attitude envers Guillaume II, en fuite aux Pays-Bas et presque unanimement considéré par les Alliés comme l'un des plus grands criminels de guerre de l'histoire. En conséquence, comment s'étonner que, lorsque les soldats français en cours de démobilisation reçoivent les premières nouvelles des dispositions des traités de paix, ils les considèrent dans leurs lettres non pas comme trop dures, mais comme trop peu sévères[15] ?

Quant à la question des réparations, elle a donné naissance à une abondante littérature. Depuis la publication du pamphlet de John Maynard Keynes, *Les Conséquences économiques de la paix* (1919), écrit en un été et devenu rapidement un best-seller, une première tendance a souligné les conséquences désastreuses des réparations sur l'économie allemande et sur la jeune République de Weimar. Au lendemain de la Seconde Guerre mondiale, c'est Keynes, à l'inverse, qui se trouve mis en accusation, notamment dans un texte célèbre d'Étienne Mantoux qui lui reproche d'avoir tout à la fois diffusé la légende noire du traité de Versailles, provoqué le rejet de sa ratification par le Sénat américain et entraîné le développement d'une attitude d'*appeasement* à l'égard de l'Allemagne nazie[16]. Une longue tradition historiographique est née de ce renversement de perspective[17], jusqu'aux travaux récents de Niall Ferguson[18] qui fait remarquer qu'entre 1920 et 1932, de négociations en négociations, les réparations effectivement payées par l'Allemagne n'ont jamais représenté plus de 8,3 % de son revenu national – et non pas de 20 à 50 %, comme l'écrivait Keynes. L'Allemagne avait-elle les moyens de payer ? C'est certain. Keynes s'est-il laissé influencer par la propagande des banquiers allemands ? C'est probable. Il n'en reste pas moins que la question des réparations a empoisonné les relations diplomatiques durant toute l'entre-deux-guerres (leur montant a fait l'objet de négociations sans fin, dans une vingtaine de conférences successives) et alimenté les passions allemandes.

Avec le recul, la paix de Versailles, que l'on a souvent présentée comme une paix de vainqueurs, est en fait une paix de compromis. Compromis entre les aspirations idéalistes de Wilson et une approche plus réaliste de l'après-guerre. Entre les objectifs de chaque nation et la nécessité pour chacun de ménager ses alliés. Entre la haine de l'Allemagne, qui atteint son paroxysme à la fin de la guerre, et le besoin de réintégrer peu à peu les vaincus dans le concert des nations. Car le but affirmé lors des négociations de paix de Paris n'est pas seulement de châtier les pays tenus pour responsables du déclenchement de la guerre. Il est aussi de mettre en pratique les idées avancées par Wilson dans son discours du 8 janvier 1918 sur les quatorze points et de bannir la guerre une fois pour toutes[19]. « Nous n'avions pas à préparer seulement la paix, mais une paix éternelle », confie le jeune diplomate britannique Harold Nicolson. « Il y avait sur nos têtes comme l'auréole d'une mission sacrée[20]. » La présence du président américain sur le sol européen fait naître des espoirs comme aucun autre chef d'État étranger n'en avait jamais suscité. Tout au long du parcours qui le conduit à Paris, Wilson reçoit un accueil enthousiaste. Dès son arrivée en France, le maire de Brest, ville où il débarque le 13 décembre 1918, le salue comme « l'apôtre de la Liberté » qui vient libérer les peuples européens de leurs souffrances. « Pour un bref moment, Wilson [...] cessa d'être un homme d'État ordinaire ; il devint un messie », note l'écrivain anglais H. G. Wells au début des années 1930[21].

Or, tandis que les spécialistes des relations internationales ont longuement exploré la dimension européenne des négociations de paix, leurs répercussions hors du monde occidental ont été négligées, jusqu'à ce que des travaux récents s'y intéressent[22]. Et pourtant, le début de l'année 1919 est marqué par la diffusion dans le monde entier du droit à l'autodétermination, apparu d'ailleurs dès 1917 sous la plume de Lénine et Trotski dans la perspective d'affaiblir l'Empire russe, avant d'être popularisé en 1918 par Wilson, qui y voit l'expression de la souveraineté du peuple (*government by consent*)[23]. Dans la pratique, Wilson vise surtout les territoires de l'Empire allemand, de l'Empire austro-hongrois et de l'Empire ottoman, non les colonies asiatiques ou africaines[24]. La découverte de l'Europe et l'expérience traumatique de la guerre ont affecté profondément les soldats coloniaux, partagés entre la fierté d'avoir combattu, l'espoir de voir évoluer leur condition à leur retour et une forme de désillusion devant l'inertie de la société coloniale. « Lorsque les survivants rentrèrent chez eux en 1918 et 1919, ils furent confrontés à un nouveau phénomène [...] la fin du mythe de l'invincibilité et de l'incorruptibilité de l'homme blanc », se souvient Amadou Hampaté Bâ, vétéran de la Grande Guerre et écrivain. « Les soldats noirs avaient fait la guerre des tranchées aux côtés de leurs camarades blancs. Ils avaient vu des héros et des hommes courageux, mais aussi des hommes pleurer et crier de terreur [...]. Et c'est à ce moment-là, en 1919, que commencèrent à apparaître l'esprit d'émancipation et de nouvelles revendications[25]. »

D'un peu partout accourent à la conférence de la paix des messagers porteurs de pétitions en faveur du vote des femmes[26], des droits des Afro-Américains, des droits des travailleurs, et les porte-parole de tous ceux qui espéraient voir reconnu leur droit à une patrie : les sionistes, les Arméniens, parmi beaucoup d'autres. Un jeune aide-cuisinier du Ritz envoie une lettre à Wilson pour réclamer l'indépendance de son pays et loue un costume dans l'attente d'une audience privée avec le président américain : c'est le futur Hô Chi Minh. Drapé dans une tenue orientale, T. E. Lawrence sert de traducteur et de conseiller à Fayçal, qui avait mené le soulèvement arabe contre la domination ottomane en juin 1916 et qui sera le premier roi d'Irak après la guerre. D'autres n'ont pas eu la chance de venir jusqu'à Paris pour défendre les droits de leur peuple : c'est le cas de Syngman Rhee, à qui l'on refusa un passeport et qui deviendra le premier président de la Corée du Sud en 1948.

Grâce aux progrès de la presse en Égypte, en Inde et en Chine, les discours du président américain sont traduits, et son message largement diffusé et débattu dans les milieux nationalistes, malgré la censure des autorités coloniales. Des extraits du discours des quatorze points sont appris par cœur dans certaines écoles chinoises[27]. Saluant le triomphe des idées de Wilson en Inde, V. S. Srinivasa Sastri imagine ce qu'aurait été l'accueil du président américain dans les capitales asiatiques : « Ce serait comme si l'un des grands sages de l'Humanité, le Christ ou Bouddha, était revenu chez lui, entouré par la gloire que lui auraient apportée les siècles qui s'étaient écoulés depuis son passage sur la terre[28]. » En janvier 1919, nombreux sont ceux qui considèrent la conférence de la paix de Paris comme un test de la détermination occidentale à voir appliquer le droit à l'autodétermination. La délégation chinoise, composée de jeunes diplomates occidentalisés (V. T. Wellington Koo a fait ses études à Columbia, C. T. Wang à Yale), milite pour le transfert à la Chine des anciennes concessions allemandes. L'échec des négociations, qui donnent au Japon le contrôle de la presqu'île du Shandong, ruine les espoirs des nationalistes chinois, qui refusent de signer le traité de paix. Aussitôt, des manifestations antijaponaises éclatent dans toute la Chine, notamment le 4 mai 1919 lorsque 5 000 étudiants chinois défilent dans les rues de Beijing. À la mi-avril, le mouvement nationaliste indien a été réprimé avec violence, lors du massacre d'Amritsar, quand les troupes du général anglais sir William Dyer font feu et tuent plusieurs centaines de manifestants. Un peu partout, en Asie et en Afrique, le traité de Versailles suscite consternation et révolte, après les espoirs formidables que le wilsonisme avait soulevés.

À lire les travaux récents sur le traité de Versailles, on est frappé de ce décentrage des perspectives, qui permet d'appréhender désormais la sortie de guerre non plus dans un cadre strictement occidental, mais de manière plus globale et à l'échelle mondiale. Finalement, peut-être le véritable échec du traité de Versailles et le vrai tournant de l'année 1919 se situent-ils loin de l'Europe et des champs de bataille de la Grande Guerre. En passant à côté des aspirations des peuples colonisés et en refusant de ratifier l'égalité entre les races[29], les négociateurs réunis à Paris ont pris le risque de décevoir tous ceux qui avaient placé leurs espoirs dans la doctrine du président Wilson. Ce faisant, ils ont alimenté le nationalisme et suscité les premières manifestations du communisme asiatique[30].

UN TEMPS POUR LE DEUIL ET LE RECUEILLEMENT

À l'échelle internationale, l'année 1919 est ponctuée par le déroulement de la conférence de la paix, ses aléas, et la ratification (ou non-ratification) des traités. Toutefois, les enjeux de l'immédiat après-guerre dépassent largement le cadre de la vie diplomatique. Pour beaucoup de familles, l'an 1919 est d'abord placé sous le signe de l'attente – celle du retour des soldats ou des prisonniers de guerre, celle de la reconstruction d'une maison ou d'un village détruits par les combats, celle du retour des corps des combattants disparus et de tous ceux, identifiés, que leurs familles ne peuvent pas encore rapatrier dans les cimetières de l'arrière : c'est seulement à la fin de l'été 1920, par exemple, que le législateur autorise le retour des corps des soldats français. En France, ce rapatriement par trains entiers, en l'espace de quelques mois, constitue assurément un tournant majeur dans la vie de beaucoup de familles endeuillées.

Pour saisir la chronologie de l'année 1919, il faut donc aussi se replacer dans l'intimité des survivants de la Grande Guerre, civils ou vétérans. La démobilisation des armées représente en soi une tâche gigantesque, ne serait-ce que par le nombre d'hommes concernés : 5 millions dans le cas des Français, 6 millions pour les Allemands, par exemple, c'est-à-dire beaucoup plus que les combattants mobilisés à l'été 1914. Dans le cas de la Grande-Bretagne et des États-Unis, la démobilisation est menée assez aisément, même si, pour les démobilisés, le retour au pays n'est jamais suffisamment rapide. Dans une nouvelle publiée en 1925 sous le titre *Soldier's Home*, Ernest Hemingway décrit bien l'accueil inégal que rencontrent les diverses vagues de démobilisés : « Lorsque Krebs revint dans sa ville natale de l'Oklahoma [à l'été 1919], les saluts aux héros étaient terminés. Il était revenu beaucoup trop tard. Les hommes de la ville qui avaient été mobilisés avaient tous été accueillis de manière recherchée lors de leur retour. Il y avait eu beaucoup d'hystérie. Désormais, ces réactions étaient passées. Les gens semblaient penser que Krebs était plutôt ridicule de revenir si tard, des années après que la guerre avait été terminée[31]. »

En Allemagne, dans un contexte de défaite doublée d'une révolution politique, l'armée se désagrège littéralement en l'espace de deux mois. Près de 500 000 combattants allemands quittent leurs unités dès le passage du Rhin et rentrent dans leurs familles par leurs propres moyens, bien accueillis d'ailleurs par des « fêtes du retour », à la différence de ce que prétendra plus tard la mythologie nazie du « coup de poignard dans le dos[32] ». C'est en France, surtout, que la démobilisation traîne en longueur, interminable processus commencé en novembre 1918, interrompu brièvement en mai-juin 1919, puis relancé jusqu'au début de 1920. En vertu de la règle de l'égalité républicaine, l'armée française décide de démobiliser à l'ancienneté. Mais, comme le retour d'une classe d'âge dépend de la démobilisation de la classe d'âge précédente, il est impossible pour les hommes de prévoir précisément leur retour dans leurs foyers. À la lecture de leurs correspondances, l'année 1919 apparaît comme une sorte de « temps suspendu » entre guerre et paix. Certains partent occuper la Rhénanie, d'autres attendent leur démobilisation dans des casernes, où l'ennui mine peu à peu le moral des troupes.

À l'aube de l'année 1919, l'avenir est donc partagé entre projets et inquiétudes. La démobilisation est promesse de retour à la vie ordinaire, mais les vétérans retrouveront-ils pour autant leur vie d'avant-guerre ? Des rumeurs circulent dans les rangs des démobilisables sur des soldats abandonnés par une épouse infidèle ou frappés par l'indifférence des civils. En France, une loi du 22 novembre 1918 impose à chaque employeur de reprendre ses anciens employés, mais encore faut-il que l'entreprise et son propriétaire aient survécu à la guerre. Pour les vétérans originaires des régions détruites par les combats, la démobilisation s'accompagne de la découverte des ruines laissées par le conflit. Parfois la maison familiale n'existe plus, et l'on doit commencer par tout reconstruire[33]. Il ne faut pas longtemps d'ailleurs pour que les réfugiés qui avaient fui pendant la guerre reviennent dans leur région d'origine : la ville de Liévin, entièrement détruite, compte déjà 7 000 habitants en octobre 1919. En France, la « charte des sinistrés », promulguée le 11 avril 1919, permet d'indemniser largement les victimes de dommages de guerre. Véritable rupture dans l'histoire administrative du pays, elle reconnaît la responsabilité de l'État dans les destructions engendrées par le conflit et fonde une forme de solidarité nationale autour des sinistrés.

C'est donc la notion même de « victime de guerre » qu'il faut redéfinir, et, avec elle, les droits à réparation. La Grande Guerre a entraîné des pertes tellement importantes que l'ensemble des catégories juridiques et les mécanismes de prise en charge doivent être actualisés. En Grande-Bretagne, ce sont surtout les associations philanthropiques qui viennent en aide aux vétérans blessés ou aux familles endeuillées. En Allemagne et en France, à l'inverse, ce rôle revient principalement à l'État, qui modernise les lois sur les pensions datant du XIXe siècle pour répondre aux nouvelles exigences d'une armée de conscription[34]. La République de Weimar fait voter des lois réformant le système d'allocation des pensions des invalides, des veuves et orphelins de guerre en mai 1920[35]. En France, la loi du 31 mars 1919 instaure un « droit à réparation » qui donne à chaque mutilé, quel que soit son grade, le statut de « victime de guerre » avec indemnités, puis la possibilité d'accéder à un « emploi réservé » (à partir de 1923). Le juriste René Cassin, grand blessé de guerre, est l'un des principaux défenseurs de ces droits des mutilés. Dans le même temps, les États-Unis, qui dépensent encore 200 millions de dollars par an sous forme de pensions pour les vétérans de la guerre de Sécession, cherchent à promouvoir un nouveau modèle fondé sur la réhabilitation des soldats blessés, le développement d'hôpitaux spécialisés (comme le Walter Reed Hospital à Washington DC) et le retour rapide à la vie active[36]. « Les droits, pas la charité » : c'est autour de ce slogan que les associations françaises d'anciens combattants se structurent et acquièrent un poids social de plus en plus important. En 1919 ont lieu les premiers grands congrès des associations de vétérans, qui tendent d'ailleurs à se regrouper.

Autour des monuments aux morts en cours de construction, de nouveaux rituels voient le jour, qui lient anciens combattants et civils dans le culte des morts de la Grande Guerre[37]. On assiste alors à une forme de nationalisation de la mémoire de la Première Guerre mondiale, qui acquiert très vite une place centrale dans les identités nationales. Dans le cas de l'Australie et de la Nouvelle-Zélande, l'expérience de guerre de l'ANZAC (*Australian and New-Zealand Army Corps*) devient un véritable mythe fondateur pour ces pays neufs[38]. L'été 1919 est rythmé par les grands défilés de la victoire organisés dans les pays alliés : Paris, le 14 juillet ; Londres, le 19 juillet ; Bruxelles, le 22 juillet ; New York, le 10 septembre. À chaque fois, ces cérémonies associent les symboles nationaux (à Paris, le cortège passe sous l'Arc de Triomphe), la dénonciation des crimes ennemis (les Britanniques érigent un mur composé de milliers de casques à pointe sur le trajet du défilé) et le souvenir des victimes de la guerre. À New York, où sont organisées six parades successives, des milliers de blessés de la 1re division américaine participent au cortège. En avant de la colonne, des cavaliers brandissent des enseignes, comme celle-ci : « Première division, tués : 4 899. Blessés : 21 433 ». À Paris, un millier de mutilés de guerre ouvrent le défilé de la victoire sur les Champs-Élysées – un spectacle bouleversant représenté par Jean Galtier-Boissière dans un tableau célèbre (*Le Défilé de la victoire*) où un soldat aveugle s'avance, au centre d'un groupe de grands blessés.

Dans tous les pays, la construction d'une mémoire nationale de la Grande Guerre est indissociable de la mémoire des morts. Bien sûr, l'année 1919 est celle où le prix Goncourt est décerné à Marcel Proust pour *À l'ombre des jeunes filles en fleurs*, de préférence au roman de guerre de Roland Dorgelès, *Les Croix de bois* – ce qui peut apparaître comme un signe de la « démobilisation culturelle » en cours. Mais 1919 est aussi l'année du grand film *J'accuse*, sorti sur les écrans en avril. Avec un onirisme saisissant, Abel Gance montre les morts de Verdun sortant de terre pour venir hanter les vivants et constater, devant l'immoralité des civils, la vanité de leur sacrifice. Le cinéaste reprend le thème du « retour des morts », qui résume à lui seul l'état d'esprit de l'immédiat après-guerre : des sociétés tourmentées par le souvenir des disparus et par une forme de responsabilité morale que requiert le sacrifice de tant de soldats[39]. À dire vrai, cette exigence de fidélité à la mémoire des morts fait naître deux discours parfaitement contradictoires. D'un côté, un message pacifiste finit par s'imposer comme une sorte de culture commune dans la seconde moitié des années 1920 : « *nie wieder Krieg* », « *never again* », « plus jamais ça », disent les anciens combattants. De l'autre, la haine de l'ennemi est encore forte. On assiste même à une forme de remobilisation dans l'immédiat après-guerre, qui rend le travail du deuil d'autant plus difficile : tourner la page de la guerre, ce serait trahir les morts. En France, sans doute plus que dans d'autres pays alliés, le désir de vengeance domine l'opinion. Il est perceptible au sein des troupes qui occupent la Rhénanie, à travers toute une gamme d'humiliations infligées à la population civile allemande. Après avoir épousé l'idéal d'une paix wilsonienne, le romancier Jacques Rivière, ancien prisonnier de guerre, publie chez Gallimard en décembre 1918 un texte intitulé *L'Ennemi*. Dans des notes préparatoires, il explique ainsi son projet : « Ce que je reproche aux Allemands, ce ne sont pas d'abord leurs actes […]. Mon grief va plus profond, c'est à leur être même que j'en veux, ou plutôt à leur manque d'être. Ce que je reproche aux Allemands, c'est d'abord d'être rien. » Dans combien de familles endeuillées la haine de l'ennemi a-t-elle marqué tout ou partie de l'entre-deux-guerres ? C'est au nom de la culpabilité allemande que le grand mathématicien Émile Picard, qui a perdu trois fils pendant la Grande Guerre, milite en 1925 pour que l'Allemagne reste exclue de l'International Research Council. Six années depuis la fin de la guerre représentent « un temps bien court pour jeter un voile sur tant d'actes odieux et criminels, explique-t-il. Surtout quand aucun regret n'est exprimé ».

Les enjeux transnationaux de la sortie de guerre

Aux yeux de beaucoup d'Occidentaux, la menace la plus sérieuse vient toutefois de la désagrégation des grands empires en Europe centrale et orientale, et de la poussée du communisme. La peur des « rouges », des bolcheviks, des révolutionnaires marque profondément les esprits. Elle est alimentée par les grandes grèves qui éclatent dans de nombreux pays au lendemain de la guerre. En France, la région parisienne connaît les grèves les plus massives de l'histoire de la métallurgie, au printemps 1919[40]. La grève générale de Winnipeg (15 mai-25 juin 1919), déclenchée par la vague inflationniste de l'après-guerre, est un événement majeur de l'histoire du mouvement ouvrier au Canada. Aux États-Unis, la seule année 1919 totalise près de 3 600 conflits sociaux. Cette « peur des rouges » tourne parfois à la psychose, par exemple lorsqu'une bombe explose à Wall Street, le 16 septembre 1920, faisant 38 morts et des centaines de blessés[41]. L'attentat, qui reste inexpliqué, est d'abord attribué à des anarchistes, puis à des agents de Lénine.

Lorsque, à la suite de la défaite des armées blanches lors de la guerre civile (1919-1920), les réfugiés russes affluent aux portes de l'Europe occidentale, ils sont donc vus avec inquiétude. Au printemps 1919, ce sont plus de 10 000 personnes, dont 6 000 soldats et officiers des armées blanches, qui fuient Odessa pour la Turquie. Ils sont suivis par 150 000 réfugiés lors de la défaite de l'armée du général Wrangel en novembre 1920. La ville de Constantinople finit alors par concentrer l'immense majorité de ces réfugiés qui s'entassent, privés de tout, dans des camps comme celui installé à proximité du champ de bataille de Gallipoli ou sur des bateaux qui mouillent dans la mer de Marmara. « Les réfugiés peuvent être comparés à des prisonniers de guerre. Constantinople est une prison dont il est impossible de s'échapper », note Jean-Jacques de Watteville, de la Croix-Rouge internationale, lors d'une mission humanitaire en 1921. « Ils vivent dans un environnement qui leur est complètement étranger, ce qui entraîne chez eux une démoralisation croissante et une incapacité grandissante à travailler. » Les gouvernements qui avaient soutenu les armées blanches, notamment la France et la Grande-Bretagne, envoient de la nourriture et de l'aide, avant d'organiser l'évacuation des réfugiés russes vers les Balkans – auxquels se mêlent aussi les rescapés arméniens du génocide de 1915.

D'autres réfugiés passent la frontière russo-polonaise, fuyant la vague de pogroms où disparaissent environ 10 % de la population juive ukrainienne en 1919. La guerre entre la Russie et la Pologne (1919-1921) est l'occasion d'ailleurs de vastes mouvements de population, initialement des citoyens polonais chassés de chez eux par les combats, puis des personnes repartant vers l'Ouest et fuyant la famine qui s'abat sur la vallée de la Volga, la Transcaucasie et l'Ukraine en 1921. Deux grands flux de réfugiés, les uns venus de Pologne, les autres des États baltes, aboutissent alors en Allemagne, essentiellement à Berlin – qui accueille plus de 500 000 réfugiés à l'automne 1920[42]. Les plus aisés d'entre eux repartent ensuite, soit vers la France, où s'installent 80 000 immigrés russes au début des années 1920, soit vers la Grande-Bretagne. Pour tous ces réfugiés, l'une des questions majeures est l'absence de document d'immigration leur permettant de passer les frontières. Certains possèdent des papiers d'identité de l'Empire russe, mais celui-ci n'existe plus ; d'autres ont tout perdu pendant la guerre civile ; d'autres encore sont victimes de la campagne de dénaturalisation engagée par les autorités soviétiques contre leurs ennemis politiques en décembre 1921. Une nouvelle catégorie juridique voit le jour, celle d'apatride, qui désigne des personnes ne jouissant plus des droits octroyés aux citoyens de leur pays d'origine.

La gestion de la crise des réfugiés comporte donc deux volets, l'un philanthropique (il s'agit de venir en aide, souvent dans l'urgence, à des populations dénuées de toute ressource) et l'autre juridique (il faut rapidement inventer un cadre légal octroyant aux apatrides une forme de reconnaissance internationale). Le volet humanitaire est pris en charge par de nombreuses organisations comme la Croix-Rouge internationale – qui a joué un rôle majeur dans l'aide aux prisonniers de guerre en 1914-1918 –, les Quakers, le Save the Children Fund, créé en 1919 par la philanthrope Eglantyne Jebb, ou encore le Near East Relief. Au sortir de la guerre, l'aide humanitaire, enracinée dans une longue tradition anglo-saxonne qui remonte au XIXe siècle, connaît un nouvel essor. Toutefois, sur le terrain, l'action reste relativement improvisée, même si elle mobilise de plus en plus des acteurs sociaux et des médecins.

Sur le plan juridique, la circulation des réfugiés se heurte aux contrôles beaucoup plus stricts des étrangers, depuis la mise en place du passeport international pendant la Grande Guerre. Pour les apatrides, la solution ne peut venir que de l'octroi d'un document reconnu internationalement, qui leur permettrait de circuler librement et de trouver un travail à l'étranger. En juillet 1922 est donc créé le « certificat Nansen », du nom du diplomate norvégien qui occupe les fonctions de haut-commissaire aux réfugiés russes depuis 1921. En réalité, ce document conçu sous les auspices de la Société des Nations n'est pas un passeport, puisqu'il ne permet pas à son détenteur de revenir dans le pays qui le lui a octroyé. En outre, les bénéficiaires du certificat Nansen sont soumis aux mêmes lois restrictives sur l'immigration que les autres, par exemple les lois des quotas adoptées en 1921 et 1924 par les États-Unis. Ce document, bientôt étendu aux Arméniens à partir de 1924, puis aux Assyro-Chaldéens, représente cependant une révolution dans le droit international, et concrétise ce que Dzovinar Kévonian a appelé « l'institutionnalisation du champ humanitaire international[43] ».

Pour de nombreux juristes des années 1920, le caractère transnational des questions posées par la sortie de guerre impose une redéfinition profonde du droit international. Les problèmes des réfugiés, du retour des prisonniers de guerre, de la reconstruction économique, de l'approvisionnement ou des épidémies ne peuvent plus être traités simplement dans un cadre national. Par leurs actions, Herbert Hoover, Fridtjof Nansen, Albert Thomas, René Cassin ou Eglantyne Jebb, issus de la diplomatie ou des milieux humanitaires, illustrent cet essor de l'esprit international[44]. « Il faut rejeter délibérément et définitivement la notion de souveraineté, car elle est fausse et elle est nuisible », explique par exemple Georges Scelle, qui considère la Première Guerre mondiale comme « le plus formidable événement qu'ait enregistré l'histoire depuis la chute de l'Empire romain[45] ». Le grand juriste français est cependant l'une des voix les plus radicales d'un courant qui ne remet pas en cause la souveraineté des États en soi, mais leur *souveraineté absolue.* La naissance de la Société des Nations, « première aurore d'une organisation juridique internationale » (Georges Scelle), soulève donc d'immenses espoirs, même si, d'emblée, les juristes internationalistes se montrent assez sceptiques sur la portée réelle de l'organisation. En l'absence de sanction contre les contrevenants au droit international et de force armée capable d'imposer la paix, la Société des Nations ne « peut atteindre le but de haute moralité internationale en vue duquel elle a été constituée » (Léon Duguit). L'histoire des relations internationales a longuement étudié les limites de ce nouvel ordre international né de la guerre : « *The lights that failed* » – pour reprendre l'expression de Zara Steiner[46]. Mais elle a aussi souligné l'ampleur des réalisations effectuées dans la mouvance de la Société des Nations, notamment dans le domaine social, pour une meilleure gouvernance mondiale[47].

L'un des organismes les plus dynamiques de l'après-guerre, de ce point de vue, est sans doute l'Organisation internationale du travail, mise en place par la partie XIII du traité de Versailles et dirigée dès 1919 par l'ancien ministre français de l'Armement Albert Thomas. Son champ d'intervention est vaste. Un bref examen des questions figurant à l'ordre du jour de la première Conférence du travail à Washington, en octobre-novembre 1919, suffit pour s'en convaincre : journée de travail de huit heures, chômage, protection des femmes avant et après l'accouchement, travail de nuit et travaux insalubres des femmes et des enfants, âge d'accès au travail industriel... À travers la production de normes destinées à améliorer les conditions de vie des travailleurs et à protéger leurs droits, l'OIT incarne la croyance en une justice universelle, née des ruines de la Première Guerre mondiale. « C'est la guerre qui a donné à la législation du travail une importance primordiale. C'est la guerre qui a contraint les gouvernements à prendre des engagements pour faire disparaître la misère, l'injustice et les privations dont souffrent les salariés. C'est la guerre encore qui a conduit les ouvriers organisés à comprendre que l'action de protection légale, en prenant toute sa puissance sur le terrain international, était nécessaire à la réalisation de quelques-unes de leurs aspirations », rappelle Albert Thomas dans le premier numéro de la *Revue internationale du travail*, publié en 1921. L'OIT n'est pas seulement l'héritière des mouvements réformistes développés à travers toute l'Europe depuis la fin du XIXe siècle. Elle recueille les aspirations à un monde meilleur, auquel doivent contribuer le dialogue entre syndicats et patronat, et le travail d'un nouveau groupe social en plein essor après la guerre : celui des experts internationaux. Derrière cette quête de justice sociale se dessine aussi l'ambition d'un monde délivré de la guerre. « *Si vis pacem, cole justiciam* », dit la devise de l'organisation. « Si tu veux la paix, cultive la justice. »

Pour Albert Thomas et son entourage, issus de la « nébuleuse réformiste » d'avant-guerre, il va de soi que 1919 constitue un tournant. À leurs yeux, c'est l'aube d'une ère nouvelle. Néanmoins, les historiens de l'OIT tendent maintenant à souligner de plus en plus les tensions entre l'idéal transnational qui les anime et les rivalités persistantes entre États-nations, qui pèsent encore de tout leur poids au sein de l'institution. L'adhésion rapide de l'Allemagne et des autres Puissances centrales à l'OIT, dès 1919, ne signifie pas que le souvenir douloureux de la guerre s'éloigne pour autant. Lorsque les premières rencontres entre anciens combattants des deux camps sont organisées dans l'immédiat après-guerre pour discuter des droits des mutilés, Adrien Tixier, de l'OIT, lui-même grand blessé de guerre, confie : « Je sais par expérience qu'il n'est pas agréable de rencontrer des gens avec lesquels on échangeait des balles et des grenades il y a peu encore, mais j'estime précisément dans l'intérêt de la paix du monde que de telles rencontres sont nécessaires. » La pacification des esprits au sein des organisations internationales ne va pas de soi. Dans de nombreux pays, d'autres formes de conflictualité – guerres frontalières, guerres civiles... – prolongent la violence de la Première Guerre mondiale.

Violences d'après-guerre : essai de typologie

Depuis quelques années, un nouveau champ de recherche s'est progressivement imposé aux spécialistes de la Première Guerre mondiale : la place de la Grande Guerre dans le XXe siècle et son impact sur les violences d'après-guerre[48]. À la suite de George Mosse[49], certains historiens soulignent le processus de « brutalisation » consécutif à la Première Guerre mondiale, sans que l'on sache d'ailleurs très clairement si ce phénomène touche surtout les sociétés d'après-guerre et leur vie politique ou les anciens combattants en tant qu'individus, et si tous les pays sont concernés de la même manière[50]. À dire vrai, le transfert de violence de la période de la guerre à la période d'après-guerre constitue un mécanisme complexe. Sous le terme de « violence », on désigne des réalités très différentes : combats entre armées régulières (guerre gréco-turque, par exemple), luttes idéologiques contre un « ennemi intérieur » (guerre civile russe), liquidation de l'héritage de la Grande Guerre (épuration des « inciviques » en Belgique), exactions commises par des groupes paramilitaires (répression contre-révolutionnaire en Allemagne), violences ethniques ou communautaires (Pologne, Irlande...). La spécificité de ces conflits dépend assez largement de l'expérience de chaque pays pendant la Première Guerre mondiale (conquête, invasion ou occupation ? victoire ou défaite ?), de l'aptitude de chaque État à canaliser ou à rediriger la violence déployée pendant la guerre, et de la place de chaque pays dans l'espace mondial : ainsi l'après-guerre est-il caractérisé par un regain de violence dans les colonies, notamment en Inde, en Égypte et en Irak dans le cas des Britanniques[51], ou en Algérie et en Indochine dans le cas des Français[52].

Plusieurs facteurs, qui peuvent d'ailleurs se conjuguer, expliquent les violences de l'après-guerre : les répercussions de la révolution de 1917 en Russie et à l'étranger ; les frustrations nées de la défaite ; les tensions nationales ou ethniques héritées de la désintégration des quatre grands empires (allemand, russe, austro-hongrois et ottoman), qui peuvent prendre des formes diverses : revendications territoriales, tensions frontalières, mouvements de population... Dans ce paysage extrêmement varié, mettre en évidence une forme de continuité entre « cultures de guerre » de 1914-1918 et violences de l'après-guerre n'est donc pas aisé. Il faut souvent changer de niveau d'étude : étudier des situations locales[53], des parcours de vétérans ou de groupes de vétérans, de civils qui refusent de tourner la page de la guerre[54], être attentif à l'éventuel remploi de tactiques et d'armes utilisées d'abord sur les champs de bataille avant de l'être durant les années 1920, aux gestes et aux mots de la violence, à la postérité idéologique de mythes nés pendant la guerre – par exemple, le « mythe de l'expérience de guerre » (George Mosse), élément central de l'idéologie *völkisch* en Allemagne ou du fascisme italien. Les *arditi* en Italie, les *Freikorps* en Allemagne, les *Black and Tans* en Irlande sont tous des vétérans de la Première Guerre mondiale, et la République des Conseils de Béla Kun en Hongrie (mars-juillet 1919) s'appuie sur d'anciens prisonniers de guerre hongrois rentrés de captivité en Russie.

Esquissons une brève typologie. Certaines violences découlent directement du sort des armes à la fin de la guerre et de la mise en place des conventions d'armistice. L'année 1919 voit la libération des pays occupés pendant la Grande Guerre et l'occupation de la Rhénanie par les vainqueurs, ce qui donne lieu dans les deux cas à des violences contre les personnes et les biens. La Belgique est le théâtre d'une chasse aux collaborateurs qui vise en particulier les « accapareurs de guerre » et les « embusqués ». Au printemps 1919, le procès des Coppée père et fils – de grands patrons du Hainaut accusés de s'être enrichis en fournissant du charbon aux Allemands – enflamme l'opinion publique belge, qui considère que la justice n'est pas assez sévère avec les « inciviques ». Une même émotion accueille l'acquittement de plusieurs « dénonciateurs », notamment Gaston Quien, traduit en justice en 1919 pour avoir livré Edith Cavell. Dans des pays profondément divisés par la guerre, comme ce fut le cas entre les Flamands et les Wallons en 1914-1918, l'immédiat après-guerre sonne le temps des règlements de compte. En Alsace, les civils d'ascendance allemande sont expulsés vers l'Allemagne à l'hiver 1918-1919[55]. En Rhénanie, les troupes d'occupation rejouent quant à elles, sur un mode mineur, les affrontements de la Première Guerre mondiale : rixes avec les civils allemands, destruction du monument aux morts de 1870 à Ems, insultes et humiliations de la population rhénane...

Dans d'autres cas, c'est l'effondrement de l'appareil étatique, combiné avec le chaos matériel, qui entraîne le déchaînement de violence. Nombreux sont les pays où la fin de la guerre s'accompagne d'un choc traumatique collectif et d'un réinvestissement de la « culture de guerre » dans les luttes entre mouvements contre-révolutionnaires et révolutionnaires[56]. En Italie, la montée en puissance des *arditi* et du mouvement fasciste s'explique largement par la faillite morale des élites politiques et militaires pendant la Grande Guerre : le pays est victorieux, mais c'est une victoire incomplète et ambiguë qui ne parvient pas à effacer l'humiliation de Caporetto[57]. Le cas de l'Allemagne est particulier, car la défaite y est attribuée à la trahison, ce qui facilite le transfert de la guerre extérieure vers la guerre civile[58]. À Berlin, l'année 1919 s'ouvre par l'insurrection spartakiste (5-11 janvier), et par l'assassinat particulièrement brutal de Rosa Luxemburg et de Karl Liebknecht par des membres des *Freikorps*, le 15 janvier. Depuis plusieurs semaines, la violence de guerre avait investi les rues de la capitale allemande. « Le combat [...] a commencé près de la colonnade de la Belleallianceplatz, puis s'est poursuivi contre les tireurs cachés sur les toits des maisons pour atteindre ensuite l'imprimerie du *Vorwärts* fortement barricadée, avec son réseau de cours intérieures », note un Berlinois dans son journal intime. « On utilisait des bombes de gros calibre et des lance-flammes. Les portes ont été soufflées par des grenades à main et les défenseurs se sont rendus seulement à l'approche des troupes d'assaut. 300 prisonniers ont été capturés et 100 mitrailleuses saisies. »

L'État allemand ne dispose plus du monopole de la violence légitime. Son armée a été largement démantelée à la suite de la défaite. Pour faire face à la menace révolutionnaire, il s'appuie sur des vétérans récemment démobilisés, des groupes d'étudiants trop jeunes pour avoir combattu mais désireux d'exercer leur force dans la lutte contre les « rouges »[59], ou des milices de voisinage, qui diffusent les appels au meurtre contre la « vermine bolchevique ». Tout semble favoriser une radicalisation de la violence politique : les angoisses eschatologiques suscitées par la défaite, la peur de la contamination par les communistes et par les Juifs, l'aspiration à recréer contre un ennemi commun la fraternité des combattants des tranchées. « On nous disait que la guerre était terminée. Cela nous faisait rire. La guerre, c'est nous », déclare un volontaire des *Freikorps*[60].

Dans ce climat, le gouvernement de la République de Weimar renonce à poursuivre les coupables du double crime des leaders spartakistes. Lors des obsèques de Karl Liebknecht et de Rosa Luxemburg, ce sont près de 300 000 militants qui crient leur colère contre le gouvernement social-démocrate. Officiellement dissous le 6 mars 1919, les *Freikorps* écrasent dans le sang, deux mois plus tard, la République des Conseils de Munich : la répression fait 650 morts. Aux marges orientales de l'Allemagne, la menace bolchevique est également présente, et les *Freikorps* sont utilisés pour contrecarrer le risque d'extension révolutionnaire.

En Russie, l'affaiblissement de la puissance étatique ouvre elle aussi un espace aux « seigneurs de la guerre » avec leurs armées privées, pillant, terrorisant la population, multipliant les pogroms comme en Ukraine[61]. L'intervention des Alliés aux côtés des armées blanches, dans le contexte de la guerre civile, contribue encore à radicaliser la violence de guerre : face à une force d'intervention étrangère qui atteint 20 000 hommes en 1919, et face à la pression des « ennemis de l'intérieur » (partisans blancs des armées de Koltchak, Dénikine ou Wrangel, paysans aisés – « koulaks » –, minorités ethniques), le régime bolchevique a le sentiment de jouer sa survie. Dans cette période si particulière qu'est le « communisme de guerre » (1918-1921), clivages politiques entre communistes et opposants contre-révolutionnaires (réels ou supposés), antagonismes sociaux entre villes et campagnes, luttes ethniques et affrontements nationaux (par exemple entre la Russie et la Pologne, dans la guerre de 1919-1921 qui fait 250 000 morts) se combinent pour entretenir un climat de violence permanente et protéiforme. « La guerre mondiale s'est arrêtée formellement avec la conclusion de l'armistice [...]. Mais tout ce que nous vivons depuis, tout ce dont nous faisons l'expérience n'est que la continuation et la mutation de la guerre mondiale », explique le philosophe Piotr Struve, passé du bolchevisme au mouvement blanc, dans une conférence donnée à Rostov-sur-le-Don en novembre 1919[62]. Ainsi, lors des « guerres paysannes » qui éclatent autour de la question des réquisitions de céréales, les paysans rebelles sont écrasés avec une brutalité inouïe par les forces spéciales de la Tchéka, la police politique. Massacres de civils, bombardements de villages, utilisation de gaz de combat signalent l'importation sur le front domestique de pratiques de combat héritées de la Grande Guerre et témoignent de la radicalisation des perceptions de l'ennemi intérieur[63].

La quatrième et dernière composante de ces violences d'après-guerre est d'ordre ethnique. L'éclatement de l'Empire russe entraîne tout d'abord une poussée des tensions nationalistes dans le Caucase, dans les nouveaux États baltes et en Pologne. Ces tensions tendent à se cristalliser sur certains territoires réduits, investis d'enjeux symboliques, comme la ville de Vilna, disputée par la Pologne et la Lituanie, ou le port de Memel, placé par le traité de Versailles sous le contrôle d'une commission alliée, mais convoité par les Polonais et les Lituaniens, lesquels finissent par prendre la ville en janvier 1923. Autre exemple de lutte territoriale : la ville de Fiume, que le traité de Londres (26 avril 1915) avait donnée[64] à la Yougoslavie, mais que les Italiens réclament lors de la conférence de la paix, invoquant la présence d'une forte communauté italienne dans la cité. Le 12 septembre 1919, le poète nationaliste Gabriele D'Annunzio occupe Fiume illégalement avec une armée de volontaires et dirige, pendant plus d'un an, un gouvernement provisoire favorable au rattachement de la ville à l'Italie.

En 1919-1920, l'ambition des signataires des traités de paix était de limiter les risques de conflit en redistribuant la population en fonction d'une meilleure homogénéité ethnique. Mais l'imbrication des langues, des ethnies et des cultures est si complexe, notamment en Europe centrale et dans les Balkans, que la situation reste extrêmement confuse. Les traités de paix instaurent alors des clauses de protection des minorités, garanties par la SDN. Ils officialisent en outre le principe d'option qui oblige chaque individu à s'installer dans le pays dont il a adopté la nationalité. Au total, 10 millions de personnes environ quittent des territoires passés sous le contrôle d'un pays tiers. Le conflit gréco-turc qui éclate en mai 1919 culmine avec la prise de Smyrne par les troupes kémalistes, l'incendie des quartiers arménien et chrétien, et le massacre de près de 30 000 civils (septembre 1922). Le transfert forcé de populations entre la Grèce et la Turquie, mené sous les auspices de la SDN en 1923, est la conséquence la plus dramatique des violences ethniques de l'immédiat après-guerre. Il légalise une conception ethnicisée du territoire.

C'est aussi dans ce contexte que se forment les groupes paramilitaires, responsables d'une grande partie des violences de l'après-guerre. La frontière entre civils et combattants, déjà fragilisée pendant la Première Guerre mondiale, disparaît complètement dans ce type de conflit. Le cas de la guerre civile irlandaise en offre un bon exemple. L'insurrection de 1919 contre les Britanniques et la contre-insurrection sont conduites par de petits groupes qui ne s'attaquent pas seulement à d'autres combattants armés. Les épouses et les familles des militants indépendantistes sont également visées par la répression. Les soldats britanniques, appuyés par les

Black and Tans, commettent de nombreuses atrocités contre les civils. À l'inverse, l'IRA mène une politique d'intimidation et de vengeance contre ceux qu'elle considère comme des traîtres. Les corps des personnes exécutées sont fréquemment abandonnés, avec un message : « Espion. Par ordre de l'IRA. Avertissement. » En Irlande, la guerre civile entraîne finalement des pertes beaucoup plus lourdes que la Première Guerre mondiale elle-même[65]. On peut y voir la combinaison de plusieurs facteurs : la moindre inhibition des groupes paramilitaires, qui s'attaquent plus facilement à des civils que ne le font les troupes régulières ; la force des enjeux identitaires d'une guerre qui radicalise les positions de chaque camp ; et peut-être aussi un effet de cette brutalisation que la Grande Guerre semble avoir amenée dans son sillage au sein de l'Europe des années 1920.

L'année 1919 ne marque pas la fin du cycle ouvert en 1914, ni même d'ailleurs un infléchissement de la violence de guerre. Dans de nombreux pays, les tensions, déjà fortes, semblent s'accroître lors de l'immédiat après-guerre, au moment même où des diplomates venus du monde entier sont réunis à Paris pour négocier la fin des hostilités. Dans les décombres des quatre empires détruits par la Grande Guerre, les nationalismes ont pris de l'ampleur. La fièvre révolutionnaire s'est étendue à toute l'Europe centrale, suscitant des mouvements contre-révolutionnaires tout aussi violents. Parfois, c'est simplement la Première Guerre mondiale qui se prolonge : les armes et les tactiques de combat expérimentées sur les champs de bataille depuis 1914 sont utilisées dans un contexte de guerre intérieure et contre la population civile. Parfois, plusieurs types de conflictualité se combinent. Dans le cas de la Russie, par exemple, plusieurs guerres s'emboîtent et se renforcent : la guerre contre la Pologne ; la guerre entre le pouvoir bolchevique, les armées blanches et leurs alliés occidentaux ; la guerre de classe contre les paysans « koulaks » ; la répression contre les nationalités par le pouvoir central de Moscou.

1919, année de la paix ou année d'une impossible sortie de guerre ? Si l'on devait trouver une métaphore picturale pour décrire 1919, l'image de la ligne de fuite serait la mieux adaptée. En effet, cette année 1919 ouvre des perspectives sur ce que sera, pour plusieurs années, la transition de la guerre à la paix : un monde agité par de fortes tensions idéologiques entre communisme et libéralisme ; de vastes mouvements de populations chassées par la guerre civile, la faim ou les persécutions religieuses ; des haines héritées de la Grande Guerre… Or, 1919, c'est aussi l'année de la conférence de la paix, celle de la création de la Société des Nations et de l'Organisation internationale du travail : un moment où les contemporains de la Première Guerre mondiale, prenant conscience qu'ils vivent dans un monde désormais globalisé, aspirent à une refondation des relations internationales.

Pour les survivants, 1919 est surtout un temps d'attente, de deuil, et de désillusion. C'est alors que beaucoup de vétérans et de civils se rendent compte qu'ils ne parviendront jamais à se libérer de la guerre. Dans une lettre écrite à son ami Robert Graves lors de l'immédiat après-guerre, T. E. Lawrence livre un troublant témoignage : « Pourquoi Siegfried Sassoon toi et moi [...] n'arrivons-nous pas à échapper à la guerre ? Te voilà tout grouillant de pensées, comme un vieux pied de table rongé par les vers ; [Sassoon] qui erre comme un navire sans gouvernail ; et moi [...] pour qui la seule existence acceptable semble être dans des conditions sordides et les mauvais traitements. Mais que nous est-il donc arrivé à tous ? Cela me fait penser aux microbes de la malaria, qui pénètrent dans le sang et réapparaissent des mois et des années après au cours d'attaques récurrentes[66]. »

Deuxième partie
THÉÂTRES DE GUERRE

Les chapitres de ce volume le démontrent : l'histoire militaire de la Grande Guerre est sujette à des différences nationales, sans même évoquer les disparités entre auteurs écrivant sur les mêmes événements. Les chapitres n'en révèlent pas moins un consensus inédit différent de celui qui aurait prévalu lors du cinquantième anniversaire de la guerre. À cette époque, les performances militaires des participants auraient, très probablement, été classées en fonction des caractéristiques nationales. L'Allemagne et la Grande-Bretagne auraient figuré en tête de liste, suivies par la France. Les États-Unis auraient occupé un rang élevé, avec d'amples désaccords sur leurs performances du fait de leur entrée en guerre tardive. Seraient venues ensuite l'Italie et l'Autriche-Hongrie, puis la Russie et la Roumanie, la Turquie ne se retrouvant pas loin du bas de l'échelle. Aujourd'hui, on ne classerait pas les pays selon leurs caractéristiques nationales, mais en fonction de leurs niveaux d'industrialisation. Cette liste ne semblerait pas foncièrement différente de la précédente, mais au moins se fonderait-elle sur des statistiques solides, plutôt que sur des stéréotypes.

Les chapitres de cette partie reflètent ce nouveau paradigme. Pour la guerre maritime, la façon qu'on avait autrefois d'évoquer le prétendu échec de la Grande-Bretagne, incapable de produire des cuirassés dignes de ce nom, laisse place à la reconnaissance de sa domination écrasante sur les mers. Il semble aujourd'hui que la bataille du Jutland n'ait pas eu une issue très serrée. Quoi qu'il en soit des pertes relatives, au lendemain de la bataille, une seule flotte patrouillait en mer du Nord, et ce n'était pas celle de l'Allemagne. L'Amirauté n'eut pas non plus besoin que le pouvoir civil l'aiguillonne pour former des convois contre la campagne sous-marine. Le système naval fut opérant et fournit la solution.

Quant à la guerre aérienne, on a cessé d'y voir un « duel d'aigles », avec un groupe d'« as » de l'aviation essayant d'en abattre un autre. L'intérêt porté au Baron Rouge a cédé la place à des études consacrées aux vraies fins de la force aérienne dans la Grande Guerre : repérage aérien pour des tirs d'artillerie plus précis et prise de photographies afin d'identifier les défenses ennemies et de situer les positions des batteries.

Dans le domaine militaire, le progrès du savoir le plus marquant a été le fruit de l'ouverture au moins partielle des archives russes. S'il reste encore beaucoup à faire, les nouvelles informations indiquent que les armées du tsar se battaient et étaient équipées bien mieux qu'on ne l'avait pensé jusque-là. Dans une certaine mesure, il est apparu que c'est l'absence de structures bureaucratiques et de techniques de management modernes, mais aussi d'un système politique digne de ce nom, qui fut fatale à l'effort de guerre russe.

Le réexamen porte aussi sur les fronts « secondaires ». On a fait du manque de poids industriel de l'Italie et de l'Autriche un facteur essentiel de l'impasse stratégique, mais il semble que l'absence de techniques militaires pour arracher une victoire décisive sur le terrain où se livrait la guerre ait été tout aussi importante. Il apparaît clairement aussi que, les grandes puissances industrielles de l'Europe se seraient-elles battues dans de pareilles conditions, l'issue eût été largement la même. Les structures politiques de l'Italie et de l'Autriche ne furent visiblement pas à la hauteur non plus pour répondre efficacement aux exigences d'une grande guerre, même si ce point de vue fut amendé par un fait évident, mais amplement sous-estimé : les deux puissances gardèrent des armées sur le terrain, trois ou quatre années durant, sans désintégration.

Un consensus paraît aussi s'être formé sur la guerre contre la Turquie, à laquelle on ne prête plus la capacité d'avoir affecté de manière décisive le cours général de la guerre. Les rares soldats qui restaient aux Britanniques, une fois les exigences du front occidental satisfaites, ne vinrent pas si facilement à bout des armées de l'Empire ottoman. La puissance industrielle de la Grande-Bretagne finit par vaincre les Turcs, mais il fallut quatre ans et beaucoup d'efforts pour y parvenir.

Le principal centre d'attention demeure le front occidental, car il est certain que la guerre a été gagnée et perdue sur ce front. La curiosité porte maintenant sur la façon dont elle a été livrée, et pour laquelle il n'existe qu'un consensus partiel. Les chefs se trouvaient au bon endroit, à l'extrémité de systèmes de communication sans précédent, et les généraux étaient (peut-être) étonnamment bons en matière logistique – les armées furent rarement à court de vivres ou de munitions –, même s'ils n'étaient pas tous talentueux.

Le rôle de l'arsenal dans l'issue des batailles et, en fait, de la guerre elle-même a enfin reçu son dû, la compétence des chefs étant jugée désormais à la manière d'utiliser les armes mises à leur disposition. Ici, il n'y a plus le moindre consensus. Verdun fut-il la première bataille purement d'usure dont le seul but aurait été la destruction de l'armée française ? Quelle armée sut-elle le mieux tirer les leçons de l'expérience passée et comment les appliqua-t-elle aux batailles ultérieures ? Les chefs s'inquiétaient-ils du niveau des pertes infligées à leurs armées par des efforts comme ceux menés à Verdun, sur la Somme, dans la troisième bataille d'Ypres ou au Chemin des Dames ? Tout ce que l'on peut dire à ce propos, c'est que le débat continue, mais les riches études consacrées à divers généraux (armée, corps d'armée et échelons inférieurs) n'ont pas eu d'impact sur les lourdes questions répertoriées ci-dessus.

Quid de l'avenir ? Nous pouvons attendre d'autres révélations émanant des archives russes, de puissances de second rang, comme l'Autriche et l'Italie, ou des États successeurs en Europe orientale, mais le travail futur sur le front occidental doit se concentrer davantage sur la technologie que sur la biographie. Maintenant que nous disposons d'une biographie de Haig, il devrait y avoir un moratoire de dix ans au moins avant d'en produire de nouvelles. Il est extraordinaire qu'il n'existe aucune étude sérieuse de l'artillerie, à laquelle on doit pourtant près de 60 % des victimes. Le ministère britannique des Munitions (qui détermina probablement la victoire sur le front occidental) mérite une étude de fond, à l'instar de la participation des États-Unis à la guerre et à la victoire alliée. Au moins cela nous délivrerait-il des livres qui partent de la prémisse que les États-Unis ont gagné la guerre. Voyons au fil de la prochaine décennie si l'un ou l'autre de ces défis sera relevé, et si des universitaires apporteront du neuf dans un domaine trop souvent abandonné aux amateurs.

Robin Prior

Chapitre VIII
Le front de l'Ouest

Robin Prior

Le front occidental – la ligne statique de tranchées qui s'étendaient de la frontière suisse à la mer du Nord dans les environs de Nieuport – est devenu une des images iconiques de la Grande Guerre. Pourtant, si les plans de bataille des grandes puissances s'étaient réalisés, il n'aurait jamais existé. Les Français étaient supposés, à travers leur plan XVII, déferler sur l'Alsace-Lorraine et repousser les armées allemandes dans leurs territoires, en leur infligeant de telles pertes que la capitulation devait être rapide. Les Allemands, selon le plan Schlieffen, devaient passer par la Belgique neutre pour atteindre Paris et faire reculer les armées françaises jusqu'à leurs lignes de défense. Une capitulation immédiate devait s'ensuivre. Ces plans échouèrent pour quantité de raisons. Les Français, avançant en grand nombre à découvert, furent fauchés par les tirs des mitrailleuses et de l'artillerie allemandes. Leur plan était fondé sur l'élan napoléonien et c'est à peu près tout. Il ne prenait absolument pas en compte la puissance de tir défensive et, en peu de temps, les troupes durent faire halte. Les Français comptèrent plus de 300 000 pertes dans ce qui fut appelé la « bataille des frontières ».

Les Allemands échouèrent pour des raisons légèrement différentes. Leur plan avait été élaboré par le chef d'état-major, le général von Schlieffen. Or celui-ci avait laissé entendre qu'il ne s'agissait que d'un exercice théorique et que l'Allemagne ne possédait pas les effectifs permettant de le mettre en œuvre. Cette importante mise en garde disparut des esprits dans les années qui suivirent le départ à la retraite du général. Le jeune Moltke lui succéda et modifia le plan en réduisant le nombre de divisions qui devaient constituer le flanc droit de l'attaque sur la Belgique et en augmenter le nombre de celles postées sur la frontière franco-allemande. Cela avait au moins l'avantage de s'adapter aux capacités du réseau ferroviaire à transporter les troupes sur le front, et de rendre ainsi le plan applicable, mais pas réalisable pour autant. Les troupes sur l'aile droite avaient de telles distances à parcourir que très tôt se posèrent des problèmes d'épuisement. L'immense masse, incapable d'envelopper Paris par l'ouest comme prévu, obliqua sur sa gauche, à la poursuite de ce qu'elle pensait être les armées française et britannique en déroute. Cela la rendit vulnérable à la contre-attaque des troupes transférées par le commandant en chef, le général Joffre, après son offensive ratée vers l'ouest et le sud de Paris. Ces troupes, transportées par train, arrivèrent ainsi plus vite et plus fraîches que les hordes épuisées d'Allemands se déplaçant à pied. Ces renforts se révélèrent suffisants pour que les forces alliées arrêtent les Allemands sur la Marne et même les fassent reculer.

Dès lors commença une nouvelle phase de la guerre connue sous le nom de « course à la mer », parce que la mer, à savoir la Manche et la mer du Nord, était l'endroit où les armées étaient obligées de s'arrêter. En fait, ce n'était pas la mer que les armées rivales cherchaient à atteindre en premier, mais le flanc à découvert de leurs adversaires. Aucun camp ne fut capable de distancer l'autre pour réaliser cet objectif. La dernière tentative fut allemande, en novembre 1914. Le général Falkenhayn, qui avait remplacé Moltke – désormais tenu pour responsable de l'échec du grand projet de Schlieffen –, jeta dans la bataille ses troupes de jeunes réservistes. Inexpérimentées, celles-ci attaquèrent un peu de la même manière que les Français avaient tenté de le faire en Alsace-Lorraine. Elles tombèrent sur l'armée britannique, dissimulée dans des tranchées rudimentaires autour de la ville belge d'Ypres. Les Britanniques, en nombre supérieur, stoppèrent la trajectoire de l'offensive allemande au prix de pertes importantes. La puissance de feu défensive s'était une fois encore montrée trop redoutable pour que des troupes attaquant à découvert puissent triompher. À partir de ce moment, les lignes de tranchées s'étendirent progressivement vers le nord et vers le sud jusqu'à devenir continues de la frontière suisse à la Manche. Le front occidental était né.

Le problème du front occidental était simple, mais la solution diaboliquement difficile. Le problème était que, pour gagner du terrain, les hommes devaient abandonner la sécurité de leurs tranchées et attaquer un ennemi à l'abri des siennes, et ce en traversant une bande de terrain qui fut bientôt connue non sans justesse comme le *no man's land*. Cette

Opérations allemandes
en France et en Belgique, 1914

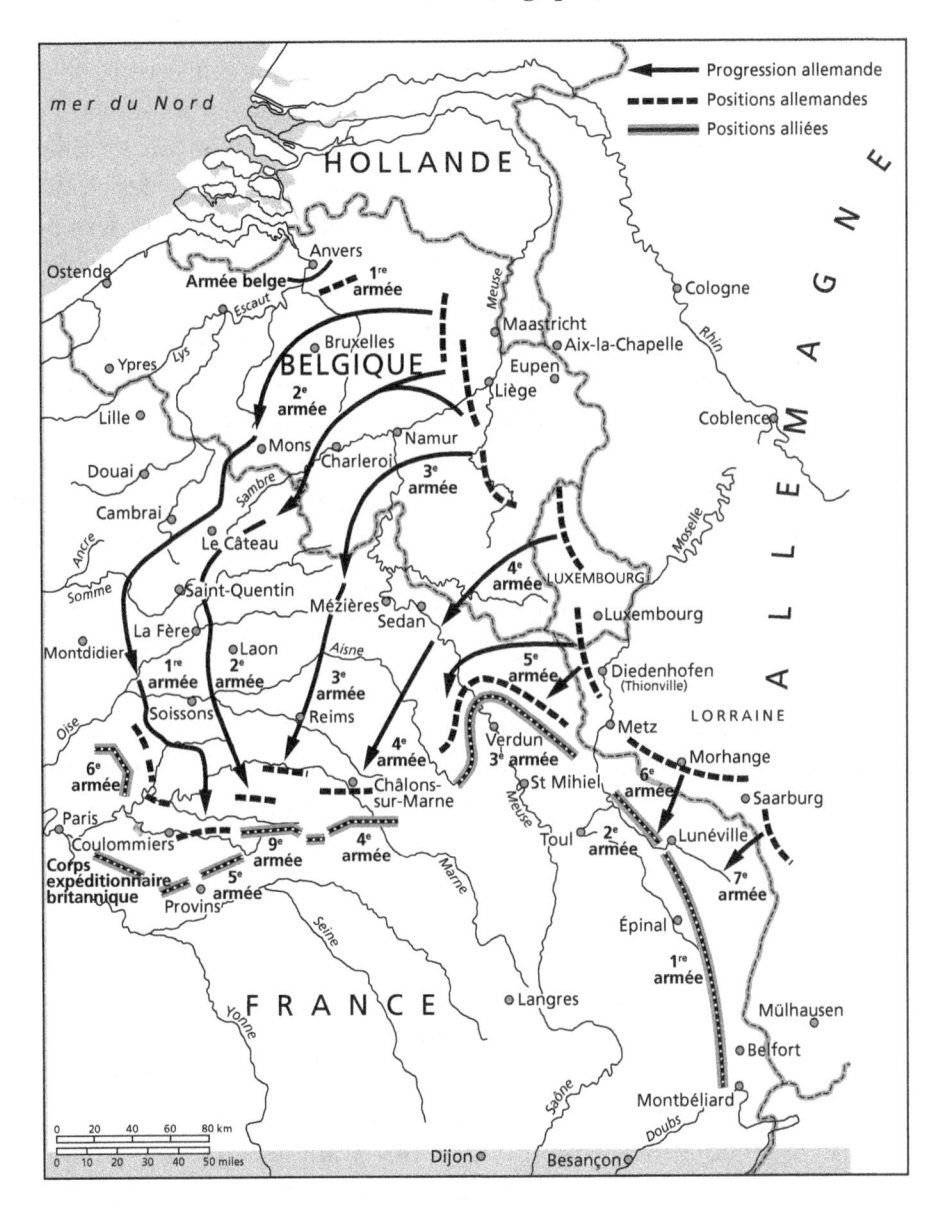

bande étroite mesurait de 10 à 1 000 mètres et l'ennemi pouvait concentrer une incroyable puissance de feu sur les attaquants qui la traversaient. Des tranchées, les fusils étaient capables d'effectuer quinze tirs à la minute avec une certaine précision. Parmi les occupants des tranchées, plus dangereux étaient encore les mitrailleurs. Une mitrailleuse moderne pouvait tirer environ 600 coups à la minute et sa position pouvait être protégée par des plaques en acier et, ultérieurement, par des abris bétonnés. Plus loin en arrière – peut-être entre 3,5 et 9 kilomètres – se trouvait l'artillerie ennemie. Pour des raisons qui seront bientôt expliquées, les canons n'étaient pas suffisamment précis pour atteindre les cibles les plus réduites. Mais ils l'étaient assez pour tirer avec un certain degré de réussite dans une aire de la largeur du *no man's land*, et c'était suffisant pour provoquer le chaos dans les formations d'hommes étroitement serrés qui tentaient de le traverser. À l'opposé de ce déluge de feu provenant des fusils, mitrailleuses et canons, l'infanterie qui attaquait était équipée d'une arme de service et (dans les premières années de la guerre) de grenades à main primitives qui provoquaient plus de dégâts chez l'envoyeur qu'à sa cible. De plus, très vite, les soldats qui attaquaient devaient affronter un enchevêtrement de barbelés, avant même d'atteindre les tranchées ennemies. Auparavant utilisé pour empêcher le bétail et les moutons de s'enfuir, ce produit de la société industrielle se révéla d'une redoutable efficacité pour se préserver des assauts de l'infanterie.

Le problème tactique résultant de ce déséquilibre de puissance de tir entre attaquants et défenseurs persista au cœur de la guerre sur le front occidental entre fin 1914 et novembre 1918. Une solution se présenta étonnamment tôt aux responsables des deux camps. Les principales armes de destruction étaient l'artillerie et la mitrailleuse. Une façon de détruire ou au moins de réduire à un niveau tolérable la puissance de feu de ces armes ennemies était de les bombarder avec des obus provenant de sa propre artillerie. C'est ce qui fut tenté, notamment par les Français et les Britanniques, dans les premières batailles de 1915. Mais, alors que la solution semblait simple sur le papier, dans la pratique elle rencontrait de nombreuses difficultés. La première était que ni les Britanniques ni les Français ne possédaient en nombre suffisant des canons ayant la capacité d'annihiler les défenses des tranchées ou de tirer à des distances permettant d'éliminer l'artillerie ennemie. Les armées d'avant-guerre avaient été équipées en vue d'une guerre mobile requérant de petits canons aisés à déplacer, de courte portée et dépourvus de la puissance de destruction que la situation nouvelle réclamait. Mais ce n'était pas le seul problème que posait l'artillerie.

À ce stade de leur développement, les canons n'étaient pas des instruments de précision. Les obus tirés par un canon type ne tombaient pas à un endroit précis, mais se répandaient sur une surface d'environ 36 mètres sur 72. Cette surface était connue comme la zone à 100 %. Cela semble hautement technique, mais signifie seulement que si 100 obus étaient tirés par un canon dans des *conditions identiques*, on pouvait s'attendre à ce que tous les obus tombent dans cette zone. Une difficulté apparaît donc immédiatement : les cibles que les canons devaient atteindre étaient restreintes. Les lignes de tranchées étaient volontairement conçues pour être aussi étroites que possible afin d'offrir de petites cibles à l'artillerie ennemie. À une dizaine de kilomètres ou plus, les armes ennemies isolées représentaient des cibles minuscules. Une manière de surmonter cette difficulté était de disposer d'une quantité d'obus si énorme que le tir continu d'un canon devait forcément atteindre directement certaines des cibles désignées. Mais, en 1914 et 1915, aucune industrie de munitions au monde n'avait la taille requise, ni pour produire une telle quantité d'obus, ni pour fabriquer un nombre suffisant de canons pour les tirer. Et en 1916, alors que les industries de munitions de toutes les grandes puissances étaient en pleine expansion, les tranchées défensives qu'elles étaient censées détruire l'étaient aussi. Si bien qu'en 1915 une armée pouvait avoir à attaquer une ligne principale de tranchées et plusieurs autres de soutien, et qu'en 1916 les défenses de front elles-mêmes formaient un système entier de tranchées d'une puissance considérable, toutes reliées les unes aux autres par des boyaux de communication. Et il pouvait y avoir un deuxième système quelques centaines de mètres en arrière du front, et encore un autre derrière.

Si la quantité d'obus et de canons n'était pas la solution idéale, celle-ci se trouvait-elle dans la précision ? Si les obus des attaquants pouvaient réellement atteindre leurs cibles, le front ennemi ne serait-il pas rompu ? Mais là encore apparaissaient plusieurs difficultés. Car les obus ne tombaient dans la zone à 100 % que s'ils étaient tirés dans des *conditions identiques*. Mais, bien entendu, les conditions sur un champ de bataille pouvaient changer, et ce fut le cas. Le facteur le plus variable était le temps. Si un vent arrière se levait durant un bombardement, les obus tombaient au-delà de la zone à 100 %. Un soudain vent de face, et les tirs se révélaient trop courts. Par temps chaud, les obus allaient plus loin que par temps frais, car l'air était plus porteur.

De nombreux autres facteurs affectaient la précision d'un canon. Il y avait l'usure due aux tirs continuels. Lorsque le tube d'un canon commençait à s'user, les obus pouvaient osciller et voir leur portée raccourcie. Par ailleurs, la chaleur générée à l'intérieur du tube par un bombardement intense pouvait le faire se relever légèrement, de telle sorte que les obus retombaient plus loin que prévu. Il faut ajouter que les obus n'étaient pas tous exactement du même poids. Dans le cas d'un obus de 84 millimètres, le poids pouvait varier d'une trentaine de grammes en plus ou en moins. Plus l'obus était lourd, plus le tir était court, et inversement.

Un autre problème se posait lorsque l'on visait des cibles éloignées. Tirer avec une certaine précision exigeait d'établir la position exacte de la cible au sol. Mais, en 1915, on découvrit que de nombreuses cartes topographiques avaient été dressées à l'époque de Napoléon et n'étaient pas très fiables. Une erreur de seulement quelques mètres pouvait réduire à zéro toute tentative d'atteindre une cible lointaine. La photographie aérienne offrit une réponse originale à ce problème. Le champ de bataille pouvait être cartographié par un avion équipé de caméras rudimentaires, et les images ensuite utilisées pour dessiner des cartes. Mais la technique était encore balbutiante. On n'était pas vraiment conscient du fait que les photographies prises à différentes hauteurs produisaient des cartes aux échelles largement différentes. De plus, une photographie de la terre était l'image plane d'une surface courbe, ce qui provoquait des erreurs de parallaxe. Pour ces raisons, il était délicat d'établir des cartes fiables, avec un effet inévitable sur la précision de l'artillerie.

Il y avait aussi des difficultés d'observation. Lorsque les batailles se déroulaient en terrain plat, il pouvait être extrêmement compliqué d'estimer si les obus avaient atteint ou non leur cible. La distance posait des problèmes spécifiques. Les canons à longue portée étaient des cibles capitales, mais n'étaient pas visibles à l'œil nu. Si l'ennemi plaçait ses canons plus près du front, il pouvait encore les dissimuler derrière une crête pour empêcher les observations directes. Une solution à cela consistait à utiliser des avions équipés de radios qui pouvaient diriger les tirs d'artillerie jusque sur des cibles éloignées. Les deux camps se rendirent bientôt compte que l'observation aérienne était un élément crucial. Si l'un des adversaires envoyait un avion pour repérer l'artillerie, l'autre ripostait avec des avions de chasse, bientôt équipés de mitrailleuses, cherchant à les abattre. Les batailles aériennes, ou combats rapprochés, se développèrent autour de l'activité de reconnaissance. Si une armée perdait la supériorité aérienne sur un champ de bataille, elle perdait la capacité, vitale pour elle, de surveillance.

Bien entendu, les conditions météorologiques pouvaient empêcher toute activité dans les airs. Le front occidental n'était pas situé dans une région réputée pour son climat ensoleillé. Même durant l'été, les nuages bas et la pluie gênaient parfois l'observation, et cependant les batailles devaient être programmées à l'avance afin de rassembler les troupes et les munitions nécessaires. Les jours précédant une bataille étaient essentiels pour la précision d'un bombardement, mais restaient à la merci de la météo. En hiver, il arrivait naturellement que le brouillard, le verglas et la neige empêchent l'aviation de décoller. La bataille de Neuve-Chapelle, d'un extraordinaire intérêt, illustre les difficultés techniques de l'artillerie et, dans une certaine mesure, montre comment elles pouvaient être surmontées. Ce qui rend cette bataille plus exceptionnelle encore est que ce fut l'un des premiers combats de la guerre des tranchées sur le front occidental. En mars 1915, le 4e corps britannique, commandé par le général Rawlinson, devait prendre des collines, appelées non sans quelque exagération la crête d'Aubers. À l'origine, il devait s'agir d'une opération conjointe avec les Français, mais lorsque le général Joffre refusa sa participation, les Britanniques décidèrent de poursuivre seuls. En face du 4e corps se trouvait le petit village de Neuve-Chapelle, protégé par une seule tranchée et quelques rudimentaires barricades de barbelés.

Rawlinson examina la situation et envoya des commandos pour étudier de plus près la nature des tranchées allemandes. Puis, loin en arrière du front anglais, il creusa des tranchées de même nature et les bombarda jusqu'à leur destruction totale. Il calcula ensuite de combien d'obus exactement, et de quel calibre, il avait besoin pour détruire les quelque 1 800 mètres de tranchées qui se trouvaient en face de lui. L'étape suivante consista à rassembler le nombre approprié de canons pouvant tirer des obus rapidement sans laisser aux défenseurs le temps de réagir. Tout cela se déroula le 10 mars 1915 et, globalement, fonctionna bien. Excepté sur la gauche de la ligne, où les observations avaient été difficiles, les tranchées allemandes furent détruites et les troupes britanniques purent s'emparer du village et consolider leurs positions. À partir de là, le plan s'effondra. Le supérieur de Rawlinson, le général Haig, exigea de regrouper la cavalerie pour exploiter la prise du village. Mais un point avait échappé à Rawlinson. Ses canons n'avaient pas été capables de localiser ou de détruire l'artillerie allemande invisible, derrière la crête d'Aubers. Les canons allemands commencèrent à pilonner les soldats et en particulier les cavaliers qui, de toute façon, éprouvaient les pires difficultés à trouver leur chemin à travers le terrain entrecoupé de tranchées et encombré d'un enchevêtrement de barbelés. Finalement, la cavalerie fut retirée, mais au bout de trois jours d'efforts inutiles et au prix de nombreuses victimes.

Cette bataille fournit des enseignements très clairs. Après un calcul approfondi, il fut possible de briser les défenses des tranchées et d'avancer de 900 à 1 800 mètres pour une perte modeste. Mais, l'artillerie ennemie n'ayant pas été neutralisée, les pertes grimpèrent dans les jours suivant la victoire initiale. De plus, la cavalerie constituait une cible si visible et éprouvait de telles difficultés à manœuvrer au milieu du réseau de tranchées que son utilité sur un champ de bataille moderne commença à être remise en cause.

Une leçon supplémentaire pouvait être tirée de Neuve-Chapelle. Si l'avancée était de 1,5 kilomètre, combien de batailles devraient être livrées pour que les Allemands soient chassés des territoires français et belges ? Dans l'esprit des décideurs militaires, cette question primait toutes les autres, y compris de bon sens. Ils avaient grandi à une époque où l'armement défensif ne dominait pas les champs de bataille. On était généralement persuadé que la France avait perdu la guerre de 1870 en raison du manque de dynamisme de son infanterie. Si l'on se tournait vers de grands stratèges du passé, ce n'était pas vers Grant, qui avait mis à mal les armées confédérées avec des tactiques similaires à celles utilisées le premier jour à Neuve-Chapelle, mais vers Napoléon, le maître de la guerre de mouvement. Et l'on oubliait volontiers que Napoléon avait perdu sa dernière bataille parce que les escadrons d'infanterie britanniques n'avaient pas été atteints par sa tactique fondée sur la cavalerie. Ainsi, selon le commandement, la guerre sur le front occidental, en 1915, devait prendre, dans sa planification, mais non dans son exécution, une forme préindustrielle fondée sur la recherche d'affrontements décisifs promettant une issue rapide.

Ainsi, lorsque Joffre fit ses plans pour 1915, il chercha des objectifs grandioses à une échelle napoléonienne. Il attaquerait en Artois sur un front qui s'étendait de la crête de Vimy à Arras. Si la crête pouvait être prise, raisonnait-il, il pourrait lâcher sa cavalerie dans les plaines de Douai. Elle s'emparerait de jonctions ferroviaires vitales pour le ravitaillement de l'armée allemande de l'Ouest. L'intégralité du front allemand serait plongée dans le désordre et une victoire spectaculaire – peut-être décisive – s'ensuivrait. Les Britanniques devaient apporter une modeste contribution à cette bataille en attaquant juste au nord des Français.

Le bombardement préliminaire débuta le 9 mai. Il y avait eu quelques améliorations dans les réglages de l'artillerie. Un nombre inédit de canons (plus de 1 000, dont un tiers de gros calibre) avaient été rassemblés. Ils pilonnèrent les tranchées et les batteries allemandes concentrées derrière la crête, mais que l'aviation française avait repérées. Le 16 mai, l'infanterie entra en action. Au départ, la tactique paya. La ligne allemande dans cette portion avait été allégée pour se porter au secours des Autrichiens sur le front oriental. Les Allemands – malgré les sept jours de bombardement – avaient été pris par surprise. Une division franco-marocaine atteignit même le sommet de la crête de Vimy. Puis les lois d'airain de la guerre de tranchées s'imposèrent progressivement. En dépit de tous leurs efforts, les artilleurs français avaient raté la plus grande partie de l'artillerie ennemie derrière la crête. Les tirs de celle-ci commencèrent à faire de nombreuses victimes chez les soldats marocains et les contraignirent à faire demi-tour. Plus au sud, le bombardement avait épargné de larges portions des tranchées allemandes. Et désormais les Allemands étaient bien organisés. Les Français furent obligés de battre en retraite sans aucune sécurité. Sur les flancs, les Britanniques – négligeant les leçons de Neuve-Chapelle – utilisèrent un nombre d'armes inférieur pour attaquer des défenses plus fortes. L'échec fut total.

Joffre, contre toute raison, prit cette bataille à cœur. Ses troupes avaient momentanément tenu Vimy, l'une des positions les plus puissantes du front Ouest. Il voulait essayer à nouveau. Il le fit plus tard en mai et encore en juin. Dans la dernière tentative, les courageux Marocains prirent de nouveau la crête de Vimy. Et une fois encore les canons allemands intacts les en chassèrent. L'affaire était entendue. L'offensive de printemps de Joffre avait coûté plus de 100 000 pertes. Les Allemands avaient souffert, mais dans une moindre mesure. Ils avaient perdu 60 000 hommes. Le front resta à peu près ce qu'il était avant la bataille.

Les pertes subies dans cette bataille perturbèrent quelques hommes politiques britanniques. Churchill avait toujours pris parti contre les offensives de masse à l'Ouest : elles n'aboutissaient, selon lui, qu'à faire « mâcher des barbelés aux hommes ». Maintenant que son plan alternatif à Gallipoli suivait son cours, il voulait détourner encore plus de troupes du front occidental. Mais les Français, qui, avec l'armée la plus nombreuse, continuaient à dicter la stratégie, étaient d'un autre avis. Il y aurait une offensive d'automne qui réussirait là où celle du printemps avait échoué. Kitchener, le secrétaire d'État britannique à la Guerre, donna son accord à contrecœur, disant à ses collègues : « Nous devons faire la guerre comme nous le devons, et non pas comme nous l'aimons. »

Faire la guerre « comme nous le devons » était plus prophétique que Kitchener ne pouvait l'imaginer. L'écrasante défaite infligée aux Russes à Gorlice-Tarnow signifiait qu'il fallait essayer de détourner des troupes allemandes du front oriental. D'où l'offensive d'automne de Joffre en Champagne. Elle fut aussi improductive que la tentative antérieure. Les Français – avec un apport britannique à Loos – parvinrent à mobiliser suffisamment d'artillerie contre la ligne de front allemande pour l'écraser sur environ 8 kilomètres. Mais les défenses s'étaient perfectionnées. Les Allemands avaient maintenant une seconde ligne extrêmement solide à environ 2 ou 3 kilomètres derrière la première. Cette ligne avait été largement épargnée par les bombardements français. La logique exigeait que les Français consolident leur progression et fassent une pause. Au lieu de quoi Joffre poursuivit son offensive. Quatre jours plus tard, il fut obligé d'arrêter en raison des pertes énormes infligées à ses troupes par l'infanterie allemande et par l'artillerie à distance toujours intacte. Au nord, les Britanniques ne s'en étaient pas mieux sortis. Le total des victimes alliées de l'automne était de 200 000 hommes contre 80 000 chez les Allemands. L'usure avait fait son œuvre, mais pas vraiment de la manière espérée par les commandements alliés. L'un d'eux le paya au prix fort. Sir John French, qui avait dirigé la BEF (la *British Expeditionary Force*, le corps expéditionnaire britannique) sans mérite ni imagination, fut limogé. Sir Douglas Haig, dont les dirigeants politiques britanniques pensaient qu'il serait plus efficace, décrocha le poste.

Apparut alors une arme nouvelle, qui entra en action des deux côtés durant l'année 1915. En avril, les Allemands utilisèrent le gaz toxique (chlore) dans le saillant d'Ypres. L'effet sur les troupes fut immédiat – les soldats étaient privés d'air lorsqu'ils respiraient – et elles battirent en retraite. Les Allemands les poursuivirent, mais furent arrêtés par les troupes indemnes et l'épuisement de leurs réserves de gaz. Ils subirent donc l'opprobre d'avoir introduit une nouvelle arme effrayante tout en manquant de réserves suffisantes pour qu'elle fût déterminante. En tout cas, leur logique était douteuse. Trois jours sur quatre, le vent soufflait d'ouest en est le long de la plupart des secteurs du front occidental, c'est-à-dire en direction des troupes allemandes. Les Alliés ripostèrent à l'automne avec leur gaz toxique. Cela marcha à peine mieux. Commencèrent à apparaître les premiers masques à gaz qui filtraient la majeure partie du gaz contenu dans l'air. Dans d'autres secteurs, le gaz fut dispersé par le vent. Les Britanniques accomplirent l'exploit de lâcher leur gaz lorsque le vent soufflait dans la mauvaise direction : ils gazèrent donc leurs soldats au lieu des Allemands. Les gaz furent utilisés durant le reste de la guerre, mais ne constituèrent jamais une arme décisive.

À certains égards, 1916 marqua l'apogée de la guerre sur le front occidental. Deux des plus importantes batailles jamais livrées – Verdun et la Somme – se déroulèrent cette année-là. Chacune de ces batailles impliqua des centaines de milliers d'hommes ainsi que des armes et des munitions en quantités prodigieuses. De telles batailles furent possibles sur le front occidental et non ailleurs ; en effet, le complexe réseau ferroviaire de l'Europe occidentale fut employé pour transporter les hommes, leur approvisionnement et le fourrage pour tous les chevaux qui tractaient les canons et les munitions près des fronts respectifs. Ensuite des rails légers, posés rapidement et avec habileté, transportaient les éléments nécessaires aux combats sur les lignes de front. Ce fut un exploit d'une envergure considérable. Les commandants n'étaient pas encore capables de planifier efficacement une bataille, mais ils s'assuraient que leurs hommes étaient rassasiés et suffisamment approvisionnés en munitions, sinon pour attaquer, du moins pour repousser une tentative d'avancée du camp adverse.

L'Allemagne fut la première à entreprendre une offensive en 1916. Le commandant en chef, le général Falkenhayn, avait fait montre d'une impatience mal déguisée et de jalousie envers ses rivaux du front oriental, Hindenburg et Ludendorff, qui avaient obtenu d'impressionnantes victoires contre les Russes. Falkenhayn pensait – à juste titre – que la guerre se jouerait à l'Ouest. Fin 1915, il proposa au Kaiser un plan d'attaque contre la ville-forteresse de Verdun. Le but de l'opération était de s'emparer d'un point réputé vital de la ligne de défense française, mais Falkenhayn se couvrit. Il soutint que les Français défendraient Verdun jusqu'au bout. Il avait raison, sauf que, étant donné la doctrine dominante du côté français, n'importe quel objectif sur leur territoire aurait été défendu jusqu'au bout. Quoi qu'il en soit, Falkenhayn pensait que, même s'il échouait à s'emparer de Verdun, la concentration d'artillerie qu'il prévoyait d'employer saignerait à blanc l'armée française. S'il avançait, il serait victorieux, mais s'il n'avançait pas, il le serait aussi. Le raisonnement était d'une logique implacable et le Kaiser l'approuva, un facteur favorable étant que son fils commanderait la 5e armée allemande qui lancerait l'attaque.

La bataille (voir chap. 4) peut être brièvement résumée. Falkenhayn rassembla un nombre de canons inégalé jusque-là : près de 1 300. Mais il leur confiait une mission inédite. Ils devaient bombarder les deux rangées de forts qui protégeaient Verdun, démolir les villages défendus qui se trouvaient sur le chemin et les tranchées défensives que les Français avaient pu construire lorsque les préparatifs allemands pour la bataille étaient devenus évidents.

Sa seule chance de succès résidait dans l'impéritie des Français. Après que les Allemands eurent détruit les forts belges défendant Anvers, les Français avaient déclaré les forts superflus, et retiré de Verdun de nombreux canons et les garnisons les servant. Les avertissements des commandants locaux restèrent ignorés et, lorsque les Allemands attaquèrent, en février 1916, beaucoup de forts comme Douaumont ou Vaux, considérés par l'opinion publique comme le *nec plus ultra* en matière de fortification, étaient des sortes de coquilles vides.

Le plan de Falkenhayn ne pouvait pas plus échapper aux leçons de la guerre de tranchées que n'importe quel autre. Établir la concentration d'artillerie demandait de détruire les défenses françaises de Verdun, et il concentra ses canons contre la majeure partie d'entre elles, regroupées sur la rive droite de la Meuse. Pendant un temps, cela fonctionna. Les défenseurs français furent chassés de leurs positions, alors que les Allemands progressaient lentement. Puis un nouveau commandant, le général Pétain, spécialiste de la guerre défensive, fut chargé de rétablir la situation. Il réorganisa l'artillerie française sur la rive gauche de la Meuse de telle sorte que, plus les Allemands avançaient, plus ils exposaient leur flanc aux canons français. Le fort de Douaumont tomba entre les mains des Allemands, mais les canons français étaient si précis qu'ils firent d'épouvantables dégâts chez les attaquants et que Falkenhayn dut modifier sa tactique. Il élargit l'attaque à la rive gauche de la Meuse pour s'occuper des canons français et utilisa aussi une nouvelle variété de gaz toxique (phosgène). Pendant un certain temps, les Allemands gagnèrent une fois encore du terrain et s'emparèrent du fort de Vaux. Mais, en réalité, ils avaient de plus en plus de difficultés à accompagner leurs troupes d'un support d'artillerie approprié. Le sol boueux constituait un obstacle au déplacement des canons les plus lourds. Les Français, par ailleurs, commençaient à recevoir en nombre des renforts d'artillerie. Et ils réussirent à soutenir leurs hommes et leurs canons grâce à un chef-d'œuvre d'improvisation. Une noria de camions se déplaçant le long d'une seule route fut, pour la première fois dans l'histoire, capable de soutenir une armée entière. La Voie sacrée – comme l'appela Maurice Barrès après la guerre – permit aux Français de rester dans la bataille. Lorsque l'offensive britannique dans la Somme obligea les réserves allemandes à s'éloigner de Verdun, les nouveaux commandants – Nivelle et Mangin – purent reprendre l'offensive. En novembre 1916, les Allemands avaient été repoussés à quelques kilomètres de leur point de départ. La bataille avait fait 300 000 victimes dans chaque camp. Les résultats étaient nuls.

Dans le même temps, les Britanniques avaient établi des plans qui se révélèrent meilleurs que ceux de Falkenhayn. Leur nouveau commandant en chef, le général Haig, en accord avec Joffre, décida une attaque conjointe sur la Somme. Cependant, étant donné les circonstances, les troupes françaises affectées à la bataille furent envoyées à Verdun. En mai 1916, il était clair que l'offensive serait une affaire principalement britannique.

Haig fut confronté à trois systèmes de tranchées allemandes séparés de quelque deux kilomètres les uns des autres, quoique le troisième fût en cours de construction et de moindre force que les deux premiers. Les Allemands avaient par ailleurs fortifié de nombreux villages dans le secteur et construit de profondes tranchées-abris, résistant à tout obus (excepté les plus lourds) et destinées à protéger leurs garnisons. Dans l'ensemble, ils avaient fait de la Somme l'un des secteurs les mieux défendus du front occidental. Haig interrogea le commandant de son infanterie, le général Rawlinson, remarqué lors de l'opération de Neuve-Chapelle, sur le type d'opération à mener. Rawlinson, plutôt que de revenir au modèle de Neuve-Chapelle, était d'avis que seule la première ligne devait être attaquée. Il fixa pour objectif de tuer des Allemands, plutôt que de gagner du terrain. Il y avait beaucoup de bon sens à cela. Ce que Rawlinson préconisait était une véritable guerre d'usure. Les Britanniques devaient submerger un secteur limité par leurs tirs d'artillerie, en s'assurant que leurs pertes fussent moindres que celles des Allemands. Si l'opération était répétée assez souvent, la victoire pourrait finalement s'ensuivre. Haig rejeta totalement cette suggestion. Il ne pensait pas en termes d'usure, mais de gigantesques chevauchées napoléoniennes qui renverseraient toute la position allemande à l'Ouest. L'idée de lâcher la cavalerie sur les trois systèmes de tranchées des Allemands aurait donc dû être immédiatement éliminée. Haig fit une erreur similaire à celle de Falkenhayn. Il avait à sa disposition un nombre de canons sans précédent. Mais la plupart étaient de petit calibre. Les plus puissants, nécessaires à la destruction des tranchées et des cagnas dans lesquelles les garnisons allemandes étaient tapies, étaient en quantité limitée. Et les canons de contre-batterie – capables de neutraliser l'artillerie allemande – étaient en quantité très limitée. Haig comptabilisait les canons, mais ne tenait absolument pas compte de leur fonction. Cela allait se révéler fatal.

La bataille débuta le 1er juillet 1916 et fut l'un des plus grands désastres de l'histoire britannique. En essayant de détruire toutes les défenses allemandes, on parvint à n'en supprimer qu'une petite partie. Nombre de mitrailleurs allemands étaient indemnes, beaucoup de barbelés intacts et les canons allemands à peu près tous épargnés. L'infanterie britannique – qui ne marcha pas vers la mort épaule contre épaule d'un pas lent, mais plutôt en tentant toutes sortes de tactiques novatrices pour traverser le *no man's land* – n'avait aucune chance. Avant midi, au moins 30 000 des 120 000 soldats étaient hors de combat, beaucoup avant même d'avoir atteint leur ligne de front. À la fin de la journée, on dénombrait 57 000 victimes, dont 20 000 morts. C'est seulement au sud, avec l'aide d'un appui important de l'artillerie française, que les Britanniques (et les Français) gagnèrent un peu de terrain.

Il eût été logique de suspendre l'opération et de procéder à une réévaluation de la situation. Il n'en fut rien. Les Français demandèrent aux Britanniques de continuer, afin de soulager la pression sur Verdun. Haig n'avait pas besoin d'incitation. La bataille devait continuer. Elle dura près de cinq mois. Il y eut quelques signes encourageants pour les Britanniques. Ainsi, le premier jour, certaines troupes qui s'étaient emparées de la ligne de front allemande se retrouvèrent derrière un rideau d'obus qui, dans le même temps, tombait juste en face d'eux et sur les Allemands du front. Le « barrage roulant », comme on l'appela par la suite, progressait alors de manière que les troupes atteignent les lignes allemandes alors que les obus continuaient à tomber sur elles. Les défenseurs se trouvaient donc face au choix difficile d'utiliser leurs armes et de risquer d'être bombardés ou de rester dans leurs tranchées et d'être à la merci des attaquants. Bientôt, ce type de protection d'infanterie devint la norme dans toutes les attaques britanniques. Il avait cependant ses défauts. Les canons n'étaient pas toujours assez précis pour avoir la certitude que tous les obus tomberaient au-devant de leur infanterie. Des obus tirés trop court firent des victimes et ceux qui tombaient trop loin ne protégeaient pas les attaquants. De plus, dans les premiers jours, trop peu d'obus furent envoyés dans les tirs de barrage, permettant à certains défenseurs de rester indemnes. Le pire était que le barrage roulant se révéla inefficace par mauvais temps. Les conditions boueuses faisaient que les troupes avaient le plus grand mal à demeurer synchrones avec le feu roulant ; avec les nuages bas et la pluie, les artilleurs et les aviateurs éprouvaient les plus grandes difficultés à vérifier où les obus tombaient par rapport à l'avancée de l'infanterie. Néanmoins, le barrage roulant constituait un progrès significatif qui allait rester la méthode la plus efficace de protection de l'infanterie jusqu'à la fin de la guerre.

Une seconde innovation britannique fut le char : un véhicule blindé, équipé d'un petit canon ou d'une mitrailleuse, qui résistait généralement aux tirs de fusil et aux mitrailleuses, et était capable de défoncer les barbelés et de tirer sur les défenseurs des tranchées. Ces engins furent d'abord essayés dans la Somme, à la bataille de Flers-Courcelette, en septembre 1916. Ils se révélèrent d'une efficacité variable. La moitié des 50 véhicules utilisés tombèrent en panne avant d'atteindre les lignes ennemies. Les conditions à l'intérieur de ces machines primitives étaient épouvantables, avec des températures pouvant aller jusqu'à 60 degrés et des vapeurs d'essence qui réduisaient l'endurance des équipages. Les chars provoquèrent la panique à certains endroits du front et permirent de prendre à moindres risques certains villages comme Flers. Mais ce n'étaient pas des armes très exploitables sur le terrain. Ils pouvaient seulement avancer au pas en terrain favorable, mais le sol retourné de la plupart des champs de bataille rendait souvent leur progression périlleuse. Les Allemands, bien sûr, s'adaptèrent aux tanks et très rapidement produisirent des balles capables de perforer le blindage, ce qui rendit la vie à l'intérieur des véhicules extrêmement précaire.

Le barrage roulant et le char résument les exploits britanniques sur la Somme. Durant la plus grande partie de la bataille, de petits groupes de soldats se battirent en avançant vers des tranchées puissamment défendues. Ils y allèrent selon la bonne vieille méthode et furent tués selon la bonne vieille méthode. À un moment de la bataille, les troupes de Haig entreprirent d'avancer dans trois directions différentes. Seul l'échec complet du mouvement évita au front britannique d'être totalement divisé en trois secteurs coupés les uns des autres. La bataille traîna en longueur jusqu'à l'automne, lorsque la pluie transforma le champ de bataille en lac artificiel. Haig demeurait cependant optimiste parce qu'à ses yeux le moral des Allemands était près de s'effondrer, ce qui était loin d'être évident pour un regard extérieur. À Londres, le gouvernement, bien que pourvu de statistiques précises montrant qu'il fallait trois soldats britanniques pour tuer deux Allemands, ne fit rien. Ou plutôt il laissa la bataille se poursuivre et félicita Haig de ses exploits. En fait, ces succès aboutirent à l'épuisement de son armée. À la fin de la bataille, les pertes britanniques dépassaient 400 000, celles des Allemands s'élevaient à environ 200 000.

Bataille de la Somme, 1916

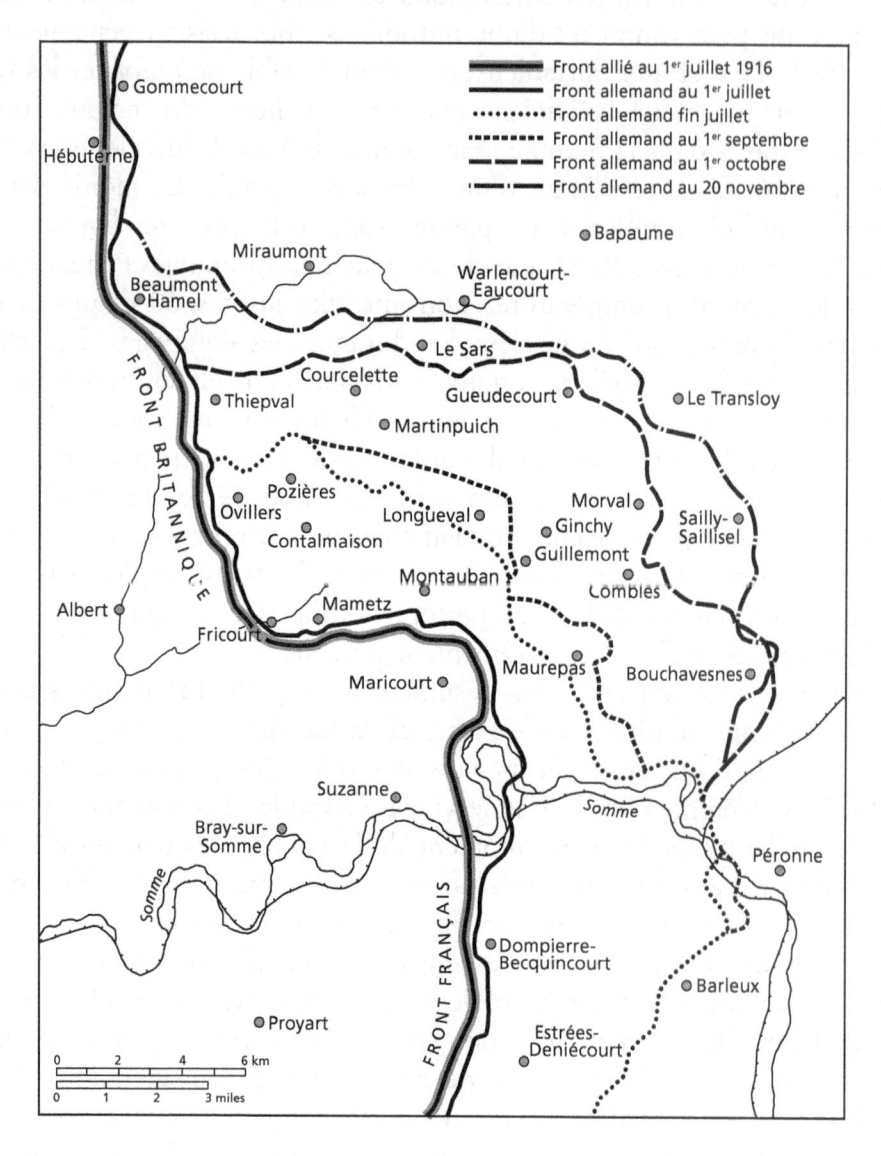

Retrait allemand, 1917, opération Alberich

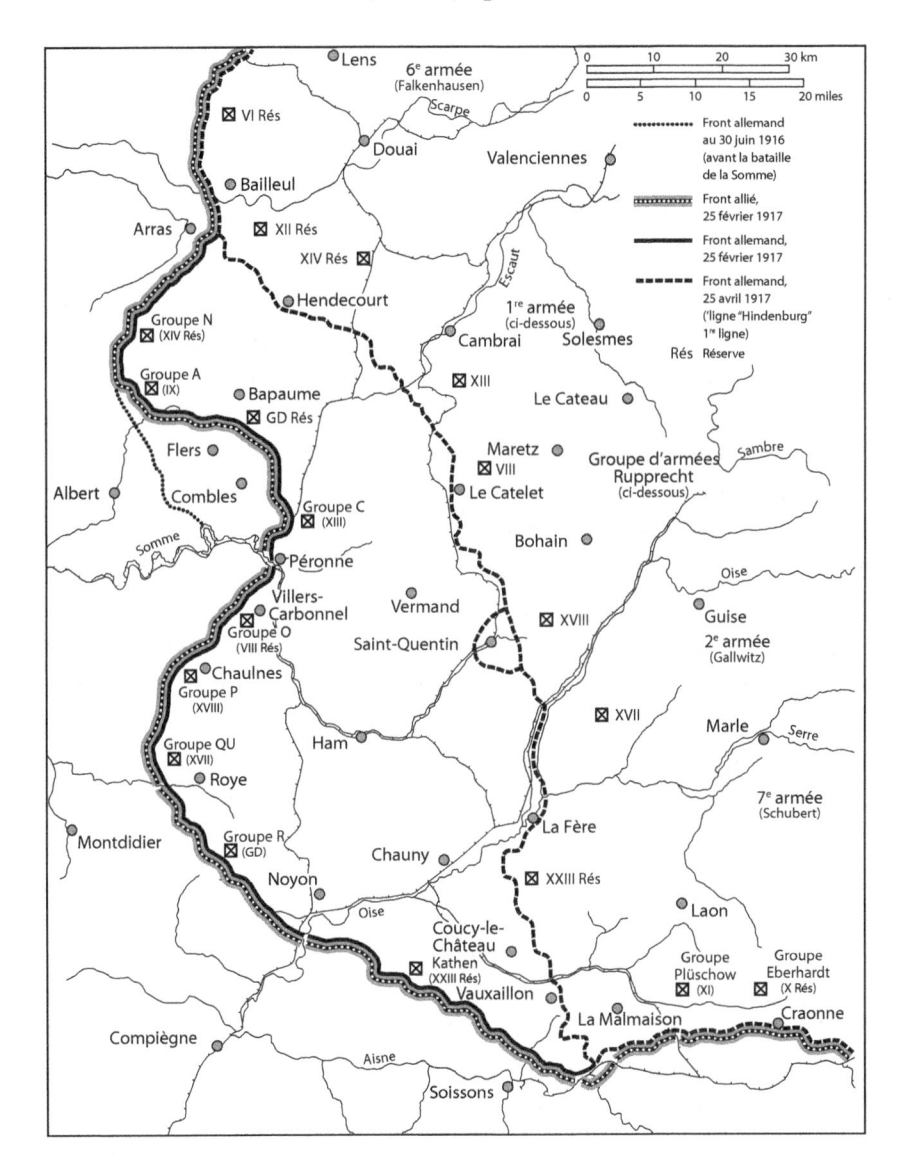

Le terrain gagné était dérisoire – quelque 15 kilomètres –, et les gains stratégiques nuls.

Fin 1916, les Allemands reformèrent leurs lignes sur le front de la Somme en se retirant sur des défenses édifiées quelques kilomètres en arrière. Les Britanniques et les Français avancèrent dans une région dévastée par l'ennemi. Les problèmes de communication qui en résultèrent firent qu'ils exclurent toute reprise de l'offensive sur la Somme en 1917.

En effet, dans le camp allié, la fin de 1916 annonçait des changements au sommet. Joffre fut remplacé après avoir joué sa dernière carte. Le manque de préparation à Verdun et l'absence de succès sur la Somme provoquèrent son remplacement par le général Nivelle, qui, selon une vision optimiste de la situation, fut retenu pour avoir réussi dans la phase finale de l'attaque de Verdun. En Grande-Bretagne, les changements furent politiques. On ne pensait pas qu'Asquith eût l'énergie de poursuivre la guerre avec détermination. Il fut remplacé par Lloyd George, qui promit aussitôt d'infliger le coup de grâce à l'Allemagne. Lloyd George n'était pas convaincu par Haig. Il considérait la Somme comme un désastre pour les armées britanniques et chercha à monter des offensives ailleurs. Cela se révéla infructueux. Les Italiens, sollicités, ne se montrèrent pas particulièrement impatients de voir leurs hommes expédiés dans les offensives de masse qui avaient caractérisé le front occidental en 1916. Les Russes aussi semblaient fragiles. Dans le même temps, le général Nivelle avait élaboré son plan pour le front occidental. Lloyd George, sans l'avoir étudié dans tous ses détails, manifesta immédiatement son enthousiasme. À ses yeux, sa principale qualité était qu'il n'était pas dirigé par Haig. Une tentative du Premier ministre britannique de subordonner Haig à Nivelle échoua, et empoisonna les relations entre les dirigeants militaires et civils de Grande-Bretagne pour le restant de la guerre. En l'occurrence, Haig devait être « guidé » par Nivelle pour la durée de la bataille – mais le terme était si vague que, de fait, il ne signifia rien.

Haig lança toutefois l'offensive autour d'Arras, au nord des Français, en avril 1917. L'attaque principale des Français au Chemin des Dames suivit en mai. Le planning de l'offensive de Haig indiquait que certains, du côté britannique, tiraient les leçons de l'expérience, mais les événements ultérieurs montrèrent que ce n'était pas le cas de Haig lui-même. La phase cruciale de l'attaque devait être menée par les Canadiens sur les hauteurs de la crête de Vimy. Pour être emportée, cette redoutable position réclamait une organisation d'artillerie particulièrement étudiée. À cette occasion fut dressé un plan largement dû au général de division Alan

Brooke (le célèbre Alanbrooke de la Seconde Guerre mondiale). Les bombardements préliminaires combinaient barrage roulant, destruction des tranchées et travail méticuleux de contre-batterie. Les Canadiens attaquèrent le 9 avril et s'emparèrent de la crête. Haig profita de ce succès limité, mais important, pour envoyer sa cavalerie. Il n'avait manifestement rien appris de la Somme, où quelques hommes à cheval s'étaient brièvement frayé un chemin à seule fin d'être fauchés par les mitrailleuses et l'artillerie allemandes. À Arras, la même situation produisit les mêmes résultats. La cavalerie comme arme d'exploitation était inutilisable sur le front occidental. Les cavaliers furent abattus en grand nombre sans pouvoir s'emparer d'un mètre carré de terrain. Les tentatives renouvelées pour faire avancer l'infanterie butèrent sur les réserves allemandes fraîches, initialement placées trop en arrière, mais désormais arrivées en force sur le champ de bataille. Haig se garda de frapper trop loin, mais sans aucun effet.

Le 16 avril débuta l'offensive de Nivelle. Ses préparations d'artillerie marquaient certainement un progrès sur tout ce que les Français avaient tenté sur la Somme. Et Nivelle avait promis qu'il n'y aurait plus de guerre d'usure. Si sa méthode échouait, il arrêterait immédiatement l'offensive. Cela sembla séduisant aux hommes politiques qui avaient vécu Verdun et la Somme. Mais les préparatifs de Nivelle n'étaient que trop évidents pour les Allemands. Dans une tranchée, un commando allemand avait mis la main sur l'intégralité de son plan. Ils retirèrent donc plusieurs de leurs divisions des secteurs qui devaient être bombardés et construisirent de nouvelles défenses en profondeur. Les nouvelles méthodes d'artillerie de Nivelle se limitèrent à bombarder intensément une zone désertée par les troupes allemandes. Mais Nivelle gagna assez de terrain pour annoncer que la victoire était assurée si ses troupes poursuivaient. Après quelques semaines, cette « poursuite » prit la même allure que les opérations de Joffre ayant échoué en 1916. Les premiers à prendre conscience de la situation furent les troupes qui menaient des attaques de plus en plus inutiles. Des actes spontanés d'indiscipline collective éclatèrent chez les soldats de base. Pas moins de 68 des 112 divisions françaises virent certains de leurs escadrons refuser de combattre.

S'il s'agissait de mutinerie, elle était conditionnelle. La plupart des bataillons se disaient prêts à tenir le front contre une attaque ennemie, mais ne voulaient pas soutenir la moindre opération offensive. Le gouvernement français déclara que toute l'affaire était fomentée par des agitateurs et des révolutionnaires, mais ce constat ne lui dicta pas sa façon d'agir. Seuls quelques meneurs furent fusillés (le nombre varie entre 50 et 70 selon les sources). En dépit de ces exécutions, la réaction des troupes fut conciliante. Les soldats reçurent l'assurance de meilleures conditions de permission, d'une nourriture améliorée et de plus de repos. Et, surtout, l'offensive fut annulée. Nivelle fut mis sur la touche et remplacé par Pétain, général plus soucieux de la vie des soldats ordinaires. Cela mit fin aux refus d'obéissances. Mais il était désormais prévisible que, à l'avenir, l'armée française ne serait plus en position de lancer une grande offensive. Le poids principal de la guerre sur le front occidental reposait maintenant sur les Britanniques.

Cependant, un événement très important s'était produit en avril 1917. Les États-Unis étaient entrés en guerre aux côtés des Alliés. Provoqué par le torpillage de plusieurs navires américains par des sous-marins allemands et par de grotesques plans allemands visant à susciter une révolte au Mexique, Woodrow Wilson, le président trop orgueilleux pour combattre en 1916, conduisit un pays uni à la guerre. Mais l'armée américaine était maigrelette et ne figurerait pas en nombre sur le front occidental avant 1918. Cela semblait annoncer une politique prudente de la part des Britanniques jusqu'à l'arrivée des Américains. Mais sir Douglas Haig ne le voyait pas ainsi. Il alla de l'avant en projetant une gigantesque offensive dans le saillant d'Ypres en Belgique. Il voulait passer par la côte belge, puis virer au sud pour prendre à revers toute la ligne allemande. Cela ressemblait à la Somme, avec un virage à droite à la place d'un virage à gauche, et ce n'était pas un hasard. Haig déclara qu'il avait les hommes et surtout les munitions pour accomplir en 1917 ce qui lui avait échappé l'année précédente. Il est étonnant que, étant donné son antipathie pour Haig, Lloyd George ait approuvé son plan. Le Premier ministre pensait peut-être qu'après tout Haig pouvait justement porter le coup fatal qu'il avait annoncé lorsqu'il avait remplacé Asquith. La scène était prête pour la troisième bataille d'Ypres ou, comme on l'appellera plus tard, la bataille de Passchendaele.

Les préliminaires de la bataille furent prometteurs. La crête de Messines, au nord du saillant d'Ypres, dominait la portion de terrain qui devait être traversée par l'infanterie et donc prise avant que l'action principale ne commence. Or les Britanniques avaient eu, depuis 1915, l'occasion de creuser des galeries sous la crête et y avaient placé de grandes réserves d'explosifs ou de mines dans des puits. Le tout représentait 454 tonnes de TNT en place au mois de juin 1917. Le général Plumer, responsable de la 2e armée à Messines, les fit exploser le 7 juin. Dans le même temps, un énorme bombardement fut dirigé sur l'artillerie allemande. Cette combinaison de mines et d'obus permit aux Britanniques de s'emparer de la crête à moindre coût.

On pouvait raisonnablement s'attendre à ce que la 5ᵉ armée, qui devait mener l'attaque principale, se mette immédiatement en mouvement pour profiter de la confusion des Allemands après Messines. Rien de cela n'arriva. Il y eut une pause de sept semaines durant laquelle Haig mit en place un nouveau commandant pour son armée, le général Gough, qui n'avait jusqu'ici rien fait d'assez remarquable pour être désigné à un haut commandement. Ses principaux mérites étaient sa double qualité de général de cavalerie et de favori de Haig. Ce dernier pensait que Gough serait l'homme de la situation pour assurer l'avancée de la cavalerie jusqu'à la côte belge.

La bataille commença réellement le 31 juillet. Le bombardement préliminaire montra quelques sophistications par rapport à celui qui avait prélude à la bataille de la Somme. Un barrage roulant fut étiré tout le long de la ligne de front et il y eut beaucoup plus de canons lourds pour pilonner les batteries allemandes. Gough gagna pas mal de terrain et sécurisa la majeure partie de la crête de Pilckem sur la gauche de l'attaque. Cependant, il ne fit aucun progrès contre le plateau de Gheluvelt sur sa droite, où se trouvait la plus forte concentration de canons allemands. Le 1ᵉʳ août, la pluie commença à tomber pour ne plus s'arrêter jusqu'à la fin du mois. Les avantages que Gough possédait – des chars plus modernes, des ressources en infanterie accrues, la capacité de tirer un feu roulant précis – ne servirent à rien, car très rapidement le champ de bataille se transforma en un véritable marécage. Les troupes se noyaient dans la boue. Les nuages bas empêchaient l'aviation de repérer la chute des obus sur les canons. Les troupes ne pouvaient guère sortir de leurs tranchées, et encore moins suivre un barrage roulant. Gough restait toutefois optimiste, critiquant, lorsque l'échec ne put être camouflé, le manque de vigueur de ses troupes. C'en était trop, même pour Haig, et c'est Plumer qui fut chargé de l'essentiel : prendre le plateau de Gheluvelt.

Plumer fit valoir plusieurs exigences cruciales avant de poursuivre. Il voulait disposer du temps nécessaire pour une préparation d'artillerie minutieuse, et aussi d'une météorologie favorable. Enfin, insista-t-il, il viserait des objectifs lointains comme la côte belge ou même le village de Passchendaele, à quelque 10 kilomètres de distance, afin de s'en emparer le premier jour de la bataille. Haig approuva. En trois batailles – la route Ypres-Menin, le bois du Polygone et Broodseinde –, fin septembre et début octobre, Plumer prit le plateau. Les batailles furent de parfaits exemples de la technique du « mordre et tenir » (*bite and hold*) avec des tirs d'artillerie soutenus contre les défenses allemandes. Le barrage roulant était ralenti et épaissi pour que les troupes puissent vaincre la nouvelle technique de défense allemande : la casemate en béton. Ensuite, lorsque l'infanterie avait atteint ses objectifs, qui n'étaient généralement pas à plus de 3 kilomètres, un tir de barrage statique était déclenché devant elle durant quelques heures. Cela contrecarrait les nouvelles tactiques allemandes consistant à écrémer leurs lignes de front, pour limiter le nombre de victimes et masser la plus grande partie de leurs troupes loin derrière le front pour contre-attaquer avant que les Britanniques puissent eux-mêmes s'installer dans les positions nouvellement gagnées. Pour lancer une contre-attaque efficace, les Allemands devaient d'abord traverser ce barrage. Ils abandonnèrent bientôt cette pratique, le coût humain étant trop élevé. Par ailleurs, les troupes qui atteignaient la nouvelle ligne de front britannique étaient impuissantes à lancer des attaques concertées. Au lieu de quoi, durant la dernière des trois batailles de Plumer (Broodseinde), les Allemands massèrent une fois encore des troupes sur les positions de front, afin d'empêcher les Britanniques de bénéficier d'un répit. Toutes ces opérations causèrent, cependant, un nombre très lourd de victimes allemandes lorsque les bombardements de Plumer détruisirent leurs positions. Les six divisions françaises qui opéraient sur le flanc nord de l'attaque britannique avancèrent avec leurs alliés dans un élan considérable. Le traumatisme infligé à l'armée française par Nivelle commençait à se dissiper. Dans des conditions convenables, les Français pouvaient combattre avec ténacité et résolution.

Le commandement allemand était impuissant face à cette tactique. La puissance de feu britannique submergeait l'ennemi durant l'attaque et empêchait toute tentative de contre-attaque. Les objectifs étant limités, on était sûr de pouvoir garder les gains. Une façon d'écraser l'armée allemande avait été découverte et mise en œuvre avec succès. Mais la méthode réclamait du beau temps. Et, après le troisième assaut de Plumer, la météo changea. En octobre, la pluie revint, créant un bourbier. Mais, dorénavant, le commandement britannique, y compris Plumer, avait pris le mors aux dents. Les conditions qui avaient assuré le succès en septembre et octobre avaient disparu, mais la bataille avait avancé sur des terrains connus et le moral allemand était sur le point de craquer.

Suivirent des événements moins favorables aux Alliés. Les conditions du mois d'août se répétèrent, mais en pis. Le terrain disputé était peu élevé et le bombardement continuel avait détruit ce qui restait de la nappe phréatique de cette partie des Flandres. L'objectif était maintenant réduit à la crête de Passchendaele, dénuée de tout intérêt tactique. Dans des conditions défiant l'imagination, les troupes s'agrippaient, rampaient ou nageaient pour aller de l'avant. Le 17 novembre, Haig annonça que la crête de Passchendaele avait été sécurisée. En réalité, ce n'était pas le cas, tout ce que les Britanniques avaient réussi à faire étant d'établir un contrôle précaire sur une partie de la crête. Ce terrain conquis à un tel coût humain (250 000 pertes britanniques) allait être évacué en trois jours lorsque les Allemands attaquèrent l'année suivante. Une bataille aux épisodes prometteurs se révélait finalement aussi inutile que celles menées en 1916.

L'année se termina pour les Alliés sur une note d'espoir ambigu. Dans le sud des Flandres se trouvait une zone intacte près de Cambrai. Discrètement, Haig rassembla des troupes, des chars et de l'artillerie. Le sol était ferme, les chars pouvaient être employés en masse et de nouvelles techniques d'artillerie devaient améliorer la situation. On utilisa le repérage par le son (*sound ranging*), et d'autres méthodes qui augmentèrent la précision de l'artillerie. Ces innovations rendaient inutile le bombardement préliminaire qui avertissait l'ennemi d'une attaque imminente. L'élément de surprise fit son retour sur le champ de bataille tout en garantissant que les Britanniques progresseraient à un coût moindre en vies humaines. Si Haig s'était arrêté, il aurait obtenu un succès notable. Mais, comme toujours, l'idée était de terminer avec la cavalerie. Ainsi, l'infanterie continua à combattre dans des conditions de plus en plus mauvaises alors que les chars tombaient en panne et que l'artillerie de soutien devenait moins sûre. À la fin, les Allemands contre-attaquèrent et regagnèrent presque tout le terrain initialement cédé. Les cloches des églises avaient sonné en Angleterre pour saluer le premier succès. Des applaudissements avaient retenti alors que l'échec se révélait rapidement patent. Les Britanniques avaient cependant tiré quelques leçons utiles de 1917. La question était de savoir s'ils les appliqueraient en 1918 ou si les Allemands frapperaient les premiers.

C'est ce qui se passa en 1918. Haig avait épuisé l'armée britannique à Passchendaele ; les Français n'étaient pas prêts à reprendre l'offensive après les mutineries ; et les Américains n'étaient pas encore en mesure de jouer un rôle important. Ludendorff, très conscient de la montée en puissance des forces américaines en France, était déterminé à frapper avant qu'elles ne fussent entièrement déployées. De surcroît, il était en situation de transférer des troupes du front oriental. La révolution bolchevique avait conduit la Russie à sortir de la guerre et plusieurs millions d'hommes pouvaient être redéployés à l'Ouest. À son habitude, toutefois, Ludendorff n'en transféra qu'une partie, le reste étant laissé sur place pour réaliser les desseins de guerre allemands encore inachevés à l'Est.

Mais où frapperaient-ils ? Le sud du front oriental fut rapidement éliminé parce que trop montagneux. Le front français était tentant, mais sans grands objectifs stratégiques. En tout cas, Ludendorff avait identifié les Britanniques comme le principal adversaire et décida de frapper leur secteur de la ligne de front. Il y avait deux endroits possibles pour une offensive. L'un, autour d'Ypres, était attractif en raison de sa proximité avec les ports de la mer du Nord. Mais, comme Passchendaele l'avait montré, le terrain pouvait être marécageux. Entre Arras et Saint-Quentin, le terrain était plus ferme et serait sec plus tôt dans l'année. Cela permettrait une offensive au début du printemps. C'est là que les Allemands porteraient leur premier coup.

Ludendorff avait à sa disposition environ 6 600 canons déployés le long de la ligne de front occidentale. Pour s'assurer une concentration massive, il réunit les trois quarts d'entre eux sur le front d'attaque. Il massa aussi son infanterie. Pas moins de 750 000 hommes furent ainsi groupés en face des Britanniques. Et les soldats devaient être utilisés d'une manière nouvelle. L'élite de cette force serait rassemblée en sections de troupes d'assaut. Ils n'avanceraient pas en formations linéaires cohérentes comme à l'habitude, mais pénétreraient aussi profondément que possible dans les défenses britanniques, contournant les endroits les mieux défendus et les points de résistance sans marquer de pause pour être protégés de flanc. Ces secteurs contournés seraient pris par les divisions d'infanterie ordinaire qui suivraient les troupes d'assaut. Le plan était que, une fois la percée effectuée, les Allemands se dirigeraient vers la mer et obliqueraient alors au nord, prenant au piège la BEF et une partie des armées française et belge. La victoire était à la clé.

Le nombre de canons dont disposaient les Allemands permettait un bombardement bref et d'une incroyable férocité. La zone britannique et les quartiers généraux recevraient un déluge d'obus de façon à interrompre la chaîne de commandement. Ensuite, les canons seraient dirigés sur le réseau du front dans l'intention d'assommer les défenseurs juste

Offensive allemande, 1918

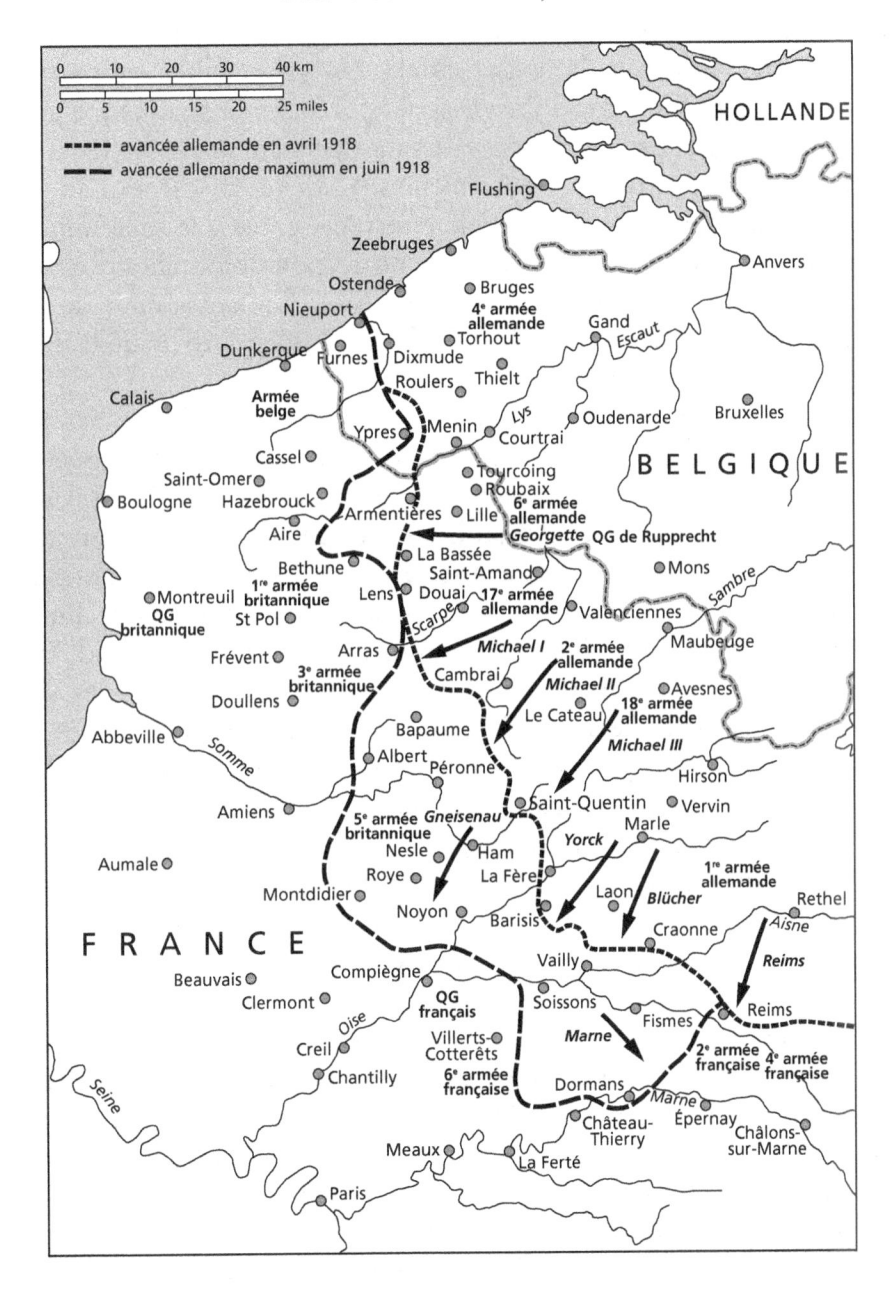

avant le soutien de l'infanterie. Les historiens ont fait grand cas de ces techniques novatrices : par certains côtés, cependant, elles paraissent désespérément surannées.

Pour parvenir à ses fins, Ludendorff ne pouvait épauler ses troupes par l'artillerie au-delà de la phase initiale. Les gros canons, en particulier, se retrouveraient vite trop loin en arrière. Tout cela signifiait que, dans un bref laps de temps, les troupes d'assaut devraient atteindre leurs objectifs en ne comptant que sur elles-mêmes. Ludendorff escomptait gagner la bataille, une fois la percée initiale effectuée, grâce à la seule infanterie. On aurait pu penser que le temps où un responsable militaire cherchait la victoire sur la ligne occidentale grâce à ses fantassins était de longue date révolu. Si l'ennemi ne s'effondrait pas, Ludendorff risquait l'anéantissement de ses armées.

L'offensive de Ludendorff débuta le 18 mars 1918. Elle porta sur les défenses des Britanniques récemment rétrocédées par les Français. Or, derrière ces défenses, il y avait peu de réserves, car Haig les avait envoyées à Passchendaele. Au sud, les troupes d'assaut percèrent rapidement. En une semaine, elles avancèrent de 70 kilomètres, mettant ainsi fin à l'immobilité qui régnait sur le front occidental depuis fin 1914. Bientôt, elles se rapprochèrent de l'important nœud ferroviaire d'Amiens. La tactique de Ludendorff semblait avoir fonctionné. Mais les défauts cruciaux de sa méthode se révélèrent vite. Les troupes allemandes à pied étaient au bord de l'épuisement. Les pertes, notamment dans les formations d'élite, avaient été lourdes. L'artillerie s'efforçait d'avancer. L'infanterie avait seulement des armes légères en support de feu. En face, des troupes fraîches avaient été envoyées en chemin de fer sur le champ de bataille. Elles venaient principalement du secteur français, mais aussi de la zone britannique qui n'avait pas été attaquée et même de Grande-Bretagne.

Contrarié au sud, Ludendorff se dirigea vers le nord. Le 9 avril, il attaqua juste au sud du saillant d'Ypres. Une fois encore, il obtint des gains immédiats, spécialement sur le front de deux divisions portugaises déconcertées. Mais là aussi, pour les raisons déjà évoquées, la progression ne dura pas. L'armée britannique était battue, mais intacte.

Et les Alliés ne montraient aucune inclination à abandonner le combat. Lors d'une rencontre à Doullens le 26 mars, Français et Britanniques firent taire leurs différences nationales et nommèrent le général Foch commandant en chef des forces alliées sur le front occidental. Le symbole était notable. Foch était déterminé à voir la guerre se terminer par un succès. Tant qu'il resterait en charge, il n'y aurait pas de négociation. Ludendorff était désormais devant un dilemme : il avait attaqué les Britanniques à deux reprises et avait échoué. Il annonça alors que, comme c'étaient les réserves françaises qui avaient sauvé la Grande-Bretagne, il devait maintenant attaquer les Français. Il le fit le 27 mai au Chemin des Dames. Sa méthode conduisit à nouveau à des gains immédiats, aidée en cela par la stupidité du commandement français qui avait entassé ses troupes dans des positions avancées. Les Allemands furent bientôt sur la Marne, en vue de Paris. Les réserves françaises commencèrent à arriver et les hommes de Ludendorff s'essoufflèrent. S'ensuivirent des attaques plus éloignées, dirigées sur Paris. Celles-ci furent partiellement contrecarrées par l'intervention des Américains à Château-Thierry.

En tout, Ludendorff avait lancé cinq offensives à l'Ouest entre mars et juin 1918. Toutes avaient permis de gagner du terrain, mais aucune de manière significative sur le plan stratégique. En effet, les importants enfoncements de la ligne ennemie signifiaient qu'en juillet les Allemands devaient tenir un front deux fois plus long que celui de mars. Et cela avec moins d'hommes. Ces offensives confirmaient la phrase prêtée au général Mangin : « Quoi que vous fassiez, vous perdez beaucoup d'hommes. » C'est à l'évidence ce que Ludendorff avait fait. Les offensives avaient coûté à l'armée allemande plus d'un million d'hommes. Les Alliés eux-mêmes en avaient perdu près de 900 000, mais ils avaient plus de ressources humaines et étaient capables de supporter l'effort au moins un peu mieux. Ludendorff n'avait pas non plus débloqué la moindre serrure pour la victoire à l'Ouest. La percée devait être complétée par l'artillerie. C'est tout ce qu'il savait[1] ! Mais, comme le montre ce qui arriva ensuite, il était aussi dépourvu de solution que l'avaient été Joffre et Falkenhayn en 1916.

Les événements qui suivirent la dernière offensive de Ludendorff prouvèrent que les forces alliées étaient loin d'être épuisées. L'armée française, maintenant remise de son nadir de l'année précédente, montra le chemin. Le 18 juillet, deux armées françaises appuyées par 750 chars tombèrent sur le flanc du saillant que Ludendorff avait créé par ses avancées de mai et juin. Les Allemands, immédiatement submergés, effectuèrent un retrait. Les Français poursuivirent en étendant le champ de bataille. En août, les Allemands étaient revenus sur l'Aisne.

Après ces efforts, les Français décrochèrent. Mais la tâche revenait maintenant aux Britanniques dans le sud de la Somme. Dans la bataille à venir, ils allaient prouver combien ils avaient appris de l'année précédente, tout au moins aux échelons intermédiaires de commandement. En ce qui concerne la précision de l'artillerie, une méthode expérimentée à Cambrai démontra son utilité. Le repérage par le son consistait en une série de microphones placés sur le front d'où l'attaque devait être lancée. Ces microphones pouvaient détecter le son assourdi d'un tir de canon au loin. Les ondes sonores étaient ensuite tracées avec plus d'exactitude à la manière de mesures sismographiques. La comparaison de ces relevés permettait d'établir l'exacte position d'un canon. Lorsque la bataille commençait, les techniciens du son avaient établi la position de presque toutes les batteries allemandes avec une certaine précision. D'autres modifications intervinrent dans les techniques existantes. Le barrage roulant fut étiré sur tout le front en utilisant plus d'obus qu'auparavant et en procédant à une évaluation de l'avancée des troupes. De plus, chaque lot d'obus était maintenant pesé avant la bataille afin que les canons ne pâtissent pas des différences de poids. Et les batteries recevaient au moins six bulletins météo par jour pour que chaque canon puisse être recalibré au gré des conditions nouvelles. Avant une bataille, chaque canon était retiré de la ligne de front, son usure testée, puis il était ajusté en conséquence. Pour la première fois, les canons avaient donc une chance raisonnable d'atteindre leurs cibles.

Les bataillons d'infanterie britanniques disposaient désormais d'une puissance de feu jamais connue. Des mitrailleuses portables (les mitrailleuses Lewis), introduites en 1915, étaient disponibles en quantité, comme l'étaient les grenades à fusil. Des mortiers de tranchée, en nombre, accompagnaient les troupes. Ainsi, alors que les bataillons comptaient moins d'hommes qu'en 1914 (tel était le prix des offensives ratées de Haig), ils étaient plus efficaces. Pour soutenir les troupes, il y avait maintenant environ 450 chars Mark V, bien plus fiables que ceux utilisés sur la Somme et dans les batailles de 1917. L'ensemble constituait un système – le premier dans la guerre moderne – où chaque arme en appuyait une autre et où tout était réuni pour neutraliser ce qui pouvait ralentir une attaque.

C'était le fruit des efforts considérables réalisés par les industries d'armement des Alliés. Elles avaient été capables de remplacer souvent par un matériel de meilleure qualité tous les équipements perdus plus tôt dans l'année lors des prodigieuses avancées allemandes. Dans le camp adverse, la situation était totalement différente. L'économie allemande, sous la supervision des militaires depuis que Hindenburg et Ludendorff avaient pris le pouvoir en août 1916, s'était écroulée. La règle générale voulait que la priorité absolue aille au militaire. Les réserves du chemin de fer allemand, entièrement consacrées à l'armée, étaient épuisées. Les militaires ne furent pas plus capables d'organiser une industrie d'armement moderne, et la situation devint ridicule lorsque les usines d'obus furent construites avec l'acier nécessaire à leur fabrication. Il fallut en démolir certaines pour produire les obus dont les Allemands avaient désespérément besoin.

Sur le champ de bataille, la baisse globale de régime du camp allemand devint bientôt manifeste. En raison des pertes provoquées par Ludendorff et de son obsession maladive de maintenir ses objectifs sur le front oriental, les divisions d'infanterie du front Ouest virent leurs effectifs diminuer. Mais, à la différence des Britanniques et des Français, les Allemands ne pouvaient espérer aucun accroissement régulier de leur puissance de feu, étant donné le déclin de leurs industries de guerre. Ainsi, lorsque les Alliés passèrent à l'offensive, le matériel perdu par les Allemands ne put être remplacé.

La 4e armée passa à l'offensive le 8 août 1918. Une répétition à petite échelle de cette bataille avait eu lieu le 4 juillet au Hamel avec des troupes américaines et australiennes. Elle avait démontré l'efficacité des nouvelles méthodes. Il s'agissait maintenant de les expérimenter à grande échelle. Les troupes canadiennes et australiennes attaqueraient au sud de la Somme. Elles constituaient de redoutables troupes combattantes. Elles n'avaient pas été sur la ligne de front durant les grandes attaques allemandes du début de l'année et étaient donc fraîches. Au nord de la Somme, le 3e corps d'armée britannique protégerait les flancs de l'offensive comme les Français le feraient au sud. À la fin de la journée, les Allemands avaient reculé de plus de 12 kilomètres sur près de 15 kilomètres de front. Les Alliés s'emparèrent de 400 canons et infligèrent 27 000 pertes aux Allemands, alors qu'eux-mêmes en avaient perdu trois fois moins.

La clé de ce succès résidait dans les nouveaux systèmes d'armes employés. En parcourant le terrain après la bataille, on découvrit que la plupart des canons allemands avaient été localisés par des appareils de repérage par le son et neutralisés lorsque le bombardement avait cessé. Cette méthode de localisation de l'artillerie rendait inutile le bombardement liminaire. L'effet de surprise était de retour sur le champ de bataille.

L'autre instrument jusque-là efficace pour arrêter les attaques d'infanterie, la mitrailleuse, avait été neutralisé par le barrage roulant qui contraignait les défenseurs à se tapir dans leurs abris pour être ensuite attaqués par les fantassins avançant juste derrière le rideau d'obus. Ceux que le barrage avait épargnés étaient atteints par les soldats tirant au fusil à grenades et aux mortiers de tranchées. Enfin les chars, libérés de la menace de l'artillerie ennemie, concoururent eux aussi à limiter la résistance de l'ennemi et, dans certains cas, obligèrent les Allemands à fuir le champ de bataille. Le char n'était qu'un élément parmi d'autres du système d'armes, mais il est évident qu'il a facilité l'avancée des troupes.

Cette bataille marqua une rupture dans les méthodes. Si l'artillerie allemande et les mitrailleuses pouvaient être dominées, la situation du front occidental ne se retournerait plus. Que les troupes faisant face aux Alliés eussent bon moral ou non n'avait plus grande importance si elles étaient privées de leurs principales armes de résistance. Les Allemands devaient trouver une façon de contrecarrer ces nouvelles méthodes, ou la fin de la guerre était inéluctable. Quoique découragés, ils considéraient qu'ils pouvaient toujours en revenir à la situation précédente et obliger les Alliés à une paix négociée. À Amiens, leurs défenses étaient rudimentaires, mais en arrière du front se trouvait la redoutable ligne Hindenburg, qui après la bataille de la Somme avait été transformée en un système de défense sophistiqué. Comment les nouvelles méthodes d'attaque des Alliés affronteraient-elles cet obstacle considérable ?

Cette question ne se posa pas immédiatement. La 4e armée continua sa marche victorieuse dans les jours qui suivirent Amiens. Mais, au bout de quelques jours, ses attaques devinrent de moins en moins coordonnées. Le commandement était plus difficile, de nombreux chars étaient tombés en panne, le système de repérage par le son retardait l'avancée des troupes et les nouveaux canons allemands transportés d'urgence sur le terrain étaient moins faciles à repérer. Les pertes augmentaient en proportion inverse du terrain gagné. Étions-nous sur le point d'assister à une répétition de la phase victorieuse de Passchendaele ? Foch et Haig allaient-ils lancer leurs troupes plus loin qu'ils ne pouvaient raisonnablement le faire ? La réponse fut non. Haig et Foch souhaitaient continuer d'avancer, mais ils se heurtèrent à une ferme résistance de la part des commandants de rang inférieur. Le général Currie, qui commandait le Corps canadien, indiqua qu'il en référerait à son gouvernement s'il était forcé de continuer. En dépit des objections de Foch, Rawlinson lui donna raison et Haig aussi. Il attaquerait sur un autre secteur du front où les préparatifs avaient progressé, mais pas à Amiens. Foch s'en montra satisfait.

Ainsi, l'objectif d'Amiens abandonné, un nouveau front s'ouvrit juste au nord, impliquant la 3e armée britannique. En utilisant la même tactique, elle aussi gagna du terrain. Lorsque cette attaque fut ralentie, la 1re armée britannique se mit en mouvement, grâce à quoi le front entier se déplaça peu à peu vers l'avant. Soit les Allemands étaient entièrement dépassés, comme le montrait l'attaque tactiquement importante du mont Saint-Quentin au nord d'Amiens, soit ils étaient obligés de se retirer pour maintenir un front cohérent, comme dans les Flandres. Mi-septembre, les périphéries de l'imposante ligne Hindenburg étaient atteintes.

Les séries de batailles suivantes furent le point culminant de la guerre sur le front occidental. Américains et Français manœuvrèrent les premiers. Le 26 septembre, ils attaquèrent dans la région Meuse-Argonne. Jusqu'alors, les Américains n'avaient joué qu'un rôle secondaire dans les combats. Même à ce stade des opérations, ils trouvaient la situation difficile, car leurs armées inexpérimentées se heurtaient aux vétérans allemands chevronnés. Néanmoins, l'attaque progressa un peu, mais au prix fort.

Leurs efforts furent ensuite éclipsés par des opérations au nord qui commencèrent le 27 novembre, impliquant cinq armées britanniques, deux françaises, l'armée belge et deux divisions américaines de troupes combattant avec les Britanniques. Les défenses Hindenburg étaient redoutables. Par endroits, elles avaient près de 5 kilomètres de profondeur, avec des barbelés de protection et des nids de mitrailleuses. Dans certains secteurs, des canaux aux rives abruptes protégeaient les positions. Contre ces obstacles, il n'était pas question d'employer la surprise comme à Amiens et dans d'autres batailles. Un long bombardement était nécessaire pour détruire assez de barbelés et de nids de mitrailleuses, et ouvrir un passage à l'infanterie. Par ailleurs, le canal de Saint-Quentin traversait la principale zone d'opérations, ce qui restreignait la liberté de manœuvre des chars.

Mais la 4e armée (qui devait une fois encore jouer le rôle principal) disposait d'un certain nombre d'avantages. Elle s'était emparée des plans de défense allemands ; elle avait les mêmes méthodes d'artillerie précises qu'à Amiens et l'industrie d'armement britannique lui avait fourni une quantité d'obus sans précédent. La bataille qui débuta le 29 septembre révéla l'importance de ces facteurs. Le feu des contre-batteries se montra aussi efficace qu'il l'avait été le 8 août, réduisant au silence la plupart des canons allemands. Dans le secteur nord, les puissantes défenses retardèrent les Américains et les Australiens, et par là même les privèrent du barrage de soutien. Les progrès furent mineurs. Plus au sud, les événements compensèrent cette absence de progression. Une division britannique soutenue par un exceptionnel feu d'artillerie traversa le canal de

E

Percée de la ligne Hindenburg, automne 1918

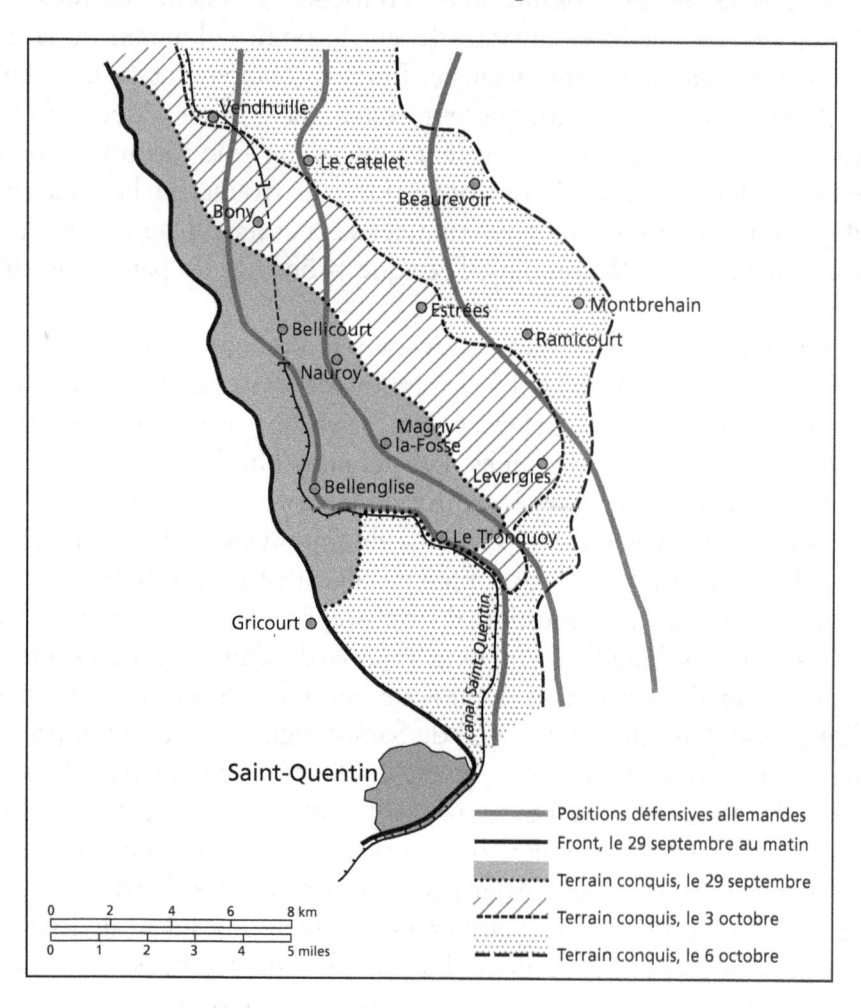

Saint-Quentin et attaqua les flancs allemands, soulageant ainsi les Australiens et les Américains. À chaque minute de cette attaque, 126 obus tombaient sur environ 500 mètres de tranchées allemandes. Et cette intensité fut maintenue durant les huit heures de l'attaque. Aucune défense ne pouvait y résister. Les Allemands se replièrent. L'attaque australienne et américaine retrouva de la vitesse et, le 5 octobre, la ligne Hindenburg – la dernière ligne défensive allemande importante à l'Ouest – était percée.

Les armées alliées avaient développé des tactiques capables de submerger les Allemands, qu'ils soient retranchés derrière de solides défenses ou en rase campagne. Il y avait cependant des limites à la méthode. Aucune attaque ne pouvait pousser au-delà de la limite protégée par les tirs d'artillerie. Ainsi, entre octobre et début novembre, les Alliés connurent une série d'avancées victorieuses, voire spectaculaires, tout le long du front. Début novembre, tout ce que les armées allemandes pouvaient faire était d'accélérer leur retrait.

Dans un rare moment de lucidité, Ludendorff comprit que la partie était perdue. Le 28 septembre, il recommanda de conclure la paix. Il se ravisa par la suite, mais le gouvernement civil nouvellement désigné ne l'écouta pas. Celui-ci recherchait un armistice, qui était en réalité une reddition sous conditions, les conditions étant les quatorze points de Wilson modifiés par les Britanniques et les Français. L'armistice fut signé le 11 novembre 1918. Enfin, tout était calme sur le front occidental.

Il fallut un temps déraisonnable aux Alliés pour tirer les leçons du front occidental, la principale étant que les troupes ne parvenaient pas à dépasser la limite de protection de l'artillerie. Pendant trop longtemps, Haig, Joffre, Nivelle ainsi que Foch crurent que les principes de guerre napoléoniens pouvaient s'appliquer et que la guerre était gagnable avec de gigantesques offensives culminant dans des charges de cavalerie. Il y avait quelque excuse à cela. Dans le passé, les armées avaient disposé d'armes capables d'exploiter le terrain, habituellement la cavalerie. Dans cette guerre, il n'existait pas d'arme permettant d'exploiter une percée. Les chars étaient trop peu fiables et la cavalerie constituait une cible facile pour les mitrailleurs. Gagner du terrain n'était pas aussi important que d'épuiser l'adversaire. Aucun commandant allié ne chercha à le faire. Toutes leurs batailles avaient pour objectif de gagner la guerre – ou de faire un grand pas dans cette direction – pour leur propre compte. L'usure survenait lorsque leurs plans échouaient. Mais au moins, à la fin, quelques-uns, chez les Alliés, prirent conscience des nouvelles réalités. Personne, du côté allemand, n'eut cette perspicacité. Le facteur principal de l'usure de l'armée allemande fut les offensives menées par Ludendorff en 1918. Ces opérations désespérées à l'ancienne provoquèrent des ravages sur les réserves déclinantes d'effectifs allemands. Aucune idée de ce qui était possible ne semble jamais être venue à l'esprit du haut commandement allemand. Celui-ci se plaindra plus tard que l'effondrement de l'arrière ait constitué un coup de poignard dans le dos. En fait, les chefs militaires furent victimes de leur folie. Leurs armées furent dépassées par celles des Alliés dans la tactique comme dans l'analyse. Que le haut commandement militaire de l'Allemagne ait refusé de reconnaître cette vérité eut de dramatiques conséquences par la suite.

Chapitre IX

Le front de l'Est

Holger Afflerbach

« L'Empire russe n'est pas un pays que l'on puisse vraiment conquérir, c'est-à-dire que l'on puisse tenir occupé, en tout cas avec les forces des États actuels de l'Europe [...]. Un tel pays ne peut être soumis que par ses propres faiblesses et par les effets de dissensions internes[1]. » Carl von Clausewitz avait tiré cette conclusion de la marche de Napoléon sur Moscou en 1812. Napoléon, quand il avait voulu faire la guerre à la Russie, avait bien agi en tout, mais « la campagne de 1812 avait échoué parce que le gouvernement de l'ennemi demeura ferme, le peuple loyal et inébranlable[2] ». Il n'est pas non plus sans importance que Clausewitz traite de la campagne de Napoléon en Russie dans son chapitre sur « Le plan de guerre quand le but est la destruction de l'ennemi[3] ».

L'analyse de Clausewitz se révéla également juste pour la Première Guerre mondiale. Mais il ne fut pas le seul à croire impossible de soumettre la Russie. À la suite de l'expérience napoléonienne, c'était une conviction générale en Europe avant 1914. Il y avait eu des guerres contre la Russie et l'Empire tsariste en avait perdu certaines, dont d'importantes comme la guerre de Crimée ou la guerre russo-japonaise, mais il les avait livrées à sa périphérie. Napoléon était donc le dernier à avoir essayé de soumettre le pays, et « son exemple n'invitait pas à l'imitation[4] ».

Un des développements les plus importants que la Première Guerre mondiale ait produit dans son sillage est que l'idée selon laquelle la Russie ne saurait être soumise commença à se modifier – avec des conséquences énormes pour l'histoire du XXe siècle. Non moins important est le fait que le gouvernement russe, de son côté, s'en remit trop longtemps à l'expérience de la victoire contre Napoléon et d'autres envahisseurs au point de négliger tout avertissement sur le risque de succomber à des faiblesses internes quand il était encore temps de sortir du conflit sans dommages ou moyennant des dommages modérés.

Le front Est est un sujet immense qui mériterait bien plus de recherches que celles qui lui ont été consacrées[5]. De 1914 à 1916, il s'étendit de la Baltique à la frontière roumaine. Après l'entrée en guerre de la Roumanie, fin août 1916, il alla plus loin encore, jusqu'à la mer Noire. Ce gigantesque théâtre de guerre vit un nombre énorme de batailles et d'affrontements : les batailles de Lemberg et d'Augustów en 1914, des Carpates au début de 1915, de Vilna en 1915, de Hermannstadt et de Bucarest en 1916, de Riga en 1917, et l'offensive de Kerenski en 1917. La plupart de ces batailles furent étroitement liées à des opérations militaires ou à des évolutions politiques dans d'autres parties de l'Europe, les Balkans, les Dardanelles, l'Italie ou le front occidental.

Plutôt que d'essayer de couvrir cet immense terrain, je me focaliserai sur trois événements qui serviront d'exemple pour illustrer des développements militaires plus amples sur le front oriental. Cette partie traite des « topographies de la guerre », que l'on peut comprendre dans un double sens. Je commencerai par décrire rapidement trois batailles importantes du front Est : un récit de bataille, donc. J'entends ensuite montrer pourquoi elles furent des tournants de cette guerre et en quoi elles influèrent sur sa durée et son issue. Les combats que j'ai choisis sont la bataille de Tannenberg en 1914, la chute de Przemysl en mars 1915 et la bataille de Gorlice-Tarnow en mai, enfin l'offensive de Broussilov en juin 1916. Au total, ces batailles changèrent non seulement l'histoire du front Est et de la Première Guerre mondiale, mais aussi celle de l'Europe du XXe siècle.

Tannenberg

Le premier mois de la guerre commença par une victoire importante et impressionnante des Allemands sur les Russes : la bataille de Tannenberg, livrée du 26 au 30 août 1914 en Prusse-Orientale. La victoire survint sur un front où personne ne l'attendait. Au cours des premières semaines du conflit, la plus grande partie de l'armée allemande avait avancé à travers la Belgique et le nord de la France pour encercler

Le front de l'Est, 1914-1918

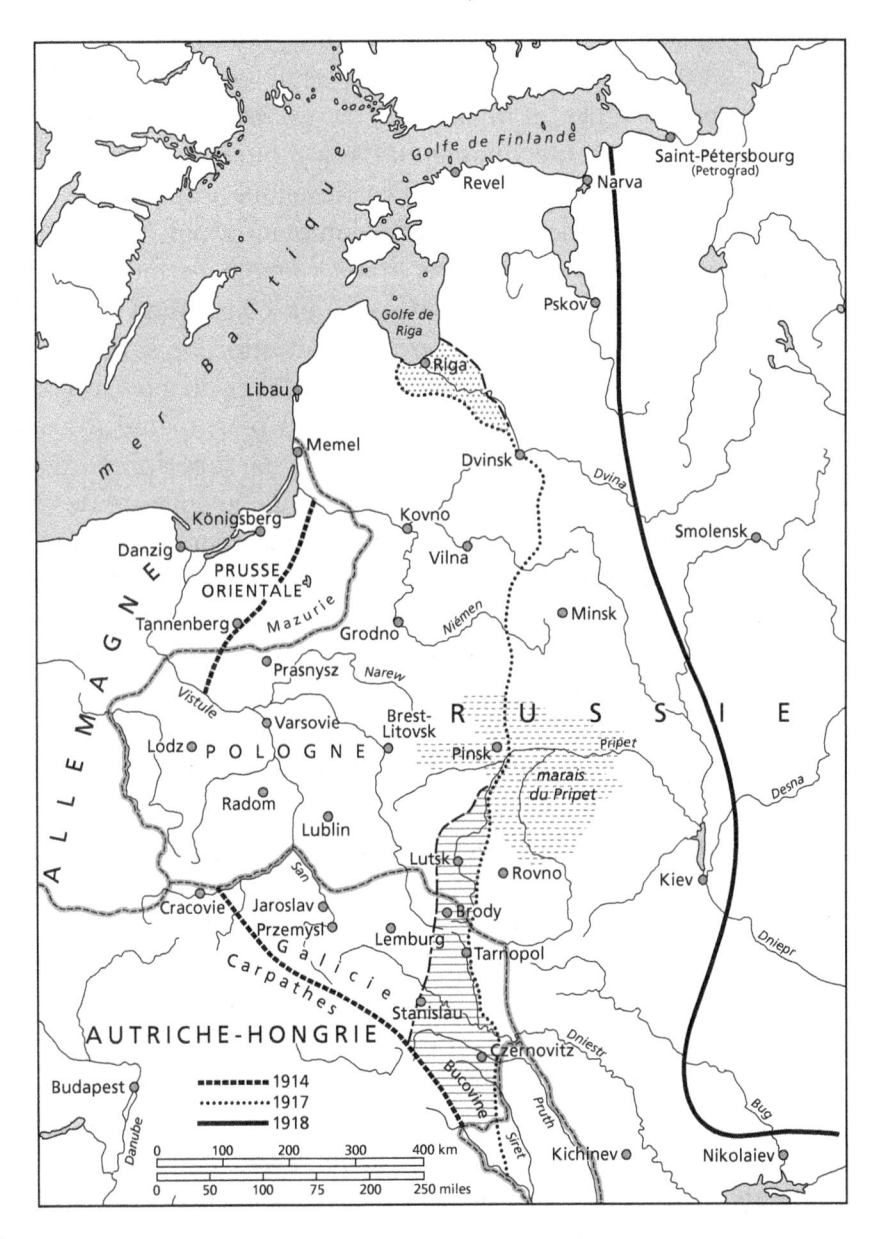

l'armée française. Si sept armées allemandes combattaient à l'Ouest, il n'y en avait qu'une seule à l'Est pour défendre la Prusse-Orientale. Les Russes ne pouvaient se focaliser sur la seule Allemagne, mais devaient s'occuper également de l'Autriche-Hongrie. Le haut commandement russe (*Stavka*), installé à Baranovitchi, et dont l'homme fort était Danilov, général d'armée de première classe, était relativement démuni, paralysé par des intrigues et incapable de s'entendre sur un objectif principal. L'armée russe était divisée en deux moitiés qui opéraient avec un très haut degré d'indépendance. Les décisions importantes étaient le fait des commandants de ces fronts[6]. Commandé par Yakov Jilinski, le front nord-ouest disposait de trois armées face à l'armée allemande. Le front sud-ouest, avec quatre armées, était commandé par Nicolaï Ivanov, face à l'armée austro-hongroise[7]. La question de savoir où commencer l'offensive suscita une vive inquiétude et inspira un certain nombre de décisions malencontreuses[8]. Quand bien même il s'agissait de la partie la plus modeste de l'armée russe, la supériorité russe sur le front allemand restait substantielle. La 8e armée allemande de Prusse-Orientale paraissait bien trop faible pour opposer une résistance efficace ; mais le QG allemand ne l'estimait pas nécessaire. Dans le plan de guerre allemand – communément appelé « plan Schlieffen », même si son véritable auteur et son existence même ont été au centre d'une vive controverse[9] –, les défenseurs de l'Est devaient seulement retarder l'avancée russe, le temps que les armées victorieuses arrivent de l'Ouest et modifient l'équilibre stratégique à l'Est. Moltke et son collègue austro-hongrois, Conrad von Hötzendorf, en avaient discuté avant la guerre. La 8e armée, mais aussi les Autrichiens, espéraient être rapidement soulagés par les Allemands. C'est là un fait remarquable et caractéristique de la réflexion militaire allemande d'avant 1914 sur la Russie : il n'existait pas de plan pour livrer la guerre à l'Est et la gagner après la victoire supposée à l'Ouest. Tous les plans s'arrêtaient à l'achèvement des opérations à l'Ouest. Nous pouvons supposer que les officiers d'état-major imaginaient pouvoir forcer la Russie à conclure la paix après avoir arraché des victoires décisives sur la frontière occidentale de l'Empire, en coopération avec l'Autriche-Hongrie. Mais il n'existait pas de grands plans d'invasion de la Russie, et tous les plans de guerre antérieurs se focalisaient soit sur la défense, soit sur des opérations limitées contre la Pologne russe.

Dès août 1914, les choses se déroulèrent conformément au plan allemand. Tout allait bien sur le front Ouest et, jusqu'au début de septembre, une victoire paraissait possible et imminente ; mais l'armée russe se mobilisa bien plus vite que prévu et, à la demande pressante de la France, commença à avancer vers la Prusse-Orientale. Cela sema la panique dans la population civile. La peur semblait justifiée, surtout d'un point de vue militaire : les Allemands disposaient de 10,5 divisions face aux 19 divisions russes, également supérieures en artillerie[10]. Sur ce front, il n'y avait que 173 000 soldats allemands face aux 485 000 Russes, soit une supériorité russe de 2,8/1[11]. Les premiers échanges de coups de feu produisirent des résultats mitigés, et le commandant allemand, Prittwitz und Gaffron, décida de mettre fin aux combats. Les troupes allemandes battirent donc en retraite et le « rouleau compresseur » russe commença à avancer vers l'ouest, en Prusse-Orientale, occupant le territoire allemand. Le comportement des troupes russes au cours de l'occupation est actuellement l'objet de nouvelles recherches historiques, permettant une comparaison avec les atrocités des troupes allemandes à l'Ouest[12]. Par peur des cruautés russes, plus de 800 000 Allemands fuirent vers l'ouest[13]. De longues files de réfugiés encombraient les routes, avec des charrettes chargées de bagages et de biens domestiques réunis à la hâte, et parfois même du bétail. Ce trafic allait quelquefois gêner les opérations défensives allemandes. Les Cosaques pillèrent et détruisirent 34 000 maisons. Les civils aussi bien que l'état-major se demandaient si l'on pourrait arrêter les Russes avant qu'ils ne submergent toute la Prusse-Orientale, voire la Silésie. Dans un moment de panique, Prittwitz voulut se replier sur la Vistule.

Terrifié, Moltke le Jeune décida de changer aussitôt le commandement de Prusse-Orientale et envoya à l'Est son plus fin stratège, Erich Ludendorff, trop jeune toutefois pour devenir chef d'armée. Ce rôle échut à Paul von Hindenburg, même si ordre lui fut donné de ne pas se mettre en travers de son chef d'état-major[14]. Prittwitz et son propre chef d'état-major furent limogés. Quand Hindenburg et Ludendorff arrivèrent par train en Prusse-Orientale, ils découvrirent que l'état-major de la 8e armée, dont Max Hoffmann[15], avait déjà esquissé une opération contre les Russes, tirant le meilleur parti de leurs faiblesses liées à une progression précipitée[16].

En laissant de côté les histoires de troupes et d'états-majors russes arrêtés par des caves de vin bien remplies, l'avancée russe souffrait, stratégiquement, de plusieurs points faibles. Les messages russes envoyés par télégraphe n'étaient pas codés, mais tel était aussi le cas d'une partie des messages allemands : la télégraphie n'en était qu'à ses débuts. Les plans russes étaient donc accessibles aux Allemands[17].

Plus importante encore était la manière dont le terrain même de Prusse-Orientale entravait l'offensive russe. Les deux armées russes qui avançaient, la 1re (Niémen) du général Rennenkampf et la 2e (Narew) du général Samsonov, étaient séparées par les lacs Mazures. Si l'une était attaquée, l'autre ne serait pas en mesure de l'aider tout de suite. Un autre élément était la voie ferrée nord-sud qui profitait exclusivement aux Allemands et qui les aida à déployer des troupes à la vitesse nécessaire. L'attaque contre l'armée du Narew fut conduite par Hindenburg, homme de paille qui, du fait de sa nature flegmatique, faisait pendant à la nervosité de son chef d'état-major. Si l'on en croit Hoffmann, Hindenburg était une nullité militaire : « C'est vraiment un triste sire, ce grand commandant et héros du peuple [...]. Jamais un homme n'est devenu célèbre avec si peu d'effort physique et mental[18]. » Les recherches récentes de Wolfram Pyta et de Manfred Nebelin sur Hindenburg et Ludendorff ont confirmé cette appréciation polémique[19]. Hindenburg ne fut qu'un homme de paille, et la conception de la bataille fut essentiellement l'œuvre de Ludendorff, de Hoffmann et d'autres officiers d'état-major.

La réussite de la tactique allemande dépassa toutes les espérances : elle fut le fruit des qualités militaires allemandes, certes, mais aussi du pur hasard[20]. D'un côté, l'armée de Samsonov tomba dans le piège allemand et fit donc le jeu de l'ennemi ; de l'autre, l'insubordination et les manœuvres mal coordonnées de commandants allemands comme le général François donnèrent des résultats imprévus, mais néanmoins heureux[21]. Les troupes allemandes (153 000 hommes) attaquant l'armée du Narew étaient inférieures en nombre à celles des Russes (191 000 hommes). En revanche, elles purent envelopper de larges parties de l'armée ennemie dans les marécages mazuriens et les lacs près d'Ortelsburg-Neidenburg-Hohenstein. Au désespoir, le commandant russe Samsonov se donna la mort, et son état-major s'enfuit à pied. En l'occurrence, la bataille conduisit à une victoire de « style Cannes » – c'est-à-dire d'anéantissement par encerclement[22] : plus de 100 000 Russes faits prisonniers[23], une armée détruite, plusieurs centaines de mitrailleuses et de pièces d'artillerie lourde capturées. Non que la Prusse-Orientale fût débarrassée de l'ennemi – l'occupation russe dura jusqu'en 1915 –, mais, pour l'heure, l'offensive était bloquée. En outre, l'autre armée russe fut attaquée dans la bataille des lacs Mazures, laquelle ne se solda pas par un anéantissement complet de l'armée du Niémen, mais par sa retraite au prix de lourdes pertes.

Pour la population allemande de Prusse-Orientale, la progression russe initiale en territoire allemand avait été une expérience traumatique. Des centaines de rapports des autorités locales adressés au cabinet civil de l'empereur décrivaient l'énormité des dégâts tout en exprimant leur gratitude du fait que la province avait été sauvée.

Reste que cette bataille fut loin d'être décisive. Du fait des effectifs allemands inférieurs, les contemporains commencèrent à parler de « miracle » de Tannenberg. Simultanément, on se mit à raconter une autre histoire, à donner une autre interprétation de cette victoire, qui entraîna un important changement de l'approche allemande de la guerre contre la Russie.

Hindenburg et Ludendorff étaient très doués pour l'autopromotion. Réputé pour sa lenteur, aussi bien personnelle que comme chef militaire, Hindenburg, notamment, y excellait[24]. La bataille reçut un nom hautement symbolique : Hindenburg et Ludendorff suggérèrent à Guillaume II de l'appeler « bataille de Tannenberg », du nom de la défaite essuyée par les chevaliers teutoniques face à une armée polono-lituanienne en 1410[25]. À la veille de 1914, les nationalistes allemands et polonais voyaient à tort dans la bataille de 1410 un symbole de la lutte éternelle des Slaves contre les Allemands. Le peintre national polonais Matejko avait produit un immense tableau de la bataille et, quatre ans avant le début de la Première Guerre mondiale, la population polonaise de Cracovie avait célébré le cinquième centenaire de la « bataille de Grunwald » (son autre nom) en présence, dit-on, de 150 000 personnes. En août 1914, le commandant russe, le comte Nikolaï, essaya de créer un « lien slave » entre Russes et Polonais avec son « manifeste de Grunwald » afin de rallier les Polonais à la cause du tsar. Hindenburg était donc un fils de son temps quand il écrivit : « L'infortune de 1410 est vengée, sur le champ de bataille d'autrefois. »

La victoire de Tannenberg fut d'une importance capitale. Elle donna à l'Allemagne le temps d'organiser sa défense à l'Est et, de fait, jusqu'à la fin de la guerre, les forces russes se révélèrent incapables de vaincre les troupes allemandes dans une grande bataille. Mais les conséquences psychologiques de cette victoire furent plus importantes encore que les conséquences pratiques. Ainsi le mythe Hindenburg, le mythe de l'invincibilité allemande, avec ses effets désastreux sur la suite de l'histoire allemande.

En octobre 1914, Hindenburg et Ludendorff avaient la haute main sur les troupes allemandes du front Est à travers l'*Oberbefehlshaber der gesamten deutschen Streitkräfte im Osten* (*Ober Ost*). Ils se servirent de leur prestige et de leur commandement pour s'opposer vivement à l'état-major impérial allemand. Ils commencèrent presque aussitôt à intriguer, dans l'idée qu'eux seuls possédaient la recette de la victoire. Fin août 1916, ils prirent enfin la direction de la totalité de l'armée allemande. La défaite de 1918 et la « légende du coup de poignard dans le dos » relèvent de leur responsabilité. Malgré la défaite, Hindenburg accéda à la présidence de la République de Weimar – puis il nomma Hitler à la chancellerie en 1933. Tannenberg donna ses fruits désastreux bien des années plus tard[26].

Le succès de Tannenberg importa pour une autre raison encore. S'il fut le résultat d'un bon commandement allemand, il fut aussi celui de la chance et des énormes erreurs commises par un ennemi qui demeurait puissant et ne commettrait probablement plus les mêmes fautes. En vérité, Tannenberg fut et resta le seul encerclement réussi d'une armée russe au cours de la guerre. Toutefois, un groupe croissant de stratèges allemands, notamment Ludendorff et les siens, y virent non pas une victoire remportée dans des circonstances favorables, mais le fruit de leur génie stratégique. Ils se crurent en possession d'une recette de victoire que l'on pouvait et devait répéter sur une plus grande échelle. Voici plus de cinquante ans, Jehuda Wallach parla à ce propos du « dogme de la bataille d'anéantissement » – *Das Dogma der Vernichtungsschlacht*[27]. Karl-Heinz Frieser emploie des termes semblables dans son livre sur 1940, *The Blitzkrieg Legend* (*Le Mythe de la guerre éclair*), montrant comment un succès opérationnel surprenant, et qui devait beaucoup à la chance, a pu être transmué en une preuve de validité du dogme de la bataille d'anéantissement, comme s'il était possible de le répéter à la prochaine occasion[28].

On peut suivre cette position à la trace dès la fin de 1914 quand, inspirés par Hindenburg et Ludendorff, l'*Ober Ost* et ses partisans prônèrent l'idée d'un « Über-Tannenberg », c'est-à-dire d'une vaste opération d'encerclement de l'armée russe. Là réside précisément la portée de la bataille de Tannenberg : dans l'abandon progressif de l'idée qu'il était impossible de soumettre la Russie. Et cette évolution eut des conséquences monumentales. Reste que même Hindenburg, Ludendorff et Hoffmann n'ont pas cru du jour au lendemain qu'il serait facile de vaincre la Russie : ce serait une simplification outrancière. Il convient de voir aussi leurs arguments dans le contexte d'une lutte téméraire pour le pouvoir aux échelons supérieurs de l'armée allemande[29]. L'*Ober Ost* vit bien pourquoi il serait difficile, voire impossible, de défaire les Russes, du fait d'insurmontables problèmes de temps et d'espace. « Il est impossible d'anéantir totalement les Russes », observa Hoffmann au printemps 1915[30]. Après Tannenberg, l'impossible commença néanmoins à devenir de l'ordre du pensable.

Dans une certaine mesure, cette attitude allemande audacieuse envers la Russie était plus surprenante qu'une approche hésitante et prudente. La peur de l'énorme puissance russe faisaient partie de l'héritage militaire prussien. Frédéric le Grand, qui ne devait sa survie dans la guerre de Sept Ans qu'à la mort opportune de l'impératrice suivie de l'abandon de la coalition ennemie par le nouveau tsar, craignait la puissance croissante de la Russie. Bismarck ne devait jamais la perdre de vue non plus : pour lui, le secret d'une bonne politique était « dans un bon traité avec la Russie ». La Russie impériale avait lancé un vaste programme de réarmement après la crise de l'annexion bosniaque, qui initia la dernière vague de la course aux armements d'avant 1914[31] et qui suscita une inquiétude grandissante en Allemagne. « Dans cet immense empire, si bien pourvu en ressources inépuisables, observa le chancelier von Bethmann Hollweg, est engagé un développement économique stupéfiant ; dans le même temps, l'armée russe est réorganisée comme elle ne l'avait jamais été[32]. » Le 7 juillet 1914, plus d'une semaine après l'assassinat de Sarajevo, il conclut : « L'avenir appartient à la Russie, qui ne cesse de croître et devient pour nous un cauchemar toujours plus pesant[33]. » La crainte de ce réarmement russe fut aussi l'une des principales raisons qui amenèrent Moltke à prôner une guerre « au plus tôt[34] ». Le temps, croyaient les stratèges allemands, travaillait en faveur des Russes et de l'Entente, et non de l'Allemagne. La peur croissante du « rouleau compresseur » russe joua un rôle important dans l'état d'esprit des officiels allemands avant 1914[35].

Il est d'autant plus remarquable qu'une seule bataille – une bataille qui ne changea rien à la supériorité numérique de la Russie, qui n'affecta aucunement l'énorme avantage russe en termes d'espace et qui fut, en outre, éclipsée par les victoires retentissantes de la Russie sur le front autrichien – ait pu entamer ces postulats bien enracinés au point de commencer à laisser place à un sentiment grandissant de supériorité allemande. Ainsi, les attitudes allemandes envers la Russie se caractérisaient par des oscillations soudaines entre les images contradictoires du « rouleau compresseur » et du « colosse aux pieds d'argile[36] » : l'année 1914 fut un de ces moments de retournement.

On peut caractériser les attitudes allemandes envers les Russes, les Polonais et les autres populations de l'Est selon un double sentiment d'éloignement et de supériorité[37]. Un bon exemple en est le reportage du correspondant de guerre de la *Frankfurter Zeitung*, Theodor Behrmann, décrivant les quelque 100 000 prisonniers de guerre russes capturés fin août 1914 en Prusse-Orientale : « Les interminables files de prisonniers russes qui passèrent devant ma position offraient un tableau monotone de souffrances stupides, au point que je commençai à prendre en pitié cette chair à canon vivante. Dieu sait que ces hommes n'avaient rien de lions ou de loups capturés. Je songeai au *Kholstomier* [Histoire d'un cheval] de Tolstoï, le vieux cheval fourbu, si maigre qu'on en voit les côtes, qui regarde autour de lui de ses yeux mornes alors qu'on le conduit à l'abattoir. [...] Le paysan russe [...], dans son vrai moi, n'est ni un héros ni un chevalier ; il ne se bat pas, il ne fait que tuer, massacrer, d'où son fiasco sur le champ de bataille, mais donc aussi sa méchanceté, ses cruautés absurdes[38]. » La Russie, pensait Behrmann, n'avait tiré aucune leçon de la guerre russo-japonaise : l'armée russe était totalement pourrie, avec ses officiers veules et lâches qui intriguaient sur les arrières. À l'en croire, lui-même avait toujours vu les choses ainsi. Peut-être, mais, à peine quelques semaines plus tôt, les échelons supérieurs de la classe politique et de l'armée allemande voyaient l'armée russe tout autrement. Désormais, après Tannenberg, et alors que l'on approchait soi-disant de la victoire finale à l'Ouest, le secrétaire de Bethmann Hollweg compila le « Programme de septembre ». S'il ne faut pas en surestimer l'importance[39], il montre que l'idée de créer des États tampons à l'ouest de l'Empire russe devint alors un objectif de guerre allemand. Plutôt modérées au départ, les exigences eurent tendance à s'amplifier au fil de la guerre.

D'aucuns croyaient possible d'en finir une fois pour toutes avec les pressions militaires de la Russie sur l'Allemagne. Après les plans relativement limités de « bande frontalière polonaise[40] », on assista à une escalade au gré des développements militaires. Tannenberg et le Programme de septembre ne furent qu'un début ; ensuite vint l'idée qu'il était possible de battre la Russie ; et la fin, ce fut la paix de Brest-Litovsk. Mais on n'en était pas encore là. Après Tannenberg, on projeta de battre les Russes dans un second Tannenberg et de les forcer à conclure la paix. Bethmann Hollweg passa une alliance avec l'*Ober Ost*, notamment avec Hindenburg. L'*Ober Ost* défendait l'idée d'un second Tannenberg : l'armée russe était à l'évidence si inefficace qu'elle ne pourrait résister à l'armée allemande. Après l'échec de l'offensive occidentale, l'opinion avait germé à l'automne 1914 qu'il fallait désormais se concentrer sur le front de l'Est et y lancer une opération décisive ; elle aboutit au plan de l'été 1915 pour détruire l'armée russe dans une gigantesque manœuvre d'encerclement destinée à faire sortir la Russie de la guerre[41].

Prônés par Hindenburg et Ludendorff, ces plans se heurtèrent cependant à la résistance des officiers formés dans la tradition prussienne, pour qui la Russie était trop vaste pour être soumise. Ils assuraient que rééditer une bataille comme Tannenberg ne serait pas chose facile : dans leur esprit, il n'y avait pas de solution au défi géostratégique posé par l'énormité de l'espace russe, d'autant qu'il fallait aussi mener la guerre sur le front Ouest. Depuis le temps de Koutouzov, la doctrine militaire russe était que seule la conquête de toute la Russie pourrait forcer le pays à conclure la paix – une tâche impossible. Le chef d'état-major Erich von Falkenhayn jugeait possible de remporter des succès contre les Russes, mais estimait impensable de soumettre la Russie. Pour lui, l'exemple de Napoléon n'incitait pas à l'imitation[42]. Il considérait également que les Russes connaissaient désormais les dangers de l'encerclement et, si nécessaire, battraient en retraite dans l'immensité de leur territoire.

Mais Hindenburg et Ludendorff, ainsi que Conrad von Hötzendorf, étaient partisans de grandes manœuvres d'encerclement contre les Russes ; et, pour Conrad comme pour l'*Ober Ost*, le saillant polonais était bien trop tentant pour ne pas risquer une de ces manœuvres. Plus généralement, à compter de l'automne 1914, les plans suivirent la même idée de base. Conrad voulait pousser vers le nord-est, Hindenburg et Ludendorff vers le sud-est, puis les deux armées se rejoindraient à l'est de Varsovie, isolant de larges pans de l'armée russe pour les détruire. Falkenhayn croyait la chose impossible : les Russes échapperaient à l'encerclement, et lui-même ne disposait pas des forces nécessaires à une aussi grande manœuvre. Au besoin, prédisait-il, les Russes battraient en retraite et ne se laisseraient pas encercler. Conrad avait perdu tout contact avec la réalité. En effet, de l'aveu même de l'un de ses défenseurs, le colonel Bauer, « ses idées opérationnelles étaient toujours très ambitieuses, mais il oubliait malheureusement que les troupes autrichiennes étaient bien incapables de les exécuter[43] ».

En stratège posé, Falkenhayn suivait une autre ligne : celle de succès limités contre la Russie, suivis d'offres politiques généreuses. Après novembre 1914, il prôna une paix séparée avec la Russie, et peut-être aussi avec la France. S'ensuivirent des débats sans fin avec Hindenburg et Ludendorff, qui jugeaient Falkenhayn incompétent, jaloux et défaitiste. Au cours de l'une de leurs discussions, Falkenhayn se dit à nouveau convaincu de l'impossibilité de défaire l'armée russe : « Les conditions préalables ne sont pas réunies de notre côté, parce qu'il est impossible de tenter d'anéantir un ennemi très supérieur en nombre, qui a d'excellentes liaisons ferroviaires et dispose d'un temps et d'un espace illimités pour battre en retraite, si nécessaire. » Le 31 août 1915, comme Hindenburg insistait, répétant son sentiment qu'il était possible d'« anéantir » l'armée russe, c'est un Falkenhayn sarcastique qui lui répondit. Il doutait « qu'il fût possible, ou même concevable, d'anéantir un ennemi qui est enclin à battre en retraite sans épargner sa terre et son peuple quand il est attaqué sérieusement, et qui a à sa disposition l'immensité de la Russie[44] ». Hors de lui, Ludendorff traita Falkenhayn de criminel sacrifiant la chance d'une victoire finale : s'il n'était pas limogé, la guerre serait perdue. Falkenhayn était partisan d'une solution politique à la guerre ; Ludendorff voulait obtenir une victoire à l'Est, puis à l'Ouest. Il ne voulait aucun compromis avec les Russes, « parce que nous sommes en force[45] ».

Przemysl :
le Stalingrad de la Première Guerre mondiale ?

Nous avons devancé le cours des événements. Il est désormais temps de nous tourner vers la partie sud du front de l'Est, où les choses prirent un tour très différent. En août 1914, l'Autriche-Hongrie avait lancé une offensive contre les Russes qui, après quelques succès, capota avec de lourdes pertes[46]. Quant aux opérations allemandes de l'automne 1914 contre la Russie, elles ne furent couronnées que d'un succès partiel. Au cours de l'hiver 1914-1915, les troupes allemandes et autrichiennes tentèrent de mener à bien une grande manœuvre d'encerclement, préparée et prônée par Hindenburg et Ludendorff, mais aussi par le chef d'état-major austro-hongrois, Conrad von Hötzendorf : là encore, ce fut un échec. L'une des conséquences en fut que la forteresse autrichienne de Przemysl, avec une garnison de 130 000 hommes, demeura encerclée par les Russes[47]. Le dilemme stratégique que posait cette forteresse était antérieur à janvier 1915 ; il était apparu avec les défaites autrichiennes du début du mois de septembre 1914, suivies par la retraite austro-hongroise dans les Carpates.

Placée sous le commandement du général Kusmanek, Przemysl était une immense forteresse : toute la question était de savoir s'il fallait la tenir plutôt que de la céder afin de sauver les troupes. La place fut prise une première fois, mais les Russes s'empressèrent de lancer une seconde tentative d'enveloppement, achevée le 11 novembre 1914. La forteresse était si solide que les Russes n'essayèrent pas de la prendre d'assaut, mais l'encerclèrent et attendirent qu'elle fût à court de vivres et de munitions. La garnison pléthorique de Przemysl les y aida : d'après des témoignages contemporains, la moitié de ses effectifs aurait suffi à tenir la place. Les opérations de secours et de percée furent mal coordonnées. La colonne autrichienne envoyée à son secours s'enlisa dans la neige et ne parvint pas à s'approcher à moins de 50 kilomètres. En février 1915, le haut commandement des Habsbourg informa le commandant de la forteresse que les tentatives pour lui venir en aide allaient cesser. Le 22 mars 1915, le commandant ordonna à ses hommes de détruire le matériel et de se rendre aux Russes : près de 130 000 hommes tombèrent entre les mains de ces derniers[48].

Le correspondant de guerre américain Stanley Washburn décrivit les longues colonnes de prisonniers austro-hongrois, à peine gardés par des soldats russes, marchant en direction de Lemberg[49]. La scène lui inspira le même genre de stéréotypes sur le caractère des vaincus qu'à Théodor Behrmann, un an plus tôt, les prisonniers russes. Si les uniformes des vaincus étaient différents, l'arrogance des vainqueurs était identique.

La capitulation de Przemysl aurait fort bien pu être le Stalingrad de la Première Guerre mondiale. Dans un premier temps, il sembla que ce fût le début de la fin de l'Autriche-Hongrie et des Puissances centrales. Les Autrichiens, on le conçoit, furent profondément abattus et ressentirent les premières affres d'une défaite inévitable. Les neutres aussi, notamment l'Italie, commencèrent à se dire que l'Autriche-Hongrie était à bout ; le gouvernement de Rome prit la décision fatidique d'intervenir dans les semaines qui entourent la capitulation de Przemysl[50].

La bataille de Gorlice-Tarnow

Si Przemysl ne fut pas le coup de grâce pour l'Autriche, la raison en est la bataille de Gorlice-Tarnow – qui fut peut-être l'événement militaire le plus décisif du front Est entre 1914 et 1917. Cette bataille est probablement moins connue que Tannenberg ou l'offensive de Broussilov, mais elle est peut-être plus importante. Ce fut une des batailles les plus cruciales de toute la Première Guerre mondiale. Pour autant, elle ne per-

Conquête de la Pologne et bataille de Gorlice-Tarnow

- —— Front 13 mai 1915
- ······ Front 12 juillet 1915
- – – – Front 5 août 1915
- ···· Front 11 août 1915
- –·–·– Front 29 août 1915
- —— Front 30 septembre 1915

mit pas aux vainqueurs – Allemagne et Autriche-Hongrie – de gagner aussi la guerre. Mais elle leur permit d'échapper à la défaite et de continuer à se battre pendant plus de trois ans. Pour la Russie tsariste, ce fut le début de la fin : elle ne se remit jamais totalement du coup.

La logique de cette offensive était étroitement liée à la défaite autrichienne de Przemysl. À l'origine, Falkenhayn n'avait aucunement l'intention de s'engager massivement sur la partie autrichienne du front Est. Pour lui, le théâtre de guerre décisif était le front de l'Ouest, où l'Allemagne était sous la pression constante de troupes alliées très supérieures en nombre. Les diplomates allemands avaient aussi d'autres urgences ; ils voulaient forcer l'état-major à conquérir la Serbie afin de permettre au ravitaillement allemand de parvenir aux Dardanelles, où les Turcs subissaient la pression massive des Alliés[51].

Après Przemysl, rien ne paraissait plus pressant que d'aider les Autrichiens. Il y avait à cela deux raisons principales : d'abord, éviter l'effondrement de cet allié essentiel ; ensuite, dissuader les Italiens et les Roumains d'intervenir du côté allié. Falkenhayn pensait que, si l'Italie rejoignait l'Entente, la guerre serait perdue – et, pour une fois, Conrad von Hötzendorf était d'accord[52]. Przemysl conquise, l'armée russe tenta une percée sur le front des Carpates pour envahir la Hongrie. Conrad réclama d'urgence aux Allemands de l'aide pour épauler ses lignes qui fléchissaient.

Dans une perspective allemande, il y avait plusieurs façons d'aider les Autrichiens. L'une était d'envoyer une force relativement modeste – entre une et quatre divisions – qui contribuerait à stabiliser les lignes autrichiennes et à consolider les sections du front les plus menacées. Telle était la suggestion de Conrad. Falkenhayn la rejeta, estimant que ce ne serait pas suffisant. Mais il craignait aussi que ses précieuses réserves ne disparaissent petit à petit sur les lignes de front autrichiennes et qu'il ne puisse jamais les récupérer.

Falkenhayn avait donc une approche différente. Il souhaitait lancer une offensive allemande limitée et attaquer frontalement. Le but serait de soulager les Autrichiens de la pression russe, puis il pourrait retirer ses troupes et les déployer ailleurs. Les unités réintégreraient ses réserves et ne seraient pas définitivement attachées au front autrichien. Falkenhayn était notoirement avare de ses réserves, et avec d'excellentes raisons. Elles étaient la condition préalable de toute espèce de planification opérationnelle, les réserves elles-mêmes, ou la constitution de réserves, étant le problème clé de l'état-major allemand. Toutes les réserves constituées fin

1914 en utilisant hâtivement des volontaires entraînés avaient été épuisées en février-mars 1915 dans les attaques sur le front Est, qui s'étaient finalement soldées par un échec. Les réserves allemandes étaient désormais minimes, limitant gravement les possibilités ouvertes à l'état-major. Mais le ministère prussien de la Guerre avait son idée pour en constituer de nouvelles. Il suggéra de réorganiser les divisions du front Ouest afin de réduire de trois à quatre le nombre de régiments par division et de renforcer ainsi les unités restantes par de nouveaux soldats et des pièces d'artillerie, tout en recourant aux régiments ainsi libérés pour former de nouvelles divisions. Ce faisant, une nouvelle armée de réserve de quatorze divisions put être créée sans affaiblir dangereusement les unités existantes. Si ce nombre ne suffisait pas pour une opération décisive à l'Ouest – on estimait qu'il aurait fallu trente divisions au minimum –, il convenait à une opération limitée dans les Balkans ou sur le front Est. Cette nouvelle armée de réserve fut à la fois l'amorce et le préalable d'une impressionnante série de succès des Puissances centrales sur le front oriental et dans les Balkans[53].

Fin mars 1915, Falkenhayn commença donc à préparer l'utilisation de ses nouvelles réserves. Il voulait délivrer « le front des alliés autrichiens de la pression russe », mais aussi détruire la capacité russe à lancer de nouvelles offensives. Mais où attaquer ? Le colonel von Seeckt, qui allait jouer un rôle éminent dans la bataille, expliqua par la suite pourquoi Falkenhayn avait porté son choix sur Gorlice. Pour lui, une attaque sur la section allemande du front oriental n'apporterait pas aux Autrichiens le soulagement nécessaire. La section orientale du front autrichien – Bucovine et Galicie – était exclue en raison des mauvaises voies de communication. Une offensive dans les Carpates ne promettait pas de décision rapide. Falkenhayn se décida donc pour une attaque frontale au centre du front russe afin de rabattre celui-ci vers les Carpates en effectuant une percée au nord. Le colonel von Seeckt affirma ultérieurement que le lieu de l'offensive allait de soi quand on examinait la carte du front Est et qu'on ne perdait pas de vue les contraintes militaires et politiques[54].

Tout le monde, au sein de l'état-major, était globalement d'accord sur l'opération ; le seul débat était de savoir s'il fallait lancer l'attaque plus au nord, entre Pilica et la Vistule, ou au sud, entre la Vistule et les Carpates. D'abord partisan de la solution nord, Falkenhayn se laissa convaincre par ses conseillers que la solution sud était plus prometteuse. L'avantage d'attaquer à Gorlice-Tarnow en direction de Sanok était que, si la percée réussissait, les Russes seraient incapables d'attaquer les Allemands sur leurs flancs, protégés par les Carpates au sud et la Vistule au nord. Avancer ainsi mettrait l'armée russe des Carpates dans une situation précaire en menaçant ses flancs et ses arrières, et en l'obligeant à battre en retraite. Les axes de communication russes dans les Carpates étaient médiocres et le terrain entraverait toute réorganisation rapide des Russes. En un mot, c'était le « point d'Archimède » de tout le front russe. La réussite de l'attaque forcerait les Russes à une retraite précipitée s'ils voulaient éviter d'être enveloppés par l'arrière.

Comme toujours en histoire militaire, il faut se demander ce que les défenseurs faisaient au même moment. Si le danger était si évident, pourquoi les Russes n'ont-ils pas réagi avant qu'il ne fût trop tard ? La question était d'autant plus pressante que l'armée russe était déjà gravement affaiblie par les combats acharnés des Carpates. Le haut commandement russe n'en renonça pas pour autant à son attaque, sous-estimant à la fois le danger et les Autrichiens (alors même que des déserteurs autrichiens l'informèrent de l'offensive qui se préparait[55]) et espérant que l'aide de l'Italie – qui avait entre-temps promis d'entrer dans la guerre à la mi-mai 1915 au plus tard – permettrait aux deux armées d'écraser l'Autriche, les Russes par l'est et les Italiens par le sud-ouest. Le haut commandement russe était disposé à porter le coup de grâce à l'Autriche. Pour exercer une pression dans les Carpates, il y avait même transféré des troupes depuis la Galicie.

Tout jouait donc en faveur du plan de Falkenhayn. Le front russe de Galicie était à l'évidence un point faible, et rien n'était fait pour le renforcer. Le commandant de la 3e armée russe, le général Dmitriev, savait que son armée était sur le point d'être attaquée. Or, habitué à la victoire sur ce front, le haut commandement russe se sentait sûr de lui – beaucoup trop.

Pendant ce temps, que se passait-il du côté allemand et austro-hongrois ? À la mi-mars 1915, Falkenhayn demanda au colonel von Lossberg, membre de l'*Operationsabteilung*, de s'assurer des possibilités d'une percée dans la région de Gorlice et enjoignit à la section ferroviaire de l'état-major de préparer le transport de quatre corps d'armée allemands à Gorlice même[56]. Il chargea aussi l'officier de liaison allemand auprès de l'état-major austro-hongrois (*Deutscher Militärbevollmächtigte*), le général von Cramon, de recueillir des renseignements dans le plus grand secret sur l'état des routes dans la région et la condition de l'armée russe. Le 8 avril, Cramon lui dit que « l'armée russe […] serait incapable de résister à l'attaque de forces supérieures[57] ». Cramon estimait que quatre corps d'armée seraient probablement suffisants. Falkenhayn cacha ses intentions à Conrad von Hötzendorf jusqu'au 13 avril 1915. À cette date, les troupes allemandes étaient déjà prêtes à partir pour Gorlice.

Les interminables discussions pour trancher qui fut le « père » du succès sont donc vaines ; Seeckt assura que c'était Falkenhayn, et il avait d'excellentes raisons de penser ainsi. Conrad fut heureux d'apprendre que les Allemands allaient l'aider à consolider une situation militaire précaire, sans que cela l'empêche de chicaner sur des questions de commandement suprême. Après des débats débilitants, Falkenhayn et Conrad acceptèrent qu'une nouvelle armée allemande, la 11e, fût placée sous le commandement du Generaloberst von Mackensen et de son chef d'état-major, le colonel von Seeckt, tout en recevant théoriquement ses ordres de Conrad puisqu'ils combattaient sur le front autrichien. Mackensen commanderait également la 4e armée austro-hongroise.

Falkenhayn avait limité les objectifs de l'opération : il voulait libérer la Galicie occidentale des Russes et avancer jusqu'au col de Lupkow. Ces objectifs paraissent très restreints, surtout si on les compare à la réussite finale de l'opération, qui les dépasse de beaucoup. Mais il avait un sentiment aigu des risques de l'offensive, non seulement à cause de l'attitude nébuleuse de l'Italie, mais aussi et surtout en raison de l'infériorité allemande sur le front occidental. En mai 1915, 1 900 000 soldats allemands devaient affronter 2 450 000 Britanniques et Français sur ce théâtre de guerre[58]. Falkenhayn, on le comprend, était mal à l'aise, perpétuellement inquiet à cause du front occidental.

Sur la totalité du front oriental, autour de 1 800 000 Russes faisaient face à 1 300 000 soldats des Puissances centrales. Dans la zone d'attaque, néanmoins, Falkenhayn et Conrad avaient créé une supériorité locale : 17 divisions d'infanterie et 3,5 divisions de cavalerie contre, respectivement, les 15,5 plus 2 divisions de la 3e armée russe, soit, en termes numériques, 357 400 soldats allemands et autrichiens contre 219 000 russes. Les Puissances centrales avaient aussi nettement plus de canons, et leur supériorité en ce domaine se révéla décisive : 334 pièces d'artillerie lourde contre 4 pour les Russes, et 96 mortiers de tranchée quand les Russes n'en avaient aucun[59]. Les Russes étaient aussi à court d'obus (en raison de la désorganisation de leur logistique plutôt que du fait d'une véritable pénurie).

Le 2 mai 1915 au matin, l'artillerie allemande et autrichienne tira quatre heures durant, et les Russes furent incapables de répondre. Les troupes russes en première ligne et les réserves furent anéanties avant d'avoir pu prendre part au moindre combat. Puis l'infanterie attaqua et opéra une percée malgré une résistance russe parfois acharnée. Les lignes de défense russe furent prises en trois jours. L'ordre donné par la *Stavka* de ne pas battre en retraite sous prétexte que c'était une défaite d'importance purement locale ne fit qu'entraver la défense. De larges pans de l'armée russe partageaient cette conviction, et l'ampleur de la défaite n'apparut que progressivement[60]. Le commandant de la 3e armée russe, le général Dmitriev, avait suggéré un repli sur le San. Ne pas suivre cette suggestion fut une très grave erreur : à la mi-mai, la 11e armée réussit à avancer de quelque 180 kilomètres, et les Russes perdirent environ 210 000 hommes en quelques jours autour de Gorlice, dont 140 000 prisonniers de guerre[61].

Guillaume II parla de « concept napoléonien » à propos de la victoire de Gorlice, et Falkenhayn reçut l'ordre de l'Aigle noir. La bataille fut sans conteste un immense succès. Les conséquences matérielles furent considérables, et les conséquences psychologiques plus grandes encore, surtout pour les Autrichiens. Un observateur écrivit : « Il faut avoir vécu la profonde dépression qui suivit la bataille des Carpates pour comprendre réellement ce que Gorlice a signifié [pour les Autrichiens], ainsi soulagés de pressions insupportables et délivrés de soucis très graves au point de retrouver espoir et de caresser de nouvelles espérances de victoire[62]. »

La percée survint trop tard pour influencer la décision italienne d'intervenir, le gouvernement de Rome ayant signé le traité de Londres le 26 avril 1915, six jours seulement avant Gorlice, et ayant déjà promis d'entrer dans le conflit aux côtés des Alliés. En revanche, la victoire de Gorlice donna aux Puissances centrales la possibilité de supporter ce nouveau poids, à court et à plus long terme[63]. Elle conféra aux armées des Habsbourg les forces, mais aussi et surtout l'assurance nécessaire pour affronter le nouvel ennemi et l'arrêter près de la frontière.

L'attaque de Gorlice atteignit son objectif, le col de Lupkow, le 10 mai. Les choses se passaient si bien que Falkenhayn et Conrad décidèrent de la laisser se poursuivre et d'abandonner tous les autres plans. Gorlice, qui était initialement une opération limitée, prit donc une dimension stratégique. Le QG allemand se déplaça à Pless en Silésie le 8 mai – preuve que l'état-major attendait une action plus décisive à l'Est au cours des mois suivants. En fait, Gorlice fut la première d'une série de victoires sur le front Est liées à la progression continue de l'armée de Mackensen, forçant les Russes à battre en retraite dans les Carpates, puis également en Pologne russe. Les Russes amorcèrent la « Grande Retraite » et sauvèrent leur armée, mais durent abandonner Varsovie et la Pologne, la

Lituanie et la Courlande. Ils laissèrent derrière eux une « terre brûlée » et des millions de réfugiés (3,3 millions suivirent l'armée russe dans son repli à l'est à la fin de 1915[64]). De mai à septembre 1915, l'armée russe perdit 1 410 000 d'hommes – pour un total de 2,2 millions du début de la guerre à la fin de l'année 1915[65].

Les pertes furent un aspect important de ces événements. Un autre élément tout aussi important tient à leurs conséquences politiques. À la fin du printemps 1915, Falkenhayn et Conrad suggérèrent tous deux aux chefs politiques que les succès militaires leur permettaient de proposer à la Russie une paix séparée généreuse. Malgré la situation favorable sur le front de l'Est, ils déconseillèrent de réclamer des concessions territoriales ou des indemnités de guerre pour offrir au contraire à la Russie une alliance, voire la liberté de transit à travers les Dardanelles[66]. Mais le gouvernement russe s'obstina. Le tsar repoussa les ouvertures allemandes en expliquant que la Russie était engagée vis-à-vis de ses alliés et ne pouvait conclure une paix séparée : « Ma réponse ne peut être que négative. » Des observateurs diplomatiques rapportèrent que la Russie ne se jugeait pas vaincue parce que les Russes ne considéraient pas la Courlande ou la Pologne comme russes et s'estimaient capables de continuer le combat en raison de leur immense territoire.

Cela amène à souligner un point très important. Les Russes avaient une interprétation particulière des événements militaires passés. Se retournant sur la défaite d'envahisseurs comme Napoléon ou Charles XII de Suède, ils se pensaient invincibles, convaincus que l'immensité de l'espace à leur disposition ne leur permettait pas de perdre une guerre d'invasion et excluait toute victoire ennemie. Clausewitz, on l'a vu, jugeait que deux conditions étaient nécessaires au succès de la Russie : un gouvernement ferme (le gouvernement de 1915 l'était, probablement trop) et un « peuple loyal et inébranlable ». Tel était précisément le point faible. Le gouvernement russe avait rompu le contact avec son peuple et négligeait non seulement l'influence de difficultés et de troubles intérieurs croissants, mais aussi tout ce qu'il avait perdu en prestige et en confiance. Le sentiment s'amplifiait enfin que, pour un empire multinational comme l'Empire russe, le temps était compté.

L'année 1915 fut donc un tournant. Le gouvernement tsariste laissa passer plusieurs occasions excellentes de quitter la guerre dans des conditions favorables ou, tout au moins, acceptables, et de sauver ainsi le pays des malheurs monstrueux qu'il devait connaître dans la suite du XXe siècle. Les raisons de ce refus étaient la peur de se retrouver diplomatiquement isolé des alliés occidentaux et d'être ainsi à la merci d'une Allemagne arrogante et dominatrice[67].

Ce fatidique entêtement russe changea aussi les attitudes allemandes. La volonté s'affirma de repousser la frontière plus à l'est – le *Polnische Grenzstreifen*. Ludendorff se lança dans la conquête des territoires baltes – qu'il appelait « son royaume » – et Bethmann Hollweg fut tenté de jouer la « carte polonaise ». Le contexte politique des événements militaires était désormais très différent de ce qu'il avait été avant Gorlice.

La progression allemande mit en outre les soldats en contact direct avec les territoires de l'Est et leurs populations. Comme le montrent presque toutes les sources, ils éprouvèrent des sentiments d'éloignement, d'étrangeté et même de répugnance envers ces territoires « sales » ou « crasseux[68] ». Les recherches récentes en la matière nous invitent néanmoins avec justesse à ne pas simplifier les continuités entre la Première et la Seconde Guerre mondiale. Les soldats allemands de la Grande Guerre étaient parfois accommodants envers la population juive, avec laquelle ils partageaient une langue commune[69].

L'OFFENSIVE DE BROUSSILOV

Au cours de la Grande Retraite, les Russes avaient perdu un territoire de la taille de la France. Pas moins de 7,5 millions de réfugiés se dirigeaient vers l'est, et ces effectifs immenses devaient déstabiliser la société russe[70]. Le pays était confronté à de graves problèmes économiques : le parc roulant était mal entretenu, les vivres et les munitions ne se trouvaient pas où l'on en avait besoin, l'inflation sévissait[71]. Le prestige du gouvernement et de l'armée s'en ressentit fortement, mais la direction s'accrochait encore à l'exemple de Koutouzov et ne perdait pas l'espoir de terminer la guerre victorieusement.

Malgré des difficultés intérieures croissantes, la Grande Retraite fut, pour l'heure, un succès militaire[72]. Le commandant en chef russe, le général Alexeïev, avait raccourci le front en abandonnant le saillant polonais et, du fait de leur progression, les troupes des Puissances centrales éprouvaient de sérieux problèmes de ravitaillement. Cela donna à la Russie le répit dont elle avait besoin pour survivre une année encore, et même préparer d'autres offensives. La Russie resta dans la guerre par peur de l'isolement, parce qu'elle craignait la domination des Puissances centrales

Offensive de Broussilov, 1916

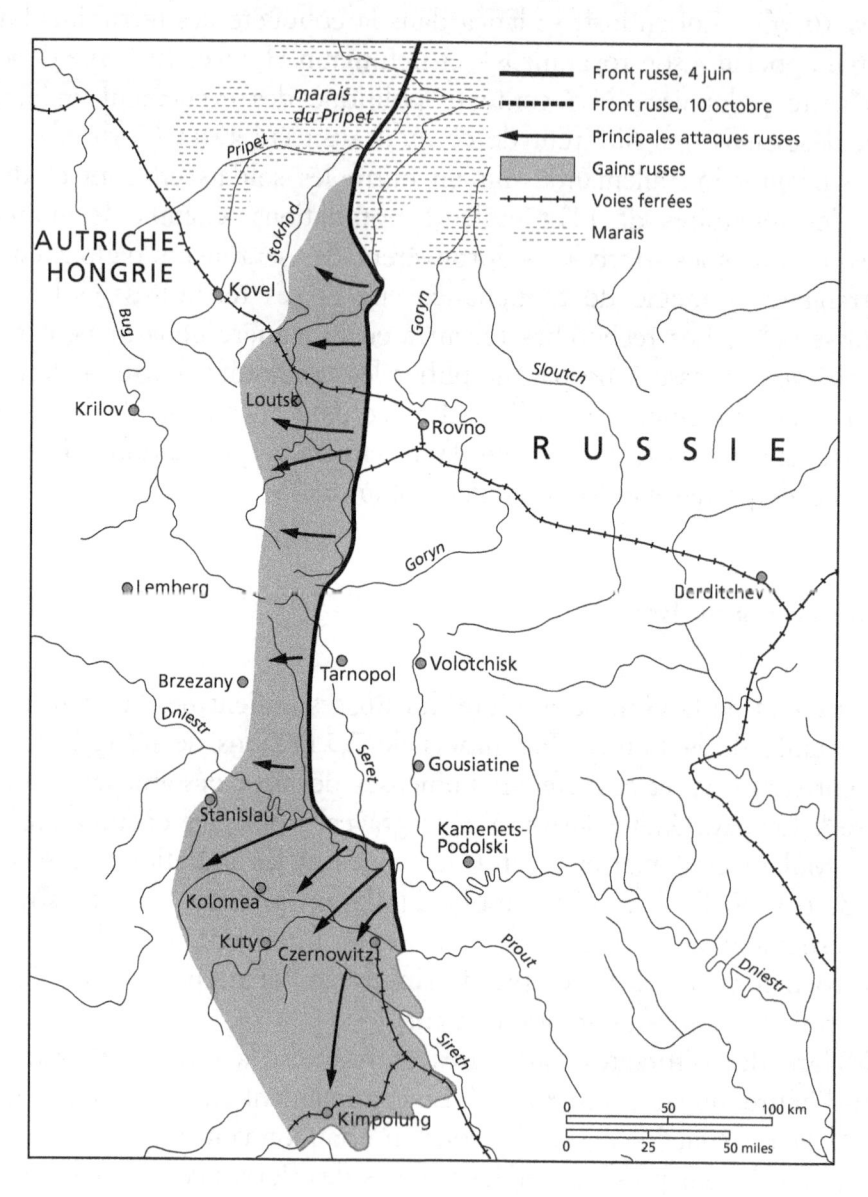

et parce qu'elle s'estimait obligée envers ses alliés. Il n'est donc pas très surprenant que le dernier grand succès des Russes dans cette guerre ait été lié à une offensive militaire promise aux partenaires de l'alliance.

Du 6 au 9 décembre 1915, les chefs militaires alliés se retrouvèrent à Chantilly afin de coordonner leur stratégie pour 1916. Pour les Alliés, les succès militaires des Puissances centrales en 1915 – la défense des Dardanelles et du front en France, les succès en Russie et la conquête de la Serbie – tenaient à leur capacité d'utiliser les lignes intérieures pour déployer les troupes rapidement, de se ménager des supériorités locales et de placer leurs réserves partout où elles en avaient besoin. Pour contrer cet avantage, les Alliés décidèrent d'attaquer sur tous les fronts en même temps. De ce fait, les Puissances centrales ne pourraient retirer leurs réserves d'un endroit pour les envoyer ailleurs ; la pression résultant de la nette supériorité numérique de l'Entente serait très forte et le front des Puissances centrales céderait à un point ou à un autre. Tel était l'espoir qui inspira une initiative collective mieux connue par ses divers éléments : la bataille de la Somme qui commença en juillet 1916, les batailles de l'Isonzo sur le front italien et l'offensive Broussilov à l'Est.

Cette attaque, qui doit son nom à Alexeï Broussilov, l'un des généraux russes les plus capables, fut lancée contre les Autrichiens sur le front sud-ouest. Dans un premier temps, l'effort russe fut surtout dirigé contre les Allemands, mais une grosse offensive au nord, sur le lac Narotch, en mars 1916, avait lamentablement échoué. Le général Alexeï Evert et ses pairs avaient suivi l'exemple du front occidental et lancé l'attaque après des bombardements massifs. Ils échouèrent, comme dans toutes les attaques à l'Ouest. De ce fait, les chefs militaires russes devinrent franchement défaitistes : peut-être à juste titre, ils cessèrent de croire au succès.

D'abord commandant de la 8e armée russe et, depuis mars 1916, commandant de tout le front sud-ouest, Broussilov avait proposé d'attaquer avec ses réserves et il finit par en recevoir l'autorisation. Il décida de jouer de la surprise. Il entraîna ses troupes avec le plus grand soin, utilisant même des maquettes de tranchées autrichiennes pour former ses soldats, leur faisant creuser des tranchées d'attaque sans préparer l'assaut par des bombardements d'artillerie préliminaires. Il choisit aussi d'attaquer sur une longueur de front exceptionnelle, empêchant ainsi les Autrichiens de colmater une brèche locale en faisant venir des troupes d'un autre secteur. Son offensive débuta aussi plus tôt que les autres afin de soulager les Italiens qui souffraient de l'attaque autrichienne dans le Tyrol (la *Strafexpedition*, à vocation punitive).

Le trait le plus marquant de l'offensive de Broussilov est que les Russes la lancèrent sans supériorité numérique significative. Dans le secteur de l'attaque, 600 000 Russes affrontaient quelque 500 000 Autrichiens retranchés et bénéficiant de l'avantage en matière d'artillerie moyenne et lourde[73]. L'offensive frappa les lignes autrichiennes sur une large section du front et devint très vite un vaste succès. Les raisons en sont discutées. L'impression contemporaine d'une supériorité russe en matière d'artillerie n'était pas fondée. En revanche, il est deux grandes explications qui ne sont pas exclusives l'une de l'autre. La première est que la décision de Broussilov de jouer de la surprise au lieu d'essayer d'asseoir une supériorité numérique écrasante avait marché. Plûtot que de concentrer toutes ses forces sur un petit secteur, de déclencher des bombardements longs et massifs sur les lignes ennemies avant de les attaquer, et donc de révéler ses intentions longtemps à l'avance, Broussilov lança ses troupes à l'assaut après une très courte phase de bombardements, sur un très large secteur du front, à partir de tranchées d'attaque creusées au préalable. La surprise fut totale ; la 4ᵉ armée autrichienne (archiduc Joseph-Ferdinand) se désintégra et se replia en débandade ; de ce fait, le même sort échut à la 7ᵉ armée autrichienne (Pflanzer-Baltin). L'armée austro-hongroise perdit autour de 200 000 hommes en quelques jours ; beaucoup se rendirent.

Ce succès fut le fruit d'une nouvelle tactique, révolutionnaire. Mais il ne faut pas perdre de vue la thèse des faiblesses et des erreurs autrichiennes. Dans ce secteur du front, les tranchées autrichiennes étaient excellentes ; inspectées peu avant le début de l'attaque, elles étaient jugées de très bon niveau[74]. Le général allemand von Stolzmann, qui les avait visitées en mars 1916, en avait conclu qu'une grande victoire russe était hors de question tant que les Russes n'amasseraient pas d'énormes renforts[75]. Mais, comme le montre une analyse approfondie des troupes autrichiennes et de leurs commandants, l'insouciance était de règle du côté autrichien, avec une atmosphère de « camp de vacances[76] ». On peut émettre ici une hypothèse : sur cette partie du front autrichien s'était développée une version fort avancée du système du « vivre et laisser vivre » que Tony Ashworth a décrit à propos du front occidental[77]. Depuis les soldats jusqu'au chef de l'armée, les Autrichiens s'étaient confortablement installés dans le système des tranchées[78]. La nouvelle tactique de Broussilov, consistant à ne rien laisser paraître des préliminaires d'une attaque massive préparée des semaines, voire des mois à l'avance, rendit l'attaque totalement inattendue. Les officiers n'avaient pas ordonné d'attaques locales contre les tranchées russes, « sans doute de peur d'être entraînés dans des actions mineures fâcheuses[79] ». C'était là un reflet de la répugnance des Autrichiens à se lancer dans un activisme coûteux, autre élément typique du système « vivre et laisser vivre ». Les troupes autrichiennes avaient manifestement cru que la guerre s'achèverait sans nouvelle activité majeure sur un front.

Le haut commandement autrichien porte une grande part de responsabilité. Conrad von Hötzendorf vivait dans l'obsession de punir les Italiens et avait retiré une partie de ses meilleures troupes du front de l'Est pour lancer une offensive dans le Tyrol. Ainsi avait-il « affaibli de manière critique » le front oriental : il fut le premier à le reconnaître[80]. Après un début prometteur, l'attaque contre les Italiens (la *Strafexpedition*) ne tarda pas à s'enliser. Broussilov put exploiter l'erreur de Conrad.

Deux facteurs au moins expliquèrent donc le succès russe : le front autrichien était vulnérable, et les Russes disposaient d'une nouvelle tactique efficace. Broussilov se fit une joie de causer de très lourdes pertes aux Autrichiens. Falkenhayn ne voulut pas leur venir en aide avec les réserves allemandes – il n'en avait pas encore fini avec sa fatidique bataille de Verdun – et commença par forcer Conrad à cesser son offensive en Italie. Il ne consentit à envoyer des troupes allemandes que lorsqu'un effondrement complet de l'armée autrichienne parut tout à la fois possible et imminent. L'aide en question débuta par des divisions allemandes censées donner au front austro-hongrois une structure résistante plus rigide : dans le jargon militaire, on appelait ces troupes *Korsettstangen*, « corsets » destinés aux Autrichiens.

L'étape suivante consista à installer un haut commandement allemand sur le front de l'Est. Conrad et Falkenhayn s'opposèrent à cette idée quand il apparut que le choix se porterait naturellement sur Hindenburg. Falkenhayn savait que ses adversaires de l'*Ober Ost* lui refuseraient les réserves placées sous leur commandement, et donc que cette structure de commandement serait un obstacle majeur à toute nouvelle planification stratégique. Finalement, les Puissances centrales étant soumises à rude épreuve, à la suite de l'offensive de Broussilov et de la bataille de la Somme, Conrad et Falkenhayn cédèrent. Hindenburg commanda désormais la plus grande partie du front de l'Est avant de devenir peu après le chef de l'état-major allemand, à la place de Falkenhayn.

La raison du limogeage de Falkenhayn fut la déclaration de guerre roumaine du 27 août 1916. Le gouvernement roumain avait longtemps hésité à sauter le pas, mais le succès de l'offensive de Broussilov paraissait sonner le glas de l'Autriche, et les Roumains voulaient leur part des dépouilles. La nouvelle de la déclaration de guerre roumaine sembla annoncer la fin des Puissances centrales. Falkenhayn dut partir, laissant la place à Hindenburg et à Ludendorff.

Toutefois, il apparut très vite que le danger roumain était très surévalué. En quelques mois, les troupes allemandes, autrichiennes et bulgares, pénétrant par le sud sous le commandement de Mackensen et par l'ouest sous celui de Falkenhayn, conquirent la majeure partie de la Roumanie. Mal équipée, l'armée roumaine ne pouvait se concentrer sur un seul front et ne cessa de faire reculer et avancer les troupes jusqu'à être submergée de part et d'autre. Bucarest tomba le 6 décembre 1916. Peu après, les Puissances centrales firent une offre de paix que Bucarest fut contrainte d'accepter.

L'entrée de la Roumanie dans la guerre fut un lourd revers pour l'Entente. Loin d'emporter la décision à un moment où les choses semblaient être sur le point de basculer, le pays fut submergé par les Puissances centrales et celles-ci devaient par la suite se servir de matières premières qui les aidèrent à continuer la guerre jusqu'en 1918. Pour la Russie, la Roumanie constitua bel et bien un facteur de tension supplémentaire pour un front et des ressources déjà très éprouvés.

Si l'intervention de la Roumanie fut le fruit du succès de Broussilov, son offensive fut ensuite un désastre et l'on ne saurait suivre Stone quand il y voit la « victoire la plus brillante de la guerre[81] ». C'est vrai à un seul point de vue : Broussilov réussit bel et bien à faire beaucoup de tort à l'armée austro-hongroise. Il entama sa puissance de combat d'une façon qui aurait fort bien pu être décisive. À tous les autres points de vue, son attaque fut un désastre militaire aussi bien que politique. En termes militaires, l'offensive de Broussilov et l'attaque de la Somme n'atteignirent pas leur objectif stratégique : la victoire sur les Puissances centrales. L'Allemagne et l'Autriche-Hongrie remportèrent un succès défensif de première grandeur. Les événements de l'été 1916 avaient prouvé que toutes les forces de l'Entente ne suffisaient pas à les terrasser.

Et pourtant, dans le même temps, le succès coûta cher aux Puissances centrales, l'épuisement profond et l'inégalité matérielle alors ressentis éclipsant tout sentiment de triomphe et les incitant à radicaliser une guerre apparemment interminable. Un pas dans cette direction consista à claquer la porte à une paix séparée avec la Russie. C'est là un autre trait décisif du front de l'Est. Les Puissances centrales avaient offert des ponts d'or à la Russie pour qu'elle sorte de la guerre. Un règlement politique mettant fin à la guerre sur le front oriental plus tôt aurait pu la sauver des conséquences d'une défaite totale, de la guerre civile et du communisme. Mais ce ne fut pas le cas ; la période de l'idée d'une paix de compromis à l'Est prit fin en octobre 1916.

Dès avant, en août 1915, les Puissances centrales avaient occupé Varsovie et la Pologne russe. Le problème était de savoir qu'en faire. Le 19 août, Bethmann Hollweg fit une proclamation promettant aux Polonais de les libérer du « joug russe[82] ». Malgré cette proclamation, et tant que persista l'espoir de trouver un règlement politique avec la Russie, le destin de la Pologne resta ouvert. Somme toute, rendre à la Pologne son indépendance serait rouvrir la question des territoires polonais sous le contrôle de l'Allemagne et de l'Autriche-Hongrie. Les plans des Puissances centrales manquaient d'imagination et ne concernaient que la partie russe de la Pologne ; de surcroît, l'Allemagne et l'Autriche-Hongrie commencèrent à se disputer pour savoir qui hériterait du contrôle de la Pologne russe à l'avenir[83]. Plus les Russes s'entêtèrent, plus les Allemands se montrèrent résolus à aller de l'avant et à essayer d'utiliser les Polonais pour servir leurs desseins politiques futurs en Europe orientale.

Les plans concernant la Pologne étaient étroitement liés à l'espoir de créer une armée polonaise contre les Russes. L'état-major allemand caressait cette idée dès l'automne 1915 ; elle se réalisa en octobre 1916, quand les Puissances centrales proclamèrent la fondation d'un « royaume de Pologne » – bien entendu, sans pouvoir rien promettre de substantiel aux Polonais. Les Autrichiens imaginèrent la « solution austro-polonaise », c'est-à-dire une unification de la Galicie et de la Pologne russe sous la coupe des Habsbourg, qui présentait au moins l'avantage logique de répondre à la question de ce qu'il adviendrait ensuite de la Galicie. L'inconvénient était que l'Autriche-Hongrie, le partenaire le plus faible de l'alliance, réclamait pourtant la plus grosse part des dépouilles. La Pologne resta donc jusqu'à la fin de la guerre une pomme de discorde majeure entre l'Allemagne et l'Autriche. On ne saurait entrer ici dans le détail du gouvernement d'occupation militaire allemand et austro-hongrois en Pologne et dans les pays baltes[84]. Mais remarquons que la *Polenproklamation* fut un désastre, à en juger par le nombre de volontaires polonais recrutés.

La perspective polonaise sur la Première Guerre mondiale est un peu différente. Du point de vue polonais, l'affrontement désastreux des trois empires fut une bénédiction parce qu'il conduisit à la défaite des trois puissances qui se partageaient le pays et à la résurrection d'une Pologne unie et indépendante. Dans l'optique des Puissances centrales et de la Russie, la probabilité de trouver une paix de compromis s'éloignait de jour en jour davantage, même si l'espoir d'y parvenir persistait.

Tel est le contexte dans lequel il faut juger de l'effet de l'offensive de Broussilov sur l'issue de la guerre. D'aucuns louent Broussilov. Pour Norman Stone, il incarnait le « meilleur type de commandant – insufflant la peur de Dieu à ses subordonnés, mais jamais au point d'être terrifiés par leur responsabilité[85] ». Toutefois, on peut aussi comparer son succès à celui de l'offensive de Ludendorff sur le front occidental en 1918 : une attaque réussie qui fit beaucoup de mal à l'ennemi sans pour autant atteindre son objectif. Le gouvernement russe avait trop longtemps mis sa confiance dans la certitude apparente que l'expérience napoléonienne allait se répéter – que, du fait de l'immensité de la Russie, les Puissances centrales ne pouvaient gagner ; que l'armée russe pouvait toujours battre en retraite ; et que le temps et l'espace jouaient exclusivement au profit de la Russie. Ce qui n'était pas vrai, parce que la situation intérieure de la Russie se dégrada et tourna à la catastrophe. Il est incontestable que la Russie a poursuivi sa croissance économique au cours de la guerre, mais son effort de guerre pâtit de la crise des transports ; son parc roulant était en mauvais état ; le pays avait des céréales et des munitions, mais pas aux endroits où l'on en avait besoin ; les grandes villes étaient mal approvisionnées ; et la désorganisation et la faim conduisirent à la révolution de mars 1917. Le tsar abdiqua, mais le nouveau gouvernement, Kerenski surtout, décida de poursuivre la guerre. Au cours de l'été 1917, ce dernier lança une nouvelle offensive contre les Autrichiens, là encore sous la direction de Broussilov, mais les succès initiaux furent vite effacés. L'insistance de Kerenski à rester dans la guerre plongea le pays dans l'abîme de la seconde révolution, jusqu'à la prise du pouvoir par les bolcheviks ; pour finir, les négociations de paix de Brest-Litovsk, mal conduites par les Russes, parachevèrent la catastrophe du front de l'Est.

Le front de l'Est a reçu le nom de « front oublié[86] ». Les événements sont d'un niveau de complexité redoutable, en partie lié au caractère multiethnique de ce théâtre de guerre, aux nombreuses langues nécessaires pour en comprendre toutes les implications ainsi que les divers points de vue et les vicissitudes des différentes nationalités.

Les conséquences immédiates, mais aussi durables, des combats du front de l'Est sont à la fois claires et fondamentales. C'est sur ce front que nous trouvons les origines de la défaite totale de la Russie et de l'effondrement de son gouvernement, qui exploita à outrance les capacités militaires du pays. La perte de la guerre, associée à la révolution et au changement de régime, fut le fruit de l'entêtement implacable du régime tsariste et du gouvernement de Kerenski. Ce que Ludendorff fit en Allemagne, le gouvernement tsariste le fit dans une plus large mesure en Russie : tous deux poussèrent l'effort de guerre au-delà des capacités de leur armée. À la différence de la Russie, l'Allemagne ne se vit jamais proposer par ses ennemis de quitter la guerre sur la base du *statu quo*. La Russie reçut plusieurs offres et les refusa pour des raisons qui, dans une perspective historique, paraissent secondaires au regard de la nécessité de s'extraire d'une guerre désastreuse. La première raison de la défaite catastrophique de la Russie sur le front de l'Est fut donc moins l'incapacité d'organiser convenablement les transports et la logistique que la détermination aveugle à continuer cette guerre tout en ignorant les signes de la catastrophe imminente, dans l'espoir que l'histoire de Napoléon et de Koutouzov allait se répéter. Ce qui ne fut pas le cas. Le résultat en fut la plongée de la Russie dans la guerre civile, puis le communisme.

L'Empire austro-hongrois gagna la guerre à l'Est, mais se désintégra – moins sous la pression, relativement mineure, des Italiens qu'en raison des forces centrifuges de ses propres nationalités. Au début de 1918, l'armée autrichienne n'était que la carapace d'un empire en voie de dissolution.

Du côté allemand, le résultat fut tout aussi désastreux, et ce pour une raison qui déboucha sur de nouvelles catastrophes vingt-trois ans plus tard exactement. L'idée que la Russie était un « château de cartes » et qu'il était possible de lui infliger une défaite décisive et totale fut une condition préalable de la plus désastreuse encore opération *Barbarossa* de 1941. Les généraux préparent toujours la guerre d'avant. En 1914-1917, les Russes pensaient à Koutouzov ; en 1941, Hitler et ses généraux pensaient au front oriental de la Première Guerre mondiale : les deux épisodes montrèrent que l'histoire peut être un guide très dangereux si l'on se fie excessivement à la valeur du succès passé.

Chapitre x
Le front italo-autrichien
Nicola Labanca

Un front négligé

Dans les meilleures histoires générales internationales, les références au front italo-autrichien dans la Première Guerre mondiale sont rares et souvent inexactes[1]. Les spécialistes d'histoire internationale ne sont pas les seuls responsables de cette négligence, qu'on ne saurait non plus expliquer par la seule barrière de la langue. Les racines du problème ne sont pas seulement globales, mais aussi locales. Une des raisons en est que, très tôt, et ce tant en Italie que dans l'Empire austro-hongrois, le soutien institutionnel existant ailleurs a été très modeste. La dissolution de l'Empire en 1918-1919 et, en Italie, la montée du régime fasciste ont eu pour effet, à la longue, d'obscurcir plutôt que d'approfondir la mémoire de la participation italienne à la Grande Guerre. Vingt années durant, la dictature italienne permit d'ériger des mémoriaux et aida à construire une mythologie du conflit, mais les mémoires publique et privée de la guerre ne coïncidaient pas. Plus tard, au cours de la guerre froide, quand l'Italie et l'Autriche devinrent des démocraties, les préjugés nationalistes et les barrières linguistiques entre Italiens et Autrichiens ont longtemps empêché un dialogue parmi les historiens comme dans le grand public. Après la fin de la guerre froide, les deux décennies de réveil national dans les pays de l'ex-bloc de l'Est n'ont pas facilité les choses, pas plus que les guerres civiles yougoslaves. Dans ces conditions, il est difficile d'étudier et d'interpréter l'effort de guerre de l'Empire des Habsbourg. En un mot, les particularités nationales – italiennes et autrichiennes –

ont obscurci notre intelligence du front italo-autrichien pendant la Grande Guerre.

Une autre raison en a été le déséquilibre entre les deux parties : un ancien empire face à un jeune État-nation qui eut le dessus. Vienne combattit au moins sur trois fronts (Est/Russie, Sud-Ouest/Italie et Sud/Balkans), tandis que Rome, la dernière des grandes puissances, se focalisa presque exclusivement sur le front alpin et karstique ; leurs efforts de guerre furent donc manifestement très différents. Elles n'en durent pas moins relever des défis communs, auxquels elles trouvèrent parfois des solutions semblables. Il est visiblement temps d'aller au-delà des vieilles hostilités nationales dans notre approche d'une guerre dont les deux populations partagèrent les épreuves. Une histoire des fronts italiens est essentielle à une interprétation plus complète et globale de l'histoire de la Première Guerre mondiale. Le front de l'Ouest a dominé assez longtemps la discussion, et sa position décisive dans l'issue de la guerre ne fait pas l'ombre d'un doute. Bien des aspects de la Grande Guerre s'éclaircissent cependant dès que nous déplaçons notre attention au sud et à l'est, vers la frontière italo-autrichienne[2].

Un champ de bataille différent des autres fronts

Le premier élément distinctif est le terrain sur lequel l'Italie et l'Autriche-Hongrie combattirent. Il différait à plus d'un titre des fronts Ouest et Est. Loin d'être une ligne droite, il décrivait une grande courbe en S de près de 600 kilomètres de long, avec deux points forts : le Tyrol-Trentin autrichien, jusqu'à la vallée du Pô, et le Frioul italien, encadré par les Alpes au nord et au nord-est, par le Karst au sud-est. Si l'on considère le théâtre de guerre d'ouest en est, il était des zones – comme Cadore – où les cols et les vallées étaient presque tous à plus de 2 000 mètres : 80 % de la frontière passait dans les montagnes, souvent la haute montagne, au point que le caractère montagneux du terrain rendait parfois la frontière infranchissable. C'était le royaume de la « guerre blanche », livrée entre neige et glaciers, entre le col de Stelvio et le massif d'Adamello. Plus à l'est, dans les Alpes carniques, le conflit prit la forme mieux connue de la guerre de montagne : celle des petites unités alpines. Plus à l'est encore, dans la vallée de Bovec/Plezzo jusqu'à Tolmin, dominé par le Monte Nero, puis jusqu'au plateau de Bainsizza et Gorizia, il devenait possible à de plus grandes unités d'opérer, même si leurs mouvements étaient gênés par la Soca/Isonzo, qui traversait la vallée. Le général allemand Falkenhayn y vit des « positions idéales pour la défense contre des forces prépondérantes. [...] Nous devons défendre un terrain qui est fortifié par la nature. Devant nous, un grand cours d'eau ; sur notre flanc, une ligne de hauteur d'où l'on peut tirer comme d'une maison de dix étages. Pensez aux montagnes, qui sont toute notre force[3] ».

Enfin, la dernière section était le domaine du Karst, ou « Carso » en italien, terrain stérile, avec son érosion et ses dolines caractéristiques. C'est un pays où il était difficile d'aménager des tranchées et où les tirs d'artillerie produisaient des éclats rocheux dangereux. Un terrain sous contrôle italien dans les zones les plus basses, mais d'où il était malaisé de grimper sous le feu des positions autrichiennes.

En un mot, le côté italien était manifestement et naturellement désavantagé, d'autant que l'Empire avait fortifié des points stratégiques dans le saillant du Trentin et que les fortifications italiennes étaient mal construites. Sur ce front, les axes de communication faisaient aussi le jeu des Autrichiens. Il y avait peu d'axes du côté italien, avec une voie ferrée unique, au point qu'il fut difficile, au début de la guerre, d'acheminer les troupes italiennes jusqu'au front. En revanche, axes et voies ferrées étaient multiples du côté autrichien[4].

D'emblée, ce terrain et ces contraintes logistiques rendirent sur le front italo-autrichien tout plus rudimentaire et plus difficile que sur le front occidental. Le système de tranchées n'était pas le même qu'en France et dans les Flandres, et les contrastes étaient plus marqués du côté italien que du côté autrichien. Puis, quand fut appliquée une tactique nouvelle en 1916-1917, ou en 1917-1918, quand les batailles de matériel (des canons lourds aux chars) remplacèrent au moins partiellement les efforts humains, les différences entre les fronts italo-autrichien et occidental s'accentuèrent encore. Se demander comment employer les chars dans le Karst ou pour traverser la Piave ou l'Isonzo, et comment le faire en France ou en Belgique, sont deux questions très distinctes. Du fait de la différence même de la topographie, les observateurs internationaux (puis les historiens) eurent plus de mal à comprendre les spécificités du front italo-autrichien : d'où leur sous-évaluation relative de ses difficultés particulières.

La guerre en Italie, 1915-1918

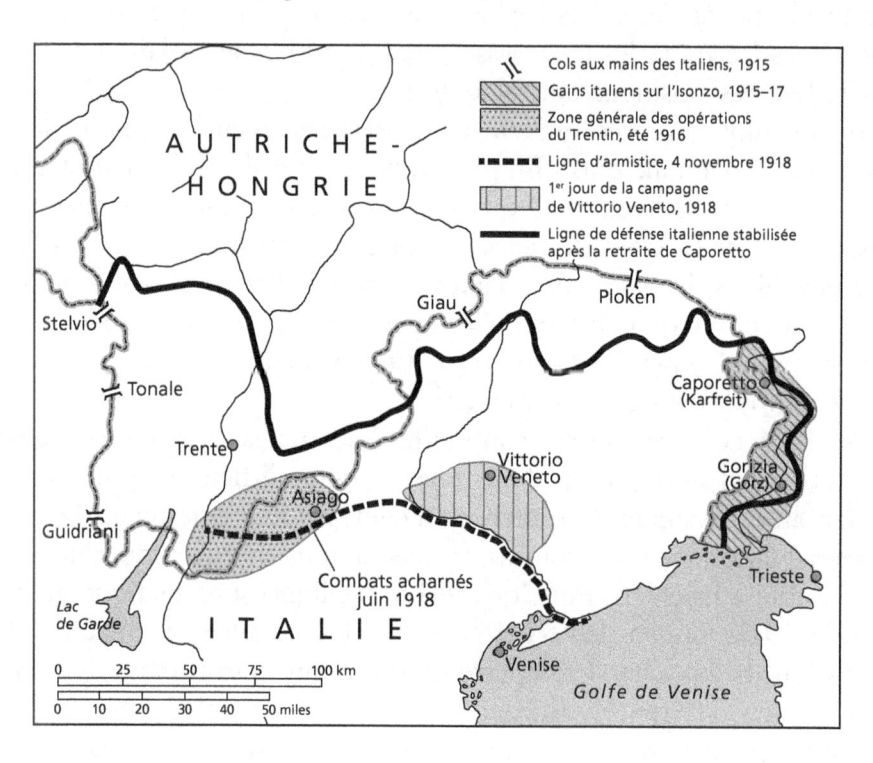

Stratégies et buts de guerre différents

Si la topographie rapprochait l'Italie et l'Autriche sur ce terrain montagneux, les buts de guerre des deux camps n'en étaient pas moins des mondes à part. Vienne entra dans la guerre en juillet 1914[5] afin de préserver son rôle dans les Balkans et en Europe centrale, dans l'illusion qu'elle pourrait mener une guerre courte et locale – une illusion générale à l'époque. En 1916, cependant, l'Autriche comprit qu'elle luttait dans une guerre de survie. Dans ce tableau d'ensemble déprimant, son but était de trouver un arrangement avec son ancien allié devenu un ennemi méprisé, l'Italie.

Par ailleurs, l'Italie libérale aurait préféré ne pas entrer dans une guerre à laquelle l'élite dirigeante la savait totalement non préparée[6]. En 1914, elle commença donc par adopter une attitude de neutralité bienveillante. Une fois en guerre, néanmoins, en 1915, Sidney Sonnino et ses alliés virent dans le conflit l'occasion de regagner le Trentin, le Sud-Tyrol, Trieste, l'Istrie et la Dalmatie (outre les divers territoires coloniaux). Du fait de ces grandes ambitions, l'objectif principal devint la défaite de l'ennemi, l'Empire des Habsbourg. Pour l'élite dirigeante italienne, gagner la guerre était une affaire d'identité nationale, une façon pour le pays de confirmer à nouveau son prestige de grande puissance. L'Autriche pouvait vivre sans vaincre l'Italie, mais l'Italie – l'Italie strictement conservatrice de Sidney Sonnino et de ses partisans nationalistes – ne survivrait pas à une guerre sans victoire. Un débat politique ne tarda pas à surgir à Rome pour savoir s'il fallait défaire l'Autriche ou la démembrer, mais l'objectif était bien d'avoir le dessus. Compte tenu des objectifs de guerre divergents, et toujours davantage après 1917, la stratégie militaire des deux pays n'aurait pu être plus différente.

Il est pourtant un aspect qu'ils partageaient : tous deux firent la guerre selon des lignes différentes des plans envisagés avant l'été 1914. D'un côté, en juillet 1914, le général Luigi Cadorna, chef de l'état-major italien, avait hérité du *piano di guerra* d'Alberto Pollio, farouche partisan de la Triple Alliance (Triplice), comprenant l'Autriche, mais c'était un plan de guerre défensive. Entre août et septembre, Cadorna se mit à préparer un nouveau plan, offensif. De l'autre côté, le général Franz Conrad von Hötzendorf estimait depuis des années que l'Autriche aurait dû châtier son allié infidèle : son plan était de lancer sans tarder une offensive décisive contre l'Italie, avec une attaque combinée depuis le Trentin et l'Isonzo, et ce avant même d'agir contre la Russie ou la Serbie. Mais, comme les Italiens, il dut lui aussi se raviser, puisqu'en 1914 la Serbie et la Russie étaient prioritaires. Conrad fut donc contraint de combattre l'Italie défensivement.

Les stratégies des deux camps divergèrent immédiatement. L'Empire des Habsbourg se trouva engagé sur le front de l'Est contre la Russie, et sur le front balkanique contre la Serbie. Le risque existait aussi qu'on l'appelât à l'aide sur le front de l'Ouest, après que le front italien se fut enlisé dans une impasse défensive en 1914-1915. Tout en prenant à l'occasion l'offensive, notamment avec la *Strafexpedition* (action « punitive ») sur le front d'Asiago en 1917, Vienne essaya de tenir jusqu'à la préparation de Caporetto, fin 1917. C'était une stratégie de maintien du *statu quo*, typique d'un grand empire voué à conserver son avantage.

Pour la puissance plus petite qu'était l'Italie, en revanche, la guerre passait par des opérations offensives. Dans les autres armées européennes, beaucoup d'hommes aux commandes croyaient à l'« esprit de l'offensive ». Peu importait que le nationaliste Sidney Sonnino invoquât l'« égoïsme sacré » ou les démocrates interventionnistes le « *Delenda Austria* » : l'Italie devait attaquer. Pour « libérer » Trente et Trieste, les dirigeants irrédentistes, même les plus démocrates, prônaient l'offensive. Certes, après Caporetto, fin 1917, l'Italie fut momentanément acculée à la défensive, mais bientôt une nouvelle offensive devint encore plus nécessaire, afin de reconquérir les territoires perdus – et étendre la nation jusqu'à ses frontières légitimes.

La fin du conflit acheva d'éloigner l'Autriche et l'Italie. L'ancien empire fut détruit, son territoire divisé. L'Italie, la dernière des grandes puissances, vint finalement à Versailles en pays décideur en Europe, aux côtés de pays bien plus puissants comme la Grande-Bretagne, la France et les États-Unis. Mais l'issue de la paix ne fut pas aussi rose qu'elle l'avait espéré de prime abord.

Deux armées différentes (mais pas totalement)

L'Empire austro-hongrois et le royaume italien avaient à leur disposition deux structures militaires très éloignées. La différence clé ne tenait pas tant à la population des deux pays (respectivement 50 et 34 millions d'habitants) qu'au système de recrutement des deux armées, fondé sur la conscription, non pas locale et territoriale, mais *nationale* : ainsi Vienne pouvait-elle garder sous sa coupe des nationalités différentes, et Rome limiter la peur que les divisions régionales passées n'interfèrent avec les plans militaires.

Même les effectifs des deux armées étaient proches. Avant la guerre, l'Autriche avait une armée permanente de près de 440 000 hommes ; elle la porta à 2 millions après le début des hostilités. L'Italie, qui avait 275 000 hommes sous les armes en temps de paix, en comptait plus de 1,1 million en décembre 1914. Mais cet avantage autrichien apparent pâlit quand on songe que l'Italie se battait sur un seul front, là où l'Autriche combattait sur trois. Le problème de l'Autriche dans la guerre tient aussi au fait que, avant le conflit, l'Italie et l'Autriche consacraient l'une et l'autre la même part de leur revenu national aux dépenses militaires : 10,6 %.

Les deux armées étaient aussi séparées par des traditions, des rôles politiques et des cultures professionnelles dissemblables. En termes de tradition, l'armée autrichienne était depuis des siècles le rempart du trône et de l'Empire. En Italie, l'armée était une création de la période de l'unification et incarnait la force de l'État-nation. De surcroît, le bilan de l'armée italienne avant la guerre était moins que glorieux, sans même parler de son utilisation fréquente en cas de troubles sociaux et de manifestations – de l'état de siège de 1898 à la « Semaine rouge » de 1914.

Pour toutes ces raisons, le poids politique de l'armée au sein de l'État était très différent dans les deux pays. En Autriche, comme en Allemagne, l'armée était très proche de l'empereur[7]. Dans l'Italie libérale, en temps de paix, le parlement et surtout le ministère de la Guerre jouaient un rôle plus significatif qu'en Autriche. Si la militarisation de la vie politique suscitait du ressentiment, l'Italie avait des ressources politiques à utiliser contre la création d'un « État-caserne » sur le modèle prussien (et, partiellement, autrichien)[8]. Même affaibli, le parlement continua de fonctionner en Italie alors qu'il fut suspendu en Autriche de 1914 à 1917. Le pouvoir politique de Franz Conrad von Hötzendorf n'était guère plus surprenant en Autriche que la position moins forte de Luigi Cadorna en Italie[9].

La structure sociale du corps des officiers était également différente. Si en Autriche, comme partout, le rôle de l'aristocratie s'amoindrissait, un quart des officiers qui servirent au cours de la guerre étaient encore d'ascendance noble. En revanche, le corps des officiers italien était de caractère bien plus bourgeois. Qui plus est, le problème national qui gangrenait l'Autriche n'existait pas en Italie. L'empereur autrichien commandait non pas une armée, mais trois : l'armée fédérale unie permanente (*k. u. k. Heer*), les deux milices nationales (*Landwehren*) du côté autrichien (*k. k. Landwehr*) et hongrois (*k. u. Honved*), et enfin l'armée de réserve (*Landsturm*). La différence entre ces trois identités ne devait jamais s'estomper au cours de la guerre, et demeure un élément d'explication de la dissolution finale de l'Empire. Néanmoins, le corps des officiers se composait essentiellement d'Autrichiens germanophones, et il en allait de même des hommes qui dirigeaient le ministère de la Guerre[10].

Il n'y avait rien de tel en Italie. Certes, on se plaignait encore du fort pourcentage de postes occupés par des officiers piémontais en comparaison des officiers d'autres régions, mais l'armée italienne ne connaissait pas le problème national qui frappait l'armée autrichienne[11]. Reste que l'homogénéité nationale et sociale ne garantissait pas l'efficacité et la culture professionnelle. Le recrutement plus bourgeois des cadres de l'armée italienne ne devait pas empêcher Giovanni Giolitti d'observer que l'armée était en Italie un exutoire pour les fils de famille « turbulents et déficients ». Ce n'était pas sans conséquences : un style conservateur et bureaucratique marqué était de règle dans les forces italiennes, ralentissant le rythme des réformes et confortant les cultures professionnelles traditionnelles dans leurs vieilles façons d'agir. En Italie, par exemple, il eût été difficile de laisser aux officiers subalternes une large initiative dans l'entraînement, puis dans le combat – chose à quoi Conrad croyait depuis des années. Beaucoup de choses, trop peut-être, restaient en Italie entre les mains des officiers supérieurs – avec cette circonstance aggravante que les sous-officiers étaient rares en Italie.

Ainsi, le front italo-autrichien constituait un théâtre très différent des autres grands secteurs : les armées divergeaient, leurs stratégies et buts de guerre étaient dissemblables, sans compter la topographie qui n'avait rien à voir avec les fronts de l'Est et de l'Ouest. Pour un certain nombre d'observateurs militaires étrangers (puis d'historiens de l'armée), cela créa une situation particulière, parfois difficile à comprendre. Des stéréotypes ou des préjugés sur le caractère national entravaient l'analyse réfléchie, d'aucuns en concluant que le front italien était tout bonnement insignifiant. C'était une grave erreur, puisque les développements sur ce front contribuèrent à décider directement de l'issue de la guerre.

Construire un front, 1914

En juillet 1914, le front italo-autrichien n'existait pas[12] ; il fallait donc le créer. Tandis que les politiciens délibéraient, l'armée se préparait. À Vienne, supposant que l'Italie avait abandonné la Triple Alliance, Conrad projetait une attaque contre le « traître » par un mouvement de tenaille depuis l'Isonzo et le Trentin. À Rome, cependant, le chef d'état-major Alberto Pollio s'était montré partisan de rester dans l'alliance, pour laquelle il était prêt à envoyer trois corps d'armée sur le Rhin contre la France. Ce plan, qui remontait à un accord secret de 1888, avait été suspendu en 1911 à cause de l'engagement italien en Libye[13]. Ce n'est que fin août, quand le successeur de Pollio choisit la neutralité, que Cadorna se mit à préparer la guerre contre l'Empire des Habsbourg, tout en expliquant à son gouvernement que l'armée italienne n'y était pas prête. Pour l'Autriche, la guerre débuta par un engagement militaire total sur les fronts russe et balkanique. Il n'y avait pas vraiment de quoi pavoiser lors des premières actions en Serbie et en Galicie. En Italie aussi, la guerre avait commencé de manière indirecte : commerce et exportations durent changer de route ; les investissements allemands avaient pris fin ; l'armée se préparait concrètement à la guerre ; l'affrontement des neutralistes (majoritaires dans le pays et au parlement) et des interventionnistes (nationalistes-impérialistes ou démocrates) enflammait le climat politique intérieur. Pour toutes ces raisons, et même s'il n'y avait pas de combat, un front italo-autrichien se mettait bel et bien à exister, du moins hypothétiquement. Les plans de guerre suivaient leur cours : le gouvernement italien dépensa 2 milliards de lires pour renforcer les préparatifs militaires entre l'été 1914 et le printemps 1915[14].

Des deux côtés de la frontière, en un sens, ces préparatifs étaient insuffisants. En juillet-août 1914, le gouvernement italien, qui avait choisi de rester neutre, ne proclama pas la mobilisation, comme l'avait demandé l'état-major. Antonio Salandra redoutait qu'une mobilisation militaire, sans déclaration de guerre officielle, ne donnât à Vienne un prétexte pour attaquer l'Italie alors qu'elle n'était pas encore prête. Si politiquement juste que fût ce choix, il rendit la tâche de Cadorna encore plus compliquée. Il était par exemple difficile à bref délai de réunir les soldats et de mobiliser une armée fondée sur la conscription nationale, et non sur une base régionale et territoriale. De plus, l'Italie souffrait encore des lourdes dépenses militaires engagées pour la guerre de Libye, alors que son industrie était bien moins développée et moins spécialisée dans la production d'armes que l'Autriche, avant comme durant la première phase de la guerre.

Mais ce n'était pas qu'une affaire de décisions politiques et d'arriération industrielle : la culture militaire professionnelle était elle-même une partie du problème. Cadorna, par exemple, avait reçu des rapports sur la manière dont la guerre s'était déroulée sur le front occidental entre l'été 1914 et le printemps 1915[15]. En février 1915, cependant, il pouvait encore envoyer une circulaire reprenant les idées surannées d'attaque frontale, n'estimant pas que la nouveauté de la guerre de tranchées nécessitât une autre approche. D'une certaine façon, ce n'est pas surprenant : les généraux « occidentaux » persistèrent dans cette approche (avec des degrés divers de raffinement) jusqu'à la fin de la guerre. En mai 1915, quand la guerre fut déclarée, l'armée italienne n'avait donc pas actualisé ses préparatifs dans la logique d'une guerre qui durait déjà depuis neuf mois.

Par-delà la frontière, 1915

Le 26 avril 1915, l'ambassadeur d'Italie à Londres, Guglielmo Imperiali, signa un pacte secret avec l'Entente engageant l'Italie à rejoindre celle-ci dans les trente jours. Cet acte marquait officiellement la naissance du front autrichien (pour l'Italie) et sud-ouest (pour l'Autriche).

Pour les Puissances centrales, l'entrée de l'Italie dans la guerre était un échec diplomatique et faisait planer la menace d'un revers militaire. En mai 1915, l'Empire des Habsbourg était déjà présent sur deux fronts : l'Italie en ouvrait à présent un troisième. Si l'Autriche avait encore des ressources démographiques mobilisables, ses forces industrielles et économiques n'étaient pas illimitées, et il lui fallait compter avec les risques de troubles nationaux internes. En outre, l'intervention italienne aida à consolider le blocus naval des Puissances centrales, notamment de l'Autriche, puisque Rome dominait l'Adriatique.

L'entrée de l'Italie dans la guerre suscita rapidement des divergences stratégiques entre les deux Puissances centrales. À Vienne, l'intention de Conrad restait de lancer une attaque en tenaille contre l'Italie par le Trentin-Tyrol et par l'Isonzo ; Berlin, en revanche, semblait plus préoccupé par les fronts Est et Ouest que par le front italien, ce qui irritait Vienne.

Dans les premières phases de la guerre, la seule aide militaire concrète que l'Allemagne fournit à l'Autriche fut l'*Alpenkorps* bavarois. Sans soutien allemand, les forces autrichiennes réussirent à tenir leurs lignes, mais non sans inquiétudes du fait de leur piètre qualité militaire et de leur composition ethnique. Numériquement, elles étaient certainement incapables de mener l'offensive à laquelle songeait Conrad.

Aux tout premiers jours de la guerre, le front comptait 28 divisions (et 7 autres en réserve) du côté italien et jusqu'à 25 du côté autrichien, soit 560 bataillons pour l'Italie (la totalité de l'armée) contre 125 pour l'Autriche en mai 1915 sur ce front, puis 275 en juillet.

La tâche de l'armée italienne était apparemment moins redoutable que celle de son ennemie. L'Isonzo et le Carso étaient l'unique front que dût tenir l'armée italienne (hormis des engagements mineurs en Albanie, en Libye et à Thessalonique). De surcroît, la guerre que Salandra et Sonnino entendaient mener était strictement nationale et – sauf un soutien sous forme d'armes, de matières premières et d'argent – l'Italie paraissait réticente à réclamer à ses alliés des troupes supplémentaires.

À Rome aussi, le haut commandement envisageait une attaque en tenaille, non moins ambitieuse que celle de Conrad, quoique de moindre ampleur : de Villach vers le Karst triestin, laissant ainsi ouverte la route de Vienne et de Ljubljana. Bien que la propagande politique italienne eût parlé de viser Trente et Trieste, l'armée visait, non sans exagération, Ljubljana et Vienne.

Il est clair que, sur le front italo-autrichien, les buts des deux camps étaient difficiles à atteindre, et que tous deux manquaient des moyens nécessaires. Berlin refusa de procurer des troupes à Vienne, et celle-ci n'eut jamais les effectifs requis pour écraser l'armée italienne. L'Italie, de son côté, fut incapable de prendre d'emblée l'avantage par un *sbalzo iniziale*. Aux tout premiers jours de la guerre, les forces des Habsbourg s'éloignèrent généralement de la frontière – permettant à Rome de revendiquer une première victoire (qui n'en était pas une). En réalité, les bataillons autrichiens n'agirent ainsi que pour rejoindre une « frontière militaire », c'est-à-dire une ligne plus facile à défendre. La propagande italienne prétendit que les fortifications autrichiennes rendaient les positions ennemies presque imprenables. Et la propagande autrichienne justifia son inaction en invoquant la supériorité numérique écrasante des troupes italiennes. En vérité, cependant, et surtout dans cette toute première phase, les fortifications autrichiennes étaient faibles, et le niveau des troupes italiennes ne fut jamais suffisant pour une attaque décisive

– en partie parce qu'il était compliqué de mobiliser une armée fondée sur une conscription non pas régionale, mais nationale. De surcroît, les troupes italiennes n'eurent jamais le soutien de l'artillerie lourde, absente dans les premières années de la guerre, alors que l'armée autrichienne était mieux servie. Dans ce contexte, il n'est guère surprenant que les rêves d'une guerre faite d'avancées rapides, de mouvements stratégiques et d'invasions aient débouché sur une impasse et des lignes de tranchées.

Opérations militaires

À partir de 1915, on peut découper les offensives italiennes en plusieurs phases. Le front était trop petit pour distinguer la plupart des batailles par des noms de lieu, comme sur les fronts Ouest et Est. Les Italiens et les Autrichiens se mirent alors à les numéroter. Quatre batailles furent lancées sur l'Isonzo. Des combats se déroulèrent également dans le Trentin et en Carnia, mais l'essentiel porta sur l'Isonzo. La première bataille eut lieu du 23 juin au 7 juillet, la deuxième du 18 juillet au 3 août, la troisième du 18 octobre au 4 novembre, la quatrième du 10 novembre au 2 décembre, par un temps déjà glacial. Ces quatre batailles de l'Isonzo convenaient à merveille aux deux commandants : sur un plan tactique, Cadorna restait partisan de l'attaque frontale et Svetozar Boroevic von Bojna ne voulait pas céder ne serait-ce que quelques mètres de terrain. Avec pour tout résultat des gains mineurs, l'armée italienne perdit 200 000 hommes, et les Autrichiens autour de 130 000.

Quelques leçons n'en avaient pas moins été tirées sur un plan tactique. Aux yeux des Autrichiens, et ce dès la deuxième bataille de l'Isonzo, les troupes italiennes s'étaient donné des objectifs tactiques plus réalistes que dans la première. Dans certaines zones tout au moins, l'attaque de l'infanterie ne suivait pas des tirs d'artillerie massifs, désorientant l'ennemi. Au cours de la troisième bataille, certaines compagnies ne cherchaient plus à détruire toutes les positions ennemies pour se diriger plutôt vers des secteurs tactiquement plus importants. Enfin, les troisième et quatrième batailles furent plus courtes que les deux premières, et firent moins de victimes. Entre-temps, les Autrichiens avaient amélioré leur système de tranchées, et le même commandant Boroevic décida parfois d'épargner ses troupes en limitant les contre-attaques et en se concentrant sur la défense. Mais les leçons tirées dans un secteur n'étaient pas partagées avec les autres. Pour l'Autriche, il s'agissait encore d'un front secondaire, avec beaucoup d'unités, mais assez peu remarquables. Et l'Italie continua à ne pas comprendre vraiment la nouveauté de la guerre, ne tirant aucun profit des rapports venant du front de l'Ouest.

Les effectifs ne tardèrent pas à devenir un problème pour les Autrichiens. Au début, au contraire, l'Italie, moins industrialisée, souffrit d'une pénurie d'arme plutôt que d'hommes. Nous verrons qu'à la fin de la guerre la situation avait changé : alors que l'Italie avait suffisamment d'armes et d'hommes, l'Autriche manquait des premières comme des seconds. En 1915, cependant, l'armée italienne entra dans la guerre avec seulement deux mitrailleuses par régiment, contre déjà deux par bataillon du côté autrichien. L'Italie avait pléthore d'artillerie légère, utile dans une guerre de mouvement, mais fort peu de pièces d'artillerie lourde capables de venir à bout des systèmes de tranchées et de leurs barbelés[16] – ce qui explique aussi l'ampleur des pertes italiennes. Non que ces troupes eussent manqué de détermination : les sévères pertes essuyées par les Autrichiens sur la défensive en sont la preuve. Au passage, ces pertes pesèrent plus lourd sur Boroevic que sur Cadorna, en pourcentage, parce que l'Italie avait plus de soldats et d'unités à lancer dans la bataille et que l'Autriche était engagée sur plusieurs fronts.

Sur un plan général, l'année 1915 s'acheva par la domination des Puissances centrales en Bulgarie et en Serbie. Pour des raisons différentes, cependant, les deux camps paraissaient incapables de triompher l'un de l'autre sur le front italien, alors que se profilaient des problèmes d'un ordre différent : industriel pour l'Italie, démographique pour l'Autriche.

Succès partiels, 1916

Début 1916, le front italo-autrichien était devenu une tout autre gageure : les Italiens alignaient 693 bataillons. 1916 fut aussi une année de clarification parce que l'Italie attendit le 27 août 1916 pour déclarer la guerre à l'Allemagne. Officiellement, le front ne se limitait plus au front italo-autrichien, mais était désormais pleinement intégré à la guerre européenne.

Dans les histoires officielles et les historiographies nationales des deux camps, l'année 1916 est souvent présentée comme une période de succès, bien que partiels. En vérité, l'Autriche infligea un coup sévère à l'Italie par son offensive du printemps depuis le Trentin, après quoi ce sont les Italiens qui conquirent l'important site de Gorizia, sur le front karstique. Ces deux épisodes ne s'en révélèrent pas moins très coûteux : les combats de 1916 mirent en évidence les déficiences mutuelles des forces autrichiennes et italiennes, et montrèrent combien ce front était différent des fronts de l'Ouest et de l'Est.

La différence marquée entre le front italo-autrichien et les autres théâtres de guerre en Europe sauta bientôt aux yeux des officiers et soldats italiens ou autrichiens qui se battaient autour de l'Adamello. C'était une guerre de montagne où seules pouvaient opérer de petites unités – plutôt que de gros régiments et des divisions. Creuser une tranchée dans la neige et la glace était tout autre chose que d'en creuser une dans les collines du Chemin des Dames ou dans la plaine de Verdun. Nourrir et équiper des unités de combat à de hautes altitudes posait un problème énorme. La technologie moderne était essentielle dans cette guerre. Transporter le matériel d'artillerie et les vivres par des trains de marchandises était tout autre chose que d'assurer les communications faisait de cette « guerre blanche » un cauchemar logistique. La précision des tirs, les ruses de la guerre des mines et surtout l'endurance des troupes de montagne déployées dans les grottes de glace ouvertes aux explosifs donnèrent à cette guerre son aspect sinistre[17].

Mais si la « guerre blanche » de montagne constitua une sorte de « basse continue » de la guerre sur le front italien entre 1915 et 1918, les deux épisodes les plus marquants de l'année 1916 furent certainement l'offensive autrichienne du printemps et la prise de Gorizia par les Italiens. L'offensive de printemps fut le dernier succès autrichien de la guerre[18], mais elle n'alla pas sans problèmes. Après quelques résultats positifs, en 1915, Conrad réussit à persuader l'empereur qu'écraser l'Italie renforcerait le prestige de l'Autriche. En revanche, il ne sut pas convaincre son allié allemand que gagner la bataille contre l'Italie donnerait un avantage stratégique aux Puissances centrales ; pour cette raison, l'engagement allemand dans l'offensive de printemps demeura limité. Aussi, quand il ordonna l'attaque le 15 mai 1916, Conrad dut amender son plan stratégique : au lieu d'une offensive simultanée depuis l'est et l'ouest, il ne lança qu'une attaque depuis le Trentin ; et, au lieu d'une grande attaque conjointe austro-allemande, les Autrichiens passèrent à l'assaut avec un soutien allemand restreint. De surcroît, il eut le tort de ne pas concentrer toutes ses forces sur un point et de les disperser sur un assez vaste front. De ce fait, l'offensive autrichienne ne réussit pas à enfoncer les défenses italiennes, et Conrad dut vite renoncer à son rêve d'arriver à Venise en six jours. L'expédition punitive – ou *Strafexpedition*, – s'enlisa dès le 27 juin pour deux raisons : premièrement, la force des positions italiennes et les réserves que Cadorna put jeter dans la bataille ; deuxièmement, la difficulté qu'eurent les Autrichiens à transformer une guerre de tranchées en guerre de mouvement. L'infanterie qui avançait n'était plus protégée par l'artillerie, incapable de suivre le rythme ; les troupes étaient mal ravitaillées et les réserves manquaient. Pour toutes ces raisons, l'offensive s'épuisa. Stratégiquement, Conrad n'en joua pas moins de l'effet de surprise, exposant ainsi l'Italie à un grave danger : l'Autriche menaçait de descendre dans la plaine et de couper les voies de ravitaillement menant vers le front du Karst depuis la vallée du Pô, ses industries et son agriculture – en un mot, l'arrière-pays italien.

La demi-réussite de l'offensive du printemps pâtit encore des contre-attaques italiennes. Quelques semaines plus tard, Cadorna parvint en effet à s'emparer de Gorizia, menaçant ainsi Trieste et compliquant la défense du Karst autrichien. Cette victoire italienne dans la sixième bataille de l'Isonzo tient à l'énorme quantité d'hommes et de ressources que put engager Cadorna. Après les pénuries de 1915, les stocks italiens de canons allaient croissant. De surcroît, après l'humiliation du printemps 1916 qui entraîna la chute du gouvernement, l'Italie avait besoin d'un été de victoires. Ainsi qu'en témoigne le bilan – les pertes furent pour la première fois très proches avec 51 000 victimes italiennes et 30 000 autrichiennes –, les combats furent acharnés. Toutefois, comme dans le cas de l'offensive autrichienne du printemps, les Italiens ne réussirent pas à aller au-delà de Gorizia, et l'offensive s'arrêta. Dans la *Strafexpedition* comme dans la prise de Gorizia, les gains tactiques ne changèrent rien à l'équilibre stratégique. La guerre du front italien continua plus ou moins fin 1916 comme elle se déroulait depuis huit mois. Toujours à l'offensive, l'Italie lança cinq autres batailles sur l'Isonzo : la cinquième, du 11 au 29 mars ; la sixième, pour Gorizia, du 6 au 17 août ; la septième, du 14 au 17 septembre ; la huitième, du 10 au 12 octobre ; et la neuvième, du 1er au 4 novembre. Les Italiens y gagnèrent quelque avantage, mais subirent des pertes plus lourdes : plus de 280 000 hommes contre 230 000 environ pour les Autrichiens. Là encore, au lieu de concentrer son assaut, Cadorna en était resté aux attaques répétées sur différents points, ce qui avait pour effet d'user les unités ennemies, mais aussi de disperser ses propres forces, pourtant limitées. Inversement, le commandement autrichien cherchait moins à prendre du terrain qu'à user les forces italiennes. Ce « grignotage » se révéla coûteux de part et d'autre.

Efforts nationaux et alliances

Alors qu'en 1916, année de Verdun et de la Somme, la guerre devenait de plus en plus difficile à gagner, surtout sur le front de l'Ouest, le front italo-autrichien était devenu toujours plus important pour ses deux principaux protagonistes. Pour Rome, après la chute du gouvernement de centre droit et son remplacement par Paolo Boselli, bénéficiant d'une assise politique plus large (sans qu'il y eût jamais d'« union sacrée »), il y allait du prestige de l'État libéral. L'effort requis par la nation était de plus en plus lourd ; près de 5,9 millions d'Italiens furent mobilisés tout au long du conflit, dont un million qui ne furent pas affectés à l'armée pour des raisons médicales ou autres. Fin 1916, 2 millions d'Italiens étaient sur le front. Si l'on songe qu'au début de la guerre l'armée permanente comptait 900 000 hommes, et qu'à la fin du conflit le nombre de mobilisés tournait autour de 2,3 millions, on mesure sans mal l'effort de guerre italien dès avant 1917.

Pour Vienne, après la *Strafexpedition* et après Gorizia, mais surtout après les revers infligés par Broussilov sur les fronts russe et roumain, une défaite sur le front italien aurait eu de très graves conséquences. Conrad n'avait jamais oublié la défaite de l'Autriche à Königgrätz (Sadowa) en 1866, ni celle de Solferino en 1859. Perdre de nouveau face aux Italiens eût été un coup insupportable.

De surcroît, le front italo-autrichien n'était pas isolé des autres fronts. L'Italie et l'Autriche faisaient partie intégrante d'alliances internationales dont le destin dépendait, à des degrés divers, du front italien. Si l'Italie était fortement tributaire de l'alliance sur un plan économique et financier, elle ne réclama pas grand-chose sur le plan militaire (et ne reçut rien). L'attitude de l'Autriche était assez différente. Les défaites de 1916 accentuèrent beaucoup le déséquilibre militaire initial avec l'Allemagne, au point qu'entre septembre et décembre on disait avec regret à Vienne que l'Autriche avait perdu son indépendance militaire. Le commandement militaire de l'Alliance revint alors à l'empereur Guillaume II, c'est-à-dire à Ludendorff et à Hindenburg, tandis que des officiers d'état-major allemands furent dépêchés auprès des unités autrichiennes : si elle n'était pas totale, la subordination était évidente[19].

Vienne tira également profit de cette association inégale avec son très puissant allié : les officiers autrichiens furent formés dans des unités allemandes capables d'appliquer, à compter de l'hiver 1916-1917, les leçons tactiques que les Allemands avaient retirées du front occidental en matière d'attaque et de défense. Les techniques d'infiltration, d'attaques en petites unités et de défense en profondeur, qui devaient changer la guerre de tranchées sur le front de l'Ouest en 1918, arrivèrent un an plus tôt sur le front italien. Que les Autrichiens aient pris ces leçons à cœur aide à expliquer l'issue de la bataille de Caporetto, fin 1917.

Les singularités géographiques du front italo-autrichien restèrent décisives. Dans la « guerre blanche » et l'impasse en haute montagne, il n'y avait pas grand-chose à attendre des autres fronts. Cela étant, l'armée italienne devait gagner en efficacité face aux Autrichiens dans le Karst. En 1915, l'Italie souffrait d'un handicap tactique face à l'Autriche, mais en 1916 ce handicap était comblé. Selon Rochat, la prise de Gorizia et les batailles de 1916 causèrent de lourdes pertes de part et d'autre : « Que les pertes fussent presque égales est une démonstration de l'efficacité de l'artillerie italienne et de [...] la défense déterminée des tranchées autrichiennes. »

Ce qui sauva les Italiens et l'Entente, c'est que la guerre fut une guerre totale, et qu'elle ne pouvait être gagnée exclusivement sur le champ de bataille. La mobilisation des hommes et du matériel ne fut pas moins décisive que l'efficacité militaire. Toutefois, jusqu'en 1918 et malgré la défaite de Caporetto, l'Italie réussit à aligner des armées sur le terrain et à les équiper là où l'Autriche était de plus en plus incapable de le faire.

Moral

Les effectifs comptaient, mais aussi le moral des troupes. Surtout après le gros effort de 1916, la résignation prévalut plutôt que la croyance en la victoire. Après le carnage de 1914 à 1916, il n'était possible d'arracher le consentement des soldats qu'en leur montrant que la guerre avait un véritable enjeu, que les buts de guerre étaient bien réels. En revanche, les deux armées du front italien tardèrent à organiser un effort de propagande systématique à l'intention de leurs soldats ; il n'apparut qu'après Caporetto[20].

Quand bien même on aurait essayé de convaincre les hommes de la justice de leur cause, cela aurait-il suffi ? Beaucoup de soldats de l'armée de Cadorna ne savaient même pas pourquoi on se battait. Dans l'armée de Conrad – où le taux d'alphabétisation supérieur eût rendu la propagande plus facile –, les différentes nationalités n'auraient pas été convaincues pour autant des buts de guerre de l'Empire des Habsbourg[21]. Comme partout ailleurs, le moral des soldats dépendait de nombreuses variables : l'aménagement des tranchées, la qualité et la quantité de l'armement et de la nourriture, l'efficacité de la poste militaire – en un mot, du souci qu'avaient les chefs du « bien-être » des hommes et, bien entendu, de la rigueur (ou du relâchement) de la discipline militaire et des cours martiales. Sur tous ces points, il est clair que l'armée autrichienne[22] offrait de meilleures conditions que l'armée italienne[23], mais pas toujours. En 1917, quand les conditions des soldats italiens empirèrent, un espace s'ouvrit pour la propagande « défaitiste[24] ». Les mauvaises conditions expliquaient en partie le nombre croissant d'automutilations et de chocs traumatiques.

La justice militaire fut très active sur le front italien. L'armée italienne instruisit 262 000 affaires et prononça 170 000 condamnations. Sur 4 280 accusés, 1 061 furent reconnus coupables d'infractions graves et 750 exécutés. À ce bilan, il faut ajouter au moins 290 exécutions sommaires[25]. Du côté autrichien, il y eut au moins 1 913 condamnations à mort, après un procès régulier, et le nombre alla croissant à la fin du conflit[26]. Si l'on réunit les deux camps du front italo-autrichien, les tribunaux militaires y exécutèrent davantage de soldats que sur les autres fronts, à l'exception possible de la Russie. Les exécutions étaient une forme d'intimidation, mais elles n'amélioraient certainement pas le moral des soldats.

La force et la solidité de l'armée autrichienne pâtirent par-dessus tout de sa composition : trois armées (permanente, hongroise et de réserve), où les ordres pouvaient être donnés en trois langues aux soldats de nombreuses nationalités. En fin de compte, ce facteur se révéla décisif. Il y eut sur tous les fronts des déserteurs qui rentrèrent chez eux ou abandonnèrent les lignes (plutôt que de se rendre à l'ennemi), mais, vers la fin de la guerre, les déserteurs autrichiens étaient exceptionnellement nombreux : plusieurs centaines de milliers d'hommes, écumant en bandes le pays. Les divisions ethniques de l'armée autrichienne étaient un objectif facile pour la propagande italienne, surtout après le « Congrès des peuples opprimés par l'Autriche-Hongrie » (Rome, 8-10 avril 1918), qui se termina par la publication d'un Pacte de Rome. À ce moment de la guerre, il était clair que le moral comptait au moins autant, sinon plus, que les effectifs. Les revers de l'offensive allemande en France contribuèrent à miner davantage encore le moral des troupes autrichiennes.

Fatigue, épuisement, et le grand coup de 1917

1917 fut l'année de la fatigue, voire de l'épuisement. Avec les refus d'obéissance française, il devint évident que les armées du front Ouest en avaient plus qu'assez après l'offensive de Nivelle, mais le front italien n'était pas si éloigné d'une semblable explosion d'indiscipline. L'année commença par un hiver exceptionnellement rude des hautes montagnes jusqu'au Karst, qui n'aida certainement pas les troupes à récupérer. Puis il y eut deux autres batailles italiennes sur l'Isonzo, particulièrement acharnées, et pour finir Caporetto.

Cette fin d'année ne doit pas nous conduire à conclure que 1917 vit se multiplier les succès autrichiens. À la différence du régime italien, le régime autrichien avait connu des changements significatifs entre la fin de 1916 et mars 1917, avec la mort de François-Joseph, l'accession de Charles Ier et le remplacement de Conrad par Arthur Arz von Straussenburg. Plus généralement, pour les Puissances centrales, l'entrée en guerre des États-Unis compromettait les espoirs austro-allemands d'exploiter la Révolution russe et de liquider le front de l'Est. L'Entente allait disposer de troupes fraîches et substantielles, et encore plus du soutien de la finance et de l'industrie américaines.

Sur le plan militaire, le front italo-autrichien en était simultanément arrivé à un point décisif. Cadorna ne pouvait se satisfaire des résultats obtenus en 1916. Il présentait désormais ses offensives comme des *spallate*, des « coups d'épaule », visiblement destinés à miner, plutôt qu'à détruire, l'adversaire en l'usant tout en usant un peu moins ses propres troupes. Dans le même temps, les soldats italiens pouvaient disposer de stocks d'armes renforcés et abondants. Pour toutes ces raisons, les batailles de l'Isonzo se firent plus courtes, quoique plus meurtrières – pour les Autrichiens autant que pour les Italiens. La dixième, du 12 mai au 8 juin, lança 430 bataillons italiens contre une force autrichienne de moitié inférieure et fit 160 000 victimes. La onzième, du 18 au 31 août, fut encore plus impressionnante, avec peut-être 600 bataillons italiens face à 250 environ du côté autrichien : l'Italie y perdit 160 000 hommes ; du côté autrichien, les pertes estimées vont de 150 000 à 250 000.

La onzième bataille permit aux Italiens de s'emparer de la Bainsizza. Mais, malgré l'exceptionnel engagement de l'artillerie, le nombre de victimes italiennes fut sans précédent, et le bilan de nouveau peu concluant. Dans ces conditions, parler de lassitude, de fatigue profonde des troupes n'est qu'un euphémisme. La rébellion sourde des soldats italiens contre la guerre et leurs chefs allait croissant, même si elle ne devait pas s'exprimer ouvertement par des refus d'obéissance comme en France.

Côté autrichien, le poids des pertes fut plus lourd encore. Les autorités civiles et militaires firent savoir à l'empereur que l'armée ne pourrait plus subir de pertes semblables. Vienne était visiblement tenaillée par le sentiment d'une défaite possible. C'est pour cette raison que Berlin finit par consentir à aider militairement l'Autriche de manière significative, afin de soutenir son allié désormais en fâcheuse posture. Dans le plus grand secret, des milliers de soldats allemands furent acheminés jusqu'au front italien en sorte que l'offensive commune formât un marteau de 350 000 hommes[27]. Outre les effectifs et l'artillerie, la nouvelle tactique se révéla décisive. À la suite des leçons apprises sur les fronts de l'Est et de l'Ouest, les chefs militaires de Berlin et de Vienne acceptèrent de commencer par un barrage d'artillerie massif mais bref, complété par une forte diffusion de gaz. Une nouvelle tactique d'infiltration fut mise en œuvre, laissant moins de latitude aux officiers supérieurs et plus d'autonomie aux officiers subalternes et à leurs hommes. Le feu vert fut donné à de petites unités opérant au fond des vallées, plutôt qu'au sommet des montagnes, pour agir rapidement et briser la tactique et la résistance adverses. L'objectif de cette pénétration en profondeur était d'enfoncer les arrières de l'ennemi, puis – et ce fut là le coup de maître – d'attaquer par l'arrière au lieu de lancer une offensive frontale et linéaire. Exact opposé de l'approche de Cadorna dans les batailles de l'Isonzo avec ses « coups d'épaule » vains et répétés, l'infiltration eut un effet stupéfiant sur les troupes italiennes massées sur le front, dans la posture d'offensive imposée par le commandant suprême.

L'attaque commença le 24 octobre[28]. Sans véritable système de tranchées ni défense flexible en profondeur, et ne disposant pas de réserves significatives à l'arrière, le commandement italien fut bientôt obligé d'ordonner une retraite. Alors même que l'infiltration et la perturbation ne touchèrent qu'une petite portion du front, entre Bovec et Tolmin, à Caporetto, la pénétration des forces austro-allemandes menaça de couper tout accès à la première ligne italienne, mettant en danger des unités de l'« Area Carnia », du bas Isonzo, dans le Karst, et même du Trentin.

Certes, l'objectif des généraux – l'Autrichien Boroevic et l'Allemand Otto von Below avec des officiers d'état-major comme Konrad Krafft von Dellmensingen – se limitait au Tagliamento, à seule fin de refouler les troupes italiennes vers la frontière politique d'où elles avaient lancé la guerre le 24 mai 1915. Ce qu'ils ne pouvaient imaginer, c'était que le front italien, notamment la 2e armée, s'effondrerait si vite, entraînant avec elle les autres armées, jusqu'au Piave. L'infiltration médusa les chefs italiens, coupa leurs axes de communication, sépara les troupes de leurs chaînes de commandement et les laissa à l'abandon, sans savoir comment combattre ni contre qui. Comprenant que la bataille était perdue, nombre de soldats caressèrent l'illusion que la guerre était terminée. Vaincus ou isolés, beaucoup jetèrent leurs armes et quittèrent le front. Certaines unités se battirent sous la houlette d'officiers subalternes, mais ne purent que reculer. Témoin du naufrage militaire, la population civile de la région tenta de fuir les forces ennemies qui avançaient. Les routes finirent par être encombrées de femmes et d'hommes, en uniforme ou non, affluant des montagnes vers les ponts de la plaine et de la vallée du Pô. Il ne fut possible de les arrêter qu'une fois franchi le Piave, où Cadorna avait entre-temps établi un nouvelle ligne de résistance. La bataille de Caporetto fut une catastrophe : 40 000 tués et blessés, 300 000 prisonniers, 350 000 soldats égarés ou isolés, plus de 3 000 pièces d'artillerie perdues – largement les deux tiers du stock d'artillerie lourde et la moitié des mitrailleuses de moyenne portée de l'arsenal italien.

Caporetto anéantit les efforts et les frais extraordinaires de deux années de guerre. Le front se trouva raccourci de près de 200 kilomètres, et la ligne de front italienne déplacée de 140 kilomètres plus à l'ouest ; près de 40 000 kilomètres carrés du territoire national passèrent sous la coupe de l'ennemi, et 2 millions de personnes restèrent à la merci des occupants. En l'espace de quinze jours, tout l'effort de guerre italien, centré sur l'offensive depuis 1915, devint exclusivement défensif afin d'empêcher l'ennemi de franchir le Piave vers la vallée du Pô. Cadorna se débrouilla même pour aggraver encore, si possible, la situation : au lieu d'assumer la responsabilité de la défaite dans sa déclaration du 28 octobre, il accusa les soldats de n'avoir pas combattu pour leur pays. C'est tout cela qui fit Caporetto.

Aussitôt se propagea l'idée que la défaite était une « grève militaire » contre la guerre[29]. En réalité, les causes profondes de Caporetto étaient militaires, même s'il s'y mêla également l'épuisement général des troupes, forcées de mener une guerre d'usure avec de très maigres résultats (mis

Caporetto et après

Retraite de l'armée italienne après Caporetto

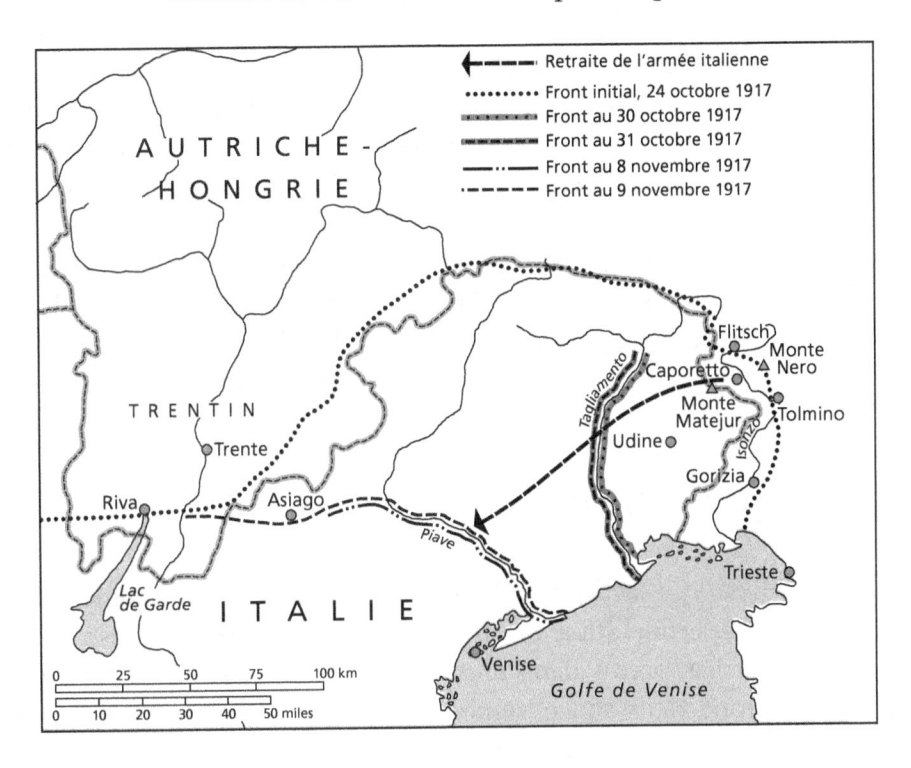

à part Gorizia, la Bainsizza et quelques corrections de frontière mineures). Contre cette thèse d'une grève militaire surgit plus ou moins immédiatement une autre interprétation : les soldats italiens s'étaient bel et bien battus à Caporetto[30]. Il n'est nullement étonnant que cette thèse ait été rétrospectivement bien accueillie et corroborée par le régime fasciste et soit dernièrement revenue sur le devant de la scène. Destinée à sauver l'honneur de l'armée italienne, cette seconde interprétation est cependant aussi partielle que celle qu'elle entend contrer. De fait, que des unités aient combattu et qu'il y ait eu des officiers pour les commander est presque aussi évident que le retrait d'autres unités – et de leurs officiers – qui n'étaient pourtant pas submergées et sans que se soit produite de rupture de la chaîne de commandement. En revanche, on peut difficilement nier que la défaite de Caporetto ait conduit les soldats italiens des montagnes et du Karst vers la plaine, et que beaucoup de fusils et d'uniformes aient été abandonnés dans la débandade générale.

Après les grandes victoires du front de l'Est, la victoire allemande des lacs Mazures (septembre 1914) et la victoire russe de Broussilov dans le sud-ouest de la Russie et en Galicie (septembre 1914), Caporetto fut en son temps la plus grande victoire et la plus inattendue.

Gagnant et perdant, 1918

D'un point de vue tactique, l'Autriche-Hongrie et l'Allemagne avaient gagné. Qu'avait perdu l'Italie ? Du fait de ses dimensions, il est difficile de sous-estimer Caporetto dans l'histoire du front italo-autrichien, et de la guerre italienne dans son ensemble. Pourtant, Holger Herwig a parlé de « victoire cosmétique » pour Vienne[31]. Pourquoi ?

À Paris et à Londres, on redouta que la défaite italienne ne tournât au désastre, ce qui amena l'Entente à apporter à l'Italie une aide militaire et économique substantielle. Le gouvernement italien écarta Cadorna, ce commandant suprême qui avait duré plus longtemps qu'aucun autre dans la guerre, et le remplaça par Armando Diaz, plus souple. Mais le soutien le plus important de l'Entente à l'Italie fut d'ordre économique et politico-moral.

Vittorio Emanuele Orlando[32] demanda quinze divisions à ses alliés ; Diaz, vingt : finalement arrivèrent six divisions françaises et cinq anglaises.

Craignant que le virus des *caporettisti* et des défaitistes ne contaminât leurs hommes, leurs chefs déployèrent ces unités à l'écart du front. Dans le même temps, cependant, avant et durant leur arrivée entre novembre et décembre 1917, les soldats italiens défendirent le Piave contre un dernier essai austro-hongrois pour franchir le fleuve, sans aucune implication directe des troupes alliées. Derrière le Piave, le nouveau haut commandement italien dut réorganiser l'armée entière, tandis que dans le pays l'opposition se creusait entre les jusqu'au-boutistes et ceux qui appelaient au retour à la paix – bien des anciens neutralistes et tous ceux qui, de diverses manières, s'étaient opposés à l'intervention depuis 1915.

Caporetto fut bel et bien une victoire cosmétique pour Vienne aussi, parce qu'elle permit à l'Autriche de cacher un temps les faiblesses structurelles croissantes au sein de l'Empire. Si les Puissances centrales avaient sans conteste remporté une grande victoire le 24 octobre, elles ne firent aucun progrès par la suite sur le front italien. Les combats du premier semestre 1918 n'eurent aucun effet ; la grande attaque du Piave, du 15 au 22 juin, « revisita » la situation du Karst, mais avec des rôles inversés : les assaillants autrichiens perdirent 150 000 hommes ; les défenseurs italiens, 90 000. Par-dessus tout, l'Autriche ne réussit pas à percer. Comme la grande attaque allemande de mars sur le front de l'Ouest (la *Kaiserschlacht*), ce que les Italiens appelèrent la « bataille du Solstice » (15-22 juin 1918) fut la dernière tentative autrichienne de percée. Après quoi, pour Vienne, la défaite devint certaine : la date demeurait inconnue, mais l'issue était sûre. L'échec autrichien confirma sur le front italien ce que la grande offensive allemande signifiait sur le front de l'Ouest.

De 1915 à la fin de 1917, l'Italie et l'Autriche avaient partagé maints éléments – davantage, peut-être, que les deux historiographies nationales ne l'ont reconnu. Mais, après la réaction à Caporetto, les destinées italiennes et autrichiennes se mirent à diverger sensiblement et irréversiblement.

L'Autriche eut alors un grand besoin d'hommes, plus qu'elle n'en avait à sa disposition, et un besoin de davantage d'armes et de ressources que ne pouvait lui en fournir une économie intérieure débordée. Du fait de la réaction intérieure de sa classe dirigeante, de son regain dans l'effort de guerre et dans la résistance, mais aussi grâce au soutien des Alliés, l'Italie parvint à continuer de ravitailler et d'armer ses hommes, moyennant un effort extraordinaire de son économie. À la veille de la fin des hostilités, l'armée italienne comptait 2,2 millions d'hommes sur le terrain,

6 970 canons et 5 190 mitrailleuses : une force imposante, que l'Autriche n'avait pas les moyens de s'offrir ni d'entretenir.

Certes, la vie sur le front domestique italien n'avait pas été facile en 1918, mais dans la guerre les comparaisons qui importent le plus sont relatives, non pas absolues, et la vie en Autriche était bien pire. Depuis janvier, et plus encore depuis juillet après l'échec de la « bataille du Solstice », le mélange ethnique et national de l'Empire austro-hongrois entama sa dislocation. Les nationalités se rebellèrent, les ouvriers se mirent en grève, les soldats désertèrent ou perdirent beaucoup de leur efficacité militaire. Entre septembre et octobre, les Polonais de Galicie, les Tchèques, les Slovaques, les Slaves, les Croates et les Hongrois commencèrent à prendre leurs distances vis-à-vis de l'Autriche « germanique ». Fronts domestiques et militaires s'effondraient. Pour éviter une catastrophe totale, l'empereur Charles promulgua le 16 octobre 1918 un « manifeste » accordant l'indépendance ou l'autonomie aux populations assujetties. Mais c'était trop peu et trop tard.

Si la situation autrichienne était maintenant désespérée, l'Italie ne cessait de se renforcer. Le nouveau haut commandement italien reconstitua avec succès son armée et l'administra habilement. Dès l'été 1918, les Alliés incitèrent l'Italie à passer à l'attaque. Mais, redoutant que son armée ne fût encore faible et soucieux d'éviter une défaite à tout prix, Diaz ne voulait attaquer qu'avec l'assurance totale d'en sortir victorieux. Il attendit donc longtemps. Entre septembre et octobre, alors que l'Autriche se disloquait, il resta inerte. Il promit une attaque pour le 15 octobre, puis l'ajourna. Il ne passa à l'action que le 24 octobre, un an après Caporetto, mais il attaqua alors résolument, repoussant toute demande d'armistice venant de Berlin ou de Vienne. Ce fut la bataille de Vittorio Veneto. Même quand l'Autriche capitula, le 3 novembre, il voulut prouver la force italienne et humilier l'adversaire, continuant d'avancer pour reconquérir les terres perdues un an plus tôt, et ne s'arrêta que le 4 novembre 1918 dans l'après-midi.

La plupart des critiques n'ont pas voulu voir dans Vittorio Veneto une vraie bataille, compte tenu de l'état de dissolution de l'armée autrichienne. Les Autrichiens s'y sont toujours refusés, préférant même parler de « troisième *Piaveschlacht* ». Après juin 1918, l'Autriche passait pour vaincue (probablement aussi à ses propres yeux), et sans doute cela eut-il un impact sur le front de l'Ouest et les opérations allemandes. On s'est souvent trompé sur le sens de Vittorio Veneto. Un chercheur sérieux, dans une étude sérieuse, a parlé de cette offensive comme d'une action conjointe

Lignes de l'armée italienne fin 1918

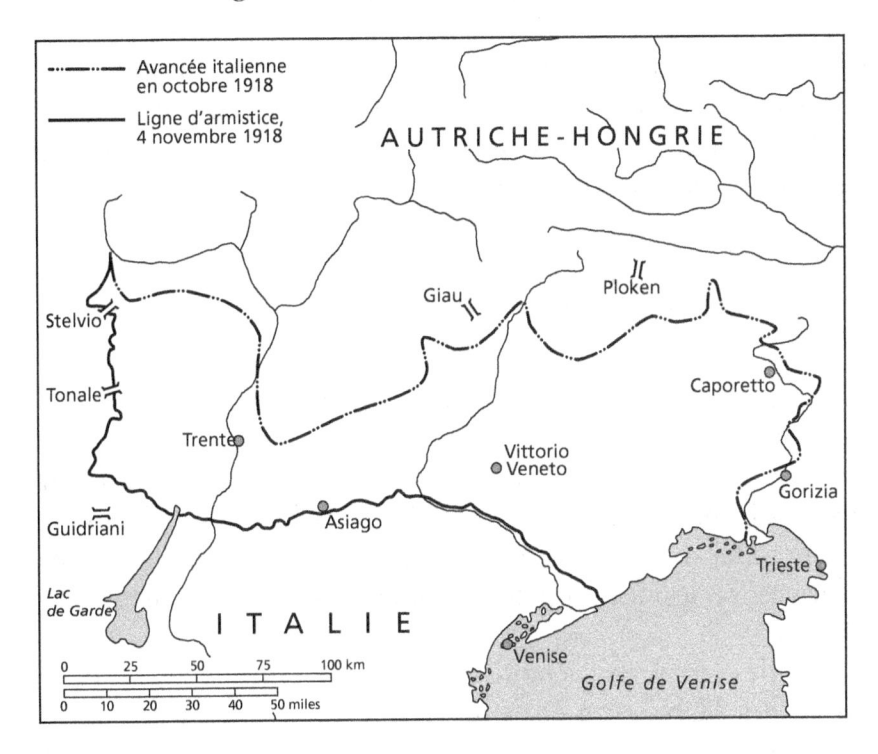

italo-anglo-française[33] : on a là un des nombreux exemples d'écriture de l'histoire où l'auteur se laisse influencer par les stéréotypes internationaux et nationaux, ainsi que par l'absence d'informations précises. Pour le meilleur ou pour le pire, Vittorio Veneto fut bel et bien une bataille italienne. En exagérer l'ampleur, comme le fait souvent l'historiographie nationaliste, est également une erreur. Cette bataille fut un événement unique de la Grande Guerre. Mais le coût global du conflit fut lourd pour tous. Au total, l'Autriche avait mobilisé 8 millions d'hommes. Elle déplorait 1,4 million de morts, près de 2 millions de blessés et 1,7 million de prisonniers de guerre, sans compter près de 4 millions d'hommes malades ou autres. L'Italie avait levé 5,9 millions d'hommes – un million d'hommes étant jugés inaptes ou maintenus dans les usines. Elle recensa 600 000 morts et un million de blessés, tandis que la guerre laissa 280 000 orphelins, sans parler des veuves. Oui, l'Italie avait gagné, l'Autriche avait perdu, mais la guerre avait dévasté les deux pays.

Adieu aux armes ? Démobilisation, 1919

Officiellement, la guerre se termina en novembre 1918. Pour les sociétés, toutefois, les effets de la guerre cessèrent bien plus tard. La démobilisation prit du temps. En Italie, elle ne s'acheva qu'en 1920 ; fin 1919, l'armée italienne comptait encore 500 000 hommes[34]. Dans l'ancien Empire des Habsbourg, la guerre prit fin en réalité avant l'armistice, alors que l'armée et les institutions politiques impériales étaient en pleine dissolution[35].

La fin des combats déboucha sur deux après-guerres divergents. L'Empire des Habsbourg en sortit non seulement vaincu, mais détruit. Dans les Balkans émergea un nouveau royaume réunissant les Serbes, les Croates et les Slovènes, et qui devint le royaume de Yougoslavie en 1929. La Tchécoslovaquie, la Galicie et la Bucovine firent également sécession.

Si le destin de l'Italie après la guerre peut paraître plus stable, il n'en fut rien. L'Italie avait gagné, malgré Caporetto, mais la classe libérale dirigeante n'aurait pas le temps d'orchestrer des célébrations. La guerre avait considérablement affaibli le système politique italien : le conflit avait conduit à une transformation autoritaire qui se reflétait dans la limitation des pouvoirs du parlement, voire sa réduction au silence. De surcroît, la brutalisation des hommes et des normes provoquée par la guerre allait inspirer un petit mouvement, qui choisit de se militariser : le parti fasciste de Benito Mussolini.

Pour des raisons intérieures, l'Italie gagna la guerre, mais perdit la paix. Là encore, même si l'effondrement du libéralisme avait des origines intérieures, comme en Autriche, des acteurs extérieurs jouèrent un rôle. La conférence de Versailles rejeta les prétentions italiennes sur le territoire de l'Adriatique cédé à la nouvelle Yougoslavie. Les fascistes prétendirent que l'on avait fait de l'Italie une « victime », et que la victoire avait été « mutilée ». Une guerre mondiale avait pris fin, mais les bases d'une autre avaient été posées.

Mémoire

Dans l'esprit de la population, la guerre mit beaucoup plus de temps à s'estomper. La nouveauté de la Grande Guerre fut son coût humain renversant – bien au-delà du carnage sur le front, si on le mesure au nombre de soldats et de civils à qui la guerre fit perdre la raison[36]. Pour beaucoup, la guerre ne finit jamais.

Puis il fallut trouver des explications à un événement aussi extraordinaire : telle est l'origine d'une exceptionnelle vague de livres et de publications. En Italie et en Autriche, les généraux furent les premiers à publier leurs Mémoires, et à débattre de leurs mérites et de leurs responsabilités – davantage peut-être en Italie qu'en Autriche. Toutefois, ce n'était pas le haut commandement, mais les officiers d'active et de réserve qui allaient établir les versions nationales de la victoire (à Rome) et de la défaite (à Vienne).

À la différence des Allemands, il était très difficile aux Autrichiens de forger une légende du « coup de poignard dans le dos ». La débâcle des dernières semaines et, surtout, des derniers jours de la guerre interdisait aux soldats de cultiver l'image d'une armée qui s'était battue jusqu'au bout[37]. Plus facile à faire passer, et typiquement autrichienne peut-être, était la construction d'une nostalgie impériale : sentiment parfaitement compréhensible parmi les Austro-Allemands, mais auquel, de façon tout aussi compréhensible, les nations et États nouveaux étaient imperméables. De ce fait, il fut plus malaisé, après 1918, de dégager une approche commune de la guerre menée par l'Empire austro-hongrois[38].

En Italie, c'est le spectre de Caporetto qui hanta l'esprit des militaires. Sans comprendre cette défaite, il était difficile d'expliquer la victoire italienne. Dans l'ensemble, le récit dominant fut celui des officiers de réserve (*ufficiali di complemento*), relatant le grand effort national consenti par la société civile sous l'uniforme de la nation en armes. Bref, ce récit public imposa la version d'un interventionnisme démocratique que le fascisme put se hâter d'adopter et d'adapter. Toutes les autres mémoires de la guerre – celles des pacifistes isolés, des socialistes et des militants communistes – n'eurent qu'un attrait fort limité. Avec le temps, l'évolution de la situation politique acheva d'occulter la guerre sur le front italien : en Italie après 1922[39] et en Autriche au plus tard en 1932. Cette manière de réduire les mémoires au silence distingue une fois encore le front italien de la guerre sur le front de l'Ouest.

Il est encore difficile de dire si la masse des soldats se reconnut dans les livres écrits par leurs anciens généraux et officiers, d'active ou de réserve. Peut-être leurs souvenirs de la guerre étaient-ils différents. Peut-être trouvèrent-ils refuge dans la littérature. Mais qui leur parla, à eux ou aux autres, du front italien et de ses traits uniques ? Henri Barbusse, Erich Maria Remarque et Ernest Hemingway n'étaient ni italiens ni autrichiens.

Étudier l'histoire

Une petite section des publications sur la guerre fut l'œuvre d'historiens, en particulier d'historiens de la chose militaire. On ne saurait analyser ici en détail la sophistication de l'historiographie autrichienne et italienne, mais dire un mot des traits partagés et singuliers des deux côtés du front italo-autrichien.

Les spécialistes italiens et autrichiens d'histoire militaire ont manifestement travaillé dans des contextes très différents, avec peut-être des tâches opposées. En Autriche, il leur fallait expliquer les raisons de la défaite d'un vieil empire ; en Italie, celles de la victoire problématique d'une jeune nation. En Autriche, le tableau militaire officiel de la guerre publié en 1930-1939 pouvait passer en même temps pour le dernier acte de l'Empire et comme un effort pour construire une nouvelle nation (ses auteurs n'ayant pas accès aux archives qui ne relevaient pas du champ du nouveau gouvernement autrichien), en raison de sa perspective nationale autrichienne bien plus qu'impériale. En Italie, l'exaltation de l'effort national devint après 1922 un élément de la religion politique. Tout cela n'était pas fait pour aider, après la guerre, les officiers du Service historique de l'état-major à donner une explication réaliste des problèmes et des défaites de l'Italie, mais aussi de ses victoires. Mussolini aurait dit en 1925 que le temps des mythes était venu, non pas celui de l'histoire. L'histoire officielle de la guerre italienne s'arrêta au milieu des années 1930 au volume sur l'année 1917, pour ne reprendre qu'en 1968 et s'achever vingt ans plus tard.

Seuls quelques chercheurs ont tenté de jeter des ponts entre ces deux histoires militaires nationalistes, différentes mais parallèles. Dans l'entre-deux-guerres, Luigi Cadorna (puis Piero Pieri) et Konrad Krafft von Dellmensingen s'écrivirent, et leurs échanges furent publiés dans des revues savantes ou des lettres d'information[40]. Hormis ces initiatives, les histoires militaires autrichienne et italienne se distinguèrent par un splendide isolement mutuel, et croissant. Plus encore que la barrière linguistique, ce sont ces trajectoires séparées qui expliquent la difficulté d'approfondir notre connaissance du front italo-autrichien, de la diffuser sur la scène internationale, en dehors de l'Autriche et de l'Italie, et de l'intégrer dans les histoires générales de la Première Guerre mondiale.

De plus, au niveau national, l'étude de l'histoire militaire fut délaissée en Autriche aussi bien qu'en Italie. Alors que l'histoire militaire se développait dans l'Europe entière au lendemain de la Seconde Guerre mondiale, il fallut attendre quarante ans pour voir paraître en Autriche un livre important : celui de Manfried Rauchensteiner, paru en 1993[41]. Les choses se passèrent à peine mieux en Italie. Piero Pieri publia une courte histoire de la guerre entre 1958 et 1965[42], et Piero Melograni une histoire plus complète et très fouillée en 1969[43]. Mais il fallut attendre encore plus longtemps qu'en Autriche pour disposer d'histoires de la Grande Guerre débarrassées des vieux mythes, dont on trouve encore des échos ici ou là chez Melograni. C'est en effet à la fin des années 1990 que sortirent les travaux de Giovanna Procacci (1997), d'Antonio Gibelli (1998) et surtout de Giorgio Rochat et Mario Isnenghi (2000)[44], dont, douze ans après sa publication, la synthèse demeure inégalée.

Le front italo-autrichien compta dans le déroulement final de la victoire et de la défaite au cours de la Première Guerre mondiale. « L'Allemagne aurait fort bien pu capituler si elle n'avait pu compter sur l'Autriche-Hongrie », a observé un spécialiste. Mais le même auteur a prétendu que « l'Italie avait moins apporté de bénéfices qu'elle n'avait été un poids pour les grandes puissances alliées[45] ». Ces deux affirmations appellent des révisions. L'affaiblissement progressif de l'Autriche eut, en réalité, un effet direct sur le front central de la guerre : le front de l'Ouest, anglo-franco-allemand. N'oublions pas que, sur les cinquante mois de guerre, l'armée italienne en passa trente-neuf à réduire, user et hâter la dégradation de l'armée autrichienne. Aucune explication de la double monarchie ne saurait ignorer ce fait, ni que l'érosion progressive ait contribué à la chute des Puissances centrales en 1918.

Par ailleurs, entre un ancien empire multinational et un jeune royaume nationaliste, la différence était flagrante. Mais tous deux avaient plus de traits communs que les deux historiographies nationales – qui s'ignorent généralement – n'ont longtemps été disposées à le reconnaître. Dans une histoire transnationale et globale de la Grande Guerre, peut-être est-il aujourd'hui temps de réintégrer pleinement l'histoire du front austro-italien dans la chronique militaire et humaine du conflit.

Chapitre XI

La guerre contre l'Empire ottoman

Robin Prior

Que la Grande-Bretagne, le principal pays à avoir mené la guerre contre la Turquie, ait passé le siècle précédent à tenter de soutenir l'« homme malade de l'Europe » contre ses ennemis est un constat qui n'est pas dénué d'ironie. Au début du XXe siècle, la situation avait changé. La révolution des Jeunes Turcs, en 1908, promettait beaucoup, mais avait peu progressé sur la voie des réformes. Les guerres balkaniques de 1912 et 1913 virent la Turquie perdre la plupart de ses possessions européennes. En Europe, elle était désormais réduite à quelques territoires aux alentours d'Andrinople. La Grande-Bretagne et la France avaient conscience depuis quelque temps de la désaffection des tribus de la péninsule Arabique sous domination turque. L'Empire ottoman était-il enfin au bord de l'effondrement ? Et, s'il s'écroulait, les Britanniques, notamment, auraient-ils à affronter une série d'États hostiles sur le flanc de leurs voies de communication avec l'Orient par le canal de Suez ? De toute évidence, les Britanniques seraient concernés par les événements dans les provinces ottomanes, et la France avait depuis longtemps un intérêt déclaré au destin des actuels États du Liban et de la Syrie. Les vautours semblaient attirés avant même qu'il y ait une carcasse à dévorer.

Le gouvernement des Jeunes Turcs n'ignorait pas l'intérêt des Britanniques et des Français pour leur destinée. Pour tenter de consolider leur position, ils organisèrent un coup d'État à Constantinople en 1913, centralisant les affaires sous le triumvirat d'Enver Pacha (ministre de la Guerre), Djemal Pacha (ministre de la Marine) et Talât Pacha (ministre de l'Intérieur). Enver, en particulier, était pro-allemand. Il avait été attaché militaire à Berlin et en était revenu grand admirateur de l'efficacité militaire germanique. Djemal, lui, penchait vers les Français et Talât vers les Russes. Il devint bientôt évident que les puissances de l'Entente n'étaient toutefois pas prêtes à accepter les conditions turques, à savoir le retour des îles de la mer Égée cédées à la Grèce dans les guerres des Balkans et l'abolition des capitulations, cette série de concessions de taxes imposées à la Turquie. Tout ce que l'Entente était prête à offrir, c'était une garantie de la souveraineté turque en cas de guerre.

Les Puissances centrales pouvaient aller plus loin. Otto Liman von Sanders, à la tête de la mission militaire allemande en Turquie, offrit davantage d'assistance dans la reconversion et dans l'équipement de l'armée. Cela convenait à Enver qui, dès juillet 1914, avait proposé une alliance aux Allemands, laquelle fut signée le 2 août.

Le déclenchement de la guerre, en août, changea la donne. La Turquie suspendit pour un temps l'alliance allemande et déclara sa neutralité. Le triumvirat s'inquiétait que le grand ennemi, la Russie, se fût allié avec l'Entente, et que ses forces, ajoutées à celles de la Grande-Bretagne et de la France, pussent lui donner la victoire. Les Jeunes Turcs attendaient leur heure. En octobre, ils avaient définitivement décidé d'activer l'alliance allemande. Des navires allemands, le *Goeben* et le *Breslau*, étaient arrivés à Constantinople après avoir échappé à l'escadrille britannique en Méditerranée. Ils devaient remplacer les deux cuirassés que les Britanniques construisaient pour la Turquie, mais qu'ils retinrent pour leur propre usage depuis la déclaration de guerre allemande. Les Allemands promettaient maintenant aux Turcs qu'ils aboliraient les capitulations et que les îles perdues leur seraient restituées si la Grèce intervenait.

L'incident qui provoqua le déclenchement de la guerre est entouré de mystère. Le 29 octobre, l'amiral Souchon, avec le *Goeben* et le *Breslau*, qui portaient désormais des noms turcs, bombarda Odessa et attaqua les navires russes de la mer Noire. Le triumvirat avait très certainement agréé en secret cette opération et, après que des dissensions se furent manifestées au sein du gouvernement, il se laissa convaincre de rester en place au nom de l'unité nationale. Le 2 novembre, les Russes déclarèrent la guerre, suivis, le 5, par la Grande-Bretagne et la France. En fait, la flotte britannique, qui se trouvait hors des Dardanelles, avait bombardé ses forts extérieurs avant même la déclaration de guerre.

On peut raisonnablement conclure que ni la Grande-Bretagne ni la France ne désiraient la guerre avec la Turquie, mais qu'elles n'étaient prêtes qu'à peu d'efforts pour l'éviter. Probablement jugeaient-elles le démantèlement de l'Empire ottoman inévitable et souhaitaient-elles, le moment venu, sauvegarder leurs intérêts. D'un autre côté, Enver, en particulier, acquit la conviction que les Puissances centrales gagneraient la guerre et qu'à long terme les intérêts de la Turquie étaient d'être de leur côté. C'était une funeste erreur de calcul qui ne prenait pas assez en compte la puissance maritime de la Grande-Bretagne et sa détermination à protéger ses voies de communication avec l'Inde. Mais tout cela allait mettre beaucoup de temps à se réaliser. Alors que la Grande-Bretagne et la France rencontraient de grandes difficultés pour contenir les Allemands sur le front occidental et que les Russes avaient rapidement reçu une raclée à Tannenberg, de quelles forces exactement disposait l'Entente pour s'occuper de la Turquie et comment devaient-elles être déployées ?

Dans la phase initiale (1914-1915), la guerre contre la Turquie évolua au coup par coup et sur des zones disparates, à l'exception de Gallipoli ; seules des forces relativement limitées, dont la plupart n'étaient pas originaires de Grande-Bretagne, participèrent aux combats. À la fin de la guerre, toutefois, 500 000 hommes avaient été engagés contre la Turquie, et l'Égypte était devenue la plus grande base de troupes britanniques en dehors de ses frontières. Il y eut quatre zones principales d'engagement des Britanniques contre les Turcs et, bien que les opérations dans ces zones se soient chevauchées à un moment ou à un autre, nous les traiterons schématiquement dans l'ordre chronologique suivant : la Mésopotamie, Gallipoli, le Sinaï et la péninsule Arabique. Le conflit d'ampleur considérable entre les Turcs et les Russes est étudié dans l'article sur le front de l'Est.

De la Mésopotamie à l'Égypte

Bien que finalement couronné de succès, l'engagement britannique en Mésopotamie (de nos jours l'Irak et, dans une moindre mesure, l'Iran) fut dès le départ un méli-mélo de conseils disparates et d'objectifs indéterminés. La raison habituellement donnée de l'invasion britannique était la protection des raffineries de pétrole aux alentours d'Abadan, dans le nord du golfe Persique. Nul doute que cela ait joué un rôle. Mais les principaux motifs de l'intervention avancés à l'époque étaient de démontrer aux Turcs que les Britanniques pouvaient les frapper dans n'importe quelle partie de leur empire et d'encourager les populations arabes à se rallier aux Britanniques. Il s'agissait aussi de sauvegarder les intérêts britanniques dans le golfe Persique, qui était considéré comme une donnée aberrante dans la défense de l'Inde et qui, sans le soutien arabe, resterait attaché à la Grande-Bretagne. Le pétrole était mentionné, mais, comme la majeure partie des approvisionnements était entre les mains d'un cheik ami, et qu'il pouvait aussi être fourni par les États-Unis, cela en faisait une question secondaire.

L'initiative de l'intervention vint de Londres – ce qui, à la lumière des événements à venir, ne manque pas d'ironie. Deux divisions de l'armée britannique des Indes (une force composite largement constituée de troupes indiennes, mais aussi d'officiers britanniques et de quelques solides bataillons britanniques) furent transportées en Europe par le golfe Persique pour servir sur le front occidental. Sur l'insistance du cabinet (mais au grand mécontentement du vice-roi, lord Hardinge), une brigade de la 6e division (Poona) fut détournée vers le Golfe. Elle mouilla au large de Bahreïn le 23 octobre, dans l'attente d'instructions. Lors du déclenchement de la guerre avec la Turquie, ces instructions arrivèrent rapidement : ces troupes indiennes devaient être convoyées au Chatt-el-Arab et procéder à l'occupation d'Abadan.

En face des Britanniques se trouvaient deux divisions de l'armée ottomane, la 35e et la 38e. Ce n'étaient pas les meilleures. Les troupes les plus qualifiées étaient regroupées à proximité de Constantinople. Chaque division comprenait environ 5 000 hommes et 32 pièces d'artillerie légère. Toutefois, seule une petite partie de ces troupes était située à l'extrémité du Golfe, si bien que les Britanniques purent débarquer sans difficulté. Ils avancèrent ensuite de plusieurs kilomètres le long du fleuve jusqu'à environ trois kilomètres des installations pétrolières. Abadan était sauvé.

Entre-temps, le reste de la 6e division était arrivé et son commandant, le général Barratt, avait de nouvelles instructions. Le mieux pour protéger Bahreïn était d'occuper Bassora. Il se trouva que ce ne n'était pas difficile. Barratt fut informé que les Turcs avaient évacué Bassora. Il envoya immédiatement plusieurs bataillons et, le 21 novembre 1914, la ville était entre les mains des Britanniques.

C'est alors que survint le facteur qui empoisonna la politique britannique en Mésopotamie. Bassora avait été prise pour protéger Abadan ; Qourna, 70 kilomètres plus loin sur le Chatt-el-Arab, à la jonction du Tigre et de l'Euphrate, fut alors jugée essentielle à la protection de Bassora. Une expédition britannique fut envoyée vers le nord. En raison de l'incompétence des commandants turcs locaux plutôt que de l'offensive britannique, Qourna capitula le 9 décembre avec sa garnison de 1 000 hommes.

À Qourna se révéla un autre facteur pérenne qui devait gêner les Britanniques : les inondations qui transformeraient toute la zone des deux fleuves en une gigantesque plaine submergée. Or, les Britanniques possédaient peu de moyens de transport par voie d'eau. Ils avaient bien quelques petites canonnières pouvant transporter de modestes garnisons et deux *18-pounder guns*, mais c'était tout. La seule solution semblait être d'employer des centaines de canoës locaux, les *bellums.* Ils pouvaient contenir environ huit hommes, qui devraient ramer aussi bien que combattre. Transporter de l'infanterie en canoë : telle fut l'innovation, anachronique, introduite dans l'armée britannique.

Alors que les Britanniques réfléchissaient à leur prochaine manœuvre, les Turcs s'apprêtaient à reprendre Bassora. Ils rassemblèrent une force hétéroclite à Nassiriya et commencèrent à marcher (ou à patauger) vers leur objectif. Le résultat fut catastrophique. Les Britanniques, bien renseignés sur l'approche des Turcs, reçurent le renfort d'une autre division de troupes venues d'Inde, et partirent pleins d'entrain à l'attaque. Trois jours de combat en mars virent la fin de la poussée turque, qui subit une lourde défaite et recula vers Nassiriya. Faute de moyens de transport, les Britanniques furent dans l'impossibilité de les poursuivre. Les Turcs gardèrent ainsi la possibilité de reprendre le combat ultérieurement.

Un mouvement turc plus menaçant était déjà engagé, non plus en Mésopotamie, mais sur le canal de Suez. La zone du canal traversait bien sûr l'Égypte, qui faisait toujours partie de l'Empire ottoman, mais vivait en fait sous la responsabilité d'un khédive dans une semi-autonomie, et était en réalité contrôlée par les Britanniques depuis 1883. La défense de la zone du canal revenait donc au commandant en chef en Égypte, le général sir John Maxwell. Il disposait d'environ 30 000 hommes de l'armée indienne et, depuis décembre 1914, d'un contingent de l'ANZAC (*Australia and New-Zealand Army Corps*), qui était en principe en route vers la Grande-Bretagne, mais qui, les installations y étant surpeuplées, s'entraînait en Égypte. Une force d'invasion turque chargée d'attaquer le canal était de longue date en préparation. En janvier 1915, 20 000 hommes, 10 000 chameaux et quelques pontons avaient été rassemblés dans la zone de Beer-Sheva, sous le commandement nominal de Djemal Pacha, mais sous le contrôle opérationnel du général Friedrich Freiher Kress von Kressenstein. L'organisation de cette force n'avait rien à voir avec la cohue de Bassora. De soigneux préparatifs, comme l'approvisionnement en eau et en nourriture, avaient été effectués pour traverser le désert. Les marches avaient lieu de nuit pour éviter la chaleur et le risque d'être repéré. Grâce à cette organisation efficace, la troupe parvint au canal en bonne forme.

Mais, lorsque les Turcs arrivèrent au canal, ils constatèrent immédiatement que cela ne suffisait pas. Les défenseurs étaient bien retranchés le long des berges du canal, large d'une cinquantaine de mètres. Le canal était entrecoupé de plans d'eau plus larges, contrôlés par de petites canonnières britanniques. Les Turcs étaient donc obligés de descendre péniblement les berges abruptes du canal pour tenter de lancer les quelques petits bateaux qu'ils possédaient. Ils n'eurent jamais la moindre chance de succès. La plupart des pontons furent victimes des tirs de fusils et de mitrailleuses avant d'atteindre l'eau. Le 4 février, c'était terminé. Les Britanniques constatèrent à leur réveil que les Turcs s'étaient retirés en bon ordre sur Beer-Sheva. Le soulèvement espéré de la population égyptienne contre les Britanniques ne s'était pas produit. En juin 1915, la force de Kress avait quitté le Sinaï pour renforcer Gallipoli. Le canal était sauf.

Il n'y eut pas de tentative pour poursuivre les Turcs. Les forces britanniques manquaient de mobilité ainsi que de réserves en nourriture et en eau pour traverser 160 kilomètres de désert. Elles étaient même à court de chameaux. Pour le moment, le *statu quo* régnait dans le Sinaï.

Alors que se déroulaient les premières opérations en Mésopotamie et que les attaques turques sur le canal étaient repoussées, Winston Churchill, le premier lord de l'Amirauté, cherchait depuis le début du conflit le moyen d'utiliser les navires pour peser sur la guerre à terre. Un certain nombre de schémas mis en avant se heurtèrent à un double écueil. Le premier était que tous les conseillers navals de Churchill pensaient que ses propositions faisaient courir un risque aux navires de la *Grand Fleet* (la Grande Flotte britannique) dans des eaux infestées de mines et de torpilles. Le second était que le ministère de la Guerre, et son redoutable chef lord Kitchener, insistaient pour qu'il n'y ait aucun débarquement de troupes[1].

Les Dardanelles

En janvier 1915, Churchill porta son regard sur la Turquie. Une escadrille de navires de guerre britanniques gardait l'entrée des Dardanelles et Churchill fit pression sur l'amiral Carden, qui la commandait, pour qu'il accepte, à contrecœur, de tenter de forcer les Dardanelles. Churchill avait maintenant une opération en vue et il n'utiliserait que de vieux navires inaptes à combattre contre les modèles allemands modernes que la Grande-Bretagne affrontait en mer du Nord. Cette option viendrait à bout de nombreuses réticences navales. Et elle avait l'avantage de ne pas employer de soldats, ce qui plairait aux militaires. Le 3 janvier, Churchill présenta donc son plan au Conseil de guerre, une commission du cabinet qui supervisait la direction de la guerre britannique. Le Conseil de guerre fut enthousiaste. Les navires détruiraient les forts, avanceraient vers Constantinople, impressionneraient les Turcs et les mettraient hors de combat.

En l'occurrence, l'attaque avec les seuls navires fut un fiasco. Churchill fut rendu responsable de cet échec, mais le fait est que les conseils donnés par les experts de l'Amirauté furent d'une lamentable médiocrité. Ces hommes auraient pu calculer (mais ils ne le firent pas) que les canons des vieux navires étaient si usés et si peu précis qu'ils ne pouvaient pas toucher efficacement les forts – et les canons qu'ils contenaient[2]. De plus, même si les canons avaient été détruits, peu semble avoir été fait par l'Amirauté pour régler le problème des champs de mines qui protégeaient aussi les Détroits. La force de balayage fournie à l'amiral Carden consistait en simples chalutiers de pêche de la mer du Nord, manœuvrés par des civils. Ils étaient si lents que, pour atteindre le champ de mines, ils pouvaient difficilement lutter contre le fort courant venant des Dardanelles. Le résultat fut que, après deux semaines, seuls quelques canons à l'entrée des Détroits avaient été détruits – non par les navires, mais par les équipes de fusiliers marins qui avaient débarqué – et que pas une mine n'avait été neutralisée.

Cette situation désolante conduisit Churchill à pousser Carden à livrer le 18 mars un grand assaut avec tous ses navires de guerre. Carden s'effondra et abandonna la tâche à son second, l'amiral de Robeck. Aucun fort ne fut détruit ni aucune mine éliminée, mais un tiers des forces anglo-françaises fut coulé ou mis hors d'usage par une combinaison de mines et de tirs de canon. Cet échec marqua la fin de l'aventure navale de Churchill. Des voix s'étaient déjà élevées à l'intérieur de l'Amirauté et du Conseil de guerre, appelant à l'engagement des troupes pour transformer l'affaire en une véritable opération combinée. De Robeck s'en mêla et affirma que la Navy ne pouvait réussir seule.

Bien qu'un des attraits de l'attaque navale ait initialement été qu'aucun soldat ne serait engagé, il n'était pas question, pour les décideurs de

Campagne de Gallipoli

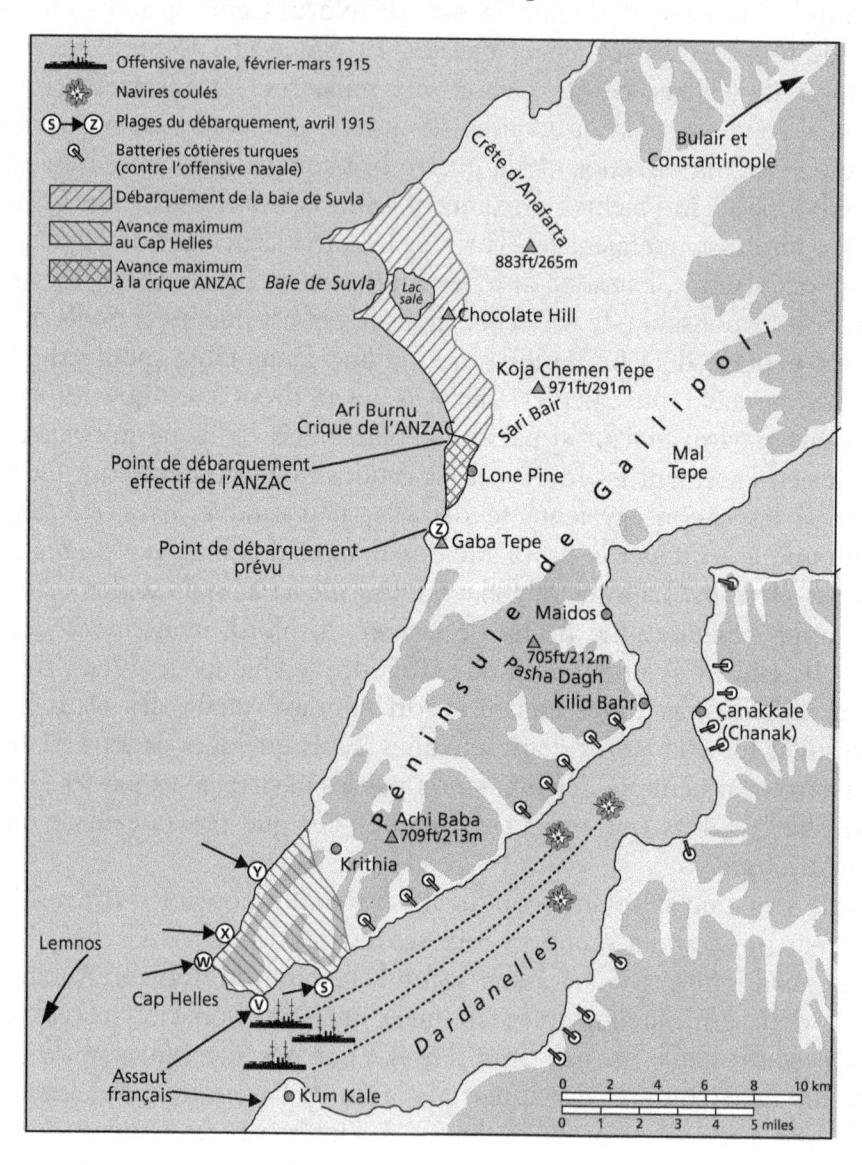

Londres, de mettre fin maintenant à toute l'affaire. On rechercha immédiatement des troupes, à l'initiative de ceux qui, tel le secrétaire d'État à la Guerre, lord Kitchener, s'étaient plaints, quelques semaines auparavant seulement, qu'il n'y en eût pas pour mener des opérations contre la Turquie. En quelques jours, cependant, une force hétéroclite fut jugée disponible. Il s'agissait d'une division et demie de l'ANZAC entraînée en Égypte, de la 29e division britannique, de la dernière des armées régulières de l'avant-guerre, communément appelée Royal Naval Division (RND), recrutée parmi les marins dont la *Grand Fleet* n'avait pas besoin, et d'une division française mise à disposition dans la perspective d'un partage des dépouilles au cas où l'opération réussirait. Cette force, estimée suffisante pour renverser l'Empire turc, totalisait quelque 80 000 hommes. Ainsi, à la fin de mars 1915, débutèrent les préparatifs pour se diriger sur Gallipoli dans une opération combinée. Environ quatre semaines plus tard, les premiers débarquements avaient lieu.

Le commandant de l'opération devait être le général sir Ian Hamilton, officier d'état-major de Kitchener durant la guerre en Afrique du Sud et qui, depuis le déclenchement de la guerre, occupait le poste peu imposant de chef de l'Eastern Command, en Grande-Bretagne.

Hamilton avait été envoyé dans les Dardanelles juste à temps pour assister à l'échec de l'attaque navale. Il conçut immédiatement un plan pour faire débarquer ses troupes. Ce plan était dans une certaine mesure dicté par la topographie de la péninsule. Il y avait peu de plages le long des côtes accidentées de la mer Égée et les plus favorables à un débarquement – la plage de Brighton près de Gaba Tepe et celles de Bulair dans le goulet de la péninsule – étaient puissamment défendues. Il restait un certain nombre de petites plages au bout de la péninsule, dans les environs du cap Helles, et une bande étroite au nord de Gaba Tepe. Il devint bientôt évident que ces plages étaient trop limitées pour que toutes les forces débarquent sur une seule d'entre elles, et Hamilton décida de diviser ses débarquements. Les troupes de l'ANZAC atterriraient au nord de Gaba Tepe et la 29e division sur cinq plages proches du cap Helles. Cette force, aidée par les canons de la flotte, remonterait vers le nord pendant que les troupes de l'ANZAC traverseraient la péninsule pour empêcher les renforts turcs de parvenir à Helles. Pour tromper les défenseurs turcs, de fausses attaques furent menées par la division de la Royal Navy à Bulair et par les Français à Kum Kale, sur la côte asiatique.

Ce plan faisait preuve d'une certaine imagination. En débarquant sur six plages, Hamilton espérait tromper la défense turque et pouvoir effec-

Les débarquements de l'ANZAC prévus et effectifs

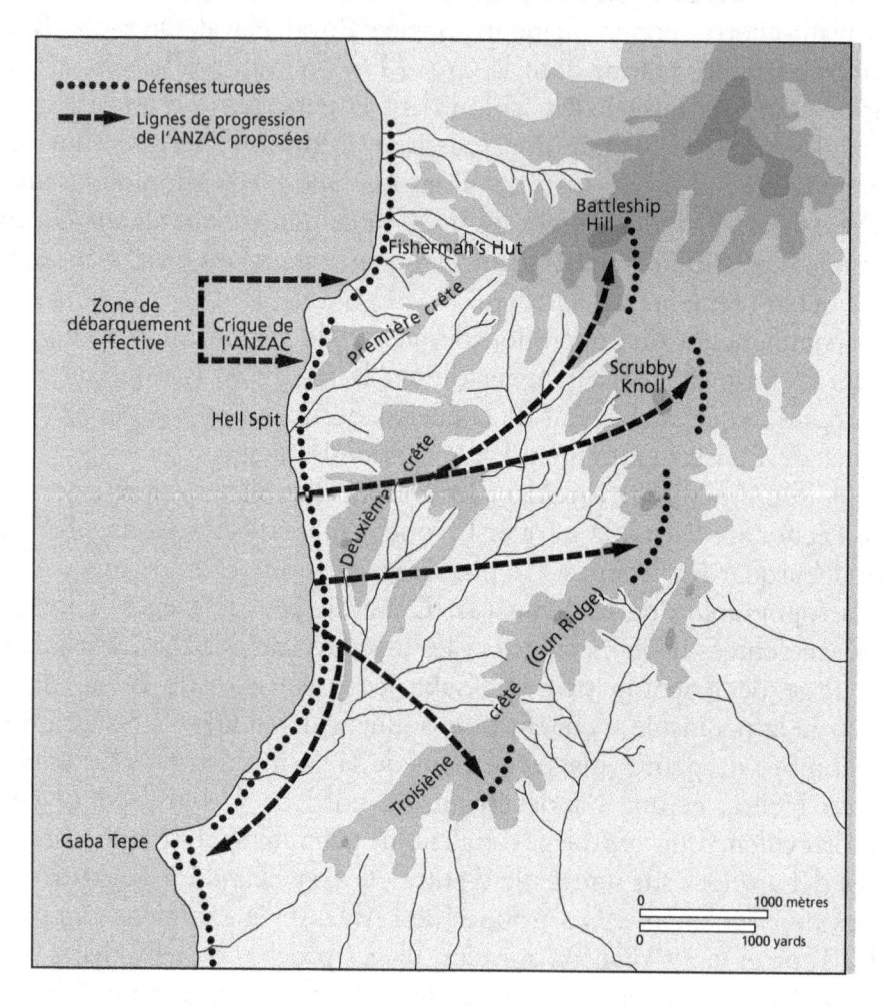

tuer une avancée rapide pendant que les Turcs seraient déstabilisés. Mais il y eut aussi quelques ratés. À Helles, deux forces substantielles devaient débarquer sur les plages Y et S, sur les flancs du principal débarquement à X, W et V. Les courtes avancées de ces troupes auraient pu contenir les troupes turques engagées contre les principaux débarquements. Mais Hamilton et son état-major rejetèrent ce scénario prometteur. La force d'intervention à Y et S ne reçut aucun ordre, excepté celui d'attendre l'arrivée de la force principale venant du sud. Ils devaient donc débarquer et rester sur place jusqu'à ce que les débarquements dans le sud aient lieu. Qu'ils puissent contribuer à ce résultat plus directement ne vint apparemment à l'esprit de personne. Cette négligence devait avoir de funestes effets le jour du débarquement.

Dans le nord, l'objectif de l'ANZAC était assez clair : les troupes devaient poursuivre à travers la péninsule, occuper l'importante hauteur de Mal Tepe et intercepter les réserves turques qui se dirigeaient vers le sud. Le problème était qu'aucun ordre ne spécifiait vraiment la position exacte où les troupes de l'ANZAC devaient débarquer. La seule prescription était que la force d'intervention devait débarquer au nord de Gaba Tepe, mais au sud de Fisherman's Hut. Cela correspond à une distance de deux kilomètres et demi ! L'état-major de Hamilton n'était pas disposé à être plus précis. Et celui de William Birdwood, le commandant de l'ANZAC, ne chercha pas d'éclaircissement. Comme si les troupes du débarquement en Normandie avaient reçu l'ordre de débarquer quelque part entre le Cotentin et Caen.

Divers expédients furent adoptés pour le transport des hommes des navires au rivage. Sur certaines plages, les troupes seraient transférées des navires de guerre, ou des cargos, aux canots de sauvetage remorqués par chalutiers jusqu'à ce que l'eau devienne trop peu profonde pour les embarcations. Les hommes rameraient eux-mêmes jusqu'à la rive. À la plage V, où eut lieu le principal débarquement au cap Helles, 2 000 hommes seraient débarqués depuis un vieux charbonnier, le *River Clyde*. Le navire s'échouerait près du fort de Seddul-Bahr et les hommes déboucheraient depuis des poternes découpées dans les flancs du vaisseau. De cette manière, on espérait que l'importante force d'assaut submergerait la garnison avant qu'elle ne puisse entrer en action.

Quelles forces les Turcs pouvaient-ils opposer aux débarquements de Hamilton ? Du fait de l'attaque navale, il était certain que la péninsule de Gallipoli recevrait des renforts. Le 18 mars 1915, les Turcs avaient décidé de former une nouvelle 5ᵉ armée de deux corps d'armée (six

Déploiement des forces alliées
lors du débarquement de Gallipoli, 23-25 avril 1915

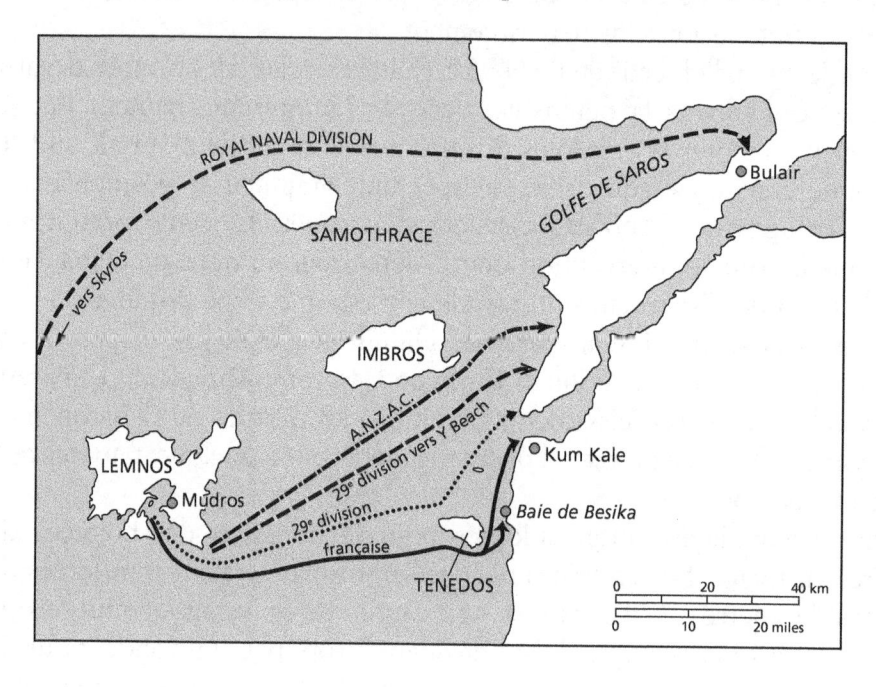

divisions) sous le commandement du général Liman von Sanders, ancien chef de la mission militaire allemande en Turquie. Les lieux de débarquement sur la péninsule devaient être gardés par le 3ᵉ corps d'armée avec ses 7ᵉ et 9ᵉ divisions. La 19ᵉ division serait en réserve au centre, capable d'intervenir dans la zone sud ou nord selon les besoins. La 5ᵉ division et une brigade de cavalerie furent maintenues plus à l'arrière, dans la zone vulnérable de Bulair. Le 15ᵉ corps d'armée fut déployé sur la rive asiatique, avec les 3ᵉ et 11ᵉ divisions disposées près des principales plages. Au moment des débarquements alliés, les Turcs avaient environ 40 000 hommes et 100 pièces d'artillerie sur la péninsule ou à proximité. Du côté asiatique se trouvaient 20 000 fantassins avec 50 canons. Il y avait en outre les batteries mobiles de défense des Détroits, soit une soixantaine de canons.

Les garnisons turques défendant la péninsule furent placées le long des côtes en avant-postes écrans, bien protégées par des barbelés, dans des positions qui dominaient les plages de débarquement les plus prévisibles. Ce dispositif présentait à la fois des forces et des faiblesses. La plus grande partie de la ligne de côte de la baie de Morto à Gaba Tepe était gardée par un fin rideau de soldats. Cependant, ces garnisons écrans étaient modestes et, si elles étaient débordées par les troupes de débarquement, les contre-attaques ne pourraient sans doute pas être organisées à temps ou en nombre suffisant pour rejeter les envahisseurs à la mer.

Le 25 avril 1915, les forces des Britanniques et de l'ANZAC débarquèrent sur la péninsule de Gallipoli. En dépit de la grande pagaïe et de l'incompétence britannique, les Turcs ne parvinrent pas à les déloger. Les fausses attaques furent d'un intérêt douteux ; le débarquement des Français du côté de l'Asie mineure ne fit pas dévier les Turcs. Les Français furent finalement retirés et débarqués à Helles aux côtés des Britanniques le 28 avril. À Bulair, l'apparition des navires britanniques au large des côtes attira l'attention de Liman von Sanders. Il conserva la 5ᵉ division turque dans le secteur, à un moment où elle aurait pu se diriger contre le débarquement de l'ANZAC. La feinte a fait souvent parler de succès. Mais Sanders était tellement obsédé par la position de Bulair que, même sans feinte, il aurait probablement gardé des troupes dans la zone.

À Helles, les troupes parvinrent à terre, mais au prix de pertes effrayantes. La principale force britannique débarqua sur les plages W et V, à l'extrémité de la péninsule. Là se trouvaient les garnisons turques les plus puissantes (certaines dissimulées dans le fort de Seddul-Bahr) et de solides défenses sous forme de barbelés et de pieux en fer. Tout cela était connu de Hamilton, mais, selon la doctrine du moment, on pensait préférable de frapper les Turcs là où ils étaient les plus forts plutôt que de tenter une approche plus indirecte. Ainsi, pendant toute la journée, en dépit des pertes humaines croissantes, les renforts furent dirigés vers W et V. À V, le *River Clyde* se révéla un expédient douteux. Les soldats sortant des poternes constituèrent d'excellentes cibles pour les mitrailleuses et les fusiliers turcs sur le rivage, et à la tombée de la nuit ne restaient plus que 200 hommes indemnes. À la fin, ce fut le poids du nombre qui parla. Le 26, les Britanniques avaient débarqué près de 12 000 hommes et les Turcs n'en avaient que quelques centaines à leur opposer dans cette zone.

Contrairement à la légende, les troupes de l'ANZAC avaient débarqué selon les paramètres flous figurant dans les ordres. La région accidentée et la défense entêtée de quelques centaines de soldats turcs s'opposant au débarquement empêchèrent toute avancée rapide. Puis les renforts turcs commencèrent à arriver sur le champ de bataille. À la fin de la journée, les Turcs étaient fermement installés sur des positions dominantes comme Battleship Hill, Baby 600 et Chunuk Bay sur la gauche. Il fut impossible de les déloger pendant la plus grande partie de la bataille.

Le problème du soutien de l'infanterie devait être une difficulté permanente à Gallipoli. Les troupes bénéficièrent d'un soutien d'artillerie très rudimentaire, notamment aux premiers jours de la campagne. La principale armée britannique du front occidental manquait chroniquement de canons et de munitions à cette époque, et les forces de Gallipoli n'étaient approvisionnées que par les munitions distraites de la bataille principale.

Pousser plus avant les prises obtenues lors du débarquement ou déloger les troupes alliées se révélait difficile. C'est ce que démontrèrent les Turcs contre l'ANZAC le 19 mai. Là, selon les instructions reçues de leurs dirigeants politiques de repousser les envahisseurs à la mer, les Turcs organisèrent l'une des attaques les plus importantes de toute la campagne. Entre 30 000 et 42 000 fantassins prirent part à l'attaque sur l'intégralité du périmètre de l'ANZAC. Les troupes de l'ANZAC, qui avaient creusé des lignes de tranchée avec beaucoup de difficultés, bénéficièrent de peu de soutien d'artillerie et se battirent à un contre deux. Cependant, au cours de l'attaque, elles ne tirèrent pas moins de 948 000 cartouches d'armes légères, la plupart de mitrailleuses. Ce fut suffisant. Les Turcs eurent 10 000 hommes hors de combat et ne gagnèrent pas de terrain.

Ce fut un présage de la manière dont même les tirs d'armes légères pouvaient être dévastateurs contre des soldats à découvert et insuffisamment soutenus par des canons lourds.

Fin mai, la campagne de Gallipoli s'était transformée en bataille d'infanterie acharnée. Ainsi, pour l'ANZAC, le petit périmètre tenu par les Australiens et les Néo-Zélandais restait pratiquement ce qu'il était le 19 mai. Dans le sud, Aylmer Hunter-Weston conduisit les trois batailles, mal conçues, de Krithia qui permirent de gagner un terrain insignifiant à un coût élevé. Fin juin-début juillet, il n'y avait plus de signes d'espoir à Helles. Hunter-Weston et le commandant français, le général Henri Gouraud, constatèrent que, en réunissant leurs ressources en artillerie et en limitant leurs objectifs à quelques lignes de tranchée turques, ils pouvaient s'emparer de petites parcelles de terrain à un coût raisonnable. Des opérations de type *bite and hold* (mordre et tenir) avaient été entreprises dans la péninsule, mais leurs partisans étaient déjà prêts à retourner à la maison – Hunter-Weston pour cause d'épuisement et Gouraud parce qu'il avait été grièvement blessé. Au moment même de leur départ, Hamilton réclama un nouveau plan pour employer les renforts que Londres avait décidé de dépêcher à Gallipoli.

Cette question des nouvelles troupes destinées à Gallipoli fut très débattue ; elle entraîna la chute du gouvernement libéral et son remplacement par une coalition qui conservait Asquith comme Premier ministre, mais comprenait des membres du parti conservateur. Cela aurait pu aisément sonner le glas de la campagne de Gallipoli, car plusieurs leaders conservateurs comme Bonar Law s'étaient dès le début opposés à l'opération. Mais le pouvoir eut un effet dégrisant et peut-être paralysant sur les décideurs. Bien que la campagne se passât mal, la décision de laisser tomber était au-delà du courage du gouvernement. Ce n'est pas la dernière fois dans les affaires militaires que l'on a considéré qu'un effort de plus pouvait emporter le morceau. Trois divisions devaient être envoyées à Hamilton, avec la promesse de deux autres, au besoin.

Hamilton devait maintenant décider de l'utilisation de ce renfort substantiel. Il avait reçu de Birdwood un plan qui obtint sa faveur. Birdwood imagina un crochet sur la gauche autour du périmètre de l'ANZAC à travers la région nord, difficile mais privée de défense. Un rapide basculement vers la gauche permettrait alors de s'emparer des hauteurs de la Sari Bay Ridge depuis Hill 971 jusqu'à Chunuk Bay. Une attaque serait lancée en bas de l'arête en concertation avec les troupes de l'ANZAC déjà présentes. Les positions turques seraient ainsi bousculées et l'une des divisions de soutien se précipiterait vers les Détroits et s'emparerait des forts. Avec ces défenses entre les mains des Alliés, la flotte pourrait naviguer vers Constantinople, les Turcs se rendraient et peut-être une gigantesque coalition balkanique pourrait-elle être formée contre les Puissances centrales. En guise de solution, Birdwood suggérait qu'une force soit débarquée à Suvla Bay et que la zone relativement plate soit convertie en base de ravitaillement pour toutes les forces du nord.

Le plan de Birdwood tenait le coup et, au cours du mois de juillet, il fut développé et affiné à la fois par le commandant du corps de l'ANZAC et par l'état-major de Hamilton au quartier général. Durant ce processus, toutefois, quelque chose de particulier se produisit. Le débarquement à Suvla Bay se révéla être de grande envergure, comprenant quasiment deux des trois divisions de renfort. Il ne restait à Birdwood que sa force actuelle et une nouvelle brigade pour mettre à exécution le crochet sur la gauche. Et plus on étudiait cette manœuvre, plus on estimait nécessaire d'augmenter les troupes. Finalement, toutes les forces de Birdwood seraient employées à s'emparer de Sari Bay Ridge. Personne, à la direction des corps d'armée ou au quartier général, ne semblait remarquer que dorénavant plus aucune force ne serait disponible pour traverser la péninsule et s'emparer des Détroits. En d'autres termes, l'objectif unique de la nouvelle attaque était l'arête. Or il y en avait beaucoup d'autres entre Sari Bay Ridge et les Détroits, si bien que le plan de Birdwood s'était réduit pour ne promettre qu'un succès tactique, non plus une campagne victorieuse. Et personne ne le remarqua.

La nouvelle campagne devait commencer aux premiers jours d'avril, quand les troupes auraient eu le temps de s'acclimater. En tout état de cause, les débarquements à Suvla eurent lieu le 6 août 1915 avec les colonnes de l'ANZAC qui se frayèrent un chemin dans les ravins jusqu'aux hauteurs de Sari Bay.

L'opération Suvla fut exécutée par le 9e corps, nouvellement formé et commandé par le général Stopford, ancien commandant de la Tour de Londres. Il était composé des 11e et 10e divisions (irlandaises) des nouvelles armées formées par Kitchener lors de la déclaration de guerre. Cette opération a été largement incomprise. Son objectif était d'établir une base pour les troupes au nord. Il s'agissait de retirer quelques canons sur le flanc de l'opération de l'ANZAC, et les troupes disponibles devaient avancer le long des hauteurs qui dominaient Suvla Bay et essayer d'aider les Australiens en capturant Hill 971. Cependant, en examinant le plan, Stopford comprit aussitôt que ses troupes seraient entièrement occupées à repousser les Turcs de la base, à s'emparer des canons et à prendre les hauteurs. Toute velléité d'assister l'ANZAC fut abandonnée, car impraticable.

À certains égards, le débarquement de Suvla Bay montrait une sophistication accrue par rapport à ceux du 25 avril. Des embarcations de débarquement *ad hoc*, les *beetles* (scarabées), avec un blindage léger et un faible tirant d'eau, furent utilisées pour transporter les troupes depuis les navires plus gros jusqu'au rivage. D'une certaine façon, cependant, les leçons n'avaient pas été tirées. Les cartes de la zone de Suvla Bay n'avaient pas été vérifiées par une reconnaissance sur place comme l'avaient été les lieux de débarquement d'origine. Par conséquent, de nombreuses barges de débarquement vinrent s'échouer sur des récifs non signalés, et les libérer prit plusieurs heures. Les réserves subirent le même sort et, durant les deux premiers jours du débarquement, le manque d'eau ralentit considérablement la progression à l'intérieur des terres. Les défenses turques n'étaient pas non plus connues dans tous les détails. Un des premiers bataillons à avoir atteint le rivage passa un temps non négligeable à attaquer une dune de sable sans défense, ainsi détourné de son véritable objectif situé un peu plus en avant dans les terres. En outre, les canons qui, le premier jour, étaient une cible principale, se révélèrent inexistants. Puis les navires transportant la 10e division perdirent leur route et déposèrent leurs troupes à l'opposé de la zone désignée, se retrouvant ainsi séparées de leur commandant.

Une fois à terre, les affaires ne se passèrent pas plus facilement. La plupart des généraux de brigade montrèrent une absence d'initiative qui confinait à la paralysie. Stopford, au large sur le *HMS Jonquil*, fit preuve d'un manque d'initiative similaire. Hamilton était trop préoccupé par les événements de l'ANZAC pour remarquer qu'aucune avancée ne se produisait à Suvla. Lorsque finalement il intervint, neuf heures après le débarquement, il parvint à perturber l'avancée que Stopford avait tout de même effectuée. Le résultat fut qu'aucun gain de terrain ne fut réalisé jusqu'au 8 août. En fait, rien de tout cela ne compta. Surpris, les Turcs furent aussi lents à organiser la contre-attaque que les Britanniques à avancer vers l'arête dominant la plage. Au moment où les Turcs arrivèrent en force, le 9, les Britanniques étaient assez bien établis pour les repousser avec de lourdes pertes. En tout cas, les Turcs ne purent rejeter les Britanniques à la mer et les Britanniques ne purent s'emparer des hauteurs essentielles à la sécurité de la base. En définitive, cela ne se révéla pas déterminant non plus. Les Turcs ne possédèrent jamais les ressources en artillerie qui leur auraient permis de rendre la base inatteignable. Bien que continuellement sous le feu, la base fut établie et maintenue jusqu'à l'évacuation. En dépit de l'indolence du commandement britannique et du chaos du débarquement, Suvla fut la seule opération amphibie des Alliés à Gallipoli couronnée de succès.

Le crochet sur la gauche tenté par l'ANZAC échoua, mais dans des circonstances telles qu'on put y voir « presque un succès ». L'échec, en fait, était écrit dès le début. Les trois colonnes qui cheminaient sur un territoire non cartographié se perdirent bientôt dans l'obscurité. Seul un petit contingent de Gurkhas et une partie des troupes néo-zélandaises parvinrent à portée de voix de l'arête. Le jour suivant, en raison de la confusion régnant du côté turc, quelques hommes des deux groupes s'emparèrent brièvement de deux hauteurs importantes sur l'arête (Hill Q et Chunuk Bay). Mais ils subirent rapidement une contre-attaque menée par les renforts considérables que les Turcs avaient envoyés sur place. Sur Hill Q, la Navy – dont les tirs furent tout à fait incapables d'appuyer les troupes – fut accusée de bombarder les Gurkhas et, en effet, ces troupes essuyèrent un certain nombre de tirs amis alors qu'elles subissaient la contre-attaque. Toutefois, les obus provenaient presque certainement de batteries d'obusiers de l'ANZAC, et dans tous les cas l'avancée des Gurkhas sur l'arête ne put être maintenue face au grand nombre d'assaillants turcs.

Ce sont ces deux incidents qui conduisirent certains historiens à écrire que l'ANZAC s'était « presque » emparé de l'arête. Ce ne fut pas le cas. Les deux pointes s'offraient à un tir en enfilade. Les tirs auraient tôt ou tard obligé l'ANZAC à reculer. Pour être sécurisée, l'arête aurait dû être entièrement conquise. Il reste extrêmement douteux que cela eût été suffisant si l'ANZAC avait eu assez de troupes pour le faire ou si les troupes avaient pu être approvisionnées en nourriture, en eau et en munitions. Le fait est que l'arête ne fut jamais tenue. L'offensive d'août ne fut pas une quasi-réussite, mais un échec pur et simple.

Cette attaque d'août 1915 fut en fait le dernier exploit à Gallipoli. En dépit des deux divisions en renfort et des quelques tentatives pour s'emparer d'une partie de Sari Bay, l'effort militaire touchait à sa fin.

L'évacuation fut discutée à Londres, mais le cabinet se rebella. Le prestige britannique ne pouvait supporter une telle humiliation. Or celui-ci était lié à la victoire de la Grande-Bretagne, et il était évident pour beaucoup que ce résultat ne serait pas atteint à Gallipoli. Les rebelles durent finalement s'incliner à la suite d'une visite de Kitchener sur la péninsule, qui l'amena à recommander lui aussi l'évacuation.

Il ne restait plus qu'à exfiltrer les troupes. Ce fut chose faite en décembre 1915 pour l'ANZAC et en janvier 1916 à Helles. Aucun soldat ne fut perdu, ce qui donna l'occasion de se vanter de la débrouillardise des Alliés qui avaient ainsi dupé les Turcs. Cela tint lieu de victoire. Piètre résultat pour une opération de huit mois. Gallipoli avait échoué. Que les Turcs pussent maintenant être mis hors de combat dépendait des opérations en cours dans le Sinaï et la Mésopotamie.

Mésopotamie, Sinaï et Palestine

En Mésopotamie, la situation semblait tout à fait prometteuse. Avec l'arrivée de nouvelles troupes, un général avait été désigné : un *thruster* (un « impulseur ») du nom de sir John Nixon. Sous ses ordres étaient regroupées la 6e division Poona du général Townshend et la 12e division du général Gorringe. Il devint bientôt évident que Nixon avait besoin de toutes les troupes possibles. En avril 1915, il reçut des instructions du gouvernement indien lui indiquant que sa principale tâche était désormais d'occuper toute la province (*vilayet*) de Bassora. Cette zone, qui s'étendait bien au-delà du territoire pris à l'ennemi à ce moment, allait jusqu'à Nassiriya au nord. En tout, 43 000 kilomètres carrés. Les instructions suivantes, demandant de préparer un plan pour la prise de Bagdad, étaient encore plus alarmantes. La protection de l'oléoduc n'était qu'incidemment mentionnée. Cela présageait, sans être clair ni pour Nixon ni pour Londres, que le gouvernement indien et particulièrement le vice-roi, lord Hardinge, avaient de grands projets pour la Mésopotamie. En fait, ils avaient l'intention de l'annexer, une fois la guerre terminée, pour agrandir le pays et lui permettre d'absorber le surplus de population de l'Inde. Bref, elle deviendrait une colonie indienne. Les sous-impérialistes de Simla, la capitale d'été du Raj britannique, tenaient le mors fermement serré entre les dents.

Nixon signala que, pour exécuter ces tâches, il avait besoin de davantage de bêtes de somme, d'une ligne de chemin de fer légère, de véhicules blindés, d'avions, et d'une augmentation considérable de ses moyens de transport fluvial. Il envoya ces requêtes à Londres, qui ignorait les ambitions grandissantes du gouvernement indien. Pour aggraver la situation, il fit ses demandes par courrier ordinaire. Lorsqu'elles finirent par arriver, personne à Londres ne prit conscience que ces exigences, jugées extravagantes, étaient destinées à satisfaire les ambitions du gouvernement de l'Inde. La plupart furent rejetées.

Dans le même temps, malgré les priorités de l'Inde, Nixon devait retarder toute idée d'avancée avant d'avoir sécurisé les oléoducs menacés par diverses tribus arabes. Cette sécurisation achevée, Gorringe était prêt à aller de l'avant. Sa première destination fut Amara, à 32 kilomètres de Bassora. Les troupes de Townshend, transportées en canoë, étaient accompagnées de trois canonnières à faible tirant d'eau qui se mirent en route en mai et, le 3 juin, Amara était prise. Nixon partit alors pour Nassiriya avec un ordre de mauvais augure : cette ville serait plus sûre si Kut, située hors du *vilayet* de Bassora, à quelque 200 kilomètres au-delà, était aussi conquise.

Nassiriya tomba aussi facilement que Bassora et Amara. Nul doute que ces victoires faciles encouragèrent Nixon à tenter de prendre Kut, qu'il considérait maintenant comme une « nécessité stratégique ». Le secrétaire d'État, Austen Chamberlain, donna à contrecœur son approbation à l'avancée suivante. Mais il ignorait que le gouvernement indien ne voyait en Kut qu'une étape sur le chemin de la prise finale de Bagdad.

Mais le commandant qui avançait sur Kut était contre le plan dans son ensemble. Alors que Gallipoli restait en jeu, Townshend pensait qu'il fallait consolider les gains obtenus en Mésopotamie. Il savait que ses forces manquaient chroniquement de moyens de transport fluvial et que cela pouvait remettre en cause la prise de Nassiriya, qui serait abandonnée au profit d'un autre objectif situé plus haut sur le fleuve. Néanmoins, il avait des ordres. Le 28 août, ses troupes démarrèrent – cette fois, non pas en canoë, car la saison sèche était arrivée, mais à pied sous une température de 47 degrés.

De plus, l'armée turque reprenait des forces. Deux nouvelles divisions étaient arrivées et leur commandant général, Noureddine Pacha, avait creusé à plusieurs kilomètres de Kut de formidables défenses sur les deux rives du fleuve.

Townshend avait en général une vision pessimiste de ses chances de forcer ces défenses. Mais, trompés par un plan intelligent, les Turcs concentrèrent leurs hommes et leurs canons sur un seul côté du fleuve pendant que Townshend envoyait sa force principale contre l'autre, ce qui lui permit de l'emporter. Après un rude combat, le 28 septembre, les Britanniques s'aperçurent que les Turcs avaient décampé. Ils avaient perdu 4 000 hommes contre 94 tués seulement chez Townshend. Une lente poursuite s'ensuivit en remontant le fleuve, jusqu'à ce que les Britanniques se retrouvent à une centaine de kilomètres de Bagdad. Il n'en restait pas moins que la poursuite était trop lente. Une fois de plus, le gros de l'armée turque s'était échappé.

La question était maintenant Bagdad. Townshend et le ministère de la Guerre étaient opposés à cet objectif. Mais bientôt la perspective d'évacuation de Gallipoli fit changer d'avis les décideurs de Londres. En octobre, le secrétaire aux Affaires étrangères, Grey, parlait d'un succès en Mésopotamie comme d'un antidote convenable. Typiquement, le cabinet ne parvint pas à une décision définitive, et autorisa donc un « raid » sur Bagdad, sans plus de précision.

Pendant ce temps, Nixon continuait à remonter allégrement le fleuve, ce qui ravissait le vice-roi. Il autorisa la prise de Bagdad si les forces de Nixon le permettaient et promit deux divisions de plus, sans préciser à quelle date. Townshend commença donc à avancer le 14 novembre. À Ctésiphon (l'ancienne capitale assyrienne), il vainquit une force turque, mais cette victoire n'eut pas une grande importance. Ses troupes avaient rompu leur fragile chaîne d'approvisionnement. Aussi, à peine arrivé aux portes de Bagdad, Townshend ordonna-t-il précipitamment de battre en retraite. Et la retraite continua jusqu'à ce qu'un approvisionnement suffisant soit assuré – si bien qu'il revint à Kut, son point de départ. Il atteignit la ville le 4 décembre et déclara, non sans raison, que ses troupes étaient épuisées. Elles resteraient à Kut et, si elles étaient assiégées (ce qui advint rapidement), elles attendraient une colonne de secours. Le siège dura jusqu'en mai 1916. Il se caractérisa par trois tentatives boiteuses de Nixon pour briser l'encerclement, par le tir de barrage de propagande de Townshend, qui critiquait le siège auprès de ses supérieurs, et par la menace d'une diminution d'approvisionnement en nourriture qui ferait de la capitulation la seule solution. À la fin, 13 000 hommes de la 6e division (Poona) furent faits prisonniers. Townshend, sans qu'il y soit pour rien, fut bien traité et vécut dans un luxe relatif sur une île de la mer de Marmara. Ses hommes eurent moins de chance. Des décennies avant les « marches de la mort » allemandes, les Turcs utilisèrent la même politique avec les prisonniers britanniques : environ 10 000 hommes partirent de Kut pour marcher dans le désert sous une chaleur torride, ce qui provoqua la mort de la plupart de ces hommes. Cet épisode donne aux Turcs le douteux privilège de s'être livrés au premier génocide du XXe siècle – contre les Arméniens – et d'avoir inventé les marches de la mort.

Le gouvernement de Londres réagit rapidement à la chute de Kut. Nixon fut limogé et remplacé par le général Maude. Il devait avoir sous ses ordres quatre divisions au complet, soit 50 000 hommes en plus de ses troupes. Le port de Bassora, devenu un bourbier d'inefficacité et de ruines, fut réorganisé. La capacité de transport fluvial passa de 450 à 700 tonnes par jour. Avec cette nouvelle force, Maude partit pour Kut en décembre. Les troupes bien équipées avancèrent de bon cœur, mais le succès revint en réalité aux canonnières. Leur puissance de feu obligea les Turcs à se retirer dans la pagaïe. En janvier 1917, les Britanniques étaient de retour à Kut.

Il s'ensuivit une inévitable pause, car les Britanniques, même avec une logistique améliorée, avaient épuisé leurs réserves. Mais quand la troupe réapprovisionnée repartit, en mars, ce ne fut pas pour être repoussée – elle était beaucoup trop forte pour les moyens que la Turquie pouvait déployer dans cette zone. Le 9 mars, Bagdad était entre les mains des Britanniques.

Le reste de la campagne de Mésopotamie fut une lutte contre le climat. Maude envoya des colonnes au-delà de Bagdad, mais les Turcs avaient récupéré et offrirent une farouche résistance. Puis, à la mi-novembre, Maude mourut du choléra, alors que sa tâche était pratiquement terminée. La campagne d'Allenby en Palestine était désormais l'événement principal et, en 1918, la campagne de Mésopotamie connut une pause. Il y eut un regain d'activité en novembre lorsqu'une force britannique fonça pour sécuriser Mossoul avant que l'armistice ne fût conclu. Mais ce fut tout. L'attention s'était depuis longtemps portée ailleurs.

C'est la situation en Palestine qui fit de la Mésopotamie une question secondaire, mais il faut dire que cela était annoncé depuis longtemps. Après l'échec de l'attaque turque sur le Canal, les Britanniques s'étaient aventurés avec beaucoup de prudence dans le Sinaï. Une tentative de Kress pour les déloger échoua de manière désastreuse à Romani, en août 1915. La question était maintenant de savoir quelle devait être la politique britannique dans cette région : attaquer ou consolider ? En fait, cela allait être une combinaison des deux. Maxwell avait reçu l'ordre de revenir en Grande-Bretagne et un nouveau commandant, sir Archibald Murray, ancien chef d'état-major, le remplaça. Murray était, non sans raison, un homme prudent. Il ne souhaitait pas lancer ses soldats dans l'immensité désertique du Sinaï à seule fin de devoir se retirer par manque d'approvisionnement. Il s'opposait en cela à ses collègues généraux en Mésopotamie. Aussi avancerait-il dans le désert, mais seulement à l'allure de la canalisation d'eau, du chemin de fer et de la route de câbles improvisés à travers le sable. Tout cela fut d'une grande lenteur. En décembre 1916, les forces britanniques étaient toujours situées dans le Sinaï, près d'El-Arich. Elles étaient accompagnées d'une redoutable cavalerie sous la forme de la Colonne du désert et de la Division montée de l'ANZAC. Ces forces jouèrent un rôle majeur dans l'opération d'El-Arich qui chassa d'Égypte les forces turques.

La prise suivante fut Gaza, la position qui arrimait la défense turque au sud de la Palestine. Le plan de Murray pour la première bataille de Gaza était plein d'imagination. Il s'agissait d'attaquer la ville frontalement pendant qu'elle serait assaillie sur les flancs par ses troupes montées. Tout commença de façon prometteuse le 24 mars 1917. Les troupes montées qui étaient bien au nord de Gaza jouèrent leur rôle à la perfection. Mais une erreur de communication leur fit croire que l'attaque frontale avait lamentablement échoué, ce qui n'était pas le cas. Si bien que les troupes montées se retirèrent et que les Turcs restèrent en possession de Gaza.

À Londres, le cabinet ne fut pas vraiment satisfait de ce résultat et pressa Murray de faire une nouvelle tentative. Murray plaida le manque de renfort et de canons pour différer l'opération. Mais la pression politique l'emporta. La seconde bataille de Gaza commença le 17 avril, avec une poignée de chars et des gaz de combat – c'était la première fois que ces armes étaient employées hors d'Europe. Le gaz fut sans effet, car rapidement dispersé dans la chaleur de l'air du désert, et les Turcs ignorèrent même qu'il avait été utilisé. Le plan péchait cependant par manque d'imagination. Trois divisions menèrent l'assaut frontal de Gaza. Cela n'aboutit à strictement aucun résultat. Les pertes des Britanniques s'élevèrent à 6 500 hommes, celles des Turcs à seulement un tiers. Ce fut la fin de Murray. Excellent administrateur, il avait été un général exécrable. Lloyd George souhaitait le remplacer par Jan Smuts, mais, le Sud-Africain ayant refusé le commandement, c'est le général Allenby, commandant de la 3ᵉ armée sur le front occidental, qui reçut le poste. Ce choix devait se révéler heureux.

Allenby allait se découvrir un allié énergique et parfois difficile à Aqaba, au sud de la péninsule du Sinaï. C'était Lawrence et son armée arabe, en principe commandée par le chérif Hussein du Hedjaz. Hussein avait été incité à participer à la guerre contre la Turquie en 1916. Il y avait eu un échange de lettres entre Hussein et le haut-commissaire britannique au Caire, sir Henry McMahon. Ces lettres étaient empreintes d'une très grande opacité, mais en surface elles promettaient tout de même à Hussein, en récompense de son soutien, certains territoires autour de la Syrie moderne et de la péninsule Arabique. Hussein, avec les encouragements de Lawrence qui était membre du Bureau arabe du Caire, fut heureux de rendre service. Le nationalisme arabe avait gagné du terrain au XIXe siècle et, avec lui, la désillusion avait crû envers la domination turque.

Le soulèvement arabe contre les Turcs commença dans le Hedjaz le 5 juin 1916. Les Turcs n'avaient qu'une seule division dans cette zone, et   et ses quatre fils – le plus notable étant Fayçal – purent s'emparer de La Mecque en quelques jours. Fayçal, qui prit progressivement la direction du camp arabe, assiégea alors Médine, mais, bien qu'importantes en nombre, ses forces étaient d'une discipline limitée et sa puissance de feu restreinte, et il ne parvint pas à y entrer.

Le retour de Lawrence en chef d'état-major, pour ainsi dire, auprès de Fayçal, changea la conduite des opérations. Lawrence développa une double stratégie. Il devait laisser passer suffisamment de matériel par le chemin de fer du Hedjaz pour soutenir les Turcs, mais pas assez pour qu'ils puissent accroître leurs forces. La plupart des troupes turques furent ainsi confinées au Hedjaz tandis que Lawrence avançait avec l'armée arabe de Fayçal le long de la côte au nord vers Aqaba. Lawrence savait que si les Arabes voulaient avoir une chance d'obtenir le territoire apparemment promis par McMahon, il était nécessaire de faire aussi rapidement que possible la jonction avec les forces britanniques en Palestine. Et il le savait parce qu'il était au courant d'une autre partition du Moyen-Orient, décidée entre la Grande-Bretagne et la France par le plan Sykes-Picot d'avril 1916. Selon ce plan, la France serait prééminente en Syrie et au Liban, et les Britanniques auraient la main sur la Palestine, la Jordanie, la Mésopotamie et le golfe Persique. À l'évidence, si cet accord était mis en pratique, il y aurait peu de place pour les État arabes déjà agréés par les Britanniques. Lawrence considérait que le meilleur moyen de s'assurer que les Arabes touchent leur dû était d'occuper des points clés comme Damas, Alep et Homs.

Lawrence réalisa son premier objectif. Avec l'aide de la Royal Navy, les forces arabes et les réserves britanniques avancèrent le long de la côte de la mer Rouge et, le 6 juillet 1917, Aqaba était occupé. Pour Lawrence, la question suivante était de savoir comment Allenby, nouvellement nommé, jugerait la situation.

L'arrivée d'Allenby causa une amélioration immédiate du moral britannique. Il resta en contact étroit avec ses troupes et s'assura que l'on prendrait le temps de préparer le troisième assaut sur la position Gaza-Beer-Sheva. Cette fois, le plan faisait preuve d'une certaine imagination. Gaza serait attaquée frontalement, mais il s'agissait d'une fausse attaque.

Pendant ce temps, les troupes montées s'empareraient de Beer-Sheva et de ses précieux puits d'eau. La principale attaque serait lancée par l'infanterie britannique au centre droit de la position. La ligne turque serait alors fermée de Beer-Sheva à Gaza, tandis que les forces montées empêcheraient toute tentative de fuite turque. En tout, Allenby disposerait de sept divisions d'infanterie, de trois divisions montées et de 300 canons. Il aurait aussi une supériorité dans les airs grâce à de nouveaux modèles arrivés de Grande-Bretagne.

L'opération commença le 31 octobre 1917. La cavalerie légère australienne prit les puits de Beer-Sheva dans une charge fougueuse, assurant ainsi des réserves d'eau pour ses troupes, lesquelles s'emparèrent de leurs objectifs sans difficulté excessive. L'attaque sur Gaza elle-même débuta le 1er novembre. Ce fut un succès inattendu. En effet, bien que censée être un leurre, elle contourna le flanc de toute la ligne turque et provoqua une retraite générale. Sur la droite, les contre-attaques turques furent repoussées, mais le manque de réserves d'eau empêcha les troupes montées d'isoler les Turcs. L'avancée se poursuivit néanmoins, mais à un rythme plus lent. Le 16 novembre, les Britanniques avaient avancé en moyenne de 80 kilomètres et se trouvaient à distance de frappe de Jérusalem.

Jérusalem constituait un problème pour Allenby. Une ville considérée comme sainte par trois grandes religions pouvait difficilement être prise d'assaut. Allenby planifia un mouvement d'encerclement vers l'est de la cité, mais la défense turque était trop forte et ce fut un échec. Une seconde tentative à l'ouest rencontra plus de succès. La 7e armée avec ses 16 000 défenseurs aurait dû résister, mais la série de défaites infligées par les Britanniques avaient sapé son moral. Le 8 septembre, cette force de combat potentiellement redoutable se retira ainsi de Jérusalem et Allenby y entra le jour suivant, tête nue et à pied. Le souhait intéressé de Lloyd George de présenter la prise de Jérusalem au peuple britannique avant Noël avait été exaucé.

L'hiver s'installa alors sur la région ; l'armée britannique avait besoin de repos et de récupération autant que de ravitaillement. Les opérations conventionnelles furent donc temporairement suspendues. Pendant ce temps, Lawrence continuait à lancer des raids meurtriers sur les Turcs. Le plus spectaculaire d'entre eux – l'attaque du pont ferroviaire de Yarmuk – échoua. Néanmoins, les opérations de Lawrence retenaient un certain nombre de troupes turques à l'est du Jourdain pendant qu'Allenby s'occupait de l'objectif principal sur la rive droite. Si la contribution de

Lawrence a été radicalement grossie (principalement par lui-même), nul doute qu'il ait toutefois joué un rôle dans la retraite turque.

Allenby, à Jérusalem, commença à planifier sa campagne de 1918. Plusieurs facteurs le retardèrent. D'abord, l'incapacité des Britanniques à s'emparer de l'importante jonction d'Amman, à l'est du Jourdain. Mais au moins cet échec convainquit-il les Turcs de concentrer davantage de forces dans la zone, leur faisant quitter la bande côtière sur laquelle Allenby avait toujours eu l'intention de porter son attaque finale. L'autre facteur était la situation en France. Ludendorff lança la première de ses grandes offensives le 21 mars et Allenby fut aussitôt prié de libérer des unités britanniques afin d'arrêter la progression allemande. Le 23 mars, deux divisions furent envoyées sur le front occidental, suivies par des batteries d'artillerie et le maximum de bataillons que la flotte pouvait transporter. Outre des raids à petite échelle d'intérêt douteux, cela entraîna une pause de quatre mois dans les principales opérations britanniques en Palestine.

L'importante bataille britannique suivante en Palestine n'eut pas lieu avant le 19 septembre 1918. Allenby, qui avait attiré la plus grande partie des forces turques à l'est du Jourdain, frappa le long de la côte. Les troupes à sa disposition étaient impressionnantes : 35 000 fantassins, 9 000 cavaliers et 383 canons sur un front de seulement 24 kilomètres. Les Turcs qui leur faisaient face n'avaient que 10 000 hommes et 130 canons. Avant la bataille, la RAF avait joué un rôle significatif. Par des bombardements répétés, elle avait interrompu tout le trafic ferroviaire depuis le nord jusqu'à la Palestine, rendant pratiquement impossible l'arrivée de renforts pour l'armée turque. L'issue de la bataille ne fit jamais le moindre doute. Les bombardements de préparation permirent de lâcher 1 000 obus à la minute sur les défenseurs turcs. L'infanterie perça près de Megiddo (l'ancien Armageddon) et, cette fois, la cavalerie parvint à encercler les Turcs qui battaient en retraite. Le 21 septembre, les 7e et 8e armées turques avaient cessé d'exister. Allenby, sentant la victoire à portée de main, insista. Le 3e régiment de chevau-légers australiens entra à Damas le 1er octobre, immédiatement suivi des forces arabes de Lawrence, pressées de faire valoir leurs prétentions territoriales. La fin approchait. Les troupes britanniques poursuivirent l'armée turque en pleine désintégration jusqu'à Alep, qui fut prise le 26 octobre sans un coup de feu. Les négociations d'armistice commencèrent le même jour et s'achevèrent le 31 octobre. La guerre contre les Turcs était gagnée.

L'idée généralement acceptée est que cette guerre n'aurait pas dû avoir lieu ; que, durant les années et les décennies suivantes, l'Ouest eut plus à perdre de l'instabilité du Moyen-Orient que s'il avait laissé l'Empire ottoman en place. Mais il est permis de douter de cette thèse. Il est certainement vrai que les puissances occidentales ont agi avec une grande duplicité contre ceux qui devaient contrôler les États successeurs de l'Empire ottoman. Ils promirent aux Arabes de Lawrence un accord territorial (les lettres entre McMahon et Hussein qui assuraient aux Arabes la Syrie, le Liban et peut-être la Palestine), tout en agissant d'une tout autre manière dans leurs propres intérêts. Sykes et Picot, comme Lawrence et Fayçal devaient le découvrir, surenchérirent. Ce devait être aux Français de gouverner la Syrie et le Liban, alors que les Britanniques prendraient la suite en Palestine, et dans les faits en Irak, bien que Fayçal en fût théoriquement souverain. Un autre État (la Jordanie) fut créé pour satisfaire les aspirations arabes, mais placé sous le contrôle effectif des Britanniques. Le Hedjaz fut attribué à Hussein, mais son mandat devait être bref. Dans une guerre qui se prolongea entre 1919 et 1925, Ibn Séoud se débarrassa de lui et créa le nouveau royaume d'Arabie saoudite. Dans le même temps, la déclaration Balfour de 1917 promettait aux Juifs leur retour dans un État dans la région, tandis qu'au même moment on garantissait aux Arabes leur droit à l'existence territoriale – un exercice de sophistique dont les conséquences se font encore ressentir.

Qu'est-ce qui aurait pu créer une plus grande confusion ? L'Empire ottoman, en 1914, vivait ses derniers instants. Un petit doute subsiste sur sa disparition rapide sans la Première Guerre mondiale. Le résultat eût peut-être été une constellation de nouveaux États différente de celle créée par les puissances occidentales. Mais la stabilité de ces États est difficilement crédible. Une instabilité différente de celle que nous connaissons prévaudrait aujourd'hui au Moyen-Orient. De plus, dans le monde de l'après-guerre, la découverte d'immenses réserves de pétrole dans la région aurait tôt ou tard attiré les puissances européennes, alors que leurs économies devenaient de plus en plus dépendantes de ces gisements.

Finalement, il est difficile d'éprouver des tiraillements de nostalgie pour l'Empire ottoman. Ce fut le premier État, excepté celui du Kaiser en Afrique, à s'être livré à un génocide au XXe siècle, le premier État à avoir livré des prisonniers à une marche sans fin dans le désert avec pour seul objectif de les faire mourir. De plus, même sous l'éclairé Atatürk, plus d'un million de Grecs furent expulsés de Turquie juste après la guerre. En résumé, ce n'était pas un régime que l'on pouvait regretter. L'existence prolongée de l'Empire ottoman après 1918 est, à la lumière d'une victoire putative de l'Allemagne ou d'une paix de compromis, ou encore de sa transformation en une république militante liée à une Allemagne victorieuse, une hypothèse contrefactuelle dont nous pouvons tout à fait nous passer.

CHAPITRE XII

Les mers

Paul Kennedy

À la fin des années 1920, un débat qui couvait depuis un certain temps a éclaté au grand jour, au vif étonnement d'un public qui a soudain vu des amiraux, des historiens de la marine et des rédacteurs en chef britanniques se prendre de querelle sur un sujet qui les obsédait littéralement. La question était la suivante : pourquoi n'accordait-on pas plus de crédit au rôle des forces navales dans la Grande Guerre ? Et, plus précisément, pourquoi la bataille du Jutland en 1916 n'avait-elle pas entraîné une défaite de la marine du Kaiser aussi écrasante que celle infligée par Nelson aux flottes française et espagnole dans la brillante bataille de Trafalgar ? Pour les protagonistes de ce débat, tous convaincus de la justesse de l'argument d'Alfred T. Mahan sur « l'influence de la puissance maritime sur l'histoire », rien d'autre n'avait d'importance. C'était une question existentielle, ne fût-ce que parce qu'elle conduisait à s'interroger sur l'avenir des grandes flottes de combat dans la guerre technologique moderne. Si elles n'avaient pas pu l'emporter au Jutland, quelle était leur utilité ?

Le problème était, et est toujours, que la totalité des participants à ces débats acharnés, comme presque tous les historiens ultérieurs de la marine, ne prennent pas la peine de poser (et donc d'étudier) la vraie question : pourquoi la puissance maritime a-t-elle joué un rôle aussi restreint pendant la Grande Guerre, par comparaison avec son importance éclatante et incontestée tant dans les guerres révolutionnaires et napoléoniennes que dans la Seconde Guerre mondiale ? Si l'on se replace dans un contexte historique général, l'humanité a assisté depuis 1789 à trois guerres massives, planétaires et de plus en plus totales, et la force maritime a joué un rôle essentiel dans la première et dans la troisième de ces luttes titanesques. Alors pourquoi les marines militaires n'occupent-elles qu'une position secondaire dans le déroulement de la Première Guerre mondiale ? Voilà l'énigme à laquelle ce chapitre se propose d'essayer de répondre.

S'agissant des luttes épiques qui se déroulèrent entre 1793 et 1815, peut-être est-ce Napoléon qui a le mieux résumé la situation en reconnaissant amèrement : « Partout où je vais, je trouve la marine anglaise sur mon chemin. » Certes, c'est sur terre que la défaite l'a rejoint, à Moscou, dans la péninsule Ibérique, à Leipzig et à Waterloo. Mais, à l'époque, tout le monde avait fini par admettre l'influence de la puissance maritime sur l'histoire, bien avant que Mahan n'ait popularisé cette expression[1]. La marine française s'était fait écharper une première fois en 1794 à la bataille du 13 prairial (le Glorieux Premier Juin des Anglo-Saxons) et ne contesta plus jamais à la Grande-Bretagne les atterrages occidentaux vitaux, ni la Manche. Au cap Saint-Vincent (1797), la supériorité tactique des Britanniques sur les flottes franco-espagnoles se manifesta aussi clairement que le génie naissant de Nelson. Les exploits de ce dernier lors de la bataille d'Aboukir (1798) – il envoya six de ses plus lourds navires attaquer la flotte française à l'ancre depuis les hauts-fonds côtiers, tout en attaquant simultanément depuis la mer – furent sans équivalent. L'année précédente, l'amiral Duncan avait écrasé un adversaire bien plus redoutable, la marine hollandaise, à la bataille de Camperdown (1797). La Royal Navy entreprit ensuite de s'assurer le contrôle de la Baltique et, aidée par le mépris aveugle de Nelson pour les instructions, elle détruisit la flotte danoise à Copenhague (1801). Elle connut sa véritable heure de gloire en octobre 1805, à Trafalgar, avec l'anéantissement de la flotte franco-espagnole qui permit à la maîtrise navale britannique de s'imposer en Méditerranée, aux Antilles, au large du cap Finisterre et dans les mers d'Asie. Faut-il s'étonner dans ces conditions que le centre magnétique de Londres soit aujourd'hui encore Trafalgar Square, avec la colonne de l'amiral manchot et sa statue qui la domine avec hauteur ? Et faut-il s'étonner que son génie du combat ait intimidé un siècle d'amiraux ultérieurs ?

L'importance de la puissance maritime dans la Seconde Guerre mondiale a été encore plus flagrante. Comment aurait-on pu, en effet, envisager la défaite ultime des États agresseurs japonais, italien et allemand si la Grande Alliance (l'expression est de Churchill) n'avait pris de force le contrôle de l'Atlantique, de la Méditerranée et du Pacifique ? Les armées paysannes de masse de Staline surent résister à l'invasion dans des conditions extraordinaires, mais elles n'avaient aucun moyen d'assurer à elles seules la défaite des puissances de l'Axe. Celle-ci ne se profilerait que lorsque cette lutte purement terrestre serait soutenue par l'intervention d'une force navale colossale. Il faut en l'occurrence attribuer un rôle capital à la victoire (due essentiellement à la Royal Navy) dans la bataille de l'Atlantique, le plus long combat de tous et dont dépendirent en dernière analyse le succès en Afrique du Nord et en Méditerranée, et même, pour finir, le débarquement en Normandie. Quant à la gigantesque campagne de 1941-1945 dans le Pacifique et en Extrême-Orient, elle fut, par la nature même de sa géographie, déterminée par la collaboration entre aviation et marine ; lorsque des dizaines de porte-avions américains et anglais prirent position au large d'Okinawa en juin 1945, le message était clair. Le haut commandement japonais fit symboliquement sa reddition sur la dunette du cuirassé *USS Missouri*, de même que Napoléon s'était rendu aux Britanniques en 1815 en montant à bord du *HMS Bellerophon*, durement éprouvé par les combats[2].

On chercherait en vain des événements aussi marquants dans l'histoire des aspects maritimes de la Première Guerre mondiale. La puissance navale n'était-elle donc alors bonne à rien ? Non. Elle conserva une importance vitale pour la survie de la nation insulaire, si dépendante de l'outre-mer pour ses approvisionnements ; par extension, elle fut certainement essentielle aussi pour la France, la Belgique et l'Italie, qui comptaient sur les livraisons de charbon extrait et convoyé depuis les îles Britanniques. Elle était également indispensable, de toute évidence, à l'expansion de l'influence maritime japonaise d'un bout à l'autre des voies navigables d'Asie et dans l'océan Indien ; pour finir, une escadrille de destroyers japonais opérerait au large de Grand Harbour, à Malte.

Il n'en est pas moins vrai que, en vertu des critères généralement utilisés pour évaluer les déploiements de puissance maritime offensive, la Première Guerre mondiale n'a pas grand-chose à son actif. Nous analyserons chaque aspect plus en détail dans les pages qui suivent, mais rien n'empêche de résumer immédiatement les faits. Ce conflit ne s'accompagna pour ainsi dire d'aucune grande opération maritime, et la plus prometteuse, celle du Jutland, fut peu concluante. Quant aux opérations amphibies – qui ne représentaient pas de simples incursions côtières, mais l'installation de grande envergure et permanente d'une armée complète en territoire ennemi –, il n'y en eut qu'une : la funeste expédition des

Dardanelles de 1915-1916, le revers le plus humiliant peut-être dans ce domaine depuis la malencontreuse expédition de Sicile par les Athéniens dans l'antiquité. Les Alliés enregistrèrent des résultats inégaux dans la lutte pour protéger – ou perturber – les voies de navigation et furent à deux doigts de perdre la campagne contre les attaques de sous-marins allemands en 1917 avant de réussir à relever le défi l'année suivante. Le blocus économique imposé aux Puissances centrales fut un sujet mal compris à l'époque, et qui le reste largement aujourd'hui. Si l'on devait mentionner un aspect notable de l'histoire de la puissance maritime pendant le conflit de 1914-1918, ce serait sans doute les entraves croissantes à la liberté de toutes les flottes d'opérer au large du littoral d'une puissance ennemie du fait du torpilleur rapide, du sous-marin et (peut-être surtout) de la mine marine. Bien qu'il fût indispensable de conserver des cuirassés dans la mesure où les autres puissances en faisaient autant, ces navires purent de moins en moins prétendre au titre de « maîtres des océans ».

L'ÉQUILIBRE MARITIME

L'équilibre maritime général entre les flottes des grandes puissances en août 1914 permet d'expliquer une grande partie de cette énigme – mais non son intégralité, il s'en faut de beaucoup. L'Amérique était encore hors jeu, et seul le renseignement maritime britannique suivait attentivement les événements du Nouveau Monde. En conséquence de la neutralité initiale de l'Italie, la flotte austro-hongroise (3 *dreadnoughts*, 3 semi-*dreadnoughts*, 6 pré-*dreadnoughts*, 7 croiseurs, 18 destroyers, 61-70 torpilleurs, 10 sous-marins, 3 navires de défense côtière) se trouva sans ennemi, sauf, bien entendu, si les bâtiments de guerre anglo-français étaient suffisamment téméraires pour attaquer des ports le long d'un littoral adriatique rocheux et périlleux ; or, il était bien plus simple pour les Alliés de fermer le passage de l'Adriatique à la Méditerranée en établissant le barrage d'Otrante, lequel resterait en place jusqu'à la fin de la guerre[3]. La marine impériale russe (10 pré-*dreadnoughts*, 1 navire de défense côtière, 12 croiseurs, 25 destroyers, 72 torpilleurs, 22 sous-marins, 12 canonnières) était irrémédiablement divisée entre ses flottes de la Baltique, de la mer Noire et de l'Extrême-Orient – « forte nulle part, faible partout », disait déjà Frédéric le Grand. Dans la mesure où la marine japonaise (2 *dreadnoughts*, 1 croiseur cuirassé, 10 pré-*dreadnoughts*, 4 navires de défense côtière, 33 croiseurs, 50 destroyers, 12 sous-marins) dominait les eaux asiatiques et puisque, en tout état de cause, le Japon entra promptement en guerre en août 1914 aux côtés des Britanniques, les bâtiments russes n'avaient rien à faire sur ce front maritime.

La marine de guerre française, qui avait été la deuxième puissance maritime du monde depuis la fin du XVIIe siècle, était désormais stratégiquement éclipsée. Son importance restait cependant considérable en 1914 : 2 *dreadnoughts*, 6 semi-*dreadnoughts*, 28 croiseurs, 81 destroyers, 187 torpilleurs, 67-75 sous-marins et 1 navire de défense côtière. Outre la nécessité de disposer d'une flotte pour garantir la sécurité de ses possessions impériales, Paris avait investi dans la force navale pour pouvoir s'opposer aux Allemands (ce que les Britanniques pouvaient très bien faire sans la France), s'assurer que l'Italie resterait à sa place (ce qui n'était plus nécessaire après la restructuration de l'alliance) et aider la Russie (tâche devenue géographiquement impossible après l'entrée en guerre de la Turquie en novembre 1918). La marine militaire française put prendre part à quelques campagnes en Méditerranée (Gallipoli, Salonique) et renforcer, de façon limitée, les patrouilles de lutte contre les sous-marins. Mais c'était une marine sans ennemi – à l'inverse de sa partenaire bien plus dominante, l'armée de terre française.

D'où la situation suivante, qui demeurerait immuable : Royal Navy contre *Hochseeflotte*, la flotte allemande de haute mer. Autrement dit : des affrontements entre bâtiments de guerre de surface en mer du Nord, puis, après 1917, entre sous-marins allemands et convois et escortes alliés, qui s'étendirent progressivement à travers l'Atlantique. À première vue, la supériorité matérielle de la Royal Navy était écrasante. La marine britannique rassemblait en effet 22 *dreadnoughts*, 13 *dreadnoughts* en construction, 10 croiseurs de bataille dont 9 en service et 1 en construction, 22 pré-*dreadnoughts*, 8 navires de défense côtière, 40 croiseurs, 90 destroyers, 115 torpilleurs et 31 sous-marins.

Premières actions, dans les eaux européennes et ailleurs

Six brèves descriptions suffiront à illustrer le corset de fer dont les opérations navales furent prisonnières en 1914-1915 : les premières prises et victoires alliées outre-mer ; l'étreinte de plus en plus étroite des blocus, depuis Douvres, Scapa Flow et Rosyth, sur les sorties (et les entrées) de la mer du Nord ; la fuite audacieuse de la flotte allemande à travers la Méditerranée et jusqu'à l'asile du Bosphore ; la victoire allemande, suivie d'une défaite encore plus stupéfiante, dans les eaux de l'Atlantique Sud ; l'expérience britannique poignante des désastres qui accompagneraient les blocus rapprochés à l'ère des U-Boote, à laquelle s'ajoutait le choc du bombardement de surface par les Allemands de villes du littoral du Yorkshire. Dans l'ensemble – car il existe pléthore de récits populaires consacrés à un unique événement et portant des titres tels que *La Fuite du Goeben* ou *Coronel et Malouines* –, la topographie géopolitique et navale de la Première Guerre mondiale se dessina alors et, à une unique exception près (la bataille de l'Atlantique après 1917), ne se modifia plus guère avant que le haut commandement allemand ne demande l'armistice en novembre 1918.

La ruine et l'élimination des positions allemandes outre-mer furent rapides et totales, et ménagèrent peu de surprises, dans la mesure où, depuis trente ans, le colonialisme allemand obsédait les « nouveaux » impérialistes britanniques, leurs dominions autonomes et leurs alliés du ministère français de la Marine et des Colonies. L'année 1884 avait marqué la première tentative de Bismarck pour offrir des colonies à l'Allemagne ; trente ans plus tard, on assista à la liquidation de ce jeune empire qui n'avait strictement aucune chance de continuer à s'imposer après que Londres et Paris eurent réglé leurs propres querelles impériales et constitué un front uni contre les ambitions du Kaiser. On reconnaît rarement le rôle que joua le grand-amiral Tirpitz dans la création de cette prison géopolitique. C'est pourtant bien lui qui s'était opposé avec une détermination farouche au déploiement de forces maritimes allemandes plus importantes outre-mer, s'obstinant à affirmer, comme il l'avait fait dans son célèbre mémorandum de 1897, que la mer du Nord était le « levier » qui permettrait un jour à une flotte de haute mer en expansion de contraindre les Britanniques à concéder au Deuxième Reich un statut égal au leur. Le résultat, nous le verrons plus en détail, fut que les bâtiments de guerre allemands éloignés, quelle que fût la compétence des hommes qui les manœuvraient, se trouvèrent en 1914 à la merci d'une vaste coalition impériale tenant en main toutes les cartes de cette reprise de la lutte pour la maîtrise du Proche et du Moyen-Orient, de l'Extrême-Orient, du sud-ouest du Pacifique et de toute l'Afrique. Il s'agissait bien d'une « reprise », en effet, dans la mesure où cette lutte mondiale entre puissances européennes avait probablement débuté du temps de Louis XIV, de Guillaume et de Marie, s'était poursuivie à travers pas

LA PREMIÈRE GUERRE MONDIALE · **COMBATS**

Fig. 1

Exaltation de l'empire : cette pendule (**fig. 1**) «*Deutsche Reichs-Colonial-Uhr*» («Heure coloniale de l'empire allemand») a été fabriquée au début du XXe siècle par la *Badische Uhrenfabrik Furtwangen*, qui a mis ainsi le savoir-faire des horlogers du sud de l'Allemagne au service du colonialisme. Le centre du cadran donne l'heure de l'Europe centrale (l'abréviation MEZ signifie *Mitteleuropäische Zeit*, adopté dans l'Empire allemand en 1893), tandis que les chiffres romains donnent l'heure dans les différentes colonies allemandes (Cameroun, Togo, îles Marshall, Samoa, Chine…). Le bandeau surmontant la partie supérieure du cadran reprend une formule de Guillaume II («Le soleil ne se couche pas sur notre Empire») – formule que la pendule met en quelque sorte en objet –, tandis que le drapeau rouge planté dans un paysage exotique porte une autre phrase célèbre («Notre avenir est sur l'eau») prononcée par l'Empereur en 1898. Le tout appuyé par la représentation d'un navire de guerre rappelant l'effort de construction navale initié la même année.

L'Afrique orientale allemande « exposée » à Leipzig en 1897 regroupait des territoires conquis dans les années 1880 : définie par traité avec Londres en 1890, la colonie regroupait l'actuel Burundi, le Rwanda et la partie continentale de la Tanzanie ; elle était tout juste « pacifiée » à la date de l'exposition. « Pacification » que cette affiche (**fig. 2**), signée G. Kridhart, évoque sans ambages : l'indigène (un Arabe de Tanzanie), encore armé mais drapeau abaissé, tourne son visage vers un lever de soleil surmonté de la couronne impériale allemande, tandis qu'un village brûle à l'arrière-plan devant les silhouettes de deux femmes et d'un enfant.

Fig. 2

Fig. 3

LA PREMIÈRE GUERRE MONDIALE — COMBATS

Mais cette exaltation coloniale allemande dissimule mal la faiblesse de l'Empire, composé de territoires dispersés, sans liens entre eux et de faible valeur. Rien de comparable avec les immenses territoires des deux grandes puissances coloniales de l'époque : le Royaume-Uni et la France. Cette dernière avait ainsi les moyens de recruter des soldats dans ses possessions d'outre-mer : l'« Armée d'Afrique » était recrutée en Afrique du Nord (cet album photographique [**fig. 3**] d'un soldat nord-africain blessé témoigne d'ailleurs, non sans fierté, de l'expérience traversée pendant la guerre). Avant le conflit, des voix s'étaient élevées, comme celle de Mangin en 1910 dans son ouvrage *La Force noire*, pour organiser également un recrutement massif en Afrique occidentale française. La statuette présentée ici (**fig. 4**) – un tirailleur sénégalais en uniforme modèle 1914 – témoigne d'une forme de propagande pour ce type de recrutement. Il n'empêche qu'à la veille de la Grande Guerre, l'« armée noire » était un mythe bien plus qu'une réalité. L'appel aux colonies dut donc s'intensifier pendant le conflit, au grand dam des Allemands indignés de cette intrusion de « barbares » dans une guerre entre « civilisés ».

Fig. 4

Tison et la famille Sergent à St Jacut.

Fig. 5

    Malgré le racisme ambiant, la gratitude fut réelle, en France, à l'égard de ces troupes coloniales venues combattre sur le sol français. Et les soldats noirs américains (qui débarquent ici à New York [**fig. 5**], l'un deux portant un casque allemand en guise de trophée) furent surpris par une discrimination raciale bien moins marquée en France qu'aux États-Unis.

LA PREMIÈRE GUERRE MONDIALE — COMBATS

Fig. 6

De la diplomatie à la guerre. Ce dessin français (**fig. 6**) du ministre des Affaires étrangères du Royaume-Uni – Sir Edward Grey, titulaire du *Foreign Secretary* depuis 1905 – caricature ce dernier en jongleur dont la poche laisse voir un « traité secret » et s'amusant avec les différentes puissances figurées en grenades allumées (France, Allemagne, Turquie, Espagne, Russie, Italie). Lui-même est juché sur un « équilibre européen » très instable : allusion transparente à la subtile politique britannique d'équilibre entre puissances européennes (« *balance of power* ») avant 1914.

Fig. 7

Subtile mais dangereuse, comme le suggère l'affiche : artisan d'une pacification des conflits européens (crise d'Agadir de 1911 et guerres balkaniques de 1912-1913), Grey ne sut pas prendre assez tôt une position suffisamment ferme à l'égard de l'Allemagne lors de la crise de juillet 1914. C'est ainsi qu'après la déclaration de guerre à la France (3 août), et l'invasion immédiate de la Belgique, le Royaume-Uni n'eut pas d'autre choix que de déclarer à son tour la guerre à l'Allemagne le 4, après le rejet de son ultimatum : c'est cet événement qui fait la « une » du *Daily Mirror* (**fig. 7**), le journal mettant très significativement l'accent sur la puissance navale britannique, indiscutable en effet en regard de forces terrestres très limitées, faute de toute armée de conscription britannique avant 1914.

Fig. 8

En France, quelques jours plus tôt, l'assassinat de Jaurès (31 juillet au soir) avait fait s'envoler les ultimes espoirs qui pouvaient encore être placés dans l'action internationale du leader socialiste. La « une » de *L'Humanité* du lendemain (**fig. 8**) – date de la mobilisation générale française annoncée en début d'après-midi – dit la douleur des socialistes, certes, mais en aucun cas ne prône l'insurrection contre la guerre imminente : le ralliement du mouvement ouvrier à la mobilisation est en germe dans cette édition du 1er août.

LA PREMIÈRE GUERRE MONDIALE — COMBATS

Le culte des dirigeants politiques et militaires s'exprima avec force dans tous les pays belligérants. La céramique en fut un symptôme caractéristique. Sur l'assiette française du tout début de la guerre (**fig. 9**), l'accent est mis sur l'*alliance* (drapeaux belge, français, russe et britannique) ainsi que sur les chefs militaires : sont représentés le général Joffre, en position centrale, le général French à gauche, le grand duc Nicolas à droite, le général Pau en dessous (doit-il sa présence ici à son statut de grand blessé et de vétéran de 1870 ou au fait qu'il fut l'exécutant du plan XVII en Alsace ?).

Fig. 9

Le *toby jug* britannique (**fig. 10**, datée de 1917 et dessinée par le caricaturiste F.C. Gould) faisait partie d'une série de onze chopes à bière du même type représentant les chefs politiques et militaires de l'Entente. Il présente le commandant en chef des forces britanniques en France, Douglas Haig (nommé fin 1915 en remplacement de French), assis sur un char Mark baptisé « Somme et Ancre » : les chars Mark furent en effet engagés pour la première fois sur la Somme en septembre 1916. L'objet met en exergue un mot d'ordre de Haig avant la bataille (« *Push and Go* »), typique d'une forme d'inconscience du haut commandement.

Fig. 10

Fig. 11

C'est toutefois en Allemagne que ce culte des chefs fut le plus prégnant. Le mythe d'Hindenburg et de Ludendorff (son adjoint, mais le véritable stratège) commença avec la grande victoire de Tannenberg remportée sur les armées russes à la fin du mois d'août 1914, qui arrêta l'invasion de la Prusse orientale. Elle est commémorée ici avec faste (**fig. 11**). Le culte des deux chefs survivra à la défaite allemande de 1918, dont ils avaient pourtant été les principaux artisans à l'issue de leur accession au commandement suprême à la fin de l'été 1916. Sur le plat allemand (**fig. 12**) réalisé deux ans plus tôt, en 1914, et présentant les différents chefs d'armée du Reich, les honneurs étaient encore équitablement répartis : l'Empereur Guillaume II, flanqué de ses deux fils (non nommés), restait en position centrale, juste au-dessus de la croix de fer et du « *Gott mit uns* » (« Dieu avec nous »). Tout autour, sont disposés les portraits des dix chefs d'armée allemands : Hindenbug (en bas) ne bénéficiait pas encore d'une position prééminente.

Fig. 12

LA PREMIÈRE GUERRE MONDIALE — COMBATS

Fig. 13

Logiquement, c'est sur Guillaume II que se fixa une propagande de guerre française particulièrement haineuse, même si le système de bascule de ce jouet de bois (**fig. 13**) faisait apparaître aussi les bustes de François-Joseph et du sultan. La tête de l'empereur allemand détesté émerge d'un baquet de lessive « finale » pour être frappé du pied et de la crosse par deux soldats, l'un britannique, l'autre français : métaphore de la bataille de la Marne en septembre 1914.

Fig. 14

LA PREMIÈRE GUERRE MONDIALE — COMBATS

Sous le titre en lettres rouges : « L'antisémitisme, la contre-révolution préméditée ; l'antisémitisme notre ennemi de classe », cette affiche bolchevique de 1917 (**fig. 14**) se veut avant tout éducative et dénonciatrice. L'antisémitisme avait été effectivement porté au paroxysme par les défaites et la désorganisation sociale de la Russie en guerre. Il est représenté ici sous la forme d'un bouquet dont les fleurs sont des têtes juives décapitées, bouquet porté par les forces du régime tsariste animalisées et présenté au tsar et à la tsarine. Le texte dit ceci : « Les capitalistes et les propriétaires fonciers coûte que coûte souhaitent diviser les ouvriers des différentes nations mais eux-mêmes, les puissants du monde, s'accordent magnifiquement ensemble comme les actionnaires aux revenus élevés. […] Voilà la file de tous ceux à l'air bestial qui cultivent l'antisémitisme dans la Russie du tsar. Tous sont connus comme ennemis de classe : le tsar, le ministre, le pope, le propriétaire, le koulak, le général, le gendarme, le policier. Toute la meute réactionnaire des organisateurs de la persécution des juifs. »

La statue de Lénine en marche (**fig. 15**) – statue de propagande du régime installé par le coup d'État de novembre 1917 – signale parfaitement la nouveauté du type de pouvoir politique institué en Russie par la révolution bolchévique : contrairement à tous les dirigeants européens du temps, Lénine n'est pas représenté « en dignité » : sa tenue est celle d'un ouvrier portant une veste ouverte, casquette sur la tête et foulard noué autour du cou ; surtout, le chef du nouvel État est en mouvement, signe du volontarisme d'un régime en marche vers un monde et un homme nouveaux. Un tel objet ne dit évidemment rien de l'extrême brutalité du nouveau pouvoir, largement hérité de l'expérience de guerre russe.

Fig. 15

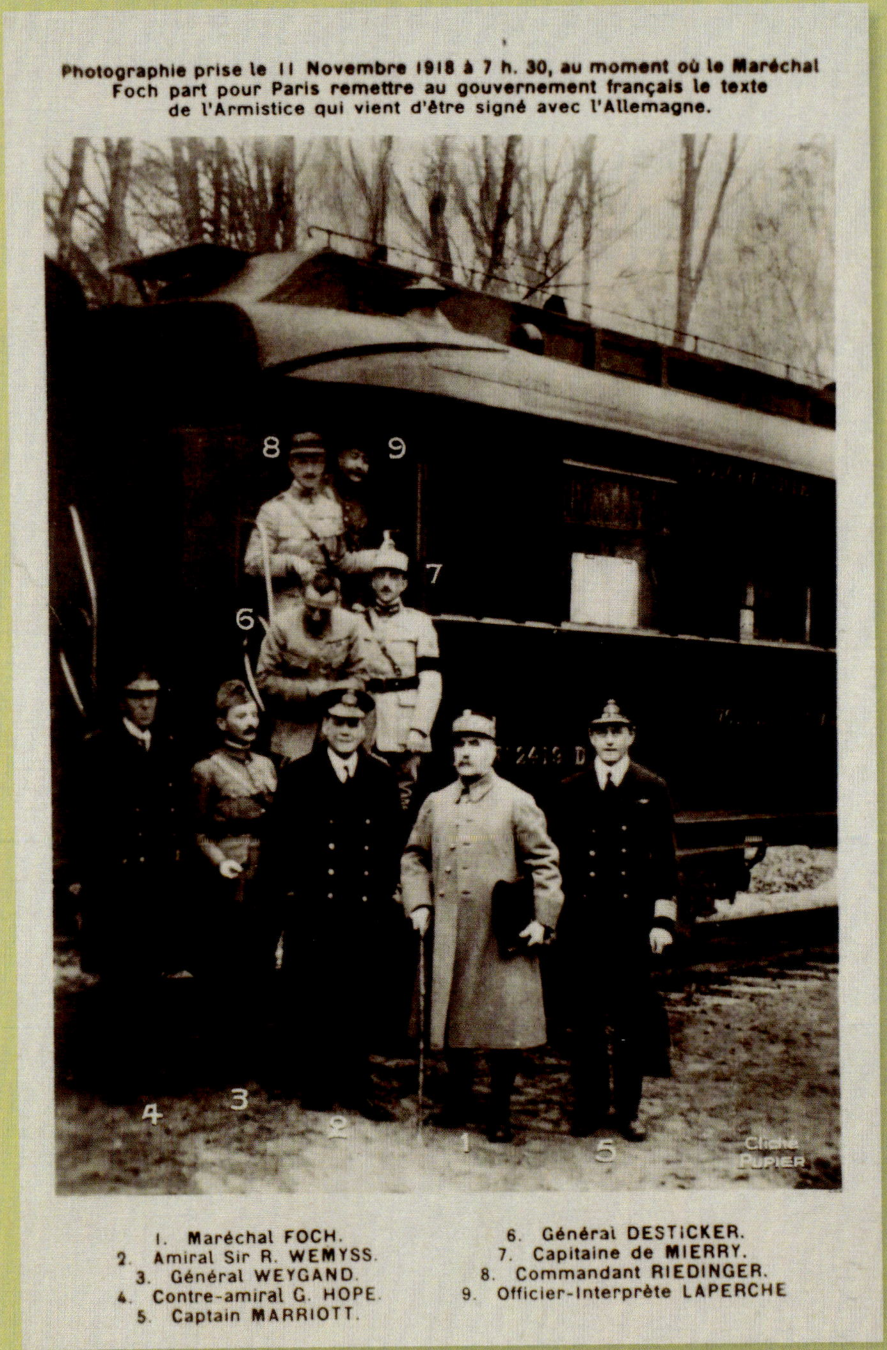
Photographie prise le 11 Novembre 1918 à 7 h. 30, au moment où le Maréchal Foch part pour Paris remettre au gouvernement français le texte de l'Armistice qui vient d'être signé avec l'Allemagne.
8
9
7
6
4
3
2
1
5
Cliché PUPIER
1. Maréchal FOCH.
2. Amiral Sir R. WEMYSS.
3. Général WEYGAND.
4. Contre-amiral G. HOPE.
5. Captain MARRIOTT.
6. Général DESTICKER.
7. Capitaine de MIERRY.
8. Commandant RIEDINGER.
9. Officier-Interprète LAPERCHE

Fig. 16

Deux fins de guerre très différentes. Sur cette photographie (**fig. 16**) réalisée dans la carrière de Rethondes à 7 h 30 le 11 novembre 1918, Foch, généralissime des armées alliées depuis mars, pose devant son wagon de commandement, entouré des autres représentants de l'Alliance. La convention d'armistice a été signée à 5 h 40 et le document doit maintenant être ramené à Paris. La victoire sur l'Allemagne paraît définitive. Rétrospectivement, l'illusion du moment est une évidence.

LA PREMIÈRE GUERRE MONDIALE COMBATS

Fig. 17

Un retour parfait et, sans doute, une illusion d'un autre ordre. Pour G. Willèle, prisonnier depuis 1914 au camp de Mumsdof (Saxe) – toutes les années de camp sont inscrites sur ce «souvenir de captivité» –, le retour au foyer importait plus que la victoire. Ce retour (**fig. 17**), soigneusement brodé (par un professionnel?), fut intensément *imaginé* : dans un paysage rural, une épouse et une petite fille sans doute jamais connue (mais qui, elle, reconnaît son père) se précipitent vers l'«exilé», resté en uniforme du début de la guerre.

La destruction des monuments historiques fut intensément reprochée aux Puissances centrales dès le début de la guerre : de même que les atrocités commises à l'encontre des populations civiles, elle conforta l'image de barbarie accolée dès les débuts de la guerre aux troupes allemandes et autrichiennes. Venise, ville très importante de l'arrière front italien pendant les batailles successives de l'Isonzo, et qui faillit être perdue lors de l'offensive austro-allemande de Caporetto (octobre 1917), fut bombardée à plusieurs reprises par l'aviation autrichienne, en particulier en février 1918 : c'est la date à laquelle le Français Armand Dayot a photographié le plafond endommagé (**fig. 18**) de la *Scuola grande di san Rocco*, construite lors de la première moitié du XVIe siècle. Le cliché n'est pas d'ordre documentaire : il est d'abord dénonciateur.

LA PREMIÈRE GUERRE MONDIALE — COMBATS

Fig. 18

Fig. 19

Fig. 20

Le panneau «*Nicht ärgern nur wundern!*» placé par les Allemands sur l'hôtel de ville de Péronne (**fig. 19 et 20**), bombardé et détruit par le canon britannique en 1916 lors de la bataille de la Somme, est également dénonciateur à sa manière. L'occupant allemand (4ᵉ régiment d'infanterie hessois n° 118) l'a placé à cet endroit juste avant le retrait stratégique du début 1917, à l'intention des Britanniques entrés dans la ville le 18 mars. Dans l'instant, le texte du panneau fut interprété comme une marque du cynisme allemand, dans la traduction suivante : «Ne vous étonnez pas, admirez seulement.» En fait, il semble que la traduction correcte de ce qui était un dicton allemand soit celle-ci : «Ne soyez pas en colère, étonnez-vous seulement.» Une phrase signifiant quelque chose comme «ne cherchez pas à comprendre», et suggérant une vision désabusée de la guerre.

LA PREMIÈRE GUERRE MONDIALE — COMBATS

Fig. 21

L'arme navale fascinait les contemporains avant le conflit. En témoigne ce jeu de construction allemand (**fig. 21**, datée 1910), en ligne avec l'effort de construction navale du Reich d'avant 1914, et permettant d'assembler treize modèles de navires de guerre ; le fait qu'il soit vendu avec une traduction française et anglaise prouve qu'il s'agit aussi d'un objet commercial d'exportation pour une industrie allemande du jouet très dynamique avant-guerre. Pendant le conflit – principalement terrestre –, cette fascination pour la marine n'a pas disparu : en témoigne cette image d'Épinal française de 1915 (**fig. 22**) portant sur deux succès navals britanniques, pourtant sans importance stratégique.

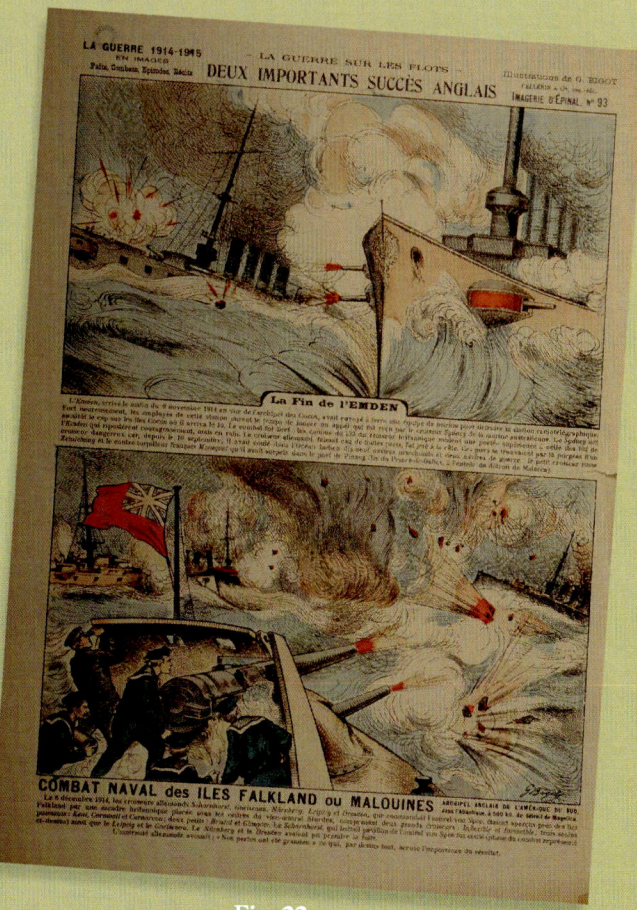

Fig. 22

L'opération des Dardanelles, début 1915, fut un enjeu tout autre. La tentative alliée de forcer le détroit (18 mars) fut un échec face aux mines mouillées par la défense turque et le bombardement des forts. Un échec représenté sur cette assiette commémorative allemande (**fig. 23**), et qui ne laissa aux Alliés d'autre solution qu'un débarquement terrestre en avril, conclu par une nouvelle catastrophe.

La bataille du Jutland (ou Dogger Bank pour les Britanniques) – la seule bataille navale de la guerre, fin mai-début juin 1916 – fut également de grande importance : plus coûteuse pour la *Navy* que pour la *Kriegsmarine*, comme le signalent les dégâts enregistrés par plusieurs de ses navires, comme le *HMS Chester* (**fig. 24**) – un croiseur léger entré tout récemment en service et frappé de dix-sept obus –, elle fut toutefois un échec stratégique pour l'Allemagne qui dut se résigner à laisser sa flotte de haute mer sous la protection de ses ports de Baltique.

Fig. 23

Fig. 24

LA PREMIÈRE GUERRE MONDIALE — COMBATS

Mais alors, comment forcer le blocus ? La guerre sous-marine fut la seule réponse dont disposait l'Allemagne. Cette assiette commémorative allemande (**fig. 25**), fabriquée à Maissen, célèbre l'exploit de l'U9 (pour U-boat 9), qui coula trois croiseurs britannique en une heure, le 21 septembre 1914, puis un quatrième le 15 octobre, initiant une forme nouvelle de guerre navale : de grands espoirs furent placés en elle : elle était susceptible, pensa-t-on en Allemagne, de briser l'approvisionnement allié et de mettre l'Angleterre à genoux. En fait, malgré le nombre de navires coulés après le début de la guerre sous-marine à outrance (février 1917), le système allié des convois permit de mettre en échec la stratégie allemande.

Fig. 25

Fig. 26

Paradoxe : c'est avec le cuivre des obus et des cartouches de la guerre terrestre qu'un soldat réalisa cette pièce d'artisanat de tranchée (**fig. 26**) représentant (très librement) un sous-marin : indice que cette forme de guerre navale – au demeurant extrêmement meurtrière pour les équipages – fascina ceux qui menaient la guerre des tranchées.

Fig. 28

LA PREMIÈRE GUERRE MONDIALE — COMBATS

Fig. 27

Pendant la Grande Guerre, ce sont les fantassins qui jouèrent le rôle décisif. Ce sont eux également qui subirent les souffrances les plus grandes. Le cliché de ce soldat allemand allongé derrière un talus à Verdun (**fig. 27**), près du fort de Vaux, en témoigne : tout proche de lui, et alors que toute position organisée a disparu, émerge un cadavre français à demi-enterré. Parallèlement, les formes de guerre plus traditionnelles se sont effacées : la cavalerie ne s'est réellement maintenue que sur les fronts orientaux, plus fluides ; posent ici des marins allemands en uniformes turcs (**fig. 28**), devant deux obus non explosés de gros calibre et le très gros éclat d'un troisième.

Zensiert
Paul Hoffmann & Co.
Berlin-Schöneberg.

Paradoxalement, la fascination n'en fut que plus marquée pour l'aviation, comme en témoigne cette petite maquette allemande réalisée par un soldat (**fig. 29**), faite de cuivre et de cartouches collectées sur le champ de bataille, et portant la croix de fer sur ses ailes. Les pilotes menaient une guerre certes meurtrière, mais affranchie des misères du combat de position. Beaucoup de cavaliers, d'ailleurs, se réfugièrent dans cette arme nouvelle, qui fit pendant la guerre des progrès fulgurants, aussi bien dans le domaine de l'observation que dans ceux du combat et du bombardement. Georges Guynemer, dont l'avion (un Spad du même type que celui qui est photographié par un américain au-dessus de Compiègne [**fig. 30**], la ligne des tranchées étant bien visible au sol) est ici saisi

Fig. 29

Fig. 30

LA PREMIÈRE GUERRE MONDIALE COMBATS

Fig. 31

en vol (**fig. 31**), fut un «as» (54 victoires) particulièrement habile dans le combat singulier entre pilotes. Mais au moment de sa mort, en septembre 1917, ces duels d'un nouveau genre avaient disparu au profit d'affrontements collectifs entre escadrilles : Guynemer commandait d'ailleurs celle des «Cigognes» lorsqu'il trouva la mort au-dessus de la Belgique.

moins de sept grandes guerres au cours du long XVIIIe siècle, avait recommencé sous une forme moins violente lors de la ruée vers les colonies après 1871 et n'avait été réglée que par les accords de l'Entente cordiale de 1904-1906, accords fortement encouragés par une préoccupation mutuelle face aux ambitions perçues comme telles de l'Allemagne de Guillaume II.

Si les navires de guerre allemands outre-mer ne faisaient pas le poids, on peut en dire autant des colonies allemandes dispersées et tenues par des forces modestes. Quand Londres et Paris annoncèrent leur entrée en guerre, les deux pays avaient déjà conçu des esquisses de plans pour s'emparer de ces territoires allemands d'outre-mer. Et c'est avec une grande satisfaction que la Nouvelle-Zélande prit pied sur les Samoa allemandes, tandis que les forces australiennes occupaient la Nouvelle-Guinée ; ayant nourri une crainte exagérée des Prussiens dans les mers du Sud, ces deux dominions furent enchantés de pouvoir se débarrasser de cette présence étrangère. En Afrique occidentale, des forces françaises et britanniques numériquement supérieures pénétrèrent rapidement au Togo et au Cameroun. Les Africains du Sud étaient tout aussi désireux de se défaire de ce qu'ils considéraient comme une emprise allemande menaçante sur l'Afrique du Sud-Ouest (l'actuelle Namibie), bien que les forces de Smuts et de Botha n'y soient parvenues qu'en 1915. Il n'y eut que dans l'*Ostafrika* allemande que le remarquable général Lettow-Vorbeck obligea des troupes sud-africaines, indiennes et britanniques largement supérieures en nombre à se livrer à une petite danse autour du Kilimandjaro jusqu'à l'armistice, après quoi il regagna en héros un Berlin démoralisé[4].

Dès que l'on s'écarte un peu de cette effervescence d'actions militaires et navales, une réalité stratégique fondamentale émerge : il n'y aurait pas de « guerre dans les mers d'Asie », pas de lutte acharnée pour les îles sucrières des Antilles, ni même d'actions de surface au large de l'Afrique du Nord. Les Allemands furent en l'occurrence les grands perdants ; mais les raisons avancées par la France pour justifier la possession d'une importante marine de guerre ne s'en relevèrent pas davantage que, en tout cas après la bataille des Falklands (ou Malouines), toutes les illusions de sir John Fisher sur la transformation de la Royal Navy en une force reposant sur des croiseurs de bataille rapides, à longue portée, dominant les eaux lointaines du monde. Scapa Flow, Douvres, Gibraltar et Alexandrie s'en chargèrent fort bien.

En Extrême-Orient, les Japonais marchèrent, comme toujours, au son de leur propre tambour, considérant la crise européenne comme une excellente occasion d'étendre encore leur influence. La mainmise allemande sur le port de Qingdao (Tsingtao) et sur la province du Shandong était précaire et ces deux territoires furent envahis et occupés, l'un comme l'autre. Tokyo avait donné une interprétation très large du traité anglo-japonais révisé de 1907 afin de pouvoir entrer en guerre aux côtés des Alliés, et le Foreign Office fut un peu surpris de la hardiesse japonaise. Quant aux Américains, détachés, calculateurs et neutralistes, cette conquête précipitée par le Japon des possessions allemandes insulaires du Pacifique central – les îles Marshall, Carolines, Mariannes – leur inspira des soucis stratégiques. Néanmoins, le point essentiel serait certainement le sort de ces colonies allemandes le jour où la guerre serait gagnée – si elle l'était – par les puissances maritimes. Il était fort improbable qu'elles fussent restituées à Berlin ; à l'avenir, les pangermanistes porteraient plutôt leurs regards vers les champs de céréales de l'Ukraine et la houille du Donbass.

Si ces campagnes d'outre-mer furent lancées avec une telle précipitation relative, c'était bien sûr que la marine allemande était incapable de sortir de la mer du Nord (et que la marine austro-hongroise ne pouvait aller nulle part, même si elle réussissait à quitter l'Adriatique). Dès l'expiration de l'ultimatum britannique, le 3 août 1914, des escadres de la Royal Navy verrouillèrent le pas de Calais et les eaux situées entre l'Écosse et la Norvège. En même temps, des câbles sous-marins reliant l'Allemagne au monde extérieur furent arrachés et coupés par des navires spécialisés, condamnant le Deuxième Reich à l'isolement total, si ce n'est avec quelques centres stratégiques secondaires comme la Scandinavie et les Balkans. Non seulement les bâtiments de guerre allemands ne pouvaient pas sortir pour renforcer leurs positions outre-mer, mais les navires marchands allemands ne pouvaient plus entrer, en raison du blocus qui étranglait le pays. De surcroît, les navires marchands neutres étaient incapables de prendre le relais, car ils étaient escortés dans les ports britanniques pour y être inspectés (aboutissant à la confiscation des marchandises destinées à l'Allemagne), avant de pouvoir reprendre la mer vers Amsterdam ou ailleurs. Comme nous le verrons plus loin, on peut se demander si, en tout état de cause, des pays neutres eussent pu répondre à la demande massive de denrées alimentaires et de matières premières de l'Allemagne, mais le blocus maritime fit de cette éventualité une pure hypothèse.

En mer du Nord, cependant, la politique navale britannique comportait encore des points faibles. N'importe quel commandant de marine chevronné aurait dû comprendre qu'un blocus « à distance » depuis les bases de Douvres et de Scapa Flow constituait la solution raisonnable, à une réserve près. Mais l'Amirauté n'avait pas renoncé à l'absurdité du blocus « rapproché » et le désastre eut lieu le 22 septembre 1914, quand trois croiseurs britanniques, de grandes dimensions mais chargés d'ans (le *HMS Aboukir*, le *HMS Hogue* et le *HMS Crécy*), furent coulés en moins d'une heure par un U-Boot minuscule et obsolescent. Un nombre atterrant de marins (1 400) furent envoyés par le fond. Comme l'écrivit Julian S. Corbett dans son histoire officielle, « rien ne proclama aussi clairement l'évolution qu'avait subie la guerre maritime ». Peu après, en octobre, un *dreadnought* flambant neuf, le *HMS Audacious*, toucha une mine ennemie et sombra en peu de temps. Dès cet instant, l'image des dégâts que les sous-marins, les torpilles et les mines pouvaient causer aux gigantesques *dreadnoughts* hanta l'esprit de Jellicoe. Si sa *Grand Fleet* prenait la mer sans être accompagnée par des dragueurs de mines, elle risquait de tomber sur un nouveau champ de mines mis en place par l'ennemi. Mais si elle se faisait précéder par des dragueurs de mines, ceux-ci ne pouvaient dépasser une vitesse de 10 nœuds, ce qui les rendait très vulnérables aux sous-marins allemands. Et si les croiseurs de bataille et les cuirassés (classe Queen Elizabeth) britanniques fonçaient à toute vitesse pour des raisons de sécurité ou pour s'emparer de l'ennemi, les destroyers censés les protéger seraient incapables de les suivre, sinon dans les eaux les plus calmes.

Cette difficulté n'était pas la seule. Premièrement, la *Hochseeflotte* avait une moindre distance à parcourir pour venir bombarder les ports de la côte est de l'Angleterre que la *Grand Fleet* pour parvenir dans le même secteur depuis Scapa Flow. Deuxièmement, les brumes et les brouillards qui régnaient toute l'année au cœur de la mer du Nord rendaient le repérage et la communication extrêmement difficiles – on n'était ni au cap Saint-Vincent ni dans la baie d'Aboukir ! Le premier problème fut progressivement réglé par l'équipe de décryptage de la Room 40 de l'Amirauté, car la marine allemande était notoirement prolixe en messages radio de navire à navire lorsqu'elle se préparait à prendre la mer. Mais ce système était loin d'être parfait, et personne n'était en mesure de résoudre le problème des brouillards de la mer du Nord. C'est ainsi que les 15 et 16 décembre 1914, quand les deux flottes prirent la mer avec, comme de coutume, des escadrilles de croiseurs de bataille rapides précédant les plus grosses unités de guerre, on assista à une comédie des erreurs. Les croiseurs de bataille de l'amiral allemand Franz von Hipper scandalisèrent la nation britannique en bombardant Scarborough, Hartlepool et Whitby, avant d'échapper de justesse à un piège britannique en raison de la mauvaise transmission d'un message du capitaine de pavillon Beatty aux croiseurs en reconnaissance avancée. Mais les escadrilles britanniques qui se trouvaient en tête avaient peut-être, elles aussi, failli se retrouver en face de la *Hochseeflotte* au grand complet, avant que le commandant de celle-ci ne s'alarme de l'ampleur des attaques de destroyers et de torpilleurs, et ne regagne Wilhelmshaven. Les deux ministères de la Marine étaient furieux qu'il n'y ait pas eu d'action décisive, mais le fait est que les commandants de la flotte étaient désormais terriblement inquiets à l'idée d'opérer au centre de la mer du Nord.

Londres ordonna aux croiseurs de bataille de Beatty de se déplacer vers le sud pour se replier à Rosyth, dans la Forth, et mit un nombre considérable de croiseurs, de destroyers et de sous-marins en position à Harwich. Mais cela relevait toujours de l'action préventive, car personne ne voulait prendre la mer, à l'exception des sous-marins des deux camps qui s'enhardissaient de plus en plus, les Britanniques allant jusqu'à sillonner les eaux de la Baltique elle-même. Les dangereux hauts-fonds de Dogger Bank, la menace de nouveaux champs de mines, le risque d'une attaque de destroyer surgissant du brouillard et la peur bleue qu'inspiraient les sous-marins – un sous-marin britannique ayant perdu accidentellement le contrôle fit surface soudainement, provoquant la dispersion paniquée d'un certain nombre de lourds navires de guerre allemands ! – paralysaient toute initiative. Quand la guerre avait éclaté, on avait envoyé le fier signal annonçant : « Les navires du roi sont en mer ! », mais, dans les faits, ils l'étaient de moins en moins. Les grandes lignes de la future issue du Jutland s'esquissaient déjà dans les premiers mois de la guerre de surface.

S'y ajoutaient des nouvelles décevantes pour les Britanniques en Méditerranée, légèrement compensées par de meilleurs résultats dans l'Atlantique Sud. Deux flottilles allemandes modestes, mais non négligeables, se trouvaient à l'étranger en 1914. La première, appelée non sans quelque orgueil la *Mittelmeerflotte*, la « flotte de Méditerranée », était formée du croiseur de combat moderne, le *SMS Goeben*, et de son croiseur d'escorte, le *SMS Breslau*, sous le commandement de l'amiral Souchon. Partant de l'ouest de la Méditerranée, ces navires se dirigèrent intrépidement vers l'est, poursuivis par une force britannique supérieure mais maladroitement commandée. Ils réussirent à gagner sains et saufs Constantinople, amorçant ainsi une escalade de la guerre bien plus importante, qui entraînerait l'intervention de la Turquie elle-même dans le camp des Puissances centrales, l'isolement et le lent étranglement du commerce d'exportation russe par la mer Noire et par la Baltique, et l'invitation faite aux Britanniques et aux Français d'accroître leur influence sur la totalité du Proche-Orient turc. L'amiral britannique (Troubridge) ne fut pas fusillé comme avaient pu l'être ses prédécesseurs du XVIIIe siècle, parce que les instructions de l'Amirauté elle-même avaient été très déconcertantes et qu'en fait l'ensemble des messages radio avait été confus ; mais tout cela ne faisait que confirmer les redoutables difficultés que posait la conduite d'une grande guerre maritime après un siècle de paix relative, accompagné de progrès technologiques révolutionnaires.

La deuxième escadre allemande de combat en position à l'étranger en 1914, une force modeste en dimensions mais moderne et très puissante, était la flottille d'Extrême-Orient, commandée par le comte amiral von Spee et basée à Tsingtao, au nord de la Chine. Mieux valait indéniablement ne plus se trouver dans les parages lorsque la marine japonaise, déjà en position dominante dans ces eaux, s'engagea dans le conflit et s'empara de la colonie allemande, tandis que des forces expéditionnaires prenaient également les îles Carolines, Mariannes et Marshall. Spee avait donc déjà entamé sa traversée épique des vastes étendues du Pacifique, souffrant d'un besoin désespéré et constant de charbon et se sentant comme un renard acculé par des groupes de chasseurs de plus en plus nombreux ; mais il possédait deux croiseurs blindés relativement rapides, le *Scharnhorst* et le *Gneisenau*, plus quelques croiseurs légers modernes fort utiles – un des avantages de la nouvelle marine de Tirpitz étant précisément qu'elle était *nouvelle*. Ce n'était pas le cas des nombreuses unités de la Royal Navy dispersées dans les eaux étrangères – cuirassés pré-*dreadnoughts* affreusement lents, croiseurs lourds périmés et bâtiments légers plus petits. Quand Fisher avait imposé ses multiples réformes navales en 1904-1906, il avait plaidé pour qu'on envoie à la ferraille les bâtiments de guerre les plus vétustes, en partie parce que ces vaisseaux risquaient d'être anéantis par le raid d'une escadrille ennemie rapide qui n'en ferait qu'une bouchée, comme un tatou avale des fourmis. Il n'en restait pas moins trop de vieux navires en service au moment où la guerre éclata.

La bataille de Coronel (sur la côte sud du Chili) le 1er novembre 1914 en donna une excellente illustration, lorsque pas moins de cinq bâtiments de guerre britanniques furent coulés, moyennant d'énormes pertes, quand ils furent surpris par l'escadre de Spee. Cette fois, face à une défaite aussi cuisante, la réaction de Londres fut prompte et massive : les deux croiseurs de bataille les plus rapides et les plus puissants, le *HMS Invincible* et le *HMS Inflexible*, quittèrent précipitamment Scapa Flow pour faire route vers l'Atlantique Sud. S'ils rencontraient la flottille allemande – ce qui fut le cas le 8 décembre –, celle-ci n'avait aucune chance d'en réchapper ; cette fois, ce fut au tour des Allemands d'être rappelés par leur Créateur, et leur défaite fut encore plus écrasante que celle de Coronel. Les croiseurs légers allemands qui réussirent à prendre la fuite n'eurent qu'un instant de répit. Les mers du Sud étaient, en ce temps-là et pendant la Seconde Guerre mondiale encore, un univers dominé par la Grande-Bretagne, dans lequel un maraudeur allemand occasionnel ne s'introduisait qu'en catimini, et jamais pour longtemps. Le légendaire croiseur léger allemand *SMS Emden* survécut jusqu'à sa rencontre dans l'océan Indien avec le croiseur australien *HMAS Sydney*, mais ce ne fut qu'une péripétie romanesque. On était loin de la guerre de Sept Ans et de ses luttes épiques pour les Antilles, le Canada et l'Inde.

Quel est le problème ?
La géographie, la géographie, la géographie

Si décousues que ces opérations navales au large des Malouines, de Heligoland, de Tsingtao et en Méditerranée aient pu paraître aux lecteurs, mettons, du *Times* au cours de ces six mois de conflit, elles pointent toutes vers une unique conclusion, qui façonnerait l'histoire maritime de la Première Guerre mondiale. En effet, dans l'interminable débat « Mahan contre Mackinder » cherchant à établir si la puissance maritime pouvait influencer l'histoire mondiale et la politique des grandes puissances[5], ce fut indéniablement Mackinder qui l'emporta en 1914-1918. Durant les guerres napoléoniennes, les deux points de vue avaient été justes : l'expansionnisme français vertigineux ne pouvait être tenu en échec, puis vaincu, que par l'association entre une puissance maritime massive et le déploiement d'une force terrestre géographiquement déterminée. Il en alla de même, nous l'avons dit, pendant la Seconde Guerre mondiale, et plus particulièrement dans le cadre de la lutte contre l'expansionnisme japonais. Mais dans un conflit industriel mettant en jeu des armées de masse, déclenché par un assassinat à Sarajevo suivi d'une invasion allemande de la Belgique et du nord de la France, de heurts entre la Russie et les Habsbourg en Galicie, de combats germano-russes à Tannenberg et aux lacs Mazures, auxquels s'ajoutèrent des campagnes en Palestine et en Irak après l'engagement de la Turquie dans la guerre en novembre 1914, puis dix-sept batailles sanglantes aux environs de l'Isonzo au moment où l'Italie entra imprudemment dans l'arène, le résultat final tint pour une large part à l'utilisation multiple des armées de terre. Bien sûr, le contrôle de la mer était important pour une Grande-Bretagne insulaire, dépendante des importations, et jouait également un rôle, par voie de conséquence, pour ses propres livraisons maritimes de charbon à la France et à l'Italie vers 1917. Mais la coalition germanique puissante et bien organisée fut en définitive mise à genoux par ce que Foch et Joffre désignaient naïvement comme « un effort du sang ». Du sang, il y en eut effectivement.

Cette situation ne tenait pas seulement à l'ombre immense que projetèrent sur tout le reste les combats titanesques qui se déroulèrent sur les fronts de l'Ouest, de l'Est, de l'Italie et des Balkans ; elle tenait aussi au fait douloureux que les grandes et coûteuses marines de guerre n'eurent jamais l'occasion de déployer leur puissance d'armement sans précédent. L'importance même des flottes des différentes nations en 1914 interdisait une modification radicale de l'équilibre des forces maritimes telle qu'on l'observa, par exemple, dans la guerre du Pacifique après Pearl Harbor d'abord, et Midway ensuite. Les marines de 1914 étaient encalminées dans leurs destinées géopolitiques.

L'Allemagne s'était toujours trouvée dans une position géopolitique difficile, tous les lecteurs de la biographie de référence que Carlyle a consacrée à Frédéric le Grand le savent : elle avait pour voisines la Russie (ou la Pologne russe) à l'est, la France à l'ouest ; et parfois, pour couronner le tout, une Suède hostile au nord et une Autriche hostile au sud. En 1914, ces deux dernières menaces avaient disparu, mais, en construisant sa grande flotte de la mer du Nord et en envahissant la Belgique, l'Allemagne s'était mis à dos un ennemi plus redoutable encore et beaucoup moins facile à conquérir : la Grande-Bretagne et son empire. Entravé par ses liens avec un Empire austro-hongrois qui s'affaiblissait à vue d'œil, le Reich affrontait désormais trois grandes puissances incontestées, de sorte que, malgré leur remarquable efficacité, sa force industrielle et ses voies de communication intérieures furent impuissantes à faire basculer l'équilibre, avec des conséquences géopolitiques – et tout particulièrement maritimes – considérables. Dans nombre de ses écrits d'avant-guerre et peut-être surtout dans son ouvrage de référence aujourd'hui négligé, *Britain and the British Seas*[6], sir Halford Mackinder avait affirmé que la *Kaisermarine* ne servirait à rien si elle ne disposait pas de la supériorité numérique ; et, comme nous l'avons rappelé plus haut, elle ne l'avait pas obtenue. L'Empire des Habsbourg était encore plus enclavé ; et il alla jusqu'à perdre son accès à la Méditerranée quand la Turquie intervint dans le conflit. Les bâtiments de guerre russes et allemands se battaient dans la Baltique, les russes et les turcs dans la mer Noire et les italiens et les austro-hongrois dans l'Adriatique. Tout cela sans grandes conséquences. Pour l'essentiel, les flottes britannique et japonaise bouclaient les mers – une réalité qui n'évoluerait guère avant Midway, en juin 1942.

Gallipoli

Dans leur étude classique intitulée *The US Marines and Amphibious War* et consacrée aux campagnes du Pacifique de 1942-1945, Jeter A. Isley et Philip Crowl[7] commencent par un parallèle pour le moins brutal : « Succès à Okinawa – Échec à Gallipoli ». Il s'agissait de deux opérations amphibies extrêmement sanglantes dont la seconde s'est achevée par une catastrophe, alors que la première a finalement donné la victoire aux forces américaines. Les auteurs ne cherchent pas à tirer vanité des exploits de leurs chers *marines*, mais à rappeler, dans le détail, l'immense difficulté de n'importe quel débarquement amphibie. Dans l'idéal, une armée d'invasion préfère arriver dans un port sûr, bien organisé, comme les troupes de Pershing allaient le faire au Havre et à Cherbourg, et celles d'Eisenhower à Glasgow. Mais les villes portuaires tenues par l'ennemi sont généralement fort bien défendues, de sorte que les navires qui se trouvent au large sont très désavantagés ; Nelson lui-même, songeant peut-être aux funestes efforts britanniques pour prendre Carthagène (1741) avec 20 000 hommes et 186 navires, jugeait absurde d'envoyer « des bateaux contre des forteresses ». S'attaquer à un site aussi massif que Constantinople en 1915 n'était pas plus facile que de s'attaquer à Londres. Si les Alliés occidentaux voulaient s'emparer de la capitale turque et soulager ainsi leur partenaire russe de plus en plus faible, il leur faudrait procéder autrement.

La témérité de la campagne franco-britannique de 1915 avait été encore aggravée par le fait que les deux gouvernements avaient cru Churchill sur parole quand celui-ci avait prétendu que les Détroits pouvaient être forcés pour l'essentiel par des navires de guerre appuyés par quelques bataillons navals de débarquement. C'est ainsi que, le 18 mars, dix-huit grosses unités de guerre britanniques et françaises (pour beaucoup en surnombre et détachées de leurs missions inutiles en mer du Nord) s'engagèrent dans les Détroits. Malheureusement pour elles, un vieux mouilleur de mines turc – allemand à l'origine et envoyé à marche lente le long du Danube – avait déposé dix lignes de mines marines, sur lesquelles la flotte alliée fonça sans méfiance. À la fin de la journée, trois cuirassés avaient sombré (deux britanniques, un français), trois autres avaient été mis hors de combat, et quatre autres endommagés. Cette perte, plus lourde que celles du Jutland, eut de nombreuses conséquences politiques et cette opération enterra définitivement toute perspective de soutien direct à une Russie en graves difficultés. La Turquie était désormais un ennemi gonflé à bloc. L'échec de cette offensive maritime provoqua une nouvelle initiative inepte : l'envoi de divisions britanniques, françaises et de l'ANZAC sur les côtes misérables de Gallipoli, sillonnées de ravins et couvertes de buissons épineux, suivi de leur retrait en 1916. Comment expliquer cet échec épique ? Par l'absence de préparation systématique, d'unités dotées d'un équipement spécial, de système de commandement et de contrôle, par le manque de renseignement et d'initiatives destinées à tromper l'ennemi, par l'inexistence d'un commandement central. Les systèmes de contrôle entre armée de terre et marine étaient exécrables. Néanmoins, quelle que soit la manière dont on présente les choses, l'Amirauté avait indéniablement essuyé un nouveau coup dur.

L'ensemble de l'opération Dardanelles-Gallipoli fut un échec monumental, ce qui explique que l'*US Marine Corps* ait étudié cette campagne pendant toute la durée de l'entre-deux-guerres. De notre point de vue, cependant, ce n'était qu'une nouvelle illustration des entraves à l'influence de la puissance maritime en cette ère nouvelle de mines, de torpilles, d'artillerie littorale retranchée, de torpilleurs rapides et de sous-marins. Les Allemands emploient le terme de *Kleinkrieg* (la « petite guerre ») pour désigner ce type d'affrontement, mais en 1914-1915 on était déjà en présence d'une grande guerre. Malgré la multiplication des opérations sous-marines, la guerre de surface en Méditerranée devint alors une sorte de « mer morte », pour la première fois depuis des milliers d'années. Quand les Britanniques et les Français se lanceraient dans de nouvelles entreprises significatives dans la région, ce serait sur terre : Gaza, la Palestine, la Mésopotamie, le Liban, la Syrie. L'avenir appartenait aux Allenby, aux Lawrence, aux Greenmantle, et non aux Troubridge ou aux Beresford.

La mer du Nord et ses contraintes, 1915-1918 : les leçons du Jutland

Ni la marine allemande ni son homologue britannique ne comprenaient la mer du Nord, et les Français n'avaient aucune intention d'y aller. Impossible, dans le brouillard, de recourir aux signaux par drapeaux. Les messages en morse que le commandant en chef transmettait par lampe torche étaient irréguliers. Les messages radio devaient être brefs, et étaient bien souvent ambigus. La tâche de Jellicoe était particulièrement ardue. Il devait en effet réceptionner des messages de l'Amirauté qui n'étaient pas forcément à jour, chercher à déterminer d'après les croiseurs de Harwich ce qui se passait au sud de la mer du Nord, essayer de rester en contact avec les croiseurs de bataille indisciplinés de Beatty, décider s'il convenait d'envoyer l'escadrille de cuirassés rapides en avant-garde de la Grande Flotte et prêter attention au moindre repérage d'U-Boote. Bien des années après la guerre, lord Louis Mountbatten, étoile montante qui ne manquait pas d'impudence, sut prendre la mesure des devoirs contradictoires de Jellicoe. Mais, sur le moment, d'autres regrettaient qu'il n'eût pas été fusillé, à l'image de Byng, « pour encourager les autres[8] ».

En janvier 1915, les deux flottes s'affrontèrent enfin, bien que la bataille de Dogger Bank ait tenu de l'escarmouche plus que d'un vrai combat. Les croiseurs de bataille allemands avaient pris la mer pour se livrer à une sorte de manœuvre de leurre, mais, alertés par la Room 40 qui avait intercepté leurs messages, leurs équivalents britanniques, bien plus puissants, les attendaient ; le *Blücher* fut mis en pièces et le *Seydlitz* réduit à un tas de ferraille, lent et boiteux. Les Britanniques étaient fous de joie, mais la conséquence fut que la *Hochseeflotte* ne sortit plus en mer du Nord centrale pendant les dix-sept mois qui suivirent – une décision compréhensible, sans doute, mais pour le moins frustrante à un moment où les armées de terre européennes menaient des combats meurtriers.

Quand la lutte de surface reprit en mer du Nord, le désir respectif d'une grande victoire fut tempéré une nouvelle fois par la prudence des commandants, peu désireux d'essuyer des pertes malencontreuses dans ces conditions de combat nouvelles et imprévisibles. En un sens, l'histoire de la bataille du Jutland est facile à retracer, et l'on peut s'étonner qu'elle ait fait couler autant d'encre. La désormais célèbre Room 40 de l'Amirauté avait intercepté quantité de transmissions radio de la marine allemande à l'intérieur et à l'extérieur de sa base de l'estuaire de la Jade à la fin du mois de mai 1916 ; on en avait conclu qu'une sortie de la flotte de haute mer était imminente. Jellicoe à Scapa Flow, Beatty à Rosyth, avec ses croiseurs de bataille, et Tyrwhitt à Harwich, avec ses croiseurs et ses destroyers, reçurent tous alors l'ordre de se mettre en route. Scheer avait envoyé Hipper avec les croiseurs de bataille allemands en mission de reconnaissance, en tête des autres unités de la flotte de haute mer. Les deux groupes de croiseurs se livrèrent dans les brumes à une sorte de répétition de l'opération de Dogger Bank, tandis que Scheer rejoignait précipitamment le gros de la flotte, non sans infliger d'énormes dégâts aux bâtiments à blindage léger et imprudemment approvisionnés de Beatty (envoyant par le fond le *HMS Queen Mary*, le *HMS Indefatigable* et le *HMS Invincible* – revanche sur les Falklands !). Aucun concepteur d'avant-guerre n'avait apparemment songé que des obus tirés à très grande distance tomberaient presque à la verticale sur les ponts peu épais de l'adversaire, et les Britanniques conservaient d'importants stocks de munitions dans des positions très exposées.

Impatient de régler définitivement les choses, Beatty donna la chasse à Hipper, et se trouva rapidement face à plus de vingt cuirassés allemands. Le chasseur se transforma alors en gibier, et Beatty se replia en hâte vers le nord. La poursuite entreprise par Scheer fut compromise à son tour lorsqu'il rencontra la Grande Flotte de Jellicoe, bien plus puissante. Le système de signaux britannique était désastreux, alors que la flotte de Scheer pratiqua une manœuvre bien étudiée de « retournement principal » et se dirigea vers Wilhelmshaven. Mais ses flottilles de destroyers se précipitèrent en avant, résolues à mener une attaque de torpilles massive, et Jellicoe donna alors lui aussi l'ordre, funeste, de faire demi-tour. À ce moment-là, la Grande Flotte était en pleine confusion et regagna son port, ses guetteurs cherchant à repérer la présence éventuelle d'U-Boote sur ses flancs. Il n'y eut pas de second Trafalgar. Et il n'y en aurait pas.

Que faut-il en conclure ? Avant tout, la bataille du Jutland ne remit pas en cause la domination de la Royal Navy sur la mer du Nord. Elle avait perdu un plus grand nombre d'unités, et plus particulièrement ses croiseurs de bataille à blindage léger (il arriverait la même chose au *HMS Hood* britannique contre le *Bismarck* exactement vingt-six ans plus tard), mais *rien* n'avait changé stratégiquement. Comme l'écrivit *The New York Times* : « La marine allemande a attaqué son geôlier, mais elle est toujours en prison. » Qu'ajouter à cela ? Si la *Hochseeflotte* avait perdu quinze grosses unités de guerre, cela aurait-il changé quelque chose ? Haig aurait-il retiré des troupes du saillant d'Ypres pour les jeter sur les plages incertaines des îles frisonnes ? Sûrement pas. Et si Jellicoe avait perdu quinze grosses unités de guerre, le haut commandement allemand aurait-il retiré des divisions du front de l'Ouest une semaine à peine avant le début de l'offensive de la Somme (1er juillet 1916) pour les envoyer dans le Yorkshire ou en Écosse ? Pas davantage. La seule conséquence de la bataille du Jutland dans le camp allemand fut d'accélérer la chute inéluctable du grand-amiral Tirpitz et de pousser un haut commandement désespéré à se lancer dans une guerre sous-marine illimitée – une nouvelle forme de blocus commercial, mais qui représentait sans doute la seule mesure susceptible d'entraîner l'Amérique dans la guerre. Les amiraux britanniques et allemands de 1916 n'étaient pas de cet avis. La plupart des historiens ultérieurs non plus.

La conception chère à Fisher de croiseurs de bataille très rapides, mais à blindage léger, était manifestement en miettes ; ces bâtiments étaient parfaits pour détruire les croiseurs de bataille allemands dans l'Atlantique Sud, mais ne convenaient pas à de violents affrontements entre flottes de combat en mer du Nord. Et pourtant, on trouvait entre 1916 et 1918, dans les cales de construction des chantiers navals britanniques, un nombre encore plus important de ces navires, toujours plus rapides. Faisant son retour politique après le désastre des Dardanelles, Churchill les surnommait plaisamment le *HMS Improbable*, le *HMS Dubious* (Douteux), etc. Tant qu'une force aéronavale ne serait pas réellement opérationnelle – ce qui ne fut le cas qu'à la fin de l'été 1944 –, les navires de combat rapides et puissamment blindés étaient la seule solution, si onéreux fussent-ils. Le *HMS Warspite* prit ainsi une sacrée raclée au Jutland, mais il survécut ; un planeur bombardier lui infligerait une nouvelle dérouillée près de Rome en 1943, et il serait encore mis à mal à Walcheren à la fin de 1944, ce qui ne représentait qu'une partie de ses quatorze distinctions militaires : jamais un croiseur de bataille n'aurait pu encaisser tout cela. Mais le point essentiel était que toutes les grosses unités de guerre étaient devenues terriblement vulnérables – aux tirs plongeants, aux mines, aux torpilles, aux sous-marins, aux destroyers, aux torpilleurs rapides. Et certains concepteurs songeaient déjà à des avions bombardiers. Tous les vieux manuels de tactique pourraient bientôt être mis au rebut.

On pouvait par ailleurs se poser de sérieuses questions sur les « règles du jeu », comme Andrew Gordon a appelé son étude novatrice sur les préjudices que d'éventuelles inhibitions culturelles, aggravées par des

Principales batailles navales
en mer du Nord, 1914-1916

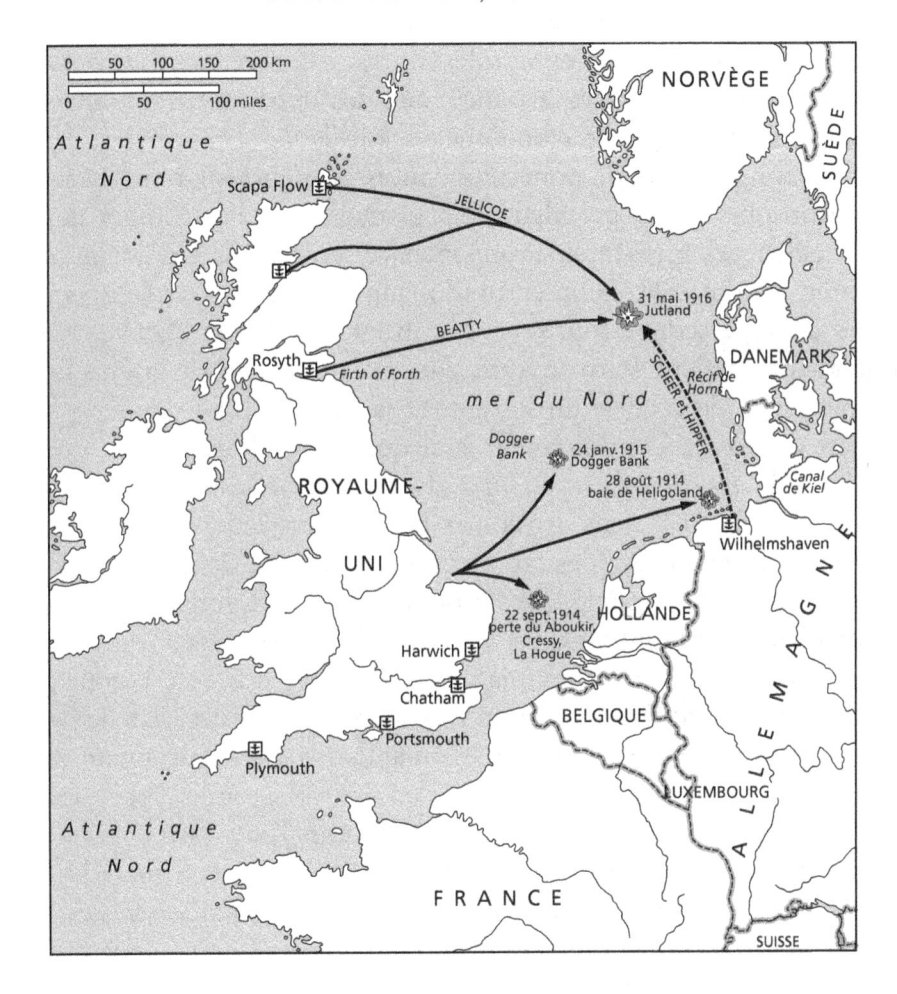

visions divergentes sur la tactique de combat, ont pu causer à la puissance de combat théoriquement prodigieuse de la *Grand Fleet*[9]. Il est facile de critiquer l'ordre de Jellicoe de faire « demi-tour » et, dans les années 1920, certains stratèges de salon réclamèrent effectivement qu'il fût déféré en cour martiale. Mais comment au juste un amiral pouvait-il commander à tous ses bâtiments de guerre si ceux-ci ne naviguaient plus régulièrement en lignes parallèles à 4 nœuds et par beau temps (les Saintes ; cap Saint-Vincent), et filaient au contraire à 20 nœuds dans les brumes de la mer du Nord, tandis que des escadrilles de croiseurs étaient dispersées à l'avant en missions de reconnaissance, que des destroyers s'efforçaient de ne pas se laisser distancer et qu'une escadrille de croiseurs de bataille meurtrie s'avançait vers de nouveaux ennuis ou s'en retournait ? On avait l'impression que la mer grouillait de sous-marins, et les torpilles des destroyers de Scheer représentaient une menace redoutable. Comment garder le contrôle de tout cela, sinon en pratiquant des manœuvres fréquemment répétées du type « demi-tour » et « en avant » ? Drake, Hawke, Nelson, Cunningham auraient foncé devant eux, balayant les destroyers. Jellicoe jugea plus sage de reculer un instant, et la bataille fut terminée.

Il n'est pas exact, contrairement à ce que prétend la légende, que l'on ne vit plus la *Hochseeflotte* en mer du Nord après le Jutland. Elle fit deux sorties en 1917, mais, irrésolues et sans conviction, celles-ci furent totalement infructueuses ; des croiseurs lancèrent une opération plus réussie contre ce qu'on a appelé le « Ferry norvégien ». L'impasse stratégique se poursuivit cependant jusqu'à la fin de la guerre. La Grande Flotte resta à Scapa Flow, Beatty remplaçant Jellicoe au poste de commandant en chef et déprimant, faute d'action : « Ciel gris, mer grise, bateaux gris », écrivait-il à sa femme. Quant aux Allemands, ils n'avaient aucun moyen d'échapper à ce blocage stratégique, à moins de prendre, par exemple, Brest et Bergen. Ce qu'ils feraient vingt-cinq ans plus tard.

L'acte de guerre le plus significatif qui se produisit en mer du Nord dans les années suivant le Jutland ne fut pas une bataille navale. Il eut lieu le 25 mai 1917, quand vingt et un bombardiers Gotha lancèrent avec succès un raid de jour contre la ville côtière de Folkestone, dans le Kent, faisant 165 morts et 432 blessés graves. Toutes les victimes étaient des civils. Cet événement, et les bombardements de Londres qui suivirent, provoquèrent des réactions de panique et des émeutes, incitant le gouvernement de Lloyd George à mettre en place des ballons de barrage, des canons antiaériens et d'autres équipements défensifs. Quand l'aviateur français Louis Blériot avait traversé la Manche en 1909, se posant sym-

Pertes alliées en Méditerranée, 1917

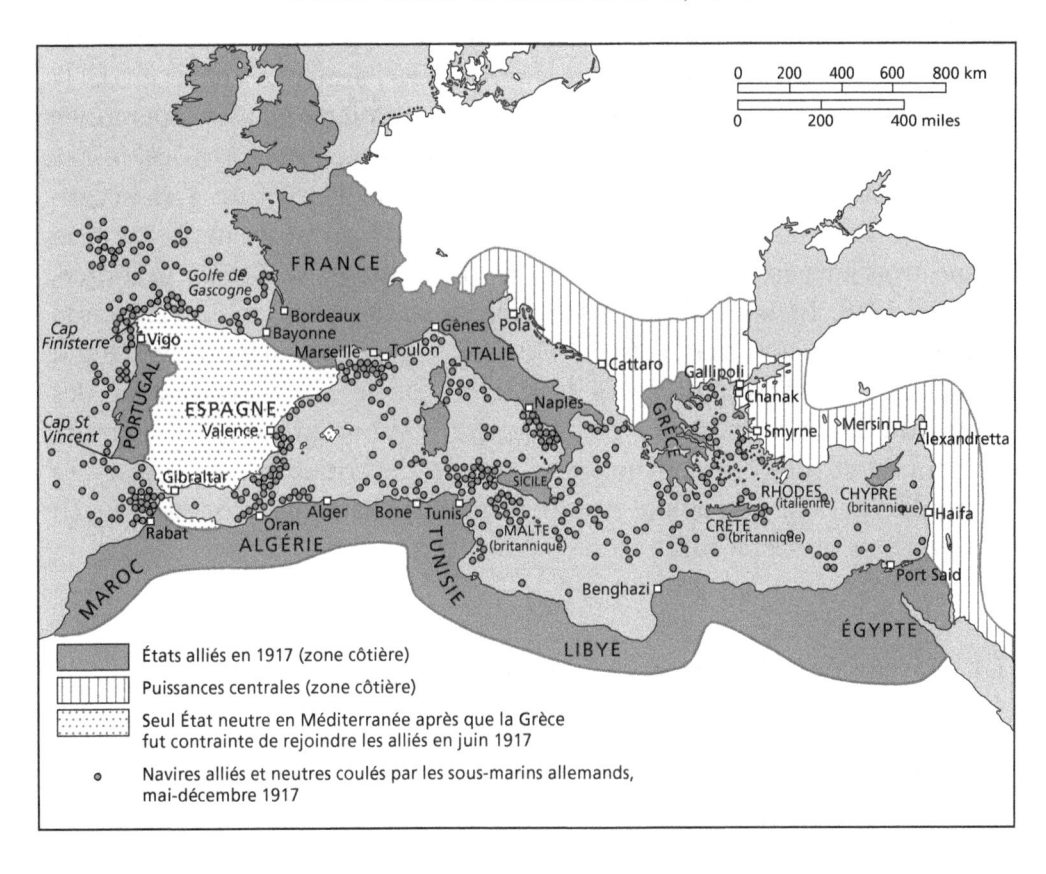

- États alliés en 1917 (zone côtière)
- Puissances centrales (zone côtière)
- Seul État neutre en Méditerranée après que la Grèce fut contrainte de rejoindre les alliés en juin 1917
- Navires alliés et neutres coulés par les sous-marins allemands, mai-décembre 1917

boliquement près du grand fort du château de Douvres, la presse avait déclaré que la Grande-Bretagne n'était « plus une île ». Cette fois c'était vrai, et la supériorité de la Royal Navy en grosses unités de guerre n'y pourrait rien changer.

Le pire était encore à venir, en tout cas du point de vue des « navalistes », car le cabinet de guerre impérial commanda immédiatement ce qu'on appellerait le rapport Smuts d'août 1917 (du nom de son principal auteur, l'ancien général sud-africain désormais membre éminent du gouvernement). La conclusion essentielle de ce rapport tenait en un seul paragraphe : « Contrairement à l'artillerie, une flotte aérienne peut mener de vastes opérations loin et indépendamment de l'armée de terre et de la marine. Et le jour n'est peut-être pas très éloigné où les opérations aériennes [...] deviendront les principales opérations de guerre, les formes plus anciennes d'opérations militaires et navales leur devenant alors secondaires et subordonnées[10]. » Le décor était ainsi planté pour la création d'une troisième force armée, rivale des deux autres, la Royal Air Force, en avril 1918. Et pour appuyer les allégations des partisans de l'aviation militaire (on pense ici à Billy Mitchell, Hugh Trenchard et Giulio Douhet), qui affirmèrent après la guerre que les cuirassés étaient des objets du passé, vulnérables et inefficaces. Désormais, tous les amiraux du monde affrontèrent un nouveau groupe de critiques contre lesquels la rigidité de leur éducation essentiellement mahanienne leur offrait peu d'arguments convaincants.

Le passage de l'Allemagne à la guerre sous-marine

Toute opération maritime de surface en mer du Nord étant pour l'essentiel impossible, que pouvait faire le haut commandement allemand, sinon se lancer dans une guerre sous-marine illimitée, non seulement contre le commerce restreint de la mer du Nord, mais plus loin, dans l'Atlantique ? Si des citoyens neutres en subissaient les conséquences, quelle importance ? Une armée européenne avait enregistré 500 000 victimes (toutes pertes confondues) à Verdun, l'autre sur la Somme. Quel poids avaient les États neutres en pareilles circonstances ? Le problème était que la plupart de ces citoyens neutres étaient américains, mais on ne s'attarda guère sur cette considération quand on décida où et comment la guerre sous-marine devait évoluer. Il fallait absolument que la *Kriegs-*

marine coupe les voies maritimes atlantiques, faute de quoi l'Allemagne ne l'emporterait jamais. Hitler connaîtrait le même problème en 1941.

Mentionnons une autre série de difficultés rarement abordée par la littérature : en quoi l'apparition de navires cuirassés changea-t-elle les attitudes envers la prise ou la destruction de bâtiments ennemis ? Du temps de la marine de guerre à voile, une attaque contre la ligne de bataille de l'ennemi n'avait pas pour objectif de détruire ses navires, mais de s'en emparer. On les démâtait, on faisait monter ses troupes d'abordage sur leurs ponts, on forçait leurs équipages à se rendre ; puis on remorquait ces prises de guerre jusque chez soi et on se les appropriait, souvent sous le même nom, ou presque – *La Gloire* était ainsi devenue le *HMS Glorious*. Personne n'aurait plus agi ainsi à l'époque du fer et de l'acier, et des obus explosifs. Que diable la Royal Navy aurait-elle fait du *Bismarck* tout délabré en juin 1941 ? Même du temps des batailles de Dogger Bank et du Jutland, le but était désormais de couler l'ennemi.

De même, la prise d'un navire marchand battant pavillon ennemi et transportant une précieuse cargaison aurait jadis entraîné la capture de l'équipage ; quelques hommes seraient montés à bord du bâtiment captif et auraient fait voile vers le port ami le plus proche. Des navires prédateurs clandestins allemands pouvaient encore agir plus ou moins de la sorte après 1914, mais, dans la mesure où l'importance de leurs propres équipages était limitée et où ils avaient bien peu de ports « amis » à travers le monde, leurs opérations n'entravèrent guère les dix mille navires et plus battant pavillon britannique qui sillonnaient quotidiennement les mers. Pour les commandants d'U-Boote, c'était un cauchemar logistique et tactique. Fallait-il véritablement remonter en surface, faire signe à un navire marchand des Alliés de s'arrêter, exiger que l'équipage monte dans ses canots de sauvetage, faire couler le navire, puis embarquer les matelots indiens et philippins furieux à bord du sous-marin ? Les conventions de La Haye n'étaient en l'occurrence d'aucune utilité. Mieux valait de toute évidence couler le navire marchand et quitter les lieux.

Le bon vieux temps de la navigation à voile avait livré une autre leçon. Les Hollandais ne pouvaient pas faire traverser la Manche à leurs navires richement chargés qui faisaient le service des Indes orientales sans la protection de navires de guerre ; les Britanniques ne pouvaient pas conduire de navires marchands depuis le Nouveau Monde vers Liverpool et Southampton sans les faire naviguer en convois. Il fallut réapprendre cette leçon pendant la Première Guerre mondiale[11]. Et l'on se retrouva ainsi dans une nouvelle situation sans issue : les Allemands furent obligés de couler les navires marchands alliés à vue, et les Alliés d'en revenir à leur ancien concept opérationnel de convois. L'application de ce dernier plan eut raison de la menace sous-marine. Et l'Amérique était désormais en guerre, ce qui coûta très cher aux Puissances centrales.

Le retour aux convois : la maîtrise de la menace

Mahan et Corbett avaient exposé très clairement l'essence de la puissance maritime : il ne s'agissait pas, fondamentalement, d'une question de conception des navires de guerre ni de conduite du tir, mais de la « maîtrise des grands communaux ». Le principe est assez facile à expliquer, du moins à qui a déjà vu des chiens de berger faire descendre les versants anatoliens aux moutons jusqu'à la bergerie, puis se retourner pour s'en prendre aux éventuels loups prédateurs. Les corvettes, les sloops et les frégates étaient les chiens de berger des océans, qui se battaient contre les groupes de sous-marins que Karl Dönitz (sous-marinier pendant la Première Guerre mondiale) appellerait plus tard des « meutes de loups ».

Protéger ces troupeaux de navires marchands était vital pour l'approvisionnement du Royaume-Uni. Au départ, les résultats de la politique agressive de l'Allemagne semblèrent justifier le risque de s'aliéner Wilson et le Congrès américain. En février 1917, un total effrayant de 520 000 tonnes de bâtiments de commerce fut envoyé par le fond, suivi du chiffre encore plus atterrant de 860 000 tonnes en avril. Les stratèges navals britanniques avaient rendu service à la *Kriegsmarine* en rédigeant des études prétendant que le regroupement des navires ne ferait qu'attirer les sous-marins ennemis vers leurs cibles ! Mieux valait faire route indépendamment. Et donc se faire couler.

Lentement, très lentement, sous la pression de Lloyd George en personne, sous celle du nouveau ministre des Transports maritimes et sous l'effet de leurs propres réévaluations un peu plus raisonnables, les responsables de l'Amirauté commencèrent à envisager l'idée de convois ; après tout, si ce principe était efficace pour le commerce du charbon indispensable aux Français et pour les routes de la Norvège, pourquoi ne le serait-il pas pour l'Atlantique et le golfe de Gascogne ? En décembre, les pertes n'étaient plus que de 400 000 tonnes ; au printemps suivant, elles étaient inférieures à 300 000 tonnes, ce qui représentait une

Flotte marchande britannique coulée,
mai-décembre 1917

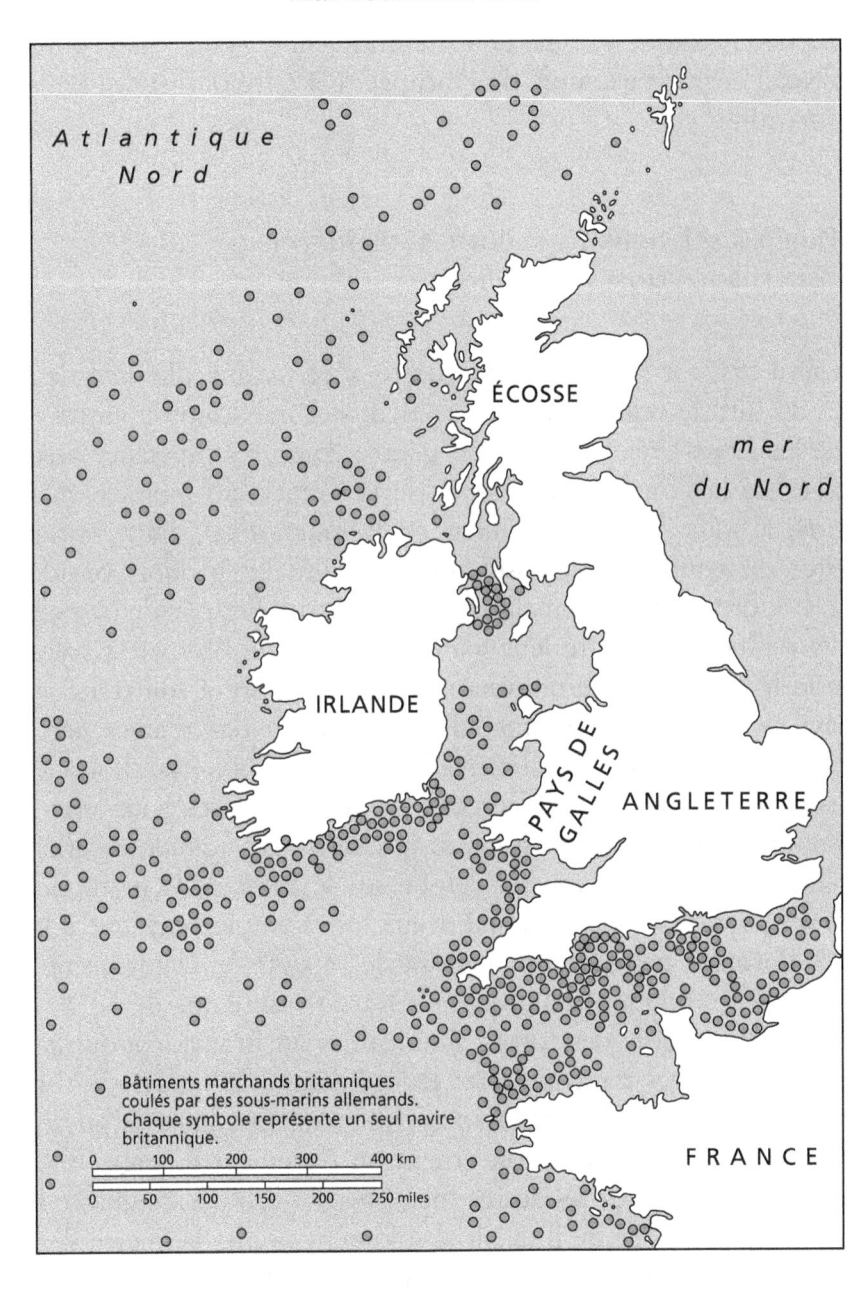

Bâtiments marchands britanniques coulés par des sous-marins allemands. Chaque symbole représente un seul navire britannique.

baisse considérable du pourcentage de navires coulés par rapport au chiffre enregistré huit mois plus tôt. La crise du transport maritime était terminée, bien que les résultats obtenus par la Royal Navy aient été en l'occurrence nettement moins impressionnants qu'ils ne le seraient durant les mois de l'héroïque bataille de l'Atlantique en 1943. C'était simplement un nouveau et triste exemple de l'incapacité à faire bon usage de la puissance maritime.

L'entrée en scène de la marine américaine et son inadéquation stratégique

En avril 1917, à la suite de la guerre sous-marine illimitée de l'Allemagne, du flirt de celle-ci avec les irrédentistes mexicains et autres imprudences, les États-Unis entrèrent en guerre comme « puissance associée » aux côtés de la Grande-Bretagne et de la France, au moment même où le régime absolutiste russe, meurtri et dysfonctionnel, était contraint de se retirer du conflit. Ce chassé-croisé tumultueux profita considérablement à Londres et à Paris, malgré les inquiétudes des décideurs politiques français à l'idée de perdre leur « ancre » tsariste à l'Est et la volonté de Ludendorff d'acquérir de nouveaux territoires grâce à son traité avec les bolcheviks à Brest-Litovsk (mars 1918). Aucune des plaines céréalières ukrainiennes ne pouvait en effet rivaliser avec les deux grands atouts américains qui changèrent véritablement le cours des choses pour leurs Alliés. Le premier était le flot incessant de divisions des immenses armées de terre et de mer américaines qui déferla sur le front de l'Ouest. Cela prit du temps, parce que la nation américaine avait amplement joué à la Belle au bois dormant pendant un demi-siècle, malgré le chauvinisme de sa presse et de ses hommes politiques. Mais, au printemps de 1918, l'accumulation remarquable des forces américaines en France conduisit toutes les autres puissances à reconsidérer leur situation. Elle incita les Français à prendre conscience qu'après tout ils (sic) allaient gagner la guerre, renforçant ainsi leurs exigences concernant un règlement de paix. Elle incita Lloyd George, Smuts et les autres membres du cabinet de guerre britannique à se faire à l'idée qu'il fallait absolument gagner la guerre dès 1918, avant que les Américains ne dominent le monde. Elle incita les Allemands à se dire qu'ils feraient bien de déplacer le plus grand nombre possible de divisions de l'Est vers l'Ouest, et de jeter toutes leurs forces dans l'offensive du printemps 1918 de Ludendorff – un *Va-Banque-Spiel*, comme disent les Allemands, un quitte ou double.

Le second atout américain était l'argent, l'argent, l'argent, sous forme de prêts de guerre interalliés. Désormais, la Belgique, la Grande-Bretagne, la France et l'Italie purent consacrer toutes leurs capacités intérieures à la production de guerre, sans se soucier de la payer. Les règlements de compte se feraient lors des débats animés des années 1920 sur les dettes de guerre et les réparations. Pour le moment, on ne voulait qu'une chose, la victoire sur le terrain, laquelle se concrétiserait avec l'effondrement incroyablement rapide des lignes de front de l'Allemagne, de l'Autriche-Hongrie et de la Turquie à l'automne 1918. Partout, ces armées flanchèrent et commencèrent à rentrer chez elles, comme l'avaient déjà fait les Russes.

L'US Navy (contrairement à ce que l'on pourrait observer en 1942-1945) ne pouvait pas ajouter grand-chose à cela, et certainement pas modifier l'équilibre des cuirassés en mer du Nord. Malgré les vifs préjugés antibritanniques qui régnaient dans la marine américaine, une escadrille de cuirassés fut envoyée dans Scapa Flow sous le commandement de Hugh Rodman, un vice-amiral exceptionnellement anglophile, soutenu par le chef de la mission navale américaine en Grande-Bretagne, l'amiral William Sims.

Bien qu'à cette date l'US Navy fût probablement la deuxième flotte du monde par ordre d'importance (37 cuirassés, 7 bateaux de surveillance côtière, 33 croiseurs, 66 destroyers, 17 frégates, 44 sous-marins, 42 patrouilleurs, 96 auxiliaires et 160 navires de guerre de surface), et certainement celle dont la construction avait été la plus onéreuse par tonne, elle ne représentait plus qu'une force de combat atrophiée. Ses bâtiments basés dans l'Atlantique n'avaient pas opéré en tant que flotte militaire depuis deux ans, tandis que sa pratique et sa formation de tir à la cible étaient consternantes – heureusement, elle put se contenter de rester à Scapa, où elle assista l'année suivante à la reddition de la *Hochseeflotte*. Ses flottilles de destroyers furent un peu plus efficaces, opérant contre des U-Boote à partir de ports irlandais comme Queenstown. Néanmoins, les interventions auxiliaires de la marine américaine furent importantes à deux égards, généralement négligés des récits maritimes : le dépôt de gigantesques champs de mines dans le secteur septentrional de la mer du Nord (les mines furent larguées à des profondeurs différentes) pour empêcher les U-Boote d'atteindre l'Atlantique, et le transport de plus de 900 000 soldats en France sans une seule perte.

Les forces maritimes jouaient fort bien leur rôle de soutien quand il le fallait.

L'ÉTRANGE MYTHE DU BLOCUS MARITIME ALLIÉ ET DE LA GRANDE FAMINE ALLEMANDE

S'il existait un point commun entre les « navalistes » et les avocats du « British Way in Warfare[12] » tels que Liddell Hart d'une part, et Adolf Hitler et la propagande nazie de l'autre, ce serait l'idée que le blocus commercial allié (essentiellement mené par la Royal Navy) avait étranglé mortellement la machine économique allemande, conduisant à la victoire des Alliés. Les « navalistes » s'accrochaient à cette preuve de l'efficacité de la puissance maritime, sans même avoir à recourir aux victoires de Nelson. Pour Hitler, ce sera une excellente raison de se diriger vers l'Est pour s'emparer de son indispensable *Lebensraum*. Les Alliés avaient imposé un blocus maritime à tous les navires qui se dirigeaient vers le Deuxième Reich et en partaient. Sa population se trouvait, au milieu de 1919, dans une situation de famine désespérée. Donc, c'étaient les marines occidentales qui avaient gagné la guerre.

Ce syllogisme est criblé de failles : il n'établit généralement aucune distinction entre les blocus pré-armistice et post-armistice, il tire des conclusions hâtives et ne repose sur aucune logique économique. Peut-être la principale cause de la « famine » allemande de 1918-1919 fut-elle la décision de Ludendorff de réquisitionner au début de 1918 tous les chevaux de ferme et autres animaux de trait pour qu'ils assurent le soutien logistique de sa dernière offensive désespérée ; sans ces animaux, l'agriculture allemande était ruinée. Quant à cette offensive de printemps, elle fut interrompue à la suite de contestations graves, sanglantes et accablantes, tandis que les Britanniques et les Américains envoyaient des renforts de plus en plus nombreux. Mais le régime autocratique de Ludendorff – c'était bien ce qu'il était en passe de devenir – perdit également sur le front intérieur, car les ouvriers, les marins et les soldats n'étaient pas prêts à supporter de nouvelles épreuves. Comment continuer à se battre sans ravitaillement alimentaire ? Les soldats et les ouvriers russes avaient répondu à cette question un an plus tôt. Les soulèvements de novembre 1918, et plus particulièrement la révolte des marins allemands contre l'« opération suicide » démente de Scheer, étaient devenus

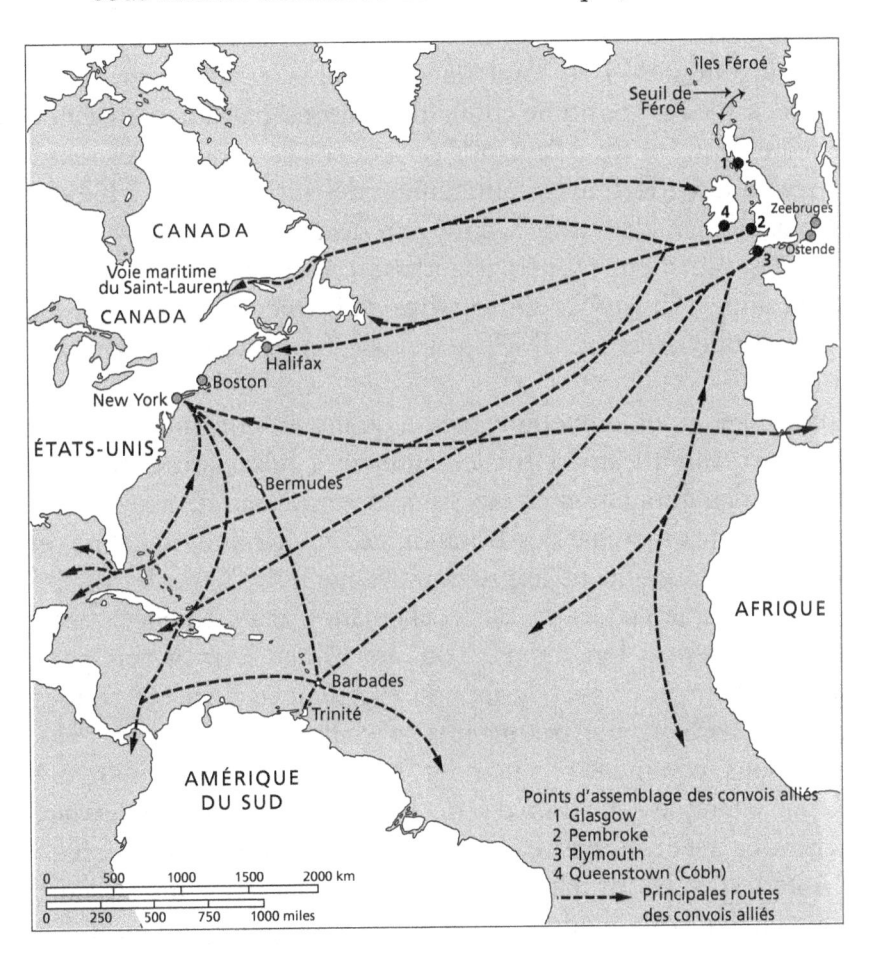

Trajectoires des convois alliés groupés contre la chasse sous-marine allemande dans l'Atlantique, 1917-1918

inéluctables[13]. Mais quel était le lien entre cette catastrophe alimentaire due à des raisons purement intérieures et l'influence des marines alliées sur la guerre ?

Eh bien, affirme-t-on, sans l'étranglement dû au blocus maritime, le peuple allemand aurait été en mesure d'importer toute la nourriture dont il avait besoin depuis des pays neutres (cet argument ne présuppose-t-il pas que le Canada ou l'Australie, qui perdaient des dizaines de milliers d'hommes partis se battre contre l'Allemagne, allaient lui expédier des denrées alimentaires ?). Il s'agit là de la plus grossière erreur dans ce débat sur le blocus maritime, pour des raisons parfaitement évidentes.

Premièrement, où les Allemands se seraient-ils procuré ces denrées alimentaires ? Ludendorff avait entièrement détruit le grenier à blé ukrainien et la Pologne était dévastée, la Hongrie ravagée. Les réserves céréalières américaines, canadiennes, néo-zélandaises et australiennes appartenaient à l'autre camp, et les stocks alimentaires de l'Argentine étaient étroitement liés à la Grande-Bretagne. Il *n'y* avait *pas* d'approvisionnement extérieur possible.

Deuxièmement, en admettant même qu'il y en eût, qui se serait chargé du transport, qui aurait fourni les équipages nécessaires, par quel biais les commandes auraient-elles été passées et qui aurait assuré les cargaisons ? Les flottes marchandes britannique, américaine, italienne, grecque et française représentaient approximativement 85 % de la totalité de la marine de commerce ; et la flotte allemande était rouillée. Ses marins étaient partis depuis longtemps. Tous les câbles sous-marins permettant les liaisons allemandes avec le monde extérieur avaient été coupés, nous l'avons dit plus haut, par des navires spécialisés dès le 3 août 1914. Dans ces conditions, comment commander une cargaison alimentaire à Montevideo, par exemple ? La Lloyd's de Londres, qui assurait les navires et les cargaisons avant la guerre, appartenait à une puissance hostile. Même si les Américains, les Britanniques et les Français avaient levé leur blocus maritime effectif, cela n'aurait, en fait, pas changé grand-chose. Personne n'aurait livré de quoi manger aux Allemands. Ils s'étaient affamés eux-mêmes, par pure stupidité.

De temps en temps, un forceur de blocus téméraire cherchait à passer avec une cargaison de phosphate ou de minerai de cuivre. La plupart se faisaient arraisonner, mais peu importait en réalité qu'ils fussent pris ou non. Leur contribution aux besoins écrasants de la guerre de Ludendorff ne pouvait qu'être insignifiante. En résumé, toutes les allégations sur l'efficacité redoutable ou la cruauté du blocus maritime mis en place par les

Alliés relèvent de la mythologie. Ce mythe n'en reste pas moins l'un des plus prégnants de l'historiographie navale.

Scapa Flow et le règlement de compte

Ce fut l'événement le plus extraordinaire en trois mille ans d'histoire maritime, plus extraordinaire que Salamine, que Lépante, que la campagne de l'Armada, et plus extraordinaire à sa manière que Trafalgar. Le 21 novembre 1918, en fin de matinée, le croiseur léger britannique *HMS Cardiff*, ayant quitté le Firth of Forth quelques heures auparavant, envoya un signal lumineux à la flotte de combat qui approchait, reçut un accusé de réception et fit demi-tour pour la conduire à bon port. Il avait pris la tête des vestiges (autrement dit, des bâtiments encore susceptibles de naviguer) de la *Hochseeflotte*, une force couverte de rouille et de sel, ébranlée par les récentes mutineries : au total, 9 *dreadnoughts*, 5 croiseurs de bataille, 7 croiseurs légers et 49 destroyers (les sous-marins se rendirent indépendamment, se dirigeant pour la plupart vers Harwich). Des cuirassés américains et britanniques surgirent, étincelants, avec leur armement au grand complet, pour encadrer les bâtiments allemands et rendre la reddition allemande encore plus manifeste. Tout était terminé. Après les percées alliées massives sur le front de l'Ouest à partir du mois d'août 1918, Ludendorff comprit que sa tentative téméraire du printemps avait échoué et conseilla à Berlin de demander l'armistice ; le Kaiser prit la fuite aux Pays-Bas, pays neutre, et le Deuxième Reich cessa d'exister. La lutte avait été essentiellement gagnée sur terre, et non sur mer, malgré les interprétations dûment impressionnantes à la Turner que les artistes donnèrent des grands navires de Ludwig von Reuter traversant la mer pour rejoindre la côte de l'Écosse et venir se rendre. N'était-ce pas la puissance maritime qui l'avait emporté ? La présence des navires allemands, avec leurs équipages squelettiques, dans l'immense base de Scapa Flow en témoignait clairement.

Le sort de la flotte de guerre allemande qui avait capitulé – quel Allié obtiendrait combien de grandes unités de guerre, quelle part du gâteau ? – promettait d'être un sujet pour le moins litigieux d'un règlement de paix déjà complexe, mais les Allemands apportèrent eux-mêmes la solution à ce problème. Le dimanche 21 juin 1919 au matin, à la suite d'un sabordage massif coordonné dans le plus grand secret, tous les navires de guerre allemands coulèrent, tandis que les bâtiments de surveillance britanniques se précipitaient et tiraient au hasard. Les amirautés française et italienne soupçonnèrent la Royal Navy d'avoir été complice de cet acte de suicide maritime, mais ce serait accorder trop de crédit à Whitehall. Au bout d'un certain temps, l'ensemble des Alliés admirent que ce sabordage avait été la meilleure solution. Le seul vrai bénéficiaire en fut un ferrailleur de Glasgow qui passa les trente années suivantes à sortir de l'eau et à découper les carcasses des navires de guerre allemands de Scapa Flow.

Tout était prêt désormais pour quelque deux décennies de réduction des dépenses navales et pour l'ascension de dictateurs purement terriens (Staline, Hitler) qui ne s'intéressaient guère aux écrits de Mahan, Corbett ou d'autres hommes de cette espèce.

Réflexions sur une guerre maritime extrêmement difficile

Ce chapitre n'avait et n'a pas l'intention de minimiser l'importance de la Première Guerre mondiale dans l'histoire générale de la puissance maritime, au sens large. Il s'agit, au contraire – bien plus que la guerre de Crimée, la guerre de Sécession, la guerre austro-italienne, et même que la guerre russo-japonaise –, du conflit où le déroulement des batailles navales s'est heurté aux multiples conséquences de la révolution industrielle qui, par leur essence même, ont modelé et modifié les contours de l'influence de la puissance maritime sur l'histoire. On ne pouvait pas demander aux amiraux britanniques et allemands à la retraite qui rejouèrent entre eux la bataille du Jutland pendant toute la durée des années 1920, ni aux historiens « navalistes » amateurs des années 1960[14], de percevoir cette évolution historique, car ils ne possédaient pas les connaissances indispensables en histoire mondiale et en géopolitique. Mais le présent auteur ne peut s'empêcher d'être déçu que tant d'historiens récents de la marine n'aient su prendre quelque distance par rapport aux arcanes de sujets tels que la conduite du tir, les croiseurs de bataille, les signaux et le renseignement, les finances maritimes, l'approvisionnement et la conception de l'armement, afin d'établir une distinction entre les branches, les arbres et l'ensemble de la forêt en général. Là où l'histoire impériale reprend de la vigueur, sous de nombreuses formes nouvelles, l'histoire strictement maritime s'atrophie.

Néanmoins, si l'on s'attarde un instant sur la technologie plutôt que sur les questions géopolitiques plus vastes, il suffit d'observer les systèmes d'armement nouveaux et plus meurtriers qui virent le jour pendant cette guerre ou dont la force de frappe connut un accroissement considérable, force qui pouvait être transférée à des marines militaires d'une puissance aussi bien inférieure que supérieure. La mine marine s'imposa, créant des « zones interdites » qui auraient fait l'admiration de Nelson lui-même. À la fin de 1918, les progrès enregistrés par la Grande-Bretagne dans la technologie des porte-avions ouvraient déjà la voie à des possibilités qui ne trouvèrent leur entier accomplissement qu'après 1943, dans le Pacifique. Le sous-marin n'était plus un bâtiment de défense côtière – une sorte de torpilleur à moteur capable de naviguer sous l'eau. Il était devenu le plus redoutable prédateur de navires de commerce jamais imaginé. La torpille elle-même était stupéfiante par la multiplicité de ses plates-formes de lancement – torpilleurs rapides, destroyers, avions, sous-marins, croiseurs (le *dreadnought* est venu et a disparu ; la torpille retrouve une vie nouvelle). Il faut ajouter à tout cela l'avènement de la puissance aérienne. Doit-on s'étonner dans ces conditions que les négociateurs des traités navals de Washington en 1921-1922 aient eu le plus grand mal à comprendre de tels changements ? Le monde maritime était bouleversé. Le fait est que l'on ne peut appréhender cette révolution sans se reporter à 1793-1815, époque où les combats navals étaient intelligibles, pour progresser ensuite jusqu'en 1939-1945, période où ces mêmes combats navals (telles les interventions américaines contre les îles Gilbert, Carolines et autres) le redevinrent. La situation était beaucoup moins limpide pour les marines militaires de la Première Guerre mondiale.

Et, simplement parce qu'il s'agissait d'un nouveau monde déroutant, les critiques stratégiques même les plus consciencieux furent incapables de tirer toutes les leçons de la guerre navale de 1914-1918. Comment l'auraient-ils pu ? Certaines conclusions étaient en effet tout à la fois à moitié exactes et à moitié fausses. Protéger la navigation marchande dans l'Atlantique et en mer du Nord en renouant avec la pratique des convois et des escortes, déjà expérimentée pendant les guerres napoléoniennes, était indéniablement une bonne solution, et les terribles batailles de la Seconde Guerre mondiale pour prendre le contrôle des voies maritimes ne feraient que confirmer le bien-fondé de cette décision. Mais supposer, comme le fit l'Amirauté britannique en 1918, que l'introduction de l'asdic (le sonar) avait réglé le problème du repérage des sous-marins, c'était ne pas voir que, comme l'a démontré la tactique de la « meute de loups » de Dönitz en 1939-1945, les attaques de sous-marins en surface n'avaient pas encore trouvé de riposte. Les succès du décryptage allaient entraîner des progrès considérables des techniques de chiffrage. Les techniques de détection radio provoquèrent le silence radio. Les attaques aériennes contre les navires de guerre pouvaient être repoussées par la présence d'autres avions, chargés de défendre ces bâtiments. La technologie n'a généralement pas de favoris et, dans certains cas, les « leçons apprises » au cours d'un conflit doivent être désapprises dans un autre. Quel amiral de 1919 avait prévu Tarente et Pearl Harbor ? Et, simplement à titre de comparaison, quel général de 1919 aurait imaginé un événement tel que la défaite française de 1940 ?

Que voulait dire être vainqueur et ne pas se sentir vainqueur ? Certes, la marine japonaise l'avait emporté, et largement, mais les spécialistes d'histoire maritime centrés sur l'Europe tendent à oublier cette série de gains lointains[15]. L'US Navy l'avait emporté, mais elle s'était lancée, de toute manière, dans la construction d'une immense flotte de combat ; pour les « navalistes » américains les plus convaincus, la vraie conséquence des différents règlements de paix qui virent le jour d'un bout à l'autre de la planète entre 1919 et 1923 était de ruiner leur ambition d'être sans contestation possible la plus grande puissance maritime du monde. L'Allemagne avait perdu. La Russie avait perdu. L'Autriche-Hongrie avait également perdu sur le plan maritime, mais elle le remarqua à peine au milieu du démembrement de son empire. La marine militaire française se sentait éclipsée, son homologue italienne se sentait dépouillée. Restait la Royal Navy, à la fois gagnante et perdante. Elle avait gagné parce que les îles Britanniques n'avaient pas subi d'invasion, qu'elle avait réussi à protéger les voies maritimes jusqu'aux lointaines extrémités du monde et avait pu transporter ses troupes jusqu'à des théâtres de guerre reculés. Mais elle avait le sentiment que son succès n'était pas complet, parce qu'elle n'avait pas donné de vraie démonstration de sa maîtrise navale. Elle n'était pas parvenue à écraser la flotte principale de l'ennemi.

Ce récit un peu décevant s'achève sur une note symbolique datant, comme il se doit, d'une guerre maritime ultérieure, bien plus passionnante et plus épique.

L'histoire raconte qu'on avait prévu de baptiser *HMS Jellicoe* et *HMS Beatty* les deux derniers bâtiments de la série de cuirassés flambant neufs de la classe King George V, mais que le Premier ministre, Churchill, comprit fort justement que ces noms risquaient d'attirer le mépris en 1941-1942, à un moment où la *Home Fleet* jetait toutes ses forces dans la chasse au *Bismarck* et où, en Méditerranée, la flotte britannique de Cunningham se battait désespérément au large de la Grèce et de la Crète, malgré ses lourdes pertes. On préféra donc baptiser ces nouveaux cuirassés *HMS Anson* et *HMS Howe*, rendant ainsi hommage à des amiraux de la Royal Navy du XVIIIe siècle, sûrs, solides, courageux et victorieux. On pouvait désormais oublier l'histoire navale de la Première Guerre mondiale.

Chapitre XIII

Les airs

John H. Morrow, Jr.

Avant-guerre

La victoire sur la pesanteur a ouvert la perspective d'un nouveau théâtre de guerre, et le recours des armées européennes aux ballons captifs comme moyen d'observation dans la seconde moitié du XIXe siècle a préparé le terrain à l'adoption future d'appareils motorisés en entraînant la création de sociétés d'aviation civile et de modestes unités d'aviation militaire. L'invention et le développement de petits moteurs à essence, sûrs, efficaces et à grande vitesse dans les années 1880 et 1890 ont permis la fabrication du premier dirigeable en France en 1884 et la naissance de l'avion aux États-Unis en 1903. En 1883, dans son ouvrage intitulé *La Guerre au vingtième siècle*, Albert Robida envisageait une frappe aérienne soudaine et dévastatrice, tandis que le traité d'Ivan S. Bloch sur la guerre de 1898 imaginait des bombardements aériens dans un avenir proche.

Les armées européennes firent l'acquisition de leurs premiers aérostats dans les années 1906 à 1908 : l'armée française acheta les dirigeables semirigides des frères Lebaudy, tandis que l'armée allemande s'équipait des gigantesques dirigeables rigides du comte Ferdinand von Zeppelin. D'illustres Anglais comme le magnat de la presse Alfred Harmsworth, lord Northcliffe et l'Honorable sir Charles Rolls de Rolls-Royce reconnurent, pour reprendre les propos du premier, que « l'Angleterre n'était plus une île », bien que l'image qu'il se faisait de la menace de « chars aériens ennemis s'abattant sur l'Angleterre » révélât une conception classique, et irréaliste, de la nature de ces engins[1]. Le roman populaire de H. G. Wells, *The War in the Air* (*La Guerre dans les airs*), publié en 1908, traçait un tableau spectaculaire de l'anéantissement de villes et, pour finir, de la civilisation tout entière provoqué par des dirigeables et des avions gigantesques au cours d'un futur conflit aérien. D'autres auteurs européens affirmaient en revanche que l'aviation rapprocherait les nations, et rendrait la guerre tellement épouvantable qu'elle en deviendrait intolérable. En tout état de cause, à la fin de 1907, les aéronefs et les avions sortaient à peine de la phase expérimentale.

En 1908, le public se prit de passion pour l'aviation à la suite d'un vol de zeppelin de douze heures, du premier vol d'avion à travers la campagne et de vols en circuit fermé de plus de deux heures. En janvier de cette année-là, le Français Henri Farman décolla aux commandes d'un biplan Voisin grâce à la seule puissance de son appareil et parcourut le premier kilomètre en circuit fermé officiellement contrôlé. Le 30 octobre, il effectua le premier trajet aérien de Bouy à Reims, couvrant ainsi une distance de 27 à 30 kilomètres. Les observateurs des armées française et allemande estimèrent que ces deux exploits marquaient la naissance d'une aviation suffisamment efficace pour se prêter à des usages militaires. L'étonnant record de durée des frères Wright – deux heures vingt dans les airs – leur avait certes inspiré une vive admiration ; cependant, l'avion des Américains exigeait encore un dispositif de lancement et n'avait pas volé à travers la campagne, mais au-dessus d'un terrain de manœuvres.

Dès ces heures précoces de l'aviation, des juristes internationaux jugèrent son potentiel de destruction suffisant pour qu'il fût indispensable de s'interroger sur les ramifications juridiques de la guerre aérienne. Leurs avis divergeaient sur les utilisations légitimes de l'aviation pour la guerre : certains étaient prêts à autoriser les bombardements aériens, mais souhaitaient interdire les combats ; d'autres auraient préféré permettre les vols de reconnaissance, de communication et d'exploration, et prohiber les bombardements. Les conférences de la paix organisées à La Haye en 1899 et 1907 abordèrent la question de la guerre aérienne. En 1899, les capacités de bombardement du dirigeable entraînèrent l'interdiction pour cinq ans de tout largage de projectiles ou d'explosifs depuis des ballons, ainsi que du bombardement de bourgades et de villes non défendues. Cependant, en l'absence de bombardiers ayant fait la preuve de leur efficacité, les représentants français, allemands et russes n'avaient aucune envie d'exclure le recours à des armes nouvelles en cas de conflit. En 1907, le seul point sur lequel s'entendirent les membres de la conférence fut de ne pas bombarder les villes et les villages sans défense. Plus l'aviation prouvait qu'elle pouvait être une arme utile, plus les juristes internationaux tendaient à reconnaître sa légitimité dans ce rôle. À l'aube de 1909, l'aéronautique était sur le point d'être acceptée par les milieux militaires ; les années 1909 à 1914 assisteraient à sa transformation en instrument embryonnaire de la guerre moderne.

En 1909, plusieurs réalisations françaises – la traversée de la Manche par Louis Blériot en juillet et la semaine de l'aviation à Reims en août – stimulèrent le développement de l'aviation, l'enthousiasme du public et l'intérêt des militaires d'un bout à l'autre de l'Europe. Des associations d'aviation et des aéroclubs militaires se transformèrent en groupes de pression extra-parlementaires en faveur de cette arme nouvelle, avec des protecteurs aussi illustres que le prince Heinrich de Prusse, le grand-duc Alexandre Mikhaïlovitch de Russie et le premier lord de l'Amirauté, Winston Churchill, en Grande-Bretagne. En Europe, des centaines de milliers de spectateurs se pressaient aux salons de l'aéronautique et les aviateurs devinrent les héros du jour, l'aviation évinçant la course automobile parmi les sports les plus populaires.

L'armée française acheta ses premiers avions après le grand meeting de Reims et des manœuvres organisées en septembre 1910 démontrèrent l'efficacité de ces appareils dans les opérations de reconnaissance et de liaison. Au cours des manœuvres françaises de 1911, des avions localisèrent l'emplacement exact de l'ennemi à 60 kilomètres de distance, ce qui incita les officiers à envisager de combattre et de bombarder depuis les airs des troupes déployées en formation serrée. En 1911, dans la *Revue générale de l'aéronautique militaire*, le lieutenant Poutrin, un officier belge, laissait entendre que le bombardement aérien de centres urbains et de capitales gouvernementales « désorganiserait la vie de la nation et affaiblirait son moral[2] ».

Alors que les Français se concentraient sur les avions, les Allemands répartissaient leurs ressources entre ceux-ci et les dirigeables – les premiers destinés à la reconnaissance tactique, les seconds à la reconnaissance stratégique et, peut-être, aux bombardements (malgré le manque de fiabilité des zeppelins, surtout par mauvais temps). Le ministre allemand de la Guerre, qui voyait dans l'aérostat le symbole de la supériorité allemande dans les airs et un moyen de pression politique et militaire sur les pays étrangers, refusa de prendre en compte les défaillances réitérées des dirigeables. Non sans ironie, outre-Manche, l'ouvrage de R. P. Hearne, *Aerial Warfare*, publié en 1909, prétendait que rien n'était à l'abri du zeppelin dont les raids ébranleraient le moral de la population et mettraient les forces militaires hors de combat. En 1911, toutes les puissances européennes s'étaient lancées dans le développement de l'aviation militaire, tandis que certains observateurs prédisaient que la peur même d'un conflit aérien entraînerait la dissolution des armées de terre et de mer, et que la guerre aérienne serait tellement effroyable que la guerre elle-même périrait « de ses propres excès[3] ».

En fait, alors que la crise marocaine de 1911 rendait la menace de guerre très présente, les armées mirent à l'étude et à l'essai des avions armés de mitrailleuses et de canons, et équipés pour lâcher des obus et des « fléchettes », des projectiles d'acier pointus longs de 15 centimètres contenus dans des boîtes métalliques. Les frères Michelin organisèrent un concours annuel de bombardement en 1912 et publièrent des brochures prônant le pilonnage des troupes et des services d'intendance au-delà de la portée de l'artillerie. Malgré ces initiatives, en 1914, l'armée française partit pour la guerre avec 141 avions destinés aux opérations de reconnaissance, et non au combat.

Du côté allemand, en revanche, le chef d'état-major général, Helmuth von Moltke, tenait à disposer du plus grand nombre possible d'aérostats opérationnels en cas de conflit et se faisait une idée exagérément optimiste des « capacités de première frappe » du zeppelin. Le 24 décembre 1912, il informa le ministère de la Guerre : « Avec les tout nouveaux zeppelins, nous possédons une arme largement supérieure à toutes les armes comparables de nos adversaires et qui ne peut être imitée dans un avenir prévisible si nous œuvrons énergiquement à la perfectionner. Il est nécessaire de la développer le plus rapidement possible en tant qu'arme afin de pouvoir, dès le début d'une guerre, frapper un premier coup efficace dont les effets matériels et psychologiques pourraient être tout à fait extraordinaires[4]. » Les revues allemandes d'aviation faisaient écho aux convictions de Moltke, prévoyant des attaques de zeppelins implacables et d'une grande précision contre des cibles ennemies en pleine nuit[5]. Les plans de guerre allemands de 1913 plaçaient les dirigeables directement sous les ordres du haut commandement et des commandements chargés de la reconnaissance stratégique et des missions de bombardement, alors même que ces monstres ne s'étaient livrés qu'à un seul essai de bombardement avant la guerre et que l'armée n'en possédait que sept au début de l'été 1914. L'armée allemande disposait en revanche de 245 avions chargés de missions de reconnaissance tactique, de communication et de repérage d'artillerie.

La Grande-Bretagne, très en retard par rapport à la France et à l'Allemagne en matière de développement d'appareils aériens, possédait en revanche en la personne de Winston Churchill, premier lord de l'Amirauté, un farouche défenseur de l'aviation. Churchill, le chéri de la presse d'aviation britannique, surnommé la « bonne fée » de l'aéronavale en janvier 1914, déclara que l'aviation avait pour moteur principal « son aspect et son utilité militaires », et que « la marine et l'armée de terre [devaient] constituer la plus grande force de propulsion de l'aviation dans ce pays[6] ». L'armée de terre et la marine estimaient, quant à elles, que la mission essentielle des avions serait la reconnaissance ; tout de même, les aviateurs de la marine auraient bien voulu disposer également d'un avion de combat.

En Italie, convaincu que l'aviation serait l'élément déterminant de la guerre moderne, Giulio Douhet, commandant visionnaire, soutint les efforts du constructeur d'avions Gianni Caproni pour concevoir et fabriquer une flotte de bombardiers multimoteurs destinés à des missions tactiques et stratégiques.

Face à la probabilité d'une guerre en 1914, toutes les puissances européennes disposaient d'une aviation militaire rattachée à l'armée de terre, à laquelle s'ajoutait une aéronavale plus modeste si leur marine était suffisamment importante pour exiger des avions de reconnaissance. S'agissant de l'évolution de l'aviation militaire, quatre puissances méritent pourtant une attention particulière : la France, l'Allemagne, la Grande-Bretagne et l'Italie. Les achats de l'armée activèrent le développement d'usines d'avions et de moteurs d'avions en France et en Allemagne, et dans une moindre mesure en Grande-Bretagne et en Italie. D'autres pays restèrent à la traîne. L'inventeur russe Igor Sikorsky conçut un gigantesque biplan quadrimoteur, l'*Ilia Mouromets*, qui en 1913 parcourut 2 500 kilomètres en six heures et demie, mais l'industrie russe aurait bien du mal à fabriquer ce géant. Les États-Unis, très éloignés d'une Europe de plus en plus militariste et belliqueuse, n'avaient pas la motivation nécessaire pour développer leur aviation militaire, bien que l'aviateur Glenn Curtiss ait réalisé des prouesses dans la construction d'hydravions et d'hydro-aéroplanes. De toute évidence, la doctrine ne coïncidait pas toujours avec l'état technologique et industriel de l'aviation, comme l'illustrent bien les espoirs que les Allemands plaçaient dans le dirigeable. Dans l'ensemble, cependant, une doctrine limitant l'utilisation de l'aviation aux opérations de reconnaissance et aux communications s'accordait bien avec l'état de l'aviation avant le déclenchement de la guerre.

1914 – UN INSTRUMENT DE GUERRE

À partir de la bataille de la Marne, en septembre 1914, les avions de reconnaissance français jouèrent un rôle clé, repérant le mouvement tournant de l'armée allemande au nord-est de Paris et permettant ainsi aux Français et aux Britanniques de frapper l'ennemi par le flanc. Sur le plan tactique, certains commandants d'artillerie se servirent d'avions d'observation aérienne pour diriger les bombardements contre des objectifs ennemis, les équipages en profitant pour larguer des obus de 90 millimètres et des fléchettes sur l'ennemi.

En novembre, le grand quartier grénéral français, se mit à envisager le bombardement stratégique de centres industriels allemands. Dès le 2 août, le ministre de la Guerre, Paul Painlevé, et certains industriels comme les frères Michelin et le fabricant d'avions Paul Schmitt avaient projeté de pilonner Essen, centre des usines Krupp dans la vallée de la Ruhr – une mission qui dépassait les capacités de l'aviation militaire, encore très modeste. Ce qui n'empêcha pas le GQG de rassembler le 23 novembre quatre escadrilles de biplans Voisin au sein du Groupe de bombardement numéro 1 (GB1) de dix-huit avions. Cette force frappa la gare ferroviaire de Fribourg le 4 décembre et établit, avant la fin de l'année, une liste de cibles importantes et vulnérables.

Le haut commandement allemand (*Oberste Heeresleitung*, OHL) envoya en août et en septembre quatre zeppelins en missions de reconnaissance et de bombardement contre des villes comme Anvers, Zeebruges, Dunkerque, Calais et Lille. Des opérations ennemies détruisirent ces quatre aérostats, dont le dernier à la suite du bombardement britannique de son hangar à Düsseldorf, le 8 octobre. À la fin de l'année, l'armée de terre allemande avait renoncé à utiliser des dirigeables, mais le commandant de l'aéronavale, Peter Strasser, restait bien décidé à frapper l'Angleterre, malgré l'absence d'appareils adaptés.

Les avions allemands se livrèrent à des vols de reconnaissance si efficaces sur les fronts de l'Ouest et de l'Est – notamment à l'Est, à Tannenberg, où la cavalerie russe était numériquement supérieure à la cavalerie allemande – que, à la fin du mois d'août, l'avion s'était transformé de « moyen d'information complémentaire, dont la principale utilité était de confirmer » des informations dont on disposait déjà, en « principal moyen de reconnaissance opérationnelle – un élément majeur pour aider les commandants à prendre des décisions[7] ». À la fin du mois d'août, au cours de deux opérations distinctes, des pilotes allemands larguèrent sur Paris de petites bombes contenant un message annonçant aux habitants : « L'armée allemande est aux portes de Paris. Vous n'avez plus qu'à vous rendre[8]. » Peut-être faut-il voir dans ces exploits une utilisation précoce, bien qu'inefficace, de l'avion pour la guerre psychologique.

Les députés du parlement allemand exprimaient un sentiment répandu dans les milieux militaires, diplomatiques et industriels lorsqu'ils manifestaient l'intention de « briser la résistance britannique » à l'aide de bombardements aériens. À la fin du mois d'août, l'ambassadeur d'Allemagne à Stockholm, Franz von Reichenau, disait espérer « de tout cœur » que « l'Allemagne enverrait régulièrement des dirigeables et des avions au-dessus de l'Angleterre pour larguer des bombes » jusqu'à ce que les « âmes d'escrocs vulgaires » de ces « lâches assassins » ne sachent même plus « faire une addition ». L'industriel Walther Rathenau conseillait lui aussi de « jouer systématiquement sur les nerfs des villes anglaises par une force aérienne écrasante[9] ». Le haut commandement allemand constitua effectivement un corps de bombardement sous l'appellation fantaisiste et délibérément trompeuse d'Unité de pigeons voyageurs d'Ostende (*Brieftauben Abteilung Ostende*). Néanmoins, les Allemands n'ayant jamais pris Calais, leurs bombardiers ne purent atteindre l'Angleterre et se contentèrent de lancer des raids contre Dunkerque ainsi que contre les ports et les nœuds ferroviaires français.

Le Corps royal des aviateurs britanniques (*Royal Flying Corps*, RFC) fut félicité le 7 septembre par le général John French, commandant de la Force expéditionnaire britannique (*British Expeditionary Force*, BEF), pour l'« admirable travail » qu'il avait accompli en lui fournissant « les informations les plus complètes et les plus exactes, qui ont été d'une valeur inestimable pour la conduite des opérations[10] ». Le Service royal de l'aéronavale (*Royal Naval Air Service*, RNAS), chargé de la tâche peu gratifiante de la défense de l'Angleterre alors même que la priorité dont jouissait la marine britannique sur l'armée de terre accordait à l'aéronavale une force équivalant presque à celle de l'aviation rattachée à l'armée de terre, donna une interprétation agressive de cette mission en allant frapper des hangars à zeppelins en Allemagne.

Malgré ces efforts offensifs, en 1914, la principale contribution des pilotes d'avion à la guerre releva de la reconnaissance aérienne ; il fallut cependant attendre de nouveaux progrès dans le domaine de la photographie et de la télégraphie sans fil pour que l'avion pût devenir un outil d'observation réellement efficace. Toutefois, même à l'état embryonnaire, l'aviation obligea les armées à mieux dissimuler leurs activités. Un artilleur français, désignant un avion allemand qui survolait la route de Péronne près d'Albert au début du mois d'octobre, déclarait ainsi à un journaliste britannique : « Il y a ce foutu oiseau qui nous hante[11]. » En 1914, l'oiseau de guerre avait effectivement ouvert les ailes et son ombre planait sur les champs de bataille européens. En 1915, il lui pousserait de terribles serres qui le transformeraient en oiseau de proie et le ciel, à l'image de la terre et de la mer qui s'étendaient au-dessous de lui, se transformerait en arène de combats meurtriers.

1915 – L'ARME AÉRIENNE

En 1915, et plus particulièrement dans la seconde moitié de l'année, l'observation, la chasse et le bombardement devinrent des spécialités distinctes. Les forces aériennes se concentrèrent sur la reconnaissance et le repérage d'artillerie, deux domaines qui enregistrèrent de remarquables progrès, tandis que, malgré des avancées notables, l'aviation de chasse et l'aviation de combat restaient en retrait.

Le GQG consacra le gros de ses efforts aux bombardements aériens dans une tentative pour porter la guerre contre l'ennemi. En 1915, puis en 1918, il s'intéressa principalement au développement des forces de bombardement françaises, et surtout à la construction de bombardiers et de moteurs d'avions plus puissants. Conscient que le conflit se transformait en guerre de matériel, le GQG choisit un certain nombre de cibles industrielles pour lancer une campagne de bombardements stratégiques destinée à abréger la guerre. Les solides biplans Voisin à hélice propulsive que les Français employèrent en 1915 étaient capables de transporter des obus d'artillerie de 155 millimètres et de 40 kilos ; entre mai et septembre, les Français bombardèrent ainsi des villes d'Allemagne de l'Ouest comme Ludwigshafen, Karlsruhe, Trèves et Sarrebruck.

En juillet, les avions de combat allemands, dont le nouveau monoplan de chasse Fokker, prélevaient un lourd tribut parmi les biplans Voisin et Farman, des appareils lents et vulnérables, malgré l'adoption par les bombardiers français de vols groupés en formation en V qui assuraient une meilleure protection. Le GQG réagit en employant les bombardiers de façon croissante comme une arme d'artillerie à très longue portée pour des raids de nuit contre des cibles militaires situées juste derrière le front. Les opérations nocturnes sacrifiaient la rapidité à la possibilité de transporter des chargements de bombes plus importants, mais compliquaient évidemment la navigation et limitaient la précision et l'intensité des raids.

Au début du mois de juin, le GQG suggéra qu'une force aérienne de 50 escadrilles (500 bombardiers) attaque Essen, siège des usines Krupp, mais pareille opération aurait exigé des bombardiers – et donc des moteurs – plus puissants. En juillet, puis en septembre, les commissions de l'aviation du parlement français réclamèrent le bombardement de centres industriels allemands et la construction de gros bombardiers à grande portée, capables de réaliser cette mission. Un professeur d'université alla jusqu'à écrire au gouvernement pour plaider la cause d'une force aérienne de 1 000 avions, dont chacun pourrait transporter un chargement de 300 à 400 kilos de bombes, pour pilonner vingt-quatre heures sur vingt-quatre les voies de communication, les gares, les réserves et les dépôts de munitions allemands dans la région du Rhin[12]. Mais le GQG était en train de renoncer aux espoirs qu'il avait placés dans l'aviation stratégique en raison de son coût, de ses imperfections matérielles, et parce qu'il était conscient que, dans toute guerre aérienne, Paris serait la cible de choix d'opérations de représailles allemandes.

Pendant l'hiver 1914-1915, l'armée de terre et la marine allemandes intriguèrent pour lancer des attaques stratégiques de dirigeables contre l'Angleterre, la marine affirmant que les conséquences tant matérielles que morales de bombardements sur Londres pourraient faire fléchir la détermination britannique à poursuivre la guerre. Deux dirigeables allemands larguèrent effectivement des bombes sur la côte britannique en janvier 1915, mais, dans un premier temps, le Kaiser interdit les attaques contre Londres, craignant de heurter l'opinion des pays neutres, et plus particulièrement des États-Unis. À la fin du mois d'avril, il donna pourtant son accord à des raids censés démoraliser la population, endommager la production de guerre et obliger les avions britanniques à se consacrer à la défense du territoire. Dans le courant de l'année, les zeppelins devinrent plus grands et plus puissants, approchant les 185 mètres de long pour un volume supérieur à 28 000 mètres cubes, une vitesse de 80 kilomètres à l'heure et une charge de bombes de plus de 2 tonnes.

La perte de deux dirigeables, dont l'un avait participé au premier raid de bombardements sur Londres dans la nuit du 31 mai au 1er juin, incita

Bombardement stratégique de la Grande-Bretagne, 1914-1918

l'armée de terre allemande à transférer ses zeppelins sur le front de l'Est, moins lourdement défendu. La marine restait, quant à elle, bien décidée à utiliser des aérostats pour repérer la flotte et bombarder l'Angleterre ; ses zeppelins attaquèrent effectivement Londres en août, septembre et octobre. En 1915, ils larguèrent ainsi 1 900 bombes représentant un poids total légèrement supérieur à 36 tonnes, faisant 277 morts et 645 blessés, et causant des dégâts d'un montant estimé à 870 000 livres sterling. L'arrivée de l'hiver mit fin à ces raids, mais la marine allemande s'apprêta à reprendre sa campagne en 1916, les avions britanniques n'étant pas en mesure d'intercepter les dirigeables capables de prendre rapidement de l'altitude.

En 1915, le Royal Flying Corps se concentra sur l'aviation tactique, le repérage d'artillerie, les vols de reconnaissance et les combats aériens, alors que le RNAS poursuivait ses raids de bombardements contre des cibles allemandes situées en Belgique occupée, plus particulièrement des bases de zeppelins. Des membres du gouvernement et du parlement anglais, de plus en plus insatisfaits de l'effort de guerre, envisageaient des attaques dévastatrices contre l'Allemagne. Le 24 février 1915, lors d'une réunion du Conseil de guerre, un des participants conseilla de lancer une attaque aérienne pour répandre la « rouille » sur la prochaine récolte de céréales allemande, quand un autre suggérait d'incendier les cultures en larguant des milliers de petits disques de fulmicoton. Winston Churchill était plus favorable à cette dernière solution, tandis que David Lloyd George, alors ministre des Munitions, déclarait que la rouille « n'empoisonnait pas la récolte et se contentait de l'abîmer ». Le Premier ministre Balfour décida de ne recourir à pareilles mesures qu'en réponse à des provocations extrêmes[13]. Dans un manifeste publié dans le *Daily Express*, H. G. Wells prétendait que, même si la moitié d'entre eux devaient être abattus, 2 000 avions pouvaient détruire Essen pour une somme inférieure à ce qu'avait coûté la bataille de Neuve-Chapelle ou la construction d'un cuirassé. Il réclamait la constitution d'une flotte aérienne de 10 000 avions, avec des réserves et du personnel. Le député William Joynson-Hicks prit fait et cause pour la création d'une force de 10 000 à 20 000 avions qui mettrait fin à la guerre par des bombardements de représailles contre l'Allemagne. Ces propositions insensées, qui dépassaient de loin les capacités industrielles et le potentiel technologique britanniques, reflètent l'hystérie provoquée par les raids de zeppelins. Mais ce débat donna également lieu à une revendication plus raisonnable, celle de la création d'un ministère ou d'un département de l'aviation[14].

Paradoxalement, seule l'Italie, puissance aérienne modeste par rapport aux autres, entra en guerre en possession d'un avion expressément conçu pour servir de bombardier, le Caproni Cal, que le commandement suprême utilisa pour des vols de reconnaissance à longue distance et pour bombarder des gares et des nœuds ferroviaires. À l'arrière, cependant, les supérieurs de Giulio Douhet lui avaient retiré le commandement du bataillon d'aviation italienne parce qu'il avait outrepassé ses pouvoirs en prenant l'initiative d'autoriser l'intervention des bombardiers Caproni. En juillet 1915, fidèle à lui-même, Douhet préparait le terrain à une doctrine de bombardement stratégique en prônant la formation d'un énorme groupe d'avions lourds, chargés de mener des opérations stratégiques contre des centres militaires et industriels, des nœuds ferroviaires, des arsenaux et des ports ennemis[15].

En 1915, l'aviation devint plus perfectionnée ; elle put se charger de fonctions spécialisées sur le front et adapter ou mettre au point de nouveaux modèles d'appareils chargés d'accomplir ces missions. Ses nouvelles attributions en matière de bombardement et de chasse la conduisirent à adapter les avions à cette fin – des appareils légers pour le combat, plus lourds pour les bombardements –, mais, dans l'ensemble, l'absence de moteurs suffisamment puissants pour permettre à de gros avions de transporter un armement défensif et des charges de bombes supérieures sur de plus longues distances limita le développement des bombardiers. Ce qui n'empêcha pas toutes les questions majeures du bombardement stratégique de se poser dès 1915 : bombardement de jour contre bombardement de nuit et problèmes connexes de précision et de modèle d'avions, pilonnages vingt-quatre heures sur vingt-quatre, choix de cibles appropriées – autant de questions qui resteraient d'actualité durant toute la Seconde Guerre mondiale et qui le sont encore aujourd'hui.

Les voix qui se faisaient entendre de toutes parts pour réclamer des bombardiers captaient largement l'attention des civils comme de l'armée. Sur le front, les débuts de l'aviation de chasse représentèrent en 1915 une évolution majeure. L'apparition dans le courant de l'été du Fokker *Eindecker*, monoplan doté d'une mitrailleuse synchronisée qui tirait à travers le champ de l'hélice, marqua le début de la course à la maîtrise du ciel. Les premiers pilotes de chasse des deux camps – les Français Roland Garros et Georges Guynemer, les Allemands Max Immelman et Oswald Boelcke, et l'Anglais George Lanoe Hawker – mirent au point des tactiques de combat propres à accroître au maximum leurs chances de devenir des prédateurs aériens sans être eux-mêmes la proie de l'ennemi. Ils recommandèrent également des améliorations techniques pour les avions de chasse. À la suite de leurs efforts, le ciel des champs de bataille européens serait bien plus dangereux en 1916 que les années précédentes.

1916 – LE GRAND TOURNANT DE L'AVIATION MILITAIRE

Les terribles batailles terrestres de Verdun et de la Somme sur le front de l'Ouest, en 1916, s'accompagnèrent des premières grandes tentatives pour s'assurer le contrôle du ciel au-dessus du champ de bataille, l'aviation de chasse devenant indispensable à chaque camp pour empêcher les observations aériennes de l'ennemi et protéger ses propres avions d'observation, très vulnérables, au-dessus et à l'arrière des lignes. D'où, une fois encore, la question fondamentale qui se posait aux avions de chasse escortant des appareils de reconnaissance et de bombardement : fallait-il privilégier une protection rapprochée ou effectuer des patrouilles de secteur permanentes pour nettoyer le ciel des appareils ennemis ? Verdun prouva que la maîtrise aérienne au-dessus et à l'arrière des lignes de combat était essentielle à la progression de la bataille terrestre et exigeait qu'on se concentrât sur les forces de chasseurs pour l'obtenir. D'un autre côté, le contrôle du ciel restait provisoire et incomplet en fonction de la concentration changeante des forces aux points de pénétration de l'espace aérien au-dessus du champ de bataille. Il était donc impossible dans les faits à l'un ou l'autre camp de parvenir à une entière sécurité.

En octobre 1916, les Français durent presque entièrement renoncer au bombardement tactique de jour contre les lignes ennemies en raison des lourdes pertes causées par les chasseurs allemands. Jusque-là, le GQG avait visé des centres industriels allemands – d'abord des usines de produits chimiques et de poudre ainsi que des industries métallurgiques, puis des usines de munitions et d'armements – à une distance de 300 kilomètres de la base des unités françaises de bombardement située à Malzéville, près de Nancy. Des raids furent menés contre des gares de chemin de fer, des hauts fourneaux et même des terrains d'aviation, mais les pertes subies lors de ces opérations, même avec l'escorte de chasseurs français, devinrent prohibitives et contraignirent à se recentrer sur les attaques nocturnes. En décembre 1916, le nouveau programme de bombardement du GQG se limitait à des cibles distantes de moins de 160 kilomètres de Nancy et concernait essentiellement l'industrie métallurgique de la région

Sarre-Luxembourg-Lorraine, les performances des bombardiers français leur permettant en réalité tout juste d'atteindre ces cibles.

Derrière le front, une lutte triangulaire consacrée au contrôle des programmes de production aéronautique se poursuivit entre le GQG, le ministère de la Guerre et les sous-comités parlementaires chargés de cette question, l'aviation française faisant son entrée cahin-caha, de crise en crise et de programme en programme, dans la sphère politique. Dans le domaine des achats de matériel, en tout cas, les administrateurs militaires français rationalisèrent les services de recherche et d'acquisition afin d'essayer d'améliorer les modèles d'avions et leur fabrication.

En 1916, les escadrilles d'avions d'observation français, tout comme celles de bombardiers, souffraient de l'utilisation d'appareils démodés, dépassés et donc extrêmement vulnérables. Une escadrille de Voisin choisit ainsi l'escargot pour emblème, tandis que les fragiles biplans Farman s'enflammaient facilement parce que le réservoir de carburant se trouvait juste au-dessus du moteur brûlant[16]. Ces nombreuses escadrilles de l'armée de terre essuyèrent le plus gros des pertes que subit en 1916 une aviation militaire française en pleine expansion.

L'aviation de chasse française donna la preuve de ses qualités exceptionnelles en 1916, grâce à la constitution d'unités formées d'« as » tels que Georges Guynemer et Charles Nungesser aux commandes de biplans Nieuport légers et manœuvrables, équipés d'une mitrailleuse Lewis fixée sur l'aile droite et tirant donc au-dessus du champ de l'hélice. Pourtant, pendant l'été 1916, le Nieuport eut bien du mal à s'imposer face aux nouveaux chasseurs allemands, et l'aviation militaire française aborda 1917 avec d'immenses besoins en appareils modernes. Heureusement, bien qu'il leur eût fallu un an pour y parvenir, deux industriels français avaient conçu des avions de ce genre – le chasseur SPAD de Louis Béchereau, équipé du révolutionnaire moteur Hispano-Suiza V8 de 150 chevaux à refroidissement par eau, et l'avion de reconnaissance et de bombardement tactique de Louis Breguet, doté d'un fuselage en duralumin et en tubes d'acier qui lui prêtait plus de légèreté et de résistance. Le premier, dans ses versions SPAD 7 et 13 pourvues de moteurs Hispano-Suiza encore plus puissants, équiperait l'aviation de combat française jusqu'à la fin de la guerre, tandis que les Breguet 14, dotés de moteurs Renault de 300 chevaux, seraient le fer de lance de la reprise des bombardements tactiques français en 1918.

Alors que les chasseurs français brillaient, notamment dans la première moitié de 1916, les Allemands avaient grand besoin d'un nouvel avion de chasse pour remplacer leurs monoplans Fokker obsolètes, que le Nieuport surclassait aisément. Max Immelmann fut abattu au combat et le dernier as allemand, Oswald Boelcke, fut retiré du front afin de préserver le moral de la population. Il en profita pour rédiger les « Dicta Boelcke », des principes de combat aérien encore valables aujourd'hui : cherchez à prendre l'avantage avant d'attaquer ; attaquez par-derrière, si possible avec le soleil dans le dos (d'où la devise alliée au cours des deux guerres mondiales : « *Beware the Hun in the sun* » – « Attention au Boche dans le soleil ») ; poursuivez l'attaque en gardant l'adversaire à portée de vue et ne tirez que lorsque vous êtes à proximité de lui ; si l'ennemi pique sur vous, tournez-vous pour lui faire face ; n'oubliez jamais votre itinéraire de repli au-dessus du territoire ennemi[17].

Si Verdun avait donné du fil à retordre à l'aviation militaire allemande, le début de la bataille de la Somme fut un désastre pour elle, les aviations britannique et française l'éclipsant numériquement à trois contre un. Mais, à la mi-septembre, Oswald Boelcke retourna au front avec des unités de chasseurs équipées du nouvel Albatros D1 à deux mitrailleuses, un tueur profilé, robuste et puissant qui arracha la suprématie aérienne aux Britanniques et aux Français. Bien que Boelcke, qui avait quarante appareils à son tableau de chasse, eût lui-même trouvé la mort le 28 octobre à la suite d'une collision avec un camarade, il laissait derrière lui ses Dicta et son disciple le plus doué, Manfred Freiherr von Richthofen.

Les Allemands concentrèrent alors leurs forces sur le front de la Somme et réorganisèrent leur aviation pendant l'été et l'automne en tenant compte de l'importance et de la spécialisation accrues des unités aériennes. Les escadrilles de chasseurs (les *Jastas*, abréviation de *Jagdstaffeln*) constituèrent une nouvelle élite. Les divisions aériennes (*Fliegerabteilungen*) possédaient deux modèles de biplans biplaces monomoteurs (avions C). Le premier était équipé d'appareils photographiques spéciaux de reconnaissance à longue distance, le second était destiné au repérage d'artillerie. Des escadrilles embryonnaires (*Schutzstaffeln*) de soutien au sol, dotées d'avions CL légers, bien armés et remarquablement manœuvrables, pilotés par des aviateurs d'attaque au sol (*Infanterieflieger*), protégeaient les avions d'observation et menaient des raids terrestres dans des rôles offensifs ou défensifs. Enfin, quelques unités de bombardiers (les *Kagohl*, ou *Kampfgeschwadern der OHL*) placées sous l'autorité de l'OHL étaient désormais équipées de Gotha bimoteurs dotés d'une force de frappe à plus longue portée.

Le 8 octobre 1916, les commandants suprêmes allemands, Paul von Hindenburg et son premier quartier-maître, général Erich Ludendorff, créèrent un poste de commandant général des forces aériennes (*Kommandierender General der Luftstreitkräfte*, ou *Kogenluft*) placé directement sous leurs ordres. Le mois suivant, des officiers d'état-major d'aviation affectés à des commandements de l'armée de terre devinrent commandants d'aviation, avec autorisation de faire un usage tactique de leurs unités. Un général de cavalerie, Ernst von Hoeppner, fut nommé *Kogenluft*, mais la clé de l'avenir de l'aviation allemande était entre les mains de ses subordonnés, son chef d'état-major, le colonel Hermann von der Lieth-Thomsen, et son chef des acquisitions militaires, le commandant Wilhelm Siegert, qui avait dirigé le développement de l'aviation allemande depuis 1915 en tant que chef adjoint, puis chef de l'aviation militaire. La place plus importante accordée aux forces aériennes au sein du haut commandement allemand coïncida avec la publication du programme Hindenburg décrétant la mobilisation totale dans un effort maximum pour remporter la guerre. Thomsen demanda et obtint de Ludendorff un statut spécial pour les achats de matériel dans le cadre de cette mobilisation totale, l'armée s'apprêtant à affronter une guerre d'usure de plus en plus âpre sur le front de l'Ouest. L'aviation militaire avait de toute évidence pris une position dominante dans la hiérarchie militaire allemande, et Thomsen renonça à toutes les opérations de zeppelins en raison de leurs coûts élevés et de leurs résultats négligeables.

La marine allemande, en revanche, multiplia ses raids de zeppelins contre l'Angleterre en 1916, employant désormais de gigantesques dirigeables de près de 200 mètres de long et d'une capacité proche de 60 000 mètres cubes, capables de transporter un chargement de quelque 5 tonnes de bombes à une vitesse avoisinant les 100 kilomètres à l'heure. Le capitaine Peter Strasser, commandant de la force de dirigeables, voulait détruire l'Angleterre, la priver de « ses moyens d'existence grâce à la destruction de plus en plus étendue de ses villes, de ses complexes industriels, de ses chantiers navals [...], de ses chemins de fer, etc.[18] ». Mais, à la fin de l'été 1916, le zeppelin ne pouvait plus échapper aux chasseurs britanniques plus puissants, armés de balles explosives et incendiaires, et le nombre croissant de dirigeables abattus révélait que le temps de son utilisation comme bombardier était révolu, malgré l'obstination de Strasser. Désormais, le zeppelin fut essentiellement chargé d'opérations de repérage pour la flotte de haute mer (*Hochseeflotte*), laquelle se dota également d'hydravions efficaces et armés, fabriqués par le constructeur

Ernst Heinkel dans les usines Hansa-Brandenburg et qui réserveraient aux Britanniques une bien déplaisante surprise sur les côtes de Flandre en 1917.

En 1916, alors que la Grande-Bretagne s'apprêtait à passer à l'offensive, le général Hugh Trenchard, qui commandait le RFC, s'inquiéta tout d'abord du nombre insuffisant d'avions et de la formation tout aussi insuffisante des équipages. Cela n'empêcha pas le RFC de prendre l'initiative dès le début de l'offensive de la Somme le 1er juillet et de dominer le ciel au-dessus du champ de bataille, Trenchard étant bien décidé à se battre contre les Allemands au-dessus de leur propre territoire. Les pilotes du RFC volaient constamment en patrouilles « de contact » pour soutenir les opérations d'infanterie, en missions d'observation photographique pour diriger les tirs d'artillerie et en missions de bombardement tactique. Le nombre de victimes fut sans précédent en raison des piètres performances des biplans biplaces obsolètes du Royal Flying Corps. Affrontant à l'automne des chasseurs allemands en forte augmentation, Trenchard ne céda pas, se montrant au contraire encore plus déterminé à mener une « offensive implacable et continue » jusqu'à 30 kilomètres au-dessus des lignes allemandes, quel que fût le prix en vies humaines[19]. C'était un cercle vicieux : pourvus d'appareils plus médiocres, les équipages britanniques étaient si rapidement abattus par les chasseurs allemands que leurs remplaçants arrivaient sur le front après une formation de plus en plus insuffisante, ce qui en faisait des cibles encore plus faciles pour les pilotes allemands.

Pendant ce temps, au printemps 1916, l'aéronavale britannique, le RNAS, poursuivit ses bombardements de hangars de zeppelins et de terrains d'aviation allemands en employant de nouveaux biplans biplaces Sopwith. À l'automne, une de ses trois escadrilles de vingt-quatre appareils était stationnée à Luxeuil, près de Nancy, d'où elle participa avec les Français à un premier raid commun contre l'usine Mauser d'Oberndorf. Le mauvais temps empêcha bientôt toutes nouvelles opérations. En Angleterre, l'Amirauté et le War Office rivalisaient pour obtenir le contrôle de l'aviation de guerre que le RNAS refusait de céder au RFC. Une production insuffisante d'avions et de moteurs rendait les Britanniques dépendants d'une industrie aéronautique française déjà sous pression, mais, vers la fin de l'année, on releva certaines évolutions prometteuses. Rolls-Royce prit progressivement son rythme de croisière et commença à livrer ses moteurs de combat exceptionnels, bien que redoutablement complexes, le Falcon de 200 chevaux (puis de 275) et l'Eagle de 275 chevaux (puis de 360), destinés à équiper respectivement les chasseurs et les bombardiers. Les trois plus célèbres avions de chasse britanniques – le Sopwith Camel, le SE5 et le chasseur de reconnaissance biplace Bristol F2 – virent le jour dans la seconde moitié de 1916 et resteront en service jusqu'à la fin de la guerre. Les premiers bombardiers de jour monomoteurs DH-4 De Havilland ainsi que les bombardiers de nuit bimoteurs Handley-Page 0/100 furent créés, eux aussi, à la fin de l'année.

En 1916, l'Italie disposait des bombardiers multimoteurs les plus opérationnels, l'usine Caproni produisant dans le courant de l'année 136 bombardiers trimoteurs équipés de moteurs Fiat de plus en plus puissants. Des raids qui pouvaient rassembler jusqu'à 58 bombardiers frappèrent les gares de chemin de fer austro-hongroises et même la ville de Trieste. L'aviation de bombardement stratégique constituait indéniablement le cœur de l'effort aérien italien, mais son plus farouche partisan, Giulio Douhet, oublia dans un train une note critiquant l'effort de guerre, ce qui lui valut en octobre d'être condamné à un an de prison. Il y trouvera le temps d'écrire et finira par être disculpé en 1920.

L'année 1916 marqua un tournant de la Première Guerre mondiale, Verdun et la Somme anéantissant tout espoir de victoire imminente pour un camp comme pour l'autre. Ces batailles représentèrent également les vrais débuts de la guerre aérienne, les puissances belligérantes se mettant à construire et à employer des forces plus importantes pour s'assurer la supériorité dans les airs. La France prit la tête de la mobilisation industrielle et sa production de moteurs d'avions éclipsa largement celles de l'Allemagne et de l'Angleterre grâce à la réquisition précoce de son industrie automobile pour la construction de moteurs d'avions. La politique aérienne des grandes puissances reflétait ces réalités industrielles ainsi que leurs stratégies militaires de base. La politique aérienne de la Grande-Bretagne et de la France, tout comme leur stratégie militaire générale, était offensive, de façon plus inflexible du côté britannique que français. Face au risque d'être submergés numériquement sur le front de l'Ouest, les Allemands réorganisèrent leur aviation et lui donnèrent davantage d'importance, ils économisèrent leurs ressources, adoptèrent une position défensive et envisagèrent de concentrer leurs forces aériennes en vue d'obtenir une maîtrise occasionnelle du ciel, limitée dans le temps et dans l'espace. En 1916, grâce à la prédominance des avions de chasse, l'aviation offrit aux combattants européens leurs héros les plus légendaires – des « as » comme Albert Ball, Oswald Boelcke et Georges Guynemer –, des jeunes gens qui incarnaient la volonté nationale de sacrifice dans la lutte monstrueuse qui se déroulait sur le front de l'Ouest. L'ère de ces pilotes illustres se poursuivrait en 1917, mais la figure du héros tendra à disparaître dans une guerre aérienne d'usure en plein essor qui exigera le déploiement massif de ses forces.

1917 – UNE GUERRE AÉRIENNE D'USURE

Au début d'avril 1917, le général Robert Nivelle, commandant en chef des forces françaises, lança un assaut funeste sur le Chemin des Dames, surplombant la vallée de l'Aisne, où les Allemands s'étaient repliés sur leur ligne Hindenburg construite depuis peu. « La victoire aérienne, affirmait-il, doit précéder la victoire terrestre dont elle est un des éléments et le gage. Il faut aller chercher l'ennemi chez lui et le détruire[20]. » L'offensive, aérienne et terrestre, fut un échec catastrophique qui s'accompagna de lourdes pertes et de bien peu de résultats, si ce n'est le retrait de Nivelle du haut commandement et le refus des unités de l'armée française de mener de nouvelles attaques suicidaires.

Le général Philippe Pétain succéda à Nivelle et décida rapidement de ne confier à l'armée de terre que des offensives limitées, ménageant son infanterie tout en épuisant peu à peu les forces allemandes grâce à la supériorité de l'artillerie, de l'aviation et des chars d'assaut français. Le 28 mai, Pétain transmettait le message suivant à Paul Painlevé, ministre de la Guerre : « L'aviation a pris une importance capitale ; elle est devenue un des facteurs indispensables du succès. Il faut être maître de l'air. […] L'obligation de prendre la maîtrise de l'air conduira à de véritables batailles aériennes[21]. » En décembre 1917, Pétain avait pour objectif de dominer le ciel dès 1918, d'abord pour répliquer à l'offensive allemande qu'on attendait cette année-là en faisant un usage défensif du bombardier tactique : employés « en grande masse, systématiquement, avec continuité sur les arrières de l'ennemi », ces appareils étaient parfaitement capables de « contrer une offensive allemande[22] ». Il prévoyait également que, dans le cadre d'une offensive alliée, ses bombardiers pourraient attaquer les voies de communication de l'ennemi et empêcher les Allemands de masser leurs troupes pour mener des attaques en bloc.

Les commandements aériens français et allemands concentrèrent leurs forces de chasseurs en formations de plus en plus importantes, mais les pilotes français, pétris des sentiments d'individualisme et d'indépendance « chevaleresques » incarnés par Georges Guynemer, Charles Nungesser et René Fonck, renâclaient à adopter cette nouvelle tactique de masse. Dans ses Mémoires intitulés *Notes d'un pilote disparu*, le lieutenant Jean Béraud-Villars se lamentait sur ces pilotes qui voulaient « chasser pour leur compte, avoir leur Boche à eux tout seuls, et c'est le Boche qui les a eus[23] ».

Au moins les pilotes de chasseurs français disposaient-ils du célèbre SPAD. Les équipages d'avions d'observation et de bombardiers pilotaient pour leur part des appareils qui faisaient d'eux de la vraie chair à canon. En 1917, le GQG se concentra sur l'aviation de champ de bataille destinée à soutenir les troupes au sol, mais certains commandants de bombardiers étaient impatients de frapper l'Allemagne et regrettaient la faiblesse de l'aviation stratégique française. En avril, le capitaine de Kérillis appelait de tous ses vœux des raids de représailles visant à « frapper le moral de l'ennemi, [à] l'intimider ». Il était convaincu qu'un raid de cinquante avions contre Munich aurait « jeté sur les pavés de la ville assez d'entrailles allemandes pour donner à réfléchir aux torpilleurs du *Lusitania* et aux incendiaires de Reims[24] ».

Pétain ne pensait pas que le moral allemand fût sensible à des opérations de représailles et craignait que celles-ci ne fissent que provoquer une escalade des atrocités. L'état-major aérien français, qui savait bien que les fantasmes optimistes de Kérillis étaient coupés de toute réalité, prévoyait en 1917 et en 1918 de se concentrer sur des cibles accessibles et vulnérables situées à moins de 150 kilomètres de Nancy, tout en reconnaissant que leur destruction serait « problématique[25] ».

Au début de 1917, les députés français s'inquiétaient de la fracture de plus en plus invalidante entre le GQG sur le front et le ministère de la Guerre et les hommes politiques à l'arrière. Par bonheur, en mars, Paul Painlevé nomma au poste de sous-secrétaire d'État à l'Aéronautique Daniel Vincent, un radical-socialiste qui avait été rapporteur du budget de l'aviation au Parlement après avoir été observateur dans une escadrille de Voisin. Le député radical-socialiste Jacques-Louis Dumesnil, qui succéda à Daniel Vincent au poste de rapporteur du budget de l'aviation, lui succéderait également à celui de sous-secrétaire d'État cinq mois plus tard et conserverait cette fonction jusqu'à la fin de la guerre. Ces deux hommes firent beaucoup pour améliorer l'aviation et ne ménagèrent pas leur peine pour mettre les demandes toujours plus importantes d'avions du GQG en adéquation avec les ressources de l'arrière en matériel et en hommes. Finalement, la nomination de Georges Clemenceau à la présidence du Conseil à la mi-novembre plaça à la tête de la France un « dictateur » civil. Le « Tigre » avait bien l'intention de contrôler toutes ces questions d'en haut. En 1917, malgré l'instabilité politique et administrative, aggravée par l'agitation syndicale dans l'industrie française, les usines d'avions et de moteurs développèrent leur production, soutenues par la décision des services des achats de l'armée de se concentrer sur la production de chasseurs SPAD équipés de moteurs Hispano-Suiza et de bombardiers Breguet dotés de moteurs Renault. Les résultats apparaîtraient avec évidence en 1918.

En 1917, à l'image de l'armée de terre, l'aviation militaire allemande mena une stratégie défensive sur le front de l'Ouest. Repoussant l'attaque française du Chemin des Dames et l'attaque britannique sur Arras, les chasseurs allemands ne combattirent qu'au-dessus de leurs propres lignes, tandis que des biplans biplaces très performants effectuaient isolément des missions de reconnaissance photographique à haute altitude au-dessus des lignes ennemies. Le nombre d'appareils britanniques abattus en avril 1917 valut à ce mois d'être surnommé « Bloody April » (« avril sanglant »), des unités de chasseurs allemands conduites par Manfred von Richthofen et équipées d'Albatros D3 largement supérieurs descendant en flammes les biplaces britanniques dans l'espace aérien allemand. Mais, lorsque l'été arriva, les SPAD, les SE5a, les Camels et Triplans de Sopwith, sans oublier les chasseurs Bristol, n'eurent aucun mal à éclipser les plus récents Albatros D5, et l'introduction des premiers triplans Fokker DR1 elle-même fut incapable de neutraliser la supériorité aérienne des Alliés. Néanmoins, très haut au-dessus du front, des équipages spécialisés de reconnaissance lointaine disposaient d'appareils extrêmement performants, et notamment d'avions de type Rumpler C capables d'effectuer de telles missions à 6 000 mètres sans guère perdre d'altitude. Cela leur permettait d'échapper aux appareils d'interception britanniques et français, ou, si les Allemands décidaient de se battre, de tenir tête aux plus récents chasseurs alliés eux-mêmes.

Bien plus bas, au niveau du sol, la bataille d'Arras vit également les premières interventions de l'« infanterie aérienne » allemande formée d'« aviateurs de combat » ou, comme ils préféraient qu'on les appelât, d'« aviateurs d'assaut » (*Sturmflieger*). Constituant les rangs des *Schutzstaffeln* créés à la fin de 1916, ces *Sturmflieger*, des sous-officiers et des soldats dont beaucoup avaient servi dans les tranchées, soutenaient l'infanterie au cours d'opérations offensives ou défensives à l'aide de mitrailleuses, de grenades et de bombes à fragmentation. Pilotant de petits biplans Halberstad et Hannoverana, des biplaces solides, légers et très manœuvrables, ils parcouraient le front à 600 mètres d'altitude et descendaient à 100 mètres au-dessus des tranchées mitrailler les troupes, les batteries, les points renforcés et les réserves de l'ennemi, dans la zone morte entre les tirs d'artillerie des deux camps. Les jours où une forte pluie et des nuages bas clouaient les autres appareils au sol, ces équipages déterminés d'aviateurs anonymes issus du rang volaient sous le plafond bas, à moins de 100 mètres au-dessus de la « rue de merde », comme ils appelaient le front, pour soutenir leurs camarades sur le terrain, la piétaille anonyme de première ligne[26]. La guerre se poursuivant, on mit également à leur disposition des avions d'infanterie blindés, des AEG, des Albatros et des Junkers – ces derniers furent d'ailleurs les tout premiers avions entièrement fabriqués en métal. Les Junkers J1, surnommés *Möbelwagen* ou « camions de déménagement », étaient lents et gauches, mais insensibles aux tirs de mitrailleuse venus du sol.

Le *Kogenluft* allemand lança à la fin du printemps 1917 contre la Grande-Bretagne une campagne de bombardiers baptisée « Croix du Turc » (*Turkenkrenz*), avec trente-six bombardiers bimoteurs Gotha et quelques gigantesques avions R (*Riesenflugzeuge*) à quatre ou cinq moteurs. Lorsque l'été arriva, le nombre d'appareils abattus au-dessus de l'Angleterre ou de victimes d'accidents à l'atterrissage obligea les bombardiers à frapper de nuit, et le *Kogenluft* décida de limiter ses pertes et de réserver ses précieux matériaux à la construction de chasseurs plutôt que de bombardiers. Ce qui n'empêcha pas Peter Strasser, le commandant fanatique de l'aéronavale, de s'obstiner à utiliser ses zeppelins géants, les allégeant afin qu'ils puissent voler jusqu'à 6 000 mètres – une altitude à laquelle les équipages souffraient du froid et du manque d'oxygène, tandis que des coups de vent imprévisibles dispersaient les aéronefs à travers toute l'Europe occidentale. À la fin de 1917, Strasser ordonna la construction de zeppelins encore plus démesurés, dépensant ainsi les rares ressources de l'Allemagne pour mener une campagne stratégique distincte, sans aucune coordination avec l'armée de terre. Au moins la flotte d'hydravions de chasse de la marine allemande, équipée de monoplans biplaces à deux flotteurs des usines Hansa-Brandenburg, reprit-elle le contrôle des airs aux hydravions anglais au-dessus de la côte flamande, de Zeebruges à Ostende.

Lorsque la nouvelle année arriva, l'arrière allemand prit conscience que la mobilisation totale du programme Hindenburg n'avait remporté qu'un succès partiel, les pénuries de matériaux et de main-d'œuvre empêchant l'industrie aéronautique d'atteindre ses objectifs de production, tandis que les défaillances du développement des chasseurs allemands annulaient leur très légère supériorité qualitative. Ludendorff prévoyait une grande offensive allemande destinée à gagner la guerre en 1918, avant que la puissance des États-Unis mobilisés ne s'abatte sur l'Allemagne. À cette fin, le 25 juin 1917, le *Kogenluft* annonça le programme « Amerika » : celui-ci devait pour l'essentiel doubler le nombre d'escadrilles de chasseurs, qui passerait ainsi à quatre-vingts. Un mois plus tard, cependant, l'OHL faisait savoir que la situation économique de l'Allemagne rendait peu probable la réalisation intégrale de ce programme. Les pénuries, les grèves, les délais de transport handicapaient gravement une économie allemande déjà au bord du point de rupture.

En 1917, le sort des armes britanniques fut d'abord déterminé par la résolution du commandant Trenchard du RFC d'engager une offensive plus vigoureuse que jamais en envoyant des patrouilles loin derrière les lignes ennemies pour mener des raids contre des dépôts de ravitaillement et des points de rassemblement des troupes – une offensive qui culmina lors du « Bloody April ». Toutefois, si le RFC se faisait largement dominer dans les airs, le général Douglas Haig, commandant de la BEF, n'en reconnut pas moins l'efficacité de son artillerie, de ses vols de reconnaissance et de ses patrouilles de contact, et leur importance pour les combats terrestres[27]. Après des pertes préoccupantes pendant l'été et le début de l'automne qui inspirèrent aux aviateurs chargés des patrouilles de nombreuses critiques contre cette politique d'offensive, l'avion de chasse supérieur du RFC permit à ses pilotes de prendre l'avantage sur leurs adversaires allemands. Les équipages de bombardiers de jour furent équipés du DH4, un appareil rapide dont le seul défaut était que ses principaux réservoirs de carburant étaient situés entre le pilote et l'observateur, ce qui gênait la communication.

La position de la Grande-Bretagne dans la guerre aérienne tactique s'améliora donc en 1917, mais elle n'était pas en mesure de riposter stratégiquement à l'attaque aérienne allemande qui débuta en mai. L'Amirauté révisa les missions de l'aéronavale, renonçant aux raids stratégiques inefficaces au profit de tâches d'assistance du RFC sur le front, mais un certain nombre de hauts responsables britanniques, dont Haig et Trenchard, s'obstinèrent à surestimer les dégâts que les raids stratégiques infligeaient au matériel et au moral allemands, même de nuit, alors que les équipages avaient du mal à repérer des cibles plus réduites qu'une grande ville[28]. Si la marine renonçait aux bombardements stratégiques au-dessus du continent, l'acquisition et la transformation de gros hydravions bimoteurs américains Glenn Curtiss permirent d'organiser des patrouilles systématiques contre les sous-marins, couvrant environ 10 000 kilomètres carrés en mer du Nord.

Dans les milieux politiques britanniques, les raids allemands inspirèrent une intense volonté non seulement de défense, mais aussi de représailles. Le cabinet de guerre britannique chargea le Sud-Africain Jan Smuts de rédiger deux rapports pour évaluer la situation. Le second, remis en août, conseillait la création d'une armée de l'air unifiée et indépendante capable d'exercer une domination aérienne écrasante pour mener des opérations en Allemagne, frapper ses centres industriels et ses voies de communication, et gagner la guerre[29]. Le responsable de l'aviation et des acquisitions d'appareils au ministère des Munitions, William Weir, était convaincu que l'industrie britannique pourrait livrer suffisamment d'avions pour équiper une armée de l'air beaucoup plus importante ; tout le monde en avait assez, du reste, de la rivalité ruineuse entre le RFC et le RNAS en matière de production industrielle. Malheureusement, Weir péchait par optimisme, et le surplus de production qu'il prédisait ne se concrétisa pas. En réalité, la production britannique de moteurs d'avions fut un échec lamentable, exception faite de quelques points forts comme les remarquables moteurs Rolls-Royce. Lorsque l'année s'acheva, la question de la création d'une armée de l'air unique n'était pas encore réglée.

Dans l'aviation italienne, les bombardiers Caproni continuèrent à occuper le devant de la scène, lançant des attaques par vagues contre le front ennemi et contre les secteurs de l'arrière pour soutenir les offensives d'infanterie lors des batailles de l'Isonzo. L'effondrement du front italien à Caporetto et le recul sur la Piave pendant la désastreuse douzième bataille de l'Isonzo obligèrent les bombardiers à entreprendre des attaques au sol réitérées dans un effort pour endiguer la marée ennemie. Les usines Caproni de Taliedo construisaient un bombardier biplan et un triplan par jour avec une fabrication d'ailes entièrement standardisée, tandis que Fiat produisait des moteurs de plus en plus puissants. Giulio Douhet et Gianni Caproni plaidaient en faveur de la constitution d'une flotte alliée de bombardiers stratégiques. Écrivant depuis sa prison au mois de juin, Douhet réclamait une production alliée de 20 000 avions pour bombarder les villes ennemies[30]. Il prévoyait, à tort, que les États-Unis, entrés en guerre en avril, apporteraient une contribution de 12 000 appareils. Or le géant industriel potentiel d'outre-Atlantique n'était absolument pas en état de servir d'arsenal de la démocratie.

En 1917, l'avion connut une évolution rapide qui en fit une arme de guerre polyvalente, capable d'entreprendre des missions aussi diversifiées que le soutien aérien rapproché et les bombardements stratégiques. Les différences de nature entre les grandes aviations apparurent clairement dans le courant de l'année. Le RFC, d'une agressivité implacable, attaquait les Allemands en toutes circonstances, minimisant ses lourdes pertes tout en les présentant comme la preuve de sa contribution à l'effort de guerre. Il remplaça les hommes tombés par d'autres aviateurs venus des dominions, prit livraison de nouveaux avions de chasse, surmonta à l'automne la crise du milieu de l'année et aborda 1918 avec optimisme, persuadé qu'une armée de l'air unifiée faciliterait le bombardement de cibles allemandes. L'aviation française mena pour sa part une politique offensive plus prudente afin de préserver des effectifs humains en diminution, son armée de terre se bornant à lancer des attaques limitées après la débâcle du Chemin des Dames. Pétain avait adopté une approche pragmatique du bombardement stratégique, définissant des cibles prioritaires et évaluant l'efficacité des opérations d'après leurs résultats militaires et non, comme les Britanniques, à partir d'hypothèses sur leur éventuel effet sur le moral allemand. L'armée française comptait désormais sur l'association entre l'avion de chasse SPAD 13 et le bombardier tactique Breguet 14 pour reprendre l'ascendant sur le front en 1918. L'aviation militaire allemande, comme l'armée de terre, mena une guerre défensive sur le front de l'Ouest, mais l'OHL entreprit lui aussi une offensive aérienne stratégique contre l'Angleterre, parallèlement à sa guerre sous-marine, dans une tentative pour éliminer la Grande-Bretagne du conflit.

En 1917, les commandements britanniques et allemands étaient convaincus qu'un avion d'attaque au sol constituait une puissante arme de combat. Les pilotes de chasseurs britanniques se chargèrent de ces attaques, tout en vitupérant ces missions, et en se livrant à des opérations de mitraillage au sol aveugles, non coordonnées et individuelles. Les Allemands, en revanche, mirent au point des avions bien conçus pour ces attaques au sol et les confièrent à d'anciens fantassins qui appréciaient cette tâche. Les Français ne firent ni l'un ni l'autre et restèrent largement à la traîne en matière d'attaques au sol. Le rôle militaire accru des avions et la multiplication des emplois qui leur étaient attribués coïncidèrent avec leur plus grande mobilisation dans tous les pays pour mener cette âpre guerre d'usure. Cette rapide évolution de la force aérienne prouva l'importance capitale des moteurs d'avions, cœur de l'appareil, et la France fut de tous les pays celui qui se montra le plus apte à fabriquer des moteurs très puissants et en grande quantité.

En Angleterre comme en France, la mobilisation de l'aviation fut à l'origine de sérieuses dissensions politiques. Les services britanniques étaient aussi politisés et personnalisés que leurs homologues français, mais ne souffraient pas de l'instabilité ministérielle que connaissait la France, en proie à des changements constants de gouvernement. Les parlementaires jouèrent un rôle important dans l'aviation des deux pays ; ils souhaitaient doter leur armée d'armes aériennes stratégiques pour bombarder l'Allemagne. En France, où le contrôle de l'armée de terre sur l'aviation était une donnée établie, les députés pouvaient bien multiplier les interpellations et les intrigues pour arriver à leurs fins, cela ne servait à rien. En Grande-Bretagne, le lobby aérien réclamait la création d'une force indépendante, que le gouvernement de Lloyd George accepta d'établir pour mettre fin à la rivalité entre l'armée de terre et la marine à propos de l'aviation et donner au Premier ministre un allié indépendant dans sa lutte pour affirmer son autorité sur l'armée de terre et sur le commandant de la BEF, Douglas Haig.

Par comparaison avec ces situations complexes, le régime allemand autoritaire avait fait de l'administration de l'aviation militaire un parangon de stabilité, les mêmes officiers étant chargés des forces aériennes et de la production d'avions du début à la fin de la guerre. Les graves pénuries de matériaux et de main-d'œuvre dans un pays soumis au blocus rendaient cette stabilité et cette unité encore plus indispensables pour l'Allemagne que pour les puissances alliées. Par ailleurs, le manque de coordination sur le front de l'Ouest entre les forces aériennes britanniques et françaises permit à l'aviation militaire allemande de survivre, malgré la supériorité numérique croissante des Alliés. La coordination alliée serait nécessaire pour que les forces américaines pussent se porter contre l'Allemagne le plus rapidement possible, et toute offensive aérienne stratégique conjointe exigerait le recours aux avions et aux moteurs italiens pour obtenir une supériorité aérienne aussi nette que possible sur le front de l'Ouest. Les dirigeants militaires et politiques français, cependant, n'étaient pas prêts à mener une guerre aérienne stratégique, tandis que les Britanniques ne faisaient pas grand cas d'une éventuelle coordination stratégique interalliée.

1918 – JUSQU'AU BOUT

Au début de l'année 1918, soulignant l'importance de la concentration des forces aériennes, le commandant en chef de l'armée française, Pétain, envisageait de détruire l'aviation ennemie pour s'assurer définitivement la maîtrise du ciel des champs de bataille et des zones situées juste à l'arrière du front grâce à des opérations offensives tactiques. Lorsqu'il fallut contrer l'offensive allemande de mars, les chasseurs et les bombardiers français apportèrent leur appui aux troupes au sol dans des opérations constantes au-dessus de la zone de combats. En avril et en mai, l'affaiblissement de la protection des chasseurs français conduisit le GQG à former la Division aérienne de bombardiers et de chasseurs de jour, chargée de mener des opérations tactiques au-dessus des lignes ennemies. Bien que la réticence des commandants de l'armée de terre française à faire la liaison avec la Division aérienne en ait limité l'efficacité, celle-ci poursuivit ses offensives et constitua le noyau de la force de frappe de 1 400 avions du général américain Billy Mitchell lors de l'engagement américain à Saint-Mihiel en automne. En fait, ce furent essentiellement les Français et dans une moindre mesure les Britanniques qui entraînèrent et équipèrent la plupart des escadrilles de l'*Air Service* de l'armée américaine.

Le Breguet 14 prouva ses qualités exceptionnelles de bombardier tactique de jour et d'avion de reconnaissance photographique à haute altitude sur des distances pouvant aller jusqu'à 100 kilomètres derrière les lignes, en même temps que de solide appareil d'observation d'artillerie. Les biplans Breguet et Salmson 2A2 à moteur en étoile donnèrent aux pilotes de l'armée française une chance de l'emporter contre les chasseurs allemands. Les bombardiers de nuit restèrent un maillon faible de l'aviation française jusqu'à la fin de 1918, mais, en l'absence de nouveaux plans d'opérations de bombardements stratégiques, les Français s'en prirent au trafic ferroviaire de minerai de fer allemand sur une distance de 45 kilomètres derrière le front. L'armée de terre française, préoccupée par le front, était hostile aussi bien à l'aviation stratégique qu'à une armée de l'air autonome. En mai, des bombardiers lourds à grande portée figuraient ainsi en dernière place sur la liste des priorités de Pétain touchant les différents types d'appareils.

Sur le front intérieur, la politique et l'administration de l'aviation française connurent une remarquable stabilité en 1918, le président du

Conseil, Clemenceau, et le ministre de l'Armement, Louis Loucheur, apportant leur soutien au GQG devant le Parlement. Jusqu'à la fin de la guerre, les députés français revinrent sans cesse sur l'absence d'aviation stratégique, ignorant que leur pays possédait sur le front de l'Ouest la plus grande flotte aérienne du monde avec 4 000 avions, plus 2 600 en réserve, et qu'il était en train de produire plus d'appareils (52 000) que la Grande-Bretagne (43 000) ou l'Allemagne (48 000), et davantage de moteurs d'avions (88 000) que ces deux pays réunis (Angleterre et Allemagne ensemble : 41 000).

L'aviation allemande engagea l'offensive de mars avec efficacité, mais se trouva de plus en plus écrasée, dans le courant de l'année, par la supériorité numérique des Alliés. Les escadrilles de chasseurs allemands, groupés en formations plus importantes d'une soixantaine d'appareils baptisées « cirques », prirent livraison du remarquable Fokker D7 qui, grâce à son moteur BMW à haute compression de 185 chevaux et à ses ailes épaisses, fut supérieur à tous ses concurrents alliés jusqu'à la fin de la guerre. Manfred von Richthofen, l'as des as de la Première Guerre mondiale avec un tableau de chasse de quatre-vingts appareils abattus, tomba lui-même au combat au mois d'avril, subissant ainsi le sort de presque tous les grands « as », à l'exception du Français René Fonck. L'aviation militaire allemande manquait de pilotes expérimentés et de carburant, et était très inférieure numériquement aux forces occidentales, ce qui l'obligea à passer les derniers jours de la guerre à se replier d'aéroport en aéroport. L'OHL renonça à sa campagne de bombardements stratégiques en mai pour affecter tous les bombardiers à des raids tactiques sur le front de l'Ouest. La mort violente de Peter Strasser, dont le zeppelin fut abattu au-dessus de l'Angleterre, mit fin à la campagne de dirigeables de la marine allemande. La production d'avions et de moteurs fléchit par suite de la pénurie de matériaux et de main-d'œuvre, conduisant inéluctablement à la défaite au terme d'une guerre d'usure. À l'image des unités de chasseurs de l'armée de terre, celles de la marine disposaient d'appareils de qualité supérieure avec les hydravions des usines Hansa-Brandenburg, mais elles n'en possédèrent jamais en nombre suffisant pour mener les différentes missions qui leur étaient confiées au-dessus de la Manche et de la mer du Nord. Lorsque la guerre prit fin, le nombre d'avions allemands de première ligne était passé de 3 600 environ en janvier à 2 700, et l'arrivée de l'hiver de 1918-1919 aurait empêché toute poursuite de la production, faute de charbon, de matériaux, de carburant et de nourriture.

Au départ, en mars 1918, le RFC affronta l'offensive allemande en position désavantageuse, mais, en dépit de lourdes pertes qu'il fut en mesure de remplacer, il avait repris l'ascendant aérien à la fin du mois. En 1918, les Britanniques introduisirent un grand nombre de chars d'assaut et l'armée affecta alors des escadrilles aériennes à ces régiments pour développer des liaisons aviation-blindés et neutraliser l'artillerie antichar des Allemands. À partir d'une offensive contre Amiens début août, l'armée britannique, coordonnant ses forces de chars, d'artillerie et d'aviation, progressa inexorablement jusqu'à la fin de la guerre. Depuis le début de 1918 et jusqu'à l'armistice, les avions britanniques portèrent la guerre contre les Allemands en menant de constantes offensives au-dessus du territoire ennemi. Et, jusqu'au bout, ils payèrent cette prédominance par de lourdes pertes : un pilote de chasseur calcula que la longévité moyenne d'un pilote en France en 1918 était de moins de six semaines, et s'achevait par des nerfs à bout, un accident, une blessure, la capture ou la mort.

La guerre aérienne tactique revendiqua l'essentiel de l'attention et des ressources de l'aviation militaire britannique jusqu'à la fin du conflit, bien que les historiens, en raison de sa nature controversée et politique, portent souvent un intérêt disproportionné à la création, en avril 1918, d'un ministère de l'Aviation (*Air Ministry*), de la Royal Air Force (RAF) et d'une Force de bombardement indépendante (*Independent Bombing Force*) placée sous le commandement de « Boom » Trenchard. En fait, le ministre de l'Aviation, William Weir, souhaitait que cette Force indépendante mène des offensives aériennes majeures contre des villes allemandes ; il écrivit ainsi à Trenchard en septembre : « Je serais très content que vous puissiez déclencher un bigrement gros feu dans une des villes allemandes [...]. L'Allemand est sensible aux effusions de sang[31]. » Trenchard considérait quant à lui que son commandement, la Force indépendante, était « un gigantesque gâchis d'efforts et de personnel », et il décida d'ignorer les directives du ministère de l'Aviation lui enjoignant de frapper les usines de produits chimiques, les usines sidérurgiques et les aciéries, préférant s'en prendre à des cibles tactiques comme les terrains d'aviation et les voies ferrées[32]. La seule réalisation de la Force indépendante fut de priver l'aéronavale de ses missions de bombardements stratégiques et d'obliger la marine à se concentrer sur ses missions de patrouilles et d'opérations anti-sous-marins. Le ministère des Munitions réussit à mobiliser l'industrie de l'aviation, qui était, à la fin de la guerre, la plus importante du monde avec 350 000 ouvriers. La RAF répartit ses forces entre le front de l'Ouest et des bases impériales lointaines qui s'étendaient jusqu'au Moyen-Orient, et sa longue « queue » logistique en fit l'aviation militaire qui employait le plus de personnel à la fin de la guerre.

Enfin, l'aviation militaire et navale de l'Italie domina son adversaire austro-hongroise en 1918. Giulio Douhet reprit du service et fut nommé directeur de l'aviation au sein d'un commissariat général créé en avril 1918, mais il démissionna de l'armée en juin, à quarante-neuf ans, pour se consacrer à l'écriture. Caproni fabriqua 330 bombardiers en 1918, les 290 derniers étant équipés de moteurs de 200 chevaux, une puissance deux fois supérieure à celle des premiers Caproni. Les Anglais comme les Français refusèrent d'utiliser les bombardiers Caproni sur le front de l'Ouest, et il n'y eut jamais de campagne alliée de bombardements stratégiques.

En août 1914, les puissances européennes étaient parties en guerre avec une aviation militaire rudimentaire et des industries aéronautiques embryonnaires. Une fois que les avions eurent donné la preuve de leur utilité comme moyen de reconnaissance et, surtout, de repérage d'artillerie, les commandants exigèrent davantage d'appareils pour mener des opérations aériennes efficaces et empêcher les vols de reconnaissance ennemis. Ce deuxième objectif entraîna la fabrication d'avions armés, puis la mise au point d'appareils spécialisés dans la poursuite, les chasseurs. Les batailles de Verdun et de la Somme obligèrent à codifier les tactiques de combat aérien et firent clairement comprendre l'importance de la masse. D'où l'accroissement rapide des dimensions des forces aériennes et des industries aéronautiques. Les avions assumèrent des fonctions plus spécialisées, bien que les types essentiels pendant la durée de la guerre soient restés le biplan biplace monomoteur polyvalent et le biplan de chasse monoplace monomoteur. Tous les commandants d'aviation envisagèrent des bombardements stratégiques destinés à porter préjudice à la production et au moral de l'ennemi, mais la technologie encore balbutiante limitait les dimensions, la vitesse, les capacités de chargement des appareils, ainsi que la portée et la précision de la navigation et du bombardement – des problèmes qui ne seraient surmontés que vers le milieu de la Seconde Guerre mondiale, vingt-cinq ans plus tard.

Si l'aviation ne détermina pas l'issue de la Première Guerre mondiale, l'avion affirma néanmoins son importance tout à fait concrète de soutien de l'armée de terre et plus particulièrement de l'artillerie sur le champ de bataille. Des avions furent mis en service sur tous les fronts, bien que la chaleur et l'humidité de l'Afrique et du Moyen-Orient aient considérablement abrégé la durée de vie des biplans en bois et en tissu. Le contrôle de l'espace aérien au-dessus du champ de bataille devint un élément essentiel de la victoire pendant la Grande Guerre, comme il le serait vingt ans plus tard, à l'occasion d'un nouveau conflit mondial. L'aviation stratégique joua en réalité un rôle mineur dans la guerre de 1914-1918, tout en paraissant offrir la clé de la victoire dans des conflits à venir. Les pilotes de chasse et les équipages d'attaque au sol mirent au point les techniques de base employées pendant le restant du XXe siècle, et un grand nombre de ces jeunes pilotes allaient être les commandants d'aviation de la Seconde Guerre mondiale. Sur le plan stratégique aussi bien que tactique, la guerre des airs de 1914-1918 présageait des luttes aériennes à venir.

Cette guerre offrit également au public une nouvelle figure héroïque, l'aviateur, et plus spécifiquement le pilote de chasse – honoré comme un demi-dieu, objet d'un culte profane –, dont la gloire et la bravoure étaient quantifiables, mesurées au nombre d'avions abattus, bien que les chiffres aient été souvent gonflés. D'où l'attention disproportionnée portée à l'aviation de chasse lorsque les leçons des combats de 1914-1918 eurent prouvé la valeur de l'avion comme arme tactique d'observation, de repérage d'artillerie, de bombardement et de mitraillage au sol. Le chasseur était surtout indispensable pour protéger ces autres appareils dans l'accomplissement de leurs missions, mais le combat aérien gagna une vie propre, au-dessus de la mêlée.

Après la Grande Guerre, la théorie comme les espoirs de tous se concentrèrent sur l'aviation stratégique et furent bien près de faire oublier aux observateurs d'après-guerre les leçons de l'importance et des succès de l'aviation tactique. Plus les théoriciens de l'aviation spéculaient sur la capacité des bombardements stratégiques à obliger l'ennemi à capituler en réduisant ses villes en ruines, en détruisant son industrie de guerre et en sapant le moral de sa population civile, moins ils semblaient se rappeler les contributions de l'aviation de champ de bataille. Giulio Douhet était le plus éminent de ces théoriciens. Son ouvrage de 1921, *La Maîtrise de l'air*[33], résumait fort bien les prétentions de la force aérienne stratégique à mettre à genoux les États en frappant directement des centres de population à l'aide de bombes ou de produits chimiques, parce que les civils ne supporteraient jamais pareil pilonnage. Ces allégations étaient moins le fruit de l'expérience limitée et peu concluante de 1914-1918 que de spéculations et d'extrapolations intuitives. Le désir de sir William Weir de « déclencher un bigrement gros feu dans une des villes allemandes » trouva une expression ultérieure dans les raids incendiaires dévastateurs du Royal Air Force Bomber Command en 1943-1945, qui firent un nombre effroyable de victimes parmi les hommes de ces unités de bombardiers et dans les populations civiles allemandes, sans mettre pour autant fin à la guerre, contrairement aux allégations des théoriciens. En fait, lors de la guerre de 1939-1945, la victoire passerait par le soutien de l'aviation tactique aux forces terrestres et navales, et par des opérations aériennes plus précises contre des sites stratégiques clés de l'industrie et des transports ennemis, confirmant ainsi l'expérience concrète de la guerre aérienne de 1914-1918.

CHAPITRE XIV

Le commandement stratégique

Stephen Badsey et Gary Sheffield

Les questions de commandement sont au centre de cette étude sur l'histoire militaire de la Première Guerre mondiale. Elle en examine un aspect, le commandement au niveau stratégique, et se concentre sur certains thèmes importants plutôt que sur la stratégie *per se*, et sur les principaux belligérants. Mais, traiter isolément du commandement stratégique étant impossible, nous avons au besoin fait référence aux questions de commandement opérationnel et même tactique.

Définitions

Issues au premier chef de la pensée et de la pratique militaires du XIXe siècle, les définitions modernes du commandement stratégique n'ont que récemment abouti à leur forme actuelle dans le cadre d'une taxinomie plus large du conflit. Là où il y a des risques évidents à appliquer ces définitions à une époque antérieure, c'est l'expérience de la Première Guerre mondiale qui donna l'impulsion majeure pour leur élaboration. À mesure que la guerre progressait, des carences se révélèrent dans la réflexion et les institutions des Alliés et des Puissances centrales, et leur réponse à ces faiblesses devint un élément déterminant de la victoire, les innovations surgissant habituellement en réponse à des crises spécifiques.

Parmi une large gamme de définitions similaires, le commandement stratégique de guerre peut être défini comme « la gestion du commandement : l'évaluation et la diffusion de l'information et des ordres nécessaires à la direction de la force armée[1] ». En 1914, l'image d'un général à cheval commandant personnellement ses troupes relevait du mythe depuis un certain temps déjà. La réalité était plus souvent celle d'un homme au téléphone, dans un bureau en arrière des lignes, se débattant pour prendre des décisions à partir de bribes d'informations périmées et très fréquemment fausses. Selon une analogie bien connue, le système de commandement et de contrôle est un corps humain dont le commandant et son état-major constituent le cerveau, ce dernier prenant des décisions transmises par des systèmes et des procédures – le « système nerveux » – aux « muscles » que sont les formations de combat[2]. Pour cette raison, les historiens sont de plus en plus conscients qu'il importe d'étudier les états-majors et la dimension de « contrôle » du commandement à côté des généraux et des amiraux. En ce sens, le commandement, tel qu'il a évolué au cours de la guerre, était autant affaire d'organisation administrative, de technologies de communication et de procédures d'état-major que de leadership militaire personnel, même si beaucoup de généraux réunirent les deux dimensions dans leur personne[3].

Certes, étant donné la pression énorme qui a souvent pesé sur les généraux et amiraux, les personnalités et les questions de tempérament, voire de santé, ont joué un rôle certain dans le commandement stratégique. Moltke en 1914 et Ludendorff en 1918 souffrirent, sous le poids de leur commandement, de ce que l'on appellerait aujourd'hui des « crises de nerfs », cependant que Joffre était renommé pour son calme et sa force tranquille. Quoique les styles personnels de commandement aient différé, depuis le sédentaire Moltke jusqu'à sir John French qui, à Loos, tenta de commander à cheval, loin de son quartier général, le « masque du commandement » – la capacité de garder son calme extérieur quelle que soit la situation militaire – était capital pour l'autorité et la crédibilité d'un général. Mais il était difficile aux commandants d'imposer leur personnalité à des armées si importantes, et le leadership stratégique de type charismatique laissa à désirer, à l'exception discutable de personnalités comme Hindenburg et Kitchener que la presse éleva au statut de héros nationaux[4].

On peut définir la stratégie comme « l'utilisation des forces armées pour atteindre des objectifs militaires et, par extension, les fins politiques de la guerre[5] ». Traditionnellement, on la subdivise en « grande » stratégie et en stratégie « militaire ». La grande stratégie se soucie de la poursuite des intérêts nationaux et rejoint la politique, ce qui implique non seulement la dimension militaire, mais aussi des aspects logistiques, sociaux et technologiques beaucoup plus larges. La stratégie militaire comprend la levée, la mise en valeur, l'entretien et l'utilisation des forces militaires pour atteindre les objectifs de la grande stratégie[6]. Cette conception d'une grande stratégie nationale impliquant une composante militaire, et la nécessité d'une conscience stratégique militaire au sein même du gouvernement, étaient largement sous-développées avant la Première Guerre mondiale. Même si la pensée stratégique navale et maritime incluait naturellement des considérations industrielles et commerciales, elle était perçue comme une sphère d'activité en grande partie séparée[7].

Au milieu du XVIIIe siècle prévalait un simple modèle stratégique et tactique binaire : en campagne, la stratégie consistait à manœuvrer des armées ou des flottes « unitaires » jusqu'à ce qu'elles en affrontent une autre, moment où la tactique – le déploiement en vue de la bataille et la bataille elle-même – prenait le relais. Puis les doctrines militaires en sont venues à reconnaître trois « niveaux » de guerre, le niveau opérationnel venant s'insérer entre la stratégie et la tactique. La Première Guerre mondiale représente précisément une étape de cette transition et, à l'époque, le terme « stratégie » avait une signification plus proche de la notion de campagne militaire que de son acception moderne plus large[8]. Ces distinctions sont loin d'être insignifiantes : au faîte de la guerre, les demandes des généraux en hommes et en matériel pour livrer leurs batailles sans interférence politique s'expliquaient en fait par l'idée que l'autorité sur les opérations militaires, par opposition à la grande stratégie, leur appartenait en propre.

En 1914, c'était l'armée allemande qui avait l'idée la plus nette du niveau opérationnel de la guerre, et sa distinction entre ce qu'on appellerait aujourd'hui la stratégie militaire et les opérations était particulièrement poreuse ; les commandants stratégiques s'aventuraient fréquemment jusqu'au niveau opérationnel, et *vice versa*[9]. Moltke, le chef du grand état-major, et Conrad von Hötzendorf, qui occupait la même position dans l'armée austro-hongroise, eurent tous deux des rôles relevant de la grande stratégie et touchant à la politique étrangère (tous deux avaient poussé à une guerre préventive avant 1914), mais, lors du déclenchement de la guerre, ils assumèrent le commandement à un niveau essentiellement opérationnel[10]. Une expression souvent utilisée par les généraux allemands était la prise de décisions pour des « raisons strictement militaires », ce qui signifiait gagner un avantage opérationnel ou tactique dans l'indifférence ou le dédain pour les considérations de politique, de grande stratégie ou de logistique. L'armée russe, qui par tradition partageait les idées allemandes, avait cette même conception du niveau opérationnel, mais avec un impact mineur sur les résultats lors des premières campagnes de la guerre[11]. C'est seulement lors de l'offensive de Broussilov, en 1916, que les commandants russes comprirent vraiment l'art opérationnel aussi bien que la stratégie militaire[12]. Les Français, et occasionnellement les Britanniques, parlaient de « grande tactique » pour désigner un niveau intermédiaire entre stratégie et tactique, équivalant en gros au niveau opérationnel ; mais les Français « ne spécifiaient pas une fonction pour le niveau opérationnel et ne parvinrent pas à faire une distinction claire entre opérations et tactique[13] ». Joffre, Nivelle et Pétain, en tant que commandants en chef successifs de l'armée française au grand quartier général (localisé à Chantilly après 1914), remplirent des fonctions allant de la haute politique à l'opérationnel. Les Britanniques firent de leur mieux pour maintenir la séparation entre stratégie et opérations : d'abord Kitchener – secrétaire d'État à la Guerre qui avait aussi le rang militaire de *field marshal* (maréchal), mais non de commandement militaire actif –, puis à partir de fin 1915 Robertson et Wilson comme chefs successifs de l'état-major impérial (*Chief of the Imperial General Staff*, CIGS), agirent principalement au niveau de la grande stratégie, mais ils eurent aussi une influence sur la stratégie militaire, quand ils n'y furent pas directement impliqués[14]. Sir John French, en tant que commandant en chef du corps expéditionnaire britannique (*British Expeditionary Force*, BEF) sur le front occidental, faisait office de commandant au niveau opérationnel avec des responsabilités politiques vis-à-vis de son propre gouvernement et de ses alliés français et belges. Son successeur, sir Douglas Haig, se concentra surtout sur la stratégie militaire et quelquefois sur les opérations, mais joua aussi un rôle au niveau de la grande stratégie, travaillant en étroite liaison avec Robertson et Wilson, et étant fréquemment consulté par le cabinet de guerre britannique[15]. Des personnalités telles que Joffre et Haig eurent de multiples responsabilités politiques, stratégiques et opérationnelles qui, dans les guerres ultérieures, seraient généralement réparties entre deux ou trois postes distincts.

Sur le front Ouest, lors du déclenchement de la guerre en 1914, les Allemands mobilisèrent sept armées et les Français cinq – chacune d'elles plus grande, mais globalement comparable à une armée « unitaire » du début du XIXe siècle. Ne serait-ce qu'en termes d'échelle, Moltke et Joffre durent donc faire face à des problèmes de commandement stratégique sans précédent. Chaque armée comportait, selon l'usage, entre deux et quatre corps ; or, la théorie moderne considère le niveau normal de commandement opérationnel comme celui du corps ou de l'armée. En partie pour mieux s'entendre avec leurs alliés, les Français improvisèrent rapidement un niveau intermédiaire de commandement, faisant de Foch l'adjoint de Joffre en charge d'un « groupe d'armées » incluant la BEF et les Belges. En l'absence de commandement à ce niveau intermédiaire du groupe d'armées, les Allemands subirent les conséquences de l'une des carences de leur structure de commandement, qui aboutit à la défaite de la Marne. Par la suite, les groupes d'armées devinrent la norme des armées françaises et allemandes, représentant le niveau supérieur du commandement opérationnel, se confondant avec le commandement stratégique. La BEF de Haig comprenait quatre ou cinq armées, et pouvait être considérée comme un groupe d'armées en soi[16].

Le contexte du XIXe siècle

Les principales puissances belligérantes de la Première Guerre mondiale étaient des empires industrialisés de masse avec des pouvoirs, des ressources et un degré d'organisation à peine concevables un siècle auparavant. Un élément critique de ce développement était l'effet de l'industrialisation et de la technologie sur tous les aspects de la société, avec une séparation accrue des fonctions humaines : les travailleurs industriels n'étaient plus censés produire à domicile leur nourriture et leur habillement, tandis que l'on assistait à l'essor de professions séparées, de classes managériales et d'une bureaucratie structurée. L'une des conséquences en fut une croissance majeure de la taille et de la puissance de feu destructrice des armées, au titre de manifestation militaire des États massivement industrialisés. Les premières tentatives pour créer un commandement militaire et des structures de contrôle des armées avaient eu lieu à la fin du XVIIIe siècle : les armées napoléoniennes, qui avaient des états-majors au niveau de l'armée, des corps et des divisions, conservèrent un net avantage sur leurs ennemis tant qu'elles restèrent relativement petites[17]. Mais lorsque la taille des armées augmenta, à partir de 1809, la possibilité de réaliser un Austerlitz – l'anéantissement d'une armée ennemie en une seule bataille – s'éloigna. En mars 1905, les Japonais gagnèrent à Moukden la plus grande bataille de la guerre russo-japonaise, mais leur tentative pour remporter une bataille décisive d'anéantissement par un double enveloppement des 150 kilomètres de positions russes échoua, notamment parce qu'il se révéla trop difficile de coordonner cinq armées extrêmement dispersées et comptant plus de 200 000 hommes[18].

À partir des années 1820, l'introduction de la propulsion à vapeur sous la forme de trains et de navires révolutionna la mobilisation et le transport des soldats et du matériel, mais au prix de difficultés croissantes d'approvisionnement et de circulation qui ne pouvaient être résolues que grâce à des systèmes bureaucratiques[19]. Le développement du réseau télégraphique dans les années 1830, puis du téléphone sur de très brèves distances dans les années 1870 et de la télégraphie sans fil dans les années 1900, offrit aussi aux dirigeants politiques la possibilité de communiquer directement et rapidement depuis leur capitale avec les commandants sur le terrain. Tout cela eut des conséquences cruciales pour le commandement stratégique. Les généraux se plaignirent de l'ingérence des politiques, à l'exemple de Lincoln et de Stanton qui, au cours de la guerre de Sécession, avaient utilisé le télégraphe pour donner des ordres directement depuis Washington. Toutefois, les hauts quartiers généraux se servaient aussi du télégraphe pour communiquer avec des armées séparées, comme Moltke l'Ancien le fit non sans un effet certain durant les guerres austro-prussienne et franco-prussienne[20]. Pendant la Première Guerre mondiale, French et Haig furent les premiers commandants de l'armée britannique à mener leurs batailles tout en demeurant à une journée de voyage de Londres et en restant en contact télégraphique constant avec leur gouvernement. La télégraphie sans fil apporta aussi un changement fondamental dans le commandement stratégique naval ; comme l'amiral sir John Fisher le déclara en 1912, « le sans-fil est la substantifique moelle de la guerre[21] » ! Dans la bataille du Jutland, en juin 1916, le QG de l'Amirauté dirigea et renseigna des commandants comme Jellicoe et Scheer par des signaux radio qui eurent un effet critique sur l'issue de la bataille[22].

L'idée qu'il appartenait au chef de l'État de conduire les armées dans la bataille avait décliné après Napoléon, en faveur de l'idée concurrente que les leaders politiques et les gouvernements devaient faire la guerre et la paix, et plus largement organiser l'effort de guerre de leur pays, mais qu'ils n'avaient pas besoin de bien comprendre ni de diriger la stratégie militaire et les opérations dans leurs détails techniques. Au fur et à mesure que l'on avança dans le siècle, la « trinité paradoxale » de Clausewitz – qui sépare les fonctions d'un pays en guerre entre la direction politique, l'armée et le peuple – devint l'expression philosophique des demandes en faveur d'un commandement militaire institutionnalisé, avec ses droits et ses responsabilités. Parmi les grandes puissances, les derniers souverains à exercer encore le commandement même théorique de leurs troupes sur le champ de bataille furent Guillaume Ier et Napoléon III durant la guerre franco-prussienne de 1870. La question de savoir où se situait la frontière entre l'autorité civile et militaire prit plus d'acuité au fil des ans. Dans l'interprétation habituelle, la profession militaire se rapportait aux mécanismes de déploiement et de manœuvre des armées et des flottes, loin des questions plus amples de politique et de gouvernement[23]. Mais, l'impact des nouvelles technologies et de l'industrialisation sur la guerre allant croissant, l'organisation, l'équipement et la formation des armées et des marines en temps de paix ne devinrent que le plus important des nombreux domaines où le professionnalisme militaire interagissait avec le gouvernement civil et avec les exigences plus larges de l'État et de la société. Les relations difficiles entre civils et militaires durant la guerre de Sécession et les guerres d'unification allemandes furent les premières illustrations de ces tensions naissantes ; à l'opposé, dans la dernière phase de la guerre franco-prussienne, l'organisation par Gambetta pour la guerre à outrance de la République indiqua aussi pour la première fois combien l'implication de l'État dans la société et du pouvoir politique dans le commandement militaire stratégique pouvaient se révéler nécessaires dans les guerres à venir[24].

Les relations de commandement stratégique entre les autorités civiles et militaires chez chacun des principaux belligérants de la Première Guerre mondiale furent déterminées avant tout par la place qu'avaient les forces armées dans les traditions politiques de chaque pays. En Allemagne, les ministres de la Guerre et de la Marine étaient des généraux et des amiraux en exercice, alors qu'en France et en Grande-Bretagne les postes équivalents étaient occupés par des civils, conseillés de près par de hauts responsables militaires. À la fin du XIXe siècle, les armées de toutes les grandes puissances se dotèrent d'un état-major centralisé, sur le modèle du grand état-major allemand, pour préparer guerres et stratégies futures. Suivirent des états-majors navals, bien que la marine impériale allemande n'ait pas formé de SKL (*Seekriegsleitung*), l'équivalent du commandement suprême de l'armée de terre (*Oberste-Heeresleitung*, OHL), avant août 1918[25]. Mais aucune grande puissance ne développa de mécanismes institutionnels pour résoudre les problèmes entre civils et militaires ; en fait, la séparation s'accentua entre la grande stratégie en tant qu'élément du gouvernement et de la diplomatie d'une part, et la stratégie militaire comme prérogative de l'état-major d'autre part. Les mécanismes destinés à réguler la coordination entre l'armée et la marine de chaque pays restaient rudimentaires. En France, en Allemagne, en Russie et en Autriche-Hongrie, pays où existait en temps de paix une conscription permettant de lever des armées de masse en cas de mobilisation, la relation entre nécessités militaires et politiques (telle la part de main-d'œuvre et de production industrielle devant aller à l'armée et à la marine) était gérée comme autant de questions de politique intérieure courante.

L'absence de coordination au niveau de la grande stratégie entre la diplomatie et les plans de guerre des armées et des marines joua un rôle notable dans la crise de 1914. En France, la nomination de Joffre au poste de commandant en chef en 1911 s'accompagna de réformes lui donnant autorité sur le haut commandement et le grand quartier général (GQG) et sur le Conseil supérieur de la guerre ; bien que l'on ait demandé à Joffre de présenter ses plans au Conseil supérieur de la défense nationale, qui comprenait les ministres les plus importants, sa voix fut en réalité décisive dans la stratégie militaire française d'avant la guerre[26]. La Grande-Bretagne, puissance maritime impériale sans conscription, innova à la fin du XIXᵉ siècle en créant un embryon d'institution politico-militaire de conseil sur la grande stratégie, devenu en 1904 le Comité de la défense impériale. En 1909, le chef de l'armée reçut le titre de chef de l'état-major impérial (CIGS), même s'il n'y avait pas vraiment d'état-major *impérial* en ce sens que les officiers des dominions ou de l'armée indienne n'y avaient pas de place. Toute planification de la guerre n'était pas absente en Grande-Bretagne, mais une pratique du XIXᵉ siècle perdura jusqu'en 1916 : pour ce qui était du déploiement, le secrétaire d'État à la Guerre donnait des « instructions » générales à un commandant en chef sur le terrain qui était ensuite responsable de son plan de campagne en contournant le CIGS[27]. Cela ne changea que lorsque Robertson, devenu CIGS en décembre 1915, insista pour être le seul conseiller militaire du gouvernement britannique, les ordres donnés aux commandants sur le terrain devant passer par lui ou venir de lui[28]. Même ainsi, Robertson tenait Haig, qui le même mois succéda à French à la tête de la BEF, pour son principal partenaire et pour le responsable (plutôt que l'état-major de Londres) des questions de stratégie militaire, son autorité sur la stratégie et les opérations empiétant sur celle du grand état-major de la BEF en France[29].

Au XIXᵉ siècle, la France et la Grande-Bretagne, en tant que puissances impériales, avaient aussi établi une tradition d'officiers supérieurs agissant en proconsuls, prenant des décisions de politique et de grande stratégie de leur propre chef ou en référant à peine aux responsables politiques, comme le fit Kitchener à Fachoda en 1898[30]. On en trouve un écho dans les actions de Pershing durant l'expédition du Mexique en 1916-1917. Loin de la guerre industrialisée du front occidental, les campagnes françaises et britanniques dans les Balkans et contre l'Empire ottoman présentaient maintes caractéristiques de cette tradition de guerre coloniale et, chez tous les principaux belligérants, des officiers supérieurs faisaient souvent la distinction entre leur propre patriotisme et l'autorité qu'ils pouvaient reconnaître à un gouvernement ou à un ministre particulier. La désignation de Sarrail à la tête des forces alliées à Salonique en octobre 1915 tenait à ses compétences diplomatiques autant que militaires, alors qu'une fois en poste son mépris persistant des ordres de Joffre et ses demandes de troupes contribuèrent à provoquer un changement majeur dans la structure du commandement stratégique français : Joffre fut nommé « commandant en chef des armées françaises » sur tous les fronts en décembre 1915[31]. La nomination d'Allenby à la tête de la force expéditionnaire en Égypte en juin 1917 eut lieu en l'absence de toute stratégie militaire britannique générale vis-à-vis de l'Empire ottoman ; il exerça donc le commandement militaire sur sa force multinationale (qui incluait des troupes britanniques, indiennes, australiennes, néo-zélandaises et françaises) et traita avec les Arabes nationalistes et ses alliés français jusqu'à la fin de la guerre, tout à fait dans la tradition proconsulaire britannique[32]. Dans l'armée allemande existait également une tradition d'officiers supérieurs en campagne défiant les ordres du grand état-major, en dépit des efforts de Moltke l'Ancien pour y remédier[33]. Cette forme d'insubordination de haut niveau persista, notamment dans le comportement de Hindenburg en tant que commandant du Commandement suprême de l'Est (*Ober Ost*) en 1914-1916[34]. Le lieutenant-colonel (plus tard général) Paul von Lettow-Vorbeck est un cas extrême – en termes d'éloignement géographique et de conséquences stratégiques des actions d'un commandant subalterne : en dépit des plans du gouvernement civil pour maintenir la neutralité de l'Afrique de l'Est allemande, il poursuivit jusqu'à la fin de la guerre une vigoureuse campagne militaire principalement dirigée contre les forces impériales britanniques[35].

Commandement stratégique militaire

Au début du conflit, aucun belligérant n'avait une grande stratégie nationale bien claire, ni même des buts de guerre au-delà du désir d'une défaite totale de ses ennemis. Les principales préoccupations du gouvernement civil de chaque pays étaient de poursuivre ses actions dans le prolongement de sa politique intérieure et de sa diplomatie du temps de paix, tout en assurant une politique économique permettant de financer la guerre et en gérant la perturbation massive provoquée par la mobilisation ; ou, dans le cas des Britanniques et de leur empire, en créant une nouvelle armée de masse, issue à l'origine du recrutement de volontaires. En 1914, la stratégie militaire était englobée dans les opérations, en ce sens que les premières actions furent largement prédéterminées par la mise en œuvre des plans de mobilisation et de déploiement conçus avant la guerre. Alors que les plans de guerre austro-hongrois et russes comprenaient des options opérationnelles en fonction des adversaires qu'ils auraient à combattre, ceux de tous les belligérants reposaient sur une offensive stratégique[36]. Les plus fructueux de ces plans de guerre – qui étaient aussi les plus élaborés, mais également les plus informels – furent ceux de la Royal Navy et de la marine française qui limitèrent rapidement la menace navale des Puissances centrales presque exclusivement à la mer du Nord et à la Méditerranée, assurant aux Alliés une liberté des mers quasi complète. Le blocus de l'Allemagne ainsi que la libre circulation des hommes et du matériel entre la Grande-Bretagne et la France qui en fut la conséquence influencèrent la guerre de façon déterminante. Les Allemands, en particulier, avaient misé sur une guerre courte et décisive ; mais, bien que l'élite et les professionnels dans la plupart des pays aient estimé que la guerre serait longue et difficile, aucun mécanisme institutionnel ne fut mis en place pour gérer une mobilisation économique, humaine et technologique de plus en plus nécessaire après 1914[37].

En conséquence, la guerre vit l'émergence de plusieurs « seigneurs de guerre » civils qui n'étaient pas à l'origine des militaires, mais qui apportèrent une contribution majeure à la stratégie, notamment Winston Churchill, premier lord de l'Amirauté en 1914-1915 ; David Lloyd George, Premier ministre à partir de 1916 ; et Georges Clemenceau, qui devint son homologue français une année plus tard. Clemenceau se fit une spécialité des visites sur le front pour constater les conditions par lui-même, galvaniser les troupes et discuter avec les généraux, mais aussi gérer des relations triangulaires difficiles entre lui-même, Foch et Pétain[38]. En revanche, le président américain Woodrow Wilson exerça son autorité de commandant en chef sans le moindre plaisir ni succès, que ce soit pour préparer la guerre ou contribuer au commandement stratégique[39]. Le tsar Nicolas II combina de manière aussi infructueuse les autorités politique et militaire suprêmes. Il prit le commandement de l'armée russe en août 1915 et s'installa au quartier général de l'état-major général (*Stavka*) dans la ville de Moguilev plutôt que sur le terrain[40]. Seuls les monarques de pays belligérants de moindre importance, comme Albert Ier de Belgique ou Pierre Ier de Serbie, exercèrent en direct le commandement sur le champ de bataille à travers leurs états-majors.

En 1914, le Kaiser Guillaume II, en tant que commandant en chef de l'armée allemande, s'installa à quelque distance du front avec son quartier général impérial (*Große Hauptquartier*), décrit comme un mélange de conseil militaire suprême et de cour impériale. Mais, bien que le commandement suprême de l'armée (OHL) fît partie du quartier général impérial, en réalité c'était Moltke, en tant que chef du commandement suprême à l'OHL, qui exerçait la main mise sur la stratégie militaire. Avant la guerre, sur le plan strictement constitutionnel, il n'y avait pas d'« armée allemande » ni de « grand état-major général allemand », parce que les armées des États allemands indépendants, y compris la Prusse, conservaient leur identité distincte ; mais, en pratique, l'état-major prussien, à Berlin, faisait fonction d'état-major général et était désigné ainsi, tandis que toute distinction entre les armées propres à chaque État disparut largement après les premiers mois de guerre[41]. Bien que le rôle de Guillaume dans la planification opérationnelle ait presque entièrement relevé de la fiction constitutionnelle, sa contribution à la stratégie fut toujours significative. Il jouait un rôle d'arbitre lorsque les autorités militaires, navales et politiques allemandes étaient en désaccord, et avait de l'influence à la fois sur les nominations aux postes importants et sur les révocations. Moltke et Falkenhayn étaient des choix de Guillaume et, malgré de nombreuses critiques, il maintint Falkenhayn à son poste jusqu'à ce que l'effondrement de la stratégie allemande en août 1916 l'obligeât à contrecœur à lui retirer son appui. L'autorité militaire personnelle et institutionnelle de Guillaume déclina après que Hindenburg eut succédé à Falkenhayn au poste de chef du grand état-major général, ce dernier traitant directement des questions de stratégie militaire avec ses homologues des autres Puissances centrales, l'Autriche-Hongrie, la Bulgarie et la Turquie, et prenant de grandes décisions stratégiques. Mais, même dans ce contexte, Guillaume conservait un pouvoir de veto par lequel il pouvait arrêter, ou du moins retarder, le cours d'une action qu'il désapprouvait[42].

Après l'échec de tous les plans initiaux visant une victoire décisive en 1914, aucun pays n'eut le contrôle complet ni de sa grande stratégie ni de sa stratégie militaire. Mais, du fait de la domination allemande sur les Puissances centrales, l'Autriche-Hongrie et l'Empire ottoman (entré en guerre en novembre 1914) eurent l'espoir d'un partage de la stratégie en cas de victoire de l'Allemagne. En théorie, étant alliées depuis 1879, l'Allemagne et l'Autriche-Hongrie, noyau dur des Puissances centrales, auraient dû être bien préparées à combattre ensemble ; mais des suspicions politiques mutuelles et des inquiétudes allemandes sur l'efficacité et la fiabilité militaires de l'Autriche-Hongrie les avaient empêchées d'élaborer un plan de guerre intégré. Même si, dans l'immédiat avant-guerre, des progrès superficiels avaient été accomplis, Moltke et Conrad tenant des réunions annuelles, ni l'un ni l'autre ne poussèrent à l'unité de commandement en cas de guerre et ils ne parvinrent pas à optimiser les avantages stratégiques que pouvaient espérer des partenaires alliés de longue date[43]. Conrad ne sut pas davantage ajuster sa stratégie alors que Moltke l'avertit clairement que le principal effort allemand porterait contre la France, et donc qu'un soutien limité pourrait être apporté aux offensives autrichiennes à l'Est. En 1914, les deux alliés livrèrent des « guerres parallèles » contre la Russie, « sans plan commun ni concertation », mais avec des suspicions et des récriminations réciproques et une reconnaissance tardive des conséquences de leur incapacité à coordonner leurs plans de guerre[44]. Durant l'année 1915, une forme rampante d'unité de commandement *de facto* émergea par défaut sur le front Est, à la suite d'une série de désastres militaires austro-hongrois qui réduisit l'armée des Habsbourg à un état de grande faiblesse et conduisit les Allemands à placer au sein des formations de leurs alliés des commandants, des officiers d'état-major, des officiers de troupe et même des sous-officiers. Les Allemands affirmèrent aussi leur domination au niveau du haut commandement : bien que les propositions initiales pour l'unité de commandement aient sombré en novembre 1914, en pratique ce sont les généraux allemands qui commandèrent lors de l'offensive de Gorlice-Tarnow en mai 1914 ; la 11e armée allemande de Mackensen, qui comprenait des éléments autrichiens, était techniquement subordonnée à la fois à l'OHL et à son équivalent austro-hongrois, mais Conrad ne pouvait pas donner d'ordres à

Mackensen à moins qu'ils ne fussent approuvés par Falkenhayn. La défaite catastrophique des forces austro-hongroises lors de l'offensive Broussilov de l'année suivante renforça la domination allemande et, en septembre 1916, un Commandement suprême unifié (*Oberste Kriegsleitung*) fut créé pour le front de l'Est sous l'autorité de Hindenburg et de Ludendorff. Bien qu'un groupe d'armées restât théoriquement sous commandement austro-hongrois, son commandement effectif fut exercé par un officier allemand relativement jeune, le colonel Hans von Seeckt[45].

Des officiers allemands jouèrent aussi un rôle majeur dans les postes de commandement et d'état-major de l'armée ottomane. Cependant, le point de vue occidental traditionnel qui veut que le succès militaire turc à Gallipoli en 1915-1916 ait grandement tenu au commandement allemand est simpliste à l'excès. Un intense travail de préparation et de formation avait déjà été effectué par les officiers ottomans avant l'arrivée du général Liman von Sanders, commandant de la 5ᵉ armée ottomane, le 26 mars 1915. L'endiguement initial des débarquements alliés du 25 avril est largement à porter au crédit du général de brigade Esat Pacha, le commandant du 3ᵉ corps, et à ses très compétents subordonnés turcs. Non que Liman et les autres officiers allemands (y compris les conseillers techniques envoyés pour transmettre aux Turcs les enseignements et les techniques issus du front occidental) n'aient pas eu d'importance. Le succès ottoman reposa plutôt sur une collaboration entre Turcs et Allemands. Que les processus, la logistique et la doctrine ottomans fussent amplement fondés sur des modèles germaniques aida beaucoup à l'intégration des deux parties[46]. En effet, durant la dernière phase de la campagne, « les commandants ottomans et allemands semblèrent être les rouages foncièrement interchangeables d'une machine efficace[47] ».

Après Gallipoli, les commandants et officiers d'état-major allemands continuèrent à jouer un rôle crucial au sein des forces ottomanes. Fin 1915, l'état-major général ottoman, en réponse à des revers sur le théâtre mésopotamien, demanda au maréchal Colmar von der Goltz d'y prendre le commandement. Von der Goltz avait servi auprès des Ottomans dans les années 1890, et son comportement en arrivant sur les lieux témoigne d'une collaboration germano-ottomane continue. Au lieu de prendre le commandement, il laissa son subordonné ottoman Nurettin poursuivre le siège de la force britannico-indienne à Kut, en lui accordant une considérable liberté de manœuvre[48]. Un partenariat de commandement fut également établi en Palestine où, en 1917, la formation ottomane la plus puissante et efficace était le groupe d'armées F ou « Yilderim », une formation germano-austro-turque commandée par Falkenhayn[49].

Sur le front occidental, les premiers affrontements de 1914 confirmèrent les craintes d'avant-guerre : les vastes armées de millions de soldats, déployées le long de la frontière, ne pouvaient être commandées qu'au prix des pires difficultés. Si le télégraphe et le téléphone, et même la télégraphie sans fil, facilitaient les communications entre points fixes, ils étaient d'une efficacité limitée pour commander des troupes en marche, et les commandants stratégiques s'en remettaient essentiellement à des aides de camp, à des pigeons voyageurs ou aux procédures existantes. Le plan de guerre allemand à l'Ouest (ou, plus justement, le plan Schlieffen-Moltke), extrêmement ambitieux, prévoyait le déploiement de soixante-treize divisions[50]. Moltke porte une partie de la responsabilité de ses échecs ; il était trop éloigné de ses subordonnés, à la fois physiquement dans son quartier général de Coblence (plus tard déplacé à Luxembourg), mais aussi de par son choix de ne pas même essayer de suivre de près les commandants de son armée, dont l'un (Kluck, à la 1re armée) désobéit de manière flagrante aux ordres de l'OHL. Le contraste avec Joffre à son QG est frappant. Le commandant en chef français parvenait à suivre un flot de messages et d'ordres, exigeant des informations, se tenant au courant de la situation par téléphone et utilisant son automobile pour des visites personnelles. Il intervint pour limoger des subordonnés et, chose plus importante peut-être, ne perdit jamais une vision d'ensemble. Il est très révélateur des méthodes françaises et allemandes qu'en septembre 1914, alors que Joffre prit la décision stratégiquement cruciale de contre-attaquer sur la Marne, la décision allemande également déterminante de se retirer fut prise par Bülow, commandant de la 2e armée, sur la recommandation du lieutenant-colonel Richard Hentsch, officier d'état-major représentant Moltke ; ni Bülow ni Kluck ne tentèrent de contacter directement Moltke[51]. Le contraste entre les rôles de Joffre et de Moltke témoigne de la validité, dans les circonstances de la Première Guerre mondiale, du concept clausewitzien de choc des volontés entre commandants.

Une fois la guerre des tranchées commencée sur le front occidental, les problèmes de commandement stratégique changèrent considérablement. Avec des quartiers généraux subordonnés et des formations plus statiques que mobiles, les communications étaient plus directes, les quartiers généraux étant reliés par des réseaux téléphoniques élaborés. Mais cela engendra d'autres problèmes : en 1916, une armée subordonnée de la BEF avait besoin pour fonctionner d'une quantité quotidienne moyenne de 10 000 télégrammes, 20 000 appels téléphoniques et 5 000 messages. De plus, le système avec fil aboutissait aux tranchées et, en l'absence de radios portables efficaces, commander sur le champ de bataille était difficile à l'extrême[52]. Les questions de stratégie militaire se multiplièrent aussi. En préparant l'offensive de la Somme, en 1916, Joffre et Haig durent chacun tenir compte non seulement de l'accord de leur gouvernement et du planning militaire coordonné dans ses détails, mais aussi des réserves de soldats qualifiés disponibles en fonction des demandes des autres fronts et de la main-d'œuvre civile, de la capacité de la Grande-Bretagne et de la France à produire et à importer le matériel militaire nécessaire, et enfin des innovations techniques disponibles. Il y avait aussi une multitude d'autres facteurs, comme la logistique, l'état de formation des troupes, leur moral et leur discipline, ces derniers facteurs étant étroitement liés au ravitaillement, aux équipements de détente, aux services postaux et aux permissions. La nature de la guerre exigeait donc que les généraux, dans le cadre même du commandement stratégique, se transforment en « gestionnaires de guerre » – fonction auparavant presque absente de la réflexion militaire[53]. La plus grande réussite de Pétain en tant que commandant en chef en 1917-1918 fut peut-être de rétablir le moral de l'armée française après les mutineries qui suivirent l'offensive de Nivelle[54]. En revanche, Conrad échoua comme gestionnaire de guerre ; en lançant une série d'offensives dans les Carpates au début de 1915, il ne sut pas (ou refusa de) voir que les tâches qu'il avait assignées à ses armées étaient au-dessus de leurs forces. La faiblesse des unités, le moral fragile des troupes qui manquaient d'équipement et même d'uniformes, les problèmes de logistique, la difficulté à faire campagne dans des zones montagneuses en hiver et la déficience en artillerie sont autant de facteurs qui furent ignorés lors de l'établissement des plans ; les défaites qui en résultèrent se révélèrent grandement dommageables pour l'armée austro-hongroise[55].

Pershing, en tant que commandant du corps expéditionnaire américain (*American Expeditionary Force*, AEF), offre un autre exemple d'échec de la gestion de guerre. Il était convaincu que l'approche du combat de ses alliés français et britanniques – qui, à partir d'une pénible expérience, était adossée lors de la seconde moitié de 1918 à un usage intensif de la puissance de feu de l'artillerie – n'était pas pertinente et que, pour l'emporter, les attaques d'infanterie devaient continuer à dominer la bataille. Il s'agissait là d'un retour à la tactique qui s'était révélée désastreuse dans les premières années, et l'obstination de Pershing provoqua bon nombre de victimes inutiles dans les troupes américaines durant les dernières semaines de la guerre. Qu'il ait imposé une telle doctrine, quand tout indiquait qu'elle ne convenait pas, donne à réfléchir sur l'importance et la compétence du commandant stratégique[56].

La dépendance croissante vis-à-vis de l'artillerie, et par là même de la production industrielle et de la logistique, était centrale pour les stratégies d'usure – l'épuisement du moral et de la puissance de l'adversaire – qui prévalurent sur le front Ouest après 1914. Pour certains commandants comme Joffre et Haig, l'usure était un moyen au service d'une fin, la restauration d'une guerre mobile où les méthodes traditionnelles pourraient être appliquées afin d'obtenir la victoire. Mais la létalité accrue de la puissance de feu et la taille des armées, comparées à toutes les expériences antérieures, conduisirent vers 1916 certains généraux à penser que les vues traditionnelles sur l'importance de la stratégie et même des opérations avaient perdu de leur pertinence ; ce qui importait, c'était d'infliger de lourdes pertes aux forces ennemies pour les affaiblir, afin qu'elles ne puissent plus défendre convenablement leurs positions, provoquant l'effondrement de leur moral et le bouleversement de leur « système nerveux » de contrôle. Bien que ce point de vue fût partagé par certains commandants et officiers d'état-major de toutes les armées, il était surtout largement accepté dans l'armée allemande. Dès 1914, Falkenhayn avait renoncé à l'idée de bataille décisive et, à Verdun, en 1916, sa stratégie était fondée sur le principe que l'usure était une fin en soi, et que l'armée française devait être mortellement atteinte, principalement par l'artillerie[57]. La vision de Falkenhayn – celle d'une usure contrôlée aboutissant à la victoire stratégique militaire – se révéla irréalisable, et la bataille de Verdun coûta très cher aux deux camps. Son remplacement par le duumvirat Hindenburg-Ludendorff en août 1916 marqua l'abandon de cette approche. Mais par la suite, en sa qualité de commandant stratégique *de facto* sur le front occidental, Ludendorff démontra qu'il rejetait aussi le paradigme napoléonien, et qu'il privilégiait l'usure. Avant l'offensive *Kaiserschlacht* de mars 1918, il donna des ordres en ces termes : « Nous parlons trop d'opérations et pas assez de tactique [...] ; toutes les mesures prises doivent se concentrer sur les moyens de défaire l'ennemi, d'enfoncer ses positions. Les mesures de suivi sont dans de nombreux cas l'affaire de décisions *ad hoc.* » Il ajouta dans ses Mémoires que « la tactique devait passer avant la pure stratégie[58] ». L'incapacité de Ludendorff en 1918 à penser en termes stratégiques et sa négligence des questions logistiques, en particulier l'importance capitale d'Amiens comme voie de communication ferroviaire et foyer de ravitaillement pour les Alliés, expliquent largement qu'il n'ait pas su convertir le succès tactique en victoire stratégique.

Grande stratégie et commandement de coalition

L'année 1914 se termina sur une absence de victoire stratégique d'un camp ou de l'autre, ou du moins de toute perspective immédiate dans ce sens. Au niveau de la grande stratégie, la fameuse remarque attribuée à Clemenceau (« La guerre ! C'est une chose trop grave pour être confiée à des militaires[59] ») se trouvait au cœur de la nouvelle relation entre civils et militaires qui ensuite évolua selon des considérations de main-d'œuvre, d'industrie et de politique intérieure, en interaction avec les exigences sans précédent de la stratégie et des opérations militaires. En France et en Grande-Bretagne, la direction politique civile garda le contrôle durant toute la guerre, mais la stratégie militaire devint de plus en plus un enjeu de la négociation prolongée entre hommes politiques et généraux. L'épisode le plus difficile pour les Britanniques se produisit en janvier 1917 à la conférence de planification de Calais, quand le Premier ministre Lloyd George, désespérant de la stratégie britannique, tenta de placer la BEF sous le commandement de Nivelle, devenu commandant en chef de l'armée française, et de reléguer Haig à un rôle administratif tout en contournant Robertson comme CIGS. Les généraux britanniques menacèrent immédiatement de démissionner, ce qui aurait fait chuter la coalition gouvernementale de Lloyd George. Un compromis fut trouvé selon lequel la BEF resterait une force indépendante sous la direction stratégique de Nivelle, mais seulement pour sa prochaine offensive planifiée[60]. De tels compromis, bien que conclus à contrecœur, furent la clé de la direction stratégique civilo-militaire à la fois française et britannique ; l'habile traitement par Clemenceau de ses propres généraux contrastait avec la manœuvre maladroite et contre-productive de Lloyd George à l'encontre de Robertson et de Haig.

Deux défis particulièrement flagrants à l'autorité stratégique civile du côté allié sont à relever. Le commandant en chef italien de fait entre 1914 et 1917, Luigi Cadorna, poursuivit sa stratégie favorite, parfaitement conscient de son indépendance presque totale vis-à-vis du gouvernement de Rome, ce qui lui permit de repousser toute tentative pour le faire changer de cap. C'est seulement à la suite du désastre militaire de Caporetto, en 1917, que le gouvernement se sentit assez fort pour le limoger[61]. De même, à la fin d'octobre 1918, Pershing défia son gouvernement, qui appelait les Alliés à offrir l'armistice aux Allemands, pour privilégier une défaite totale et complète de l'armée allemande. Ce comportement éclaire l'influence, même à cette date, des traditions militaires allemandes sur la manière de penser de l'armée américaine[62]. Ces problèmes surgirent dans les pays ayant une forte tradition de primauté du civil sur les affaires militaires.

En Allemagne, les impératifs militaires continuèrent à prévaloir sur les affaires de direction civile et, à partir d'août, sous la direction de Hindenburg, le grand état-major prit de plus en plus le contrôle du gouvernement intérieur au nom de la nécessité militaire[63]. En Allemagne, davantage que dans n'importe quel autre pays belligérant, la tradition voulait que les officiers supérieurs se consacrent d'abord à préserver les forces armées et leurs valeurs au titre de mode de vie, plutôt que de considérer l'armée (ou la marine) et la stratégie militaire comme autant d'instruments de politique nationale. À cela s'ajoutaient les fortes pressions du militarisme et du romantisme allemands ; au début de la guerre, en 1914, le général Erich von Falkenhayn, ministre de la Guerre, notait : « Même si nous devions sombrer, de toute façon c'était beau[64]. » La crise de la défaite allemande et l'effondrement des forces armées à l'automne 1918 résultèrent de deux actes tout à fait spectaculaires d'usurpation de l'autorité gouvernementale par les officiers supérieurs de l'armée allemande. Fin septembre, convaincu que l'armée allemande sur le front occidental était vaincue et en danger d'écroulement imminent, Ludendorff demanda au Kaiser d'ouvrir des négociations d'armistice et de mettre en place un nouveau gouvernement composé d'opposants politiques au grand état-major général. Les négociations sur l'armistice furent conduites par des civils et par des généraux qui n'étaient pas membres de la hiérarchie du grand quartier général. Le « mythe du coup de poignard dans le dos » (*Dolchstosslegende*), l'idée que l'armée allemande n'avait pas été vaincue mais trahie, n'est pas une rationalisation d'après-guerre, mais le mécanisme essentiel qui permit de terminer la guerre en exonérant la direction militaire de Hindenburg, de Ludendorff et du grand état-major général de toute responsabilité dans la défaite[65]. L'interprétation la plus charitable des actions de Ludendorff est de dire qu'il croyait qu'une armée ayant gardé sa fierté et demeurée intacte était nécessaire pour assurer l'ordre dans une Allemagne menacée de révolution. Plus prosaïquement, l'état-major général se souciait plus de se protéger en vue de la prochaine guerre que de son propre pays.

Le haut commandement de la marine impériale allemande eut le même genre de comportement à la fin d'octobre 1918. Plutôt que d'accepter la réalité de la défaite, Scheer, en tant que chef de la SKL, établit les plans d'une ultime « bataille à mort » dans laquelle la flotte de haute mer sortirait des ports et se rendrait dans la Manche anglaise (la *Flottenvorstoss*). Si la logique militaire de ce plan était qu'une victoire navale renforcerait la position allemande dans les négociations d'armistice avec les Alliés, l'intention politique était que la marine impériale préserve son honneur et améliore ses chances de survie dans une Allemagne vaincue. Ni le Kaiser Guillaume ni le nouveau gouvernement allemand ne furent informés des intentions de Scheer, et le plan fit long feu lorsque la marine se mutina, contribuant ainsi à l'effondrement allemand[66].

À la suite de leur succès en mer, presque complet dès 1914, le front occidental était la plus grande priorité des Français et des Britanniques, et ils avaient besoin de coordonner leurs stratégies militaires à un point qui (comme souvent quand il s'agit de la Première Guerre mondiale) était sans précédent dans une alliance de guerre ; mais les choses se firent de manière évolutive et sinueuse. Les grandes stratégies des deux pays furent aussi transformées en novembre 1914 par l'entrée en guerre de l'Empire ottoman, qui coupa les communications stratégiques avec la Russie et ouvrit un large théâtre d'opérations secondaire. Le processus confus de décision stratégique et les échecs du commandement stratégique lors de la campagne des Dardanelles en 1915 firent douloureusement apparaître la faiblesse à la fois de l'approche britannique et de la coopération franco-anglaise, bien en deçà de la réponse stratégique ottomane relativement efficace[67]. L'échec des Alliés dans les Dardanelles montra aussi que la difficulté et la complexité depuis longtemps connues des opérations amphibies « hostiles » – débarquer et soutenir les forces au sol depuis la mer – s'étaient énormément accrues dans les conditions nouvelles de la guerre industrialisée, et qu'un niveau élevé de planification stratégique et opérationnelle combinée entre les armées et les marines serait nécessaire à l'avenir. En dépit des plans britanniques réitérés d'exploitation de leur supériorité navale afin de déjouer les manœuvres des Allemands sur le front occidental grâce à un débarquement amphibie, cette opération ne fut tentée que lors d'un bref raid sur Zeebruges en avril 1918.

Avec de multiples fronts et d'importantes campagnes à la fois navales et terrestres à organiser, le développement des institutions britanniques pour un commandement de grande stratégie commença avec deux conseils de guerre civils-militaires improvisés, tenus par le Premier ministre Asquith lors du déclenchement de la guerre, suivis en novembre 1914 par la création d'un petit Conseil de guerre ; le Comité de défense impériale (*Committee of Imperial Defence*) continua aussi à jouer son rôle consultatif. En juin 1915, la modification de la coalition gouvernementale d'Asquith conduisit à rebaptiser le Conseil de guerre en « Comité des Dardanelles », puis, après janvier 1916, en « Comité de guerre », avec Robertson comme CIGS et conseiller militaire. Il prit sa forme définitive de « Cabinet de guerre » en décembre 1916 avec la nouvelle coalition gouvernementale dirigée par Lloyd George. C'est au Comité de guerre et au Cabinet de guerre que Haig présenta ses plans de stratégie militaire de 1916 à 1918[68]. En France, même si le Conseil suprême de défense nationale restait l'autorité ultime, la stratégie continuait à être pensée au grand quartier général. Bien qu'ayant été nommé commandant en chef de toutes les forces françaises en décembre 1915, Joffre fit aussi pression, sans succès, pour obtenir le commandement stratégique des forces de tous les Alliés occidentaux, y compris l'Italie entrée en guerre en mai[69].

La nécessité pour la Grande-Bretagne et la France d'équilibrer les priorités entre le front Ouest et les Dardanelles conduisit à leurs premières conférences stratégiques et politiques conjointes de la guerre, qui se tinrent à Calais et à Chantilly en juillet 1915. Les résultats ne furent pas concluants, mais au moins les fondations d'un commandement unifié avaient-elles été posées. Le grand moment dans la coordination stratégique militaire des Alliés se produisit en décembre 1915, lorsque la conférence de grande stratégie de Calais fut suivie d'une conférence stratégique militaire à Chantilly, où il fut convenu que tous les Alliés lanceraient d'importantes offensives au début de l'été 1916 sur les fronts occidental, oriental et italien, dans l'intention d'empêcher les Puissances centrales de transférer par rail leurs réserves d'un front à l'autre pour contrer les attaques. Bien que perturbée par l'assaut préventif à Verdun en février 1916, cette décision donna lieu à l'offensive Broussilov, à celle de la Somme et à la sixième bataille de l'Isonzo. Ce fut la seule occasion de la guerre où la stratégie militaire alliée fut coordonnée de cette façon. La coordination stratégique sur le front occidental entre Britanniques et Français se traduisit par leur attaque conjointe sur la Somme, après quarante et une réunions au niveau de l'armée, ou plus haut encore, entre mars et le début de l'offensive en juillet. Mais en réalité, plutôt que d'agir à l'unisson, ils « avaient constamment réagi l'un envers l'autre, mais pas de manière suffisamment homogène[70] ».

Le commandement stratégique militaire britannique était le seul parmi les Alliés à devoir composer avec les contingents nationaux de l'empire : les dominions d'Australie, du Canada, de Terre-Neuve, de la Nouvelle-Zélande, ainsi que l'armée indienne. La relation des Britanniques avec leur empire avait maintes caractéristiques d'une alliance de guerre, alors que les commandants de contingent des dominions avaient le droit de faire appel aux gouvernements de leurs pays, et que les Britanniques étaient sensibles aux questions politiques des dominions et de l'Inde. Tandis que l'organisation des armées et des corps britanniques sur le front occidental changeait selon les circonstances, vers la fin de 1917 le corps d'armée australien et le corps canadien étaient devenus des formations permanentes sous l'autorité de leurs propres commandants nationaux. Cette importance croissante des dominions se refléta dans la Conférence impériale de guerre de mars 1917, qui conduisit à la création d'un Cabinet de guerre impérial entre chefs de gouvernement de Grande-Bretagne et des dominions[71].

Les Français considéraient l'unité alliée de commandement stratégique militaire comme une fin en soi, à la condition évidente que le commandant soit un général français et que la voix de la France soit dominante. Pour les Britanniques, la question de l'unité de commandement était presque entièrement englobée dans leur propre lutte nationale entre civils et militaires. Une bonne partie de l'impulsion pour mettre en place une meilleure coordination stratégique vint aussi de l'impact de la campagne sous-marine allemande à outrance sur la stratégie française et britannique sur le front occidental, et de la succession des défaites et des échecs des Alliés durant l'année 1917. Forte de ses succès en 1914, la Royal Navy ne voyait aucune raison de modifier une structure de commandement qui était à la fois séparée de celle de l'armée britannique et largement indépendante du contrôle politique. Cela changea manifestement en 1917 lorsque la campagne sous-marine allemande menaça non seulement la domination navale alliée, mais aussi l'effort de guerre civil, en raison des pertes de navires marchands, ainsi que la stratégie sur le front occidental, jouant un rôle important dans la décision de lancer la troisième offensive sur Ypres[72]. Les objections prolongées de la Royal Navy à la protection des navires marchands par des convois furent surmontées par des pressions politiques civiles et par l'entrée en guerre des États-Unis en avril, qui fournit une première opportunité à la coopération alliée. Dans l'ensemble, la guerre d'alliance en mer se révéla plus facile à gérer que sur terre, avec de larges accords sur la stratégie et une répartition des responsabilités, tandis que navires et escadrilles pouvaient être placés sous le commandement général d'un allié sans perdre leur autonomie. Un cas emblématique est celui de la marine impériale japonaise, qui agit de manière très indépendante des autres alliés dans le Pacifique, mais prit part aux missions d'escorte ; à partir de mai 1917, une escadre de destroyers et de croiseurs stationna ainsi dans la base navale britannique de Malte. Bien que théoriquement indépendante, cette escadre participa en réalité aux opérations anti-sous-marines sous la direction du commandant en chef britannique à Malte, l'amiral George A. Ballard[73]. La force aérienne, le troisième élément nouveau de la guerre, se développa à partir de presque rien en 1914 pour devenir partie intégrante, voire essentielle, de la guerre terrestre comme navale. Durant l'hiver 1917-1918, les changements dans les structures gouvernementales et de commandement militaires culminèrent avec la création en avril 1918 de la Royal Air Force, première force aérienne indépendante du monde. Il s'agissait en partie d'une réponse à la crise provoquée par le bombardement allemand de villes anglaises et au besoin d'une nouvelle organisation de défense et de représailles, mais cela tenait aussi grandement aux tensions continues entre civils et militaires.

En réponse aux crises de 1917, la conférence anglo-franco-italienne de Rapallo, en novembre, créa le Conseil suprême de la guerre, une organisation politique disposant de conseillers militaires permanents, basée à Versailles, et chargée de superviser et de donner des conseils sur les grandes stratégies nationales dans des domaines comme la finance, la nourriture, les munitions, le transport, la guerre navale – principalement anti-sous-marine –, et de réviser les plans stratégiques militaires nationaux[74]. On restait très loin d'une véritable unité de commandement alliée : la Russie fut exclue de la conférence de Rapallo, car sur le point de sombrer dans la révolution ; les États-Unis furent initialement écartés, car ils étaient une puissance plutôt associée qu'alliée, et les petites nations – la Belgique, la Roumanie et le Portugal – ne furent pas non plus représentées. Le changement presque concomitant de gouvernement français, avec l'arrivée de Clemenceau à la présidence du Conseil, signifia aussi une affirmation accrue du contrôle civil sur la grande stratégie et le GQG[75]. Lloyd George comptait utiliser l'autorité du Conseil suprême de la guerre sur les réserves à la fois britanniques et françaises du front occidental pour contrôler Haig. Son insistance pour que le CIGS ne soit pas aussi le conseiller militaire permanent du Conseil suprême de la guerre conduisit à la démission de Robertson en février 1918 et à son remplacement par Wilson, avec une autorité réduite. L'effet de ces luttes entre civils et militaires sur la stratégie militaire apparut avec la défaite britannique initiale lors de l'offensive *Kaiserschlacht* de mars 1918, et la nécessité de coordonner la réponse britannique, française, mais aussi américaine. Dans un premier temps, Pershing ne tint pas compte des instructions politiques qui visaient à utiliser ses troupes dans la bataille seulement comme une armée nationale unifiée ; au lieu de quoi, il leur permit de combattre en étant intégrées à des formations françaises et britanniques beaucoup plus grandes. Lors de deux réunions politiques et militaires franco-anglaises, à Doullens en mars et à Beauvais en avril – cette dernière comprenant les Américains –, Foch, qui était chef d'état-major de l'armée française et conseiller permanent du Conseil suprême de la guerre, fut chargé de la stratégie militaire coordonnée sur le front occidental avec le titre de « général en chef des armées alliées » – une position politiquement sensible, comparable à celle de Joffre en 1914 par l'étendue de son autorité officielle, qui fut élargie au front italien en mai[76]. Cet arrangement perdura jusqu'à l'armistice, avec l'approche ferme mais pleine de tact de Foch qui, généralissime conscient des limites pratiques de son autorité et des sensibilités nationales, constitua un atout précieux pour les Alliés en 1918[77].

Vu la diversité des problèmes de commandement stratégique militaire, sur terre, en mer et dans les airs, selon les différents fronts, les pays et les alliances, il est difficile de proposer des généralisations sur leur nature et leur solution. L'attention considérable portée aux questions de commandement dans le discours historique militaire actuel reflète à la fois cette diversité et une reconnaissance de la nécessité vitale de comprendre les questions de commandement stratégique pendant la guerre. Les difficultés rencontrées par les généraux et les amiraux pour concilier leur stratégie militaire avec de grandes stratégies nationales et alliées plus larges, tout en faisant face aux relations compliquées entre civils et militaires, avaient des précédents dans de nombreuses guerres antérieures. Mais l'immensité de la guerre de masse industrialisée en 1914-1918, y compris le potentiel des technologies nouvellement développées et – particulièrement dans la sphère des communications – leurs limites, était sans précédent. De plus, la complexité à laquelle fut confronté le commandement stratégique durant la Première Guerre mondiale ne se présenterait plus jamais de la même manière. Car à la suite de la guerre virent le jour des méthodes et des structures politiques et militaires qui, si elles ne purent résoudre les questions cruciales rencontrées dans leur lutte pour leur survie par les États industrialisés pendant la Seconde Guerre mondiale, contribuèrent du moins à réduire les désaccords que ces questions provoquaient et le poids pesant sur chaque individu. Les institutions et les systèmes de commandement stratégique qui émergèrent en réponse aux différentes crises de la Première Guerre mondiale, en même temps que la nécessité pour les dirigeants à la fois politiques et militaires de devenir des gestionnaires de guerre, dans les deux cas principalement du côté allié, expliquent amplement la conduite et la nature élargie de la guerre, ainsi que son issue finale.

Troisième partie

UN MONDE EN GUERRE

1. Empires et dominions

L'énorme avantage dont les puissances alliées disposèrent dès le début de la guerre tenait au stock de capital, humain et matériel, qu'elles avaient accumulé à la faveur de l'expansion impériale tout au long des XIXe et XXe siècles. Les Empires allemand et austro-hongrois mobilisèrent certes des ressources au sein de l'Europe, mais les empires alliés et leurs dépendances couvraient le monde entier. L'Empire britannique, en particulier, opérait sur deux niveaux, formel et informel, avec de puissants amis et des possessions dans des pays indépendants comme l'Argentine et les États-Unis. L'Empire français trouva bon nombre de soldats et de travailleurs en Asie et en Afrique, mais l'Empire britannique et ses dominions fournirent davantage encore d'hommes qui portèrent l'uniforme ou d'auxiliaires de « couleur » qui servirent derrière les lignes.

Du côté des Puissances centrales, le seul équivalent d'une mobilisation multiethnique et multinationale fut celle de l'Empire ottoman. Mais, si importants fussent-ils, ces efforts allaient à l'encontre du processus de turquification mis en œuvre par le triumvirat qui dirigeait la Turquie et qui fut responsable du génocide arménien – aussi une forme de destruction du capital humain que les nazis répétèrent deux décennies plus tard.

La mobilisation impériale se solda par un transfert culturel à l'échelle mondiale. Ceux qui avaient émigré de Grande-Bretagne vers le Nouveau Monde et les antipodes retournèrent « au pays », pour ainsi dire, rapportant avec eux leurs compétences et leur détermination à participer au conflit jusqu'à la victoire. D'aucuns ont vu dans ce mouvement vers l'Europe une des plus grandes vagues de « tourisme » de l'histoire. Beaucoup trop de

« touristes » trouvèrent la mort pour que cette formulation soit recevable, mais il est peu douteux que l'expérience et les connaissances tirées de la participation impériale à la guerre eurent à longue échéance des conséquences de première grandeur. À Paris au cours de la guerre et après, le futur Hô Chi Minh n'est que l'un des grands dirigeants du XXe siècle dont la vie fut à jamais marquée par leur jeunesse en Europe.

Le conflit de 1914-1918 fut donc à la fois l'apogée et le commencement de la fin de la puissance impériale. Si les Empires allemand, austro-hongrois et ottoman furent les premiers à succomber, les autres puissances impériales – Grande-Bretagne, France et Russie refondue en Union soviétique – allaient devenir, lentement mais sûrement, incapables de garder leurs possessions. Les contraintes économiques jouèrent, mais aussi la détermination des colonies, dominions et protectorats, patente après 1918, à rompre leurs liens avec la « mère patrie ». Après la Seconde Guerre mondiale, la décolonisation prolongea des tendances amorcées au lendemain de la Première. Le dernier empire à sombrer fut l'Empire soviétique, en 1991, illustrant une fois de plus l'ombre persistante de la Grande Guerre sur le XXe siècle.

Jay Winter et John Horne

CHAPITRE XV

Systèmes impériaux

John H. Morrow, Jr.

La Première Guerre mondiale est issue de l'ère de l'impérialisme, elle a été menée par des puissances rivales pour la domination de l'Europe et du monde en général, et s'est achevée par le maintien de l'impérialisme européen pour une génération de plus.

Origines

Les années 1880 ont vu s'amorcer un « nouvel impérialisme », une période au cours de laquelle les puissances européennes surtout, mais aussi les États-Unis et le Japon, ont continué à étendre leur domination sur le monde. Un « nouveau navalisme » s'est manifesté lorsque, dans un célèbre ouvrage intitulé *The Influence of Sea Power upon History, 1660-1783* (1890)[1], le capitaine américain Alfred Thayer Mahan s'inspira de l'expérience britannique pour vanter à un public international réceptif la valeur des grosses unités de guerre – cuirassés et croiseurs – et des grandes batailles navales d'anéantissement pour s'assurer l'hégémonie mondiale. Les raisons et les justifications de l'expansion impériale étaient diverses : la recherche de matières premières et de débouchés, les avantages géopolitiques liés à la conquête de territoires stratégiques et l'accroissement du prestige national. Dotés d'une technologie et d'une puissance navale et militaire supérieures, et plus fondamentalement encore d'une population « excédentaire », les États européens (avec la Grande-Bretagne et laFrance en tête) les États-Unis et le Japon conquièrent une grande partie de l'Afrique et de l'Asie.

Ce « nouvel impérialisme » trouvait sa source dans le nationalisme raciste très répandu en Europe et dans le reste du monde occidental durant le dernier quart du XIXe siècle, qu'il contribua encore à exacerber. En un temps où dominaient les doctrines prétendument « réalistes », l'attachement à l'État-nation se para de justifications « scientifiques », comme le darwinisme social ou le racisme scientifique. Les êtres humains étaient par nature belliqueux et rivaux ; la guerre, présentée comme une réaction aux pressions évolutives, était une nécessité biologique. Les métaphores de la « lutte impitoyable pour l'existence », de la « survie des plus aptes » et de la « loi de la jungle » s'appliquèrent désormais aux conflits humains. Les races dites « blanches » considéraient les Juifs et les populations « de couleur », tels les Africains et les Asiatiques, comme inférieurs et dangereux ; il convenait donc de les exiler, de les exclure, de les soumettre, de les asservir ou de les exterminer. Les victoires militaires, la conquête de vastes territoires et l'existence même de peuples assujettis étaient autant de preuves de la supériorité raciale et morale des conquérants. Le paradoxe résidait, bien sûr, dans le fait que les conquêtes impériales n'étaient pas la conséquence d'un courage ou d'une vertu suprêmes, mais d'une supériorité technologique, dans laquelle les impérialistes voyaient l'illustration de leur grandeur innée. Les Européens métamorphosèrent la supériorité technologique en supériorité biologique, voire théologique ; la volonté de Dieu était que les Européens conquièrent et civilisent, ou exploitent, les peuples « inférieurs » d'Afrique et d'Asie – et, au besoin, qu'ils les « sacrifient » ou les exterminent au nom du progrès. Les impérialistes étaient convaincus que le destin ultime des « races inférieures » était l'extinction ; ils ne faisaient donc qu'accélérer le cours de la civilisation en les éradiquant, ou en les anéantissant délibérément. Les guerres coloniales, les « petites » guerres contre les peuples « non civilisés », « barbares » et « sauvages », étaient indispensables, comme l'expliquait Theodore Roosevelt, raciste, militariste et impérialiste bon teint, en 1899 : « À long terme, l'homme civilisé prend conscience qu'il ne peut préserver la paix qu'en soumettant son voisin barbare ; car le barbare ne cédera qu'à la force. » Le devoir des races civilisées supérieures était donc de se développer à travers de « justes guerres » menées contre les « races primitives[2] ». Charles Darwin s'attendait à voir « un nombre infini de races inférieures éliminées par la race plus civilisée » dans un avenir relativement proche[3].

Les inventions, notamment dans le domaine militaire, trouvèrent une application immédiate dans la conquête des populations indigènes. Les canonnières, l'artillerie à tir rapide, la mitrailleuse Maxim, le fusil à répétition, la poudre non fumigène – toutes ces armes assurèrent une supériorité écrasante aux européens. Les balles dum-dum à noyau de plomb, brevetées en 1897 et fabriquées initialement à Dum Dum, un faubourg de Calcutta, explosaient au moindre contact, provoquant de larges blessures douloureuses qui arrêtaient net les assaillants. Les Européens les employèrent dans la chasse au gros gibier aussi bien que dans les guerres coloniales ; des conventions en interdisaient en effet l'usage dans les conflits entre pays civilisés[4]. L'avion lui-même, encore à ses débuts pourtant, promettait d'être fort utile dans les aventures coloniales à venir. En 1910, le gouvernement britannique reconnut explicitement l'importance de l'aviation pour la domination coloniale et la suprématie impériale. Le Comité de défense impériale ordonna au War Office d'envisager l'emploi de l'avion « dans des guerres contre des pays non civilisés comme le Soudan, le Somaliland et la frontière nord-ouest de l'Inde ». En 1913, Charles Grey, rédacteur en chef de *The Aeroplane*, suggérait de l'utiliser « pour faire comprendre la supériorité européenne à l'immense population indigène ». En mars 1914, Winston Churchill approuva un éventuel projet commun du Colonial Office et de la Royal Navy prévoyant que la population blanche recoure à l'aviation pour contrôler et menacer les populations indigènes de l'Empire, afin de faire face à la « possibilité bien réelle » de soulèvements noirs[5].

Mais quelle barrière, quelle frontière pourrait garantir que les États impérialistes n'utiliseraient jamais ces armes les uns contre les autres ? L'expansion européenne entraîna la disparition de peuples tout entiers et l'appropriation de leurs terres dans le cadre de la course au *Lebensraum*, l'espace vital, mais c'était sur l'Europe elle-même que Hitler avait désormais des visées lorsqu'il employa ce terme. La lutte interraciale était essentielle au progrès et devait éviter le déclin, dans la mesure où la victoire reviendrait inéluctablement au plus fort, tandis qu'au sein même des différentes races certains types inférieurs étaient condamnés à disparaître – une conviction qui trouvait son expression dans la popularité croissante dont jouissait alors l'eugénisme dans le monde occidental. Les Européens ne seraient pas forcément à l'abri de tentatives de conquête sur leur propre continent.

Les territoires conquis devenant partie intégrante du bloc des puissances impériales européennes, la nature constitutive de l'empire liait la mère patrie à ses colonies en un réseau complexe, polymorphe et pourtant continu. L'Inde, le « joyau de la couronne », avait pour la Grande-

Bretagne une importance capitale, expliquait lord Curzon en 1901 : « Tant que nous gouvernerons l'Inde, nous serons la plus grande puissance du monde. Si nous la perdons, nous serons immédiatement relégués au rang de puissance de troisième catégorie[6]. » Les marchés indiens soutenaient l'économie britannique, et les 200 000 hommes de l'armée indienne, commandés par des officiers britanniques, maintenaient l'ordre dans l'Empire et permirent aux Britanniques d'éviter la conscription, jusqu'au jour où le refus de faire marcher des soldats indiens contre des adversaires blancs, les Boers d'Afrique du Sud pendant la guerre de 1899-1901, obligea la mère patrie à enrôler des soldats britanniques, irlandais et australiens.

L'ouvrage de John A. Hobson, *Imperialism*, dont la première édition date de 1902, mettait en garde contre les effets délétères de l'empire sur les impérialistes. Les guerres encourageaient un « excès de conscience nationale » chez les puissances impériales ; imposer une « civilisation supérieure aux races de couleur » ne pouvait qu'« intensifier la lutte des races blanches ». Il mentionnait enfin le « parasitisme » de la relation entre les dirigeants blancs et les « races inférieures » qui aboutissait, chose très « périlleuse », à faire commander d'« importantes forces indigènes » par des officiers blancs et pouvait conduire au précédent « dangereux » de l'emploi de ces forces contre une autre race blanche[7].

Huit ans plus tard, en 1910, un livre publié en France corroborait les préoccupations de Hobson et révélait la perméabilité des frontières entre l'Europe et l'empire dans les plans de guerres futures. Il s'agissait de l'étude du général Charles Mangin intitulée *La Force noire*[8]. La baisse de son taux de natalité obligeait la France à trouver d'autres sources d'approvisionnement en hommes. Mangin suggérait l'Afrique sub-saharienne, dont les valeureux guerriers avaient accompli de remarquables exploits par le passé et étaient prêts à les réitérer pour la France. Malgré de nombreuses objections, Mangin, un officier colonial bravache que sa carrière avait conduit en Afrique et en Indochine, n'éprouvait aucune hésitation à l'idée d'envoyer ses soldats africains se battre en France. La défaite française à l'issue de la guerre franco-prussienne de 1870-1871 avait poussé la famille de Mangin à fuir sa terre lorraine ancestrale et à émigrer en Afrique, mais, à l'image d'autres officiers coloniaux, il gardait le regard rivé sur l'Europe. Dans l'esprit de ces hommes, les champs de bataille impériaux et européens étaient inextricablement liés – une armée africaine française riposterait à la menace teutonne sur le Rhin et se vengerait de l'Allemagne. Déjà, l'armée française prévoyait de faire venir en France des soldats d'Afrique du Nord – d'Algérie et du Maroc – dans l'éventualité d'un conflit armé. La guerre se chargerait de faire de la *force noire* chère à Mangin une réalité[9].

La culture même de l'époque impérialiste engendrait chez les jeunes membres des classes supérieure et moyenne un état d'esprit favorable à la guerre, sport violent par excellence. Sir Robert Baden-Powell, héros de la guerre des Boers, fonda les Boy Scouts pour transformer la progéniture chétive de la société industrielle, dont de nombreux représentants n'avaient pas eu les qualités nécessaires pour se battre en Afrique du Sud, en robustes guerriers potentiels[10]. Garnet Wolseley, le militaire le plus admiré d'Angleterre, voyait dans la guerre la « purificatrice suprême » d'une « race ou nation » « exagérément raffinée ». L'Empire britannique avait besoin d'une « race impériale », purgée de ses traits « efféminés » et « dégénérés ». Sir Arthur Conan Doyle, créateur de Sherlock Holmes, était convaincu en août 1914 qu'« une saignée serait salutaire au pays[11] ». Les fondateurs des éclaireurs allemands (les *Pfadfinder*) étaient d'anciens combattants de l'effroyable guerre menée contre les Hereros en Afrique du Sud-Ouest. Les Allemands, comme les Britanniques, craignaient que la vie citadine n'amollît les jeunes gens ; aussi le mouvement de jeunesse allemand, les *Wandervögel*, prônait-il les excursions dans la nature, tandis que le *Jungdeutschlandbund* (Ligue de la jeunesse allemande) proposait aux jeunes des activités d'esprit militaire. L'historien Derek Linton conclut que ces organisations étaient « les purs produits de l'ère de l'impérialisme », qui présentait la guerre comme « un jeu héroïque et glorieux, l'épreuve de force d'une génération, et une évasion de [...] la vie urbaine[12] ».

Les empires ne furent pas sans effet sur la perception que les Européens avaient d'eux-mêmes et des autres Européens. Ils ne se contentèrent pas de diviser le monde en différentes races, mais amalgamèrent nationalité et race, ce qui les conduisit à se regarder en chiens de faïence. Des références constantes aux « races » anglo-saxonne, gauloise, teutonne ou slave émaillent du reste la littérature de ce temps. Dans leur détermination à unir respectivement tous les Allemands de souche dans un seul État allemand et tous les Slaves sous une même domination russe, les impérialistes continentaux pangermanistes et panslavistes allaient, pour réaliser leurs objectifs, bouleverser le *statu quo* qui régnait en Europe centrale et orientale. Une fois les Européens divisés en « races » distinctes et inégales, comment éviter que les comportements brutaux à l'égard des « peuples de couleur » ne s'appliquent aux autres Européens, pour le bien du progrès et de la survie ? Après tout, c'était l'avenir de la race et de la culture prétendument supérieures de chacun, et donc de la civilisation, qui était en jeu. Les sentiments étroitement imbriqués du nationalisme, du racisme et de l'impérialisme transformèrent ainsi l'Europe en un lieu plus instable à l'aube du XXe siècle : « la nature impitoyable de la guerre coloniale, avec son absence de toute retenue, reviendrait hanter l'Europe dans les massacres de la Première Guerre mondiale[13] ».

Entre 1905 et 1914, sur la toile de fond de la course aux armements qui opposa l'Allemagne et l'Autriche-Hongrie d'une part, la Grande-Bretagne, la France et la Russie de l'autre, deux points d'ignition provoquèrent des crises intermittentes exacerbant les tensions entre les différentes puissances : le Maroc et les Balkans. Ces deux régions étaient d'anciennes possessions de l'Empire ottoman, que le déclin de sa puissance faisait considérer désormais comme l'« homme malade de l'Europe ». Elles étaient l'une comme l'autre le théâtre de rivalités impériales : le Maroc opposait essentiellement les Français et les Allemands ; les Balkans, les Empires austro-hongrois et russe. Au moment des crises du Maroc de 1905 et 1911, des initiatives françaises et espagnoles dans leurs sphères d'influence respectives incitèrent les Allemands à réclamer un accès équivalent ou une compensation, en recourant en 1911 à une politique de la canonnière ostentatoire. Chaque fois, la Grande-Bretagne réagit à ces manœuvres d'intimidation en prenant fermement fait et cause pour la France, ce qui ne fit qu'alimenter les craintes paranoïaques allemandes de l'« encerclement », tout en provoquant une renaissance du nationalisme français et le rapprochement même entre Grande-Bretagne, France et Russie que l'Allemagne redoutait. Après la seconde crise marocaine, certains Européens commencèrent à croire la guerre inévitable et à s'y préparer activement.

La première crise du Maroc, celle de 1905, fit réfléchir l'Amirauté britannique à la meilleure manière de riposter à la menace allemande. Les historiens se sont généralement concentrés sur la course à la construction navale, sur les projets de débarquement d'une force sur le continent ou sur les plans de blocus économique de l'Allemagne. En 1908, le capitaine C. L. Ottley, directeur du renseignement maritime et alors secrétaire du Comité de défense impériale, informa le premier lord de l'Amirauté, Reginald McKenna, qu'un blocus constituait un « moyen simple et sûr d'étrangler l'Allemagne sur mer » et que, dans l'éventualité d'une guerre prolongée, « l'herbe pousserait tôt ou tard dans les rues de Hambourg », tandis que ce pays subirait « une disette et une ruine générales[14] ». Les idées d'Ottley et d'autres membres de l'Amirauté allaient bien au-delà d'un blocus maritime : ils envisageaient une véritable guerre économique, qui entraînerait « une intervention sans précédent de l'État dans le fonctionnement de l'économie nationale et internationale » afin d'« exploiter non seulement la puissance maritime de la Grande-Bretagne, mais aussi son monopole sur les transports, les finances et les communications planétaires[15] ». Bien que de telles idées se soient révélées finalement trop radicales et trop préjudiciables à l'économie mondiale en général et aux États-Unis en particulier, leur existence même prouve à quelles extrémités certains stratèges de la marine étaient prêts à en venir pour écraser l'Allemagne.

Une conséquence majeure de la seconde crise marocaine fut de pousser le gouvernement italien, stimulé par le succès français au Maroc, à entreprendre la conquête de son propre territoire en Afrique du Nord en arrachant la Libye aux Turcs ottomans. En avril 1911, reconnaissant que l'intégrité de l'Empire ottoman était un élément essentiel de la paix européenne, le Premier ministre italien, Giovanni Giolitti, se livrait à cette observation prémonitoire : « Et si, après que nous avons attaqué la Turquie, les Balkans se mettent à bouger ? Et si un heurt dans les Balkans provoque un heurt entre deux blocs de puissances et une guerre européenne ? Pourrons-nous assumer la responsabilité d'avoir mis le feu aux poudres[16] ? » Ces réflexions n'empêchèrent pas les Italiens de passer à l'attaque en septembre et de mener une guerre d'un an qui s'acheva par leur victoire. Les interrogations de Giolitti n'en étaient pas moins perspicaces. L'Empire ottoman était en effet un maillon indispensable de la paix européenne, et la guerre prendrait sa source, comme il l'avait prévu, en Afrique du Nord pour toucher l'Empire ottoman, déboucher sur les guerres des Balkans de 1912 et 1913, et finir par l'affrontement entre la Serbie et l'Autriche-Hongrie qui mit effectivement le feu aux poudres. Giolitti, qui plus est, n'était pas le seul à être prêt à courir le risque d'une guerre majeure ; la quasi-totalité de ses pairs des gouvernements européens n'hésiteraient pas à jouer avec Armageddon.

Les crises successives des Balkans qui conduisirent à la guerre s'amorcèrent en 1908-1909, lorsque l'Autriche-Hongrie annexa la Bosnie-Herzégovine et accepta d'indemniser le gouvernement russe en intervenant auprès de la Grande-Bretagne afin de permettre à l'Empire tsariste de réaliser un objectif durable de sa politique extérieure – obtenir l'accès aux détroits de Constantinople reliant la mer Noire à la mer Égée et, ainsi, un débouché en Méditerranée. Mais l'Autriche-Hongrie manqua à sa parole et seule une intercession allemande en sa faveur put convaincre les Russes furieux d'abandonner leurs prétentions. Ils s'engagèrent néanmoins dans une réforme et un développement de leur armée qui devaient en faire la plus puissante d'Europe en 1917. En octobre 1912, la Ligue balkanique – Serbie, Bulgarie, Grèce et Monténégro –, aiguillonnée par les Russes, déclara la guerre aux Turcs et écrasa promptement les Ottomans, les chassant pratiquement d'Europe. La paix ne satisfaisant personne, une seconde guerre éclata dans les Balkans en 1913. Les Serbes en sortirent suffisamment renforcés pour affronter l'Empire austro-hongrois, avec de surcroît l'assurance d'un soutien futur de l'Empire russe.

Le décor était planté pour l'assassinat de l'archiduc François-Ferdinand d'Autriche-Hongrie et pour la crise de juillet qui précipita l'Europe dans la guerre – une crise qui ne peut se comprendre que sur la toile de fond de l'impérialisme. Toutes les puissances impériales se dévisageaient d'un œil prédateur et méfiant, bien décidées à élargir ou à défendre leurs empires. Les plans du capitaine de marine britannique Ottley montraient que, selon toute vraisemblance, une future guerre contre l'Allemagne aurait pour véritable objectif de détruire une concurrente naissante sur le continent. Presque toutes les puissances – Grande-Bretagne, France, Allemagne, Russie, Autriche-Hongrie, et même Italie et Serbie – jetaient sur l'Empire ottoman et sur ses vastes territoires des regards remplis de convoitise. Le gouvernement ottoman analysa les événements survenus entre la guerre des Balkans de 1912 et la crise de juillet 1914 « dans le contexte des intentions russes pour prendre le contrôle d'Istanbul et des Détroits ottomans ». Les Jeunes Turcs, ébranlés par les conséquences des désastreuses guerres des Balkans, « redoutaient la Russie », ce qui les incita à faire cause commune avec l'Allemagne[17].

Le rôle de l'Empire russe dans les origines de la guerre a attiré récemment l'attention des historiens. Ainsi, McMeekin suggère avec force que, après les guerres italienne et balkaniques de 1911 à 1913, la Première Guerre mondiale pourrait à juste titre être présentée comme la « guerre de succession ottomane » et que, par conséquent, « c'était la guerre de la Russie plus encore que celle de l'Allemagne ». La Russie lança également un défi direct à la Turquie ottomane en s'engageant en 1913-1914 dans une campagne de réforme arménienne que McMeekin décrit comme « un cheval de Troie à peine déguisé de l'expansion de l'influence russe en Anatolie turque », préliminaire aux projets de l'Empire tsariste pour s'emparer de Constantinople et des Détroits. Les impérialistes russes, affirme-t-il, envisageaient avec « le plus grand sérieux » de démembrer la

Turquie et l'Autriche-Hongrie, dont l'armée n'était, aux yeux des généraux du tsar, qu'un « tigre de papier[18] ». En fait, McMeekin juge « naïve » l'hypothèse selon laquelle la Russie serait entrée en guerre pour défendre la Serbie. Toutes les puissances étaient convaincues que la Turquie était condamnée, et la Russie cherchait à faire valoir ses intérêts nationaux – contrôler Constantinople et les Détroits – et était disposée, pour s'emparer de ces derniers, à provoquer une guerre[19].

Ainsi, en analysant les origines de la Grande Guerre à travers le prisme de l'impérialisme, on évite les tentatives simplistes visant à imputer à l'une ou l'autre des puissances la responsabilité de ce conflit. Les Jeunes Turcs eux-mêmes, qui avaient pris le contrôle de l'Empire ottoman en 1908, projetaient de rendre à leur pays sa gloire impériale et nourrissaient de grandioses desseins – aux dépens de la Russie. Les généraux russes n'étaient pas les seuls observateurs à considérer que l'Autriche-Hongrie était vulnérable. Amis comme ennemis estimaient que la double monarchie, avec son mélange instable de nationalités et de groupes ethniques, était le prochain empire susceptible de se déliter. La Grande-Bretagne et la France elles-mêmes, déjà les plus grandes puissances impériales, étaient bien décidées à élargir encore leurs empires.

En outre, ajoutés aux proclamations extrémistes des pangermanistes et des panslavistes exigeant leur disparition réciproque, les projets britanniques de guerre économique révèlent clairement qu'un futur conflit armé avait de fortes chances de détruire l'ordre traditionnel des grandes puissances. En un temps d'impérialisme effréné, les défis lancés à l'ordre international existant suscitaient des réactions extrêmes, impliquant l'asservissement ou la destruction de l'adversaire, en même temps que la conquête de ses populations et de ses empires. Les puissances européennes entrèrent en guerre en 1914 pour déterminer qui contrôlerait non seulement l'Europe, mais aussi le monde, et les responsables civils et militaires de l'ensemble de ces pays furent coupables et complices de son déclenchement. Les principaux fronts militaires se situeraient en Europe, mais ses aspects impériaux jouèrent un rôle dans le monde entier : en Europe, au Proche-Orient, en Afrique et en Asie. Pour imposer un semblant d'ordre à des événements mondiaux parfois enchevêtrés, ce chapitre procédera continent par continent.

Europe

Sur le front occidental, la Grande-Bretagne et la France notamment pouvaient faire appel à leurs empires coloniaux pour s'approvisionner en hommes et en matériaux. Les deux étaient importants, mais l'élément humain posait un problème particulièrement explosif en raison de la question raciale. En 1914, les Britanniques comme les Français avaient déployé des troupes coloniales sur le front de l'Ouest : infanterie et cavalerie indiennes pour les premiers, infanterie nord-africaine pour les seconds. Le danger inhérent à l'utilisation de soldats coloniaux en Europe tenait à la menace que leurs rencontres avec des Européens pouvaient faire peser sur l'ordre colonial. L'armée indienne était principalement formée de paysans illettrés originaires des frontières du Nord et du Nord-Ouest, les races les plus « martiales » aux yeux des Britanniques. En recrutant les Indiens les moins éduqués, on espérait mettre ces soldats à l'abri autant que possible de l'influence des idées occidentales « pernicieuses ». L'arrivée de soldats indiens en Angleterre incita l'armée et le gouvernement à contrôler étroitement leurs possibilités d'accès à la société blanche, et plus particulièrement aux femmes de la classe ouvrière, ces deux groupes humains apparaissant dans les stéréotypes comme très portés sur le sexe. Pourtant, toutes les réglementations du monde étaient impuissantes à assurer une étanchéité absolue, si bien que les efforts des censeurs britanniques portèrent surtout sur l'interdiction de tout récit faisant état de relations sexuelles avec des Blanches et sur les allusions offensantes pour les Blancs, afin de préserver le prestige de ces derniers en Inde[20]. En revanche, les soldats blancs venus des dominions ne se virent jamais imposer pareilles restrictions, sur aucun théâtre d'opérations. Les soldats canadiens et ceux de l'ANZAC arrivés à Londres perdirent toutefois littéralement la tête, les premiers étant les plus atteints par des maladies vénériennes de tous les soldats de l'Entente présents sur le front de l'Ouest.

La présence de troupes indiennes combattantes aux côtés des Britanniques sur le front occidental culmina en 1915. À l'automne 1914, les Britanniques avaient envoyé des corps expéditionnaires de l'armée indienne à Basra, en Égypte, ainsi qu'en Afrique orientale, mais surtout en France, où ils commencèrent à se battre en octobre de cette année-là. Ils subirent de lourdes pertes, et les rigueurs de l'hiver européen les déprimèrent, mais, en 1915, quelque 16 000 soldats britanniques et 28 500 soldats indiens appartenant aux deux divisions de cavalerie indienne et aux deux divisions d'infanterie de l'Indian Corps prirent part aux attaques britanniques à Neuve-Chapelle en mars, Festubert en mai et Loos fin septembre. L'Indian Corps figurait en bonne place à Neuve-Chapelle, où 12 500 de ses hommes périrent au combat, tandis que de nouvelles lourdes pertes à Loos compromirent son efficacité d'infanterie d'assaut ou de troupe de choc, emploi privilégié des soldats coloniaux sur le front occidental. La perspective d'un nouvel hiver incita les Britanniques à envoyer les vestiges des divisions d'infanterie en Mésopotamie, mais les divisions de cavalerie restèrent sur place jusqu'au printemps 1918.

Après le départ de l'infanterie indienne, les Britanniques firent appel à leurs dominions blancs pour grossir leurs effectifs. Après s'être battues à Gallipoli en 1915, les troupes de l'ANZAC, les forces d'Australie et de Nouvelle-Zélande, furent rassemblées au sein des cinq divisions de l'Autralian Imperial Force (AIF) ; elles donneraient la preuve de leurs remarquables qualités au combat sur le front de l'Ouest de 1916 jusqu'à la fin de 1918. En 1917 et 1918, les soldats les plus frais et les plus agressifs de la Grande-Bretagne étaient pour la plupart originaires du Canada, d'Australie et de Nouvelle-Zélande. Ils se montrèrent particulièrement efficaces lors des offensives de 1918, période durant laquelle ils servirent de réserves à la Grande-Bretagne et de troupes d'élite sur le front de l'Ouest. Le Canadian Corps, notamment, put légitimement prétendre au titre de meilleure grande unité du front occidental pendant la campagne qui mit fin à la guerre[21].

Les Britanniques refusèrent obstinément d'utiliser des soldats africains ou « aborigènes » en Europe ou hors d'Afrique, ce qui ne les empêcha pas de faire venir directement sur le continent depuis les colonies un certain nombre de bataillons de travailleurs africains et asiatiques. La présence de soldats indiens en Angleterre était déjà un sujet d'inquiétude ; celle d'Africains eût été insupportable. En France, en revanche, malgré les objections du gouverneur général d'Afrique occidentale qui craignait les effets débilitants de ce départ de main-d'œuvre, Mangin réclamait davantage de troupes de choc, et le député du Sénégal, Blaise Diagne, élu au Parlement en mai 1914, considérait que la présence de soldats africains sur le champ de bataille serait un bon moyen d'obtenir davantage de droits pour les populations des colonies. Aussi plaida-t-il pour l'intégration des *originaires* – terme désignant les membres des quatre communautés urbaines du Sénégal qui jouissaient déjà de droits et de privilèges juridiques plus importants que les autres Sénégalais – dans les unités métropolitaines aux côtés des Français blancs. La loi du 19 octobre 1915 instaura effectivement la conscription des *originaires* et leur incorporation dans des unités françaises ; la loi du 29 septembre 1916 accorda ensuite la citoyenneté française à ces Sénégalais. Les *originaires* sénégalais intégrés dans des unités majoritairement françaises étaient traités comme des Français, mais l'armée cherchait à éviter tout contact entre les tirailleurs sénégalais, bien plus nombreux, et les Françaises. Néanmoins, il arrivait fréquemment que des sous-officiers tirailleurs ou des soldats décorés nouent avec des femmes et des familles françaises les mêmes relations que les *originaires*[22].

En 1916, lors des sanglantes batailles d'usure de Verdun et de la Somme, les Français déployèrent un nombre croissant de troupes d'Afrique noire. Mangin fit appel à ses soldats africains au cours des attaques réitérées que l'armée française lança contre Verdun au printemps 1916. Finalement, le 24 octobre, des troupes d'assaut marocaines et sénégalaises de l'armée coloniale française reprirent la forteresse clé de Douaumont, dont la perte au début de la bataille de Verdun, fin février, avait marqué le grand succès de l'offensive allemande. Le 1er juillet 1916, lors de l'attaque britannique et française sur la Somme, le 1er corps de l'armée coloniale française comptait vingt et un bataillons sénégalais. Les officiers français encourageaient les Africains à engager le combat au couteau avec les Allemands, alors que les soldats français se voyaient conseiller la baïonnette, qui occasionnait moins de pertes. Le général Pierre Berdoulat, commandant du 2e corps de l'armée coloniale, estimait que les « capacités intellectuelles limitées » des Africains permettaient d'épargner un certain nombre de vies européennes lors des assauts[23].

« Épargner » est un mot qui revient fréquemment dans les allusions des commandants, qui préféraient sacrifier des vies sénégalaises plutôt que françaises. En avril 1917, les soldats coloniaux de Mangin – Algériens, Marocains, Sénégalais – servirent ainsi de fer de lance à la grande offensive que le nouveau commandant en chef français, Robert Nivelle, avait décidé de lancer au Chemin des Dames. Celui-ci réclama le plus grand nombre possible de soldats sénégalais afin d'épargner – dans toute la mesure du possible – le sang français. Le commandant français d'un régiment sénégalais déclarait lui aussi qu'en définitive ses soldats formaient de superbes troupes d'assaut permettant d'épargner la vie des Blancs, qui arrivaient *derrière eux* pour exploiter leurs succès et organiser les positions dont ils s'emparaient. Un commandant de bataillon exprimait des sentiments analogues, recommandant l'emploi de la *force noire* pour épargner, dans les offensives à venir, le sang – plus précieux – des soldats français[24]. Le 16 avril, quelque 25 000 Sénégalais, noyau de la force d'assaut de Mangin, attaquèrent les lignes allemandes. Parmi les soldats, peu nombreux, qui réussirent à percer les lignes allemandes, la première vague subit de lourdes pertes – 6 000 soldats sur 10 000. L'offensive de Nivelle se solda par un échec et incita les soldats français à refuser de passer à l'attaque.

Les Français[25] déployèrent également des soldats malgaches et annamites comme manœuvres et chauffeurs de camions à l'arrière du front occidental et comme combattants au Proche-Orient. En 1916, 10 % de la main-d'œuvre française, en rapide expansion, était formée de travailleurs étrangers ou coloniaux. Cette année-là, le gouvernement commença à importer beaucoup de travailleurs non blancs, et la question raciale devint d'actualité dans les usines et les fermes de l'arrière en 1917. Quelque 78 500 Algériens, 49 000 Indochinois, 35 000 Marocains, 18 000 Tunisiens et 4 500 Malgaches travaillaient alors en France. L'historien Xu Guoqi souligne que, avec 140 000 individus, les ouvriers chinois représentèrent le groupe le plus important numériquement et le plus durablement employé sur le front de l'Ouest entre 1917 et 1920. Le gouvernement chinois les avait envoyés dans le cadre d'un plan plus ambitieux destiné à établir des liens entre la Chine et l'Occident dans l'espoir de reprendre le Shandong aux Japonais et de prévenir de futures incursions japonaises – en vain, comme le révéla l'avenir[26].

Le Service de l'organisation des travailleurs coloniaux au ministère français de la Guerre enrégimenta les ouvriers, les constituant en bataillons et les hébergeant dans des cantonnements distincts, comme des prisonniers de guerre. Le gouvernement s'efforçait de tenir les coloniaux à l'écart des Françaises afin d'éviter tout risque de relations sexuelles, ce qui n'empêcha pas les mariages entre Françaises et ouvriers coloniaux de se multiplier[27]. Le Service craignait que les travailleurs ne prennent goût aux boissons fortes et aux femmes blanches, et ne découvrent les grèves et les syndicats – autant d'expériences susceptibles de bouleverser les hiérarchies en place dans l'Empire lorsqu'il s'agirait de rapatrier dans les colonies une masse d'extrémistes chevronnés[28]. En fait, dans la mesure où il ne fit venir aucune femme de couleur, le gouvernement français créa exactement la situation qu'il redoutait en rassemblant un grand nombre de Françaises et d'ouvriers coloniaux en l'absence d'hommes blancs et de femmes non blanches. Cette situation entraîna des explosions de violence raciale au printemps et à l'été 1917.

Les 600 000 soldats coloniaux de la France ne suscitèrent pas la même hostilité que les ouvriers. Après tout, comme s'employaient à le répéter leurs officiers, ils épargnaient les vies de Français, qui les considéraient comme du personnel de remplacement dont la fonction était de leur éviter le service militaire et de briser les grèves. En décembre 1917, le président du Conseil français, Georges Clemenceau, dans son effort de guerre implacable, envoya en mission de recrutement 300 officiers et hommes de troupe d'Afrique occidentale médaillés, afin d'enrôler de nouveaux soldats africains pour venir se battre en France[29]. En 1918, Blaise Diagne, nommé commissaire de la République en Afrique occidentale, se chargea du recrutement. Il était persuadé que l'« impôt du sang » permettrait aux Africains d'obtenir l'égalité des droits, alors que les autorités françaises avaient surtout en tête les vies françaises que l'on pouvait ainsi épargner. Le colonel Eugène Petitdemange, commandant du camp d'entraînement sénégalais de Fréjus, avait l'intention d'employer ses « braves Sénégalais » pour « remplacer les Français » – autrement dit, de les utiliser comme « chair à canon » pour épargner les Blancs. Clemenceau lui-même, convaincu de la dette que les Africains avaient à l'égard de la France qui leur avait apporté la « civilisation », et bien décidé à éviter de nouveaux sacrifices français, déclara aux sénateurs français le 18 février 1918 : « J'aime mieux faire tuer dix Noirs qu'un seul Français, bien que je respecte infiniment ces braves Noirs[30]. »

Diagne arracha cependant au gouvernement français des concessions destinées à améliorer les conditions de vie en Afrique et à obtenir pour les soldats un statut plus élevé, grâce notamment à l'octroi de la citoyenneté française. Pour Diagne, ceux qui tombaient sous le feu ne tombaient ni en Blancs, ni en Noirs : ils tombaient en Français et pour le même drapeau[31]. En l'espace de dix mois, Diagne recruta plus de 60 000 soldats et, le 14 octobre, Clemenceau lui demanda de tout faire pour disposer d'un million de soldats sénégalais au printemps 1919, afin que Mangin puisse former une armée de choc fusionnant soldats français et sénégalais. Seule la reddition de l'Allemagne empêcha la pleine réalisation de la *force noire* de Mangin, bien qu'après la guerre, au grand dam de l'Allemagne et pour le plus grand scandale de certains en Grande-Bretagne et aux États-Unis, les Français aient stationné des soldats d'Afrique occidentale en Allemagne occupée, pour les récompenser d'avoir servi la France et sans doute leur donner une image de la puissance française propre à les dissuader d'embrasser des idées extrémistes à leur retour en Afrique.

Sur le front de l'Est, à partir de 1915, l'armée allemande, ayant envahi la Pologne, entreprit de poursuivre sa progression dans les États baltes, une région de plus de 150 000 kilomètres carrés à côté de laquelle la Prusse faisait pâle figure. Les hussards *Totenkopf* (« tête de mort »), drapés dans leurs capes grises, vinrent apporter l'ordre, la culture et la civilisation aux « peuplades primitives » de ce fief féodal nouvellement acquis, l'*Ober Ost*. Les soldats allemands se considéraient comme les *Landsknechte* (« lansquenets ») de cette « terre guerrière ». Les commandants allemands Paul von Hindenburg et Erich Ludendorff administrèrent leur nouvelle colonie d'une main de fer, recrutant de force des prisonniers de guerre et la population locale pour exploiter les gigantesques réserves de bois de la région et tenir celle-ci hermétiquement à l'écart du front de l'Est. L'armée cartographia la région, rétablit les voies de transport et procéda à l'enregistrement de toute la population, qui se vit soumise à un système de laissez-passer ; elle se livra à des activités de propagande et prit le contrôle de l'éducation afin d'obtenir une population respectueuse de l'autorité et de la puissance allemandes[32]. C'était une préfiguration, en moins meurtrier, certes, et en moins fanatiquement raciste – l'armée considérait en effet les Juifs comme des agents de liaison utiles avec les peuples plus « primitifs » –, du *Drang nach Osten* (la « poussée vers l'Est ») de Hitler pendant la Seconde Guerre mondiale. Dans le tumulte de l'après-guerre, des unités allemandes de *Freikorps*, composées essentiellement d'anciens soldats, resteraient dans la région de la Baltique pour combattre les bolcheviks.

L'Empire ottoman

Après l'Europe, l'Empire ottoman fut un point de convergence de conflits impériaux dont les conséquences directes se font encore sentir dans le monde actuel. Les Turcs conclurent une alliance secrète avec les Allemands au début d'août 1914. Deux croiseurs allemands, pris en chasse par les Britanniques en Méditerranée, leur échappèrent en passant par les Détroits et rejoignirent Constantinople avant d'aller, sous pavillon turc, bombarder les forts russes de la mer Noire en octobre, annonçant ainsi l'entrée des Ottomans dans la guerre. Les puissances de l'Entente prirent l'initiative stratégique contre l'Empire ottoman en l'attaquant dans le Caucase, à Gallipoli et en Mésopotamie, mais le front du Caucase contre les Russes resterait prédominant pour les Ottomans jusqu'en 1916.

Les Turcs perdirent une armée au cours de l'hiver de 1914-1915 dans les monts du Caucase et s'attendaient à une offensive russe. Une division d'Arméniens chrétiens se battit contre les Turcs aux côtés de l'armée russe avant de proclamer la création d'un gouvernement arménien provisoire en territoire russe en avril 1915. La Russie étant toute prête à utiliser les Arméniens ottomans comme « cinquième colonne », ceux-ci devinrent les « pions d'un impitoyable jeu impérial », lequel entraîna le génocide des Arméniens ottomans à partir de 1915[33]. Les Ottomans, qui avaient déjà massacré quelque 200 000 Arméniens en 1894-1896 et 25 000 de plus en 1909, étaient convaincus qu'Arméniens et Russes conspiraient activement pour fomenter une révolte de la population arménienne en Anatolie orientale. L'armée ottomane et le parti au pouvoir mirent alors sur pied une « Organisation spéciale » destinée à contrôler l'éventuelle émergence de tout mouvement séparatiste, laquelle constitua alors une « armée d'assassins », plaçant des officiers à la tête d'unités de brigands et de condamnés, dans l'idée de « détruire les Arméniens et liquider ainsi la question arménienne[34] ». Au printemps 1915, lorsque commencèrent les offensives russes prévues et que les Arméniens se livrèrent à des manifestations sporadiques de résistance armée, les Ottomans écrasèrent brutalement les rebelles et, en juin, entreprirent de déporter massivement les Arméniens pour les éloigner de la frontière russe et les installer définitivement en Mésopotamie et en Syrie. Au cours de cette opération, les Turcs massacrèrent, violèrent et brutalisèrent les Arméniens et les conduisirent de force dans le désert, où ils trouvèrent la mort[35]. Malgré les mises en garde des puissances de l'Entente qui brandissaient la menace de sanctions pour « crimes [...] contre l'humanité et la civilisation[36] », l'Organisation spéciale poursuivit ses massacres pendant deux années encore, provoquant ainsi la mort de près d'au moins 1 million d'Arméniens, tandis que la guerre russo-ottomane se prolongeait jusqu'à l'effondrement de l'Empire russe en 1917.

Bien avant cela, cependant, les Turcs furent contraints d'affronter les Britanniques. Les événements qui se produisirent alors au Proche et au Moyen-Orient eurent des répercussions qui se font encore sentir aujourd'hui. La déclaration de guerre de la Grande-Bretagne marquait une volte-face par rapport à sa politique traditionnelle de protection de l'Empire ottoman, barrière contre la Russie. Le gouvernement britannique de Londres décida alors de détruire l'Empire turc et d'en utiliser les dépouilles pour attirer l'Italie et les États des Balkans dans la guerre, du côté de l'Entente. Il envisagea même d'accorder aux Russes l'accès aux

Détroits. Le ministre britannique de la Guerre, lord Kitchener, estimait qu'après la guerre la Grande-Bretagne devrait prendre le contrôle de la plus grande partie de l'ancien Empire turc, et plus particulièrement de ses régions arabes. Les hommes de Kitchener au Bureau arabe du Caire proposaient déjà l'installation d'un calife fantoche, probablement le chérif et émir de La Mecque, Hussein Ibn Ali, et de ses deux fils, Abdallah et Fayçal, par l'intermédiaire desquels les Britanniques gouverneraient.

Le cabinet britannique, dans lequel le premier lord de l'Amirauté, Winston Churchill, jouait un rôle déterminant, décida d'attaquer les Dardanelles avec une importante force navale pour éliminer l'Empire ottoman et ouvrir une voie de ravitaillement à la Russie. Les Turcs les attendaient de pied ferme, ayant miné les Détroits et équipé les forts littoraux d'une artillerie mobile. À la mi-mars, lorsque la force navale chercha à « forcer les Détroits », elle perdit trois cuirassés coulés par des mines, tandis que six autres de ses grosses unités étaient endommagées. Le prestige britannique étant en jeu, Kitchener ordonna à des troupes australiennes et néo-zélandaises (l'ANZAC), britanniques et indiennes, placées sous le commandement du général sir Ian Hamilton, de donner l'assaut à la péninsule de Gallipoli, avec le soutien de forces coloniales françaises. Elles réussirent toutes à prendre pied, mais n'allèrent pas plus loin. Le lieutenant-colonel Mustafa Kemal, trente-quatre ans, qui commandait la 19ᵉ division turque, prit la tête d'un de ses régiments et contre-attaqua ; ses hommes se précipitèrent contre l'ANZAC et reprirent l'avantage sur les envahisseurs. Pendant les huit mois qui suivirent, les deux camps enchaînèrent offensives et contre-offensives aussi violentes que suicidaires. Les hommes qui survécurent aux obus, aux tirs de mitrailleuse et aux corps à corps féroces succombèrent dans la chaleur accablante de l'été à des maladies comme le paludisme, la dysenterie et la fièvre entérique. En hiver, alors que des tempêtes faisaient rage et obligeaient les soldats à rester blottis au fond de leurs tranchées, un nouveau commandant, le général sir Charles Monro, conseilla le retrait – lequel, lorsqu'il s'acheva au début de janvier 1916, apparut comme le plus grand succès de l'Entente au cours de cette campagne. L'Entente avait perdu 265 000 hommes ; les Turcs, inférieurs numériquement, 218 000.

La presse australienne vit dans les exploits héroïques de l'ANZAC à Gallipoli le germe du nationalisme australien et néo-zélandais, et, à dater de 1916, les Australiens firent du 25 avril la Journée commémorative de l'ANZAC, « date de naissance de l'entrée de l'Australie dans la politique et dans l'histoire mondiales[37] ». Après la guerre, Gallipoli deviendrait l'emblème de l'identité nationale de l'Australie, laquelle accéda au statut de dominion souverain. Mais Gallipoli fut tout aussi important dans l'évolution du nationalisme turc moderne, car il annonçait l'ascension vers la gloire et le pouvoir de Mustafa Kemal, qui deviendrait le symbole, et le dirigeant, de la Turquie d'après-guerre.

Le désastre de Gallipoli donna une nouvelle impulsion à l'invasion britannique de la Mésopotamie qui avait débuté en 1914. Contrairement au gouvernement de Londres, le gouvernement britannique de l'Inde, habitué de longue date à voir dans la Russie la plus grave menace contre la sécurité indienne, n'était pas plus disposé à accepter un accès russe aux Détroits qu'une Arabie unifiée, sous quelque forme que ce fût. Son souci majeur était la protection des intérêts britanniques, et plus particulièrement des pipelines, des raffineries et des terminaux de l'Anglo-Persian Oil Company en Mésopotamie et dans le golfe Persique, la Royal Navy ayant entrepris sa conversion du charbon au mazout en 1911. Les forces impériales britanniques prirent donc l'offensive, puis, attirées par la perspective de s'emparer de Bagdad, remontèrent le chenal du Chatt-el-Arab sur 185 kilomètres jusqu'au confluent du Tigre et de l'Euphrate, prenant la ville de Kournah dans les premiers jours de décembre.

Au début de 1915, les forces de l'armée indienne s'engagèrent plus loin dans les terres en remontant le système fluvial pour éliminer la menace turque contre les champs pétroliers situés de l'autre côté de la frontière, en Perse. Les forces impériales britanniques eurent recours à une multitude d'embarcations à faible tirant pour naviguer dans les cours d'eau marécageux de l'intérieur, d'un mètre de profondeur à peine, traquant les embarcations à voiles arabes, les boutres ou *dhows*, qui ravitaillaient les forces turques grandissantes. Une contre-attaque lancée par les Turcs en avril s'acheva par une défaite désastreuse, et incita la 6ᵉ division indienne placée sous le commandement du général Charles Townshend à attaquer plus en amont du Tigre pour s'emparer d'Amara, puis à remonter l'Euphrate à l'ouest, afin de prendre Nassiriya. Malgré la chaleur de l'été et les maladies, les forces britanniques avaient progressé de 220 kilomètres vers l'intérieur des terres en suivant les cours d'eau, et Bagdad les attirait désormais irrésistiblement. L'armée indienne fit encore voile sur 290 kilomètres pour s'emparer de Kut, les Turcs se repliant sur des positions fortifiées à Ctésiphon, à 50 kilomètres au sud de Bagdad.

À la fin du mois d'octobre, le War Committee de Londres, en accord avec le *Raj*, le gouvernement britannique de l'Inde, décida de marcher sur Bagdad afin de couper les communications de l'Allemagne avec la

Perse et l'Afghanistan, de mettre fin à ses intrigues dans la région et de redorer aux yeux du monde musulman le blason britannique terni à Gallipoli. À la fin du mois de novembre, la division de Townshend donna l'assaut à Ctésiphon, où elle se trouva face à l'artillerie turque qui la repoussa en aval du Tigre. Townshend et ses troupes furent alors assiégés par les forces ottomanes à Kut en décembre. Les troupes impériales britanniques se rendirent le 29 avril 1916 et furent emmenées en captivité. Elles avaient présumé de leurs forces et transformèrent la victoire en défaite dans cette campagne que l'on a surnommée « *the Bastard War* ».

En février, le War Office britannique retira la responsabilité de la campagne mésopotamienne au gouvernement britannique de l'Inde et envoya sur place de nouveaux officiers ainsi que des approvisionnements massifs. Un nouveau commandant, le général sir Stanley Amude, entreprit une progression méthodique et régulière vers Kut en septembre, avant d'attaquer en amont du Tigre en décembre et d'entrer dans Bagdad en mars 1917. À l'automne, il reprit l'offensive pour s'emparer du maximum de territoire possible en Mésopotamie, mais mourut lui-même du choléra en novembre 1917. En 1918, les forces impériales britanniques poursuivirent leur avancée en Mésopotamie et mirent fin à une guerre qui avait si mal débuté en occupant la ville riche en pétrole de Mossoul le 1er novembre.

En 1915, au moment des désastres de Gallipoli et de Mésopotamie, les conseillers de Kitchener au Bureau arabe du Caire avaient élaboré un plan d'« Empire égyptien », en vertu duquel le haut-commissaire Kitchener gouvernerait un État arabe unique par l'intermédiaire de deux « figurants », le chérif de La Mecque dans le rôle de chef spirituel et le monarque d'Égypte comme façade politique. Le Bureau arabe se persuada, et convainquit le cabinet londonien, que les Arabes de l'Empire ottoman accepteraient sans doute de se battre aux côtés des Britanniques si ceux-ci parvenaient à enrôler Hussein, qui se proposait pour gouverner le monde arabe. Il faudrait cependant que l'armée britannique envahisse la Syrie et la Palestine, car Hussein ne possédait ni troupes ni partisans politiques unis, le problème étant qu'une telle opération menacerait les intérêts français au Proche-Orient. Mark Sykes, le plus farouche avocat du projet, rencontra donc à la fin de 1915 François Georges-Picot, spécialiste français des colonies, avec qui il mit au point les accords secrets Sykes-Picot en janvier 1916. Pour l'essentiel, la Grande-Bretagne et la France se partageaient l'Empire ottoman. La France gouvernerait ou administrerait le Liban et la Syrie, tandis que la Grande-Bretagne se chargerait de la Mésopotamie et de la région de Palestine dont les ports étaient reliés à la Mésopotamie.

En juin 1916, Hussein, qui touchait des fonds des Turcs et des Britanniques, lança une révolte arabe contre l'Empire ottoman avec pour toute armée quelques milliers de membres de tribus. Tandis que Sykes commençait à populariser le concept de « Moyen-Orient », les Britanniques financèrent la révolte et envoyèrent des missions, dont l'une comptait dans ses rangs un jeune officier des renseignements, T. E. Lawrence, qui deviendrait l'agent de liaison britannique auprès du fils de Hussein, Fayçal, désormais à la tête des tribus révoltées[38].

Lord Kitchener, qui n'avait pas fait grand cas du Moyen-Orient, mourut en juin 1916 dans le naufrage du croiseur *Hampshire* coulé par une mine allemande alors qu'il se rendait en Russie. En la personne du Premier ministre David Lloyd George, qui remplaça Herbert Asquith en décembre 1916, la Grande-Bretagne se dota d'un responsable politique qui comprenait la valeur du Moyen-Orient en soi et comme route de l'Égypte. Bien décidé à y instaurer l'hégémonie britannique, il ignora les accords Sykes-Picot et ordonna aux forces impériales britanniques stationnées en Égypte d'attaquer et d'établir le pouvoir britannique en Mésopotamie et en Palestine. En mars, le cabinet de guerre impérial de Londres commença à dessiner le visage de l'Empire britannique d'après-guerre. Parallèlement à l'indépendance des dominions blancs d'Afrique du Sud, du Canada, d'Australie et de Nouvelle-Zélande, ce projet cherchait à assurer la cohésion de l'Empire en Afrique et en Asie. La Palestine et la Mésopotamie apporteraient à la Grande-Bretagne un pont terrestre reliant les deux continents, la mettant à la tête d'un empire d'un seul tenant de l'océan Atlantique à l'océan Pacifique central. Lloyd George envisageait également de créer une patrie juive en Palestine, qui servirait de « pont entre l'Afrique, l'Asie et l'Europe ». Le 2 novembre, alors que les forces britanniques se dirigeaient vers Jérusalem, le secrétaire au Foreign Office, Arthur Balfour, fit savoir à lord Rothschild que le gouvernement avait l'intention de faciliter l'établissement d'une patrie juive en Palestine, déclaration qui obtint plus tard l'approbation des États-Unis et de la France. Ce qui avait commencé en 1915 comme une opération de second plan, la guerre contre l'Empire ottoman, était désormais devenu le principal théâtre de la politique impériale de Lloyd George[39].

Au printemps, les Ottomans repoussèrent les deux premières offensives britanniques, mais, en juin 1917, sir Edmund Allenby, le général chargé par Lloyd George de libérer Jérusalem en guise de cadeau de Noël pour le peuple anglais, débarqua du front de l'Ouest pour prendre le commandement des forces britanniques. Ayant attaqué à la fin du mois d'octobre, Allenby entra dans Jérusalem le 9 décembre. La révolte arabe dont Fayçal avait pris la tête fit tache d'huile en 1917, transformant dans le même temps Lawrence en « Lawrence d'Arabie », personnage de légende. Bien que l'importance militaire de la révolte arabe n'arrivât pas à la cheville de la force d'Allenby, ses conséquences politiques furent loin d'être négligeables. Quand Allenby lança son attaque en octobre, les troupes arabes de Fayçal protégèrent son flanc droit. Plus tard, en 1918, Allenby attendit le mois de septembre pour prendre l'offensive qui devait lui permettre de conquérir le reste de la Palestine et de marcher sur Damas en Syrie – un délai que les hommes des tribus de Fayçal mirent à profit pour continuer à harceler les Turcs et s'emparer de leurs lignes de transport. Allenby entra à Damas le 2 octobre et poursuivit sur sa lancée jusqu'à Alep, à plus de 300 kilomètres, où il arriva le 26 octobre, apportant ainsi une conclusion victorieuse à la campagne syrienne.

Afrique

La guerre des empires à l'intérieur de leurs possessions coloniales débuta en même temps que le conflit européen, en 1914. Les colonies de l'Entente envahirent promptement leurs voisines allemandes, bien que les gouverneurs coloniaux allemands eussent vainement plaidé la neutralité. Les Allemands s'étaient également opposés à l'utilisation de troupes africaines dans la guerre coloniale pour éviter que des Noirs ne tuent des Blancs, mais en définitive toutes les puissances impériales mobilisèrent leurs sujets africains, soit comme soldats, soit comme travailleurs, avec une telle efficacité que certaines régions africaines en furent littéralement dépeuplées.

Le gouvernement britannique était bien décidé à s'emparer des colonies allemandes comme butin de guerre. Le Premier ministre, Herbert Asquith, estimait que le cabinet britannique « se conduisait davantage comme une bande de flibustiers élisabéthains que comme un groupe débonnaire de ministres libéraux en jaquette[40] ». En août 1914, les colonies allemandes d'Afrique occidentale et orientale, qui possédaient des ports clés et de puissantes stations de radio, furent attaquées par des troupes coloniales des territoires français et britanniques voisins, par des forces indiennes, et par des troupes blanches d'Afrique du Sud et de Rhodésie. Elles écrasèrent les colonies allemandes du Togo, du Cameroun et de l'Afrique du Sud-Ouest sans trop de difficultés entre 1914 et 1916.

L'Afrique orientale allemande couvrait une superficie plus vaste que la France et l'Allemagne réunies et était entourée de colonies britanniques, belges et portugaises. La neutralité initiale entre les gouverneurs britanniques et allemands céda la place en septembre 1914 à de petites escarmouches. En novembre, une force expéditionnaire impériale rassemblant 8 000 soldats britanniques et indiens débarqua dans le port de Tanga, le général Arthur E. Aitken jurant de « ne faire qu'une bouchée d'une bande de nègres » et de « pulvériser les Allemands avant la Noël[41] ». S'il fut le premier, Aitken ne fut pas le dernier à sous-estimer son adversaire, le lieutenant-colonel Paul von Lettow-Vorbeck et sa *Schutztruppe* regroupant 260 officiers et sous-officiers européens, 184 sous-officiers africains et 2 472 soldats africains ou *askaris*. L'affrontement qui suivit aboutit à la défaite d'Aitken, qui en perdit son commandement, tandis que Lettow-Vorbeck, à la tête d'effectifs huit fois inférieurs, contre-attaqua et mit en déroute les troupes indiennes avec un minimum de pertes pour ses propres hommes. La guerre d'Afrique orientale ne faisait que commencer. Lettow-Vorbeck savait qu'il ne pouvait pas l'emporter, mais tenait à prolonger la lutte le plus longtemps possible afin d'immobiliser des forces de l'Entente et de les tenir ainsi à l'écart des fronts européens. Ses troupes se contentèrent de mener des opérations de guérilla et, à la fin de 1915, sa petite armée s'était renforcée et comptait 3 000 Blancs et 11 000 Noirs. Les Britanniques, en revanche, refusèrent d'armer les Noirs sur une grande échelle en Afrique orientale et ne formèrent pas non plus de nouveaux bataillons de King's African Rifles, les chasseurs africains, à l'Ouest en 1915.

En février 1916, Jan Smuts, un Sud-Africain, prit le commandement des forces impériales britanniques d'Afrique orientale, juste après qu'une troupe allemande de 1 300 hommes eut mis en déroute une force de 6 000 soldats formés d'Indiens, d'Africains, d'Anglais, de Rhodésiens et d'Africains du Sud blancs ; ces derniers, novices à la guerre, s'étaient précipités tête la première contre une troupe d'*askaris* allemands qui chargeaient à la baïonnette. Smuts lança 40 000 hommes contre les 16 000 de Lettow-Vorbeck, mais il eut beau prendre le plus de terrain possible, il fut incapable de mettre son adversaire à terre et d'anéantir l'armée coloniale allemande. Les *askaris* de Lettow-Vorbeck, ces « foutus cafres[42] » comme les appelait Smuts, prouvèrent qu'ils étaient de meilleurs combattants dans le bush que les soldats blancs ou indiens de Smuts. La maladie et les infestations parasitaires, des aoûtats à la dracunculose, tourmentaient les soldats de tout rang et de toute couleur, tandis que les déplacements constants exigeaient des dizaines de milliers de porteurs chargés de l'équipement des soldats. La guerre dépeupla la région, provoqua une instabilité sociale, détruisit des réseaux de communication et de transport déjà rudimentaires et conduisit souvent à la famine. Dans le courant de l'année 1916, Smuts fit venir d'Afrique occidentale de nouveaux soldats noirs, dont il reconnut à contrecœur l'efficacité en remplaçant les Sud-Africains blancs par une Brigade nigériane. À l'automne 1916, les forces impériales britanniques comptaient 80 000 hommes alors que Lettow-Vorbeck n'en avait que 10 000, mais la force allemande continua d'échapper à ses poursuivants.

En janvier 1917, Smuts rendit son commandement, affirma que la résistance allemande était brisée et, sur l'invitation de Lloyd George, alla participer en mars à la conférence du cabinet de guerre impérial à Londres. Les combats se poursuivirent pourtant en Afrique orientale, alors que les successeurs de Smuts augmentaient considérablement les effectifs de soldats africains. À l'issue d'une bataille rangée à la mi-octobre 1917, Lettow-Vorbeck se retira et envahit le territoire portugais ; l'Empire britannique avait enfin réussi à le chasser de l'Afrique orientale allemande. Au début de 1918, les forces impériales britanniques sur place étaient désormais à plus de 90 % noires, c'est-à-dire africaines ou antillaises. Talonnées par les Britanniques, les troupes allemandes, de plus en plus réduites, pillèrent les dépôts de ravitaillement portugais, regagnèrent l'Afrique orientale allemande à l'automne de 1918, puis marchèrent vers le nord-ouest, pénétrant en Rhodésie du Nord. Lettow-Vorbeck apprit la reddition allemande le 13 novembre et, le 25 du même mois, sa minuscule armée de 1 300 hommes se rendit, étant ainsi la dernière à le faire.

Tandis que les forces impériales se faisaient réciproquement la guerre, les rébellions africaines contre les puissances coloniales restèrent limitées. Les Britanniques écrasèrent sans peine un soulèvement mineur au Nyassaland, en Afrique orientale, en janvier 1915, et repoussèrent en 1916 une invasion de l'Égypte par la confrérie Senoussi de Libye. Les soldats français réprimèrent eux aussi un soulèvement dans le sud de la Tunisie. Les puissances coloniales firent tout pour dissimuler l'ampleur de ces conflits et la violente répression des rebelles, témoignage accablant de l'hypocrisie de leur condamnation des atrocités allemandes commises en Afrique avant la guerre[43].

Une lutte cependant, la guerre du Bani-Volta en Afrique occidentale française qui dura de la fin de 1915 jusqu'à 1917, prouva l'étendue et la sauvagerie potentielles de ces combats. Le déclenchement de la guerre en Europe ponctionna les forces françaises et indigènes de la région, et l'administration coloniale française, brutale et impulsive, chercha d'abord à réprimer les musulmans, puis à enrôler les hommes de la population locale. Les villages de la région déclarèrent la guerre à l'administration coloniale française et, à l'issue d'une série de batailles de plus en plus acharnées au cours desquelles les forces coloniales bien armées massacrèrent des milliers d'indigènes, les guerriers, dont les pertes n'avaient pas entamé la résolution, repoussèrent les Français, brisant ainsi le mythe de leur invincibilité[44].

En 1916, furieux de constater qu'ils étaient incapables d'écraser les tribus, les Français firent venir des renforts en hommes et en artillerie, et entreprirent de raser des villages tout entiers, transformant la région en « désert », anéantissant les tribus et détruisant leurs ressources alimentaires. Au début de 1917, une dernière campagne mit pour l'essentiel fin à cette guerre, ce qui n'empêcha pas les Français de continuer à exécuter les meneurs captifs jusqu'à la fin de 1917. Les Français avaient mobilisé la plus importante force de leur histoire coloniale – environ 2 500 tirailleurs ouest-africains et 2 500 auxiliaires armés de canons et de mitrailleuses – pour soumettre des villages dont la population totale ne dépassait pas de 800 à 900 000 habitants. On estime que cette campagne victorieuse de « pacification » de la région du Bani-Volta, qui eut tout d'une « guerre totale », provoqua le massacre de 30 000 villageois[45].

Extrême-Orient

Ayant fort à faire en Europe avec leur adversaire allemand, les Britanniques eurent besoin de soutien en Extrême-Orient, ainsi que dans les océans Pacifique et Indien ; aussi demandèrent-ils le concours de leur allié japonais. La Royal Navy ne pouvait assurer sans aide la sécurité des voies maritimes mondiales et la protection des navires marchands britanniques contre les bâtiments allemands hostiles. La demande d'assistance britannique fut accueillie avec enthousiasme par les Japonais, qui voyaient dans la guerre en Europe une possibilité d'expansion en Chine et dans le Pacifique. L'armée de terre japonaise convoitait de nouveaux territoires et voulait accroître son influence en Chine, tandis que la marine avait les yeux rivés sur les possessions allemandes du Pacifique – les îles Marshall, Mariannes et Carolines. Les Japonais sommèrent les Allemands de quitter les eaux asiatiques et de renoncer à leur concession de Kiaochou (Jiaozhou) dans la province chinoise du Shandong. Soucieuses de ne pas perdre de temps, car elles craignaient que la guerre en Europe ne fût courte, les forces japonaises débarquèrent le 23 août sur la péninsule du Shandong et s'emparèrent du port de Tsingtao (Qingdao). Quand le président de la République chinoise, Yuan Shikai, déclara le territoire allemand du Shandong zone de guerre, l'armée japonaise profita de cette apparence de légitimité pour occuper toute la province, ce qui incita à son tour Yuan à réclamer son retrait total. De toute évidence, les assurances du Japon aux puissances occidentales prétendant avoir pour seule intention de chasser les Allemands de Chine et ne rechercher aucun accroissement territorial étaient d'une solidité douteuse.

En janvier 1915, le gouvernement japonais présenta aux Chinois « Vingt et une exigences », comprenant la reconnaissance de ses droits dans le Shandong et le prolongement de sa concession en Mandchourie pendant quatre-vingt-dix-neuf ans. Si elles avaient été acceptées, les revendications les plus extrêmes auraient compromis la souveraineté chinoise, assuré aux Japonais la suprématie économique en Chine et placé le gouvernement chinois sous la coupe de conseillers et de fonctionnaires de police japonais. Le gouvernement japonais finit par retirer ces prétentions exagérées et par renoncer à certaines de ses acquisitions territoriales. Le gouvernement chinois accepta alors l'ultimatum japonais en mai 1915[46].

Yuan s'obstinant à contester les privilèges et l'autorité du Japon en Mandchourie, en Mongolie et en Corée, le gouvernement japonais décida en mars 1916 de prêter main-forte aux mouvements chinois d'opposition. Il apportait désormais à Yuan un soutien de façade tout en excitant ses adversaires contre lui, cherchant à accroître la dépendance de la Chine à l'égard du Japon et à obtenir des grandes puissances qu'elles reconnaissent sa prééminence en Asie. En coulisse, une armée japonaise de plus en plus impatiente envisageait de fomenter une guerre civile afin d'avoir un prétexte pour soumettre la Chine. À l'automne 1916, un nouveau cabinet japonais, dirigé par le général Terauchi Masatake, accorda des prêts au gouvernement chinois afin d'accentuer son influence sur lui et le persuada de rompre ses liens avec l'Allemagne et de déclarer la guerre à celle-ci, dans la seule idée d'arracher aux Européens la reconnaissance de son autorité sur les anciens territoires allemands au cours d'une conférence de la paix à venir. En 1917, avec la quasi-élimination des puissances européennes d'Asie, l'armée de terre et de mer japonaise songeait aussi avec une inquiétude croissante à un éventuel conflit avec les États-Unis à propos du Pacifique et de l'Extrême-Orient[47].

La présence des Japonais en Sibérie en juillet 1918 aux côtés des pays de l'Entente soucieux de contenir le gouvernement bolchevique récemment formé en Russie – environ 80 000 soldats, contre 10 000 seulement pour la Grande-Bretagne, la France et les États-Unis – témoignait de l'intention du Japon de renforcer son emprise sur le continent asiatique. Les autorités gouvernementales japonaises avaient déjà envisagé une incursion majeure en Mandchourie du Nord et en Sibérie pour repousser les frontières de l'Empire japonais en Asie septentrionale et réduire la Sibérie au rang de satellite. De toute évidence, le Japon entendait combler le vide créé en Extrême-Orient par l'effondrement de l'Empire russe, et s'imposer ainsi comme une grande puissance impériale à l'image de la Grande-Bretagne et des États-Unis. Les ambitions d'expansion continentale de l'armée de terre répondaient à un objectif de politique intérieure : assurer sa suprématie sur la marine, laquelle affrontait une flotte américaine de plus en plus importante dans le Pacifique, ce qui justifiait une augmentation considérable de son budget.

En définitive, le Japon s'empara de la province du Shandong et prit le contrôle des anciennes possessions allemandes dans le Pacifique Sud, mais ses intrigues et son expansion en Extrême-Orient alarmèrent la Grande-Bretagne et les États-Unis. Par ailleurs, la tendance des puissances occidentales à ignorer la délégation japonaise à Versailles et le refus qu'elles opposèrent à la clause de non-discrimination proposée par le Japon dans les traités d'après-guerre révélaient clairement, à la grande fureur des Japonais, que l'Occident continuait à considérer leur pays comme une puissance et un peuple de second rang.

La guerre de 1914-1918 débuta et s'acheva sous forme d'un conflit mondial que des puissances impériales menèrent en Europe, au Proche et au Moyen-Orient, en Afrique et en Asie. La Grande-Bretagne et la France, qui possédaient des colonies outre-mer et contrôlaient les océans, mobilisèrent les hommes et les matériaux de leurs possessions étrangères pour faire la guerre en Europe. Après 1905, le gouvernement allemand avait protesté à cor et à cri contre l'encerclement auquel l'Entente soumettait son pays. À la fin de 1914, cet encerclement n'était plus seulement continental, mais planétaire, et l'Allemagne finit par perdre toutes ses possessions d'outre-mer, voyant ainsi réduits à néant trente ans d'efforts pour se faire « une place au soleil ». La complexité et l'ampleur de ce conflit planétaire suffisaient à prévenir toutes solutions simples à ses problèmes.

Les soldats européens et indigènes des empires s'étaient battus en Europe et dans le monde entier. La guerre érodant les préventions traditionnelles contre le recours à des hommes de couleur venus des colonies pour affronter des Européens, la peur des peuples blancs face aux peuples de couleur s'exacerba. L'épouvantable massacre des Européens et l'emploi au combat de soldats coloniaux jusque sur le front occidental firent naître le spectre de la fin de la suprématie européenne. Cette crainte même confirma encore la véritable nature de l'impérialisme, qui exploitait insidieusement les peuples de couleur par la division, la conquête et une incessante violence répressive. La participation de troupes africaines et asiatiques au massacre de Blancs, leurs possibilités jusqu'alors inimaginables de contacts avec des femmes blanches et, enfin, l'utilisation que firent les Français de soldats sénégalais au moment de l'occupation de l'Allemagne occidentale d'après-guerre – tout cela menaçait l'ordre impérial traditionnel de suprématie raciale.

La guerre et la Révolution russe, une nouvelle menace due, à en croire les extrémistes, au bolchevisme juif égalitariste ou au « judéo-bolchevisme », exaspérèrent les peurs raciales de l'Occident. L'antisémitisme sévissait, tandis que les craintes que le bolchevisme ne contamine les possessions coloniales, ne compromette la puissance européenne et ne détruise un monde raciste, capitaliste et impérialiste, incitaient certains théoriciens racistes à penser l'anéantissement des races « inférieures » menaçantes. La guerre aggrava ainsi le racisme impérialiste déjà présent dans le monde occidental d'avant-guerre. Le livre de l'Américain Lothrop Stoddard, *The Rising Tide of Color against White World Supremacy*, publié en 1920[48], se lamentait sur la disparition irrémédiable, pendant la Grande Guerre, de Blancs génétiquement supérieurs. D'autres races risquaient d'interpréter les divisions de la guerre européenne comme un signe de faiblesse, ce qui pourrait amener les Asiatiques – Japonais, Chinois et Indiens – à s'unir et à chercher à s'imposer. L'emploi par les Français de troupes africaines en Europe était un compromis qui faisait courir les pires dangers à la prééminence européenne.

À la lumière de ces craintes envahissantes, on ne sera pas surpris que seuls les dominions blancs – l'Australie, la Nouvelle-Zélande, le Canada et l'Afrique du Sud – soient devenus des États souverains et aient obtenu l'autonomie au sein de l'Empire britannique. L'Entente n'envisageait pas d'accorder l'autodétermination nationale aux peuples de couleur de ses empires. La guerre avait envoyé près d'un million et demi d'Indiens se battre pour l'Empire britannique et avait imposé à ce pays de lourdes taxes, des emprunts de guerre, des réquisitions de céréales et de matières premières, et même l'inflation, sans lui apporter pour autant l'indépendance, ni même l'autonomie. Les Britanniques recoururent au contraire à la répression et à la violence pendant et après la guerre pour maintenir leur pouvoir en Inde – une politique qui culmina dans le massacre d'Amritsar en 1919. Ces agissements ne furent pas étrangers à l'ascension du Mahatma Gandhi, qui lança un mouvement de non-coopération non violente. Les Britanniques réagirent à toutes les manifestations de violence en écrasant le mouvement et en emprisonnant Gandhi pour six ans à partir de 1922.

Jan Smuts présenta le système de mandats de la Société des Nations comme un substitut à l'annexion des anciennes colonies de l'Allemagne, une solution destinée à apaiser Woodrow Wilson[49]. Les Européens établirent plusieurs catégories de mandats. Le mandat de classe A s'appliquait aux régions arabes de Mésopotamie (Irak), de Palestine, de Syrie et du Liban, susceptibles d'obtenir un jour l'indépendance, mais sans avoir voix au chapitre. Les pays d'Afrique et du Pacifique placés sous mandat de classe B n'avaient aucune perspective d'indépendance, bien que Blaise Diagne ait organisé à Paris un Congrès panafricain qui proclama le droit des peuples africains à l'autodétermination[50]. Hô Chi Minh, à Paris pendant la conférence de la paix, lança une pétition pour la liberté de l'Indochine, faisant valoir, sans effet, que ses compatriotes s'étaient battus sur le front de Salonique et avaient travaillé en France.

L'intellectuel afro-américain W. E. B. DuBois fut l'un des organisateurs et des participants du Congrès panafricain de 1919 et plaida avec éloquence en faveur du droit des peuples africains à l'autodétermination. Cela n'empêcha pas le spécialiste américain des colonies à la conférence de la paix de Paris, l'historien George Louis Beer, de déclarer : « La race nègre [sic] n'a manifesté jusqu'à présent aucune aptitude au progrès sinon sous la tutelle d'autres peuples[51]. » Les États-Unis, qui soutenaient le système des mandats et en profitèrent même pour acquérir quelques îles du Pacifique, n'adhérèrent jamais à la Société des Nations et veillèrent à ce qu'aucun accord général ne remît en cause la doctrine Monroe de 1823 affirmant leurs droits à dominer l'Amérique du Sud.

Et, comme le laissait entendre l'ouvrage de Lothrop Stoddard sur les craintes d'extinction de la race blanche, les Américains blancs éprouvaient à l'égard des Afro-Américains les mêmes préjugés que leurs homologues européens face aux différents peuples de couleur. Les soldats afro-américains avaient été affectés principalement à des brigades de travailleurs, les sudistes blancs en particulier redoutant qu'en armant des soldats noirs on ne les incite, à leur retour, à contester la politique raciste. Si Amritsar symbolisa la répression britannique envers les Indiens, les émeutes raciales et le lynchage d'Américains noirs, et même de soldats en uniforme, qui émaillèrent les États-Unis pendant la guerre et dans les années d'après-guerre, étaient censés ramener à la raison les Afro-Américains qui auraient pu espérer que la loyauté avec laquelle ils avaient servi leur pays leur vaudrait des droits plus importants, pour ne pas dire égaux. Une chanson populaire américaine demandait gaiement : « *How're you gonna keep 'em down on the farm, after they've seen Paree* » – « Comment qu'on va les garder à la ferme maintenant qu'ils ont vu Paris ? » Par une violence meurtrière, répondirent les foules blanches qui lynchèrent des soldats noirs à travers tout le Sud et incendièrent des quartiers résidentiels et commerçants noirs à Tulsa, dans l'Oklahoma.

En janvier 1919, l'Empire britannique atteignit son zénith, ajoutant à ses territoires plus de 2,5 millions de kilomètres carrés appartenant essentiellement aux domaines de l'ancien Empire ottoman, tandis que Lloyd George affirmait les prétentions de la Grande-Bretagne à la prédominance au Proche et au Moyen-Orient. En avril 1920, les Britanniques et les Français conclurent un accord secret pour accaparer les réserves pétrolières du Moyen-Orient et, en juillet, les Français prirent le contrôle de la Syrie ; ils gouverneraient plus tard celle-ci ainsi que le Liban. À la suite d'émeutes en Égypte et de revendications égyptiennes d'indépendance complète en 1919, suivies d'une révolte en Irak en 1920, un gouvernement britannique dépassé par les événements accorda à l'une et à l'autre une autonomie limitée en 1922. La même année, la Grande-Bretagne commença à exercer le mandat que lui avait confié la Société des Nations sur la partie de la Palestine située à l'ouest du Jourdain, la Palestine orientale se transformant en Jordanie.

Plus d'un million de soldats africains s'étaient battus sur différents fronts, et ils avaient été plus nombreux encore à servir de brancardiers ou de porteurs. Bien qu'ils aient perdu toute crainte des Européens et, souvent, tout respect pour la puissance et le prestige impériaux, la plupart des soldats d'Afrique de l'Ouest et de l'Est cherchèrent avant tout à reprendre le cours de leur vie[52]. Les opérations militaires qui s'étaient déroulées en Afrique avaient provoqué la famine, la maladie, la destruction et la dépopulation, et avaient redessiné la carte impériale ; mais elles engendrèrent aussi un nouveau sentiment national noir africain et contribuèrent à la diffusion d'idées sur « l'autodétermination des peuples et la responsabilité des puissances coloniales » qui auraient des conséquences dans la suite du XXe siècle[53]. La présence de soldats antillais en Afrique ainsi qu'au Proche et au Moyen-Orient encouragea le développement du nationalisme noir qui s'exprima dans la lutte de libération nationale des Antilles britanniques[54].

Ainsi, loin de réaliser le vœu de Wilson de créer un monde plus sûr pour la démocratie, la fin de la guerre de 1914-1918 s'accompagna de la préservation et du renforcement de la domination mondiale des Blancs sur les autres races. Néanmoins, les violences qui éclatèrent en Égypte, en Inde, en Corée ou en Chine, en 1919 et par la suite, révélaient les fissures du monde impérial. Le coût de la guerre avait provoqué un affaiblissement des puissances impériales dont il était encore impossible de prendre la mesure au moment de l'armistice, mais ce conflit avait tout à la fois renforcé et ébranlé la structure impériale en tant que système transnational de domination blanche. De fait, on peut dater de 1919 le début de la fin de l'empire. La réalisation des aspirations à la liberté et à l'indépendance des peuples de couleur exigerait une nouvelle guerre planétaire d'une ampleur encore plus grande.

La fin des hostilités et la démobilisation des forces armées obligèrent les partisans de la nouvelle arme aérienne à tenter de justifier et de préserver son existence face aux pressions économiques et aux défis des services plus anciens. En Grande-Bretagne, la Royal Air Force, sous la direction du chef d'état-major de l'armée de l'air, sir Hugh Trenchard, survécut aux réductions d'après-guerre grâce à une politique de « contrôle aérien », assurant une surveillance des régions reculées de l'Empire britannique plus économique et plus efficace que l'armée de terre. L'utilisation fructueuse de quelques bombardiers de la RAF pour localiser, puis bombarder et pilonner le camp du « mollah fou » en Somalie en 1919 et 1920 avant de le chasser en Éthiopie, où il mourut, incita le gouvernement britannique à développer le rôle de la RAF dans le maintien de l'ordre au Proche et au Moyen-Orient. La RAF stationna également en Irlande deux escadrilles chargées de contrôler la population ; elles devaient « voler à faible altitude au-dessus des petits villages et inspirer une peur considérable à la paysannerie ignorante[55] »... Tout cela révéla que les progrès de l'aviation en temps de guerre avaient permis de réaliser les projets britanniques d'avant-guerre de domination impériale par les airs.

Les autres puissances coloniales emboîtèrent le pas à la Grande-Bretagne. Les gouvernements français, italien et espagnol eurent tous recours à des avions pour bombarder, pilonner et même lancer des gaz toxiques contre les populations indigènes rebelles d'Afrique du Nord pendant les guerres coloniales des années 1920. Cette pratique culmina avec l'invasion de l'Éthiopie par l'Italie fasciste en 1935, où les raids de l'aviation militaire italienne soumirent les soldats et civils éthiopiens à ces funestes traitements. La Grande Guerre avait perfectionné des armes plus efficaces – avion et gaz toxique – que les puissances européennes purent utiliser dans les années 1920 et 1930 pour contrôler et anéantir les populations indigènes. La naissance de ce qu'on appelle aujourd'hui la « guerre asymétrique », l'affrontement entre des armées blanches disposant de matériel de haute technologie et des populations non blanches dotées de moyens moins sophistiqués, date donc des lendemains de la Grande Guerre. Les ravages qu'elle a provoqués pendant le siècle écoulé ont de quoi nous faire réfléchir. L'ombre immense de la guerre de 1914-1918 plane toujours sur nous.

Chapitre XVI

L'Afrique

Bill Nasson

Il est assez banal pour les historiens de l'Afrique moderne de considérer les deux guerres mondiales, quoique européennes à l'origine, comme des tournants de l'histoire de ce continent au XXe siècle. Par sa place dans la chronologie de la colonisation européenne, la Première Guerre mondiale a eu une importance déterminante dans l'histoire de l'Afrique. Elle éclata au moment charnière où les principaux États coloniaux cherchaient à consolider leur emprise territoriale et à affirmer leur autorité après les immenses bouleversements et la violence généralisée de « la ruée impériale vers l'Afrique » des deux ou trois décennies précédentes. Cette grande incursion à l'intérieur du continent – et sa conquête – s'était achevée pratiquement sans qu'un conflit éclate entre États européens concurrents. Sous l'angle de leur gestion des territoires coloniaux, on peut estimer que la conflagration qui explosa en 1914 a été le point culminant de la ruée, et qu'elle a organisé et scellé définitivement la phase du partage européen du continent.

La guerre a constitué, selon une histoire contemporaine de l'Afrique qui fait autorité, « la fin du commencement[1] ». Ou, pour citer un autre historien célèbre de l'Afrique, plus ancien, la Première Guerre mondiale peut effectivement être considérée comme « l'apogée du règne de la violence brute ». En tirant le rideau sur l'époque turbulente de la conquête, elle confirme la « consolidation » coloniale[2]. Si l'accord européen de 1919 fit long feu, outre-mer le partage d'une Afrique pacifiée entre ses puissances coloniales était destiné à durer relativement plus longtemps, établissant les limites dans lesquelles les Africains auraient à vivre.

La réalisation des objectifs fondamentaux des administrations coloniales, parfois hors de leur portée, fut inextricablement liée à l'expérience de la Première Guerre mondiale elle-même et inhérente à son dénouement dans la région. Durant le conflit, ou dans sa foulée, subsistaient des poches africaines de résistance ou d'opposition armée aux incursions européennes qui furent définitivement réduites, permettant la stabilisation des régimes coloniaux, l'établissement d'un pouvoir militaire incontesté et la sécurité générale.

Bien que de moindre ampleur, il existe au moins quatre autres caractéristiques marquantes de l'implication de l'Afrique dans la guerre de 1914-1918. D'abord, et peut-être la plus évidente : elle fut la seconde de deux grandes exceptions impériales. La première guerre, essentiellement européenne, « à s'être déroulée parmi les populations africaines et à les affecter profondément » avait été l'importante guerre menée par la Grande-Bretagne pour soumettre le républicanisme des Boers : la guerre des Boers ou guerre sud-africaine de 1899-1902[3]. Deuxième caractéristique : les premiers et derniers coups de feu d'une guerre gagnée et perdue en Europe furent tirés sur les deux côtés opposés du continent africain. Troisièmement, pour beaucoup de régions et nombre de leurs habitants, l'implication dans une guerre globale fut pratiquement imperceptible et son impact sur leur existence à peine sensible. En effet, le conflit passa inaperçu de certaines communautés rurales à l'écart et isolées. Si des pénuries se firent sentir après 1914, ces privations ne furent pas pires que d'habitude, étant donné l'instabilité des systèmes écologiques locaux. La nature de la domination coloniale que ces peuples subirent en 1918 était plus ou moins la même qu'en 1913. À cet égard, les champs de bataille de la Première Guerre mondiale y furent « moins meurtriers » que ceux des « fronts européens de l'Ouest et de l'Est[4] ». C'est à peine si la guerre effleura la conscience de millions de personnes.

Dans le même temps, certains grands espaces africains plus directement impliqués dans la guerre ne furent pas sans subir leur lot de violentes souffrances civiles et de vies perdues : soldats tombés, messagers et porteurs enterrés dans le sol de leur brousse natale ou dans celui des champs de bataille européens. En dernier lieu, le plus important est que la guerre déclencha une série d'événements « en chaîne », de processus lourds de conséquence dans les sociétés et économies coloniales du continent. Les puissances impériales entreprirent de tirer le maximum de ressources en main-d'œuvre et en matériaux de leurs dépendances coloniales respectives et, en ce qui concerne la Grande-Bretagne en Afrique du Sud, d'un dominion allié et satellite docile tout en ayant ses propres ambitions nationales.

Le déclenchement des hostilités européennes engendra des conséquences immédiates pour l'Afrique car, début août, la Grande-Bretagne et la France se tournèrent, sans perdre de temps, vers les territoires coloniaux d'Afrique occidentale faiblement défendus par l'Allemagne : le Togoland et le Kamerun. L'entrée en guerre des Britanniques avait mis fin à toute perspective de voir le conflit confiné dans un périmètre européen. En réalité, phase d'ouverture de la Première Guerre mondiale, cette campagne mineure en Afrique de l'Ouest fut menée par des troupes britanniques de la Gold Coast (Côte-de-l'Or) et des forces françaises venant du Dahomey. Attaquant par l'ouest et l'est, ces invasions éclairs se terminèrent par une première série de transactions tortueuses, mais théâtrales, entre officiers coloniaux alliés et allemands afin d'épargner l'Ouest africain par le biais de quelque armistice régional. Même si, finalement, presque tous les carnages furent le fait de soldats africains, et si presque toutes les victimes étaient africaines, les administrateurs européens craignaient de compromettre leur position de domination sans partage : qui savait comment réagiraient les Africains au spectacle peu reluisant d'hommes blancs s'entre-tuant ?

Les Alliés mirent aisément la main sur le Togoland, qui n'était guère plus étendu qu'un petit bout de côte sablonneuse. Le Kamerun, toutefois, se révéla plus difficile à croquer. Son intérieur montagneux aux abords très boisés offrait aux 1 000 soldats allemands et aux 3 000 Africains commandés par le général Zimmermann de solides perspectives défensives, et la lutte pour la colonie s'éternisa jusqu'en février 1916, lorsque le dernier des défenseurs allemands capitula. La lutte « bégaya » jusqu'au bout[5]. Le réalisateur français Jean-Jacques Annaud a fait la satire de cette guerre picrocholine africaine dans sa comédie antimilitariste de 1976, *La Victoire en chantant*, l'histoire de quelques dizaines de colons allemands et français somnolents qui découvrent finalement, en recevant des journaux vieux de plusieurs mois, que leurs pays étaient en guerre. Consciencieusement, ils arrêtent le commerce et toute autre transaction transfrontalière pour devenir adversaires dans une guerre d'escarmouches conduite d'une manière inepte. Soucieux de conserver leurs précieuses vies, ils enrôlent des indigènes bon marché pour combattre[6].

La colonie allemande située le plus au sud, l'Afrique allemande du Sud-Ouest, décréta assez rapidement la mobilisation, puis subit l'invasion des forces ennemies. Début août, le dominion britannique le plus récent, l'Union d'Afrique du Sud post-1910, fut sommé par le secrétaire aux Colonies, Lewis Harcourt, de rendre à Londres ce qu'il appela, d'une formule mémorable, « un grand et urgent service impérial[7] ». Il s'agissait de monter sans délai une expédition pour s'emparer des ports et faire taire les stations de radio de l'Afrique allemande du Sud-Ouest voisine, de façon à prévenir la menace navale allemande dans l'Atlantique Sud. D'ailleurs, avec une minuscule garnison d'infanterie montée, appuyée par une petite police paramilitaire et un contingent de fortune de réservistes, cette immense colonie (pratiquement deux fois la taille de l'Empire allemand sur le continent européen) était à peine défendue. Sa fragilité ne provenait pas seulement de ses frontières extrêmement exposées et impossibles à protéger. Les préparatifs de défense étaient en fait presque entièrement centrés sur la crainte de possibles troubles africains locaux, dans la lignée des soulèvements Herero des premières années du siècle, plutôt que sur l'hypothèse d'une attaque extérieure, sans parler d'une opération à la fois terrestre et amphibie, menée par un envahisseur puissant et fortement armé.

Pour le gouverneur de l'Afrique allemande du Sud-Ouest, Theodor Seitz, et sa poignée d'officiers supérieurs, il n'y avait pas grand-chose à faire, si ce n'est espérer que les troubles liés à la guerre intérieure en Afrique du Sud se poursuivraient et retarderaient l'invasion du territoire jusqu'à ce que l'Allemagne s'impose en Europe et puisse dépêcher des ressources militaires pour consolider sa position. La colonie allemande bénéficia d'un moment de répit du fait que la guerre n'avait pas pris un très bon départ dans la minorité anglo-afrikaner blanche divisée de l'Union. La route maritime d'Afrique du Sud autour du cap de Bonne-Espérance redevint une pièce stratégique sur l'échiquier de la défense impériale britannique : les Ottomans étant désormais alliés de l'Allemagne et le canal de Suez (menant à l'Inde et à l'Australie) étant menacé, cette voie retrouvait son rôle important de naguère[8]. Le statut de dominion du pays l'engageait constitutionnellement à suivre la Couronne sur les décisions internationales de guerre ou de paix. De toute façon, son gouvernement penchait aussi pour la guerre.

Mais, contrairement aux dominions de colons blancs du Pacifique, en 1914 il n'existait pas de mandat populaire clair en faveur de la guerre. Avant même qu'une invasion pût être déclenchée, il y eut une vague d'opposition nationaliste afrikaner à la guerre et une rébellion insurrectionnelle dut être réprimée en 1914-1915. Cela réglé, l'Afrique du Sud, avec son ensemble de forces armées, de transports, d'approvisionnement et d'équipement de loin supérieurs, écrasa ses opposants allemands en quelques mois, les forçant à capituler en juillet 1915. À la suite du premier armistice de la Première Guerre mondiale, le Sud-Ouest allemand passa de fait entre les mains de l'Afrique du Sud, sous un régime militaire de loi martiale qui perdura jusqu'au début des années 1920. L'ambitieuse stratégie expansionniste sud-africaine bénéficia en partie de l'opportunité fournie par la guerre, car la conquête du gouvernement de l'Union impliquait d'« entrer dans le prestigieux monde adulte du pouvoir colonial[9] ».

Avec son bilan d'environ 200 morts, ce combat en Afrique du Sud-Ouest fut, comme la campagne en Afrique de l'Ouest, une promenade de santé, comparée à l'ampleur et à la dureté des hostilités armées dans les zones de l'Est et du Centre-Est, où la violence locale de la guerre se révéla plus dévastatrice. C'est là que les combats furent les plus âpres et les plus acharnés, et que les conséquences régionales de désintégration sociale et économique furent les pires. La campagne y traîna atrocement, égalant sans aucun doute la durée de la guerre en Europe et fournissant une version africaine de ses aspects d'usure. L'énorme bouleversement, le gâchis et la brutalité de la campagne, serpentant à travers la région située entre l'Afrique de l'Est britannique et l'Afrique de l'Est portugaise et pénétrant en Rhodésie et au Nyassaland au nord-est, sont très éloignés des représentations romancées, ou mythifiées, du conflit dans cette partie du continent. Celles-ci relèvent de la guerre telle que l'imagine la culture littéraire et visuelle populaire. La quintessence de la représentation cinématographique en a longtemps été la canonnière d'*African Queen* (1951), de John Huston, qui navigue dans l'Afrique de l'Est allemande en septembre 1914. *La Guerre de Murphy*, de Peter Yates (1971), avec son commando allemand dissimulé et sa bataille fluviale, se déroule, elle, durant la Seconde Guerre mondiale. Une illustration littéraire récente, *An Ice-Cream War* (1982), de William Boyd[10], traite de ce que la jaquette du roman appelle « une campagne ridicule et peu connue menée en Afrique de l'Est » ; cette satire picaresque n'est pas dépourvue d'ironie mordante. On peut ajouter l'évocation par Giles Foden des faits qui ont inspiré le film de Huston dans *Mimi and Toutou go Forth : The Bizarre Battle of Lake Tanganyika* (2004)[11] : une bande de marginaux britanniques excentriques et intrépides part à la reconquête du lac Tanganyika malgré les navires de guerre allemands en maraude. En fait, le lugubre conflit est-africain devient une guerre navale d'hommes blancs ressemblant à des aventuriers patriotes et individualistes jouant imprudemment avec le feu.

Pour les forces alliées engagées dans un combat « croisé » avec les forces allemandes qui faisaient mouvement de l'Afrique de l'Est vers l'Afrique du Sud-Est, à travers les régions du Centre, il y eut là une petite expérience précieuse de la guerre en eau douce. S'il s'agissait d'un détail par rapport aux Flandres, c'était tout de même un énorme détail, des attaques éclairs mortelles dont le nombre total de victimes « dépassa celui des Américains tués durant la Grande Guerre[12] ». Même après l'invasion et l'occupation complète du Tanganyika par ses ennemis, le commandant allemand, le colonel Paul Emil von Lettow-Vorbeck, conduisit les troupes restantes, opiniâtrement loyales, dans une campagne d'usure exténuante et audacieuse à travers la colonie côtière portugaise de l'Afrique orientale, le Mozambique, le Nyassaland et le nord-est profond de la Rhodésie. Leurs mouvements sinueux perdant rarement de leur intensité, les *Schutztruppen* allemandes de Lettow-Vorbeck et les *askaris* africains mobilisèrent les forces britanniques, afro-britanniques, sud-africaines, sud-rhodésiennes, belges et portugaises pendant des mois, voire des années, embrouillant et épuisant leurs adversaires par d'habiles improvisations tactiques, provoquant parfois des accrochages mineurs, menant en d'autres occasions des combats de brousse, lançant des attaques obliques et fuyant à toute vitesse pour se tirer d'affaire.

Bien que numériquement inférieur aux forces alliées, cet assemblage disparate de fidèles *askaris* expérimentés, de renégats rusés qui avaient changé de camp en abandonnant les British King's Africa Rifles, encadrés par des officiers et soldats réguliers et compétents des *Schutztruppen*, était toujours capable d'aller de l'avant et de poursuivre l'ennemi grâce à son expérience de la brousse et à sa ténacité. Les troupes de Lettow-Vorbeck, quoique réduites en 1918 à 150 Allemands et environ 4 400 *askaris*, porteurs et autres travailleurs, y compris des femmes, qui suivaient l'armée, étaient menées d'une main de fer par leur commandant, qui parlait le swahili, et elles gardèrent leur cohésion fondamentale. Leur immersion obsessionnelle dans une campagne longue et difficile avait pour objectif chimérique de retenir d'importantes forces alliées qui, sans cela, auraient pu retourner en Europe se battre contre l'Allemagne sur le front de l'Ouest.

Bien que l'implacable Lettow-Vorbeck ne soit plus aujourd'hui considéré comme un audacieux représentant en Afrique de la guerre de guérilla classique, le fait que ses fidèles *askaris* soient restés avec lui n'était peut-être pas seulement dû à l'exécution ou à la pendaison qui attendait tout déserteur. Il sut s'adapter astucieusement au mode traditionnel de la

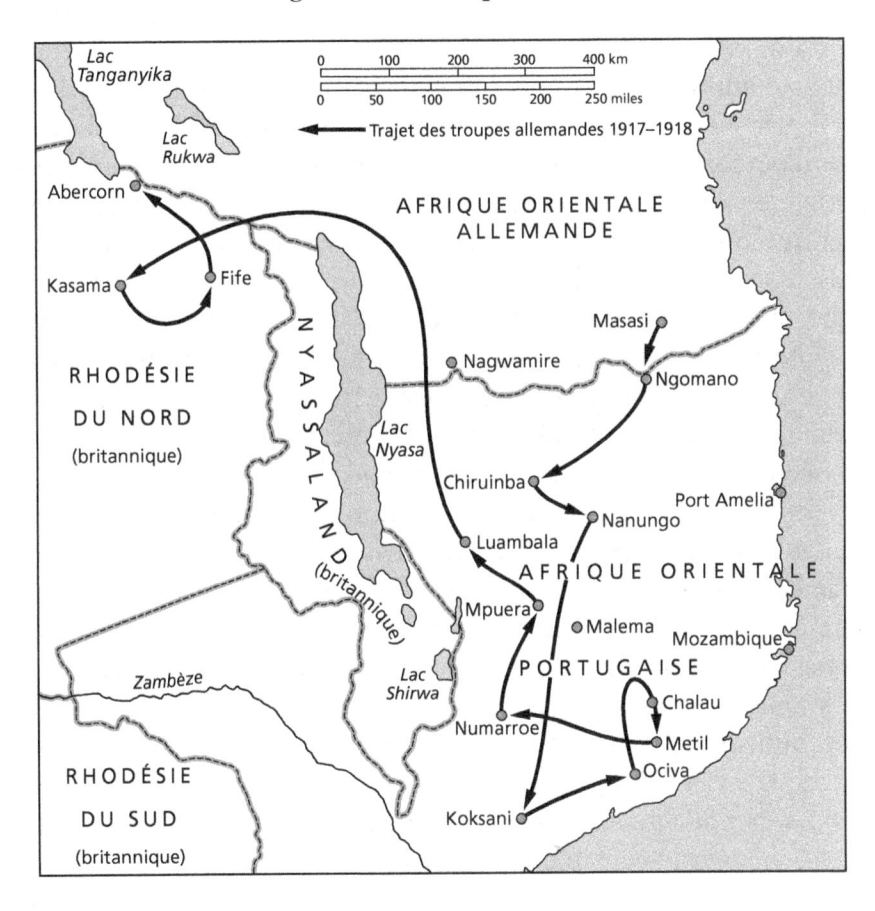

La guerre en Afrique de l'Est

guerre africaine, auquel beaucoup de ses soldats étaient habitués. Les colonnes qui marchaient sous son commandement comprenaient une foule d'épouses, d'enfants et de porteurs domestiques personnels. Ceux-ci fournissaient de l'aide, entretenaient un réseau social structuré et soutenaient le moral des troupes, le couplage du front domestique et du front de guerre tempérant le mal du pays. Dès lors, les inquiétudes allemandes concernaient moins le taux de désertion chez les *askaris* – relativement bas en raison d'un mélange de peur et de loyauté cultivée – que certains aspects moins bienvenus de la conduite des opérations, comprises comme des missions familiales. Ainsi que le nota un Lettow-Vorbeck grincheux dans ses Mémoires flamboyants de 1920, il avait été difficile d'obtenir des femmes qu'elles respectent « un ordre de marche régulier », et impossible d'empêcher nombre de ses loyaux *askaris* d'« aller au combat avec leurs enfants sur les épaules[13] ». Toutefois, cela n'a pas constitué un obstacle suffisant pour vaincre formellement l'Afrique allemande. Lettow-Vorbeck ne déposa les armes que le 25 novembre 1918, ayant eu peine à croire que la guerre avait cessé une quinzaine de jours plus tôt dans une forêt française. Ainsi se terminèrent les dernières hostilités attestées de la Première Guerre mondiale.

Odyssée pénible et coûteuse, la campagne de l'Est africain se déroula à travers des terres marécageuses fétides non cartographiées, une brousse dense, des forêts épaisses, des broussailles exubérantes, des montagnes et des collines imposantes. Sur un tel théâtre d'opérations, les soldats devaient toujours être sur leurs gardes en raison des rencontres possibles avec des éléphants, des hippopotames, des girafes, des lions, des léopards et des mambas noirs et verts particulièrement venimeux. Derrière le rabat d'une tente de brousse pouvait se tapir un ennemi mortel, un félin carnivore ; le passage de la rivière Rufiji dans le sud-ouest de l'Afrique orientale exigeait d'éviter les crocodiles. Les systèmes fluviaux de l'Afrique n'étaient pas la Somme. L'environnement menaçant était rendu plus épuisant encore par les mouches tsé-tsé et par des maladies parasitaires exténuantes telles que la malaria, la typhoïde et la dysenterie. Les saisons des pluies offraient leurs propres versions de la boue de Passchendaele, provoquant l'enlisement des hommes dans des bourbiers infranchissables, y compris plus en altitude, dans les contreforts du Kilimandjaro. En raison de leur échelle géographique et de l'environnement extrême, les conditions de combat et de logistique en Afrique n'avaient d'équivalent nulle part ailleurs.

Le nerf de la guerre durant la campagne prolongée de l'Afrique de l'Est venait des réquisitions, avec des deux côtés l'enrôlement de plusieurs centaines de milliers d'Africains comme porteurs de charges pesantes – munitions, provisions, vivres et autres équipements de l'armée – dans l'effroyable climat tropical. Les animaux de trait et les véhicules motorisés étant le plus souvent inutilisables dans la brousse, la Grande-Bretagne à elle seule employa au moins un million de porteurs. Décimés par les maladies respiratoires et intestinales, dangereusement exposés et victimes de malnutrition, les Africains réquisitionnés pour cela connurent des « taux de mortalité épouvantables[14] ». Du côté allemand, les décès chez les porteurs africains, et leurs familles qui les accompagnaient, ont été estimés à environ 350 000 – le nombre de morts du côté des Britanniques étant comparable[15].

Comme les hostilités obéissaient à des cycles d'intensité variable, la violence transformatrice et destructrice de la guerre submergea les économies locales pastorales et agricoles, éradiquant les propriétés familiales des petits exploitants et bloquant les routes qui habituellement permettaient de transporter les céréales et d'autres cultures de rapport. Les forces de l'Allemagne en Afrique menant la guerre à l'économie, la petite armée, qui ne dépassa jamais les 15 000 soldats, instaura un pillage systématique. Les troupes déchaînées réquisitionnaient à volonté le bétail, toutes les cultures nourricières, et enrôlaient des hommes jeunes, et parfois même plus âgés, quand ils semblaient valides. Pour avoir refusé du secours à l'un ou l'autre camp, beaucoup de villages furent incendiés, leurs récoltes brûlées et le bétail confisqué ou dispersé. L'inévitable conséquence de ces destructions généralisées fut qu'après 1916, la pénurie aiguë de nourriture frôla la famine[16]. Quasiment tout ce qui pouvait être consommé étant cueilli, les populations en étaient réduites à manger des racines et, dans les situations les plus horribles, à se livrer au cannibalisme. En plus des travailleurs enrôlés, on estime à quelque 300 000 le nombre de civils ayant péri dans les territoires occupés par les Allemands.

De graves pénuries de nourriture sévirent jusqu'en 1918, et au-delà dans les secteurs touchés – directement ou indirectement – par des opérations de combat, les régions montagneuses de l'Afrique orientale allemande étant atteintes d'une manière particulièrement sévère. Dans leur recours commun à la tactique de la terre brûlée, les deux camps disposaient d'une expérience coloniale récente. Dans la même Afrique de l'Est, les Allemands s'étaient fait les dents quelques années auparavant en réprimant la rébellion des Maji-Maji (ou Maï-Maï) en 1905-1907, cependant que, dans le Sud-Ouest africain, la répression d'une révolte bénigne avait provoqué la guerre punitive et génocidaire contre les Herero entre 1904 et 1907, entre dévastations et camps de concentration[17]. Les Britanniques, de leur côté, savaient bien que leur récent ravage des terres cultivées des Boers de l'État libre d'Orange et de la République sud-africaine du Transvaal leur avait permis de l'emporter sur la guérilla ennemie dans la guerre sud-africaine de 1899-1902. En fait, comme en une sorte de préambule à la guerre mondiale, l'Afrique des années 1900 avait assisté à « l'introduction dans la pratique et le discours politique de l'État de formes extrêmes de brutalité militaire à l'encontre des civils[18] ».

Les décès qui touchèrent les auxiliaires de transport et qui s'étendirent aux villages martyrs furent fatalement éclipsés par l'épidémie de grippe espagnole qui se diffusa à travers toute l'Afrique en 1918 et 1919. Sa bactérie virulente, une fois transportée depuis l'Europe jusqu'aux côtes africaines, se répandit rapidement à l'intérieur du continent par les nombreuses voies de transport et de communication aménagées pour acheminer approvisionnement, soldats et informations depuis la métropole. C'est par ces voies, plus ou moins longues, que la grippe mortelle s'est diffusée sur tout le continent, dans chaque port, dans chaque centre urbain, et dans n'importe quelle exploitation minière. Il n'existe, de manière peu surprenante, aucun chiffre précis de la mortalité africaine, mais on peut faire l'estimation raisonnable de 2,38 millions de morts, représentant de 3 à 5 % de la population de tous les territoires coloniaux africains[19].

Quand on en vint à combattre, il n'y eut pas fondamentalement de grandes différences entre les camps opposés dans leur conduite des hostilités. À part un saupoudrage d'officiers européens, plutôt léger étant donné le nombre infime de troupes blanches régulières, et le déploiement d'unités du corps expéditionnaire indien par la Grande-Bretagne, les soldats qui s'affrontaient étaient tous africains. En effet, les Britanniques, contrairement aux Français, confinaient leurs troupes africaines bon marché et nombreuses aux « campagnes d'Afrique », où la guerre se résumait toujours à « maintenir l'ordre colonial[20] ». La présence de régiments de l'armée indienne dans l'arène africaine reste relativement ignorée des récits, qui mettent l'accent sur le fait que « l'expérience de la Grande Guerre changea radicalement » la perception que les cipayes avaient de l'Europe. On peut à peine dire de la Première Guerre mondiale qu'« elle représente la guerre coloniale comme elle existait en Inde à la fin du XIXe siècle et dans les premières années du XX[e21] ». En Afrique, pourtant, ce fut sans doute exactement le contraire. Les distances, la chaleur torride, le mouvement incessant et l'absence presque totale de grandes batailles rangées imprégnèrent les campagnes d'une ambiance coloniale qui ne devait pas vraiment dépayser les soldats indiens.

Quand on en vint au service armé, toutefois, ce fut presque toujours aux Africains que les États coloniaux pensèrent. Pas plus Paris que Londres n'imaginaient que les troupes métropolitaines puissent être requises pour défendre l'Empire. Dans leurs efforts pour recruter des combattants locaux, les administrations européennes eurent d'emblée recours à une forme quasi esclavagiste de conscription dans de larges zones du continent – une pratique dure et souvent brutale qui devint systématique. Depuis leurs territoires de l'Afrique de l'Ouest, les Britanniques recrutèrent de l'infanterie pour servir du côté opposé, en Afrique de l'Est. En Afrique occidentale française et en Afrique du Nord, les recruteurs écumèrent les forêts côtières et les régions de savane, réquisitionnant des jeunes gens aptes au service armé pratiquement dans chaque village. Pour la plupart, leur guerre ne serait même pas une guerre africaine qu'ils pouvaient comprendre dans une perspective familière. La frontière entre la France impériale et ses dépendances coloniales en serait brouillée le temps du conflit.

Avant même les hostilités, des officiers de l'armée coloniale française cherchant à se faire valoir, comme le général Charles Mangin, avaient proposé l'envoi en Europe d'une « Force noire » pour pallier la pénurie d'hommes due à la baisse de la natalité. Les « valeureux combattants » de l'Afrique subsaharienne qui « avaient réalisé d'importants faits d'armes dans le passé se tiendraient prêts à en faire de même pour la France[22] ». L'idée de colonies accourant au secours de la mère patrie devint un symbole fort de la loyauté de l'Empire envers la métropole. En fin de compte, plus de 150 000 Africains de l'Ouest furent envoyés sur le front occidental, aussi bien en Belgique qu'en France, où ils se retrouvèrent pris au piège comme combattants venant combler les pertes de plus en plus épouvantables de l'armée française. De plus, les autorités coloniales françaises recrutèrent des dizaines de milliers de tirailleurs au Maroc et en Algérie. L'Europe coûta la vie à plus de 30 000 d'entre eux, tués au combat, cependant que la participation aux affrontements et la découverte d'une France déchirée par la guerre faisaient évoluer la conscience politique des autres.

La conscription pour une guerre étrangère incompréhensible ne se révéla pas sans problème, car ceux qui étaient visés n'y mirent pas forcément du leur. Il y eut, bien sûr, des conscrits dociles. Pour des jeunes gens non qualifiés, que démangeait l'envie d'échapper à l'autorité patriarcale étouffante des anciens du village, l'armée représentait un emploi relativement bien rémunéré. Pour d'autres qui s'enrôlaient, la guerre offrait la chance de retrouver une identité de combattant qui s'était atrophiée après la conquête coloniale. La guerre était aussi une bonne affaire en Afrique ; le fait d'y être employé par moments constituait une magnifique occasion de réalisation personnelle. Dans le Nyassaland, les Britanniques recrutaient de préférence chez les Yao, soldats à l'« esprit martial », encourageant les volontaires aux bataillons locaux des King's African Rifles à cultiver une esthétique militaire, affichant la virilité Yao recherchée. Une fois dans les rangs de l'armée, les loyautés pouvaient se révéler extrêmement fragiles, et il y eut, on l'a vu, des soldats qui servirent à la fois les Britanniques et les Allemands durant le long conflit en Afrique de l'Est. Les voies régionales de migration de la main-d'œuvre en Afrique occidentale britannique et en Afrique australe se retrouvèrent mêlées à l'enrôlement militaire. Dans leurs quêtes de volontaires, les recruteurs durent en tenir compte, avec pour conséquence que beaucoup au sein du Gold Coast Regiment ne venaient pas de l'Afrique britannique, mais du territoire français de Haute-Volta, cependant que, durant la Première Guerre mondiale, de 60 à 70 % des soldats du Rhodesia Native Regiment « provenaient d'autres territoires[23] ».

Les efforts énergiques déployés pour lever des recrues se heurtaient à différentes formes de résistance, d'autant que l'on observait de plus en plus que « le système français avait entièrement coopté les chefs locaux, pour en faire les simples exécutants des demandes françaises[24] ». Cette résistance pouvait aller jusqu'à des actes d'automutilation afin d'échapper au service. Les fuites en masse de jeunes gens étaient de plus en plus communes ; souvent, ils franchissaient les frontières coloniales ou se cachaient dans des lieux isolés jusqu'à ce que les insatiables sergents recruteurs français laissent tomber. Entre 1915 et 1917, des dizaines de milliers de conscrits potentiels venus de territoires comme la Côte d'Ivoire et le Soudan français se rendirent en masse sur la Gold Coast et dans les colonies britanniques voisines, rassurés par le fait que les Britanniques n'enrôlaient pas leurs sujets africains pour les envoyer dans les tranchées.

Le recours instinctif aux migrations de courte durée par refus de se conformer aux règles était, bien sûr, une vieille pratique pour échapper en temps de paix aux taxes et au travail forcé. Une fois encore, plutôt que de résister ouvertement, la paysannerie harcelée choisit de se dérober à la poigne coloniale et de déjouer ses desseins. C'est l'habituelle « arme des faibles[25] ». Pour beaucoup d'Africains ordinaires, le harcèlement par les recruteurs de l'armée après 1914 relevait d'une image familière et apparaissait comme l'épisode le plus récent de toute une série de brimades insupportables.

Outre les tactiques pour se soustraire à l'emprise de la guerre, il y eut aussi çà et là des révoltes de paysans ou des insurrections lorsque les recruteurs prédateurs agissaient trop durement contre les communautés récalcitrantes. Pour beaucoup d'Africains de l'Ouest français, la conscription eut tôt fait de prendre un sens sinistre et menaçant – celui d'un « impôt du sang ». La tension provoqua des désertions fréquentes et de petites insubordinations chez les hommes enrégimentés, notamment parmi les soldats d'origine nord-africaine. La plupart des soldats africains purent endurer, comme leurs homologues métropolitains, la brutalité, la dureté, le gâchis et les pénuries, mais pour certains les conditions de survie sur le front européen dépassèrent les limites du supportable.

Bien que la guerre africaine ait été associée à des soulèvements et à des mouvements de rébellion contre ses exigences – principalement la conscription –, la désaffection provenait de ressentiments plus anciens et plus profonds, qui couvaient depuis le début de la conquête. En ce sens, par certaines de ses conséquences, la Première Guerre mondiale ne fut pas simplement une rupture soudaine qui déchira un continent que la colonisation aurait pacifié. Les plaintes d'après 1914 quant au traitement subi expriment toujours une dualité : certaines étaient sous-jacentes depuis les dernières années du XIXe siècle. La guerre fut, entre autres facteurs, le moteur de leur intensification.

Certaines formes de christianisme africain militant laissèrent leur empreinte apocalyptique sur un patchwork de sociétés rurales, favorisant, et cultivant, un tempérament populaire millénariste. Dans l'instable Nyassaland britannique, où la conscription systématique était apparue de bonne heure et où les pertes lors des premières campagnes contre les Allemands avaient été élevées, la figure particulièrement honorée d'un imposant prêcheur évangéliste, John Chilembwe, provoqua en 1915 un bref soulèvement utopique contre l'autorité coloniale. Deux ans plus tard, des chefs mécontents du Sud-Est, poussés par de bruyants marabouts, déclenchèrent l'insurrection Makombe dans le centre du Mozambique. Ces éruptions associées à la guerre contribuèrent largement à anéantir les espoirs d'Africains qui, au même moment, vivaient dans le paternalisme de la mission civilisatrice coloniale.

Au Sud, la déclaration que lança l'Union d'Afrique du Sud d'une offensive unilatérale contre l'Afrique allemande du Sud-Ouest contribua à faire basculer dans l'insurrection armée un groupe d'Afrikaners républicains nationalistes et hallucinés. Le gouvernement très docile de Louis Botha et de Jan Smuts était loin d'avoir convaincu une société afrikaner en grande partie isolationniste, majoritairement animée par l'hostilité à l'impérialisme britannique, pro-allemande, opposée à une Union anglicisée ou simplement à la guerre. Près de 11 000 Afrikaners, pour la plupart des ruraux très pauvres privés de terre, enflammés par les prophéties tirées de l'Ancien Testament d'un célèbre visionnaire religieux, Niklaas « Siener » van Rensburg, sur l'implosion impériale britannique et conduits par une poignée de généraux mécontents et félons ayant rapidement quitté leur tenue kaki, ressortirent leur uniforme de commando de la deuxième guerre des Boers. Ils se soulevèrent contre le gouvernement dans un mouvement désespéré, exacerbé par la marginalité sociale et l'aliénation politique. Ce n'est pas sans raison qu'un récent ouvrage faisant autorité parle d'une « rébellion désespérée[26] ».

Des fondamentalistes chrétiens afrikaners séditieux, imaginant que la guerre ouvrirait la voie à la reconquête de l'indépendance républicaine perdue, empruntèrent la même voie que les Africains exaltés qui succombèrent trop volontiers aux extases de rédemption anticoloniale pendant la guerre. Les velléités de rébellion furent rapidement étouffées.

Moins combatives en apparence, d'autres manifestations religieuses influencées par la guerre purent perdurer aux marges. Ainsi, l'Afrique occidentale britannique et française connut aussi l'émergence de mouvements d'indépendance chrétiens lancés par des partisans mécontents de l'irruption de la guerre européenne. Alors qu'elles étaient de nature pacifique et penchaient plutôt pour une abstention défensive – une sorte de sécession spirituelle à l'égard de la guerre et de ses exactions abhorrées –, ces formations religieuses locales prirent tout de même une puissante tonalité millénariste, leur désaccord croissant les poussant à se tourner vers l'irruption de l'Apocalypse. Depuis le nord de la Rhodésie jusqu'en Afrique centrale en passant par la Gold Coast et la Côte d'Ivoire, les chefs de file religieux africains – qui non seulement s'exprimaient, mais se définissaient eux-mêmes dans le langage et l'imagerie de la Bible – s'élevèrent pour insister sur la signification cataclysmique de l'époque. Rejeter ou même désobéir à l'ordre colonial était un impératif moral. Ces actions reposaient sur la volonté de voir s'éloigner la peste du mode de gouvernement européen, de se préparer à la fin imminente de ce monde immoral et d'accueillir la seconde venue du Christ. À l'autre extrémité de cette échelle, moins exaltée, en Afrique du Sud, se manifesta le point de vue sarcastique de l'éducateur chrétien Xhosa, D. D. T. Jabavu. Dès septembre 1914, il déclara avec une ironie désabusée que le peuple africain « avait été surpris » de découvrir « que les nations européennes qui montraient la voie en matière d'éducation et de christianisme ne trouvaient pas d'autres moyens que l'épée et les armes destructrices accumulées pour régler leurs différends diplomatiques[27] ».

À côté de cela, et de temps en temps mêlés à ces vagues de contestation, il y eut toute une gamme d'autres soulèvements, pour certains très bien organisés. Entre 1915 et 1917, ils se manifestèrent par une résistance armée contre les autorités coloniales françaises et britanniques dans les protectorats du Niger britannique et au Dahomey. Et au sud-est, le long de la frontière de l'Afrique orientale portugaise avec le sud de la Rhodésie, les Barwe se rebellèrent en 1917 et 1918 contre la férule des Portugais, victimes à ce moment-là d'une hémorragie de vivres, Lettow-Vorbeck ayant sans difficulté pillé leurs dépôts de garnison.

S'ajoutaient à tout cela les mouvements islamiques militants de l'Afrique du Nord française, jamais totalement souterrains, toujours présents et inflammables, qui sillonnaient la savane de l'Afrique occidentale française. L'islam militant, qui avait depuis longtemps imprégné la vie politique dans ces régions à l'époque moderne, servit de couveuse à un chapelet de rébellions localisées dans les colonies de l'Ouest et du Nord. S'y rattache le déclenchement en 1916 et 1917 de la révolte de Kaocen, une série d'attaques contre les Français par des guerriers Touaregs musulmans pour qui les instabilités engendrées par la guerre offraient l'occasion de régler leurs comptes d'avant-guerre.

L'Empire ottoman – la Turquie était entrée en guerre du côté de l'Allemagne en 1914 – constitue un cas d'une tout autre ampleur. Les implications en Afrique furent immédiates. On a soutenu que, une fois la « guerre sainte » déclarée par le sultan-calife, les Allemands avaient pu « nourrir l'espoir de voir l'Islam entier se soulever contre la Grande-Bretagne[28] ». Mais on peut penser que les Allemands eux-mêmes furent plutôt soulagés qu'une croisade de cette sorte n'ait jamais commencé – après tout, ce que les zélotes ottomans avaient envisagé était un aveugle *jihad* anticolonialiste universel, prenant pour cible l'intégralité du monde colonial européen. Si cette guerre sainte ne s'est pas matérialisée, le déclenchement de la guerre européenne offrit certainement aux Ottomans une occasion d'essayer de regagner des territoires perdus en Afrique du Nord au profit de la France et de la Grande-Bretagne. D'inquiétantes émeutes contre la conscription se produisirent en Algérie, cependant que dans le protectorat français du Maroc des révoltes anticoloniales étaient orchestrées par Abd al-Malik, probablement soutenu par les Allemands.

La Sanûsiyya (ou confrérie musulmane des Senoussis) s'était également rapprochée des Allemands – tout comme des Ottomans –, dont elle avait reçu des fonds et des armes. Très tôt, entre 1902 et 1913, elle avait résisté à l'expansion française au Sahara et avait aussi violemment combattu les Italiens en Libye à partir de 1911. Partisans tenaces et efficaces de la guerre de guérilla, les membres de la Sanûsiyya se révélèrent, par leur intervention concertée, plus qu'un groupuscule en face d'Italiens fébriles dont la maîtrise du territoire libyen était à ce stade loin d'être inébranlable. Effectivement, au début de 1915, les forces italiennes situées dans la province de Misrata, au nord de la Libye, furent défaites par les insurgés de la Sanûsiyya. Plusieurs mois après, les combattants enhardis et très mobiles étendirent le champ de leur théâtre d'opérations au-delà de la frontière libyenne et s'attaquèrent aux Britanniques en Égypte.

Agacés, les Alliés estimèrent qu'il fallait faire quelque chose de sérieux pour en finir avec un conflit de diversion qui s'aggravait. Cela se produisit en 1916 avec l'accession au trône libyen de Sidi Muhammad Idris al-Sanussi, un personnage souple, pro-britannique, qui s'efforça de gérer les hostilités qui s'étendaient et touchaient les deux fronts. En 1917, un cessez-le-feu, suivi d'un armistice, fut négocié avec les colonisateurs italiens de la Libye sur la base de l'acceptation de leur emprise locale de fait – un pouvoir qui était de toute façon en grande partie confiné dans les régions côtières. De même, en Égypte, Sayyid Idris arrêta la perturbante incursion de la Sanûsiyya et établit des relations plus pacifiques avec les Britanniques. Mais, en 1916, les membres de la Sanûsiyya attaquèrent des bases isolées dans le Sahara français et s'en prirent aussi à des bastions coloniaux du Niger. Réduits à la défensive, les Français durent réclamer l'assistance des forces de l'Afrique occidentale britannique pour repousser ces incursions audacieuses.

La guerre provoqua une contestation des positions des puissances européennes en Afrique du Nord, et, par moments, un tourbillon apparemment sans fin de rébellions et de raids qui incitèrent aussi Londres et Paris à renforcer leur présence coloniale. Au Soudan, tout en gardant un œil sur le déroulement de la guerre dans les montagnes du nord du Sahara, les infidèles Britanniques utilisèrent leurs forces pour accroître leur contrôle à l'ouest. Là, Ali Dinar, le souverain du sultanat de Darfour, fréquentait de manière alarmante depuis 1915 les Ottomans, la Sanûsiyya libyenne et les Allemands – une audace qui poussa le gouverneur britannique du Soudan, le général sir Reginald Wingate, à mettre au pas ce territoire rebelle. En mars 1916, il organisa une expédition punitive, la British Western Frontier Force (bientôt surnommée « force de l'épuisement sans eau » au sein des troupes britanniques), qui soumit rapidement le sultanat, et tua Ali Dinar lui-même[29].

À la même époque, attentif à ce qui devait rester une région musulmane potentiellement turbulente, l'Écossais Wingate fut suffisamment prudent pour éviter toute épreuve de force supplémentaire. Pour restaurer la stabilité, il fit le geste de rompre le pain avec les ordres soufis dominants du Soudan. La France, de son côté, se débrouilla pour dissiper les plus graves menaces pesant sur le Maroc et l'Algérie en poursuivant une politique similaire de rapprochement avec les principaux intérêts locaux. Le résultat, en termes à la fois généraux et particuliers, fut la neutralisation partielle de la menace endémique des forces islamistes par l'obtention d'une stabilité tendue – un équilibre délicat qui se maintint à peu près.

Enfin, la guerre apporta à l'Afrique une crise économique. À des degrés variables, la plupart des économies coloniales souffraient de multiples tensions et d'un échec global. Bien évidemment, le volume du commerce intérieur du continent s'effondra, notamment le commerce autrefois dynamique du sisal, du café, du caoutchouc et autres cultures de rapport, qui avait lié ensemble les intérêts des colonies allemandes, françaises et anglaises en Afrique de l'Ouest, ainsi que les échanges anglo-germaniques en Afrique de l'Est. Hambourg cessa d'être un port d'importation de plumes d'autruche, de fruits secs et de bœuf congelé d'Afrique du Sud. En outre, les prix de certains produits d'exportation chutèrent brutalement, alors que l'Afrique ressentait plus généralement les effets d'une récession globale. Simultanément, l'augmentation rapide, en temps de guerre, du prix des produits de base d'importation européenne, auxquels beaucoup de consommateurs africains s'étaient habitués, représentait une difficulté nouvelle. Il y eut de sévères pénuries, car la reconversion des usines européennes vers la production militaire réduisit la production de biens industriels civils et des articles de consommation de masse pour les marchés coloniaux. Pour aggraver encore une situation déjà tendue, les attaques menées contre les navires marchands perturbèrent le commerce maritime.

Pour leur part, les administrations coloniales firent fortement pression sur le prix des produits et les salaires, affectant ainsi le niveau de vie des producteurs et des travailleurs. Après qu'en 1914 les économies industrielles européennes se furent organisées pour la production de guerre, personne ne put vraiment tirer bénéfice de la demande croissante de certaines matières premières indispensables. Inévitablement, les privations économiques et la détresse sociale se firent bientôt largement ressentir, avec une pénurie grandissante qui favorisait les flambées d'agitation sociale. La misère s'associa à d'autres épreuves nuisant au bien-être de nombreux Africains : la conscription militaire, le travail forcé, le pillage des fermes et l'incendie de terres arables et pastorales, la réquisition de marchandises et même certaines cultures rendues obligatoires par l'effort de guerre d'une puissance coloniale ou d'une autre. Là où la guerre frappa le plus durement – comme dans certaines parties de l'Afrique de l'Est –, elle dévasta le cœur des ressources agricoles.

Néanmoins, l'impact économique de la guerre et les coûts d'ajustement qu'elle induisait ne se traduisaient pas forcément par des difficultés dans tous les pays. Dans le Sud lointain et industrialisé, alors que l'Afrique du Sud souffrait des augmentations inflationnistes du coût des importations, les prix qui grimpaient en flèche et les pénuries chroniques d'importations britanniques aussi banales que les couvertures et les produits confectionnés stimulèrent la production locale de produits de substitution. Cela provoqua un puissant développement de ce qui auparavant n'était qu'une industrie locale secondaire quasi amorphe. Si les officiers des brigades expéditionnaires d'infanterie de l'Union pouvaient toujours prendre la mer pour Marseille ou Mombasa avec des montres britanniques Jaeger ou des vêtements Pringel, leurs couvertures, chandelles et aliments préparés provenaient maintenant d'usines locales. Par ailleurs, il y eut un vif essor de la production de produits de base traditionnels pour l'exportation comme le maïs, la laine et la viande, sans parler d'une progression phénoménale des quantités de cognac, de rhum et autres spiritueux transportés en Grande-Bretagne. Le cognac grimpa en flèche – de 159 misérables litres exportés en 1913 à 151 000 litres en 1917[30]. Par tous les moyens, cette partie de l'Empire africain devait assurer la livraison des rations d'alcool nécessaires aux armées de masse issues des classes laborieuses britanniques.

En dépit des dommages occasionnels dus à la sécheresse, les importants agriculteurs blancs prospéraient, et leurs journaux professionnels se réjouissaient des rendements accrus permettant de remplir les estomacs des vastes armées alliées. Ces gains dus à l'expansion de l'agriculture provoquée par la guerre, dopés par l'injection de financements gouvernementaux pour stimuler la capacité de production, se firent partiellement au détriment de ce qu'il restait de cultivateurs et de métayers africains.

Avec un accès aux terres fertiles encore restreint par le *Land Act* ségrégationniste de 1913 – contre lequel le South African Native National Congress récemment constitué avait, en 1914, en signe de patriotisme de guerre, retardé sa campagne de protestation –, la situation déjà critique des petits cultivateurs marginaux empira. La disette causée par les mauvaises récoltes dues à la sécheresse qui suivit 1914 ayant atteint des sommets, la misère obligea les Africains à quitter la campagne pour chercher un travail civil salarié ou effectuer leur service militaire outre-mer dans les rangs du South African Native Labour Contingent non combattant.

Alors que beaucoup d'Africains ruraux de l'Union sombraient, un autre effet marquant du bouleversement de la guerre fut la modernisation rapide des infrastructures industrielles majeures du continent, comme l'électrification, le transport et l'approvisionnement, qui reçurent un nouvel élan. Pour la main-d'œuvre, il y eut comme un mouvement parallèle. Dans les principaux centres économiques, tel le Witwatersrand, le nombre d'Africains travaillant dans l'industrie doubla entre 1916 et 1919, alors que l'emploi de femmes blanches dans les usines augmentait presque dans les mêmes proportions, car le départ des soldats blancs pour la guerre avait ouvert les portes aux femmes qui, bien sûr, travaillaient à des tarifs bien inférieurs.

En 1914, la ruée de milliers de mineurs et artisans émigrés britanniques patriotes vers le service armé dans les bataillons coloniaux offrit l'opportunité à certaines catégories de travailleurs de les remplacer. Dans les mines de Johannesburg, des emplois vacants d'ouvriers semi-qualifiés, habituellement réservés à l'aristocratie de la main-d'œuvre blanche, furent remplis par des mineurs noirs expérimentés à des salaires beaucoup plus bas. L'avantage était que cela faisait baisser le coût du travail. Cet effacement de l'obstacle de la couleur sous le contrôle de la Chambre des mines fut accueilli comme la réponse audacieuse de l'industrie à la nécessité patriotique de soutenir la force économique de la nation en guerre.

Une des grandes difficultés tenait toutefois à ce que les ouvriers blancs syndiqués n'ignoraient pas ce qu'impliquait le contexte de la guerre, si bien qu'entre 1916 et 1918 les mines d'or furent touchées par une agitation due au statut privilégié des mineurs blancs. Il s'agissait de milliers de nouveaux mineurs afrikaners, des Blancs pauvres sans terre qui avaient relancé les secteurs affaiblis par l'exode de combattants volontaires en Europe et en Afrique de l'Est. Ayant acquis un ancrage professionnel, ils s'opposèrent à leur remplacement systématique lors du retour des anciens combattants après 1918. Au début de l'année 1914, à peu près un tiers des employés blancs des mines étaient « natifs coloniaux » plutôt que « natifs d'outre-mer », selon le vocabulaire classique de l'identité blanche des dominions. En 1918, la proportion d'Afrikaners était montée à plus de 50 %. Les campagnes lointaines ayant provoqué le départ d'un grand nombre d'immigrants et de leurs descendants, on peut penser que ce mouvement accéléra la vitesse à laquelle la classe ouvrière blanche minoritaire d'Afrique du Sud fit de plus en plus de place aux indigènes ou aux « nationaux ».

Inéluctablement, la production d'or – et la façon de la gérer en temps de guerre – s'adapta aux priorités les plus urgentes de la Grande-Bretagne. Produit stratégique vital, le lingot était la clef de voûte du mariage du plus important producteur du monde, les mines du Witwatersrand, avec la Banque d'Angleterre, à Londres, qu'elles approvisionnaient au début de la guerre pour plus des deux tiers de ses précieuses réserves d'or. Sans perdre de temps, la Banque conclut un accord avec les sociétés minières sud-africaines pour que leur minerai soit vendu exclusivement à la Grande-Bretagne et au taux fixe de 1914, gelé le temps d'une guerre qui ne devait pas durer.

À l'époque, cela sembla mutuellement bénéfique. Fondement du système global de la livre sterling, les réserves d'or ne seraient pas exposées aux attaques maritimes allemandes, mais seraient stockées dans une Afrique du Sud imprenable tandis que Londres fournirait une couverture financière pour la majeure partie du coût d'achat jusqu'à ce qu'un transport plus sûr puisse reprendre. L'Union y gagnait non seulement un prix de guerre garanti pour ses marchandises à l'export, mais aussi du crédit britannique facilitant le financement de son corps expéditionnaire africain et européen. Du point de vue britannique, l'accord avec le dominion n'était pas moins – voire plus – satisfaisant. Malgré la guerre, la Grande-Bretagne était assurée d'une augmentation stable de ses réserves d'or ; la position financière clé, sur le plan international, de la City de Londres serait préservée et la Banque d'Angleterre pourrait avancer son excédent d'or bon marché à des pays neutres alors que le prix mondial, en temps de guerre, grimperait.

En fait, comme cela parut rapidement évident, pour les propriétaires de mines, le gel du prix de l'or n'était pas un pari sûr. Car il eut l'effet inverse de celui prévu. Comme la valeur de la livre avait baissé, en 1916 les coûts à l'importation des équipements et des systèmes de stockage essentiels dont dépendait l'industrie de l'or avaient grimpé de manière vertigineuse. De plus, la main-d'œuvre blanche militant au sein des syndicats sut utiliser la pénurie de compétences pour obtenir des augmentations importantes de salaire aussi bien que des réductions du temps de travail ; ainsi la production d'or en 1918 était-elle inférieure à ce qu'elle était en 1914. Frappés par la hausse des coûts et dans l'impossibilité de les répercuter sur leur prix de production, les capitalistes miniers virent leurs profits s'effondrer. La Grande-Bretagne étant peu disposée à revenir sur les conditions d'achat de l'or, en 1917 l'industrie mécontente dénonça l'effet handicapant d'une guerre européenne insupportable sur la vie économique normale et la bonne santé industrielle d'une *Greater South Africa* (Grande Afrique du Sud) sur le continent. Le conflit ne mit pas seulement à l'épreuve les relations entre Londres et les propriétaires des terres aurifères du Witwatersrand. À l'intérieur du pays, leur rentabilité déclinante et la baisse de la production poussaient ces derniers à se libérer du boulet de la main-d'œuvre blanche coûteuse. Leur tentative pour réduire leurs frais, une offensive contre la position retranchée des travailleurs syndiqués qui conduisit à la traumatisante révolte du Rand de 1922, était un héritage direct des difficultés de la guerre. Même fortement protégée, une région industrielle secouée par la guerre comme le Transvaal fut financièrement prise à la gorge.

À certains égards, la forme que la Première Guerre mondiale prit en Afrique s'élabora non seulement sur le continent, mais aussi en dehors. En ce sens, elle fut à la fois un règlement de compte interne entre puissances coloniales ennemies et une guerre *extra muros*, dirigée par des Alliés en proie à une suspicion politique mutuelle et à l'impression que les accords de coordination et les arrangements valaient à peine le prix du papier sur lequel ils avaient été conclus. Au cours du conflit, la Belgique suspecta la Grande-Bretagne de vouloir l'écarter de toute conquête territoriale dans l'est du continent et, à la fin des hostilités, d'envisager de lui confisquer ses colonies existantes. Pour les Britanniques, les Belges étaient dangereux car, si l'on en venait un jour à des négociations secrètes avec l'Allemagne pour une paix séparée, ils pouvaient utiliser n'importe quel territoire ennemi capturé comme une occasion d'extension coloniale. Et puis il y avait le Portugal, indubitablement le seul État colonial pour lequel la guerre en Afrique primait sur la dimension nationale du conflit. Mais, financièrement fragiles et devant affronter une guerre impopulaire dans l'opinion publique, les Portugais étaient trop paralysés par la peur des répercussions politiques d'une défaite coloniale pour s'attaquer efficacement aux Allemands. Les timides fanfaronnades de Lisbonne sur sa participation à la campagne, avec des troupes tenues en piètre estime et devant constamment être secourues, ne firent rien pour dissiper le scepticisme britannique. Contrairement au Portugal, l'Afrique du Sud avait envie de grandes choses, mais cela ne mena à rien. Les Portugais refusèrent d'échanger, comme le proposait l'Union, les ports coloniaux et la main-d'œuvre locale du Mozambique contre l'Afrique du Sud-Ouest. Enfin, les aspirations de l'Union à recevoir une partie (comme la Belgique et le Portugal) de l'ancienne Afrique orientale allemande furent repoussées par la Grande-Bretagne, bien installée dans ses nouvelles possessions au Tanganyika.

À un autre niveau, la guerre vit, à travers l'Afrique, la consolidation finale des structures coloniales imposées par l'Europe. Dans les années d'immédiat après-guerre, ces structures fournirent les cadres d'une autorité souveraine, organisée plus fermement afin de gérer les affaires politiques, d'exploiter les potentiels économiques et d'utiliser la technologie et des méthodes d'organisation efficaces permettant d'implanter un ordre colonial sûr et stable.

Comme on put le constater dès le début des années 1920, le conflit provoqua un réalignement majeur des conditions de l'après-conquête, amenant le système colonial à maturité. Les décennies violentes, chaotiques, qui suivirent la ruée des années 1880 furent en fait englouties par la Première Guerre mondiale[31]. Son legs précoce fut celui d'une *pax colonica* s'imposant, alors que le travail de pacification des colonies était presque entièrement achevé quand Paul Emil von Lettow-Vorbeck et ses jusqu'au-boutistes *askaris* consentirent à contrecœur à se rendre au général sud-africain Jaap van Deventer sur la rive sud du lac Tanganyika, le 25 novembre 1918. Dans l'ensemble, l'embrasement des rébellions et des insurrections s'était éteint, et avec lui le vacillement final des tactiques de résistance armée dans l'espoir de regagner une identité autochtone indépendante. En outre, les niveaux de banditisme rural, de contrebande et de criminalité urbain avaient aussi fortement diminué. La paix coloniale maintenue avec fermeté permit aux innovations économiques et aux changements sociaux, associés à un marché économique et à un capitalisme marchand, de se réaliser dans la plus grande partie de l'Afrique. Grâce à cette situation sécurisée et pleinement ouverte au début des années 1920, « les soldats reparèrent leurs baraques et les forces du marché devinrent plus importantes – ou du moins aussi importantes – que les mitrailleuses à tir rapide ». Comme la manifestation du militarisme florissant reculait, « c'est l'économie commerciale qui devait maintenant définir la société coloniale[32] ».

Le choc de la guerre mondiale marqua également de son empreinte indélébile nombre de sociétés et de communautés. Naturellement, il atteignit le plus profondément celles qui avaient ressenti directement ses affres. Il en fut ainsi, par exemple, de la perte catastrophique d'une récolte de céréales ravagée par des *askaris* allemands déchaînés dans l'Est africain portugais ; ou encore de l'envoi musclé de tirailleurs sénégalais arrachés à leur sol natal et convoyés en France dans une traversée qui leur rappela le Passage du Milieu, du temps de la traite des esclaves, souvenir transmit de génération en génération. En effet, « la guerre provoqua le plus important transfert d'Africains hors de leur continent depuis l'époque de la Traite[33] ». Ces hommes issus de sociétés paysannes, qui n'avaient aucune tradition de navigation de haute mer, eurent l'impression d'une transgression vertigineuse, perpétrée contre leur volonté, dans l'immensité inconnue et inquiétante de l'océan Atlantique.

Nul doute aussi que les Africains colonisés qui avaient vu, quelquefois de très près, des Européens se massacrer les uns les autres n'oublieraient pas facilement un spectacle aussi choquant, ni les privations et la déchéance occasionnées par le conflit en Europe. En bouleversant les frontières imaginaires « séparant colonie et métropole », l'ampleur de la guerre « sapa le privilège qu'avait l'autorité coloniale d'établir seule la représentation du pouvoir offert à la consommation » de ses sujets[34]. Certains soldats et auxiliaires affectés comme travailleurs n'oublièrent pas non plus leur rencontre avec des Européens. Les troupes d'Afrique occidentale française souffrirent du racisme allemand les décrivant comme des sous-hommes. Et la société métropolitaine en guerre qui les recevait, et pour laquelle ils se sacrifiaient, avait ses propres aspects de comportements et d'idéologie racistes. Dans l'armée, il y avait l'exposition habituelle et prévisible aux inégalités mesquines, au traitement discriminatoire et au mépris racial. Même dans l'imagerie de la propagande positive recevait les soldats algériens et marocains comme des patriotes coloniaux d'outre-mer s'étant précipités pour traverser la Méditerranée afin de sauver le sol français, ils étaient dépeints comme des assassins brutaux et assoiffés de sang.

Néanmoins, certains comprirent grâce à la guerre que les Européens n'étaient pas toujours nécessairement les mêmes en Europe et en Afrique : parfois, une certaine ambivalence demeurait dans la manière dont ils étaient perçus et traités au cœur des empires qui les avaient réclamés. Bien que peu nombreux, des bars, des femmes et des maisons aux portes ouvertes facilitaient la fraternisation et les familiarités sociales entre soldats africains et civils européens. Mais on n'avait pas toujours la possibilité de vivre et de se laisser vivre. Dans le cas du South African Native Labour Contingent, selon l'arrangement entre le gouvernement de l'Union et le War Office britannique, il était interdit au corps africain de côtoyer de près les civils locaux, de peur qu'ils ne soient contaminés par l'égalité sociale au risque de subvertir la discipline habituelle de la ségrégation. Pour assurer subordination et contrôle, les membres du contingent trouvèrent en Europe des conditions auxquelles ils étaient habitués : elles furent, tout simplement, africanisées. Dans les bases de l'arrière comme à Dieppe et à Rouen, les hommes encadrés par des supérieurs blancs de l'Union's Native Labour Bureau étaient cloîtrés dans des camps fermés, sur le modèle de ceux utilisés pour loger les travailleurs migrants dans les mines de diamants de Kimberley et les mines d'or de Johannesburg. Pourtant, dans l'Europe en guerre, les bastions de la ségrégation ne furent jamais en mesure de reproduire les rudesses de la vie coloniale en temps de paix : les frontières raciales étaient mises à l'épreuve ou franchies de multiples manières par des soldats noirs exténués à la recherche de conditions différentes et meilleures.

Sur cette question, une partie des Mémoires de guerre des Africains a témoigné non seulement de la rude ambivalence de la « mission civilisatrice » du système colonial, mais aussi des défauts et des fêlures d'une population européenne affaiblie, apparemment incapable de régler le problème de sa guerre sur une base entièrement européenne. Comme *The Japan Times* le faisait observer le 3 décembre 1918, il était impossible que la guerre ne perturbe pas les perceptions conventionnelles de solidarité raciale dans un monde impérial : « D'un côté, les races blanches étaient en guerre entre elles. De l'autre, les Britanniques avaient fait venir les Indiens pour se battre en Europe et les Français avaient recruté des Africains, des Asiatiques du Sud-Est et des habitants des îles du Pacifique. Le Japon était allié à la Grande-Bretagne, cependant que la Turquie combattait aux côtés de l'Allemagne et de l'Autriche[35]. »

Dans l'univers européen perturbé, tout n'était pas hostile aux attentes des Africains, le déroulement de la guerre elle-même et sa férocité y compris. Des guerriers ruraux, habitués à leurs propres rythmes agraires de guerre hautement personnalisée – âpres conflits du XIXe siècle pour le contrôle du commerce de l'ivoire, l'acquisition d'armes à feu ou d'esclaves, de pâturages ou de prestigieux butins, et le gain de tributs symboliques –, n'étaient probablement pas prêts à oublier rapidement les privations prolongées ainsi que la nature très étrange de leur immersion dans une guerre industrielle. Pour beaucoup de combattants africains sur le front, la particularité culturelle de ce conflit était qu'il s'agissait principalement d'une guerre de l'excès, son caractère létal diminuant rarement d'intensité et uniquement pour se répéter. Cela dépassait l'entendement. Surtout, il s'agissait d'un militarisme sans la protection du rituel et du symbolisme familier tel que l'apprêt religieux des corps avant la bataille. S'y ajoutait le fait que la pratique de la guerre ne tenait pas compte de l'heure ou du climat : les armées ne s'interrompaient pas lorsque la nuit tombait, ni à la saison des pluies ou à cause du cycle des moissons lorsque l'on avait besoin de leurs bras. Après les guerres de milices à temps partiel d'Afrique, où l'on combattait pour un gain commercial ou un bénéfice personnel direct, le rythme implacable de la Première Guerre mondiale était profondément déconcertant.

Cette expérience perturbante aida aussi les Africains à préparer le terrain des organisations proto-nationalistes et des associations semi-politiques, en lien avec la formation d'identités typiquement modernes de protestation populiste, nimbée d'une suave croyance aux pétitions, députations et autres déclarations. Pour beaucoup de mécontents, ces élans de protestation politique contre les régimes coloniaux s'étaient accrus à la suite de la conquête et de l'invasion européenne quelques années avant 1914. Mais la guerre renforça la politisation anticoloniale, imprimant à la vie politique un grand nombre de nouvelles dimensions contestataires. Toutefois, la portée de tout cela ne doit pas être surestimée et les historiens attachent maintenant moins d'importance que naguère au rôle des anciens combattants dans la politique de contestation, même si leur portée sociale ne fut pas toujours négligeable.

Outre les Africains occidentalisés éduqués qui avaient été amenés à occuper des emplois administratifs, abandonnés par les Blancs partis se battre, les travailleurs urbains et les paysans furent aussi affectés dans leurs sensibilités sociales et politiques. Ayant subi les effets de la guerre, les principaux mémorialistes de l'Afrique avaient vu les univers qu'ils connaissaient bouleversés et même subtilement changés par leurs expériences. Après 1918, leur désillusion vis-à-vis de ce qu'ils considéraient comme des systèmes conservateurs, archaïques et compromis de gouvernements principalement africains travaillant main dans la main avec le pouvoir colonial leur fit rechercher une forme cohérente d'expression des voix africaines nouvellement éveillées et éclairées, avec la volonté de manifester leurs valeurs et de remettre en question l'exclusion sociale et politique.

En un sens, la conférence de Paris en 1919 ne fit que rejeter les Africains aux marges de l'histoire, car elle décida du destin des colonies occupées des Allemands pour les confier sous mandat aux Alliés victorieux. Ils allaient être tenus sous une tutelle paternaliste, moyennant une garantie humanitaire des intérêts africains dans le cadre d'une longue préparation à une éventuelle autodétermination. Ainsi, la Première Guerre mondiale produisit une combinaison de tutelles européennes plutôt qu'un impérialisme brutal, même si le fait que les membres les plus puissants de la nouvelle Société des Nations fussent les deux plus grands États coloniaux, la Grande-Bretagne et la France, n'était pas exempt d'une certaine ironie. De leur part, il y eut désormais « un intérêt de pure forme à l'idéal qui présiderait au gouvernement des colonies jusqu'à ce que les indigènes puissent se débrouiller par eux-mêmes[36] ».

En attendant cette époque sans précédent ni promesse, certains territoires africains perdus par l'Allemagne vaincue furent même découpés avant d'être distribués. La Grande-Bretagne et la France se partagèrent le Togo. Cependant que les Français administraient leur part des dépouilles, les Britanniques intégrèrent leur conquête à la Gold Coast voisine. La France acquit plus des trois quarts du Kamerun, qui devint le Cameroun, et la Grande-Bretagne récupéra le reste qui jouxtait son protectorat nigérian. Avec la fin de l'Est africain allemand, le Tanganyika passa sous mandat britannique. Dans les arrière-pays de ces territoires, la possession allemande du Ruanda-Urundi, au nord-est du Congo belge, passa sous la responsabilité de la Belgique. Enfin, il y eut la confirmation de certaines acquisitions pour les ambitions sous-impériales de l'Union d'Afrique du Sud et sa volonté affirmée durant la guerre de constituer une nation blanche stable et autonome. Dans le sud de l'Afrique, les nouveaux conquistadors de la mise sous tutelle coloniale ne venaient pas de Londres, de Paris ou de Bruxelles, mais de Pretoria, et l'ancien territoire allemand de l'Afrique du Sud-Ouest passa sous administration sud-africaine.

Par ailleurs, quelque chose bougeait dans l'ombre de la carte refaçonnée par les Européens et du concept de « mandat » inventé par la Société des Nations pour ces parties de l'Afrique naguère allemandes. En rendant les élites africaines plus conscientes de leur position dans le monde et en préparant le terrain pour fonder une nouvelle ère moderne d'identités protestataires, les délibérations de la conférence, avec les quatorze points du président Woodrow Wilson et la Charte de la Société des Nations, attirèrent l'attention de groupements politiques. Pour les petits mouvements rénovateurs, la guerre semblait avoir clarifié la base de leur difficile situation générale, et constitué en quelque sorte une expérience « nationale » bien avant la construction imaginaire de leurs nations.

Ainsi y eut-il des appels de plus en plus pressants dans les régions de l'Afrique occidentale britannique pour que les personnes qualifiées et instruites soient mieux représentées dans les gouvernements locaux. Beaucoup plus au sud, le South Native National Congress (précurseur de l'African National Congress – Congrès national africain) alla encore plus loin en se référant à des idées générales sur les droits, la démocratie et le nationalisme comme aboutissement du rétablissement de la paix. Sollicitant en vain de la Couronne le droit d'avoir sa représentation à la conférence, le mouvement souligna le sacrifice et la contribution des Africains à la guerre. Il rappela au roi George V, leur protecteur naturel, que, de même que les sujets de l'Empire des Habsbourg pouvaient maintenant espérer l'autonomie nationale sous les principes de la paix, les Africains avaient eux aussi le droit de disposer d'eux-mêmes et de se libérer de la discrimination et de l'oppression. Mais ce n'est pas la seule façon dont la Première Guerre mondiale amena certains habitants du continent à une prise de conscience plus globale. Quoique le résultat de la guerre ait été décourageant, le journal nationaliste afrikaner radical *Het Volk* rassura ses lecteurs : tout n'était pas perdu, car le conflit s'était terminé par « une victoire du républicanisme et, en tout cas, l'Amérique était vraiment responsable de la victoire[37] ». Ainsi le rêve était-il de ne plus vivre sous la domination impériale, bien que la Grande Guerre ait encore plus fermement enfermé l'Afrique qu'auparavant.

Chapitre XVII

L'Empire ottoman

Mustafa Aksakal

Débris de guerre : une hache et une bombe,
İsmail meurt dans un cimetière

Le mardi 19 octobre 1920, vers 15 heures, dans le petit village de Çay près de Çanakkale (Gallipoli), Ferhad, un muet (*dilsiz*) de sept ans, court vers ses amis, tout excité, leur indiquant par gestes qu'il vient de trouver un obus au cimetière. Huit enfants le suivent pour l'examiner. İsmail, dix-sept ans, fils d'Ali de Limnos, est venu avec une hache. Grimpant sur l'obus, il donne un grand coup. L'explosion le tue sur le coup, ainsi que Hüseyin, fils de Mehmed, et blesse grièvement leurs cinq amis. İsmail et Hüseyin avaient survécu à la Grande Guerre, qui les tua quand même[1].

La Première Guerre mondiale, au Moyen-Orient, tua au moins 2,5 millions d'Ottomans, soit autour de 12 % de la population de l'Empire, pour la plupart des civils, et, même si toute certitude est exclue, probablement bien davantage, peut-être jusqu'à 5 millions[2]. Les dégâts matériels et écologiques causés par la guerre n'ont jamais été évalués, et l'expérience civile de la guerre attend toujours une étude fouillée. Malgré toutes les questions qui subsistent, cependant, il est clair que les dommages et les souffrances entraînés par le conflit réduisirent en cendres le tissu social de l'Empire : bien du temps passerait, peut-être un siècle ou plus, avant que la région se remît de la destruction et qu'on pût écrire une histoire intégrée, qui considère la guerre comme la tragédie humaine qu'elle a été sans en faire l'histoire exclusive d'un groupe national particulier. À bien des égards, l'histoire complète de la guerre est demeurée également recouverte par les débris de la guerre et demeure non moins explosive que l'obus qui tua les deux gamins curieux de Çay.

Ainsi, alors que le principal problème auquel se heurtent la plupart des auteurs d'études nouvelles de la Première Guerre mondiale est de synthétiser la masse des travaux produits par neuf décennies de recherches, la situation paraît assez différente pour le Moyen-Orient moderne : le défi est en l'occurrence d'asseoir un récit cohérent et une interprétation fondés sur un terrain de recherche qui reste assez peu fréquenté, notamment parce que c'est un champ de mines politique, et où les enjeux sont exceptionnellement élevés.

L'étude de la Première Guerre mondiale a avant tout pâti de la politisation de la fin de l'époque ottomane, en particulier l'étude des politiques envers les minorités chrétiennes – dont le cas arménien est emblématique et dont l'héritage continue d'affecter la politique intérieure de la Turquie et ses relations extérieures. Une autre entrave, qui n'est pas sans lien avec la première, a été la disponibilité limitée des sources primaires, avec l'accès restreint aux archives militaires de la région. Alors que la population ottomane alphabétisée est demeurée de l'ordre de quelques points de pourcentage tout au long de la guerre, les récits personnels de soldats et de civils relatant leurs expériences dans leurs lettres et journaux ne suffisent pas à combler les lacunes des publications officielles. Et, comme si ces obstacles n'étaient pas suffisants, les historiens doivent relever le défi d'écrire sur un immense empire qui abritait des populations parlant plus de langues que n'en peut maîtriser un seul chercheur : arabe, grec, hébreu, kurde, ladino, arménien et, surtout, turc ottoman – jargon bureaucratique qui est un mixte de mots et d'expressions turcs, arabes et persans, et qui est aujourd'hui éteint depuis plus de quatre-vingts ans. Enfin, nombre de nations participantes ont donné la priorité à d'autres sujets dans leurs réflexions historiques nationales. Dans l'historiographie arabe, par exemple, la guerre a été éclipsée par le régime ultérieur des mandats imposé par la Société des Nations et le conflit autour de la Palestine. De même, dans l'historiographie turque, les évaluations de la guerre sont passées après l'histoire de la révolution kémaliste et les efforts de sécularisation et de démocratisation.

De ce fait, en dehors d'un petit cercle de spécialistes, près d'un siècle après, la guerre telle qu'elle a été vécue au Moyen-Orient demeure largement inconnue. Ceux qui se souviennent des Ottomans les voient comme les « propriétaires » d'une scène périphérique sur laquelle les principaux acteurs étaient des *outsiders* : Allemands proclamant le *jihad*, Australiens et Néo-Zélandais tombés sur la péninsule de Gallipoli, Sykes et Picot découpant les terres arabes (en autant de futurs « mandats » occidentaux), T. E. Lawrence provoquant l'étincelle de la Révolte arabe, et la lettre de lord Balfour promettant le soutien des Britanniques à « l'instauration en Palestine d'un foyer national pour le peuple juif[3] ». Dans la plupart des histoires occidentales, le seul aspect de la guerre dans lequel les Ottomans aient joué un rôle actif est la « catastrophe » arménienne : *Aghet* en arménien. Et pourtant, si significatifs soient-ils, ces épisodes de la guerre sont relatés isolément les uns des autres, hors du contexte ottoman plus profond qu'ils méritent[4].

L'oubli historique auquel a été vouée la guerre ottomane paraît d'autant plus curieux que les observateurs de l'époque exprimèrent souvent la conviction que la région était *au cœur* de la guerre : « La guerre présente a sans nul doute été largement une guerre pour le contrôle de l'Asie Mineure », écrivit en 1916 un collaborateur du volume britannique *The Nineteenth Century and After*[5]. En Russie, un député déclara devant la Douma que la guerre était, somme toute, une guerre pour Constantinople[6]. Il n'est pas nécessaire de le prendre au mot – après tout, la Russie entra en guerre pour toutes sortes de raisons – pour remarquer que le front ottoman ne fut jamais accessoire. Cependant, réintroduire l'expérience ottomane dans notre intelligence de la Première Guerre mondiale, ce n'est pas réaffirmer une importance qui était claire aux yeux des contemporains, et encore moins offrir un point de vue « ottoman » (à supposer même que pareille chose ait existé), mais approfondir les histoires existantes de la guerre en sorte que le théâtre proche-oriental, l'État ottoman et les millions d'habitants de l'Empire deviennent des acteurs du conflit à part entière.

Alors que les chercheurs européens ont écrit l'histoire depuis une Europe qui a déposé les armes, pour souligner la nature tragique et de plus en plus inutile de la guerre, au Moyen-Orient la mémoire de la guerre se mêle aux récits fondateurs des luttes d'indépendance et de libération nationale qui ont précédé 1914 et, dans certains cas, se sont poursuivies longtemps après 1918[7]. Dans le Moyen-Orient arabe, la guerre est associée à la poigne de fer du régime de Djemal Pacha, en Syrie, où l'on se souvient encore aujourd'hui en tremblant du mot ottoman *seferberlik*, « mobilisation[8] ». Comme l'a montré Salim Tamari, on s'en souvient aussi et, peut-être surtout, à cause de la Grande Famine. À peine les nuées de sauterelles s'étaient-elles abattues sur le pays en 1915, paraissant dévorer la moindre pousse verte, que l'État réquisitionna une bonne partie des stocks de grains restants, alors que le blocus naval anglo-français empêchait l'arrivée des secours de l'extérieur. D'où la famine généralisée de décembre 1915[9]. En Syrie, une personne sur sept allait mourir avant la fin de la guerre. On ne saurait sous-estimer la contribution de la famine à la Révolte arabe de 1916. Car, alors même que la population mourait de faim, la conscription se poursuivit, portant au point de rupture non seulement les capacités administratives de l'Empire, mais aussi la légitimité ottomane[10]. Le moindre signe de désaffection arabe suscitait cependant le courroux de l'État ottoman, lequel exigeait de toutes ses populations une loyauté indéfectible et, à défaut, les châtiait. Avant 1914 persistait, fût-ce vaguement, le potentiel d'un avenir ottoman, assurant l'égalité des droits et la citoyenneté à tous les groupes ethniques et religieux qui vivaient au sein de l'Empire[11]. Ce potentiel disparut au cours des années de guerre, et les populations locales choisirent des solutions de rechange au pouvoir ottoman[12].

Dans la péninsule anatolienne, la région qui devint la République turque en 1923, on présuma d'emblée que les populations chrétiennes et kurdes manquaient de loyauté ; pour le régime, le châtiment devait donc être préventif et pouvait passer par l'exécution « accidentelle » de soldats arméniens soupçonnés de s'apprêter à déserter[13]. D'environ 20 %, la communauté chrétienne s'effondra à 2 % de la population anatolienne dans le cadre d'un programme mis en œuvre par les dirigeants du Comité Union et Progrès (CUP) à la tête du gouvernement au cours de la guerre. Le CUP justifia ces représailles préventives en invoquant les assauts répétés des grandes puissances contre l'Empire ottoman depuis le début du XIXe siècle. Ils acquirent la conviction que la diplomatie européenne était un jeu fixe, qui ne leur valait que défaites militaires et pertes territoriales, sans oublier le soutien des Européens à l'indépendance des minorités chrétiennes de l'Empire. Des territoires perdus, de surcroît, affluaient des millions de musulmans, victimes du nettoyage ethnique de la région de la mer Noire, du Caucase et des Balkans, qui vivaient désormais comme réfugiés dans un Empire rétréci. En juillet 1914, chez les dirigeants du CUP – pour beaucoup originaires des Balkans –, cette histoire avait produit un sentiment profond de violation, de victimisation et d'humiliation qui légitimait, quoi qu'il advînt, les représailles et l'autodéfense contre les minorités chrétiennes qui restaient. Leur point de vue n'était pas le seul, bien entendu, car les partis d'opposition, avant tout l'Union libérale, avaient prôné un programme de décentralisation et d'autonomie régionale accrue au sein de l'Empire. Mais ces partis avaient été réduits au silence ou exilés après 1913.

Que les « États successeurs » du Moyen-Orient, sans parler des Grecs et des Arméniens, aient d'autres histoires, rivales, à raconter sur le cours des événements n'a rien de surprenant. De même ne faut-il pas s'étonner que la République turque, fondée en 1923 et qui se considérait comme un « État successeur » d'un Empire défunt au même titre que la Pologne ou la Tchécoslovaquie, ait cultivé sa propre mémoire de la guerre. Et qu'elle l'ait fait dans un récit qui, tout en différant des autres, délégitimait aussi fortement le pouvoir ottoman, au point d'utiliser souvent le même trope orientalisant de l'« homme malade de l'Europe » que les observateurs européens des XIXe et XXe siècles. Et, de même que les autres récits, le récit turc demeure aussi profondément lié à sa légitimité étatique actuelle. Il présente la transition de l'Empire à la République comme un moment de rupture monumentale – une cassure nette –, alors même que les chercheurs ont mis en évidence les nombreuses continuités en matière de leadership et de politique. L'intervention de 1914 est décrite comme l'acte d'un homme : le ministre de la Guerre, Enver Pacha. Suivant ce récit, Enver était un « faucon fasciné par l'Allemagne » – voire caressant des rêves « insensés » d'expansion turque en Asie centrale – et « avait plus ou moins plongé tout seul l'Empire dans une guerre » dont personne d'autre ne voulait[14]. Mais le récit turc de la guerre s'éloigne alors de la « tragédie séminale » de George F. Kennan qui provoqua l'effondrement économique de l'Europe, le bolchevisme, le fascisme et une nouvelle guerre mondiale[15]. Si l'entrée dans la guerre, personnifiée par Enver, a laissé le souvenir d'un désastre, la survie et la sortie de la guerre, personnifiées par Mustafa Kemal Atatürk, sont présentées comme le grand triomphe national, la « plus belle heure » des Turcs. Dans la mémoire collective de la Turquie, aujourd'hui, ce sont les Ottomans qui ont perdu la Première Guerre mondiale, mais les Turcs qui l'ont gagnée.

Il importe de soumettre ces mémoires à un examen historique. S'agissant de la première partie du récit turc traditionnel, monochrome – comment les Ottomans sont entrés dans le maelström alors que la querelle initiale ne les concernait pas –, les archives et les rares mémoires dissidentes ont eu raison du cliché : « C'est la faute à Enver ! » La Première Guerre mondiale est « l'époque la moins explorée » par les chercheurs en Turquie, alors même qu'elle fut non seulement « la période la plus traumatique, mais aussi la plus formatrice et importante de l'histoire turque moderne[16] ». Si la politique de l'État ottoman durant la guerre et les profonds développements sociaux, politiques et surtout démographiques qui se sont produits au cours de la guerre ont rendu possible l'État-nation turc, ils en ont aussi défini le caractère depuis.

Passant par la levée d'une armée nationale fondée sur la conscription de masse, ces choix politiques assuraient, tout récemment encore, le rôle sans rival de l'armée sur la scène politique turque. Mais ils passaient aussi par la mobilisation sociale et idéologique de la population civile musulmane. Et c'est effectivement cette mobilisation qui a créé la « nation turque » – par soustraction, élimination, meurtre et expulsion forcée des minorités considérées comme des poids morts, des ennemis de l'intérieur – et forgé le mythe d'une nation homogène. C'est la guerre qui a permis aux leaders ottomans, dès 1914, d'instaurer une économie *nationale* (*milli iktisat*), fondée sur des affaires musulmanes, en opposition explicite à ce qui était perçu comme la domination du commerce et de la finance par les chrétiens et les juifs ainsi que par leurs protecteurs européens[17]. Reste que, malgré la célébration de tous ces gains pour la « nation », la souffrance de la population civile du fait des maladies et de la famine a empreint la mémoire turque d'un récit d'angoisse et de victimisation.

Provincialiser la Première Guerre mondiale au Moyen-Orient

Dans le cas de l'Empire ottoman, on a de bonnes raisons de parler d'une « guerre de dix ans », qui commença en 1911, quand l'Italie s'empara des îles ottomanes du Dodécanèse et de Trablusgarb (la Libye actuelle), pour s'achever en 1922 avec la victoire du mouvement armé ottoman sur l'armée grecque et constituer la partie de l'Empire ottoman sur laquelle la République turque allait être installée en 1923 sous la présidence de Mustafa Kemal (Atatürk, après 1935)[18]. Mais contextualiser la Première Guerre mondiale au Moyen-Orient ne se limite pas à reconnaître que l'État ottoman était en guerre depuis 1911.

Toute interprétation de la Première Guerre mondiale ottomane dépend de notre évaluation de l'interaction entre l'Empire ottoman et l'Europe tout au long du XIXe siècle, et de la place que nous donnons à l'Empire entre deux extrêmes : à une extrémité du spectre, pour employer le vocabulaire actuel, l'exemple d'un État failli, souscrivant des emprunts qu'il ne pouvait rembourser, opprimant ses sujets, malmenant les minorités non musulmanes et demeurant hostile aux normes internationales, au point de précipiter l'intervention des grandes puissances et d'ouvrir la voie à sa destruction ; à l'autre extrémité, une « victime de l'impérialisme occidental », gémissant sans cesse sous les pratiques prédatrices des grandes puissances européennes qui voulaient le partager, dans un jeu connu sous le nom de « question d'Orient » – et ce, depuis que la Grande Catherine avait posé les yeux sur « Tsargrad » et que Napoléon Bonaparte avait déclaré que celui qui possédait Constantinople pouvait gouverner le monde. Malgré tout, l'Empire aurait été une « expérience largement heureuse de multinationalisme détruite par les grandes puissances dans la Première Guerre mondiale[19] ».

Si peu de chercheurs, de nos jours, adhèrent sans réserve à l'une des deux positions extrêmes du spectre, la plupart des études gravitent vers l'un de ces deux pôles. Celles qui présentent l'État ottoman comme un État failli – « un paysage de nations opprimées[20] » – font de l'engagement croissant des Européens dans la région, qui culmina avec l'occupation durant la Grande Guerre et après, le fruit d'un vide grandissant de pouvoir et d'autorité que ces puissances, en tant que gardiennes de l'ordre mondial, n'avaient d'autre solution que de combler. À l'inverse, les études qui font de l'Empire la victime de l'impérialisme imputent trop facilement la politique et les violences ethniques ottomanes aux seuls facteurs extérieurs, sans reconnaître les souffrances que l'État ottoman lui-même infligea. La différence tient en partie aux sources. À n'écouter que les diplomates, les voyageurs et les expatriés, un historien pourrait croire que l'Empire était une entité obsolète dont les insuffisances rendaient l'intervention étrangère inévitable ; mais écouter exclusivement les voix ottomanes encourage à brosser le tableau de prédateurs rapaces voués à détruire le régime ottoman.

On ne saurait résoudre le problème du spectre en repérant le point exact de l'échelle, mais en se débarrassant carrément de celle-ci, parce que c'est un point de départ fallacieux. Il est crucial de prendre au sérieux *à la fois* les effets de l'impérialisme et la nature de l'État ottoman. En vérité, les deux aspects sont inséparables, se construisant mutuellement au fil du temps. L'État ottoman n'aurait pas traité ses minorités aussi rudement qu'il le fit aux XIXe et XXe siècles sans les effets de l'impérialisme européen et la peur d'être soumis à de graves interférences. Et les politiques européennes n'auraient pas pris la forme qui fut la leur si l'État ottoman n'avait choisi la voie de la répression. L'impérialisme européen et la réponse ottomane se combinèrent pour produire les « zones de génocide[21] » de l'Empire. À travers ce processus, la diplomatie européenne alimenta au sein de l'Empire un nouveau type de politique identitaire fondée sur la religion et l'appartenance ethnique qui devait se révéler explosive. Défendre les minorités et les droits nationaux pouvait aussi être synonyme de défendre, ou d'approuver, ne serait-ce qu'implicitement, les échanges de population, le nettoyage ethnique et le génocide[22]. Reconnaître dans cette histoire un processus partagé, ce n'est pas excuser les actions ottomanes, comme l'a souligné Donald Bloxham[23], mais considérer qu'Européens et Ottomans « nageaient tous dans les mêmes eaux [...] de l'océan de l'histoire[24] ».

Mobilisation

Entouré d'une foule de femmes, de mères et d'enfants éplorés, et répondant à l'appel des autorités lors de la mobilisation du 3 août 1914, Ali Rıza s'engagea près de son village natal, au voisinage de la ville d'Erzincan, dans le nord-est de l'Anatolie. Il avait vingt-sept ans. Quelques semaines plus tard, sous la neige et par un froid glacial, il contracta la dysenterie, se vidant de son sang « dans ses urines et par l'arrière-train », puis par la bouche. Au cours de ces mêmes semaines, il avait vu les premières victimes succomber à la dysenterie, avant même de rencontrer l'ennemi. « Les malheureux », écrivit-il dans son journal le 3 octobre 1914. L'Empire n'était pas encore entré dans la guerre. Mais les hommes se dirigeaient à travers les montagnes vers Sarıkamı?, où entre 80 et 90 % de la 3ᵉ armée devait périr en janvier dans l'un des pires désastres militaires de l'histoire ottomane. Ali Rıza était un simple soldat, même si la qualité de médecin et d'officier de son frère lui valut d'être affecté au corps médical, où il assista le médecin du bataillon. La position de son frère aidant, il disposait aussi d'un peu d'argent, qui lui permit d'acheter de quoi manger et s'habiller au cours de ces premières semaines éprouvantes de la mobilisation. Alors que l'unité d'Ali Rıza se dirigeait vers l'est, elle cuisait le pain dans les boulangeries des villages traversés, dans des fours qui marchaient à la bouse de vache – ce qui ralentissait terriblement le processus. Quatre jours après le premier engagement de leur unité, le 11 novembre – le jour même où l'État ottoman proclama le *jihad* –, deux camarades d'Ali Rıza moururent de froid. Beaucoup de simples soldats devaient perdre la vie ainsi[25].

Leur tragédie est trop souvent éclipsée par le triomphe ottoman de Gallipoli, voire déniée à la lumière de la brutalité de la politique ottomane envers les populations chrétiennes, couronnée par la destruction des Assyriens et Arméniens d'Anatolie. Or, ce sont les privations extrêmes, la misère, l'exposition aux maladies et l'anarchie qui permirent ces politiques de destruction. À cette époque, put observer Ali Rıza, beaucoup avaient déjà déserté : ce devait être le cas d'au moins un demi-million d'entre eux d'ici à la fin de la guerre, soit un conscrit sur six[26]. Ordre fut donné de fusiller les déserteurs séance tenante, pour faire renoncer ceux qui pouvaient être tentés aussi de fuir les couleurs. Déjà significative et humainement compréhensible, l'accusation de désertion serait la première portée contre les Arméniens. Et où iraient les déserteurs ? En décembre 1914, les Arméniens du rang étaient présentés comme des transfuges prêts à rallier les Russes. On les exécutait déjà à titre préventif – « accidentellement », assurait-on. Ali Rıza avait aussi senti sa colère monter envers les Arméniens : le 17 janvier, après que la campagne de Sarıkamış avait déjà coûté la vie à plusieurs dizaines de milliers d'hommes, autant du fait des conditions horrifiques que de l'action russe, il se jura « d'empoisonner et de tuer trois ou quatre Arméniens à l'hôpital ». Il ne pouvait croire qu'Arméniens et Turcs seraient de nouveau « frères et concitoyens » après la guerre ; menée dans des conditions hivernales d'une rigueur extrême en décembre 1914-janvier 1915, la campagne pour envahir le territoire russe à Sarıkamış avait été trop éprouvante[27]. Ali Rıza avait l'impression que la guerre tranchait irréversiblement les liens qui soudaient depuis des siècles les groupes ethniques et religieux de l'Empire, et ce sentiment se révéla désastreusement exact.

Les chiffres officiels que le ministère de la Guerre publia en 1921, et qui étaient notoirement incomplets, évaluent le nombre des conscrits à 2 850 000. Mais cette estimation exclut des centaines de milliers d'hommes et de femmes incorporés dans des bataillons de travail aussi bien que ceux qui se battaient dans des formations irrégulières, surtout en Anatolie orientale : essentiellement des Kurdes sous commandement kurde. Mais on a une autre raison de soupçonner que le chiffre en question sous-estime le nombre des conscrits ottomans : en mars 1917, en effet, le ministère de la Guerre avait donné un chiffre cumulé de 2 855 000, et les combats allaient encore durer plus de dix-huit mois. De même, le bilan officiel des victimes – 325 000 morts et 400 000 blessés – appelle un égal scepticisme[28]. De récents essais de réévaluation des victimes ottomanes ont indiqué 771 844 morts – plus de la moitié ayant succombé à des maladies –, soit un taux de mortalité voisin de 25 %[29].

L'État était confronté à une constante pénurie d'effectifs : trouver des hommes du rang était d'autant plus difficile que les autorités militaires doutaient de la loyauté de larges couches de la population pour des raisons ethniques et religieuses, alors même qu'en 1909 le parlement ottoman, rétabli en 1908, avait rendu le service militaire obligatoire pour tous les hommes indépendamment de leur appartenance ethnique ou religieuse. Les communautés juive et chrétienne de l'Empire avaient réagi diversement à cette loi. D'aucuns, comme les fils des familles de la bourgeoisie juive de Jérusalem, commencèrent par embrasser le service des armes dans un esprit de civisme ottoman à la suite de la révolution jeune-turque de juin 1908, des élections ultérieures et de l'avènement apparent d'un gouvernement représentatif[30]. D'autres, surtout les Ottomans gréco-orthodoxes, refusèrent tout simplement de se présenter aux autorités[31]. La composition ethnique et religieuse de l'armée ottomane n'a pas été reconstituée avec précision. Alors qu'on parle couramment de 300 000 conscrits arabes, soit 10 % du nombre total des hommes mobilisés, une étude récente suggère que les recrues des provinces arabophones de l'Empire pouvaient dépasser les 26 %. Bien que fragmentaires, les archives indiquent que, sur les 49 238 déserteurs de la province d'Aydın, entre août 1914 et juin 1916, il y avait autour de 59 % de musulmans, et donc 41 % de non-musulmans[32].

Hagop Mıntzuri, comme Ali Rıza, était né aux environs de la ville d'Erzincan, sinon la même année, un an plus tôt. Le 3 août 1914, le jour où l'État ottoman mobilisa tous les hommes âgés de vingt à quarante-cinq ans, Hagop se trouvait en visite à Istanbul, sans sa famille. Aussitôt conscrit comme boulanger – il exerçait cette profession depuis de nombreuses années –, Hagop ne devait plus revoir son épouse, Vogida, ni aucun de ses quatre enfants : Nurhan, Maranik, Anahit, respectivement âgés de six, quatre et deux ans, et Haço, encore bébé. Comme tous les autres chrétiens du village, ils avaient été déportés avec la mère de Hagop, Nanik, cinquante-cinq ans, et son grand-père de quatre-vingts ans, Melkon. On ne devait plus en entendre parler. Les Mıntzuri étaient arméniens[33].

Bataille

Les hommes d'État en charge de la haute politique imaginaient une collusion potentielle entre les minorités de l'Empire – chrétiens, mais aussi Juifs, Arabes et Kurdes – et les puissances de l'Entente. Et les Ottomans partageaient avec leur allié allemand une même obsession inquiète de l'*Einkreisung*, d'un possible encerclement. Ils redoutaient le désir de la Russie de contrôler les Détroits ottomans et ses desseins sur l'Anatolie orientale – région qui s'étendait du Caucase russe à la Méditerranée orientale et qui comptait une forte population de chrétiens arméniens et de Kurdes musulmans. La Russie menaçait l'Empire au nord et à l'est, tandis que depuis la fin du XIXe siècle la Grande-Bretagne s'était retranchée en Égypte et dans l'île stratégiquement vitale de Chypre ; on pouvait craindre qu'elle n'étendît sa présence aux régions sud et arabophones de l'Empire pour relier ainsi l'Asie du Sud britannique à l'Égypte. Au cœur géographique de l'Empire, l'influence française sur les régions autonomes de Syrie et le soutien britannique au sionisme en Palestine étaient autant de nouveaux défis lancés au profond sentiment d'insécurité et de faiblesse impériale qui régnait dans les centres du pouvoir à Istanbul. De surcroît, la Syrie était vulnérable par la Méditerranée : plus à l'est, les Britanniques pouvaient atteindre l'Irak par Bassora ou, avec les Russes, par l'Iran que les deux puissances s'étaient partagé, politiquement en 1907, puis militairement en 1911 – faisant trembler le sol à Téhéran, mais aussi à Istanbul.

Confrontés à cette fâcheuse situation géostratégique, les dirigeants ottomans virent dans la crise de juillet l'occasion de s'allier avec une grande puissance, l'Allemagne, espérant que celle-ci assurerait à l'Empire une protection à long terme et une période de consolidation impériale après la guerre – même si cela signifiait, à plus court terme, que les Ottomans devraient sans doute se battre une fois encore.

Le ministre de la Guerre, Enver, qui avait droit au titre de « pacha » accordé aux plus hauts dignitaires de l'Empire, avait fait ses dents de jeune officier en pratiquant la guerre de guérilla en Macédoine ottomane contre les révolutionnaires bulgares et grecs. Quand l'Italie occupa la Libye, à l'automne 1911, Enver dirigea à nouveau des troupes régulières et irrégulières contre les Italiens, qui réagirent en inondant de propagande la population arabe : « Ne perdez pas de vue que l'Italie (qu'Allah la renforce !), en décidant d'occuper votre pays, ne vise qu'à servir vos intérêts et le nôtre, et à assurer notre prospérité mutuelle en chassant les Turcs […]. Ils vous ont toujours méprisés. Nous, en revanche, nous avons étudié vos coutumes et votre histoire. […] Nous respectons votre noble religion parce que nous reconnaissons ses mérites, et nous respectons également vos femmes. […] Avec l'aide de Dieu, cela ne fait aucun doute, nous chasserons les Turcs de ce pays[34]. » De surcroît, le pape « bénit les combattants italiens et loua Dieu de les aider à remplacer le Croissant par la Croix en Libye[35] ». Au sein du corps des officiers et dans les classes politisées, ces expériences, des Balkans à l'Afrique du Nord, entretinrent un sentiment de menace de la sécurité territoriale de l'Empire, que beaucoup ne pensaient accessible qu'à travers un étalage de force militaire et, au besoin, par la guerre[36]. « Il nous faut bien comprendre, observa un journal, que nous ne pouvons préserver notre honneur et l'intégrité de notre peuple que par la guerre, non pas par ces vieux livres de droit international[37]. »

Le 28 juillet 1914, dans un message codé « très urgent », le gouverneur de la province d'Edirne, Adil, alerta le ministère de l'Intérieur sur les mouvements de troupes bulgares et demanda des nouvelles de la dégradation de la situation internationale. Talât, le ministre de l'Intérieur, déjà l'un des hommes les plus puissants d'Istanbul, répondit aussitôt : « L'Autriche a déclaré la guerre. Nous pensons que la guerre ne restera pas locale, mais va se propager. Mon frère, nous travaillons jour et nuit pour nous protéger des nuisances et tirer parti de la situation au mieux de nos capacités[38]. » Le 2 août 1914, Talât envoya des ordres de mobilisation aux gouverneurs de province : « Parce que la guerre a été déclarée entre l'Allemagne et la Russie, notre situation politique actuelle est devenue très délicate. Il est probable que la Russie s'engage dans une action et des efforts hostiles contre nos frontières afin de poursuivre sa politique et d'étendre son influence dans le Caucase et en Iran. Aussi, conformément aux instructions précédentes, toutes les mesures nécessaires à l'achèvement de la mobilisation doivent être mises en œuvre immédiatement et sans tarder, avec la diligence et la rapidité les plus grandes, ainsi que toutes les décisions et actions nécessaires pour parer à une guerre et à une attaque contre nous, sans oublier les rapports à envoyer régulièrement[39]. »

Malgré leur alarme, les dirigeants ottomans virent dans ce qui allait devenir la Grande Guerre une belle occasion : celle de nouer avec l'Allemagne une alliance militaire à long terme qui survivrait à la guerre et assurerait à l'Empire une couverture internationale. Leur espoir était de garder cette alliance secrète et de rester à l'écart de la guerre. Pour obtenir l'alliance, Enver, le ministre de la Guerre, avait réussi à convaincre Berlin que son armée pouvait contribuer sensiblement à l'effort de guerre allemand et qu'elle pourrait le faire immédiatement. À la mi-octobre 1914, cependant, les Ottomans n'avaient toujours pas bougé, alors même qu'ils avaient puisé dans l'or, les obus et les canons allemands, et bénéficiaient d'une mission militaire allemande et navale de plusieurs milliers d'hommes et de spécialistes, sans compter les deux bâtiments de guerre allemands : le croiseur cuirassé *SMS Goeben* (rebaptisé *Yavuz Sultan Selim*) et le croiseur léger *SMS Breslau* (rebaptisé *Midilli*), ancrés dans les Dardanelles depuis le 10 août. Les Allemands assortirent toutefois leur soutien de pressions, allant jusqu'à menacer de rompre l'alliance à la fin du mois d'octobre. Les dirigeants ottomans décidèrent alors d'ouvrir le feu dans une spectaculaire opération nocturne couronnée par la destruction de navires russes en mer Noire et le bombardement, depuis la mer, des villes de Sébastopol et de Novorossiysk (autrefois ottomane), le 29 octobre 1914[40].

Les Ottomans lancèrent cette attaque sans déclaration de guerre, comme le Japon avait frappé la Russie en 1904 (et la Grèce l'Empire ottoman en 1897). Le raid de la mer Noire fut suivi de deux campagnes tout aussi audacieuses. La seconde, conduite par Djemal Pacha, commandant de la 4e armée basée en Syrie – celle qu'on surveillait le plus attentivement à l'Ouest –, visa le canal de Suez et l'Égypte britannique. La première, dirigée par Enver Pacha lui-même, ambitionnait de reprendre les trois provinces ottomanes perdues au profit de la Russie en 1878 – Ardahan, Batoumi et Kars – et, du point de vue allemand, présentait l'avantage de détourner des troupes russes du front des Habsbourg, à l'est. Ardahan et Kars devaient en fait réintégrer l'Empire avant la fin de la guerre et faire partie de la future République turque – mais cela seulement après les révolutions russes de 1917 et après les efforts désastreux des Ottomans pour encercler les forces russes de Sarıkamış, situées juste par-delà la frontière, sur le territoire cédé à la Russie en 1878. Lancée en décembre 1914, l'opération s'était soldée par une déroute totale de la 3e armée ottomane dès la mi-janvier 1915.

Les services secrets ottomans avaient suivi de près les concentrations de troupes russes, estimant à près de 100 000 hommes les forces russes déployées en août 1914 sur la frontière ottomane, en Anatolie orientale[41]. L'espoir était que les populations musulmanes russes du

Caucase soutiendraient l'invasion ottomane, mais aussi que l'Afghanistan et l'Iran se rangeraient aux côtés des Ottomans[42]. De surcroît, en décembre 1914, des agents ottomans observèrent l'état déplorable des formations russes de l'autre côté de la frontière. Ils estimaient les forces russes de Sarıkamı? à quelque 50 000 hommes qui devaient se contenter de demi-rations – affamés, ils « mendiaient dans les rues » – et étaient mal équipés. Le tsar, disait-on, était venu à Tiflis et il avait fallu l'évacuer[43]. Moins d'une semaine plus tard, le 6 janvier 1915, la situation avait changé du tout au tout, et il était clair que l'offensive ottomane n'avait pas seulement échoué : les forces d'Enver avaient été détruites[44].

Les deux campagnes – à l'est, en Russie, et au sud, en Égypte sous domination britannique – visaient des territoires à population majoritairement musulmane ; à chaque fois, les Ottomans essayèrent d'employer l'islam pour mobiliser ces populations. Toutefois, le territoire de la frontière russo-ottomane, avec de fortes populations chrétiennes de part et d'autre, se transforma en « terres de sang », alors que les deux empires déportèrent et tuèrent des populations suspectées de déloyauté. En janvier 1915, de 30 à 45 000 musulmans furent tués à l'intérieur des frontières russes et quelques dizaines de milliers furent déportés[45]. Si renversants que soient ces chiffres, ils font pâle figure au regard des déportations et exécutions sommaires ottomanes de 1915-1916 frappant les populations d'abord chrétiennes, puis kurdes.

La proclamation du *jihad* contre l'Entente s'inscrivit dans l'effort de l'État ottoman pour mobiliser à la fois les soldats du front et la société à l'intérieur. Le *jihad* n'avait pas été proclamé durant les guerres balkaniques, car cette politique eût aliéné les populations non musulmanes de l'Empire. En novembre 1914, cependant, cette considération n'avait plus lieu d'être pour les décideurs du CUP qui, en proclamant le *jihad*, essayèrent de rapprocher les populations musulmanes de l'État, surtout dans les parties arabophones de l'Empire. Que Berlin ait poussé en ce sens le gouvernement ottoman dans l'espoir que les musulmans – en Égypte britannique, en Inde, en Afrique du Nord française, dans le Caucase russe et en Asie centrale – se rebelleraient partout a parfois fait oublier les desseins ottomans dans cette instrumentalisation de l'islam en général et du *jihad* en particulier. Les timbres-poste, par exemple, présentaient les forces envoyées pour envahir l'Égypte comme l'« armée islamique d'Égypte, sauveur des terres conquises[46] », et celles envoyées à Bakou en 1918 comme l'« armée caucasienne de l'Islam[47] ».

Les populations musulmanes sympathisaient avec l'effort de guerre ottoman quand une victoire ottomane promettait d'améliorer les conditions ou de faire avancer des objectifs locaux. En Égypte, par exemple, le Parti nationaliste travailla activement avec les Ottomans pour essayer de chasser les Britanniques du Caire. Le chef du parti, Muhammad Farid, espérait une révolution nationale contre la domination britannique et la formation d'une alliance régionale, soutenue par l'Allemagne, contre les trois puissances de l'Entente. Tout en étant critique envers la Révolte arabe, Farid finit par être profondément déçu par le régime de Djemal Pacha en Syrie et la montée du nationalisme turc[48]. La fraternité avec la cause germano-ottomane a laissé des traces dans la mémoire égyptienne. Yasine, un personnage de l'*Impasse des deux palais* de Naguib Mahfouz, dont l'intrigue se déroule au Caire, « espérait que la victoire irait aux Allemands, et par suite aux Turcs ». Mais ensuite il hoche la tête, totalement frustré : « Cela fait quatre ans que nous rabâchons la même chose[49] ! » Alors que la rancœur envers la domination britannique était profonde parmi les « Égyptiens ordinaires » – les chansons et les pièces populaires en témoignent –, la résistance armée ne devait se manifester qu'en 1919[50].

Les échecs sur le front étaient aggravés par les pénuries aiguës de vivres dans tout l'Empire, mais surtout en Syrie, où les habitants souffraient du blocus naval anglo-français qui, avec l'invasion de sauterelles de 1915, fit des ravages : à la fin de la guerre, le bilan s'élevait à plus d'un demi-million de morts – pour une part de maladies liées à la famine. En plein désastre, le consul français du Caire alerta son gouvernement sur les dizaines de milliers de gens qui mouraient de faim et suggéra d'envoyer des cargaisons de vivres. La réponse britannique fut sans équivoque : « Le secrétaire d'État aux Affaires étrangères de Sa Majesté espère sincèrement que le gouvernement français n'encouragera pas ce projet. […] On fait simplement chanter les alliés de l'Entente afin qu'ils remédient à la pénurie de vivres qu'il est dans l'intention même du blocus de produire. » Les Français en conclurent que les alliés britanniques voyaient dans la famine un agent qui pousserait les Arabes à la Révolte[51].

À la fin de 1915, d'aucuns croyaient ce point de rupture imminent. À Jérusalem, le soldat ?hsan nota dans son journal, le 17 décembre 1915 : « Si le gouvernement avait la moindre dignité, il aurait pris le blé de ses entrepôts pour le distribuer à la population à un prix fixe, ou même en aurait pris sur les réserves militaires. Si ces conditions persistent, le peuple va se rebeller et faire tomber ce gouvernement[52]. » Mais l'extrême paupérisation des populations de Syrie et de Palestine conduisit la société au seuil de l'effondrement plutôt qu'à la révolution. Le 10 juillet 1916, l'esprit de résistance, chez ?hsan, avait cédé à la résignation : « J'ai du mal à me concentrer. Nous sommes confrontés à une double guerre, générale et intérieure. Le gouvernement essaie (en vain) de fournir des vivres, et la maladie est partout. Voici plus d'un mois maintenant que je n'ai rien écrit dans mon journal. Jérusalem n'a pas vu de jours pires. Les provisions de pain et de farine sont presque entièrement épuisées. Je passe chaque jour devant des boulangeries pour aller au travail et je vois une foule de femmes qui rentrent à la maison les mains vides[53]. »

Le gouvernement d'Istanbul se révéla mal armé pour faire face à la crise et laissa le soin d'en atténuer les effets à Djemal Pacha, patron de la région et chef de la 4ᵉ armée basée à Damas, mais celui-ci donna la priorité à ses soldats dans l'allocation des vivres.

Toutefois, la crise alimentaire toucha la totalité de l'Empire, et ce dès le tout début de la guerre. Dès le début d'octobre 1914, avant même que les Ottomans ne fussent entrés dans la guerre, la capitale commença à recevoir des rapports déplorant la pénurie de vivres. Il manquerait de semences pour la saison prochaine. Le gouverneur d'Edirne avertit le gouvernement qu'il ne pourrait assumer la responsabilité de la « famine » qui allait s'abattre sur la population de sa province. Il fit donc savoir au ministère de l'Intérieur que, si on ne lui fournissait pas des semences, il serait nécessaire de saisir les réserves disponibles ; lui, le gouverneur, commencerait par récupérer celles qui avaient été abandonnées par les chrétiens d'Edirne maintenant « partis pour la Grèce[54] ». Partout, les autorités militaires ne virent d'autre solution que de réquisitionner les réserves alimentaires civiles disponibles. Au printemps de 1916, les entrepôts militaires étaient vides[55]. Le ministère de la Guerre pressa le gouvernement de recourir à des méthodes plus extrêmes pour collecter les vivres indispensables à l'armée. « Nous ne sommes pas en mesure de fournir à nos soldats ne serait-ce que le quart de leur ration de viande. Leur force physique dépérit, nos médecins le signalent chaque jour. Les effets désastreux de ces conditions sur la guerre sont d'ores et déjà apparents. Merci de prendre mesures d'urgence pour assurer nos fournitures de viande. » Le ministère réclamait 67 000 tonnes de viande, « soit 4 666 000 [sic : 4 466 000] têtes de mouton de 15 kilos pièce. Il sera difficile de les trouver sur le marché[56] ».

Tandis que la machine militaire de l'État dévorait les hommes par la conscription, elle laissait derrière elle un nombre insuffisant de travailleurs capables de maintenir la production agricole aux niveaux qui auraient permis de ravitailler l'armée et la population civile. De plus, la priorité de l'État était visiblement de nourrir les troupes. La déportation de nombreux hommes d'Anatolie orientale rendait cette région particulièrement vulnérable. Dans un message codé de juillet 1915, le commandant de la 3ᵉ armée ordonna que des milliers de soldats fussent affectés à des travaux agricoles, car « tous les musulmans ont été conscrits et les Arméniens déportés dans leur totalité (*kâmilen*) ». Sans cette main-d'œuvre, poursuivait Mahmud Kâmil, la région s'enfoncerait dans « la disette et la famine », son armée ne serait plus ravitaillée et les conséquences pourraient être « catastrophiques[57] ». En 1917, le problème de la main-d'œuvre avait pris tant d'acuité que le ministère de la Guerre demanda aux provinces des indications sur le nombre de garçons de douze à dix-sept ans[58].

Le soldat Ɂhsan, à Jérusalem, ne vécut pas assez longtemps pour voir les clés de sa ville remises aux Britanniques. Le 11 décembre 1917, le général Edmund Allenby entra dans Jérusalem par la Porte de Jaffa, à pied, dans un geste d'humilité symbolique. Les habitants se réjouirent de l'avènement apparent de la paix. Mais l'expulsion des Ottomans introduisait nécessairement une part d'imprévisibilité : comment et par qui allaient être gouvernées les régions de l'Empire « libérées » ? Initialement, semblait-il, seraient instaurés un ordre nouveau dans le cadre d'un processus de délibération défini par Woodrow Wilson dans son appel à l'autodétermination et une nouvelle instance internationale, la Société des Nations. Mais le répit fut de courte durée. En Palestine, la population comprit vite que l'ancien empire, balayé par la guerre, laissait la place à un autre, qui ferait valoir ses objectifs impériaux. Dès avril 1918, l'agent spécial des États-Unis dans la région, William Yale, qui allait faire partie de la commission King-Crane chargée d'enquêter en Syrie après la guerre, rapporta : « Il est assez significatif qu'en Palestine – qui a connu tant de souffrances et de privations, où la désaffection envers le régime turc était si grande en 1916 et 1917 que chaque Arabe ou presque parlait de trahison ouverte contre le gouvernement ottoman et attendait ardemment que le pays fût libéré des Turcs – il existe au printemps 1918, peu après l'occupation britannique, un parti qui, selon les agents politiques britanniques, souhaite vivre à l'avenir sous la suzeraineté de la Turquie. On ne saurait expliquer totalement les sentiments de ce parti par une aversion inhérente envers les Européens et le désir très naturel des musulmans de vivre sous un souverain musulman. Il entre sans doute dans les sentiments de ce parti la conviction que, sous domination turque, les sionistes ne seraient pas autorisés à s'implanter plus fortement en Palestine que ce n'est le cas aujourd'hui[59]. »

De fait, en 1914, après plusieurs vagues d'immigration juive, essentiellement d'Europe, la population juive tournait autour de 6 %. À ce stade, la création d'un État juif indépendant en Palestine n'était à l'ordre du jour que d'une minorité de la population juive. La majorité pressait les immigrants récents de prendre la citoyenneté ottomane, de servir dans l'armée ottomane, de collaborer avec la population locale chrétienne et musulmane, et, ce faisant, de construire une communauté juive au sein de la Maison d'Osman, l'Empire ottoman. Ces vues s'exprimaient dans un quotidien de grande diffusion, *ha-Herout*, qui à l'occasion de l'appel d'Istanbul à la mobilisation reprit le discours patriotique d'un conscrit juif : « À compter de ce jour, nous ne sommes pas une population à part. Tous les habitants de ce pays sont comme un seul homme, et nous voulons tous protéger notre pays et respecter notre empire[60]. »

Mais quand l'effondrement ottoman se profila, voire parut imminent à certains moments, comme durant la campagne de Gallipoli en 1915, cette perspective disparut et, pour la première fois, la vision d'un État juif cher à Theodor Herzl sembla parfaitement viable. C'est le cours de la guerre qui rendit possible ce changement de fond. Des institutions comme l'Anglo-Palestine Bank et les États-Unis fournirent des secours de guerre destinés à la population juive de Palestine. Par la déclaration Balfour du 2 novembre 1917, le gouvernement britannique promit un « foyer national pour le peuple juif » tout en encourageant activement l'indépendance arabe dans ses négociations avec le chérif de La Mecque, Hussein. La guerre avait donné naissance à un rapport de forces totalement nouveau en Palestine.

LA FIN

Le manque de nourriture à l'intérieur et sur le front rendait les soldats et les civils très vulnérables aux maladies. Autour de 14 % des soldats mobilisés succombèrent – la dysenterie et le typhus étant les maladies les plus meurtrières[61]. Le grand nombre de victimes et de personnes déplacées ainsi que les migrations forcées eurent des conséquences socio-économiques à long terme : les populations urbaines, par exemple, ne retrouvèrent leurs niveaux d'avant la guerre qu'au début des années 1950[62]. En Anatolie/Turquie, le niveau de vie subit une chute spectaculaire ; le PIB des années 1920 tomba autour de 50 % de ses chiffres de l'avant-guerre[63]. Les effets transformateurs sur la Syrie ne furent pas moins profonds, la guerre laissant derrière elle un paysage tout aussi dévasté et un « ordre social brisé[64] ».

Après la guerre, dans les « membres » de l'Empire dorénavant démembré, les régimes eurent tôt fait de s'adapter aux nouvelles réalités politiques, chacun s'appropriant sa version – souvent plus d'une – d'un passé ottoman utilisable. L'insécurité militaire et le flou national qui présidèrent à l'émergence des nouveaux régimes donnèrent naissance à des dictatures militaires qui se présentèrent comme des remparts de la sécurité territoriale et de l'unité nationale. En Turquie, la société militaire qui prit racine durant les années de guerre ne retrouva jamais son identité civile. La guerre façonna en profondeur la République turque et la période kémaliste. Un manuel employé dans les lycées militaires en 1926 commençait ainsi : « Les guerres sont désormais des guerres livrées par la nation tout entière. Les temps ont changé. L'armée n'est plus seule à faire la guerre. Hommes et femmes, chaque membre de la nation – tous doivent accomplir leur devoir et jouer un rôle au gré de leur âge et des compétences utiles à la guerre[65]. » Bien entendu, on trouverait des formulations quasiment identiques dans les manuels européens. En Turquie, cependant, comme dans toutes les anciennes terres de l'Empire ottoman depuis un siècle, et contrairement à ce qu'on observe dans la majeure partie de l'Europe, le sentiment des ennemis intérieurs et extérieurs est demeuré un trait central de la culture politique.

Chapitre XVIII

L'Asie

Xu Guoqi

Le rôle important joué par l'Asie dans le conflit et l'impact considérable de la guerre sur les sociétés asiatiques restent mal connus. Le monde n'a pas encore complètement pris conscience du lien profond qui existe entre l'Asie et la Grande Guerre, et les Asiatiques n'ont pas encore totalement compris l'héritage et les répercussions du conflit sur leur histoire et le développement de leurs nations. Ce chapitre doit combler cette remarquable lacune : il entrelacera les histoires diplomatique, sociale, politique, culturelle et militaire de la Chine, de l'Inde, du Vietnam et du Japon de manière comparative, en se concentrant sur les expériences, les aspirations et les frustrations partagées par les populations de toute la région. On se demandera notamment comment les diverses implications asiatiques firent de la Grande Guerre non seulement une guerre véritablement « mondiale », mais aussi une « grande » guerre, et comment ce conflit engendra les forces qui allaient transformer l'Asie, à l'intérieur comme à l'extérieur. On peut qualifier le XIXe siècle de « siècle long » en Asie, et le XXe de « siècle plutôt court », avec la Première Guerre mondiale comme ligne de partage. En d'autres termes, dans la perspective asiatique, le XXe siècle a commencé à la déclaration de guerre. Cet article se focalisera principalement sur le front occidental et sur les quatre nations mentionnées.

UN MONDE EN GUERRE

Les nouvelles de la guerre européenne atteignent l'Asie

En 1914, l'année du Tigre dans le cycle zodiacal chinois, les « canons d'août » annoncèrent l'arrivée de la guerre. Les Asiatiques furent à la fois excités et inquiets lorsque la nouvelle de son déclenchement leur parvint. Les graines de ce qui deviendrait un profond intérêt pour la guerre européenne avaient été en réalité semées en 1895 dans le cas de la Chine et du Japon, alors que l'Inde et le Vietnam – respectivement colonies britannique et française – ne pouvaient que suivre leurs colonisateurs lorsqu'ils rejoignirent le combat.

Le déclenchement d'une guerre européenne fut aux yeux des Japonais un cadeau du ciel. Le Japon, comme la Chine, était resté dans un isolement presque total jusqu'à ce que les puissances occidentales, au milieu du XIXe siècle, le forcent à s'ouvrir au monde extérieur. Contrairement à la Chine, le Japon décida bientôt de rejoindre le système occidental avec le lancement de la restauration Meiji en 1868. Certaines élites japonaises suggérèrent ouvertement que le Japon emprunte les voies occidentales pour devenir un régime à la fois national et dans l'air du temps. L'influent politicien Inoue Kaoru déclara : « Nous devons transformer notre nation et notre peuple en une nation européenne et un peuple européen[1]. »

En moins d'une génération, le Japon devint assez confiant en sa transformation en un empire de style occidental pour se mesurer à la Chine, autrefois le géant économique et culturel de l'Asie. En 1894, la guerre éclata entre la Chine et le Japon ; en 1895, les Chinois furent sévèrement battus. La guerre fit du Japon une puissance majeure de l'Est asiatique et aussi un empire avec sa première colonie, Taïwan, que la Chine fut contrainte de lui céder. La guerre prépara ainsi le terrain à l'acquisition de la deuxième colonie japonaise en forçant la Chine à abandonner la Corée, État traditionnellement sous sa dépendance.

La guerre sino-japonaise de 1894-1895 sema d'autres graines pour l'entrée directe du Japon dans la Grande Guerre près de vingt années plus tard. L'Allemagne avait joué le rôle principal dans ce qu'on a appelé la triple intervention qui suivit le conflit sino-japonais ; en effet, les Allemands « conseillèrent » aux Japonais de rendre à la Chine la péninsule du Liaodong, qu'ils l'avaient forcée à leur céder. Furieux, les Japonais étaient déterminés à trouver un moyen d'agir contre l'Allemagne. Un titre de journal japonais (« Attendre la prochaine occasion ») dénote clairement ce sentiment[2]. En 1902, le Japon accomplit un coup diplomatique de première importance en signant un traité d'alliance avec la Grande-Bretagne. Sur la base de ce traité, le Japon, lorsque la guerre éclata en 1914, put s'immiscer dans le conflit.

En tant que puissance montante en Asie, le Japon était résolu à devenir un acteur important de la politique internationale. Mais ses efforts avaient rencontré quelque résistance de la part des puissances occidentales. Il aurait été difficile au Japon de réaliser ses ambitions grandissantes sans aide extérieure, et ainsi le déclenchement d'août 1914 fut considéré par beaucoup de Japonais comme une occasion à ne pas laisser passer. Rien d'étonnant à ce que l'homme d'État expérimenté Inoue Kaoru ait accueilli les nouvelles comme une « aide divine de la nouvelle ère Taisho au déroulement de la destinée du Japon[3] ». Quatre jours après l'entrée en guerre de la Grande-Bretagne, le 8 août 1914, le Japon décidait de déclarer la guerre à l'Allemagne, bien que la déclaration officielle ne soit intervenue qu'une semaine plus tard.

Se venger d'avoir été forcés à abandonner la péninsule du Liaodong était, bien entendu, un prétexte commode pour les Japonais. Le baron Hiroyuki Kato, ministre japonais des Affaires étrangères, l'expliqua à un Américain en 1915 : « L'Allemagne est une puissance européenne agressive qui s'est implantée dans un coin de la province de Shandong. C'est une grande menace pour le Japon. En outre, l'Allemagne a obligé le Japon à rendre la péninsule du Liaodong sous le prétexte convaincant d'un avis amical. En raison de la pression qu'ils [les Allemands] ont fait peser sur nous, le Japon a dû se séparer des fruits légitimes de la guerre, acquis avec le sang de nos compatriotes. La revanche n'est jamais justifiable, ni dans le cas d'un individu ni dans celui d'une nation ; mais, quand par hasard on peut remplir ce devoir et dans le même temps payer une vieille dette, l'opportunité doit certainement être saisie[4]. »

L'objectif réel du Japon était d'accroître ses positions en Chine pendant que les grandes puissances étaient occupées en Europe. Sa plus grande récompense serait de pouvoir bouter les intérêts allemands hors d'Asie et de s'établir lui-même comme la puissance dominante en Chine. La Chine était alors en train de devenir une république – un moyen de se renouveler et de se renforcer face aux menaces de la modernité. Le Japon était déterminé à faire de la Chine une dépendance avant que cette transformation soit achevée. Le cabinet Shigenobu Okuma déclara que « le

Japon devait saisir l'opportunité du millénaire pour asseoir ses droits et ses intérêts en Asie[5] ».

La guerre européenne servait aussi la politique intérieure japonaise parce qu'elle pouvait être utilisée comme un point de ralliement national[6]. La mort de l'empereur Meiji en 1912 signifiait la fin d'une époque et l'affaiblissement de l'ordre politique en place. Selon certains Japonais influents, leur pays ayant abandonné sa mission nationale dans les années post-Meiji, son entrée en guerre instillerait au peuple japonais le sentiment d'un grand dessein. Entrer dans la Grande Guerre aiderait ainsi le Japon à atteindre trois buts : prendre sa revanche sur l'Allemagne, accroître ses intérêts en Chine et revigorer sa vie politique intérieure.

Si la guerre sino-japonaise de 1894-1895 prépara le terrain à l'implication japonaise dans la Grande Guerre, elle scella aussi quasiment le destin de la Chine. La défaite chinoise de 1895 avait eu de nombreuses conséquences. Elle avait assurément soumis le pays à un contrôle étranger beaucoup plus large, mais son impact psychologique était encore plus important. La guerre sino-japonaise contraignit les dirigeants chinois à réfléchir soigneusement à leur destinée et à la valeur de leur civilisation ; plus encore, elle les amena à s'interroger sur leur identité traditionnelle. Cette guerre arracha les Chinois au « grand rêve de quatre mille ans[7] », pour reprendre la formule de Liang Qichao, auteur et penseur influent de la fin de la dynastie Qing et des débuts de la République. Le sentiment de frustration, d'humiliation et d'impuissance face aux incursions occidentales et à celles d'un Japon occidentalisé renforça la volonté de changement. La défaite dévastatrice face au Japon fut ainsi un tournant et un repère pour la perception qu'avaient les Chinois d'eux-mêmes et du monde. Les élites chinoises, quelle que fût leur attitude vis-à-vis de leurs traditions et de leur civilisation, étaient d'accord sur ce point : pour survivre, la Chine devait se transformer. Et le changement majeur se produisit vraiment avec la révolution de 1911, lorsque le vénérable système dynastique fut renversé et qu'une république fut établie, à l'exemple des États-Unis et de la France.

À la suite de ces bouleversements, et mue par un ardent désir de devenir membre de la famille des nations, la Chine abandonna les institutions de la civilisation confucéenne : d'entité culturelle qui n'avait pas, en dépit de sa longue histoire, de nom officiel, elle se transforma en première république d'Asie. Le nationalisme et le darwinisme social remplacèrent le confucianisme en tant qu'idéologies définissant la Chine. Entre 1895 et 1914 se produisirent de profonds changements politiques, culturels et diplomatiques.

Bien que durant la majeure partie de la Première Guerre mondiale le peuple chinois ait souffert du chaos politique, de la faiblesse économique et de la misère sociale, ce fut aussi une époque d'effervescence, d'espoir, d'optimisme et de nouveaux rêves.

Ces bouleversements poussèrent la Chine à participer au nouvel ordre du monde et à devenir un membre à part entière de la famille des nations. Comme les Japonais, les Chinois virent dans le déclenchement de la guerre européenne une opportunité ou, plus précisément, une *weiji* (crise). Le terme *weiji* combine deux caractères chinois : danger (*wei*) et opportunité (*ji*). Comme cette « génération 1914 » de l'Europe allait partir en guerre sans soupçonner ce que les sanglants rites de passage attendaient d'elle, la nouvelle génération en Chine éprouvait une sensation de *weiji* face au défi de s'accorder aux nouvelles péripéties du système international. La Chine perçut le danger d'être impliquée dans la guerre involontairement, étant donné que les belligérants contrôlaient complètement les sphères d'intérêt du territoire chinois. Avec l'effondrement du vieux système international, la Chine prêtait le flanc aux agressions du Japon et risquait de voir son développement contrarié. Pourtant, en dépit des dangers, la guerre européenne présentait aussi d'excellentes opportunités. Elle pouvait apporter au système international des changements qui lui procureraient une chance de rejoindre le vaste monde. La Chine aurait même la possibilité d'injecter ses idées pour façonner le nouvel ordre mondial[8]. Aux yeux de Chinois comme Liang Qichao, la guerre offrait plus d'opportunités que de dangers. Selon lui, la Première Guerre mondiale représentait pour son pays une occasion exceptionnelle. La Chine ne se contenterait pas de survivre à court terme, mais aurait une meilleure chance d'être acceptée par la communauté internationale à long terme[9]. Le problème était de savoir tirer avantage de cette occasion. Liang soutenait que, si la Chine exploitait correctement la situation, elle pourrait achever le processus, devenir un « État-nation totalement qualifié » et se préparer à une ascension rapide dans le monde[10].

Dans un premier temps, le gouvernement républicain chinois déclara sa neutralité le 6 août et le pays resta officiellement neutre jusqu'au 17 août 1917. Mais cette neutralité n'était qu'une mesure commode, une stratégie ; la Chine était prête à abandonner sa neutralité au moment où une opportunité apparaîtrait. Les officiels chinois modernes d'esprit étaient particulièrement enthousiastes à l'idée de s'impliquer activement dans la guerre. Ayant « une connaissance des relations internationales, [ils] y portèrent un intérêt immédiat et poussèrent les conservateurs à l'action[11] ». Zhang Guogan, membre influent du gouvernement, suggéra au Premier ministre, Duan Qirui, que la guerre européenne avait une telle importance pour la Chine qu'il fallait prendre la responsabilité de déclarer la guerre à l'Allemagne. Non seulement cela pouvait empêcher à court terme le Japon de s'emparer de la concession de Qingdao (Tsingtao), mais ce serait aussi un premier pas vers une pleine participation à un futur système mondial. Duan répondit qu'il soutenait l'idée de participer à la guerre et y était secrètement préparé[12].

Liang Shiyi, qui a occupé plusieurs postes importants dans le gouvernement et qui était le confident du président chinois Yuan Shikai, plaida aussi en 1914 pour que la Chine rejoigne la guerre du côté des Alliés[13]. Selon lui, l'Allemagne n'étant pas assez puissante pour gagner à long terme, la Chine devait saisir l'occasion de lui déclarer la guerre. En agissant ainsi, la Chine récupérerait Qingdao, obtiendrait un siège à la conférence de la paix qui suivrait le conflit et servirait ses intérêts à longue échéance. Liang était réputé pour sa prévoyance et sa perspicacité ; certains observateurs l'appelaient le « Machiavel chinois[14] ». En 1915, il soutint à nouveau que « les puissances alliées remporteraient une victoire totale. [C'est pourquoi] nous devons les aider[15] ». Dans une note manuscrite de novembre 1915, il soulignait : « Le temps est venu [pour la Chine de rejoindre la guerre]. Nous n'aurons pas une seconde occasion[16]. »

Si, pour le Japon, la principale motivation d'entrer en guerre était d'étendre son contrôle sur la Chine, la raison clé de la Chine était de contrer le Japon. Le Japon était l'ennemi de la Chine le plus menaçant et le plus déterminé. C'est seulement en entrant dans la guerre que les Chinois pourraient se procurer une certaine marge de manœuvre et récupérer leur souveraineté nationale. Avec la déclaration de guerre de 1914, la question des concessions allemandes devint un souci pour la Chine et la Grande-Bretagne, mais aussi pour l'Allemagne et le Japon. En tant que pays en partie colonisé où des puissances comme l'Allemagne et la Grande-Bretagne s'étaient taillé des sphères d'intérêt, la Chine était vouée à participer à la guerre d'une façon ou d'une autre. Par conséquent, il était préférable pour elle de prendre l'initiative.

La transformation sociale de la Chine et ses révolutions culturelle et politique coïncidèrent avec la Première Guerre mondiale ; le conflit fournit à la Chine l'élan et l'opportunité de redéfinir ses relations avec le monde en s'intégrant à l'effort de guerre. La révolution de 1911 obligea les Chinois à porter une attention nouvelle aux mutations du monde, et la Grande Guerre fut le premier événement majeur à éveiller l'imagination des élites sociales et politiques chinoises.

Les situations du Vietnam et de l'Inde en 1914 différaient de celles de la Chine et du Japon en raison de leur statut colonial. Ni l'un ni l'autre ne pouvait mener sa politique ou faire ses propres choix. Dans le cas du Vietnam, le déclenchement de la guerre en Europe ne retint pas beaucoup l'attention. Mais les Vietnamiens, comme les Chinois, avaient été profondément affectés par les idées du darwinisme social au tournant du siècle, ce qui les incitait à imaginer une nouvelle direction pour leur pays. Bien que le contrôle colonial puisse expliquer l'effet limité des efforts vietnamiens en faveur d'une réforme politique, « les événements qui se produisirent durant la guerre et immédiatement après provoquèrent une véritable transformation de l'élite politique et du système d'éducation du Vietnam[17] ». Hô Chi Minh, le futur leader communiste, écrivit en 1914 à l'un de ses amis et mentor : « La fusillade retentit dans les airs et les cadavres couvrent le sol. Cinq grandes puissances sont en lutte. Neuf pays font la guerre. [...] Je pense que, dans trois ou quatre mois, le destin de l'Asie va changer énormément. Tant pis pour ceux qui combattent et qui s'agitent. Nous n'avons qu'à rester tranquilles. » Il comprit rapidement qu'il devait aller en France pour prendre le pouls du monde en guerre et saisir le rôle que son pays pourrait y jouer[18].

Comme pour le Vietnam, l'implication de l'Inde dans la guerre fut largement une conséquence indirecte de son appartenance à l'Empire britannique, et non un choix fait directement dans son intérêt. Les nationalistes indiens n'étaient pas en position de prendre des décisions en matière de relations internationales. La Grande-Bretagne, tout d'abord, n'imagina pas avoir besoin de l'aide indienne. Après tout, le combat se déroulait en Europe et entre Européens. Mais les Britanniques se rendirent bientôt compte qu'ils devraient recourir aux ressources indiennes. La participation au conflit, même sous direction britannique, fut importante pour les Indiens pour au moins deux raisons. D'abord, elle favorisa les relations de l'Inde avec le monde extérieur qui, durant le passé colonial, en était venu à signifier peu de chose pour les Indiens. Avant la guerre, les élites politiques indiennes prêtaient rarement attention aux affaires internationales et militaires. Avec son implication dans la guerre, « le peuple de l'Hindoustan fut pour la première fois amené à prendre la mesure de ses relations avec le reste de l'Empire ».

Ensuite, leur participation au conflit conduisit les Indiens à considérer leur pays comme une nation et provoqua une poussée de natio-

La Grande Guerre en Asie

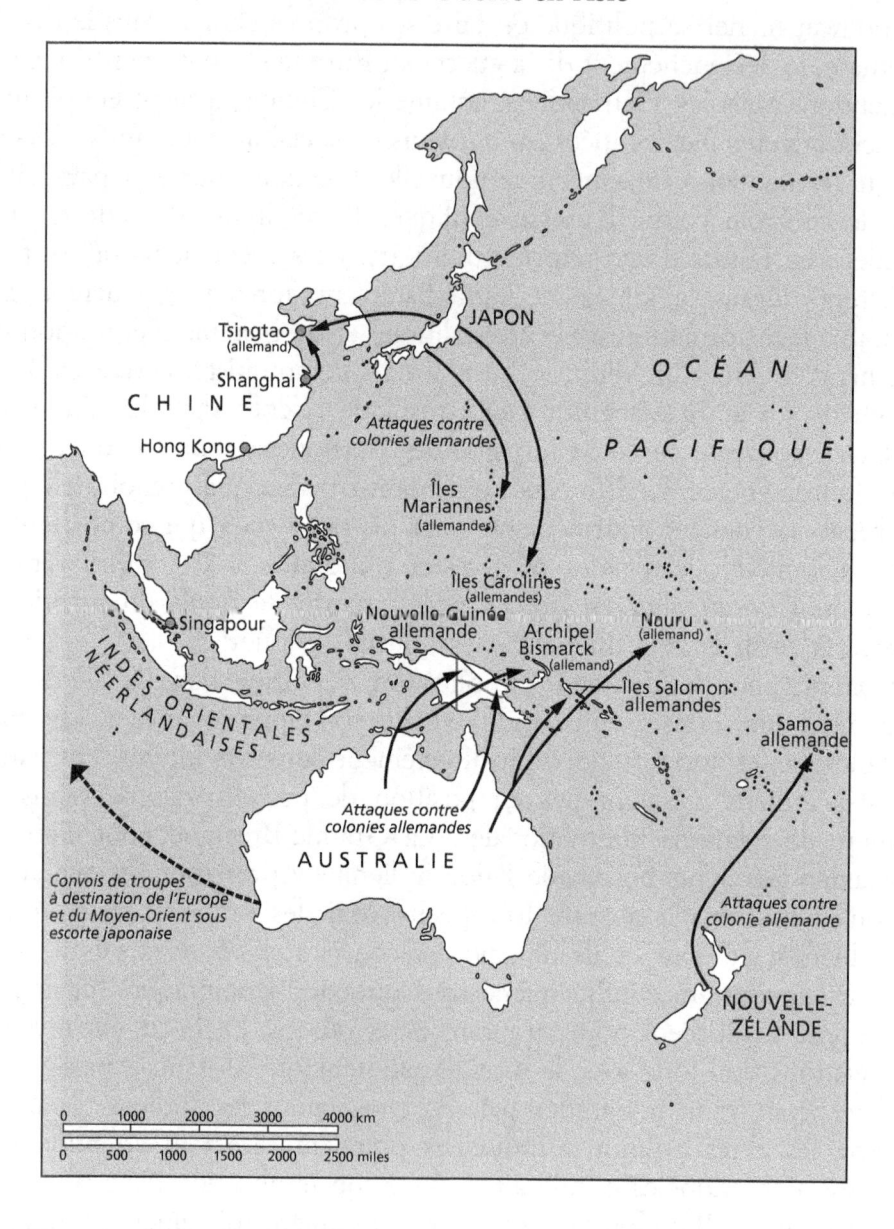

nalisme. En 1914, l'Inde se présentait comme un conglomérat de nombreuses races, castes et croyances philosophiques « qui se toléraient les unes les autres, mais qui avaient peu en commun ». La guerre ouvrit un nouvel horizon et aida les Indiens à « prendre conscience de leur force ». La décision britannique de recourir à la force militaire des Indiens semble avoir « fourni une cause commune à laquelle tout le monde pouvait adhérer en dehors de toute distinction raciale ou de croyance ». Ainsi la guerre donna-t-elle au nationalisme et à l'identité indienne « un coup de fouet certain[19] ». Pour le capitaine Amar Singh, par exemple, son service dans la Grande Guerre fut l'occasion de faire son devoir et d'« exprimer son sens de l'honneur et sa nationalité ». Il était satisfait que les soldats indiens aient une chance de combattre aux côtés des soldats européens. Il espérait que l'Inde y gagnerait en envergure – une vision de la guerre qui était répandue parmi les Indiens bien informés[20]. Sur le plan pratique, tous les hommes politiques indiens en vue soutinrent l'effort de recrutement britannique. Le Mahatma Gandhi fut l'un d'eux. Beaucoup firent le lien entre le soutien à la guerre et le droit des Indiens à l'égalité en tant que citoyens de l'Empire britannique ; ils espéraient que la Grande-Bretagne, une fois la guerre terminée, récompenserait l'Inde en lui accordant une participation plus grande dans sa gouvernance.

Même les autorités britanniques reconnurent les graves implications de la guerre. *The Times History of the War* l'explique en 1914 : « Plus les Indiens en apprenaient sur les qualités de notre civilisation occidentale, et en particulier combien nous avions élevé le niveau de l'armée indienne, plus forte devenait la pression venant d'en bas, cherchant quelque exutoire pour les hautes ambitions que nous-mêmes avions réveillées. En regardant seulement l'aspect militaire de la question, quiconque connaissait les faits ne pouvait manquer de voir que le temps était proche où nous ne pourrions plus longtemps refuser à une force de sujets britanniques, avec le récit glorieux et la magnifique efficacité de nos troupes indiennes, le droit de se tenir épaule contre épaule avec leurs camarades britanniques pour défendre l'Empire, partout où il peut être attaqué[21]. »

La guerre ouvrit ainsi les yeux de certains indiens sur le monde extérieur et leur permit de fonder de grands espoirs dans ces changements de la politique mondiale. Lorsque le « roi-empereur » réclama l'aide indienne, l'Inde répondit positivement, notamment la classe éduquée qui voyait dans la guerre une opportunité. Le grand poète Mohammed Iqbal donna une idée de ce qu'avaient à l'esprit les dirigeants lorsque la guerre se déclencha :

> Le monde verra quand de mon cœur
> Surgit l'ouragan de l'expression ;
> Mon silence dissimule
> La graine de l'aspiration[22].

Chine, Inde, Japon et Vietnam dans la Grande Guerre

Le Japon et la Chine, avec l'espérance marquée d'en tirer avantage, ainsi que le Vietnam et l'Inde, en raison de leur obligation coloniale et de leur nationalisme naissant, se trouvèrent tous presque immédiatement impliqués à fond dans la guerre européenne. Le Japon était lui-même entré dans le conflit dès août 1914. L'ultimatum exigeait que l'Allemagne transfère au Japon ses concessions chinoises et, lorsque les Allemands refusèrent, les Japonais lancèrent une attaque sur Qingdao. Le Japon fournit des forces plus importantes que la Grande-Bretagne pour combattre les Allemands en Chine : 2 800 soldats britanniques et 29 000 japonais furent engagés à Qingdao. Les troupes indiennes se joignirent aussi aux Britanniques et aux Japonais, si bien qu'elles eurent une idée du combat avant même tout transport en Europe. L'effort militaire japonais se solda par la chute de Qingdao et environ 2 000 victimes nippones. Le 11 novembre 1914, Qingdao passait sous contrôle du Japon.

Seuls les Indiens et les Vietnamiens prirent part aux combats. Bien que l'Inde ait occupé une position subalterne sous commandement britannique, ses soldats contribuèrent de façon significative à l'effort de guerre. Ils servirent « d'énorme réservoir humain à la cause alliée[23] » ; en termes purement quantitatifs, l'Inde, de toutes les colonies ou de tous les dominions britanniques, fournit la plus importante contribution. Des forces militaires et des travailleurs furent acheminés en Europe pour aider la mère patrie coloniale dans sa guerre. Plus de 130 000 Indiens arrivèrent en France au cours du conflit pour travailler côte à côte avec leurs maîtres coloniaux. Pertes humaines, moral en baisse et doutes sur le bien-fondé d'utiliser des troupes non blanches en Europe conduisirent au retrait permanent des régiments indiens du front occidental fin 1915. Mais de nombreux soldats indiens continuèrent à servir en Afrique de l'Est, en Mésopotamie, en Palestine et en Égypte jusqu'à la fin de la guerre. La

Mésopotamie fut le principal théâtre d'opérations où les forces militaires indiennes et les brigades de travailleurs stationnèrent et eurent le plus grand nombre de victimes ; 53 486 Indiens périrent sur les différents théâtres du conflit. En ce qui concerne le Vietnam, durant les hostilités, 49 000 soldats et 48 000 travailleurs furent recrutés pour l'effort de guerre français, et la majorité d'entre eux vinrent en métropole[24] ; 1 797 Vietnamiens y laissèrent la vie[25].

Le maigre soutien militaire du Japon à ses alliés était cohérent avec sa véritable motivation : accroître ses intérêts en Chine. Alors que les Européens s'épuisaient les uns les autres dans les combats, le Japon prenait de l'importance vis-à-vis des deux bords, ce qui devait lui laisser les mains libres en Asie. Ainsi, quoique le Japon fût techniquement en guerre avec l'Allemagne, il traita fort bien les Allemands qui y vivaient et y travaillaient. Comme l'observa un Américain à l'époque : « Les Japonais n'ont inquiété aucun résident allemand au Japon – tous furent invités à rester et à continuer leurs activités comme auparavant –, les journalistes allemands ont même la possibilité de persister dans leur façon d'écrire, au point qu'ils publient quotidiennement des éditoriaux encore plus atroces et hostiles. Nous attendons avec étonnement de voir combien de temps encore les Japonais ignoreront avec magnanimité un tel manquement au sens commun et aux lois sur la presse[26]. » Parce que son véritable objectif était la Chine, avec la chute de Qingdao, l'effort de guerre japonais se concentra sur son expansion dans ce pays.

Le 18 janvier 1915, le Japon présenta à la Chine les infamantes « Vingt et une exigences ». Celles-ci révélaient que l'ambition japonaise était essentiellement de coloniser la Chine pendant que les grandes puissances n'étaient pas en position de s'y opposer. Les demandes se composaient de cinq sections comportant un total de vingt et un articles. La cinquième section, la plus grave, exigeait que la Chine nomme des conseillers japonais pour les affaires politiques, financières et militaires, et que les Japonais assurent la police dans des localités importantes du pays. Ces exigences étaient si sévères que certains les jugèrent « pires que beaucoup de celles présentées par les vainqueurs à leurs ennemis vaincus à la suite d'une victoire[27] ». À l'évidence, les Japonais avaient l'intention de transformer la Chine en un État vassal.

Les exigences japonaises constituaient le plus grand défi jamais posé à la survie de la Chine et à son désir de devenir un véritable État-nation. Si le Japon avait offert à la Chine l'occasion d'une crise d'identité en 1895, les exigences qu'il présenta en 1915 réveillèrent la conscience nationale chinoise, mais aidèrent aussi les Chinois à identifier le premier objectif que leur réponse à la Première Guerre mondiale devait atteindre : une place à la conférence de la paix qui suivrait la guerre. Bien que la Chine ait déjà exprimé son intention de participer à la guerre, c'est seulement après les « Vingt et une exigences » que le gouvernement clarifia son objectif. Parmi les nombreux pays ayant pris part au conflit, le cas de la Chine fut peut-être le plus insolite. Aucune nation neutre n'a lié son destin à la guerre de manière aussi étroite, n'a eu d'espérances aussi grandes et cependant n'a été aussi humiliée par l'expérience. La déclaration de guerre chinoise à l'Allemagne et à l'Autriche-Hongrie en août 1917 ne fut pas considérée comme un événement notable dans les affaires du monde, mais fut extrêmement importante pour la Chine.

C'était la première fois dans l'histoire moderne que le gouvernement chinois prenait l'initiative de jouer un rôle actif dans des affaires éloignées de ses rives. C'était aussi la première fois qu'elle venait à l'aide de l'Occident sur une échelle aussi vaste. Sa participation au conflit européen indiquait que la Chine était prête à faire partie du monde. Sa déclaration de guerre à l'Allemagne et à l'Autriche-Hongrie le 14 août coïncidait avec le dix-huitième anniversaire de l'entrée de l'Alliance des huit nations dans Pékin durant la rébellion des Boxers. En déclarant la guerre, la Chine retrouvait une certaine forme de souveraineté, l'un de ses objectifs principaux. Après avoir rompu avec l'Allemagne et l'Autriche, le gouvernement chinois était en capacité de s'affirmer enfin contre une puissance européenne : la marine confisqua des navires allemands dans les ports chinois et la police reprit immédiatement possession des concessions allemandes et autrichiennes.

Mais, au lieu de tirer profit de son premier programme diplomatique autonome, la Chine goûta amèrement au désordre social, au chaos politique et à la désintégration nationale. Les désaccords sur la politique de participation à la guerre exacerbèrent les dissensions intestines, encouragèrent les seigneurs de la guerre et conduisirent à la guerre civile. À la suite de la déclaration de la Chine en 1917, des épisodes bizarres et paradoxaux se succédèrent : la dissolution du parlement, la restauration de l'empereur Qing, les fréquents aller-retour des gouvernements, les démissions et réapparitions de Duan Qirui, la démission du président Li Yuanhong. L'ennemi principal de la Chine était le Japon, mais la Chine était désormais du même bord que lui. L'Allemagne était l'ennemi déclaré de la Chine, mais la guerre « déclarée » était faussée par l'absence de combat et le fait que l'Allemagne n'était pas l'adversaire prévu ; elle devint la victime – ou le vecteur – d'une stratégie chinoise plus large, un ami déguisé qui servait de tremplin mondial à la Chine.

Une clé pour comprendre ces cheminements apparemment contradictoires se trouve dans l'obsession chinoise de son statut international et dans la stratégie du gouvernement : utiliser sa politique de guerre pour recouvrer la souveraineté qu'elle avait abandonnée au Japon et à d'autres puissances depuis la guerre de l'Opium. Bien que la Chine ait été impatiente d'envoyer des forces militaires en Europe après son entrée officielle en guerre, seule la France se montra intéressée par la participation de troupes chinoises aux combats. Le Japon s'y opposa fermement, tandis que la Grande-Bretagne n'était pas très emballée par cette perspective. En raison du manque de moyens de transport et de financement, et du peu d'enthousiasme, la Chine ne put envoyer de soldats en Europe. Sa plus grande contribution fut de fournir 140 000 travailleurs chinois pour soutenir l'effort de guerre français et anglais[28]. Envoyer des travailleurs en Europe était la clé de la stratégie visant à participer à la conférence de la paix d'après-guerre. Dès 1915, la Chine élabora un système de travailleurs-soldats destiné à créer un lien avec la cause des Alliés, alors que son entrée en guerre était encore incertaine. Afin de jouer un plus grand rôle, les Chinois insistèrent pour envoyer des travailleurs aux Alliés. Ce programme était une trouvaille de Liang Shiyi, qui l'appela stratégie du *yigong daibing* (littéralement : « des travailleurs à la place des soldats »)[29]. Lorsque Liang Shiyi commença à imaginer ce plan, sa cible principale était britannique, avec une proposition qui devait amener à utiliser des travailleurs militaires et non pas des travailleurs salariés. La Grande-Bretagne rejeta immédiatement l'idée et Liang se tourna vers la France. Une des raisons du refus britannique relevait de la politique intérieure. Si la Grande-Bretagne avait accepté cette proposition, la Chine aurait combattu du côté des Alliés dès 1915. Pour les Britanniques, la solution du travail chinois avait été déterminante en Afrique du Sud avant la guerre, et la protection du « travail blanc » en métropole et dans les dominions était cruciale, car les syndicats étaient fermement opposés à l'emploi de travailleurs chinois en Grande-Bretagne.

En 1915, alors que les Chinois étaient encore sous le coup des « Vingt et une exigences » des Japonais, les Français faisaient face à une crise de main-d'œuvre Aussi, lorsque la Chine proposa son aide, la France vit immédiatement l'intérêt de faire venir des Chinois. Finalement, environ 40 000 travailleurs chinois furent recrutés et conduits en France. En 1916, cependant, l'arrogance britannique fit place à un certain désespoir. Dans

Origine de la main-d'œuvre pour les corps de travailleurs britanniques, 1914-1918

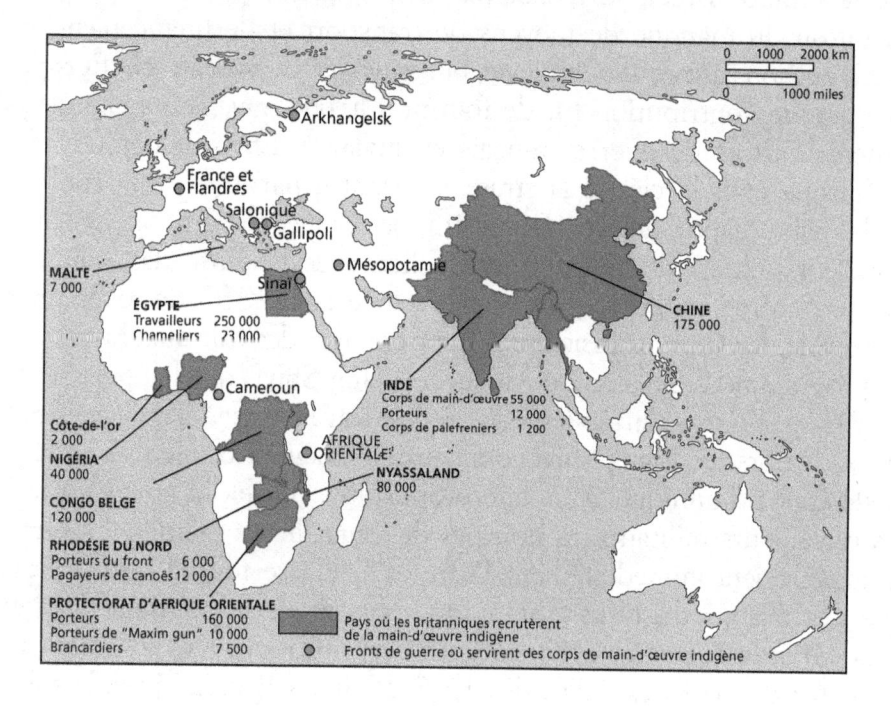

- Arkhangelsk
- France et Flandres
- Salonique
- Gallipoli
- MALTE 7 000
- Mésopotamie
- Sinaï
- ÉGYPTE
  - Travailleurs 250 000
  - Chameliers 23 000
- CHINE 175 000
- Cameroun
- Côte-de-l'or 2 000
- NIGÉRIA 40 000
- AFRIQUE ORIENTALE
- INDE
  - Corps de main-d'œuvre 55 000
  - Porteurs 12 000
  - Corps de palefreniers 1 200
- CONGO BELGE 120 000
- NYASSALAND 80 000
- RHODÉSIE DU NORD
  - Porteurs du front 6 000
  - Pagayeurs de canoës 12 000
- PROTECTORAT D'AFRIQUE ORIENTALE
  - Porteurs 160 000
  - Porteurs de "Maxim gun" 10 000
  - Brancardiers 7 500

Pays où les Britanniques recrutèrent de la main-d'œuvre indigène

Fronts de guerre où servirent des corps de main-d'œuvre indigène un discours à la Chambre des communes, le 24 juillet, Winston Churchill assura : « Je ne reculerai même pas devant le mot "chinois" dans le but de continuer la guerre[30]. » Les autorités militaires britanniques commencèrent à recruter des Chinois en 1916 et près de 100 000 d'entre eux arrivèrent en France pour participer à l'effort de guerre britannique. En raison du consensus protectionniste répandu dans la classe ouvrière, le gouvernement britannique tenait à ce que le travail chinois soit traité de manière quasi militaire et ne soit pas autorisé en Grande-Bretagne. De nombreux Chinois restèrent en France jusqu'en 1920 sous supervision britannique, et jusqu'en 1922 sous responsabilité française. Les Chinois furent les dernières recrues de travail britanniques à quitter la France[31]. Ainsi, la Chine est le pays qui envoya le plus grand nombre de travailleurs en France, et ce sont ceux qui y demeurèrent le plus longtemps.

En 1916, la Grande-Bretagne se tourna aussi vers l'Inde pour trouver de nouveaux travailleurs civils. Un premier contingent de 2 000 hommes partit pour l'Europe en mai 1917[32]. Le mois suivant arriva un autre groupe de 6 370 hommes bientôt rejoints par environ 20 000 Indiens supplémentaires[33]. En 1915, la France commença à mobiliser et à recruter des travailleurs de l'Indochine française[34]. Comme les Chinois, la plupart des Vietnamiens qui vinrent en France le firent à la fois pour fuir la pauvreté et chercher l'aventure. Mais, à la différence de la Chine, il y eut de la résistance parmi eux. Le recrutement français de soldats et de travailleurs se heurta à des manifestations et à d'autres formes de protestation à travers la Cochinchine : la plupart de ces incidents étaient provoqués par les membres de sectes religieuses et de sociétés secrètes[35].

La Grande Guerre fut une guerre totale où l'on combattit à la fois sur le champ de bataille et sur le front intérieur ; sur le front occidental, elle consomma à grande échelle des forces combattantes et du capital humain en général. Ainsi, en raison de leur énorme contribution humaine, Chinois, Indiens et Vietnamiens doivent être considérés comme une donnée importante de la guerre. Les Chinois semblent avoir été des experts en creusement de tranchées. Un officier britannique affirma que, chez les 100 000 hommes sous ses ordres – Anglais, Indiens et Chinois –, les Chinois creusaient en moyenne 5,66 mètre carrés par jour, les Indiens 4,53 et les Britanniques 3,96. Un autre officier nota : « Dans ma compagnie, j'ai constaté que les travailleurs chinois creusant des tranchées accomplissaient quotidiennement une masse de travail plus grande que les travailleurs blancs[36]. » La principale responsabilité des travailleurs était de maintenir les lignes de ravitaillement en munitions, de nettoyer et creuser les tranchées, et de déblayer le terrain conquis. Outre le creusement de tranchées, trois compagnies de travailleurs chinois furent exclusivement employées côté britannique à travailler avec les armes les plus récentes : les chars[37]. L'emploi de Chinois pour un tel travail technique était sans précédent, puisqu'en principe cette activité était réservée aux Britanniques. En plus de leur habileté, les Chinois étaient souvent appréciés pour leur efficacité et leur courage. Le général Foch observa au sujet des Chinois recrutés par les Français : « Travailleur de premier ordre, susceptible de faire un excellent troupier, capable de la meilleure tenue sous les rafales de l'artillerie moderne[38]. »

Les Indiens et les Vietnamiens étaient aussi appréciés pour leur travail acharné et leur sens du sacrifice. Durant l'offensive de mars 1918, un corps de travailleurs indiens fut loué pour son travail et son comportement lorsqu'il fut obligé de lever le camp précipitamment. Le retrait des hommes s'effectua dans « un calme admirable » ; il n'y eut pas de panique, même si dans certains cas ils eurent à endurer de jour comme de nuit des tirs d'obus, des bombardements aériens et le feu des mitrailleuses. Chaque fois qu'on fit appel à eux, ils s'arrêtèrent et firent même demi-tour pour s'occuper du chargement des réserves dans les trains, les camions ou les chariots. « Une compagnie vint au secours des blessés avec un train-hôpital et effectua cette tâche – pour laquelle ces hommes n'avaient aucune formation –, ce qui leur valut des éloges appuyés de la part des médecins militaires[39]. » À la fin de la guerre, au moins 4 000 Indochinois avaient servi comme chauffeurs, transportant des hommes et de l'approvisionnement jusque sur le front. Durant la bataille de la Somme, les chauffeurs indochinois restaient au volant parfois trente-six heures de suite. Les chauffeurs indochinois étaient visiblement plus à l'aise sur leurs machines que leurs collègues français et, par exemple, l'entretien de leurs camions coûtait 25 % moins cher que celui des véhicules conduits par des soldats français. Ils conduisaient aussi avec prudence et avaient moins d'accidents mortels. Un observateur nota : « Intelligence, calme, habileté, aptitude à des tâches précises semblaient être les qualités principales des Indochinois[40]. »

Tout le monde souffrait, mais les Chinois étaient plus habitués au froid hivernal, dont ils se plaignaient rarement, que les Indiens et les Vietnamiens, qui en souffraient terriblement. Le 27 décembre 1917, un travailleur indien écrivait dans une lettre personnelle envoyée de France : « Tu m'interroges sur le froid ? Eh bien, je t'expliquerai ce qu'est le froid en France quand on se reverra. À présent, je peux seulement te dire que la terre est blanche, le ciel est blanc, les arbres sont blancs, les pierres sont blanches, la boue est blanche, l'eau est blanche, et lorsque je crache, ma salive se transforme en un solide grumeau blanc[41]. » Beaucoup de Vietnamiens étaient eux aussi étonnés par le froid. « Il fait si froid, écrivit un Indochinois, que ma salive gèle immédiatement après que j'ai craché sur le sol. » Un autre encore : « Le froid de l'hiver me perce le cœur[42]. » Sur la résistance des Chinois au froid, le capitaine A. McCormick observa : « Une chose me surprenait à leur sujet. J'aurais pensé qu'ils souffriraient plus du froid que nous, mais apparemment ce n'est pas le cas : quand ils travaillent ou vont et viennent, vous les voyez se déplacer avec une simple veste[43]. »

Pour la plupart des Asiatiques, se rendre en France était surtout une épreuve et une souffrance. Mal de mer, maladies, mauvaises conditions et nourriture médiocre étaient les principales plaintes ; certains Vietnamiens devaient dormir avec le bétail. Beaucoup de travailleurs asiatiques n'étaient pas correctement traités et n'avaient que des vêtements en lambeaux. De longues heures de travail et la pénurie de nourriture étaient choses communes pour les travailleurs indochinois. Un Vietnamien s'en plaignit : « Il n'y a aucun repos, même pas le dimanche. » Un autre rapporta que sa seule nourriture pour deux semaines était « une miche de pain[44] ». La majorité de ces hommes servaient au front ou à proximité, et risquaient donc d'être blessés ou tués. Environ 3 000 Chinois périrent sur la route de l'Europe ou sur place, de même que près de 1 500 travailleurs chinois durant leur service en France, la plupart de maladie[45]. À la fin de la guerre, 1 548 Vietnamiens étaient morts.

Alors qu'ils venaient participer à l'effort de guerre britannique et français, Chinois, Indiens, Vietnamiens souffrirent tous du racisme en France. Chez les Britanniques, la croyance généralisée était que « les Asiatiques et les Africains étaient des enfants qu'il fallait traiter avec fermeté pour leur bien[46] ». Le code officiel « interdisait toute trace de sympathie sentimentale avec les individus des colonies ou assujettis ». La sévérité dans les relations avec les barbares devint une vertu avec laquelle on ne devait pas transiger ; ils étaient des enfants à juger, gouverner et diriger. Et pourtant, mêlés à cette arrogante croyance en la domination raciale, on trouve souvent des éléments de profonde ignorance concernant les « mœurs et cultures orientales ou africaines[47] ». Ainsi leur reprochait-on certaines habitudes culturelles. Les Vietnamiens se noircissaient parfois les dents parce qu'ils pensaient que cela les rendait plus séduisants, et cette pratique faisait d'eux l'objet de moqueries de la part des Français. Il arrivait que les Indiens soient critiqués parce qu'ils étaient végétariens et pour d'autres comportements. Le racisme britannique au sujet de l'« infériorité naturelle indienne » par rapport aux hommes blancs était très répandu. En raison des stéréotypes raciaux, certains Français pensaient que les Vietnamiens n'étaient pas physiquement assez forts pour effectuer le genre de travaux pénibles que la race blanche pouvait accomplir. Le général Joffre soutenait que les Indochinois ne possédaient pas les qualités physiques de vigueur et d'endurance nécessaires pour être employés utilement dans la guerre européenne[48].

Il convient de noter que, en dépit du racisme français, il semble que Chinois et Vietnamiens intéressaient les femmes françaises. Avec les ouvriers chinois ou vietnamiens, l'amour et l'intimité conduisaient parfois au mariage. À la fin de la guerre, 250 Vietnamiens avaient épousé des Françaises et 1 363 couples vivaient ensemble sans l'approbation des autorités françaises ou le consentement des parents. Bien qu'il n'existe pas de chiffres précis, on peut sans risque affirmer que de nombreux Chinois eurent des relations sexuelles avec des Françaises et se marièrent quelquefois avec elles par la suite. Un rapport de la police du Havre, daté de mai 1917, note que certains Français de la région n'appréciaient guère, entre autres pour cette raison, les travailleurs chinois et manifestèrent parfois contre eux : « On dit fréquemment (dans les usines de munitions) que, si cela continue, il ne restera pas assez d'hommes en France ; alors, pourquoi nous battons-nous ? Pour que des Chinois, des Vietnamiens ou des Espagnols épousent nos femmes et nos filles, et se partagent la France pour laquelle nous serons tous, plus ou moins tard, tués au front[49]. »

Quoique l'influence sur le développement du sentiment national vietnamien n'ait pas été aussi forte qu'en Inde ou en Chine, on peut malgré tout discerner quelques changements dans la manière de penser et les attentes des peuples, en particulier des Vietnamiens, présents en France durant la guerre. La Première Guerre mondiale a en effet marqué un tournant dans l'histoire de l'Indochine française. Pour beaucoup de Vietnamiens, se rendre en France fut, plutôt qu'une réponse à l'appel de la mère patrie, une expérience ouvrant les yeux. En France, nombre d'entre eux étaient avides d'apprendre, d'observer et d'étudier. Près de Marseille se trouvait un club indochinois où les Vietnamiens pouvaient écrire des lettres et rencontrer des compatriotes. Le club mettait à leur disposition des magazines, des journaux et du thé. L'Alliance française fournissait des services sociaux et organisait des activités culturelles pour les ouvriers et soldats vietnamiens en France. Les membres de l'Alliance proposaient des leçons de français gratuites et, à la fin de la guerre, environ 25 000 hommes avaient bénéficié de ce programme⁵⁰. Les Indochinois étaient souvent enthousiastes à l'idée d'apprendre le français. Ainsi, un caporal de cavalerie nommé Lê Van Nghiep fut si fier d'être deuxième sur 60 candidats à un examen pour le certificat élémentaire de français qu'il écrivit à un ami de Hanoi et lui demanda de publier dans un journal local un article sur son succès accompagné de sa photo. La lettre finit sur le bureau d'un responsable français de la censure qui observa que le Vietnamien avait poussé ses études de langue « assez loin » et « que sa modestie en avait souffert⁵¹ ».

Par l'apprentissage, l'étude et l'observation minutieuse, les Vietnamiens qui vinrent en France se radicalisèrent et nombre d'entre eux, une fois rentrés, combattirent pour modifier le *statu quo*. « En recrutant des Indochinois, la France a par mégarde déclenché des événements qui contribueront d'une certaine manière à la perte de ses colonies indochinoises⁵². » On ne sait pas vraiment si Hô Chi Minh combattit durant la guerre, mais il devint une figure populaire parmi ses compatriotes en France et des tracts signés de lui préconisaient l'indépendance de l'Indochine.

Sexualité

Certains Vietnamiens, en dépit de leur statut de colonisés vivant en France, pensaient qu'ils n'étaient pas différents des Français vivant en Indochine, épousant les femmes locales et fréquentant les bordels et les cabarets⁵³. Après la guerre, environ 2 900 soldats et ouvriers vietnamiens restèrent en France⁵⁴. La pratique répandue parmi les Vietnamiens d'avoir des relations avec des Françaises eut un effet important sur leur psychologie et leur conscience nationale. Cela montrait qu'ils pouvaient outrepasser l'ancienne frontière entre colonisés et colonisateurs ; qu'il était possible de défier l'ordre colonial et les tabous politiques établis par les Français au Vietnam. Quelques Indochinois définissaient ouvertement leurs relations sexuelles avec des Françaises comme une activité politique, une « revanche sur l'Européen, le Français qui là-bas fait rougir la vieille Indochine et pousse à la jalousie⁵⁵ ». De telles attitudes parmi les Indochinois, la plupart d'entre eux devant rentrer au foyer, représentaient un danger potentiel significatif pour l'ordre colonial. « L'effet probable de telles relations interraciales sur le statut des Françaises dans les colonies était apparent. Car ces femmes étaient supposées être les piliers de la communauté, incarner les idées françaises sur la civilisation et la vie de famille, et définir les frontières qui séparaient les colonisateurs des colonisés[56]. » L'expérience vietnamienne en France mit fin au sentiment d'infériorité vis-à-vis des Français et provoqua une douloureuse remise en cause de la domination française au Vietnam[57].

Les relations entre Françaises et Vietnamiens inquiétaient profondément les autorités françaises, qui essayèrent d'y mettre fin. Un Indochinois fut emprisonné quinze jours pour « avoir osé tomber amoureux d'une Française[58] ». Les autorités françaises étaient aussi préoccupées par les photographies d'Indochinois en compagnie de femmes blanches qu'ils envoyaient chez eux. Il arrivait en effet que les Vietnamiens sortant avec des Françaises envoient des photographies d'elles, parfois nues. Le sergent-major Ho adressa à son frère en Indochine des lettres qu'il recevait de femmes françaises, lui demandant de les conserver comme des « choses sacrées » que le sergent pourrait, à son retour, montrer aux maîtres européens qui ne croiraient pas à ses histoires et se moqueraient de lui pour ses prétentions à avoir eu des relations avec des femmes blanches[59]. Pour les Français, une telle preuve de contact interracial était dommageable pour « notre prestige en Extrême-Orient » : aussi les censeurs français confisquaient-ils ces images lorsqu'ils les trouvaient. Les censeurs percevaient très clairement les conséquences ultimes pour l'ordre public et l'autorité française dans les colonies : des exemples comme la « déplorable attitude » du sergent Hô inciteraient la population d'Indochine pour penser que les Françaises vivaient dans une « honteuse débauche ». Comme les Indochinois acquéraient ce genre d'expérience, de compétence et, dans certains cas, d'éducation qui ferait d'eux des responsables après guerre, les autorités françaises craignaient que ces hommes ne reviennent chez eux avec des idées nouvelles et ne soient moins « soumis » à leur « discipline traditionnelle ». On demanda au gouvernement colonial en juin 1918 d'interroger les soldats à leur retour et de les surveiller de près[60].

Les Vietnamiens venus en France pour soutenir l'effort de guerre de leurs maîtres coloniaux purent observer les Occidentaux. Cela leur permit de comparer les Français avec les autres. Ainsi, certains rencontrèrent des soldats américains. Les lettres personnelles des soldats vietnamiens révèlent leurs impressions. L'un écrit que l'armée américaine était « la plus forte et la plus puissante parmi les Alliés » ; un autre, que les Américains étaient des « combattants féroces » ; un troisième fait même la réflexion choquante que les Français n'étaient pas des combattants coriaces, et que « la présence des Américains sur le champ de bataille avait rendu confiance aux Vietnamiens[61] ». Il est intéressant de signaler que beaucoup de Chinois avaient des contacts quotidiens avec les Vietnamiens. Malgré les difficultés de langue, ils s'entendaient bien et, de temps en temps, entretenaient des liens étroits. Lorsque les Chinois se battaient avec les Africains, avec lesquels il semble s'être produit des difficultés récurrentes, les Vietnamiens se mettaient de leur côté. Le gouvernement français ne voulait pas que les Vietnamiens soient contaminés par les idées chinoises de patriotisme et faisait de son mieux pour les tenir séparés[62].

Les Chinois aussi furent fortement marqués par leurs expériences européennes. Comme la présence de travailleurs chinois s'inscrivait dans la grande stratégie de renouveau et de promotion du statut international de la Chine, beaucoup d'organismes furent impliqués dans leur voyage et leurs expériences. L'un d'entre eux était la Young Men's Christian Association. Lorsque les travailleurs chinois arrivaient en France, l'YMCA s'en occupait en organisant leurs vies. Les dirigeants de l'YMCA, dont la plupart venaient de l'élite chinoise diplômée des universités occidentales, aidaient leurs compatriotes à apprendre à lire, à s'informer et à trouver des activités culturelles.

À la fin de la guerre, nombre des Chinois parmi les plus brillants vinrent en France, séduits par l'appel de Woodrow Wilson à un nouvel ordre mondial dont la Chine pourrait bénéficier. Ils voulaient consacrer leur savoir, leur énergie et leur expérience à l'émergence de cet ordre nouveau. Toutefois, leur vision et leur compréhension de la Chine étaient très différentes de celles des travailleurs. Ils aidaient ceux-ci en écrivant des lettres, en leur apprenant à lire et en leur donnant des moyens de comprendre le monde et les affaires chinoises. Cela amena ces élites lettrées à connaître les travailleurs chinois et à modifier leur perception de la Chine et de son avenir. Tandis que les travailleurs s'enrichissaient de leur expérience de guerre et de leurs contacts avec les membres de l'YMCA et autres Chinois de l'élite œuvrant à leurs côtés, ils apprenaient également beaucoup aux élites chinoises. Les travailleurs chinois en France étaient en majorité d'humbles villageois qui savaient peu de chose de la Chine ou du monde lorsqu'ils avaient été choisis pour venir en Europe ; malgré tout, ces hommes contribuèrent directement et personnellement à transformer l'image de la Chine chez elle et dans le monde. Leurs nouveaux rôles transnationaux remodelèrent l'identité nationale et l'internationalisation de la Chine, qui à son tour aida à bâtir le système global émergent.

Forts de leur expérience de l'Europe en temps de guerre et de leur travail avec les militaires américains, britanniques et français, aussi bien qu'avec les travailleurs d'autres nationalités, ils développèrent une perception unique de la Chine et des affaires du monde. Parallèlement, grâce à leur fréquentation des travailleurs chinois en Europe, de futurs dirigeants comme Yan Yangchu, Jiang Tingfu, Cai Yuanpei et Wang Jingwei, parmi d'autres, acquirent la conviction que la Chine pourrait devenir une nation meilleure par le biais d'une nouvelle compréhension de leurs compatriotes.

Comme pour les Chinois et les Vietnamiens, les expériences des Indiens et leurs contacts directs avec les Occidentaux en Europe provoquèrent aussi de nouvelles perceptions des relations entre Orient et Occident. Le général James Willcocks, commandant du détachement indien, écrivit cette lettre au vice-roi, lord Hardinge : « Nos soldats indiens servent pour une très faible rémunération ; ils servent sur une terre étrangère qu'ils ne connaissent pas ; ce sont les soldats les plus patients au monde ; ils sont en train de faire ce que l'on n'avait jamais demandé aux Asiatiques jusque-là[63]. » Les années de guerre furent en grande partie pour les Indiens un moyen de sauver le prestige national[64]. L'expérience de la guerre leur donna une confiance nouvelle et une conscience politique. « Lorsque nous avons rencontré d'autres peuples et avons partagé leurs points de vue, observa un Indien, nous avons commencé à protester contre les inégalités et les disparités que les Britanniques avaient créées entre les Blancs et les Noirs[65]. » Un membre de l'élite indienne notait : « La guerre nous a beaucoup changés. Elle a changé l'angle de vision en Inde aussi bien qu'en Angleterre[66]. » Un cipaye écrivait chez lui : « Vous devez éduquer vos filles aussi bien que vos garçons et notre postérité en sera meilleure[67]. » Amar Singh disait à ses officiers indiens : « C'est la première fois que des Indiens ont eu l'honneur de combattre des Européens sur leur sol et ils doivent donc être à la hauteur du gouvernement qui les a élevés ainsi. » Réfléchissant en octobre 1915 aux troupes indiennes présentes en France, Singh écrivait dans son journal : « Ils doivent voir cela à travers ce qui arrive. C'est sur eux que l'honneur de l'Inde repose. L'Inde obtiendra d'énormes concessions après la guerre qu'elle n'aurait jamais obtenues sans cela – du moins pas avant des années et des années. » En novembre 1914, il avait noté dans ce même journal : « Depuis mon arrivée en France, j'admire et étudie les avenues que ces gens ont dans leurs villes comme à la campagne. » En juin 1915, il faisait des plans : « Depuis que je suis arrivé en France j'ai été vraiment terriblement impressionné par les forêts et les avenues, et j'ai souvent pensé que je pourrais agir dans ce sens une fois de retour en Inde[68]. » Comme le déclarait Annie Besant, qui avait fondé l'India Home Rule League en 1916 : « Lorsque la guerre fut finie, [...] nous ne pouvions douter que le roi-empereur, en récompense de sa glorieuse défense de l'Empire, épinglerait sur [la] poitrine [de l'Inde] la médaille ornée de pierreries de l'autonomie gouvernementale dans l'Empire. » Le Mahatma Gandhi aussi estima que l'effort de guerre favoriserait le changement : « Il était plus convenable pour le futur de ne pas insister sur nos demandes tant que la guerre durait[69]. » L'expérience indienne de la guerre éveilla la conscience nationale, ce qui obligea l'autorité coloniale britannique à faire quelques concessions. La *British Declaration for India* de 1917 fut l'une d'entre elles. Publiée en août 1917 au nom du secrétariat d'État pour l'Inde, elle promettait des réformes constitutionnelles en 1919 ainsi que « l'association croissante des Indiens dans chaque branche de l'administration et le développement progressif d'institutions autonomes[70] ». Des critiques ont pu suggérer que cette déclaration grandiloquente était une promesse creuse, et que la guerre et les sacrifices indiens avaient seulement apporté à l'Inde une inflation élevée, une monnaie dévaluée et des impôts en hausse. Pourtant, ne serait-ce que symboliquement, la déclaration de 1917 doit être considérée comme un acte positif à long terme. Elle annonçait l'amorce de nouvelles relations entre l'Inde et la Grande-Bretagne. En promettant et en accordant à l'Inde un certain degré d'autonomie, elle constitue une étape majeure du long cheminement de l'Inde vers l'indépendance, et peu importe que cette étape ait été limitée et la concession britannique faite à contrecœur. Comme l'écrivait récemment Timothy C. Winegard : « La Première Guerre mondiale fut, bien davantage que celle de 1939-1945, le chapitre décisif du XXe siècle pour les dominions. Elle modifia à jamais la configuration de l'Empire et, à travers la participation capitale des dominions, accéléra la prise de conscience d'une nationalité entière, à la fois légalement et culturellement[71]. »

La contribution des pays asiatiques à la guerre ne se borna pas aux ressources humaines. Par exemple, en plus d'avoir chassé les forces allemandes de Qingdao et de la Micronésie allemande dans le Pacifique Sud, le Japon apporta un soutien naval contre les raids commerciaux allemands dans le Pacifique et protégea les troupes australiennes et néo-zélandaises entre le Pacifique et Aden. La marine japonaise poursuivit aussi les sous-marins allemands en Méditerranée et le Japon fournit du transport maritime, du cuivre, des munitions et presque un milliard de yens de prêts à ses alliés. L'Inde envoya 172 815 têtes de bétail et 3 691 836 tonnes de provisions et de ravitaillement, en grande partie pour l'effort de guerre britannique. En outre, ces pays d'Asie levèrent de substantielles sommes d'argent en vendant des bons de guerre au bénéfice des gouvernements français et britannique[72]. La Chine expédia même à la Grande-Bretagne un grand nombre de fusils qui transitèrent secrètement par Hong Kong. Certaines femmes asiatiques furent aussi impliquées dans la guerre. Quelques Vietnamiennes furent volontaires pour travailler dans les services de santé ou dans des usines en France « aux côtés de nos sœurs françaises ». On rapporta le cas d'ouvrières indochinoises dans des camps de travailleurs en France[73]. Soixante-quinze infirmières japonaises se rendirent en France pour travailler durant la guerre[74].

Bien qu'il soit difficile de dire si l'Inde et le Vietnam ont tiré un bénéfice matériel de la guerre en raison de leur statut colonial, il est certain que la Chine et le Japon jouirent de certains avantages économiques. L'économie japonaise connut une importante croissance : son revenu net provenant du fret était inférieur à 40 millions de yens en 1914, il dépassait les 450 millions en 1918. Quant au commerce des matières premières, les exportations moyennes sur les quatre années excédèrent les importations de 330 millions de yens, alors qu'entre 1911 et 1914 les exportations avaient annuellement été inférieures aux importations d'en moyenne 65 millions. Dans l'ensemble, l'investissement industriel durant la guerre fut multiplié par 17, alors que les profits majorés étaient réinvestis dans le nouveau développement. La production totale japonaise passa de 2 610 millions de yens à 10 212 millions en 1918[75]. L'emploi dans l'industrie augmenta lui aussi pour quasi doubler entre 1914 et 1919. Pour la première fois depuis la fin du XIXe siècle et l'ouverture du pays, le Japon enregistra des excédents commerciaux significatifs et la balance des paiements devint positive[76]. La Chine tira profit du conflit de la même manière. Bien qu'il n'ait pas connu d'excédent durant la guerre, le déficit du commerce chinois déclina visiblement. On peut affirmer que la guerre aida la Chine à connaître une sorte de boom économique et fournit une base à l'âge d'or du capitalisme chinois[77].

Les Asiatiques contribuèrent donc à la Grande Guerre et en bénéficièrent. Leur participation a rendu la guerre vraiment mondiale. Surtout, elle a marqué un tournant majeur dans le développement politique et dans l'identité des Asiatiques. L'excitation collective chez les participants à la guerre quant aux perspectives de la conférence de la paix montre bien l'importance de la guerre pour l'Asie.

Les Asiatiques à la conférence de la paix

Le projet de nouvel ordre mondial du président américain Woodrow Wilson fit naître de grands espoirs chez les Chinois, les Indiens, les Coréens et les Vietnamiens. Même les Japonais attendaient avec impatience les discussions de la conférence de la paix et le nouvel ordre du monde qui en résulterait. Ils espéraient que la conférence de Paris leur vaudrait l'approbation internationale pour leurs gains en Chine. Et, plus encore, le Japon espérait être dorénavant traité comme un égal par les grandes puissances. Sur ce point, il allait être déçu.

Il est vrai que le Japon fut traité comme l'une des cinq nations majeures à la conférence de la paix et fut récompensé par son butin chinois. Mais la demande du Japon d'une clause d'égalité raciale – proposition qu'il avança avec le soutien de la Chine – fut rejetée. Lorsque le Japon souleva pour la première fois cette question, le 13 février 1919, le diplomate chinois Wellington Koo exprima sa solidarité avec cette proposition, même si la Chine ne souhaitait pas être détournée de son objectif principal[78]. Le 11 avril, lorsque le Japon fit une autre proposition à ce sujet, la Chine à nouveau le soutint, évoquant la possibilité qu'elle puisse être intégrée dans le traité de paix officiel[79]. Ironiquement, c'est Woodrow Wilson qui, en tant que président de la Commission de la Société des Nations, bloqua l'insertion de cette clause dans le traité final. Erez Manela l'a récemment noté : « Peut-être la contradiction la plus flagrante du message universaliste de la déclaration de Wilson durant la guerre sur le droit à l'autodétermination était-elle son rapport avec les relations de race dans le contexte intérieur américain », qui relevait de théories raciales et d'attitudes racistes[80]. Déçus par Wilson, certains Japonais dirent de lui qu'il était « un ange en parole et un démon en acte[81] ». La désillusion japonaise s'étendit à trois autres questions : la Société des Nations, la montée de la solidarité anglo-américaine en Asie orientale et dans le Pacifique, et l'*US Alien Immigration Act* de 1924[82]. Cette déception et un sentiment de trahison peuvent aider à comprendre la politique solitaire ultérieure du Japon et sa conduite expansionniste en Chine. Le Japon restait en dehors du club du pouvoir blanc et continuait à partager avec ses collègues asiatiques un statut de membre de seconde classe.

Pour aggraver la situation, le Japon traversait une crise d'identité nationale. Tandis que les Chinois trouvaient l'ordre du monde du XIXe siècle terriblement injuste, le Japon était loué comme le « pionnier du progrès en Orient » pour avoir adopté avec succès les avantages de la civilisation occidentale, avec une propension particulière à prendre exemple sur l'Allemagne. Mais la guerre et le nouvel ordre du monde amenèrent le Japon à considérer qu'il avait peut-être, après tout, pris le mauvais modèle, l'Allemagne était désormais un pays vaincu et mis au ban des nations.

Comme les Japonais, les Chinois ressentirent à la fois des espérances et des déceptions à la conférence de la paix, mais les leurs étaient beaucoup plus profondes, tant leur pays avait placé d'espoirs dans la guerre et dans le monde d'après. Ils s'étaient préparés à tenter leur chance depuis 1915 parce qu'ils savaient leur pays si faible qu'il n'avait guère d'autres moyens de forcer les grandes puissances à certains ajustements. Avec sa déclaration de guerre officielle à l'Allemagne et le grand nombre de travailleurs dépêchés en Europe pour soutenir les Alliés, la Chine avait gagné sa place à la conférence, mais seulement comme nation de troisième rang avec une délégation de deux sièges alors que le Japon en avait cinq. À bien des égards, le succès japonais à la conférence signifiait mécaniquement l'échec de la Chine. Les Chinois profitèrent tout de même pleinement de l'opportunité et introduisirent de nouveaux contenus substantiels et des perspectives nouvelles dans les discussions.

Quoique peu de Chinois aient cru en Wilson, les sentiments s'exacerbèrent lors de la conclusion dramatique de la guerre. Des étudiants chinois de Pékin se rendirent à la légation américaine et scandèrent : « *Long live President Wilson !* » Certains avaient appris par cœur son discours sur les quatorze points. Chen Duxiu, doyen de la faculté de lettres de l'université de Pékin, figure importante du mouvement de la Nouvelle Culture, et plus tard un des fondateurs du Parti communiste chinois, était si convaincu de la sincérité de Wilson qu'il l'appelait « l'homme le plus remarquable du monde[83] ». Pour Chen, la fin de la Première Guerre mondiale marquait un tournant dans l'histoire de l'humanité : « Dorénavant, la force n'est plus autorisée, justice et raison ne peuvent être plus longtemps niées[84]. » Les Chinois poussèrent tous leurs pions à la conférence de la paix pour recouvrer leurs territoires perdus. Cet objectif avait été capital dans la réflexion chinoise avant même l'ouverture de la conférence, à commencer par le retour immédiat du Shandong. Malheureusement, la Chine ne parvint pas à ses fins et ne put même pas récupérer le Shandong, ce qui entraîna une explosion de colère à l'encontre des États-Unis et de Wilson. Certains se plaignirent même que le nouvel ordre mondial de

Wilson n'avait pas atteint la Chine. Écœuré, Chen Duxiu écrivit que Wilson s'était révélé une « planche pourrie » dont les principes « ne valaient pas un sou[85] ». Les étudiants exprimèrent leur déception devant l'échec du wilsonisme dans toute la Chine. Ceux de Pékin se moquèrent cyniquement du président américain en résumant le nouvel ordre wilsonien du monde par la formule : « $14 = 0$[86] ». L'indignation à l'intérieur du pays était telle que la Chine refusa de signer le traité de Versailles.

Ce qui se passa à la conférence de la paix déclencha le mouvement du 4 Mai, une étape importante sur le chemin de la nation chinoise. Le 4 mai, lorsque les Chinois surent qu'ils ne pourraient récupérer le Shandong, plus de 3 000 étudiants de Pékin se rassemblèrent et tentèrent de rencontrer les ambassadeurs alliés pour les interpeller au nom de la Chine[87]. Le mouvement du 4 Mai marque la fin des efforts tous azimuts de la Chine pour rejoindre le système libéral occidental, efforts qui avaient commencé dans l'énergie déployée pour participer à la Première Guerre mondiale. La confiance en l'Occident laissa place à un sentiment de trahison et de désenchantement, et de nombreux Chinois résolurent de suivre leur chemin[88]. Peu importait le jugement porté sur la contribution de la Chine et son effort dans la Grande Guerre : il était du moins possible d'ajouter une nouvelle dimension à la mémoire collective de la guerre, de la tragédie humaine et de sa signification. La Chine saisit l'opportunité de la Première Guerre mondiale pour réajuster radicalement ses relations avec la communauté en pleine croissance des États-nations au tournant du XXe siècle.

Pour l'Inde, la Corée et le Vietnam, colonies sans représentant officiel à la conférence de la paix, les idées d'autodétermination nationale de Wilson semblaient très attrayantes. En 1919, Nguyen Ai Quoc (littéralement : « Nguyen qui aime son pays ») apparut à Paris. Il deviendrait célèbre plus tard sous le nom de Hô Chi Minh (« Celui qui éclaire »). Très actif à Paris, il fut même reçu en audience en septembre 1919 par Albert Sarraut, l'ex-gouverneur général de l'Indochine récemment de retour. Il profita de la conférence de la paix pour plaider la cause du Vietnam et distribuer aux délégations présentes à Paris une pétition intitulée « Les demandes du peuple vietnamien ». Celle-ci, ouvertement influencée par les idées de Wilson, n'était pas politiquement radicale. Elle ne réclamait pas l'indépendance, mais plutôt l'autonomie, l'égalité des droits et les libertés politiques pour les Vietnamiens. Elle demandait une amnistie générale pour tous les prisonniers politiques vietnamiens, une réforme de la justice qui accorderait les mêmes garanties juridiques aux autochtones qu'aux Européens, la liberté de presse et d'opinion, la liberté d'association, la liberté d'émigrer et de voyager à l'étranger, la liberté de l'instruction et la création dans toutes les provinces d'écoles techniques et professionnelles, enfin le remplacement des décrets par des lois et l'élection d'une délégation vietnamienne permanente auprès du parlement français pour le tenir informé des souhaits du peuple indigène.

Ce n'était pas la dernière fois que Hô Chi Minh suivrait la piste américaine. La Déclaration d'indépendance vietnamienne, rendue publique après la Seconde Guerre mondiale, en 1945, fut « très clairement inspirée » de la Déclaration d'indépendance américaine[89]. Malheureusement pour Hô et le Vietnam, sa pétition fut ignorée, bien que le colonel Edward M. House, confident de Wilson à la conférence de la paix, en ait poliment accusé réception. Les Français rejetèrent la pétition, la considérant comme un libelle, ce qui poussa Hô à partir pour Moscou et vers le bolchevisme.

Certaines sources suggèrent que nombre des idées de Hô en 1919 provenaient de ses contacts avec des nationalistes coréens à Paris et aux États-Unis, auxquels il aurait beaucoup emprunté[90]. La Grande Guerre n'eut pas d'impact significatif en Corée ; elle n'y provoqua pas non plus de véritables difficultés économiques. Mais la guerre constitua néanmoins un tournant dans l'histoire de la Corée en raison des grandes espérances suscitées par la conférence de la paix. Au printemps 1919, aiguillonnés par les idées de Wilson, des religieux coréens de premier plan et des dirigeants civils signèrent une déclaration pour l'indépendance de la Corée. Dans les mois qui suivirent, plus d'un million de personnes participèrent à des manifestations pour l'indépendance. Ces événements reçurent le nom de mouvement du 1er Mars. Ce mouvement ne peut être considéré comme un succès, puisque la Corée ne vit ni son indépendance reconnue ni même la question coréenne officiellement abordée à Paris, mais il marqua le début du nationalisme moderne en Corée : comme avec le mouvement chinois du 4 Mai, « le 1er Mars transforma le mouvement national coréen et aida à forger son identité future et son évolution ».

Le mouvement nationaliste indien connut un changement radical durant la guerre. Le Congrès national indien avait été un pilier de l'Empire jusqu'en 1914 ; mais, une fois la guerre terminée, il devint son ennemi résolu. Le printemps 1919 en Inde fut aussi une « ligne de partage des eaux au-delà de laquelle le mouvement national bascula décisivement dans l'idée d'en finir avec la loi britannique en Inde ». Le Mahatma Gandhi « passa en 1919 d'une position de soutien ferme mais critique à l'adhésion indienne à l'Empire britannique à celle d'une opposition déterminée ». La guerre achevée, les Indiens placèrent de grands espoirs dans les débats de la conférence de la paix. Pour eux, Wilson était un « vieux sage asiatique », « un Christ ou un Bouddha » retournant à sa demeure ancestrale. Un Indien écrivit à Wilson : « Votre Honneur, le cœur souffrant de l'Inde crie, hurle vers vous que nous croyons être un instrument de Dieu dans la reconstruction du monde. » En 1917, le prix Nobel Rabîndranâth Tagore, grand admirateur de Wilson, voulut lui dédier son *Nationalisme*[91]. Lajpat Rai exprima l'espoir que « l'octroi immédiat de l'autonomie à l'Inde et à d'autres pays sous la supervision des Alliés fasse suite à la conférence ». Lorsque le Congrès national indien se réunit en décembre 1918, pour sa session annuelle, il adopta une résolution réclamant que l'Inde soit reconnue par les grandes puissances comme « l'une des nations progressistes à laquelle le principe d'autodétermination serait appliqué[92] ».

Bien que les voix indiennes aient été largement ignorées et leurs rêves anéantis lorsque le nouvel ordre mondial fut établi par les grandes puissances en 1919, on peut affirmer que l'expérience de l'Inde dans la Grande Guerre et la conférence de la paix la prépara indirectement à sa pleine indépendance après la Seconde Guerre mondiale.

Pour l'Asie, la Première Guerre mondiale est une histoire faite de tragédies, de paradoxes et de contradictions. La guerre avait beaucoup à voir avec les empires, à l'exception de la Chine qui détruisit le sien et se battit pour réaliser une république et un État-nation. Durant la guerre, le dernier empereur remonta sur le trône et un autre responsable politique chinois rêva de devenir empereur ; ni l'un ni l'autre ne réussit. Le Japon utilisa la guerre pour ses ambitions impériales, cependant que des mouvements nationalistes émergeant en Corée, en Inde et au Vietnam essayaient de faire échapper leur pays au contrôle de leurs colonisateurs et d'arracher leur indépendance nationale. La guerre fut un mélange de défaites et de victoires. La Chine, qui était du côté des vainqueurs, fut traitée à la conférence de la paix d'après-guerre comme un vaincu. Le Japon, vainqueur, vit sa place dans le monde s'améliorer substantiellement, mais ces gains constituèrent en réalité les germes mêmes de sa destruction à venir.

La Grande Guerre provoqua la fin brutale du système mondial du XIXe siècle et offrit l'opportunité de réorganiser les affaires du monde. Ayant beaucoup souffert sous l'ordre mondial précédent, les Chinois,

Coréens, Indochinois et Indiens plaçaient de grands espoirs dans la création d'un nouveau système. Pour des Asiatiques éduqués, la Grande Guerre illustrait le déclin moral de l'Europe ; mais tous furent déçus des suites de la guerre et déchantèrent rapidement devant l'ordre de l'après-guerre. La Chine, l'Inde et, dans une certaine mesure, le Vietnam étaient fondamentalement différents en 1919 de ce qu'ils étaient en 1914 – socialement, intellectuellement, culturellement et idéologiquement. Les bouleversements s'étaient produits en grande partie à cause des expériences de la guerre et des profondes insatisfactions suscitées par la conférence de la paix. La guerre constitua aussi un tournant dans l'histoire du Japon.

Les années de la Première Guerre mondiale ont coïncidé avec une période d'évolutions considérables en Asie, alors que la Chine luttait pour devenir une nation et que l'Inde s'engageait sur le long chemin de l'indépendance. Pendant que certains, en Chine et au Vietnam, suivaient une route socialiste, au Japon la Grande Guerre suscita un sentiment de fierté nationale nouveau qui conduisit finalement les Japonais à adopter des méthodes militaires pour défier l'Occident.

Dans les travaux des historiens, la Première Guerre mondiale est considérée comme une « guerre perdue », une « guerre ignorée » ou une « guerre oubliée ». En Asie, peu de gens comprennent la signification de la participation asiatique. Si dévastateur qu'il fût en Europe, cet enrôlement transforma le sens et les implications du conflit à la fois pour l'Asie et pour le reste du système mondial, les deux étant de plus en plus liés. Il a aussi aidé à entreprendre le long et difficile parcours de nombreux pays asiatiques vers l'indépendance nationale. En bref, la Grande Guerre fut dans l'histoire de l'Asie une étape qui demeure, encore aujourd'hui, sérieusement sous-évaluée et sous-étudiée.

Chapitre xix

L'Amérique du Nord

Jennifer D. Keene

La guerre en Europe eut un effet direct et immédiat sur l'Amérique du Nord. Les États-Unis et le Canada agirent en fonction de leurs puissants liens culturels, économiques et politiques avec la Grande-Bretagne en fournissant aux Alliés des hommes, de l'argent et du matériel. Le Mexique, depuis longtemps au cœur de la compétition économique entre les États-Unis, la Grande-Bretagne et l'Allemagne, se trouva lui-même au centre d'intrigues diplomatiques qui culminèrent avec le télégramme Zimmermann. Les relations avec l'Europe, cependant, ne représentent qu'un aspect de l'histoire de l'Amérique du Nord. Sur ce continent, les populations se déplacèrent vers le nord pour suppléer à la pénurie de main-d'œuvre après que la guerre eut interrompu l'immigration européenne. Pour répondre à la demande de plus en plus forte de produits industriels et agricoles de la part des Alliés, le Canada recruta des ouvriers agricoles et des salariés de l'industrie aux États-Unis, promettant de hauts salaires et un acheminement sur place à bon marché, et ce jusqu'à ce que l'entrée en guerre des États-Unis assèche ce courant de main-d'œuvre ; en effet, les responsables américains de l'emploi se tournèrent aussi vers le sud, alimentant la migration des travailleurs vers les centres industriels du nord. Les 500 000 Afro-Américains qui rejoignirent cette vague migratoire (connue comme la Grande Migration) provoquèrent une réorganisation politique et culturelle qui transforma le paysage racial des États-Unis. Des centaines de milliers de Mexicains émigrèrent aussi aux États-Unis, la plupart pour échapper aux tourments politiques et économiques causés par la révolution mexicaine en cours.

Ces bouleversements démographiques montrent, parmi d'autres exemples, que considérer l'Amérique du Nord comme une entité durant la Première Guerre mondiale offre la possibilité d'en finir avec l'approche unilatérale des États-nations, pour prendre en compte les dimensions régionales et globales de la guerre. Découvrir la « guerre de l'Amérique du Nord » dans toute son ampleur exige d'étudier la position britannique dominante dans l'économie politique globale, la contribution nord-américaine au combat, les relations internationales en Amérique du Nord et la manière dont les événements et initiatives de celle-ci eurent des répercussions sur le déroulement de la guerre et de la paix.

La Grande-Bretagne en Amérique du Nord

Du fait de son statut de plus grande puissance impériale mondiale, de centre du monde financier et de force navale dominante, l'entrée de la Grande-Bretagne dans le conflit affecta d'une certaine façon toutes les nations ou presque. Mais les relations culturelles, politiques et économiques qui liaient les États-Unis et le Canada à la Grande-Bretagne ont modelé différemment l'expérience de guerre des deux nations nord-américaines. En tant que citoyens d'un dominion autonome dans l'Empire britannique, « les Canadiens n'avaient pas le choix quant à leur implication dans la guerre, mais ils eurent droit à la parole lorsqu'il s'agit de décider de l'importance de leur participation[1] ». Les États-Unis se déclarèrent neutres en 1914, mais leur élite financière et politique offrit à la Grande-Bretagne une aide qui influa presque immédiatement sur cette neutralité. Tirant avantage de ces liens, la Grande-Bretagne s'empressa de faciliter rapidement la mobilisation économique au Canada et aux États-Unis en établissant une solide industrie de munitions jusque-là inexistante. En gérant un réseau qui garantissait les contrats, achetait des machines, inspectait les usines et transportait les produits à l'étranger, la Grande-Bretagne transféra avec succès les ressources nord-américaines jusqu'à ses propres rives.

Cette étroite relation commerciale et financière entre les États-Unis et la Grande-Bretagne évolua naturellement à partir des liens préexistants. « La Grande-Bretagne était de loin le partenaire commercial de l'Amérique le plus important avant guerre », rappelle Robert H. Zieger[2]. Moins de six mois après le début de la guerre, la House of Morgan, puissante compagnie financière chapeautée par la banque J. P. Morgan, devint responsable des achats et des contrats aux États-Unis pour le gouvernement britannique. Durant les deux années suivantes, la House of Morgan travailla en lien étroit avec les officiels britanniques pour allouer plus de 4 000 contrats aux entreprises américaines, pour une somme dépassant 3 milliards de dollars[3]. Entre 1915 et 1917, les exportations américaines doublèrent, 65 % d'entre elles étant destinées à la Grande-Bretagne[4]. En 1916, le ministère britannique des Affaires étrangères évalua la dépendance de la Grande-Bretagne vis-à-vis des États-Unis, aboutissant à l'alarmante conclusion que, pour « les denrées alimentaires, les fournitures militaires et les matières premières, les États-Unis étaient une source d'approvisionnement absolument irremplaçable[5] ». Ce commerce de fusils, de poudre pour l'artillerie, d'obus et de mitrailleuses en pleine expansion bénéficia aussi à l'économie américaine, et contribua à la sortir de la récession en favorisant la création de l'infrastructure industrielle qui, en fin de compte, soutint l'effort de guerre des États-Unis[6].

La très anglophile House of Morgan aida encore la cause britannique en prêtant au gouvernement d'énormes sommes, et en faisant pression sur d'autres banques américaines pour qu'elles refusent des prêts à l'Allemagne. Après l'entrée en guerre des États-Unis, le gouvernement prit le relais en finançant les Alliés et en leur prêtant près de 11 milliards de dollars durant la période des combats, puis de la reconstruction. « Si moins de 1 milliard prêté par le gouvernement américain fut jamais remboursé, la totalité des 3 milliards approximativement dus à des investisseurs privés américains le fut[7]. » L'argent affluant des coffres américains vers ceux des Britanniques soutint l'ensemble des efforts alliés, car les Britanniques à leur tour prêtèrent de l'argent à d'autres nations de l'Entente comme la France et la Russie. Les 250 millions de dollars que la Grande-Bretagne dépensait mensuellement aux États-Unis en 1916 (en majeure partie pour soutenir le taux de change livre-dollar de façon à contrôler le prix des marchandises) « reflétaient une dépendance vis-à-vis de l'industrie américaine et du marché financier qui, dans l'esprit des Allemands, justifiait la campagne sous-marine et contredisait l'affirmation de neutralité des États-Unis[8] ».

En novembre 1916, ce flot de crédit américain parut brusquement en danger de se tarir. Le Bureau de la Réserve fédérale avertit la House of Morgan de s'abstenir d'accorder des prêts non garantis à la Grande-Bretagne qui, à cette date, avait presque épuisé ses réserves d'or et de valeurs mobilières utilisées en nantissement. « Le manque de crédit était sur le point de gêner et éventuellement de bloquer le flux de munitions et de denrées alimentaires vers les Alliés » – un risque évité par l'entrée en guerre des États-Unis en avril 1917[9]. Hew Strachan se montre plus sceptique sur l'hypothèse d'une rupture de ce partenariat financier : pour lui, interrompre le commerce de guerre avec les Britanniques aurait plongé l'économie américaine dans une récession terrible. Strachan va jusqu'à suggérer que la longue neutralité américaine aurait pu bénéficier davantage aux Alliés que la belligérance, puisque leurs « engagements financiers en faveur de l'Entente » avaient déjà « lié les États-Unis à sa survie et même à sa victoire[10] ». En tant que belligérants, les États-Unis se retrouvèrent en concurrence avec la Grande-Bretagne pour la production de munitions et de produits alimentaires afin d'approvisionner leur propre armée.

La Grande-Bretagne fit aussi appel au Canada pour produire du fer, de l'acier, des obus et des armes chimiques. En 1914, le Canada ne possédait qu'une seule usine de munitions. Au cours de la guerre, un Imperial Munition Board (IMB) sous direction britannique supervisa la création de près de 600 usines de production d'obus, de détonateurs, de propulseurs et de douilles, à tel point que « près d'un tiers des obus tirés par l'armée britannique en 1917 étaient de fabrication canadienne[11] ». En pleine expansion, le textile, l'agriculture et l'exploitation forestière aidèrent l'économie canadienne à sortir du marasme d'avant-guerre, les Canadiens utilisant ces profits pour souscrire aux emprunts de guerre émis par le gouvernement. À la différence de la Grande-Bretagne, le Canada ne dépendit pas des prêts massifs des États-Unis pour financer son effort de guerre. Le désir de la Grande-Bretagne de dépenser les prêts américains au Canada, pour le bénéfice de l'économie canadienne, exigeait une démonstration de réciprocité. En 1917, par exemple, la Grande-Bretagne n'obtint l'autorisation d'utiliser les prêts du gouvernement américain pour acheter du blé canadien qu'en s'engageant à en envoyer au moins la moitié dans les minoteries américaines pour leur transformation[12].

Les liens culturels entre États-Unis, Canada et Grande-Bretagne furent très visibles durant toute la guerre. La Grande-Bretagne mena aux États-Unis une féroce campagne de propagande dénonçant les atrocités allemandes en Belgique et le nombre de victimes civiles pendant la période de guerre sous-marine allemande « à outrance ». Le blocus britannique tua probablement plus de civils que la guerre sous-marine, mais la propagande allemande ne parvint jamais à provoquer aussi efficacement l'indignation américaine[13]. Les Allemands acquirent une réputation de plus en plus grande d'ennemis de la civilisation. La manière dont les Britanniques façonnèrent la perception américaine du naufrage du *Lusitania* en est un excellent exemple. Le 7 mai 1915, un sous-marin allemand torpilla le *Lusitania*, un paquebot britannique auquel l'Allemagne reprochait de transporter des munitions. Le navire coula en moins de vingt minutes, et parmi les 1 198 victimes figuraient 127 Américains[14]. L'Allemagne fit observer que des annonces officielles, dans la presse, avaient averti les Américains d'éviter les navires se dirigeant vers la zone de guerre, mais la propagande britannique présenta l'attaque comme un nouvel exemple de l'inhumanité de l'Allemagne. Les agents britanniques basés aux États-Unis distribuèrent des milliers de médailles commémoratives censées avoir été fabriquées par le gouvernement allemand. En réalité, un citoyen allemand avait créé la médaille représentant un squelette, qui vendait des billets au-dessus de l'inscription « Les affaires d'abord » ; la représentation vilipendait donc l'empressement des Alliés à mettre en danger des vies civiles pour se livrer à un commerce d'armes profitable. Les médailles étaient datées du 5 mai, et non du 7, erreur dont les Britanniques se saisirent pour accuser l'Allemagne de meurtre avec préméditation dans la brochure de propagande qui accompagnait la reproduction des pièces.

La guerre renforça les liens culturels du Canada avec la Grande-Bretagne, tout en alimentant paradoxalement le nationalisme canadien. Au cours de la guerre, le Canada commença à se voir « non plus comme une colonie britannique, mais au moins comme une nation nord-américaine britannique[15] ». Les Canadiens anglais se définissaient ouvertement eux-mêmes comme des Britanniques, non pour nier ou refuser leur nationalité canadienne, mais plutôt afin de manifester leur enthousiasme pour la démocratie libérale britannique, leur appartenance à l'Empire britannique et à ses traditions culturelles. Les Canadiens utilisaient des expressions comme « civilisation britannique », « justice britannique », « citoyenneté britannique » et « savoir-vivre britannique » pour exprimer un nationalisme britannico-canadien, soit, entre autres choses, un pays anglophone et blanc[16].

Toute l'Amérique du Nord ne participa cependant pas à l'effort de guerre britannique. Des voix dissidentes aux États-Unis et au Canada mirent l'accent sur la distance géographique entre l'Europe et l'Amérique du Nord, soutenant que l'Atlantique servait de barrière naturelle qui protégeait le continent d'une invasion allemande. Ces isolationnistes étaient prêts à défendre leurs frontières territoriales, mais étaient perturbés à l'idée d'envoyer des armées au-delà des mers. Dans toute l'Amérique du

Nord, le scepticisme fleurissait chez ceux qui avaient de fortes raisons politiques de s'opposer à la guerre. Le sentiment isolationniste, aux États-Unis, était particulièrement vif parmi les Américains d'origine allemande, les Scandinaves du Middle West, les Irlando-Américains, et dans le Sud rural ; ils défendaient l'isolationnisme pour diverses raisons : soutien à leur famille en Allemagne, objections religieuses, haine pour la Grande-Bretagne et manque de confiance dans les élites financières de l'est du pays accordant des prêts aux Alliés. De nombreux Canadiens français, craignant que la mobilisation en temps de guerre n'accélère la construction d'une nation anglo-américaine, restèrent sourds aux appels à préserver l'Empire britannique. Les élites franco-canadiennes militaient cependant pour le soutien à la guerre, mais d'autres adoptèrent un nationalisme nord-américain qui les incitait à refuser de participer à une guerre à l'étranger. Redoutant que les temps de guerre ne les poussent vers un anglo-conformisme qui mettrait en danger leur autonomie culturelle et leur liberté, non seulement les Canadiens français se montrèrent réticents à s'engager, mais beaucoup s'opposèrent à la conscription. Ceux qui critiquaient l'isolationnisme répliquèrent que ce n'était pas l'océan Atlantique qui protégeait l'Amérique du Nord, mais la marine britannique. Le Canada et les États-Unis, soutenaient-ils, bénéficiaient énormément du contrôle des mers que la Grande-Bretagne offrait à ses colonies, anciennes et actuelles. La Grande-Bretagne a préservé sa domination navale (seulement menacée occasionnellement par les sous-marins allemands) en maintenant des couloirs de navigation, en bloquant la mer du Nord et la Baltique grâce à des patrouilles et à des mines, et en fournissant des navires pour transporter les marchandises en Europe. Le début de 1917, lorsque l'Allemagne menaça de dominer les mers, fut une période charnière. En février 1917, l'Allemagne reprit la guerre sous-marine à outrance, sachant que cette décision était de nature à faire entrer officiellement les États-Unis dans le conflit. Elle fit le pari qu'une attaque sous-marine implacable contre les navires forcerait la Grande-Bretagne et la France à capituler avant que les États-Unis puissent apporter leur aide sur les champs de bataille. La forte augmentation des attaques sous-marines allemandes rendit l'amiral britannique John Jellicoe pessimiste sur la capacité future de son pays à gagner la guerre. L'amiral américain William Sims, canadien de naissance, trouva la solution : organiser un système de convois qui comprendraient des destroyers américains (plutôt que des cuirassés britanniques, plus lents) pour accompagner des groupes de navires dans leur traversée de l'Atlantique. C'est ainsi qu'en 1918, pour la première fois depuis 1915, la construction navale alliée excéda les pertes en mer. « Mieux que n'importe quel autre facteur, le système du convoi révèle la nature vraiment globale de la Première Guerre mondiale[17]. »

Durant la guerre, les États-Unis changèrent de statut : de pays endetté, dépendant du financement britannique pour leur développement industriel, ils devinrent une nation créditrice qui fit plus que prêter de l'argent aux belligérants pour financer les achats de marchandises américaines. Lorsque les financiers britanniques commencèrent à liquider leurs actifs dans le reste du monde pour payer la guerre, les banquiers et les industriels américains saisirent l'occasion pour financer et construire mines, chemins de fer, usines et gisements de pétrole dans l'hémisphère Sud. La situation économique de l'Amérique vis-à-vis du Mexique, par exemple, facilita sa pénétration dans un marché naguère dominé par la Grande-Bretagne. Accélérant un changement déjà engagé, les exportations vers le Mexique passèrent de 49,7 % des marchandises importées à 66,7 %, alors que de 1913 à 1927 les parts de marché britanniques tombèrent de 13 à 6,5 %[18]. Le Canada subit un changement similaire, passant du statut d'emprunteur à celui de créancier, résultat des crédits consentis à la Grande-Bretagne pour l'achat de blé et de munitions.

Mais la guerre mit à nu la dépendance américaine et canadienne vis-à-vis des achats britanniques de céréales et de biens manufacturés pour soutenir la prospérité – ce qui permettait à la Grande-Bretagne, du moins pour le moment, de conserver sa position d'épicentre de l'économie internationale. « La multicentralité de la Grande-Bretagne dans le monde économique [qui] contribuait à éloigner les ressources des Puissances centrales vers les Alliés » et « l'impressionnante capacité de production des États-Unis » créèrent une situation à laquelle l'Allemagne et ses alliés pouvaient difficilement se mesurer[19]. L'issue de la guerre renforça en apparence – mais en apparence seulement – la suprématie mondiale britannique, qui avait su faire appel à des ressources en hommes, argent et matériaux d'Amérique du Nord pour vaincre ses ennemis européens.

L'expérience militaire de l'Amérique du Nord

Les États-Unis et le Canada entrèrent dans la guerre sans y être vraiment préparés. En 1914, le Canada possédait une armée régulière de 3 000 hommes seulement, avec une milice de 70 000 volontaires. Le *Cana-*

dian Corps totalisera finalement quatre divisions, plus une cinquième, morcelée, pour la réserve. Sur une population de 7,5 millions d'habitants, 619 000 Canadiens servirent durant la guerre, dont 424 589 à l'étranger[20]. La situation n'était pas meilleure aux États-Unis en 1917, lorsqu'ils déclarèrent la guerre avec approximativement 300 000 hommes (troupes fédérales et nationales). En fin de compte, les troupes américaines se monteront à 4,4 millions d'hommes, dont la moitié environ servant à l'étranger, sur une population de 103 millions d'habitants[21]. Chacune des deux nations eut un nombre presque équivalent de victimes, avec 66 665 Canadiens et 53 402 Américains tués au combat. Mais ces chiffres représentaient près de 11 % des forces canadiennes et seulement 1,2 % des militaires américains[22].

Les États-Unis et le Canada mobilisèrent leurs troupes de manière différente. Les États-Unis adoptèrent immédiatement la conscription, pour aboutir finalement à 72 % d'appelés dans leurs forces armées. En prenant cette décision, les États-Unis rompaient avec leur tradition de combattre d'abord avec des volontaires et de n'utiliser la conscription que pour compléter les rangs lorsque les enrôlements ne suffisaient pas. En effet, introduire la conscription après que la nation eut souffert de lourdes pertes augmentait la probabilité de protestations massives contre l'appel sous les drapeaux. Les autorités américaines agirent ainsi en sachant que la nation avait été fortement divisée sur l'entrée en guerre. Le Canada choisit d'attendre que les besoins de remplacement deviennent aigus, ne recourant qu'en 1917 à la conscription, qui atteignit alors environ 100 000 soldats[23]. La possibilité d'exemptions contribua à rendre l'appel sous les drapeaux plus acceptable aux États-Unis et au Canada. La majorité des Américains et des Canadiens mobilisables s'enrôlaient publiquement, puis, dans l'intimité de leurs foyers, remplissaient un formulaire de demande d'exemption. Les poches d'opposition catégorique à la conscription reflétaient les coupures ethniques et régionales préexistantes. La résistance à la conscription a touché essentiellement les communautés rurales du sud des États-Unis, opposées à l'entrée en guerre, et le Québec francophone, qui résistait ainsi aux tentatives du gouvernement pour utiliser le service militaire en temps de guerre en vue d'affirmer la domination anglo-canadienne. Certains Québécois échappèrent même à la conscription en passant la frontière pour rejoindre les communautés franco-canadiennes de Nouvelle-Angleterre. Cette communauté immigrée ne voyait pas de contradiction à envoyer ses fils combattre dans l'armée américaine et à offrir dans le même temps un refuge aux insoumis franco-canadiens[24].

Le temps qu'il fallait pour lever, former et transporter des troupes depuis l'Amérique du Nord signifiait qu'en réalité ces armées ne parviendraient sur le front que des mois après l'entrée en guerre de leurs pays respectifs. Américains et Canadiens commencèrent par combattre sous la tutelle des armées française et anglaise, plus expérimentées. Le Canada et les États-Unis firent face à la même pression pour lever des troupes susceptibles d'être amalgamées aux armées de l'Entente, mais les sentiments nationalistes et les inquiétudes quant à la façon dont les généraux européens conduisaient la guerre firent que chaque pays préféra constituer une armée indépendante.

Le mécontentement devant la décision britannique de lancer une contre-attaque en mettant à contribution les troupes canadiennes, après la première attaque massive de gaz durant la deuxième bataille d'Ypres, confirma que « la 1re division devenait le cœur de l'armée nationale du Canada plutôt qu'une formation "impériale" issue d'un dominion[25] ». En avril 1917, les quatre bataillons canadiens furent engagés pour la première fois dans la bataille d'Arras, et prirent la crête de Vimy. Le général glorieux Arthur Currie reçut, en juin 1917, le commandement du corps expéditionnaire canadien. Les Canadiens étaient convaincus qu'ils formaient une force combattante d'élite qui pouvait réussir là où les Britanniques et les Français avaient échoué. « En ces quelques minutes, j'ai assisté à la naissance d'une nation », déclara le général de brigade A. E. Ross après la guerre – idée qui depuis lors a provoqué beaucoup de débats.

Les Canadiens faisaient toute confiance à Currie (le premier Canadien à atteindre vraiment le grade de général) ; il saurait engager les soldats canadiens avec efficacité et prudence tout en conservant un certain degré d'autonomie sur le champ de bataille. Le général John J. Pershing, commandant du corps expéditionnaire américain, fut confronté aux mêmes attentes aux États-Unis. Cherchant à démontrer ses qualités, Pershing résista résolument à toute intégration formelle de l'armée américaine dans les forces alliées. Une armée des États-Unis indépendante correspondait d'ailleurs aux objectifs politiques plus larges de Wilson. Pershing était parti pour la France avec une instruction claire du secrétaire américain à la Guerre, Newton Baker : « coopérer avec les forces des autres pays engagées contre l'ennemi, mais en gardant à l'esprit l'idée que les forces des États-Unis sont une composante séparée et distincte des forces alliées, dont l'identité doit être préservée[26] ». Wilson tenait à une présence américaine forte, visible et indépendante sur le champ de bataille lorsque les Alliés gagneraient la guerre. Il était persuadé que les États-Unis avaient besoin de jouer un rôle majeur dans le combat pour avoir une voix prééminente dans les accords de paix – après tout, c'était l'une des principales raisons qui avaient poussé le président à entraîner son pays dans la guerre. Les Américains ne gagnèrent jamais une indépendance totale (ils dépendirent toujours à un certain degré de l'assistance logistique des Alliés), mais à l'automne 1918 le corps expéditionnaire américain occupait son propre secteur du front occidental.

Américains et Canadiens prétendaient que leurs troupes incarnaient une nouvelle espèce de masculinité née sur la « Frontière », se caractérisant par l'agressivité, l'ingéniosité et l'individualisme. Ces traits étaient censés distinguer les soldats nord-américains de leurs homologues européens, exténués par des années de guerre. En 1917, le Premier ministre canadien, sir Robert Borden, proposa en vain que l'armée canadienne soit chargée de la formation de l'armée américaine « parce que les Canadiens, comme les Américains, n'ont pas une aristocratie qui place la naissance au-dessus du mérite[27] ». La doctrine américaine en matière de formation militaire soulignait explicitement les différences entre les soldats, identifiant l'adresse individuelle au tir et la « guerre ouverte » comme les caractéristiques des combattants américains. « Berlin ne peut être pris par les armées françaises ou anglaises, ou par les deux ensemble. Il ne peut être pris que par une armée américaine parfaitement entraînée et entièrement homogène », déclara à ses collègues le général H. B. Fiske, chef de la formation du corps expéditionnaire américain[28]. La préférence donnée aux fusils plutôt qu'à l'artillerie lourde restait le principe de base de la doctrine de l'armée américaine – ce qui, dans l'esprit de Pershing, définissait leur *way of war*, la « guerre à l'américaine ».

Les États-Unis et le Canada avaient aussi le sentiment que la Grande-Bretagne et la France sous-estimaient leur contribution à la guerre. Cela conduisit à la création d'un Canadian War Records Office, qui faisait connaître les prouesses militaires canadiennes aux populations canadienne et anglaise. De même, aux États-Unis, une avalanche d'ouvrages, d'articles et de films donna aux Américains l'impression que leur pays avait gagné la guerre pratiquement seul. La sensation d'être des associés minoritaires dans une coalition menée par les Européens fut sans aucun doute à l'origine de certaines de ces vantardises. De manière plus significative, le désir politique des États-Unis et du Canada de faire fructifier leur participation à la guerre en une influence plus grande dans le nouvel ordre mondial exigeait aussi de mettre en évidence la part de chacune des nations dans la victoire des Alliés. La contribution réelle des troupes américaines et canadiennes à la victoire des Alliés dans leur ensemble reste aujourd'hui encore l'objet de débats des deux côtés de l'Atlantique.

L'importance accrue des dominions dans l'effort de guerre britannique conduisit en 1917 et 1918 à la réunion d'*Imperial War Conferences*, qui permirent aux représentants des dominions de négocier la contribution de leurs économies et de leurs armées à l'effort de guerre. Elles envoyèrent aussi leurs propres délégations à la conférence de la paix, puis signèrent et ratifièrent les traités de paix individuellement[29]. Le chef de file des négociateurs américains à la conférence de la paix, le colonel Edward House, salua cette évolution, en considérant toute fracture dans l'Empire britannique comme positive pour les États-Unis. Le Premier ministre canadien, Borden, « apporta délibérément le point de vue nord-américain aux Conseils de l'Empire, un point de vue qui reflétait l'identité croissante des intérêts canadiens et américains[30] ». Borden expérimenta un rôle nouveau de médiateur international entre les deux plus grandes puissances mondiales anglophones. Le Canada avait, pour ainsi dire, un pied dans chaque camp et se voyait lui-même dans une position unique permettant d'expliquer les préoccupations nord-américaines aux Britanniques et à leurs dominions, et les préoccupations de l'Empire britannique aux États-Unis. Borden intervint à plusieurs reprises pour trouver des compromis lorsque les délégations américaine et britannique s'affrontèrent sur des détails du traité, dénonçant notamment de manière particulièrement vive (mais en vain) les lourdes réparations allemandes pour éviter de contrarier les États-Unis. « Préoccupation partiellement égoïste, car c'était un des cauchemars récurrents d'Ottawa que d'imaginer le pays en guerre aux côtés de l'Angleterre et du Japon, son allié, contre les États-Unis », affirme Margaret MacMillan[31]. L'ascendance, la langue, la littérature, les institutions politiques et les croyances communes aidant, une alliance potentielle entre les États-Unis et la Grande-Bretagne suffirait à « assurer la paix du monde » si la Société des Nations échouait, dit Borden à Lloyd George[32]. Ce plan ne se réalisa jamais, mais les sentiments de Borden révélaient que, en ce qui concernait la haute diplomatie, les relations entre la Grande-Bretagne et l'Amérique du Nord anglophone sortirent intactes de la guerre.

Les États-Unis et le Canada : comparaisons et relations

Comparer les expériences de guerre des États-Unis et du Canada met en évidence une série de parallèles, des similitudes dans les formes d'implantation, les idéaux politiques et le développement économique. Les identités nationales des États-Unis et du Canada provenaient de leurs origines politiques et géographiques : des communautés anglaises de colons blancs ayant originellement colonisé le continent. Cette vision de l'identité nationale ignorait les autres réalités démographiques de l'Amérique du Nord : l'esclavage, la colonisation espagnole et française, et l'ample immigration non anglaise du début du XXe siècle.

Tout au long de la guerre, les États-Unis et le Canada durent faire face aux manifestations de minorités marginalisées. Le combat en cours pour l'égalité raciale aux États-Unis déclencha des émeutes, des lynchages et un système de surveillance à grande échelle des organisations politiques africaines-américaines et de la presse. Plus de 400 000 Africains-Américains servirent dans l'armée, dont 89 % dans des unités non combattantes. « Les efforts pour exclure les Africains-Américains d'une mémoire nationale de la guerre s'inscrivirent dans le cadre plus large de tentatives visant à en faire des citoyens marginaux dans la vie politique[33]. » La campagne du gouvernement canadien pour supprimer les écoles bilingues avait commencé en 1912, nourrissant la crainte du Québec que la conscription en temps de guerre ne se transforme en un autre moyen d'éliminer la culture et l'autonomie des francophones. L'engagement à reculons des Franco-Canadiens (estimé par le British War Office comme le plus bas de tout l'Empire), l'insoumission et les émeutes anti-conscription de Québec à Pâques 1918 attestaient la force de ce conflit. « Une guerre que beaucoup pensaient susceptible d'unifier les Canadiens français et anglais avait prouvé le contraire[34]. » Plutôt que de faire disparaître les séparations physiques, culturelles et politiques entre les populations majoritaires et minoritaires, la guerre renforça l'isolement des communautés minoritaires. Des populations indigènes servirent dans l'armée canadienne et dans l'armée américaine : l'expérience provoqua un mélange contradictoire de pressions pour les assimiler lorsqu'elles étaient sous l'uniforme, puis, une fois revenues chez elles, d'occasions de raviver les cérémonies guerrières et les traditions ancestrales. La bonne vieille idée reçue que les indigènes étaient « une race en voie de disparition » justifia les assauts dirigés contre leurs communautés, les agents du gouvernement, aux États-Unis et au Canada, affermant des terres indigènes à des non-Indiens sous prétexte de maximiser les récoltes, la production de minerai et l'élevage de bétail en temps de guerre. Ces minorités terminèrent donc la guerre avec de nouvelles doléances liées au mauvais traitement que leur infligeait la culture majoritaire, avec de nouvelles preuves que les gouvernements fédéraux de chacune des deux nations avaient l'intention de maintenir le *statu quo*.

Le marché du travail transatlantique qui liait l'Amérique du Nord à l'Europe avait conduit près de 3 millions de personnes au Canada entre 1896 et 1914, et plus de 8 millions d'Européens aux États-Unis entre 1900 et 1909. Les sujets britanniques pouvant seuls s'enrôler dans l'armée canadienne, les recrues venaient majoritairement de la communauté anglo-britannique, de naissance canadienne ou britannique. La composition ethnique de l'armée réaffirmait donc l'identité « britannique » du Canada. Tout en mettant sa population d'émigrés allemands sous surveillance, le Canada prit des mesures concrètes pour protéger ses frontières des nombreux immigrants non britanniques résidant aux États-Unis, restés neutres. La crainte de voir des espions allemands inciter des communautés germano-américaines ou irlando-américaines à se livrer à des opérations de guérilla amena les autorités canadiennes à laisser 16 000 soldats, le long de la frontière, sur les 50 000 hommes mobilisés dans le pays. Les Canadiens enfermèrent dans des camps de concentration, dans les Rocheuses, des Ukrainiens (polonais) qu'ils considéraient être allemands, donc ennemis[35]. Une fois les États-Unis entrés en guerre, le besoin d'une défense forte de la frontière sud disparut, permettant au Canada d'envoyer des renforts en France à un moment critique de la guerre. Dans l'armée américaine, les soldats nés à l'étranger (mais ayant souhaité être naturalisés) représentaient près de 20 % des forces ; cette mobilisation a aidé les immigrés récents provenant des nations alliées à s'assimiler à la culture dominante.

Au début du XXe siècle, les travailleurs franchirent librement, des deux côtés, la frontière entre les États-Unis et le Canada, contribuant à renforcer les liens transnationaux entre les syndicats et les mouvements socialistes, ce qui attira l'attention des services de renseignement dans les deux pays. Après la guerre, Canadiens et Américains accusèrent les immigrés récemment arrivés d'Europe du Sud et de l'Est de diluer l'héritage racial et culturel anglo-saxon de l'Amérique du Nord. Ces immigrés furent également accusés d'importer des idées bolcheviques qui menaçaient le capitalisme et la démocratie libérale. Protéger l'Amérique du Nord du bolchevisme devint un effort conjoint des États-Unis et du Canada, les deux gouvernements partageant des informations sur les travailleurs suspects durant la « peur des rouges » (*Red Scare*) de la guerre et de l'après-guerre[36].

Culturellement, économiquement et politiquement, il y avait peu de raisons de conflit entre les États-Unis et le Canada. Au début du XXᵉ siècle, plusieurs commissions internationales commencèrent à s'attaquer aux causes traditionnelles de conflit entre les deux pays (accords sur des frontières officielles, accès aux zones de pêche, usage des lacs et des rivières communs). Ces commissions permanentes fonctionnaient en dehors des canaux diplomatiques formels, encore contrôlés par les Britanniques, et leur création coïncida avec la disparition en 1906 des dernières garnisons britanniques d'Amérique du Nord. Le Canada avait désormais la responsabilité du règlement des conflits, diplomatiques et militaires, avec les États-Unis. La nomination temporaire d'une représentation canadienne indépendante en temps de guerre, à l'intérieur de l'ambassade de Grande-Bretagne à Washington, fit du Canada le seul dominion britannique pouvant discuter directement avec le gouvernement américain. Cette évolution ouvrit la voie à la coopération en temps de guerre et à l'établissement de relations diplomatiques officielles en 1927[37].

Les relations culturelles renforcèrent ces liens diplomatiques en plein essor. Un flot constant de films, magazines, journaux, livres, publicités et musique produits par les États-Unis se déversait au Canada. La quantité de produits créés pour le public américain le plus large et l'efficacité des réseaux de distribution par voie ferrée à travers l'Amérique du Nord anglo-saxonne entravaient la formation d'une offre culturelle spécifiquement canadienne. Les agences de spectacles américaines incluaient régulièrement des villes canadiennes dans leurs tournées, ce qui permettait aux Canadiens d'avoir accès à une gamme complète de cirques, spectacles de variétés, *minstrels shows* (spectacles de chanteurs et musiciens blancs déguisés en noirs) et autres représentations de l'Ouest sauvage. Ces faits consternaient l'élite culturelle canadienne, mais le grand public d'avant-guerre consommait avec avidité la musique et les films américains, avec peu de débat ou de réflexion. L'afflux d'importations britanniques gênait aussi le développement de traditions culturelles canadiennes, car beaucoup de Canadiens cherchaient activement à maintenir ce lien culturel avec l'*alma mater* anglaise.

La guerre interrompit cependant temporairement cette relation culturelle sereine entre le Canada et les États-Unis. Les premières tensions apparurent lorsque le Canada entra en guerre et que les États-Unis restèrent neutres. Le Canada en guerre consommait désormais des ouvrages d'auteurs canadiens expliquant le conflit et des films britanniques comme *La Bataille de la Somme* (1916). « La culture de masse américaine se révélait tout simplement inadéquate, et peut-être les Canadiens virent-ils avec plaisir de tels substituts, d'importation britannique, durant les années de guerre », note Paul Litt. « Mais, en fait, les produits culturels américains n'étaient pas seulement déficients – ils étaient offensants[38]. » Leur patriotisme croissant avec la fierté de se battre en tant qu'entité de l'Empire britannique, les Canadiens découvrirent à quel point le chauvinisme et l'esprit cocardier imprégnaient les films, les chansons, les pièces de théâtre et les livres américains. Ils s'irritèrent du ton de supériorité morale qu'adoptait une Amérique neutre, bien consciente des profits issus du fructueux commerce des armes. Le sénateur franco-canadien Napoléon Belcourt résuma avec grande perspicacité la vision cocardière de la neutralité américaine : « Faire simplement de l'argent est après tout une compensation très médiocre, et en réalité misérable, pour la perte du prestige national, de l'honneur national, provoquée par la négligence ou l'ignorance de la solidarité moderne, la solidarité de l'humanité civilisée[39]. » L'entrée en guerre des États-Unis permit d'apaiser ces tensions, mais, « durant les années 1920 et 1930, aucun Canadien n'oublia que le pays, avec un dixième de sa population, eut plus de morts et de blessés que les États-Unis[40] ».

Le conflit entre le Mexique et les États-Unis

En 1916, il paraissait plus vraisemblable que les États-Unis déclarent la guerre au Mexique plutôt qu'ils participent à la Grande Guerre. Depuis 1910, le Mexique a été bouleversé par sa révolution. Les États-Unis jouèrent un rôle direct en débarquant à Vera Cruz en 1914, ce qui favorisa l'arrivée au pouvoir d'un nouveau dirigeant, Venustiano Carranza. Comme ce dernier avait l'impression d'être lâché par les Américains, ses partisans tramèrent le plan de San Diego, qui prévoyait une série de raids dans les villes américaines de la frontière pour tuer tous les Anglo-Saxons et inciter au soulèvement des Mexicains-Américains et des Noirs[41]. Une invasion mexicaine devait s'ensuivre pour faire du Texas, du Nouveau-Mexique, de l'Arizona, du Colorado et de la Californie des républiques indépendantes qui choisiraient de se joindre au Mexique. Le plan tomba à l'eau lorsque le gouvernement américain eut vent du projet et massa de plus en plus de soldats le long de la frontière. Le 9 mars 1916, cependant, le général révolutionnaire anti-Carranza, Francisco « Pancho » Villa, attaqua Columbus, au Nouveau-Mexique, avec une force de 500 hommes, tuant 18 Américains. L'objectif de Villa était de pousser les États-Unis à envahir le Mexique ; il espérait affaiblir le gouvernement constitutionnel de Carranza en montrant son incapacité à empêcher une violation américaine de la souveraineté mexicaine. Comptant sur une guerre frontalière pour détourner les États-Unis du conflit européen, les agents secrets allemands au Mexique aidèrent financièrement ces activités rebelles.

Comme Villa (et l'Allemagne) s'y attendait, Wilson réagit à la première attaque sur le sol américain depuis la guerre de 1812 en envoyant au Mexique une force d'intervention de 14 000 hommes sans la permission ni l'aval de Carranza. Par ailleurs, 140 000 gardes nationaux (des milices contrôlées par les États, mobilisées pour un service fédéral actif) et soldats de l'armée régulière patrouillaient le long de la frontière[42]. Plus l'expédition pénétrait en profondeur, plus les Mexicains suspectaient que les « Yankees » redoutés visaient la conquête. Ces soupçons conduisirent à une série d'affrontements entre les troupes américaines et les forces gouvernementales, y compris un échange de coups de feu à Carrizal le 21 juin 1916[43]. À la suite de cet affrontement, Wilson s'apprêta à solliciter du Congrès l'autorisation d'occuper le nord du Mexique, puis y renonça lorsqu'il apprit que les soldats américains avaient tiré les premiers. Depuis 1846-1848, jamais les deux pays n'avaient été plus près de la guerre.

En contraste avec la répugnance à entrer dans la guerre européenne, Wilson subit de fortes pressions de la part de certains membres de son cabinet et du Congrès pour attaquer le Mexique en 1916. Voyant bien que ces hostilités risquaient d'aboutir à une guerre longue, Wilson et Carranza décidèrent de nommer une commission de médiation qui ouvrit la voie au retrait des troupes américaines le 5 février 1917. En 1916, Wilson fit campagne pour sa réélection avec le slogan : « Il nous a tenus à l'écart de la guerre. » Si l'on peut aujourd'hui placer ce slogan au même niveau que l'instrumentalisation de la crise du *Lusitania*, les démocrates en campagne pour Wilson donnaient alors une importance égale au Mexique dans leurs discours électoraux[44]. Wilson évoqua les multiples raisons de vouloir éviter une guerre frontalière, y compris le soupçon que ces incitations à l'intervention armée eussent en réalité pour objectif d'offrir un meilleur accès au pétrole mexicain dont les milieux d'affaires britanniques et américains se disputaient depuis longtemps le contrôle. Wilson savait aussi qu'avoir un demi-million de soldats embourbés au Mexique gênerait sérieusement la création d'un corps expéditionnaire si les États-Unis venaient à entrer en guerre contre l'Allemagne. « L'Allemagne est impatiente de nous voir en guerre contre le Mexique, car ainsi notre esprit et notre énergie ne se porteront plus sur la Grande Guerre de l'autre côté de la mer », dit Wilson à son secrétaire personnel[45].

L'expédition punitive au Mexique échoua dans son objectif déclaré de capturer Villa, mais « son but réel était une démonstration de la puissance des États-Unis », déclara le secrétaire à la Guerre, Newton Baker[46]. L'armée américaine, en sous-effectif et sous-équipée par rapport aux armées européennes, acquit une importante expérience dans cette première campagne militaire depuis la guerre contre l'Espagne de 1898. Son commandant, le général de brigade John J. Pershing, conduirait l'armée en Europe fort des leçons tirées de l'expérience mexicaine. Elle lui fournit en effet un premier test pour la mobilisation de la Garde nationale et sa préparation au combat. Mais l'aventure mexicaine ne se passa pas sans encombre, signe avant-coureur des défis qui s'annonçaient. Aussi les partisans d'une préparation sérieuse de la guerre exigèrent-ils des financements supplémentaires pour agrandir, réorganiser et moderniser l'armée nationale. À l'inverse, les opposants à toute guerre européenne étaient résolument contre cette préparation, considérée comme un premier pas vers l'intervention. L'affrontement armé avec le Mexique permit cependant aux partisans de la préparation de soutenir que la nation avait besoin d'une armée plus forte pour protéger ses frontières[47]. Le *National Defense Act* de 1916 augmenta la dimension de l'armée en temps de paix ainsi que la direction fédérale des troupes des différents États, et posa les bases d'une mobilisation fédérale de l'économie. On avait bien déjà à l'esprit la guerre en Europe. La vision d'hommes allant au combat sans une quantité suffisante de mitrailleuses ou avec des aéroplanes qui s'écraseraient systématiquement (comme au Mexique) incita le Congrès à accorder des crédits supplémentaires.

Replacer le télégramme Zimmermann dans le contexte des affaires mexicaines éclaircit la décision allemande de son envoi et l'indignation américaine. Le télégramme proposait au Mexique de s'allier avec l'Allemagne pour récupérer les territoires perdus au milieu du XIXe siècle au cas où l'Allemagne et les États-Unis se feraient la guerre. « La haine du Mexique pour les États-Unis est profonde et ancienne », affirmait le ministre des Affaires étrangères, Arthur Zimmermann, à ses collègues allemands, évoquant les récentes et vaines tentatives militaires américaines pour traquer Villa. Et de prédire une guerre qui traînerait en longueur entre le Mexique et les États-Unis, et retiendrait les troupes américaines en Amérique du Nord[48]. Le soutien enthousiaste de Zimmermann à ce projet d'alliance germano-mexicaine représentait un changement total de cap. Une année seulement auparavant, il avait rejeté la proposition du Mexique d'offrir des bases aux sous-marins allemands pour éviter une rupture des relations entre les États-Unis et l'Allemagne. En janvier 1917, toutefois, Zimmermann croyait que la décision allemande de reprendre la guerre sous-marine à outrance entraînerait les États-Unis dans le conflit. En envoyant le télégramme secret, il joua un rôle majeur dans l'entrée en guerre américaine, devenue inéluctable après que les Britanniques l'eurent intercepté, décodé et transmis aux États-Unis. La publication du télégramme, en mars 1917, rallia l'opinion publique, jusque-là divisée, à la guerre avec l'Allemagne. Friedrich Katz écrit que « la note eut l'impact le plus fort précisément dans les territoires des États-Unis où l'isolationnisme, et donc l'opposition à l'implication américaine dans la guerre, étaient forts : le Sud-Ouest », c'est-à-dire les États frontaliers les plus concernés par les récents incidents avec le Mexique[49].

Le télégramme ne devait pas seulement inciter les États-Unis à entrer en guerre. Carranza, niant publiquement avoir jamais reçu le télégramme, s'interrogeait en privé sur la probabilité d'une autre invasion américaine et, sur la forme d'aide militaire que l'Allemagne pourrait fournir, ses conseillers estimaient la proposition irréaliste. Le 14 avril 1917, huit jours après que les États-Unis eurent déclaré la guerre à l'Allemagne, Carranza dit à l'ambassadeur allemand au Mexique qu'il avait l'intention de rester neutre.

Comme Wilson le réclamait, le Mexique adopta en 1917 une nouvelle constitution qui prévoyait le suffrage universel et la réforme agraire. Mais Carranza proposa aussi de réaffirmer le contrôle national sur les ressources mexicaines, notamment le pétrole et les minerais. Son gouvernement imposa des taxes plus élevées, obligea les propriétaires terriens à solliciter une autorisation officielle avant de vendre de la terre aux étrangers et ajouta une clause à la constitution qui conférait la propriété de toutes les ressources du sous-sol à la nation plutôt qu'au propriétaire du terrain. Ces mesures eurent peu d'effets immédiats. Le gouvernement mexicain ne fit aucun effort pour rendre cette clause constitutionnelle plus solide et les navires de guerre étrangers s'assurèrent que les champs de pétrole le long des côtes du Golfe continueraient à produire des quantités records pour l'effort de guerre allié. Les informations selon lesquelles les Américains envisageaient sérieusement une occupation limitée des champs de pétrole mexicains, l'interdiction de prêts au Mexique et l'embargo sur les armes, les denrées alimentaires et l'or incitèrent toutefois Carranza à poursuivre (sans résultat) jusqu'à la fin de la guerre ses conversations avec les officiels allemands sur une possible alliance. Au printemps 1919, la possibilité d'une guerre entre les États-Unis et le Mexique se profila de nouveau. Les groupes d'intérêt pétroliers américains et certains membres de l'administration Wilson préparèrent un coup d'État avec les opposants de Carranza, tout en pressant Wilson de rompre les relations diplomatiques. Mais l'accident vasculaire cérébral de Wilson empêcha ces plans d'aboutir. Les relations avec Carranza furent cependant de plus en plus tendues jusqu'à son renversement par les militaires au printemps 1920[50].

Les origines nord-américaines du wilsonisme

Les États-Unis ont longtemps vu dans la doctrine Monroe l'engagement de garantir la souveraineté des nations nouvellement indépendantes dans tout le sous-continent américain. Les prédécesseurs de Wilson avaient déjà élargi la portée de la doctrine pour y inclure le corollaire Roosevelt de 1904 (autorisant les États-Unis à assurer la « police régionale » et à renforcer leur présence économique par le biais de la diplomatie du dollar). Wilson tenta d'appliquer les principes de la doctrine Monroe sur la scène mondiale. Les termes qu'il employa (« La paix sans la victoire ») dans son discours de 1917, qui proposait un règlement négocié de la guerre mondiale, présentaient explicitement l'expérience américaine dans le sous-continent comme un modèle pour les relations internationales futures. « Je propose que les nations s'accordent pour adopter la doctrine du président Monroe comme doctrine du monde : qu'aucune nation ne cherche à étendre son régime politique à une autre nation ou à un autre peuple, mais que chaque peuple soit libre de déterminer son régime, sa voie de développement, sans entrave, sans crainte, le petit comme le grand et le puissant. »

La volonté wilsonienne d'intervenir militairement pour que le Mexique et les Caraïbes fussent « assurés de la démocratie » servit de « répétition pour préparer la nation à la grande tâche de reconstruction globale » que Wilson voulait tenter une fois que les États-Unis entreraient dans la guerre mondiale, soutient Akira Iriye[51]. Nombre des idéaux que Wilson allait proclamer dans son discours des quatorze points (1918), puis aux négociations de paix de Versailles, partaient de son désir d'améliorer les relations des États-Unis avec leurs voisins du sud. Espérant apprendre aux Mexicains à « élire des hommes bien », Wilson proposa un pacte panaméricain qui permettrait aux États-Unis de travailler de conserve avec l'Argentine, le Chili et le Brésil pour promouvoir la démocratie, régler les conflits et garantir les frontières dans le sous-continent. « Bien que rien ne soit sorti du pacte panaméricain, ses dispositions contenaient un langage et des idées que Wilson utilisera dans la convention de la Société des Nations[52]. » Les limites que Wilson imposa aux interventions régionales et son effort pour imaginer une méthode de sécurité collective afin de gérer les conflits en Amérique du Sud révélaient que, « dans la conception wilsonienne de la guerre, les limites de la force avaient autant d'importance que le pouvoir de la force[53] ».

Wilson, en fin de compte, ne réussit pas à convaincre les isolationnistes américains (qui s'accrochaient à la doctrine Monroe comme à un moyen de limiter l'implication des États-Unis dans les affaires du monde) que le temps était venu d'une participation active à la Société des Nations. Ses opposants soutenaient que la rejoindre mettrait en péril la domination régionale américaine et entraînerait le pays dans des « alliances embrouillées » qui conduiraient à s'engager dans de futures guerres européennes. Le désir de définir unilatéralement sa politique étrangère et de continuer à compter sur la distance géographique séparant l'Amérique du nord de l'Europe pour préserver son indépendance diplomatique et politique prévalut finalement sur la suggestion de Wilson que les États-Unis assument davantage la responsabilité de gardien mondial de la démocratie et de l'humanité. La participation à la guerre mondiale réaffirma donc seulement la vision qu'ils avaient d'eux-mêmes en tant que nation nord-américaine.

La guerre augmenta sensiblement l'influence américaine dans tout le continent américain. Le mouvement vers une intégration régionale sous la direction des États-Unis fut toutefois remis en cause. En 1919, le président mexicain Carranza contesta haut et fort l'affirmation wilsonienne que la doctrine Monroe bénéficiait aux nations cherchant à décider de leur avenir. Pour lui, elle ne faisait que prolonger la dimension impériale des États-Unis en imposant « aux nations indépendantes un statut de protectorat qu'elles ne réclament pas et dont elles n'ont pas besoin[54] ».

Carranza proposa plutôt une coopération panhispanique pour limiter l'hégémonie américaine dans la région, présageant les disputes idéologiques à venir sur la question de savoir si les États-Unis étaient un « bon voisin » ou un « impérialiste ». Carranza poussa en vain les petites nations d'Amérique centrale à s'unir pour empêcher les États-Unis d'intervenir dans leurs affaires intérieures. Il eut plus de chance en favorisant un fort sentiment nationaliste mexicain, héritage de la tension du temps de guerre avec les États-Unis.

En faisant sienne l'idée de nation impériale, le Canada se montra résolu à devenir une nation à l'intérieur de l'Empire britannique, plutôt qu'en s'y opposant. Le caractère central du souvenir de la Première Guerre mondiale au Canada aida à renforcer son sens de la solidarité avec les autres dominions dont les identités nationales étaient désormais inextricablement attachées à leurs expériences sur le champ de bataille. Aucun sentiment de sacrifice de guerre partagé ne lia les États-Unis au Canada dans l'après-guerre. Au contraire, la mémoire de la guerre prit des directions tout à fait différentes de chaque côté de la frontière. La façon décentralisée dont les communautés américaines commémorèrent la guerre empêcha toute mémoire collective unificatrice. L'absence à Washington d'un monument national dédié à la guerre contraste de manière notable avec la Peace Tower et le National War Memorial d'Ottawa. Ces lieux de mémoire accrurent l'identification culturelle du Canada à l'Empire britannique, une relation qui comprenait aussi des avantages économiques. La conférence d'Ottawa de 1932, par exemple, établit – à la grande irritation de l'Amérique – des liens commerciaux privilégiés pendant cinq ans entre la Grande-Bretagne et ses dominions au pire moment de la Grande Crise. Dans l'ensemble, cependant, la guerre accéléra la coordination des objectifs diplomatiques et des politiques intérieures, et renforça les relations bilatérales entre les deux nations. Au sud, la guerre perturba les relations entre les États-Unis et le Mexique, pour en fin de compte inciter les premiers à utiliser leur force pour asseoir leur domination économique, politique et militaire. Que le processus ait été rugueux, comme dans ce dernier cas, ou relativement fluide, comme entre les États-Unis et le Canada, l'intégration économique et politique de l'Amérique du Nord fut l'un des legs cruciaux de la Première Guerre mondiale.

Chapitre xx

L'Amérique latine

Olivier Compagnon

La Première Guerre mondiale a longtemps été considérée comme un non-événement dans l'histoire de l'Amérique latine contemporaine. Éloignés du théâtre des opérations militaires à l'exception de quelques batailles navales ayant eu lieu au large du cône Sud à la fin de l'année 1914 (victoire allemande sur la Royal Navy au cap Coronel le 1er novembre, revanche britannique aux îles Falkland permettant de consolider le contrôle du cap Horn le 8 décembre), épargnés par la grande saignée démographique dont furent victimes les principaux pays belligérants, la vingtaine d'États situés au sud du Rio Grande auraient été des spectateurs lointains du premier conflit total – au contraire des espaces coloniaux africains et asiatiques, naturellement impliqués dans la grande mobilisation des métropoles impériales – et n'auraient finalement souffert que de conséquences économiques passagères ou des échos assourdis de la propagande émise par les deux coalitions en présence. Trop peu, dans tous les cas, pour que les années 1914-1918 puissent être perçues comme une rupture importante dans le long cours d'un XXe siècle latino-américain systématiquement pensé au prisme de deux grands tournants : la crise économique de 1929 d'une part et la révolution cubaine de 1959 d'autre part.

Procédant tout à la fois d'une appréhension de la Grande Guerre donnant le primat au militaire et d'une représentation de l'Amérique latine comme périphérie du monde, cette vulgate historiographique va toutefois à l'encontre d'un certain nombre de données bien connues sur les relations qu'entretiennent les anciennes colonies américaines de l'Espagne et du Portugal avec l'Europe à l'aube du XXe siècle. En effet, la densité des liens migratoires entre les deux rives de l'Atlantique et l'intégration du sous-continent aux marchés financiers et commerciaux mondiaux depuis le dernier tiers du XIXe siècle, tout comme le culte intellectuel que la majorité des élites vouent au Vieux Continent depuis la période des indépendances, sont autant d'éléments qui invitent à réévaluer les effets de la Grande Guerre en Amérique latine[1]. En outre, l'historien qui s'immerge dans les archives est immédiatement frappé par l'omniprésence du conflit dans les organes de presse nationaux et régionaux de tous les pays, par l'attention extrême que lui portent rapidement les gouvernements et les chancelleries, par la mobilisation d'importants secteurs sociaux et par l'ampleur de la production intellectuelle qui lui est consacrée – non seulement dans la seconde moitié des années 1910, mais aussi jusqu'à la fin des années 1930. Ainsi, s'il convient assurément de ne pas considérer la région comme un tout homogène et de prendre en compte les spécificités de chaque expérience nationale du conflit dans la perspective d'un comparatisme raisonné, la Première Guerre mondiale n'en apparaît pas moins comme un moment important du XXe siècle latino-américain qu'il revient aujourd'hui à l'historiographie de réévaluer dans ses multiples dimensions[2].

La neutralité de 1914

Durant les premiers jours d'août 1914 où l'Europe s'embrase, tous les États latino-américains déclarent leur neutralité vis-à-vis des belligérants en présence. Peu commun au vu des clivages diplomatiques récurrents qui ont caractérisé les relations interrégionales depuis les indépendances, ce consensus amené à durer jusqu'en 1917 est le produit de causes diverses.

Unanimement, le conflit est d'abord perçu comme une affaire exclusivement européenne – malgré l'entrée en guerre automatique des protectorats, colonies et dominions aux côtés de leur métropole et celle du Japon dès le 23 août. Les diplomates latino-américains en poste dans les capitales européennes, dont la plupart avaient analysé l'assassinat de l'archiduc François-Ferdinand à Sarajevo sur le mode du simple fait divers, voient dans l'embrasement l'aboutissement logique de la vieille rivalité franco-allemande, du choc des ambitions impériales et de questions territoriales intrinsèquement liées à l'affirmation des nationalités. Autant d'enjeux ne relevant que de logiques propres au Vieux Continent et au sein desquelles l'hémisphère américain ne saurait s'immiscer, selon l'enseignement de la doctrine Monroe de 1823 qui avait établi le principe de non-ingérence des jeunes États américains dans les affaires européennes en échange d'une non-ingérence de l'Europe dans les affaires américaines. Aussi dénonce-t-on communément, dans la presse ou dans les correspondances diplomatiques, les dérives sanglantes qu'entraînent l'impérialisme ou la cristallisation des nationalismes sans qu'émerge à aucun moment l'hypothèse d'une implication dans ce conflit que l'on perçoit comme lointain et que l'on imagine bref – à l'instar de l'affrontement franco-prussien de 1870-1871. De fait, cette réception de l'embrasement d'août 1914 s'inscrit dans le prolongement d'un XIXe siècle marqué par une relative indifférence vis-à-vis du concert des nations européennes issu du congrès de Vienne. Seules quelques voix marginales – tel l'écrivain argentin Leopoldo Lugones (1874-1938), qui avait livré à la fin de l'année 1912 une série de chroniques au quotidien *La Nación* (Buenos Aires) dans lesquelles une guerre européenne était jugée inéluctable à court ou moyen terme – avaient fait écho aux logiques d'anticipation observées dans l'Europe de la Belle Époque[3].

À ce premier niveau d'analyse de la neutralité latino-américaine de 1914 s'ajoutent des considérations économiques de première importance pour des pays rentiers qui, principalement exportateurs de matières premières – agricoles ou minières – et importateurs de produits manufacturés, sont structurellement dépendants de l'extérieur. Certes, depuis deux décennies, de nombreux États du nord de la région ont vu les États-Unis se substituer aux pays industrialisés d'Europe en tant que premiers partenaires financiers et commerciaux, et se sentent moins directement menacés par l'embrasement de l'Europe. En 1914, le Mexique, l'Amérique centrale, Cuba, la République dominicaine et Haïti concentrent ainsi 74,5 % des investissements directs des États-Unis en Amérique latine, tandis que les 25,5 % restants se répartissent entre les dix pays indépendants d'Amérique du Sud. À la même date, le Mexique et l'Amérique centrale dépendent des États-Unis pour 67,2 % de leurs exportations et 53,5 % de leurs importations. La situation est toutefois très différente en Amérique du Sud, où les pays européens – la Grande-Bretagne au premier chef, mais aussi l'Allemagne depuis les dernières années du XIXe siècle et la France dans une moindre mesure – demeurent de loin les premiers investisseurs et les premiers partenaires commerciaux. La dépendance de l'Uruguay et de l'Argentine vis-à-vis des États-Unis n'est, respectivement, que de 4 et 4,7 % pour les exportations et de 12,7 et 14,7 % pour les importations. À la veille de la guerre, 24,9 % des exportations argentines sont absorbées par la Grande-Bretagne, 12 % par l'Allemagne et 7,8 % par la France, tandis que 31 % des importations de ce pays proviennent de Grande-Bretagne, 16,9 % d'Allemagne et 9 % de France. Dans ce cadre, une déclaration de guerre – que ce soit en faveur de l'Entente ou de l'Alliance – conduirait nécessairement à s'aliéner des partenaires économiques stratégiques et fragiliserait la forte croissance caractérisant la région depuis plusieurs décennies[4].

Enfin, la crainte d'une remise en question de l'homogénéité de la nation en cas d'intervention dans la guerre n'est pas indifférente dans une région qui connaît, depuis la seconde moitié du XIXe siècle, une immigration massive en provenance d'Europe et où certaines communautés étrangères n'ont encore un sentiment d'appartenance à leur pays d'accueil que très relatif. Il convient naturellement de nuancer la portée de cet argument dans le cas des États andins (Venezuela, Colombie, Équateur, Pérou, Bolivie) ou de l'Amérique centrale, où l'arrivée des migrants européens fut infiniment moins importante que dans le sud de l'hémisphère. Sur les 8 à 9 millions d'Européens qui embarquèrent vers l'Amérique latine entre les années 1820 et 1914, en effet, près de 50 % s'installèrent en Argentine et 36 % au Brésil – les 14 % restants choisissant prioritairement Cuba, l'Uruguay, le Mexique et le Chili[5]. Selon le volume de ces flux migratoires, la possibilité d'un éclatement de *melting pots* à l'occasion de la guerre européenne est d'autant plus présente dans l'esprit des élites politiques que les premières années du XXe siècle ont vu se multiplier les questionnements identitaires relatifs à ces jeunes nations de migrants – notamment lors des centenaires de l'indépendance qui sont célébrés en 1910 dans la plupart des pays d'Amérique hispanique. C'est par exemple le cas au Chili où les colonies allemandes sont nombreuses et veillent jalousement sur leurs particularismes, en Argentine où l'importante communauté italienne se mobilise massivement à partir de mai 1915, mais aussi au Brésil qui compte une communauté d'origine germanique d'environ 400 000 membres, principalement installée dans les États méridionaux de São Paulo, du Paraná, de Santa Catalina et du Rio Grande do Sul, réputée fort mal intégrée et objet d'une vive méfiance de la part des élites intellectuelles depuis la fin du XIXe siècle. Dès lors, la neutralité apparaît au moins autant comme une nécessité de politique intérieure que comme un choix de politique extérieure. Et ce *a fortiori* lorsque le contexte politique national est particulièrement instable comme c'est le cas au Mexique, où la révolution initiée en 1910 a généré une atmosphère de guerre civile doublée de vives tensions avec les États-Unis.

La mobilisation des communautés d'origine étrangère et des intellectuels

La neutralité des gouvernements et la relative indifférence de la presse durant les premières semaines de la guerre n'empêchent pas la mobilisation précoce de certains secteurs des sociétés. Confrontés aux ordres de mobilisation militaire émis par les représentations diplomatiques des États belligérants en Amérique latine et largement diffusés dans la presse communautaire, les immigrés européens sont sans aucun doute les premiers touchés par le conflit, qui constitue de la sorte un remarquable observatoire du sentiment d'intégration aux sociétés d'accueil. Si la majorité des Allemands ou des descendants d'Allemands mobilisables ne purent traverser l'océan Atlantique en raison du blocus naval qui se mit rapidement en place au large des côtes latino-américaines, les Français et les Britanniques furent ceux qui répondirent le plus scrupuleusement à l'appel. Pourtant, les bilans dressés par Paris et par Londres au terme de la guerre attestent les résultats très mitigés de cette mobilisation. Seuls 32 % des 20 924 hommes nés en France, résidant en Argentine et mobilisables pour les classes 1890-1919 auraient ainsi gagné le front, 2 834 d'entre eux étant sursitaires ou réformés, et 12 290 réfractaires. Quant aux fils de Français nés en Argentine et jouissant de la double nationalité, dont le nombre est estimé entre 40 000 et 50 000, de 250 à 300 seulement auraient embarqué pour l'Europe – soit moins de 1 % de l'ensemble. Bien que soumis à de fortes pressions au sein des associations communautaires, les Italiens semblent proportionnellement encore moins nombreux à avoir rejoint les champs de bataille européens, quoique l'on ne dispose sur ce point d'aucune étude quantitative fiable à l'échelle de toute l'Amérique latine[6].

De ces données, on aurait cependant tort de conclure que les immigrés d'origine européenne furent majoritairement indifférents à la guerre. Ce serait faire peu de cas de l'intense mobilisation de leurs journaux, de leurs sociétés de bienfaisance ou de leurs associations qui vécurent les années 1914-1918 le regard braqué vers les mères patries européennes. La presse de toutes les communautés atteste en effet l'immense émotion avec laquelle celles-ci éprouvèrent le conflit en dépit des milliers de kilomètres qui les en tenaient à l'écart. Parmi la vingtaine de journaux en langue allemande publiés au Brésil au début de la guerre, de l'anticlérical *Germania* à São Paulo au très protestant *Deutsche Post* de São Leopoldo en passant par *Kompass* à Curitiba, aucun ne manqua ainsi de célébrer la pureté du combat initié par le Reich dès les premiers jours d'août 1914 et tous suivirent avec passion et attention le déroulement des opérations militaires jusqu'en 1918 – certains lançant des éditions en langue portugaise afin de sensibiliser l'opinion brésilienne à la cause du Reich[7]. Si elles ne contribuèrent pas à l'effort de guerre dans leur chair autant que les belligérants européens l'auraient souhaité, les communautés d'origine étrangère inventèrent aussi précocement des lieux de mémoire directement liés à la guerre. Après avoir défilé bruyamment dans les rues de Buenos Aires, São Paulo ou Mexico pour accompagner l'entrée en guerre de Rome le 23 mai 1915, les communautés italiennes tinrent le pavé chaque année à la même date afin de soutenir l'effort de guerre péninsulaire et commémorèrent publiquement chaque avancée militaire d'importance jusqu'à la bataille décisive de Vittorio Veneto. Surtout, les immigrés et descendants d'immigrés se mobilisèrent massivement sur le terrain de la charité et des bonnes œuvres tout au long du conflit. C'est par centaines que l'on recense les comités patriotiques et autres associations communautaires, existant dès avant la guerre ou créés spécialement à son occasion, qui organisèrent des collectes de fonds et des manifestations de soutien à l'un ou l'autre des pays belligérants. En Argentine, le Comité Patriótico Francés fut ainsi à l'origine de multiples manifestations de bienfaisance auxquelles *Le Courrier de la Plata* donna une publicité presque quotidienne. La communauté italienne de Salvador de Bahia organisa un Comitato Pro-Patria peu après l'entrée en guerre de Rome et mit également en place collectes et souscriptions, notamment à destination des mutilés de guerre[8], tandis que celle de Buenos Aires servit de relais aux emprunts lancés par le gouvernement italien pour financer l'effort de guerre au travers d'associations aussi variées que les Pompieri Volontari della Boca, le Primo Circolo Mandolinístico Italiano ou l'Associazione Italiana di Mutualitá ed Istruzione. Plus sensible dans le cône Sud et au Brésil que dans le reste de la région latino-américaine et fondamentalement urbaine, cette mobilisation des communautés d'origine européenne face à la Grande Guerre ne se démentit pas entre la fin de l'année 1914 et l'armistice de novembre 1918 – voire, parfois, jusque dans la première moitié des années 1920 –, et joua un rôle décisif dans l'implication progressive des sociétés latino-américaines au sein du conflit.

Au-delà de ces communautés d'immigrés plus ou moins récents émergent également, une fois dissipée l'illusion d'une guerre courte, des courants d'opinion qui prennent nettement parti en faveur de l'un ou l'autre des camps en présence sans pour autant remettre en question la neutralité des gouvernements. Par voie de presse, au travers de conférences ou par le biais d'associations spécialement créées, les élites intellectuelles jouent alors un rôle de premier plan dans la cristallisation et la diffusion de représentations d'une guerre qui embrase ce qu'elles considèrent alors comme le cœur du monde civilisé. En effet, à la suite des indépendances du début du XIXe siècle, une majeure partie des élites latino-américaines avait rejeté les modèles incarnés par l'Espagne et le Portugal, puissances impériales désormais vouées aux gémonies, pour tourner les yeux vers le monde éclairé que l'on pensait observer en Europe du Nord-Ouest. À des titres et à des degrés divers, la France, la Grande-Bretagne et l'Allemagne s'étaient alors imposées comme les incarnations de la modernité, comme le cœur vibrant d'une civilisation dont les valeurs étaient les meilleures garantes d'un progrès raisonné des anciennes colonies ibériques. Dans les discours comme dans les pratiques, cette Europe-là était devenue le patron d'après lequel étaient conçues les politiques publiques, la matrice de toutes les productions culturelles, un guide en tout dont le flambeau éclairait le devenir des sociétés. Publié au Chili en 1845 et abondamment diffusé dans tous les pays de la région durant les décennies suivantes, le *Facundo* de l'Argentin Domingo Faustino Sarmiento (1811-1888) – sous-titré *Civilisation et Barbarie* – avait doté cette européolâtrie de son manifeste romancé et définitivement érigé le Vieux Continent en totem modernisateur[9].

Dans ces circonstances, la mobilisation précoce des intellectuels latino-américains n'a rien de surprenant et rend compte de la géographie des références intellectuelles dominantes. L'immense majorité d'entre eux, en effet, font preuve d'une indéniable alliadophilie qui repose fondamentalement sur un culte aveugle de la France, considérée comme la source de toutes les libertés, comme le berceau des lettres et des arts, et comme le lieu par excellence de toutes les modernités. Héritage du XIXe siècle et de la « Belle Époque tropicale[10] », l'*afrancesamiento* des élites explique que la représentation de la guerre qui s'impose alors soit celle de l'affrontement entre l'éternelle et glorieuse civilisation française d'une part, la barbarie et le militarisme germaniques d'autre part. Dès le 3 septembre

1914, l'écrivain et homme politique uruguayen José Enrique Rodó (1871-1917), dont l'essai intitulé *Ariel* (1900) avait connu un immense succès auprès de la jeunesse intellectuelle latino-américaine, publie dans le quotidien *La Razón* (Montevideo) un texte assimilant la cause de la France à celle de l'humanité. En mars 1915 est créée à Rio de Janeiro la Liga Brasileira pelos Aliados, qui regroupe de nombreux écrivains et hommes politiques, et vise à sensibiliser l'opinion brésilienne à la cause de l'Entente. Son président, le célèbre écrivain et diplomate José Pereira da Graça Aranha (1868-1931), qui avait acquis une large notoriété avec la publication d'un roman germanophobe intitulé *Canaã* en 1902, traduit parfaitement cette représentation de la guerre dans son discours d'inauguration en déclarant : « Dès le déchaînement du conflit, nous sommes venus à la France, mus par l'instinct même qui nous a montré en cette guerre le renouvellement du combat de la barbarie contre la civilisation[11]. » Tout au long de la guerre, plusieurs publications, depuis la revue *Nosotros* à Buenos Aires en 1915 jusqu'au quotidien *El Universal* à Mexico en 1917, publient les résultats d'enquêtes lancées auprès des principales figures intellectuelles de la nation qui confirment le souhait communément partagé de voir le courage des poilus récompensé. Un bon indicateur de cette francophilie ambiante, confortée par la diffusion massive de récits plus ou moins fantaisistes sur les atrocités commises par les Allemands durant les premières semaines de la guerre, réside aussi dans le flux des engagés volontaires au sein de l'armée française – qui n'a pas d'équivalent dans les armées des autres belligérants : entre 1 500 et 2 000 individus pour toute la durée de la guerre, la plupart lettrés, provenant des oligarchies urbaines et résidant parfois à Paris, se montrent prêts à verser leur sang pour défendre l'idéal de civilisation incarné par la France – à l'instar du Colombien Hernando de Bengoechea ou du Péruvien José Garcia Calderón, respectivement morts au combat en mai 1915 et en mai 1916[12].

Ces éléments étant posés, il convient toutefois de manier avec prudence l'étude d'une opinion dont les contours demeurent flous et qui est sans doute moins homogène qu'on ne l'a parfois affirmé. À la grande majorité des intellectuels alliadophiles répondent, en effet, un certain nombre de figures qui prennent ouvertement le parti des Empires centraux ou, du moins, qui se réclament d'une stricte neutralité intellectuelle – néanmoins assimilée à une germanophilie dans le contexte du concert inverse. C'est notamment le cas de juristes et de philosophes, souvent formés à l'aune de la science germanique, tels les Argentins Alfredo Colmo (1878-1934) et Ernesto Quesada (1858-1934), de militaires acquis à l'idée de la suprématie de l'armée allemande ou de membres de la hiérarchie catholique estimant qu'une défaite de la France constituerait un juste châtiment après l'interdiction faite aux congrégations religieuses d'enseigner en 1901 et la séparation des Églises et de l'État en 1905. En outre, le sentiment que l'on est majoritairement favorable aux Alliés, souvent forgé à la lecture de la presse, mérite aussi d'être relativisé si l'on songe au monopole que détenaient les agences Havas et Reuter dans la transmission des informations d'une part, aux multiples pressions exercées sur ces agences par les services de propagande des puissances de l'Entente d'autre part. Enfin, il faut mentionner le cas particulier du Mexique, où l'hostilité que manifestent de nombreux intellectuels face aux interventions militaires des États-Unis dans le cours de la révolution tend à les rapprocher de la cause de l'Allemagne – comme en témoigne la ligne éditoriale d'un quotidien comme *El Demócrata* (Mexico) avant même l'entrée en guerre de Washington[13]. Il n'en demeure pas moins que le prestige culturel dont jouit la France en Amérique latine à l'aube du XXe siècle, allié à la domination financière et commerciale qu'exerce encore la Grande-Bretagne à l'échelle de toute la région, incite naturellement une majorité des élites à souhaiter le triomphe de Paris et de Londres plutôt que celui de Berlin et de Vienne – jusqu'en 1917 du moins.

Guerre, économie et sociétés

Dans la mesure où le XIXe siècle avait été celui d'une intégration accélérée de l'Amérique latine aux marchés mondiaux et d'une croissance spectaculaire des relations financières et commerciales avec l'Europe, les effets économiques de la guerre ne tardèrent pas à se faire sentir. La suspension de la convertibilité en or des monnaies par une partie des pays belligérants, dans les premiers jours d'août 1914, laissa d'emblée planer le spectre d'une instabilité monétaire. Afin d'éviter une panique bancaire, de nombreux gouvernements suspendirent provisoirement les activités des *Cajas de Conversión* et interdirent l'exportation d'or métallique. Ces mesures d'urgence n'empêchèrent cependant pas l'apparition immédiate d'une tendance inflationniste qui perdura jusqu'à la fin des années 1910. Par ailleurs, beaucoup de banques européennes – notamment britanniques – obtempérèrent aux injonctions de leur gouvernement en exigeant le prompt remboursement de prêts concédés à des États latino-américains et en annulant ceux qui étaient sur le point d'être mis en place. Les prêts publics à long terme concédés au Brésil, qui représentaient un montant de 19,1 millions de dollars en 1913, tombèrent ainsi à 4,2 millions dès 1914 et à zéro en 1915. Le contexte de guerre réduisit également de manière considérable les flux d'investissements directs en provenance d'Europe et affecta un certain nombre d'activités comme l'extraction minière, la construction des chemins de fer ou la modernisation des transports urbains. Les capitaux états-uniens purent partiellement se substituer aux partenaires financiers traditionnels des États latino-américains à partir de 1915, mais il fallut attendre les années 1920 pour retrouver un volume d'investissements étrangers comparable à celui de la Belle Époque. Vue sous l'angle financier, la Grande Guerre correspondit donc à une phase de tarissement des investissements et de manque de capitaux[14].

Plus généralement, la place du conflit dans l'histoire économique de l'Amérique latine contemporaine a donné lieu à de nombreuses polémiques dont l'enjeu était de déterminer si les années 1914-1918 avaient correspondu à une phase de *take off*, caractérisée par une accélération de l'industrialisation, ou au contraire à une période de contraction des activités ralentissant le processus de développement du secteur secondaire qui s'était timidement enclenché dans les dernières années du XIXe siècle. Dans un livre qui fut longtemps un classique de la théorie de la dépendance, Andre Gunder Frank attribua ainsi le sous-développement de la région aux échanges inégaux qu'elle entretenait historiquement avec le « Premier Monde » et observa que les deux guerres mondiales, marquées par un affaiblissement des relations commerciales et financières entre l'Amérique latine et ses partenaires traditionnels, pouvaient être considérées comme des périodes de réel décollage économique en ce qu'elles auraient permis de rompre avec les logiques rentières qui prévalaient jusque-là et d'initier une dynamique de substitution des importations[15]. Quoique toujours présente dans de nombreux manuels, cette appréciation a fait l'objet de contestations convaincantes. Sur le cas de São Paulo, par exemple, Warren Dean a montré que le ralentissement des exportations de café à partir d'août 1914 avait entravé le processus d'accumulation de capital – qui avait effectivement été à l'origine d'un essor industriel local depuis les années 1890 – et que la guerre avait plutôt freiné l'expansion, bien que le nombre d'établissements industriels ait continué de croître dans la seconde moitié des années 1910[16]. En s'appuyant sur le cas argentin, Roger Gravil a également contesté avec vigueur les assertions de

Frank en montrant que le secteur secondaire n'avait cessé de régresser tout au long du conflit en raison d'une contraction des échanges avec l'Europe non compensée par les investissements et le marché nord-américains, d'un manque de main-d'œuvre, d'une pénurie de biens d'équipement et de la hausse du coût de l'énergie[17].

De fait, le principal effet de la guerre concerne la circulation des marchandises et suppose que l'on distingue les effets à court terme et à long terme. Pendant une première phase qui dure jusqu'au début de 1915, le manque de bateaux et la pénurie soudaine de crédits commerciaux handicapèrent le trafic transatlantique habituel ; des stocks importants se constituèrent et le prix de nombreuses matières premières s'effondra. Au fur et à mesure que les économies des pays belligérants se reconvertirent afin de répondre aux nécessités du conflit, toutefois, se mit en place un équilibre qui, en dépit de variations conjoncturelles, se maintint jusqu'au début de l'année 1919. D'un côté, les besoins européens en produits stratégiques pour la conduite de la guerre, mais aussi en denrées alimentaires de base destinées tant aux soldats qu'aux civils, entraînèrent une hausse rapide des cours et stimulèrent les exportations de certains pays latino-américains. Le Mexique avec son pétrole, la Bolivie avec son étain, le Pérou avec son cuivre et sa laine, le Chili avec ses nitrates, Cuba avec son sucre ou l'Argentine avec sa viande et son blé virent alors les revenus de leurs exportations augmenter de manière substantielle. Au contraire, des pays ne disposant pas de ressources considérées comme stratégiques – par exemple, les grands exportateurs de café comme le Brésil, la Colombie ou le Venezuela – ne purent réellement profiter de la hausse des cours en raison de la dégradation des conditions de circulation transatlantique et connurent une nette dégradation des termes de leurs échanges tout au long du conflit. De plus, les pays européens fournissant habituellement des biens de consommation courante et d'équipement à l'Amérique latine ne purent continuer à répondre à la demande en raison même de la reconversion de leur économie. Bien que certains produits en provenance des États-Unis aient partiellement compensé la défaillance des fournisseurs traditionnels, les importations latino-américaines renchérirent et fléchirent à tel point en volume que tout le sous-continent était en situation d'excédent commercial en 1915. D'où une chute brutale des revenus des États qui étaient largement fondés sur les droits d'importation, des difficultés supplémentaires pour honorer le service de la dette et une forte inflation caractérisant tout le temps de la guerre[18].

Par ailleurs, la demande soutenue des belligérants européens en produits stratégiques et la hausse du cours des matières premières n'entraînèrent pas tous les excédents financiers attendus, étant donné les limitations imposées au trafic maritime. D'une part, les Alliés firent tout leur possible pour empêcher les Puissances centrales d'accéder aux immenses ressources latino-américaines, en tentant de contrôler les neutres européens susceptibles de servir d'intermédiaires et en établissant à partir de mars 1916 les fameuses listes noires qui mirent à l'index les entreprises et maisons commerciales latino-américaines sous contrôle allemand ou jugées comme telles[19]. D'autre part, la guerre sous-marine à outrance décrétée par l'Allemagne au début de 1917 rendit plus périlleuse encore la traversée de l'Atlantique, occasionna des pertes de navires importantes et découragea un certain nombre d'armateurs qui voyaient se multiplier les torpillages. À l'échelle de toute la région latino-américaine, les secteurs associés à l'exportation de produits stratégiques furent donc les grands bénéficiaires de la Grande Guerre, mais les États durent composer pendant plus de quatre ans avec une situation financière extrêmement précaire. Dans la mesure où le développement d'activités artisanales ou industrielles susceptibles de compenser la chute des importations en provenance d'Europe se limita à quelques îlots urbains ou portuaires, les populations souffrirent de la raréfaction et du coût croissant de nombreux produits de consommation courante. À cela s'ajouta l'arrêt brutal des flux migratoires, qui contribuaient de manière cruciale à l'extension des marchés intérieurs et alimentaient la croissance économique d'une main-d'œuvre abondante et bon marché. Par conséquent, si la Grande Guerre joua assurément un rôle dans la prise de conscience par les élites de la dépendance structurelle dont souffraient les économies et des inconvénients que celle-ci entraînait, elle ne saurait être considérée comme un moment clé dans le processus d'industrialisation en Amérique latine.

Enfin, dans la mesure où ils affectent les populations au cœur même de leur vie quotidienne dès la fin de l'année 1914 et de plus en plus sensiblement à partir du premier trimestre de 1915, les effets économiques de la Grande Guerre ne sont évidemment pas indifférents à la phase d'agitation sociale accrue que l'on observe partout dans la seconde moitié des années 1910. Dès le début du conflit, de nombreux États tentent de pallier la crise financière par la création de nouveaux impôts – ainsi au Pérou, où la vente de tabac et d'alcool est lourdement taxée en septembre 1914. Dans les grandes villes brésiliennes, le prix de denrées alimentaires de base telles que la farine, le riz et l'huile connaît des augmentations de 10 à 35 % dans la seconde moitié de l'année 1914. À Buenos Aires, l'inflation atteint 50 % pour les produits alimentaires, 300 % pour le textile et 538 % pour le charbon entre 1914 et 1918. La pénurie frappant toute une série de biens de consommation habituellement fournis par l'Europe est sensible partout, mais les milieux urbains et les classes moyennes émergentes, principaux consommateurs de cette modernité importée caractéristique de la Belle Époque latino-américaine, sont plus touchés que la majorité des ruraux. Toutefois, ces derniers ressentent également les effets de la guerre, par exemple au Brésil, au Venezuela, en Colombie et dans certains pays d'Amérique centrale où la crise de l'économie caféière, brutale et durable, limite considérablement les besoins de main-d'œuvre dans ce secteur et stimule une première vague d'exode rural que les métropoles n'ont pas les moyens d'absorber. Plus généralement, les restrictions du commerce conduisent à la disparition de nombreux emplois, à l'apparition d'un chômage chronique et à une baisse généralisée des salaires réels, bien que le solde migratoire de la seconde moitié des années 1910 soit négatif. À Buenos Aires, de 16 à 20 % de la population en âge de travailler est ainsi confrontée à la pénurie d'emplois durant les années de la guerre. À São Paulo, le salaire des ouvriers de l'usine textile O Cotonifício Rodolfo Crespi chute de 50 à 70 % entre 1913 et 1917. L'ensemble de ces données contribue à expliquer la prolifération de grèves et de protestations sociales dont on pourrait multiplier les exemples, depuis les milliers de personnes qui manifestent contre la pression fiscale à Arequipa, dans le sud du Pérou, en janvier 1915, jusqu'aux 196 arrêts du travail que l'on recense en Argentine pour l'année 1918, en passant par la grève générale qui paralyse São Paulo en juillet 1917. Souvent réprimés avec violence, la plupart de ces mouvements associent explicitement leurs revendications à la guerre et réclament la paix en Europe en même temps que des hausses de salaire ou de meilleures conditions[20].

Parce qu'elle met gravement en péril la croissance économique des décennies précédentes, mais aussi parce qu'elle contribue à la cristallisation de la question sociale et à la remise en cause de l'ordre établi, la Grande Guerre impose donc sa réalité aux gouvernements latino-américains en dépit de sa distance et de la neutralité proclamée d'emblée. À partir de là, ce ne sont plus seulement les communautés étrangères et les intellectuels qui témoignent d'un intérêt soutenu pour le conflit, comme dans la seconde moitié de l'année 1914, mais d'amples secteurs des sociétés latino-américaines qui souffrent directement des perturbations planétaires induites par l'état de belligérance. Omniprésente dans la presse à partir de 1915, la guerre le devient également dans la vie quotidienne et dans la culture populaire, comme l'illustrent certaines compositions dans la littérature de *cordel* brésilienne, de nombreuses œuvres théâtrales en Argentine, quelques slogans germanophiles peints sur des céramiques de l'altiplano bolivien par un Indien aymara ou encore la production de jeux de société destinés aux enfants qui mettent en scène le conflit européen[21]. Bien que l'on ne puisse attester l'existence d'une véritable culture de guerre en Amérique latine en l'état actuel des recherches, il ne fait aucun doute que le conflit européen propagea ses ondes de manière ample et précoce de l'autre côté de l'océan Atlantique.

Le grand tournant de 1917

Les archives diplomatiques européennes et latino-américaines révèlent l'ampleur de l'activité que les principaux belligérants européens ont déployée dès 1914 à destination de l'Amérique latine. En contrôlant autant que possible les informations publiées dans la presse, en diffusant une propagande massive en langues espagnole et portugaise – sur les supports écrits traditionnels ou par le biais des actualités cinématographiques – ou en jouant de promesses sur le monde nouveau qui sortirait du conflit, il s'agissait alors de convaincre les opinions publiques de la pertinence du combat engagé et de s'attirer les bonnes grâces de gouvernements ayant certes affirmé haut et fort leur refus d'entrer en guerre, mais dont la collaboration économique pouvait à terme se révéler décisive[22]. Dans ce cadre général, l'année 1917 voit croître de manière spectaculaire l'activité des chancelleries latino-américaines et fait figure de rupture essentielle pour toute une série de facteurs. D'une part, le Mexique est au cœur de l'aggravation des tensions entre l'Allemagne et les États-Unis à la suite de l'affaire bien connue du télégramme Zimmermann. Le 16 janvier, le ministre allemand des Affaires étrangères adresse un télégramme secret à son ambassadeur au Mexique, Heinrich von Eckardt, par lequel il lui enjoint de finaliser un accord germano-mexicain contre les États-Unis en échange duquel le Mexique récupérerait le Texas, le Nouveau-Mexique et l'Arizona perdus après la guerre de 1846-1848 et le traité de Guadalupe Hidalgo. Intercepté par le Royaume-Uni, ce document est décisif dans la dégradation des relations entre Washington et Berlin[23]. D'autre part, la guerre sous-marine à outrance décrétée par l'Allemagne en janvier affecte plus profondément encore les activités commerciales de la plupart des États latino-américains et conduit un certain nombre de gouvernements à reconsidérer leur position vis-à-vis de Berlin. Enfin, la rupture des relations diplomatiques entre les États-Unis et le Reich en février, puis l'entrée en guerre de Washington deux mois plus tard, achèvent de bouleverser la donne à l'échelle de l'hémisphère tout entier.

En effet, le consensus neutraliste de l'Amérique latine observé en août 1914 ne résiste pas à l'entrée en guerre des États-Unis le 6 avril 1917. Cette même année, le Panama et Cuba (avril), puis le Brésil (octobre), déclarent la guerre à l'Allemagne, imités l'année suivante par le Guatemala (avril), le Costa Rica et le Nicaragua (mai), Haïti et le Honduras (juillet). Six autres pays rompent leurs relations diplomatiques avec l'Allemagne sans toutefois lui déclarer la guerre : la Bolivie, la République dominicaine, le Pérou, l'Uruguay, le Salvador et l'Équateur. En premier lieu, les positions adoptées par les différents États de la région à partir d'avril 1917 permettent de bâtir une cartographie des zones d'influence nord-américaine. À l'exception du Brésil, les pays belligérants sont tous situés en Amérique centrale ou dans les Caraïbes, qui sont devenus en l'espace d'un quart de siècle une chasse gardée des États-Unis. Depuis son émancipation à la suite de la guerre entre les États-Unis et l'Espagne en 1898, Cuba – qui entre en guerre seulement quelques heures après les États-Unis, le 7 avril, et dont quelques dizaines de soldats incorporés partiront effectivement vers les champs de bataille européens – est un protectorat déguisé, en vertu de l'amendement Platt approuvé par le Congrès américain en mars 1901 et introduit dans la constitution cubaine le 22 mai 1903, au point de subir trois interventions militaires entre 1906 et 1917. Arraché à la Colombie en novembre 1903 afin de mettre fin aux rivalités entre Européens et Américains autour du projet de canal transocéanique – officiellement inauguré le 15 août 1914 –, le Panama apparaît comme une création politique pure et simple des États-Unis, tandis que le Nicaragua et Haïti sont occupés par les *marines* respectivement depuis 1912 et 1915. Autant d'éléments témoignant du fait que l'entrée en guerre de ces pays ne saurait être assimilée à un choix délibéré de politique étrangère, mais illustre plutôt la dépendance politique et diplomatique à laquelle l'interventionnisme nord-américain les a réduits depuis la projection extérieure de la *manifest destiny* au tournant des années 1880 et 1890[24].

Le cas du Brésil s'inscrit, en revanche, dans un cadre différent. Ébranlé par la chute de ses exportations durant toute la guerre et par le torpillage de navires de commerce comme le *Paraná*, le *Tijuca* ou le *Macaú* en avril, mai et octobre 1917 par les sous-marins allemands, le Brésil avait des raisons objectives pour rejoindre le camp des Alliés. L'entrée en guerre lui fournit aussi l'occasion de s'affirmer comme le partenaire privilégié de Washington, dans la lignée de la politique menée par le baron de Rio Branco – ministre des Relations extérieures de 1902 à 1912 et grand partisan d'une alliance durable entre Rio et Washington –, et comme le leader naturel de l'Amérique latine. En effet, tandis que le Mexique ne peut prétendre à jouer un rôle sur la scène internationale dans le contexte de la révolution et que le Chili rechigne à déclarer la guerre à l'Allemagne au vu de l'importance numérique et politique de sa communauté de migrants d'origine germanique, la Première Guerre mondiale est un moment privilégié pour observer les stratégies de Rio en vue de l'hégémonie sur le sous-continent et, plus généralement, les rapports de force internes à la région latino-américaine. Adressé à la présidence de la République par le ministre des Relations extérieures, Nilo Peçanha, un télégramme de juillet 1917 enjoint ainsi au gouvernement brésilien d'entrer en guerre à la suite des États-Unis afin de répondre aux attentes pressantes de Londres, Paris et Washington, mais aussi de ne pas se laisser devancer par une autre nation sud-américaine. Soucieux de jouer un rôle substantiel sur la scène internationale dans la perspective de la sortie de guerre, le Brésil se montrerait ainsi un allié beaucoup plus coopérant que son voisin argentin s'obstinant dans la neutralité. C'est donc à l'aune de ces divers arguments d'ordre diplomatique, mais aussi des espoirs de commercialisation accrue de son café dont les stocks ne cessent de s'accumuler – en 1917, 6 millions de sacs s'entassent dans les docks de Santos en attendant de trouver preneurs et transporteurs –, qu'il convient d'interpréter l'entrée en guerre de Rio aux côtés des Alliés le 26 octobre 1917. La participation à l'effort de guerre se révèle toutefois très limitée, tant par l'entrée relativement tardive dans le conflit qu'en raison des limitations propres à l'armée brésilienne. Outre 13 officiers aviateurs qui intégrèrent le 16e groupe de la Royal Air Force, le Brésil envoya une mission médicale en France qui fonctionna, rue de Vaugirard à Paris, jusqu'en février 1919. Surtout, la *Divisão Naval em Operações de Guerra* (DNOG) – censée être intégrée à la force navale britannique, composée notamment des croiseurs *Bahia* et *Rio Grande do Sul* et des contre-torpilleurs *Piauí*, *Rio Grande do Norte*, *Paraíba* et *Santa Catarina*, placée sous le commandement du contre-amiral Pedro Max Fernando de Frontin et forte de quelque 1 500 hommes – quitta les côtes du Nordeste en juillet 1918, mais fut décimée par la grippe espagnole lors de son escale à Dakar en septembre. Finalement, la DNOG entra dans Gibraltar le 10 novembre en l'état d'une peau de chagrin et n'eut donc pas l'occasion de prendre part aux combats[25]. Il n'en demeure pas moins que le Brésil se retrouva alors dans le camp des vainqueurs et, en tant que tel, participa aux négociations de la paix.

Des vingt États de la région, six seulement – l'Argentine, le Mexique, le Chili, le Venezuela, la Colombie et le Paraguay – ne rompirent finalement pas leurs relations avec les Empires centraux. Le maintien de cette absolue neutralité n'empêcha pas la majorité d'entre eux d'infléchir progressivement leurs positions en faveur des Alliés pour des raisons relevant avant tout du pragmatisme économique, comme en témoigne parfaitement le cas de l'Argentine. Au pouvoir jusqu'en 1916, le président Victorino de la Plaza avait pris soin de préserver coûte que coûte les marchés européens dans toute leur diversité. Que le vice-consul argentin à Dinant soit fusillé sans motif apparent par les Allemands dans les premières semaines de la guerre ou que le *Presidente Mitre*, navire de commerce battant pavillon *celeste y blanco* mais appartenant à une filiale de la Hamburg Südamerikanische Dampfschifffahrts-Gesellschaft, soit arraisonné par l'Angleterre en novembre 1915, la mollesse des protestations avait été identique. En 1916, l'arrivée au pouvoir du radical Hipólito Yrigoyen – premier président de la République élu au suffrage universel masculin après la loi Sáenz Peña de 1912 – ne remet pas en cause le choix de la neutralité la plus complète, mais change la donne en ce que l'Argentine entend désormais jouer un rôle actif dans la diplomatie de guerre. En 1917, alors que les États-Unis multiplient les pressions pour que toute l'Amérique latine entre en guerre à sa suite et que l'Argentine cesse de commercer avec les Puissances centrales par l'intermédiaire de neutres européens, Yrigoyen envisage de réunir à Buenos Aires une conférence des États neutres d'Amérique latine et provoque ainsi la fureur de Washington. Le refus obstiné du président d'entrer en guerre – malgré l'avis contraire du Congrès – se transforme néanmoins en une bienveillance vis-à-vis de Paris et de Londres à partir de janvier 1918, lorsque l'Argentine signe avec la France et la Grande-Bretagne un traité commercial prévoyant l'exportation de 2,5 millions de tonnes de blé avant novembre. Privilégiant dorénavant l'approvisionnement des Alliés et la bonne santé du commerce extérieur, les positions de l'Argentine ne se distinguent alors plus guère de l'engagement non armé des pays d'Amérique centrale et des Caraïbes. Le basculement plus ou moins tacite des sympathies gouvernementales vers les Alliés n'empêche pas, à Buenos

Aires comme ailleurs, que les années 1917 et 1918 soient marquées par une inquiétude croissante vis-à-vis d'un possible expansionnisme états-unien en Amérique latine à la faveur de la guerre. Pris en tenaille entre les intrigues diplomatiques de l'Allemagne, le désir de contrebalancer l'omniprésence de Washington depuis le début de la révolution et la nécessité de vendre son pétrole à la Grande-Bretagne, le Mexique du président Venustiano Carranza – au pouvoir entre 1915 et 1920 – en offre la meilleure illustration et préserve finalement une équidistance de circonstance entre les deux coalitions en présence jusqu'en novembre 1918, malgré les tensions existant au sein même de son gouvernement entre ceux qui penchent vers les Alliés au nom du vieil *afrancesamiento* et ceux qui seraient prêts à céder aux sirènes berlinoises par allergie aux États-Unis.

Enfin, au-delà même des choix diplomatiques effectués à partir de l'entrée en guerre de Washington, 1917 marque également un tournant en ce que le conflit devient partout un enjeu majeur de politique intérieure. En Argentine, le clivage entre partisans et opposants du président Yrigoyen est l'objet d'un glissement sémantique dès le début de l'année et revêt progressivement la forme d'un affrontement entre *neutralistas* et *rupturistas*[26]. Au Brésil, un diplomate français rapporte en mai 1918 que la crise mondiale s'est immiscée jusque dans les élections locales au point que deux candidats au poste de sénateur de l'État de São Paulo ont fait de la participation de la nation au conflit l'argument central de leur campagne. À Cuba, l'état de guerre conduit le gouvernement du président Mario García Menocal à faire voter en août 1918 une loi sur le service militaire obligatoire, qui déchaîne les passions d'une opinion publique majoritairement hostile à la conscription. Directement ou indirectement, la guerre constitue une matrice fondamentale du politique en Amérique latine jusqu'à la fin de l'année 1918.

Guerre mondiale et identité nationale

La nouvelle de l'armistice du 11 novembre 1918 fut accueillie avec soulagement et enthousiasme par la presse, les élites politiques et les opinions publiques d'Amérique latine. D'une part, elle laissait présager un retour à la normale de la vie économique internationale à court ou moyen terme, une reprise de la croissance caractéristique de la Belle Époque et, par conséquent, un apaisement de la conflictualité sociale. D'autre part, les propositions formulées par Woodrow Wilson en janvier 1918 en vue de l'établissement d'une paix durable dans le monde avaient suscité de nombreux espoirs concernant le règlement de conflits latents dans la région latino-américaine – comme celui opposant le Chili, le Pérou et la Bolivie, qui avait été privée de son accès à la mer au sortir de la guerre du Pacifique (1879-1884) – et la possibilité d'une meilleure intégration du sous-continent dans les relations internationales. Toutefois, la réalité de la sortie de guerre ne fut pas à la hauteur de l'optimisme régnant dans les dernières semaines de 1918 et conforta une série de questionnements identitaires qui avaient émergé dans le temps du conflit.

En premier lieu, la charnière des années 1910 et 1920 ne correspondit pas à une restauration à l'identique de l'ordre économique mondial d'avant 1914. Tous les pays d'Amérique latine connurent bien un retour à la croissance, fondamentalement lié à la restauration progressive de la convertibilité des monnaies en or, à la normalisation de la circulation maritime et à l'augmentation rapide du volume des exportations et des importations, mais ils durent aussi composer avec la nouvelle place conquise par les États-Unis à la faveur de la Grande Guerre. En 1918, ceux-ci absorbent 45,4 % des exportations latino-américaines contre 29,7 % en 1913 et fournissent 41,8 % des importations de la région contre 24,5 % à la veille du conflit. Bien qu'elle tende à décliner dans les années 1920 tout en restant nettement supérieure à celle de 1913, cette présence commerciale renforcée se double d'une hégémonie financière que traduisent le triplement des investissements directs états-uniens dans la région entre 1914 et 1929 – de 1 275,8 à 3 645,8 millions de dollars – et la prolifération dans les grandes villes latino-américaines de filiales bancaires dont les maisons mères sont à New York[27]. Ainsi que l'observent beaucoup d'intellectuels au début des années 1920, du Péruvien Victor Haya de la Torre (1895-1979) à l'Argentin Manuel Ugarte (1875-1951), non seulement la guerre n'a rien changé à la dépendance structurelle des économies latino-américaines vis-à-vis de l'extérieur, mais elle a de surcroît redistribué les cartes de telle manière que les États-Unis possèdent désormais de solides armes commerciales et financières en sus de la puissance militaire qu'ils avaient régulièrement déployée dans la région depuis les années 1890. De là découlent de nombreuses interrogations sur l'avenir des États latino-américains, qui semblent condamnés à vivre dans l'ombre de leur voisin septentrional après avoir connu la tutelle économique de l'Europe tout au long du XIXe siècle.

Par ailleurs, les espérances que l'on avait pu placer dans l'avènement d'un nouvel ordre international ont tôt fait de disparaître dans le courant des années 1920. Présents à Paris lors des négociations de la paix, les représentants des États qui étaient entrés en guerre contre l'Allemagne se plaignent unanimement du peu d'attention qui est accordé aux positions qu'ils défendent par Paris, Londres et Washington, et des tentatives d'instrumentalisation dont ils sont fréquemment l'objet[28]. À partir de la première assemblée réunie à Genève en novembre 1920, l'expérience des États admis au sein de la Société des Nations se joua de manière comparable et engendra un profond scepticisme sur le nouvel ordre international. Par la voix de son délégué Honório Pueyrredón arguant que la victoire ne donnait aucun droit, l'Argentine tourna le dos à l'organisation genevoise dès décembre 1920, déçue par le sort réservé aux neutres et aux vaincus dans une assemblée censée promouvoir un idéal de paix universelle. Le Pérou et la Bolivie l'imitèrent en 1921, à défaut d'obtenir un règlement des conflits frontaliers qui occupaient l'essentiel de leur activité diplomatique depuis les années 1880. Le Brésil quitta à son tour la Société des Nations en 1926, lassé de se voir refuser le siège de membre permanent du Conseil qu'il convoitait. Quant au Mexique révolutionnaire, considéré comme un paria des relations internationales, il ne fut pas invité à siéger au sein de l'organisation lors de sa constitution et ne put participer à ses travaux qu'à partir de 1931 – date à laquelle les espoirs de paix perpétuelle que l'on avait conçus au sortir de la guerre n'étaient déjà plus que de douces utopies[29].

De l'ensemble de ces données économiques et diplomatiques, faut-il conclure que la Grande Guerre ne fit que renforcer le statut périphérique de l'Amérique latine dans le concert des nations et signifia la simple transition de la tutelle européenne au XIXe siècle à celle des États-Unis à partir des années 1920 ? Rien n'est moins sûr si l'on envisage la question sous l'angle de l'histoire culturelle et si l'on revient aux représentations du conflit parmi les élites de la région. En effet, à l'idée initialement dominante selon laquelle la conflagration européenne incarnait l'affrontement entre l'éternelle civilisation française et la barbarie allemande se substitua progressivement le constat d'une faillite de l'Europe tout entière. Dans un article publié par la revue satirique *Caras y Caretas* (Buenos Aires) dès le 22 août 1914, le philosophe argentin d'origine italienne José Ingenieros (1877-1925) avait interprété le récent ébranlement du Vieux Continent comme « un suicide des barbares ». Deux ans plus tard, l'anthropologue mexicain Manuel Gamio (1883-1960) publie un ouvrage intitulé *Forjando Patria* dans lequel il en appelle à une véritable décolonisation spirituelle vis-à-vis de l'Europe et ironise sur le futile combat que se livrent alors la France et l'Allemagne – comme le fera, en 1919, l'écrivain brésilien José Bento Monteiro Lobato (1882-1948) dans ses chroniques publiées dans la *Revista do Brasil*. De fait, c'est par centaines et dans tous les pays d'Amérique latine que l'on recense ces témoignages d'un désenchantement de l'Europe à partir des années 1916 et 1917, et plus encore dans les années 1920 et 1930. Comment un continent censé incarner à lui seul les valeurs de la civilisation et de la modernité a-t-il pu sacrifier 10 millions de ses fils dans la boue des tranchées ? Que sont devenus les idéaux de progrès de l'humanité et le culte de la rationalité pour que l'on puisse produire une telle violence de masse ? À partir de là, le suicide de l'Europe rend logiquement caduque l'idée si caractéristique du XIXe siècle et de la Belle Époque – même si celle-ci avait déjà fait l'objet de bien des contestations avant 1914 – selon laquelle toute forme de modernité ne saurait provenir que du Vieux Continent. « L'Europe a échoué. Ce n'est plus à elle de guider le monde », affirme en 1918 le juriste et écrivain argentin Saúl Taborda (1885-1944)[30]. Alimentée par l'ample diffusion en Amérique latine de la littérature décadentiste européenne de l'immédiat après-guerre – du *Déclin de l'Occident* d'Oswald Spengler à *La Décadence de l'Europe* de Francesco Nitti en passant par *La Crise de l'esprit* de Paul Valéry –, la rupture est cruciale dans l'imaginaire intellectuel latino-américain en ce qu'elle éloigne naturellement des réflexes mimétiques qui avaient essentiellement cours jusque-là et invite à une réflexion renouvelée sur l'identité réelle des jeunes nations nées à l'aube du XIXe siècle sur les ruines de la colonisation ibérique.

Très concrètement, le désenchantement de l'Europe se traduit d'abord par une cristallisation du paradigme national en lien direct avec les représentations de la Grande Guerre. Sur le terrain politique se multiplient ainsi partis et mouvements exaltant la grandeur et la pureté de la nation, réinventant ses origines mythiques et définissant les nouvelles conditions d'un destin collectif dans une altérité radicale avec l'Europe[31]. Hérauts de l'argentinité dans les années 1920 et 1930, Leopoldo Lugones, Ricardo Rojas (1882-1957) ou Carlos Ibarguren (1877-1956) – pour ne citer que ceux-là – ont été des observateurs attentifs de la Grande Guerre et s'emploient, chacun à sa manière, à redéfinir les contours de la « race » et le régime politique idéal – autoritaire et militariste – pour en garantir la perpétuation. Les années 1920 et 1930 sont également frappées du sceau du nationalisme culturel, depuis les peintres muralistes mexicains qui cessent de reproduire les modes picturales dominantes en Europe pour peindre la véritable identité nationale – indigène et métisse tout autant que blanche et ibérique – jusqu'au modernisme brésilien. Figure de proue de ce mouvement esthétique lancé à São Paulo en février 1922 et revendiquant la création inédite d'un art national, Mário de Andrade (1893-1945) a consacré ses tout premiers poèmes à la guerre dans un recueil paru en 1917, intitulé *Há uma gota de sangue em cada poema*, et analysé les bouleversements esthétiques récents au Brésil dans un ouvrage de 1929 : « Lorsque la guerre de 1914 s'acheva, tous les arts connurent une nouvelle impulsion. Est-ce que la guerre eut une influence là-dessus ? Bien sûr qu'elle en eut une. Les quatre années de carnage eurent le don de précipiter les choses. Surgirent des gouvernements nouveaux, de nouveaux schémas scientifiques et des arts nouveaux[32]. » Dans le temps long de la fabrique des nations latino-américaines, la Grande Guerre marque donc une étape essentielle, mais également paradoxale dans la mesure où c'est précisément le grand carnage né de l'exacerbation des nationalismes européens qui joua un rôle de catalyseur des nationalismes latino-américains. Toutefois, les questionnements identitaires issus de la guerre purent aussi transcender le cadre des nations pour mettre en avant d'autres formes possibles de sentiment d'appartenance. Dans la trajectoire d'un Manuel Ugarte, convaincu dès les premières années du XXe siècle que l'avenir de l'Amérique latine était celui d'une solidarité entre ses différentes composantes nationales face à la menace des États-Unis, les années 1914-1918 font également figure d'inflexion et le conduisent à affirmer avec d'autant plus de force la nécessité d'une union latino-américaine[33].

L'étude des années 1914-1918 en Amérique latine reste une histoire en chantier ne demandant qu'à être complétée par de nouvelles recherches monographiques. Si des expériences nationales du conflit comme celles de l'Argentine et du Brésil commencent à être mieux connues, beaucoup d'angles morts demeurent et attendent les chercheurs qui sauront s'en emparer. Qu'en fut-il de la mobilisation des sociétés en Colombie ou en Bolivie, pays dont on ne sait rien ou presque de leur relation à la Grande Guerre, où les intellectuels étaient tout aussi *afrancesados* qu'ailleurs en Amérique latine, mais où les immigrés d'origine européenne étaient infiniment moins nombreux que dans le cône Sud ? Qu'en fut-il de l'opinion face à la conflagration dans le monde éminemment rural de l'Amérique centrale où l'immense majorité des populations étaient analphabètes à l'aube du XXe siècle ? Comment la guerre fut-elle vécue en Haïti, si lié à la France historiquement et linguistiquement, mais occupé militairement par les États-Unis à partir de 1915 ? Quels jeux d'échelle sont-ils à l'œuvre dans la réception et les représentations du conflit entre le cadre national – réduit aux capitales et aux grandes métropoles dans la plupart des cas – et les différents niveaux locaux ? Autant de questions qui demeurent sans réponse et dont l'enjeu dépasse de loin la simple dimension documentaire. En effet, bâtir une véritable histoire comparée des années 1914-1918 en Amérique latine permettrait, d'une part, d'éviter l'écueil d'une montée en généralité trop hâtive reposant sur une appréhension de la région comme un espace culturellement uniforme et naturellement homogène. D'autre part, une telle entreprise confirmerait, si besoin était, que la première guerre totale fut réellement mondiale en ce qu'elle n'épargna aucun espace de la planète ou presque, indépendamment de la géographie des opérations militaires. Enfin, réévaluer plus nettement encore la place de la Grande Guerre au cœur du XXe siècle latino-américain inviterait logiquement à en repenser la périodisation communément admise autour des ruptures de 1929 et de 1959, et, notamment, à réexaminer les années 1920 et 1930 qui furent la matrice de tant d'évolutions postérieures. Le défi est certes immense, mais mérite d'être relevé collectivement.

Il conviendrait, par ailleurs, de s'interroger sur les motifs de l'oubli dont fut victime la Grande Guerre en Amérique latine jusqu'à une période très récente. Bien sûr, la région ne paya pas le prix du sang et ignora le deuil massif auquel furent confrontées les sociétés des principaux pays belligérants. Les engagés volontaires et autres migrants d'origine européenne appelés sous le drapeau de leur mère patrie, qui parfois laissèrent une trace de leur expérience de la violence de masse, ne suffirent pas à perpétuer une mémoire de la Grande Guerre à 8 000 ou 10 000 kilomètres des charniers de la Somme. Bien sûr, la Seconde Guerre mondiale joua un rôle d'écran en Amérique latine tout autant qu'en Europe et contribua à frapper les années 1914-1918 d'un ostracisme dont témoignent, aujourd'hui encore, les manuels scolaires de nombreux pays. Il n'en demeure pas moins qu'il existe aussi des raisons proprement historiographiques à cet oubli. En Amérique latine plus encore qu'ailleurs, la discipline historique se constitua au XIXe siècle dans le cadre strict des jeunes États issus des indépendances et ne porta presque jamais son attention au-delà des frontières nationales. Jusqu'à une date très récente, le comparatisme et l'inscription des histoires nationales dans une histoire globale furent extrêmement rares, ce qui engendra une écriture de l'histoire de type insulaire qui permettait d'ignorer ou presque des séismes tels que les deux guerres mondiales. De ce point de vue, la redécouverte contemporaine de la Grande Guerre en Amérique latine est également susceptible d'ouvrir la voie à de nouvelles approches de l'histoire d'un espace moins périphérique qu'on ne l'a souvent pensé et systématiquement connecté au reste du monde depuis la fin du XVe siècle.

2. Droit, normes, violations

Comment ne pas trouver étrange que, à un moment de l'histoire où il entre dans les préoccupations des sociétés de faire reculer la violence qui peut opposer les peuples, la guerre semble s'étendre et croître en intensité pour provoquer des ravages jusque-là inégalés ? Telle est fondamentalement la question que soulève la Première Guerre mondiale.

Si réponse il y a, elle est, au sortir de la guerre, uniquement celle des vainqueurs, dans une approche principalement occidentale des souffrances du conflit analysées au prisme des normes récentes d'un droit international de la guerre en gestation. Le traité de Versailles, en 1919, pour la première fois dans l'histoire, organise la mise en jugement des vaincus pour leur responsabilité dans le déclenchement de la guerre et pour avoir violé les règles édictées dans les conventions antérieures afin d'en limiter la violence. Nul ne conteste que cette réponse soit très insuffisante. Non pas seulement parce que les choses ne se déroulèrent pas comme prévu, mais parce que la justice en l'état d'organisation de la société internationale d'alors ne pouvait y trouver son compte et parce que les concepts juridiques précis faisaient défaut.

En effet, les rapports de la Grande Guerre au droit, et par conséquent à la violence que celui-ci doit circonscrire, s'inscrivent dans un contexte temporel élargi en amont et en aval par rapport aux années du conflit, et doivent aussi se comprendre dans une dimension qui dépasse la guerre entre États. Les atrocités et massacres commis au cours des conflits locaux lors des décennies ayant précédé la Grande Guerre émeuvent les opinions publiques, qui les jugent de plus en plus intolérables au regard de l'idéal de civilisation, et préparent progressivement les esprits à exiger qu'ils soient sanctionnés. Les « atrocités », les « massacres » deviennent ainsi, en 1914, des « violations du droit des gens ». Ils recevront, à l'issue du second conflit mondial, une qualification juridique sans cesse plus proche de la spécificité des violences commises : crime contre la paix, crime de guerre, crime de génocide et crime contre l'humanité.

L'évolution de la guerre opposant des peuples, et non plus des dynasties, a d'autre part conféré aux violences une dimension d'exclusion de l'autre en tant que membre d'une communauté minoritaire qu'illustre parfaitement la Grande Guerre. Au sein du grand conflit entre États se trouve fournie la possibilité d'une élimination physique, sous différentes formes, de ceux avec lesquels forger un destin national semble désormais inconcevable : ils sont des ennemis de l'intérieur dont il faut se débarrasser, comme l'atteste le génocide arménien perpétré par les Ottomans en 1915. On emploie ici le terme de génocide, même s'il n'a été publié par Raphaël Lemkin qu'en 1944, car ce dernier avait réfléchi au phénomène extraordinaire de l'extermination de tout un peuple dès les années 1930, en particulier à cause de son intérêt pour les pogroms, les massacres et les déportations-exterminations des Arméniens commis pendant la Grande Guerre.

L'approche résolument transnationale qui a été adoptée pour analyser les différents aspects de la violence de guerre permet à cet égard de détacher la problématique des violations du droit de la question des atrocités allemandes, pour s'ouvrir aux atrocités et représailles diverses de tous les fronts, ainsi qu'aux comportements de l'ensemble des belligérants.

Annette Becker et Annie Deperchin

Chapitre XXI
Atrocités et crimes de guerre

John Horne

La guerre a toujours fait l'objet de prescriptions religieuses et morales (les « lois et coutumes de la guerre ») destinées à en codifier la conduite et à en limiter la violence. Néanmoins, en raison de la nature changeante de cette violence due à l'évolution de la technologie aussi bien que de la culture, ces règles sont bafouées à chaque nouveau conflit. Elles provoquent également des polémiques, chaque camp accusant l'autre de commettre des excès tout en excusant ou en justifiant les siens. Il faut ensuite, pour accepter les nouveaux types et seuils de violence produits par la guerre, redéfinir ce que l'on considère comme une conduite légitime, renforcer mais aussi modifier les principes fondamentaux. Ce qui n'empêche pas les polémiques de perdurer, d'autant que les vainqueurs ont évidemment davantage voix au chapitre dans la définition des responsabilités.

La Première Guerre mondiale offre un bon exemple de cette dialectique de norme, de conflit et de révision, en même temps que des passions et des polémiques qui l'accompagnent. Le demi-siècle qui a précédé 1914 s'était employé à encadrer juridiquement la conduite de la guerre par des accords internationaux bien plus précis qu'autrefois. Au cours même du conflit, les allégations habituelles d'atrocités commises par l'ennemi furent, pour la première fois, traduites en accusations susceptibles de faire l'objet d'une condamnation en vertu du droit international. D'où la volonté de constituer des tribunaux chargés de juger les crimes de guerre après les hostilités. Malgré son échec, cette tentative prépara le terrain aux procès de Nuremberg et de Tokyo organisés à l'issue de la Seconde Guerre mondiale.

Avant la guerre

Au XIXᵉ siècle, un certain nombre d'évolutions permirent à l'idée que la guerre était soumise à des normes morales de s'imposer avec une force sans précédent. Des penseurs des Lumières, comme Emmerich de Vattel et Jean-Jacques Rousseau, avaient été les premiers à faire valoir qu'en tant que sujets de l'État, seul détenteur de l'autorité légale de faire la guerre, les soldats et les marins ordinaires n'étaient pas personnellement responsables des violences qu'ils commettaient en son nom, et méritaient donc d'être traités avec humanité dès qu'ils cessaient de se battre. Cela n'empêcha pas que, tout au long des guerres révolutionnaires et napoléoniennes, ce principe fût violé bien plus souvent qu'appliqué. Il fallut attendre les conflits du milieu du XIXᵉ siècle pour qu'une mentalité plus humanitaire exhortât à traiter décemment tous les soldats blessés et prisonniers de guerre, quel que fût leur camp. Ces principes furent formulés par le Comité international de la Croix-Rouge (CICR), fondé en 1864, avant d'être promulgués par les conventions de Genève successives. Réduire les souffrances des soldats était la marque d'une époque « civilisée ».

La distinction entre soldats et civils n'était pas moins importante. Elle faisait, elle aussi, l'objet de prescriptions religieuses et philosophiques depuis des siècles, ce qui n'avait jamais empêché les armées en campagne de s'en prendre aux populations civiles. À l'aube du XIXᵉ siècle, une sensibilité nouvelle à la situation des femmes et des enfants renforça l'idée que, lors d'un conflit armé, les civils étaient des spectateurs innocents qu'il convenait de protéger. Les révolutionnaires français apportèrent pourtant un démenti à cette vision en imaginant, au moment de la levée en masse de 1793, une nation en armes qui mobiliserait l'intégralité de la population et de ses ressources. Il fallut attendre plus d'un siècle (avec une préfiguration lors de la guerre de Sécession aux États-Unis) pour qu'un système proche de cette mobilisation générale se mît en place au cours des deux guerres mondiales, avec pour effet d'estomper, plutôt que de souligner, la distinction entre soldat et civil. Le service militaire universel devint alors la règle, et le citoyen ou le sujet de sexe masculin, mobilisé en temps de guerre, devint l'élément de base des armées de plusieurs millions d'hommes qui combattirent pendant les deux guerres mondiales. Il pouvait également prendre les armes comme soldat irrégulier en cas d'invasion ou d'occupation. La guérilla possédait de profondes racines historiques, mais elle ressurgit aux côtés de l'activisme politique au moment des guerres napoléoniennes, de la guerre de Sécession et de la guerre franco-prussienne, lorsque les irréguliers français, les « francs-tireurs », résistèrent aux Allemands. Tous les hommes adultes étaient désormais des ennemis potentiels.

La mobilisation des ressources humaines et matérielles inhérente à la levée en masse allait encore plus loin, et faisait de toute la population, appelée à participer à l'effort de guerre, une cible militaire virtuelle aux yeux de l'ennemi. Le blocus naval avait fait son apparition sous forme d'un siège maritime, mais la Grande-Bretagne comme la France y recoururent pendant les guerres napoléoniennes pour se livrer à une guerre économique. Assurer la compatibilité entre le blocus, la liberté de navigation et le droit des puissances neutres à commercer en temps de guerre devint une question de plus en plus épineuse du fait de l'interdépendance économique grandissante du monde au XIXe siècle. Alors même que la distinction entre combattants et non-combattants se renforçait dans son principe, ces évolutions contraires menaçaient de l'affaiblir.

Autre caractéristique du XIXe siècle, l'industrialisation de la technologie militaire posait elle aussi des problèmes moraux. La puissance nouvelle des explosifs, la fabrication de fusils à tir rapide et l'existence de réseaux ferroviaires denses permettant de ravitailler le front rendirent les champs de bataille encore plus meurtriers pour les soldats. La destruction d'un ennemi légitime représentant l'essence même du combat, ces innovations ne transgressaient pas obligatoirement les normes de la guerre, même si elles augmentaient les taux de pertes. L'emploi d'armes chimiques, en revanche, brisait un tabou – on ne tue pas les hommes comme des bêtes nuisibles –, conduisant ainsi à se demander si certaines armes étaient inhumaines au point de devoir être interdites sur les champs de bataille. L'évolution de la technologie militaire exposait également les civils à de nouvelles menaces, tels des bombardements plus destructeurs de villes assiégées et, avec la naissance de l'aviation, les attaques aériennes.

L'idée de codifier alors la conduite de la guerre au nom des valeurs de la civilisation fut défendue par un influent mouvement « pacifiste » apparu au cours du siècle qui suivit les guerres napoléoniennes. Il obtint l'appui des libéraux et de la gauche, mais aussi de certains conservateurs soucieux de limiter les éventuels effets de radicalisation politique de la guerre. Si l'objectif premier de ce mouvement était d'empêcher la guerre, il cherchait également à imposer, au nom de l'humanité, certains freins à la conduite de celle-ci. Ces deux sujets furent abordés au cours du demi-siècle précédant 1914 lors d'une série de réunions internationales qui culminèrent dans deux conférences de la paix, organisées à la demande du tsar Nicolas II à La Haye en 1899 et en 1907. Comme l'exprima Fiodor de Martens, le juriste international du tsar, dans une déclaration adoptée par la conférence de 1899 : « Notre désir unanime est que les armées des nations civilisées ne soient pas simplement dotées des armes les plus meurtrières et les plus perfectionnées, mais qu'elles soient également pénétrées d'une notion du bien, de la justice et de l'humanité, contraignante même en territoire envahi et même en ce qui concerne l'ennemi[1]. » Il ne fut pas facile, toutefois, d'en convaincre les généraux et les amiraux. L'armée allemande était particulièrement réticente, considérant que la guerre terrestre en Europe était indispensable au maintien et au développement de la puissance allemande. Elle redoutait également la guerre démocratique et révolutionnaire, dans l'esprit de la résistance des francs-tireurs qu'elle avait découverte en 1870-1871. Néanmoins, concilier le droit des patriotes à participer à une levée en masse, guerre irrégulière comprise, et l'obligation faite à l'armée de respecter les civils non combattants allait être un des problèmes les plus litigieux, ne fût-ce que parce que la défense des petits pays, comme la Belgique et la Suisse, s'appuyait sur des milices de citoyens. L'armée allemande (comme beaucoup d'autres) estimait que la guerre devait être l'apanage d'officiers de métier commandant des forces régulières. Si une « guerre du peuple » représentait l'horreur suprême, la répression se justifiait pour assurer la victoire sans désordre.

Les Britanniques ne réagissaient pas autrement quant à la guerre navale, qui était la clé de leur sécurité militaire. Le blocus et le contrôle du commerce des pays neutres avec les belligérants ennemis furent des questions aussi débattues que celle de la « guerre du peuple » aux conférences de La Haye et à la conférence navale de Londres en 1909. La Grande-Bretagne fit bien quelques concessions au droit des États neutres à se livrer au commerce de marchandises considérées comme non essentielles avec des puissances belligérantes ; mais elle conserva l'autorité de déterminer ce qui relevait de la catégorie des articles interdits (contrebande) et, en vertu de sa suprématie maritime, de décider du degré de rigueur du blocus qui affectait en définitive le niveau de vie des civils des pays ciblés. Les autorités navales britanniques n'étaient pas moins réticentes que les autorités militaires allemandes à refréner leur conduite de la guerre.

Avant 1914, donc, les « lois et coutumes » de la guerre avaient été reformulées dans l'esprit humanitaire du temps, mais les milieux de l'armée de terre et de mer renâclaient à l'idée d'avoir les mains liées en cas de conflit. Tout en partageant cette réticence, les gouvernements étaient obligés de tenir compte d'un puissant courant d'opinion favorable à un traitement humain des soldats blessés, des prisonniers et des civils. Le droit international joua en l'occurrence un rôle capital. La convention IV de La Haye concernant les lois et coutumes de la guerre sur terre (1907 – ci-après convention IV de La Haye) résumait la loi de Genève sur la neutralité du personnel médical, sur l'obligation d'accorder des soins égaux à tous les combattants blessés et sur le droit des soldats et des marins de se rendre au titre de « prisonniers de guerre » et de bénéficier du même traitement matériel que les troupes du gouvernement qui les auraient faits prisonniers. La participation de civils aux combats était une question profondément controversée, à laquelle les Allemands s'opposaient farouchement. Mais, à la suite de fortes pressions de la Belgique et de la Suisse, appuyées par la France, les civils furent autorisés à résister à une armée d'invasion (et non d'occupation), à condition de le faire ouvertement, en bon ordre, et de porter un signe distinctif indiquant leur statut de combattants. La primauté de l'allégeance nationale au temps des États-nations fut reconnue par une clause exemptant les populations occupées de l'obligation de travailler au profit de l'effort militaire de l'ennemi, c'est-à-dire contre leurs compatriotes. La même restriction s'appliquait aux prisonniers de guerre. La question des nouvelles armes faisait l'objet de différentes directives. Le droit de bombarder des villes assiégées, malgré les éventuels dégâts collatéraux subis par les civils, était préservé. En revanche, il était interdit d'attaquer des agglomérations non défendues, ainsi que de prendre pour cibles les hôpitaux, les bâtiments religieux et les monuments historiques désignés par des signes visibles. Les bombardements aériens systématiques et l'utilisation de gaz toxiques étaient également prohibés[2].

Toutes les grandes puissances ratifièrent la convention et l'intégrèrent dans leurs manuels militaires. Malgré l'absence de tribunal international susceptible d'en imposer l'application, l'influence de cette convention se manifesta par la vaste adhésion de l'opinion publique à ces nouvelles normes dans une large partie de l'Europe et de l'Amérique du Nord – les colonies constituant un univers moral différent. Les guerres balkaniques de 1912-1913 renforcèrent les restrictions apportées à une conduite de la guerre sans discernement. Le traitement humain des soldats blessés et des prisonniers de guerre, symbole d'un comportement civilisé, représenta un test que les deux camps semblèrent passer avec succès lors de la première guerre opposant la Ligue balkanique et la Turquie ottomane. Néanmoins, l'âpreté de l'hostilité ethnique lors de la deuxième courte guerre de 1913 entre la Bulgarie et ses anciens alliés entraîna des brutalités contre les soldats ennemis et des « atrocités » contre les civils, avec la destruction de villages et le massacre de leurs habitants. L'opinion européenne en fut scandalisée. En juin 1914, la Fondation Carnegie pour la paix internationale concluait qu'au cours de ce second conflit « la jalousie et la rancœur nationales, l'appétit d'expansion territoriale et la méfiance réciproque ont été suffisants pour déclencher et poursuivre la guerre la plus injustifiée et la plus brutale des temps modernes[3] ». Mais la Fondation supposait également que l'opinion publique et le règne du droit rendraient pareille conduite moins susceptible de se reproduire dans le « monde civilisé[4] ».

En 1915, Freud (qui avait deux fils et un gendre sur le front) écrivait que la guerre européenne qui avait éclaté l'année précédente avait été une source de « désillusions » : « Elle rejette toutes les limitations auxquelles on se soumet en temps de paix et qu'on avait appelées le droit des gens, elle ne reconnaît pas les égards dus au blessé et au médecin [...], elle ne fait pas de distinction entre la partie non belligérante et la partie combattante de la population [...]. Les peuples civilisés se connaissent et se comprennent si peu que l'un peut se retourner contre l'autre, plein de haine et d'horreur. Bien plus, une des grandes nations civilisées est si généralement détestée qu'on peut être tenté de l'exclure, en tant que "barbare", de la communauté civilisée, bien qu'elle ait prouvé par les contributions les plus grandioses son aptitude à en faire partie[5]. » Freud exprimait dans ces lignes le bouleversement que beaucoup éprouvaient face à la violence aveugle et au mépris des « lois de la guerre » engendrés par la Première Guerre mondiale, qui remettaient en cause la prétention même de l'Europe à promouvoir les valeurs « civilisées ». Il notait également que chaque camp reprochait cet état de fait à l'autre, au lieu de s'en prendre à la guerre elle-même, l'Allemagne se trouvant tout particulièrement noircie. Les normes en vigueur avant la guerre furent appliquées pour évaluer l'escalade de la violence durant le conflit, mais aussi pour imputer à l'ennemi les pires transgressions, lesquelles se produisaient dans différents contextes – guerre terrestre, invasions et occupations, situation à l'arrière, guerre navale et guerre aérienne.

La guerre terrestre

La guerre terrestre révéla immédiatement que la protection du combattant légitime – le soldat ou marin blessé ou prisonnier – était loin d'être assurée. Les Français accusaient les Allemands de se servir du drapeau de la Croix-Rouge comme ruse de guerre et d'exécuter « en nombre immense » des soldats blessés, peut-être en raison de la progression exténuante qu'exigeait le plan Schlieffen-Moltke[6]. Dans un cas, en effet, on sait qu'à la fin du mois d'août 1914 le commandant de la 58e brigade allemande (6e armée), le général Stenger, donna instruction à ses hommes de ne pas faire de prisonniers en Lorraine[7]. Cependant, s'il y eut des exécutions de soldats blessés ou qui s'étaient rendus, il est difficile d'en préciser l'ampleur et l'on ne peut certainement pas parler de politique allemande délibérée.

La stabilisation des fronts facilita la logistique du traitement des ennemis blessés et des prisonniers, bien qu'en 1915 les grandes offensives et la guerre plus mobile sur le front de l'Est aient frayé la voie à de nouvelles violations des conventions de Genève et de La Haye concernant les uns et les autres. En même temps, accuser l'ennemi d'enfreindre les lois de la guerre et de se battre comme un « barbare » favorisait les transgressions réciproques. Shloyme Ansky, écrivain juif russe, relevait que les officiers russes progressistes qui, au début du conflit, appliquaient la convention de La Haye sur la guerre terrestre conformément à l'engagement pris par leur armée, réagirent aux prétendues « atrocités » allemandes contre les civils et contre les soldats en « affirmant que les Russes devaient riposter aux cruautés allemandes par des cruautés plus grandes encore – par exemple, tirer des balles explosives et ne pas faire de prisonniers. Et, rapidement, ces convictions donnèrent naissance à une théorie générale : à la guerre comme à la guerre, si on veut gagner, il faut être impitoyable [et] exterminer l'ennemi[8] ». En Grande-Bretagne, en France et en Allemagne également, les récits de mauvais traitements subis par des soldats blessés et des prisonniers de guerre provoquèrent la colère contre la barbarie ennemie.

Alors que les lois de la guerre concernant les prisonniers et les blessés demeuraient incontestées dans leur principe, leur mise en pratique, au milieu des allégations et des contre-allégations de traitements illégaux, fluctua pour diverses raisons. Il y eut, pour commencer, des mesures de représailles. Les Allemands estimaient, entre autres exemples, que l'utilisation par les Français de main-d'œuvre composée de prisonniers de guerre dans leurs colonies nord-africaines était une infraction au droit international et ils y répliquèrent en soumettant spécifiquement les prisonniers de guerre français à un régime de travail plus rigoureux. Ce que les Français s'empressèrent de dénoncer[9]. La deuxième raison tenait aux nécessités économiques et militaires. La pénurie de main-d'œuvre affectait les deux camps et, par leurs simples effectifs, les prisonniers de guerre constituaient une précieuse ressource. S'ils n'étaient pas affectés à des tâches directement liées à la guerre, ils n'en étaient pas moins employés par les deux camps derrière les lignes, notamment sur le front de l'Ouest, autrement dit contre leurs propres compatriotes, ce qui mettait en danger leur vie et était contraire aux dispositions de Genève et de La Haye. Les prisonniers des Puissances centrales travaillaient en Russie dans des conditions rigoureuses, mais l'incurie y était aussi courante que la répression disciplinaire. Enfin, en raison de la détérioration de la situation en Russie et dans les Puissances centrales à partir de 1916, les prisonniers de guerre, loin d'être prioritaires, furent victimes de négligence – en contraste croissant avec le traitement matériel plus équitable dont ils bénéficiaient en Grande-Bretagne et en France (voir volume 2, chapitre 11). Le traitement réservé aux prisonniers de guerre a été pris comme le symbole de l'inhumanité de l'ennemi. En 1915, par exemple, l'impuissance des autorités allemandes à enrayer une grave épidémie de typhus dans des camps de prisonniers conduisit les Britanniques et les Français à protester contre ce qu'ils considéraient comme des « atrocités » délibérées et vint nourrir des accusations de crime de guerre une fois le conflit terminé.

Cependant, la logique des représailles concourut peut-être aussi à limiter les brutalités. Dans le cas de l'Allemagne, le taux de mortalité des prisonniers de guerre était de 3 % pour les Britanniques et les Français, de 5 % pour les Russes, alors qu'il atteignait presque 30 % pour les Roumains. Les stéréotypes nationaux contribuaient peut-être également à ces divergences[10]. Mais celles-ci tenaient aussi à la menace de réciprocité, faible dans le cas de la Roumanie (vaincue à l'automne 1916) et de la Russie (dont la plupart des prisonniers étaient austro-hongrois), forte en revanche s'agissant de la Grande-Bretagne et de la France. Les risques de représailles incitèrent donc sans doute à plus de retenue dans le traitement des prisonniers de guerre, avec plus d'efficacité que l'application du droit international ou les inspections du CICR, qui continuaient pourtant à incarner les normes d'un traitement civilisé.

On relève une asymétrie singulière du statut de combattant entre les deux camps, due à l'emploi contesté de soldats non européens. Les Anglais comme les Français déployèrent en Europe des troupes coloniales, les Français faisant venir sur le front occidental un demi-million de soldats, essentiellement d'Afrique du Nord et d'Afrique de l'Ouest. En plus des Cosaques, les Russes recrutèrent des habitants d'Asie centrale. Reprenant une querelle remontant à 1870, quand Bismarck et Moltke avaient condamné l'emploi par les Français de soldats nord-africains, les Allemands s'opposèrent à la présence, jugée barbare, de troupes coloniales combattantes en Europe. Ils prétendaient notamment que les soldats français originaires d'Afrique de l'Ouest mutilaient les Allemands au couteau et à la machette, et emportaient des parties de leurs corps comme trophées. Bien que les conventions de Genève ou de La Haye n'aient rien prévu sur ce point, la doctrine militaire et politique allemande présentait l'emploi de ces soldats comme un exemple insigne d'atrocités alliées[11].

Cependant, malgré tous les mauvais traitements infligés aux combattants protégés, l'essentiel de la violence exercée dans le cadre de la guerre terrestre en 1914-1918 respecta les normes des dispositions de La Haye. Le mode de combat dominant en Europe (à l'exception partielle du front de l'Est en 1914-1915) fut la guerre de siège improvisée en terrain découvert. Les progrès techniques utilisés pour essayer de briser le siège (artillerie, lance-flammes, aviation et, finalement, chars d'assaut) furent responsables du plus grand nombre de morts dans les rangs des armées, sans enfreindre pour autant le droit international. Il y eut bien l'exception des gaz toxiques mis au point et employés pour la première fois par les Allemands sur le saillant d'Ypres le 22 avril 1915, mais les Alliés ripostèrent en usant des masques à gaz de plus en plus efficaces et en ayant recours eux-mêmes à ces produits à partir de l'automne 1915. L'armée allemande se retrancha derrière une argutie technique pour nier toute violation de la convention IV de La Haye, celle-ci interdisant la « diffusion de gaz asphyxiants et délétères » par « projectiles », alors que, dans un premier temps, les Allemands avaient employé la technique de dissémination par vague de gaz échappé de bonbonnes déployées sur le front. L'effet était pourtant le même et, tant en 1915 qu'en août 1917, lorsque les Allemands employèrent le gaz moutarde plus meurtrier, les Alliés les condamnèrent pour violation des lois de la guerre, tout en invoquant la légitime défense et le droit d'user de représailles pour justifier leur propre utilisation des mêmes substances. Après la guerre, ils ne cherchèrent pas à juger les Allemands pour avoir violé la convention de La Haye en étant les premiers à recourir à cette arme chimique (Fritz Haber, son inventeur allemand, reçut le prix Nobel de chimie en 1918). Mais, bien qu'ils aient provoqué moins de 3 % de la totalité des morts militaires pendant la guerre, la capacité des gaz à tuer ou à handicaper massivement, à laquelle s'ajoutait le silence de chaque camp sur leur utilisation, incita l'opinion publique à y voir une transgression majeure de la conduite normale de la guerre. L'usage des gaz fit donc l'objet d'une nouvelle interdiction dans le droit international en 1925[12].

Invasions et occupations

Nous avons vu que le civil non combattant occupait une place tout aussi importante que le soldat et le marin blessés ou prisonniers dans l'interprétation contemporaine des « lois de la guerre ». En réalité, la guerre de tranchées imposant des fronts très organisés et largement statiques, les occasions de rencontre entre soldats et civils dans des situations de combat furent moins nombreuses que pendant la Seconde Guerre mondiale, avec ses fronts mobiles, sa résistance militaire et ses activités de guérilla. Il n'en est que plus frappant que la question ait tenu pendant la Grande Guerre une telle place dans l'imagination contemporaine, qui en fit un symbole majeur des « atrocités » ennemies.

La raison immédiate en fut les invasions qui marquèrent le début de la guerre et qui, sans être typiques du conflit, posèrent la question de la participation des civils aux combats au moment précis où se définissaient les principes moraux et l'imagerie dominante de la guerre. C'est au cours de cette phase que se produisirent près du tiers des crimes de guerre dont les Alliés accusèrent des sujets ennemis à la fin des hostilités.

Le cas le plus notoire fut celui des armées allemandes qui envahirent la Belgique et la France entre août et octobre 1914. Convaincus d'affronter une « guerre du peuple » généralisée conduite par les prêtres et par des meneurs civils, elles réagirent en s'en prenant aux habitants de nombreuses localités, faisant ainsi près de 6 500 morts, pour la plupart en Belgique et dans le département français de Meurthe-et-Moselle. Les soldats allemands violèrent et pillèrent, détruisirent – essentiellement par le feu – plus de 20 000 édifices et terrorisèrent la population. Dans près du tiers des 129 événements majeurs qui provoquèrent la mort d'au moins dix civils, les Allemands obligèrent la population locale à servir de bouclier humain pour protéger leur progression. Dans les cas les plus épouvantables (comme à Andenne, Tamines et Dinant en Belgique), villes et villages furent dévastés, et les civils victimes d'exécutions collectives[13].

En fait, comme finirent par s'en convaincre certains esprits sceptiques et avisés en Allemagne et dans les pays alliés, cette « guerre du peuple » était pure chimère. Mais le gros des soldats allemands y croyaient dur comme fer, victimes d'une illusion collective qui se manifesta dès leur première incursion en Belgique et se répandit rapidement jusqu'en Allemagne, persuadant le Kaiser et le haut commandement eux-mêmes de sa réalité. Terriblement nerveux, les soldats allemands voyaient dans le moindre coup de feu insolite, dans le moindre événement singulier, l'œuvre de francs-tireurs belges et français, donnant naissance à ce que le grand sociologue belge Fernand van Langenhove, écrivant en 1916 à la demande du gouvernement belge en exil, a qualifié de cycle de légendes[14]. Les Allemands avaient vu ressurgir leurs pires craintes issues de la guerre franco-prussienne. Leur doctrine militaire prescrivant de sévères représailles en cas de levée en masse spontanée, ces actions brutales relevaient du respect des ordres, et même d'une violence préventive. Alors que l'armée et le gouvernement allemands, furieux, accusaient les Belges et les Français de mener une guerre illégitime de la pire espèce, ceux-ci faisaient remarquer à juste titre que, même s'il s'était produit des actes de résistance tels que le prétendaient les Allemands, un grand nombre d'entre eux auraient été légaux en vertu de la convention IV de La Haye. Ils reprochaient à leur tour aux Allemands de pratiquer la terreur en violation des lois de la guerre et des règles morales les plus élémentaires. Peu comprenaient comme Van Langenhove que, si les agissements allemands constituaient effectivement des crimes de guerre, ils reposaient sur la conviction sincère de l'existence de francs-tireurs.

Parallèlement aux responsabilités dans le déclenchement de la guerre, les « atrocités allemandes » de 1914 ont contribué plus que tout autre facteur à donner sa signification au conflit. Les pays alliés, se livrant à ce que l'on a traditionnellement considéré comme une campagne de « propagande » manipulatrice, vilipendaient la conduite de l'armée allemande. Des recherches récentes ont montré que les choses étaient plus compliquées. Les gouvernements belge, britannique et français publièrent de nombreux rapports reposant sur l'interrogatoire de leurs propres soldats, de civils réfugiés et de prisonniers allemands – autant de récits qui transmettaient une grande partie de la réalité de ce qui s'était passé. Ce qui ne les empêchait pas d'attribuer à l'ennemi les motifs les plus stéréotypés. Les légendes diabolisant les Allemands – comme les histoires d'enfants belges dont les mains avaient été coupées par des baïonnettes allemandes – prospéraient dans la presse et dans l'imagerie populaire. Mais elles étaient souvent le fait de réfugiés civils terrorisés, et la censure gouvernementale cherchait davantage à les refréner qu'à les encourager. En butte à la désapprobation des États neutres, le gouvernement allemand s'efforça de contrer cette propagande négative en menant sa propre enquête. Néanmoins, devant les doutes grandissants quant à la réalité de la résistance civile en 1914, il manipula son rapport officiel de façon à étayer ses accusations initiales[15]. La vérité âprement contestée des atrocités allemandes montre que les lois et normes de la guerre étaient utilisées à la fois pour juger des actions réelles et pour condamner l'ennemi dans un conflit qui abolissait toute neutralité morale.

Les accusations de résistance de type guérilla caractérisèrent également d'autres invasions. Lorsque les Russes entrèrent en Prusse-Orientale en 1914, des réfugiés allemands firent état de brutalités commises par les Cosaques et de représailles collectives. En fait, deux des cas les plus terribles pour lesquels nous disposons d'une documentation sans équivoque révèlent l'inverse, à savoir des exactions perpétrées par des soldats allemands contre des civils polonais dans les villes de Kalisz et Czestochowa, juste au-delà de la frontière de la Pologne russe[16]. S'il a pu arriver aux troupes russes de faire usage de violence en Prusse-Orientale, parfois à la suite d'accusations de résistance civile, ces brutalités furent intermittentes et ne se nourrissaient pas d'une psychose russe d'une « guerre du peuple » allemand. Le ministre prussien de l'Intérieur lui-même reconnaissait que les civils allemands paniqués avaient exagéré l'ampleur de ces exactions[17]. L'invasion russe de la Galicie et de la Bucovine autrichiennes dans le courant de l'hiver et du printemps suivants fut à l'origine de nombreux actes de violence contre les habitants, et plus particulièrement contre les Juifs, victimes d'une série de pogroms. Malgré les protestations autrichiennes, le nombre total de civils prétendument tués par les forces russes n'a pas dépassé 69 ; en l'absence d'études plus précises, ce chiffre, qui fut peut-être plus élevé, doit être considéré avec prudence[18].

Le traitement brutal auquel l'armée austro-hongroise soumit la population lors de l'invasion de la Serbie fut plus systématique. Ayant bien l'intention de punir collectivement les Serbes pour l'assassinat « terroriste » de l'archiduc François-Ferdinand et de détruire la Serbie en tant qu'État-nation, l'armée austro-hongroise n'avait que trop tendance à considérer que toute la population se composait de terroristes et de bandits susceptibles de se soulever dans une perfide levée en masse. Le haut commandement, qui se percevait comme le pilier de la loi et de la civilisation dans une région barbare, se montra d'abord réticent à l'idée de châtiments de masse, et donna instruction à l'armée de respecter la convention IV de La Haye, bien que la Serbie ne l'eût pas signée. Il fit pourtant clairement savoir que d'éventuelles atrocités, tels l'empoisonnement et la mutilation de soldats des Habsbourg, entraîneraient les « représailles les plus sévères ». De même que l'armée allemande était convaincue d'affronter une « guerre du peuple » à l'Ouest, les forces austro-hongroises imaginaient que les combattants serbes, et jusqu'aux soldats réguliers, se livraient à une guerre sans retenue. Si les traditions balkaniques de guérilla offraient quelque fondement à cette conviction (traditions inexistantes, en revanche, en Belgique et en France), la réaction austro-hongroise fut disproportionnée, comprenant des prises d'otages, des incendies volontaires et des exécutions sommaires, y compris de femmes et d'enfants.

Ces agissements incitèrent le gouvernement serbe à accuser à son tour l'Autriche-Hongrie de traiter sa population civile avec brutalité. Le juriste suisse Rodolphe Archibald Reiss, sympathisant de la cause serbe qui enquêta pour son compte à ce sujet, calcula que plus de 3 000 Serbes avaient péri au cours des deux invasions de 1914 (qui s'achevèrent l'une et l'autre par une défaite austro-hongroise) et de la dernière invasion, réussie celle-là, fin 1915. Cependant, en l'absence de nouvelles recherches, ce chiffre doit être considéré, lui aussi, comme une estimation[19]. L'occupation bulgare de la partie sud du pays (laquelle avait appartenu à la Macédoine ottomane jusqu'en 1913) entraîna une recrudescence des violences ethniques qui avaient accompagné la deuxième guerre balkanique, l'armée bulgare cherchant à extirper l'influence serbe et grecque. Les atrocités restèrent un sujet brûlant pour le gouvernement serbe en exil et, en 1919, il accusa aussi bien l'Autriche-Hongrie que la Bulgarie d'avoir commis des crimes de guerre.

Violence interethnique des Bulgares et des Serbes mise à part, tous ces cas eurent pour point commun l'abrogation de la distinction entre soldats et civils. En fait, la résistance civile fut un phénomène marginal en 1914-1915, à l'exception partielle de la Serbie, le conflit restant caractérisé par l'affrontement de grandes armées régulières. Même dans le cas serbe, une partie du malentendu tenait au grand nombre de réservistes en manque d'uniformes et qui ressemblaient donc à des « bandits » dans une armée épuisée par les guerres balkaniques. La réalité s'effaçait pourtant devant le fantasme d'une « guerre du peuple » – un fantasme endémique dans les armées allemande et austro-hongroise. Il reflétait la profonde inquiétude de l'élite militaire et des soldats du rang à l'idée qu'une guerre à venir dégénère en terreur et en révolution, et entraîna des violences concrètes contre des civils, à titre de représailles ou de prévention.

Bien qu'avant 1914 les occupations aient fait l'objet d'une moindre attention que les invasions parce qu'on s'attendait généralement à une guerre de courte durée, on ne pouvait ignorer que les premières provoquaient elles aussi des tensions entre soldats et civils, ce dont les Français ne se souvenaient que trop bien après l'expérience de 1870-1873. La position juridique sur le sujet restait floue. La convention IV de La Haye avait cherché à assurer une certaine protection aux civils en limitant les droits de la force d'occupation en matière de réquisitions militaires et d'imposition, en interdisant l'emploi de travailleurs civils pour l'effort de guerre et en exigeant le respect de la culture et de la religion des populations occupées. Dans les faits, cependant, c'était le droit militaire et administratif de l'occupant qui prévalait.

De manière imprévue, l'impasse militaire de 1914-1915 plaça une partie non négligeable de l'Europe sous le contrôle des Puissances centrales pour une durée indéterminée (voir volume 3, chapitre 10). L'Allemagne tenait ainsi l'essentiel de la Belgique et du nord de la France, la Pologne russe, une zone couvrant la Pologne orientale et certaines régions de la Biélorussie et de la Lituanie actuelles (appelées *Ober Ost*), et, à partir de la fin de 1916, les deux tiers de la Roumanie. En 1918, le pouvoir militaire allemand s'exerçait également en Ukraine et dans la région balte. L'Autriche-Hongrie avait pris la Serbie et, depuis la fin de 1917, le nord-est de l'Italie. L'« Europe occupée » était ainsi une réalité et offrait un terrain fertile aux accusations d'atrocités et de crimes de guerre. Le chapitre 23 dans ce volume étudie l'application du droit international aux territoires occupés. Nous nous contenterons donc d'indiquer que, durant les deux premières années, les Allemands administrèrent leurs territoires en tenant compte dans une certaine mesure de la convention de La Haye. Mais, à partir de 1916, la « logique totalisatrice » de la guerre engendra des formes d'occupation plus brutales et vint nourrir à maints égards l'indignation alliée envers la « barbarie » allemande.

D'emblée, les Allemands utilisèrent les régions occupées au profit de leur effort de guerre, surtout dans les secteurs situés derrière le front (*Etappengebiet*) et soumis aux impératifs opérationnels de l'armée ; c'était le cas du nord de la France, d'une partie de la Belgique et de l'*Ober Ost*. Dans un premier temps, l'armée chercha à recruter la main-d'œuvre nécessaire par la persuasion. Mais, en 1916, l'avantage matériel indéniable des Alliés obligea les Allemands à redoubler d'efforts économiques. Alors que les Anglais et les Français pouvaient puiser dans leurs ressources impériales en faisant venir, par exemple, en France des milliers de travailleurs originaires des colonies et de Chine, les Allemands exploitèrent plus systématiquement la main-d'œuvre des régions qu'ils occupaient, enrôlant des travailleurs pour l'agriculture, l'industrie et, dans l'*Etappengebiet*, les activités de guerre.

Le principe de coercition n'enfreignait pas forcément la convention IV de La Haye, d'autant qu'en temps de guerre tous les États instauraient, à divers degrés, un contrôle sur la main-d'œuvre. Néanmoins, obliger la population à travailler directement pour l'effort de guerre de l'occupant violait les droits de l'occupé, et les civils de Belgique et de France en étaient parfaitement conscients[20]. Deux éléments pourtant provoquèrent une indignation toute particulière, à la fois dans les régions occupées et sur la scène internationale. Le premier fut la déportation d'importants effectifs masculins affectés en tant que main-d'œuvre militarisée à une grande diversité de tâches dans l'*Etappengebiet* et dans d'autres secteurs des régions occupées. Les conditions rigoureuses auxquelles ils étaient soumis furent à l'origine d'une mortalité élevée. L'envoi en Allemagne de 60 000 travailleurs de Belgique, et peut-être deux fois plus du gouvernement général de Pologne et de l'*Ober Ost*, marqua une étape supplémentaire de cette évolution. Dans le cas de la Belgique, une véhémente désapprobation internationale mit fin au début de 1917 à cette expérience d'« esclavage » (bien que, en France, des hommes aient encore été envoyés travailler à l'arrière des lignes), qui se poursuivit toutefois pour les Polonais dépourvus de gouvernement national susceptible de protester en leur nom[21].

Le deuxième « scandale » fut l'élargissement de la coercition aux femmes qui habitaient des zones placées sous contrôle direct de l'armée allemande – une mesure qu'aucun État (pas même l'Allemagne) n'osa imposer à sa propre population pendant la Première Guerre mondiale. Si ce processus se mit en place progressivement à la fois dans l'*Ober Ost* et dans le nord de la France, les Allemands attirèrent une vive attention sur cette pratique en avril 1916, quand des soldats opérèrent une descente sur la métropole industrielle de Lille-Roubaix-Tourcoing et rassemblèrent des femmes et des jeunes filles, avant de les transporter à la campagne pour qu'elles y exécutent – ou non – des travaux agricoles. Les Allemands franchirent là un nouveau seuil de brutalité, tout en prétendant ne chercher qu'à faire le meilleur usage possible d'une force de travail mal employée. Cela n'en provoqua pas moins un tollé en France (où le gouvernement n'était pourtant pas enclin à évoquer les territoires occupés), et des protestations furent adressées à l'Allemagne en raison du sexe des personnes déportées. Les femmes incarnaient par excellence la population civile victime de la guerre. En France surtout où, en vertu du service militaire universel, les hommes adultes avaient été mobilisés avant l'invasion, les plus de 2 millions d'habitants qui vivaient encore dans la région occupée étaient en très grande majorité des femmes, raison pour laquelle les récits de viols au cours de l'invasion revêtirent un pouvoir symbolique qui dépassait largement leur fréquence. Le viol des femmes était assimilé au viol de la nation. La mainmise de l'ennemi sur le corps des femmes en même temps que sur les territoires resta un puissant thème sous-jacent de l'occupation, dont les événements de Lille accrurent encore le potentiel d'émotion. L'indignation française demeurait palpable lorsque Lille fut libérée en 1918[22].

La résistance contre l'occupation allemande fut répandue et prit des formes diverses – on a estimé après la guerre que 1 135 membres des réseaux d'évasion et de renseignement belges avaient été exécutés ou étaient morts en captivité[23]. Mais, comme cette résistance ne bénéficiait d'aucune protection juridique en vertu de la convention de La Haye, sa répression ne constituait pas un crime de guerre, même si les sympathisants de cette cause jugeaient cela scandaleux. Dans un cas célèbre, les Allemands furent habilités en 1915 à prendre des mesures judiciaires contre l'infirmière britannique Edith Cavell, coupable d'avoir dirigé à Bruxelles un réseau d'évasion pour soldats alliés, mais ce qui choqua les contemporains fut qu'ils imposèrent la peine de mort à une femme. L'héroïsme et le statut de victime s'associèrent pour créer une martyre.

La question de l'internement se posait en d'autres termes. Les Allemands et les Austro-Hongrois déportèrent un grand nombre de civils des territoires occupés (dont des femmes et des enfants) dans des camps situés à l'intérieur de leurs frontières à la fois en réaction à la « guerre du peuple » au moment des invasions et par mesure de sécurité ou de sanction pendant l'occupation. Les Russes en firent autant. Quelque 70 000 Serbes étaient internés à la fin de 1916, 100 000 Français et Belges le furent pendant la durée totale de la guerre, ainsi qu'un nombre équivalent d'Allemands en Russie[24]. Le « camp de concentration » civil était devenu une véritable institution et, comme dans le cas des mauvais traitements infligés aux prisonniers de guerre, la logique était souvent celle des représailles et de la répression. La procédure en tant que telle n'était pas plus illégale que l'internement des « étrangers ennemis » – ceux qui se trouvaient en territoire ennemi au moment où la guerre avait éclaté. En revanche, les conditions dans lesquelles elle était appliquée risquaient fort de l'être, dans la mesure où la puissance occupante était responsable du bien-être de la population occupée. Les internés civils étaient donc laissés sous la protection d'organismes humanitaires tels que les États neutres et les Églises. Le CICR fit ce qu'il put, mais il n'était pas conventionné pour ces civils internés. L'internement frappa les esprits contemporains comme un phénomène nouveau, et les conditions de détention parfois rigoureuses alimentèrent des accusations de mauvais traitements de la part des gouvernements des détenus.

Le travail forcé imposé aux deux sexes, la déportation et l'internement de grande envergure, en même temps que l'assujettissement total de l'économie aux « nécessités militaires » de l'occupant, évoquaient à l'opinion alliée un retour à la barbarie associée à la guerre de Trente Ans, sinon à la chute de l'Empire romain. Cette barbarie connut un point culminant en mars 1917 lors de l'opération Alberich, la retraite planifiée de quatre armées allemandes sur un secteur du front occidental de 80 kilomètres de longueur sur 40 de profondeur, jusqu'à la ligne Siegfried fortifiée. Celle-ci avait été construite grâce au labeur de 26 000 prisonniers de guerre et de 9 000 travailleurs forcés français et belges. Les Allemands évacuèrent de force 160 000 civils et détruisirent intégralement les bâtiments et l'infrastructure afin que, selon les ordres reçus par la 1re armée, « l'ennemi ne trouve qu'un désert à son arrivée[25] ». Les doutes d'un certain nombre de membres de l'armée allemande, parmi lesquels le Kronprinz Rupprecht qui commandait l'opération, révélaient leur sentiment de transgresser les normes de la guerre – un sentiment qui rencontrait un écho dans la colère des Français. Les soldats et les habitants qui revinrent dans la zone abandonnée furent épouvantés par l'ampleur des destructions, les Allemands n'ayant apparemment pas hésité à abattre jusqu'aux arbres fruitiers. Les responsables politiques déclarèrent leur intention d'exiger réparation d'une violation majeure des « lois de la guerre ». Globalement, la logique des régimes d'occupation allemand et austro-hongrois avait, dans la seconde moitié de la guerre, aboli le statut protégé dont jouissaient les civils et contenait déjà ce que Michael Geyer a appelé les « éléments d'un syndrome totalitaire[26] ».

L'arrière

La logique de l'identité nationale qui présida à la mobilisation culturelle et politique au profit de la guerre et entraîna l'internement d'« étrangers ennemis » était également susceptible de soumettre les minorités locales à un traitement rigoureux. La vulnérabilité des minorités religieuses et nationales avait été au premier plan des préoccupations humanitaires avant la guerre, s'agissant surtout des Empires ottoman et russe. Les massacres de Bulgares et d'Arméniens chrétiens et la nécessité de protéger les minorités avaient été l'un des prétextes majeurs de l'intervention des grandes puissances en Turquie. Les pogroms contre les Juifs de la zone de résidence en Russie au début du XXe siècle avaient fait l'objet d'une condamnation internationale. Toutefois, si ces événements avaient élargi le vocabulaire de l'« atrocité », on ne les avait d'ordinaire pas associés à la guerre. Le droit de La Haye restait muet sur la manière dont un État belligérant était censé traiter sa propre population.

Lorsque l'Empire ottoman s'engagea dans le conflit à la fin de 1914 et essuya une série de défaites militaires au printemps 1915, les Jeunes Turcs qui conduisaient l'effort de guerre prirent des mesures entraînant la destruction de la population arménienne : pillages, déportations, assassinats. En 1916, au moins un million d'Arméniens sur 1,8 million avaient trouvé la mort. Rendus particulièrement vulnérables à la suite de la mobilisation par la Russie de ses propres Arméniens, les Arméniens ottomans (en même temps que d'autres minorités) devinrent l'« ennemi intérieur » dont le régime entreprit la purge pour forger une communauté de guerre définie en termes d'ethnicité turque et d'islam (voir chapitre 22 dans ce volume).

Les observateurs d'Allemagne, des États alliés et des États-Unis ont compris que cette violence se distinguait des massacres antérieurs par sa nature et son ampleur. Dès le 24 mai 1915, la Grande-Bretagne, la France et la Russie accusèrent le gouvernement ottoman de « crime contre l'humanité ». C'était la première fois que cette formule apparaissait dans une accusation entre États et, bien qu'elle ne possédât pas de statut juridique, il s'agissait de souligner la nature collective d'un crime qui s'en prenait sans discernement à tout un groupe ethnique et religieux à cause de son identité. La presse fit état de 800 000 morts, et deux éminents universitaires britanniques, James Bryce et Arnold Toynbee, rédigèrent en 1916 un rapport détaillé pour le Foreign Office, affirmant qu'« un crime gigantesque [avait] dévasté le Proche-Orient en 1915 ». Le ministre français de l'Instruction publique ne doutait pas que les Jeunes Turcs eussent poursuivi l'« extermination de la race arménienne[27] ».

Malgré ce dépassement du seuil de violence contre les civils en temps de guerre, l'extermination des Arméniens ottomans fut soumise à ce que Donald Bloxham a nommé le « grand jeu du génocide » (le terme de génocide, qui n'a été utilisé publiquement qu'en 1944, a été appliqué rétrospectivement à cet épisode par les historiens et les gouvernements[28]). L'Allemagne garda le silence afin de ne pas embarrasser son allié turc, tandis que les Alliés faisaient passer leur condamnation de la Turquie après celle qu'ils réservaient à l'Allemagne. Les hommes politiques et les intellectuels français et britanniques n'accordèrent pas autant d'attention à cette question qu'aux transgressions moins dramatiques commises par leur ennemi principal, et affirmèrent également, sans l'ombre d'une preuve, que l'Allemagne était derrière la destruction des Arméniens. Les États-Unis eux-mêmes, encore neutres au moment du génocide et fort bien informés de sa véritable nature par Henry Morgenthau, leur ambassadeur en Turquie, associèrent dénonciation morale et inertie politique. Cette inertie fut encore renforcée après leur entrée en guerre, le sort de la Turquie ottomane devenant une question diplomatique vitale qu'il convenait de ne pas compromettre par une action précipitée.

La même nécessité d'adapter les préoccupations morales et humanitaires aux exigences de la guerre apparaît dans la réaction des Alliés aux mauvais traitements infligés aux civils par l'armée russe pendant sa grande retraite de Galicie et de Bucovine en 1915, au moment précis où se produisait le génocide en Turquie. Le haut commandement russe déporta de force quelque 3 millions d'habitants de la région qu'il avait occupée en même temps que des territoires tsaristes qu'il lui fallut abandonner, prenant pour cibles les minorités ethniques, et plus particulièrement les Juifs, dont beaucoup étaient sujets russes. L'opinion libérale russe et la nécessité de faire face au chaos provoqué par l'arrivée des réfugiés empêchèrent que les Juifs ne fussent victimes de pogroms généralisés. Poussé par des groupes de pression juifs, le gouvernement britannique intervint discrètement en coulisse. Il n'était pas question pour autant de dénoncer publiquement des « atrocités alliées[29] ».

La guerre navale et aérienne

La guerre navale se révéla tout aussi surprenante que la guerre terrestre. L'absence d'un « Trafalgar » pour régler le problème entre les grosses unités de guerre très coûteuses qui avaient nourri la course aux armements navals faisait écho à l'impuissance des armées de terre à réaliser un « Waterloo » moderne. Des champs de mines explosives transformèrent les océans en *no man's lands* maritimes contrôlant l'accès au littoral ennemi. Sans être une arme nouvelle, le sous-marin devint un efficace prédateur de longue portée, susceptible de remplacer les attaques de cuirassés, surtout contre la marine marchande. Toutefois, ce furent moins ces évolutions en soi que leur application à la vieille question du blocus maritime qui suscitèrent la controverse. En effet, l'impasse dans laquelle se trouvèrent les plus grandes flottes de combat, dont aucune ne pouvait risquer la défaite en s'attaquant à son adversaire, fit du blocus la principale forme de guerre navale, surtout lors d'un conflit prolongé entre États modernes dépendants du commerce mondial.

Si le blocus était perçu comme une arme de guerre légitime, deux questions avaient dominé le débat d'avant-guerre à son sujet : le niveau admissible de confiscation des cargaisons ennemies et le droit des puissances neutres de se livrer au commerce maritime en dépit du blocus. Les Britanniques étaient réticents à admettre la moindre limitation à leur liberté de blocus, mais les retombées diplomatiques potentielles d'un outrage aux pays neutres leur inspiraient une certaine prudence. L'Amirauté elle-même choisit dans un premier temps de conserver la distinction entre armes et autres marchandises, le commerce des premières étant prohibé en tant que produits de contrebande, les secondes pouvant être transportées par des navires neutres jusque dans les ports ennemis. Mais qu'est-ce qui n'est pas arme en temps de guerre ? Dès le départ, pourtant, la Royal Navy soumit les voies d'accès occidentales de l'Allemagne à un blocus à distance de la côte ennemie, dont le statut juridique, à la différence du « blocus étroit » traditionnel, n'était pas clair. Ce qui ne prêtait à aucun doute, en revanche, c'était que le blocus à distance pouvait se transformer en siège maritime de toute une nation ennemie.

Les choses ne tardèrent pas à prendre un tour critique. Le gouvernement allemand condamna les objectifs britanniques, les taxant d'atrocité. « L'Angleterre nous traite en forteresse assiégée », protesta le chancelier

Bethmann Hollweg le 4 février 1915. « On veut affamer un peuple de 70 millions de personnes. Une façon plus barbare de mener la guerre est-elle imaginable[30] ? » En guise de représailles, l'Allemagne déclara que les eaux entourant la Grande-Bretagne et l'Irlande étaient ouvertes à une guerre sous-marine illimitée ; autrement dit, des navires transportant des civils pouvaient être coulés sans sommation. Les Britanniques s'empressèrent de rétorquer que ce comportement violait les droits des civils figurant dans les lois de la guerre et ripostèrent par les *reprisals orders*, les ordres de représailles, qui imposaient un embargo total sur toutes les marchandises en direction et en provenance de l'Allemagne. Ils firent également pression sur les pays neutres pour qu'ils respectent le blocus. Le bien-fondé des arguments britanniques sembla tragiquement confirmé par le torpillage du *Lusitania* au large des côtes irlandaises le 6 mai 1915, qui provoqua la mort de plus de 1 100 passagers, dont un certain nombre de citoyens américains. La prudence diplomatique obligea l'Allemagne à suspendre la guerre sous-marine illimitée jusqu'à ce que les autorités militaires, sous la pression croissante de la supériorité matérielle des Alliés, la remettent en vigueur à partir de février 1917. Dans l'intervalle, cependant, les sous-marins eurent du mal à mener une guerre « restreinte », dans la mesure où il leur était impossible de recueillir à leur bord les équipages des bâtiments qu'ils coulaient et où ils se mettaient eux-mêmes en danger (surtout face à des navires marchands armés) s'ils faisaient surface pour avertir d'une attaque imminente.

Par une logique réciproque mais inverse, les deux camps innovèrent en s'attaquant aux civils. Les moyens employés par chacun eurent toutefois d'importantes conséquences sur l'accusation d'« atrocités » ennemies et sur son effet sur l'opinion des pays neutres. Que les blocus imposés par les Alliés à l'Allemagne ou à l'Autriche-Hongrie et à la Turquie en Méditerranée aient été largement ou exclusivement responsables de la faim dont toutes ces sociétés souffrirent à la fin de la guerre fait l'objet du chapitre 18 du volume 2. L'Allemagne prétendait que tel était bien le cas et usa du même argument pour justifier la dureté croissante du traitement infligé à l'Europe occupée (« L'attitude de l'Angleterre rend de plus en plus difficile le ravitaillement de la population », proclama le commandant allemand au moment des rafles de Lille de 1916[31]). En 1923, une commission d'enquête du Reichstag conclut que le blocus était responsable de la mort d'environ 750 000 civils allemands, et que la guerre sous-marine constituait donc une réaction légitime. Les chiffres sont exagérés et les causes de la malnutrition allemande étaient multiples, incluant notamment la politique de ravitaillement[32]. Il n'empêche que le gouvernement et l'Amirauté britanniques avaient indéniablement l'intention d'imposer aux sociétés des Puissances centrales le plus de privations possible pour obtenir leur reddition, et que l'efficacité de leurs mesures dépassait largement celle du blocus de l'Europe napoléonienne.

Mais, précisément parce qu'il s'agissait d'une méthode lente et progressive dont les résultats dépendaient d'autres éléments, le « blocus de la faim » fit nettement moins les gros titres que la destruction de navires de commerce ou de passagers, à l'origine de la perte de vies civiles. Comme le remarquait un Woodrow Wilson incapable, chose révélatrice, de saisir le véritable objectif du blocus britannique : « Il est intéressant et significatif d'observer avec quelle fréquence le ministère allemand des Affaires étrangères rabâche la même chose sans jamais comprendre le point essentiel, à savoir que la violation des droits des pays neutres par l'Angleterre diffère de la violation par l'Allemagne des droits de l'humanité[33]. » L'indignation des Alliés devant le comportement allemand s'exprima à travers une litanie édifiante de navires envoyés par le fond (*Lusitania*, *Sussex*, *Leinster*...) ainsi que de passagers et d'équipages perdus ; les allégations de crimes de guerre maritime figurèrent donc parmi les accusations formulées contre l'Allemagne après la fin du conflit[34].

La guerre aérienne posait une autre série de problèmes qu'elle partageait avec les bombardements d'artillerie de longue portée ; son point commun avec la guerre navale était d'éroder le statut protégé dont étaient censés jouir les civils. La convention IV de La Haye n'interdisait pas le pilonnage des villes assiégées (à l'exception de certaines catégories de bâtiments clairement désignées), mais se concentrait en revanche sur l'interdiction de bombarder des villes « ouvertes », autrement dit non défendues. Elle établissait en effet une distinction entre centres combattants et non combattants ; les civils qui vivaient dans les premiers pouvaient être touchés par le feu ennemi. Bien que quelques villes aient subi un siège conventionnel pendant la guerre (Przemysl en Galicie en 1914-1915, Kut-al-Amara en Mésopotamie en 1916), la stabilisation des fronts eut pour effet d'étendre la guerre de siège à des sociétés tout entières, comme le montrèrent clairement les Alliés en imposant le blocus maritime. En toute logique, la totalité de l'arrière devint une cible potentielle. Mais le bombardement sans discernement de civils « innocents » demeura un puissant tabou, qu'il fût effectué par des navires de guerre, une artillerie à longue portée ou l'aviation.

La question fut abordée d'emblée. À la fin de 1914, des navires de guerre allemands bombardèrent des villes littorales de l'est de l'Angleterre, l'armée allemande pilonnant également des villes situées juste derrière le front occidental (comme Nancy), sans que l'on sût très bien si la cible était militaire ou civile. Plus tard, la « Grosse Bertha » bombarda Paris à l'aveuglette, l'épisode le plus grave survenant lorsqu'un obus s'abattit sur l'église Saint-Gervais le 29 mars 1918 au cours de la messe du Vendredi saint, faisant 75 morts dont un grand nombre de femmes et d'enfants. Les Britanniques et les Français jugeaient d'autant plus illégitimes ces attaques qu'ils n'étaient pas en mesure de riposter : « Un tel crime commis dans de telles conditions en un tel jour [...] soulève la réprobation de toutes les consciences », déclarait l'archevêque de Paris à propos de la tragédie de Saint-Gervais[35].

Ce furent cependant les bombardements aériens qui donnèrent l'aspect le plus spectaculaire à la question.

Dès le départ, les deux camps bombardèrent des installations militaires bien au-delà du front occidental. Au printemps 1915, les aviations française et britannique attaquèrent les industries de guerre de la Ruhr ainsi que les grandes villes d'Allemagne occidentale. Si des civils furent tués, ce fut par accident. Simultanément, l'armée allemande exploita son avance en matière de dirigeables, lesquels disposaient alors d'un plus grand rayon d'action que les avions, en lançant sur Londres et sur l'Angleterre du Sud-Est des raids dont l'objectif premier était de terroriser les civils et de perturber l'effort de guerre. Les représailles ne tardèrent pas : en juin 1915, l'aviation française attaqua Karlsruhe, faisant 30 morts et 68 blessés. Dans une escalade de représailles, les zeppelins allemands, puis les bombardiers Gotha continuèrent à viser Paris, Londres et d'autres centres de population civile, tandis que les aviations française et anglaise menaient des opérations de représailles contre de grandes villes allemandes aussi distantes que Munich. Des événements comparables se produisirent sur le front austro-italien.

Les contraintes techniques limitèrent les dommages – les bombardements alliés contre l'Allemagne firent quelque 740 morts et 1 900 blessés[36]. Mais la logique était limpide. Non contente de frapper des cibles industrielles qui pouvaient légitimement passer pour des éléments de l'effort de guerre de l'ennemi, la force aérienne était désormais employée contre les civils en tant que tels. Deux pilotes allemands obligés d'atterrir à Londres en 1917 expliquèrent que, s'ils pouvaient aisément identifier des cibles comme l'Amirauté et le War Office, leur objectif était également de démoraliser les Londoniens ordinaires, et surtout les habitants de l'East End, de sorte que si leurs bombes manquaient leur cible, cela n'avait guère d'importance[37]. Le cabinet de guerre britannique, quant à lui, estimait que des bombardements à l'aveugle contribueraient à « décourager le peuple allemand[38] ». Les civils découvrirent une nouvelle forme de siège dans les villes soumises au couvre-feu, se réfugiant dans des abris souterrains et écoutant le fracas des avions et des bombes ennemis ainsi que la défense antiaérienne au-dessus de leurs têtes jusqu'à la sirène annonçant la fin de l'alerte. Cette expérience les souda ; surtout, cela frappa l'imagination des contemporains en révélant que, sur ce point en tout cas, la distinction entre combattant et non-combattant avait été abolie.

Après la guerre

Après la guerre vint l'heure des règlements de compte. Reflétant l'emprise du droit international sur la définition des « atrocités », les Alliés étaient déterminés à porter plainte contre l'ennemi coupable de l'avoir transgressé. Les réparations des dommages matériels et financiers reposèrent sur le principe de la compensation et occupèrent une place essentielle dans leurs revendications. Mais, en 1919-1921, on accordait autant de poids à l'idée de responsabilité criminelle dans la conduite de la guerre et dans son déclenchement, ce qui imposait de faire respecter les normes juridiques et morales qui avaient été bafouées. Tel était l'objectif poursuivi par les Alliés dans les articles 227 à 230 du traité de Versailles, prévoyant l'extradition d'Allemagne de tous ceux qui étaient accusés d'« avoir commis des actes contraires aux lois et coutumes de la guerre », et la constitution d'un tribunal international s'ils étaient poursuivis par plus d'une puissance.

La Belgique, la Grande-Bretagne, la France et quatre autres États présentèrent une liste d'extradition qui énonçait 1 059 crimes de guerre. Ses différentes catégories révèlent la signification que les Alliés donnaient aux « atrocités » ennemies à la fin de la guerre : 38 % des accusations (405) concernaient l'invasion de la Belgique et de la France en 1914, et se rapportaient principalement à la population civile ; 45 % (477) portaient sur des crimes d'occupation – cruauté à l'égard des civils, déportation, travail forcé et destructions au moment des retraites de 1917 et 1918. Les 17 %

restants (177) avaient trait aux combats, crimes maritimes et mauvais traitements infligés aux prisonniers de guerre inclus. Dans tous ces cas, l'érosion de la distinction entre combattants et non-combattants occupait une place nettement plus importante que les menaces contre les prisonniers de guerre et les soldats blessés, qui représentaient 14 % du total (151), et les « atrocités allemandes » de 1914 restèrent emblématiques de la barbarie ennemie[39].

L'armée allemande fut profondément indignée par ce qui était à ses yeux une tache à son honneur. S'opposant à l'extradition, ses représentants arrachèrent un compromis prévoyant qu'un petit nombre d'accusations alliées de première importance seraient présentées par des procureurs allemands devant la Cour suprême allemande de Leipzig. Lors de sa tenue très médiatisée en 1921, cette première tentative de procès quasi international pour crimes de guerre se transforma en manifestation de soutien nationaliste au corps des officiers allemands. Les cas les plus graves aboutirent à des relaxes et les délégations belge et française repartirent écœurées. Le procès souffrit des animosités inévitables au lendemain d'une guerre.

Les Alliés étaient sincèrement scandalisés par ce qu'ils continuaient à considérer comme une conduite barbare dérivant du militarisme allemand. Ce point de vue se comprend dans la mesure où le rôle politique et la culture militaire de l'armée allemande la prédisposaient à recourir à la guerre pour résoudre les difficultés du Deuxième Reich et à ne tolérer aucun obstacle sur son chemin. Dans un conflit qu'elle avait largement contribué à déclencher, l'armée allemande affronta plus que toute autre certaines des questions clés qui transformèrent la nature de la guerre. Ce faisant, elle rejeta les normes de la guerre consacrées par les dispositions juridiques de La Haye en écrasant un prétendu soulèvement civil en 1914, en exploitant avec une rigueur croissante la force de travail et la valeur économique des territoires qu'elle occupait, et en menant une impitoyable politique de la terre brûlée.

Les Alliés reprochèrent aux Allemands ces transgressions d'autant plus aisément qu'ils ne s'étaient jamais trouvés eux-mêmes dans cette situation (à l'exception partielle des Russes). Sur d'autres points – armes chimiques, guerre maritime, bombardements aériens –, les deux camps partagèrent la responsabilité de la mutation de la guerre. Par ailleurs, si les difficultés économiques et les tensions politiques des Puissances centrales et de la Russie expliquent en grande partie le sort de plus en plus cruel infligé aux prisonniers de guerre placés sous leur contrôle, les deux camps violèrent les conventions de Genève et de La Haye dans leur utilisation des prisonniers. Néanmoins, la logique de l'hostilité totale conduisit chaque camp à considérer l'autre comme unique responsable.

À l'image de ce qui s'était passé pendant les années de guerre, on observa également une hiérarchie de la culpabilité qui tenait davantage compte de l'importance de l'ennemi que de l'atrocité de ses actes. En 1919-1920, les Britanniques persuadèrent le gouvernement de Constantinople de poursuivre un certain nombre de responsables du génocide arménien. Cependant, les rivalités des grandes puissances dans l'Empire ottoman (au bord de la désagrégation) et la résistance de plus en plus âpre du gouvernement nationaliste d'Ankara qui s'apprêtait à le remplacer entraînèrent l'abandon de cet effort, bien que dix-sept peines de mort aient été prononcées, par contumace pour la plupart.

Dans les circonstances politiques de l'après-guerre, les Alliés n'avaient pas le pouvoir d'imposer leur vision morale et juridique rétrospective de la guerre à leurs anciens ennemis. L'Allemagne demeurait trop puissante et l'opinion allemande s'indignait de ce qu'elle considérait comme une justice « de vainqueurs ». C'est d'ailleurs en songeant aux procès de Leipzig que les Alliés décidèrent, pendant la Seconde Guerre mondiale, que le tribunal international appelé à juger les crimes de guerre nazis siégerait sous leur contrôle dans une Allemagne dont la défaite serait totale. Les choses étant ce qu'elles étaient, la question des « atrocités allemandes » de 1914 et du « blocus de la faim » imposé par les Alliés, entre autres, demeura en suspens, alimentant ainsi l'hostilité du temps de guerre, toujours bien vivante au début des années 1920. On chercha cependant à réviser certaines dispositions des conventions de La Haye et de Genève pour prendre en compte les transgressions commises durant la Grande Guerre. Malgré des débats animés au CICR, à la Société des Nations et ailleurs, les résultats furent toutefois inégaux et limités en définitive par cette réalité incontournable : un grand nombre des violations des « lois de la guerre » en 1914-1918 étaient le fruit non seulement de l'« atrocité » de l'ennemi, mais aussi de l'évolution de la nature de la guerre elle-même. Par conséquent, l'intérêt personnel et la crainte de se trouver dans une position militairement désavantageuse tempérèrent le désir de limiter la violence de guerre.

On réalisa de plus grands progrès sur la question capitale des combattants blessés ou prisonniers, grâce aux deux nouvelles conventions de Genève de 1928 qui s'attelaient à certaines faiblesses mises en relief par la guerre. Pourtant, là encore, l'antagonisme idéologique menaça la volonté d'imposer un minimum d'humanité en cas de conflit armé, l'URSS refusant de signer une loi internationale « bourgeoise ». Sur les questions qui avaient provoqué le plus grand nombre d'accusations de crimes de guerre et la plus vive indignation morale pendant les hostilités, les progrès furent minimes. Hormis le protocole de Genève interdisant l'utilisation des gaz de combat, il fallut renoncer à tout accord majeur sur les bombardements aériens (qui se confondaient dans l'esprit du public avec la peur des gaz), la guerre maritime ou les invasions et les occupations, alors même que, dans la seconde moitié des années 1920, la guerre suscitait beaucoup plus de répugnance qu'avant 1914. C'était bien là le paradoxe. Quand tout fut achevé, c'est la guerre elle-même, bien plus que l'ennemi, qui devint pour beaucoup un véritable objet d'horreur ; or elle se mesurait aux souffrances des soldats, et non des civils. Quoique déformé par la logique de l'hostilité, le langage des atrocités de guerre avait traité de la tendance sous-jacente à la « guerre totale » qui abolissait la distinction entre soldat et civil. Voilà pourquoi il réapparaîtrait, transformé, en réaction à la violence bien plus grande encore de la Seconde Guerre mondiale.

Chapitre XXII

Génocide

Hans-Lukas Kieser et Donald Bloxham

En Europe, la Première Guerre mondiale marqua l'apogée meurtrier de l'expansion de l'État-nation et la fin des grands empires territoriaux et dynastiques fondés au bas Moyen Âge. Les caractéristiques du conflit lui-même – non seulement les considérations stratégiques, tactiques et géopolitiques, mais aussi les conséquences psychologiques, matérielles et socio-politiques de la guerre totale – sont vitales pour expliquer la violence des politiques visant tout un éventail de populations civiles. La conjonction de la guerre et de « problèmes » ethno-politiques préexistants conduisit au génocide et d'autres crimes contre l'humanité. Aussi doit-on replacer le meurtre des Arméniens et d'autres chrétiens anatoliens dans le contexte plus général des relations entre États et minorités.

Notre thèse est qu'il existe deux cas de génocide déclaré, et liés l'un à l'autre, dans le conflit de 1914-1918 : la déportation et le meurtre des Arméniens, ou *Aghet* (« catastrophe », en arménien), et le massacre de populations chrétiennes syriaques ottomanes (parfois appelées « Assyro-Chaldéens »), connu sous le nom de *Sayfo* dans les communautés de survivants. Appliqué à la Première Guerre mondiale, le mot « génocide » continue de faire polémique parce que le champ d'application du terme demeure nébuleux, mais aussi à cause d'une détérioration délibérée et d'une confusion délétère de critères moraux, juridiques et historiques. Pour élucider des problèmes conceptuels cruciaux, nous commencerons par examiner comment le mot « génocide » doit s'appliquer au cas arménien[1].

Comme tout autre concept, « génocide » doit avoir un champ d'application limité à des fins de distinction significative, ce qui n'exclut aucunement l'idée de cas limites. Le génocide s'inscrit dans un continuum de stratégies de destruction de masse à propos duquel la recherche historique a beaucoup à dire, sans toujours parvenir à un consensus. De ce fait, après avoir traité des problèmes conceptuels autour du « génocide » et avant d'aborder les cas ottomans qui en relèvent sans équivoque, nous verrons un large éventail de violences de masse de la Première Guerre mondiale. Nous qualifierons ces épisodes d'« infra-génocidaires » ou de « pré-génocidaires ».

Le concept de génocide : usages, abus et limites

Alors même que le mot « génocide » ne fut inventé par Raphaël Lemkin en 1944, consacré dans le droit international, en 1946, le principal obstacle pour identifier la réalité d'un génocide dans la Grande Guerre est moins affaire de savoir que de politique. Premièrement, le mot « génocide » appartient au vocabulaire des sciences sociales aussi bien qu'à celui du droit. Si quelque principe positiviste d'anachronisme ayant force de loi devait empêcher son application rétrospective, celui-ci vaudrait aussi pour d'autres concepts des sciences sociales : le féodalisme, par exemple. Ce serait d'une sottise insigne. Deuxièmement, même en termes strictement juridiques, la seule chose que compliquerait le principe d'anachronisme est le châtiment au nom de la loi des auteurs de génocide dont les crimes ont été commis « avant la lettre ». Ce point est sans pertinence un siècle après la Première Guerre mondiale.

Si nous prenons la clause « intention de détruire, en tout ou en partie » de la convention des Nations Unies sur le génocide[2], où elle renvoie à un groupe voué à la destruction « comme tel », en tant que groupe, le cas arménien, jugé au regard de la population arménienne de 1914 et de la plupart des autres exemples de destruction avant et depuis, n'a rien d'un cas limite controversé : il est au contraire une manifestation parfaitement tranchée de génocide. Que quelques populations arméniennes aient relativement échappé à la déportation et au meurtre est sans importance. Somme toute, une attaque visant une partie assez large d'un groupe de victimes frappe la totalité du groupe dès lors qu'on imagine, comme l'ont fait généralement les auteurs de ces crimes, que le groupe cible est une entité cohérente et monolithique. Ces bourreaux se construisent des groupes de victimes à leurs fins : par extension, ils font des calculs sur le niveau de destruction nécessaire au même moment pour détruire le groupe en tant qu'entité significative maintenant et à l'avenir, et l'empêcher d'exécuter son prétendu « plan[3] » : dans le cas des Arméniens, les « tueurs » ont allégué qu'ils servaient de cinquième colonne aux armées de l'Entente pour faire valoir leur demande d'autonomie en Anatolie orientale. La destruction systématique de la population arménienne en Anatolie orientale porta un coup fatal au groupe arménien, même si des fractions de communautés arméniennes ont survécu dans des villes occidentales, compte tenu de l'attitude de certains représentants locaux ottomans et allemands (à ?zmir, où de nombreux Arméniens furent néanmoins déportés) et de l'impossibilité de déporter toute une communauté sous le regard du monde extérieur (à Istanbul, ceux qui n'étaient pas istanbuliotes furent quand même déportés)[4]. En outre, quelles que soient les dénégations des auteurs influencés par le nationalisme turc, il y eut bel et bien des déportations en Anatolie occidentale et depuis la Thrace « européenne ».

Pour les propagandistes nationalistes turcs, et pour les rares spécialistes qui reconnaissent *grosso modo* l'ampleur du malheur arménien mais nient qu'on puisse lui appliquer la notion de « génocide », la question de l'*intention* destructrice de l'État ottoman n'est pas sans lien avec la question des mobiles. Les deux questions se rattachent à celle du calendrier des décisions des mesures de destruction. Le désir de ceux qui cherchent à disculper le régime est d'en faire une simple réaction face à ce qui était perçu comme une menace sur la sécurité en temps de guerre, plutôt qu'une capacité d'anticipation dictée par l'idéologie. L'idée que les mesures antiarméniennes aient été une simple réaction passe sous silence l'histoire des actions violentes et discriminatoires de l'avant-guerre contre les Arméniens et le nouvel ordre du jour économique et démographique antichrétien qui avait trouvé avant août 1914 un commencement d'application par la force à l'initiative du gouvernement jeune-turc. Mais, quand bien même accepterait-on cette proposition douteuse de pure réactivité, cela ne ferait pas disparaître les problèmes de (dis)proportionnalité et d'(in)discrimination dans les mesures appliquées. Ceux qui défendent l'idée de culpabilité collective arménienne reproduisent le point de vue des bourreaux eux-mêmes, car ils assimilent tous les porteurs de l'identité arménienne à un programme politique – démarche qui est en fait un préalable important du génocide. Les points de vue plus « favorables » à la politique des Jeunes Turcs qualifieront les mesures collectives de malheureuses parce que prises au hasard, mais en même temps elles les jugeront, d'une certaine façon, réalistes dans des conditions d'urgence où le choix politique n'était pas possible. De plus, les décisions auraient été allégées par un gouvernement soucieux du sort des déportés ! Ces meurtres de masse, pour autant qu'il soit admis, sont donc attribués non pas au régime et à ses agents, mais à des éléments incontrôlables issus de la population musulmane d'Anatolie orientale. Toutefois, même si cette position reposait sur des éléments de preuve solides – ce qui n'est pas le cas –, elle n'expliquerait pas comment le régime avait prévu et effectivement voulu les effets pratiques de ces mesures[5].

La jurisprudence a précisément codifié des concepts de bon sens tels que l'intention indirecte (ou oblique) dont l'objectif est de souligner que certaines actions ont des résultats prévisibles indépendamment des intentions de leurs auteurs. Si, moyennant une « foi » remarquable dans les bons offices du Comité Union et Progrès (CUP), on persiste à croire que le gouvernement central n'était pas impliqué dans le massacre répété des déportés, alors même qu'il continua d'envoyer des victimes dans les déserts de Syrie et d'Irak en étant au courant de ces meurtres, la destination même de la déportation est un indicateur suffisant de l'intention meurtrière. Mais cette « foi » s'accompagnerait nécessairement d'un certain mépris des sources et d'une lecture délibérément naïve – certaines ont été rédigées dans un souci d'euphémisme ou formulées de manière à se réserver la possibilité d'une négation plausible. Il existe de plus un immense corpus de témoignages non ottomans (dont ceux d'alliés des Ottomans, comme l'Allemagne ou l'Autriche-Hongrie, ou des États-Unis, restés neutres)[6]. Enfin, ceux qui nient l'intention génocidaire contre la population arménienne en général, ou la rattachent à un ordre du jour pragmatique (la nécessité d'assurer la sécurité dans les provinces frontalières de la Russie au printemps de 1915), ne sauraient expliquer des atrocités comme les nombreux orphelins brûlés vifs dans le désert en 1916 et les multitudes d'autres massacres perpétrés au fil des mois, dans une région immense, contre des Arméniens, hommes et femmes, de tous âges.

Pour ce qui est de l'historiographie, l'interrogation sur l'applicabilité de la notion de génocide n'a peut-être nulle part plus d'impact que dans l'établissement de l'intention. En réponse aux arrière-pensées de ceux qui entendent nier tout génocide en 1915-1916, certains spécialistes de l'histoire arménienne se sont efforcés de trouver *le* moment, *la* décision, *le* projet – peut-être avant la guerre, et certainement avant le printemps 1915 – qui leur permettraient d'établir l'intention des Jeunes Turcs dans tout ce qui a suivi. Fondé sur le modèle inapproprié du criminel solitaire qui couche son plan par écrit avant de prendre son fusil et d'abattre sa victime, ce pastiche de certains aspects de la démarche juridique obscurcit la nature des processus politiques propres au génocide. Car ce sont des processus qui se développent progressivement du fait de décisions et d'apports multiples au fil de périodes significatives, en fonction des relations entre centres décisionnels du régime et exécutants de la politique « sur le terrain », et aussi de l'interaction de l'idéologie et des circonstances. Le reconnaître, c'est ne rien céder aux négationnistes. L'idée que la destruction des Arméniens, quand elle se déroula, ne fut pas un génocide pour la simple et bonne raison qu'il ne saurait exister de preuve sans équivoque d'une intention génocidaire avant les ordres de la grande déportation de mai 1915 est aussi stupide que la suggestion suivant laquelle la « solution finale » nazie ne fut pas un génocide parce qu'il n'était pas écrit avant l'invasion de la Pologne en 1939 ou même de l'URSS en 1941 que tous les Juifs devaient être assassinés. Il arrive que le caractère exceptionnellement atroce du génocide arménien soit minoré en contraste avec le massacre des Juifs par les nazis au cours de la Seconde Guerre mondiale. Se servir de la Shoah comme d'un étalon juridique, historique ou, en l'occurrence, normatif de la qualification de génocide est un des outils préférés de tous ceux qui jugent le concept inapplicable au sort réservé par les Ottomans aux Arméniens. Or, cette approche va contre l'intention clairement affichée du père du néologisme « génocide » (Raphaël Lemkin, pour qui le cas arménien avait été, disait-il, déterminant dans la conceptualisation du crime[7]), mais aussi contre la formulation même de la convention qui décrit le génocide comme une atteinte répétée à l'humanité. C'est encore aller contre la grande majorité des chercheurs en sciences sociales qui se sont penchés sur le phénomène et contre les conclusions des experts juridiques les plus notables qui ont examiné le cas arménien[8]. Un des effets les plus regrettables de la promotion de la Shoah au rang d'exemple absolu est d'accréditer l'idée que tous les auteurs de génocide doivent être comme des nazis, que tous les États génocidaires doivent ressembler à l'Allemagne moderne. Une autre erreur est de partir d'une conception de la Shoah que la recherche récente a remise en cause : celle d'un crime systématique, soigneusement préparé et toujours déterminé depuis le centre. Cela revient à créer un modèle qui ne cadre même pas avec le cas censé servir de modèle[9]. Cela étant, dans l'empressement à faire valoir les différences entre le génocide arménien et la Shoah, on oublie souvent que les dirigeants nazis poursuivis à Nuremberg pour divers crimes, dont l'extermination des Juifs, furent accusés de « crimes contre l'humanité », et non pas de « génocide » (notion qui n'était pas encore entrée dans le droit international) ; or, « crimes contre l'humanité » est précisément l'expression que l'Entente employa dans son communiqué officiel de mai 1915 pour décrire la politique ottomane envers les chrétiens[10].

Un domaine de désaccord légitime entre spécialistes quant à la nature du génocide concerne le concept de « destruction d'un groupe ». Un courant influent, encouragé par la jurisprudence de la convention sur le génocide, insiste avant tout sur la *destruction physique*. Les avis divergent cependant sur le poids relatif à accorder, d'un côté, à la destruction existentielle, à savoir les meurtres et les actes préjudiciables à la survie physique et à la reproduction, et, de l'autre, à la destruction spatiale (tel déplacement forcé, et le « nettoyage ethnique »), les tribunaux – et les auteurs de ces lignes – ayant tendance à exiger un élément significatif de la première forme. Un autre élément de désaccord concerne le poids à accorder à la *destruction culturelle*, par opposition à la destruction physique. Le premier type de destruction ne vise pas les êtres, mais les conditions mêmes de l'existence communautaire et de sa reproduction, ainsi que les droits linguistiques et les institutions culturelles.

Ces distinctions sont des idéaux-types ; il peut y avoir des glissements entre (*a*) les deux espèces de destruction physique et (*b*) les manifestations de destruction culturelle. Pour ce qui est du « génocide culturel » (si tant est que pareille chose existe), l'ampleur relative, l'intensité et le but manifeste nous obligent à la prudence pour ne pas étendre le concept au point de lui faire perdre toute utilité – par exemple, en faisant de biens de consommation des agents du « génocide culturel ». Avec la distinction entre les destructions physiques, il y a une différence entre un massacre commis dans l'intention d'éliminer une population d'un espace donné quand il existe un lieu où elle peut se mettre en sécurité, ou être déportée, et un massacre accompli pour éliminer une population captive ; car les bilans humains peuvent être fortement contrastés[11]. Les mélanges et glissements entre diverses modalités de destruction sont cependant plus caractéristiques d'une réalité complexe avec des situations qui évoluent et une multiplicité d'acteurs et de volontés politiques. À travers la guerre, les types de destruction se combinent de différentes manières, mais ces catégories aident à cerner le paysage dans lequel s'est produit le génocide arménien.

GÉNOCIDE

Un paysage de violence infra-génocidaire et pré-génocidaire

Pour chaque cas de génocide, quelle qu'en soit la définition, il est d'autres exemples de génocide non réalisé, et aussi des politiques et des actions qui y ressemble. De plus, les bourreaux ciblent souvent plusieurs groupes, même si leurs politiques de persécution ou de destruction sont de sévérité inégale et diverses dans leurs manifestations. Dans le cas ottoman, à compter du printemps 1916, des centaines de milliers de Kurdes furent déportés des régions orientales vers le front et dispersés en Anatolie occidentale. Les déplacements furent menés par le même service du ministère de l'Intérieur qui avait orchestré en 1915 les déportations arméniennes meurtrières. Mais les objectifs spécifiques des politiques étaient distincts : dans le cas kurde, c'était l'assimilation forcée au sein de la communauté sunnite « turque » de leur lieu de réinstallation. Si le bilan n'en fut pas moins lourd en raison de problèmes logistiques, les Kurdes ne furent ni déportés vers des régions où la vie était impossible, ni attaqués en route[12]. Leur destin n'en reste pas moins lié à celui des Arméniens dans l'idéologie de l'ethno-nationalisme turc (turquisme) en plein essor : certaines populations étaient intrinsèquement plus fiables que d'autres dans le nouvel ordre turquifié.

Un élément essentiel de la perspective des dirigeants ottomans en 1915-1916 était qu'une partie des populations « fiables » déplacées dans les régions libérées dont Arméniens et Kurdes avaient été évacués étaient elles-mêmes des victimes musulmanes ou leurs descendants. Cette qualité de victime remontait, à l'ouest, à l'expulsion de territoires balkaniques autrefois sous domination ottomane et désormais chrétiens, notamment depuis la « crise orientale » de 1875-1878 et, plus récemment, les guerres balkaniques de 1912-1913. À l'est, elle avait pour origine l'expulsion du Caucase, depuis la guerre de Crimée. Ces actions correspondaient à la description de ce qu'on devait appeler le « nettoyage ethnique », créé lors des guerres en ex-Yougoslavie. Une partie des tueurs des Arméniens et des responsables ottomans les plus meurtriers, comme le docteur Mehmed Re?id, gouverneur de la province de Diarbékir, étaient issus du milieu des réfugiés récents ou antérieurs ; de même, certains des plus hauts responsables du CUP et des mouvements nationalistes qui lui succédèrent après la guerre étaient originaires de territoires perdus depuis peu : c'est notamment le cas de Talât Pacha et de Mustafa Kemal Atatürk. L'organisation même qui dirigea les déportations arméniennes – l'IAMM, la Direction pour l'établissement des tribus et des immigrants – avait été créée lors des guerres balkaniques pour faire face à l'arrivée de centaines de milliers de gens désespérés venus de ce qui avait été le cœur même de l'Empire ottoman depuis le XIVe siècle. L'histoire des *muhacir* (réfugiés) et de l'IAMM met en évidence une sorte de chaînon de la violence contre les civils et les minorités par-delà les frontières, nous rappelant ainsi l'importance du contexte international des atrocités de masse.

Il faut donc être attentif non seulement à la politique démographique de l'État ottoman, mais aussi au paysage politique violent d'une bonne partie de la « Grande Europe », de la Baltique à la mer Noire et à la Méditerranée orientale. Les violences les plus intenses contre les civils eurent lieu sur les terres des plus anciens empires dynastiques, dans l'est, le sud-est et le centre-est du continent, où les fronts étaient le moins stables, et les « problèmes de population » le plus empoisonnés ; là où, en définitive, les structures de l'État étaient le plus pressées d'agir pour leur survie.

Visiblement, le bouleversement des Empires russe et ottoman, en particulier, ne correspondait pas parfaitement aux paramètres de la Grande Guerre *stricto sensu*. Les guerres de la fin de l'Empire ottoman, de même que les tueries religieuses et ethniques, se prolongèrent jusqu'à la conclusion du conflit gréco-turc en 1922. Il faut aussi aller au-delà de 1918 pour comprendre la guerre civile russe et les guerres polono-ukrainiennes et russo-polonaises. Chacun de ces conflits vit d'amples atrocités contre des populations civiles, y compris des pogroms antijuifs perpétrés dans la plupart des cas, même si l'on ne peut parler de génocide. Les trajectoires ottomane et russe se rejoignent dans les guerres d'ampleur limitée, mais acharnées que connut la Transcaucasie entre 1918 et 1920, menées au nom de l'homogénéité du territoire et de la population : en effet, l'existence temporaire de l'Arménie, de la Géorgie et de l'Azerbaïdjan sous la forme d'États indépendants n'a été possible que grâce à l'incapacité des puissances régionales traditionnelles à dominer cet espace avant la transformation de l'Empire des Romanov en URSS et de l'Empire ottoman résiduel en République turque.

Si la Première Guerre mondiale ne connut pas d'atrocités génocidaires en Europe occidentale, nous pouvons détecter hors d'Europe des continuités entre les violences du temps de guerre et les violences dirigées avant guerre contre les populations coloniales indigènes. Ainsi, en Haute-

Volta, au sein de l'Empire français, des forces françaises sensiblement mieux armées réagirent à une révolte massive qui grondait depuis la fin de 1915 contre les obligations imposées par l'Empire : réquisition et conscription. Le bilan précis de la « guerre du Bani-Volta » demeure inconnu. Au moins 30 000 Africains en révolte tombèrent dans des batailles rangées, mais aussi dans d'autres confrontations mineures qui n'ont laissé aucune trace. Si l'on prend en compte la nature des mesures françaises connues, avec l'effacement de villages entiers, l'utilisation de femmes et d'enfants comme otages, ainsi que la destruction de la base agricole et pastorale permettant à des communautés entières de vivre, la mortalité totale fut sûrement beaucoup plus grande[13].

Sur le théâtre européen des opérations, une partie de la dynamique la plus meurtrière de la période suivit des clivages ethno-religieux – du meurtre et de l'expulsion des chrétiens arméniens aux assauts russes dirigés contre les juifs et les musulmans. Les fantasmes rattachant la trahison d'« ennemis » de l'intérieur à la peur de l'effondrement et de la défaite étaient aussi importants que les vraies menaces de la guerre. Et, dans les efforts de guerre des Ottomans comme des Romanov, les soupçons d'intentions subversives internes furent gonflés démesurément ; certaines populations étaient cependant plus faciles à stigmatiser que d'autres, et c'est là que les vieux stéréotypes religieux prévalaient le plus clairement.

L'économie est un des domaines où les préoccupations nouvelles et anciennes se rejoignaient. La vieille doctrine de l'économie nationale (*milli iktisat*, en turc) de Friedrich List séduisit un certain nombre de régimes qui essayaient de mettre les leviers du pouvoir économique entre les mains de classes moyennes jugées ethniquement « fiables ». Les communautés juives européennes et chrétiennes ottomanes étaient, dans les conditions de guerre, les cibles toutes désignées d'expropriations orchestrées par l'État ainsi que des pillages populaires, vu les fonctions commerciales et financières auxquelles on les avait traditionnellement cantonnées dans le passé.

Une illustration claire de la force du fantasme est la paranoïa de tout un continent à l'égard de l'influence et de la subversion juives – une paranoïa renforcée par la révolution bolchevique, mais qui était déjà présente tout au long de la guerre et dans les deux camps. Dès le début du conflit, les Russes chassèrent les Juifs des zones proches du front ; en septembre 1914, à la faveur de la conquête d'une partie du territoire des Habsbourg, l'armée russe et ses régiments cosaques ainsi que des éléments de la population locale se livrèrent à des pogroms contre les Juifs de

Galicie et de Bucovine. De même, l'« Internationale » juive imaginaire devint le bouc émissaire des premiers échecs militaires russes et fut visée « préventivement » par des déportations au moment de l'offensive austro-allemande du printemps 1915[14].

Ce printemps-là, un mélange d'antisémitisme, de peur paranoïaque de l'insurrection et de volonté de poursuivre une réorganisation économique et démographique se cache derrière la déportation vers l'est d'un million de Juifs, mais aussi de centaines de milliers d'Allemands de Volhynie et d'ailleurs (qualifiés de « colons » en raison des circonstances de leur implantation antérieure). En pleine guerre, les conditions de ces transports, parfois en train, étaient souvent mortelles, même si cela dépendait largement de la destination. Quand commencèrent les grandes déportations arméniennes, au printemps 1915, les autorités russes du Caucase avaient aussi envisagé le déplacement en masse des musulmans des provinces frontalières de l'Empire ottoman. En toile de fond de ces projets figurent des massacres de musulmans de la région par les troupes russes, y compris les Cosaques, et la collaboration d'au moins quelques milliers de combattants musulmans caucasiens avec les forces ottomanes, ainsi que des déportations ciblées plus modestes. Alors que les Russes avaient tout autant – ou aussi peu – que leurs homologues ottomans de « raisons » immédiates de prendre des mesures aussi graves, il n'y eut cependant pas de déportations.

Pourquoi ? Selon Peter Holquist, la politique russe n'eut jamais ce caractère totalisant parce que, malgré la puissance de l'armée en temps de guerre, la Russie demeura un État autoritaire dirigé suivant des modalités bureaucratiques plutôt qu'obéissant à une ligne politique radicale. Ce cadre permit un semblant d'évaluation réaliste de la menace que pouvait représenter la situation politique des communautés musulmanes transcaucasiennes ; il n'y eut jamais rien de tel dans la politique ottomane envers les Arméniens[15]. Alexander Prusin avance aussi une analyse structurelle fondée sur la mésentente des autorités civiles et militaires pour expliquer la politique tsariste au printemps et à l'été 1915[16].

Les explications de Holquist et de Prusin pour la Russie soulignent des contrastes importants avec le régime ottoman. On peut encore les nuancer en prenant en considération d'autres épisodes du temps de guerre. Mark Levene suggère que la même judéophobie qui stimula les atrocités russes, les déportations et les expropriations, eut aussi pour effet de tempérer les politiques dès que les dirigeants de la Russie furent confrontés à la montée des pressions internationales. En effet, à ce moment, les Britanniques réfléchissaient à l'octroi d'un foyer national juif sur le territoire palestinien ottoman dont la Grande-Bretagne convoitait le contrôle après la guerre. L'idée était que cette politique rallierait le « soutien juif international » à l'effort de guerre allié au détriment des Puissances centrales[17]. (Bien entendu, la *Judenzählung*, l'infâme dénombrement des Juifs servant dans l'armée allemande en 1916, montre à quel point Berlin se sentait peu de liens avec cette minorité, et explique la facilité avec laquelle les Juifs allemands devinrent les boucs émissaires de la défaite.) Pour ce qui est des actions contre les musulmans, c'est seulement un an plus tard que commença la campagne tsariste la plus sanglante de la guerre contre des civils – en l'occurrence, contre les populations musulmanes d'Asie centrale.

Les violences extrêmes – même au regard des normes militaires russes – de la campagne de meurtres et de déplacements déchaînée contre les populations doungganes, kirghizes et kazakhes de la région de Semireche ne sauraient s'expliquer que par la conjoncture. La répression féroce suivit une révolte contre la conscription, incluant le massacre de Russes installés depuis peu ; mais la réponse de l'État avait une coloration nettement colonialiste et s'assimile au même genre de violence que les autres États européens avaient eu jusqu'ici tendance à réserver à leurs colonies extra-européennes. Pour la population indigène, les impératifs de la guerre totale, exprimés à travers la conscription, renforçaient la logique existante de la pénétration croissante de l'État dans une périphérie. Son rejet était clair. La réponse russe, dont la mémoire collective kirghize se souvient comme de l'*Urkun*, se solda peut-être par 100 000 morts directs et l'exil de centaines de milliers de réfugiés : certains fuirent vers le Turkestan chinois, tandis que beaucoup d'autres périrent dans l'exode. Cet épisode répressif n'était pas simplement destiné à mettre fin à l'insurrection, mais à placer la région sous la coupe des Russes dans le long terme[18].

À compter de 1915-1916, une combinaison de facteurs à long et court terme devait se révéler plus complètement destructrice dans l'Empire ottoman. Le déroulement du génocide arménien est sans conteste étroitement lié à l'évolution du conflit, en l'occurrence surtout en Méditerranée orientale et sur les fronts de l'Anatolie orientale et du Caucase. Pour ce qui est de l'histoire ottomane, cependant, la polarisation des violences ethniques à la faveur de la Première Guerre mondiale contraste fortement avec l'émergence auparavant d'un ensemble de réformes visant à moderniser l'Empire par une synthèse ambitieuse d'idées occidentales et avec l'histoire antérieure d'un régime marqué par son caractère multireligieux et multiethnique. De tous ces programmes de réforme, le plus urgent et le plus contesté, à la veille de la Grande Guerre, concernait les provinces d'Anatolie, largement peuplées de Kurdes et d'Arméniens, et frontalières de l'Empire russe. Nous en arrivons au thème central de ce chapitre.

Guerre et génocide dans l'Empire ottoman

En 1908, au moment de la révolution des Jeunes Turcs, des groupes réformistes aussi différents que les « Jeunes Turcs » eux-mêmes, la Fédération révolutionnaire arménienne (FRA), les missionnaires américains et les sionistes espéraient tous un Empire ottoman constitutionnel qui structurerait l'avenir du Moyen-Orient. Dès avant la guerre, cependant, le départ commun de 1908 dans l'enthousiasme fut suivi de mouvements de boycott et de campagnes de presse contre les chrétiens ottomans parallèlement à la montée des tensions extérieures et intérieures. Chez les jeunes musulmans éduqués et turcophones ainsi que dans la cohorte des activistes jeunes-turcs, au début des années 1910, une nouvelle idéologie radicale, mais pas encore violente, gagnait du terrain – le turquisme –, et avec lui la conviction d'être arrivé à un moment apocalyptique dans l'histoire de la survie turque. Profondément frustrés, et connaissant la guerre depuis l'invasion italienne de la Libye ottomane en 1911, puis les guerres balkaniques, les activistes jeunes-turcs virent dans le déclenchement de la guerre mondiale l'occasion d'une « nouvelle donne » sur le plan intérieur comme dans leurs relations extérieures[19].

Le comité central du CUP contrôlait le gouvernement ottoman à la suite du putsch de janvier 1913. Ses membres furent les premiers *komitaji*s révolutionnaires du XXe siècle à accéder aux rênes d'un empire. Des idéologues radicaux héritèrent du pouvoir civil, préfigurant des phénomènes semblables en Europe. Avant la révolution bolchevique, aucun autre régime n'exerça contre un groupe de ses citoyens une violence d'une nature et d'une ampleur comparables à celle du régime jeune-turc, qui oblitéra la distinction entre civils et militaires en cultivant systématiquement la propagande et la haine contre les « ennemis de l'intérieur ».

Le programme de réforme ottomane de 1908 dépendait de la coopération entre la FRA et le CUP[20]. Plus particulièrement, il dépendait de l'instauration de la sécurité et de la restitution des biens dans les provinces orientales ou, selon la terminologie contemporaine, de la solution de la question agraire arméno-kurde[21]. Les pogroms antiarméniens d'Adana (Cilicie), en avril 1909, après un coup mené par des éléments islamistes dans la capitale, contribuèrent à défaire les relations entre Jeunes Turcs et Arméniens. Les pogroms rappelaient les massacres de 1895 qui avaient fait autour de 100 000 morts arméniens en Anatolie, pour l'essentiel des hommes.

Ces massacres avaient été l'aboutissement de développements politiques et sociaux complexes durant trois générations. Les soulèvements balkaniques, à compter de 1875, et la guerre russo-ottomane de 1877-1878 s'étaient soldés par de lourdes pertes territoriales dans les Balkans et le Caucase, plus celle de Chypre, scellées par le congrès de Berlin en 1878.

De ce fait, le nouveau sultan Abdülhamid II conclut à l'échec des principes politiques de la période antérieure du *Tanzimât*, et la « réorganisation » changea de cap. Il n'était plus question d'accroître l'égalité des chrétiens, mais de renforcer le pouvoir des musulmans en Asie Mineure – de plus en plus le cœur de l'Empire, compte tenu des pertes territoriales des décennies précédentes. Abdülhamid II fit obstacle aux réformes dans les provinces orientales parce qu'il redoutait qu'elles n'accrussent l'influence britannique ou russe et l'autonomie territoriale des chrétiens, comme cela s'était produit dans les Balkans. Les Arméniens, au contraire, insistaient sur les réformes promises dans l'article 61 du traité de Berlin. Celles-ci tardant à se concrétiser, les jeunes Arméniens éduqués fondèrent des partis révolutionnaires qui se firent les champions de l'autodéfense rurale armée et d'un activisme nourri d'idées socialistes et nationalistes révolutionnaires dirigé à la fois contre les autorités ottomanes et contre les notables arméniens. Les massacres d'Arméniens de 1895 se déroulèrent dans ce contexte, et en réaction immédiate au premier plan de réforme détaillé enfin initié par la diplomatie européenne. Des Kurdes et d'autres musulmans se saisirent des terres et des biens arméniens ; les projets de réforme furent de nouveau ajournés[22].

Tandis que le programme du parti Hentchak, alors le plus impliqué dans l'action révolutionnaire, prônait une Arménie socialiste indépendante pour tous les habitants des provinces orientales à majorité kurdo-arménienne, la FRA, ou parti Dachnak, dominante après les années 1890, se prononça pour un avenir arménien au sein d'un État ottoman réformé. La restitution et la réforme dans les provinces orientales ne s'étant pas concrétisées après 1908, la FRA annonça la fin de son alliance avec le CUP en août 1912, deux mois avant le début de la première guerre balkanique. À la fin de cette même année, des représentants arméniens contactèrent des diplomates étrangers dans l'idée de faire avancer les réformes[23].

Comme le gouvernement hamidien, deux décennies plus tôt, le gouvernement du CUP finit par signer le plan de réforme le 8 février 1914. Celui-ci divisait les provinces orientales en parties nord et sud placées sous le contrôle de deux inspecteurs européens qui seraient choisis par des pays neutres. Il prescrivait la publication des lois et des communiqués officiels dans les langues locales, prévoyait une proportion suffisante de musulmans et de chrétiens dans les conseils et la police, et transformait en réserves de cavalerie la cavalerie kurde irrégulière (*Hamidiye*) qui depuis sa création, en 1891, avait menacé les groupes non sunnites des provinces orientales[24]. Le plan signé n'était pas en soi un premier pas vers l'autonomie arménienne ou vers l'annexion russe[25]. Néanmoins, des dirigeants du CUP avaient déjà prévenu leurs anciens « frères révolutionnaires » de la FRA, comme ils disaient, et les autres représentants arméniens, qu'ils avaient franchi une ligne rouge concernant leur avenir commun en portant la question de la réforme sur la scène internationale[26].

Au printemps 1914, après des hésitations quant à des échanges de population avec ses voisins grecs et bulgares dans les Balkans, à l'ouest de l'Empire ottoman, le CUP commença à mettre en œuvre un programme d'*engineering* démographique antichrétien diamétralement opposé à l'esprit du plan de réforme pour l'est. Les paramilitaires de la nouvelle « Organisation spéciale » terrorisèrent et chassèrent du littoral de la mer Égée quelque 200 000 *Rûm* (chrétiens ottomans grécophones ou turcophones de confession grecque orthodoxe). Quand, le 6 juillet, le parlement ottoman discuta des expulsions, Talât, le ministre de l'Intérieur, membre du comité central du CUP et responsable politique le plus influent des années 1910 dans l'Empire ottoman, insista sur la nécessité d'installer les réfugiés musulmans des Balkans dans ces villages évacués. S'il les avait envoyés dans les immenses déserts de Syrie et d'Irak, ajouta-t-il, ils seraient tous morts de faim. Ces déserts furent précisément la destination des Arméniens déportés l'année suivante[27].

La crise internationale de juillet 1914 sauva le régime des contrecoups diplomatiques de l'expulsion en lui donnant une marge de manœuvre et l'occasion de gagner finalement un allié officiel. Dans le courant de l'automne 1914, cependant, l'allié allemand de l'Empire, impatient de convaincre une Grèce neutre, demanda que fussent désormais évitées les violences contre les *Rûm*. Autour de 300 000 *Rûm* furent déplacés des régions côtières vers l'intérieur du pays au cours de la Première Guerre mondiale à compter du mois de février 1915 et, si une partie des déportés subirent des attaques très violentes, ils ne furent ni systématiquement massacrés ni envoyés dans le désert[28].

Fin juillet 1914, quand le ministre de la Guerre, Enver Pacha, avait fait une première proposition à leur ambassadeur, Hans Freiherr von Wangenheim, les Allemands avaient accueilli négativement l'idée d'une alliance avec l'Empire ottoman. Devant la peur croissante d'une alliance ottomane avec l'Entente, Guillaume II avait insisté sur la nécessité de saisir l'occasion de faire de la Turquie une alliée[29]. L'alliance secrète fut conclue le 2 août 1914. Sous sa protection, le régime des Jeunes Turcs commença à mettre en œuvre son programme intérieur ; tout en étant un « allié en second », il améliora sa position de négociation vis-à-vis de l'allié « supérieur » principal en envisageant avidement l'action ottomane contre la Russie quand la campagne allemande sur le front occidental se retrouva dans l'impasse. Quant aux Allemands, qui avaient été impliqués dans les négociations de réforme, ils n'avaient pas compris qu'une campagne d'extermination allait se déclencher, et ne firent certainement pas grand-chose pour l'empêcher. De fait, le 6 août, Wangenheim accepta solennellement six nouvelles propositions ottomanes, dont l'abolition des capitulations honnies et une « petite correction de la frontière orientale [de la Turquie] qui mettra la Turquie en contact direct avec les musulmans de Russie[30] ». À la différence de l'Allemagne, la Russie insista sur la poursuite des réformes arméniennes lors des négociations sur l'éventualité d'une alliance[31].

Début août 1914, la propagande panturque et panislamiste fit son apparition avec force dans la presse ottomane[32]. De pair avec la suspension du plan de réforme, ce discours indisposa dès le début du conflit les Ottomans non musulmans, en particulier dans les provinces orientales. En même temps, le régime se mit à monter des plans d'hostilités communes avec la Russie. Bahaeddin Şakir, haut responsable du CUP et chef de l'Organisation spéciale, invita les dirigeants de la FRA à mener une guerre de guérilla antirusse dans le Caucase en vue de préparer une conquête ottomane future[33]. Le docteur Paul Schwarz, agent allemand à Erzurum, proposa que les Arméniens sabotent les champs de pétrole de Bakou. Socialiste allemand né en Russie et partisan de la *milli iktisat* (et aussi artisan du retour de Lénine à Petrograd en 1917), Alexandre Helphand, connu sous le nom de « Parvus », diffusa un plan systématique d'insurrection antitsariste dans les populations périphériques de la Russie[34]. La FRA recula et déclara que tous les Arméniens devaient demeurer loyaux au pays dans lequel ils vivaient.

Les tentatives d'insurrection dans le Caucase débutèrent en août sans la FRA[35], tandis qu'en septembre le régime annonça l'abrogation des capitulations et obtint de l'Allemagne de fortes sommes d'argent pour préparer une attaque. Si l'Empire n'entra officiellement dans la guerre qu'en novembre, l'armée ottomane commença à mobiliser dès août, procédant à des réquisitions d'une ampleur sans précédent. Ce ne fut là qu'une première illustration d'un paradoxe : quoique moins industrielle, la guerre mondiale fut plus « totale » dans le monde ottoman qu'en Europe, livrée avec tous les moyens à la disposition de l'État tant à l'extérieur qu'à l'intérieur. Les réquisitions visèrent particulièrement les non-musulmans des provinces orientales. Des unités de l'Organisation spéciale se mirent très vite à terroriser et à piller les villages arméniens de la frontière orientale et au-delà[36]. À grand renfort de propagande djihadiste antichrétienne, des troupes ottomanes associées aux forces tribales kurdes attaquèrent Urmia, en Perse, à 110 kilomètres à l'est de Hakkâri, dans la province de Van. Du côté ottoman mais aussi iranien de la frontière, les chrétiens recherchèrent la protection de la Russie. Dès août 1914, la Russie monta une milice chrétienne iranienne fondée sur la solidarité chrétienne arméno-syriaque[37].

Fin octobre, des navires ottomans sous direction allemande s'attaquèrent à des installations sur la rive nord de la mer Noire. La Russie déclara alors la guerre et son armée caucasienne franchit la frontière à Erzurum, mais s'arrêta devant les défenses turques. Peu satisfait de l'attitude défensive de ses généraux et accompagné de son chef d'état-major allemand Fritz Bronsart von Schellendorf, mais contre l'avis d'Otto Liman von Sanders, le chef de la mission militaire allemande, Enver Pacha lui-même prit le commandement d'une offensive vers le Caucase contre des forces russes inférieures en nombre. Aux premiers jours de 1915, cette campagne tourna à la catastrophe dans les montagnes enneigées de Sarıkamı?. Près de la moitié ou plus des 120 000 soldats y trouvèrent la mort, et les épidémies commencèrent à se propager parmi les survivants et dans toute la région[38].

Début 1915, les campagnes conduites avec des forces irrégulières par Jevdet, le beau-frère d'Enver, et le général Halil, son oncle, dans le nord de la Perse, semèrent la violence dans des villages arméniens et syriaques, sans atteindre, une fois encore, leurs objectifs militaires. Mi-avril, les forces ottomanes essuyèrent une défaite décisive dans la bataille de Dilman, non loin du lieu où des centaines de chrétiens non combattants avaient été exécutés en mars. Sous les ordres du général Andranik

Ozanian, la brigade de volontaires arméniens de l'armée russe participa à la bataille[39].

À la suite des défaites de Sarıkamış et de Dilman, le rêve panturc, qui avait galvanisé la mobilisation en août 1914, tourna au trauma dans l'hiver et au printemps 1915. Le long front de l'Est se brutalisa, la polarisation religieuse s'accentua. Réguliers et irréguliers, milices et forces d'auto-défense se trouvèrent engagés dans une guerre de faible intensité qui fit de nombreuses victimes parmi les civils. Beaucoup d'Arméniens fuirent vers l'Arménie russe, dont plusieurs milliers de jeunes qui s'engagèrent comme volontaires dans l'armée russe. La plupart des chrétiens des provinces orientales avaient perdu toute confiance dans le gouvernement. Quand ce fut possible, les forces armées chrétiennes essayèrent de s'appuyer sur l'aide russe. L'épisode le mieux connu est celui des secours russes aux Arméniens de Van, à la mi-mai 1915. Depuis le 20 avril, après les massacres de villageois et le meurtre d'Arméniens venus de Van, des activistes résistaient à la répression de Jevdet. Sitôt secourus, ils se vengèrent sur les civils musulmans de Van, en les massacrant et en les poussant à fuir[40]. L'échec de ces campagnes et la situation chaotique régnant le long du front oriental firent enrager les chefs du CUP ; les chrétiens arméniens et syriaques locaux devenaient alors une cible facile de la propagande djihadiste ottomane[41].

À l'ouest, en revanche, l'armée ottomane sous le commandement de Liman von Sanders obtint le 18 mars sa première victoire décisive contre l'offensive navale de l'Entente dans les Dardanelles. À en croire Joseph Pomiankowski, attaché militaire autrichien à Istanbul, la nouvelle largement diffusée de cette victoire qui garantissait la sécurité de la ville eut un formidable impact psychologique sur la population turque et les dirigeants jeunes-turcs, qui affichèrent dès lors un mélange d'assurance et de chauvinisme brutal[42].

La politique du CUP se radicalisa dans le contexte d'un accroissement général des violences de guerre au printemps 1915. Outre l'attaque contre les forts extérieurs des Dardanelles, puis les débarquements de Gallipoli, fin avril, on peut mentionner l'utilisation de gaz toxiques sur les champs de bataille en Belgique en avril ; la guerre sous-marine contre des bâtiments civils (par exemple, le *Lusitania* en mai 1915) ; les émeutes antiallemandes en Grande-Bretagne et à Moscou ; l'offensive de Gorlice-Tarnow ; l'intensification des mesures tsaristes contre les Juifs et les populations de souche allemande sur le front occidental de la Russie ; ainsi que la présence militaire russe en Anatolie orientale et dans le nord de la Perse. Dès lors, la Grande Guerre devenait une guerre plus totale que jamais[43].

Le génocide des Arméniens dans l'Empire ottoman

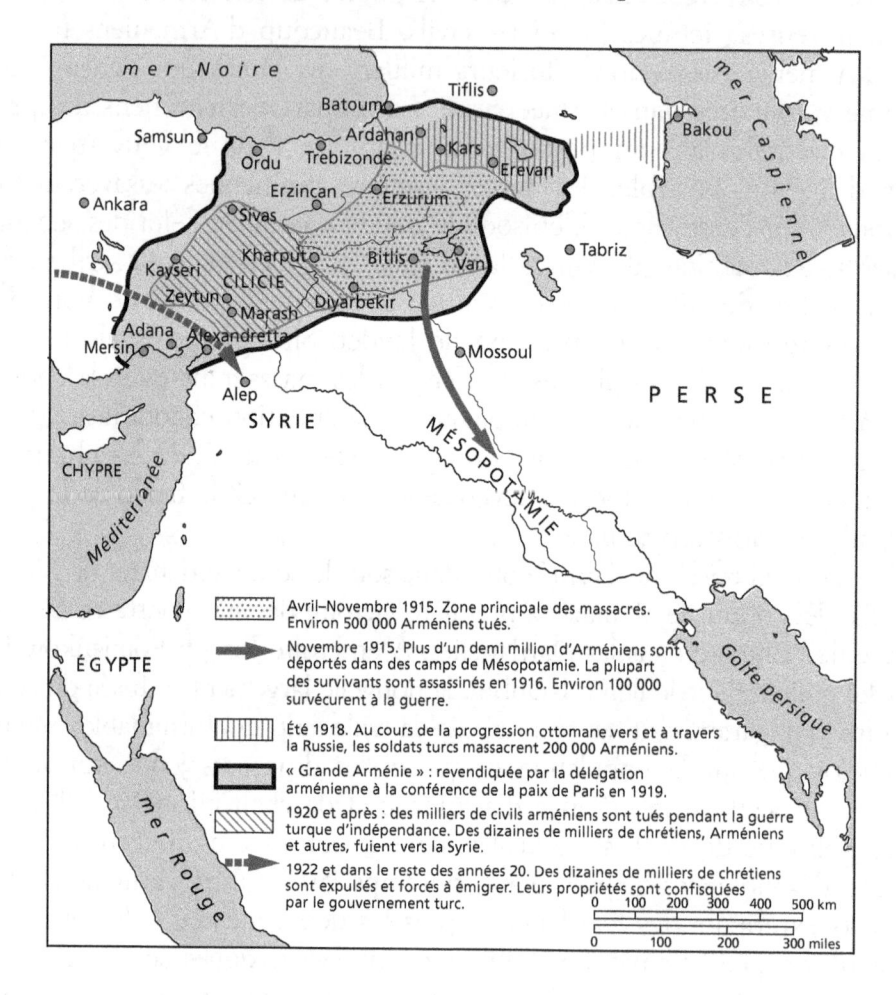

```
░░░  Avril–Novembre 1915. Zone principale des massacres.
     Environ 500 000 Arméniens tués.

 ➤   Novembre 1915. Plus d'un demi million d'Arméniens sont
     déportés dans des camps de Mésopotamie. La plupart
     des survivants sont assassinés en 1916. Environ 100 000
     survécurent à la guerre.

|||  Été 1918. Au cours de la progression ottomane vers et à travers
     la Russie, les soldats turcs massacrent 200 000 Arméniens.

 ▬   « Grande Arménie » : revendiquée par la délégation
     arménienne à la conférence de la paix de Paris en 1919.

////  1920 et après : des milliers de civils arméniens sont tués pendant la guerre
      turque d'indépendance. Des dizaines de milliers de chrétiens, Arméniens
      et autres, fuient vers la Syrie.

 ⇢   1922 et dans le reste des années 20. Des dizaines de milliers de chrétiens
     sont expulsés et forcés à émigrer. Leurs propriétés sont confisquées
     par le gouvernement turc.
```

Dans un tel cadre militaire et psychologique, le gouvernement du CUP se mit à établir une politique antiarménienne systématique, se radicalisant au moment même où le régime tsariste abandonnait les mesures les plus extrêmes contre sa population musulmane transcaucasienne. Le ministre de l'Intérieur, Talât, coordonna la politique en trois phases : d'abord, en avril-mai 1915, l'arrestation des membres des élites politiques, religieuses et intellectuelles arméniennes ; puis, du printemps à l'automne, la déportation de la population arménienne d'Anatolie et de Turquie européenne vers des camps du désert syrien, à l'est d'Alep – exception faite des hommes, qui furent systématiquement massacrés sur place ; enfin, la population des camps fut affamée et décimée par les maladies avant que les derniers survivants ne fussent massacrés. Les recherches récentes dans les archives de l'État ottoman et de l'armée attestent le nouveau langage employé et les mesures appliquées contre les Arméniens dans un certain nombre de dépêches de cette période[44]. Comme pour d'autres génocides, cependant, y compris la « solution finale de la question juive », il n'existe pas d'ordre unique, mais toute une série de réunions, d'ordres et d'actes échelonnés de février-mars à mai et qui, pris dans leur ensemble, aboutirent finalement à la destruction de la nation arménienne en Asie Mineure.

Notamment, deux longs télégrammes chiffrés du 24 avril aux gouverneurs de province et à l'armée se réfèrent explicitement à Van et à quelques autres localités : Talât y parle de rébellion générale arménienne pour définir la situation en Asie Mineure ; d'Arméniens au service des efforts de guerre ennemis ; et de comités révolutionnaires réclamant de longue date le droit des Arméniens à disposer d'eux-mêmes et croyant maintenant parvenir à leurs fins à la faveur de la guerre[45]. Les autorités provinciales et militaires, en particulier les commissaires spéciaux du CUP envoyés sur place, diffusèrent alors à travers l'Anatolie la propagande présentant les Arméniens en voisins infidèles et perfides qui poignardaient les musulmans dans le dos[46]. Dans la nuit du 24 au 25 avril, au moment précis où les Alliés débarquaient à Gallipoli, les forces de sécurité se mirent à arrêter les élites arméniennes dans toute l'Anatolie, en commençant par Istanbul, pour en interroger, torturer et assassiner le plus grand nombre. Les diverses sources militaires ottomanes du printemps 1915 ne corroborent pas cette idée de soulèvement général, même s'il y eut effectivement des cas de sabotage, voire de résistance aux politiques d'oppression et de massacre, sans parler des désertions déjà évoquées, tandis que les bataillons de volontaires russo-arméniens furent à l'évidence un élément incendiaire[47]. Le même 24 avril, un télégramme de Talât à Djemal Pacha, gouverneur militaire de Syrie, annonça que les Arméniens seraient désormais déportés non pas vers Konya, comme cela s'était fait en mars dans le cas limité des Arméniens chassés de Zeytun (Cilicie), mais vers la Syrie du Nord[48].

Sans mentionner explicitement les Arméniens, une loi provisoire du 27 mai – le parlement avait été ajourné le 13 mars, laissant les mains tout à fait libres au CUP – autorisa la répression et la déportation de masse si la sécurité nationale était en jeu. Le décret donna une couverture légale à la déportation complète des Arméniens d'Asie Mineure. Alors même qu'il ne limitait pas le déplacement à des zones clairement définies, et que le 24 mai l'Entente avertit officiellement les autorités ottomanes du châtiment qui les attendait pour « crimes contre l'humanité », les officiels allemands n'imaginaient pas encore – et ne prévinrent pas – le risque de mesures antiarméniennes à l'échelle de l'Empire. Ils approuvèrent au contraire les déplacements dans les zones de guerre, essayèrent d'apaiser les amis allemands des Arméniens et les experts régionaux, et, début juin, appuyèrent les autorités ottomanes quand elles nièrent publiquement ce qui se déroulait à l'est[49].

L'approbation donnée par les Allemands à un déplacement prétendument limité dans les provinces orientales fut une percée décisive pour un régime qui, quelques mois auparavant, s'était trouvé strictement tenu de respecter, avec le soutien de l'Allemagne, une coexistence surveillée des chrétiens et des musulmans, des Arméniens, des Syriaques, des Kurdes et des Turcs en Asie Mineure orientale. Dans quelques cas, des officiers allemands sur le terrain signèrent ou approuvèrent des déplacements. Le cas le mieux connu est celui du lieutenant-colonel Böttrich, chef du service ferroviaire de l'état-major ottoman. Contre la volonté de la direction civile des chemins de fer de Bagdad, il signa un ordre de déportation des cheminots arméniens, tout en sachant fort bien, en octobre 1915, qu'il envoyait la plupart d'entre eux à une mort certaine[50].

Dès la mi-juin 1915, le confident d'Enver, Hans Humann, attaché naval à l'ambassade allemande, déclarait : « Les Arméniens sont aujourd'hui plus ou moins exterminés pour avoir conspiré avec les Russes. C'est rude, mais utile[51]. » En province, la propagande ottomane réussit à donner l'impression que le déplacement de population était conforme à la doctrine allemande, alors même qu'il y eut des diplomates allemands pour élever des protestations (quoique limitées et inefficaces). Après que son subordonné, le docteur Mordtmann, eut eu une conversation franche avec Talât, l'ambassadeur von Wangenheim commença à comprendre à la mi-juin 1915 que le déplacement prétendument limité aux zones de guerre, pour lequel le gouvernement du CUP avait obtenu le soutien allemand, s'inscrivait dans un programme en bonne et due forme de déportation et de massacre à travers l'Asie Mineure[52]. « Il y a quatorze jours encore, l'expulsion et le déplacement de la population arménienne se limitaient aux provinces les plus proches du théâtre de guerre oriental », écrivit finalement Wangenheim au chancelier Bethmann Hollweg le 7 juillet, mais « depuis lors la Porte a décidé d'étendre également ces mesures » à bien d'autres provinces, « alors même que ces parties du pays ne sont pour l'heure menacées par aucune invasion ennemie. Cette situation et la manière dont s'accomplissent les déplacements montrent que le dessein du gouvernement est bel et bien d'éradiquer la race arménienne de l'Empire turc[53] ».

L'élimination des Arméniens d'Asie Mineure orientale se déroula essentiellement entre mai et septembre ; celle des Arméniens d'Anatolie occidentale et de la province d'Edirne en Thrace, entre juillet et octobre 1915. En Anatolie orientale, la plupart des hommes et des jeunes furent massacrés tout de suite, y compris les soldats – qui, en majorité, avaient déjà été séparés en bataillons de main-d'œuvre désarmés. Dans les Dardanelles et en Arabie, les soldats arméniens continuèrent en revanche à se battre dans les rangs de l'armée ottomane. Les déplacements depuis l'ouest concernèrent les hommes, et une partie des déportés voyagea en train. Au cours des marches, les femmes et les enfants d'Asie Mineure centrale et orientale souffrirent de la faim et des viols de masse.

Dans certaines régions, en particulier dans la province de Diarbékir dont le gouverneur était Re?id, le déplacement se solda par le massacre des hommes, des femmes et des enfants avant même qu'ils n'eussent atteint les limites de la province. Le 28 septembre 1915, Re?id adressa un télégramme au ministre de l'Intérieur, déclarant fièrement avoir éliminé 120 000 Arméniens de sa province[54]. Le 19 octobre, un ami du nom de Halil Edib, vice-gouverneur du district de Mardin dans la province de Diarbékir, télégraphia ses félicitations à l'occasion de la fête du Sacrifice (*kurban bayramı*) : « Je te baise les mains, toi qui nous as gagné les six provinces [orientales] et qui nous as ouvert l'accès au Turkestan [terme panturquiste clé] et au Caucase[55]. » Les autorités de la province de Diarbékir réservèrent un traitement pareillement meurtrier à *tous* les chrétiens.

Dès le 26 octobre 1914, Talât avait ordonné au gouverneur de Van de déplacer la population chrétienne syriaque de Hakkâri, près de la frontière perse. Il jugeait cette population peu fiable et voulait la disperser dans la majorité musulmane des provinces occidentales. Il ne put cependant mettre à exécution cette politique précoce de déplacement et de dispersion à l'automne 1914[56] et la transformer en politique générale de déportation et d'extermination comme dans le cas des Arméniens. En comparaison de la politique arménienne, la politique syriaque centralisée demeura mal définie. En juin 1915, le régime n'en décida pas moins de détruire l'enclave syriaque de Hakkâri, mais aussi les villages proches de Midyat qui réagirent à l'extermination des chrétiens mise en œuvre par Re?id. Selon l'officier allemand Scheubner-Richter, membre de l'unité impliquée, la lutte syriaque « n'était pas une défense injustifiée de la part de gens qui craignaient de connaître le même sort que la plupart des Arméniens[57] ». Les villageois reçurent l'ordre de déportation. Si l'armée ottomane ne put venir à bout d'Azakh, dans le cas de Hakkâri deux tiers des 100 000 Syriaques trouvèrent la mort ; les autres réussirent à fuir vers des territoires tenus par les Russes.

Indépendamment de la position précise de Talât sur l'avenir syriaque, la façon dont les forces ottomanes attaquèrent la population syriaque dans les provinces de Van et de Diarbékir ainsi que dans le nord de la Perse équivaut à un génocide[58]. Un peu comme les Tsiganes au regard des Juifs européens sous la domination nazie, les Syriaques/Assyro-Chaldéens n'étaient pas au centre du programme meurtrier de l'État : ils n'en furent pas moins largement massacrés quand l'occasion s'en présenta. Selon les statistiques accumulées par David Gaunt, qui fait autorité en ce domaine, et même s'il est clairement impossible d'avoir des chiffres précis, sur les 563 000 Syriaques que comptaient l'Empire ottoman et la Perse avant la guerre, 250 000 furent massacrés ou tués au combat[59]. La plupart des chrétiens, arméniens et syriaques, furent massacrés ou déportés des provinces orientales à partir du printemps 1915.

Plusieurs centaines de milliers de déportés arméniens démunis arrivèrent en Syrie à l'été et à l'automne 1915. La majorité des survivants ne furent pas réinstallés comme promis, mais isolés dans des camps et affamés conformément aux règles du ministère de l'Intérieur : leur part dans la population locale ou régionale ne devait pas excéder 2,5 ou 10 %[60]. Les survivants n'en furent pas moins massacrés en 1916. En juillet, Ali Fuad, le gouverneur de Der Zor qui avait aidé les déportés à refaire leur vie, fut remplacé par un dur, Salih Zeki, qui organisa les massacres. Selon une source ottomane, 192 750 déportés concentrés près de Der Zor, dont beaucoup d'enfants, furent tués au cours du second semestre de 1916[61].

Les chercheurs n'ont publié que tout récemment des témoignages sur l'extrême horreur de cette « deuxième phase du génocide » (l'expression est de Raymond Kévorkian) et des études sur les efforts limités pour venir en aide aux victimes[62].

Le principal groupe de survivants fut les 100 000 à 150 000 Arméniens que le triumvir du CUP, Djemal Pacha, établit en Syrie du Sud en les convertissant à l'islam. Un certain nombre de survivants furent astreints aux travaux forcés dans des entreprises militaires[63]. La destruction de la communauté arménienne ottomane s'acheva symboliquement le 11 août 1916, quand fut abolie la Constitution nationale de la communauté arménienne (*Nizâmnâme*) de 1863 – épine dorsale du dynamisme arménien « menaçant », d'après l'agence de presse officielle Millî –, et avec elle le principe d'égalité et de pluralité de la période du *Tanzimât*[64].

À la différence des massacres hamidiens des années 1890, la conversion ne garantissait la survie en 1915-1916 que si le ministère de l'Intérieur le permettait, en accord avec la justification démographique qui sous-tendait sa vision de la souveraineté turque en Asie Mineure. La conversion, le changement d'identité religieuse et la profession de foi passaient après cette justification ; ou, comme le dit le gouverneur de Trabzon au début du mois de juillet 1915, « un Arménien converti à l'islam sera expulsé en tant qu'Arménien musulman[65] ». Cette politique rompait clairement avec la tradition musulmane et impériale, en sorte que la conversion accompagnée de la survie en Anatolie fut un problème délicat pour le ministère de l'Intérieur, qui poursuivit résolument son objectif tout en essayant de gérer les sensibilités et les réalités musulmanes en province. Contrairement à certains médecins militaires du CUP, réputés athées, Talât était un musulman pratiquant[66]. Au cours de la période de déportation, de juillet à octobre 1915, il interdit la conversion à quelques exceptions près[67].

Pour ce qui est du nombre de morts, les chiffres sont encore très variables : selon les estimations les plus fiables, plus de la moitié des quelque 2 millions d'Arméniens qui vivaient dans l'Empire ottoman en 1914 furent tués en 1915-1916. La publication en 2008 des carnets de Talât, avec des statistiques démographiques, a été une contribution importante au débat sur l'ampleur des tueries. Avant 1915, selon Talât, l'Asie Mineure comptait 1,5 million d'Arméniens ottomans ; il assurait en avoir déplacé plus de 1,1 million[68]. D'après les statistiques du Patriarcat arménien, la population arménienne était légèrement supérieure à 2 millions avant la guerre. Raymond Kévorkian, qui a étudié en détail les chiffres, estime que, sur près de 2 millions d'Arméniens ottomans, les deux tiers furent tués, soit autour de 1,3 million[69].

Outre les « Arméniens de Djemal », peu de déportés ont réussi à fuir et à rejoindre Alep. Plus importante avait été la fuite vers Erzincan et Erzurum, occupées par l'armée russe en 1916. Des milliers d'Arméniens avaient trouvé refuge parmi les Alévis, dans le Dersim montagneux, en 1915, et avaient pu franchir les lignes russes en 1916. D'autres avaient fui au-delà du front de l'Est et étaient revenus avec l'armée russe, laquelle se replia après la révolution d'Octobre en novembre 1917. Incapables d'arrêter le retour du régime jeune-turc, les milices arméniennes battant en retraite ont alors massacré des musulmans, y compris des Alévis, qui ne les soutenait pas à ce moment-là dans cette région[70]. Ces massacres furent une manifestation de plus du contexte de crimes intercommunautaires. Les fluctuations du front Caucase/Anatolie orientale et la dévastation des infrastructures de la région créèrent pour tous une redoutable insécurité – mais surtout, une fois encore, pour la population arménienne, dont les centaines de milliers de réfugiés d'Asie Mineure.

Le traité de Brest-Litovsk, le 3 mars 1918, permit de relancer les projets panturquistes et fit surgir le spectre d'une poursuite de l'extermination des Arméniens. La Russie perdit une immense partie de son empire occidental au profit de l'Allemagne, mais aussi, par l'article 4, l'angle nord-est de l'Asie Mineure qu'elle avait acquis par le traité de Berlin en 1878. Aux yeux des sociaux-démocrates indépendants siégeant au Reichstag, ce traité menaçait les Arméniens jusqu'ici placés sous protection russe dans le Caucase. Et le ministère allemand des Affaires étrangères confirma, en juin 1918, la progression des troupes ottomanes bien au-delà des accords de Brest-Litovsk. À en croire Matthias Erzberger, alors chef de file de l'opposition démocrate au Reichstag, plus d'un million de personnes étaient menacées[71]. La promesse de protection donnée par Talât, ajouta-t-il, ne valait rien. De fait, l'oncle d'Enver, le général Halil (Kut), menaça carrément d'anéantir les Arméniens jusque dans l'Arménie caucasienne[72].

La fin de la guerre sur les fronts de l'Europe occidentale, du sud des Balkans et de la Syrie empêcha une nouvelle progression ottomane dans le Caucase. La république d'Arménie, proclamée le 28 mai 1918, espérait recouvrer par la diplomatie une partie du nord-est de l'Anatolie, mais le traité de Sèvres d'août 1920 ne fut pas appliqué. L'Arménie se trouva alors engagée dans des guerres avec la Géorgie et l'Azerbaïdjan – la seconde se distinguant tout particulièrement par les violences contre les civils arméniens et azéris. Les troupes soviétiques empêchèrent finalement les forces nationalistes turques, qui avançaient de nouveau vers Erivan en 1920, d'écraser l'Arménie orientale. En Asie Mineure méridionale, le retrait des forces françaises, en 1921, provoqua la fuite de 150 000 réfugiés arméniens, installés en Cilicie après 1918[73].

Le prix du « succès »

En visite à Berlin au mois d'août 1918, Talât, désormais grand vizir aussi bien que ministre de l'Intérieur et des Finances, comprit que la guerre était perdue, mais se consola : « Nous avons donné à l'Anatolie la forme d'un foyer national et supprimé les éléments de subversion et de discorde[74]. » L'avenir de la région se construirait sur cette base. À la différence des élites des autres empires qui s'effondrèrent alors, les Jeunes Turcs anticipèrent et préparèrent avec succès les éléments qui maintiendraient le pouvoir de leur groupe. Malgré leur défaite, et à l'exception d'une poignée de hauts responsables perdus à la cause, les Jeunes Turcs formèrent l'élite politique, militaire et administrative au cours de la guerre gréco-turque et dans la République turque fondée en 1923. Le génocide servit donc efficacement le projet politique d'un foyer national exclusivement turc (*Türk Yurdu*) en Asie Mineure. Les fondateurs de l'État-nation – le groupe relevant de Talât Pacha dans les années 1910 et celui de Mustafa Kemal Atatürk dans l'entre-deux-guerres – préservèrent l'hégémonie des sunnites turcophones qui avaient été politiquement prédominants dans l'Empire ottoman. Jusqu'à la fin de la guerre froide, leur grand récit du renouveau turc moderne influença l'historiographie internationale au point d'étouffer les recherches sur les crimes des Jeunes Turcs[75]. Cette situation intellectuelle a désormais beaucoup changé.

Si la vision du monde jeune-turque était plus ethno-religieuse et culturelle que l'idéologie plus biologique et ethno-raciale des nazis, toutes deux étaient empreintes de darwinisme social[76]. Dans les deux cas, de jeunes élites impériales et de soi-disant sauveurs de l'Empire avaient vécu dans leur jeunesse comme un traumatisme la perte de pouvoir, de prestige, de territoire et de foyer. Poussés par l'angoisse née de la ruine, ils réussirent à instaurer un régime de parti unique qui leur permit de mettre en œuvre des politiques de changement révolutionnaires, y compris l'expulsion et l'extermination de groupes comprenant des « ennemis » intérieurs. L'élimination des Arméniens fut l'épisode le plus systématiquement meurtrier de la campagne d'*engineering* démographique menée par la Turquie depuis 1913. À quelques exceptions près, tous les chrétiens anatoliens furent aussi exclus du combat national turco-musulman pour l'Asie Mineure après 1918 et, tant démographiquement que culturellement, de la construction de la nouvelle République turque. L'idée que certaines populations étaient intrinsèquement problématiques en vertu de leur identité allait servir de base à un « fructueux » modèle d'élimination des minorités par leur réinstallation forcée. En 1923, par le traité de Lausanne, la diplomatie occidentale accepta ce modèle de l'« échange », tout en fermant les yeux sur les politiques génocidaires antérieures. La Grande-Bretagne, en particulier, parle d'« échange de population » se lavant les mains d'un problème démographique qu'elle avait contribué à créer par son soutien à l'armée d'occupation grecque, puis par sa politique de « pacification » en Anatolie.

Derrière la rhétorique aseptisée de l'« échange de population » se cachaient d'abominables réalités humaines, notamment parce que, pour l'immense majorité des « Grecs » ottomans auxquels s'appliquait ce vocabulaire de l'échange, le traité de Lausanne ne fut que la confirmation d'un fait accompli. Sur les 1,25 million de chrétiens – essentiellement des « Grecs » orthodoxes d'Anatolie occidentale et du Pont – qui quittèrent l'Asie Mineure pour la Grèce, le plus souvent en fuyant pour sauver leur peau, 190 000 seulement furent transférés au sens entendu par le traité. À compter de mai 1919, les forces d'occupation grecques avaient servi la géopolitique athénienne et anglo-française, mais leur utilisation pour faire contrepoids au mouvement nationaliste ressuscité par Kemal déboucha sur une guerre de grande envergure en 1921-1922. L'armée grecque et ses collaborateurs commirent de nombreux massacres contre les populations civiles et détruisirent des infrastructures vitales, notamment en pratiquant une politique de la terre brûlée en se retirant, mais ils se heurtèrent à un ennemi au moins aussi implacable, et en définitive encore plus violent, dans la victoire. L'armée nationaliste turque rejeta les forces grecques à la mer et, avec elles, une bonne partie de la population chrétienne – au passage, elle tua beaucoup de gens ou les réduisit aux travaux forcés. Un nouvel exode massif de chrétiens terrorisés se produisit après la fin de la guerre, mais avant la période prévue pour le « transfert » prétendument ordonné. Quelque 365 000 musulmans furent « transférés » dans l'autre direction, à travers la mer Égée, souvent dans de terribles conditions. Comme nombre de chrétiens arrivant en Grèce, ces musulmans se trouvèrent rejetés par leur nouvel environnement en Asie Mineure, partageant peu de points communs avec leurs coreligionnaires – infligeant ainsi un démenti à l'essentialisme qui avait façonné leur destin.

Le traité de Lausanne remplaça le traité de Sèvres et approuva tacitement la logique de la politique jeune-turque. Les « faits » militaires créèrent de nouvelles réalités politiques. Tout à la fois révisionniste et d'avant-garde, le « paradigme de Lausanne » jette un pont entre une Allemagne wilhelminienne, dans l'ensemble profondément embarrassée par le génocide de son allié, et une Allemagne nazie qui approuva et pratiqua de multiples génocides au cours de la Seconde Guerre mondiale.

Une décennie ottomane non génocidaire aurait nécessité la neutralité en 1914 aussi bien que la volonté des Jeunes Turcs de continuer les réformes et de construire l'Asie Mineure avec les chrétiens ottomans. Au lieu de quoi ils s'abandonnèrent à un désir maximaliste, lié à la guerre, de restauration impériale, voire d'expansion panturquiste, mais aussi à leur idéal d'une Asie Mineure comme foyer national turc. Frustrés dans leur premier dessein, ils poursuivirent leur second objectif et usèrent d'une violence sans précédent contre leurs concitoyens. La neutralité ottomane aurait pu considérablement abréger la Première Guerre mondiale, voire prévenir la révolution bolchevique[77]. Il aurait fallu pour cela que le CUP écoutât les conseils de prudence de l'un des siens, Cavid Bey, plutôt que des activistes comme Enver Pacha ou les prophètes de la guerre et de la révolution mondiales comme Alexandre Helphand-Parvus.

L'analyse contrefactuelle démontre que les contemporains avaient le choix. Dans le cas du CUP, en 1915-1916, les choix sont évidents. Face aux preuves accablantes, il n'est plus permis de douter qu'un génocide ait bel et bien été perpétré en Anatolie au cours de la Première Guerre mondiale. C'est l'un des chapitres les plus terribles de l'histoire d'un conflit dont le caractère et les dimensions devaient changer la nature de la guerre.

Chapitre XXIII

Droit de la guerre

Annie Deperchin

La Grande Guerre ne résulte pas d'une faillite du droit. En effet, l'analyse révèle que ce conflit entretient un rapport intime avec le droit, depuis son déclenchement jusqu'à son règlement, bien que l'ensemble des règles juridiques aient été violées. C'est ce phénomène paradoxal qu'il s'agit d'expliquer. Le droit international de la guerre procède en effet d'une lente et patiente élaboration commencée au milieu du XIXe siècle ; mais, malgré les efforts déployés et les progrès successifs, il est à la veille du premier conflit mondial encore lacunaire et fragile. S'il est violé de manière généralisée entre 1914 et 1918, il demeure néanmoins une référence constante dans la « guerre du droit » que tous les belligérants croient mener ; aussi se manifeste-t-il à nouveau à la fin du conflit dans le cadre d'une paix que les vainqueurs prétendent être celle du droit et de la justice, laquelle organise pour la première fois dans l'histoire un droit pénal et civil des responsabilités liées à la guerre.

La lente gestation du droit international de la guerre

Une réglementation des comportements des troupes combattantes existait dans la plupart des États, bien avant la Première Guerre mondiale, sous la forme de lois applicables aux militaires, regroupées en codes, qui répriment les conduites jugées indésirables. Ainsi, tuer hors l'action combattante et le pillage sont de manière générale interdits afin non d'humaniser la guerre, mais d'assurer la discipline dans les armées. Ces lois ne constituent donc pas un droit de la guerre universel s'imposant à tous les belligérants potentiels.

Les approches

La volonté de supprimer la violence comme mode de résolution des différends entre États est le but ultime du droit de la guerre. Il faut garder cette idée à l'esprit lorsque l'on analyse l'évolution du droit international, où se mêlent utopie et pragmatisme. Cette volonté s'ancre dans deux types d'approches qui ne sont pas exclusives l'une de l'autre. La première peut être qualifiée de « compassionnelle », car elle se nourrit de la sensibilité aux souffrances causées par les guerres – telle est principalement l'approche des pacifistes s'inscrivant dans la lignée de Bertha von Suttner, qui proclame en 1889 dans *Bas les armes !* (*Die Waffen nieder !*)[1] que la guerre est un crime. La seconde approche, « raisonnable », est issue de la réflexion sur le coût de la guerre moderne en vies et en destructions, ce qu'enseignent les conflits qui éclatent à partir de la seconde moitié du XIXe siècle. Si la première approche trouve à se traduire juridiquement dans les théories du droit naturel selon lesquelles certains éléments de droit sont universels, car nés de la rationalité et de la sociabilité de l'homme, la deuxième approche engendre l'énergie qui permet de concrétiser les principes. De cette fusion des démarches émerge un droit international de la guerre, qui sinue entre des normes partielles dictées par l'urgence d'être efficace à limiter les souffrances et celles qui, plus méthodiques, s'attaquent à la racine du problème : la guerre elle-même qu'il s'agit d'éradiquer.

Quoi qu'il en soit du domaine des normes, leur force nécessite qu'elles s'imposent aux États. En effet, l'histoire de leur élaboration enseigne que, même si les États finissent avec plus ou moins de conviction par accepter un corpus juridique, l'efficacité de celui-ci n'est pas tant fonction des compromis que de l'idée qu'ils ont, ou n'ont pas, de la suprématie du droit international. Au-delà des normes particulières, on ne doit pas oublier, si l'on veut comprendre comment la Grande Guerre s'articule sur le droit, qu'une question juridique fondamentale se pose : comment justifier la supériorité de ces normes par rapport à la volonté des États ? Comment le droit international peut-il s'imposer à eux alors que les traités de Westphalie de 1648, signés pour mettre un terme de manière collective à la guerre de Trente Ans, première guerre européenne, fondent l'ordre international sur la reconnaissance de l'égalité et de la souveraineté des États ?

*La question fondamentale :
le droit international s'impose-t-il aux États ?*

À cet égard, la réflexion juridique s'est amplement nourrie de la théorisation qu'opère Grotius au XVIIᵉ siècle dans son *Droit de la guerre et de la paix* (1625). Il y définit le droit naturel comme étant constitué des « principes de la droite raison qui nous font connaître qu'une action est moralement honnête ou déshonnête selon la convenance ou la disconvenance nécessaire qu'elle a avec la nature raisonnable ou sociable de l'homme ». La raison naturelle impose ainsi des règles aux relations humaines en dehors même de toute autorité sociale. Le droit international lié au droit naturel n'est pas créé par les États puisqu'il leur préexiste et qu'ils le découvrent grâce à leur raison. L'idée progresse avec Emmerich de Vattel, qui, dans son *Droit des gens ou Principes de la loi naturelle* (1758)[2], déclare obligatoires des règles qui, jusque-là, étaient considérées certes comme souhaitables, mais demeuraient facultatives.

Au milieu du XIXᵉ siècle se développe le sentiment que l'avancée d'un État au regard de la civilisation se mesure à sa capacité à proscrire la violence. Des esprits éclairés et sensibles aux souffrances des hommes projetés dans les conflits se jettent dans le combat contre la guerre, qui apparaît de moins en moins comme le moyen normal de régler des conflits lorsque la diplomatie, c'est-à-dire la politique, a échoué à les résoudre.

Il est d'abord mené de manière très pragmatique dans le cadre du champ de bataille où la détresse des blessés saute aux yeux, et cela grâce à l'énergie d'Henry Dunant que les hasards d'une entrevue qu'il projetait avec Napoléon III conduisent sur le champ de bataille de Solferino en 1859. Le spectacle de la boucherie (40 000 tués et blessés), joint à l'insuffisance des réponses matérielles apportées aux souffrances partagées par les soldats des deux camps, l'amène à consacrer le reste de son existence à obtenir que des droits soient reconnus aux blessés, quelle que soit leur nationalité. Le 22 août 1864 est signée la première convention internationale entre les douze États (d'autres y adhéreront ensuite) réunis à l'invitation du gouvernement fédéral suisse, sollicité par les sociétés de secours aux blessés militaires dont il était l'initiateur. Cette « Convention pour l'amélioration du sort des militaires blessés dans les armées en campagne[3] » constitue un tournant décisif dans l'évolution du droit. En effet, désormais, l'effort pour lutter contre la guerre va porter sur l'élaboration de normes écrites que les États s'engagent à respecter. Même si aucune autorité supérieure ne les a élaborées et ne peut veiller à leur application, l'idée s'affirme – bien qu'elle soit controversée – que, selon la maxime « *pacta sunt servanda* », les engagements librement consentis ont force de loi et créent un droit international contraignant à l'égard des États, comme le serait un droit supranational élaboré par une institution placée au-dessus d'eux.

Toutefois, la traduction juridique de cette théorie est difficile à mettre en œuvre parce que les États, au prisme de leurs intérêts particuliers, s'ils peuvent envisager que le droit international représente un idéal auquel il convient de tendre, sont le plus souvent réticents à accepter concrètement sa contrainte. La conséquence en est que la guerre correspond, pour chaque État, à une libre faculté dont l'emploi ne peut donner lieu à appréciation juridique, et encore moins à sanction. Le droit doit se borner à indiquer aux belligérants dans quelle forme la guerre se déclare et se termine, quelles règles on doit observer dans la conduite des hostilités et comment doivent être respectés les droits des neutres, sans aborder la question de savoir quand on peut faire la guerre, ni pour quel motif. Comme il ne fournit aucun principe permettant d'apprécier la légitimité d'une guerre, il appartient au droit naturel, dans son approche morale, de décider si elle est juste ou non.

Le fait que les consentements aux normes vont s'échanger dans le cadre de conférences où les États envoient des délégués va contribuer, par le nombre sans cesse plus grand des engagements, à leur donner une force supérieure en créant une sorte d'universalité. Ne pas respecter les règles dont le contenu et la rédaction ont été discutés et acceptés collectivement revient dès lors pour un État à se mettre au ban des nations civilisées, et aucun ne le souhaite. Cela explique l'importance que revêt le choix des questions mises à l'ordre du jour des conférences. Il fait lui-même l'objet de discussions, car il fixe déjà, en le limitant, le champ de la réglementation à venir.

Depuis l'élaboration des traités de Westphalie, on pense que l'approche collective des problèmes, en permettant d'instaurer un équilibre des avantages concédés à chaque État, constitue le meilleur moyen de limiter les conflits. L'initiative personnelle du tsar trouve dans cette pratique, alors entrée dans les mœurs des États, le cadre propice pour discuter de la limitation des armements en 1868. La conférence qu'il réunit à Saint-

Pétersbourg s'achève non sur une convention que tous les États signent, mais sur une déclaration commune concernant seulement l'interdiction d'une arme, en l'occurrence « tout projectile d'un poids inférieur à 400 grammes qui serait explosible ou chargé de matières fulminantes ou inflammables[4] ». Le résultat peut sembler bien mince. Il faut néanmoins rappeler que la peur des balles dont il s'agit, censées exploser dans le corps, a créé une psychose au sein des armées, ce qui en fait une question importante à l'époque, même si l'acquis ne constitue pas une révolution au regard de la limitation des armements qui est le but recherché. On ne souligne pas assez le progrès considérable que cette déclaration commune représente par rapport à la nature du sujet abordé (les armements sont une des questions les plus sensibles) et des signatures rassemblées (à l'exception du Brésil, elles sont toutes européennes et représentent la quasi-totalité des belligérants d'une potentielle guerre en Europe).

Par ailleurs, cette conférence révèle qu'une réflexion doctrinale en amont permettrait aux délégués des États d'être plus efficaces dans le temps forcément limité de leurs réunions. C'est à ce besoin que veulent répondre, par une initiative totalement privée, les onze professeurs de droit qui décident à Gand en 1873 de fonder l'Institut de droit international. L'année suivante, à nouveau sur proposition du tsar, un premier essai de réglementation collective est tenté à la conférence de Bruxelles, qui ne débouche pas non plus sur un engagement collectif, car l'objet de la conférence est uniquement de délibérer sur le projet russe qui lui est soumis comme base de travail. Les instructions des gouvernements sont très nettes à cet égard. La conférence parvient à élaborer un texte conséquent sous la forme d'un « Projet de déclaration internationale concernant les lois et coutumes de la guerre[5] » structuré, comportant 56 articles, auquel sont jointes les remarques formulées par les délégués sur les points de dissension. Le protocole final est signé le 27 août. Tant par les sujets qu'elle aborde (moyens de nuire à l'ennemi, sièges et bombardements, espions, prisonniers de guerre, et surtout questions liées à l'occupation et à la qualité de belligérant) que par la recherche d'une formulation précise dans la rédaction du texte, cette conférence fonde le futur droit de la guerre. Son travail inspire les juristes de l'Institut de droit international. Le 9 septembre 1880, lors de leur congrès qui, cette année-là, se tient à Oxford, ils rendent public le *Manuel des lois de la guerre sur terre*[6]. L'ouvrage se présente comme un petit code destiné à faciliter dans chaque État la diffusion du droit de la guerre auprès des militaires. Il suscite intérêt et débats, mais n'est en rien obligatoire, car il faut pour cela amorcer une volonté politique. Elle se manifeste lors de la conférence réunie à La Haye en 1899, où le *Manuel* sert de base aux travaux. Vingt-six puissances, qui y délèguent des diplomates, des juristes et des militaires, signent l'acte final. Le corpus élaboré comporte des conventions, des déclarations et des vœux que les États acceptent de mettre désormais en œuvre.

De la déclaration commune à la convention, le pas franchi est encore une fois énorme, en particulier si l'on considère qu'il s'agit d'une convention multilatérale par laquelle les États s'engagent à l'égard des uns et des autres, et que leur nombre donne force à la somme des consentements jusqu'à créer peut-être une forme de transcendance par rapport à la souveraineté des États. D'autre part, des sujets sensibles ont été débattus, en particulier celui du droit applicable à l'occupation des territoires. L'apport considérable de l'Institut de droit international à la construction de l'édifice juridique en cours est reconnu par l'attribution du quatrième prix Nobel de la paix en 1904.

Toutefois, cet édifice demande à être complété – tel est l'objet de la deuxième conférence qui se réunit à La Haye en 1907 à l'initiative des États-Unis. Il s'agit de prendre la question de la guerre, dont découlent toutes les souffrances que les précédentes conférences ont voulu circonscrire, à sa racine et de l'extirper : par quel moyen empêcher que des différends entre États ne soient réglés par la guerre ? Le droit, par l'outil juridique de l'arbitrage institué en 1899, constitue la solution qu'il s'agit maintenant de rendre obligatoire et donc efficace. Huit ans après la première conférence, à laquelle on avait déjà appliqué le qualificatif de conférence de la paix, ce sont quarante-quatre États – c'est-à-dire pour l'époque leur grande majorité, dont nombre de puissances non européennes – qui apposent leur signature au bas des conventions. Imagine-t-on là encore suffisamment la prouesse que représente le fait de parvenir à réunir le consentement de quarante-quatre États à des règles qui, en encadrant leur comportement dans la guerre, vont limiter leur action ?

L'œuvre progresse malgré les difficultés, mais elle est bien loin d'être achevée : beaucoup de questions restent en suspens et les normes élaborées doivent être précisées. Pour la poursuivre, un Palais de la paix est construit à La Haye et inauguré en 1913. Il doit accueillir une nouvelle conférence projetée à l'horizon 1914-1915.

DROIT DE LA GUERRE

Un droit lacunaire et fragile à la veille de la guerre

Éviter la guerre : l'arbitrage et ses limites

Ce que le monde souhaite voir émerger des conférences réunies à La Haye, c'est la disparition de la guerre. L'idéal serait que, lorsqu'un différend surgit entre eux, les États le soumettent à une juridiction qui trancherait entre les prétentions, épargnant ainsi aux peuples les souffrances de la guerre sous toutes ses formes. Autrement dit, il s'agit de transposer le mode de règlement des litiges existant dans les droits internes sur le plan international. L'institution de l'arbitrage a semblé la modalité la plus propice, car la plus réalisable. En 1899, le principe en avait été accepté et une Cour permanente avait été installée l'année suivante. Mais, entre 1900 et 1907, seules quatre affaires ont été jugées par elle. Le bilan est assez mitigé : c'est peu au regard des tensions internationales, et les grandes crises ont échappé à son intervention – comme celle ouverte à Tanger à propos du Maroc, dénouée par une conférence (Algésiras, 1906). En 1907, la conférence s'assigne donc comme principal objectif de perfectionner l'arbitrage.

En 1914, quatre modes de résolution pacifique des conflits s'offrent aux États : les bons offices, la médiation, la commission internationale d'enquête et l'arbitrage international. Les deux premières procédures ont plus à voir avec la diplomatie qu'avec la justice, car elles consistent à concilier les prétentions opposées et à apaiser les ressentiments avant que ceux-ci ne mettent la paix en danger. La commission internationale d'enquête doit permettre de faire la lumière de manière impartiale sur les faits qui sont invoqués par les États qui s'opposent. Rien n'interdit à cette commission de jouer un rôle de conciliation, mais la limitation de sa compétence aux litiges qui n'engagent « ni l'honneur, ni les intérêts essentiels des parties[7] », circonscrit assez nettement ses chances d'intervention. La convention de 1907 stipule que la Cour d'arbitrage, appelée désormais Cour spéciale d'arbitrage, doit être « accessible en tout temps[8] ». Toutefois, aucune juridiction n'est préalablement constituée, et donc à la disposition des États en désaccord. La Cour existe à travers la liste permanente des arbitres potentiels (quatre noms désignés pour six ans par chaque État signataire), sur laquelle, en cas de crise, les États parties sont invités à choisir deux arbitres, dont un seul est leur arbitre national, lesquels nomment le président de la juridiction qui jugera le différend. La juridiction doit être constituée dans le délai de deux mois. Pendant ce temps, le recours à l'arbitrage étant consensuel, les États en désaccord doivent rédiger un compromis fixant l'objet du litige et les délais de l'instruction, écrite et contradictoire. L'affaire est alors jugée et la sentence notifiée aux États qui s'engagent de bonne foi à l'exécuter, aucune voie de recours n'étant prévue. Il entrait dans les intentions des rédacteurs de concevoir une procédure qui s'imposerait par sa souplesse et ses gages d'impartialité. Mais, comme cela est souvent le cas lorsque le but est de donner un maximum de garanties, elle est lourde et longue à mettre en œuvre au regard de l'urgence qu'implique un différend interétatique où il s'agit d'aller aussi vite que la montée de l'émotion populaire.

D'autre part, il n'a pas été possible de réunir un consensus pour la rendre obligatoire et, les États n'ayant pas voulu que le recours à l'arbitrage fonctionne comme un moyen dilatoire compromettant les chances de victoire au cas où il échouerait, la mobilisation est autorisée parallèlement au processus juridique. Cette possibilité, jointe au caractère facultatif de l'arbitrage, est de nature à mettre sérieusement en péril une conclusion juridique du différend. De fait, la Cour spéciale d'arbitrage juge seulement onze différends entre 1907 et 1914, et les États n'y ont recours ni pour la crise d'Agadir en 1911, ni pour empêcher les guerres balkaniques de 1912-1913. À l'issue de la première, le président français Poincaré proposa d'ailleurs la réunion d'une conférence qui se tint à Londres pour éviter l'extension du conflit à l'Europe – preuve que, pour les crises importantes, le recours à l'arbitrage n'est pas entré dans les mœurs politiques à la veille de la Grande Guerre. Aussi, penser qu'il permettra d'éviter la guerre relève de l'acte de foi et mieux vaut s'en remettre aux règles relatives à la conduite de la guerre pour en limiter les souffrances.

Limiter les souffrances de la guerre : réglementer sa conduite

L'ensemble juridique consensuel et écrit s'est rapidement étoffé au cours des cinq décennies qui séparent la première convention de Genève de 1864 du déclenchement de la Grande Guerre.

La convention de Genève du 6 juillet 1906 « pour l'amélioration du sort des blessés et malades dans les armées en campagne[9] » s'est insinuée entre les conventions signées à La Haye le 29 juillet 1899 et le 18 octobre

1907 pour compléter leur dispositif juridique. La plupart des règles concernant la conduite de la guerre sur terre ont été arrêtées en 1899 et, en 1907, la conférence s'attache à avancer dans la réglementation de la guerre maritime. Ce travail donne lieu à la signature de huit conventions traitant des divers aspects de ce type de guerre (convention VI « relative au régime des navires de commerce ennemis au début des hostilités », convention VII « relative à la transformation des navires de commerce en bâtiments de guerre », convention VIII « relative à la pose de mines sous-marines automatiques de contact », convention IX « concernant le bombardement par les forces navales en temps de guerre », convention X « pour l'adaptation à la guerre maritime de la convention de Genève » – concernant les blessés, convention XI « relative à l'exercice du droit de capture dans la guerre maritime », convention XII « relative à l'établissement d'une Cour internationale des prises », convention XIII « concernant les droits et les devoirs des puissances neutres en cas de guerre maritime »).

Au total, le corpus juridique de La Haye après 1907 est censé protéger les prisonniers, les populations occupées, leurs personnes et leurs biens, ainsi que les combattants, que la guerre se déroule sur terre ou sur mer. L'usage de certaines armes est interdit : outre les balles explosives dont il a été question dès 1868, notamment les gaz et les projectiles lancés d'un engin volant. D'autres armes voient leur utilisation réglementée, comme la pose de mines sous-marines. Selon le principe hérité des Lumières, la guerre ne concernant que les États belligérants, les neutres ne doivent pas en souffrir, sous réserve du respect des conventions V et XII relatives respectivement aux devoirs des puissances et des personnes neutres en cas de guerre sur terre et sur mer.

Pour compléter l'édifice juridique concernant la guerre maritime, une conférence est réunie à Londres en 1909 qui se clôt par un protocole le 26 février. L'année suivante, les discussions reprennent et aboutissent, le 19 septembre, à préciser la convention relative à l'établissement de la Cour internationale des prises, instituée lors de la conférence de 1909.

Ceux qui ont œuvré à l'élaboration de cet immense corpus juridique peuvent être légitimement satisfaits : la réglementation prend corps dans tous les domaines que la guerre peut concerner. Pourtant, il reste à faire et le délégué russe à la conférence de La Haye, Fiodor de Martens, ayant une conscience aiguë des conséquences que peuvent avoir les lacunes, et pour limiter au maximum les zones de non-droit, a l'idée assez extraordinaire de faire inclure dans le préambule de l'acte final de la conférence un petit paragraphe qui l'a rendu immortel sous le nom de clause de Martens : « En attendant qu'un code plus complet des lois de la guerre puisse être édicté, les hautes Parties contractantes jugent opportun de constater que, dans les cas non compris dans les dispositions réglementaires adoptées par Elles, les populations et les belligérants restent sous la sauvegarde et sous l'empire des principes du droit des gens, tels qu'ils résultent des usages établis entre nations civilisées, des lois de l'humanité et des exigences de la conscience publique[10]. »

Ainsi, les principes du droit naturel sous la forme de ce volet du droit des gens que sont les lois (comprises ici au sens de la morale collective comme de l'éthique personnelle) et les coutumes de la guerre viennent compléter, dans tout ce qui n'a pas fait l'objet de normes consensuelles écrites, le droit international de la guerre encore en gestation. Si aucun juriste ne nourrit d'illusion sur le pouvoir contraignant de ces principes, la référence qui leur est faite dans un acte signé par la grande majorité des États annonce un avenir, qui peut s'annoncer proche, où enfreindre les lois de la guerre ferait sortir le contrevenant du seul cadre de la sanction morale pour l'exposer à des sanctions juridiques.

Les obstacles à l'efficacité du droit international

L'efficacité du droit international de la guerre se heurte d'abord à des obstacles matériels : en premier lieu se pose la question des sanctions encourues par un État et les personnes qui en violeraient les dispositions.

L'introduction de sanctions en cas de violations du droit de la guerre dans les conventions est de nature à freiner le consentement des États ; aussi la question ne figure-t-elle pas à l'ordre du jour des conférences de 1899 et de 1907. Les différentes conventions sont néanmoins parsemées de références à la responsabilité des auteurs matériels de la violation de telle ou telle disposition particulière. En ce qui concerne celle des États belligérants, la sanction introduite, à l'initiative de l'Allemagne, en 1907 à l'article 3 de la convention IV relative aux lois et coutumes de la guerre sur terre, développées dans le règlement joint en annexe, prévoit que « la partie belligérante qui violerait les dispositions dudit règlement sera tenue à indemnité, s'il y a lieu, et elle sera responsable de tous les actes commis par les personnes faisant partie de sa force armée[11] ». Les juristes ont vu dans cette disposition une innovation importante au-delà des possibilités réelles qu'elle offre, tant ils veulent croire au droit. En effet, comment penser qu'une victime – combattant blessé ou prisonnier, habitant d'une région occupée – puisse actionner en justice l'État responsable ? Cela peut se concevoir en théorie, mais les difficultés pratiques pour mettre en œuvre cette responsabilité sont faciles à imaginer, que l'État responsable soit vaincu ou vainqueur par rapport à l'État dont la victime est le sujet. Placé dans la convention elle-même, cet article est censé sanctionner tout le règlement qui suit et oblige notamment chaque État signataire à donner des instructions à ses troupes pour rendre effective l'application du droit de la guerre. Or, à la veille de la guerre, un certain nombre d'États, dont l'Allemagne, ne se sont toujours pas mis en conformité avec cette obligation sans que la sanction prévue dans la convention ait été mise en œuvre. Par qui, d'ailleurs, pouvait-elle l'être et comment ?

L'absence d'un pouvoir judiciaire sanctionnant les manquements au droit et d'un pouvoir exécutif forçant l'exécution des décisions constitue un deuxième obstacle matériel à l'efficacité des normes. À la veille de la guerre, les États ont déjà acquis des habitudes de coopération prenant la forme d'administrations internationales assurant l'application des conventions qui réglementent les relations entre États dans le domaine civil. Certaines concernent la libre circulation sur des fleuves (Commission du Rhin en 1815, Commission du Danube en 1856), des unions ou des offices sont structurés en services comme l'Union télégraphique internationale (1865), l'Union postale universelle (1878), l'Union des chemins de fer (1890), l'Office international de la santé publique (1904) ou encore l'Office international de l'hygiène (1907). L'idée suit son chemin dans le domaine politique d'une société des nations, placée au-dessus des États. Si l'expression « société des nations » figure dans le texte de 1907, elle y traduit seulement la prise de conscience d'une interdépendance croissante entre les nations civilisées. La réflexion juridique mûrit peu à peu, ainsi dans la pensée fondatrice de Léon Bourgeois, premier délégué de la France aux deux conférences de La Haye, qui propose dans son ouvrage *Solidarité*, dès 1896, et surtout dans *Pour la Société des nations*, publié en 1910, d'instituer un tribunal des nations auquel sera confié le soin de veiller au respect du droit international. Cette structure eût-elle existé au moment de la Grande Guerre, il eût fallu, pour qu'elle fût efficace, des moyens de coercition, c'est-à-dire une force armée. Tout cela suppose un degré d'organisation des relations internationales qui, à ce moment-là, n'existe pas.

La manière dont le droit de la guerre est reçu nationalement peut constituer un autre type d'obstacle à sa mise en œuvre, car la réaction des hommes politiques et des militaires à l'adoption des règles renseigne sur leur état d'esprit profond et sur les chances de leur application en cas de conflit. Au niveau politique, chaque État accepte de faire un effort pour humaniser la guerre, mais à la condition que les normes adoptées ne nuisent pas à sa sécurité et n'empêchent pas sa victoire. Lors de la conférence de Bruxelles en 1874, la première réunissant sur le thème général des lois et coutumes de la guerre, la frilosité des États est perceptible à travers le comportement des délégués, qui craignent que cette dynamique collective ne les engage trop loin. Chaque gouvernement leur rappelle que la conférence doit seulement réfléchir sur le projet de convention soumis par la Russie, sans décider de son adoption, tout vote étant exclu. Il reviendra par la suite aux États de valider ou non le projet. Il convient de remarquer que cette convention, issue d'un consensus finalement implicite, ne se nomme d'ailleurs plus « projet de convention » (intitulé du projet russe), mais « projet de déclaration », à interpréter avec les réserves des délégués consignées dans les protocoles des séances. Comme l'indique le protocole final, les délégués n'ont mené qu'une « enquête consciencieuse » utile, espèrent-ils, pour le futur.

À La Haye, en 1899 comme en 1907, les interventions des délégués des États, qui ont la qualité de plénipotentiaires, sont autant d'indications sur leurs réticences vis-à-vis de certaines normes. Leurs instructions sont très précises, notamment sur les sujets qui contrarient les intérêts nationaux. Les historiens pointent souvent à cet égard l'attitude allemande, exprimée en 1899 par le général de Gross de Schwarzhoff, à propos de la réglementation de la guerre sur terre. Ainsi, sur la question des droits et devoirs des occupants et des occupés, l'Allemagne, dans le souvenir des francs-tireurs de la guerre franco-prussienne de 1870, se place dans la logique de l'occupant et pousse à l'adoption de règles qui favorisent ce dernier au détriment des occupés. À la conférence de 1907, où le règlement doit être précisé, le général Marshall de Bieberstein adopte la même attitude en s'opposant par exemple à l'article 44 qui interdit de forcer la population occupée pour en obtenir des renseignements militaires.

On a en revanche très peu pointé l'attitude britannique lorsqu'il s'est agi de réglementer la guerre maritime. Cette réglementation proposée dès 1856 à la conférence de Paris par les États-Unis n'y a pas été abordée parce que l'Angleterre s'y est refusée. En 1899, elle est à nouveau écartée sur son intervention au motif qu'elle n'est pas inscrite au programme de la conférence. Mais on observe, peut-être par une sorte de magie de ces réunions, que la position de l'Angleterre évolue avec le temps. Elle finit par accepter que des intérêts considérés comme vitaux pour elle fassent l'objet de discussions. La conférence de 1907 aborde donc la guerre maritime (deux des quatre commissions travaillent sur ce thème) ; toutefois, la Grande-Bretagne entend bien tirer la réglementation dans le sens qui lui convient. En raison de son insularité, la dimension navale de la guerre est essentielle : il lui faut protéger ses côtes et interdire la mer à l'ennemi. Se posent avec acuité les questions de l'utilisation de la mer par les neutres et de la capture des navires et des marchandises, auxquelles se rattachent celles de la contrebande de guerre et du blocus. Il est d'autant plus difficile de réunir un consensus sur ces points que les positions doctrinales anglaises diffèrent largement de celles des États continentaux, lesquelles ne concordent d'ailleurs pas exactement. La plupart des États souhaitent que l'inviolabilité de la propriété privée neutre et ennemie des navires et des marchandises transportées soit reconnue comme le pendant à l'interdiction du pillage dans la guerre sur terre. Au contraire, l'Angleterre, estimant que le droit de capture est essentiel à sa défense nationale, désire que la prohibition de la contrebande de guerre soit supprimée et que ses propres règles concernant le blocus s'imposent. Il est admis qu'un blocus doit être effectif pour être licite, mais, pour la doctrine anglaise, la condition de blocus effectif se trouve plus facilement remplie que pour les doctrines continentales, avec pour résultat d'immobiliser moins de navires.

Sur la contrebande de guerre, l'accord est obtenu sur la contrebande absolue (liste des marchandises utilisables sans aucun doute possible pour l'effort de guerre), grâce aux efforts du comité spécial constitué pour aplanir les difficultés, mais le consensus ne se fait pas sur la liste des marchandises de contrebande relative. Les divergences demeurant trop importantes, les questions du blocus et de la contrebande de guerre sont finalement ajournées à la conférence suivante, le vœu étant émis que celle-ci élabore un règlement relatif aux lois et coutumes de la guerre sur mer analogue à celui de la guerre sur terre. La discussion est reprise aux conférences tenues à Londres en 1909 et 1911, et la Cour internationale des prises, premier tribunal supranational de l'histoire, est instituée pour juger en appel les décisions rendues par les juridictions nationales des prises. Le texte n'en est pas ratifié, notamment par la Grande-Bretagne. Les conventions internationales ne sont en effet pas d'application directe dans les États ; il faut donc, pour leur donner force juridique, qu'elles fassent l'objet d'une ratification et que le droit interne soit mis en harmonie avec les dispositions internationales. À la veille de la guerre, par différents moyens, l'Angleterre comme l'Allemagne ont réussi à échapper aux normes qui ne leur conviennent pas ou à infléchir celles qui ont été adoptées dans le sens qui leur est favorable.

Nul n'est censé ignorer la loi. Mais quelle portée peut avoir le droit international de la guerre si seuls les juristes, et peut-être les hommes politiques, le connaissent ? Pour avoir des chances qu'il soit appliqué là où il doit l'être, il faut en imprégner les militaires. Francis Lieber est le premier à concrétiser cette nécessité. Ses *Instructions for the Government of the Armies of the United States in the Field,* proclamées lors de la guerre de Sécession par le président Lincoln le 24 avril 1863, intègrent les principes des lois et coutumes de la guerre alors en usage dans un texte de 157 articles auquel on donnera le nom de *Lieber Code*[12]. Son audience dépasse rapidement les frontières américaines, notamment dans les milieux juridiques, et conduit le passage d'un droit coutumier de la guerre à un droit écrit. En France, aux Pays-Bas et en Russie, dès 1877, paraissent des manuels de droit international à usage des officiers de l'armée de terre. Mais c'est précisément la vision pragmatique du *Lieber Code* qui inspire l'Institut de droit international dans son *Manuel des lois de la guerre,* dit *Manuel d'Oxford,* en 1880[13] (puis en 1913 dans son *Manuel de la guerre maritime*[14]). Il doit servir de modèle aux directives que les États doivent donner à leurs troupes.

Effectivement, dans les années qui suivent, les règles du droit de la guerre apparaissent peu à peu dans les instructions militaires. Ainsi, en Espagne, le *Règlement pour le service de campagne* du 5 janvier 1882 contient un titre consacré au droit des gens et aux lois de la guerre incluant les points débattus lors de la conférence de Bruxelles en 1874. En Angleterre, le *Manual of Military Law,* rédigé par lord Thring en 1883, à destination des officiers, sans être officiel au sens strict du terme, est édité sous les auspices du War Office et comporte un chapitre relatif aux « Customs of war »[15]. Le Portugal ajoute en 1890 dans son *Règlement provisoire sur le service en campagne* un titre consacré au droit en temps de guerre. Il en est de même pour l'Italie, dans son *Règlement sur le service de campagne* du 16 septembre 1896. Si, en France, l'édition de 1893 du *Manuel de droit international à l'usage des officiers de l'armée de terre* indique quelles sont les règles de bonne conduite dans les hostilités, le caractère officiel qui leur donnerait force contraignante fait défaut.

Aussi, pour faire avancer le droit et harmoniser les comportements, l'article premier de la convention de 1899 oblige les États à donner à leurs forces armées de terre des instructions qui seront conformes au règlement concernant les lois et coutumes de la guerre sur terre qui vient d'être adopté. La place de cet article, le premier de l'acte signé, révèle que les négociateurs mesurent combien la diffusion des règles adoptées conditionne leur application. Cet article aurait pu aussi être placé en dernier pour amener au prolongement logique des négociations, mais le but est de bien montrer que l'humanisation de la guerre commence par la volonté des États de la rendre possible.

Le juriste russe Fiodor de Martens[16], délégué de la Russie à Bruxelles puis à La Haye, déplore qu'on ne se presse pas assez d'intégrer les normes contraignantes édictées en 1899 et regrette que l'obligation de le faire n'ait pas été assortie d'un délai pour sa concrétisation. Ainsi, en France, les conventions de 1899 ont été rapidement ratifiées (décret présidentiel du 28 novembre 1900) et notifiées six mois plus tard au ministre de la Guerre, mais les instructions militaires traînent à en intégrer les dispositions. C'est en Russie – cela ne saurait surprendre, vu les efforts développés par le tsar dans leur élaboration – que cette intégration se fait de manière officielle et conséquente. Le *prikaz* impérial n° 409, du 14/27 juin 1904, ordonne de placer des instructions sur les lois et coutumes de la guerre en annexe du « Règlement sur le service en campagne et l'instruction pour le combat des détachements de toutes armes ». La première partie s'adresse à l'officier (44 articles en 7 chapitres) ; la seconde, rédigée de façon très simple et paternaliste (11 articles), s'adresse en le tutoyant au soldat pour lui dire ce qu'il convient de faire et d'éviter, et tient plus des Dix Commandements que du droit de la guerre.

Mais, au lendemain de la conférence de 1899, un silence quasi complet sur le droit international caractérise les instructions données aux militaires aussi bien en Allemagne qu'en Autriche-Hongrie. L'édition du 1er janvier 1900 sur le service en campagne de l'armée allemande reste muette sur le droit de la guerre, hormis les dispositions déjà anciennes de la convention de Genève de 1864 dans la partie consacrée au service de santé. Telle est exactement la teneur du règlement austro-hongrois du 15 mars 1904. Certes, un cours de droit officiel (*Rechtslehre*) à destination des militaires des Académies de Vienne et de Leipzig a été publié sur ordre du ministère de la Guerre en 1899. Si le droit de la guerre y est abordé en quatrième partie, c'est sous une forme très théorique, après les développements sur le droit de l'État, qui importe beaucoup plus. Mais c'est surtout la publication en 1902 du *Kriegsbrauch im Land Kriege* (« Les lois de la guerre continentale ») par la section historique du grand état-major allemand, dans un recueil d'études édité pour les officiers, qui provoque l'inquiétude dans les milieux juridiques internationaux. Le caractère de loi écrite est dénié au droit de la guerre, présenté comme ayant seulement un caractère moral et facultatif ; il est donc dépourvu de force contraignante. Seule la crainte des représailles, c'est-à-dire l'usage par l'ennemi de la force, peut en garantir l'application. Le grand état-major met par ailleurs en garde les officiers contre les tendances humanitaires qui, depuis des décennies, ont dégénéré en « sensibilité, sinon en sensiblerie », et proclame que, dans la guerre, « la véritable humanité réside souvent dans l'emploi dépourvu de ménagement de ses sévérités ». Pour l'état-major allemand, un conflit, pour toute sa durée, suspend le droit, car les impératifs militaires pour assurer la victoire rendent son application impossible. Le manuel se réfère aux déclarations de Saint-Pétersbourg et de Bruxelles, mais il ignore les normes édictées et acceptées par l'Allemagne en 1899. Le juriste français Alexandre Mérignhac conclut ainsi un article publié en 1907 : « Quel formidable point d'interrogation cette mentalité ne pose-t-elle pas pour ceux qui, Français ou autres, auront affaire à l'Allemagne dans les guerres futures[17] ! »

La guerre et la mise à l'épreuve du droit

La « guerre du droit »

La guerre commence par une violation flagrante du droit par l'Allemagne, celle des neutralités belge et luxembourgeoise. La France et la Grande-Bretagne l'inscrivent immédiatement dans une dimension juridique élargie : en ne respectant pas le traité de Londres du 19 avril 1839 et la Ve convention de La Haye de 1907, articles 1, 2 et 10, l'Allemagne a opéré un rejet de tout le droit international. Cette attitude provoque l'entrée en guerre de l'Angleterre, et l'Allemagne est mise au ban des nations civilisées. Le gouvernement allemand a parfaitement conscience de l'enjeu. Le 3 août 1914, l'ambassadeur d'Allemagne à Paris, Wilhelm von Schön, vient déclarer officiellement la guerre au ministère des Affaires étrangères. N'ignorant pas que les troupes allemandes vont traverser la Belgique, il anticipe et affirme que la violation de la neutralité sera légitime, car des aviateurs français ont commencé en survolant le territoire belge le matin même. On sut par la suite, de l'aveu allemand, que cela était faux[18].

Du reste, le gouvernement allemand assume la violation. Le chancelier Bethmann Hollweg dit dans son discours au Reichstag du 4 août : « Nos troupes ont occupé le Luxembourg, peut-être déjà foulé le territoire belge. Cela est contraire aux prescriptions du droit international […]. L'illégalité – je parle ouvertement –, l'illégalité que nous commettons ainsi, nous chercherons à la réparer, dès que notre but militaire aura été atteint[19]. » Ce même jour, le chancelier, s'adressant à l'ambassadeur de Grande-Bretagne à Berlin, sir Edward Groschen, achève d'aggraver la situation de l'Allemagne en lui déclarant qu'il est inconcevable que l'Angleterre entre en guerre rien que pour un mot : « neutralité », un traité n'étant qu'un « chiffon de papier ». Les Alliés s'insurgent de ce monument de cynisme. Le débat juridique s'ouvre alors entre juristes des deux camps. Dans son discours au Reichstag, le chancelier a assumé la violation, mais il l'a justifiée par la théorie de la nécessité : « Messieurs, nous sommes dans la nécessité de nous défendre et nécessité n'a point de loi […]. La France pouvait attendre ; mais nous ne le pouvions pas ! Une attaque sur nos flancs sur le Rhin inférieur aurait pu nous être fatale […]. Quand on est aussi menacé que nous, on s'arrange comme on peut[20]. »

Sur le plan juridique, la nécessité est un fait justificatif, c'est-à-dire une contrainte matérielle ou morale (concept de *Notstand*) qui peut, en expliquant une conduite, constituer un cas de non-imputabilité d'une responsabilité. Mais, pour autant, représente-t-elle un droit (concept de *Notrecht*) de commettre un acte illicite ? Pour les Alliés, la réponse est négative, car admettre le contraire serait accepter l'arbitraire de la force. Pour la doctrine allemande, elle est positive. L'enjeu du débat est crucial : il s'agit de déterminer dans quelle mesure une norme peut être violée sans que celui qui transgresse soit déclaré pour autant responsable. La doctrine allemande peut s'expliquer par l'influence de la hiérarchie hégélienne des valeurs sur le droit, selon laquelle tout conflit d'intérêts trouve sa solution dans la comparaison des valeurs en jeu, la moins importante étant sacrifiée. Pendant la guerre, le juriste Josef Kohler, dans sa brochure *Not kennt kein Gebot*[21], entreprend de démontrer qu'il existe un droit de nécessité (et non pas un fait) en appliquant au droit international une règle du droit allemand : si un droit de propriété est en péril, le propriétaire qui viole la propriété d'autrui n'engage ni sa responsabilité pénale, ni sa responsabilité privée (articles 54 CP et 904 BGB). Ainsi, les États possèdent le droit, dérivé du droit de souveraineté, de conserver leur intégrité par la guerre, intérêt vital supérieur au droit de neutralité : « Quand l'organisation juridique ne fournit pas le moyen de résoudre le conflit, le droit doit s'incliner et donner raison au vainqueur : *factum valet*. » Cette analyse permet de comprendre pourquoi les délégués allemands ont tant tenu à ce que les règles concernant la conduite de la guerre soient assorties de leur limite : « Pour autant que les nécessités de la guerre le permettent. » On a dit par la suite qu'il y avait là une preuve de la préméditation de l'Allemagne ; en réalité, ils ne rencontrèrent pas d'opposition sur ce point au cours des conférences, peut-être par ignorance des conséquences de la doctrine juridique allemande. Au cours du conflit, celle-ci déploie son ingéniosité à assimiler la nécessité d'État (*Staatnotwendigkeit*) et les nécessités stratégiques ou militaires (*Kriegsnotwendigkeit*) aux nécessités de la guerre. Le grand juriste belge Charles de Visscher a beau soutenir qu'il y a là une confusion du politique et du juridique, que les intérêts personnels d'un belligérant ne constituent pas un droit et sont donc inopposables aux autres États[22], l'Allemagne, comme les Alliés de leur côté, est persuadée qu'elle mène aussi la guerre du droit. Elle s'est trouvée contrainte de violer la neutralité belge parce que c'était le seul moyen de briser l'encerclement. Sa survie (son droit d'intégrité reconnu par le droit international) étant en jeu, elle s'imposait au-dessus du droit de neutralité. Ainsi s'éclaire le discours de Bethmann Hollweg au Reichstag le 4 août 1914 et se comprend mieux l'allusion, désastreuse sur le plan médiatique, aux « chiffons de papier ».

Conduite de la guerre : légitime défense et représailles

Le débat juridique est tout aussi intense à propos de la violation généralisée du droit des gens qui accompagne l'invasion allemande dans la foulée de la violation des neutralités belge et luxembourgeoise. Il s'agit pour tous les belligérants d'habiller de justifications juridiques leurs propres transgressions du droit. En d'autres termes : comment sortir du droit tout en prétendant le respecter ?

Légitime défense et représailles constituent les justifications que les deux camps se renvoient indépendamment du champ respectif de ces deux concepts. La légitime défense suppose une réaction immédiate et proportionnée à une agression. Elle vient à l'appui de la défense allemande après les événements de Louvain des 25-27 août 1914. La destruction par le feu d'une partie de la ville et les exécutions de civils deviennent emblématiques des « atrocités allemandes » perpétrées en Belgique, dans le nord et l'est de la France. Elles soulèvent l'indignation, notamment chez les neutres qu'il s'agit de ménager. Les versions allemande et belge diffèrent complètement. Les Belges considèrent que le droit de la guerre a été violé et les Allemands, qui s'estiment victimes de francs-tireurs, soutiennent que ce même droit autorise la légitime défense par la destruction de maisons d'où des coups de feu ont été tirés et l'exécution de civils qui s'y trouvent. Au lendemain des événements, la Belgique et la France (décret du 23 septembre 1914) nomment des commissions d'enquête dont la mission est de sauvegarder la preuve des agissements allemands (environ 6 500 exécutions de civils, des destructions et des pillages à grande échelle) dans l'idée de mettre en jugement les responsables à la fin de la guerre. Les rapports se succèdent (onze rapports sur toute la guerre en France) et la pratique des commissions s'étend au front Est (ainsi, en Russie, la commission Kristov), car le droit de la guerre est violé partout et par tous les belligérants. L'Allemagne se sent obligée de publier un Livre blanc, le 10 mai 1915, intitulé *La Conduite de la guerre du peuple belge en violation du droit international*, élaboré à partir de l'enquête menée auprès de soldats allemands et de témoins belges[23]. Le Livre gris, intitulé *Réponse au Livre blanc allemand*, rédigé à partir d'une enquête diligentée par le ministère des Affaires étrangères et le ministère de la Justice belges, paraît en 1916 pour en réfuter les conclusions[24].

La violation du droit de la guerre ne se limite pas à la guerre sur terre. Les chefs de la marine militaire allemande réclament de leurs vœux, depuis octobre 1914, la guerre sous-marine à outrance. L'opinion de l'amiral von Pohl est identique à celle affirmée par l'état-major dès 1904 : « Plus énergique sera la guerre, plus tôt on en verra la fin et moins de richesses et de vies humaines seront sacrifiées[25]. » Mais Bethmann Hollweg, réticent, ne se laisse fléchir qu'en février 1915, lorsque se font sentir les effets du blocus opéré par l'Angleterre : les eaux de la Grande-Bretagne et de l'Irlande sont déclarées zone de guerre et tout navire de guerre et de commerce ennemi ou neutre qui s'y aventurera le fera à ses risques et périls. Pour l'Allemagne, la guerre sous-marine se justifie par le droit de représailles, car le blocus tel qu'il est pratiqué par l'Angleterre contrevient au droit international. Si effectivement les représailles enfreignent le droit en frappant des innocents, c'est en réponse à une violation préexistante et afin de la faire cesser. Les neutres aussi réprouvent le blocus. Au risque de la capture des navires et marchandises, presque toujours validée par la juridiction nationale des prises de l'État capteur, vient s'ajouter celui de leur destruction par les sous-marins, comme dans le cas du *Lusitania* le 7 mai 1915. Après une accalmie, à l'intensification du blocus en 1916 répond la reprise de la guerre sous-marine à outrance en février 1917, justifiée cette fois par la nécessité, une question de vie ou de mort de la nation, comme l'exprime Ludendorff : « Notre situation nous fait envers le peuple allemand un devoir militaire de la pratiquer[26]. »

Dans la pratique, les représailles ont provoqué une chaîne d'entorses au droit, chaque belligérant s'estimant fondé à invoquer une violation antérieure pour justifier ses actes. La note diplomatique que le gouvernement français adresse à tous les représentants des puissances à Paris, le 14 août 1914, illustre bien comment la spirale des violations du droit s'amorce dans l'esprit des belligérants et dans le cas de la France à partir de l'entorse originelle de la violation de la neutralité belge : « Le gouvernement français [...] fait toutes réserves quant aux représailles qu'il pourrait être amené à exercer contre un ennemi aussi peu soucieux de la parole donnée[27]. » Chaque belligérant croit avoir été victime d'une violation première de la part de l'ennemi. La peur des représailles a sans doute limité dans certains cas les pratiques contraires aux conventions, notamment en ce qui concerne les prisonniers de guerre, mais les représailles ont surtout servi de justification et, à ce titre, ont contribué à la brutalisation et à la totalisation du conflit.

La paix du droit : sanctions et insatisfactions

La guerre terminée, il s'agit de faire la paix, une paix qui assure que la guerre ne sera plus possible parce qu'elle sera établie sur de justes fondations. La paix du droit que défend le président américain Wilson est une paix sans victoire, c'est-à-dire sans acquisitions territoriales, et reconnaissant le droit des peuples. Ses principes ont été proclamés dans les quatorze points qui ont servi de base contractuelle à la signature de l'armistice du 11 novembre 1918. Pour les Alliés, la paix du droit suppose en premier lieu une paix de justice qui réponde aux souffrances des peuples victimes de l'Allemagne et de ses alliés. Les responsables doivent être désignés et assumer les conséquences de leur conduite dans les traités qui organiseront les modalités de leur responsabilité. L'Allemagne est désignée comme la principale – sinon l'exclusive – responsable et, sous prétexte qu'elle s'est placée hors du droit en ne respectant pas les traités, elle n'est pas admise à négocier les conditions de la paix.

La question de la responsabilité, juridiquement délicate, est centrale à la conférence de Paris qui s'ouvre en janvier 1919. Les plénipotentiaires trouvent sur leur pupitre un mémorandum rédigé, à la demande de Clemenceau, par le doyen de la Faculté de droit de Paris, Fernand Larnaude, en collaboration avec Louis de La Pradelle et deux professeurs de droit criminel, Alfred Le Poittevin et Maurice Garçon, intitulé *Examen de la responsabilité pénale de l'empereur Guillaume II d'Allemagne*[28]. Pour la première fois dans l'histoire, un chef d'État doit répondre d'une guerre qu'on lui reproche d'avoir provoquée. Mais les outils juridiques manquent et les juristes qui ne sont pas aveuglés par la mauvaise foi patriotique le savent depuis que la question de la responsabilité a été posée au tout début du conflit. En effet, le crime d'agression n'existe pas, le crime de guerre non plus.

Johann Caspar Bluntschli est le premier juriste à avoir employé l'expression « crime de guerre[29] » à propos des francs-tireurs de la guerre franco-prussienne de 1870, mais elle n'a pas de réalité normative. À la veille de la Grande Guerre, la question de la responsabilité ne semble pas centrale pour les juristes, qui écrivent peu sur le sujet. Gustave Moynier centre sa réflexion sur le moyen de réprimer par une institution judiciaire internationale les seules infractions à la convention de Genève. Les juristes ont relevé au moment des guerres balkaniques les nombreuses violations du droit international concernant les blessés, mais les populations balkaniques, étant considérées comme semi-barbares, et devant être placées pour évoluer sous la tutelle des nations plus avancées, ne font pas partie des peuples auxquels s'applique le droit international, apanage de la civilisation. Il est vrai aussi que les rapports sur ces violations (rapport Carnegie notamment), rendus publics peu avant le déclenchement de la Grande Guerre, n'ont pas mobilisé les esprits. Un magistrat français, Jacques Dumas, propose en 1908 une réflexion synthétique dans la *Revue de droit international public*. À ses yeux, les violations sont passibles de quatre types de sanctions : sanctions morales (le jugement de l'opinion internationale, notamment dans le cas de refus de recours à l'arbitrage), sanctions matérielles (comme les rétorsions et représailles, le blocus pacifique, la guerre elle-même ici mise au service du droit – ce qui en change la nature), sanctions civiles (les réparations : Dumas introduit l'éventualité d'une proportionnalité aux dommages subis), et sanctions pénales à l'égard des hommes politiques, dont il s'abstient prudemment de préciser les fondements juridiques. Son analyse est intéressante en ce qu'elle préfigure l'approche de cette question au cours et à l'issue du conflit, approche marquée par l'influence des juristes français. Mais, pour l'heure, sa conclusion est optimiste : « Au-dessus de toutes ces sanctions plane encore celle que nous nommons, quoique aucun texte ne la nomme, la force de l'opinion. Il n'est pas faux de dire que les engagements pris à La Haye par toutes les puissances dignes de ce nom se trouvent d'ores et déjà garantis contre un grand nombre de risques, peut-être même contre le plus grand nombre[30]. » Il y a là un bel exemple de croyance.

Concrètement, Dumas ne s'y arrête pourtant pas, l'hypothèse de la violation du droit de la guerre a été prévue dans les conventions et la sanction y a été inscrite sous la forme d'une indemnité que l'État contrevenant paiera à l'État victime de la violation. Il ne s'agit pas d'une amende, donc d'une sanction pénale, mais d'une responsabilité de nature civile. D'autre part, ni le montant ni le mode de calcul ne sont indiqués, pas plus que l'autorité qui en décidera. Dans ces conditions, on peut déjà conclure que seules les violations imputables à un État vaincu seront sanctionnées, et probablement sous la forme de l'indemnité forfaitaire que traditionnellement les vainqueurs imposent à leurs vaincus dans les traités de paix. Cette sanction, introduite à la demande du délégué allemand, a nourri la thèse de la préméditation : l'Allemagne aurait cherché à circonscrire par avance les conséquences de sa responsabilité, sachant qu'elle violerait le droit. L'examen des comptes rendus des séances des deux conférences invite tout autant à considérer qu'elle s'imaginait plutôt en victime d'agissements qui la terrorisaient : l'attitude déloyale des populations civiles occupées. Sur le plan pénal, la conclusion juridique qui s'impose est que les violations du droit de la guerre relèvent des droits nationaux et de leurs juridictions. Le grand internationaliste français Louis Renault, au cours du conflit, au moment où les « atrocités allemandes » soulèvent la question de la responsabilité, parvient à une conclusion identique.

Tout est ainsi dit, sur le plan juridique, bien avant la fin du conflit : la sanction de la responsabilité des dirigeants et des auteurs matériels d'infractions au droit des gens est illusoire en l'état du droit international : il n'y a pas de norme précise antérieure aux faits (ce qui est la règle en droit pénal, qui est d'interprétation restrictive, et en vertu du principe de non-rétroactivité), ni de tribunal international habilité à les juger.

Pourtant, le traité de Versailles contient en son cœur, comme pour montrer que la question est centrale, une suite d'articles (227 à 229) qui, au titre du chapitre « Sanctions », organisent une justice *ad hoc* des vainqueurs. Tous traduisent l'embarras juridique des Alliés. Ces articles sont bien connus. Guillaume II, accusé d'offense à la morale et à l'autorité sacrée des traités, doit être jugé par un tribunal international allié. Les responsables de violations du droit de la guerre doivent être extradés pour être jugés par les tribunaux militaires nationaux des Alliés, de composition mixte lorsque les crimes concernent plusieurs États. La suite est tout aussi connue : les Pays-Bas refusent l'extradition de Guillaume II, qui mourra dans son exil de Doorn. Les Alliés s'opposent sur la composition et l'importance des listes de coupables que l'Allemagne doit fournir. Finalement, en janvier 1920, toutes listes confondues, environ 850 personnes, incluant nombre de grands noms de la politique, de l'armée et du monde scientifique allemands, sont réclamées par les Français et surtout les Belges (trois quarts des accusés), mais aussi les Anglais, les Italiens et les États balkaniques alliés. Le gouvernement de Weimar refuse leur extradition, ce qui n'a rien de surprenant : il est rarissime qu'un État extrade ses nationaux, *a fortiori* dans le contexte du tollé soulevé en Allemagne par la publication de la demande alliée. Un compromis est trouvé, qui d'ailleurs avait fait l'objet d'une proposition allemande quelques mois plus tôt. Pour ne pas aggraver la situation de la fragile République de Weimar, les responsables seront jugés en Allemagne par la Haute Cour de Leipzig. Quarante-cinq personnes comparaissent pour des crimes censés être emblématiques de la conduite allemande de la guerre. Les dossiers et les actes d'accusation sont élaborés par les Alliés (11 pour la France, 15 pour la Belgique, 7 pour la Grande-Bretagne, 12 pour l'Italie, la Pologne, la Roumanie et la Yougoslavie). Les crimes reprochés concernent principalement les mauvais traitements infligés aux prisonniers dans les accusations de tous les États. Le massacre de civils tient la plus large place dans les accusations belges (Andenne-Seilles) et françaises (Nomény, Jarny), la criminalité navale de la guerre sous-marine dans celles de la Grande-Bretagne (notamment le torpillage des navires hôpitaux *Dover Castle* et *Llandovery Castle*) et, dans une moindre mesure, de l'Italie. La France, en outre, pointe l'exécution de blessés sur le champ de bataille (affaire Stenger). Dans leur grande majorité, les crimes ont été commis au début de la guerre.

La Cour relaxe la plupart des accusés, le procureur ne soutenant guère les accusations. Les peines des six condamnés sont très légères et le public les acclame, tandis que les représentants des délégations étrangères sont hués et quittent la ville. Ces procès provoquent un incident diplomatique entre la France et l'Allemagne, et illustrent les limites de la justice nationale dans la répression des crimes de guerre.

Au lendemain des procès de Leipzig, le Conseil suprême décide de constituer une commission dite des « coupables de guerre », regroupant des représentants du monde judiciaire de France, de Grande-Bretagne, de Belgique et d'Italie pour réfléchir au résultat des procédures de Leipzig. Elle doit présenter des propositions sur les personnes réclamées par les gouvernements alliés en vertu de l'article 228 du traité de Versailles, et sur la ligne de conduite à observer quant à l'application de cette clause du traité. Ses conclusions, rendues le 7 janvier 1922, ne surprennent guère : les jugements de la Haute Cour de Leipzig ne sont pas satisfaisants. Certains accusés ont été acquittés alors qu'ils auraient dû être condamnés et la peine des condamnés est insuffisante. La commission est d'avis de continuer les poursuites devant les juridictions nationales, mieux à même de rendre la justice. Le gouvernement allemand est requis à nouveau, comme en 1920, de livrer les accusés réclamés aux puissances alliées. Devant le refus du gouvernement allemand, les Alliés renoncent aux extraditions et se réservent le droit de juger les criminels par contumace. Le gouvernement français sent que la Grande-Bretagne se désolidarise de ses alliés, et en particulier de la France, au sujet de la suite à donner aux procès. Ayant conscience que l'extradition des inculpés est politiquement irréalisable, il cherche une solution qui procure à l'opinion publique les apaisements nécessaires. L'idée est alors expérimentée en France et en Belgique, jusqu'en 1925, de procès par contumace à grande échelle devant les juridictions militaires, à l'issue desquels les accusés sont condamnés. Mais, au total, personne n'est satisfait du traitement judiciaire du conflit : ni les vainqueurs, ni les vaincus. Les premiers n'ont abouti qu'à une parodie de justice et, pour les seconds, la responsabilité imposée par les vainqueurs est inique. Elle alimente immédiatement le ressentiment populaire et bientôt la campagne du national-socialisme à l'égard du *Diktat*.

L'expérience juridique du conflit est cependant importante : pour la première fois dans l'histoire, l'issue d'une guerre rime avec responsabilité. Sans doute l'insuffisance de la maturation juridique, mais surtout l'incapacité politique amplement nourrie par les cultures de guerre à dépasser la perception nationale des souffrances du conflit, expliquent le traitement juridique unilatéral du premier conflit mondial. Néanmoins, la guerre n'est plus reconnue comme un moyen normal de régler un conflit entre États et toutes les conduites ne sont plus admises. Il importe ici d'inclure la sanction judiciaire du massacre des Arméniens. Celui-ci aurait pu être considéré comme une affaire intérieure à l'Empire ottoman, critiquable sans doute, mais n'impliquant pas une sanction internationale pour faits de guerre. Pourtant, l'article 230 du traité de Sèvres signé avec la Turquie proclame que ses auteurs doivent répondre de leur responsabilité devant une juridiction internationale alliée. Cette disposition du traité ne sera pas appliquée. Le gouvernement turc a pris les devants pour juger les responsables dans des procès où les principaux accusés peuvent d'autant plus facilement être condamnés à mort qu'ils sont jugés par contumace. Toutefois, en élargissant le champ des normes protectrices à tous les civils perçus dans leur nature d'êtres humains, le traité de Sèvres, dépassant le droit de la guerre, constitue la première étape du chemin conduisant à proscrire le crime contre l'humanité. En 1926, la guerre est mise hors la loi, annonçant l'émergence du crime d'agression.

Si les outils juridiques n'ont guère évolué, un pas supplémentaire est franchi au sortir du second conflit mondial. Les Alliés, favorisés par un contexte il est vrai différent, osent à Nuremberg créer un droit pénal rétroactif et une juridiction *ad hoc* pour juger ceux que l'on qualifie désormais juridiquement de criminels de guerre. Ainsi s'impose dorénavant l'idée qu'une guerre qui éclate, internationale ou civile, peut connaître une issue judiciaire pour ses responsables.

Essai photographique[*]

Jay Winter

Roland Barthes a défini un cadre utile pour aborder les photographies polysémiques et chargées d'une force affective. Ainsi distingue-t-il le *studium*, ou savoir commun, du *punctum*, le détail saisissant, l'aspect de la photographie qui lui confère une force durable. Le *studium* est une chose « que je perçois assez familièrement en fonction de mon savoir, de ma culture ; ce champ peut être plus ou moins stylisé, plus ou moins réussi, selon l'art ou la chance du photographe, mais il renvoie toujours à une information classique[1] ». Autrement dit, une photo peut confirmer ce que nous savons déjà ou, dans le cas de la propagande, ce que nous sommes censés savoir.

La photographie a cependant le pouvoir de se soustraire aux limites des conventions. Elle peut « dire » quelque chose que son créateur ou son sponsor ne voulait pas dire ou ne voulait pas que nous sachions. Habituellement, c'est un détail visuel, une facette de la photo qui la rend étrange, mystérieuse, déroutante, qui nous permet d'échapper aux idées reçues ou au message qu'on veut nous faire passer. Cette façon de percer la surface officielle de la photographie de guerre se produit instantanément, parfois même à notre insu. Dans le langage de Barthes, nous atteignons alors le *punctum*, la percée de l'image conventionnelle. Quand cela a lieu, le « second élément vient casser (ou scander) le *studium*. Cette fois, ce n'est pas moi qui vais le chercher (comme j'investis de ma conscience souveraine le champ du *studium*), c'est lui qui part de la scène, comme une flèche, et vient me percer[2] ».

La photographie de guerre est un vaste terrain d'images qui décrivent ce que nous sommes censés voir, le *studium*, et ce qui nous retient dans

---

[*] Toutes les figures citées dans cet essai se reportent au deuxième cahier photographique du présent ouvrage.

une guerre non conventionnelle. Dans cet essai, j'essaie de montrer que les photographies possèdent la force de représenter la guerre globale, non pas comme une convention, mais comme une chose inhabituelle, étrange, qui sort de l'ordinaire. Ce faisant, je distingue trois ensembles d'images. Chaque groupe donne à voir le champ immense de la guerre, qui pousse des millions d'hommes à des rencontres improbables à travers le monde et crée des armes nouvelles pour blesser et tuer l'ennemi.

Pour commencer, une mise en garde. Un grand débat, amorcé pendant la guerre, se poursuit autour de la question : est-il séant de montrer des cadavres ? Une de ses toiles réalistes ayant été censurée, C. E. W. Nevinson l'exposa à Londres, avec l'étiquette « CENSURÉ » recouvrant quasi entièrement le corps (et le rendant sans doute encore plus atroce). La censure militaire était tout aussi vigilante. S'agit-il d'une forme de respect pour les morts ou d'une façon d'aseptiser la guerre ? Si nous utilisons ces photos ici, c'est en partie parce que des soldats, et en l'occurrence des médecins, les ont prises et les ont classées dans leurs albums pour les regarder après la guerre. Mais nous les utilisons aussi pour poser la question des limites de la photographie de guerre elle-même. Reproduire l'image d'un soldat mort, est-ce vraiment manquer de respect envers les morts ? Recourir à ces clichés nous entraîne-t-il sur la pente glissante du voyeurisme ? Ou, au contraire, ces images ressuscitent-elles le paysage de la bataille sous une forme non aseptisée ? Le lecteur tranchera.

Un monde en guerre

L'histoire transnationale tourne largement autour des mouvements de population, des flux de réfugiés et du transport de main-d'œuvre autour du monde. La Grande Guerre connut probablement le plus grand épisode de déplacement de population de l'histoire mondiale : il se produisit sur un laps de temps court, à la suite de trente ans de migrations de l'Europe vers les Amériques et les antipodes qui avaient concerné peut-être 30 millions de personnes. Les mouvements de population au cours du conflit sont encore plus importants : assistés par des millions de travailleurs non blancs, 70 millions d'hommes en uniforme se sont battus, pour la plupart très loin de leurs foyers.

La guerre entraîna un mélange ethnique, racial et national aux proportions ahurissantes. Les illustrations montrent des Africains de tout le continent dans un camp allemand de prisonniers de guerre, avec leurs nationalités en évidence (fig. 1). La rencontre d'un soldat sénégalais blessé et d'une ordonnance allemande sur un champ de bataille français révèle bien quel était l'enjeu de la guerre impériale et transnationale (fig. 2). De même en va-t-il de ce soldat indien signant son engagement au service militaire par l'empreinte de son pouce (fig. 3). C'est le besoin de soins médicaux qui a réuni ce médecin égyptien et un ouvrier vietnamien qui souffre du béribéri (fig. 4). En revanche, il n'y avait plus rien à faire pour les soldats musulmans enterrés dans le cimetière d'une église belge – destination assurément improbable. Tantôt à travers des stéréotypes raciaux, tantôt avec une affection touchante, la culture populaire salua aussi la contribution africaine à la défense de la France (fig. 5).

On doit aux soldats eux-mêmes des juxtapositions insolites, avec des photos destinées à leurs albums de famille, voire pour garder des souvenirs. Un médecin français, le docteur Beurrier, a conservé des traces de son séjour sur l'île de Vido, alors qu'il soignait les malades et les blessés en face de Corfou. Un autoportrait inaugure son album de clichés de soldats serbes morts ou mourants, dont il s'occupait tous les jours (fig. 6 et 7). L'une d'elles, intitulée « La barque de Charon », illustre le regard que pose le médecin sur nos restes fragiles. À 1 600 kilomètres de là, en Volhynie, sur le front de l'Est, un médecin juif viennois fut au contact d'un groupe de coreligionnaires très différents de lui. Les Juifs démunis de la zone de résidence n'avaient pas grand-chose en commun avec le docteur très assimilé Bernhard Bardach, à la fois peintre et photographe. La photo de ces Juifs en prière (fig. 8) témoigne d'une distance culturelle. Examiner des prostituées juives en proie à des maladies vénériennes dans cette lointaine région de l'actuelle Ukraine occidentale était une destination peu probable pour un médecin viennois (fig. 9). On peut remarquer la femme à la fenêtre, à droite, qui regarde des prostituées dissimulant leur visage à l'objectif.

Le deuxième aspect de la guerre mondiale que dévoilent les photographies est la diversité même des paysages que les soldats et les marins eurent à connaître au fil de cinquante mois de combat. Pour peu qu'on s'éloigne du front de l'Ouest, on voit des topographies très différentes. La figure 10 montre une unité hongroise de montagnards escaladant des falaises sur le front italien. La figure 11 – la crête de Kosturino, sur le front macédonien – illustre parfaitement le terrain glacial de la « guerre blanche ». Il était difficile d'évacuer les blessés de ce terrain, ainsi que de celui du front italo-autrichien. Le front de l'Est était immense : en décrire la variété est chose impossible puisqu'il faudrait couvrir une ligne menant de la mer Baltique au Caucase. Le docteur Bardach nous donne pourtant à travers ses photos une idée de son ampleur (fig. 12), mais aussi des ravages opérés par les combats dans les villes et villages de la Pologne et de l'Ukraine actuelles (fig. 13).

La guerre aérienne ouvrit de nouvelles possibilités et de nouvelles perspectives. Bardach a saisi le mélange d'ancien et de nouveau dans sa photographie de chevaux traînant un avion à destination du front de l'Est (fig. 14). La dimension globale de la guerre navale était réellement extraordinaire. Le HMS *Inflexible*, qui avait débuté sa guerre en Méditerranée, contribua à couler deux croiseurs blindés au cours de la bataille des Falklands en 1914. Sur la figure 15 on le voit qui sauve des marins allemands après la bataille. En 1915, il bombarda les Dardanelles, mais fut touché par un tir ennemi. De nouveau en service en 1916, il prit part à la bataille du Jutland. On ne saurait trouver meilleure illustration de la guerre mondiale que la figure 16, avec un croiseur japonais en mission de protection au large de Vancouver.

Le terrain du front de l'Ouest était couleur de boue, tout comme les hommes qui s'y battaient. Les figures 17 et 18 donnent à voir un paysage étrange qui évoque la face de la lune après un déluge. Les chevaux enfoncés jusqu'à l'encolure et les hommes écrasés par des montagnes de boue illustrent une forme de guerre difficile à représenter, et plus encore à endurer. Les *puncta* des photos du front de l'Ouest naissent de mystérieux mélanges d'ordinaire et de surréel. La figure 19 montre un cheval dans un arbre ; dans bien des cas, la souffrance des animaux faisait ressortir l'humanité des soldats, qui avaient parfois plus de facilité à exprimer leur émotion en présence de chevaux que face à des hommes (fig. 20). L'organisation de collectes pour les chevaux malades ou blessés n'a rien de surprenant : partie intégrante de la guerre la plus industrialisée de l'histoire (fig. 21), l'apparition sélective du char (fig. 22), plus volontiers accepté dans les armées alliées que dans celles des Puissances centrales, était loin de les avoir éliminés.

Les photographies peuvent enfin nous faire prendre conscience du caractère foncièrement nouveau de la Première Guerre mondiale en révélant à quel point le déploiement d'armes et de tactiques nouvelles défia les lois de la guerre. Les lance-flammes (fig. 23) étaient déjà des armes chimiques ; des armes plus radicales encore furent introduites tôt dans la guerre. En vertu des protocoles internationaux d'avant-guerre, l'emploi de gaz toxiques était prohibé. Pourtant, dès 1915, toutes les armées constituèrent des stocks de gaz et les utilisèrent : d'abord la chlorine, puis le gaz moutarde ; ils ajoutèrent ainsi aux horreurs du champ de bataille, sans modifier l'équilibre stratégique dans aucun secteur. Leur efficacité dépendait davantage du vent (fig. 24-25) que des masques à gaz ou d'autres contre-mesures adoptées à la hâte pour les hommes et les animaux (fig. 26-27). Les photos médicales, qui montraient bien les ravages provoqués par ces armes (fig. 28), participèrent à les faire mettre hors la loi après 1918.

Le traitement des civils était tout aussi inquiétant, en ce qu'il semblait bafouer les lois de la guerre. Celles-ci furent de toute évidence totalement déniées dans le cas du massacre de la population arménienne de l'Empire ottoman. Les témoignages photographiques – pour certains recueillis en Turquie par des officiers allemands révoltés – permettent de voir les suites de l'horreur (fig. 29-30). Les photos nous font aussi découvrir un autre élément de la guerre mondiale avec le monde de l'aide humanitaire à travers l'Europe orientale et le Moyen-Orient (fig. 31). La générosité transnationale devait s'étendre à maints groupes de réfugiés, à ceux qui avaient tout perdu et devaient se déplacer par millions durant la guerre et après.

La photographie fait partie des documents de guerre essentiels. Sa force est de saisir des moments : des moments d'horreur ou de miracle, ou simplement un mystérieux mélange de familier et de bizarre. L'appareil photo portable nous permet d'échapper à la photographie officielle et de nous faire une idée du caractère terrible de la guerre du point de vue de l'observateur, de la personne captivée par le détail d'une photo, le *punctum*, qui lui permet d'aller au-delà des clichés et des stéréotypes, et de voir la guerre en face.

1. Soldats de l'Empire français dans un camp allemand de prisonniers de guerre, 1917

2. Soldat africain français blessé et transporté vers un poste allemand d'évacuation des blessés, 1914

3. Soldat indien signant son engagement par l'empreinte de son pouce plutôt que par sa signature

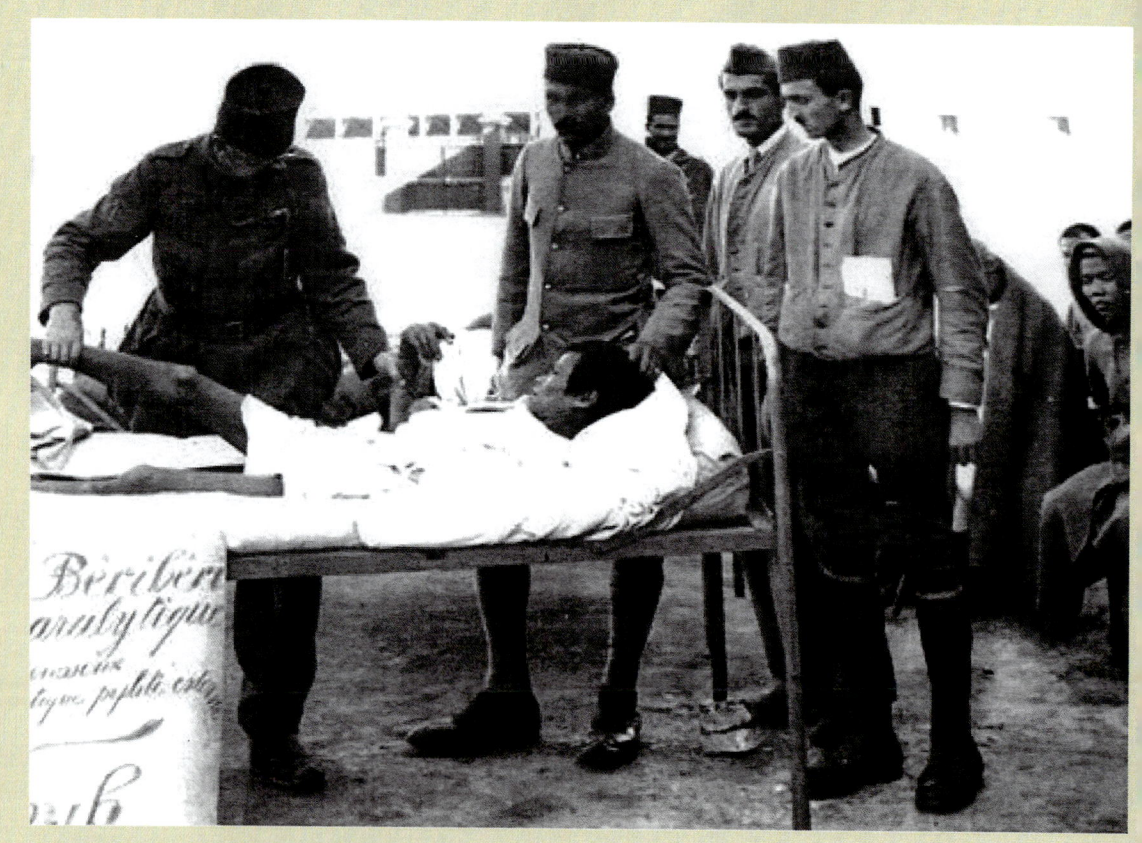

4. Médecin égyptien traitant un travailleur asiatique contre le béribéri.

Hymne à la France
C'est nous les sentinelles
France, compte sur nous.

102   J.M.T.

5. Carte postale patriotique française. Le casque à pointe permet de nier le racisme entre Noirs et Blancs.

6. Soldat serbe mourant, île de Vido, au large de Corfou

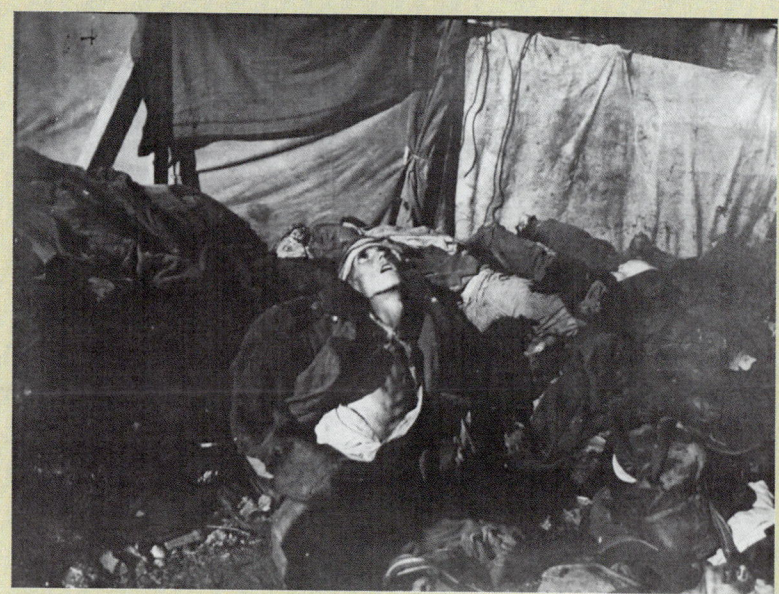

7. « La barque de Charron », île de Vido, au large de Corfou

8. Famille juive dans un champ, Volhynie

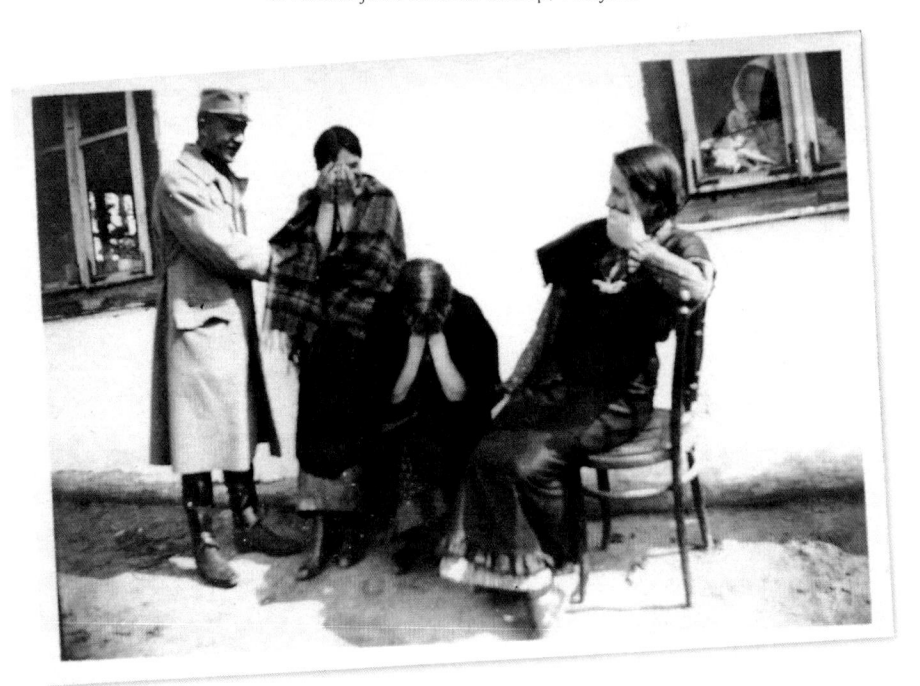

9. Prostituées juives, Volhynie

10. Troupes de montagne austro-hongroises engagées dans la guerre verticale, sur le front italien

11. La guerre blanche, la crête de Kosturino, front macédonien

12. À l'Est rien de nouveau, Volhynie

13. Village détruit sur le front de l'Est, Volhynie

14. Avion remorqué par des chevaux, Volhynie

15. Le *HMS Inflexible*, près des Falklands (Îles Malouines), 1914

16. Croiseur japonais, au large de Vancouver (Canada), Colombie britannique, 1917

17. Chevaux s'enfonçant dans la boue, front Ouest

19. Passchendaele (près d'Ypres), 1917

18. L'étrange : partie d'une tête de cheval dans un arbre

20. Cheval acheminant des provisions sur le front Ouest

HELP THE HORSES—THEY HELP THE MEN

GRAND CARNIVAL

IN AID OF

SICK and WOUNDED WAR HORSES

(R.S.P.C.A. FUND),

ST. ANDREW'S HALLS, GLASGOW,

Friday and Saturday, 7th and 8th Dec., 1917

2 till 10 p.m. Each Day.

MUSICAL AND DRAMATIC ENTERTAINMENTS.

MAIN HALL.

FRIDAY. Opening Ceremony, 2 p.m.

2.30-3.30	Organ Recital	6 - 7	Grand Oriental Pageant
4 - 5.30	Glasgow Corporation Tramway Orchestra	7 - 8	Organ Recital
		8 - 9	Grand Oriental Pageant

SATURDAY. Opening Ceremony, 2 p.m.

2.30-3.30	Organ Recital	5.30 - 6	Glasgow Conservatoire Students' Orchestra
3.30 - 4	Glasgow Conservatoire Students' Orchestra	6 - 7	Grand Oriental Pageant
4 - 5.30	Johnstone Silver Prize Band	7 - 8	Johnstone Silver Prize Band
		8 - 9	Grand Oriental Pageant

AMUSEMENTS, NOVELTIES, SIDE SHOWS, WAR RELICS DISPLAY, FREE GIFT STALLS, &c.

Army Veterinary Exhibit.

BERKELEY HALL CONCERTS.

FRIDAY.		SATURDAY.	
3 - 4.30	"The Eves"	3.30-4.30	Chamber Concert
5 - 6.30	Popular Concert	5 - 6.30	Popular Concert
7 - 9	Dramatic Entertainment	7 - 9	"The Mountebanks," And Dramatic Programme.

KENT HALL—TEA ROOM. AN EASTERN CAFÉ AND SMOKING ROOM IN LOUNGE.
CHARACTER READING.

ADMISSION (including Tax), - - - **1s. 3d.**

JOHN HORN, LTD., GLASGOW.

21. «Aidez les chevaux, ils aident les hommes», fête pour les chevaux malades et blessés

22. Char près de Passchendaele (près d'Ypres), 1917

23. Lance-flammes sur le front Est

24. Attaque au gaz sur le front occidental, I

25. Attaque au gaz sur le front occidental, II

26. Soldats français portant des masques à gaz, sur le front Ouest

27. Mulets et soldats avec des masques à gaz

29. Blessé au gaz moutarde

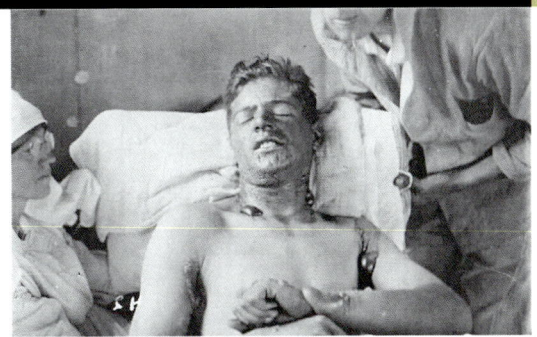

28. Enfants survivants du génocide arménien, Erevan, 1919

30. Aide américaine aux survivants du génocide arménien, 1919

31. Aide alimentaire acheminée par chameau lors de la famine en Russie, 1921

Notes

Avant-propos

1. Pour une élaboration plus fouillée de cette interprétation, voir Jay Winter et Antoine Prost, *Penser la Grande Guerre : un essai d'historiographie*, Paris, Seuil, 2004 ; et Jay Winter (éd.), *The Legacy of the Great War : Ninety Years On*, Columbia, MO, University of Missouri Press, 2009.
2. New York, Oxford University Press, 1975.
3. Londres, Allen Lane, 1976.
4. Cambridge, Cambridge University Press, 1979.
5. Cambridge, MA, Harvard University Press, 2008.
6. Pour des analyses de l'émergence de l'histoire transnationale, voir Akira Iriye, « Transnational History », *Contemporary European History*, XIII, 2004, p. 211-222 ; John Heilbron *et al.*, « Towards a Transnational History of the Social Sciences », *Journal of the History of the Behavioral Sciences*, XLIV, 2, 2008, p. 146-160 ; C. A. Bayly, Sven Beckert, Matthew Connelly, Isabel Hofmeyr, Wendy Kozol et Patricia Seed, « AHR Conversation : On Transnational History », *American Historical Review*, CXI, 5, décembre 2006, p. 1441-1464.
7. Erez Manela, *The Wilsonian Moment*, New York, Oxford University Press, 2008.
8. Jay Winter, « British Popular Culture in the First World War », *in* Richard Stites et Aviel Roshwald (éd.), *Popular Culture in the First World War*, Cambridge, Cambridge University Press, 1999, p. 138-159.
9. Pour l'histoire de la création de l'Historial, voir *Collections de l'Historial de la Grande Guerre*, Péronne, Département de la Somme, 2010 ; et Jay Winter, « Designing a War Museum : Some Reflections on Representations of War and Combat », *in* Elizabeth Anderson, Avril Maddrell, Kate McLoughlin et Alana Vincent (éd.), *Memory, Mourning, Landscape*, Amsterdam et New York, Rodolfi, 2010, p. 10-30.

PREMIÈRE PARTIE
RÉCITS

CHAPITRE PREMIER
Origines

1. James Joll, *The Origins of the First World War*, Londres et New York, Longman, 1984.
2. *Ibid.*, p. 196.
3. Voir Adam Hochschild, *King Leopold's Ghost*, Boston, Mariner Books, 1999 ; *Les Fantômes du roi Léopold : la terreur coloniale dans l'État du Congo, 1884-1908*, trad. Marie-Claude Elsen et Frank Straschitz, Paris, Tallandier, 2007.
4. Voir par exemple Harmut Pogge von Strandmann, « Domestic Origins of Germany's Colonial Expansion Under Bismarck », *Past and Present*, 1969, p. 140-159 ; et aussi Sebastian Conrad, *Deutsche Kolonialgeschichte*, Munich, C. H. Beck, 2008 (*German Colonialism*, Cambridge, Cambridge University Press, 2011).
5. Cité *in* Edward Tannenbaum, *1900. The Generation before the Great War*, Garden City, NJ, Anchor Press, 1976, p. 349.
6. Cité *in* Alfred von Tirpitz, *Erinnerungen*, Leipzig, K. F. Koehler, 1919, p. 52 ; *Mémoires du grand-amiral von Tirpitz*, Paris, Payot, 1922, p. 76 (traduction légèrement remaniée ici).
7. Cité *in* Edward Tannenbaum, *1900. The Generation before the Great War, op. cit.*, p. 348.
8. Isabel Hull, *Absolute Destruction. Military Culture and the Practices of War in Imperial Germany*, Ithaca, Cornell University Press, 2003.
9. Voir Volker R. Berghahn, *Sarajewo 28. Juni 1914. Der Untergang des Alten Europa*, Munich, dtv, 1997, p. 16 *sq*.
10. On trouvera un excellent résumé des idées de Max Weber *in* Wolfgang J. Mommsen, *The Age of Bureaucracy. Perspectives on the Political Sociology of Max Weber*, Oxford, B. Blackwell, 1974.
11. Friedrich von Bernhardi, *Deutschland und der nächste Krieg*, Stuttgart, J. G. Cotta, 1912 ; *L'Allemagne et la prochaine guerre*, Paris et Lausanne, Payot, s. d. (1915).
12. Jean de Bloch [*sic*], *La Guerre*, traduction de l'ouvrage russe « La Guerre future aux points de vue technique, économique et politique », Paris, Guillaumin, 1898-1900.
13. *The Great Illusion*, Londres, W. Heinemann, 1910 ; *La Grande Illusion*, Paris, Londres et New York, s. d. (vers 1911).
14. Voir par exemple Arthur Marder, *The Anatomy of British Sea Power*, Londres, 1940.
15. Klaus Hildebrand, « Imperialismus, Wettrüsten und Kriegsausbruch 1919 », *Neue Politische Literatur*, 2, 1975, p. 160-194.
16. Cité *in* Volker R. Berghahn, *Germany and the Approach of War in 1914*, Basingstoke, Macmillan, 1993, p. 51 ; traduction française dans les *Mémoires du grand-amiral von Tirpitz, op. cit.*, p. 138.
17. *Ibid.*, p. 50 *sq*.
18. Jonathan Steinberg, « The Copenhagen Complex », *Journal of Contemporary History*, 1, 1966, p. 23-40.

19. Voir Volker R. Berghahn, *Der Tirpitz-Plan*, Düsseldorf, Droste, 1971, p. 419 *sq.*

20. Cité *in* H. V. Emy, *Liberals, Radicals and Social Politics, 1892-1914*, Cambridge, Cambridge University Press, 1973, p. 201.

21. Cité *in Die Grosse Politik der europäischen Kabinette, 1871-1914*, Berlin, 1922-1927, vol. 24, n° 8216, lettre de Bülow à Guillaume II, 15 juillet 1908.

22. Helmuth von Moltke, *Erinnerungen, Briefe, Dokumente*, Stuttgart, Der kommende Tag, 1922, p. 362.

23. Cité *in* Gerhard Ritter, *Staatskunst und Kriegshandwerk*, vol. 2, Munich, R. Oldenbourg, 1954-1960, p. 274.

24. Volker R. Berghahn, *Germany and the Approach of War in 1914, op. cit.*, p. 126 *sq.*

25. Isabell Hull, *The Entourage of Kaiser Wilhelm II*, Cambridge, Cambridge University Press, 1982.

26. Cité *in* Fritz Fischer, *Krieg der Illusionen*, Düsseldorf, Droste, 1969, p. 257.

27. Voir Peter-Christian Witt, *Die Finanzpolitik des Deutschen Reiches von 1903 bis 1913*, Lübeck, Matthiesen, 1970, p. 356 *sq.*

28. Voir John C. G. Röhl, « An der Schwelle zum Weltkrieg. Eine Dokumentation über den "Kriegsrat" vom 8. Dezember 1912 », *Militärgeschichtliche Mitteilungen*, 21, 1977, p. 77-134.

29. *Ibid.*

30. Franz Conrad von Hötzendorf, *Aus meiner Dienstzeit, 1906-1916*, Vienne, Rikola Verlag, 1921, vol. 3, p. 597. On trouvera une excellente analyse de la politique austro-hongroise en 1913-1914 *in* Samuel R. Williamson, Jr., *Austria-Hungary and the Origins of the First World War*, New York, St. Martin's Press, 1991, plus particulièrement p. 143 *sq.*, 164 *sq.*

31. Cité *in* Fritz Fischer, *Krieg der Illusionen, op. cit.*, p. 584.

32. Sur les attitudes des milieux économiques et financiers, voir Niall Ferguson, *The Pity of War*, New York, Basic Books, 1999, p. 193 *sq.*

33. Voir Wolfgang Schieder (éd.), *Erster Weltkrieg*, Cologne, 1969, p. 174 *sq.* Pour les démarches du gouvernement austro-hongrois en juillet, voir Samuel R. Williamson, Jr., *Austria-Hungary and the Origins of the First World War, op. cit.*, p. 190 *sq.*

34. Cité *in* John C. G. Röhl, « Admiral von Müller and the Approach of War », *Historische Zeitschrift*, 4, 1969, p. 610 *sq.*

35. Fritz Fischer, *Griff nach der Weltmacht*, Düsseldorf, Droste, 1961 ; *Les Buts de guerre de l'Allemagne impériale*, trad. G. Migeon et H. Thiès, Paris, Trévise, 1970.

36. Lancelot L. Farrar, *The Short War Illusion*, Santa Barbara, CA, ABC-Clio, 1973.

37. Voir Stig Förster, « Facing People's War », *Journal of Strategic Studies*, 2, 1987, p. 209-230.

38. Il y a un certain nombre d'années, dans *Origins of the First World War*, Londres, Edward Arnold, 1970, L. F. C. Turner affirmait que la Russie était la principale responsable du déclenchement de la guerre en juillet-août 1914. Cet argument a été repris tout récemment par Sean McMeekin in *The Russian Origins of the First World War*, Cambridge, MA, Harvard University Press, 2011. L'ouvrage le plus récent (2013) qui pose aussi la question de la responsabilité russe est : *The Sleep Walkers : How Europe Went to War in 1914* (New York, Harper Collins, 2012) de Christopher Clark. Il discute aussi le rôle de la Serbie et ses ambitions dans les Balkans. On peut seulement espérer que les études qui seront probablement publiées dans le contexte du centenaire de 1914 sauront mettre en balance de façon plus définitive les responsabilités des trois gouvernements qui ont également été au cœur de la présente analyse.

39. T. G. Otte, *The Foreign Office Mind. The Making of British Foreign Policy, 1865-1914*, Cambridge, Cambridge University Press, 2011.

Chapitre II
1914 : déclenchement

1. Jules Isaac, *Un débat historique. 1914, le problème des origines de la guerre*, Paris, Rieder, 1933, p. 227.
2. Luigi Albertini, *The Origins of the War of 1914*, Londres, Oxford University Press, 1953.
3. David Lloyd George, *War Memoirs*, Londres, Nicholson & Watson, 1936.
4. Jules Isaac, *Un débat historique, op. cit.*, p. 217.
5. Fritz Fischer, *Griff nach der Weltmacht. Die Kriegszielpolitik des Kaiserlichen Deutschland (1914-1918)*, Düsseldorf, Droste, 1961, traduit en français sous le titre *Les Buts de guerre de l'Allemagne impériale*, préface de Jacques Droz, Paris, Éditions de Trévise, 1970 ; et traduit en anglais sous le titre *Germany's Aims in the First World War*, Londres, Chatto and Windus, 1967.
6. James Joll, *1914, the Unspoken Assumptions*, Londres, Weidenfeld and Nicolson, 1968.
7. Jean-Jacques Becker, *1914, comment les Français sont entrés dans la guerre : contribution à l'étude de l'opinion publique, printemps-été 1914*, Paris, Presses de la Fondation nationale des sciences politiques, 1977.
8. Wolfgang J. Mommsen, « The Topos of Inevitable War in Germany in the Decade before 1914 », *in* Volker Berghahn (éd.), *Germany in the Age of Total War*, Londres, Croom Helm, 1981.
9. Annika Mombauer, *The Origins of the Great War. Controversies and Consensus*, Londres, Longman, 2002.
10. Antoine Prost et Jay Winter, *Penser la Grande Guerre, un essai d'historiographie*, Paris, Seuil, 2004.
11. Samuel R. Williamson, *Austria-Hungary and the Origins of the First World War*, Londres, Macmillan, 1993.
12. Samuel R. Williamson, *The Politics of Grand Strategy. France and Britain prepare for War*, Cambridge, MA, Harvard University Press, 1969.
13. Manfried Rauchensteiner, *Der Tod des Doppeladlers. Österreich-Ungarn und der Erste Weltkrieg*, Graz, Styria, 1993.
14. Outre les ouvrages de Williamson et de Rauchensteiner, voir la mise au point de Mark Cornwall : « Serbia », *in* Keith Wilson (éd.), *Decisions for War, 1914*, Londres, UCL Press, 1995, p. 55-96.
15. Imanuel Geiss (éd.), *Julikrise und Kriegsausbruch. Eine Dokumentensammlung*, 2 vol., Hanovre, Verlag für Literatur und Zeitgeschehen, 1963, vol. 1, n° 39 : *Protokoll des Gemeinsamen Ministerrates... vom 7. Juli 1914*, p. 110.
16. Hew Strachan, *The First World War*, t. 1 : *To Arms*, Londres, Oxford University Press, 2001, p. 95.
17. *Ibid.*
18. Voir Imanuel Geiss, *Julikrise...*, *op. cit.*, vol. 1, p. 119 ; Fritz Fischer, *Griff nach der Weltmacht, op. cit.*, p. 71 et *passim*.
19. *Die österreichisch-ungarischen Dokumente zum Kriegsausbruch*, Berlin, 1923, p. 12.

20. Szögyény, rapport sur l'entretien, 6 juin, in *Die österreichisch-ungarischen Dokumente, op. cit.*, p. 19.

21. Konrad Jarausch, *The Enigmatic Chancellor. Bethmann Hollweg and the Hubris of Imperial Germany*, New Haven, Yale University Press, 1973.

22. Klaus Wernecke, *Der Wille zur Weltgeltung*, Düsseldorf, Droste, 1970.

23. Stephen Schröder, *Die englisch-russische Marinekonvention. Das Deutsche Reich und die Flottenverhandlungen der Tripelentente am Vorabend des Ersten Weltkriegs*, Göttingen, Vandenhoeck und Ruprecht, 2006.

24. Imanuel Geiss, *Julikrise…, op. cit.*, n° 6 (rapport Hoyos), note 1.

25. Kurt Riezler, *Tagebücher – Aufsätze – Dokumente*, éd. Karl-Dietrich Erdmann, Göttingen, Vandenhoeck & Ruprecht, 1972, p. 190.

26. Wolfgang J. Mommsen, *Die Urkatastrophe Deutschlands : der Erste Weltkrieg 1914-1918*, Stuttgart, Klett-Cotta, 2004, p. 18.

27. Gerhard Ritter, *Staatskunst und Kriegshandwerk*, 4 vol., Munich, Oldenbourg Verlag, 1965, vol. 2, p. 314 ; Hans Herzfeld, *Der Erste Weltkrieg*, Munich, dtv, 1974, p. 38 ; Karl-Dietrich Erdmann, *Der Erste Weltkrieg*, Stuttgart, 1981, p. 80.

28. Citation traduite en anglais par Annika Mombauer, « A Reluctant Military Leader Helmut von Moltke and the July crisis of 1914 », *War in History*, 6, 4, 1999, p. 189.

29. Pierre Renouvin, *Histoire des relations internationales*, t. 6, Paris, Hachette, 1955, p. 378.

30. Samuel R. Williamson et Ernest R. May, « An Identity of Opinion : Historians and July 14 », *The Journal of Modern History*, 79, 2007, p. 357 ; avec renvoi aux travaux de John Leslie, « The Antecedents of Austria-Hungary's War Aims. Policies and Policy-Makers in Vienna and Budapest before and during 1914 », in *Wierner Beiträge zur Geschichte der Neuzeit*, vol. 20, 1993, p. 307-394, et la biographie de Tisza par Gabor Vermes, *István Tisza. The Liberal Vision and Conservative Statecraft of a Magyar Nationalist*, New York, Columbia University Press, 1985.

31. Jules Isaac, *Un débat historique, op. cit.*, p. 165 ; pour lire l'entretien complet Berchtold-Conrad, voir Imanuel Geiss, *Julikrise…, op. cit.*, vol. 2, n° 858.

32. Hew Strachan, *The First World War*, t. 1, *op. cit.*, p. 104-106.

33. Jules Isaac, *Un débat historique, op. cit.*, p. 217.

34. Imanuel Geiss, *Julikrise…, op. cit.*, vol. 2, n° 858 ; David Stevenson, *The First World War and International Politics*, Oxford, UP, 1988, p. 28 ; voir surtout Annika Mombauer, *Helmuth von Moltke and the Origins of the First World War*, Cambridge, Cambridge University Press, 2000, p. 203 sq.

35. Volker Ullrich, « Das deutsche Kalkül in der Julikrise 1914 und die Frage der englischen Neutralität », *Gesichte in Wissenschaft und Unterricht*, 34, 1983, p. 79-97.

36. Pour les détails, voir l'étude d'historiographie de Samuel R. Williamson et Ernest R. May, « An Identity of Opinion », art. cité.

37. Voir l'étude classique de Herbert Butterfield, « Sir Edward Grey and the July-Crisis of 1914 », *Historial Studies*, V, Londres, 1965, p. 1-25.

38. George P. Gooch (éd.), *British Documents on the Origins of the War*, vol. XI, HMSO, Londres, 1926, p. 130.

39. Herbert Butterfield, « Sir Edward Grey and the July-Crisis of 1914 », art. cité.

40. Wolfgang J. Mommsen, « Le thème de la guerre inévitable en Allemagne dans la décennie précédant 1914 », in *1914, les psychoses de guerre ?*, Rouen, Publications de l'Université de Rouen, 1985, p. 95-124.

41. Cité par Raymond Poidevin, *Les Origines de la Première Guerre mondiale*, Paris, PUF, 1975, p. 97.

42. James Joll, *1914, the Unspoken Assumptions*, op. cit., p. 6.
43. Cité par Henry Contamine, *La Victoire de la Marne*, Paris, Gallimard, 1970, p. 58.
44. Imanuel Geiss, *Julikrise...*, vol. 1, *op. cit.*, n° 659.
45. *Ibid.*, p. 270 ; mais comparer avec Gerhard Ritter, *The Sword and the Scepter*, University of Miami Press, Coral Gables, 1970, vol. 2, p. 258 ; Marc Trachtenberg, « The Coming of the First World War : A Reassessment », in *History and Strategy*, Princeton, Princeton University Press, 1991, p. 47-99 (cet article est une version amplifiée de l'article souvent cité de cet auteur : « The Meaning of Mobilization in 1914 », *International Security*, 15, 1990, p. 89).
46. Marc Trachtenberg, « The Coming of the First World War », art. cité, p. 120.
47. *Ibid.*, p. 89.
48. *Ibid.*, p. 91.

Chapitre III
1915 : enlisement

1. Anne Duménil, « De la guerre de mouvement à la guerre de positions : les combattants allemands », *in* John Horne *et al.* (éd.), *Vers la guerre totale. Le tournant de 1914-1915*, Paris, Tallandier, 2010, p. 59.
2. Soit plus d'un quart de ses pertes pour toute la durée du conflit ; John Horne, « De la guerre de mouvement à la guerre de positions : les combattants français », *in* John Horne *et al.* (éd.), *Vers la guerre totale, op. cit.*, p. 79.
3. Stéphane Audoin-Rouzeau, *Les Armes et la chair. Trois objets de mort en 1914-1918*, Paris, Armand Colin, 2009.
4. Olivier Lepick, *La Grande Guerre chimique, 1914-1918*, Paris, PUF, 1998.
5. Norman Stone, *The Eastern Front, 1914-1917*, Londres, Penguin Books, 1998, p. 191.
6. John Horne et Alan Kramer, *German Atrocities, 1914 : A History of Denial*, New Haven, Yale University Press, 2001 (*1914. Les atrocités allemandes*, Paris, Tallandier, 2005).
7. Infirmière, Edith Cavell était membre d'une organisation clandestine bruxelloise d'aide à l'évasion de prisonniers alliés vers les Pays-Bas.
8. Peter Holquist, « Les violences de l'armée russe à l'encontre des Juifs en 1915 : causes et limites », *in* John Horne *et al.* (éd.), *Vers la guerre totale, op. cit.*, p. 191-219.
9. Sophie de Schaepdrijver, « L'Europe occupée en 1915 : entre violence et exploitation », *ibid.*, p. 121-151.
10. Vejas Gabriel Liulevicius, *War Land on the Eastern Front. Culture, National Identity and German Occupation in World War I*, Cambridge, Cambridge University Press, 2000.
11. *Ibid.*, p. 150.
12. Peter Holquist, « Les violences de l'armée russe », art. cité.
13. Donald Bloxham, « Les causes immédiates de la destruction des Arméniens ottomans », *in* John Horne *et al.* (éd.), *Vers la guerre totale, op. cit.*, p. 247-270.
14. *Ibid.*, p. 266.
15. *Ibid.*, p. 270.
16. Uta Hinz, *Gefangen im Großen Krieg. Kriegsgefangenschaft in Deutschland, 1914-1921*, Essen, Klartext, 2006 ; Heather Jones, *Violence against Prisoners of War : Britain, France and Germany, 1914-1920*, Cambridge, Cambridge University Press, 2011.

17. Kathleen Burk, *Britain, America and the Sinews of War, 1914-1918*, Londres, Allen & Unwin, 1985.

18. Gerd Krumeich, « Le blocus maritime et la guerre sous-marine », *in* John Horne *et al.* (éd.), *Vers la guerre totale, op. cit.*, p. 175-190.

19. *Ibid.*, p. 177.

20. Tout en cherchant, il est vrai, à récupérer le plus possible d'hommes disponibles, ce que cherche la loi Dalbiez en France, votée au mois d'août.

21. La lutte ne se poursuit que dans le Sud-Est africain, jusqu'à la fin du conflit.

22. Par rapport à 1913, le recul de la production est de 25 % en France en 1915, de 15 % en Allemagne, de 10 % en Autriche-Hongrie, de 5 % en Russie. Ce recul n'est pas compensé par les importations. Theo Balderston, « Industrial Mobilization and War Economies », *in* John Horne (éd.), *A Companion to World War I*, Chichester, Wiley-Blackwell, 2010, p. 217-239.

23. Patrick Fridenson (éd.), *The French Home Front, 1914-1918*, Oxford, Berg, 1993 (*1914-1918, l'autre front*, Paris, Ed. ouvrières, 1977).

24. Norman Stone, *The Eastern Front, op. cit.*, p. 209.

25. 25 % pour la Grande-Bretagne et la France, 27 % pour l'Allemagne, 22 % pour l'Autriche-Hongrie, 24 % pour la Russie. Theo Balderston, « Industrial Mobilization and War Economies », art. cité, p. 222.

26. John Horne, « Introduction », *in* John Horne *et al.*, *Vers la guerre totale, op. cit.*, p. 17.

27. À condition de ne pas placer sous cette dénomination le massacre des Hereros, dans l'actuelle Namibie, dix ans avant la Grande Guerre.

28. John Horne, « Introduction », art. cité, p. 24.

Chapitre V
1917 : mondialisation

1. Cité *in* Jacques Benoist-Méchin, *Ce qui demeure : lettres de soldats tombés au champ d'honneur, 1914-1918*, Paris, Bartillat, 2000, p. 254-255.

2. Voir David French, « The Meaning of Attrition, 1914-1916 », *English Historical Review*, n° 103, 1988, p. 385-405.

3. Pour une introduction à ces problèmes, voir Linda Robertson, *The Dream of Civilized Warfare*, Minneapolis, University of Minnesota Press, 2005.

4. Cité *in* David Kennedy, *Over Here : The First World War and American Society*, New York, Oxford University Press, 1980, p. 144.

5. Pour une introduction extrêmement éloquente sur les limites de cette vision, voir Erez Manela, *The Wilsonian Moment : Self-Determination and the International Origins of Anticolonial Nationalism*, New York, Oxford University Press, 2007.

6. Voir Norman Angell (*La Grande Illusion*, essai publié en 1910), qui affirmait que les économies modernes céderaient rapidement sous les pressions de la guerre.

7. Holger Herwig, *The First World War : Germany and Austria-Hungary, 1914-1918*, Londres, Arnold, 1997, p. 229.

8. Jünger cité *ibid.*, p. 251 (Ernst Jünger, *Orages d'acier*, *in* Ernst Jünger, *Journaux de guerre. I. 1914-1918*, éd. J. Hervier, Paris, Gallimard, « Bibliothèque de la Pléiade », 2008, p. 114).

9. Jennifer Keene, *World War I : The American Soldier Experience*, Lincoln, University of Nebraska Press, 2011, p. 10.

10. Ministère de la Guerre, État-major, Service historique, *Les Armées françaises dans la Grande Guerre*, t. 5, vol. 2, Paris, Imprimerie nationale, 1936, p. 32.

11. Pour une interprétation récente des événements qui ont mené à la chute du tsar, voir Sean McMeekin, *The Russian Origins of the First World War*, Cambridge, MA, The Belknap Press of Harvard University Press, 2011, et en particulier le chapitre 9.

12. Roger Chickering, *Imperial Germany and the Great War, 1914-1918*, 2ᵉ éd., Cambridge, Cambridge University Press, 2005, p. 157.

13. Elizabeth Greenhalgh voit cette mission en termes plus positifs. Elle traite du renvoi de Joffre et de Foch dans *Foch in Command : The Forging of a First World War General*, Cambridge, Cambridge University Press, 2011, p. 200-207.

14. Cité *in* Robert Doughty, *Pyrrhic Victory : French Strategy and Operations in the Great War*, Cambridge, MA, The Belknap Press of Harvard University Press, 2005, p. 324.

15. *Ibid.*, p. 329-330.

16. La caverne est transformée en musée du Chemin des Dames, http://www.caverne-du-dragon.com/en/default.aspx.

17. Gary Sheffield et John Bourne (éd.), *Douglas Haig, War Letters and Diaries, 1914-1918*, Londres, Weidenfeld and Nicolson, 2005, p. 277, entrée du 24 mars 1917. Entrée du 17 septembre 1917 citée *in* Gary Sheffield et John Bourne, *op. cit.*, p. 232.

18. Voir Tim Cook, *The Madman and the Butcher : The Sensational Wars of Sam Hughes and General Arthur Currie*, Toronto, Allen Lane, 2010.

19. Currie à Harlan Brewster, le 31 mai 1917, *in* Mark Osbourne Humphries (éd.), *The Selected Papers of Sir Arthur Currie : Diaries, Letters, and Report to the Ministry, 1917-1933*, Waterloo, Ontario, Laurier Centre for Military and Disarmament Studies Press, Wilfrid Laurier University Press, 2008, p. 40.

20. Sur ce sujet, consulter en priorité Leonard V. Smith, *Between Mutiny and Obedience : The Case of the French Fifth Infantry Division during World War I*, Princeton, Princeton University Press, 1994, et André Loez, *14-18, les refus de la guerre. Une histoire des mutins*, Paris, Gallimard, 2010.

21. Voir plusieurs de ses essais *in* Patrick Fridenson (éd.), *The French Home Front, 1914-1918*, Oxford, Berg, 1992 (*1914-1918, l'autre front*), et surtout Jean-Jacques Becker, *1917 en Europe, l'année impossible*, Paris, Complexe, 1997.

22. Cité *in* Martha Hanna, *Ta mort sera la mienne : Paul et Marie Pireaud dans la Grande Guerre*, trad. Béatrice Vierne, Paris, Anatolia, 2008 (lettre datée du 1ᵉʳ mai 1917, original *in* Fernand Maret, *Lettres de la guerre 14-18*, Nantes, Siloë, 2001, p. 197).

23. Ministère de la Guerre, *Les Armées françaises dans la Grande Guerre*, *op. cit.*, p. V.

24. Son influence fut peut-être moins déterminante que ce qu'en dit la propagande de Vichy dans la guerre suivante.

25. Gary Sheffield, *The Chief : Douglas Haig and the British Army*, Londres, Aurum Press, 2011, p. 230.

26. *Ibid.* Gary Sheffield présente une interprétation relativement positive de ces événements. Pour un point de vue plus critique, voir Robin Prior et Trevor Wilson, *Passchendaele : The Untold Story*, New Haven, Yale University Press, 1996.

27. Voir David Zabecki, *Steel Wind : Colonel Georg Bruchmüller and the Birth of Modern Artillery*, Westport, CT, Greenwood Press, 1994.

28. Voir Mario Morselli, *Caporetto 1917 : Victory or Defeat ?*, Londres, Routledge, 2001. L'un des jeunes officiers allemands qui remportèrent les plus grands succès à Caporetto fut le lieutenant Erwin Rommel.

29. Pour plus de détails sur Thomas et l'économie, voir Leonard V. Smith, Stéphane Audoin-Rouzeau et Annette Becker, *France and the Great War, 1914-1918*, Cambridge, Cambridge University Press, 2003, chap. 2.

30. Pour plus de détails, voir Vejas Liulevicius, *War Land on the Eastern Front : Culture, National Identity and German Occupation in World War I*, Cambridge, Cambridge University Press, 2000.

31. Jay Winter, « Paris, London, Berlin, 1914-1919 : Capital Cities at War », *in* Jay Winter et Jean-Louis Robert (éd.), *Capital Cities at War : Paris, London, and Berlin 1914-1919*, Cambridge, Cambridge University Press, 1997, p. 10-11.

32. Pour davantage de détails sur l'économie allemande, voir Roger Chickering, *Imperial Germany and the Great War, 1914-1918, op. cit.*, p. 102-107.

33. La seule clause de l'armistice du 11 novembre 1918 que la délégation allemande tenta de modifier était l'obligation de rendre les mitrailleuses. Les Allemands soutenaient qu'ils en auraient besoin pour réprimer une révolution plus que probable dans leur pays. En d'autres mots, ils voulaient garder les mitrailleuses pour tuer les leurs. Ils obtinrent gain de cause.

34. Jay Winter, « Paris, London, Berlin, 1914-1919 : Capital Cities at War », art. cité, p. 17.

35. Pour une introduction générale sur ce sujet, voir Edward Paice, *World War I : The African Front*, New York, Pegasus, 2008 ; Hew Strachan, *The First World War in Africa*, Oxford, Oxford University Press, 2004 ; et l'ouvrage insolite mais plaisant de Giles Foden, *Mimi and Toutou's Big Adventure : The Bizarre Battle of Lake Tanganyika*, New York, Vintage, 2006 ; en français, *Tanganyika*, trad. S. Marty, Paris, Autrement, 2008.

CHAPITRE VI
1918 : fin de partie

1. « Dem Frieden entgegen », *Neue Freie Presse*, 1er janvier 1918, p. 1.

2. *Frankfurter Zeitung*, citée *in* « Through German Eyes », *The Times*, 1er janvier 1918, p. 5.

3. P. W., « Vor dem Tore der Jahre », *Freiburger Zeitung – Zweites Abendblatt*, 31 décembre 1917, p. 1.

4. Winfried Baumgart, *Deutsche Ostpolitik 1918. Von Brest-Litowsk bis zum Ende des Ersten Weltkrieges*, Vienne et Munich, Oldenbourg, 1966, p. 93-207.

5. *Le Matin*, 1er janvier 1918, p. 1.

6. Bruno Thoß, « Militärische Entscheidung und politisch-gesellschaftlicher Umbruch. Das Jahr 1918 in der neueren Weltkriegsforschung », *in* Jörg Duppler et Gerhard P. Groß (éd.), *Kriegsende 1918 : Ereignis, Wirkung, Nachwirkung*, Munich, Oldenbourg, 1999, p. 17-40.

7. Mark Thompson, *The White War. Life and Death on the Italian Front, 1915-1919*, Londres, Faber and Faber, 2008, p. 336 *sq*.

8. David Stevenson, *The First World War and International Politics*, Oxford, Oxford University Press, 1999, p. 192-198.

9. *Ibid.*, p. 200 *sq*. Sur les négociations, voir Winfried Baumgart, *Deutsche Ostpolitik 1918, op. cit.*, p. 13-29. Sur les débats qui eurent lieu en Russie soviétique, voir Richard Pipes, *La Révolution russe*, trad. J.-M. Luccioni, Paris, PUF, 1993, p. 519-556.

10. Max Hoffmann, *War Diaries and Other Papers*, 2 vol., Londres, Martin Secker, 1929, vol. 1, p. 207.

11. Winfried Baumgart, *Deutsche Ostpolitik 1918*, op. cit., p. 27 sq. ; David Stevenson, *The First World War and International Politics*, op. cit., p. 186-203.

12. Vejas Gabriel Liulevicius, *War Land on the Eastern Front. Culture, National Identity and German Occupation in World War I*, Cambridge, Cambridge University Press, 2000, p. 176 sq. ; David Stevenson, *The First World War and International Politics*, op. cit., p. 187 ; Abba Strazhas, *Deutsche Ostpolitik im Ersten Weltkrieg. Der Fall Ober Ost 1915-1917*, Wiesbaden, Harrassowitz, 1993 ; Hans-Erich Volkmann, *Die deutsche Baltikumspolitik zwischen Brest-Litovsk und Compiègne. Ein Beitrag zur « Kriegszieldiskussion »*, Cologne et Vienne, Böhlau, 1970.

13. Dans l'historiographie ukrainienne, Brest-Litovsk n'a pas une connotation aussi négative que dans l'historiographie russe, soviétique ou occidentale. Voir par exemple Orest Subtelny, *Ukraine. A History*, Toronto, Buffalo et Londres, University of Toronto Press, 3ᵉ éd., 2000, p. 350 sq.

14. Sur la politique de l'Allemagne vis-à-vis de l'Ukraine, voir Frank Grelka, *Die ukrainische Nationalbewegung unter deutscher Besatzungsherrschaft 1918 und 1941/42*, Wiesbaden, Harrassowitz, 2005, p. 75-92, 113 ; Peter Borowsky, *Deutsche Ukrainepolitik 1918 unter besonderer Berücksichtigung der Wirtschaftsfragen*, Lübeck et Hambourg, Matthiesen, 1970.

15. Sur la politique des Puissances centrales vis-à-vis de l'Ukraine et de la Pologne, voir aussi Timothy Snyder, *The Red Prince. The Fall of a Dynasty and the Rise of Modern Europe*, Londres, Bodley Head, 2008, p. 86-120 ; Winfried Baumgart, *Deutsche Ostpolitik 1918*, op. cit., p. 123 sq.

16. Concernant l'occupation de l'Ukraine par l'Allemagne et l'Autriche, voir Włodzimierz Mędrzecki, *Niemiecka interwencja militarna na Ukrainie w 1918 roku*, Varsovie, Dig, 2000 ; Timothy Snyder, *The Red Prince*, op. cit., p. 108 sq. Voir aussi Christian Westerhoff, *Zwangsarbeit im Ersten Weltkrieg*, Paderborn, Ferdinand Schöningh Verlag, 2012.

17. Frank Grelka, *Die ukrainische...*, op. cit., p. 223-238.

18. Vejas Gabriel Liulevicius, *War Land on the Eastern Front*, op. cit., p. 151-175 ; Manfred Nebelin, *Ludendorff. Diktator im Ersten Weltkrieg*, Munich, Siedler, 2011, p. 193 sq., 520 ; Gregor Thum (éd.), *Traumland Osten. Deutsche Bilder vom östlichen Europa im 20. Jahrhundert*, Göttingen, Vandenhoeck & Ruprecht, 2006.

19. David Stevenson, *The First World War and International Politics*, op. cit., p. 203-205.

20. Winfried Baumgart, « Die "geschäftliche Behandlung" des Berliner Ergänzungsvertrags vom 27. August 1918 », *Historisches Jahrbuch*, n° 89, 1969, p. 116-152.

21. Sir Douglas Haig affirma un jour que six divisions le 26 mars à Amiens ou le 10 avril à Hazebrouck auraient fait toute la différence. Voir aussi Hans-Ulrich Wehler, *Deutsche Gesellschaftsgeschichte*, vol. 4, *Vom Beginn des Ersten Weltkriegs bis zur Gründung der beiden deutschen Staaten 1914-1949*, Munich, C. H. Beck, 2003, p. 154 sq.

22. Winston Churchill, *La Crise mondiale*, vol. 3, Paris, Payot, 1930. Sur l'intervention des Alliés, voir David Stevenson, *The First World War and International Politics*, op. cit., p. 205-216.

23. David T. Zabecki, *The German 1918 Offensives. A Case Study in the Operational Level of War*, Abingdon, Oxon, Routledge, 2006, p. 91 ; David Stevenson, *With Our Backs to the Wall. Victory and Defeat in 1918*, Londres, Penguin Books, 2011, p. 36.

24. Martin Kitchen, *The German Offensives of 1918*, Stroud, Tempus, 2005, p. 14 *sq.* ; David Stevenson, *With Our Backs to the Wall*, *op. cit.*, p. 36.

25. David. T. Zabecki, *The German 1918 Offensives*, *op. cit.*, p. 63-72 ; David Stevenson, *With Our Backs to the Wall*, *op. cit.*, p. 36 *sq.*

26. Sur ces discussions, voir Martin Kitchen, *The German Offensives of 1918*, *op. cit.*, p. 24-49.

27. Gary Sheffield, « Finest Hour ? British Forces on the Western Front in 1918 : An Overview », *in* Ashley Ekins (éd.), *1918 – Year of Victory. The End of the Great War and the Shaping of History*, Titirangi, Auckland, Exisle Publishing, 2010, p. 56. Voir aussi Gary Sheffield, *Forgotten Victory*, Londres, Headline, 2001, p. 224 *sq.* ; Dieter Storz, « "Aber was hätte anders geschehen sollen ?" Die deutschen Offensiven an der Westfront 1918 », *in* Jörg Dupplert et Gerhard Paul Gross (éd.), *Kriegsende*, *op. cit.*, p. 165-182.

28. Rupprecht, le prince héritier de Bavière, *Mein Kriegstagebuch*, 3 vol., Berlin, Deutscher National Verlag, 1929, vol. 2, p. 322 ; David T. Zabecki, *The German 1918 Offensives*, *op. cit.*, p. 97-123. Voir aussi Robert T. Foley, « From Victory to Defeat : The German Army in 1918 », *in* Ashley Ekins (éd.), *1918 – Year of Victory*, *op. cit.*, p. 69-88.

29. Pour une analyse détaillée de l'opération *Michaël*, voir David T. Zabecki, *The German 1918 Offensives*, *op. cit.*, p. 113-173 ; Martin Kitchen, *The German Offensives of 1918*, *op. cit.*, p. 66 *sq.* ; David Stevenson, *With Our Backs to the Wall*, *op. cit.*, p. 42. Voir aussi *Der Weltkrieg 1914-1918*, 14 vol., Berlin, E.S. Mittler, 1925-1944, vol. 14, p. 104 ; Erich Ludendorff, *Meine Kriegserinnerungen, 1914-1918*, Berlin, E.S. Mittler, 1919, p. 474 *sq.*

30. David T. Zabecki, *The German 1918 Offensives*, *op. cit.*, p. 160 *sq.* ; Gary Sheffield, *Forgotten Victory*, *op. cit.*, p. 224 *sq.*

31. Hew Strachan, *First World War : a New Illustrated History*, Londres, Pocket Books, 2006, p. 300 ; Elizabeth Greenhalgh, « A French Victory, 1918 », *in 1918 – Year of Victory*, *op. cit.*, p. 89-98 ; David Stevenson, *With Our Backs to the Wall*, *op. cit.*, p. 58 ; Martin Kitchen, *The German Offensives of 1918*, *op. cit.*, p. 87, 97.

32. *Ibid.*, p. 67 *sq.* Selon Kitchen, *ibid.*, p. 99, il y eut encore plus de victimes : 230 000 soldats allemands et 212 000 soldats alliés.

33. Hew Strachan, *op. cit.*, p. 288 *sq.*

34. Basil H. Liddell Hart, *History of the First World War*, Londres, Paper mac, 1970, p. 396 *sq.* ; Martin Kitchen, *The German Offensives of 1918*, *op. cit.*, p. 94 *sq.*, 100 et 125 *sq.*

35. David T. Zabecki, *The German 1918 Offensives*, *op. cit.*, p. 174-205 ; David Stevenson, *With Our Backs to the Wall*, *op. cit.*, p. 67 *sq.* ; Martin Kitchen, *The German Offensives of 1918*, *op. cit.*, p. 99-136.

36. David T. Zabecki, *ibid.*, p. 206-232 ; David Stevenson, *ibid.*, p. 87 ; Basil H. Liddell Hart, *History of the First World War*, *op. cit.*, p. 407-432 ; Martin Gilbert, *First World War*, Londres, Henry Holt and Company, 1994, p. 425-427.

37. David T. Zabecki, *The German 1918 Offensives*, *op. cit.*, p. 233-245 ; David Stevenson, *With Our Backs to the Wall*, *op. cit.*, p. 88-91 ; Martin Kitchen, *The German Offensives of 1918*, *op. cit.*, p. 158 *sq.*

38. David T. Zabecki, *ibid.*, p. 246-279 ; Martin Gilbert, *First World War*, *op. cit.*, p. 440-443.

39. Winston Churchill, *La Crise mondiale*, *op. cit.* ; Wilhelm Deist, « The Military Collapse of the German Empire : The Reality Behind the Stab-in-the-back Myth », *War in History*, vol. 3, 1996, p. 199-203 ; Gary Sheffield, « Finest Hour ? », art. cité, p. 54-68 ; André Bach, « Die militärischen Operationen der französischen Armee an der Westfront Mitte 1917 bis 1918 », in *Kriegsende 1918*, *op. cit.*, p. 135-144.

40. Hew Strachan, *First World War, op. cit.*, p. 302 sq.

41. Rupprecht, *Mein Kriegstagebuch, op. cit.*, vol. 2, p. 424-430 ; Hew Strachan, *First World War : a New Illustrated History, op. cit.*, p. 311 ; Martin Kitchen, *The German Offensives of 1918, op. cit.*, p. 256. Voir aussi Benjamin Ziemann, *Front und Heimat. Ländliche Kriegserfahrungen im südlichen Bayern 1914-1923*, Essen, Klartext, 1997, p. 97 sq.

42. Martin Kitchen, *The German Offensives of 1918, op. cit.*, p. 185, 198 sq. Sur les désertions dans l'armée allemande et la BEF, voir Christoph Jahr, *Gewöhnliche Soldaten. Desertion und Deserteure im deutschen und britischen Heer 1914-1918*, Göttingen, Vandenhoeck & Ruprecht, 1998.

43. Martin Gilbert, *First World War, op. cit.*, p. 447, 454.

44. Hew Strachan, *First World War, op. cit.*, p. 310 sq. ; David Stevenson, *With Our Backs to the Wall, op. cit.*, p. 122 sq. ; J. P. Harris, « Das britische Expeditionsheer in der Hundert-Tage-Schlacht vom 8. August bis 11. November 1918 », in *Kriegsende 1918, op. cit.*, p. 115-134.

45. David Stevenson, *With Our Backs to the Wall, op. cit.*, p. 122-133 ; Martin Kitchen, *The German Offensives of 1918, op. cit.*, p. 260-278 ; Martin Gilbert, *First World War, op. cit.*, p, 452-455.

46. *Ibid.*, p. 452 sq.

47. Wilhelm Deist, « The Military Collapse of the German Empire », art. cité.

48. David Stevenson, *The First World War and International Politics, op. cit.*, p. 222 sq. ; id., *With Our Backs to the Wall, op. cit.*, p. 311-349.

49. Concernant la société britannique durant la guerre, voir Jay Winter, *The Great War and the British People*, 2ᵉ éd., Houndmills, Basingstoke, Palgrave Macmillan, 2003.

50. David Stevenson, *With Our Backs to the Wall, op. cit.*, p. 339.

51. Niall Ferguson, *The Pity of War, 1914-1918*, Londres, Penguin Books, 1999, p. 276 sq.

52. Alvin Jackson, « Germany, the Home Front : Blockade, Government and Revolution », *in* Hugh Cecil et Peter H. Liddle (éd.), *Facing Armageddon : The First World War Experienced*, Londres, Leo Cooper, 1996, p. 575 ; Richard Bessel, *Germany after the First World War*, Oxford, Clarendon Press, 1993, p. 35-44 ; Gary Sheffield, *Forgotten Victory, op. cit.*, p. 93.

53. Niall Ferguson, *The Pity of War, op. cit.*, p. 276-281 ; Gary Sheffield, *Forgotten Victory, op. cit.*, p. 102 sq.

54. Niall Ferguson, *ibid.*, p. 253.

55. David Stevenson, *With Our Backs to the Wall, op. cit.*, p. 460-467.

56. Hans-Ulrich Wehler, *Deutsche Gesellschaftsgeschichte, op. cit.*, p. 83, 143 sq. ; Holger H. Herwig, *The First World War : Germany and Austria-Hungary, 1914-1918*, Londres, Arnold, 1997, p. 378-381 ; Volker Ullrich, « Zur inneren Revolutionierung der wilhelminischen Gesellschaft des Jahres 1918 », in *Kriegsende 1918, op. cit.*, p. 273-284 ; David Stevenson, *With Our Backs to the Wall, op. cit.*, p. 468-477.

57. Hans-Ulrich Wehler, *Deutsche Gesellschaftsgeschichte, op. cit.*, p. 135.

58. Jürgen Kocka, *Klassengesellschaft im Krieg. Deutsche Sozialgeschichte 1914-1918*, 2ᵉ éd., Göttingen, Vandenhoeck & Ruprecht, 1978 ; et, en anglais, *Facing Total War : German Society 1914-1918*, Leamington Spa, Berg, 1984 ; Hans-Ulrich Wehler, *Deutsche Gesellschaftsgeschichte, op. cit.*, p. 70-93 ; Niall Ferguson, *The Pity of War, op. cit.*, p. 278 sq.

59. Hew Strachan, *First World War : a New Illustrated History, op. cit.*, p. 270-274.

60. Holger H. Herwig, *The First World War. Germany and Austria-Hungary 1914-1918, op. cit.*, p. 354, 357, 361-365.

61. *Ibid.*, p. 356-360.

62. *Ibid.*, p. 352-373.
63. Mark Thompson, *The White War, op. cit.*, p. 328-368.
64. *Ibid.*, p. 356-378.
65. Hew Strachan, *op. cit.*, p. 274-279.
66. Edward J. Erickson, *Ordered to Die. A History of the Ottoman Army in the First World War*, Westport, Praeger, 2001, p. 169-206, 237 sq.
67. Mark Thompson, *The White War, op. cit.*, p. 363 sq. ; Alan Kramer, *Dynamic of Destruction. Culture and Mass Killing in the First World War*, Oxford, Oxford University Press, 2007, p. 65.
68. David Stevenson, *The First World War and International Politics, op. cit.*, p. 228 sq.
69. Robin Prior, « Stabbed in the Front : The German Defeat in 1918 », in *1918 – Year of Victory, op. cit.*, p. 50.
70. Hans-Ulrich Wehler, *Deutsche Gesellschaftsgeschichte, op. cit.*, p. 174-177. Sur le mythe du « coup de poignard dans le dos », voir Boris Barth, *Dolchstoßlegende und politische Desintegration. Das Trauma der deutschen Niederlage im Ersten Weltkrieg 1914-1933*, Düsseldorf, Droste, 2003.
71. David Stevenson, *The First World War and International Politics, op. cit.*, p. 222-227 ; Michael Geyer, « Insurrectionary Warfare : The German Debate about a Levée en Masse in October 1918 », *The Journal of Modern History*, n° 73, 2001, p. 459-527.
72. Heinrich August Winkler, *Von der Revolution zur Stabilisierung : Arbeiter und Arbeiterbewegung in der Weimarer Republik 1918-1924*, 2ᵉ éd., Berlin, J. H. W. Dietz, 1985, p. 34-61 ; Wilhelm Deist, « Die Politik der Seekriegsleitung und die Rebellion der Flotte Ende Oktober 1918 », *Vierteljahreshefte für Zeitgeschichte*, 14, 1966, p. 325-343.
73. David Stevenson, *The First World War and International Politics, op. cit.*, p. 229-236. Sur la révolution allemande, l'armistice et le traité de Versailles, voir Klaus Schwabe, *Deutsche Revolution und Wilson-Friede*, Düsseldorf, Droste, 1971.
74. Hans-Ulrich Wehler, *Deutsche Gesellschaftsgeschichte, op. cit.*, p. 184-197.
75. Heinrich August Winkler, *Von der Revolution zur Stabilisierung, op. cit.*, p. 25-32.
76. Hans-Ulrich Wehler, *Deutsche Gesellschaftsgeschichte, op. cit.*, p. 128-134. Sur le rôle de Hindenburg durant la guerre et après, ainsi que sur le culte du « vainqueur de Tannenberg », voir Wolfram Pyta, *Hindenburg. Herrschaft zwischen Hohenzollern und Hitler*, Munich, Sidler, 2009 ; Jesko von Hoegen, *Der Held von Tannenberg. Genese und Funktion des Hindenburg-Mythos (1914-1934)*, Cologne, Böhlau, 2007.
77. David Stevenson, *With Our Backs to the Wall, op. cit.*, p. 416-419, 422.
78. Martin Kitchen, *The German Offensives of 1918, op. cit.*, p. 244 sq. ; Michael Epkenhans, « Die Politik der militärischen Führung 1918. "Kontinuität der Illusionen und das Dilemma der Wahrheit" », in *Kriegsende 1918, op. cit.*, p. 217-233.
79. Dieter Storz, « "Aber was hätte anders geschehen sollen ?" Die deutschen Offensiven an der Westfront 1918 », in *Kriegsende 1918, op. cit.*, p. 51-97 ; Arno J. Meyer, *Politics and Diplomacy of Peacemaking. Containment and Counterrevolution at Versailles, 1918-1919*, New York, Alfred A. Knopf, 1967.
80. Martin Kitchen, *The German Offensives of 1918, op. cit.*, p. 48 sq., 138, 161, 235, 244 sq.
81. Sur le rôle de l'armée dans la politique intérieure allemande au cours de la guerre, voir Wilhelm Deist (éd.), *Militär und Innenpolitik im Weltkrieg 1914 bis 1918*, 2 vol., vol. 1.2, Düsseldorf, Droste, 1970 ; Manfred Nebelin, *Ludendorff, op. cit.*, p. 339 sq. ; Martin Kitchen, *The Silent Dictatorship : The Politics of the German High Command under Hindenburg and Ludendorff, 1916-1918*, Londres, Taylor and Francis, 1976.

82. Hew Strachan, *First World War : a New Illustrated History, op. cit.*, p. 305 *sq.*
83. David Stevenson, *With our Backs to the Wall, op. cit.*, p. 404-419, 431 *sq.* ; Gerald D. Feldman, *Army, Industry and Labor in Germany 1914-1918*, Berg, 1992, p. 513 ; Manfred Nebelin, *Ludendorff, op. cit.*, p. 245 *sq.*
84. Hew Strachan, *First World War, op. cit.*, p. 308 *sq.*
85. Par exemple, Gary Sheffield, *Forgotten Victory, op. cit.*, p. 226 *sq.* ; voir aussi Dieter Storz, « "Aber was hätte anders geschehen sollen ?" », art. cité.
86. Hew Strachan, *op. cit.*, p. 204.
87. Ces chiffres sont empruntés à Martin Gilbert, *First World War, op. cit.*, p. 500.
88. Niall Ferguson, *The Pity of War, op. cit.*, p. 310-314 ; Gary D. Sheffield, « The Morale of the British Army on the Western Front, 1914-1918 », *in* Geoffrey Jensen et Andrew Wiest (éd.), *War in the Age of Technology*, New York, New York University Press, 2001, p. 105-131. Voir aussi Benjamin Ziemann, « Enttäuschte Erwartung und kollektive Erschöpfung. Die deutschen Soldaten an der Westfront 1918 auf dem Weg zur Revolution », in *Kriegsende 1918, op. cit.*, p. 165-182.
89. Scott Stephenson, *The Final Battle : Soldiers of the Western Front and the German Revolution of 1918*, Cambridge, Cambridge University Press, 2009.

Chapitre VII
1919 : l'après

1. Stéphane Audoin-Rouzeau et Christophe Prochasson (éd.), *Sortir de la Grande Guerre*, Paris, Tallandier, 2008.
2. John Horne, « Démobilisations culturelles après la Grande Guerre », in *14-18 Aujourd'hui. Today. Heute*, Paris, Noêsis, 2002, p. 43-53.
3. Erez Manela, *The Wilsonian Moment. Self-Determination and the International Origins of Anticolonial Nationalism*, Oxford, Oxford University Press, 2007.
4. John Milton Cooper Jr., *Breaking the Heart of the World. Woodrow Wilson and the Fight for the League of Nations*, Cambridge, Cambridge University Press, 2001.
5. Edward M. House, *The Intimate Papers of Colonel House Arranged as a Narrative by Charles Seymour*, Boston et New York, Riverside Press, 1926-1928, vol. 4, p. 487.
6. Stéphane Audoin-Rouzeau, « Die Delegation der "gueules cassées" in Versailles am 28. Juni 1919 », *in* Gerd Krumeich *et al.* (éd.), *Versailles 1919. Ziele, Wirkung, Wahrnehmung*, Essen, Klartext Verlag, 2001, p. 280-287.
7. John Maynard Keynes, *The Economic Consequences of the Peace*, New York, Harcourt, Brace and Howe, 1920, p. 32.
8. Margaret Macmillan, *Paris 1919. Six Months that Changed the World*, New York, Random House, 2001, introduction, p. xxv.
9. Paul Mantoux, *Les Délibérations du Conseil des Quatre*, 2 vol., Paris, Éditions du CNRS, 1955.
10. Manfred F. Boemeke, « Woodrow Wilson's Image of Germany, the War-Guilt Question and the Treaty of Versailles », *in* Manfred F. Boemeke, Gerald D. Feldman et Elisabeth Glaser (éd.), *The Treaty of Versailles. A Reassessment after 75 Years*, German Historical Institute / Cambridge University Press, 1998, p. 603-614.
11. Pierre Renouvin, *Histoire des relations internationales*, t. 3, Paris, Hachette, 1958, rééd. 1994, p. 446.
12. Gerd Krumeich *et al.* (éd.), *Versailles 1919. Ziele, Wirkung, Wahrnehmung, op. cit.*

13. Michael Geyer, « Insurrectionary Warfare : The Geman Debate about a *Levée en masse* in October 1918 », *Journal of Modern History*, 73, 2001, p. 459-527.
14. Annette Becker, *Oubliés de la Grande Guerre*, Paris, Éditions Agnès Viénot, 1988.
15. Bruno Cabanes, *La Victoire endeuillée. La sortie de guerre des soldats français (1918-1920)*, Paris, Seuil, 2004.
16. Étienne Mantoux, *La Paix calomniée ou les Conséquences économiques de Monsieur Keynes*, Paris, Gallimard, 1946. La première critique vient de Jacques Bainville, dans sa célèbre réponse à Keynes, *Les Conséquences politiques de la paix* (Paris, 1920).
17. Sally Marks, « Smoke and Mirrors, in Smoke-Filled Rooms and the Galerie des Glaces », *in* Manfred F. Boemeke, Gerald D. Feldman et Elisabeth Glaser (éd.), *The Treaty of Versailles. A Reassessment after 75 Years, op. cit.*, p. 337-370.
18. Niall Ferguson, *The Pity of War*, Londres, Basic Books, 1998, chap. 14.
19. Jay Winter, *Dreams of Peace and Freedom. Utopian Moments in the 20th Century*, New Haven et London, Yale University Press, 2006, chap. 2.
20. Harold Nicolson, *Peacemaking, 1919*, Londres, Methuen, 1964, p. 31-32.
21. H. G. Wells, *The Shape of Things to Come*, New York, Macmillan, 1933, p. 82.
22. Erez Manela, « Imagining Woodrow Wilson in Asia : Dreams of East-West Harmony and the Revolt against Empire in 1919 », *The American Historical Review*, 111/5, 2006, p. 1327-1351.
23. Arno Mayer, *Wilson vs. Lenin. Political Origins of the New Diplomacy, 1917-1918*, New York, 1967.
24. Michla Pomerance, « The United States and Self Determination. Perspectives on the Wilsonian Conception », *American Journal of International Law*, 70, 1976, p. 1-27 ; William R. Keylor, « Versailles and International Diplomacy », *in* Manfred F. Boemeke, Gerald D. Feldman et Elisabeth Glaser (éd.), *The Treaty of Versailles. A Reassessment after 75 Years, op. cit.*, p. 469-506.
25. Cité *in* Thomas Compère-Morel (éd.), *Mémoires d'outre-mer. Les colonies et la Première Guerre mondiale*, Péronne, Historial de la Grande Guerre, 1996, p. 64. Sur les vétérans africains, voir aussi Marc Michel, *Les Africains et la Grande Guerre. L'appel à l'Afrique, 1914-1918*, Paris, Publications de la Sorbonne, 1982 ; nouvelle éd. Paris, Karthala, 2003 ; et Joe Lunn, *Memoirs of the Maelstrom : A Senegalese Oral History of the First World War*, Portsmouth, NH, Heinemann, 1999.
26. En France, un projet de loi sur le vote des femmes est déposé devant la Chambre des députés en 1919, puis abandonné en 1922. Les femmes britanniques et allemandes ont le droit de vote depuis 1918.
27. Xu Guoqi, *China and the Great War. China's Pursuit of a New National Identity and Internationalization*, Cambridge, Cambridge University Press, 2005, p. 245.
28. V. S. Srinivasa Sastri, *Woodrow Wilson's Message for Eastern Nations*, cité par Erez Manela, *The Wilsonian Moment, op. cit.*, p. 55.
29. Naoko Shimazu, *Japan, Race and Equality. The Racial Equality Proposal of 1919*, Londres et New York, Routledge, 1998.
30. Jonathan D. Spence, *The Search for Modern China*, New York, W. W. Norton & Company, 1991, chap. 13.
31. Ernest Hemingway, « Soldier's Home », 1923, in *The Complete Short Stories of Ernest Hemingway*, New York, Scribner, 1987, p. 109-116.
32. Richard Bessel, *Germany after the First World War*, Oxford, Clarendon Press, 1993.
33. Hugh Clout, *After the Ruins : Restoring the Countryside of Northern France after the Great War*, University of Exeter Press, 1996 ; Frédérique Pilleboue *et al.* (éd.), *Reconstructions en Picardie après 1918*, Paris, RMN, 2000 ; Éric Bussière, Patrice Mar-

cilloux et Denis Varaschin (éd.), *La Grande Reconstruction : reconstruire le Pas-de-Calais après la Grande Guerre*, Archives départementales du Pas-de-Calais, 2000.

34. Deborah Cohen, *The War Come Home. Disabled Veterans in Britain and Germany, 1914-1939*, Berkeley et Los Angeles, University of California Press, 2001.

35. Sabine Kienitz, *Beschädigte Helden. Kriegsinvalidität und Körperbilder 1914-1923*, Paderborn, Schöningh, 2008.

36. Beth Linker, *War's Waste. Rehabilitation in World War I America*, University of Chicago Press, 2011.

37. Pour une approche générale, voir Stephen R. Ward (éd.), *The War Generation. Veterans of the First World War*, Port Washington, NY, Kennikat Press, 1975 ; sur le cas français, voir Antoine Prost, *Les Anciens Combattants et la société française, 1914-1939*, Paris, Presses de la Fondation nationale des sciences politiques, 1977.

38. Alistair Thomson, *ANZAC Memories. Living with the Legend*, Oxford University Press, 1994.

39. Jay Winter, *Sites of Memory, Sites of Mourning. The Great War in European Cultural History*, Cambridge University Press, 1998, chap. 1. Sur la présence de la guerre dans le cinéma allemand des années 1920, voir aussi Anton Kaes, *Shell Shock Cinema. Weimar Culture and the Wounds of War*, Princeton University Press, 2009.

40. Jean-Louis Robert, *Les Ouvriers, la patrie et la Révolution, 1914-1919*, Annales littéraires de l'Université de Besançon / Les Belles Lettres, 1995 ; sur la genèse du Parti communiste français, voir Romain Ducoulombier, *Camarades. La naissance du Parti communiste en France*, Paris, Perrin, 2010.

41. Beverly Gage, *The Day Wall Street Exploded. A Story of America in its First Age of Terror*, Oxford University Press, 2009.

42. Annemarie H. Sammartino, *The Impossible Border. Germany and the East, 1914-1922*, Cornell University Press, 2010.

43. Dzovinar Kévonian, *Réfugiés et diplomatie humanitaire : les acteurs européens et la scène proche-orientale pendant l'entre-deux-guerres*, Paris, Publications de la Sorbonne, 2004.

44. Bruno Cabanes, *The Great War and the Origins of Humanitarianism (1918-1924)*, Cambridge, Cambridge University Press, à paraître.

45. Georges Scelle, *Le Pacte de la Société des Nations et sa liaison avec le traité de paix*, Paris, Librairie du Recueil Sirey, 1919.

46. Zara Steiner, *The Lights that Failed. European International History, 1919-1933*, Oxford University Press, 2005.

47. Susan Pedersen, « Back to the League of Nations : Review Essay », *American Historical Review*, 112/4, 2007, p. 1091-1117.

48. Mark Mazower, *Dark Continent : Europe's Twentieth Century*, New York, Knopf, 1998 ; Stéphane Audoin-Rouzeau, Annette Becker, Christian Ingrao et Henry Rousso (éd.), *La Violence de guerre 1914-1945*, Bruxelles, Complexe, 2002 ; Roger Chickering et Stig Förster (éd.), *The Shadows of Total War : Europe, East Asia and the United States, 1919-1939*, Cambridge University Press, 2003. Pour un point sur l'historiographie récente, voir Robert Gerwarth et John Horne, « The Great War and Paramilitarism in Europe, 1917-23 », *Contemporary European History*, 19/3, 2010, p. 267-273.

49. George Mosse, *De la Grande Guerre au totalitarisme : la brutalisation des sociétés européennes*, Paris, Hachette, 1999.

50. Pour une discussion critique du livre de George Mosse, voir Antoine Prost, « The Impact of War on French and German Political Cultures », *The Historical Journal*, 37/1, 1994, p. 209-217.

51. David M. Anderson et David Killingray (éd.), *Policing and Decolonisation : Politics, Nationalism and the Police, 1917-1965*, Manchester University Press, 1992.

52. Ce dernier champ de recherche demeure d'ailleurs, à l'heure actuelle, relativement peu exploré, et il reste beaucoup à faire sur le lien entre violences coloniales et violence de guerre, en amont et en aval de la Grande Guerre. Sur la peur de la « brutalisation » suscitée par le massacre d'Amritsar, voir Derek Sayer, « British Reaction to the Amritsar Massacre, 1919-1920 », *Past and Present*, 131/1, 1991, p. 130-164 ; Jon Lawrence, « Forging a Peaceable Kingdom : War, Violence and Fear of Brutalization in Post First World War Britain », *The Journal of Modern History*, 75, 2003, p. 557-589 ; et Susan Kingsley Kent, *Aftershocks. Politics and Trauma in Britain, 1918-1931*, Basingstoke et New York, Palgrave Macmillan, 2009, p. 64-90.

53. Un bon exemple d'histoire comparée est fourni par Timothy Wilson, *Frontiers of Violence : Conflict and Identity in Ulster and Upper Silesia, 1918-1922*, Oxford University Press, 2010.

54. La dimension micro-historique semble particulièrement prometteuse. Voir par exemple l'étude du parcours d'Oskar Dirlewanger, *in* Christian Ingrao, *Les Chasseurs noirs*, Paris, Perrin, 2006.

55. David Allen Harvey, « Lost Children or Enemy Aliens ? Classifying the Population of Alsace after the First World War », *Journal of Contemporary History*, 34, 1999, p. 537-554 ; Laird Boswell, « From Liberation to Purge Trials in the "Mythic Provinces": Recasting French Identities in Alsace and Lorraine, 1918-1920 », *French Historical Studies*, 23/1, 2000, p. 129-162.

56. Wolfgang Schivelbusch, *The Culture of Defeat : On National Trauma, Mourning and Recovery*, Londres, Granta Books, 2000.

57. Adrian Lyttleton, « Fascism and Violence in Post-war Italy : Political Strategy and Social Conflict », *in* Wolfgang Mommsen et Gerhard Hirschfeld (éd.), *Violence and Terror in Nineteenth and Twentieth Century Europe*, New York, St. Martin's Press, 1982, p. 257-274 ; Emilio Gentile, *Le origini dell' ideologia fascista, 1918-1925*, Bari, Laterza, 1975.

58. C'est la thèse développée par George Mosse dans *Fallen Soldiers, op. cit.*

59. Christian Ingrao, « Étudiants allemands, mémoire de la guerre et militantisme nazi : étude de cas », *14-18. Aujourd'hui, Today, Heute*, 5, 2002, p. 54-71.

60. Cité *in* Peter Gatrell, « War after the War : Conflicts, 1919-23 », *in* John Horne (éd.), *A Companion to World War I*, Chichester, Blackwell, 2010, p. 568.

61. Joshua Sanborn, « The Genesis of Russian Warlordism : Violence and Governance during the First World War and the Civil War », *Contemporary European History*, 19/3, 2010, p. 195-213.

62. Cité *in* Peter Holquist, *Making War, Forging Revolution : Russia's Continuum of Crisis, 1914-1921*, Cambridge, MA, Harvard University Press, 2002, p. 2.

63. Evan Mawdsley, *The Russian Civil War*, Boston, Allen & Unwin, 1987 ; Vladimir N. Brovkin, *Behind the Front Lines of the Civil War*, Princeton University Press, 1994.

64. Pour une approche comparative de la question des minorités dans son rapport avec l'identité nationale, voir Tara Zahra, « The "Minority Problem" : National Classification in the French and Czechoslovak Borderlands », *Contemporary European Review*, 17, 2008, p. 137-165.

65. Julia Eichenberg, « The Dark Side of Independence. Paramilitary Violence in Ireland and Poland after the First World War », *Contemporary European History*, 19/3, 2010, p. 231-248.

66. *T. E. Lawrence to his Biographer Robert Graves*, Londres, Faber & Faber, 1938, p. 31.

DEUXIÈME PARTIE
THÉÂTRES DE GUERRE

CHAPITRE VIII
Le front de l'Ouest

1. « *That much he knew* », l'antépénultième phrase de *Martin Eden* de Jack London. Le héros vient de se suicider et les deux dernières phrases sont : « Il sombrait dans les ténèbres. Et au moment où il sut, il cessa de savoir. » *(N.d.T.)*

CHAPITRE IX
Le front de l'Est

1. Carl von Clausewitz, *De la guerre*, trad. D. Naville, Paris, Les Éditions de Minuit, 1955, p. 732.
2. *Ibid.*, p. 733.
3. *Ibid.*, p. 719.
4. Erich von Falkenhayn, *Die Oberste Heeresleitung 1914-1916 in ihren wichtigsten Entschließungen*, Berlin, E. S. Mittler und Sohn, 1920, p. 48.
5. Ce chapitre sur le front de l'Est de 1914 à 1918 ne se propose pas d'aborder tous les aspects importants des événements – ils sont bien trop nombreux. Pour l'historiographie essentielle, voir l'essai bibliographique, p. 752.
6. Norman Stone, *The Eastern Front, 1914-1917*, Londres, Penguin Books, 1998, p. 51.
7. *Ibid.*
8. Bruce W. Menning, « War Planning and Initial Operations in the Russian Context », *in* Richard Hamilton et Holger Herwig (éd.), *War Planning 1914*, Cambridge, Cambridge University Press, 2010, p. 80-142.
9. Gerhard Ritter, *The Schlieffen Plan : Critique of a Myth*, Londres, Oswald Wolff, 1958. En 2002, l'historien américain Terence Zuber a surpris tout le monde en affirmant qu'il n'y avait pas de plan Schlieffen : Terence Zuber, *Inventing the Schlieffen Plan : German War Planning, 1871-1914*, Oxford, 2002. On suivra essentiellement cette controverse, qui n'est pas terminée, dans *War in History* : T. Zuber, « The Schlieffen Plan Reconsidered », *War in History*, 1999, 3, p. 262-305 ; T. Holmes, « A Reluctant March on Paris », *War in History*, 2001, 2, p. 208-232 ; T. Zuber, « Terence Holmes Reinvents the Schlieffen Plan », *War in History*, 2001, 4, p. 468-476 ; T. Holmes, « The Real Thing », *War in History*, 2002, 1, p. 111-120 ; T. Zuber, « Terence Holmes Reinvents the Schlieffen Plan – Again », *War in History*, 2003, 1, p. 92-101 ; R. Foley, « The Origins of the Schlieffen Plan », *War in History*, 2003, 2, p. 222-232 ; T. Holmes, « Asking Schlieffen : A Further Reply to Terence Zuber », *War in History*, 2003, 4, p. 464-479 ; T. Zuber, « The Schlieffen Plan was an Orphan », *War in History*, 2004, 2, p. 220-225 ; R. Foley, « The Real Schlieffen Plan », *War in History*, 2006, 1, p. 91-115 ; T. Zuber, « The "Schlieffen Plan" and German War Guilt », *War in History*, 2007, 1, p. 96-108 ; A. Mombauer, « Of War Plans and War Guilt : The Debate Surrounding the Schlieffen Plan », *Journal of Strategic Studies*, XXVIII, 2005 ; T. Zuber, « Everybody Knows There

Was a "Schlieffen Plan" : A Reply to Annika Mombauer », *War in History*, 2008, 1, p. 92-101 ; G. Gross, « There Was a Schlieffen Plan : New Sources on the History of German War Planning », *War in History*, 2008, 4, p. 389-431 ; T. Zuber, « There Never was a "Schlieffen Plan" : A reply to Gerhard Gross » *War in History*, 2010, 17, 2, p. 231-249 ; T. Holmes, « All Present and Correct : The Verifiable Army of the Schlieffen Plan », *War in History*, 2009, 16, 1, p. 98-115 ; T. Zuber, « The Schlieffen Plan's "Ghost Divisions" March Again : A Reply to Terence Holmes » *War in History*, 2010, 17, 4, p. 512-525. En 2006 est paru un important volume sur Schlieffen, taillant en pièces les arguments de Zuber : Hans Ehlert, Michael Epkenhans et Gerhard Gross (éd.), *Der Schlieffenplan : Analysen und Dokumente*, Paderborn, Schöningh, 2006.

10. Fritz Klein *et al.* (éd.), *Deutschland im ersten Weltkrieg*, Berlin, 1968, vol. 1, p. 322.

11. *Der Weltkrieg 1914-1918*, vol. 2, Berlin, E. S. Mittler und Sohn, 1925, p. 238.

12. Alexander Watson, « "Unheard of Brutality." Russian Atrocities against Civilians in East Prussia, 1914-15 », *The Journal of Modern History*, à paraître. Voir John Horne et Alan Kramer, *1914. Les atrocités allemandes*, trad. H.-M. Benoît, Paris, Tallandier, 2011.

13. Walter Elze, *Tannenberg. Das deutsche Heer von 1914. Seine Grundzüge und deren Auswirkungen im Sieg an der Ostfront*, Breslau, F. Hirt, 1928, p. 112 ; Peter Jahn, « "Zarendreck, Barbarendreck – Peitscht sie weg !" Die russische Besetzung Ostpreußens 1914 in der deutschen Öffentlichkeit », in *August 1914 : Ein Volk zieht in den Krieg*, Berlin, Herausgegeben von der Berliner Geschichtswerkstatt, 1989, p. 147-155.

14. Wolfram Pyta, *Hindenburg*, Munich, Siedler, 2007 ; Manfred Nebelin, *Ludendorff. Diktator im Ersten Weltkrieg*, Munich, Siedler, 2010.

15. Max Hoffmann, *Der Krieg der versäumten Gelegenheiten*, 2 vol., Munich, 1923.

16. Hoffmann, *Tannenberg wie es wirklich war*, Berlin, Verlag für Kulturpolitik, 1926.

17. Norman Stone, *Eastern Front*, *op. cit.*, p. 51.

18. « Der Kerl ist ein zu trauriger Genosse, dieser große Feldherr und Abgott des Volkes... Mit so wenig eigener geistiger und körperlicher Anstrengung ist noch nie ein Mann berühmt geworden. » Cité *in* Karl-Heinz Janßen, *Der Kanzler und der General. Die Führungskrise um Bethmann Hollweg und Falkenhayn (1914-1916)*, Göttingen, 1967, p. 245.

19. Wolfram Pyta, *Hindenburg*, *op. cit.*, et Manfred Nebelin, *Ludendorff*, *op. cit.*

20. Norman Stone, *The Eastern Front, 1914-1917*, *op. cit.*, p. 44-69.

21. *Ibid.*

22. Voir *Der Weltkrieg 1914-1918*, *op. cit.*, vol. 2, p. 242 *sq.*

23. *Ibid.*, p. 243.

24. Wolfram Pyta, *Hindenburg*, *op. cit.*, *passim*, pour l'invitation à voir dans Hindenburg un manipulateur actif de l'opinion qui se forgea son image.

25. *Der Weltkrieg 1914-1918*, *op. cit.*, vol. 2, p. 238.

26. Anna von der Goltz, *Hindenburg ; Power, Myth, and the Rise of the Nazis*, Oxford, Oxford University Press, 2009, le livre le plus récent sur le mythe Hindenburg.

27. Jehuda Wallach, *Das Dogma der Vernichtungsschlacht. Die Lehren von Clausewitz und Schlieffen und ihre Wirkungen in zwei Weltkriegen*, Francfort, Bernard & Graefe, 1967.

28. Karl-Heinz Frieser, *Blitzkrieg Legende. Der Westfeldzug 1940*, Munich, Oldenbourg, 1995 ; *Le Mythe de la guerre éclair. La campagne de l'Ouest de 1940*, trad. N. Thiers, Paris, Belin, 1995, rééd. 2003.

29. Ekkehard P. Guth, « Der Gegensatz zwischen dem Oberbefehlshaber Ost und dem Chef des Generalstabes des Feldheers 1914/15. Die Rolle des Majors v. Haeften im

Spannungsfeld zwischen Hindenburg, Ludendorff und Falkenhayn », *Militärgeschichtliche Mitteilungen*, 35, 1984, p. 75-111.

30. Karl-Heinz Janßen, *Der Kanzler und der General, op. cit.*, p. 90.

31. David Stevenson, *Armaments and the Coming of War : Europe, 1904-1914*, Oxford, Oxford University Press, 1996.

32. Andreas Hillgruber, « Deutsche Russland-Politik 1871-1918 : Grundlagen – Grundmuster – Grundprobleme », *Saeculum*, 27, 1976, p. 94-108, ici p. 103.

33. Kurt Riezler, *Tagebücher, Aufsätze, Dokumente*, éd. Karl Dietrich Erdmann, Göttingen, 2008 (Deutsche Geschichtsquellen des 19. und 20. Jahrhunderts, Band 48), p. 183.

34. Holger Afflerbach, *Falkenhayn. Politisches Denken und Handeln im Kaiserreich*, Munich, Oldenbourg, 1994, p. 147.

35. Wolfgang J. Mommsen, « Der Topos vom unvermeidlichen Krieg : Außenpolitik und öffentliche Meinung im Deutschen Reich im letzten Jahrzehnt vor 1914 », in *Der autoritäre Nationalstaat. Verfassung, Gesellschaft und Kultur des deutschen Kaiserreiches*, Francfort, 1990, p. 380-406. Voir aussi Holger Afflerbach, « The Topos of Improbable War in Europe before 1914 », *in* Holger Afflerbach et David Stevenson (éd.), *An Improbable War ? The Outbreak of World War I and European Political Culture before 1914*, New York et Oxford, Berghahn Books, 2007, p. 161-182.

36. Andreas Hillgruber, « Deutsche Russland-Politik 1871-1918 », art. cité, p. 98 *sq*.

37. Vejas Gabriel Liulevicius, *War Land on the Eastern Front : Culture, National Identity, and German Occupation in World War I*, Cambridge, Cambridge University Press, 2000.

38. Theodor Behrmann, *Frankfurter Zeitung*, août 1914.

39. Fritz Fischer, *Griff nach der Weltmacht. Die Kriegszielpolitik des kaiserlichen Deutschland 1914-1918, op. cit.*

40. Imanuel Geiss, *Der polnische Grenzstreifen 1914-1918. Ein Beitrag zur deutschen Kriegszielpolitik im Ersten Weltkrieg*, Hambourg et Lübeck, Matthiesen Verlag, 1960.

41. Holger Afflerbach, *Falkenhayn, op. cit.*, p. 259-265, 286-315.

42. Erich von Falkenhayn, *Die Oberste Heeresleitung, op. cit.*, p. 48.

43. Cité *in* Günther Kronenbitter, « Von "Schweinehunden" und "Waffenbrüdern." Der Koalitionskrieg der Mittelmächte 1914/15 zwischen Sachzwang und Ressentiment », *in* Gerhard P. Gross, *Vergessene Front*, p. 135.

44. Holger Afflerbach, *Falkenhayn, op. cit.*, p. 309.

45. *Ibid.*

46. Norman Stone, *The Eastern Front, op. cit.*, p. 70-121 ; Lothar Höbelt, « "So wie wir haben nicht einmal die Japaner angegriffen." Österreich-Ungarns Nordfront 1914/15 », *in* Gerhard P. Gross (éd.), *Die Vergessene Front. Der Osten 1914-15*, Paderborn, Schöningh, 2006, p. 87-120 ; Günther Kronenbitter, « Von "Schweinehunden" und "Waffenbrüdern" », art. cité, p. 121-145.

47. Jack Tunstall, *Blood on the Snow : The Carpathian Winter War of 1915*, Lawrence, KS, 2010 ; Franz Forstner, *Przemysl. Österreich-Ungarns bedeutendste Festung*, Vienne, 1987.

48. Dennis Showalter, « By the Book ? Commanders surrendering in World War I », *in* Holger Afflerbach et Hew Strachan (éd.), *How Fighting Ends – A History of Surrender*, Oxford, 2012, p. 279-297.

49. Stanley Washburn, *On the Russian Front in World War I : Memoirs of an American War Correspondent*, New York, R. Speller and Sons, 1982.

50. Voir Holger Afflerbach, *Der Dreibund. Europäische Großmacht – und Allianzpolitik vor dem Ersten Weltkrieg*, Vienne, Böhlau, 2002 (Veröffentlichungen der Kommission für die Neuere Geschichte Österreichs, Band 92), épilogue ; Holger Afflerbach, « Vom Bündnispartner zum Kriegsgegner. Ursachen und Folgen des italienischen Kriegseintritts im Mai 1915 », *in* Johannes Hürter et Gian Enrico Rusconi (éd.), *Der Kriegseintritt Italiens im Mai 1915*, Munich, 2007 (Schriftenreihe der Vierteljahrshefte für Zeitgeschichte), p. 53-69 ; Holger Afflerbach, « "...vani e terribili olocausti di vite umane..." Luigi Bongiovannis Warnungen vor dem Kriegseintritt Italiens im Jahre 1915 », *in* Johannes Hürter et Gian Enrico Rusconi, *Der Kriegseintritt Italiens, op. cit.*, p. 85-98.

51. Volker Ullrich, « Entscheidung im Osten oder Sicherung der Dardanellen. Das Ringen um den Serbienfeldzug 1915 », *Militärgeschichtliche Mitteilungen*, 32, 1982, p. 45-63.

52. Holger Afflerbach, *Falkenhayn, op. cit.*, p. 266-285.

53. *Ibid.*, p. 286.

54. Seeckt an das Reichsarchiv, 13 novembre 1927, in *Der Weltkrieg 1914-1918, op. cit.*, vol. 7, p. 439.

55. Manfried Rauchensteiner, *Der Tod des Doppeladlers. Österreich-Ungarn und der Erste Weltkrieg*, Graz, Vienne et Cologne, 1993, p. 212.

56. Oskar Tile von Kalm, *Gorlice*, Berlin, 1930 (Schlachten des Weltkriegs in Einzeldarstellungen, vol. 30), p. 13.

57. Holger Afflerbach, *Falkenhayn, op. cit.*, p. 289.

58. Erich von Falkenhayn, *Heeresleitung, op. cit.*, p. 247 *sq*.

59. Chiffres tirés de *Deutschland im ersten Weltkrieg, op. cit.*, vol. 2, p. 75.

60. Stanley Washburn, *Russian Front, op. cit., passim*.

61. Holger Afflerbach, « Największe Zwycięstwo Państw Centralnych W i Wojnie Światowej – Bitwa Pod Gorlicami », in *Militarne I Polityczne Znaczenie Operacji Gorlickiej W Działaniach Wojennych I Wojny Światowej*, Gorlice, 1995, p. 85-95, ici p. 92.

62. August von Cramon, *Unser Österreichisch-Ungarischer Bundesgenosse im Weltkriege. Erinnerungen aus meiner vierjährigen Tätigkeit als bevollmächtigter deutscher General beim k.u.k. Armeeoberkommando*, Berlin, E. S. Mittler und Sohn, 1920, p. 15.

63. Lothar Höbelt, « Österreich-Ungarns Nordfront 1914/15 », affirme que les Italiens étaient inefficaces et que le danger fut surestimé : ce n'est vrai que jusqu'à un certain point. Sur l'idée que l'intervention de l'Italie eut des conséquences très importantes pour l'issue de la Première Guerre mondiale, voir Holger Afflerbach, « Entschied Italien den Ersten Weltkrieg ? », *in* Rainer F. Schmidt (éd.), *Deutschland und Europa. Außenpolitische Grundlinien zwischen Reichsgründung und Erstem Weltkrieg*, Stuttgart, 2004, p. 135-143.

64. Vejas Gabriel Liulevicius, « Von "Oberost" nach "Ostland" », *in* Gerhard P. Gross, *Vergessene Front, op. cit.*, p. 295-311, p. 298.

65. *Deutschland im ersten Weltkrieg, op. cit.*, vol. 2, p. 81.

66. Holger Afflerbach, *Falkenhayn, op. cit.*, p. 301.

67. On trouvera des exemples de cette attitude *in* Alexandre Kerenski, *The Kerensky Memoirs*, Londres, 1966 et, en français, *La Russie au tournant de l'histoire*, Paris, Plon, 1965 ; Alexander Isvolski, *Recollections of a Foreign Minister*, New York et Toronto, 1921.

68. Vejas Gabriel Liulevicius, *War Land, op. cit., passim*.

69. Peter Hoeres, « Die Slawen. Perzeptionen des Kriegsgegners bei den Mittelmächten. Selbst- und Feindbild », *in* Gerhard P. Gross, *Vergessene Front, op. cit.*, p. 179-200.

70. Peter Gatrell, *A Whole Empire Walking. Refugees in Russia during World War I*, Bloomington, IN, 2005.

71. Norman Stone, *The Eastern Front, op. cit.*, p. 194-231.

72. *Ibid.*, p. 165-193.
73. *Ibid.*, p. 239.
74. *Ibid.*, p. 242.
75. *Der Weltkrieg 1914-1918, op. cit.*, vol. 10, p. 442 *sq.*
76. Norman Stone, *The Eastern Front, op. cit.*, p. 241.
77. Tony Ashworth, *Trench Warfare 1914-1918 : The Live and Let Live System*, Londres, 1980. Une analyse analogue du front de l'Est me paraît urgente, ne serait-ce qu'en raison d'un facteur : les trois grandes puissances avaient recruté près de 1,5 million de soldats polonais ; la question d'« arrangements » officieux entre Polonais sur le front ne manque donc pas d'intérêt. Piotr Szlanta signale qu'à Noël, en 1914, des troupes polonaises retranchées des deux camps chantaient des chants polonais de Noël. Voir Piotr Szlanta, « Der Erste Weltkrieg von 1914 bis 1915 als identitätsstiftender Faktor für die moderne polnische Nation », *in* Gerhard P. Gross, *Vergessene Front, op. cit.*, p. 153-164.
78. Rudolf Jerabek, *Die Brussilowoffensive 1916. Ein Wendepunkt der Koalitionskriegführung der Mittelmächte*, 2 vol., thèse, Vienne, 1982. Excellente étude qui n'a malheureusement jamais été publiée sous forme de livre.
79. Norman Stone, *Eastern Front, op. cit.*, p. 241.
80. Holger Afflerbach, *Falkenhayn, op. cit.*, p. 412.
81. Norman Stone, *Eastern Front, op. cit.*, p. 235.
82. Holger Afflerbach, *Falkenhayn, op. cit.*, p. 314.
83. Werner Conze, *Polnische Nation und Deutsche Politik im Ersten Weltkrieg*, Cologne et Graz, 1958, demeure excellent ; voir aussi Heinz Lemke, *Allianz und Rivalität. Die Mittelmächte und Polen im ersten Weltkrieg (bis zur Februarrevolution)*, Berlin, Oldenbourg, 1977.
84. Voir Vejas Gabriel Liulevicius, *War Land, op. cit., passim* ; Werner Conze, *Polnische Nation, op. cit.* ; Stephan Lehnstaedt, « Das Militärgouvernement Lublin. Die "Nutzbarmachung" Polens durch Österreich-Ungarn im Ersten Weltkrieg », *Zeitschrift für Ostmitteleuropa-Forschung*, 61, 2012, vol. 1 ; Lehnstaedt détruit l'idée d'une attitude autrichienne plus « bienveillante » envers les Polonais (en comparaison des vues et politiques allemandes).
85. Norman Stone, *The Eastern Front, op. cit.*, p. 238.
86. Voir le titre de l'ouvrage souvent cité de Gerhard P. Gross, *Vergessene Front.*

CHAPITRE X
Le front italo-autrichien

1. Pour des exceptions à la règle, voir Gerhard Hirschfeld, Gerd Krumeich et Irina Renz (éd.), *Enzyklopädie Erster Weltkrieg*, Paderborn, Schöningh, 2003 ; et John Horne (éd.), *A Companion to World War I*, Chichester, Wiley-Blackwell, 2010 (voir notamment Giorgio Rochat, « The Italian Front, 1915-18 », et Mark Cornwall, « Austria-Hungary and "Yugoslavia" »). L'auteur souhaite remercier le docteur Oswald Überegger (université de Hildesheim) et Matthias Egger (université d'Innsbruck) : sans leur aide éclairée, la bibliographie de langue allemande eût été incomplète.
2. Jay Winter (éd.), *The Legacy of the Great War : Ninety Years On*, Columbia, University of Missouri Press, 2009.
3. Proclamation initiale de Falkenhayn citée *in* Ameo Tosti, *L'Italie dans la guerre mondiale (1915-1918)*, trad. F. Hayward, Paris, Payot, 1933, p. 57. *(N.d.T.)*

4. *Österreich-Ungarns letzter Krieg, 1914-1918*, Hrsg. vom Österreichischen Bundesministerium für Heereswesen und vom Kriegsarchiv, Vienne, Verlag der Militärwissenschaftlichen Mitteilungen, 1930-1938, vol. 2, p. 352, vol. 5, p. 632 ; Ministero della Guerra, Comando del corpo di stato maggiore. Ufficio storico, *L'esercito italiano nella Grande Guerra (1915-1918)*, Rome, 1927-1988.

5. Manfried Rauchensteiner, *Der Tod des Doppeladlers : Österreich-Ungarn und der Erste Weltkrieg*, Graz, Styria Verlag, 1993.

6. Mario Isnenghi et Giorgio Rochat, *La Grande Guerra 1914-1918*, Florence, La Nuova Italia, 2000.

7. Gunther E. Rothenberg, *The Army of Francis Joseph*, West Lafayette, Purdue University Press, 1976, p. 177, 180, 218, 198, 202.

8. John Gooch, *Army, State, and Society in Italy, 1870-1915*, Houndmills, Macmillan, 1989 ; Giovanna Procacci, *Soldati e prigionieri italiani nella Grande Guerra*, avec un recueil de lettres inédites, Rome, Editori riuniti, 1993 ; Giovanna Procacci, « La prima guerra mondiale », *in* Giuseppe Sabbatucci et Vittorio Vidotto (éd.), *Storia d'Italia*, vol. 4, *Guerre e fascismo*, Rome et Bari, Laterza, 1997 ; Nicola Labanca, « Zona di guerra », *in* Mario Isnenghi (éd.), *Italiani in guerra. Conflitti, identità, memorie dal Risorgimento ai nostri giorni*, vol. III, Mario Isnenghi et Daniele Ceschin (éd.), *La Grande Guerra : dall'intervento alla « vittoria mutilata »*, Turin, Utet, 2008, p. 606-619.

9. Hermann J. W. Kuprian, « Warfare – Welfare. Gesellschaft, Politik und Militarisierung Österreich während des Ersten Weltkrieges », *in* Brigitte Mazohl-Wallnig, Hermann J. W. Kuprian et Gunda Barth-Scalmani (éd.), *Ein Krieg, zwei Schützengräben : Österreich-Italien und der Erste Weltkrieg in den Dolomiten 1915-1918*, Bozen, Athesia, 2005 ; Hermann J. W. Kuprian, « Militari politica e società in Austria durante la Prima Guerra mondiale », *Memoria e Ricerca. Rivista di storia contemporanea*, 2008, n° 28.

10. Holger Herwig, *The First World War : Germany and Austria-Hungary 1914-1918*, Londres, Arnold, 1997 ; Richard Georg Plaschka, Horst Haselsteiner et Arnold Suppan, *Innere Front : Militärassistenz, Widerstand und Umsturz in der Donaumonarchie 1918*, Vienne, Verlag für Geschichte und Politik, 1974, p. 35 ; Ernst Zehetbauer, *Die « E.F. » und das Ende der alten Armee. Der Krieg der Reserveoffiziere Österreich-Ungarns 1914-1918*, Staatsprüfungsarbeit, Institut für österreichische Geschichte, Vienne, 2000, p. 7, 19, 24, 28, 64, 70, 77, 100, 133, 163.

11. Giuseppe Caforio et Piero Del Negro (éd.), *Ufficiali e società. Interpretazioni e modelli*, Milan, Angeli, 1988 ; Piero Del Negro, « Ufficiali di carriera e ufficiali di complemento nell'esercito italiano della Grande Guerra », *in* Gérard Canini (éd.), *Les Fronts invisibles. Nourrir – Fournir – Soigner*, Nancy, Presses universitaires de Nancy, 1984.

12. Holger Afflerbach, *Der Dreibund : europäische Großmacht- und Allianzpolitik vor dem Ersten Weltkrieg*, Vienne, Böhlau, 2002.

13. Massimo Mazzetti, *L'esercito italiano nella Triplice Alleanza*, Naples, Esi, 1974 ; Maurizio Ruffo, *L'Italia nella Triplice Alleanza. I piani operativi dello SM verso l'Austria Ungheria dal 1985 al 1915*, Rome, Ufficio storico, Stato maggiore dell'esercito, 1998 ; Nicola Labanca, « Welches Interventionstrauma für welche Militärs ? Der Kriegseintritt von 1915 und das italienische Heer », *in* Johannes Hürter et Gian Enrico Rusconi (éd.), *Der Kriegseintritt Italiens im mai 1915*, Munich, Oldenbourg, 2007, p. 73-84.

14. Mario Montanari, *Politica e strategia in cento anni di guerre italiane*, vol. II, *Il periodo liberale*, t. II, *La Grande Guerra*, Rome, Stato maggiore dell'esercito, Ufficio storico, 2000.

15. Giorgio Rochat, « La preparazione dell'esercito italiano nell'inverno 1914-15 », *Il Risorgimento*, 1961, n° 1, p. 10-32, et id., « La convenzione militare di Parigi, 2 maggio 1915 », *Il Risorgimento*, 1961, n° 3, p. 128-156.

16. Filippo Cappellano et Basilio Di Martino, *Un esercito forgiato nelle trincee : l'evoluzione tattica dell'esercito italiano nella Grande Guerra*, avec un essai d'Alessandro Gionfrida, Udine, Gaspari, 2008.

17. Luciano Viazzi, *La guerra bianca in Adamello*, Trente, Arti grafiche Saturnia, 1965 ; id., *La guerra bianca sull'Adamello*, Trente, G. B. Monauni, 1968 ; Gunda Barth-Scalmani, « Kranke Krieger im Hochgebirge. Einige Überlegungen zur Mikrogeschichte des Sanitätswesens an der Dolomitenfront », et Luciana Palla, « Kampf um die Dolomitentiler. Der Große Krieg im Grenzgebiet », tous deux *in* Brigitte Mazohl-Wallnig, Hermann J. W. Kuprian et Gunda Barth-Scalmani (éd.), *Ein Krieg, zwei Schützengräben, op. cit.* ; Mark Thompson, *The White War : Life and Death on the Italian Front, 1915-1919*, New York, Basic Books, Perseus Books, 2009.

18. Vittorio Corà et Paolo Pozzato (éd.), *1916, la Strafexpedition : gli altipiani vicentini nella tragedia della Grande Guerra*, préface de Mario Rigoni Stern, introduction de Mario Isnenghi, Udine, Gaspari, 2003.

19. Manfried Rauchensteiner, « Österreich-Ungarn », *in* Gerhard Hirschfeld, Gerd Krumeich et Irina Renz (éd.), *Enzyklopädie Erster Weltkrieg, op. cit.*, p. 68, 76 ; Graydon A. Tunstall, *Blood on the Snow : The Carpathian Winter War of 1915*, Lawrence, University Press of Kansas, 2010, p. 12, 209 ; Günther Kronenbitter, « The Limits of Cooperation : Germany and Austria-Hungary in the First World War », *in* Peter Dennis et Jeffrey Grey (éd.), *Entangling Alliances : Coalition Warfare in the Twentieth Century*, Canberra, 2005, p. 74-85 ; Günther Kronenbitter, « Austria-Hungary », *in* Richard F. Hamilton et Holger H. Herwig (éd.), *War Planning 1914*, Cambridge, Cambridge University Press, 2010 ; Wolfgang Etschmann, « Die Südfront 1915-1918 », *in* Klaus Eisterer et Rolf Steinenger (éd.), *Tirol und der Erste Weltkrieg*, Innsbruck, Studienverlag, 2011.

20. Mario Isnenghi, *Giornali di trincea 1915-1918*, Turin, Einaudi, 1977.

21. Mark Cornwall, *The Undermining of Austria-Hungary : The Battle for Hearts and Minds*, New York, St. Martin's Press, 2000.

22. Richard Georg Plaschka, Horst Haselsteiner et Arnold Suppan, *Innere Front, op. cit.*, p. 148, 90 ; Lawrence Sondhaus, *In the Service of the Emperor : Italians in the Austrian Armed Forces, 1814-1918*, Boulder, East European Monographs, New York, Columbia University Press, 1990, p. 104 ; Mark Cornwall, « Morale and Patriotism in the Austro-Hungarian Army, 1914-1918 », *in* John Horne (éd.), *State, Society and Mobilization in Europe during the First World War*, Cambridge, Cambridge University Press, 1997, p. 175.

23. Giorgio Rochat, « Il soldato italiano dal Carso a Redipuglia », *in* Diego Leoni et Camillo Zadra (éd.), *La Grande Guerra. Esperienza, memoria, immagini*, Bologne, Il Mulino, 1986, p. 613-630 ; Enzo Forcella et Alberto Monticone, *Plotone di esecuzione. I processi della prima guerra mondiale*, Bari, Laterza, 1968 ; Lucio Fabi, *Gente di trincea. La Grande Guerra sul Carso e sull'Isonzo*, Milan, Mursia, 1994 ; Vanda Wilcox, « Generalship and Mass Surrender during the Italian Defeat at Caporetto », *in* Ian F. W. Beckett (éd.), *1917 : Beyond the Western Front*, Leyde, Brill, 2009.

24. Bruna Bianchi, « La Grande Guerra nella storiografia italiana dell'ultimo decennio », *Ricerche Storiche*, 1991, n° 3.

25. Giovanna Procacci, *Soldati e prigionieri italiani nella Grande Guerra, op. cit.* ; Marco Pluviano et Irene Guerrini, *Le fucilazioni sommarie nella prima guerra mondiale*, préface de Giorgio Rochat, Udine, Gaspari, 2004.

26. Karl Platzer, *Standrechtliche Todesurteile im Ersten Weltkrieg*, Berlin et Stuttgart, WiKu-Verlag, 2004.

27. Oskar Regele, *Gericht über Habsburgs Wehrmacht. Letzte Siege und Untergang unter dem Armee-Oberkommando Kaiser Karls I. Generaloberst Arz von Straussenburg*, Vienne et Munich, Herold, 1968, p. 68.

28. Nicola Labanca, *Caporetto. Storia di una disfatta*, Florence, Giunti, 1997 ; Manfred Rauchensteiner (éd.), *Waffentreue – Die 12. Isonzoschlacht 1917*, Vienne, Fassbänder, 2007.

29. Mario Isnenghi, *I vinti di Caporetto nella letteratura di guerra*, Padoue, Marsilio, 1967.

30. Paolo Gaspari, *Le bugie di Caporetto : la fine della memoria dannata*, préface de Giorgio Rochat, Udine, Gaspari, 2011.

31. Holger Herwig, *The First World War*, op. cit., p. 336.

32. Nommé président du Conseil le 30 octobre 1917 après la défaite de Caporetto. (N.d.T.)

33. Tim Travers, « The Allied Victories, 1918 », *in* Hew Strachan (éd.), *The Oxford Illustrated History of the First World War*, Oxford, Oxford University Press, 1998, p. 288.

34. Giorgio Rochat, *L'esercito italiano da Vittorio Veneto a Mussolini (1919-1925)*, Bari, Laterza, 1967.

35. Reinhard Nachtigal, « The Repatriation and Reception of Returning Prisoners of War 1918-22 », *Immigrants & Minorities*, 26, 2008, n° 1-2.

36. Antonio Gibelli, *L'officina della guerra. La Grande Guerra e le trasformazioni del mondo mentale*, Turin, Bollati-Boringhieri, 1991 ; Bruna Bianchi, *La follia e la fuga : nevrosi di guerra, diserzione e disobbedienza nell'esercito italiano, 1915-1918*, Rome, Bulzoni, 2001.

37. Oswald Überegger, « Tabuisierung, Instrumentalisierung, verspätete Historisierung. Die Tiroler Historiographie und der Erste Weltkriege », *Geschichte und Region/ Storia e regione*, 11, 2002, n° 1, p. 129, 133 ; Christa Hämmerle, « "Es ist immer der Mann der den Kampf entscheidet und nicht die Waffe." Die Männlichkeit des k.u.k. Gebirgskriegers in der soldatischen Erinnerungskultur », *in* Hermann J. W. Kuprian et Oswald Überegger (éd.), *Der Erste Weltkrieg in Alpenraum*, Innsbruck, Wagner, 2011, p. 36 ; Oswald Überegger, *Erinnerungskriege : der Erste Weltkrieg, Österreich und die Tiroler Kriegserinnerung in der Zwischenkriegszeit*, Innsbruck, Wagner, 2011, p. 84.

38. Rudolf Jerabeck, « Die Österreichische Weltkriegsforschung », *in* Wolfgang Michalka (éd.), *Der Erste Weltkrieg*, Munich, Piper, 1994 (Mgfa), p. 955 ; Oswald Überegger, « Vom militärischen Paradigma zur "Kulturgeschichte des Krieges" ? Entwicklungslinien der österreichischen Weltkriegsgeschichtsschreibung zwischen politisch-militärischer Instrumentalisierung und universitärer Verwissenschaftlichung », *in* Oswald Überegger (éd.), *Zwischen Nation und Region. Weltkriegsforschung im interregionalen Vergleich. Ergebnisse und Perspektiven*, Innsbruck, Wagner, 2004, p. 63-122.

39. Gianni Isola, *Guerra al regno della guerra ! Storia della Lega proletaria mutilati invalidi reduci orfani e vedove di guerra (1918-1924)*, Florence, Le Lettere, 1990.

40. Piero Pieri, *La prima guerra mondiale 1914-1918. Problemi di storia militare* (1947), nouvelle édition, sous la direction de Giorgio Rochat, Rome, Stato maggiore dell'esercito. Ufficio storico, 1986.

41. Manfried Rauchensteiner, *Der Tod des Doppeladlers*, op. cit.

42. Piero Pieri, *L'Italia nella prima guerra mondiale*, Turin, Einaudi, 1965.

43. Piero Melograni, *Storia politica della Grande Guerra 1915-1918*, Bari, Laterza, 1969.

44. Antonio Gibelli, *La Grande Guerra degli Italiani 1915-1918*, Milan, Sansoni, 1998 ; Giovanna Procacci, *La prima guerra mondiale, op. cit.* ; Mario Isnenghi et Giorgio Rochat, *La Grande Guerra 1914-1918, op. cit.*

45. L. L. Farrar, « The Strategy of Central Powers, 1914-1917 », *in* Hew Strachan (éd.), *The Oxford Illustrated History of the First World War, op. cit.*, p. 28 et 32.

Chapitre XI
La guerre contre l'Empire Ottoman

1. Pour cette période, voir de l'auteur, *Gallipoli : The End of the Myth*, Londres et New Haven, Yale University Press, 2009, chap. 1.

2. Sur ce point, voir « Report of the Committee Appointed to Investigate the Attacks Delivered on the Enemy Defences of the Dardanelles Straits », Londres, Naval Staff Gunnery Division, 1921, p. 78. Le rapport est communément appelé Mitchell Committee Report.

Chapitre XII
Les mers

1. Alfred T. Mahan, *L'Influence de la puissance maritime dans l'histoire : 1660-1783*, trad. E. Boisse, Paris, C. Tchou, 2001.

2. L'auteur a cherché à rendre la nature monumentale de cette lutte pour le contrôle de l'Atlantique, de la Méditerranée et du Pacifique dans son récent ouvrage, *Engineers of Victory : The Problem Solvers who Turned the Tide in the Second World War*, New York, Random House, Londres, Penguin, 2013, dans les chapitres 1 (bataille de l'Atlantique), 4 (guerre amphibie) et 5 (guerre dans le Pacifique).

3. On trouvera de plus nombreuses statistiques sur l'importance respective de chaque marine de guerre en 1914 *in* Paul Halpern, *A Naval History of World War 1*, Annapolis, Naval Institute Press, 1994.

4. Leonard Mosley, *The Duel for Kilimanjaro*, Londres, Weidenfeld et Nicolson, 1963. Il s'agit d'un des très rares récits *divertissants* des combats de 1914-1918.

5. Paul Kennedy, « Mahan versus Mackinder : Two Interpretations of British Sea Power », in *Strategy and Diplomacy, 1870-1945 : Eight Studies*, Londres, Allen & Unwin, 1983.

6. Sir John Halford Mackinder, *Britain and the British Seas*, Londres, William Heinemann, 1902.

7. Jeter A. Isley et Philip Crowl, *The U.S. Marines and Amphibious War. Its Theory and Its Practice in the Pacific*, Princeton, Princeton University Press, 1951.

8. [Il s'agit d'une citation de *Candide* (chap. 23) de Voltaire : « Dans ce pays-ci, il est bon de tuer de temps en temps un amiral pour encourager les autres. »]

9. Andrew Gordon, *The Rules of the Game : Jutland and British Naval Command*, Londres, John Murray, 1996. On ne trouve pas l'équivalent dans toute la littérature navale.

10. Cité *in* Paul Kennedy, *Engineers of Victory, op. cit*, p. 82-83.

11. Jay Winton, *Convoy : Defense of Sea Trade 1890-1990*, Londres, Michael Joseph, 1989.

12. [C'est-à-dire « la manière britannique de faire la guerre » : ouvrage de Liddell Hart traduit en français par Henri Thies sous le titre *La Guerre moderne*, Paris, éditions de la « Nouvelle Revue critique », 1935.]

13. Gerd Hardach, *The First World War 1914-1918*, Berkeley, Los Angeles, University of California Press, 1977, qui constitue la meilleure source sur ce point.

14. Voir la conclusion de Richard Hough à la p. 321 de *The Great War at Sea 1914-1918*, Oxford, Oxford University Press, 1983 : « Ce n'est pas porter atteinte à l'effort prodigieux et continu ni au glorieux courage des armées de terre en France et sur les nombreux autres théâtres de la guerre, pas plus que des aviations qui leur ont prêté une assistance si valeureuse, que d'affirmer que c'est à la Royal Navy que l'on doit la plus grande contribution à la victoire. » Il s'agit là d'un dogme affirmé, et non prouvé, et en aucun cas d'un fait établi.

15. À l'exception d'Arthur J. Marder, *Old Friends, New Enemies : The Royal Navy and the Imperial Japanese Navy*, vol. 1, *Strategic Illusions 1936-1941*, Oxford et New York, Oxford University Press, 1981.

Chapitre XIII
Les airs

1. Alfred Gollin, *No Longer an Island, Britain and the Wright Brothers, 1902-1909*, Stanford, Stanford University Press, 1989, p. 19.

2. Philippe Bernard, « À propos de la stratégie aérienne pendant la Première Guerre mondiale : mythes et réalités », *Revue d'histoire moderne et contemporaine*, 16, 1969, p. 354-355.

3. Felix P. Ingold, *Literatur und Aviatik : Europäische Flugdichtung*, Bâle, Birkhäuser Verlag, 1978, p. 96, 104, 116-117.

4. Kriegswissenschaftliche Abteilung der Luftwaffe (KAdL), *Die Militärluftfahrt bis zum Beginn des Weltkrieges 1914*, 3 vol., 2ᵉ éd. rev. éditée par le Militärgeschichtliches Forschungsamt, Francfort, Mittler und Sohn, 1965-1966, vol. 2, p. 86.

5. Jürgen Eichler, « Die Militärluftschiffahrt in Deutschland 1911-1914 und ihre Rolle in den Kriegsplänen des deutschen Imperialismus », *Zeitschrift für Militärgeschichte*, 24, n° 4, 1985, p. 407-410.

6. *Flight*, 5, n° 10, 7 mars 1914, p. 248-249.

7. John R. Cuneo, *Winged Mars*, 2 vol., Harrisburg, Military Service Publishing Co., 1942, 1947, vol. 2, p. 92-94.

8. Charles Christienne *et al.*, *Histoire de l'aviation militaire française*, Paris, Charles Lavauzelle, 1980, p. 88.

9. John H. Morrow, Jr., *German Air Power in World War*, Lincoln, University of Nebraska Press, 1982, p. 16-17.

10. Peter Mead, *The Eye in the Air : History of Air Observation and Reconnaissance for the Army 1785-1945*, Londres, HMSO, 1983, p. 51-58.

11. *Flight*, 3, n° 41, 9 octobre 1914, p. 1026.

12. Philippe Bernard, « À propos de la stratégie aérienne », art. cité, p. 359-360. Correspondance de Flandin à d'Aubigny, 21 septembre 1915, dossier A81, Service historique de l'armée de l'air (SHAA).

13. File AIR 12/2319/223/29/1-18, Public Record Office (PRO).

14. *Flight*, 7, n° 26, 25 juin 1915, p. 446-448, 455 ; n° 30, 23 juillet 1915, p. 525-526, 539-542 ; n° 43, 22 décembre 1915, p. 798, 802.

15. Frank J. Cappelluti, « The Life and Thought of Giulio Douhet », thèse, Rutgers University, 1967, p. 67-110 *passim*.

16. Louis Thébault, *L'Escadrille 210*, Paris, Jouve, 1925, p. 29, 49, 53, 59.

17. Johannes Werner, *Boelcke. Der Mensch, der Flieger, der Führer der deutschen Jagdfliegerei*, Leipzig, K. F. Köhler, 1932, p. 158-168.

18. Douglas H. Robinson, *Giants in the Sky : A History of the Rigid Airship*, Seattle, University of Washington Press, 1973, p. 122.

19. Trenchard, « Short Notes on the Battle of the Somme 1 July-11 November 1916 », File MFC 76/1/4, Trenchard Papers (TP), Royal Air Force Museum Hendon (RAFM).

20. « L'aéronautique militaire française pendant la guerre de 1914-1918 », vol. 2, « 1917-1918 », *Icare, revue de l'aviation française*, n° 88, printemps 1979, p. 17.

21. Guy Pedroncini, *Pétain : général en chef 1917-1918*, Paris, Presses Universitaires de France, 1974, p. 41, 57.

22. *Ibid.*, p. 41-41.

23. Lieutenant Marc [Jean Marcel Eugène Béraud-Villars], *Notes d'un pilote disparu (1916-1917)*, Paris, Hachette, 1918, p. 168.

24. Philippe Bernard, « À propos de la stratégie aérienne », art. cité, p. 363.

25. AEF account of the aviation plan of bombardment, 18 novembre 1917, AIR 1/1976/204/273/40, PRO. Guy Pedroncini, *Pétain, op. cit.*, p. 58.

26. Georg P. Neumann (éd.), *In der Luft unbesiegt*, Munich, Lehmanns, 1923, p. 79-91, 166-175.

27. Correspondance Haig GHQ n° O.B./1826 au secrétaire, War Office, 18 mai 1917, AIR 1/2267/209/70/34, PRO.

28. George Kent Williams, « Statistics and Strategic Bombardment : Operations and Records of the British Long-Range Bombing Force during World War I and Their Implications for the Development of the Post-War Royal Air Force, 1917-1923 », thèse, Oxford University, 1987, p. 45-64, 186.

29. MFC 76/1/1, TP, RAFM.

30. Frank J. Cappelluti, « Douhet », *op. cit.*, p. 138-145.

31. Weir à Trenchard, 10 septembre 1918, MFC 76/1/94, TP, RAFM.

32. George Kent Williams, « Statistics », *op. cit.*, p. 233-251, 257, 260-262.

33. Giulio Douhet, *La Maîtrise de l'air*, trad. B. Smith, Paris, Economica, 2007.

Chapitre XIV
Le commandement stratégique

1. Cité *in* G. D. Sheffield, « Command, Leadership, and the Anglo-American Experience », *in* G. D. Sheffield (éd.), *Leadership and Command : The Anglo-American Military Experience Since 1861*, Londres, Brassey's, 2002 [1997], p. 1.

2. Voir par exemple Spenser Wilkinson, *The Brain of an Army : A Popular Account of the German General Staff*, Londres, 1895.

3. Voir John Keegan, *The Mask of Command*, New York, Viking, 1987 ; Berndt Brehmer, « Command and Control as Design », http://www.dodccrp.org/events/15th_iccrts_2010/papers/182.pdf, consulté le 5 août 2012.

4. Richard Holmes, *The Little Field Marshal*, Londres, Jonathan Cape, 1981, p. 303, 305 ; Michael Howard, « Leadership in the British Army in the Second World War : Some Personal Observations », *in* G. D. Sheffield (éd.), *Leadership and Command, op. cit.*, p. 119-120.

5. Peter Paret, « Introduction », *in* Peter Paret (éd.), *Makers of Modern Strategy from Machiavelli to the Nuclear Age*, Princeton, NJ, Princeton University Press, 1986, p. 3.

6. Ces définitions s'appuient sur la lecture de plusieurs publications sur la doctrine moderne britannique, américaine et australienne, et sur Michael Howard, « The Forgotten Dimensions of Strategy », *Foreign Affairs*, 57, 5, 1979, p. 975-978.

7. Pour des exemples de cette absence de réflexion, voir : « War Planning : Obvious Needs, Not so Obvious Solutions », *in* Richard F. Hamilton et Holger H. Herwig, *War Planning 1914*, Cambridge, Cambridge University Press, 2010, p. 15-18. Pour la réflexion stratégique navale et maritime, voir Jon Tetsuro Sumida, *Inventing Grand Strategy and Teaching Command : The Classic Works of Alfred Thayer Mahan Reconsidered*, Baltimore, MD, Johns Hopkins University Press, 1997. Voir aussi Nicholas Lambert, *Planning Armageddon / British Economic Warfare and the First World War*, Cambridge, MA, Harvard University Press, 2012.

8. Antulio J. Echevarria II, « Clausewitz : Toward a Theory of Applied Strategy », *Defense Analysis*, 11, 3, 1995, p. 229-240, reproduit *in* http://www.clausewitz.com/readings/Echevarria/APSTRAT1.htm ; l'argument central convaincant de Claus Telp, *The Evolution of Operational Art 1740-1813*, Londres, Frank Cass, 2005, p. 1-2, situe l'émergence de l'art opérationnel à la fin du XVIIIe siècle ; pour des arguments plus anciens situant les développements clés dans les années 1860-1870, voir par exemple Michael D. Krause, « Moltke and the Origins of Operational Art », *Military Review*, LXX, 9, 1990 ; Bruce W. Menning, « Operational Art's Origins », *Military Review*, LXXVII, 5, 1997.

9. David T. Zabecki, *The German 1918 Offensives : A Case Study in the Operational Level of War*, Abingdon, Oxon, Routledge, 2006, p. 29.

10. Lawrence Sondhaus, *Franz Conrad von Hötzendorf : Architect of the Apocalypse*, Boston, MA, Humanities Press, 2000, p. 82, 86, 88 ; Annika Mombauer, *Helmut von Moltke and the Origins of the First World War, op. cit.*, p. 106-112 ; Holger H. Herwig, *The First World War : Germany and Austria-Hungary 1914-18*, Londres, Boomsbury Academic, 1997, p. 9-11, 20.

11. Jacob W. Kipp, « The Origins of Soviet Operational Art 1917-1936 », *in* Michael D. Krause et R. Cody Phillips (éd.), *Historical Perspectives of the Operational Art*, Washington, D.C., Center of Military History, p. 215-216.

12. Voir Timothy C. Dowling, *The Brusilov Offensive*, Bloomington, IN, Indiana University Press, 2008, p. 175-176.

13. Robert A. Doughty, « French Operational Art : 1888-1940 », *in* Michael D. Krause et R. Cody Phillips (éd.), *Historical Perspectives, op. cit.*, p. 101 ; Brian Holden Reid, *Studies in British Military Thought*, Lincoln, NE, University of Nebraska Press, 1998, p. 70.

14. George H. Cassar, *Kitchener's War : British Strategy from 1914 to 1916*, Washington, DC, Rotomac Books Inc., 2004, *passim* ; David R. Woodward, *Field Marshal Sir William Robertson : Chief of the Imperial General Staff in the Great War*, Westport, CT, Praeger, 1998, *passim* ; Keith Jeffery, *Field Marshal Sir Henry Wilson : A Political Soldier*, Oxford, Oxford University Press, 2006, p. 219-228.

15. Pour des exemples de l'implication de Haig au niveau de la grande stratégie, voir Gary Sheffield, *The Chief : Douglas Haig and the British Army*, Londres, Aurum, 2011, p. 265, 331.

16. Voir Andie Simpson, *Directing Operations : British Corps Command on the Western Front 1914-18*, Stroud, Spellmount Publishers, 2006.

17. Robert M. Epstein, *Napoleon's Last Victory and the Emergence of Modern War*, Lawrence, KS, University Press of Kansas, 1994, p. 24.

18. Robert M. Citino, *The German Way of War : From the Thirty Years War to the Third Reich*, Lawrence, KS, University Press of Kansas, 2005, p. 71, 945-947 ; Richard Connaughton, *Rising Sun and Tumbling Bear ; Russia's War with Japan*, Londres, Weidenfield Military, 2003, p. 289.

19. Martin van Creveld, *Technology and War : From 2000 B. C. to the Present*, New York, Touchstone, 1991, p. 153-234.

20. Michel D. Krause, « Moltke and the Origins of Operational Art », *Military Review*, LXX, 9, 1990, p. 113 ; Martin van Creveld, *Command in War*, Cambridge, MA, Harvard University Press, 1985, p. 107-109.

21. Cité *in* Brian N. Hall, « The British Army and Wireless Communication 1896-1918 », *War in History*, vol. 19, n° 3, 2012, p. 290.

22. Voir Hew Strachan, *The First World War : A New Illustrated History*, New York, Simon and Shuster, 2003, p. 199-200 (en français, *La Première Guerre mondiale*, trad. H. Tézenas, Paris, Presses de la Cité, 2005) ; Paul G. Halpern, *A Naval History of World War I*, Annapolis, MD, United States Naval Institute, 1994.

23. Martin van Creveld, *Technology and War*, op. cit., p. 3, 161. Voir aussi Dennis E. Showalter, « Mass Warfare and the Impact of Technology », *in* Roger Chickering et Stig Förster (éd.), *Great War, Total War : Combat and Mobilization on the Western Front 1914-18*, Cambridge, Cambridge University Press, 2000, p. 73-74.

24. Voir James McPherson, *Tried By War : Abraham Lincoln as Commander in Chief*, New York, Penguin, 2008 ; Michael Howard, *The Franco Prussian War*, Londres, Routledge, 2001.

25. David Stevenson, *1914-1918 : The History of the First World War*, Londres, Penguin, 2004, p. 491.

26. Holger H. Herwig, *The Marne 1914 : The Opening of World War I and the Battle that Changed the World*, New York, Random House, 2009, p. 55 ; David Stevenson, « French Strategy on the Western Front, 1914-1918 », *in* Roger Chickering et Stig Förster, *Great War, Total War*, op. cit., p. 299-300.

27. Shelford Bidwell et Dominick Graham, *Fire-Power : British Army Weapons and Theories of War 1904-1945*, Londres, Leo Cooper, 1982, p. 43-48 ; Hew Strachan, *The Politics of the British Army*, Oxford, Oxford University Press, 1997, p. 118-143.

28. John Gooch, *The Plans of War : The General Staff and British Military Strategy c. 1900-1916*, Londres, John Wiley and Sons, 1974, p. 323-330.

29. Dan Todman, « The Grand Lamasery Revisited : General Headquarters on the Western Front 1914-1918 », *in* Gary Sheffield et Dan Todman (éd.), *Command and Control on the Western Front : The British Army's Experience 1914-18*, Staplehurst, Spellmount Publishers, 2004, p. 30-70.

30. George H. Cassar, *Kitchener : Architect of Victory*, Londres, William Kimber, 1977, p. 98-100.

31. La désignation de Sarrail était aussi liée à ses opinions en politique intérieure et à sa rivalité avec Joffre ; voir Robert A. Doughty, *Pyrrhic Victory : French Strategy and Operations in the Great War*, Cambridge, MA, The Belknap Press, 2005, p. 220-233.

32. Matthew Hughes, *Allenby and British Strategy in the Middle East 1917-1919*, Londres, Routledge, 1999, spécialement p. 23-42, 158-163.

33. Robert M. Citino, *The German Way of War*, op. cit., p. 174-182.

34. William J. Astore et Dennis E. Showalter, *Hindenburg : Icon of German Militarism*, Washington DC, Pentagon Press, 2005, p. 23-36 ; Robert B. Asprey, *The German High Command at War : Hindenburg and Ludendorff Conduct World War I*, New York, Little, Brown and Company, 1991, p. 151-160 ; voir aussi Robert M. Citino, *German Way of War*, op. cit., p. 174-182.

35. Hew Strachan, *The First World War : A New Illustrated History*, op. cit., p. 80-84, soutient que le conflit entre Lettow-Vorbeck et le gouverneur colonial Heinrich Schnee a été exagéré, mais que les considérations purement militaires de Lettow-Vorbeck avaient convaincu Schnee ; voir aussi Lawrence Sondhaus, *World War One : The Global Revolution*, Cambridge, Cambridge University Press, 2011, p. 114-120.

36. Voir Norman Stone, *The Eastern Front 1914-1917*, Londres, Hodder and Stoughton, 1975, p. 37-91.

37. Pour l'importance de ces facteurs, voir Michael Howard, « Forgotten Dimensions », art. cité, p. 975-978.

38. Eliot A. Cohen, *Supreme Command*, New York, Anchor, 2002, p. 66-79.

39. Robert H. Ferrell, « Woodrow Wilson : A Misfit in Office », *in* Joseph G. Dawson III, *Commanders in Chief : Presidential Leadership in Modern Wars*, Lawrence, KS, Kansas University Press, 1993, p. 65-86. Pour un point de vue différent, et beaucoup plus favorable à Wilson, voir Arthur S. Link et John Whiteclay Chambers, II, « Woodrow Wilson as Commander-in-Chief », *in* Richard H. Kohn (éd.), *The United States Military Under the Constitution of the United States, 1789-1989*, New York, New York University Press, 1991, p. 319-324.

40. Pour la *Stavka* de Nicolas II, voir Norman Stone, *The Eastern Front 1914-1917*, op. cit., p. 187-193.

41. Holger H. Herwig, *The Marne 1914*, op. cit., p. xiv, 120, 313.

42. Holger Afflerbach, « Wilhelm II as Supreme Warlord in the First World War », *in* Annika Mombauer et Wilhelm Diest (éd.), *The Kaiser : New Research on Wilhelm II's Role in Imperial Germany*, Cambridge, Cambridge University Press, 2004, p. 201-203, 206-216 ; Robert T. Foley, *German Strategy and the Path to Verdun*, Cambridge, Cambridge University Press, 2005, p. 122-123, 257-258.

43. Holger H. Herwig, « Asymmetrical Alliance : Austria-Hungary and Germany, 1891-1918 », *in* Peter Dennis et Jeffrey Grey (éd.), *Entangling Alliances : Coalition Warfare in the Twentieth Century*, Auckland, New Zealand, 2005, p. 57-61 ; Günther Kronenbitter, « The Limits of Cooperation : Germany and Austria-Hungary in the First World War », *ibid.*, p. 79-80 ; Dennis E. Showalter, *Tannenberg : Clash of Empires, 1914*, Washington DC, Shoe String Press, 2004 [1991], p. 67-68.

44. Richard DiNardo, *Breakthrough : The Gorlice-Tarnow Campaign, 1915*, Santa Barbara, CA, Greenwood Press, 2010, p. 8.

45. Holger H. Herwig, « Asymmetrical Alliance », art. cité, p. 65-69 ; Richard DiNardo, *Breakthrough*, op. cit., p. 37, 41-43.

46. Ces deux paragraphes s'inspirent en grande partie du travail pionnier d'Edward J. Erickson, *Gallipoli : The Ottoman Campaign*, Barnsley, Pen and Sword Books, 2010, p. 35-40, 42, 178-179, 185-187.

47. *Ibid.*, p. 182.

48. *Ibid.*, p. 177 ; Edward J. Erickson, *Ottoman Army Effectiveness in World War I : A Comparative Study*, Londres, Routledge, 2007, p. 86.

49. Pour la formation et la composition du groupe d'armées Yildirim (ou Jilderim), voir le général (Otto) Liman von Sanders, *Five Years in Turkey*, Nashville, TN, 1990 [1928], p. 173-184 ; Edward J. Erickson, *Ottoman Army Effectiveness*, op. cit., p. 115-116. Erickson soutient que les tensions germano-ottomanes en Palestine sont devenues

patentes fin 1918 pour plusieurs raisons, entre autres le ressentiment devant le déclin de l'intérêt allemand pour ce théâtre de combat ; *ibid.*, p. 144.

50. Annika Mombauer, *Helmut von Moltke...*, *op. cit.*, p. 51, 65.

51. Holger H. Herwig, *The Marne 1914*, *op. cit.*, p. 267-286, 294, 311-314 ; Annika Mombauer, « German War Plans », *in* Richard F. Hamilton et Holger H. Herwig, *War Planning*, *op. cit.*, p. 72-75.

52. Martin van Creveld, *Command in War*, *op. cit.*, p. 158.

53. On peut se faire une idée de l'étendue du travail de Haig à partir de ses journaux et de sa correspondance de guerre. Pour une sélection, voir Gary Sheffield et John Bourne (éd.), *Douglas Haig : War Diaries and Letters 1914-1918*, Londres, Phoenix, 2005.

54. Robert A. Doughty, *Pyrrhic Victory*, *op. cit.*, p. 363-368.

55. Graydon A. Tunstall, *Blood on the Snow : The Carpathian Winter War of 1915*, Lawrence, KS, University of Kansas, 2010, p. 51, 68-69, 212.

56. Mark E. Grotelueschen, *The AEF Way of War : The American Army and Combat in World War I*, Cambridge, Cambridge University Press, 2007, p. 31-39, 48-50.

57. Robert T. Foley, « "What's in a Name ?" : The Development of Strategies of Attrition on the Western Front, 1914-1918 », *The Historian*, 68, 4, 2006, p. 730-738, ici p. 732 ; Robert T. Foley, *German Strategy*, *op. cit.*, p. 180-258.

58. Les deux passages sont cités *in* David T. Zabecki, *The German 1918 Offensives*, *op. cit.*, p. 29 ; voir aussi Robert T. Foley, *German Strategy*, *op. cit.*, p. 82-126.

59. Cette remarque, ou ses différentes variantes, est aussi attribuée à Talleyrand et à d'autres ; sa provenance exacte est incertaine.

60. David R. Woodward, *Lloyd George and the Generals*, Newark, NJ, University of Delamare Press, 1983, p. 116-159.

61. Brian R. Sullivan, « The Strategy of Decisive Weight : Italy 1882-1922 », *in* Williamson Murray *et al.*, *The Making of Strategy*, Cambridge, Cambridge University Press, 1994, p. 36-39 ; Mark Thompson, *The White War : Life and Death on the Italian Front 1915-1919*, Londres, Faber and Faber, 2008, p. 154-156, 245. Pour la stratégie de Cadorna et les alternatives possibles, voir John Gooch, « Italy during the First World War », *in* Allan R. Millett et Williamson Murray, *Military Effectiveness*, vol. I, *The First World War*, Londres, Routledge, 1988, p. 165-167.

62. Russell F. Weigley, « Strategy and Total War in the United States : Pershing and the American Military Tradition », *in* Roger Chickering et Stig Förster, *Great War, Total War*, *op. cit.*, p. 343-345.

63. Voir par exemple David French, *British Strategy and War Aims 1914-1916*, Londres, Allen and Unwin, 1986 ; id., *The Strategy of the Lloyd George Coalition 1916-1918*, Oxford, Oxford University Press, 1998 ; Robert A. Doughty, *Pyrrhic Victory*, *op. cit.* ; Jean-Jacques Becker, *Les Français dans la Grande Guerre*, Paris, Robert Laffont, 1980 ; Roger Chickering, *Imperial Germany and the Great War 1914-1918*, Cambridge, Cambridge University Press, 2004.

64. Cité *in* Holger H. Herwig, *The Marne 1914*, *op. cit.*, p. 29.

65. Holger H. Herwig, *The First World War*, *op. cit.*, p. 425-428, 440-442 ; Lawrence Sondhaus, *World War One : The Global Revolution*, Cambridge, Cambridge University Press, 2011, p. 433-434 ; David Welch, *Germany, Propaganda and Total War, 1914-1918*, Londres, Rutgers University Press, 2000, p. 243-249.

66. Paul G. Halpern, *A Naval History of World War I*, *op. cit.*, p. 444-446 ; David Stevenson, *1914-1918 : The History of the First World War*, *op. cit.*, p. 491-493.

67. Robin Prior, *Gallipoli : The End of the Myth*, New Haven, CT, Yale University Press, 2010, *passim* ; Edward J. Erickson, *Ottoman Military Effectiveness*, *op. cit.*, p. 20 ; Edward J. Erickson, *Gallipoli*, *op. cit.*, p. XV.

68. Pour des détails sur la forme finale, voir David French, *British Strategy...*, *op. cit.*, p. 17-26.

69. David Stevenson, « French Strategy on the Western Front, 1914-1918 », *in* Roger Chickering et Stig Förster, *Great War, Total War*, *op. cit.*, p. 302-325 ; Elizabeth Greenhalgh, *Victory Through Coalition : Britain and France during the First World War*, Cambridge, Cambridge University Press, 2005, p. 23-41.

70. Cité *in* Elizabeth Greenhalgh, *ibid.*, p. 71 ; un classement des rencontres sur la planification anglo-française figure aux pages 57-59 du même ouvrage ; voir aussi William Philpott, *Bloody Victory : The Sacrifice on the Somme and the Making of the Twentieth Century*, Londres, Little, Brown, 2009.

71. David French, *British Strategy*, *op. cit.*, p. 62-64, 255-257.

72. Voir Andrew W. Wiest, *Passchendaele and the Royal Navy*, Westport, CT, Greenwood Press, 1995.

73. Tomoyuki Ishizu, « Japan and the First World War », communication à la conférence « Asia, the Great War, and the Continuum of Violence », University College Dublin, mai 2012 ; avec nos remerciements au professeur Ishizu pour cette information.

74. Michael S. Neiberg, *Fighting the Great War : A Global History*, Cambridge, MA, Harvard University Press, 2005, p. 285-288 ; Elizabeth Greenhalgh, *Victory Through Coalition*, *op. cit.*, p. 163-185.

75. John V. F. Krieger, « Poincaré, Clemenceau, and the Quest for Total Victory », *in* Roger Chickering et Stig Förster, *Great War, Total War*, *op. cit.*, p. 247-279.

76. Elizabeth Greenhalgh, *Victory Through Coalition*, *op. cit.*, p. 192-203.

77. Michael S. Neiberg, « The Evolution of Strategic Thinking in World War I : A Case Study of the Second Battle of the Marne », *Journal of Military and Strategic Studies*, 13, 4, 2011, p. 9-11, 16-18. Plus généralement, voir Elisabeth Greenhalgh, *Foch in Command*, Cambridge, Cambridge University Press, 2011.

TROSIÈME PARTIE
UN MONDE EN GUERRE

CHAPITRE XV
Systèmes impériaux

1. Alfred Thayer Mahan, *Influence de la puissance maritime dans l'histoire : 1660-1783*, trad. E. Boisse, Paris, Tchou, 2001.

2. Manfred Boemeke, Roger Chickering et Stig Förster (éd.), *Anticipating Total War. The German and American Experiences, 1871-1914*, Washington, The German Historical Institute ; Londres, Cambridge University Press, 1999, p. 246, 392.

3. Paul Crook, *Darwinism, War and History : The Debate over the Biology of War from the « Origin of Species » to the First World War*, Cambridge, Cambridge University Press, 1994, p. 25.

4. Sven Lindqvist, « *Exterminate All the Brutes.* » *One Man's Odyssey into the Heart of Darkness and the Origins of European Genocide*, New York, New York Press, 1996, p. 2-3.

5. Thomas A. Keaney, « Aircraft and Air Doctrinal Development in Great Britain, 1912-1914 », thèse, Université du Michigan, 1975, p. 147-148.

6. Aaron L. Friedberg, *The Weary Titan. Britain and the Experience of Relative Decline, 1895-1905*, Princeton, Princeton University Press, 1986, p. 220.

7. John A. Hobson, *Imperialism* (1938), Ann Arbor, University of Michigan Press, 1965.

8. Charles Mangin, *La Force noire*, Paris, Hachette, 1910.

9. Charles J. Balesi, *From Adversaries to Comrades-in-Arms : West Africans and the French Military, 1885-1918*, Waltham, African Studies Association, 1979, *passim*.

10. John A. Hobson, *Imperialism, op. cit.*, p. 214.

11. Michael C. C. Adams, *The Great Adventure : Male Desire and the Coming of World War I*, Bloomington, Indiana University Press, 1990, p. 6-8, 59-61 ; Susan Kingsley Kent, *Gender and Power in Britain, 1640-1990*, Londres, Routledge, 1999, p. 236-237.

12. Manfred Boemeke *et al.*, *Anticipating Total War, op. cit.*, p. 187.

13. *Ibid.*, p. 247.

14. Avner Offer, *The First World War : An Agrarian Interpretation*, Oxford, Clarendon Press, 1989, p. 232.

15. Nicholas A. Lambert, *Planning Armageddon : British Economic Warfare and the First World War*, Cambridge, MA, Harvard University Press, 2008, p. 3, 190.

16. James Joll, *The Origins of the First World War*, Londres, Longman, 1984, p. 164.

17. Mustafa Aksakal, *The Ottoman Road to War in 1914 : The Ottoman Empire and the First World War*, Cambridge, Cambridge University Press, 2008, p. 3, 190.

18. Sean McMeekin, *The Russian Origins of the First World War*, Cambridge, MA, Belknap Press of Harvard University Press, 2011, p. 4-5, 12, 21.

19. *Ibid.*, p. 28, 31-32, 34-35.

20. Philippa Levine, « Battle Colors : Race, Sex, and Colonial Soldicry in World War I », *Journal of Women's History*, 4, 1998, p. 110 ; David Omissi (éd.), *Indian Voices of the Great War. Soldiers' Letters, 1914-1918*, Londres, Macmillan, 1999, p. 27-28, 104, 114, 119, 123.

21. Shane B. Schreiber, *Shock Army of the British Empire. The Canadian Corps in the Last 100 Days of the Great War*, Westport, Praeger, 1997, p. 133, 139.

22. Joe Lunn, *Memoirs of the Maelstrom. A Senegalese Oral History of the First World War*, Portsmouth, NH, Heinemann, 1999, p. 66, 106-186 *passim*. Voir aussi Marc Michel, *Les Africains et la Grande Guerre. L'appel à l'Afrique (1914-1918)*, Paris, Karthala, 2003.

23. Joe Lunn, *Memoirs of the Maelstrom, op. cit.*, p. 139.

24. *Ibid.*

25. Jacques Fréneaux, *Les Colonies dans la Grande Guerre*, Paris, 14-18 Éditions, 2000 ; Chantal Antier, *Les Soldats des colonies dans la Première Guerre mondiale*, Éditions Ouest-France, 2008.

26. Xu Guoqi, *Strangers on the Western Front : Chinese Workers in the Great War*, Cambridge, MA, Harvard University Press, 2011, p. 1-6.

27. Laura Lee Downs, *L'Inégalité à la chaîne. La division sexuée du travail dans l'industrie métallurgique en France et en Angleterre, 1914-1939*, Paris, Albin Michel, 2002.

28. Tyler Stovall, « The Color Line behind the Lines : Racial Violence in France during the Great War », *American Historical Review*, 103, 3 (1998), p. 746.

29. Charles J. Balesi, *From Adversaries to Comrades-in-Arus, op. cit.*, p. 90.

30. Cité *in* Charles-Robert Ageron, « Clemenceau et la question coloniale », in *Clemenceau et la justice*, Actes du colloque de décembre 1979, Paris, Publications de la Sorbonne, 1983, p. 80.

31. Joe Lunn, *Memoirs, op. cit.*, p. 139-140.

32. Vejas Gabriel Liulevicius, *War Land on the Eastern Front. Culture, National Identity, and German Occupation in World War I*, Cambridge, Cambridge University Press, 2000, p. 1-25.

33. Sean McMeekin, *The Russian Origins...*, op. cit., p. 242.

34. Panikos Panayi, *Minorities in Wartime. National and Racial Groupings in Europe, North America, and Australia during the Two World Wars*, Oxford, Berg, 1993, p. 57-58.

35. Edward J. Erickson, *Ordered to Die. A History of the Ottoman Army in the First World War*, Westport, CT, Greenwood Press, 2000, p. 95-104.

36. Robert Melson, *Revolution and Genocide. On the Origins of the Armenian Genocide and the Holocaust*, Chicago, University of Chicago Press, 1992, p. 148.

37. John F. Williams, *ANZACs, the Media, and the Great War*, Sydney, University of New South Wales Press, 1999, p. 110.

38. David Fromkin, *A Peace to end All Peace. The Fall of the Ottoman Empire and the Creation of the Modern Middle East*, New York, Henry Holt, 1989, p. 168-198.

39. *Ibid.*, p. 267-301.

40. Paul G. Halpern, *A Naval History of World War I*, Annapolis, Naval Institute Press, 1994, p. 163, 165.

41. Byron Farwell, *The Great War in Africa, 1914-1918*, New York, W. W. Norton, 1986, p. 163, 165.

42. *Ibid.*, p. 266.

43. Mahir Şaul et Patrick Royer, *West African Challenge to Empire. Culture and History in the Volta-Bani Anticolonial War*, Athens, Ohio University Press, 2002, p. 1, 14, 24-25.

44. *Ibid.*, p. 127-172.

45. *Ibid.*, p. 212, 230, 234-235.

46. Chris Wrigley (éd.), *The First World War and the International Economy*, Cheltenham, Edward Elgar, 2000, p. 115.

47. Frederick R. Dickinson, *War and National Reinvention. Japan in the Great War, 1914-1919*, Cambridge, MA, Harvard University Press, 1999, p. 119-153, 157-180.

48. Traduit en français sous le titre *Le Flot montant des peuples de couleur contre la suprématie mondiale des Blancs*, trad. A. Doysié, Paris, Payot, 1925.

49. Manfred Boemeke *et al.*, *The Treaty of Versailles. A Reassessment after 75 Years*, Cambridge, Cambridge University Press, 2006, p. 572, 578, 584.

50. David Levering Lewis, *W.E.B. DuBois. Biography of a Race, 1868-1919*, New York, Henry Holt, 1993, p. 574-578.

51. Manfred Boemeke *et al.*, *The Treaty of Versailles*, op. cit., p. 494-495.

52. Joe Lunn, *Memoirs*, op. cit., p. 187-205, 215, 229-235 ; Melvin E. Page, *The Chiwaya War. Malawians and the First World War*, Boulder, Westview Press, 2000, p. 135-138, 164-166, 203-206, 229-235 ; James J. Mathews, « World War I and the Rise of African Nationalism : Nigerian Veterans as Catalysts of Political Change », *Journal of Modern African Studies*, 20, 3, 1982, p. 493-502.

53. Michael Crowder, « The First World War and Its Consequences », *in* Albert Adu Boahen (éd.), *General History of Africa. VII. Africa Under Colonial Domination*, Heinemann, CA, UNESCO, 1985, p. 283-311.

54. W. F. Elkins, « A Source of Black Nationalism in the Caribbean : The Revolt of the British West Indies Regiment at Taranto, Italy », *Science and Society*, 34, 1970, p. 99-103.

55. *United States Intelligence, 1917-1927*, 20 vol., New York, Garland, 1978, 11 : 2, p. 626.

Chapitre XVI
L'Afrique

1. Richard J. Reid, *A History of Modern Africa : 1800 to the Present*, Oxford, Wiley-Blackwell, 2009, p. 191.
2. Bill Freund, *The Making of Contemporary Africa : The Development of African Society since 1800*, Basingstoke, Macmillan, 1998, p. 112.
3. Terence Ranger, « Africa », *in* Michael Howard et William Roger Louis (éd.), *The Oxford History of the Twentieth Century*, Oxford, Oxford University Press, 2002, p. 266.
4. Philip Murphy, « Britain as a Global Power in the Twentieth Century », *in* Andrew Thompson (éd.), *Britain's Experience of Empire in the Twentieth Century*, Oxford, Oxford University Press, 2012, p. 38.
5. Gisela Graichen et Horst Gründer, *Deutsche Kolonien : Traum und Trauma*, Hambourg, Ullstein Verlag, 2007, p. 323.
6. Bill Nasson, « Cheap if not always Cheerful : French West Africa in the World Wars in Black and White in Colour and Le Camp de Thiaroye », *in* Vivian Bickford-Smith et Richard Mendelsohn (éd.), *Black and White in Colour : African History on Film*, Oxford, James Currey, 2006, p. 148-156.
7. Voir Gerald L'Ange, *Urgent Imperial Service : South African Forces in German South West Africa, 1914-1915*, Johannesburg, Ashanti, 1991.
8. Antony Lentin, *Jan Smuts : Man of Courage and Vision*, Johannesburg, Jonathan Ball, 2010, p. 30-31.
9. Marion Wallace, *A History of Namibia*, Londres, Hurst & Co., 2011, p. 216.
10. William Boyd, *Comme neige au soleil*, trad. Ch. Besse, Paris, Balland, 1985 ; rééd. Seuil, 2003.
11. Gilles Foden, *Tanganyika*, trad. S. Marty, Paris, Autrement, 2008.
12. Edward Paice, *Tip and Run : The Untold Story of the Great War in Africa*, Londres, Weidenfeld & Nicolson, 2007, p. 3.
13. Paul von Lettow-Vorbeck, *My Reminiscences of East Africa. The Campaign for German East Africa in World War I*, Nashville, Battle Press, 1966, p. 233-234 ; en français, *La Guerre de brousse dans l'Est africain*, trad. Ed. Sifferlen, Paris, Payot, 1933.
14. John Iliffe, *Africans : The History of a Continent*, Cambridge, Cambridge University Press, 2ᵉ éd., 2007, p. 215.
15. Voir par exemple Melvin E. Page, *The Chiwaya War : Malawians and the First World War*, Boulder, CO, Westview Press, 2000 ; Ross Anderson, *The Forgotten War : The East African Campaign, 1914-1918*, Stroud, Tempus, 2004 ; Edward Paice, *Tip and Run, op. cit.* ; Bruce Vandervort, « New Light on the East African Theater of the Great War : A Review Essay of English-language Sources », *in* Stephen M. Miller (éd.), *Soldiers and Settlers in Africa, 1850-1918*, Amsterdam, Brill, 2009, p. 287-305.
16. Richard J. Reid, *Modern Africa, op. cit.*, p. 192.
17. David Olusoga et Casper W. Erichsen, *The Kaiser's Holocaust : Germany's Forgotten Genocide and the Colonial Roots of Nazism*, Londres, Faber and Faber, 2010 ; Marion Wallace, *Namibia, op. cit.*, p. 155-182 ; Robert Gerwarth et Stephan Malinowski, « Hannah Arendt's Ghosts : Reflections on the Disputed Path from Windhoek to Auschwitz », *Central European History*, 42, 2, 2009, p. 279-300.
18. Jonathan Hyslop, « The Invention of the Concentration Camp : Cuba, Southern Africa and the Philippines, 1896-1907 », *South African Historical Journal*, 63, 2, 2011, p. 263.

19. P. Johnson et J. Mueller, « Updating the Accounts : Global Mortality of the 1918-1920 Spanish Influenza Epidemic », *Bulletin of the History of Medicine*, 76, 1, 2002, p. 110. Je remercie Howard Phillips d'avoir attiré mon attention sur cette référence.

20. David Killingray, *Fighting for Britain : African Soldiers in the Second World War*, Woodbridge, James Currey, 2010, p. 5.

21. Heather Streets, *Martial Races : The Military, Race and Masculinity in British Imperial Culture, 1875-1914*, Manchester, Manchester University Press, 2004, p. 200.

22. John Howard Morrow, Jr., *The Great War : An Imperial History*, New York, Routledge, 2004, p. 17.

23. Risto Marjomaa, « The Martial Spirit : Yao Soldiers in British Service in Nyasaland (Malawi), 1895-1939 », *Journal of African History*, 44, 3, 2003, p. 413-432 ; Tim Stapleton, « Extra-Territorial African Police and Soldiers in Southern Rhodesia (Zimbabwe), 1897-1965 », *Scientia Militaria*, 38, 1, 2010, p. 101, 106.

24. Martin Thomas, *The French Empire at War, 1940-1945*, Manchester, Manchester University Press, 1998, p. 11.

25. James C. Scott, *Weapons of the Weak : Everyday Forms of Peasant Resistance*, New Haven, Yale University Press, 1985.

26. Albert Grundlingh et Sandra Swart, *Radelose Rebellie ? Dinamika van die 1914-1915 Afrikanerebellie*, Pretoria, Protea Boekehuis, 2009.

27. *Imvo Zabantsundu*, 8 septembre 1914.

28. Norman Stone, *World War One : A Short History*, Londres, Penguin, 2007, p. 57.

29. John Slight, « British Perceptions and Responses to Sultan Ali Dinar of Darfur, 1915-1916 », *Journal of Imperial and Commonwealth History*, 38, 2, 2010, p. 241.

30. Union of South Africa, Report of the Acting Trade Commissioner for the Year 1919, U.G. 60.020, Cape Town, 1920, p. 14-15.

31. Pour cette transition, voir « Africa and the First World War », numéro spécial du *Journal of African History*, 19, 1, 1978 ; Melvin E. Page, *Africa and the First World War*, New York, St. Martin's Press, 1987 ; Hew Strachan, *The First World War in Africa*, Oxford, Oxford University Press, 2004.

32. Richard J. Reid, *Modern Africa, op. cit.*, p. 195.

33. Tim Stapleton, « The Impact of the First World War on African People », *in* John Laband (éd.), *Daily Lives of Civilians in Wartime Africa : From Slavery Days to Rwandan Genocide*, Pietermaritzburg, University of Kwazulu-Natal Press, 2007, p. 130.

34. James Eskridge Genova, *Colonial Ambivalence, Cultural Authenticity and the Limitations of Mimicry in French-Ruled West Africa, 1914-56*, New York, Peter Lang, 2006, p. 41-42.

35. Cité *in* Marilyn Lake et Henry Reynolds, *Drawing the Global Colour Line : White Men's Countries and the International Challenge of Racial Equality*, Cambridge, Cambridge University Press, 2008, p. 282-283.

36. William Roger Louis, « The European Colonial Empires », *in* Michael Howard et William Roger Louis, *History of the Twentieth Century, op. cit.*, p. 94.

37. Cité *in* Bill Nasson, *Springboks on the Somme : South Africa in the Great War, 1914-1918*, Johannesburg, Penguin, 2007, p. 243.

Chapitre XVII
L'Empire ottoman

1. Archives ottomanes du Premier ministre (Başbakanlık Osmanlı Arşivi ; désormais BOA), DH. EUM. AYŞ 47/17, 25 octobre 1920.

2. James L. Gelvin, « World War I and the Palestine Mandate », in *The Israel-Palestine Conflict : One Hundred Years of War*, 2ᵉ éd., New York, Oxford University Press, 2007, p. 77. Malheureusement pour ceux qui voudraient des chiffres précis quant aux victimes de la guerre, les « 5 millions environ » de Gelvin couvrent les années 1914-1923 et incluent l'Égypte. En 1914, la population ottomane se situait autour de 21 millions, Égypte exclue, et de 25 millions avec l'Égypte.

3. Le secrétaire britannique aux Affaires étrangères, Arthur James Balfour, à lord [Walter] Rothschild, 2 novembre 1917.

4. Pour une exception, voir Donald Bloxham, *The Great Game of Genocide : Imperialism, Nationalism, and the Destruction of the Ottoman Armenians*, Oxford, Oxford University Press, 2005, et « The First World War and the Development of the Armenian Genocide », *in* Ronald Grigor Suny, Fatma Müge Göçek et Norman M. Naimark (éd.), *A Question of Genocide : Armenians and Turks at the End of the Ottoman Empire*, Oxford, Oxford University Press, 2011, p. 260-275.

5. J. Ellis Barker, « The Future of Asiatic Turkey », *The Nineteenth Century and After : A Monthly Review*, 79, janvier-juin 1916, p. 1221-1247, ici p. 1225.

6. 9 février 1915. Je sais gré au professeur Robert Geraci de son aide concernant les délibérations de la Douma.

7. Michael Provence, « Ottoman Modernity, Colonialism, and Insurgency in the Arab Middle East », *International Journal of Middle East Studies*, 43, 2011, p. 206.

8. Hanna Mina, *Fragments of Memory : A Story of a Syrian Family*, trad. Olive Kenny et Lorne Kenny, Northampton, Interlink Books, 2004, p. 5-9, et Najwa al-Qattan, « *Safarbarlik* : Ottoman Syria and the Great War », *in* Thomas Philipp et Christoph Schumann (éd.), *From the Syrian Land to the States of Syria and Lebanon*, Beyrouth et Wurtzbourg, Ergon, 2004, p. 163-173, pour une discussion captivante des divers sens dérivés du mot dans la Grande Syrie – y compris son utilisation comme synonyme de mort, famine, exil forcé et « s'en aller pour ne jamais revenir ».

9. Salim Tamari (éd.), *Year of the Locust : A Soldier's Diary and the Erasure of Palestine's Ottoman Past*, Berkeley, University of California Press, 2011, p. 142.

10. Elizabeth Thompson, *Colonial Citizens : Republican Rights, Paternal Privilege and Gender in French Syria and Lebanon*, The History and Society of the Modern Middle East, New York, Columbia University Press, 2000, p. 15-70.

11. Michelle U. Campos, *Ottoman Brothers : Muslims, Christians, and Jews in Early Twentieth-Century Palestine*, Stanford, Stanford University Press, 2011, p. 1-19.

12. Voir par exemple le journal d'Ihsan Turjman, *in* Salim Tamari (éd.), *Year of the Locust*, *op. cit.*, p. 156.

13. Ali Rıza Eti, *Bir Onbaşının Doğu Cephesi Günlüğü*, sous la direction de Gönül Eti, Istanbul, Türkiye İş Bankası Kültür Yayınları, 2009, p. 104 ; pour la déportation des Arméniens et des Kurdes de la province de Diyar-ı Bekir en Anatolie orientale, voir Uğur Ümit Üngör, *The Making of Modern Turkey : Nation and State in Eastern Anatolia, 1913-1950*, Oxford, Oxford University Press, 2011, p. 55-169.

14. Mustafa Aksakal, *The Ottoman Road to War in 1914 : The Ottoman Empire and the First World War*, Cambridge Military Histories, Cambridge, Cambridge University Press, 2008, p. 1.

15. George Kennan, *The Decline of Bismarck's European Order : Franco-Russian Relations, 1875-1890*, Princeton, Princeton University Press, 1979, p. 3.

16. Erik J. Zürcher, *The Young Turk Legacy and Nation-Building : From the Ottoman Empire to Atatürk's Turkey*, Londres, I. B. Tauris, 2010, p. 48.

17. Zafer Toprak, *İttihad-Terakki ve Cihan Harbi : Savaş Ekonomisi ve Türkiye'de Devletçilik, 1914-1918*, Istanbul, Homer Kitabevi, 2003, p. 1-16.

18. Voir par exemple la préface de Stanford J. Shaw in *Prelude to War*, vol. 1, *The Ottoman Empire in World War I*, Publications of [the] Turkish Historical Society, n° 109, Ankara, Türk Tarih Kurumu, 2006, p. XXXIII ; İsmet Görgülü et İzeddin Çalışlar (éd.), *On Yıllık Savaşın Günlüğü : Balkan, Birinci Dünya ve İstiklal Savaşları : Orgeneral İzzettin Çalışların Günlüğü*, Istanbul, Yapı Kredi Yayınları, 1997. Le journal de Çalışlar commence en fait par les guerres balkaniques de 1912 plutôt que par la guerre italienne.

19. Approche de Donald Quataert et, suivant ses propres mots, de « bien d'autres », recension de Kemal H. Karpat, *The Politicization of Islam : Reconstructing Identity, State, Faith, and Community in the Late Ottoman Empire*, New York, Oxford University Press, 2001, in *American Historical Review*, 107, octobre 2002, p. 1328.

20. James Renton, « Changing Languages of Empire and the Orient : Britain and the Invention of the Middle East, 1917-1918 », *Historical Journal*, 50, 2007, p. 649.

21. Mark Levene, « Creating a Modern "Zone of Genocide" : The Impact of Nation- and State-Formation on Eastern Anatolia, 1878-1923 », *Holocaust and Genocide Studies*, 12, 1998, p. 393-433.

22. Eric D. Weitz, « From the Vienna to the Paris System : International Politics and the Entangled Histories of Human Rights, Forced Deportations, and Civilizing Missions », *AHR*, 113, décembre 2008, p. 1316 : « Ce n'est ni par hasard, ni par pure hypocrisie, que des hommes d'État éminents comme les Tchèques Thomas Masaryk et Eduard Beneš ainsi que le Premier ministre grec Eleutherios Venizelos (sans parler de Winston Churchill et de Franklin Delano Roosevelt) ont pu passer sans hésitation d'un vigoureux plaidoyer pour la démocratie et les droits de l'homme à la promotion active des déportations forcées de minorités. »

23. Donald Bloxham, « The First World War and the Development of the Armenian Genocide », art. cité.

24. Edward W. Said, « Clash of Ignorance », *The Nation*, 22 octobre 2001 ; en français, « Le choc de l'ignorance », *Le Monde*, 26 octobre 2001 (trad. légèrement modifiée).

25. Ali Rıza Eti, *Bir Onbaşının Doğu Cephesi Günlüğü*, op. cit., p. 26 et 46. Pour ce qui est des pertes de la 3ᵉ armée à Sarıkamış et de ses effectifs initiaux, il existe des écarts significatifs. Voir Hikmet Özdemir, *The Ottoman Army, 1914-1918 : Disease and Death on the Battlefield*, trad. Saban Kardaş, Salt Lake City, University of Utah Press, 2008, p. 50-67 ; Michael A. Reynolds, *Shattering Empires : The Clash and Collapse of the Ottoman Empires, 1908-1918*, Cambridge, Cambridge University Press, 2011, p. 125. Reynolds parle de 95 000 hommes pour la 3ᵉ armée, Özdemir de 112 000.

26. Pour une étude approfondie du sujet fondée sur des recherches dans les archives de l'état-major turc, voir Mehmet Beşikçi, *The Ottoman Mobilization of Manpower in the First World War*, Leyde, Brill, 2012, chap. 5. Je remercie l'auteur de m'avoir permis de consulter son manuscrit.

27. Ali Rıza Eti, *Bir Onbaşının Doğu Cephesi Günlüğü*, op. cit., p. 104 et 135.

28. Mehmet Beşikçi, *The Ottoman Mobilization of Manpower*, op. cit., p. 113-115.

29. Edward J. Erickson, *Ordered to Die : A History of the Ottoman Army in the First World War*, Contributions in Military Studies, Westport, Greenwood Press, 2001, p. 237-243.
30. Michelle U. Campos, *Ottoman Brothers*, op. cit., p. 87.
31. Fikret Adanır, « Non-Muslims in the Ottoman Army and the Ottoman Defeat in the Balkan War of 1912-1913 », *in* Ronald Grigor Suny, Fatma Müge Göçek et Norman M. Naimark (éd.), *Question of Genocide*, op. cit., p. 117.
32. Mehmet Beşikçi, *The Ottoman Mobilization of Manpower*, op. cit., p. 253-254.
33. Fatma Müge Göçek, *The Transformation of Turkey : Redefining State and Society from the Ottoman Empire to the Modern Era*, Londres, I. B. Tauris, 2011, p. 198-205. Pour ses mémoires, publiés en turc à titre posthume, voir Hagop Demirciyan Mıntzuri, *İstanbul Anıları, 1897-1940*, Istanbul, Tarih Vakfı, 1993.
34. G. F. Abbott, *The Holy War in Tripoli*, Londres, Longmans, Green and Co., 1912, p. 193-194.
35. Rachel Simon, *Libya Between Ottomanism and Nationalism*, Berlin, Klaus Schwarz, 1987, p. 87.
36. Mustafa Aksakal, *The Ottoman Road to War*, op. cit., p. 19-41 et 93-118.
37. *Ahenk*, 13 octobre 1912, cité *in* Zeki Arıkan, « Balkan Savaşı ve Kamuoyu », in *Bildiriler : Dördüncü Askeri Tarih Semineri*, Ankara, Genelkurmay Basımevi, 1989, p. 176.
38. BOA, DH. ŞFR 43/127, 28 et 29 juillet 1914.
39. BOA, DH. ŞFR 43/141, 2 août 1914, Talât aux gouverneurs d'Erzurum, Adana, Aydın, Bitlis, Halep, Diyar-ı Bekir, Sivas, Trabzon, Kastamonu, Mamuret-ül-aziz, Mossoul, Van, Bolu, Çanik, Kale-i Sultaniye, Antalya.
40. Mustafa Aksakal, *The Ottoman Road to War*, op. cit., p. 119-187.
41. BOA, DH. ŞFR 435/40, 3 août 1914 ; BOA, DH. EUM. VRK 12/60, 4 août 1914.
42. BOA, DH. ŞFR 437/83, 17 août 1914.
43. BOA, DH. ŞFR 455/124, 28 et 29 décembre 1914.
44. BOA, DH. ŞFR 456/112, 6 janvier 1915.
45. Michael A. Reynolds, *Shattering Empires*, op. cit., p. 144, et, sur la Seconde Guerre mondiale, Timothy Snyder, *Bloodlands : Europe between Hitler and Stalin*, New York, Basic Books, 2010 ; en français, *Terres de sang. L'Europe entre Hitler et Staline*, trad. P.-E. Dauzat, Paris, Gallimard, 2012.
46. Hasan Kayalı, *Arabs and Young Turks : Ottomanism, Arabism, and Islamism in the Ottoman Empire, 1908-1918*, Berkeley, University of California Press, 1997, p. 189. Voir l'illustration de couverture pour le timbre.
47. Michael A. Reynolds, *Shattering Empires*, op. cit., p. 220-222.
48. Arthur Goldschmidt, Jr. (éd.), *The Memoirs and Diaries of Muhammad Farid, an Egyptian Nationalist Leader (1868-1919)*, San Francisco, Mellen University Research Press, 1992, p. 6-7.
49. Naguib Mahfouz, *Impasse des deux palais*, trad. Ph. Vigreux, Paris, Livre de Poche, 1989, p. 83-84.
50. Ziad Fahmy, *Ordinary Egyptians : Creating the Modern Nation Through Popular Culture*, Stanford, Stanford University Press, 2011, p. 98 et 117-133.
51. Elizabeth Thompson, *Colonial Citizens*, op. cit., p. 19-23, ici p. 22 et 300.
52. Ihsan Turjman, *in* Salin Tamari (éd.), *Year of the Locust*, op. cit., p. 143.
53. *Ibid.*, p. 154.
54. BOA, DH. SYS 123-9/21-3, 13 octobre 1914.
55. BOA, DH. İ. UM. 93-4/1-48, 13 mars 1916.
56. BOA, DH. İ. UM. 93-4/1-48, 20 mars 1916.

57. BOA, DH. İ. UM 59-1/1-38, 15 juillet 1915.
58. BOA, DH. UMVM 148/53, 9 juin 1917.
59. Cité *in* Abigail Jacobson, *From Empire to Empire : Jerusalem Between Ottoman and British Rule*, Syracuse, Syracuse University Press, 2011, p. 145, de « The Situation in Palestine », 1ᵉʳ avril 1918, CM/241/33, Report n° 21, p. 11-13, Central Zionist Archives.
60. Cité *in* Abigail Jacobson, *From Empire to Empire, op. cit.*, p. 27.
61. Erik J. Zürcher, « The Ottoman Soldier in World War I », in *The Young Turk Legacy and Nation Building : From the Ottoman Empire to Atatürk's Turkey*, Londres, I. B. Tauris, 2010, p. 187.
62. En 1914, Istanbul comptait environ un million d'habitants, dont 450 000 chrétiens. Voir Çağlar Keyder (éd.), *Istanbul : Between the Global and the Local*, Lanham, Rowman and Littlefield, 1999, p. 10, 146, 175.
63. Camron Michael Amin, Benjamin C. Fortna et Elizabeth B. Frierson (éd.), « Economic Change », in *The Modern Middle East : A Sourcebook*, Oxford, Oxford University Press, 2006, p. 528.
64. Elizabeth Thompson, *Colonial Citizens, op. cit.*, p. 19.
65. Cemil Tahir, *Askerliğe Hazırlık Dersleri*, Istanbul, Harbiye Mektebi Matbaası, 1926, p. 1.

Chapitre XVIII
L'Asie

1. Akira Iriye, *Japan and the Wider World*, Londres, Longman, 1997, p. 5.
2. S. C. M. Payne, *Sino-Japanese War of 1894-1895*, Cambridge, Cambridge University Press, 2003, p. 290.
3. Frederick Dickinson, *War and National Reinvention : Japan in the Great War, 1914-1919*, Harvard University Press, 1999, p. 35.
4. Samuel G. Blythe, « Banzaï – and Then What ? », *The Saturday Evening Post*, 187, n° 47, 1915, p. 54.
5. Ikuhiko Hata, « Continental Expansion, 1905-1941 », *in* John W. Hall (éd.), *The Cambridge History of Japan*, Cambridge, Cambridge University Press, 1988, 6, p. 279.
6. La meilleure étude sur le sujet est celle de Frederick Dickinson, *op. cit.*
7. Liang Qichao, « Gai Ge Qi Yuan » (Les origines de la Réforme), in *Yinbing Shi Heji*, Pékin, Zhong hua shu ju, 1989, p. 113.
8. Pour des détails sur la Chine et la Grande Guerre, voir Xu Guoqi, *China and the Great War : China's Pursuit of a New National Identity and Internationalization*, Cambridge University Press, 2011.
9. Liang Qichao, « Waijiao Fangzhen Zhiyan Can Zhan Pian » (Propos critiques sur les tendances de la politique étrangère [chinoise] – la question de la participation [chinoise] à la guerre), in *Yinbing Shi Heji*, 1989, 4, p. 4-13.
10. Liang Qichao, « Ouzhan Zongce » (Quelques prédictions sur la guerre européenne), *in* Liang Qichao, *Yin Bing Shiheji*, Beijng, Zhonghua Shuji, 1989, vol. 4, p. 11-26 ; voir aussi Ding Wenjiang (éd.), *Liangrengong Xiansheng Nianpu* (Biographie chronologique de M. Liang Qichao), Taipei, 1959, p. 439.
11. « China's Breach with Germany », *Manchester Guardian*, 23 mai 1917.
12. Xu Tian (Zhan Guogan), « Dui De-Au Canzhan » (Déclaration de guerre de la Chine à l'Allemagne et à l'Autriche), in *Jindaishi ziliao*, n° 2, 1954, p. 51.

13. Fen Gang *et al.* (éd.), *Minguo Liang Yansun Xiansheng Shiyi Nianpu* (Biographie chronologique de M. Liang Shiyi), Taipei, Commercial Press, 1978, vol. 1, p. 271-272.
14. Michael Summerskill, *China on the Western Front*, Londres, 1982, p. 30.
15. Fen Gang *et al.* (éd.), *Minguo, op. cit.*, vol. 1, p. 271-272.
16. *Ibid.*, p. 289 ; Su Wenzhuo (éd.), *Liang Tanyu Yin Ju Shi Suo Cang Shu Hua Tu Zhao Yin Cun*, Hong Kong, 1986, p. 208.
17. Hue-Tam Ho Tai, *Radicalism and the Origins of the Vietnamese Revolution*, Harvard University Press, 1992, p. 30-31.
18. Pierre Brocheux, *Hô Chi Minh, du révolutionnaire à l'icône*, Paris, Payot, 2003, chap. 1. [La traduction ici retenue est celle retrouvée des archives du ministère des Colonies, cartons 29, série 3.]
19. Dewitt Mackenzie, *The Awakening of India*, Londres, Hodder and Stoughton, 1918, p. 18-21.
20. Dewitt C. Ellinwood, *Between Two Worlds : A Rajput Officer in the Indian Army, 1905-1921, based on the Diary of Amar Singh*, Lanham, MD, Hamilton Books, 2005, p. 356.
21. *The Times, Times History of the War*, Londres, 1914, p. 153.
22. Dewitt Mackenzie, *The Awakening of India, op. cit.*, p. 159.
23. Dewitt C. Ellinwood, *Between Two Worlds, op. cit.*, p. 358-359.
24. Richard Fogarty, *Race and War in France : Colonial Subjects in the French Army, 1914-1918*, Baltimore, The Johns Hopkins University Press, 2008, p. 27.
25. Dewitt C. Ellinwood et S. D. Pradhan (éd.), *India and World War I*, Columbia, MO, South Asia Books, 1978, p. 145.
26. Manuscrit de la bibliothèque de l'université Columbia, Carnegie Endowment for International Peace, correspondance 44, boîte 395 : le 2 septembre 1914, lettre à James Brown Scott de l'Endowment.
27. Cyril Pearl, *Morrison of Peking*, Sydney, Angus and Robertson, 1967, p. 307.
28. Pour des détails sur les travailleurs chinois en Europe, voir Xu Guoqi, *Strangers on the Western Front : Chinese Workers in the Great War*, Harvard University Press, 2011.
29. Feng Gang *et al.* (éd.), *Minguo, op. cit.*, 1, p. 310.
30. Débats parlementaires, *Commons*, 84, 10-31 juillet 1916, p. 1379.
31. « General Statement Regarding the YMCA Work for the Chinese in France », mars 1919, Kautz Family YMCA Archives, University of Minnesota Libraries, Minneapolis (ci-après cité YMCA Archives), boîte 204, classeur : Rapports travailleurs chinois en France, 1918-1919.
32. John Starling, *No Labour, no Battle*, Stroud, The History Press, 2009, p. 258.
33. *Ibid.*, p. 25.
34. Kimloan Hill, « Strangers in a Foreign Land : Vietnamese Soldiers and Workers in France during the World War I », *in* Nhung Tuyet Tran et Anthony Reid (éd.), *Viet Nam : Borderless Histories*, University of Wisconsin Press, 2006, p. 259.
35. Hue-Tam Ho Tai, *Radicalism and the Origins of the Vietnamese Revolution, op. cit.*, p. 30-31.
36. YMCA, *Young Men's Christian Association with the Chinese Labor Corps in France*, YMCA Archives, boîte 204, classeur : Travailleurs chinois en France, p. 14.
37. Controller of Labour War Diary, juillet 1918, National Archives, Kew, WO 95/83.
38. Rapport secret du général Foch au Premier ministre, 11 août 1917, Archives de la Guerre, Service historique de l'armée de terre, château de Vincennes, 16N 2450/GQG/6498.

39. John Starling, *No Labour, no Battle, op. cit.*, p. 260.
40. Richard Fogarty, *Race and War in France, op. cit.*, p. 65-66.
41. Lettre 628, *in* David Omissi, *Indian Voices of the Great War*, Palgrave Macmillan, 1999, p. 342.
42. Kimloan Hill, « Strangers in a Foreign Land », art. cité, p. 261.
43. Dossier capitaine McCormick, 02/6/1, p. 207-208, Imperial War Museum, Londres.
44. Kimloan Hill, « Sacrifice, Sex, Race : Vietnamese Experiences in the First World War », *in* Santanu Das (éd.), *Race, Empire and First World War*, Cambridge University Press, 2011, p. 58.
45. John Starling, *No Labour, no Battle, op. cit.*, p. 260.
46. V. G. Kiernan, *The Lords of Human Kind : Black Man, Yellow Man, and White Man in Age of Empire*, New York, Columbia University Press, 1986, p. 153.
47. Nicholas John Griffin, *The Use of Chinese Labour by the British Army, 1916-1920 : The « Raw Importation », its Scope and Problems*, Ph. D. Thesis, University of Oklahoma, 1973, p. 14.
48. Richard Fogarty, *Race and War in France, op. cit.*, p. 45 [Joffre au ministre de la Guerre, 15 octobre 1915].
49. John Horne, « Immigrant Workers in France during World War I », *French Historical Studies*, 14, n° 1, 1985.
50. Kimloan Hill, « Strangers in a Foreign Land », art. cité, p. 270.
51. Richard Fogarty, *Race and War in France, op. cit.*, p. 153 [original français].
52. Kimloan Hill, « Sacrifice, Sex, Race », art. cité, p. 62-65.
53. Richard Fogarty, *Race and War in France, op. cit.*, p. 208.
54. Kimloan Hill, « Strangers in a Foreign Land », art. cité, p. 281.
55. Kimloan Hill, « Sacrifice, Sex, Race », art. cité, p. 60.
56. Richard Fogarty, *Race and War in France, op. cit.*, p. 202-212.
57. Kimloan Hill, « Strangers in a Foreign Land », art. cité, p. 281.
58. Richard Fogarty, *Race and War in France, op. cit.*, p. 214.
59. *Ibid.*, p. 222.
60. *Ibid.*, p. 220-225.
61. Kimloan Hill, « Strangers in a Foreign Land », art. cité, p. 263.
62. Chen Sanjing, Lu Fangshang et Yang Cuihua (éd.), *Ouzhan Huagong Shiliao*, Taipei, Zhongyang yanjiuyuan jindai shi yanjiushuo, 1997, p. 380-381.
63. Dewitt C. Ellinwood, *Between Two Worlds, op. cit.*, p. 365.
64. Santanu Das, « Indians at Home, Mesopotamia and France, 1914-1918 », *in* Santanu Das, *Race, Empire and First World War, op. cit.*, p. 83.
65. *Ibid.*, p. 84.
66. Dewitt C. Ellinwood et S. D. Pradhan, *India and World War I, op. cit.*, p. 22.
67. Santanu Das, « Indians at Home, Mesopotamia and France », art. cité, p. 83.
68. Dewitt C. Ellinwood, *Between Two Worlds, op. cit.*, p. 370-404.
69. Santanu Das, « Indians at Home, Mesopotamia and France », art. cité, p. 73.
70. Dewitt C. Ellinwood et S. D. Pradhan, *India and World War I, op. cit.*, p. 21-22.
71. Timothy C. Winegard, *Indigenous Peoples of British Dominions and the First World War*, Cambridge University Press, 2011, p. 11.
72. Dewitt C. Ellinwood et S. D. Pradhan, *India and World War I, op. cit.*, p. 143.
73. Kimloan Hill, « Sacrifices, Sex, Race », art. cité, p. 55.
74. Jan P. Schmidt, « Japanese Nurses in the WWI », article inédit.

75. Kenneth D. Brown, « The Impact of the First World War on Japan », *in* Chris Wrigley (éd.), *The First World War and the International Economy*, Cheltenham, Edward Elgar, 2000, p. 102-107.

76. Akira Iriye, *Japan and China*, op. cit., p. 22-23.

77. Pour plus de détails sur cette question, voir Marie-Claire Bergère, *L'Âge d'or de la bourgeoisie chinoise, 1911-1937*, Paris, Flammarion, 1986.

78. Entrée du 26 mars 1919. David Miller, *My Diary at the Conference of Paris with Documents*, New York, The Appeal Printing Company, 1924, vol. 1, p. 205 ; voir aussi David Miller, *The Drafting of the Covenant*, New York, G. P. Putnam's Sons, 1928, vol. 1, p. 336.

79. Pour le soutien de Koo, voir « Lu Zhengxiang telegram to Waijiaobu », 13 février 1919, 12 avril 1919, *in* Zhongguo she hui ke xue yuan, Jin dai shi yan jiu suo. Jin dai shi zi liao bian ji shi, et Tianjin shi li shi bo wu guan, *Mi Ji LU Cun* (Collections de documents secrets), p. 82-83, 129.

80. Erez Manela, *The Wilsonian Moment : Self-Determination and the International Origins of Anticolonial Nationalism*, New York, Oxford University Press, 2007, p. 26.

81. *Ibid.*, p. 197.

82. Naoko Shimazu, *Japan, Race and Equality : The Racial Equality Proposal of 1919*, Londres, Routledge, 2009, p. 171.

83. Chen Duxiu, *Duxiu Wencun* (Écrits ayant survécu de Chen Duxiu), Hefei, Anhui renmin chu ban she, 1987, p. 388.

84. Chen Duxiu, « Fa Kan Ci » (Préface pour un nouveau magazine), *Mei zhou ping lun* (Revue hebdomadaire), 1, 1918, n° 1.

85. *Meizhou Ping lun*, n° 20, 4 mai 1919.

86. Zhong Guo She hui ko xue yuan Jing dai shi yan jiu so (éd.), *Wu Si Yun Dong Hui Yi Lu* (Recueil du mouvement du 4 Mai), Pékin, Zhong guo she hui ko xue chu ban she, 1979, 1, p. 222.

87. Lian Jingqun, « Wo Su Zhidao De Wusi Yundun », *Zhuanji wenxue*, 8, n° 5, 1966.

88. Pour l'impact du « mouvement du 4 Mai » sur l'histoire chinoise, voir Rana Miller, *A Bitter Revolution : China's Struggle with the Modern World*, New York, Oxford University Press, 2008, p. 134.

89. David Armitage, *The Declaration of Independence, a Global History*, Harvard University Press, 2008, p. 134.

90. Sophie Quinn-Judge, *Ho Chi Minh : The Missing Years*, University of California Press, 2003, p. 11-18.

91. Rabindranath Tagore, *Nationalisme*, trad. C. Georges-Bazile, Paris, Delpeuch, 1931.

92. Erez Manela, *The Wilsonien Moment*, op. cit., p. 213, 175, 9, 77-78, 92-96.

Chapitre XIX
L'Amérique du Nord

1. David MacKenzie, « Introduction : Myth, Memory, and the Transformation of Canadian Society », *in* David MacKenzie (éd.), *Canada and the First World War. Essays in Honour of Robert Craig Brown*, Toronto, University of Toronto Press, 2005, p. 3.

2. Robert H. Zieger, *America's Great War : World War I and the American Experience*, Oxford, Rowman and Littlefield, 2000, p. 12.

3. *Ibid.*, p. 30-31.
4. Paul A. C. Koistinen, *Mobilizing for Modern War : The Political Economy of American Warfare, 1914-1918*, Lawrence, KS, University Press of Kansas, 1997, p. 121.
5. Kathleen Burk, *Britain, America and the Sinews of War, 1914-1918*, Boston, Allen and Unwin, 1985, p. 81.
6. Les États-Unis et le Canada développèrent la production agricole pour répondre à la demande des Alliés. Des prêts à faible taux d'intérêt encouragèrent les fermiers à augmenter leur production grâce à la mécanisation ou à l'achat de terres supplémentaires. Les prix élevés négociés pour les ventes de blé et de coton à l'étranger rendirent indolore l'accroissement de l'endettement, mais, dans les années 1920, la baisse des prix des récoltes entraîna la récession de l'industrie agricole américaine et canadienne. Ces secteurs économiques « malades » aggravèrent la sévérité de la crise économique qui balaya le monde en 1929, révélant combien l'Amérique du Nord souffrait des contrecoups de la mobilisation économique globale durant la Première Guerre mondiale.
7. Paul A. C. Koistinen, *Mobilizing for Modern War*, *op. cit.*, p. 135.
8. Hew Strachan, *The First World War*, Londres, Penguin, 2003, p. 228.
9. John Milton Cooper, Jr., *Woodrow Wilson : A Biography*, New York, Alfred A. Knopf, 2009, p. 373.
10. Hew Strachan, *The First World War*, vol. 1 : *To Arms*, Oxford, Oxford University Press, 2001, p. 991.
11. Desmond Morton, *Marching to Armageddon : Canadians and the Great War, 1914-1919*, Toronto, Lester & Orpen Dennys, 1989, p. 82.
12. Kathleen Burk, *Britain, America and the Sinews of War, 1914-1918*, *op. cit.*, p. 172-174.
13. Alain Kramer estime que de 478 500 à 700 000 civils allemands (selon les sources) moururent de faim à cause du blocus, chiffres à comparer aux 14 722 marins de la flotte marchande britannique disparus. Alan Kramer, « Combatants and Noncombatants : Atrocities, Massacres, and War Crimes », *in* John Horne (éd.), *A Companion to World War I*, Oxford, Blackwell Publishing, 2012, p. 195-196.
14. Le naufrage du *Lusitania* déchaîna des débats aux États-Unis sur la question de savoir si la neutralité donnait aux Américains la liberté de voyager sans être agressés dans la zone de guerre. Durant la crise du *Lusitania*, la décision de Wilson de définir la neutralité comme un statut garantissant aux nations neutres des droits intangibles (plutôt que l'engagement de traiter les deux côtés de manière équanime) devait finalement conduire les États-Unis à l'affrontement avec l'Allemagne.
15. Paul Litt, « Canada Invaded ! The Great War, Mass Culture, and Canadian Cultural Nationalism », in *Canada and the First World War*, *op. cit.*, p. 344.
16. Nathan Smith, « Fighting the Alien Problem in a British Country : Returned Soldiers and Anti-Alien Activism in Wartime Canada, 1916-1919 », *in* James E. Kitchen, Alisa Miller et Laura Rowe (éd.), *Other Combatants, Other Fronts : Competing Histories of the First World War*, Cambridge, Cambridge Scholars Publishing, 2011, p. 305.
17. Michael S. Neiberg, *Fighting the Great War : A Global History*, Cambridge, Harvard University Press, 2005, p. 292.
18. Rosemary Thorp, « Latin America and the International Economy from the First World War to the World Depression », in *The Cambridge History of Latin America*, vol. IV, *1870-1930*, Cambridge, Cambridge University Press, 1986, p. 66.
19. Theo Balderson, « Industrial Mobilization and War Economies », *in* John Horne (éd.), *A Companion to World War I*, *op. cit.*, p. 229.

20. Robert K. Hanks, « Canada, Army », et James Carroll, Robert K. Hanks et Spencer Tucker, « Canada, Role in War », *in* Spencer C. Tucker (éd.), *World War I : Encyclopedia*, Santa Barbara, CA, ABC-Clio, 2005, p. 257-259.

21. Jennifer D. Keene, *World War I : The American Soldier Experience*, Lincoln, NE, University of Nebraska, 2011, p. 33, 163.

22. Terre-Neuve était durant la guerre une colonie séparée, si bien que son nombre de victimes totalement disproportionné n'est pas compris dans ces statistiques. Les 8 500 hommes qui s'engagèrent représentaient près de 10 % de la population adulte masculine. Parmi ceux-ci, 3 600 furent tués ou blessés.

23. J. L. Granatstein, « Conscription in the Great War », in *Canada and the First World War, op. cit.*, p. 70.

24. Christopher Capazzola, *Uncle Sam Wants You : World War I and the Making of the Modern American Citizen*, New York, Oxford University Press, 2008, p. 41.

25. Terry Copp, « The Military Effort, 1914-1918 », in *Canada and the First World War, op. cit.*, p. 43.

26. *United States Army in the World War, 1917-1919*, vol. 1, Washington, D.C., Center for Military History, 2001, p. 3.

27. John English, « Political Leadership in the First World War », in *Canada and the First World War, op. cit.*, p. 80 ; Mitchell A. Yokelson, *Borrowed Soldiers : American under British Command, 1918*, Norman, University of Oklahoma Press, 2008, p. 76-77.

28. Jennifer D. Keene, *Doughboys, the Great War and the Remaking of America*, Baltimore, Johns Hopkins University, 2001, p. 106.

29. Robert Aldrich et Christopher Hillard, « The French and British Empires », *in* John Horne (éd.), *A Compagnon to World War I, op. cit.*, p. 532.

30. Robert Craig Brown, « Canada in North America », *in* John Bracman, Robert H. Brenner et David Brody (éd.), *Twentieth-Century American Foreign Policy*, Columbus, Ohio State University Press, 1971, p. 359. Voir aussi Robert Craig Brown, « "Whither are we being shoved ?" Political Leadership in Canada during World War I », *in* J. L. Granatstein et R. D. Cuff (éd.), *War and Society in North America*, Toronto, Thomas Nelson and Sons, 1971, p. 104-119.

31. Margaret MacMillan, *Paris 1919 : Six Months that Changed the World*, New York, Random House, 2001, p. 47-48 ; traduction française : *Les Artisans de la paix. Comment Lloyd George, Clemenceau et Wilson ont redessiné la carte du monde*, traduit de l'anglais par André Zavriew, Paris, JC Lattès, 2006 ; Livre de Poche, 2008, p. 100.

32. *Ibid.*, p. 48 et trad. p. 100.

33. Chad L. Williams, *Torchbearers of Democracy : African American Soldiers in the World War I Era*, Chapel Hill, NC, University of North Carolina Press, 2010, p. 301.

34. Patrice A. Dutil, « Against Isolationism : Napoléon Belcourt, French Canada, and "la Grande Guerre" », in *Canada and the First World War, op. cit.*, p. 125.

35. J. L. Granatstein, « Conscription », art. cité, p. 66. Le seul cas avéré de sabotage allemand qui se produisit sur le sol américain endommagea un pont de chemin de fer au Nouveau-Brunswick : John Herd Thompson et Stephen J. Randall, *Canada and the United States : Ambivalent Allies*, 4ᵉ éd., Athens, The University of Georgia Press, 2008, p. 94.

36. Donald Avery, « Ethnic and Class Relations in Western Canada during the First World War : A Case Study of European Immigrants and Anglo-Canadian Nativism », in *Canada and the First World War, op. cit.*, p. 286-287.

37. John Herd Thompson et Stephen J. Randall, *Canada and the United States, op. cit.*, p. 71-79 et 96-97.

38. Paul Litt, « Canada Invaded ! », art. cité, p. 338.
39. Cité *in* Patrice A. Dutil, « Against Isolationism : Napoléon Belcourt, French Canada, and "la Grande Guerre" », art. cité, p. 122.
40. John Herd Thompson et Stephen J. Randall, *Canada and the United States*, op. cit., p. 98.
41. James A. Sandos, *Rebellion in the Borderlands : Anarchism and the Plan of San Diego, 1904-1923*, Norman, University of Oklahoma Press, 1992.
42. War Department, *Annual Report of the Secretary of War for the Fiscal Year*, 1916, vol. 1, 1916, p. 13, 23, 189-191.
43. John Milton Cooper, *Woodrow Wilson*, op. cit., p. 320.
44. *Ibid.*, p. 322.
45. N. Gordon Levin, *Woodrow Wilson and World Politics : America's Response to War and Revolution*, New York, Oxford University Press, 1968, p. 311.
46. *War Department Annual Report*, 1917, p. 10.
47. Russell F. Weigley, *History of the United States Army*, New York, Macmillan Co., 1967, p. 348.
48. Friedrich Katz, *The Secret War in Mexico : Europe, the United States and the Mexican Revolution*, Chicago, University of Chicago Press, 1981, p. 351.
49. *Ibid.*, p. 361.
50. Mark T. Gilderhus, *Pan American Visions : Woodrow Wilson in the Western Hemisphere, 1913-1921*, Tucson, University of Arizona Press, 1986, p. 147-149 et 152-153.
51. Akira Iriye, *The Cambridge History of American Foreign Relations*, vol. 3 : *The Globalizing of America, 1913-1945*, Cambridge, Cambridge University Press, 1993, p. 37-38.
52. John Milton Cooper, *Woodrow Wilson*, op. cit., p. 246.
53. Frederick S. Calhoun, *Power and Principle : Armed Intervention in Wilsonian Foreign Policy*, Ohio, Kent State University Press, 1986, p. 251.
54. Mark T. Gilderhus, *Pan American Visions*, op. cit., p. 146.

Chapitre XX
L'Amérique latine

1. Pour un panorama général sur l'histoire de l'Amérique latine au tournant des XIXe et XXe siècles, voir Leslie Bethell (éd.), *The Cambridge History of Latin America*, Cambridge et New York, Cambridge University Press, 1986, vol. IV et V (*c. 1870 to 1930*).
2. Les travaux consacrés à une histoire comparée de la Grande Guerre à l'échelle de toute l'Amérique latine sont rares : voir Olivier Compagnon et Armelle Enders, « L'Amérique latine et la guerre », *in* Stéphane Audoin-Rouzeau et Jean-Jacques Becker (éd.), *Encyclopédie de la Grande Guerre, 1914-1918*, Paris, Bayard, 2004, p. 889-901 ; Olivier Compagnon et María Inés Tato (éd.), *Toward a History of the First World War in Latin America*, Francfort et Madrid, Vervuert et Iberoamericana, 2013. Quelques ouvrages anciens fournissent toutefois des informations précieuses : voir par exemple Gaston Gaillard, *Amérique latine et Europe occidentale : l'Amérique latine et la guerre*, Paris, Berger-Levrault, 1918 ; Percy Alvin Martin, *Latin America and the War*, Baltimore, The Johns Hopkins Press, 1925.
3. Ces articles sont recueillis *in* Leopoldo Lugones, *Mi beligerancia*, Buenos Aires, Otero y García Editores, 1917. Sur les anticipations de la guerre en Europe, voir notam-

ment Emilio Gentile, *L'Apocalisse della modernità. La Grande Guerra per l'uomo nuovo*, Milan, Mondadori, 2008.

4. Pour l'ensemble de ces données chiffrées, voir Victor Bulmer-Thomas, *La historia ecónomica de América Latina desde la Independencia*, Mexico, Fondo de Cultura Ecónomica, 1998, p. 95, 189-192.

5. Sur ce point, voir Magnus Mörner, *Aventureros y proletarios. Los emigrantes en Hispanoamérica*, Madrid, Mapfre, 1992.

6. Hernán Otero, *La guerra en la sangre. Los franco-argentinos ante la Primera Guerra mundial*, Buenos Aires, Editorial Sudamericana, 2009 ; María Inés Tato, « El llamado de la patria. Británicos e italianos residentes en la Argentina frente a la Primera Guerra mundial », *Estudios Migratorios Latinoamericanos*, n° 71, juillet-décembre 2011, p. 273-292. À titre de comparaison avec les Britanniques en Uruguay, voir aussi Álvaro Cuenca, *La colonia británica de Montevideo y la Gran Guerra*, Montevideo, Torre del Vigia Editores, 2006.

7. Frederick C. Luebke, *Germans in Brazil. A Comparative History of Cultural Conflict During World War I*, Baton Rouge et Londres, Louisiana State University Press, 1987.

8. Voir le volume commémoratif édité par la colonie italienne de Bahia : *Per la guerra, per la vittoria, 1915-1919*, São Paulo, Fratelli Frioli, s. d.

9. Sur ce point, voir Annick Lempérière, Georges Lomné, Frédéric Martinez et Denis Rolland (éd.), *L'Amérique latine et les modèles européens*, Paris, L'Harmattan, 1998 ; Eduardo Devés Valdés, « América latina : civilización-barbarie », *Revista de Filosofía Latinoamericana* (Buenos Aires), n° 7-8, janvier-décembre 1978, p. 27-52.

10. Selon l'expression de Jeffrey Needle, *A Tropical Belle Epoque : Elite Culture and Society in Turn-of-the-Century Rio de Janeiro*, Cambridge, Cambridge University Press, 1987.

11. Cité *in* Gaston Gaillard, *Amérique latine et Europe occidentale*, op. cit., p. 41.

12. Manuel Rodriguez, *Les Engagés volontaires latino-américains pendant la Grande Guerre. Profils de volontaires, raisons de l'engagement et représentations du conflit*, mémoire de master en histoire, Paris, Institut d'études politiques, 2010.

13. Voir Friedrich Katz, *The Secret War in Mexico. Europe, the United States and the Mexican Revolution*, Chicago, University of Chicago Press, 1981 ; Esperanza Durán, *Guerra y revolución : las grandes potencias y México, 1914-1918*, Mexico, Colegio de México, 1985.

14. Victor Bulmer-Thomas, *La historia ecónomica de América Latina*, op. cit., p. 186-187.

15. Andre Gunder Frank, *Latin America : Underdevelopment or Revolution*, New York, Monthly Review Press, 1969.

16. Warren Dean, *The Industrialization of São Paulo, 1880-1945*, Austin, University of Texas Press, 1969.

17. Roger Gravil, « Argentina and the First World War », *Revista de História* (São Paulo), 27ᵉ année, vol. 54, 1976, p. 385-417.

18. Pour l'ensemble de ces données, voir notamment Victor Bulmer-Thomas, *La historia ecónomica de América Latina*, op. cit., p. 185-195 ; ainsi que Bill Albert et Paul Henderson, *South America and the First World War. The Impact of the War on Brazil, Argentina, Peru and Chile*, Cambridge, Cambridge University Press, 1988 ; et Frank Notten, *La influencia de la Primera Guerra Mundial sobre las economías controamericanas, 1900-1929. Un enfoque desde el comercio exterior*, San José, Centro de Investigaciones Historicas de America Central/Universidad de Costa Rica, 2012.

19. Sur les listes noires, voir en particulier Philip A. Dehne, *On the Far Western Front. Britain's First World War in South America*, Manchester, Manchester University Press, 2009.

20. Pour l'ensemble de ces données, voir Clodoaldo Bueno, *Política externa da Primeira República. Os anos de apogeu – de 1902 a 1918*, São Paulo, Paz e Terra, 2003, p. 468 ; Juan Manuel Palacio, « La antesala de lo peor : la economía argentina entre 1914 y 1930 », *in* Ricardo Falcón (éd.), *Nueva historia argentina*, Buenos Aires, Sudamericana, 2000, vol. 6 (*Democracia, conflicto social y renovación de ideas, 1916-1930*), p. 111 ; Héctor A. Palacios, *Historia del movimiento obrero argentino*, Buenos Aires, Ediciones Gráficas/Mundo Color, 1992, vol. 1, p. 106-125 ; Maria Luisa Marcilio, « Industrialisation et mouvement ouvrier à São Paulo au début du XXe siècle », *Le Mouvement social* (Paris), n° 53, octobre-décembre 1965, p. 111-129.

21. Voir Idelette Muzart dos Santos, « La représentation des conflits internationaux dans la littérature de cordel, 1935-1956 », *in* Denis Rolland (éd.), *Le Brésil et le monde. Pour une histoire des relations internationales des puissances émergentes*, Paris, L'Harmattan, 1998, p. 148-178 ; Osvaldo Pelletieri (éd.), *Testimonios culturales argentinos. La década del 10*, Buenos Aires, Editorial del Belgrano, 1980 ; Rodrigo Zarate, *España y América. Proyecciones y problemas derivados de la guerra*, Madrid, Casa Editorial Calleja, 1917, p. 375 ; Manuel Buil, *Juego de la guerra europea*, Buenos Aires, s. e., 1917.

22. Sur le cas mexicain, voir Ingrid Schulze Schneider, « La propaganda alemana en México durante la Primera Guerra Mundial », *Anuario del Departamento de Historia* (Universidad Complutense de Madrid), n° 5, 1993, p. 261-272.

23. Sur ce point, voir Barbara Tuchman, *The Zimmermann Telegram*, New York, Dell Publishing Co., 1965 ; ainsi que Friedrich Katz, *The Secret War in Mexico, op. cit.*

24. Sur les origines de la politique latino-américaine des États-Unis, voir John J. Johnson, *A Hemisphere Apart : The Foundations of United States Policy toward Latin America*, Baltimore, Johns Hopkins University Press, 1990.

25. Sur la participation du Brésil à la guerre, voir notamment Hélio Leôncio Martins, « Participação da Marinha brasileira na Primeira Grande Guerra », in *História naval brasileira*, Rio de Janeiro, Ministério da Marinha, 1997, vol. 5, t. 1B, p. 101-127 ; Dino Willy Cozza, « A participação do Brasil na Primeira Guerra mundial », *Revista do Instituto Histórico e Geográfico Brasileiro* (Rio de Janeiro), vol. 157, n° 390, janvier-mars 1996, p. 97-110.

26. Sur ce point, voir Maria Inés Tato, « La disputa por la argentinidad. Rupturistas y neutralistas durante la Primera Guerra mundial », *Temas de historia argentina y americana* (Buenos Aires), n° 13, juillet-décembre 2008, p. 227-250.

27. Victor Bulmer-Thomas, *La historia ecónomica de América Latina, op. cit.*, p. 189, 192.

28. Voir par exemple Yannick Wehrli, « Les délégations latino-américaines et les intérêts de la France à la Société des Nations », *Relations internationales* (Paris et Genève), n° 137, 2009/1, p. 45-59.

29. Sur l'Amérique latine et la Société des Nations, voir notamment Thomas Fischer, *Die Souveränität der Schwachen. Lateinamerika und der Völkerbund, 1920-1936*, Stuttgart, Franz Steiner Verlag, 2012. Sur le cas particulier du Brésil, voir Eugênio Vargas Garcia, *O Brasil e a Liga das Nações (1919-1926). Vencer ou não perder*, Porto Alegre, Universidade Federal do Rio Grande do Sul, 2000.

30. Saúl A. Taborda, *Reflexiones sobre el ideal político de América*, Buenos Aires, Grupo Editor Universitario, 2007 [1918], p. 121.

31. Ainsi que l'a très bien montré Patricia Funes, sans nécessairement prendre toute la mesure du rôle de la Grande Guerre dans cette dynamique : *Salvar la nación. Intelectuales, cultura y política en los años veinte latinoamericanos*, Buenos Aires, Prometeo Libros, 2006.

32. Mário de Andrade, *Pequena história da música,* São Paulo, Livraria Martins, 8ᵉ éd., 1977 [1929], p. 194.

33. Pour l'ensemble des données sur la guerre comme rupture identitaire, voir Olivier Compagnon, « 1914-18 : The Death Throes of Civilization. The Elites of Latin America face the Great War », *in* Jenny Macleod et Pierre Purseigle (éd.), *Uncovered Fields. Perspectives in First World War Studies,* Leyde, Brill Academic Publishers, 2004, p. 279-295 ; et Olivier Compagnon, *L'Adieu à l'Europe. L'Amérique latine et la Grande Guerre (Argentine et Brésil, 1914-1939),* Paris, Fayard, 2013.

Chapitre XXI
Atrocités et crimes de guerre

1. Cité *in* Geoffrey Best, *Humanity in Warfare : The Modern History of the International Law of Armed Conflicts,* Londres, Weidenfeld and Nicolson, 1980, p. 165.

2. James Brown Scott (éd.), *Texts of the Peace Conferences at The Hague, 1899 and 1907,* Boston et Londres, Ginn and Co., 1908, p. 209-229 [en français sur le site de la CICR, Droit international, traités et textes : http://www.icrc.org/dih.nsf/full/195].

3. George F. Kennan (éd.), *The Other Balkan Wars. A 1913 Carnegie Endowment Inquiry in Retrospect with a New Introduction and Reflections on the Present Conflict,* Washington D.C., Carnegie Endowment for International Peace, 1993, p. 265.

4. *Ibid.,* p. 271.

5. Sigmund Freud, « Zeitgemässes über Krieg und Tod », in *Gesammelte Werke,* vol. 10, Francfort, S. Fischer, 1946, p. 323-355 ; « Considérations actuelles sur la guerre et sur la mort » (1915), *in* A. Bourguignon et A. Cherki, *Essais de psychanalyse,* trad. P. Cotet, Paris, Payot, 1981, p. 7-40, ici p. 13-14.

6. *Rapports et procès-verbaux d'enquête de la commission instituée en vue de constater les actes commis par l'ennemi en violation du droit des gens* (ci-après Commission française), 3ᵉ et 4ᵉ rapports, Paris, 1915, p. 10-23, ici p. 14.

7. John Horne et Alan Kramer, *German Atrocities, 1914. A History of Denial,* New Haven, Yale University Press, 2001, p. 194-195 ; *1914, les atrocités allemandes : la vérité sur les crimes de guerre en France et en Belgique,* trad. Hervé-Marie Benoît, Paris, Tallandier, 2005, nouv. éd. 2011.

8. S. Ansky, *The Enemy at his Pleasure. A Journey through the Jewish Pale of Settlement during World War I,* New York, Henry Holt, 2003, p. 116.

9. Georges Cahen-Salvador, *Les Prisonniers de guerre (1914-1919),* Paris, Payot, 1929, p. 56-62.

10. Alan Kramer, « Combatants and Noncombatants : Atrocities, Massacres and War Crimes », *in* John Horne (éd.), *A Companion to World War I,* Chichester, Wiley-Blackwell, 2010, p. 193.

11. *Völkerrechtswidrige Verwendung farbiger Truppen auf dem europäischen Kriegsschauplatz durch England und Frankreich,* Berlin, 1915 ; trad. angl. *Employment contrary to International Law of Colored Troops upon the European Arena of War,* Berlin, s. d.

12. « The 1925 Geneva Protocol for the Prohibition of the Use in War of Asphyxiating, Poisonous and other Gases, and of Bacteriological Warfare », *in* W. Michael Reisman et Chris T. Antoniou (éd.), *The Laws of War. A Comprehensive Collection of Primary*

Documents on International Laws Governing Armed Conflicts, New York, Vintage, 1994, p. 57-58.

13. Les chiffres indiqués concernant l'invasion allemande figurent *in* John Horne et Alan Kramer, *German Atrocities*, op. cit., p. 435-450 et trad. p. 625-639.

14. Fernand van Langenhove, *Comment naît un cycle de légendes : francs-tireurs et atrocités en Belgique*, Paris, Payot, 1916.

15. Pour les rapports, voir John Horne et Alan Kramer, *German Atrocities*, op. cit., p. 229-261 et trad. p. 339-386.

16. A. S. Rezanoff, *Les Atrocités allemandes du côté russe*, Petrograd, W. Kirchbaum, 1915, p. 120-165 ; Imanuel Geiss, « Die Kosaken kommen ! Ostpreussen im August 1914 », *in* Imanuel Geiss, *Das deutsche Reich und der Erste Weltkrieg*, 1978, 2e éd. Munich, Piper, 1985, p. 60-61.

17. Imanuel Geiss, « Die Kosaken kommen ! », art. cité, p. 62-63, et Dennis Showalter, *Tannenberg : Clash of Empires*, Hamden, CT, Archon Books, 1991, p. 159. Pour d'autres témoignages de la conviction que les Cosaques commettaient couramment des atrocités, voir Holger Herwig, *The First World War : Germany and Austria-Hungary*, Londres, Arnold, 1997, p. 128.

18. John Horne et Alan Kramer, *German Atrocities*, op. cit., p. 82-83 et trad. p. 139.

19. R. A. Reiss, *Report upon the Atrocities committed by the Austro-Hungarian Army during the First Invasion of Serbia. Submitted to the Serb Government*, Londres, HMSO, 1916 ; en français, *Rapport sur les atrocités commises par les troupes austro-hongroises pendant la première invasion de la Serbie, présenté au Gouvernement serbe*, Paris, B. Grasset, 1919 ; et R. A. Reiss, *Réponses aux accusations austro-hongroises contre les Serbes*, Lausanne et Paris, 1918. Pour des estimations plus récentes, voir Jonathan Gumz, *The Resurrection and Collapse of Empire in Habsburg Serbia, 1914-1918*, Cambridge, Cambridge University Press, 2009, p. 44-61.

20. Archives nationales (Paris), F^{23} 14, témoignages de civils français rapatriés.

21. Fernand Passelecq, *Déportation et travail forcé des ouvriers et de la population de la Belgique occupée (1916-1918)*, Paris, PUF, 1928 ; Sophie de Schaepdrijver, *La Belgique et la Première Guerre mondiale* (1997), trad. du hollandais, Bruxelles, Peter Lang, 2004, p. 222-230 ; Vejas Gabriel Liulevicius, *War Land on the Eastern Front. Culture, National Identity and German Occupation in World War I*, Cambridge, Cambridge University Press, 2000, p. 72-74.

22. Georges Gromaire, *L'Occupation allemande en France (1914-1918)*, Paris, Payot, 1925, p. 247-293 ; Vejas Gabriel Liulevicius, *War Land*, op. cit., p. 73 ; Commission française, 10e rapport, 31 octobre 1918.

23. Sophie de Schaepdrijver, *La Belgique et la Première Guerre mondiale*, op. cit., p. 242.

24. Pour les chiffres, voir Jonathan Gumz, *Resurrection and Collapse of Empire*, op. cit. ; Annette Becker, *Oubliés de la Grande Guerre. Humanitaire et culture de guerre. Populations occupées, déportés civils, prisonniers de guerre*, Paris, Noêsis, 1998 ; rééd. Pluriel, 2012, p. 232-233.

25. Michael Geyer, « Retreat and Destruction », *in* Irina Renz, Gerd Krumeich et Gerhard Hirschfeld (éd.), *Scorched Earth. The Germans on the Somme 1914-1918*, Barneley, Pen and Sword, 2009, p. 141-156, ici p. 151 (éd. originale en allemand : *Die Deutschen an der Somme 1914-1918. Krieg, Besatzung, Verbrannte Erde*, Essen, Klartext Verlag, 2006).

26. *Ibid.*, p. 149.

27. James Bryce et Arnold Toynbee, *The Treatment of Armenians in the Ottoman Empire, 1915-1916. Documents presented to Viscount Grey of Falloden by Viscount Bryce*, Londres, HMSO, 1916 ; nouv. éd., Reading, Taderon Press, 2000, p. 649 ; Paul Painlevé, ministre de l'Instruction publique, et l'*Illustrated London News*, 16 octobre 1915 (800 000 victimes), cités les deux *in* Annette Becker et Jay Winter, « Le génocide arménien et les réactions de l'opinion internationale », *in* John Horne (éd.), *Vers la guerre totale, op. cit.*, p. 292-313, ici p. 300-301.

28. Donald Bloxham, *The Great Game of Genocide : Imperialism, Nationalism and the Destruction of the Ottoman Armenians*, Oxford, Oxford University Press, 2005.

29. Peter Holquist, « Les violences de l'armée russe à l'encontre des Juifs en 1915 : causes et limites », *in* John Horne (éd.), *Vers la guerre totale, op. cit.*, p. 191-219.

30. *Frankfurter Zeitung*, 6 février 1915, cité *in* Gerd Krumeich, « Le blocus maritime et la guerre sous-marine », *in* John Horne (éd.), *Vers la guerre totale, op. cit.*, p. 177.

31. Commission française, 10ᵉ rapport, p. 62.

32. Cité *in* Gerd Krumeich, « Le blocus maritime », art. cité, p. 178.

33. Cité *in* A. C. Bell, *A History of the Blockade of Germany*, Londres, HMSO, 1937, p. 446.

34. Commission française, 7ᵉ rapport, énumérant plus de 200 navires français détruits.

35. Jules Poirier, *Les Bombardements de Paris (1914-1918) : avions, gothas, zeppelins, berthas*, Paris, Payot, 1930, p. 229-231 ; repr. Panazol, Lavauzelle, 2003.

36. Christian Geinitz, « The First German Air War against Noncombatants : Strategic Bombing of German Cities in World War I », *in* Roger Chickering et Stig Förster (éd.), *Great War, Total War. Combat and Mobilization on the Western Front, 1914-1918*, Cambridge, Cambridge University Press, 2000, p. 207-225 (207, chiffres totaux, 212, Karlsruhe).

37. *Second Interim Report of the Committee of Inquiry into Breaches of the Law of War*, 3 juin 1919, cité *in* Geoffrey Best, *Humanity in Warfare, op. cit.*, p. 269.

38. Cité *in* Christian Geinitz, « Strategic Bombing », art. cité, p. 213.

39. Bundesarchiv, Berlin, R 3003 Generalia/56, catégories présentées *in* John Horne et Alan Kramer, *German Atrocities, op. cit.*, p. 448-449 et trad. p. 647-649.

Chapitre XXII
Génocide

1. Les auteurs tiennent à remercier Mark Levene, William Schabas et les maîtres d'œuvre de ce volume pour leurs commentaires sur les premières moutures de cette étude. Ils remercient Ahmet Efiloğlu pour les statistiques des expulsions et déportations de Rûm.

2. En l'occurrence, « en partie » signifie clairement « en grande partie ».

3. Frank Chalk et Kurt Jonassohn, *The History and Sociology of Genocide : Analyses and Case Studies*, New Haven, CT, Yale University Press, 1990 ; Mark Levene, *Genocide in the Age of the Nation-State*, vol. 1, Londres, I. B. Tauris, 2005.

4. Taner Akçam, *The Young Turks' Crime Against Humanity : The Armenian Genocide and Ethnic Cleansing in the Ottoman Empire*, Princeton, Princeton University Press, 2012, p. 399-410.

5. L'idée fausse d'un déplacement limité aux provinces orientales, à des mesures de sécurité purement temporaires et à des confiscations de biens provisoires s'est insinuée

jusque dans certaines contributions d'un numéro récent de *Middle East Critique*, 20, n° 3, automne 2011.

6. Voir l'essai bibliographique, p. 789.

7. Sur Lemkin et ses intentions, voir Annette Becker, *Les Cicatrices rouges. France et Belgique occupées, 1914-1918*, Paris, Fayard, 2010.

8. Le concept juridique de génocide est au centre de William Schabas, *Genocide in International Law : The Crime of Crimes*, Cambridge, Cambridge University Press, 2e éd., 2009. Schabas traite du cas arménien dans, *inter alia*, *Unimaginable Atrocities : Justice, Politics, and Rights at the War Crimes Tribunals*, Oxford, Oxford University Press, 2012.

9. L'exemple récent le plus clair d'opposition des deux cas est l'ouvrage du diplomate turc Yücel Güçlü, *The Holocaust and the Armenian Case in Comparative Perspective*, Lanham, MD, University Press of America, 2012. À propos de Guenter Lewy (in *The Armenian Massacres in Ottoman Turkey : A Disputed Genocide*, Salt Lake City, Utah, University of Utah Press, 2005), qui paraît faire de l'Holocauste le paradigme du génocide, voir Hans-Lukas Kieser, recension in *Vierteljahrshefte für Zeitgeschichte – Rezensionen in den sehepunkten*, n° 7, 2007, p. 29. Pour les limites de l'approche de Lewy appliquée à l'Holocauste, voir la recension par Mark Levene d'un autre de ses ouvrages, où il soutient que le meurtre des Roma et des Sinti par les nazis n'est pas un génocide : *Journal of Contemporary History*, 37/2, 2002, p. 275–292. Voir Claire Zale et Nicolas Mariot (éd.), *Pour une micro-histoire de la Shoah*, Paris, Seuil, 2012.

10. Voir Annette Becker, « Voir, ne pas voir un génocide : l'exemple des Arméniens », *in* Christian Delporte, Laurent Gervereau et Denis Maréchal (éd.), *Quelle est la place des images en histoire ?* Paris, Nouveau Monde Éditions, 2008.

11. Philipp Ther, *Die dunkle Seite der Nationalstaaten. « Ethnische Säuberungen » im modernen Europa*, Göttingen, Vandenhoeck und Ruprecht, 2011.

12. Fuat Dündar, *İttihat ve Terakki'nin Müslümanları İskân Politikası, 1913-1918*, Istanbul, İletişim Yayınları, 2001, p. 139-155 ; Jakob Künzler, *In the Land of Blood and Tears*, Arlington, MA, Armenian Cultural Foundation, 2007, p. 67-69 ; Uğur Ümit Üngör, *The Making of Modern Turkey : Nation and State in Eastern Anatolia, 1913-1950*, Oxford, Oxford University Press, 2011, p. 107-122.

13. Mahir Şaul et Patrick Royer, *West African Challenge to Empire : Culture and History in the Volta-Bani Anticolonial War*, Athens, Ohio, Ohio University Press, 2001, notamment p. 2-5, 24-25, sur l'ampleur et certaines comparaisons. Merci à Mark Levene d'avoir attiré l'attention sur cet épisode : voir Mark Levene, *The Crisis of Genocide*, vol. I, *1912-1938*, Oxford, Oxford University Press, 2013, pour une contextualisation plus poussée. Voir Marc Michel, *Les Africains et la Grande Guerre. L'appel à l'Afrique*, Paris, Karthala, 2003.

14. Eric Lohr, *Nationalizing the Russian Empire : The Campaign against Enemy Aliens during World War One*, Cambridge, MA, Harvard University Press, 2003 ; Peter Gatrell, *A Whole Empire Walking : Refugees in Russia during the First World War*, Bloomington, IN, Indiana University Press, 1999 ; Alexander V. Prusin, *Nationalizing a Borderland : War, Ethnicity, and Anti-Jewish Violence in East Galicia, 1914-1920*, Tuscaloosa, AL, University of Alabama Press, 2005 ; Peter Holquist, « Les violences de l'armée russe à l'encontre des Juifs en 1915 : causes et limites », *in* John Horne (éd.), *Vers la guerre totale : le tournant de 1914-15*, Paris, Tallandier, 2010, p. 191-219 ; Nicolas Werth, « Réfugiés et déplacés dans l'Empire russe en guerre », in *Encyclopédie de la Grande Guerre*, éd. Stéphane Audoin-Rouzeau et Jean-Jacques Becker, Paris, Bayard, 2004.

15. Peter Holquist, « The Politics and Practice of the Russian Occupation of Armenia, 1915-February 1917 », *in* Ronald Grigor Suny, Fatma Müge Göçek et Norman

M. Naimark (éd.), *A Question of Genocide : Armenians and Turks at the End of the Ottoman Empire*, New York, Oxford University Press, 2011, p. 151-174, notamment p. 158-163.

16. Alexander V. Prusin, *Nationalizing a Borderland*, op. cit., p. 56.

17. Mark Levene, « The Balfour Declaration : A Case of Mistaken Identity », *English Historical Review*, 107, 1992, p. 54-77. Sur la politique russe envers les Juifs, voir Mark Levene, *The Crisis of Genocide*, op. cit., vol. I.

18. Edward D. Sokol, *The Revolt of 1916 in Russian Central Asia*, Baltimore, Johns Hopkins University Press, 1954 ; pour le contexte colonial plus large, voir également Richard Pierce, *Russian Central Asia, 1867-1917 : A Study in Colonial Rule*, Berkeley, University of California Press, 1960.

19. Le triumvir du CUP, Djemal [Cemal, en turc] Pacha, s'exprime sans détour sur ce point : Djemal (Jemal) Pasha, *Memories of a Turkish Statesman 1913-1919*, Londres, Hutchinson and Co., 1922, p. 353-354.

20. Dikran M. Kaligian, *Armenian Organization and Ideology under Ottoman Rule, 1908-1914*, New Brunswick, NJ, Transaction Publishers, 2011.

21. Hans-Lukas Kieser, « Réformes ottomanes et cohabitation entre chrétiens et Kurdes (1839-1915) », *Études rurales*, n° 186, janvier 2011, p. 43-60.

22. Jelle Verheij, « Diyarbekir and the Armenian Crisis of 1895 », *in* Joost Jongerden et Jelle Verheij, *Social Relations in Ottoman Diyarbekir 1870-1915*, Leyde, Brill, 2012, p. 85-145 ; Jelle Verheij, « Die armenischen Massaker von 1894-1896. Anatomie und Hintergründe einer Krise », *in* Hans-Lukas Kieser (éd.), *Die armenische Frage und die Schweiz (1896-1923)*, Zurich, Chronos, 1999, p. 69-129.

23. Rober Koptaş, « Zohrab, Papazyan ve Pastırmacıyan'ın kalemlerinden 1914 Ermeni reformu ve İttihatçı Taşnak müzakeleri », *Tarih ve Toplum Yeni Yaklaşımlar*, 5, printemps 2007, p. 159-178.

24. Plan publié en turc *in* Yusuf H. Bayur, *Türk inkılâbı tarihi*, Ankara, Türk Tarih Kurumu basımevi, 1991, vol. II, 3, p. 169-172 ; en français, d'après le *Livre orange russe*, n° 147, *in* André N. Mandelstam, *Le Sort de l'Empire ottoman*, Lausanne, Payot, 1917, p. 236-238 ; premier jet et plan définitif en allemand *in* Djemal Pascha, *Erinnerungen eines türkischen Staatsmannes*, Munich, Drei Masken Verlag, 1922, p. 340-351. Voir Zekeriya Türkmen, *Vilayât-ı Şarkiye Islahat Müffettişliği*, Ankara, Türk Tarih Kurumu, 2006.

25. Tel était cependant le cas aux yeux du CUP et de l'historiographie nationaliste républicaine. Voir Yusuf H. Bayur, *Türk inkılâbı tarihi*, op. cit., vol. II, 3, p. 172-177. Les mémoires de Talât Pacha, de Halil Bey et surtout de Cemal Pacha, qui reproduisent à la fois le plan final et le premier projet russe, prouvent l'importance de ce point : voir *Hatıraları ve mektuplarıyla Talât Paşa*, éd. Osman S. Kocahanoğlu, Istanbul, Temel, 2008, p. 38-44 ; *Osmanlı mebusan meclisi reisi Halil Menteşe'nin anıları*, éd. İsmail Arar, Istanbul, Hürriyet Vakfı, 1986, p. 173-176 ; Djemal Pascha, *Erinnerungen*, op. cit., p. 337-353.

26. Rober Koptaş, « Zohrab », art. cité, p. 170-175.

27. Fuat Dündar, *Crime of Numbers : The Role of Statistics in the Armenian Question (1878-1918)*, New Brunswick, Transaction Publishers, 2010, p. 78-79. Chiffres d'Ahmet Efiloğlu.

28. Taner Akçam, *The Young Turks' Crime*, op. cit., p. 97-123. Chiffres d'Ahmet Efiloğlu.

29. Sur l'alliance avec l'Allemagne et sa mise en œuvre, voir Mustafa Aksakal, *The Ottoman Road to War in 1914 : The Ottoman Empire and the First World War*, Cam-

bridge, Cambridge University Press, 2008, p. 93-118, et Ulrich Trumpener, *Germany and the Ottoman Empire 1914-1918*, Princeton, Princeton University Press, 1968, p. 21-61.

30. Ulrich Trumpener, *Germany and the Ottoman Empire*, op. cit., p. 28.

31. Mustafa Aksakal, *Ottoman Road*, op. cit., p. 107-108 et 127-130. Pour la dépêche de Goulkevitch datée du 27 janvier 1914, voir *Sbornik diplomaticheskikh dokumentov : Reformy v Armenii, 26 noiab. 1912 goda-10 maia 1914 goda*, Petrograd, 1915, doc. 148, p. 165-174 ; nous devons cette référence à Peter Holquist.

32. Erol Köroğlu, *Ottoman Propaganda and Turkish Identity : Literature in Turkey during World War I*, Londres, I. B. Tauris, 2007 ; Tekin Alp, *Türkismus und Pantürkismus*, Weimar, Kiepenheuer, 1915.

33. Raymond Kévorkian, *Le Génocide des Arméniens*, Paris, Odile Jacob, 2006, p. 221.

34. Wolfdieter Bihl, *Die Kaukasus-Politik der Mittelmächte. Ihre Basis in der Orient-Politik und ihre Aktionen 1914-1917*, Vienne, Böhlau, 1975, p. 66 ; Hans-Lukas Kieser, « World War and World Revolution. Alexander Helphand-Parvus in Germany and Turkey », *Kritika : Explorations in Russian and Eurasian History*, 12/2, 2011, p. 387-410 ; Hans-Lukas Kieser, « Matthias Erzberger und die osmanischen Armenier im Ersten Weltkrieg », *in* Christopher Dowe (éd.), *« Nun danket alle Gott für diesen braven Mord » – Matthias Erzberger : Ein Demokrat in Zeiten des Hasses*, Karlsruhe, G. Braun Buchverlag, 2013.

35. Raymond Kévorkian, *Le Génocide*, op. cit., p. 274-282.

36. Hans-Lukas Kieser, *Der verpasste Friede. Mission, Ethnie und Staat in den Ostprovinzen der Türkei 1839-1938*, Zurich, Chronos, 2000, p. 331, 335-336, 445 ; Taner Akçam, *A Shameful Act : The Armenian Genocide and the Question of Turkish Responsibility*, New York, Metropolitan Books, 2006, p. 136-138 ; *Un acte honteux. Le génocide arménien et la question de la responsabilité turque*, trad. O. Demange, Paris, Denoël, 2008, p. 151-152.

37. David Gaunt, « The Ottoman Treatment of the Assyrians », *in* Ronald Grigor Suny *et al.* (éd.), *A Question of Genocide*, op. cit., p. 244-259, ici p. 249.

38. Maurice Larcher, *La Guerre turque dans la guerre mondiale*, Paris, Chiron & Berger-Levrault, 1926, p. 367-436 ; Joseph Pomiankowski, *Der Zusammenbruch des Ottomanischen Reiches : Erinnerungen an die Türkei aus der Zeit des Weltkrieges*, Vienne, Amalthea-Verlag, 1928, p. 98-105 ; Edward J. Erickson, *Ordered to Die : A History of the Ottoman Army in the First World War*, Westport, CT, Greenwood, 2000, p. 57.

39. Raymond Kévorkian, *Le Génocide*, op. cit., p. 285.

40. Hans-Lukas Kieser, *Der verpasste Friede*, op. cit., p. 448-453 ; Wolfdieter Bihl, *Kaukasus-Politik*, op. cit., p. 233. Récits de témoins musulmans *in* Justin McCarthy, Esat Arslan, Cemalettin Taşkıran et Ömer Turan, *The Armenian Rebellion at Van*, Salt Lake City, Utah, The University of Utah Press, 2006, p. 247-251.

41. David Gaunt, *Massacres, Resistance, Protectors : Muslim-Christian Relations in Eastern Anatolia during World War I*, Piscataway, NJ, Gorgias Press, 2006, p. 63.

42. Joseph Pomiankowski, *Zusammenbruch*, op. cit., p. 154.

43. Jay Winter, « Under the Cover of War : The Armenian Genocide in the Context of Total War », *in* Jay Winter (éd.), *America and the Armenian Genocide of 1915*, Cambridge, Cambridge University Press, 2004, p. 37-51, ici p. 41.

44. Taner Akçam, *The Young Turks' Crime*, op. cit., p. 158-193.

45. Pour le télégramme à Enver Pacha, voir T. C. Genelkurmay Başkanlığı, *Arşiv belgeleriyle Ermeni faaliyetleri 1914-1918/Armenian Activities in the Archive Documents 1914-1918*, vol. 1, Ankara, Genelkurmay Basım Evi, 2005, p. 424-425 ; télégramme analogue aux provinces traduit *in* Taner Akçam, *The Young Turks' Crime*, op. cit., p. 186-187.

46. Par exemple, à Eskişehir dans l'Ouest (voir Ahmet Refik, *İki komite, iki kital*, Ankara, Kebikeç, 1994, 1ᵉ éd., 1919, p. 28-46) ou à Urfa dans le Sud-Est (voir Jakob Künzler, *Blood and Tears*, op. cit., p. 16 et 21).

47. *Arşiv belgeleriyle Ermeni faaliyetleri 1914-1918*, vol. 1-2, recensé par Hans-Lukas Kieser, « Urkatastrophe am Bosporus : Der Armeniermord im Ersten Weltkrieg als Dauerthema internationaler (Zeit-)Geschichte », *Neue Politische Literatur*, 2, 2005, p. 229-231 ; Donald Bloxham, *The Great Game of Genocide : Imperialism, Nationalism, and the Destruction of the Ottoman Armenians*, Oxford, Oxford University Press, 2005, chap. 2.

48. The Turkish Republic Prime Ministry General Directorate of the State Archives, Directorate of Ottoman Archives (éd.), *Armenians in Ottoman Documents (1915-1920)*, Ankara, Prime Ministry General Directorate of the State Archives, 1995, p. 26.

49. Politisches Archiv des Auswärtiges Amts, Berlin (désormais PA-AA), Botschafter Wangenheim an PA-AA/R14086 ; Johannes Lepsius, *Der Todesgang des armenischen Volkes : Bericht über das Schicksal des armenischen Volkes in der Türkei während des Weltkrieges*, Potsdam, Tempelverlag, 1919, p. V-VII ; Ulrich Trumpener, *Germany and the Ottoman Empire*, op. cit., p. 209-210.

50. PA-AA/BoKon/171, 1915-11-18-DE-001.

51. Humann cité *in* Hilmar Kaiser, « Die deutsche Diplomatie und der armenische Völkermord », *in* Fikret Adanır et Bernd Bonwetsch (éd.), *Osmanismus, Nationalismus und der Kaukasus. Muslime und Christen, Türken und Armenier im 19. und 20. Jahrhundert*, Wiesbaden, Reichert, 2005, p. 213-214.

52. PA-AA/R14086, 1915-06-17-DE-003. Traduction anglaise sur le site www.armenocide.de.

53. PA-AA/R14086, 1915-07-07-DE-001.

54. General Directorate of the State Archives (éd.), *Armenians in Ottoman Documents*, op. cit., p. 105.

55. Cité *in* Nejdet Bilgi, *Mehmed Reşid [Şahingiray], Hayatı ve Hâtıraları*, Izmir, Akademi Kitabevi, 1997, p. 29. Pour plus de détails sur Halil Edib, voir Uğur Ümit Üngör, « Center and Periphery in the Armenian Genocide : The Case of Diyarbekir Province », *in* Hans-Lukas Kieser et Elmar Plozza (éd.), *Der Völkermord an den Armeniern, die Türkei und Europa*, Zurich, Chronos, 2006, p. 71-88, ici p. 73.

56. Ordre translittéré et traduit *in* David Gaunt, *Massacres*, op. cit., p. 447 ; Hilmar Kaiser, « Genocide at the Twilight of the Ottoman Empire », *in* Donald Bloxham et A. Dirk Moses (éd.), *The Oxford Handbook of Genocide Studies*, Oxford, Oxford University Press, 2010, p. 365-385, ici p. 371.

57. Paul Leverkühn, *Posten auf ewiger Wache. Aus dem abenteuerreichen Leben des Max von Scheubner-Richter*, Essen, Essener Verlagsanstalt, 1938, p. 83.

58. David Gaunt, *Massacres*, op. cit., p. 188 ; Raymond Kévorkian, *Le Génocide*, op. cit., p. 463.

59. David Gaunt, « The Ottoman Treatment of the Assyrians », art. cité, p. 245.

60. Fuat Dündar, *Crime of Numbers*, op. cit., p. 113-119 ; Taner Akçam, *The Young Turks' Crime*, op. cit., p. 242-263.

61. Raymond Kévorkian, « L'extermination des Arméniens par le régime jeune-turc (1915-1916) », *Encyclopédie en ligne des violences de masse*, publié le 22 mars 2010, consulté le 24 août 2012, URL : http://www.massviolence.org/L-extermination-des-Armeniens-par-le-regime-jeune-turc-1915, p. 57.

62. Aram Andonian, *En ces sombres jours*, trad. Hervé Georgelin, Genève, Métis Presses, 2007 ; Hilmar Kaiser, *At the Crossroads of Der Zor : Death, Survival, and Humanitarian Resistance in Aleppo, 1915-1917*, Princeton, NJ, Gomidas Institute, 2002 ; Hans-Lukas Kie-

ser, « La missionnaire Beatrice Rohner face au génocide des Arméniens », *in* Jacques Sémelin, Claire Andrieu et Sarah Gensburger (éd.), *La Résistance aux génocides. De la pluralité des actes de sauvetage*, New York, Columbia University Press, 2011, chap. 22.

63. Raymond Kévorkian, *Le Génocide*, op. cit., p. 832-839.

64. Voir André Mandelstam, *Le Sort de l'Empire ottoman*, Lausanne et Paris, Payot, 1917, p. 284.

65. Consul d'Allemagne à Trabzon, Bergfeld, au Reichskanzler le 9 juillet 1915, PA-AA/R14086.

66. Hasan Babacan, *Mehmed Talât Paşa, 1874-1921*, Ankara, Türk Tarih Kurumu, 2005, p. 48.

67. Taner Akçam, *The Young Turks' Crime*, op. cit., p. 296-301.

68. Murat Bardakçı (éd.), *Talât Paşa'nın evrâk-ı metrûkesi*, Istanbul, Everest, 2008, p. 109.

69. Raymond Kévorkian, « L'extermination », art. cité, p. 57.

70. Ahmet Refik, *İki komite, iki kitâl*, op. cit., p. 47-82 ; Hans-Lukas Kieser, *Der verpasste Friede*, op. cit., p. 396 ; Richard G. Hovannisian, *The Republic of Armenia*, Berkeley, University of California, 1971, p. 20-25.

71. *Der interfraktionelle Ausschuss 1917/18*, éd. Erich Matthias, vol. 2, Düsseldorf, Droste, 1959, p. 410.

72. Hamit Bozarslan, « L'extermination des Arméniens et des Juifs : quelques éléments de comparaison », *in* Hans-Lukas Kieser et Dominik Schaller (éd.), *Der Völkermord an den Armeniern und die Shoah/The Armenian Genocide and the Shoah*, Zurich, Chronos, 2002, p. 322-323 ; Raymond Kévorkian, *Le Génocide*, op. cit., p. 859-876.

73. Raymond Kévorkian, *Le Génocide*, op. cit., p. 913-919.

74. Cité *in* Muhittin Birgen, *İttihat ver Terakki'de on sene. İttihat ve Terakki neydi ?*, Istanbul, Kitap Yayınevi, 2006, p. 460. Birgen était rédacteur en chef de *Tanin* et conseiller personnel de Talât.

75. Donald Bloxham, *Great Game*, op. cit., 3ᵉ partie ; Hans-Lukas Kieser, « Armenians, Turks, and Europe in the Shadow of World War I : Recent Historiographical Developments », *in* Hans-Lukas Kieser et Elmar Plozza (éd.), *Der Völkermord an den Armeniern, die Türkei und Europa*, op. cit., p. 3-60.

76. Pour des approches comparatives, voir l'essai bibliographique, p. 789.

77. M. Şükrü Hanioğlu, « The Second Constitutional Period, 1908-1918 », *in* Reşat Kasaba (éd.), *The Cambridge History of Turkey*, vol. 4, Cambridge, Cambridge University Press, 2008, p. 62-111, ici p. 94.

Chapitre XXIII
Le droit de la guerre

1. Bertha von Suttner, *Die Waffen nieder !*, Dresde, Pierson, 1889 ; *Bas les armes !*, Paris, Fasquelle, 1899.

2. Emerich de Vattel, *Droit des gens ou Principes de la loi naturelle appliqués à la conduite et aux affaires des Nations et des Souverains*, 2 vol., Londres, 1758.

3. « Convention de Genève du 22 août pour l'amélioration du sort des militaires blessés dans les armées de campagne », *Manuel de la Croix-Rouge internationale*, 1971, p. 13-14.

4. « Déclaration à l'effet d'interdire l'usage de certains projectiles en temps de guerre. Saint-Pétersbourg, 11 décembre 1868 », *Annuaire de l'Institut de droit international*, vol. 1, 1877, p. 306-307.

5. *Actes de la Conférence de Bruxelles de 1874 – Sur le projet d'une convention internationale concernant la guerre*, Paris, Librairie des Publications législatives, 1874.

6. « Manuel des lois de la guerre sur terre. Oxford, 9 septembre 1880 », *Institut de droit international, Tableau général des résolutions (1873-1956)*, Bâle, 1957, p. 180-198.

7. Convention I : « Convention pour le règlement pacifique des conflits internationaux. La Haye, 18 octobre 1907 », article 9, Ministère des Affaires étrangères – *Deuxième Conférence internationale de la paix 1907 – Documents diplomatiques*, Paris, Imprimerie nationale, 1908.

8. Article 41, *ibid.*

9. « Convention pour l'amélioration du sort des blessés et malades des armées en campagne. Genève, 6 juillet 1906 », *Actes de la Conférence de révision, réunie à Genève du 11 juin au 6 juillet 1906*, Genève, 1906, p. 277-293.

10. Ministère des Affaires étrangères, « Convention concernant les Lois et Coutumes de la guerre sur terre conclue à La Haye le 29 juillet 1899 », *Conférence internationale de la paix – Documents diplomatiques*, Paris, Imprimerie nationale, 1900. La clause est reprise dans la convention de 1907.

11. Ministère des Affaires étrangères, *Documents diplomatiques, Deuxième Conférence internationale de la paix 1907*, Paris, Imprimerie nationale, 1908, p. 197.

12. Consultable sur www.civilwarhome.com/liebercode.htm.

13. « Les lois de la guerre sur terre. Manuel publié par l'Institut de droit international », *in* Ernest Lehr, *Tableau général de l'organisation des travaux et du personnel de l'Institut de droit international (1873-1892)*, Paris, Pedone-Lauriel, 1893, p. 170-189.

14. « Manuel des lois de la guerre maritime. Oxford, 9 août 1913 », *Annuaire de l'Institut de droit international*, vol. 26, Paris, Pedone, 1913, p. 610-640.

15. War Office, *Manual of Military Law*, Londres, 1884.

16. Fiodor de Martens, *La Paix et la Guerre*, Paris, A. Rousseau, 1901.

17. Alexandre Mérignhac, « Les théories du grand état-major allemand sur les "Lois de la guerre continentale" », *Revue générale de droit international public*, vol. 14, 1907, p. 239.

18. Louis Renault, « Les premières violations du droit des gens par l'Allemagne (Luxembourg et Belgique) », in *L'Œuvre internationale de Louis Renault 1843-1918*, Paris, Éditions internationales, 1933, vol. 3, p. 407.

19. Le texte du discours a été publié dans les journaux des belligérants et repris dans divers ouvrages juridiques, notamment *ibid.*, p. 419.

20. *Ibid.*

21. Josef Kohler, *Not kennt kein Gebot. Die Theorie und die Ereignisse unserer Zeit*, Berlin, Leipzig, W. Rothschild, 1915.

22. Charles de Visscher, « Les lois de la guerre et la théorie de la nécessité », *Revue générale de droit international public*, 1917, p. 74-108.

23. Traduction du titre original : *Die völkerrechtswidrige Führung des belgischen Volkskrieg*, Auswärtiges Amt, 1915.

24. *Réponse au livre blanc allemand du 10 mai 1915*, Paris, Berger-Levrault, 1917, 3ᵉ éd.

25. Philippe Masson, « La guerre sous-marine », *in* Jean-Jacques Becker et Stéphane Audoin-Rouzeau (éd.), *Encyclopédie de la Grande Guerre*, Paris, Bayard, 2004, p. 438.

26. *Ibid.*, p. 443.

27. Ministère des Affaires étrangères, *Livre jaune*, n° 157.

28. Fernand Larnaude et Albert de Lapradelle, « Examen de la responsabilité pénale de l'empereur Guillaume II d'Allemagne », *Journal de droit international*, 1919, p. 131-159.

29. J.C. Bluntschli, *Das moderne Völkerrecht der civilisirten Staten*, Nördlingen, C.H. Beck, 1872, p. 358-359.

30. Jacques Dumas, « Les sanctions du droit international d'après les conventions de La Haye de 1899 et de 1907 », *Revue générale de droit international public*, 1908, p. 580.

Essai photographique

1. Roland Barthes, *Chambre claire. Note sur la photographie*, Paris, Seuil et Gallimard, 1980.

2. *Ibid.*, p. 48-49.

Essais bibliographiques

CHAPITRE PREMIER
Origines

Volker R. BERGHAHN

Il existe de multiples études sur les origines profondes et lointaines de la Première Guerre mondiale, dont certaines sont mentionnées dans ce chapitre et dans le suivant, rédigé par Jean-Jacques Becker et Gerd Krumeich. Si le volume de James Joll cité dans notre introduction constitue toujours un bon point de départ, encore meilleur depuis la mise à jour de la première édition réalisée par Richard Wetzel, on trouvera ci-dessous un certain nombre de titres complémentaires que les lecteurs jugeront peut-être utiles pour mieux comprendre ce sujet complexe. Les commentaires suivent la structure thématique du texte.

Politique intérieure et politique étrangère

Les lecteurs qui s'intéressent à l'interaction entre la politique intérieure et les décisions de politique étrangère trouveront une bonne entrée en matière dans Dietrich Geyer, *Der Russische Imperialismus. Studien über den Zusammenhang von innerer und auswärtiger Politik, 1860-1914* (Göttingen, Vandenhoeck & Ruprecht, 1977 ; trad. angl. : *Russian Imperialism*, New Haven, Berg, 1987). Pour l'Allemagne, l'ouvrage classique sur le sujet est celui d'Eckart Kehr, *Economic Interest, Militarism and Foreign Policy* (Berkeley, Gordon A. Craig, 1977). Cette perspective est prolongée dans Hans-Ulrich Wehler, *Das Deutsche Kaiserreich : 1871-1918* (Göttingen, Vanderhoeck & Ruprecht, 1983 ; trad. angl. : *The German Empire, 1871-1918*, Leamington Spa, Berg, 1985). Pour la France, on lira Gerd Krumeich, *Armaments and Politics in France on the Eve of the First World War* (Leamington Spa, Berg, 1984), et Alfred Cobban, *A History of Modern France* (Londres, J. Cape, 1963), plus particulièrement les chapitres sur les efforts de la République pour stabiliser le système politique dans les années 1870 et 1880. Sur les pressions croissantes exercées par les mouvements nationaux, voir Paul M. Kennedy et Antony Nicholls (éd.), *Nationalist and Racialist Movements in Britain and Germany before 1914* (Londres, Macmillan, 1981).

Impérialisme

Si l'on souhaite disposer d'une anthologie sur l'impérialisme contenant un certain nombre de contributions soucieuses de conceptualiser ce phénomène pour la période moderne, on se tournera vers Roger Owen et Bob Sutcliffe (éd.), *Studies in the Theory of Imperialism* (Londres, Longman, 1972). Sur le colonialisme britannique, il reste utile de consulter John Gallagher et Ronald Robinson, *Africa and the Victorians* (New York, St. Martin's Press, 1961), non seulement parce qu'ils analysent l'interaction entre la métropole (Londres) et la périphérie (en l'occurrence le Soudan), mais aussi parce qu'ils ont introduit la distinction entre un « impérialisme informel » précoce et un colonialisme « formel » postérieur imposant une occupation et une administration directes. Sur le colonialisme belge, voir l'étude d'Adam Hochschild, citée dans le texte. Sur le colonialisme allemand, outre le livre d'Isabel Hull (cité dans le texte) et celui de Sebastian Conrad (dans les notes), voir également Helmut Bley, *Namibia under German Rule* (Hambourg, LIT, 1996).

Culture

L'étude classique sur la culture savante est celle de Carl Schorske, *Fin-de-Siècle Vienna* (New York, A. Knopf, 1980) ; *Vienne, fin de siècle : politique et culture* (trad. Y. Thoraval, Paris, Seuil, 1983). Il ne s'agit malheureusement pas d'une étude exhaustive de la culture austro-hongroise, mais d'un recueil d'articles. Néanmoins, si le lecteur commence par la première contribution, franchement excellente, que Schorske y consacre à la « Ringstrasse » dans la période optimiste du milieu du siècle, les textes suivants sur le pessimisme croissant et sur le sentiment de plus en plus prégnant de décadence n'en seront que plus fascinants. Pour le côté allemand, voir Fritz Stern, *The Politics of Cultural Despair* (Berkeley, University of California Press, 1965) ; *Politique et désespoir : les ressentiments contre la modernité dans l'Allemagne préhitlérienne* (trad. C. Malamoud, Paris, A. Colin, 1990). L'étude d'Edward R. Tannenbaum (citée dans le texte) est inestimable parce qu'elle traite à la fois de la culture savante et de l'avant-garde et, plus largement, de la culture populaire dans l'Europe d'avant 1914.

Armement et préparatifs de guerre

Nous disposons, dans ce domaine également, d'un certain nombre d'études tout à fait pertinentes, dont certaines ont déjà été mentionnées dans le corps du texte et dans les notes. En plus de ceux de Samuel R. Williamson et de Volker R. Berghahn, trois autres travaux ont été publiés par Macmillan dans la même série sur les origines de la Première Guerre mondiale : l'un de John Keiger (sur la France), le deuxième de Zara Steiner (sur l'Angleterre) et le troisième de Dominic Lieven (sur la Russie). Fritz Fischer, *Krieg der Illusionen : die deutsche Politik von 1911 bis 1914* (Düsseldorf, Droste, 1969 ; trad. angl. : *War of Illusions*, New York, 1976), reste indispensable. Mais on peut mettre cet ouvrage en regard de la biographie du chancelier du Reich Bethmann Hollweg rédigée par Konrad H. Jarausch, *The Enigmatic Chancellor* (New Haven, Yale University Press, 1972), qui se penche sur l'argument de la localisation. D'autres ouvrages importants sont : Annika Mombauer, *Helmuth von Moltke and the Origins of the First World War* (Cambridge, Cambridge University Press, 2001) ; Robert J. W. Evans et Hartmut Pogge von Strandmann (éd.), *The Coming of the First World War* (Oxford, Clarendon Press, 1988) ; F. R. Bridge, *The Habsburg Monarchy among the Great Powers* (New York, Berg, 1990) ; Manfred Boemeke *et al.* (éd.), *Anticipating Total War* (Cambridge, Cambridge University Press, 1999) ; Paul M. Kennedy (éd.), *The War Plans of the Great Powers, 1880-1914* (Londres, G. Allen and Unwin, 1979) ; id., *The Rise of the Anglo-German Antagonism, 1860-1914* (Londres, G. Allen & Unwin, 1980). Citons enfin, parce que cette anthologie s'intéresse également aux problèmes de la culture politique antérieure à 1914, Holger Afflerbach et David Stevenson (éd.), *An Improbable War ?* (New York, Berghahn Books, 2007).

CHAPITRE II
1914 : déclenchement

Jean-Jacques BECKER et Gerd KRUMEICH

Jamais les origines d'une guerre n'ont suscité un débat aussi important et aussi permanent que celui qui a eu lieu depuis l'éclatement de la Grande Guerre, débat polémique, politique, idéologique et – historiographique. Divers éléments qui se sont trouvés si entremêlés qu'il est souvent bien difficile de séparer la polémique et l'histoire.

Dans les années 1920, le débat sur les origines de la guerre, c'est essentiellement la question des « responsabilités ». Le débat fut d'autant plus lancé par le gouvernement allemand que le traité de Versailles avait affirmé que l'Allemagne était totalement responsable de la guerre. Devaient y participer moins les historiens de profession que le monde des journalistes, militaires en retraite, intellectuels de plus ou moins bonne foi. Un excellent guide pour cette phase est le travail d'Annika Mombauer, *The Origins of the First World War. Controversies and Consensus* (Harlow, Longman, 2002).

Le plus étonnant est que de cette polémique permanente soient sortis les grands ouvrages qui ont réussi à dépasser ce débat des « responsabilités », souvent plus politique qu'historique. La réflexion sur ce qui s'est passé en juillet 1914 est arrivée, de la fin des années 1920 jusqu'au milieu des années 1930, à un niveau intellectuel qui provoque l'admiration encore de nos jours. Trois historiens y ont particulièrement excellé : Bernadotte Schmitt, Pierre Renouvin et Jules Isaac. Pour cette phase du débat, on consultera avec profit : Jacques Droz, *Les Causes de la Première Guerre mondiale. Essai d'historiographie* (Paris, Seuil, 1973) ; et la plus récente interprétation d'Annika Mombauer, *The Origins* (p. 78-118). Sur Pierre Renouvin, voir l'étude de l'historiographie de la Grande Guerre par Jay Winter et Antoine Prost, *The Great War in History. Debates and Controversies, 1914 to the Present* (Cambridge, Cambridge University Press, 2005 ; version française : *Penser la Grande Guerre*, Paris, Seuil, 2004). Une synthèse étonnamment complète qui a beaucoup nourri et influencé ce qui a suivi est : Samuel R. Williamson et Ernest R. May, « An Identity of Opinion : Historians and July 1914 », *The Journal of Modern History* (vol. 79, n° 2, 2007, p. 335-387).

Est venu ensuite le journaliste et homme politique italien Luigi Albertini, dont l'étude de « Juillet », fondée sur presque toutes les sources disponibles à ce moment, fut encore enrichie par les interviews des « décideurs » encore vivants : voir ses *Origins of the War of 1914*, trad. par Isabella M. Massey (Londres, Oxford University Press, 1952-1957). Ce livre nourrit aujourd'hui encore le débat, sans que cela soit toujours dit ! Albertini eut le mérite d'avoir établi, avec exactitude ou presque, la chronologie du cheminement des dépêches diplomatiques de tous ordres. Son principal objectif fut en effet de déterminer qui a pu savoir quoi et à quel moment. Certes, cette démonstration n'explique pas tout. Elle ne dit pas si telle dépêche a été considérée à sa juste valeur et surtout comment elle a été interprétée. Elle néglige les « négligences », mais elle aide à éviter l'anachronisme…

L'ouvrage de Luigi Albertini eut d'abord peu d'écho – sa traduction anglaise date seulement de 1955 –, mais il devait jouer un grand rôle lors de la violente controverse suscitée par le livre de Fritz Fischer, *Griff nach der Weltmacht* (Düsseldorf, Droste, 1964), qui fit sensation en Allemagne et dans l'historiographie internationale tout en retenant l'attention de l'opinion.

Fritz Fischer essayait de prouver que l'Allemagne avait voulu la guerre de longue date avant de réussir à la provoquer en 1914 – une guerre qui lui semblait nécessaire pour devenir une puissance mondiale ou, davantage encore, une puissance dominant le monde. Or, en dépit de ce qui a souvent été dit, Fischer n'a pas trouvé beaucoup de sources nouvelles pour analyser la crise de juillet 1914. Il a juste lu avec son optique personnelle des documents connus et débattus depuis bien longtemps… et il s'est amplement appuyé sur les recherches d'Albertini.

Une seule véritable source nouvelle a alimenté le « débat Fritz Fischer » dans les années 1970 : le *Journal* de Kurt Riezler, principal conseiller pendant la crise du chancelier allemand Bethmann Hollweg. Ce document était en principe connu, mais le texte en avait été conservé par les héritiers. On trouvera les détails de cette affaire dans Annika Mombauer, *Origins* (p. 155-160).

Les thèses de Fischer sur la seule responsabilité allemande dans l'éclatement de la guerre en 1914 menèrent logiquement à une analyse comparative des comportements des différents belligérants menée par nombre d'historiens internationaux. On trouvera les détails sur cette phase de la recherche comparée dans l'article de Marc Trachtenberg, « The Coming of the First World War. A Reassessment », *in* Marc Trachtenberg, *History and Strategy* (Princeton, Princeton University Press, 1991).

À partir de la fin des années 1970, on assista à un vrai changement de paradigme avec le développement des recherches sur les « mentalités ». Elles sont l'expression de l'étude des « façons de sentir et de penser » préconisée par Marc Bloch et Lucien Febvre. Le premier qui ait fondé l'étude de « juillet 14 » sur les « mentalités » est l'historien britannique James Joll, lors de son *inaugural lecture* à la London School of Economics en 1968. Il avait pris comme thème « The Unspoken Assumptions » des décideurs de 1914. Il a alors affirmé que la tâche de l'historien à la fois la plus difficile et la plus inévitable serait « to re-create the whole climate of opinion within which political leaders in the past operated, and to discover what were the assumptions in the minds of ordinary men and women faced with the consequences of their ruler's decisions » (p. 13). Joll a plus tard développé ce paradigme nouveau, « mood of 1914 », dans son livre pionnier aussi sur la Grande Guerre : *1914. The Unspoken Assumptions* (Londres, Weidenfeld & Nicolson, 1968). Il y démontre que les décisions en juillet 1914 furent soumises à des exigences et sentiments variés, bien sûr, mais qui n'imaginaient aucunement une guerre comme celle qui a eu lieu. Pour Joll, la guerre à laquelle pensaient certains était totalement différente de celle qui s'est effectivement déroulée. Cette réflexion ne dispense pas d'analyser dans le détail les décisions qui furent prises et d'en déduire les responsabilités des uns et des autres dans le déclenchement de la guerre, mais permet d'éviter l'anachronisme – ce qui est, selon Marc Bloch, le péché mortel en histoire. Les thèses de Joll sont analysées dans l'article de Williamson, *Journal of Modern History*, déjà cité.

D'autres historiens avaient eu au même moment des idées comparables à celles de James Joll, à moins que son article ne les ait conduits à repenser leur sujet. Ce fut tout particulièrement le cas pour Wolfgang Mommsen, qui avait déjà pris une part importante dans la controverse provoquée par le livre de Fritz Fischer avec son article « Die deutsche Kriegszielpolitik 1914-1918. Bemerkungen zum Stand der Diskussion », *in* Walter Laqueur et George L. Mosse (éd.), *Kriegsausbruch 1914* (Munich, Nymphenburger, 1970, p. 60-100). Sa réflexion sur le « thème de la guerre inévitable » parmi les décideurs et couches dirigeantes allemandes parut en 1980 et fut traduite rapidement en plusieurs langues : Wolfgang J. Mommsen, « Le thème de la guerre inévitable en Allemagne dans la décennie précédant 1914 », in *1914 – Les psychoses de guerre ?* (actes du colloque du 26 au 29 novembre 1979, Rouen, Centre régional de documentation pédagogique, 1985, p. 95-123) ; trad. anglaise : « The Topos of Inevitable War in Germany in the Decade before 1914 », *in* Volker R. Berghahn et Martin Kitchen (éd.), *Germany in the Age of Total War* (Londres, Croom Helm, 1981, p. 23-45) ; original allemand : « Der Topos vom unvermeidlichen Krieg », *in* Jost Dülffer et Karl Holl (éd.), *Bereit zum Krieg* (Göttingen, Vandenhoeck & Ruprecht, 1986, p. 194-224).

Un autre travail pionnier fut le livre de Jean-Jacques Becker, *1914. Comment les Français sont entrés dans la guerre* (Paris, Presses de la Fondation nationale des sciences politiques, 1977), sur l'opinion publique en France au moment du déclenchement de la guerre, ce qui lui avait permis d'étudier la genèse de l'Union sacrée.

Il y a peu de temps, Roger Hamilton et Holger Herwig ont réuni une série d'études : *Decisions for War, 1914-1917* (New York, Cambridge University Press, 2004), où ils prennent d'emblée un parti assez particulier : réfutant toutes considérations de structure sociale et de mentalités, ils ne veulent envisager que la décision des « men on the spot » avec leur entourage. Cela à la base de la conviction « that the decision makers [...] sought to save, maintain, or enhance the power and prestige of the nation » (p. 20). À l'évidence, c'est par ce biais même que sont réintroduites, subrepticement, les « mentalités » et les convictions puisqu'il est indéniable que la quête du pouvoir de la nation se fondait, à cette époque-là, avant tout sur des considérations d'ordre « social-darwinien », dans un sens large du concept.

Il est curieux que l'enchevêtrement entre les plans militaires et les décisions politiques ait peu retenu l'attention des historiens « des responsabilités ». On savait évidemment qu'il y avait eu un plan Schlieffen, mais l'historiographie classique ne montrait pas assez à quel point ce plan fut influent, voire décisif, lorsque furent prises les décisions concrètes. Ces historiens se sont contentés de décrire les pré-mobilisations et mobilisations « générales » ou partielles dans les dernières journées de juillet. La meilleure synthèse à ce jour nous semble être : Steven E. Miller *et al.*, *Military Strategy and the Origins of the First World War* (Princeton, Princeton University Press, 1991) ; voir surtout l'article de Marc Trachtenberg, « The Meaning of Mobilization in 1914 » (p. 195 *sq.*).

Ce fut même le cas de Jules Isaac, pour qui la décision allemande pendant la crise fut surtout marquée par un manque total de cohérence et qui a attribué les agissements du général Moltke à cette seule et complète incohérence : Jules Isaac, *Un débat historique : 1914, le problème des origines de la guerre* (Paris, Rieder, 1933, p. 157). La question est pourtant considérable, et peut-être y trouve-t-on la clé des décisions russe, allemande et française : dans quelle mesure les « nécessités » militaires ont-elles influé sur les décisions politiques ou les ont-elles même déterminées ? Depuis les travaux de Gerhard Ritter sur le militarisme allemand, cette explication a été retenue par les historiens (*The Sword and the Sceptre. The Problem of Militarism in Germany*, vol. 3 : *The Tragedy of Statesmanship – Bethmann Hollweg as War Chancellor 1914-1917*, Coral Gables, FL, University of Miami Press, 1969). Il suffit de citer les travaux de Volker Berghahn, dont les analyses de la crise de juillet savent très bien faire le tri entre les facteurs politiques, militaires, économiques et intellectuels : Volker R. Berghahn, *Germany and the Approach of War in 1914* (Basingstoke, Macmillan, 1993 ; rééd.). *Last but not least*, le travail majeur de David Stevenson sur les armements avant la Grande Guerre se termine par un chapitre tout à fait suggestif sur la place que les arguments militaires et la « militarization of diplomacy » ont eue pendant la crise de juillet : *Armaments and the Coming of War, Europe 1904-1914* (Oxford, Oxford University Press, 1996, p. 366 *sq.*). Pour les relations entre pensée militaire et raisonnement diplomatique, on consultera aussi la synthèse majeure de Hew Strachan, *The Outbreak of the First World War* (Oxford, Oxford University Press, 2004).

Dans quelle mesure, toutefois, peut-on dire que l'opinion des militaires a en fait prévalu ? Pour ce qui est de la France, le débat reste ouvert et aigu : le président de la République, Raymond Poincaré, et l'ambassadeur français en Russie, Maurice Paléologue, étaient-ils, pendant la crise, seulement angoissés par le risque de perdre l'alliance russe et prêts à tout prétendre, affirmer et... risquer pour la sauvegarde des accords militaires ? Tel est le point de vue de Gerd Krumeich, *Armaments and Politics in France on the Eve of the First World War* (Leamington, Berg, 1984) ; l'argument principal est repris dans l'article du même auteur : « Raymond Poincaré dans la crise de juillet 1914 », *in* Stéphane Audoin-Rouzeau, Annette Becker et Sophie Cœuré (éd.), *La Politique et la guerre (hommage à Jean-Jacques Becker)*, (Paris, Noêsis, 2002, p. 508-518). Ou furent-ils plutôt conduits par des considérations de puissance et de domination face à une Allemagne qui se débattait en vain contre son « encerclement » prémédité et effectué consciemment depuis longtemps ? Telle est la thèse de Stefan Schmidt, *Frankreichs Außenpolitik in der Julikrise 1914* (Munich, Oldenbourg, 2009). La synthèse de John Keiger, *France and the Origins of the First World War* (Londres, Macmillan, 1983), laisse ouverte la réponse à ces interrogations. Mais il est sans doute important de constater, comme l'a suggéré M. B. Hayne dans *The French Foreign Office and the Origins of the First World War 1898-1914* (Oxford, Clarendon Press, 1993), qu'il ne semble pas y avoir eu une pression notable exercée par les chefs militaires sur les politiques en France pendant toute la crise de juillet.

Pour la Russie, nous sommes le moins bien informés et la recherche reste ouverte en ce qui concerne le véritable impact qu'a eu le planning militaire sur la décision politique, les opinions des historiens sur ce point différant encore beaucoup. Un exemple récent est Sean McMeekin, *The Russian Origins of the First World War* (Cambridge, MA, Belknap Press of Harvard University Press, 2011), contesté cependant par Volker Berghahn dans le chapitre 1 de ce volume ; voir aussi : Keith Neilson, « Russia », *in* Keith Wilson (éd.), *Decisions for War 1914* (New York, St. Martin's Press, 1995, p. 97-120).

Toutefois, les travaux de Holger Afflerbach et d'Annika Mombauer nous ont permis de faire de grands progrès dans la corrélation entre décisions militaires et politiques. Ils ont montré que la place des militaires allemands a été beaucoup plus importante dans les décisions prises dans la crise de juillet que l'historiographie ne le disait jusque-là : Holger Afflerbach, *Falkenhayn. Politisches Handeln und Denken im Kaiserreich* (Munich, Oldenbourg, 1994) ; Annika Mombauer, « A Reluctant Military Leader ? Helmuth von Moltke and the July Crisis of 1914 », *War in History* (vol. 6, n° 4, 1999, p. 417-446) ; voir aussi « July

Crisis », in *Helmuth von Moltke and the Origins of the First World War* (Cambridge, Cambridge University Press, 2001).

Certes, Fritz Fischer et ses élèves avaient insisté sur le « militarisme » allemand et sur la volonté des « bellicistes » d'imposer leur volonté aux hommes politiques. Mais Annika Mombauer a su mettre en valeur une importante corrélation entre les vœux des principaux décideurs politiques et militaires allemands : « It is striking to what extent military concerns and reasoning hat become common currency, accepted without question by civilians and determining their decision making » (Annika Mombauer, « A Reluctant Military Leader ? », p. 421). L'argumentaire de Hew Strachan va dans le même sens. Voir son « Towards a Comparative History of World War I. Some Reflexions » (*Militärgeschichtliche Zeitschrift*, vol. 67, 2008, p. 339-344). Annika Mombauer a su démontrer en même temps à quel point le chef de l'armée de terre, le général Moltke, avait pensé et agi, depuis bien longtemps, en fonction de ce même pessimisme fondamental, qu'on trouve aussi chez le chancelier Bethmann Hollweg. Doutant constamment que l'Allemagne puisse remporter une victoire rapide et décisive, Moltke en était arrivé à penser, et à répéter à toute occasion, qu'il fallait en venir à la guerre « maintenant plutôt que plus tard » (« the sooner the better »). Wolfgang Mommsen avait déjà entrevu ces raisons de la décision allemande en juillet ; voir son essai sur le « thème de la guerre inévitable ». Les travaux d'Annika Mombauer les ont enfin mises au centre du débat sur les « origines », en accord avec les thèses de Stig Förster, dont les articles estimés par l'historiographie allemande et britannique ont pu démontrer que nombre de chefs militaires allemands ne croyaient pas que la guerre future serait d'évidence courte et victorieuse, et qu'il n'y avait pas eu une « short-war illusion » (tel le titre du livre de Lancelot L. Farrar Jr. [Santa Barbara, ABC-Clio, 1973]) qui aurait précipité la décision en 1914 : Stig Förster, « Der deutsche Generalstab und die Illusion des kurzen Krieges 1871-1914. Metakritik eines Mythos », *Militärgeschichtliche Mitteilungen* (vol. 54, 1995, p. 61-98) ; id., « Im Reich des Absurden : Die Ursachen des Ersten Weltkrieges », *in* Bernd Wegner (éd.), *Wie Kriege entstehen* (Paderborn, Schöhningh, 2000, p. 211-252). Le problème, en réalité, est de savoir dans quelle mesure cette phobie de l'« encerclement », dont l'histoire reste toujours à faire, a déterminé le comportement des hommes politiques et des militaires allemands dans les moments décisifs de la crise de juillet.

Cette réflexion conduit à revenir sur un point déjà évoqué au début de cet essai bibliographique. James Joll avait invité les historiens à réfléchir sur la nature de la guerre à laquelle pouvaient penser les dirigeants de 1914. C'est dans ce domaine que la recherche nous semble avoir le moins progressé depuis cinquante ans. De véritables « cataclysmes » comme le furent les batailles de Verdun ou de la Somme n'avaient aucunement été le fondement de la réflexion des hommes politiques et militaires de l'époque, même si l'on trouve – de Moltke à Bethmann et de Bebel à Sasonov – des avertissements sur une éventuelle destruction de l'Europe, sur une guerre de sept ans ou – Bebel le dit en 1911 – sur l'anéantissement de millions de jeunes hommes dans la guerre future... En fait, en lisant ce que les militaires pensaient dans leur grande majorité et les réflexions concrètes qu'ils ont émises avant et pendant la crise de juillet sur la guerre à venir, on ne perçoit nulle part ne serait-ce qu'un soupçon de ce que seront un peu plus tard les grandes batailles de la guerre. C'est sous cet aspect aussi que la Grande Guerre a été « incompréhensible », comme l'a dit Jean-Baptiste Duroselle (*La Grande Guerre des Français : l'incompréhensible*, Paris, Perrin, 1994). La guerre qu'on avait préparée et qui débute en août 1914 n'eut rien à voir avec celle que l'Europe et le monde ont vécue de 1915 à 1918. Mais cette « counterfactual history », elle, reste à réaliser.

CHAPITRE III
1915 : enlisement

Stéphane AUDOIN-ROUZEAU

L'historiographie de la Première Guerre mondiale n'a que rarement séquencé son objet par année. C'est pourquoi il est difficile d'indiquer de nombreuses études de ce type, et plus encore pour 1915, enclavée entre une année 1914 qui voit l'éclatement de la guerre et les premières grandes opérations, et 1916, année des grandes batailles de matériel. Il faut donc le plus souvent se résoudre à isoler l'année 1915 au sein d'études plus vastes, par thème ou par pays, prenant en compte la totalité de la guerre. On ne les reprendra pas ici. Le choix d'ouvrages présenté opère une sélection parmi les études dans lesquelles l'année 1915 apparaît comme centrale.

Pour une rare étude de l'année 1915 : Lyn Macdonald, *1915 : The Death of Innocence* (Londres, Headline, 1993). À cet égard, une étude récente adopte la problématique des années 1914-1915 en tant que tournant fondamental. L'année 1915 y est traitée en profondeur dans une perspective neuve : John Horne *et al.* (éd.), *Vers la guerre totale. Le tournant de 1914-1915* (Paris, Tallandier, 2010 – se reporter en particulier à l'importante introduction générale). Sur le plan narratif, on pourra isoler les chapitres traitant de l'histoire militaire de l'année 1915 dans deux grandes études : John Keegan, *The First World War* (Londres, Hutchinson, 1998) et Hew Strachan, *European Armies and the Conduct of War* (Londres, Allen & Unwin, 1983).

Un ouvrage général, de par sa structure, isole bien certains événements clés de l'année 1915, tout au moins du point de vue britannique, à la fois sur le front intérieur et sur les champs de bataille. L'optique est narrative et analytique, mais les chapitres sont brefs : Trevor Wilson, *The Myriad Faces of War. Britain and the Great War, 1914-1918* (Cambridge, Polity Press, 1986 – se reporter en particulier aux parties II, III et V pour les aspects militaires, à la partie IV pour le front intérieur).

Certains épisodes militaires de l'année 1915 ont fait l'objet d'études spécifiques, notamment Gallipoli : George Cassar, *The French and the Dardanelles. A Study of the Failure in the Conduct of War* (Londres, Allen & Unwin, 1971) ; Kevin Fewster, Vecihi Basarin et Hatice Basarin, *Gallipoli : The Turkish Story*

(Londres, Allen & Unwin, 2003) ; Jenny Macleod, *Reconsidering Gallipoli* (Manchester, Manchester University Press, 2004) ; Victor Rudenno, *Gallipoli. Attack from the Sea* (New Haven, Yale University Presse, 2008).

L'année 1915 est également très présente dans un livre fondamental sur le front de l'Est, aussi bien en ce qui concerne les aspects militaires que le front intérieur : Norman Stone, *The Eastern Front, 1914-1917* (Londres, Penguin, 1998).

En raison de la date de l'entrée en guerre de l'Italie, l'année 1915 est très présente dans Antonio Gibelli, *La grande guerra degli Italiani, 1915-1918* (Milan, Sansoni, 1998).

Sur la question de l'emploi des gaz, l'année 1915 constitue un moment décisif, bien étudié dans les deux ouvrages suivants : L. F. Haber, *The Poisonous Cloud. Chemical Warfare in the First World War* (Oxford, Clarendon Press, 1986) ; Olivier Lepick, *La Grande Guerre chimique, 1914-1918* (Paris, PUF, 1998).

Concernant les populations civiles, et les différentes formes d'atteintes à celles-ci en 1915, l'historiographie s'est récemment considérablement enrichie. Sur les occupations lors du « long 1915 », dans une perspective comparée, une synthèse fondamentale : Sophie de Schaepdrijver, « L'Europe occupée en 1915 : entre violence et exploitation », *in* John Horne *et al.* (éd.), *Vers la guerre totale. Le tournant de 1914-1915* (*op. cit.*, p. 121-151).

Sur les réfugiés dans l'Empire russe, question cruciale en 1915, voir Peter Gatrell, *A Whole Empire Walking : Refugees in Russia during the First World War* (Bloomington, Indiana University Press, 1999). Sur les violences antisémites russes : Peter Holquist, « Les violences de l'armée russe à l'encontre des Juifs en 1915 : causes et limites », *in* John Horne *et al.* (éd.), *Vers la guerre totale. Le tournant de 1914-1915* (*op. cit.*, p. 191-219).

Sur la « bataille des mots » qui, tout particulièrement en 1915, prend la suite des « atrocités allemandes » de 1914, un livre fondamental : John Horne et Alan Kramer, *German Atrocities, 1914. A History of Denial* (New Haven et Londres, Yale University Press, 2001).

Sur le blocus de l'Allemagne en 1915 : Paul Vincent, *The Politics of Hunger : The Allied Blockade of Germany, 1915-1919* (Athens, Ohio University Press, 1985) ; Gerd Krumeich, « Le blocus maritime et la guerre sous-marine », *in* John Horne *et al.* (éd.), *Vers la guerre totale. Le tournant de 1914-1915* (*op. cit.*, p. 175-190).

Sur la question capitale du génocide des Arméniens, on retiendra plus particulièrement : Arnold Toynbee, *Armenian Atrocities. The Murder of a Nation* (Londres, Hodder and Stoughton, 1915 – le grand rapport du célèbre historien, alors âgé de vingt-six ans, paru dès novembre 1915, et qui fut le premier livre sur le génocide) ; Donald Bloxham, *The Great Game of Genocide : Imperialism, Nationalism and the Destruction of the Ottoman Empire* (Oxford, Oxford University Press, 2005) ; Raymond Kévorkian, *Le Génocide des Arméniens* (Paris,

Odile Jacob, 2006) ; Taner Akçam, *A Shameful Act. The Armenian Genocide and the Question of the Turkish Responsibility* (New York, Metropolitan Books, 2006) ; Vahakn Dadrian, *The History of the Armenian Genocide : Ethnic Conflict from the Balkans to Anatolia to the Caucasus* (Providence et Oxford, Berg, 1995) ; Yves Ternon, *Les Arméniens. Histoire d'un génocide* (Paris, Seuil, 1996).

Deux études de la mobilisation économique font une part importante à l'année 1915 : R. J. Q Adams, *Arms and the Wizard : Lloyd George and the Ministry of Munitions, 1915-1916* (Londres, Cassell, 1978), et L. H. Siegelbaum, *The Politics of Industrial Mobilization in Russia, 1914-1917. A Study of the War Industry Committee* (Londres, Macmillan, 1984).

Sur la mobilisation scientifique et technologique en 1915, une synthèse fondamentale : Anne Rasmussen, « Sciences et techniques : l'escalade », *in* John Horne *et al.* (éd.), *Vers la guerre totale. Le tournant de 1914-1915* (*op. cit.*, p. 97-117).

CHAPITRE IV
1916 : batailles totales et guerre d'usure

Robin PRIOR

Pour ce qui concerne la France, les volumes de l'histoire officielle, *Les Armées françaises dans la Grande Guerre* (Paris, Imprimerie nationale, 1922-1939), avec leurs copieux suppléments de documents, sont indispensables. Pour les Allemands, la Reichsarchiv, *Der Weltkrieg 1914 bis 1918*, vol. 10, est riche en détails et moins fiable quant aux interprétations.

Il est décevant de constater qu'il y a peu d'études françaises récentes sur Verdun. Le meilleur ouvrage est donc toujours celui d'Alistair Horne, *The Price of Glory* (Londres, Penguin, 1993) ; en français, *Verdun, le prix de la gloire* (Paris, Presses de la Cité, 1963), bien que ses nombreuses références aux événements soi-disant parallèles de la Seconde Guerre mondiale le rendent souvent anachronique. Ian Ousby, *The Road to Verdun* (Londres, Jonathan Cape, 2002), essaie d'intégrer la bataille dans le cadre plus large de la société française. On n'a toujours pas fait mieux. Anthony Clayton, *Paths of Glory : The French Army 1914-1918* (Londres, Cassel, 2003), contient des chapitres sur Verdun. Cette tentative courageuse d'une vue d'ensemble sur la France doit être utilisée avec précaution du fait d'un certain nombre d'erreurs factuelles. Malcolm Brown, *Verdun 1916* (Stroud, Tempus, 1999) ; en français, *Verdun 1916* (trad. A. Bourguilleau, Perrin, 2006 ; rééd. 2009), est aussi sérieux qu'on peut l'espérer sur l'expérience personnelle d'un soldat. David Mason, *Verdun* (Moreton-in-Marsh, Windrush, 2000), est un résumé utile. Georges Blond, *Verdun* (Paris, Presses de la Cité, 1994), est l'une des rares études françaises à avoir été traduites en anglais. C'est un travail qui vaut la peine d'être lu. Le Guide Michelin, *La Bataille de Verdun* (Paris, Michelin, 1919-1920), est utile pour comprendre la topographie du champ de bataille.

Pétain, à cause des événements ultérieurs, a fait l'objet d'une grande attention éditoriale. Nicholas Atkin, *Pétain* (Londres, Longman, 1998), et Richard Griffith, *Marshal Pétain* (Londres, Constable, 1970), sont des récits objectifs. La version de Pétain, *La Bataille de Verdun* (Paris, Payot, 1930), est plus équilibrée dans son appréciation de la bataille que l'on ne pourrait s'y attendre. Guy Pedroncini, *Pétain, le soldat et la gloire* (Paris, Perrin, 1989), est un travail essentiel. Sur les autres généraux français : les *Mémoires du maréchal Joffre (1910-1917)* (Paris, Plon, 1932), sont aussi dépourvus de perspicacité que l'était Joffre lui-même en 1916. Pour un autre point de vue sur les dimensions politiques de l'effort de guerre français, voir J. C. King, *General and Politicians : Conflict between France's High Command, Parliament and Government* (Berkeley, University of California Press, 1951). Une étude plus moderne de la stratégie française est exposée par Robert Doughty, *Pyrrhic Victory : French Strategy and Operations in the Great War* (Cambridge, MA, Belknap Press of Harvard University Press, 2005).

Sur le camp allemand, *Le Commandement suprême de l'armée allemande 1914-1916 et ses décisions essentielles*, d'Erich von Falkenhayn (Paris, Charles-Lavauzelle, 1921), doit être lu avec une précaution de légiste. Beaucoup plus fiable est le livre du Kronprinz Guillaume, *My War Experience* (New York, McBride, 1922) ; en français, *Souvenirs de guerre du Kronprinz* (Paris, Payot, 1923). Robert Foley, *German Strategy and the Path to Verdun* (Cambridge, Cambridge University Press, 2006), est un excellent récit du développement de la guerre d'usure. Plus général : Ian Passingham, *All the Kayser's Men : Life and Death of the German Army on the Western Front 1914-1918* (Stroud, Sutton, 2003).

Pour la Somme, le point de départ pour les lecteurs anglophones doit être sir John Edmonds, *Military Operations : France and Belgium 1916*, vol. 1, et Captain Wilfrid Miles, qui écrivit le volume 2. Ils furent respectivement publiés en 1932 et 1934, et sont beaucoup plus critiques à l'égard du commandement général de Haig qu'on n'aurait pu le penser.

Il existe de nombreuses études de la bataille. Robin Prior et Trevor Wilson, *The Somme* (Londres, Yale University Press, 2005), est l'une des plus récentes. Dans une perspective différente, *The Somme* (Londres, Cassel, 2003), de Gary Sheffield, est recommandé. *The Somme* (New York, Pegasus Books, 2008), de Peter Hart, est sérieux sur les expériences personnelles des soldats. A. H. Farrar-Hockley, *The Somme* (Philadelphie, Dufour Éditions, 1964) ; en français, *1er juillet à l'aube. Somme 1916* (Paris, Presses de la Cité, 1965), est une étude ancienne intéressante. William Philpott, *Bloody Victory* (Londres, Little Brown, 2009), rappelle utilement que les Français aussi prirent part à la bataille. Que la Somme puisse être vue comme une victoire britannique est plus problématique. Le chapitre d'Elizabeth Greenhalgh sur la Somme, dans son ouvrage *Victory Through Coalition* (Cambridge, Cambridge University Press, 2005), offre un traitement plus judicieux.

Il existe de (trop ?) nombreuses études sur Haig. La version définitive de ses *Private Papers* est éditée par Gary Sheffield et John Bourne (Londres, Weidenfeld & Nicolson, 2005). John Terraine, *Haig : The Educated Soldier* (Londres, Hutchison, 1963) ; en français, *Douglas Haig, soldat de métier* (Paris, Presses de la Cité, 1963), a toujours de l'intérêt, bien qu'il passe sur les échecs de Haig.

Sir John Davidson, *Haig : Master of the Field* (Londres, Peter Nevill, 1953), est peu convaincant. Je prédis que la biographie de Haig par Garry Sheffield fera autorité. Je ne serai sans doute pas d'accord avec ses conclusions.

Il ne faut pas négliger la série de guides de champs de bataille sur la Somme publiés sous la direction de Leo Cooper. Ils sont trop nombreux pour être cités un par un, mais contiennent souvent de remarquables analyses du terrain et des difficultés rencontrées sur les diverses sections du champ de bataille.

Sur l'artillerie, la thèse malheureusement inédite de Jackson Hughes, « The Monstrous Anger of the Guns : British Artillery Tactics on the Western Front » (Adelaïde, 1994), doit être consultée. L'histoire officielle britannique, *History of the Royal Regiment of Artillery : The Western Front* (Londres, Royal Artillery Institution, 1986), de Martin Farndale, est presque sans intérêt pour la Somme. Bien meilleure est l'ébauche historique inédite du général de brigade Anstey, qui languit dans les Artillery Institution Archives de Greenwich. Lawrence Bragg *et al.*, *Artillery Survey in the First World War* (Londres, Field Survey Association, 1971), est essentiel pour ceux qui s'intéressent à l'aspect technique du sujet.

Les chapitres de Winston Churchill sur la Somme dans *World Crisis* (Londres, Butterworth, 1923) ont été trop lourdement critiqués. Beaucoup d'informations lui avaient été fournies par James Edmonds et ses dissections des victimes de la Somme. Je les discute dans *Churchill's « World Crisis » As History* (Londres, Croom Helm, 1983). Les *Memoirs* de Lloyd George doivent être lus avec précaution (en français, *Mémoires de guerre*, trad. Ch. Bonnefon, Paris, Fayard, 1934) et en parallèle avec Andrew Suttie, *Rewriting the First World War : Lloyd George, Politics and Strategy* (Basingstoke, Palgrave Macmillan, 2005).

Les livres de mémoires sont trop circonstanciés pour qu'on en traite ici. John Bickersteth (éd.), *The Bickersteth Diaries* (Londres, Leo Cooper, 1995), est particulièrement déchirant. Martin Middlebrook, *The First Day of the Somme* (Londres, Lane, 1971), est une sorte de mémoires collectifs. L'ouvrage jouit d'un statut de classique, mais les jugements militaires de Middlebrook sont presque tous contestables.

CHAPITRE V
1917 : mondialisation

Michael S. NEIBERG

Cette bibliographie laisse de côté les ouvrages généraux qui couvrent l'ensemble de la guerre pour se concentrer sur les événements principaux de 1917. Les trois volumes suivants traitent exclusivement de cette année-là et présentent l'avantage supplémentaire de considérer le problème sous un angle mondial : Jean-Jacques Becker, *1917 en Europe : l'année impossible* (Bruxelles, Éditions Complexe, 1997) ; Ian F. W. Beckett (éd.), *1917 : Beyond the Western Front* (Leyde, Brill, 2009) ; Peter Dennis et Jeffrey Grey (éd.), *1917 : Tactics, Training, and Technology* (Canberra, Army History Unit Press, 2007).

L'entrée des États-Unis dans le conflit et leur première année de guerre font l'objet d'un certain nombre d'essais. Celui de Mark Grotelueschen, *The AEF Way of War : The American Army and Combat in World War I* (Cambridge, Cambridge University Press, 2007), est particulièrement instructif pour tous les aspects militaires. Celui de David Kennedy, *Over Here : The First World War and American Society* (New York, Oxford University Press, 1980), est un classique, et celui de Jennifer Keene, *World War I : The American Soldier Experience* (Lincoln, University of Nebraska Press, 2011), conviendra parfaitement à un public étudiant. Citons également les ouvrages de Justus Doenecke, *Nothing Less than War : A New History of America's Entry into World War I* (Lexington, University Press of Kentucky, 2011), et de David Trask, *The AEF and Coalition Warmaking, 1917-1918* (Lawrence, University Press of Kansas, 1993).

Il existe moins d'études approfondies sur les événements de 1917 en Russie qu'on ne pourrait le supposer, et il en existe encore moins sur les événements du front oriental cette année-là. Sean McMeekin, dans *The Russian Origins of the First World War* (Cambridge, MA, Belknap Press of Harvard University Press, 2011), offre une analyse récente fondée sur la consultation exhaustive de sources primaires dans de nombreuses archives. Vejas Liulevicius, dans *War Land on the Eastern Front : Culture, National Identity, and German Occupation in World War I* (Cambridge, Cambridge University Press, 2000), présente une thèse provocatrice, mais persuasive. On pourra aussi se référer aux ouvrages de W. Bruce Lincoln, *Passage Through Armageddon : The Russians in War and Revolution* (New York,

Simon and Schuster, 1986), et d'Allan K. Wildman, *The End of the Russian Imperial Army*, 2 vol. (Princeton, Princeton University Press, 1980-1987).

Comme on peut s'y attendre, il existe beaucoup plus d'études sur les événements du front occidental en 1917. La stratégie britannique et la campagne de Passchendaele suscitent bien plus de débats que presque toutes les autres batailles de cette année-là. Le livre de Leonard V. Smith, *Between Mutiny and Obedience : The Case of the French Fifth Infantry Division during World War I* (Princeton, Princeton University Press, 1994), est l'un des meilleurs sur les événements de cette année cruciale. Il met l'accent sur une division française en vue d'expliquer les mutineries qui ont suivi l'offensive Nivelle. Quant à l'homme lui-même, il n'existe encore aucune biographie décisive sur lui. Parmi les autres ouvrages intéressants traitant de cette période sur le front occidental, voir Martin Kitchen, *The Silent Dictatorship : The Politics of the German High Command under Hindenburg and Ludendorff, 1916-1918* (Londres, Croom Helm, 1976) ; Guy Pedroncini, *Les Mutineries de 1917* (Paris, PUF, 1967) ; Robin Prior et Trevor Wilson, *Passchendaele : The Untold Story* (New Haven, Yale University Press, 1996) ; Tim Travers, *How the War Was Won : Command and Technology in the British Army on the Western Front 1917-1918* (Londres, Routledge, 1992).

Le front italien a fait l'objet de plus en plus de recherches ces dernières années. Il en va de même du front du Moyen-Orient, bien que l'essentiel du débat porte ici sur les conséquences politiques dans l'après-guerre de la déclaration Balfour (publiée en 1917) et des accords secrets Sykes-Picot de 1916. La première, on le sait, promettait le soutien britannique à un foyer national juif après la guerre, tandis que les seconds divisaient la région en deux sphères d'influence, britannique et française. Les ouvrages sur les fronts italien et ottoman comprennent : George Cassar, *The Forgotten Front : The British Campaign in Italy, 1917-1918* (Londres, Hambledon, 1998) ; Edward Erickson, *Ottoman Army Effectiveness in World War One : A Comparative Study* (Londres, Routledge, 2007) ; Elie Kedourie, *England and the Middle East : The Destruction of the Ottoman Empire, 1914-1921* (Londres, Bowes and Bowes, 1956) ; Mario Morselli, *Caporetto 1917 : Victory or Defeat ?* (Londres, Routledge, 2001) ; et Jan Karl Tannenbaum, *France and the Arab Middle East* (Philadelphie, The American Philosophical Society, 1978).

Enfin, plusieurs historiens talentueux se sont intéressés à l'expérience d'unités non britanniques sur le front occidental cette année-là. Pour le Canada en particulier, 1917 fut une année cruciale. Voir à ce sujet Tim Cook, *Shock Troops : Canadians Fighting the Great War, 1917-1918* (Toronto, Viking Canada, 2008), et Geoffrey Hayes, Andrew Iarocci et Mike Bechtold (éd.), *Vimy Ridge : A Canadian Reassessment* (Waterloo, Ont., Wilfrid Laurier University Press, 2007). L'Australie et la Nouvelle-Zélande, bien qu'en général davantage associées à Gallipoli, subirent en réalité plus de pertes à Passchendaele. Voir notamment Glyn Harper, *Massacre at Passchendaele : The New Zealand Story* (Auckland, HarperCollins, 2000).

Chapitre VI
1918 : fin de partie

Christoph MICK

Les livres d'histoire qui traitent de la Grande Guerre comprennent des chapitres sur l'année 1918, mais ceux-ci semblent souvent avoir été ajoutés comme après coup. D'importantes transformations économiques, sociales et culturelles avaient déjà débuté avant 1918 et n'étaient pas achevées au moment de l'armistice. En novembre 1918, la guerre prit fin sur le front occidental, mais elle se poursuivit dans de vastes zones de l'Europe orientale, et les traités de paix avec les Puissances centrales ne furent signés qu'en 1919. À de multiples égards, 1918 fut par conséquent une année de transition. Dans la mesure où de nombreux ouvrages sur la guerre et l'immédiat après-guerre ont déjà été commentés dans d'autres bibliographies de ce volume, je me concentrerai – à quelques exceptions près – sur les publications qui abordent spécifiquement l'année 1918.

Les batailles de la Marne et de la Somme, de Verdun, d'Ypres et de Passchendaele ont beaucoup plus souvent attiré l'attention des chercheurs que les offensives allemandes du printemps ou les victoires alliées de l'été et de l'automne 1918. Cette tendance a changé seulement ces dernières décennies. En 1999, un volume collectif publié en Allemagne a offert un excellent aperçu des débats en cours sur l'histoire militaire, politique, sociale, économique et culturelle de la dernière année de la Grande Guerre. Il s'agit de l'ouvrage de Jörg Duppler et Gerhard Paul Gross (éd.), *Kriegsende 1918 : Ereignis, Wirkung, Nachwirkung* (Munich, Oldenbourg, 1999).

David Stevenson a consacré une étude détaillée à 1918. Elle couvre tous les théâtres des hostilités et comprend aussi des chapitres sur le moral des différents camps, les fronts intérieurs, l'économie de guerre ainsi que la guerre sous-marine et navale : David Stevenson, *With Our Backs to the Wall. Victory and Defeat in 1918* (Londres, Penguin, 2011).

Les ouvrages de Martin Kitchen, *The German Offensives of 1918* (Stroud, Tempus, 2005), et de David T. Zabecki, *The German 1918 Offensives. A Case Study in the Operational Level of War* (Abingdon, Oxon, Routledge, 2006), sont deux essais admirables qui abordent les aspects militaires et politiques (chez Martin Kitchen) des offensives allemandes.

La meilleure vue d'ensemble sur les événements du front italien, qui comporte 70 pages pour l'année 1918, est celle de Mark Thompson dans *The White War. Life and Death on the Italian Front, 1915-1919* (Londres, Faber & Faber, 2008).

Un ouvrage indispensable sur la situation intérieure en Autriche-Hongrie en 1918, et qui couvre aussi la situation en Allemagne, est celui de Holger H. Herwig, *The First World War. Germany and Austria-Hungary 1914-1918* (Londres, Arnold, 1997).

L'historiographie allemande après la Seconde Guerre mondiale s'est davantage intéressée à la transition de la « dictature silencieuse » de Hindenburg et Ludendorff à la République démocratique de Weimar qu'aux offensives du printemps et à la défaite allemande qui suivit. L'Allemagne de l'après-guerre aurait-elle eu plus de chances de devenir une nation pacifique et démocratique s'il y avait eu plus de transformation et moins de continuité ? ou est-ce l'inverse qui est vrai ? Cette question donne encore lieu à des débats passionnés. Les dirigeants des deux partis sociaux-démocrates, notamment, ont fait l'objet de vives critiques. Auraient-ils pu jouer un rôle plus important pour affaiblir les vieilles élites, les rendre responsables de la défaite et favoriser davantage la démocratie et la justice sociale ? À ce sujet, voir Bruno Thoß, « Militärische Entscheidung und politisch-gesellschaftlicher Umbruch. Das Jahr 1918 in der neueren Weltkriegsforschung », in *Kriegsende 1918*, p. 17-40.

Scott Stephenson, dans *The Final Battle : Soldiers of the Western Front and the German Revolution of 1918* (Cambridge, Cambridge University Press, 2009), analyse un fait curieux : comment expliquer que les soldats du front de l'Ouest soient restés disciplinés jusqu'au dernier moment et qu'ils aient très rarement participé aux conseils de soldats et à la révolution allemande ?

L'essai de Wilhelm Deist, « The Military Collapse of the German Empire : The Reality Behind the Stab-in-the-back Myth », *War in History* (vol. 3, 1996, p. 186-207), offre encore à ce jour l'étude concise la plus valable sur les raisons de l'effondrement militaire de l'Allemagne.

Pour une analyse détaillée du rôle fatal qu'a joué le mythe du « coup de poignard dans le dos » durant la République de Weimar, voir Boris Barth, *Dolchstoßlegende und politische Desintegration. Das Trauma der deutschen Niederlage im Ersten Weltkrieg 1914-1933* (Düsseldorf, Droste Verlag, 2003).

Deux nouvelles biographies politiques des figures marquantes de la troisième OHL ont été publiées récemment. Manfred Nebelin, dans *Ludendorff. Diktator im Ersten Weltkrieg* (Berlin, Siedler Verlag, 2011), soutient que c'est Ludendorff et non Guillaume II qui a constitué le lien entre Bismarck et Hitler, ses opinions étant plus proches de celles de Hitler que des idées de Bismarck. Wolfram Pyta, dans *Hindenburg. Herrschaft zwischen Hohenzollern und Hitler* (Munich, Pantheon Verlag, 2009), explique pourquoi, selon lui, Hindenburg n'était pas un simple prête-nom.

ESSAIS BIBLIOGRAPHIQUES

La Première Guerre mondiale occupe une place centrale dans de nombreux récits nationaux. Le corps expéditionnaire britannique étant en soi une armée supranationale, il n'est guère surprenant que des historiens de nationalités différentes se focalisent sur l'importante contribution à la victoire de leurs unités nationales respectives. Un panorama complet de ces « histoires nationales » de la guerre se trouve dans les essais du volume collectif dirigé par Ashley Ekins, *1918 – Year of Victory. The End of the Great War and the Shaping of History* (Titirangi, Auckland, Exisle Publishing, 2010).

Les historiens américains ont tendance à mettre en valeur la contribution du corps expéditionnaire américain, tandis que les historiens britanniques et français soulignent souvent la naïveté et l'inexpérience des officiers et des soldats américains, les problèmes d'organisation et les taux de pertes humaines inutilement élevés. On pourra consulter à ce sujet Meleah Ward, « The Cost of Inexperience : Americans on the Western Front, 1918 », in *1918 – Year of Victory* (p. 111-143).

L'échange de critiques qui eut lieu durant la guerre entre les commandants britanniques et français se poursuit dans l'historiographie. De nombreux historiens de l'histoire militaire britannique tendent à répéter le reproche formulé par sir Douglas Haig, à savoir que la BEF ne reçut pas un soutien suffisant de la part de l'armée française au cours des offensives Michael et Georgette. Ils limitent souvent la contribution des Français à l'arrêt des offensives allemandes et passent sous silence le fait que ce furent la victoire défensive de l'armée française en Champagne et le succès de la contre-offensive suivante qui aidèrent à inverser le cours des choses. Les spécialistes de l'histoire militaire française, de leur côté, décrivent les généraux britanniques comme incompétents et souvent au bord de la panique. Selon leur interprétation, la BEF aurait été tirée d'affaire par les Français. Tous les historiens, en revanche, conviennent que les soldats, eux, étaient extrêmement résistants. En 1918, les hommes de troupe de la Grande-Bretagne comme ceux de la France, de l'Italie, de l'Allemagne et de l'Autriche-Hongrie continuaient à se battre jusqu'aux limites de leur endurance physique et mentale.

Les opinions divergent quand il s'agit de déterminer qui a contribué davantage à repousser les offensives allemandes et à assurer les victoires qui ont suivi. On pourra consulter à ce sujet les essais suivants, extraits de *1918 – Year of Victory* : Robin Prior, « Stabbed in the Front : The German Defeat in 1918 » (p. 27-40) ; Gary Sheffield, « Finest Hour ? British Forces on the Western Front in 1918 : An Overview » (p. 41-63) ; et Elizabeth Greenhalgh, « A French Victory, 1918 » (p. 95-110).

Un débat qui est toujours d'actualité parmi les historiens militaires britanniques concerne la rapidité d'apprentissage de la BEF. Le quartier général et les généraux tirèrent-ils les leçons des erreurs et des échecs des offensives de 1916 et 1917 ? Gary Sheffield, en particulier, soutient que la défaite allemande lors de l'offensive du printemps et les victoires alliées qui suivirent prouvent que l'expérience fut assimilée rapidement et que Haig et ses pairs ne furent pas des « ânes » qui menaient des « lions » (les soldats britanniques), comme de nombreux critiques l'ont laissé croire – une opinion encore partagée par une fraction considérable de la population britannique. Voir Gary Sheffield, *Forgotten Victory. The First World War : Myths and Realities* (Londres, Headline, 2001).

Les traités de Brest-Litovsk et de Bucarest sont peu présents dans les livres d'histoire sur la Grande Guerre. Les monographies consacrées aux traités de paix et à la politique d'occupation allemande et autrichienne ont été publiées généralement par des historiens de l'Europe de l'Est, et non par des historiens de la Première Guerre mondiale.

David Stevenson, toutefois, constitue une exception : il étudie le contexte politique des traités de paix et de l'armistice dans le chapitre 5 de *The First World War and International Politics* (Oxford, Oxford University Press, 1999).

Le livre de référence concernant les objectifs de guerre allemands en Europe de l'Est et le contexte politique du traité de Brest-Litovsk est celui de Winfried Baumgart, *Deutsche Ostpolitik 1918. Von Brest-Litowsk bis zum Ende des Ersten Weltkrieges* (Vienne et Munich, Oldenbourg, 1966).

Le meilleur ouvrage sur la politique d'occupation allemande, qui analyse en outre les dimensions culturelles et les implications dans l'après-guerre de la domination allemande en Europe de l'Est (avec une attention particulière portée à la Lituanie), est celui de Vejas Gabriel Liulevicius, *War Land on the Eastern Front. Culture, National Identity and German Occupation in World War I* (Cambridge, Cambridge University Press, 2000).

Sur la politique allemande vis-à-vis de l'Ukraine, voir Frank Grelka, *Die ukrainische Nationalbewegung unter deutscher Besatzungsherrschaft 1918 und 1941/42* (Wiesbaden, Harrassowitz, 2005), et Włodzimierz M?drzecki, *Niemiecka interwencja militarna na Ukrainie w 1918 roku* (Varsovie, Dig, 2000).

CHAPITRE VII
1919 : l'après

Bruno CABANES

L'étude des lendemains de la Grande Guerre se situe à la conjonction de trois champs historiographiques distincts. Les historiens associés à l'Historial de la Grande Guerre, à Péronne, ont travaillé sur la mémoire traumatique de la Première Guerre mondiale et l'impact de ce conflit sur la violence au XXe siècle. L'histoire des relations internationales a été profondément renouvelée depuis quelques années, comme le montre la synthèse magistrale de Zara Steiner, *The Lights that Failed. European International History, 1919-1933* (Oxford, Oxford University Press, 2005). Enfin, l'histoire transnationale étudie les problèmes globaux des années 1920 (crises humanitaires, réfugiés...), le développement de réseaux d'experts et la reconnaissance internationale de nouveaux droits humains et de nouvelles normes. Sur la transition de la guerre à la paix, Stéphane Audoin-Rouzeau et Christophe Prochasson (éd.), *Sortir de la Grande Guerre* (Paris, Tallandier, 2008), apportent une somme sans équivalent, avec des chapitres sur chaque pays belligérant au lendemain de la guerre.

Sur Wilson et le wilsonisme, voir Arno J. Mayer, *Politics and Diplomacy of Peacemaking. Containment and Counter-Revolution at Versailles, 1918-1919* (New York, A. Knopf, 1967) ; Thomas J. Knock, *To End All Wars. Woodrow Wilson and the Quest for a New World Order* (Princeton, Princeton University Press, 1995) ; Francis Anthony Boyle, *Foundations of World Order. The Legalist Approach to International Relations (1898-1922)* (Durham et Londres, Duke University Press, 1999) ; Erez Manela, *The Wilsonian Moment. Self-Determination and the International Origins of Anticolonial Nationalism* (Oxford et New York, Oxford University Press, 2007) ; Leonard V. Smith, « The Wilsonian Challenge to International Law », *Journal of the History of International Law*, 13 (2011), p. 179-208.

Pour une étude du déroulement de la conférence de la paix : Margaret Macmillan, *Paris 1919. Six Months that Changed the World* (New York, Random House, 2002). Pour une relecture critique du traité de Versailles : Manfred F. Boemeke *et al.* (éd.), *The Treaty of Versailles. A Reassessment after 75 Years* (Cambridge, Cambridge University Press, 1998). Voir aussi Gerd Krumeich (éd.), *Versailles 1919. Ziele, Wirkung, Wahrnehmung* (Essen, Klartext Verlag, 2001).

Sur les anciens combattants de la Grande Guerre : Stephen R. Ward (éd.), *The War Generation. Veterans of the First World War* (Port Washington, NY, Kennikat Press, 1975) ; Antoine Prost, *Les Anciens Combattants et la société française, 1914-1939* (Paris, Presses de la Fondation des sciences politiques, 1978) ; Bruno Cabanes, *La Victoire endeuillée. La sortie de guerre des soldats français (1918-1920)* (Paris, Seuil, 2004).

Sur le pacifisme des anciens combattants : Norman Ingram, *The Politics of Dissent. Pacifism in France, 1919-1939* (Oxford, Oxford University Press, 1991) ; Sophie Lorrain, *Des pacifistes français et allemands pionniers de l'entente franco-allemande, 1871-1925* (Paris, L'Harmattan, 1999) ; Andrew Webster, « The Transnational Dream. Politicians, Diplomats and Soldiers in the League of Nations' Pursuit of International Disarmament, 1920-1938 », *Contemporary European History*, 14/4 (2005), p. 493-518 ; Jean-Michel Guieu, *Le Rameau et le Glaive. Les militants français pour la SDN* (Paris, Presses de Sciences Po, 2008).

Sur les mutilés de guerre : Robert Weldon Whalen, *Bitter Wounds. German Victims of the Great War, 1914-1939* (Ithaca et Londres, Cornell University Press, 1984) ; Joanna Bourke, *Dismembering the Male : Men's Bodies, Britain and the Great War* (Chicago, University of Chicago Press, 1996) ; Sophie Delaporte, *Les Gueules cassées. Les blessés de la face de la Grande Guerre* (Paris, Noêsis, 1996) ; David A. Gerber (éd.), *Disabled Veterans in History* (Ann Arbor, University of Michigan Press, 2000) ; Deborah Cohen, *The War Come Home : Disabled Veterans in Britain and Germany, 1914-1939* (Berkeley, University of California Press, 2001) ; Jeffrey S. Reznick, « Prostheses and Propaganda. Materiality and the Human Body in the Great War », *in* Nicholas J. Saunders, *Matters of Conflict. Material Culture, Memory and the First World War* (Londres et New York, Routledge, 2004), p. 51-61 ; Sabine Kienitz, *Beschädigte Helden. Kriegsinvalidität und Körperbilder 1914-1923* (Paderborn, Ferdinand Schöningh, 2008) ; Marina Larsson, *Shattered Anzacs : Living with the Scars of War* (Seattle, University of Washington Press, 2009) ; Beth Linker, *War's Waste. Rehabilitation in World War I America* (Chicago, University of Chicago Press, 2011).

Sur la mémoire de la Grande Guerre : Annette Becker, *Les Monuments aux morts. Mémoire de la Grande Guerre* (Paris, Errance, 1988) ; Jay Winter, *Sites of Memory, Sites of Mourning. The Great War in European Cultural History* (Cambridge, Cambridge University Press, 1995) ; Daniel J. Sherman, *The Construction of Memory in Interwar France* (Chicago et Londres, University of Chicago Press, 1999).

Sur le retour à l'intime et les rapports de genre : Mary Louise Roberts, *Civilization Without Sexes. Reconstructing Gender in Postwar France, 1917-1927* (Chicago et Londres, University of Chicago Press, 1994) ; Bruno Cabanes et

Guillaume Piketty (éd.), *Retour à l'intime au sortir de la guerre* (Paris, Tallandier, 2009).

Sur les veuves de guerre et les orphelins de guerre : Joy Damousi, *The Labour of Loss. Mourning, Memory and Wartime Bereavement in Australia* (Cambridge, Cambridge University Press, 1999) ; Olivier Faron, *Les Enfants du deuil. Orphelins et pupilles de la nation de la Première Guerre mondiale* (Paris, La Découverte, 2001) ; Stéphane Audoin-Rouzeau, *Cinq deuils de guerre : 1914-1918* (Paris, Noêsis, 2001) ; Virginia Nicholson, *Singled Out. How Two Million British Women Survived without Men after the First World War* (Oxford, Oxford University Press, 2008) ; Erica A. Kuhlman, *Of Little Comfort. War Widows, Fallen Soldiers and the Remaking of the Nation after the Great War* (New York, New York University Press, 2012).

Sur la création des organisations internationales : Susan Pedersen, « Back to the League of Nations », *American Historical Review*, vol. 112, n° 4, (octobre 2007), p. 1091-1117 ; Sandrine Kott, « Une "communauté épistémique" du social ? Experts de l'ILO et internationalisation des politiques sociales dans l'entre-deux-guerres », *Genèses*, 2008/2, n° 71, p. 26-46 ; Gerry Rodgers, Eddy Lee, Lee Swepston et Jasmien Van Daele (éd.), *The International Labour Organization and the Quest for Social Justice, 1919-2009* (Ithaca, Cornell University Press / Genève, International Labour Office, 2009) ; Jasmien Van Daele *et al.* (éd.), *ILO Histories : Essays on the International Labour Organization and its Impact on the World in the Twentieth Century* (Berne, Peter Lang, 2010) ; Isabelle Moret-Lespinet et Vincent Viet (éd.), *L'Organisation internationale du travail* (Rennes, PUR, 2011).

Sur les droits de l'homme au lendemain de la Grande Guerre : Barbara Metzger, « Towards an International Human Rights Regime during the Inter-War Years : The League of Nations' Combat of Traffic in Women and Children », *in* Kevin Grant *et al.* (éd.), *Beyond Sovereignty. Britain, Empire and Transnationalism, c. 1880-1950* (Basingstoke, Palgrave Macmillan, 2007), p. 54-79 ; Antoine Prost et Jay Winter, *René Cassin* (Paris, Fayard, 2011) ; Bruno Cabanes, *The Great War and the Origins of Humanitarianism, 1918-1924* (Cambridge, Cambridge University Press, à paraître).

Sur le problème des minorités : Carol Fink, *Defending the Rights of Others : The Great Powers, the Jews, and International Minority Protection* (Cambridge, Cambridge University Press, 2004) ; Tara Zahra, « The "Minority Problem" : National Classification in the French and Czechoslovak Borderlands », *Contemporary European Review*, 17, 2008, p. 137-165.

Sur les réfugiés : Michael Marrus, *The Unwanted : European Refugees in the Twentieth Century* (Oxford, Oxford University Press, 1985) ; Claudena M. Skran, *Refugees in Inter-War Europe. The Emergence of a Regime* (Oxford, Clarendon Press, 1995). Voir également Philippe Nivet, *Les Réfugiés français de la*

Grande Guerre, 1914-1920 (Paris, Economica, 2004) ; Nick Baron et Peter Gatrell (éd.), *Homelands. War, Population and Statehood in Eastern Europe and Russia, 1918-1924* (Londres, Anthem Press, 2004) ; Catherine Gousseff, *L'Exil russe. La fabrique du réfugié apatride* (Paris, CNRS Éditions, 2008) ; Annemarie H. Sammartino, *The Impossible Border. Germany and the East, 1914-1922* (Ithaca et Londres, Cornell University Press, 2010).

Sur la question des réfugiés au Proche-Orient, le travail de référence est celui de Dzovinar Kévonian, *Réfugiés et diplomatie humanitaire : les acteurs européens et la scène proche-orientale pendant l'entre-deux-guerres* (Paris, Publications de la Sorbonne, 2004). Voir aussi Keith David Watenpaugh, « The League of Nations' Rescue of Armenian Genocide Survivors and the Making of Modern Humanitarianism, 1920-1927 », *American Historical Review*, vol. 115, n° 5, décembre 2010, p. 1315-1339.

Sur la violence dans l'immédiat après-guerre : George Mosse, *Fallen Soldiers. Reshasping the Memory of the World Wars* (Oxford, Oxford University Press, 1990). Pour une discussion critique du livre de George Mosse, voir Antoine Prost, « The Impact of War on French and German Political Cultures », *The Historical Journal*, 37/1, 1994, p. 209-217 ; John Horne, « Démobilisations culturelles après la Grande Guerre », *14-18 Aujourd'hui* (Paris, Noêsis, 2002), p. 49-53 ; Peter Gatrell, « War after the War : Conflicts, 1919-1923 », *in* John Horne (éd.), *Blackwell Companion to the First World War* (Oxford, Blackwell, 2010), p. 558-575 ; Robert Gerwarth et John Horne, « The Great War and Paramilitarism in Europe, 1917-23 », *Contemporary European History*, 19 mars 2010, p. 267-273.

CHAPITRE VIII
Le front de l'Ouest

Robin PRIOR

Aucun livre ne couvre la question du front occidental dans son intégralité, ce qui, étant donné la diversité des sources et l'importance des archives, n'est pas surprenant. Les lecteurs doivent donc se tourner vers les bibliographies spécifiques à chaque année dans ce volume ou commencer par les livres généraux sur la Grande Guerre cités ici. Tous contiennent de substantiels passages consacrés au front occidental.

Les histoires générales traitant en détail du front occidental sont : David Stevenson, *Cataclysm* (New York, Basics Books, 2004), excellente étude moderne, et Hew Strachan, *The Oxford Illustrated History of the First World War* (Oxford, Oxford University Press, 1998). Hew Strachan, *The First World War*, vol. 1 : *To Arms* (Oxford, Oxford University Press, 2001) ; en français, *La Première Guerre mondiale* (trad. H. Tézenas, Paris, Presses de la Cité, 2005), doit être consulté sur la première phase du front occidental. Lorsque la publication sera complète, il s'agira d'une étude définitive. *The Great War 1914-18* (Bloomington, Indiana University Press, 1998), de Spencer C. Tucker, est une bonne vue d'ensemble moderne plutôt négligée. Robin Prior et Trevor Wilson, *The First World War* (Londres, Cassel, 1999) ; en français, *La Première Guerre mondiale* (trad. A. Girod, Paris, Autrement, 2000), contient plusieurs chapitres sur le front occidental, comme *The Myriad Faces of War*, de Trevor Wilson (Cambridge, Polity Press, 1986). John Keegan, *The First World War* (Londres, Hutchinson, 1998) ; en français, *La Première Guerre mondiale* (Paris, Perrin, 2003), est étonnamment difficile d'accès. On se montrera particulièrement critique envers Niall Ferguson, *The Pity of War* (Londres, Allen Lane, 1998), et John Mosier, *The Myth of the Great War : A New Military History of World War One* (Londres, Profil Books, 2001), et dans une moindre mesure envers Gerard Groot, *The First World War* (Londres, Palgrave Macmillan, 2001). Allan R. Millet et Williamson Murray, *Military Effectiveness*, vol. 1 (Cambridge, Cambridge University Press, 2010), contient de nombreux points de vue perspicaces sur certaines puissances ayant connu plus de succès que d'autres sur le front occidental. Certaines études sont maintenant trop anciennes pour être recommandées : Marc Ferro, *La Grande*

Guerre (Paris, Gallimard, 1968) ; C. R. M. Cruttwell, *A History of the Great War* (Oxford, Clarendon Press, 1969) ; Alan J. P. Taylor, *War by Timetable* (Londres, Macdonald & Company, 1969) ; en français, *La Guerre des plans : 1914, les dernières heures de l'ancien monde* (Lausanne, Éditions Rencontre, 1971). Alan J. P. Taylor, *First World War : An Illustrated History* (Londres, Hamilton, 1964), est surtout intéressant pour les légendes de ses photographies. Jay Winter, *The Experience of World War I* (Londres, Macmillan, 1988) ; en français, *La Première Guerre mondiale : l'éclatement d'un monde* (Paris, Sélection du Reader's Digest, 1990), est une solide histoire illustrée. *History of the First World War* (Londres, Cassel, 1970), ou d'autres titres de Basil H. Liddell Hart, tentent de démontrer que le front occidental fut le dernier lieu où la guerre aurait être dû être menée. La présence de l'armée allemande à cet endroit présente un vrai problème pour cette thèse. *The First World War : Germany and Austria-Hungary 1914-1918* (Londres, St. Martin's Press, 1997), de Holger Herwig, mérite d'être lu pour les chapitres sur le front occidental du point de vue des Puissances centrales. *The Western Front* (Philadelphie, Lippincott, 1965), de John Terraine, est très partial vis-à-vis de Haig. Robin Prior et Trevor Wilson, dans *Command on the Western Front : The Military Career of Sir Henry Rawlinson* (Oxford, Blackwell, 1992), traitent d'un cas de décideur militaire entre 1914 et 1918.

Il existe des études plus spécialisées sur des aspects particuliers du front occidental. *Battle Tactics of the Western Front : The British Army's Art of the Attack 1916-1918* (New Haven et Londres, Yale University Press, 1994), de Paddy Griffith, par exemple, où le mot « Art » est sans doute excessif. *Fire-Power : British Army Weapons and Theories of War 1904-45* (Londres, Allen & Unwin, 1982), de Shelford Bidwell et Dominick Graham, ne doit pas être négligé pour les aspects techniques des combats. John Terraine, *White Heat : The New Warfare* (Londres, Sigdwick & Jackson, 1982), contient quelques chapitres utiles sur le front occidental. Guy Hartcup, *The War of Invention : Scientific Developments 1914-1918* (Londres, Brassey's, 1988), est un ouvrage intéressant, mais un peu superficiel sur un sujet important. Pour l'un des aspects véritablement affreux de la guerre d'invention, L. F. Haber, *The Poisonous Cloud : Chemical Warfare in the First World War* (Oxford, Oxford University Press, 1986), est particulièrement important, ainsi qu'Olivier Lepick, *La Grande Guerre chimique : 1914-1918* (Paris, PUF, 1998). Tim Travers, dans *The Killing Ground : The British Army, the Western Front, and Emergence of Modern Warfare* (Londres, Allen & Unwin, 1987), confond parfois l'historiographie de la guerre et son histoire. Bruce Gudmunsson, dans *Stormtroop Tactics : Innovation in the German Army 1914-1918* (New York, Praeger, 1989), ne parvient pas à expliquer pourquoi une armée aussi inventive a perdu la guerre. Sa lecture est cependant toujours essentielle sur les tactiques allemandes. Les mêmes éloges et critiques peuvent être adressés à l'ouvrage de Timothy Lupfer, *The Dynamics of Doctrine : The Changes in German Tactical Doctrine during the First World War* (Fort Leavenworth, US Government Printing Office, 1981). Martin Samuels, dans *Command or Control ? Command, Training, and Tactics in the British and German Armies 1914-1918* (Londres, Frank Cass, 1995), démontre que l'armée allemande aurait dû sortir victorieuse de la Grande Guerre. Certains Allemands croyaient cela à l'époque, mais aucun historien ne le croit plus de nos jours. Bien plus important est *If Germany Attacks : The Battle in Depth in the West* (Londres, Faber & Faber, 1940), de G. C. Wynne. Il faut noter la date de publication, qui a éclipsé l'importance de cet ouvrage. *The Kaiser's Army : The Politics of Military Technology in Germany during the Machine Age 1870-1918* (Oxford, Oxford University Press, 2001), d'Eric Dorn Brose, comporte de nombreux éléments de la vision allemande du front occidental. *Great War, Total War : Combat and Mobilisation on the Western Front 1914-1918* (Cambridge, Cambridge University Press, 2000), de Roger Chickering et Stig Förster (éd.), est un recueil d'essais utile. Bill Rawling, *Surviving Trench Warfare : Technology and the Canadian Corps 1914-1918* (Toronto, University of Toronto Press, 1992), contient des points de vue sur la guerre des tranchées qui dépassent le cas des Canadiens. Charles Messenger, *Trench Fighting 1914-1918* (New York, Ballantine's, 1972), est une contribution fort utile qui doit être lue par quiconque veut se renseigner sur la guerre des tranchées. Sur les logistiques du front occidental, Ian M. Brown, *British Logistics on the Western Front 1914-1919* (Londres, Praeger, 1998), est une bonne étude d'un domaine négligé. Martin van Creveld s'est aussi intéressé à certains aspects logistiques du front occidental dans *Supplying War : Logistics from Wallenstein to Patton* (Cambridge, Cambridge University Press, 1977).

CHAPITRE IX
Le front de l'Est

Holger AFFLERBACH

Le livre de loin le plus important sur le front de l'Est est celui de Norman Stone, *The Eastern Front* (Londres, Hodder and Stoughton, 1975). Stone se distingue par une connaissance approfondie et fouillée des événements du côté allemand, austro-hongrois et russe, et son ouvrage est un guide indispensable des événements militaires sur le front de l'Est. Il se focalise essentiellement sur les insuffisances des généraux russes ainsi que de l'organisation et de l'administration militaires russes. Dennis Showalter brosse un bref et utile panorama de la situation sur le front de l'Est : « War in the East and Balkans, 1914-18 », *in* John Horne (éd.), *A Companion to World War I* (Oxford, Wiley-Blackwell, 2010, p. 66 81). Gerhard Gross, *Die vergessene Front : der Osten 1914/15. Ereignis, Wirkung, Nachwirkung* (Paderborn, F. Schöningh, 2006), est un recueil d'études fort utile sur le « front oublié » de 1914-1915. L'ouvrage adopte une approche globale des événements, sans limiter son analyse aux seuls développements militaires, et l'on peut regretter qu'il s'arrête à l'année 1915.

De nombreux et gros volumes sont consacrés à l'histoire du front de l'Est. Les chapitres de l'histoire officielle allemande de la guerre – *Der Weltkrieg 1914-1918. Die militärischen Operationen zu Lande. Bearbeitet im Reichsarchiv*, 14 vol., Berlin, 1925-1944 (vol. 13-14, nouv. éd., Coblence, Bundesarchiv, 1956) –, ainsi que les parties concernées d'*Österreich-Ungarns Letzter Krieg, 1914-1918*, 15 vol. (Vienne, Verlag der Militärwissenschaftlichen Mitteilungen in Wien, 1931-1938), couvrent les événements de manière très détaillée. Les Reichsarchiv ont publié plusieurs volumes sur diverses batailles (*Schlachten des Weltkriegs in Einzeldarstellungen*, par exemple sur Tannenberg ou Gorlice). Franz Conrad von Hötzendorf, *Aus meiner Dienstzeit*, 5 vol. (Vienne, Rikola Verlag, 1921-1925), tient plus du recueil de sources que des mémoires au sens habituel du mot. Manfried Rauchensteiner, *Der Tod des Doppeladlers. Österreich-Ungarn und der Erste Weltkrieg* (Graz, Vienne et Cologne, Styria, 1993), qui couvre les événements sur les fronts autrichiens, et Holger Herwig, *The First World War : Germany and Austria-Hungary, 1914-1918* (Londres, Hodder, 1997), sont très utiles. Voir également Gary Shanafelt, *The Secret Enemy. Austria-Hungary and the German*

Alliance (New York, Columbia University Press, 1985). Sur la Russie : Allan Wildman, *The End of the Russian Imperial Army*, 2 vol. (Princeton, Princeton University Press, 1980-1987), et William Fuller, *The Foe within. Fantasies of Treason and the End of Imperial Russia* (Cornell, Cornell University Press, 2006).

Une analyse moderne en profondeur des événements du front de l'Est se doit d'apporter des solutions au problème posé par le caractère multiethnique du conflit et de sources écrites dans au moins dix langues. Ce qui suffit à rendre extrêmement difficile une analyse complète des combats en considérant les événements d'un point de vue « transnational ». Le rôle de l'armée et des structures de commandement est important, et la comparaison est tentante. Pour le côté allemand : Holger Afflerbach, *Falkenhayn* (Munich, Oldenbourg, 1996), traite des questions stratégiques sur le front Est de 1914 à 1916. Une comparaison à grande échelle (Gerhard Gross, *Vergessene Front*, est un excellent point de départ) doit traiter des combats et de l'expérience des soldats, des armes et des problèmes de matériel, d'offre et de logistique. Il reste beaucoup de travail à accomplir pour que les événements de l'Est soient aussi bien couverts que ceux du front de l'Ouest (voir ici même le chapitre de Robin Prior).

Le sort des prisonniers de guerre (Alon Rachaminov, *POWs and the Great War : Captivity on the Eastern Front*, Oxford et New York, Berg, 2002) a dernièrement retenu l'attention, de même que les conséquences des avancées militaires et des retraites, de la politique de la terre brûlée et du pillage de la population civile. Particulièrement importante à cet égard est l'étude de Peter Gatrell, *A Whole Empire Walking. Refugees in Russia during World War I* (Bloomington et Indianapolis, Indiana University Press, 2005). Vejas Gabriel Liulevicius, *War Land on the Eastern Front : Culture, National Identity, and German Occupation in World War I* (Cambridge, Cambridge University Press, 2000), est un début, mais traite davantage de l'occupation allemande que de la façon dont les habitants de ces « terres de guerre » voyaient les choses.

Sur le rôle de la mémoire collective et du souvenir, il manque un « Fussell du front Est » ; l'étude de Karen Petrone, *The Great War in Russian Memory* (Bloomington, Indiana University Press, 2011), est néanmoins un bon début. Mais une approche multinationale et comparative de ce genre serait une véritable gageure.

CHAPITRE X
Le front italo-autrichien

Nicola LABANCA

Dans maintes histoires générales de la Première Guerre mondiale, l'histoire militaire du front italo-autrichien a longtemps été négligée. Le sujet a néanmoins retenu l'attention de certains historiens dans les dernières années. Voir, par exemple, Hew Strachan (éd.), *The Oxford Illustrated History of the First World War* (Oxford, Oxford University Press, 1998) ; John Keegan, *The First World War* (New York, A. Knopf-Random House, 1999) ; en français, *La Première Guerre mondiale* (Paris, Perrin, 2005) ; Ian F. W. Beckett, *The Great War, 1914-1918* (Harlow, Longman, 2001) ; Stéphane Audoin-Rouzeau et Jean-Jacques Becker (éd.), *Encyclopédie de la Grande Guerre, 1914-1918 : histoire et culture* (Paris, Bayard, 2004) ; David Stevenson, *Cataclysm : The First World War as Political Tragedy* (New York, Basic Books, 2004). Mais, même ici, on manque souvent de références exactes et précises.

Les ouvrages destinés au grand public passent aussi largement sous silence le côté italien de l'histoire. À ce jour, il n'existe pas un seul livre solide sur la participation italienne à la guerre dans une autre langue que l'italien. Pour une exception notable et récente, voir Mark Thompson, *The White War : Life and Death on the Italian Front, 1915-1919* (New York, Basic Books, 2009). Quand l'ouvrage de Stéphane Audoin-Rouzeau et Jean-Jacques Becker est sorti en italien (*La prima guerra mondiale*, Turin, Einaudi, 2007, sous la direction d'Antonio Gibelli), furent alors ajoutés divers articles nouveaux, rédigés par des historiens italiens et destinés au lectorat italien. L'histoire italienne demeure donc en marge de l'histoire générale de la guerre.

Plus complexe est la question de la nature et de l'éventail des publications autrichiennes sur le front italo-autrichien. Les éléments sont nombreux dans l'ouvrage fondamental de l'historien canadien Holger H. Herwig, *The First World War : Germany and Austria-Hungary 1914-1918* (Londres, Arnold, 1997). Et il ne manque pas de livres autrichiens en allemand. En français, voir désormais Max Schiavon, *L'Autriche-Hongrie dans la Première Guerre mondiale : la fin d'un Empire* (Paris, Soteca, 2011). Mais même ces ouvrages n'aident pas toujours les lecteurs à comprendre les complicités impériales et multiethniques de la Double Monarchie/Empire. Nous avons besoin d'en savoir plus sur l'histoire des Slovènes, des Croates, des Serbes et des Tchèques sous la coupe de l'Autriche et contre elle au cours de la guerre : maintes histoires générales récentes de l'Empire des Habsbourg laissent à désirer de ce point de vue.

Tout cela signifie que l'appréciation internationale des deux guerres (autrichienne et italienne) livrées sur le front italo-autrichien repose encore sur des connaissances anciennes, pas toujours révisées à la lumière des recherches récentes. Tout cela a été dit et dénoncé dans les dernières décennies, et de nouvelles études importantes sont désormais disponibles. Le vieil écart entre recherche locale traditionnelle et recherche internationale nouvelle appartient déjà au passé.

Le meilleur point de départ pour comprendre le côté autrichien est Manfried Rauchensteiner, *Der Tod des Doppeladlers : Österreich-Ungarn und der Erste Weltkrieg* (Graz, Styria Verlag, 1993) ; et, pour le côté italien, Mario Isnenghi et Giorgio Rochat, *La grande guerra 1914-1918* (Florence, La nuova Italia, 2000).

Les débats historiographiques se poursuivent. Pour l'Autriche, voir Günther Kronenbitter, « Waffenbrüder. Der Koalitionskrieg der Mittelmächte 1914-1918 und das Selbst-bild zweier Militäreliten », *in* Volker Dotterweich (éd.), *Mythen und Legenden in der Geschichte* (Munich, Ernst Vögel, 2004, p. 157-186) ; Hermann J. W. Kuprian, « Warfare – Welfare. Gesellschaft, Politik und Militarisierung Österreich während des Ersten Weltkrieges », *in* Brigitte Mazohl-Wallnig, Hermann J. W. Kuprian et Gunda Barth-Scalmani (éd.), *Ein Krieg, zwei Schützengräben : Österreich-Italien und der Erste Weltkrieg in den Dolomiten 1915-1918* (Bozen, Athesia, 2005). Et, pour l'Italie, voir Antonio Gibelli, *La grande guerra degli italiani 1915-1918* (Milan, Sansoni, 1998) ; Giovanna Procacci, « La prima guerra mondiale », *in* Giuseppe Sabbatucci et Vittorio Vidotto (éd.), *Storia d'Italia*, vol. 4, *Guerre e fascismo* (Rome et Bari, Laterza, 1997) ; Bruna Bianchi, *La follia e la fuga : nevrosi di guerra, diserzione e disobbedienza nell'esercito italiano, 1915-1918* (Rome, Bulzoni, 2001).

Pour un bon « point de contact » avec les études en cours au niveau national, on peut renvoyer à divers ouvrages collectifs. Pour l'Autriche, voir l'ouvrage déjà cité de Brigitte Mazohl-Wallnig, Hermann J. W. Kuprian et Gunda Barth-Scalmani (éd.), *Ein Krieg, zwei Schützengräben* ; ainsi que Hermann J. W. Kuprian et Oswald Überegger (éd.), *Der Erste Weltkrieg in Alpenraum* (Innsbruck, Wagner, 2011). Pour l'Italie, voir le récent et imposant ouvrage dirigé par Mario Isnenghi et Daniele Ceschin, *La Grande Guerra : dall'Intervento alla « vittoria mutilata »* (Turin, Utet, 2008 – troisième volume d'une série de cinq publiés sous la direction de Mario Isnenghi : *Italiani in guerra. Conflitti, identità, memorie dal Risorgimento ai nostri giorni*, Turin, Utet, 2008-2010).

Les meilleurs travaux disponibles, de Rauchensteiner et Isnenghi-Rochat, ainsi que les recherches nouvelles qui les ont accompagnés, ont révisé et dépassé les premiers récits et histoires officiels de la guerre : *Österreich-Ungarns letzter Krieg, 1914-1918* (Hrsg. vom Österreichischen Bundesministerium für Heereswesen und vom Kriegsarchiv, Vienne, Verlag der Militärwissenschaftlichen Mitteilungen,

1930-1938) ; et Ministero della guerra, Comando del corpo di stato maggiore, Ufficio storico, *L'esercito italiano nella grande guerra (1915-1918)* (Rome, 1927-1988).

Parmi les nombreux sujets les plus étudiés au cours des dernières décennies, le débat autour du consentement des soldats ou de la contrainte a certes retenu l'attention en Autriche et en Italie, mais probablement moins qu'en d'autres pays. Il y a plusieurs raisons à cela : en Autriche, la relative avancée des études dans le domaine de la « nouvelle histoire militaire » depuis vingt ans ; en Italie, au contraire, parce que le sujet avait déjà été traité en profondeur à la fin des années 1960 et dans les années 1970 (en fait, ce fut *le* point de rupture des nouvelles études sur la Première Guerre mondiale par rapport à l'historiographie « patriotique » d'antan et à la tradition), en sorte qu'il n'y a rien là de bien excitant aux yeux des jeunes chercheurs. Pour l'Autriche, en tout cas, voir la très importante recension d'Oswald Überegger, « Vom militärischen Paradigma zur "Kulturgeschichte des Krieges" ? Entwicklungslinien der österreichischen Weltkriegsgeschichtsschreibung zwischen politisch-militärischer Instrumentalisierung und universitärer Verwissenschaftlichung », *in* Oswald Überegger (éd.), *Zwischen Nation und Region. Weltkriegsforschung im interregionalen Vergleich. Ergebnisse und Perspektiven* (Innsbruck, Wagner, 2004, p. 63-122). On trouvera deux approches différentes de l'Italie *in* Giovanna Procacci, *Soldati e prigionieri italiani nella Grande Guerra*, avec un recueil de lettres inédites (Rome, Editori riuniti, 1993) ; et Mario Isnenghi, *La tragedia necessaria : da Caporetto all'Otto settembre* (Bologne, Il Mulino, 1999). Pour un nouveau point de vue intéressant, voir Federico Mazzini, *Cose de l'altro mondo : una contro-cultura di guerra attraverso la scrittura popolare trentina, 1914-1920* (thèse de doctorat inédite, Padoue, 2009).

Un autre sujet important – et ce n'est pas un hasard – est celui des « frontières », des régions qui souffrirent de leurs frontières et en changèrent à cause de la guerre. C'est le cas de Trieste, et plus encore du Trentin. Un chapitre capital de cette histoire est en effet celui des habitants de cette région, qui au cours de la guerre se battirent surtout du côté autrichien – naturellement forcés par la conscription –, mais que l'Autriche envoya sur des fronts très éloignés de l'Italie. Une minorité bruyante d'*irredentisti* se portèrent volontaires pour servir dans l'armée italienne. Les recherches les plus novatrices tiennent, pour une part, à cette approche régionale. En Autriche, la force centrale est l'université d'Innsbruck (avec Vienne et Graz). En Italie, l'étude de cette « histoire frontalière » complexe a été largement le fait d'un merveilleux réseau d'historiens de Rovereto et de Trente, d'abord réunis dans une revue du plus haut intérêt – *Materiali di lavoro* – et auxquels on doit diverses publications intéressantes. Ils travaillent aujourd'hui dans et autour du réseau lié au musée historique de cette région. Plus ou moins au milieu, à Bozen/Bolzano, Sud-Tyrol/Haut-Adige, un autre réseau inter-régional/international très actif est regroupé autour de la revue *Geschichte und Region/Storia e regione*.

CHAPITRE XI
La guerre contre l'Empire ottoman

Robin PRIOR

Les lecteurs sérieux commenceront par l'histoire officielle de chacune des trois principales campagnes abordées ici. Pour la Palestine, George McMunn et Cyril Falls, *Military Operations Egypt and Palestine*, vol. 1 (Londres, His Majesty's Stationary Office, 1928), et Cyril Falls, *Military Operations Egypt and Palestine*, vol. 2 (Londres, His Majesty's Stationary Office, 1930) ; pour Gallipoli, Cecil Aspinall-Oglander, *Military Operations Gallipoli*, vol. 2 (Londres, Heinemann, 1929 et 1930) ; pour la Mésopotamie, F. J. Moberly, *Military Operations Mesopotamia*, 4 vol. (Londres, His Majesty's Stationary Office, 1923-1927). L'histoire officielle australienne de Henry S. Gullett, *The AIF in Sinai and Palestine* (St. Lucie, Qld, University of Queensland Press, 1984), bien qu'assez romantique sur la cavalerie légère, est plus lisible que ses équivalents britanniques.

Pour une lecture plus digeste sur la campagne en Palestine, voir Anthony Bruce, *The Last Crusade : The Palestine Campaign in the First World War* (Londres, John Murray, 2002). Il s'agit de la meilleure étude moderne sur la campagne. *The Palestine Campaign*, du général Archibald Wavell (Londres, Constable, 1928), est un excellent ouvrage qui a bien supporté l'épreuve du temps. David Woodward, *Hell in the Holy Land : World War 1 in the Middle East* (Lexington, KY, University Press of Kentucky, 2006), raconte l'histoire du point de vue d'un soldat ordinaire, mais fait quelques remarques judicieuses sur la stratégie et les tactiques de la campagne. Matthew Hughes, *Allenby and British Strategy in the Middle East 1917-1919* (Londres, Cass, 1999), est un récit clair des objectifs en Palestine. Malheureusement, il n'existe pas d'étude sur la stratégie et les tactiques comparable à celle d'Archibald Murray. Alec Hill, *Chauvel of the Light Horse* (Carlton, Melbourne University Press, 1978), est une des meilleures études sur un commandant au Moyen-Orient.

Sur Lawrence d'Arabie, il est difficile de savoir par où commencer. Certaines autorités considèrent les *Sept piliers de la sagesse* de Lawrence comme une lecture essentielle et un classique moderne. Ce n'est pas mon cas. Lawrence James, *The Golden Warrior : The Life and Legend of Lawrence of Arabia* (New York, Paragon House, 1990), est une étude moderne (et modérée).

Il est également difficile de savoir par où commencer pour Gallipoli. L'auteur de cet article a écrit une étude, *Gallipoli : The End of the Myth* (Londres, Yale University Press, 2009), qui, pense-t-il, n'aboutira pas vraiment à la fin de ce mythe. Les volumes de l'histoire officielle australienne de C. E. W. Bean me paraissent pratiquement illisibles. Il y a toutefois un grand nombre d'informations à y glaner. Tim Travers, *Gallipoli 1915* (Stroud, Tempus, 2001), est particulièrement solide sur l'historiographie de la campagne. Alan Moorhead, *Gallipoli* (Londres, Ballantine Books, 1956), est superbement écrit, mais désespérément dépassé. Robert Rhodes James, *Gallipoli* (Londres, Batsford, 1965), a longtemps été l'étude incontournable. Elle doit maintenant être traitée avec précaution en raison des vues orientalistes de l'auteur sur les Turcs, de ses étranges points de vue sur les Australiens et de son optimisme ridicule sur les perspectives de la campagne. Nigel Steel et Peter Hart, *Defeat at Gallipoli* (Londres, Macmillan, 1985), est une bonne étude des soldats durant la campagne. Michael Hickey, *Gallipoli* (Londres, Murray, 1995), n'apporte pas grand-chose. Il n'existe pas de travaux consacrés aux commandants de Gallipoli – Hamilton, Birdwood, Hunter-Weston – qui puissent être recommandés. John Lee a écrit *A Soldier Life : General Sir Ian Hamilton* (Londres, Macmillan, 2000). Seuls le liront les amateurs d'hagiographie militaire. George Cassar, *The French and the Dardanelles* (Londres, Allen & Unwin, 1971), occupe le terrain sur ce sujet bien qu'il traite plus des politiques que des opérations militaires. Eric Bush, *Gallipoli* (New York, St. Martin's Press, 1975), dont l'auteur fut sur place, mais très longtemps après les événements, vaut encore la peine d'être lu, comme d'ailleurs Cecil Malthus, *Anzac : A Retrospect* (Auckland, Reed, 2002). Jenny Macleod, *Reconsidering Gallipoli* (Manchester, NY, Manchester University Press, 2004), est une enquête de première classe sur le mythe toujours prospère, et de plus en plus troublant, de l'ANZAC. Sur l'aspect naval, les *Mémoires* de Keyes sont désespérément égocentriques et ne peuvent être recommandés. En fait, on ne trouve presque rien sur la dimension navale de l'opération. Les personnes intéressées peuvent consulter les rapports du Mitchell Committee dans l'AWM 124 de l'Australian War Memorial à Canberra. C'est de loin l'étude la plus analytique de l'échec naval.

Sur le versant turc, l'état-major turc a publié, en quelque chose qui ressemble à de l'anglais, *A Brief History of the Çanakkale Campaign in the First World War* (Ankara, The Turkish General Staff Printing House, 2004). Quiconque s'intéresse à l'armée ottomane doit être reconnaissant à Edward Erikson. Son *Ordered to Die : A History of the Ottoman Army in the First World War* (Westport, Greenwood Press, 2001), bien que peut-être trop élogieux sur la puissance de combat de l'armée turque, est essentiel. Je ne le trouve absolument pas convaincant sur les perspectives de la bataille navale.

Sur la Mésopotamie, le point de départ a été pendant de nombreuses années A. J. Barker, *The Neglected War : Mesopotamia 1914-1918* (Londres, Faber &

Faber, 1967). L'ouvrage doit maintenant céder la place à Charles Townshend, *When God Made Hell: The British Invasion of Mesopotamia and the Creation of Iraq, 1914-1921* (Londres, Faber & Faber, 2010). C'est une superbe étude des aspects militaires et politiques de la campagne. Il corrige plusieurs mythes, notamment au sujet de Townshend (l'auteur n'a aucun lien de parenté avec lui). L'autre Charles Townshend ne doit pas être négligé. En dépit de son ton véhément, son *My Campaign in Mesopotamia* (Londres, Butterworth, 1922) ; en français, *Ma campagne de Mésopotamie* (trad. H. Thies, Paris, Éditions de la Nouvelle Revue Critique, 1939), constitue une défense raisonnable. Ronald Millar, *Kut : Death of an Army* (Londres, Secker & Warburg, 1969), est intéressant sur le Grand Siège. L'ouvrage de Russell Braddon sur le même sujet ne conserve pas une parcelle d'authenticité après la dissection qu'en a faite le moderne Charles Townshend. Il n'existe pas d'étude moderne sur les autres généraux de la campagne de Mésopotamie. Nixon et Maude semblent avoir disparu dans une crevasse historiographique. Wilfred Nunn, *Tigris Gunboats : The Forgotten War in Iraq 1914-1917* (1re éd. 1932 ; rééd. Londres, Chatham, 2007), est utile, bien que l'auteur semble n'avoir aucune idée de la bizarrerie des événements décrits. Alexandre Kearsey, *A Study of the Strategy and Tactics of the Mesopotamian Campaign 1914-1917* (Londres, Gale & Polden, 1934), est plein d'aperçus militaires, comme Elie Kedourie, *England and the Middle East : The Destruction of the Ottoman Empire 1914-1917* (1re éd. 1956 ; rééd. Hassocks, Sussex, Harverster Press, 1978). Ses conclusions devraient être lues à la lumière des miennes. Peter Sluggett, *Britain in Iraq 1914-1932* (New York, Columbia University Press, rééd. 2008), met toute la scène politique en perspective. Paul Davis, *Ends and Means : The British Mesopotamian Campaign and Commission* (Londres, Associated University Presses, 1994), est excellent sur les aspects politiques de la campagne.

CHAPITRE XII
Les mers

Paul KENNEDY

On commencera, comme de coutume, par les histoires officielles avant de passer, par respect, aux mémoires des principaux participants de ce qu'on a appelé la « Grande Guerre sur mer ». Par comparaison avec les histoires officielles de la Seconde Guerre mondiale, superbes, d'une grande rigueur et vibrantes, celles-ci présentent un ton contrit et sont d'une lecture terne et ennuyeuse. La raison en est simple : les histoires officielles des marines vaincues n'ont pas grand-chose à dire, si ce n'est que celles-ci ont fait de leur mieux dans des circonstances défavorables ; alors que celles des vainqueurs cherchent à expliquer pourquoi leur démonstration de maîtrise navale fut toutefois plus médiocre qu'on ne l'avait prévu et souhaité. Ce problème psychologique ne se posait pas pour les puissances maritimes de moindre importance. Que pouvaient faire en effet les historiens officiels de l'Autriche-Hongrie et de l'Italie, sinon relever les contraintes géopolitiques de leurs pays, puis passer aimablement à une analyse détaillée d'opérations mineures dans l'Adriatique ? (L'ouvrage de Hans Sokol, *Österreich-Ungarns Seekrieg* [Vienne, Amalthea, 1933] ; *La Marine austro-hongroise dans la guerre mondiale 1914-1918* [trad. R. Jouan, Paris, Payot, 1933], constitue une agréable exception.) Les historiens français se sont trouvés devant le même dilemme, ou peu s'en faut : la Royal Navy tenait la mer du Nord et la Manche, la Méditerranée était une mer amie, et la grande lutte française s'est déroulée sur terre. L'US Navy aurait bien voulu présenter sa contribution navale sous un jour épique et comme un tremplin vers de plus fiers exploits, mais une escadrille de cuirassés à Scapa Flow et des débuts hésitants de guerre contre les sous-marins n'avaient rien de franchement palpitants.

Il n'y eut qu'en Grande-Bretagne et en Allemagne que les autopsies de la guerre maritime suscitèrent de l'intérêt et même une vive controverse, en raison de l'importance des enjeux dans chacun de ces pays. En Allemagne, il ne s'agissait pas tellement d'établir si la *Hochseeflotte* s'en était bien tirée – elle s'était montrée très compétente dans des circonstances géopolitiques et numériques défavorables. On s'interrogeait plutôt sur le bien-fondé de la stratégie générale de Tirpitz d'une « flotte contre l'Angleterre » et on se demandait si, la prochaine fois, l'armée allemande ne ferait pas mieux de passer par la Norvège, comme elle le ferait effectivement en 1940. L'histoire maritime officielle allemande préfère ne pas aborder ce sujet. En Grande-Bretagne, pour des raisons que nous avons exposées dans le corps du texte, le débat était beaucoup plus existentiel ; c'est ainsi qu'un historien et analyste stratégique aussi subtil que sir Julian Corbett n'a pas pu exercer la moindre influence avec son *History of the Great War, based on Official Documents by Direction of the Historical Section of the Committee of Imperial Defence : Naval Operations vol. 1* (Londres, Longmans, Green, 1920), les responsables de l'Amirauté ayant exigé de lui qu'il présentât leur version et leur analyse officielle des faits, et non les siennes – l'intervention de Beatty est, en l'occurrence, inexcusable. Le résultat final comprend des milliers de pages et une multitude d'esquisses montrant, par exemple, la 5e escadre de combat virant à gauche dans les brumes du Jutland.

La situation de la littérature de mémoires est encore plus désastreuse ; les histoires officielles présentent au moins l'avantage de livrer de nombreux faits incontestables. On chercherait en vain pour ce conflit un équivalent des mémoires de la guerre de Sécession de Grant, ou de *Defeat into Victory* (Londres, Cassel, 1956 ; rééd. 2009), du général William Slim (sur la campagne de Birmanie de 1942-1945), peut-être les meilleurs souvenirs de guerre jamais écrits. Quelle que soit l'autobiographie qu'il lira – celle de Scheer, de Hipper, de Sims, de Jellicoe, de Beatty, de Bacon, et j'en passe –, au même titre que les ouvrages rédigés par leurs respectueux biographes de l'entre-deux-guerres, le lecteur doté d'un minimum d'esprit critique sera atterré par l'incapacité des auteurs à prendre un peu de recul et à faire preuve d'une véritable objectivité. La lecture de *With Beatty in the North Sea*, de Filson Young (Boston, Little Brown, 1921), provoque peu d'enthousiasme. *The Navy from within* (Londres, V. Gollancz, 1939), du vice-amiral Dewar, fait l'effet, par comparaison, d'une brise fraîche. Mais peut-être, après tout, ne faut-il pas être trop exigeant. Les autobiographies des généraux d'aviation de la Seconde Guerre mondiale sont tout aussi ennuyeuses.

Les différents volumes des éditions précieuses et remarquables de The Naval Record Society (Londres, publication annuelle depuis 1893) répandent néanmoins une lumière plus vive. Il n'est rien au monde qui puisse se comparer à cette série de documents originaux reproduits sans altération, et qui comprend au moins une douzaine de volumes édités concernant les aspects maritimes de la Première Guerre mondiale – commandement central, opérations régionales, renseignement, relations maritimes anglo-américaines, documents privés de Fisher, Jellicoe, Beatty et Keyes. Mais ils ne sont que ce qu'ils sont : de merveilleux documents bruts. Ils ont besoin d'interprètes.

Les historiens les plus passionnés de marine admettront que les auteurs généralistes plus anciens qui se sont intéressés à la question – on songe en l'occurrence à Richard Hough, *The Great War at Sea, 1914-1918* (Oxford, Oxford University Press, 1983), et à Geoffrey Bennett, *Naval Battles of the First World War* (New York, Scribner, 1968) – ne présentent aucune utilité. Ils ne contiennent pas une once de sens critique. Ce qu'ils préfèrent, c'est raconter des batailles navales, si rares fussent-elles. Et ils en concluent tous que, pour finir, la marine a joué un rôle déterminant. Les preuves produites sont sans consistance.

Alfred T. Mahan nous a dit, affirment les « navalistes », que la puissance maritime était primordiale. La guerre a été déclenchée par l'invasion allemande de la Belgique en août 1914. La force maritime est entrée en action. Elle a été décisive, puisque l'Allemagne a finalement perdu. Les actions de cuirassés ont sans doute été rares entre 1914 et 1918, mais le blocus maritime l'a emporté. Voilà tout ce qu'il faut savoir. Les historiens militaires eux-mêmes, comme Liddell Hart dans son *History of the First World War* (Londres, Cassell, 1970), n'y voient rien à redire. Ces navires lointains ont mis l'ennemi en pièces. On se doutera que le présent auteur considère cette allégation avec un profond scepticisme.

La meilleure histoire en un volume de la guerre maritime est le remarquable ouvrage de Paul Halpern, *A Naval History of the First World War* (Annapolis, Naval Institute Press, 1994). Il couvre l'ensemble des marines belligérantes – celles de l'Autriche-Hongrie, de l'Empire britannique, de la France, de l'Allemagne, du Japon, de l'Italie, de la Russie et des États-Unis – et contient une bibliographie extrêmement riche. Son livre est une bénédiction pour les chercheurs et supplante des centaines de volumes antérieurs. On distingue enfin toute la forêt, et non des arbres ou même des branches isolées. Et les cartes sont superbes. Mais il s'achève abruptement avec la reddition de la *Hochseeflotte* aux marines alliées dans le Firth of Forth le 21 novembre 1918. « La guerre maritime était terminée », conclut Halpern (p. 449). On ne trouve ni réflexions, ni résumé, ni tentative de bilan de la part de celui qui est indéniablement l'historien le plus compétent de la marine de la Première Guerre mondiale.

Il existe des études très détaillées sur les dépenses, la technologie, la stratégie globale, la logistique maritimes et tous ces domaines essentiels jusqu'alors négligés, mais le présent auteur a l'impression que plus ces remarquables chercheurs (un panthéon dans lequel je fais figurer Nicholas Lambert, Jon Sumida, James Goldrick, Barry Gough et Greg Kennedy) se plongent dans les archives, moins ils auront de chances de considérer la guerre maritime comme un tout et de la replacer dans le contexte général de la Première Guerre mondiale, sans parler de l'histoire de la technologie militaire occidentale tout entière, depuis l'avènement de la machine à vapeur, du chemin de fer et de l'aviation. L'excellente histoire en cinq volumes d'Arthur J. Marder, *From the Dreadnought to Scapa Flow* (Londres et New York, Oxford University Press, 1961), elle-même, montre à quel point un très bon historien peut se retrouver prisonnier des archives de l'Amirauté.

Un seul ouvrage récent se distingue du lot : Andrew Gordon, *The Rules of the Game : Jutland and British Naval Command* (Annapolis, Naval Institute Press, 1996), parce qu'il s'efforce de s'introduire dans l'univers mental des responsables de la marine qui ont eu tant de mal à comprendre la guerre de 1914-1918. Il s'agit malheureusement d'une exception. On ne peut que se demander pourquoi cette branche de l'histoire est devenue aussi stérile et repliée sur elle-même au cours de ces dernières décennies et pourquoi nous avons apparemment tout oublié des principes plus larges clairement définis par l'amiral sir Herbert Richmond dans *Statesmen and Sea Power* (Oxford, Clarendon Press, 1946), qui se réfère lui-même au grand traité de Corbett, *Some Principles of Maritime Strategy* (Londres, Longmans, Green & Co., 1911 ; *Principes de stratégie maritime*, Paris, Fondation pour les études de défense nationale, Economica, 1993). C'est quand on n'y voit pas simplement de captivantes batailles navales ou de mystérieuses techniques de conduite de tir, mais une volonté de contrôle des « grands communaux », que la puissance maritime paraît la plus intelligible. Abstraction faite des effrayantes opérations sous-marines allemandes contre le transport maritime allié en 1917 que l'organisation de convois réussit à contrer rapidement, ce ne fut pas un problème – pas aussi redoutable, en tout cas, que pendant les années 1941 à 1943. Et la *Hochseeflotte* à faible rayon d'action ne donna plus aucun souci après le Jutland.

Nous devons la meilleure analyse concise de la tâche qui reste à accomplir à l'excellent chercheur australien James Goldrick, « The Need for a New Naval History of the First World War » (*Corbett Paper*, n° 7, Londres, 2011), mais il se montre lui-même incapable d'admettre cette cruelle réalité : la Première Guerre mondiale n'a pas été une guerre favorable à l'influence de la puissance maritime sur l'histoire. Il suggère au contraire que l'on multiplie les recherches sur la logistique, la main-d'œuvre, les communications maritimes… Mais à quoi bon inciter de jeunes historiens à présenter une étude approfondie (sur les mines marines, par exemple) s'ils sont incapables de répondre à cette question fondamentale : « Et alors ? » En quoi l'histoire maritime affecte-t-elle le grand sujet de l'histoire elle-même ?

L'auteur a abordé ce problème il y a presque quarante ans dans *The Rise and Fall of British Naval Mastery* (Londres, Allen Lane, 1976). Il n'y a malheureusement pas eu, depuis, beaucoup d'autres publications consacrées au vaste problème de l'impuissance relative des marines militaires dans cette terrible guerre qui a bouleversé le monde. J. H. Hexter divisait jadis les historiens en deux catégories : les *splitters* et les *lumpers*, les « diviseurs » et les « rassembleurs ». Jusqu'à ce jour, l'historiographie de la guerre maritime entre 1914 et 1918 appartient indéniablement aux diviseurs. Il serait grand temps de se livrer à un minimum de rassemblement.

Chapitre XIII
Les airs

John H. MORROW, Jr.

Les meilleurs ouvrages généraux sur la guerre aérienne de 1914-1918 sont le volume exhaustif de John H. Morrow, Jr., *The Great War in the Air : Military Aviation from 1909 to 1921* (Tuscaloosa, University of Alabama Press, 2009 ; reprint de l'édition originale publiée par la Smithsonian Institution Press en 1993), et l'étude plus brève et plus anecdotique de Lee Kennett, *The First Air War, 1914-1918* (New York, Free Press, 1991) ; *La Première Guerre aérienne : 1914-1918* (trad. Anne-Marie Durand-Kennett, Paris, Economica, 2005).

Malgré son importance primordiale au cours de la Première Guerre mondiale, l'aviation militaire française n'a pas reçu l'attention qu'elle mérite. Les chapitres consacrés à cette période dans le volume officiel de Charles Christienne *et al.*, *Histoire de l'aviation militaire française* (Paris, Charles-Lavauzelle, 1980), constituent toujours la principale étude sur le sujet.

L'aviation militaire allemande a été bien étudiée dans deux ouvrages successifs de John Morrow, *Building German Air Power, 1909-1914* (Knoxville, University of Tennessee Press, 1976), et *German Air Power in World War I* (Lincoln, University of Nebraska Press, 1982). Le livre de Douglas H. Robinson, *The Zeppelin in Combat : A History of the German Naval Airship Division, 1912-1918* (Londres, Foulis, 1962), retrace l'histoire spectaculaire et malheureuse de la campagne allemande de dirigeables contre l'Angleterre.

L'histoire de l'aviation britannique pendant la Première Guerre mondiale est celle qui a été la plus abondamment traitée par la littérature anglophone, à commencer par la seule histoire officielle à avoir vu le jour après la guerre, l'ouvrage en six volumes de sir Walter Raleigh et de H. A. Jones, *The War in the Air* (Oxford, Clarendon Press, 1922-1937). Parmi les études populaires et instructives plus récentes, on peut citer le livre très éclairant de Denis Winter, *The First of the Few : Fighter Pilots of the First World War* (Londres, Penguin, 1982), et l'ouvrage anecdotique de Peter H. Liddle, *The Airman's War 1914-18* (Poole [Dorset], Blandford, 1987). Le lecteur qui souhaite disposer d'une bonne étude de la politique aérienne britannique pendant la guerre consultera avec profit Malcolm Cooper, *The Birth of Independent Air Power : British Air Policy in the*

First World War (Londres, Allen & Unwin, 1986). On trouvera un exposé sur les débuts de l'aviation italienne dans Piero Vergnano, *Origin of Aviation in Italy, 1783-1918* (Gênes, Intyprint, 1964).

Le livre de Richard P. Hallion, *Rise of the Fighter Aircraft, 1914-1918* (Annapolis, Nautical and Aviation Publishing Co., 1984), constitue une bonne étude de l'aviation de chasse. Les auteurs ont consacré beaucoup d'attention aux avions de la guerre de 1914-1918, mais peu à l'histoire pourtant primordiale des moteurs, qui sont le cœur de ces appareils. On peut citer les chapitres sur le sujet contenus dans *A History of Aircraft Piston Engines*, de Herschel Smith (Manhattan, KS, Sunflower University Press, 1986 [1981]). Les conservateurs du National Air and Space Museum de Washington ont publié un excellent volume sur la guerre aérienne, reposant sur le fonds remarquable que possède ce musée sur la Première Guerre mondiale : Dominick A. Pisano, Thomas J. Dietz, Joanne M. Gernstein et Karl S. Schneide, *Legend, Memory, and the Great War in the Air* (Seattle, University of Washington Press, 1992).

Certains des livres écrits par et sur les pilotes de chasse de 1914-1918 sont devenus des classiques : l'autobiographie de Cecil Lewis, *Sagittarius Rising* (Londres, Frontline Books, 2009 [1936]) ; le roman que V. M. Yeates a consacré à son expérience de la guerre, *Winged Victory* (Londres, Buchan and Wright, 1985 [1936]) ; le journal d'Edward Mannock, Frederick Oughton (éd. et préf.), *Edward Mannock. The Personal Diary of Maj. Edward « Mick » Mannock* (Londres, Spearman, 1966) ; les souvenirs de Manfred von Richthofen, *Der rote Kampfflieger* (Berlin, Ullstein, 1933) (*Le Corsaire rouge, 1914-1918, journal de guerre*, trad. Ed. Sifferlen, Paris, Payot, 1932) ; les mémoires de James T. B. McCudden, *Flying Fury* (Londres, Hamilton, 1930 [1918]) ; Eddie V. Rickenbacker, *Fighting the Flying Circus* (New York, Doubleday, 1965 [1919]) ; et le journal de John M. Grider, Elliot White Springs (éd.), *War Birds : Diary of an Unknown Aviator* (Garden City, NY, Garden City Publishing Co., 1938). Adrian Smith nous offre ce qui est peut-être la seule étude analytique consacrée à ces as de légende dans son ouvrage *Mick Mannock, Fighter Pilot : Myth, Life, and Politics* (Basingstoke, Palgrave Macmillan, 2001).

Mentionnons enfin deux études plus récentes sur l'aviation de la Première Guerre mondiale ; il s'agit des ouvrages de Peter Hart, *Bloody April : Slaughter in the Skies over Arras, 1917* (Cassell, Weidenfeld Military, 2007), et *Aces Falling : War above the Trenches, 1918* (Londres, Weidenfeld and Nicolson, 2007). Ces livres prouvent que l'aviation de la Première Guerre mondiale n'a rien perdu de sa capacité à embraser l'imagination d'une nouvelle génération de lecteurs.

CHAPITRE XIV
Le commandement stratégique

Stephen BADSEY et Gary SHEFFIELD

Le commandement reste un aspect sous-étudié de l'histoire militaire, en partie en raison de problèmes de définition. Le leadership et le commandement sont des concepts apparentés, mais non identiques. Sous un titre apparemment prometteur, John Keegan, *The Mask of Command* (Londres, Cape, 1987), traite en fait principalement du leadership. Martin van Creveld, *Command in War* (Cambridge, MA, Harvard University Press, 1985), est l'un des rares ouvrages à traiter du sujet avec maîtrise. Il garde tout son intérêt bien qu'il date un peu ; en particulier, le chapitre sur l'armée britannique dans la Somme nécessite d'être relu en parallèle avec des travaux plus récents. Voir aussi G. D. Sheffield (éd.), *Leadership and Command : The Anglo-American Military Experience Since 1861* (Londres, Brassey's, 2002, [1997]).

Le travail sur le commandement stratégique est tout aussi inégal. Trois recueils d'essais : Peter Paret *et al.* (éd.), *Makers of Modern Strategy from Machiavelli to the Nuclear Age* (Princeton, Princeton University Press, 1986) ; Williamson Murray, MacGregor Knox et Alvin Bernstein, *The Making of Strategy : Rulers, States and War* (Cambridge, Cambridge University Press, 1994), et plus précisément Roger Chickering et Stig Förster (éd.), *Great War, Total War : Combat and Mobilization on the Western Front 1914-1918* (Cambridge, Cambridge University Press, 2000), contiennent des documents pertinents. Richard F. Hamilton et Holger H. Herwig (éd.), *War Planning 1914* (Cambridge, Cambridge University Press, 2010), est aussi très utile. La question du commandement de la coalition pour chacun des camps est pour le moment plutôt négligée, mais un bon point de départ sur l'alliance franco-anglaise est Elizabeth Greenhalgh, *Victory Through Coalition : Britain and France during the First World War* (Cambridge, Cambridge University Press, 2005). Sur la guerre navale, voir Paul G. Halpern, *A Naval History of World War I* (Annapolis, Naval Institute Press, 1994), et Andrew Gordon, *The Rules of the Game : Jutland and British Naval Command* (Annapolis, Naval Institute Press, 1996).

Quelques figures majeures de la hiérarchie du commandement des Puissances centrales ont été bien servies par les historiens : Lawrence Sondhaus, *Franz*

Conrad von Hötzendorf : Architect of the Apocalypse (Boston, Humanities Press, 2000) ; et Annika Mombauer, *Helmuth von Moltke and the Origins of the First World War* (Cambridge, Cambridge University Press, 2000). La biographie de Holger Afflerbach, *Falkenhayn* (Munich, Oldenbourg, 1994), a été traduite en anglais. Elle devra être lue en parallèle avec l'important ouvrage de Robert T. Foley, *German Strategy and the Path to Verdun* (Cambridge, Cambridge University Press, 2005), qui est en désaccord avec certaines découvertes d'Afflerbach.

La grande stratégie et la stratégie militaire britanniques sont bien exposées dans deux ouvrages de David French, *British Strategy and War Aims 1914-1916* (Londres, Allen & Unwin, 1986), et *The Strategy of the Lloyd George Coalition 1916-1918* (Oxford, Oxford University Press, 1995). Ceux qui s'intéressent aux principaux commandants stratégiques britanniques peuvent consulter un certain nombre d'ouvrages utiles, comme George H. Cassar, *Kitchener's War : British Strategy 1914-1916* (Dulles, Brassey's, 2004) ; Richard Holmes, *The Little Field Marshal : A Life of Sir John French* (Londres, Weidenfeld & Nicolson, 2004, [1981]) ; David R. Woodward, *Field Marshal Sir William Robertson : Chief of the Imperial General Staff in the Great War* (Westport, Praeger, 1998). Douglas Haig reste controversé. Pour deux points de vue très différents, voir J. P. Harris, *Douglas Haig and the First World War* (Cambridge, Cambridge University Press, 2008), et Gary Sheffield, *The Chief : Douglas Haig and the British Army* (Londres, Aurum, 2011).

Sur l'Italie, on trouve un certain nombre d'éléments contextuels dans John Whittam, *The Politics of the Italian Army* (Hamden, Archon Books, 1977), qui traite d'avant 1915. Mark Thompson, *White War* (New York, Basic Books, 2009), est une excellente étude de la guerre de l'Italie qui contient beaucoup d'éléments pertinents. Le commandant en chef américain John J. Pershing peut être abordé par Donald Smythe, *Pershing : General of the Armies* (Bloomington, Indiana University Press, 2007 [1986]). Les commandants français sont beaucoup mieux servis : Robert A. Doughty, *Pyrrhic Victory : French Strategy and Operations in the Great War* (Cambridge, MA, The Belknap of Harvard University Press, 2005), et Elizabeth Greenhalgh, *Foch in Command* (Cambridge, Cambridge University Press, 2011). Guy Pedroncini a beaucoup écrit sur Pétain, par exemple : *Pétain, le soldat et la gloire, 1856-1918* (Paris, Perrin, 1989). Le travail d'Edward J. Erikson, qui part de documents ottomans et d'études turques modernes, a transformé la connaissance occidentale de l'armée ottomane. Bien qu'il ne s'intéresse pas directement au niveau stratégique, son *Ottoman Military Effectiveness in World War I : A Comparative Study* (New York, Routledge, 2007) est d'un grand intérêt.

On ne peut malheureusement citer que quelques-unes des nombreuses études opérationnelles : David T. Zabecki, *The German 1918 Offensives : A Case Study in the Operational Level of War* (Londres, Routledge, 2006) ; Robin Prior et Trevor Wilson, *Command on the Western Front : The Military Career of Sir Henry Rawlinson, 1914-1918* (Oxford, Blackwell, 1992) ; Graydon A. Tunstall, *Blood on the Snow : The Carpathian Winter War of 1915* (Lawrence, KS, Kansas University Press, 2010) ; Holger H. Herwig, *The Marne 1914 : The Opening of World War I and the Battle that Changed the World* (New York, Random House, 2009) ; Richard DiNardo, *Breakthrough : The Gorlice-Tarnow Campaign, 1915* (Santa Barbara, Praeger, 2010) ; Dennis E. Showalter, *Tannenberg : Clash of Empires, 1914* (Washington, DC, Brassey's, 2004 [1991]).

Chapitre XV
Systèmes impériaux

John H. MORROW, Jr.

Deux études générales sur la Première Guerre mondiale adoptent une approche globale ou impériale ; il s'agit des ouvrages de John H. Morrow, Jr., *The Great War : An Imperial History* (Londres et New York, Routledge, 2004), et de Hew Strachan, *The First World War* (Londres, Penguin, 2005) ; *La Première Guerre mondiale* (trad. H. Tézenas, Paris, Presses de la Cité, 2005). Avner Offer, *The First World War : An Agrarian Interpretation* (Oxford, Clarendon Press, 1989), offre des aperçus perspicaces sur la nature mondiale de la guerre en se situant dans une perspective agricole.

Si l'on veut comprendre les origines de la guerre dans le contexte de l'impérialisme, l'ouvrage de référence de John A. Hobson, *Imperialism* (Ann Arbor, University of Michigan Press, 1965 [1902]), reste un point de départ incontournable. Sur un sujet apparenté, le livre de David P. Crook, *Darwinism, War and History : The Debate over the Biology of War from the « Origins of Species » to the First World War* (Cambridge, Cambridge University Press, 1994), se concentre sur les apports du darwinisme à l'atmosphère belliqueuse et impérialiste qui a conduit à la guerre. Une étude pénétrante sur les tensions que l'Empire imposait à la Grande-Bretagne a été réalisée par Aaron L. Friedberg dans *The Weary Titan. Britain and the Experience of Relative Decline, 1895-1905* (Princeton, Princeton University Press, 1986). Les projets britanniques d'avant-guerre pour ruiner l'économie allemande en exploitant la puissance mondiale unique de la Grande-Bretagne font l'objet du volume de Nicholas A. Lambert, *Planning Armageddon : British Economic Warfare and the First World War* (Cambridge, MA, Harvard University Press, 2012). La précieuse étude de Sean McMeekin, *The Russian Origins of the First World War* (Cambridge, MA, Belknap Press of Harvard University Press, 2011), montre bien comment une perspective impériale évite les tentatives simplistes pour imputer à une unique puissance la responsabilité de la Première Guerre mondiale. Le rôle de la politique de l'Empire ottoman dans les origines de la guerre n'a été intégralement traité que par la monographie de Mustafa Aksakal, *The Ottoman Road to War : The Ottoman Empire and the First World War* (Cambridge, Cambridge University Press, 2008).

Certains des meilleurs travaux sur l'impérialisme concernent la France, qui fut la seule puissance à faire venir ses sujets coloniaux en Europe pour y combattre et y travailler. Richard S. Fogarty, *Race and War in France : Colonial Subjects in the French Army, 1914-1918* (Baltimore, Johns Hopkins University Press, 2008), est le plus récent et le plus complet de plusieurs ouvrages, parmi lesquels on peut citer Charles J. Balesi, *From Adversaries to Comrades in Arms : West Africans and the French Military, 1885-1918* (Waltham, MA, African Studies Association, 1979) ; Joe Lunn, *Memoirs of the Maelstrom. A Senegalese Oral History of the First World War* (Portsmouth, NH, Heinemann, 1999), et l'article tout à fait novateur de Tyler Stovall sur les questions de race dans la France en guerre, « The Color Line behind the Lines : Racial Violence in France during the Great War » (*American Historical Review*, vol. 103, n° 3, 1998, p. 737-769). L'ouvrage captivant de Xu Guoqi, *Strangers on the Western Front : Chinese Workers in the Great War* (Cambridge, MA, Harvard University Press, 2011), fait la lumière sur un groupe de travailleurs en France jusque-là ignoré.

S'agissant de la Grande-Bretagne et de l'Inde, sa principale possession impériale, voir l'article de Philippa Levine sur la race et le genre en Grande-Bretagne, « Battle Colors : Race, Sex, and Colonial Soldiery in World War I » (*Journal of Women's History*, vol. 9, n° 4, 1998, p. 104-130) ; voir aussi le recueil émouvant et bourré d'informations de lettres de soldats indiens compilées par David Omissi, *Indian Voices of the Great War : Soldiers' Letters, 1914-1918* (Londres, Macmillan, 1999), et le livre de Richard J. Popplewell sur les opérations du renseignement britannique en Inde et à propos de l'Inde, *Intelligence and Imperial Defense : British Intelligence and the Defense of the Indian Empire, 1904-1924* (Londres, Frank Cass, 1995).

Sur la guerre en Afrique, on peut consulter les études générales : Byron Farwell, *The Great War in Africa, 1914-1918* (New York, W.W. Norton, 1986), et Melvin Page (éd.), *Africa and the First World War* (New York, St. Martin's Press, 1987). La monographie éclairante de Mahir Saul et Patrick Royer, *West African Challenge to Empire : Culture and History in the Volta-Bani Anticolonial War* (Athens, OH, Ohio University Press, 2001), se consacre à un important soulèvement contre les Français en Afrique occidentale. Melvin Page, *The Chiwaya War. Malawians and the First World War* (Boulder, Westview Press, 2000), et James J. Mathews, « World War I and the Rise of African Nationalism : Nigerian Veterans as Catalysts of Political Change » (*Journal of Modern African Studies*, vol. 20, n° 3, 1982, p. 493-502), font la lumière sur certaines évolutions dans l'Afrique coloniale britannique.

Les lecteurs qui s'intéressent à l'histoire militaire des difficiles campagnes britanniques contre les Ottomans pourront consulter Charles Townshend, *Desert Hell : The British Invasion of Mesopotamia* (Cambridge, MA, Belknap Press of Harvard University Press, 2011), et Peter Hart, *Gallipoli* (Oxford, Oxford University Press, 2011). Sur les sujets extrêmement importants de l'Empire ottoman et des Proche et Moyen-Orient, voir Michael A. Reynolds, *Shattering Empires : The Clash and Collapse of the Ottoman and Russian Empires, 1908-1918* (Cambridge, Cambridge University Press, 2011), ainsi que l'étude très accessible de David Fromkin, *A Peace to End All Peace. The Fall of the Ottoman Empire and the Creation of the Modern Middle East* (New York, Henry Holt, 1989). Enfin, l'horreur absolue annonciatrice d'un holocauste plus monstrueux encore, le génocide arménien, a obtenu l'attention qu'elle mérite dans deux ouvrages récents : Raymond Kévorkian, *Le Génocide des Arméniens* (Paris, Odile Jacob, 2006), et Taner Akçam, *The Young Turks' Crime against Humanity : The Armenian Genocide and Ethnic Cleansing in the Ottoman Empire* (Princeton, Princeton University Press, 2012).

Chapitre XVI
L'Afrique

Bill NASSON

Le nombre d'études sur l'Afrique et la guerre de 1914-1918 reste encore relativement modeste. L'impact de la guerre sur tout le continent incite à porter attention à la littérature sur des thèmes généraux importants comme l'Empire et le colonialisme, et à prendre en compte une large gamme de dynamiques militaires, politiques, sociales, économiques, religieuses, culturelles, ethniques et raciales. La guerre fut à la fois une charge imposée de l'extérieur par l'Europe et un conflit influencé par les élans des différentes sociétés africaines.

En guise d'introduction à la guerre mondiale, bien que beaucoup d'histoires de 14-18 ignorent l'Afrique ou l'évoquent à peine, certaines des plus récentes s'efforcent de replacer le continent dans une perspective plus large : Jay Winter et Blaine Baggett, *The Great War and the Shaping of the 20th Century* (Londres, BBC Books, 1996) ; John H. Morrow, *The Great War : An Imperial History* (New York, Routledge, 2005) ; Michael S. Neiberg, *Fighting the Great War : A Global History* (Cambridge, MA, Harvard University Press, 2006) ; William Kelleher Storey, *The First World War : A Concise Global History* (Lanham, MD, Rowman & Littlefield, 2009).

Pour des vues d'ensemble sur l'Afrique, voir le numéro spécial « Africa and World War I » du *Journal of African History* (vol. 19, n° 1, 1978) ; Michael Crowder, « The First World War and its Consequences », *in* A. Adu Boahen (éd.), *Africa Under Colonial Domination, 1880-1935*, vol. 7, UNESCO General History of Africa (Berkeley, University of California Press, 1985, p. 283-311) ; Melvin E. Page (éd.), *Africa and the First World War* (New York, St. Martin's Press, 1987) ; David Killingray, « The War in Africa », *in* Hew Strachan (éd.), *The Oxford Illustrated History of the First World War* (Oxford, Oxford University Press, 1998, p. 191-212) (*La Première Guerre mondiale*, trad. H. Tézenas, Paris, Presses de la Cité, 2005) ; Hew Strachan, *The First World War in Africa* (Oxford, Oxford University Press, 2004).

Sur l'Afrique de l'Ouest, voir Michael Crowder et Jide Osuntokun, « The First World War and West Africa, 1914-1918 », *in* J. F. Ade Ajayi et Michael Crowder (éd.), *History of West Africa*, vol. 11 (Londres, Longman, 1974, p. 484-

513). Pour le côté colonial britannique : Akinjide Osuntokun, *Nigeria in the First World War* (Harlow, Longman, 1979). Pour les colonies françaises, il existe d'excellentes études sur l'expérience des soldats enrôlés : Marc Michel, *Les Africains et la Grande Guerre : l'appel à l'Afrique (1914-1918)* (Paris, Karthala, 2003) ; Myron Echenberg, *Colonial Conscripts : The Tirailleurs Sénégalais in French West Africa, 1857-1960* (Portsmouth, NH, Heinemann, 1991) (*Les Tirailleurs sénégalais en Afrique occidentale française (1857-1960)*, Paris, Karthala, 2009) ; Joe Lunn, *Memoirs of the Maelstrom : A Senegalese Oral History of the First World War* (Oxford, James Currey, 1999).

Sur l'Afrique de l'Est et du Centre, on trouve à la fois des travaux d'ensemble et des études locales et thématiques plus spécialisées. Un excellent guide est celui, très sûr sur le plan historiographique, de Bruce Vandervort : « New Light on the East African Theater of the Great War : A Review Essay of English-language Sources », *in* Stephen M. Miller (éd.), *Soldiers and Settlers in Africa, 1850-1918* (Amsterdam, Brill, 2009, p. 287-305). Pour les campagnes militaires et l'ensemble des effets de la guerre, voir Melvin E. Page, *The Chiwaya War : Malawians and the First World War* (Boulder, CO, Westview Press, 2000) ; Edward Paice, *Tip & Run : The Untold Story of the Great War in Africa* (Londres, Weidenfeld & Nicolson, 2007) ; Ross Anderson, *The Forgotten Front : The East African Campaign, 1914-1918* (Stroud, Tempus, 2004) ; Anne Samson, *Britain, South Africa and the East African Campaign, 1914-1918* (Londres, Tauris, 2006). Pour une description perspicace récente des Africains sous commandement allemand : Michelle Moyd, « "We don't want to die for nothing" : *Askari* at War in German East Africa, 1914-1918 », *in* Santanu Das (éd.), *Race, Empire and First World War Writing* (Cambridge, Cambridge University Press, 2011, p. 53-76).

La littérature moderne spécialisée sur l'Afrique du Nord est étonnamment peu abondante ; pour des aperçus, les lecteurs pourront consulter des histoires de la région aussi bien que des pays concernés, comme Dirk Vanderwalle, *A History of Modern Libya* (Cambridge, Cambridge University Press, 2006) ; Robert O. Collins, *A History of Modern Sudan* (Cambridge, Cambridge University Press, 2008) ; Gilbert Meynier, *L'Algérie révélée. La guerre de 1914-1918 et le premier quart du XXe siècle* (thèse de doctorat d'État, 1979, Genève, Droz, 1981).

Sur l'Afrique du Sud, voir Simon E. Katzenellenbogen, « Southern Africa and the War of 1914-1918 », *in* M. R. D. Foot (éd.), *War and Society* (Londres, Longman, 1973, p. 161-188) ; N. G. Garson, « South Africa and World War I », *Journal of Imperial and Commonwealth History* (vol. 8, n° 1, 1979, p. 92-116) ; Albert Grundlingh, *Fighting their Own War : South African Blacks and the First World War* (Johannesburg, Ravan, 1987) ; Bill Nasson, *Springboks on the Somme : South Africa in the Great War, 1914-1918* (Johannesburg, Penguin, 2007).

Sur les rébellions et les soulèvements liés à la guerre, voir George Shepperson et Thomas Price, *Independent African : John Chilembwe and the Nyasaland Native Uprising of 1915* (Édimbourg, Edinburgh University Press, 1967) ; Sandra Swart, « "A Boer and his gun and his wife are three things always together" : Republican Masculinity and the 1914 Rebellion », *Journal of Southern African Studies* (vol. 24, n° 2, 1998, p. 116-138).

CHAPITRE XVII
L'Empire ottoman

Mustafa AKSAKAL

Sur le contexte international avant la guerre, voir Nazan Çiçek, *Turkish Critics of the Eastern Question in the Late Nineteenth Century* (Londres, I.B. Tauris, 2010) ; Michael A. Reynolds, *Shattering Empires : The Clash and Collapse of the Ottoman and Russian Empires, 1908-1918* (Cambridge, Cambridge University Press, 2011) ; et Donald Bloxham, *The Great Game of Genocide : Imperialism, Nationalism, and the Destruction of the Ottoman Armenians* (Oxford, Oxford University Press, 2005). Le Centre d'histoire diplomatique ottomane a entrepris de publier des documents diplomatiques ottomans ; voir en particulier *Ottoman Diplomatic Documents on the Origins of World War One*, vol. 8 : *From the July Crisis to Turkey's Entry into the War, July-December 1914* (éd. Sinan Kuneralp, Istanbul, Isis Press, 2012).

Sur les conditions sociales, voir Yi?it Akın, « The Ottoman Home Front during World War I : Everyday Politics, Society, and Culture » (Ph.D. dissertation, The Ohio State University, 2011) ; Melanie Tanielian, « The War of Famine : Everyday Life in Wartime Beirut and Mount Lebanon (1914-1918) » (Ph.D. dissertation, University of California, Berkeley, 2012) ; Elizabeth Thompson, *Colonial Citizens : Republican Rights, Paternal Privilege and Gender in French Syria and Lebanon* (New York, Columbia University Press, 2000), 1re partie ; Yavuz Selim Karakı?la, *Women, War and Work in the Ottoman Empire : Society for the Employment of Ottoman Muslim Women, 1916-1923* (Istanbul, Ottoman Bank Archive and Research Centre, 2005).

Sur la conscription et la vie des soldats, voir Mehmet Be?ikçi, *The Ottoman Mobilization of Manpower in the First World War* (Leyde, Brill, 2012) ; Yücel Yanıkda?, « Educating the Peasants : The Ottoman Army and Enlisted Men in Uniform » (*Middle Eastern Studies*, vol. 40, n° 6, novembre 2004, p. 91-107), et du même auteur, *Healing the Nation : Prisoners of War, Medicine and Nationalism in Turkey, 1914-1939* (Édimbourg, Edinburgh University Press, 2013). Sur les maladies, voir Hikmet Özdemir, *The Ottoman Army, 1914-1918 : Disease and Death on the Battlefield* (trad. Saban Karda?, Salt Lake City, University of Utah Press, 2008). Pour l'histoire opérationnelle, voir Edward J. Erickson, *Ordered* to Die : *A History of the Ottoman Army in the First World War* (Westport, Greenwood Press, 2001), et *Gallipoli : The Ottoman Campaign, 1915-1916* (Barnsley, Pen and Sword, 2010).

Pour le Comité Union et Progrès – le parti au pouvoir –, voir M. Şükrü Hanioğlu, *Preparation for a Revolution : The Young Turks, 1902-1908* (Oxford, Oxford University Press, 2001) ; Nader Sohrabi, *Revolution and Constitutionalism in the Ottoman Empire and Iran* (Cambridge, Cambridge University Press, 2011) ; M. Naim Turfan, *Rise of the Young Turks : Politics, the Military and Ottoman Collapse* (Londres, I.B. Tauris, 2000) ; et Erik J. Zürcher, *The Young Turk Legacy and Nation-Building : From the Ottoman Empire to Ataturk's Turkey* (Londres, I.B. Tauris, 2010). Sur les conditions économiques et le financement de la guerre, voir Zafer Toprak, *İttihad-Terakki ve Cihan Harbi : Savaş Ekonomisi ve Türkiye'de Devletçilik, 1914-1918* (Istanbul, Homer, 2003) ; et sur l'intervention, voir Handan Nezir Akmeşe, *The Birth of Modern Turkey : The Ottoman Military and the March to World War I* (Londres, I.B. Tauris, 2005) ; F. A. K. Yasamee, « The Ottoman Empire », *in* Keith Wilson (éd.), *Decisions for War, 1914* (Abingdon, Routledge, 1995) ; et Mustafa Aksakal, *The Ottoman Road to War in 1914 : The Ottoman Empire and the First World War* (Cambridge, Cambridge University Press, 2008).

Sur la politique locale et régionale, la citoyenneté impériale et le nationalisme, voir Hasan Kayalı, *Arabs and Young Turks : Ottomanism, Arabism, and Islamism in the Ottoman Empire, 1908-1918* (Berkeley, University of California Press, 1997) ; Abigail Jacobson, *From Empire to Empire : Jerusalem Between Ottoman and British Rule* (Syracuse, Syracuse University Press, 2011) ; Michelle U. Campos, *Ottoman Brothers : Muslims, Christians, and Jews in Early Twentieth-Century Palestine* (Stanford, Stanford University Press, 2011) ; Janet Klein, *The Margins of Empire : Kurdish Militias in the Ottoman Tribal Zone* (Stanford, Stanford University Press, 2011) ; et Kamal Madhar Ahmad, *Kurdistan during the First World War* (trad. Ali Maher İbrahim, Londres, Saqi Books, 1994).

Sur les violences ethniques, les déportations et les Arméniens, voir Ryan Gingeras, *Sorrowful Shores : Violence, Ethnicity, and the End of the Ottoman Empire, 1912-1923* (Oxford, Oxford University Press, 2009) ; Uğur Ümit Üngör, *The Making of Modern Turkey : Nation and State in Eastern Anatolia, 1913-1950* (Oxford, Oxford University Press, 2011) ; et Ronald Grigor Suny, Fatma Müge Göçek et Norman M. Naimark (éd.), *A Question of Genocide : Armenians and Turks at the End of the Ottoman Empire* (Oxford, Oxford University Press, 2011). Sur les statistiques, voir Fuat Dündar, *Crime of Numbers : The Role of Statistics in the Armenian Question (1878-1918)* (New Brunswick, Transaction Publishers, 2010).

Sur la presse et la propagande, voir Thomas Philipp, « Perceptions of the First World War in the Contemporary Arab Press », *in* Itzchak Weismann et

Fruma Zachs (éd.), *Ottoman Reform and Muslim Regeneration* (Londres, I.B. Tauris, 2005) ; Gottfried Hagen, *Die Türkei im Ersten Weltkrieg : Flugblätter und Flugschriften in arabischer, persischer und osmanisch-türkischer Sprache aus einer Sammlung der Universitätsbibliothek Heidelberg* (Francfort, Peter Lang, 1990) ; Erol Köro?lu, *Ottoman Propaganda and Turkish Identity : Literature in Turkey during World War I* (Londres, I.B. Tauris, 2007).

Pour des récits de première main, voir Salim Tamari, *Year of the Locust : A Soldier's Diary and the Erasure of Palestine's Ottoman Past* (Berkeley, University of California Press, 2011) ; Ian Lyster (éd.), *Among the Ottomans : Diaries from Turkey in World War I* (Londres, I.B. Tauris, 2011) ; Hanna Mina, *Fragments of Memory : A Story of a Syrian Family* (trad. Olive Kenny et Lorne Kenny, Northampton, Interlink Books, 2004 [1975]) ; et Irfan Orga, *Portrait of a Turkish Family* (New York, Macmillan, 1950) ; en français, *Une vie sur le Bosphore* (trad. J.-F. Hel-Guedj, Paris, Livre de Poche, 2011).

Sur la mémoire et les effets persistants, voir Olaf Farschid, Manfred Kropp et Stephan Dähne (éd.), *The First World War as Remembered in the Countries of the Eastern Mediterranean* (Wurtzbourg, Ergon Verlag et Orient-Institut, Beirut, 2006) ; Fatma Müge Göçek, *The Transformation of Turkey : Redefining State and Society from the Ottoman Empire to the Modern Era* (Londres, I.B. Tauris, 2011) ; Michael Provence, « Ottoman Modernity, Colonialism, and Insurgency in the Arab Middle East » (*International Journal of Middle East Studies*, vol. 43, 2011).

CHAPITRE XVIII
L'Asie

XU GUOQI

Le domaine de l'Asie et la Grande Guerre constitue une terre largement vierge pour laquelle nous ne disposons toujours pas d'une synthèse rigoureuse dans une perspective comparative. Il n'existe que des études inégales relatives à des nations asiatiques en particulier.

Sur la Chine, Xu Guoqi, *China and the Great War : China's Pursuit of a New National Identity and Internationalisation* (Cambridge, Cambridge University Press, 2005), présente une histoire générale de la Chine et de la guerre dans une perspective historique internationale. *Strangers on the Western Front : Chinese Workers in the Great War* (Cambridge, MA, Harvard University Press, 2011), du même auteur, étudie le long voyage méconnu de 140 000 travailleurs chinois durant la Grande Guerre, de chez eux en Asie jusqu'au front occidental, et le rôle qu'ils ont joué dans l'histoire de l'Asie et du monde.

Sur le Japon, *War and National Reinvention : Japan in the Great War, 1914-1919*, de Frederick Dickinson (Cambridge, MA, Harvard University Press, 1999), est une excellente étude de l'effet de la guerre sur l'évolution de la politique japonaise et son rôle dans la guerre. Pour la clause d'égalité raciale dans les négociations de la conférence de la paix, voir Naoko Shimazu, *Japan, Race and Equality : The Racial Equality Proposal of 1999* (Londres, Routledge, 2009).

Le nombre d'études sur l'Inde et la Grande Guerre semble être en relative augmentation. Pourtant, aucun ouvrage ne fait encore autorité sur le sujet. Pour des observations et des perceptions personnelles sur la guerre, voir David Omissi, *Indian Voices of the Great War* (Londres, Palgrave Macmillan, 1999), et DeWitt C. Ellingwood, *Between Two Worlds : A Rajput Officer in the Indian Army, 1905-1921*, fondé sur le journal d'Amar Singh (Langham, MD, Hamilton Books, 2005) ; Santanu Das, « Indians at Home, Mesopotamia and France, 1914-1918 : Towards an Intimate History », *in* Santanu Das (éd.), *Race, Empire and First World War Writing* (Cambridge, Cambridge University Press, 2011), apporte une perspective nouvelle à notre compréhension de l'histoire de l'Inde dans la Grande Guerre.

ESSAIS BIBLIOGRAPHIQUES

Des chercheurs ont récemment porté leur attention sur le Vietnam et la Grande Guerre, la plupart sur les aspects coloniaux du sujet. Un bon exemple est Richard Fogarty, *Race and War in France : Colonial Subjects in the French Army, 1914-1918* (Baltimore, The Johns Hopkins University Press, 2008), qui comporte une excellente description de la vie des travailleurs vietnamiens en France durant la Grande Guerre. Le travail de Kimloan Vu-Hill constitue une avancée importante. Voir son ouvrage *Coolies into Rebels : Impacts of the World War I on French Indochina* (Paris, Les Indes Savantes, 2011), et ses articles « Strangers in a Foreign Land : Vietnamese Soldiers and Workers in France during the World War I », *in* Nhung Tuyet Tran et Anthony Reids (éd.), *Vietnam : Borderless Histories* (Madison, University of Wisconsin Press, 2006), et « Sacrifice, Sex, Race : Vietnamese Experiences in the First World War », *in* Santanu Das (éd.), *Race, Empire and First World Writing.*

Sur l'Asie et la conférence de la paix d'après-guerre, le meilleur livre est celui d'Erez Manela, *The Wilsonian Moment : Self-Determination and the International Origins of Anticolonial Nationalism* (New York, Oxford University Press, 2007), qui aborde excellemment la Chine, l'Inde et la Corée ainsi que leurs rôles et leurs intérêts dans l'ordre mondial de l'après-guerre.

CHAPITRE XIX
L'Amérique du Nord

Jennifer D. KEENE

Il n'existe pas d'histoire nord-américaine transnationale de la Première Guerre mondiale. Les histoires nationales prédominent, et les études portant sur les relations internationales se consacrent principalement à la vision de Woodrow Wilson d'un nouvel ordre du monde.

David Mackenzie (éd.), *Canada and the First World War. Essays in Honour of Robert Craig Brown* (Toronto, University of Toronto Press, 2005), comprend plusieurs excellents essais qui renouvellent les interprétations très anciennes de l'impact de la guerre sur le Canada. Desmond Morton, *Marching to Armageddon : Canadians and the Great War, 1914-1919* (Toronto, Lester & Orpen Dennys, 1989), est l'étude classique de la guerre du Canada. Robert Craig Brown et Ramsey Cook, *Canada, 1896-1921 : A Nation Transformed* (Toronto, McClelland and Stewart, 1974), contient cinq chapitres traitant de la Première Guerre mondiale, qui offrent peut-être la meilleure synthèse encore jamais publiée. En ce qui concerne les relations États-Unis/Canada, John Herd Thompson et Stephen J. Randall, *Canada and the United States : Ambivalent Allies* (Athens, University of Georgia Press, 4ᵉ éd., 2008), considèrent la Grande Guerre comme un tournant. Sur les pratiques commémoratives canadiennes, voir Jonathan Vance, *Death so Noble : Memory, Meaning, and the First World War* (Vancouver, UBC Press, 1997). Deux ouvrages de Tim Cook sur l'armée canadienne retracent l'évolution des tactiques et des stratégies ainsi que des efforts des soldats : *At the Sharp End : Canadian Fighting the Great War, 1914-1916* (Toronto, Viking, 2007), et *Shock Troops : Canadian Fighting the Great War, 1917-1918* (Toronto, Viking Canada, 2008). Timothy Winegarden explore les expériences des « Indiens » du Canada dans *Indigenous Peoples of the British Dominions and the First World War* (Cambridge, Cambridge University Press, 2011), et dans *For King and Kanata : Canadian Indians and the First World War* (Winnipeg, University of Manitoba Press, 2012).

Une vision d'ensemble de l'effort de guerre des États-Unis se trouve chez David M. Kennedy, *Over Here : The First World War and American Society* (New York, Oxford University Press, 1980) ; Robert H. Zieger, *America's Great*

War : World War I and the American Experience (Oxford, Rowman & Littlefield, 2000) ; et Robert H. Ferrell, *Woodrow Wilson and World War, 1917-1921* (New York, Free Press, 2001. Pour plus d'éléments sur le front intérieur, les droits civils et la mobilisation, voir Christopher Capozzola, *Uncle Sam Wants You : World War I and the Making of the Modern American Citizen* (New York, Oxford University Press, 2008) ; Jennifer D. Keene, *Doughboys, the Great War and the Remaking of America* (Baltimore, Johns Hopkins University, 2001), et Chad L. Williams, *Torchbearers of Democracy : African American Soldiers in the World War I Era* (Chapel Hill, NC, University of North Carolina Press, 2010). Plusieurs ouvrages ont été publiés récemment sur l'expérience américaine du combat : Edward G. Lengel, *To Conquer Hell : The Meuse-Argonne, 1918* (New York, H. Holt, 2008), et Mark Grotelueschen, *The AEF Way of War : The American Army and Combat in World War I* (Cambridge, Cambridge University Press, 2007). Steven Trout retrace la mémoire compliquée de la guerre dans *On the Battlefield of Memory : The First World War and American Remenbrance, 1919-1941* (Tuscaloosa, University of Alabama Press, 2010).

Les historiens étudiant l'évolution des relations extérieures des États-Unis durant la guerre portent une attention particulière au Mexique, mais presque tous ignorent les relations avec le Canada. Kathleen Burk fait exception avec son *Britain, America and the Sinews of War, 1914-1918* (Boston, Allen & Unwin, 1985). On peut trouver des commentaires perspicaces de l'évolution des relations de l'Amérique avec le Mexique dans John Milton Cooper Jr., *Woodrow Wilson : A Biography* (New York, A. Knopf, 2009) ; N. G. Levin, *Woodrow Wilson and World Politics : America's Response to War and Revolution* (New York, Oxford University Press, 1968) ; Friedrich Katz, *The Secret War in Mexico : Europe, the United States and the Mexican Revolution* (Chicago, University of Chicago Press, 1981), et Mark T. Gilderhus, *Pan American Visions : Woodrow Wilson in the Western Hemisphere, 1913-1921* (Tucson, University of Arizona Press, 1986). Akira Iriye, dans *The Cambridge History of American Foreign Relations*, vol. 3 : *The Globalizing of America, 1913-1945* (Cambridge, Cambridge University Press, 1993), étudie comment la guerre s'inscrit dans l'essor progressif de l'Amérique comme puissance mondiale dans la première partie du XXe siècle.

Chapitre xx
L'Amérique latine

Olivier COMPAGNON

Alanis Enciso, Francisco Saúl, « "Vámanos pa'México". La comunidad mexicana en estados Unidos y la conscripción militar durante la Primera Guerra Mundial, 1917-1918 », *Historia Mexicana* (Mexique, n° 238, oct-déc. 2010, p. 897-960).

Albert, Bill, Henderson, Paul, *South America and the First World War. The Impact of the War on Brazil, Argentina, Peru and Chile* (Cambridge, Cambridge University Press, 1988).

Badia i Miro, Marc, Carreras Marin, Anna, « The First World War and Coal Trade Geography in Latin America and the Caribbean, 1890-1930 », *Jahrbuch für Geschichte Lateinamerikas* (Cologne, Weimar et Vienne, n° 45, 2008, p. 369-391).

Bulmer Thomas, Victor, *La historia económica de América latina desde la Independencia* (Mexico, Fondo de Cultura Económica, 1998 ; chap. VI, p. 185-228). La présentation la plus complète des conséquences économiques du conflit dans la région latino-américaine.

Compagnon, Olivier, Enders, Armelle, « L'Amérique latine et la guerre », *in* Stéphane Audoin-Rouzeau, Jean-Jacques Becker (éd.), *Encyclopédie de la Grande Guerre, 1914-1918* (Paris, Bayard, 2004, p. 889-901). La première tentative de synthèse sur la Grande Guerre en Amérique latine.

Compagnon, Olivier, « 1914-18 : The Death Throes of Civilization. The Elites of Latin America face the Great War », *in* Jenny Macleod, Pierre Purseigle (éd.), *Uncovered Fields. Perspectives in First World War Studies* (Leyde, Brill Academic Publishers, 2004, p. 279-295). Une analyse de la réception du conflit par les élites intellectuelles et du tournant identitaire que représente la guerre dans l'histoire culturelle de l'Amérique latine contemporaine.

Compagnon, Olivier, *L'Adieu à l'Europe. L'Amérique latine et la Grande Guerre (Argentine et Brésil, 1914-1939)*, (Paris, Fayard, 2013).

Compagnon, Olivier, Tato María Inés (éd.), *Toward a History of the First World War in Latin America* (Francfort et Madrid, Vervuert/Iberoamerica, 2013). Volume collectif et programmatique explorant divers aspects du conflit en Amérique latine (mobilisation des communautés d'origine européenne, présence de la guerre dans la presse, engagement des intellectuels, etc.).

ESSAIS BIBLIOGRAPHIQUES

COUYOUMDJIAN, Juan Ricardo, *Chile y Gran Bretaña durante la Primera Guerra mundial y la postguerra, 1914-1921* (Santiago, Editorial Andres Bello / Universidad Católica de Chile, 1986). Ouvrage relevant principalement de l'histoire économique.

CUENCA, Álvaro, *La colonia británica de Montevideo y la Gran Guerra* (Montevideo, Torre del Vigia Editores, 2006).

DEHNE, Philip A., *On the Far Western Front. Britain's First World War in South America* (Manchester, Manchester University Press, 2009). À partir d'archives britanniques, une étude des relations entre la Grande-Bretagne et l'Amérique latine mettant l'accent sur les enjeux économiques et fournissant des données utiles sur les listes noires.

ELLIS, Keith, « Vicente Huidobro y la Primera Guerra mundial », *Hispanic Review* (Philadelphie, vol. 67, n° 3, été 1999, p. 333-346). Une étude de cas intéressante consacrée aux effets de la Grande Guerre sur la trajectoire personnelle et artistique du poète chilien.

FISCHER, Thomas, *Die Souveränität der Schwachen. Lateinamerika und der Völkerbund, 1920-1936* (Stuttgart, Franz Steiner Verlag, 2012). Analyse complète et richement documentée de la présence latino-américaine au sein de la Société des Nations.

FRANZINA, Emilio, « La guerra lontana : il primo conflitto mondiale e gli italiani d'Argentina », *Estudios migratorios latinoamericanos* (Buenos Aires, n° 44, 2000, p. 66-73) ; « Italiani del Brasile ed italobrasilani durante il Primo Conflitto Mondiale (1914-1918) », *História : Debates e Tendências* (vol. 5, n° 1, juillet 2004, p. 225-267). Articles fondamentaux sur les mécanismes de la mobilisation à distance de l'importante communauté italienne d'Argentine.

GARAMBONE, Sydney, *A primeira guerra mundial e a imprensa brasileira* (Rio de Janeiro, Mauad, 2003). Brève étude du traitement de la guerre en 1914 et en 1917 dans deux quotidiens de Rio de Janeiro, le *Correio da Manha* et le *Jornal do Commercio*.

GRAVIL, Roger, « Argentina and the First World War », *Revista de História* (São Paulo, 27e année, vol. 54, 1976, p. 385-417). Une analyse précise des conséquences économiques de la Grande Guerre en Argentine.

KATZ, Friedrich, *The Secret War in Mexico. Europe, the United States and the Mexican Revolution* (Chicago, University of Chicago Press, 1981). Ouvrage classique sur l'action des diplomaties européennes et nord-américaines au Mexique dans le double contexte de la révolution et de la Grande Guerre.

LUEBKE, Frederick C., *Germans in Brazil. A Comparative History of Cultural Conflict During World War I* (Baton Rouge et Londres, Louisiana State University Press, 1987). Remarquable étude des communautés d'origine germanique installées dans les États méridionaux du Brésil entre 1914 et 1918.

MADUEÑO, Víctor A., « La Primera Guerra mundial y el desarrollo industrial del Perú », *Estudios Andinos* (Lima, n° 17-18, 1981, p. 41-53).

NOTTEN, Frank, *La influencia de la Primera Guerra Mundial sobre las economías controamericanas, 1900-1929. Un enfoque desde el comercio exterior*, San José, Centro de Invertigaciones Historicas de America Central/Universidad de Costa Rica, 2012.

OTERO, Hernán, *La guerra en la sangre. Los franco-argentinos ante la Primera Guerra mundial* (Buenos Aires, Sudamericana, 2009).

PARRA, Yolanda de la, « La Primera Guerra mundial y la prensa mexicana », *Estudios de historia moderna y contemporánea de México* (Mexico, vol. 10, 1986, p. 155-176).

TATO, Maria Inés, « La disputa por la argentinidad. Rupturistas y neutralistas durante la Primera Guerra mundial », *Temas de historia argentina y americana* (Buenos Aires, n° 13, juillet-décembre 2008, p. 227-250).

TATO, María Inés, « La contienda europea en las calles porteñas. Manifestaciones cívicas y pasiones nacionales en torno de la Primera Guerra mundial », in María Inés Tato, Martín Castro (éd.), *Del Centenario al peronismo. Dimensiones de la vida política argentina* (Buenos Aires, Imago Mundi, 2010, p. 33-63). Une analyse des mobilisations politiques et sociales autour de la Grande Guerre à Buenos Aires par une spécialiste du premier XXe siècle argentin ayant fait des années 1914-1918 son principal objet de recherche.

TATO, María Inés, « Nacionalismo e internacionalismo en la Argentina durante la Gran Guerra », *Projeto História* (São Paulo, n° 36, juin 2008, p. 49-62).

TUCHMAN, Barbara, *The Zimmermann Telegram* (New York, Dell Publishing Co., 1965).

TULCHIN, Joseph S., *The Aftermath of War : World War I and US Policy toward Latin America* (New York, New York University Press, 1971). Un décryptage ancien, mais précieux, des relations interaméricaines au lendemain de la Première Guerre mondiale.

VEGA JIMÉNEZ, Patricia, « ¿ Especulación desinformativa ? La Primera Guerra mundial en los periódicos de Costa Rica y El Salvador », *Mesoamérica* (n° 51, 2009, p. 94-122). Une étude comparée de la présence de la guerre dans la presse centraméricaine et des modalités de circulation des informations en provenance d'Europe.

VINHOSA, Francisco Luiz Teixeira, *O Brasil e a Primeira Guerra mundial* (Rio de Janeiro, IBGE, 1990). Le travail le plus complet sur le Brésil dans la Première Guerre mondiale, avant tout fondé sur l'analyse de sources diplomatiques.

VIVAS GALLARDO, Freddy, « Venezuela y la Primera Guerra mundial. De la neutralidad al compromiso (octubre 1914-marzo 1919) », *Revista de la Facultad de Ciencias Jurídicas y Políticas* (Caracas, n° 61, 1981, p. 113-133).

WEHRLI, Yannick, « Les délégations latino-américaines et les intérêts de la France à la Société des Nations », *Relations internationales* (Paris et Genève, n° 137, 2009/1, p. 45-59).

WEINMANN, Ricardo, *Argentina en la Primera Guerra mundial : neutralidad, transición política y continuismo económico* (Buenos Aires, Fundación Simón Rodríguez, 1994). Ouvrage important sur l'attitude argentine pendant la Grande Guerre, mettant notamment l'accent sur la présidence radicale d'Hipolito Yrigoyen à partir de 1916.

CHAPITRE XXI
Atrocités et crimes de guerre

John HORNE

Le sujet abordé dans ce chapitre touche à l'histoire juridique, culturelle et militaire. Pour les questions juridiques, on dispose d'un ouvrage indispensable avec Geoffrey Best, *Humanity in Warfare: The Modern History of the International Law of Armed Conflicts* (Londres, Weidenfeld and Nicolson, 1980). Pour les textes relatifs à ces questions, il existe deux recueils utiles : Adam Roberts et Richard Guelff (éd.), *Documents on the Laws of War* (Oxford, Clarendon Press, 1982 ; 2ᵉ éd., 1989) ; Michael Reisman et Chris Antoniou, *The Laws of War: A Comprehensive Collection of Primary Documents on International Laws Governing Armed Conflicts* (New York, Vintage Books, 1994). Les procès-verbaux des conférences de la paix de La Haye de 1899 et 1907 figurent dans James Brown Scott (éd.), *Texts of the Peace Conferences at The Hague, 1899 and 1907* (Boston et Londres, Ginn and Co., 1908). Sur les procès pour crimes de guerre de Leipzig en 1921, voir *German War Trials: Report of Proceedings before the Supreme Court in Leipzig* (Londres, HMSO, 1921) ; James F. Willis, *Prologue to Nuremberg: The Politics and Diplomacy of Punishing War Criminals of the First World War* (Westport et Londres, Greenwood, 1982) ; Annie Deperchin-Gouillard, « Responsabilité et violation du droit des gens pendant la Première Guerre mondiale. Volonté politique et impuissance juridique », in Annette Wieviorka (éd.), *Les Procès de Nuremberg et de Tokyo* (Bruxelles, Éditions Complexe, 1996, p. 25-49) ; et Gerd Hankel, *Die Leipziger Prozesse. Deutsche Kriegsverbrechen und ihre strafrechtliche Verfolgung nach dem Ersten Weltkrieg* (Hambourg, Hamburger Edition, 2003). Sur les procès des auteurs du génocide arménien à Constantinople, voir Taner Akçam, *Armenien und der Völkermord. Die Istanbuler Prozesse und die türkische Nationalbewegung* (Hambourg, Hamburger Edition, 1996).

Sur la signification culturelle des « atrocités » et sur l'application de ce terme à l'ennemi aussi bien qu'aux crimes prétendument commis, voir John Horne et Alan Kramer, *German Atrocities, 1914: A History of Denial* (New Haven et Londres, Yale University Press, 2001) ; en français, *Les Atrocités allemandes : la vérité sur les crimes de guerre en France et en Belgique* (trad. H.-M. Benoît,

Paris, Tallandier, 2005). On ne dispose pas encore d'étude équivalente pour le front de l'Est, si ce n'est, s'agissant de l'invasion russe de la Prusse-Orientale, la contribution d'Imanuel Geiss, « Die Kosaken kommen ! Ostpreußen im August 1914 », *in* Imanuel Geiss, *Das deutsche Reich und der Erste Weltkrieg* (Munich, Piper, 1978 ; rééd. 1985). Sur les allégations et la réalité des atrocités commises lors de l'invasion austro-hongroise de la Serbie, le meilleur ouvrage est celui de Jonathan Gumz, *The Resurrection and Collapse of Empire in Habsburg Serbia, 1914-1918* (Cambridge, Cambridge University Press, 2009, p. 44-61). Sur la légalité et la réalité du statut protégé des prisonniers de guerre, voir Heather Jones, *Violence against Prisoners of War in the First World War : Britain, France and Germany, 1914-1920* (Cambridge, Cambridge University Press, 2011).

Parmi les ouvrages qui se penchent sur les interactions entre la construction culturelle de l'ennemi et les exactions contre les populations civiles occupées, on peut mentionner, pour le front occidental, les études novatrices d'Annette Becker, *Oubliés de la Grande Guerre. Humanitaire et culture de guerre. Populations occupées, déportés civils, prisonniers de guerre* (Paris, Noêsis, 1998), et *Les Cicatrices rouges, 14-18 : France et Belgique occupées* (Paris, Fayard, 2010), ainsi que de Sophie de Schaepdrijver, *La Belgique et la Première Guerre mondiale* (Bruxelles, Peter Lang, 1997 ; rééd. 2004) ; sans oublier, pour le front de l'Est, Vejas Gabriel Liulevicius, *War Land on the Eastern Front : Culture, National Identity and German Occupation in World War I* (Cambridge, Cambridge University Press, 2000). On trouvera une étude détaillée, datant de l'époque des faits (rédigée pour le gouvernement belge en exil), sur la déportation de main-d'œuvre belge en Allemagne dans Fernand Passelecq, *Déportation et travail forcé des ouvriers et de la population civile de la Belgique occupée (1916-1918)* (Paris, PUF, 1928). L'article d'Annie Deperchin et Laurence van Ypersele, « Droit et occupation : les cas de la France et de la Belgique » (*in* John Horne [éd.], *Vers la guerre totale*, Paris, Tallandier, 2010, p. 153-174), apporte une contribution majeure à l'étude de l'applicabilité ou non du droit international aux occupations allemandes de la Belgique et de la France.

Sur la violence contre les populations locales, voir, à propos de la retraite russe de 1915, Peter Holquist, « Les violences de l'armée russe à l'encontre des Juifs en 1915 : causes et limites » (*in* John Horne [éd.], *Vers la guerre totale*, p. 191-219), et Peter Gatrell, *A Whole Empire Walking : Refugees in Russia during the First World War* (Bloomington, Indiana University Press, 1999), en particulier les p. 15 à 97. Le génocide arménien est abordé ci-dessous au chapitre 22, mais à propos de sa subordination aux relations entre grandes puissances, et de la vision toute relative qu'en eurent les Alliés (par rapport au dénigrement bien plus considérable dont l'Allemagne a fait l'objet), on peut consulter Donald Bloxham, *The Great Game of Genocide : Imperialism, Nationalism and the Destruction of the Ottoman Armenians* (Oxford, Oxford University Press, 2005), ainsi qu'Annette Becker et Jay Winter, « Le génocide arménien et les réactions de l'opinion internationale » (*in* John Horne [éd.], *Vers la guerre totale*, p. 291-313).

Nous ne disposons pas d'histoire satisfaisante des affirmations et contre-affirmations entourant le blocus allié et les campagnes allemandes de sous-marins, mais on peut consulter Gerd Krumeich, « Le blocus maritime et la guerre sous-marine » (*in* John Horne [éd.], *Vers la guerre totale*, p. 175-190). Sur la dimension morale et juridique de la guerre aérienne, en plus de Geoffrey Best, *Humanity in Warfare*, voir Christian Geinitz, « The First German Air War against Noncombatants : Strategic Bombing of German Cities in World War I », *in* Roger Chickering et Stig Förster (éd.), *Great War, Total War. Combat and Mobilization on the Western Front, 1914-1918* (Cambridge, Cambridge University Press, 2000, p. 207-225).

Une grande partie du débat sur la « propagande » pendant la Première Guerre mondiale fait le même usage peu critique de ce terme que dans les années 1920, où il représentait une réaction négative à la manipulation supposée des esprits pendant la Grande Guerre. Pour une tentative de réflexion sur les constructions de la « vérité » et du « mensonge » dans les circonstances bipolarisées de la guerre, voir John Horne, « "Propagande" et "vérité" dans la Grande Guerre », *in* Christophe Prochasson et Anne Rasmussen (éd.), *Vrai et faux dans la Grande Guerre* (Paris, Bayard, 2004, p. 76-95).

Le contexte militaire et politique de chacun des thèmes traités dans ce chapitre est abordé ailleurs dans cette histoire, notamment aux chapitres 12 (guerre maritime), 13 (guerre aérienne) et 21 (prisonniers de guerre) du volume 1 ; 18 (guerre économique et blocus) du volume 2 ; 8 (réfugiés), 9 (minorités), 10 (populations occupées) et 11 (captifs) du volume 3. Enfin, pour un autre aperçu sous un angle quelque peu différent, voir Alan Kramer, « Combatants and Noncombatants : Atrocities, Massacres and War Crimes », *in* John Horne (éd.), *A Companion to World War One* (Chichester et Oxford, Wiley-Blackwell, 2010, p. 188-201).

CHAPITRE XXII
Génocide

Hans-Lukas KIESER et Donald BLOXHAM

Il existe une masse impressionnante de travaux fondés sur une abondante documentation ottomane, mais aussi des sources primaires arméniennes et autres. Raymond Kévorkian, *Le Génocide des Arméniens* (Paris, Odile Jacob, 2006), est un récit historique extrêmement détaillé du génocide dans presque tous ses aspects. Voir aussi son analyse, avec une chronologie détaillée, « L'extermination des Arméniens par le régime jeune-turc (1915-1916) », *Encyclopédie en ligne des violences de masse* (http://www.massviolence.org). Taner Akçam, *The Young Turks' Crime Against Humanity : The Armenian Genocide and Ethnic Cleansing in the Ottoman Empire* (Princeton, Princeton University Press, 2012), est le dernier livre que l'auteur ait consacré à ce sujet. L'ouvrage qu'il a signé avec Vahakn N. Dadrian, *Judgment at Istanbul : The Armenian Genocide Trials* (New York, Berghahn, 2011), contient aussi beaucoup d'éléments pertinents. On doit à Hilmar Kaiser de nombreux essais qui font autorité, dont un panorama fondé sur des sources primaires : « Genocide at the Twilight of the Ottoman Empire », *in* Donald Bloxham et A. Dirk Moses (éd.), *The Oxford Handbook of Genocide Studies* (Oxford, Oxford University Press, 2010, p. 365-385). Fuat Dündar, *Crime of Numbers : The Role of Statistics in the Armenian Question (1878-1918)* (New Brunswick, NJ, Transaction, 2010), aborde les problèmes relatifs au génocide dans la perspective d'un démographe ; *son ?ttihat ve Terakki'nin Müslümanları ?skân Politikası, 1913-1918* (Istanbul, ?leti?im Yayınları, 2001), éclaire divers aspects de l'engineering démographique et le contexte historique à partir des guerres balkaniques. U?ur Ümit Üngör, *The Making of Modern Turkey : Nation and State in Eastern Anatolia, 1913-1950* (Oxford, Oxford University Press, 2011), traite du sort des Arméniens à partir d'une étude fouillée de la province de Diarbékir. Le livre cosigné avec Mehmet Polatel, *Confiscation and Destruction : The Young Turk Seizure of Armenian Property* (Londres, Continuum, 2011), étudie le pillage des victimes. Hans-Lukas Kieser, *Der verpasste Friede. Mission, Ethnie und Staat in den Ostprovinzen der Türkei 1839-1938* (Zurich, Chronos, 2000), traite de la période du génocide et de l'arrière-plan depuis le début de l'époque des réformes ou *Tanzimât*.

La plupart des ouvrages susmentionnés évoquent, dans une certaine mesure, les groupes de victimes non arméniens. Le sort des Syriaques est au cœur de David Gaunt, *Massacres, Resistance, Protectors : Muslim-Christian Relations in Eastern Anatolia during World War I* (Piscataway, NJ, Gorgias Press, 2006), et du 2ᵉ chapitre d'Üngör, *The Making of Modern Turkey*. De même que Kieser, *Der verpasste Friede*, l'ouvrage d'Üngör traite aussi des Jeunes Turcs, puis des politiques kémalistes de violence et d'assimilation dirigées contre les Kurdes. Sur les continuités entre le régime des Jeunes Turcs et le régime républicain ultérieur, voir Erik J. Zürcher, *The Young Turk Legacy and Nation Building : From the Ottoman Empire to Atatürk's Turkey* (Londres, IB Tauris, 2010).

Sur le contexte international, voir Donald Bloxham, *The Great Game of Genocide : Imperialism, Nationalism, and the Destruction of the Ottoman Armenians* (Oxford, Oxford University Press, 2005). Wolfgang Gust (éd.), *Der Völkermord an den Armeniern 1915/16 : Dokumente aus dem Politischen Archiv des deutschen Auswärtigen Amts* (Springe, zu Klampen Verlag, 2005), réunit des documents diplomatiques allemands illustrant les réactions allemandes et des récits de témoins oculaires sur la réalité de la situation en Asie Mineure. (Le site Web de Gust, http://www.armenocide.net/, reproduit ces documents et en donne des traductions anglaises.) Les volumes publiés sous la direction d'Artem Ohandjanian, *Österreich-Armenien, 1872-1936 : Faksimilesammlung diplomatischer Aktenstücke* (Vienne, Ohandjanian Eigenverlag, 1995), sont à peu près l'équivalent pour les archives diplomatiques de la Double Monarchie. Pour d'autres témoignages de diplomates, voir Ara Sarafian (éd.), *United States Official Records on the Armenian Genocide 1915-1917* (Londres, Taderon Press, 2004). Dans la masse des récits contemporains se distingue le livre particulièrement détaillé et systématique de Johannes Lepsius, *Der Todesgang des armenischen Volkes : Bericht über das Schicksal des armenischen Volkes in der Türkei während des Weltkrieges* (Potsdam, Tempelverlag, 1919) ; en français, *Rapport secret sur les massacres d'Arménie, 1915-1916* (Paris, Payot, 1918-1919, rééd. 1987 en fac-similé).

Parmi les divers recueils publiés, trois méritent une attention particulière : Ronald Grigor Suny, Fatma Müge Göçek et Norman M. Naimark (éd.), *A Question of Genocide : Armenians and Turks at the End of the Ottoman Empire* (New York, Oxford University Press, 2011) ; Hans-Lukas Kieser et Dominik Schaller (éd.), *Der Völkermord an den Armeniern und die Shoah/The Armenian Genocide and the Shoah* (Zurich, Chronos, 2002). Richard Hovannisian (éd.), *Remembrance and Denial : The Case of the Armenian Genocide* (Detroit, MI, Wayne State University Press, 1999), associe des essais historiques utiles et des études du négationnisme turc.

Pour des efforts visant à situer le génocide de la fin de l'Empire ottoman et d'autres cas dans un contexte élargi, voir Kieser et Schaller (éd.), *Der Völkermord an den Armeniern und die Shoah* ; Donald Bloxham, *The Final Solution : A Genocide* (Oxford, Oxford University Press, 2009), et Mark Levene, *The Crisis of Genocide*, vol. I, *1912-1938* et vol. II, *1939-1953* (Oxford, Oxford University Press, 2013).

Sur les violences russes envers les minorités au cours de la guerre, voir Edward D. Sokol, *The Revolt of 1916 in Russian Central Asia* (Baltimore, Johns Hopkins University Press, 1954) ; Eric Lohr, *Nationalizing the Russian Empire : The Campaign against Enemy Aliens during World War One* (Cambridge, MA, Harvard University Press, 2003) ; Peter Gatrell, *A Whole Empire Walking : Refugees in Russia during the First World War* (Bloomington, IN, Indiana University Press, 1999) ; Alexander V. Prusin, *Nationalizing a Borderland : War, Ethnicity, and Anti-Jewish Violence in East Galicia, 1914-1920* (Tuscaloosa, AL, University of Alabama Press, 2005) ; Peter Holquist, « Les violences de l'armée russe à l'encontre des Juifs en 1915 : causes et limites », *in* John Horne (éd.), *Vers la guerre totale : le tournant de 1914-15* (Paris, Tallandier, 2010, p. 191-219). L'essai de Holquist *in* Suny *et al.* (éd.), *A Question of Genocide*, compare la politique russe envers les musulmans transcaucasiens au cours de la guerre à la politique ottomane envers les Arméniens. Pour des observations importantes, voir Michael A. Reynolds, *Shattering Empires : The Clash and Collapse of the Russian and Ottoman Empires, 1908-1919* (Cambridge, Cambridge University Press, 2011).

Sur l'autre épisode abordé dans ce chapitre, voir Mahir ?aul et Patrick Royer, *West African Challenge to Empire : Culture and History in the Volta-Bani Anticolonial War* (Athens, Ohio, Ohio University Press, 2001).

On trouvera des matériaux qui intéressent ce chapitre dans ce même volume, plus précisément dans les chapitres 17, sur la guerre au Moyen-Orient, et 21, sur les crimes de guerre et les atrocités ; dans le chapitre 23 du volume 2, sur les guerres après la guerre ; ainsi que dans la 3ᵉ partie du volume 3, « Populations en danger ».

CHAPITRE XXIII
Droit de la guerre

Annie DEPERCHIN

La consultation des documents officiels constitue la meilleure approche du droit de la guerre pour comprendre les étapes de son élaboration, les difficultés rencontrées à travers les débats que soulèvent les différentes questions : *Actes de la Conférence de Bruxelles de 1874 – Sur le projet d'une convention internationale concernant la guerre* (Paris, Librairie des Publications législatives, 1874) ; Ministère des Affaires étrangères, *Deuxième Conférence internationale de la Paix 1907 – Documents diplomatiques* (Paris, Imprimerie nationale, 1908) ; Ministère des Affaires étrangères, *Conférence internationale de la Paix 1899 – Documents diplomatiques* (Paris, Imprimerie nationale, 1900).

Pour comprendre le raisonnement juridique sur le droit de la guerre, un ouvrage ancien, mais qui n'a rien perdu de sa pertinence, aborde l'évolution du droit dans toutes ses dimensions de 1864 à 1899 et tire le bilan de sa confrontation aux conflits de la période : Fiodor de Martens, *La Paix et la Guerre* (Paris, A. Rousseau, 1901).

Sur les violations du droit de la guerre et leur traitement judiciaire, deux ouvrages récents s'imposent. Le premier, écrit par deux historiens anglo-saxons, est centré sur le début de la guerre, mais aborde les violations du droit et fournit une approche historienne tant de l'ensemble de leur traitement judiciaire que de la réception de celui-ci dans les sociétés concernées : John Horne et Alan Kramer, *German Atrocities 1914 : A History of Denial* (New Haven et Londres, Yale University Press, 2001). Le second, dû à un spécialiste allemand du droit contemporain des conflits, donne une approche vraiment juridique des procès de Leipzig : Gerd Hankel, *Die Leipziger Prozesse. Deutsche Kriegsverbrechen und ihre strafrechtliche Verfolgung nach dem Ersten Weltkrieg* (Hambourg, Hamburger Edition, 2003).

Remerciements

L'achèvement de cette Histoire de la Première Guerre mondiale en trois volumes eût été impossible sans le soutien et le concours de l'équipe de l'Historial de la Grande Guerre, à Péronne, dans la Somme. Ouvert en 1992, celui-ci est le premier musée international du conflit de 1914-1918 à traiter sur un pied d'égalité les deux camps dans une approche globale. Fruit d'une génération de travail dans le domaine de l'histoire culturelle, c'est son Centre de recherche, créé en 1989, qui a conçu le discours historique de ce musée. Historiens, nous avons été au centre du projet tout au long de sa gestation. Nous le demeurons aujourd'hui.

Financé par le Conseil général de la Somme, l'Historial est l'expression d'une mémoire locale et le fruit d'une volonté de préserver les traces de la Grande Guerre telles qu'elles se sont inscrites dans le paysage du département de la Somme. Dans sa vie sociale et culturelle aussi, ainsi que dans le monde plus vaste qui partagea avec lui la catastrophe de la guerre.

Au Conseil général, nous sommes redevables à son président, Christian Manable, ainsi qu'au directeur de la Culture, Marc Pellan. À l'Historial même, il nous faut remercier son président, Pierre Linéatte ; sa conservatrice, Marie-Pascale Prévost-Bault ; son directeur, Hervé François, sans oublier également : Christine Cazé, guide irremplaçable dans les collections du musée, dont les illustrations retenues ici donnent une idée de la richesse ; Frederick Hadley ; Catherine Mouquet ; Séverine Lavallard. Merci enfin au photographe du Conseil général de la Somme, Yazid Medmoun.

Ce tableau transnational de l'histoire de la Grande Guerre est l'œuvre d'un conseil éditorial formé des membres du Comité directeur du Centre international de recherche de l'Historial. Maître d'œuvre du projet, je n'aurais pu ne fût-ce que lancer cette Histoire de la Première Guerre mondiale sans mon appartenance à un collectif d'historiens avec qui je travaille depuis plus de vingt ans. Leur vision partagée est au cœur de ces trois volumes, et c'est à eux et aux nombreux autres collègues spécialistes de la Grande Guerre travaillant à nos côtés que je dois les remerciements les plus vifs. Toute ma gratitude va aussi à Rebecca Wheatley pour son aide à la préparation des cartes de cet ouvrage.

Voici comment nous avons procédé. Une fois établie la table des matières, et distribuées les tâches des auteurs, chaque section du livre a été placée entre les mains de directeurs de section, responsables, pour ce qui leur incombait, du suivi et de l'achèvement des divers chapitres et des essais bibliographiques. Ces chapitres dûment approuvés ont été ensuite adressés au conseil éditorial. Il m'appartenait, en tant que maître d'œuvre, de veiller à ce qu'ils soient complets et, par leur style et leur approche, compatibles avec notre objectif mondial et transnational.

La coordination de cet immense projet a largement reposé, à Péronne, sur les épaules de Caroline Fontaine, directrice du Centre international de recherche de l'Historial de la Grande Guerre, et à Paris, pour les éditions Fayard, sur les épaules de Camille Marchaut-Baty. Quant aux erreurs qui subsisteraient, j'en assume la pleine responsabilité.

Jay Winter

Index des noms de personnes

ABDÜLHAMID II : 641
ADIL : 514
AI QUOC, Nguyen : 549
AITKEN, Arthur Edward : 464
ALANBROOKE, lord : 138
ALBERT Ier : 425
ALBERTINI, Luigi : 54, 76
ALEXANDRE III : 660
ALEXEÏEV, Mikhaïl : 277
ALLENBY, Edmund : 181, 340-344, 361, 423, 462-463, 519
AMUDE, Stanley : 461
ANDRADE, Mário de : 596
ANGELL, Norman : 37, 130
ANNAUD, Jean-Jacques : 477
ANSKY, Shloyme : 607
ARON, Raymond : 14
ASHWORTH, Tony : 280
ASQUITH, Herbert Henry : 70, 93, 123, 242, 434, 462-463
ATATÜRK, Mustafa Kemal : 15, 345, 507-508, 636, 653

BÂ, Amadou Hampaté : 200
BADE, Max de : 183, 185
BADEN, Max von : 184
BADEN-POWELL, Robert : 447
BAKER, Newton : 561, 569
BALFOUR, Arthur : 123, 393, 462, 505, 520
BALFOURIER, Maurice : 110
BALL, Albert : 400
BALLARD, George A. : 436

BALLIN, Albert : 43
BARBUSSE, Henri : 316
BARDACH, Bernhard : 685-686
BARRATT, général : 322
BARTHES, Roland : 683
BASSERMANN, Ernest : 45-46
BAUER, Max : 267
BEATTY, David : 355-356, 362-363, 366
BÉCHEREAU, Louis : 396
BEER, George Louis : 470
BEHRMANN, Theodor : 266, 269
BELCOURT, Napoléon : 567
BELL, Johannes : 195
BELOW, Otto von : 307
BENGOECHEA, Hernando de : 582
BENOÎT XV, pape : 94
BÉRAUD-VILLARS, Jean : 402
BERCHTOLD, Leopold : 55, 58-59, 65-66
BERDOULAT, Pierre : 454
BERESFORD, Thomas : 361
BERNHARDI, Friedrich von : 37
BESANT, Annie : 545
BETHMANN HOLLWEG, Theobald von : 49, 59-64, 66, 68-69, 71-72, 74-76, 265-266, 277, 283, 621, 649, 673-675
BEY, Cavid : 655
BIEBERSTEIN, Marshall de : 668
BIRDWOOD, Sir William : 329, 333-334
BISMARCK, Otto von : 31, 42, 265, 352, 609
BLÉRIOT, Louis : 366, 385
BLOCH, Ivan S. : 383
BLOCH, Jan : 37, 130

BLOXHAM, Donald : 510, 619
BLUNTSCHLI, Fernand : 677
BOASSON, Marc : 127
BOELCKE, Oswald : 394, 397, 400
BONAPARTE, Napoléon : 509
BORDEN, Robert : 562-563
BOROEVIC VON BOJNA, Svetozar : 180, 298-299, 307
BOSELLI, Paolo : 302
BOTHA, Louis : 353, 488
BÖTTRICH, Sylvester : 648
BOUKHARINE, Nikolaï I : 158
BOURGEOIS, Léon : 667
BOYD, William : 479
BREGUET, Louis : 396
BROOKE, Alan : 241
BROUSSILOV, Alexeï : 115-116, 131, 134, 258, 269, 277, 279-282, 284, 302, 310, 418, 434
BRUCHMÜLLER, Georg : 144, 166
BRYCE, James : 618
BÜLOW, Bernhard von : 40, 42, 428
BURIAN, Istvan : 65
BURIAN, Stephan : 182
BYNG, Julian : 362

CADORNA, Luigi : 179, 291, 293, 295-296, 298-299, 301, 304-307, 310, 317, 431
CAILLAUX, Joseph : 70
CALDERÓN, José Garcia : 582
CALMETTE, Joseph : 70
CAMBON, Paul : 62
CAPRONI, Gianni : 387, 406, 412
CARDEN, Amiral Sir Sackville Hamilton : 325
CARLYLE, Thomas : 359
CARRANZA, Venustiano : 567-568, 570-573, 592
CASSIN, René : 204, 208
CASTELNAU, Edouard de : 110
CAVAFY, Constantin : 17
CAVELL, Edith : 88, 211, 616
CHAMBERLAIN, Austen : 338
CHARLES Ier : 178, 180, 182, 305, 312
CHARLES XII : 276
CHILEMBWE, John : 487
CHURCHILL, Winston : 85, 116, 123, 166, 173, 231, 324-325, 348, 360, 364, 381, 385, 387, 393, 424, 459, 537
CLAUSEWITZ, Carl von : 257, 276, 420
CLEMENCEAU, Georges : 16, 58, 66, 171, 183, 195-197, 402-403, 410, 424, 431, 436, 456, 677
COLMO, Alfredo : 582
CORBETT, Julian S. : 355, 370, 378

CORRADINI, Enrico : 32
CRAMON, August von : 273
CRANE, Charles R. : 519
CROWE, Eyre : 71
CROWL, Philip : 360
CUNNINGHAM, Andrew : 366, 381
CURRIE, Arthur : 138, 252, 561
CURTISS, Glenn : 387, 406
CURZON, Lord : 446
CZERNIN, Ottokar (comte) : 178, 180

D'ANNUNZIO, Gabriele : 214
DANILOV, Alexeï : 260
DARWIN, Charles : 444
DEAN, Warren : 584
DELLMENSINGEN, Krafft : 307, 317
DÉNIKINE, Anton : 213
DEVENTER, Jaap van : 496
DIAGNE, Blaise : 453, 456, 470
DIAZ, Armando : 179-181, 310, 312
DIMITRIEVIC, Dragutin : 57
DINAR, Ali : 490-491
DJEMAL PACHA : 319-320, 323, 505, 515, 517-518, 648, 651
DJEVDET, Bey : 644-645
DMITRIEV : 273, 275
DÖNITZ, Karl : 370, 380
DORGELÈS, Roland : 204
DOUHET, Giulio : 368, 387, 394, 400, 406, 412-413
DOYLE, Arthur Conan : 447
DRIANT, Émile : 110
DUBOIS, W. E. B. : 470
DUGUIT, Léon : 208
DUMAS, Jacques : 677
DUMESNIL, Jacques-Louis : 402
DUNANT, Henry : 659
DUNCAN, Adam (amiral) : 348
DUXIU, Chen : 548-549
DYER, William : 201

EBERT, Friedrich : 185
ECKARDT, Heinrich von : 588
EDIB, Halil : 649
EISENHOWER, Dwight : 360
ENVER PACHA, Ismail : 319, 321, 507, 513, 515-516, 643-644, 648, 652, 655
ERZBERGER, Matthias : 45-46, 184-185, 652
ESAT PACHA : 427
ESPÈREY, Louis Franchet d' : 180
EVERT, Alexeï : 279

INDEX DES NOMS DE PERSONNES

FALKENHAYN, Erich von : 60-61, 82, 104-108, 112-114, 116-118, 121, 125-126, 131, 224, 233-235, 249, 267-268, 271-276, 281-282, 289, 425, 427-428, 430, 432
FARID, Muhammad : 517
FARMAN, Henri : 384
FARRAR, L. L. : 317
FARRAR, Lancelot : 50
FAY, Sydney : 54
FAYÇAL, ben Abdelaziz al-Saoud : 200
FERDINAND, François : 612
FERDINAND, Joseph : 280
FERGUSON, Niall : 199
FERNANDO DE FRONTIN, Pedro Max : 590
FERRY, Jules : 31, 33
FISCHER, Fritz : 50, 54-55, 60-61, 64, 76
FISHER, John Arbuthnot : 41, 357, 364, 420
FISKE, H. B. : 562
FOCH, Ferdinand (maréchal) : 135, 137, 169, 173, 184, 248, 252, 255, 359, 419, 425, 437, 538
FODEN, Giles : 479
FONCK, René : 402, 410
FRANÇOIS, Guillaume : 163
FRANÇOIS, Hermann von : 262
FRANÇOIS-FERDINAND, archiduc : 56, 58, 67, 450
FRANÇOIS-JOSEPH : 60, 65, 74, 305
FRANK, Andre Gunder : 584-585
FRÉDÉRIC LE GRAND : 265, 359
FRENCH, John, Sir : 117, 232, 389, 416, 418, 420
FREUD, Sigmund : 36, 606
FRIESER, Karl-Heinz : 264
FUAD, Ali : 650
FUSSELL, Paul : 13, 15

GALTIER-BOISSIÈRE, Jean : 204
GAMBETTA, Léon : 421
GAMIO, Manuel : 594
GANCE, Abel : 205
GANDHI, Mahatma : 470, 545, 550
GARROS, Roland : 394
GAUNT, David : 650
GEORGES V : 501
GEORGES-PICOT, François : 345, 461, 505
GEYER, Michael : 617
GIOLITTI, Giovanni : 294, 449
GOETHE, Johann Wolfgang von : 153
GOLTZ, Colmar von der : 427
GORDON, Andrew : 364
GORRINGE, George : 337-338
GOUGH, Hubert : 120, 124, 143, 243
GOURAUD, Henri : 333

GRAÇA ARANHA, José Pereira da : 582
GRANT, Ulysses S. : 126, 230
GRAVES, Robert : 216
GRAVIL, Roger : 584
GREY, Charles : 445
GREY, Edward : 51, 62, 71, 339
GROENER, Wilhelm : 184-185
GROSCHEN, Edward : 673
GROSS-SCHWARZHOFF, Julius von : 668
GUILLAUME DE PRUSSE, Kronprinz (Guillaume de Hohenzollern) : 106, 108, 112
GUILLAUME Ier : 195, 421
GUILLAUME II : 32, 39, 43-44, 46-47, 49, 58-61, 64-65, 68, 70-71, 77, 116, 154, 178, 182-185, 198, 233, 263, 275, 352-353, 377, 391, 425, 432-433, 611, 643, 679
GUILLAUME III (Guillaume d'Orange) : 352
GUOGAN, Zhang : 528
GUYNEMER, Georges : 394, 396, 400, 402

HABER, Fritz : 610
HAIG, Douglas : 117-126, 136-137, 139, 142-144, 147, 150, 167-169, 171, 173, 190, 229, 232, 235-237, 240-243, 245, 248, 250, 252, 255, 364, 405, 408, 418-420, 422, 429-431, 434, 436
HALDANE, Richard, lord : 41-42, 45
HALIL PACHA (Kut) : 644, 652
HAMILTON, Ian : 327, 329, 332-335, 459
HANKEY, Maurice : 123
HARCOURT, Lewis : 478
HARDINGE, Charles : 322, 337, 544
HARMSWORTH, Alfred : 383
HART, B. Liddell : 374
HAUSSMAN, Conrad : 64
HAWKER, George Lanoe : 366, 394
HAYA DE LA TORRE, Victor : 593
HEARNE, R. P. : 385
HEERINGEN, Josias von : 45
HEINKEL, Ernst : 399
HEINRICH DE PRUSSE, Albert Wilhelm (prince) : 385
HELPHAND-PARVUS, Alexander : 643, 655
HEMINGWAY, Ernest : 202, 316
HENTSCH, Richard : 428
HERTLING, Georg von : 177
HERWIG, Holger : 131, 310
HERZL, Theodor : 520
HILDEBRAND, Klaus : 39
HINDENBURG, Paul von : 104, 116, 125, 131-132, 149, 154, 182, 184, 189, 233, 250, 261-264,

266-268, 281-282, 302, 398, 404, 416, 423, 425, 427, 430, 432, 457
HINTZE, Paul von : 178, 183
HIPPER, Franz von : 355, 363
HITLER, Adolf : 264, 285, 369, 374, 378, 457
HÔ CHI MINH : 200, 442, 470, 529, 541-542, 549-550
HOBSON, John A. : 446
HOEPPNER, Ernst von : 398
HOFFMANN, Max : 158, 161, 261-262, 264-265
HOHENBERG, duchesse de : 56
HOLQUIST, Peter : 638
HOOVER, Herbert : 208
HORNE, John : 101
HÖTZENDORF, Franz Conrad von : 48, 55, 65-66, 69, 74, 115, 180, 260, 267-268, 271, 274-276, 281, 291-297, 300-302, 304-305, 417, 426, 429
HOUSE, Edward : 195, 550, 563
HOYOS, Alexander von : 59-60
HULL, Isabell : 33
HUMANN, Hans : 648
HUNTER-WESTON, Ayhmer : 333
HUSSEIN, Abdallah : 459
HUSSEIN, Fayçal : 342, 345, 459, 461-463
HUSSEIN, Ibn Ali : 341, 459, 462-463, 520
HUSTON, John : 479
HUTIER, Oskar von : 166

IBARGUREN, Carlos : 595
IMMELMANN, Max : 394, 397
IMPERIALI, Guglielmo : 296
INGENIEROS, José : 594
IQBAL, Mohammed : 531
IRIYE, Akira : 572
ISAAC, Jules : 54, 68, 76
ISLEY, Jeter A. : 360
ISNENGHI, Mario : 317
IVANOV, Nicolaï : 260

JABAVU, D. D. T., Xhosa : 489
JAGOW, Gottlieb von : 48, 60, 63-64, 71
JAURÈS, Jean : 49, 73
JEBB, Eglantyne : 207-208
JELLICOE, John Rushworth : 362-364, 366, 420, 558
JILINSKI, Yakov : 260
JINGWEI, Wang : 544
JOFFRE, Joseph : 74, 83, 106-107, 110, 113, 116, 119, 135, 224, 229-232, 235, 240-241, 249, 255, 359, 416, 418-419, 422-423, 428-430, 434, 437

JOLL, James : 27, 54, 74
JOYNSON-HICKS, William : 393
JÜNGER, Ernst : 18, 132

KÂMIL, Mahmud : 519
KAORU, Inoue : 524-525
KATO, Hiroyuki (baron) : 525
KATZ, Friedrich : 570
KEEGAN, John : 13, 15
KEIGER, John : 70
KEMAL, Mustapha : 459-460
KENNAN, George F. : 27, 507
KERENSKI, Alexandre : 134, 258, 284-285
KÉRILLIS, Henri de : 402
KÉVONIAN, Dzovinar : 208
KÉVORKIAN, Raymond : 651
KEYNES, John Maynard : 195, 198-199
KING, Henry Churchill : 519
KITCHENER, Horatio Herbert : 82, 96, 123, 231-232, 324, 327, 334, 336, 416, 418, 423, 459, 462
KITCHENER, lord Stanley : 461
KLUCK, Alexandre von : 428
KNOBELSDORF, Schmidt von : 106, 108
KOHLER, Josef : 673
KOLTCHAK, Alexandre : 213
KOO, Wellington V.T. : 201, 547
KOUTOUZOV, Mikhaïl : 267, 277, 285
KRESSENSTEIN, Friedrich Freiher Kress von : 323
KUHL, Hermann von : 167
KÜHLMANN, Richard von : 158, 178
KUN, Béla : 211
KUSMANEK, Herman : 268

LA PRADELLE, Louis de : 677
LARKIN, Philip : 11
LARNAUDE, Fernand : 677
LAW, Bonar : 333
LAWRENCE, Thomas Edward, dit Laurence d'Arabie : 200, 216, 341-343, 345, 361, 462-463, 505
LEBAUDY, Paul : 383
LEBAUDY, Pierre : 383
LEED, Eric : 14-15
LEMKIN, Raphaël : 600, 630, 633
LÉNINE, Vladimir Ilitch : 15, 134, 158, 161, 200, 206, 643
LÉOPOLD II : 31, 33
LETTOW-VORBECK, Paul Emil von : 150, 353, 423, 464-465, 480, 482, 489, 496
LEVENE, Mark : 638
LIEBKNECHT, Karl : 185, 212-213

INDEX DES NOMS DE PERSONNES

LIETH-THOMSEN, Hermann von der : 398
LINTON, Derek : 420, 447
LIST, Friedrich : 637
LLOYD GEORGE, David : 16, 54, 97, 104, 117, 119, 123, 136-137, 143, 148, 150, 156, 167, 183, 196-197, 240, 242, 341, 366, 370, 372, 393, 408, 424, 431, 434, 436, 462, 465, 471, 563
LOSSBERG, Fritz von : 273
LOUCHEUR, Louis : 410
LOUIS III DE BAVIÈRE : 184
LOUIS XIV : 352
LUDENDORFF, Erich : 44-45, 104, 116, 125, 131, 149, 154-156, 158, 164, 166-169, 171-174, 177, 182-185, 188, 190-191, 233, 245-246, 248-251, 255-256, 261-264, 267-268, 277, 282, 284-285, 302, 344, 373-374, 376-377, 398, 405, 416, 427, 430, 432, 457
LUGONES, Leopoldo : 577, 595
LUXEMBURG, Rosa : 212-213
LYAUTEY, Hubert : 137
LYNCKER, Moriz von : 60

MACKENSEN, Auguste von : 274-275, 282, 426-427
MACKINDER, Halford John : 358-359
MACMILLAN, Margaret : 196, 563
MAHAN, Alfred Thayer : 347-348, 358, 370, 378, 443
MAHFOUZ, Naguib : 517
MAKLAKOV, Nicolas : 67
MALIK, Abd al- : 490
MANELA, Erez : 16, 194, 547
MANGIN, Charles : 113-114, 235, 249, 446, 453-456, 485
MANTOUX, Étienne : 198
MARTENS, Fiodor de : 604, 665, 671
MARTIN, Thomas S. : 129
MASATAKE, Terauchi, général : 467
MATEJKO, Jan : 263
MAUDE, Stanley : 340
MAXWELL, John : 323, 340
McKENNA, Reginald : 448
McMAHON, Henry : 341
MEHMET V (sultan ottoman) : 489
MELOGRANI, Piero : 317
MENOCAL, Mario García : 592
MERLAUD-PONTY, William : 453
METZGER, Josef (colonel) : 48
MICHELIN, André : 386, 388
MICHELIN, Edouard : 386, 388

MIKHAÏLOVITCH, Alexandre (grand-duc) : 385
MITCHELL, William (Billy) : 368, 409
MINTZURI, Hagop : 512
MOLTKE, Helmuth von (l'Ancien) : 44, 47-50, 60, 66, 69, 75-76, 223-224, 260-261, 265, 386, 416-418, 420, 423, 425-426, 428, 607, 609
MOMBAUER, Anika : 55, 69
MOMMSEN, Wolfgang : 55, 63, 73-74
MONRO, Charles : 459
MONROE, James : 571-572, 577
MONROE, Jan : 34
MONTEIRO LOBATO, José Bento : 595
MORDTMANN, Johann : 648
MORGAN, John Pierpont : 555
MORGENTHAU, Henry : 619
MOSSE, George : 210-211
MOUNTBATTEN, Louis : 362
MÜLLER, Georg Alexander von : 49
MÜLLER, Hermann : 195
MURRAY, Archibald : 340-341
MUSSOLINI, Benito : 315

NANSEN, Fridtjof : 207-208
NAPOLÉON Ier : 134, 230, 257-258, 267, 276, 285, 348-349, 420
NAPOLÉON III : 50, 421, 659
NEBELIN, Manfred : 262
NELSON, Horatio : 347-348, 360, 366, 374, 379
NEVINSON, C. E. W. : 684
NGHIEP, Lê Van : 541
NICOLAS II : 62, 67-68, 77, 87, 134, 284, 425, 604
NICOLSON, Harold : 199
NITTI, Francesco : 595
NIVELLE, Robert : 113-114, 133, 135-139, 141, 235, 240-242, 244, 255, 305, 401, 418, 429, 431, 454-455
NIXON, John : 337-339
NOUREDDINE PACHA : 338
NUNGESSER, Charles : 396, 402
NURETTIN PACHA : 427

ORLANDO, Vittorio Emanuele : 16, 183, 196, 310
OTTE, T. G. : 51
OTTLEY, C. L. : 448-450
OUMA, Shigenobu : 525
OZANIAN, Andranik : 645

PAINLEVÉ, Paul : 137, 139, 388, 401-402
PALÉOLOGUE, Maurice : 67-68
PARANHOS, José : 590
PARVUS, Alexandre : 643

Pasic, Nikola : 57
Peçanha, Nilo : 590
Pershing, John J. : 190, 360, 423, 429, 432, 437, 561, 569
Pétain, Philippe : 110-111, 113-114, 135, 141-142, 169, 171-173, 190, 234, 242, 401-402, 407, 409, 418, 425, 429
Petitdemange, Eugène (colonel) : 456
Pflanzer-Baltin, Karl von : 280
Picard, Émile : 205
Pieri, Piero : 317
Pierre Ier : 425
Plaza, Victorino de la : 591
Plessen, Hans von : 60
Plumer, Herbert : 242-244
Poincaré, Raymond : 62, 66, 68, 72-73, 114-115, 197
Pollio, Alberto : 291, 295
Pomiankowski, Joseph : 645
Poutrin, André (lieutenant) : 385
Princip, Gavrilo : 56-57
Prittwitz, Maximilian von : 261
Procacci, Giovanna : 317
Proust, Marcel : 204
Prusin, Alexander : 638
Pueyrredón, Honório : 594
Pyta, Wolfram : 262

Qichao, Liang : 526-527
Qirui, Duan : 528, 534
Quesada, Ernesto : 583
Quien, Gaston : 211

Rai, Lajpat : 551
Rathenau, Walter : 99, 389
Rauchensteiner, Manfried : 317
Rawlinson, Henry Seymour : 118-120, 229, 235, 252
Raynal, Sylvain Eugène : 113
Reed, Walter : 204
Reichenau, Franz von : 389
Reiss, Rodolphe Archibold : 613
Remarque, Erich Maria : 316
Renault, Louis : 678
Rennenkampf, Paul von : 262
Renouvin, Pierre : 54, 65, 198
Re id, Mehmed : 635, 649-650
Reuter, Ludwig von : 377
Rhee, Syngman : 200
Rhodes, Cecil : 32
Richard, commandant : 111

Richthofen, Manfred Freiherr von : 397, 403, 410
Riezler, Kurt : 62-64
Ritter, Gerhard : 64
Rivière, Jacques : 205
Riza, Ali : 510-512
Robeck, John de : 325
Robertson, William : 123, 418, 422, 431, 434, 437
Robida, Albert : 383
Rochat, Giorgio : 303, 317
Rodman, Hugh : 373
Rodó, José Enrique : 582
Rojas, Ricardo : 595
Rolls, Charles : 383
Roosevelt, Theodore : 444, 571
Ross, A. E. : 561
Rothschild, lord : 462
Rousseau, Jean-Jacques : 602
Rupprecht de Bavière : 167, 173
Rupprecht, Kronprinz : 617

Şakir, Bahaddin : 643
Salandra, Antonio : 295, 297
Samsonov, Vladimir : 262
Sanders, Liman von : 331
Sanders, Otto Liman von : 61, 320, 427, 644-645
Sarmiento, Domingo Faustino : 581
Sarrail, Maurice-Paul-Emmanuel : 423
Sarraut, Albert : 549
Sassoon, Siegfried : 216
Sazonov, Serguei : 57, 67-68, 75
Scelle, Georges : 208
Scheer, Reinhard : 363, 366, 374, 420, 433
Scheidemann, Philipp : 185
Schellendorf, Bronsart von : 644
Scheubner-Richter, Max Erwin von : 650
Schlieffen, Alfred von : 49-50, 63, 68-69, 76, 223-224, 260, 607
Schmitt, Bernadotte : 54
Schmitt, Paul : 388
Schön, Wilhem von : 672
Schwarz, Paul : 643
Seeckt, Hans von : 272, 274, 427
Seitz, Theodor : 478
Séoud, Ibn : 345
Sheehan, James : 14
Shikai, Yuan : 467, 528
Shiyi, Liang : 528, 535

INDEX DES NOMS DE PERSONNES

SIEGERT, Wilhelm : 398
SIENER, Niklaas : 488
SIKORSKY, Igor : 387
SIMS, William : 558
SINGH, Amar : 531, 544
SKOROPADSKY, Pavlo : 163
SMUTS, Jan Christiaan : 353, 368, 372, 406, 464-465, 470, 488
SONNINO, Sidney : 291-292, 297
SOUCHON, Wilhelm : 320, 356
SPEE, Maximilian von : 357
SPENGLER, Oswald : 595
SRINIVASA SASTRI, V.S. : 200
STALINE, Joseph : 15, 378
STANTON, Edwin M. : 420
STEINER, Zara : 208
STENGER, Karl : 607
STODDARD, Lothrop : 469-470
STOLZMANN, Paulus von : 280
STONE, Norman : 282, 284
STOPFORD, Frederik : 334-335
STRACHAN, Hew : 67, 76, 556
STRASSER, Peter : 388, 398, 404, 410
STRAUSSENBURG, Arthur Arz von : 305
STRUVE, Piotr : 213
STUMM, Wilhelm von : 71
SYKES, Mark : 345, 461-462, 505
SZÖGIÉNY, Ladislaus de : 60

TABORDA, Saúl : 595
TAGORE, Rabîndranâth : 551
TALAAT, Mehmet Pacha : 514
TALÂT PACHA, Mehmet : 319, 636, 642, 647-653
TAMARI, Salim : 505
THOMAS, Albert : 98, 148, 208-209
THRING, Lord : 670
TINGFU, Jiang : 544
TIRPITZ, Alfred von : 32, 39-41, 43, 45, 47, 177, 357, 364
TISZA, István : 58, 65
TIXIER, Adrien : 210
TOWNSHEND, Charles : 337-339, 460-461
TOYNBEE, Arnold : 618
TRACHTENBERG, Marc : 76
TRAVERS, Tim : 312
TRENCHARD, Hugh : 368, 399, 405, 411, 472
TROTSKI, Léon : 158, 200
TROUBRIDGE, Ernest : 357, 361
TSCHIRSCHKY, Heinrich von : 59

TURNER, Victor : 14
TYRWHITT, Reginald : 363

UGARTE, Manuel : 593, 596

VALÉRY, Paul : 595
VAN LANGENHOVE, Fernand : 611
VATTEL, Emmerich de : 602
VERCEL, Roger : 194
VILLA, Francisco « Pancho » : 129, 568-570
VINCENT, Daniel : 402
VISSCHER, Charles de : 674
VIVIANI, René : 57, 66
VOISIN, Gabriel : 384

WALLACH, Jehuda : 264
WANG, C.T. : 201
WANGENHEIM, Hans Freiherr von : 643, 649
WASHBURN, Stanley : 269
WATTEVILLE, Jean-Jacques de : 206
WEBER, Max : 36, 73
WEIR, William : 406, 411, 413
WELLS, Herbert G. : 199, 384, 393
WILLCOCKS, James : 544
WILLIAMSON, Samuel : 55, 69, 76
WILSON, Woodrow : 16, 129-130, 133, 156, 183-184, 194-197, 199-201, 242, 255, 370, 418, 425, 437, 470, 472, 500, 519, 543, 547-551, 561, 568-572, 593, 622, 676
WINEGARD, Timothy C. : 545
WINGATE, Reginald : 491
WINTER, Jay : 55, 149
WOLSELEY, Garnet : 447
WRANGEL, Piotr Mikolaïevitch : 206, 213
WRIGHT, Frank Lloyd : 35
WRIGHT, Orville : 384
WRIGHT, Wilbur : 384

YALE, William : 519
YANGCHU, Yan : 544
YATES, Peter : 479
YRIGOYEN, Hipólito : 591-592
YUANHONG Li : 534
YUANPEI, Cai : 544

ZEKI, Salih : 650
ZEPPELIN, Ferdinand graf von : 383
ZIMMERMANN, Alfred : 71
ZIMMERMANN, Arthur : 60, 133, 477, 553, 569-570, 588

Index des noms de lieux

Abadan : 321-322
Aboukir : 348, 355
Adamello : 288, 300
Adana : 641
Aden : 545
Adriatique : 87
Afghanistan : 44, 516
Afrique : 148, 151, 412, 441, 443-444, 446, 451, 456, 462-463, 468, 470-472
Afrique allemande du Sud-Ouest : 477-479, 487
Afrique centrale : 488
Afrique de l'Est : 423, 480, 482-483, 485-486, 491-493, 532
Afrique de l'Est britannique : 479
Afrique de l'Est portugaise : 479
Afrique de l'Ouest : 477, 479, 485, 491, 609
Afrique du Nord : 44, 447, 449, 473, 485, 489-490, 514, 516, 609
Afrique du Nord française : 489
Afrique du Sud : 35, 446-447, 462, 478, 486, 491, 535
Afrique du Sud-Est : 480
Afrique du Sud-Ouest : 33, 464, 479, 483, 496, 500
Afrique occidentale : 456, 463, 465
Afrique occidentale britannique : 486, 501
Afrique occidentale française : 97, 466
Afrique orientale : 452, 464-465, 480
Afrique orientale allemande : 464, 483
Afrique orientale portugaise : 471, 497
Afrique sub-saharienne : 150, 446, 485

Aisne : 136, 172, 249, 401
Albanie : 58
Albert : 390
Alep : 181, 342, 463, 652
Alexandrie : 353
Algérie : 447, 485, 489, 491
Allemagne : 31, 33-35, 37, 39-49, 53-55, 58-64, 66-73, 75-76, 85, 93-96, 98, 101, 127, 129, 131-132, 149-150, 164, 166, 175-178, 180, 185, 187-188, 456, 513-514, 524-525, 528, 533-534, 548, 553, 557-558, 569-570, 577-578, 581, 586, 589, 592, 606-608, 611, 615, 619-624, 626, 632, 643-644, 648, 652, 670-672, 674-676
Allemagne occidentale : 469
Alpes : 288
Alpes carniques : 288
Alsace : 73, 211
Alsace-Lorraine : 157, 174, 178, 188, 223-224
Amara : 338, 460
Amérique centrale : 573, 577, 587
Amérique du Nord : 29, 553-573
Amérique du Sud : 29, 34, 575-597
Amiens : 170, 172, 190, 248, 252-253, 411, 431
Amritsar : 201, 470-471
Anatolie : 92, 510-511, 521, 640-641, 647, 651-655
Anatolie occidentale : 631, 635, 649
Anatolie orientale : 458, 511, 513, 515, 519, 631-632, 649, 652
Andenne : 611
Andrinople : 319

Angleterre : 32, 34-35, 39-40, 44-45, 70-72, 88, 100-101, 453, 544, 563, 620, 623, 670, 672, 675
Ankara : 626
Antilles britanniques : 472
Anvers : 107, 388
Aqaba : 342
Arabie : 649
Arabie saoudite : 345
Ardahan : 515
Arequipa : 587
Argentine : 441, 572, 578-580, 585, 587-588, 591-592, 594, 596
Arizona : 588
Arménie : 636, 641, 652
Arménie caucasienne : 652
Arménie orientale : 653
Arménie russe : 645
Arras : 124, 136-137, 139, 167, 190, 230, 240-241, 246, 403
Artois : 81-82, 84, 230
Asiago : 180, 292
Asie : 33, 148, 441, 443-444, 451, 462, 467-468, 523-526, 529, 546, 551-552
Asie centrale : 516, 639
Asie du Sud : 513
Asie Mineure : 505, 641, 647, 649, 651-655
Asie Mineure orientale : 648-649
Asie septentrionale : 468
Assyrie : 92
Atlantique : 34-35, 39, 133, 557-558
Aubers : 229
Augustów : 258
Austerlitz : 419
Australie : 29, 189, 453, 462
Autriche : 11, 46-49, 53, 55-69, 71-72, 75-76, 175, 178-179, 514, 534
Autriche-Hongrie : 155-156, 164, 178-180, 182, 187, 449, 534, 613-614, 621, 632, 671
Aydın : 512
Azakh : 650
Azerbaïdjan : 636, 652
Azincourt : 13

Bad Homburg : 158
Bagdad : 87, 150, 337-340, 460-461, 648
Bahreïn : 322
Bainsizza : 288, 306, 310
Bakou : 516, 643
Balkans : 45-46, 50, 60, 66, 80, 87, 89-90, 103, 157, 164, 206, 214, 272, 320, 448-450, 506, 514, 641-642, 652

Baltique : 47, 164, 191, 457, 636
Bani-Volta : 466, 637
Bar-le-Duc : 111
Basra : 452
Bassora : 322-323, 338, 513
Batoumi : 515
Bavière : 58
Beaumont : 110, 124
Beaumont-Hamel : 124
Beauvais : 437
Beer-Sheva : 150, 323-324, 342-343
Beijing : 201
Belfort : 105
Belgique : 49, 70, 72, 88, 90, 128, 157, 164, 167, 174, 178, 188, 223-224, 485, 604-605, 610-611, 613-615, 624, 672, 675, 680
Belgrade : 56, 65, 69, 87, 90
Belleville : 107
Berlin : 31, 40, 44-48, 50-51, 56, 59-60, 64, 66, 69, 76, 149, 164, 176-177, 185, 195, 212, 515, 641, 652-653
Bessarabie : 164
Béthune : 170
Biélorussie : 90, 191, 614
Bohême : 179
Bois des Caures : 110
Bois des Fourcaux (dit High Wood) : 121
Bois du Polygone : 144, 244
Bolivie : 578, 585, 589, 593-594, 596
Bordeaux : 98
Bosnie-Herzégovine : 46, 56, 65-66, 157, 449
Bosphore : 352
Bouy : 384
Bovec : 288, 306
Brésil : 572, 578, 580, 584-585, 587, 589-592, 594, 596, 661
Brest : 199
Brest-Litovsk : 87, 135, 154, 158, 161-162, 164, 178, 266, 284, 372, 652
Broodseinde : 144, 244
Bruxelles : 49, 204, 616, 672
Bucarest : 163-164, 258
Bucovine : 272, 612, 619, 638
Buenos Aires : 577, 580, 582, 587, 591, 594
Bulair : 327, 331
Bulgarie : 45, 60, 87, 155, 163-164, 175, 180, 182, 299, 606, 613
Burkina : 97

Cadore : 288
Caen : 329

INDEX DES NOMS DE LIEUX

Calais : 388-389, 431, 434
Calcutta : 445
Cambrai : 128, 147-148, 166, 168, 245, 250
Cameroun : 353, 464, 477, 500
Camperdown : 348
Canada : 189, 453, 462, 553-554, 556-560, 562, 564-566, 573
Çanakkale : 503
Canal de Saint-Quentin : 253
Canal de Suez : 87, 319, 323, 478, 515
Cannes : 262
Cap Coronel : 575
Cap Finisterre : 348
Cap Helles : 327, 329, 331, 333, 337
Cap Horn : 575
Cap Saint Vincent : 348, 355, 366
Caporetto : 128, 135, 146, 155, 166, 178-179, 212, 292, 303, 305-307, 310-312, 314-315, 406, 432
Caraïbes : 571
Carnia : 298
Carolines, îles : 354, 357, 379, 467
Carpates : 86, 164, 258, 268, 271-273, 275, 429
Carrizal : 568
Carso : 289, 297
Carthagène : 360
Caucase : 92, 155, 161, 214, 457-458, 506, 513-514, 516, 635, 638-639, 641, 643-644, 649, 652
Champagne : 81-84, 169, 172-173, 232
Chantilly : 88, 106, 124-125, 279, 434
Château-Thierry : 249
Chatt-el-Arab : 322, 460
Chemin des Dames : 128, 133, 136-139, 142, 151, 171, 240, 249, 300, 401, 403, 407, 454
Cherbourg : 360
Chili : 572, 578, 581, 585, 590-591, 593
Chine : 466-467, 472, 523-529, 532-535, 537, 543-544, 546-549, 551-552, 615
Chunuk Bay : 332-333, 336
Chypre : 513, 641
Cilicie : 641, 648, 653
Clyde : 93
Coblence : 428
Cochinchine : 537
Colombie : 578, 585, 587, 589, 591, 596
Colombie britannique : 138
Columbia : 201
Columbus : 568
Compiègne : 184
Congo : 31, 33

Congo belge : 500
Constantinople : 85, 92, 181, 187, 206, 320, 322, 334, 356, 360, 449-451, 457, 505, 509, 626
Copenhague : 40, 348
Corée : 467, 472, 524, 549, 551
Coronel : 357-358
Costa Rica : 589
Cote 304 : 112
Côte d'Ivoire : 486, 488
Cotentin : 329
Courlande : 87, 90, 161-162, 276
Cracovie : 263
Crête de Messines : 242
Crimée : 155, 161
Croatie : 157
Ctésiphon : 87, 339, 460-461
Cuba : 577-578, 585, 589, 592
Curitiba : 580
Czestochowa : 612

Dahomey : 477, 489
Dakar : 591
Dalmatie : 197, 291
Damas : 181, 342, 463, 518
Danube : 65, 87
Dardanelles : 85, 92, 271, 276, 279, 324-325, 350, 361, 433-434, 459, 515, 645, 649, 686
Darfour : 490
Der Zor : 650
Dersim : 652
Diarbékir : 635, 649-650
Dieppe : 498
Dilman : 644-645
Dinant : 591, 611
Dobroudja : 163
Dodécanèse : 508
Dogger Bank : 94, 356, 362-363, 369
Donetsk (bassin de) : 164
Douai : 230
Douaumont : 107, 110, 113-114, 234, 454
Doullens : 248, 437
Douvres : 351, 353-354
Dunkerque : 66, 388-389
Düsseldorf : 388

Edirne : 514, 518, 649
Égypte : 323, 341, 423, 452, 462, 465, 471-472, 490, 513, 515-517, 532
Empire ottoman : 46, 91-92, 129, 155-156, 161, 175, 180-181, 187, 319, 323, 345, 449, 508, 515, 626, 638

Ems : 212
Équateur : 578, 589
Erivan : 653
Erzincan : 510, 512, 652
Erzurum : 643-644, 652
Espagne : 581, 670
Essen : 388, 391, 393
Estonie : 161-162
États baltes : 457
États-Unis : 34, 128-130, 133-135, 148, 189, 441, 449, 519-520, 526, 548, 550, 553-554, 556-573, 577-578, 583, 585, 589, 619, 632, 662
Éthiopie : 472-473
Europe : 28-30, 32-34, 37, 46, 48, 96, 150, 441-442, 446-448, 450-453, 468, 493, 525, 529, 532, 565
Europe centrale : 36
Europe de l'Est : 30, 176
Europe orientale : 164, 687
Extrême-Orient : 166, 466, 468

Fachoda : 423
Falkland, îles : 353, 575, 686
Festubert : 453
Finlande : 161-162
Firth of Forth : 377
Fiume : 214
Flandres : 105, 116, 136, 142-143, 167, 171, 245, 253
Flers : 122, 237
Folkestone : 366
Forth : 356
France : 11, 30, 41, 44, 46-49, 53, 55-56, 60, 62, 66-75, 90, 93, 96, 98, 100-101, 129, 135, 142, 148, 150, 164, 167, 174-176, 178, 190, 319-321, 453, 470, 485, 526, 529, 535, 537, 539-541, 543, 546, 555, 558, 578, 581-583, 603, 605, 607-608, 610, 613-616, 624, 670, 672, 680
Fréjus : 456
Fribourg : 388
Frioul : 288

Gaba Tepe : 327, 331
Galicie : 86-88, 91, 157, 272-274, 612, 619, 622, 638
Galicie orientale : 192
Gallipoli : 12, 85, 92, 97, 103, 206, 231, 321, 324, 327, 329, 331-333, 336-338, 351, 360-361, 427, 453, 457, 459-461, 503, 505, 511, 520, 645, 647
Gand : 661

Gaza : 150, 341-343, 361
Genève : 195, 594, 602, 605, 607-609, 625-627
Géorgie : 164, 636, 652
Gheluvelt : 243
Gibraltar : 353, 591
Gilbert, îles : 379
Glasgow : 93, 360
Gold Coast : 477, 486, 488, 500
Golfe de Riga : 128, 166
Golfe Persique : 321-322, 342, 460
Gorizia : 288, 300-303, 310
Gorlice-Tarnow : 86, 103, 232, 258, 269, 272-275, 277, 426
Grande-Bretagne : 28, 34, 38-41, 44, 93, 95, 97, 129, 133, 148, 150, 167, 175-176, 178-179, 184, 189-190, 319-321, 441-442, 525, 528-529, 531-532, 535, 537, 546, 553-554, 556-558, 563, 573, 577-578, 581, 583, 603-604, 607-608, 621, 624, 654, 672
Grèce : 45, 320, 515, 518, 654
Grodno : 87
Grunwald : 263
Guatemala : 589

Hackney : 16
Haïti : 577, 589, 596
Hakkâri : 644, 649-650
Hambourg : 448
Hamel : 251
Hartlepool : 355
Harwich : 356, 362-363, 377
Haumont : 110
Haute-Volta : 486, 636
Havre : 360
Hazebrouck : 170
Heligoland : 358
Hermannstadt : 258
Hill Q : 336
Hiroshima : 14
Hollande : 185
Homs : 342
Honduras : 589
Hong Kong : 546
Hongrie : 11, 46-49, 53, 55-66, 68-69, 71-72, 76, 188

Inde : 189, 323, 445-446, 452, 470, 472, 516, 523-524, 529, 531-532, 537, 544-546, 549-552
Indochine : 446, 537, 542
Irak : 345, 470-471, 513, 632, 642
Iran : 513-514, 516

INDEX DES NOMS DE LIEUX

Irlande : 472, 621
Isonzo : 86, 155, 279, 289, 292, 295-298, 301, 305-306, 359, 406, 434
Istanbul : 450, 512-514, 518, 520, 631, 645, 647
Istrie : 197, 291
Italie : 53, 58-59, 72, 115, 135, 143, 146, 157, 175, 178, 181, 190, 508, 513, 614
Izmir : 631

Jaffa : 150
Japon : 56, 66, 515, 523-529, 532-535, 545-548, 551-552, 563
Jérusalem : 150, 181, 343, 462-463, 517-519
Johannesburg : 493, 498
Jordanie : 342, 345, 471
Jutland : 347, 356, 361-364, 366, 369, 378, 420, 686

Kalisz : 612
Karlsbad : 48
Karlsruhe : 390, 623
Kars : 515
Kiaochou : 467
Kiel : 47, 184
Kiev : 162
Kilimandjaro : 353, 482
Kimberley : 498
Königgrätz : 302
Konya : 648
Kosovo : 89
Kournah : 460
Kout : 461
Kum Kale : 327
Kut : 87, 338, 340, 427, 460-461
Kut-al-Amara : 622

La Haye : 41, 96, 384, 604-605, 607-609, 611, 613-616, 618, 622, 625-626, 662-663, 665, 672
La Mecque : 520
Lausanne : 194, 654-655
Le Caire : 459, 461, 517
Leipzig : 348, 625-626, 671, 680
Lemberg : 86, 258, 269
Lépante : 377
Les Saintes : 366
Liaodong : 524-525
Liban : 319, 345, 361, 461, 470-471
Libye : 295-296, 449, 465, 490, 508, 513, 640
Liévin : 203
Lille : 388, 615-616, 621
Lituanie : 87, 90, 161-162, 276, 614
Livonie : 161-162

Ljubljana : 297
Lodomérie : 157
Londres : 35, 40-41, 46, 61, 88, 93, 143, 149, 197, 204, 214, 391, 393, 452, 458, 465, 604, 623, 665
Loos : 82, 84, 117, 232, 416, 453
Lorraine : 73, 607
Lublin : 90
Ludwigshafen : 390
Lupkow : 274-275
Luxeuil : 399
Lys : 170

Macédoine : 89-90, 513
Macédoine ottomane : 613
Mali : 97
Malmaison : 136, 142
Malouines : 353, 358
Malte : 349, 436
Malzéville : 395
Manche : 170, 224, 385, 410
Mandchourie : 467-468
Mardin : 649
Mariannes, îles : 354, 357, 467
Marmara, mer de : 206
Marne : 171-172, 190, 224, 249, 419
Maroc : 41, 447-449, 485, 490-491
Marseille : 492, 540
Marshall, îles : 354, 357, 467
Mazures, lacs : 86, 262, 310, 358
Méditerranée : 449, 457, 513, 545, 621
Méditerranée orientale : 513, 636, 639
Memel : 214
Menin : 144
Mer du Nord : 39, 47, 94, 406, 410
Mer Égée : 320, 642, 654
Mer Noire : 320, 457, 506, 515, 636, 644
Mésopotamie : 92, 150, 321-324, 337-340, 342, 361, 453, 457-458, 460-462, 532, 622
Messines : 143, 170, 242-243
Meurthe-et-Moselle : 610
Meuse : 105, 108, 110, 112-113, 234, 253
Mexico : 580, 582
Mexique : 133, 242, 423, 553, 567-571, 573, 577-579, 583, 585, 588, 590-592, 594
Micronésie : 545
Midway : 359-360
Midyat : 650
Minsk : 87
Misrata : 490
Moguilev : 425

Mombasa : 492
Mongolie : 467
Montdidier : 172
Monte Nero : 288
Montevideo : 582
Mort-Homme : 112
Morto : 331
Moscou : 89, 215, 550
Mossoul : 340, 461
Moukden : 80, 419
Moyen-Orient : 97, 150, 411-412, 458, 462, 468, 471-472, 503, 505, 507-508, 640, 687
Mozambique : 480, 487, 496
Munich : 213, 402, 623

Namibie : 353
Nancy : 395, 399, 402, 623
Narew : 262
Narotch, lac : 106, 115, 279
Nassiriya : 323, 337-338, 460
Neuilly-sur-Seine : 194
Neuve-Chapelle : 82, 229-230, 235, 453
New York : 204
Nicaragua : 589
Niémen : 262
Nieuport : 223
Niger : 489-490
Nordeste : 590
Nouveau-Mexique : 568, 588
Nouvelle-Guinée : 353
Nouvelle-Zélande : 189, 453, 462
Novorossiysk : 515
Noyon : 172
Nyassaland : 465, 479-480, 486-487

Oberndorf : 399
Océan Indien : 466
Océan Pacifique : 466
Odessa : 206, 320
Oise : 169
Okinawa : 349, 360
Oklahoma : 471
Ostende : 404

Pacifique : 466-468, 470, 478, 545
Pacifique Sud : 468, 545
Palestine : 143, 155, 181, 340, 342, 345, 361, 427, 461-463, 470-471, 504-505, 513, 518-520, 532
Panama : 589
Paraguay : 591
Paraná : 578

Paris : 35, 89, 98, 136-137, 149, 171, 176, 194, 197-199, 201, 204, 206, 215, 223-224, 249, 389, 391, 442, 470-471, 500, 550, 582, 623
Pas-de-Calais : 354
Passchendaele : 133, 143, 151, 242-243, 245-246, 248
Pays-Bas : 670
Pearl Harbor : 359, 380
Pékin : 534, 548-549
Péninsule arabique : 155, 319, 321, 341
Péronne : 18, 390
Pérou : 578, 585-587, 589, 593-594
Perse : 92, 460, 644, 650
Petrograd : 134, 643
Piave : 146, 180, 289, 307, 311, 406
Picardie : 167
Pilckem : 243
Pless : 275
Pô : 288, 301, 307
Pologne : 11, 87, 90-91, 103, 150, 157, 161-162, 179, 457, 507, 612, 614-615, 633, 686
Pont : 654
Portugal : 129, 581, 670
Pozières : 120
Proche-Orient : 80, 85, 87, 451, 455, 458, 461, 468, 471-472
Prusse : 50, 177, 457
Prusse-Orientale : 86, 612
Przemysl : 86, 258, 268-269, 271, 622

Qingdao : 354, 528, 532-533, 545
Qourna : 322-323
Queenstown : 373

Rapallo : 436
Reims : 105, 136, 384-385, 402
République dominicaine : 577, 589
Rhénanie : 184, 194, 197, 203, 205, 211
Rhin : 184, 391, 446
Rhodésie : 479-480, 488-489
Rhodésie du Nord : 465
Riga : 146, 258
Rio de Janeiro : 582
Rio Grande : 575
Rio Grande do Sul : 578
Rostov-sur-le-Don : 213
Rosyth : 351, 356, 363
Rouen : 498
Roumanie : 115-116, 123, 163-164, 178, 282, 614
Royaume-Uni : 32, 53, 62, 70-71, 96-97, 102
Ruanda : 500

INDEX DES NOMS DE LIEUX

Rufiji : 482
Ruhr : 388, 623
Russie : 44, 46-49, 53-54, 56-58, 60-73, 75-76, 89, 91, 93, 96, 99-100, 128-130, 134-135, 142, 149-150, 154, 156-158, 161-164, 166, 176, 178-179, 320, 462, 505, 513-516, 555, 608, 616, 625, 632, 643-644, 652, 668, 670

Sadowa : 302
Sahara : 490
Saint-Germain-en-Laye : 194
Saint-Mihiel : 174, 409
Saint-Pétersbourg : 66, 660, 672
Saint-Quentin : 167, 182, 246, 253
Salamine : 377
Salonique : 87, 155, 180, 351, 423, 470
Salvador de Bahia : 580, 589
Samoa : 353
Samogneux : 110
San : 275
San Diego : 567
Sanok : 272
Santa Catalina : 578
Santos : 590
São Leopoldo : 580
São Paulo : 578, 580, 584, 587, 592, 596
Sarajevo : 55-57, 60-62, 67, 71, 75, 265, 358
Sari Bay Ridge : 333-334
Sarıkamış : 92, 510-511, 515-516, 645
Sarre : 396
Sarrebruck : 390
Save : 87
Scapa Flow : 351, 353-354, 363, 366, 373, 377-378
Scarborough : 355
Sébastopol : 515
Semireche : 639
Sénégal : 453
Serbie : 45-47, 49, 53, 55-65, 67-68, 71, 74-75, 87, 89-90, 103, 178, 271, 279, 295, 299, 612-614
Sèvres : 194, 655, 681
Shandong : 16, 201, 354, 455, 467-468, 525, 548-549
Sibérie : 468
Sinaï : 150, 321, 324, 337, 340
Slovénie : 157
Smyrne : 214
Soissons : 171-172, 174
Solferino : 302, 659
Somalie : 445, 472

Somme : 13, 18, 88, 106, 113-114, 116-117, 120-121, 123, 125-126, 137-138, 143, 167, 169, 233-235, 237, 240-243, 249, 251-252, 279, 282, 302, 364, 368, 395, 397, 400, 412, 429, 434, 454, 482
Soudan : 445, 486, 490
Souville : 107, 113
Spa : 185
Stalingrad : 13, 268-269
Stelvio : 288
Stockholm : 389
Suisse : 96, 135, 178, 604-605
Suvla Bay : 334-336
Syrie : 92, 319, 345, 361, 458, 461, 463, 470-471, 505-506, 513, 515, 517-519, 521, 632, 642, 648, 650-652

Tagliamento : 307
Taïwan : 524
Taliedo : 406
Tamines : 611
Tanga : 464
Tanganyika, lac : 479-480, 496, 500
Tannenberg : 258, 263-267, 269, 358, 388
Tarente : 380
Tchécoslovaquie : 507
Téhéran : 513
Terre-Neuve : 189
Texas : 588
Thiaumont : 107
Thrace : 631, 649
Tiflis : 516
Togo : 353, 464, 477, 500
Tolmin : 288, 306
Trablusgarb : 508
Trabzon : 651
Trafalgar : 347-348, 363, 377, 620
Transcaucasie : 161, 181, 207, 636
Trente : 297
Trentin : 197, 289, 291-292, 295-296, 298, 300, 306
Trèves : 390
Trianon : 194
Trieste : 197, 291, 297, 301, 400
Tsingtao : 354, 357-358, 467, 528
Tulsa : 471
Tunisie : 465
Turkestan : 639, 649
Turquie : 164, 319-320, 441, 504, 519, 521, 606, 619, 621, 636, 643
Tyrol : 280, 288

LA PREMIÈRE GUERRE MONDIALE

Ukraine : 89, 135, 161-163, 179, 191, 207, 213, 614, 686
Urmia : 644
URSS : 150, 626, 633, 636
Uruguay : 578, 589

Vacherauville : 107
Van : 92, 644-645, 647, 649-650
Vancouver : 686
Varsovie : 67, 86, 90, 150, 157, 267, 275
Vaux : 107, 113-114, 234
Venezuela : 578, 585, 587, 591
Venise : 301
Vera Cruz : 567
Verdun : 13, 88, 105-108, 110-116, 118-119, 125-126, 131, 136, 138, 141-142, 167, 233-236, 240-241, 281, 300, 302, 368, 395, 397, 400, 412, 430, 434, 454
Versailles : 16, 53, 194-195, 198-199, 201, 209, 214, 468, 624
Vienne : 45-51, 58-59, 66, 179, 671
Vietnam : 523-524, 529, 532-533, 541-542, 546, 549-552
Villach : 297
Vilna : 87, 214, 258

Vimy : 116, 128, 137-138, 230-231, 240
Virginie : 129
Vistule : 84, 273
Vittorio Veneto : 181, 312, 580
Volga : 207
Volhynie : 638

Walcheren : 364
Wall Street : 206
Washington : 204, 209, 566, 573
Waterloo : 13, 348, 620
Weimar : 198, 203
Whitby : 355
Wilhelmshaven : 39, 356, 363
Winnipeg : 206
Witwatersrand : 493-495

Yale : 201
Yougoslavie : 182
Ypres : 81, 84-85, 103, 133, 143, 167, 170, 172, 190, 224, 232, 242, 244, 246, 248, 364, 435, 609
Yser : 84

Zeebruges : 388, 404, 433
Zeytun : 648
Zimmerwald : 94

Crédits des illustrations

Cahier central

Les légendes ont été rédigées par Stéphane Audoin-Rouzeau
Toutes les photographies issues du fonds de l'Historial de la Grande Guerre sont de Yazid Medmoun, Conseil général de la Somme

Fig. 1 : Horloge (Allemagne) métal, haut. 360 mm, long. 300 mm, larg. 80 mm ; inv. 013794
© Historial de la Grande Guerre – Péronne (Somme)

Fig. 2 : Affiche (Liepzig, Allemagne), papier, 85 mm × 623 mm ; inv. 006954
© Historial de la Grande Guerre – Péronne (Somme)

Fig. 3 : Album photographique papier (France), 116 mm × 85 mm ; inv. 039253-AD
© Historial de la Grande Guerre – Péronne (Somme)

Fig. 4 : Figurine (France), bois, plâtre, tissu, cuir, métal et feutrine, haut. 200 mm ; inv. 063520-bis
© Historial de la Grande Guerre – Péronne (Somme)

Fig. 5 : Photographie papier (New York, États-Unis), 203 mm × 258 mm ; inv. 037962
© Historial de la Grande Guerre – Péronne (Somme)

Fig. 6 : Dessin au fusain et à la gouache sur papier (France), O. Nesime, 2 145 mm × 495 mm ; inv. 066432
© Historial de la Grande Guerre – Péronne (Somme)

Fig. 7 : Journal papier, *The Daily Mirror* (Royame-Uni), 5 août 1918, 375 mm × 295 mm ; inv. 007312
© Historial de la Grande Guerre – Péronne (Somme)

Fig. 8 : Journal papier (France), 1er août 1914, 610 mm × 440 mm ; inv. 062599
© Historial de la Grande Guerre – Péronne (Somme), avec l'aimable autorisation du journal *L'Humanité* © *L'Humanité*

Fig. 9 : Plat porcelaine (Limoges, France), diamètre 370 mm ; inv. 016545-bis
© Historial de la Grande Guerre – Péronne (Somme)

Fig. 10 : Pichet porcelaine (Royaume-Uni), 1917, haut. 278 mm, long. 150 mm, larg. 120 mm ; inv. 016558
© Historial de la Grande Guerre – Péronne (Somme)

Fig. 11 : Photographie papier, 130 mm × 180 mm ; inv. 039075
© Historial de la Grande Guerre – Péronne (Somme)

Fig. 12 : Plat porcelaine (Allemagne), 285 mm × 263 mm ; inv. 004955
© Historial de la Grande Guerre – Péronne (Somme)

Fig. 13 : Jouet à système (France), papier et bois, 185 mm × 230 mm ; inv. 023968
© Historial de la Grande Guerre – Péronne (Somme)

Fig. 14 : Affiche papier (Russie), 1917, 480 mm × 685 mm ; inv. 063790
© Historial de la Grande Guerre – Péronne (Somme)

Fig. 15 : Statuette (Russie), fonte de fer, haut. 245 mm ; inv. 024537
© Historial de la Grande Guerre – Péronne (Somme)

Fig. 16 : Photographie papier (France), 140 mm × 90 mm ; inv. 049928
© Historial de la Grande Guerre – Péronne (Somme)

Fig 17 : Broderie coton, G. Wellele, 1918 (Mumsdorf, Allemagne), 503 mm × 460 mm ; inv. 015104
© Historial de la Grande Guerre – Péronne (Somme)

Fig. 18 : Armand Dayot, *Venise avant et pendant la guerre*, L'art et les artistes, Paris, 1918. 305 mm × 215 mm ; inv. 026342
© Historial de la Grande Guerre – Péronne (Somme)

Fig. 19 : Panneau en bois peint 4 000 mm × 1 400 mm
© Historial de la Grande Guerre – Péronne (Somme). Dépôt/IWM, Londres

Fig. 20 : Carte postale
© Historial de la Grande Guerre – Péronne (Somme). Dépôt/Imperial War Museum, Londres

Fig. 21 : Jeu de construction en bois (Allemagne), papier, métal, larg. 195 mm, long. 452 mm, haut. 53 mm ; inv. 006572
© Historial de la Grande Guerre – Péronne (Somme)

Fig. 22 : Image d'Épinal, papier, G. Bigot, 1915 (France), 400 mm × 293 mm ; inv. 028100
© Historial de la Grande Guerre – Péronne (Somme)

Fig. 23 : Assiette porcelaine (Allemagne), diamètre 253 mm ; inv. 032921
© Historial de la Grande Guerre – Péronne (Somme)

Fig. 24 : *HMS Chester* © Imperial War Museum

Fig. 25 : Assiette porcelaine (Meissen, Allemagne), diamètre 255 mm ; inv. 009171
© Historial de la Grande Guerre – Péronne (Somme)

Fig. 26 : Artisanat de tranchée métal, haut. 180 mm, long. 100 mm, larg. 30 mm ; inv. 033385
© Historial de la Grande Guerre – Péronne (Somme)

Fig. 27 : Photographie papier, 230 mm × 275 mm ; inv. 021307
© Historial de la Grande Guerre – Péronne (Somme)

Fig. 28 : Photographie papier © Imperial War Museum

Fig. 29 : Artisanat de tranchée cuivre, haut. 105 mm, long. 365 mm, larg. 255 mm ; inv. 060709
© Historial de la Grande Guerre – Péronne (Somme)

Fig. 30 : Photographie papier, 175 mm × 160 mm ; inv. 032890
© Historial de la Grande Guerre – Péronne (Somme)

Fig. 31 : Photographie papier, Guynemer en vol dans son Spad, 52 mm × 80 mm ; inv. 036114
© Historial de la Grande Guerre – Péronne (Somme)

Essai photographique

Fig. 1 : Soldats de l'Empire français dans un camp allemand de prisonniers de guerre, 1917
© Musée d'histoire contemporaine, Bibliothèque de documentation internationale contemporaine

Fig. 2 : Soldat africain français blessé et transporté vers un poste allemand d'évacuation des blessés, 1914
© Musée d'histoire contemporaine, Bibliothèque de documentation internationale contemporaine

Fig. 3 : Soldat indien signant son engagement par l'empreinte de son pouce plutôt que par sa signature
© Imperial War Museum

Fig. 4 : Médecin égyptien traitant un travailleur asiatique contre le béribéri
© Musée d'histoire contemporaine, Bibliothèque de documentation internationale contemporaine

Fig. 5 : Carte postale patriotique française
© Musée d'histoire contemporaine, Bibliothèque de documentation internationale contemporaine

Fig. 6 : Soldat serbe mourant, île de Vido, au large de Corfou
© Musée d'histoire contemporaine, Bibliothèque de documentation internationale contemporaine

Fig. 7 : « La barque de Charron », île de Vido, au large de Corfou
© Musée d'histoire contemporaine, Bibliothèque de documentation internationale contemporaine

Fig. 8 : Famille juive dans un champ, Volhynie
© Leo Baeck Institute, New York

Fig. 9 : Prostituées juives, Volhynie
© Leo Baeck Institute, New York

Fig. 10 : Troupes de montagne austro-hongroises engagées dans la guerre verticale, sur le front italien
© Musée d'histoire contemporaine, Bibliothèque de documentation internationale contemporaine

Fig. 11 : La guerre blanche, la crête de Kosturino, front macédonien
© Imperial War Museum

Fig. 12 : À l'Est rien de nouveau, Volhynie
© Leo Baeck Institute, New York

Fig. 13 : Village détruit sur le front de l'Est, Volhynie
© Leo Baeck Institute, New York

Fig. 14 : Avion remorqué par des chevaux, Volhynie
© Leo Baeck Institute, New York

Fig. 15 : Le *HMS Inflexible*, près des Falklands, 1914
© Imperial War Museum

Fig. 16 : Croiseur japonais, au large de Vancouver, Colombie britannique, 1917
© Imperial War Museum

CRÉDITS DES ILLUSTRATIONS

Fig. 17 : Chevaux s'enfonçant dans la boue, front Ouest
© Imperial War Museum

Fig. 18 : L'étrange : partie d'une tête de cheval dans un arbre
© PH coll. 781, University of Washington Libraries, Special Collections

Fig. 19 : Passchendaele, 1917
© Imperial War Museum

Fig. 20 : Cheval acheminant des provisions sur le front Ouest
© Imperial War Museum

Fig. 21 : Annonce d'une grande fête foraine pour secourir les chevaux malades et blessés
© Imperial War Museum

Fig. 22 : Char près de Passchendaele, 1917
© Canadian War Museum

Fig. 23 : Lance-flammes sur le front Est
© Leo Baeck Institute, New York

Fig. 24 : Attaque au gaz sur le front Ouest, I
© CBWInfo

Fig. 25 : Attaque au gaz sur le front Ouest, II
© Science Photo Library Ltd

Fig. 26 : Soldats français portant des masques à gaz, sur le front Ouest
© Historial de la Grande Guerre – Péronne (Somme)

Fig. 27 : Mulets et soldats avec des masques à gaz
© Imperial War Museum

Fig. 28 : Enfants survivants du génocide arménien, Erevan, 1919
© Melville Chater/National Geographic Stock

Fig. 29 : Blessé au gaz moutarde
© Library and Archives of Canada

Fig. 30 : Aide américaine aux survivants du génocide arménien, 1919
© Melville Chater/National Geographic Stock

Fig. 31 : Aide alimentaire acheminée par chameau lors de la famine en Russie, 1921
© Hoover Institution Archives, Stanford University

Table des cartes

La bataille de Verdun et ses suites	109
L'offensive de Nivelle, avril 1917	140
Passchendaele (Ypres), zones inondées	145
Progressions des puissances centrales sur le front Est, 1917-1918	159
Divisions territoriales sous le traité de Brest-Litovsk, mars 1918	160
Offensive allemande, printemps 1918	165
Position des forces adverses en France et en Belgique au moment de l'armistice de 1918	186
Opérations allemandes en France et en Belgique, 1914	225
Bataille de la Somme, 1916	238
Retrait allemand, 1917, opération Alberich	239
Offensive allemande, 1918	247
Percée de la ligne Hindenburg, automne 1918	254
Le front de l'Est, 1914-1918	259
Conquête de la Pologne et bataille de Gorlice-Tarnow	270
Offensive de Broussilov, 1916	278
La guerre en Italie, 1915-1918	290
Caporetto et après	308
Retraite de l'armée italienne après Caporetto	309
Lignes de l'armée italienne fin 1918	313
Campagne de Gallipoli	326
Les débarquements de l'ANZAC prévus et effectifs	328
Déploiements des forces alliées lors du débarquement de Gallipoli, 23-25 avril 1915	330
Principales batailles navales en mer du Nord, 1914-1916	365
Pertes alliées en Méditerranée, 1917	367
Flotte marchande britannique coulée, mai-décembre 1917	371
Trajectoires des convois alliés groupés contre la chasse sous-marine allemande dans l'Atlantique, 1917-1918	375
Bombardement stratégique de la Grande-Bretagne, 1914-1918	392
La guerre en Afrique de l'Est	481
La Grande Guerre en Asie	530
Origine de la main-d'œuvre pour les corps de travailleurs britanniques, 1914-1918	536
Le génocide des Arméniens dans l'Empire ottoman	646

Table des matières

Avant-propos (Jay Winter) 9
Introduction (Jay Winter) 21

Première partie
RÉCITS
1914-1919
Introduction (*Jay Winter*)

CHAPITRE PREMIER. Origines (*Volker R. Berghahn*) 27
CHAPITRE II. 1914 : Déclenchement (*Jean-Jacques Becker
  et Gerd Krumeich*) 53
CHAPITRE III. 1915 : Enlisement (*Stéphane Audoin-Rouzeau*) 79
CHAPITRE IV. 1916 : Batailles totales et guerre d'usure (*Robin Prior*) . 103
CHAPITRE V. 1917 : Mondialisation (*Michael S. Neiberg*) 127
CHAPITRE VI. 1918 : Fin de partie (*Christoph Mick*) 153
CHAPITRE VII. 1919 : L'après (*Bruno Cabanes*) 193

Deuxième partie
THÉÂTRES DE GUERRE
Introduction (*Robin Prior*)

CHAPITRE VIII. Le front de l'Ouest (*Robin Prior*) 223
CHAPITRE IX. Le front de l'Est (*Holger Afflerbach*) 257

CHAPITRE X. Le front italo-autrichien (*Nicola Labanca*) 287
CHAPITRE XI. La guerre contre l'Empire ottoman (*Robin Prior*) 319
CHAPITRE XII. Les mers (*Paul Kennedy*) 347
CHAPITRE XIII. Les airs (*John H. Morrow, Jr.*) 383
CHAPITRE XIV. Le commandement stratégique (*Stephen Badsey et Gary Sheffield*) 415

Troisième partie
UN MONDE EN GUERRE

1. Empires et dominions
Introduction (*Jay Winter et John Horne*)

CHAPITRE XV. Systèmes impériaux (*John H. Morrow, Jr.*) 443
CHAPITRE XVI. L'Afrique (*Bill Nasson*) 475
CHAPITRE XVII. L'Empire ottoman (*Mustafa Aksakal*) 503
CHAPITRE XVIII. L'Asie (*Xu Guoqi*) 523
CHAPITRE XIX. L'Amérique du Nord (*Jennifer D. Keene*) 553
CHAPITRE XX. L'Amérique latine (*Olivier Compagnon*) 575

2. Droit, normes, violations
Introduction (*Annette Becker et Annie Deperchin*)

CHAPITRE XXI. Atrocités et crimes de guerre (*John Horne*) 601
CHAPITRE XXII. Génocide (*Hans-Lukas Kieser et Donald Bloxham*) 629
CHAPITRE XXIII. Droit de la guerre (*Annie Deperchin*) 657

ESSAI PHOTOGRAPHIQUE (*Jay Winter*) 683

Notes 689

Essais bibliographiques 749
Remerciements 821
Index des noms de personnes 823
Index des noms de lieux 831
Crédits des illustrations 839
Table des cartes 845

Photocomposition Nord Compo
Villeneuve-d'Ascq

Achevé d'imprimer
par Dupli-Print à Domont (95)
en janvier 2015

Fayard s'engage pour l'environnement en réduisant l'empreinte carbone de ses livres. Celle de cet exemplaire est de : 3,600 kg éq. CO_2
Rendez-vous sur www.fayard-durable.fr

PAPIER À BASE DE FIBRES CERTIFIÉES

36-3264-3/03
Dépôt légal : janvier 2015
N° d'impression : 2014122759
Imprimé en France